作者简介

张灿玾，字昭华，男，1928年7月出生，山东荣成人，中共党员。1944年从祖父与父亲学医，1959年在南京中医学院教研班结业后，调山东中医学院工作。曾任系主任、教务处副处长、院长等职。兼任中国中医药学会委员及文献分会常委与仲景学说专委会顾问、全国高等中医药教材建设顾问委员会委员、山东省科协委员、中国民间中医医药研究开发协会理事、山东中医药学会副理事长、山东省红十字会理事等职。现任山东中医药大学终身教授、博士生导师、红十字会会长且是中华诗词学会会员，齐鲁京剧爱好者协会会员。

从事中医医疗、教学、科研工作已60余年。自20世纪80年代始，主要从事中医文献研究与古籍整理。1983年被卫生部指定为华北山东片古籍整理学术牵头人及部级重点整理研究课题《甲乙经》校注的主编人。近十余年，在报刊发表论文70余篇，校注与校点中医古籍十余部，其中《针灸甲乙经校释》、《素问校释》及《针灸甲乙经校注》获国家中医药管理局科技进步奖，另有4部获厅局级奖。自撰百余万字《中医古籍文献学》专著一部，获山东省教委科技进步一等奖。2003年主编《中医文献学》及《中医文献发展史》，2004年主编《黄帝内经文献研究》。1988年及1995年两次被山东省委与省府评选为山东省专业技术拔尖人才。1999年12月，被山东中医药大学聘为终身教授，享受政府特殊津贴。2003年9月，中华中医药学会授予“中华中医药学会成就奖”，并聘为终身理事。2003年12月，山东省人事厅与卫生厅授予“山东省有突出贡献的名老中医药专家”及“山东省名中医药专家”称号。2006 年 6 月，中共山东省委授予“山东省优秀共产党员”荣誉称号。2009 年 5 月，在由国家人力资源和社会保障部、卫生部、国家中医药管理局共同组织的“国医大师”评选中，被授予“国医大师”荣誉称号。

自幼喜欢诗词，从青年时代至今仍坚持对古诗词进行阅读与研究。自 50 年代起，开始进行写作，80 年代以后，有大量作品，截至目前，共有 1000 余首。其中有 300 余首在报刊杂志及诗词文集上发表。自撰有《不愠居诗词稿》及《暮村吟草》。1983 年应邀参加岱宗诗社为个人会员，1988 年由岱宗诗社推荐为中华诗词学会会员，对音乐、戏剧等亦颇有研究。

扫码观看古籍书影

国家出版基金项目
NATIONAL PUBLICATION FOUNDATION

“十二五”国家重点图书出版规划项目

国医大师临床研究

中华中医药学会 组织编写

中医古籍文献学

【修订版】

张灿玾 著

张增敏 张鹤鸣 协助整理

科学出版社

北京

内 容 简 介

本书为国医大师张灿玾教授《中医古籍文献学》的修订版,包括中医古籍文献的源流与流别、书名与篇名、书体结构、文体、文字、标记符号、载体、著录、校勘、注释、类书与丛书、聚散与辑佚、辨伪等有关内容。旨在结合一般文献学的基本理论与基本内容介绍中医文献学的基本概念、基本理论、基本知识、基本规律及基本的研究方法等。历史地、客观地反映中医古代文献的基本情况与基本面貌,系统地、科学地总结与概括中医古代文献研究与古籍整理方法基本理论、基本知识、基本规律及基本的研究方法。

本书可供中医药文献教学、科研工作者及中医药院校学生参考阅读。

图书在版编目(CIP)数据

中医古籍文献学 / 张灿玾著;张增敏,张鹤鸣整理 .—修订本.—北京:科学出版社,2013. 9

(国医大师临床研究)

国家出版基金项目·"十二五"国家重点图书出版规划项目

ISBN 978-7-03-038540-6

Ⅰ. 中… Ⅱ. ①张… ②张… ③张… Ⅲ. 医古文-文献学 Ⅳ. G257. 38

中国版本图书馆 CIP 数据核字(2013)第 210496 号

责任编辑:陈 伟 曹丽英 / 责任校对:刘亚琦 彭 涛

责任印制:李 彤 / 封面设计:黄华斌 陈 敬

科 学 出 版 社 出版

北京东黄城根北街 16 号

邮政编码: 100717

http://www.sciencep.com

北京虎彩文化传播有限公司 印刷

科学出版社发行 各地新华书店经销

*

2013 年 9 月第 一 版 开本: 787×1092 1/16

2022 年 1 月第四次印刷 印张: 46 插页: 1

字数: 1 057 000

定价: 228. 00 元

(如有印装质量问题,我社负责调换)

《国医大师临床研究》丛书编辑委员会

《国医大师临床研究》丛书序

2009年6月19日，人力资源和社会保障部、卫生部和国家中医药管理局在京联合举办了首届“国医大师”表彰暨座谈会。30位从事中医临床工作(包括民族医药)的老专家获得了“国医大师”荣誉称号。这是新中国成立以来，中国政府部门第一次在全国范围内评选国家级中医大师。国医大师是我国中医药事业发展宝贵的智力资源和知识财富，在中医药的继承创新中发挥着不可替代的重要作用。将他们的学术思想、临床经验、医德医风传承下来，并不断加以发展创新，发扬光大，是继承发展中医药学，培养造就高层次中医药人才，提升中医药软实力与核心竞争力的重要途径。

为了弘扬中华民族文化，广泛传播和充分利用中医药文化资源，满足中医药人才队伍建设的需要；进一步完善中医药传承制度，将国医大师的学术思想、经验、技能更好地发扬光大。科学出版社精心组织策划了“国医大师临床研究丛书”的选题项目，这个选题首先被新闻出版总署批准为“十二五”国家重点图书出版规划项目，后经科学出版社遴选后申报国家出版基金项目，并在2012年获得了基金的支持。这是国家重视中医药事业发展的重要体现，同时也为中医药学术传承提供良好契机。国家出版基金是国家重大常设基金，是继国家自然科学基金、国家社会科学基金之后的第三大基金，旨在资助“突出体现国家意志，着力打造传世精品”的重大出版工程，在“弘扬中华文化，建设中华民族共有精神家园”方面与中医药事业有着本质和天然的相通性。国家出版基金设立六年来以来，对中医药事业给予了持续的关注和支持。

作为我国成立最早、规模最大的中医药学术团体，中华中医药学会长期以来为弘扬优秀民族医药文化、促进中医药科学技术的繁荣、发展、普及推广发挥了重要作用。本丛书编辑出版工作得到了中华中医药学会大力支持。国家卫生和计划生育委员会副主任、国家中医药管理局局长、中华中医药学会会长王国强亲自出任丛书主编。

作为中国最大的综合性科技出版机构，60年来科学出版社为中国科技优秀成果的传播发挥了重要作用。科学出版社为本丛书的策划立项、稿件组织、编辑出版倾注了大量心血，为丛书高水平出版起到重要保障作用。

本丛书同时还得到了各位国医大师及国医大师传承工作室和所在单位的大力支持，并得到各位中医药界院士的支持。在此，一并表示感谢！

本丛书从重要论著、临床经验等方面对国医大师临床经验发掘整理，涵盖了中医原创思维与个性诊疗经验两个方面。并专设《国医大师临床研究概览》分册，总括国医大师临床研究成果，从成才之路、治学方法、学术思想、技术经验、科研成果、学术传承等方面疏理国医大师临床经验和传承研究情况。这既是对国医大师临床研究成果的概览，又是研究国医大师临床经验的文献通鉴，具有永久的收藏和使用价值。

文以载道，以道育人。丛书将带您走进“国医大师”的学术殿堂，领略他们深邃的理论造诣，卓越的学术成就，精湛的临床经验；丛书愿带您开启中医药文化传承创新的智慧之门。

《国医大师临床研究》丛书编辑委员会

2013年5月

再版序言

每忆本书草成之日，倍感李太白《春夜宴桃李园序》所云："天地者，万物之逆旅，光阴者，百代之过客"。诚如是言。不觉流年如逝，皓然白发，吾已虚度八十有余。当年吾始花甲有七，为适应教学与工作之需要，方将《针灸甲乙经校注》编撰审定之后，稍作准备，即着手拟定此稿。时精力与体力尚好，不计寒暑，几度阴晴，藉大塊之逆旅，共月夜与青灯，方及一年，草稿仅半，家遭不幸，拙荆病逝，遗我孤穷，举家哀恸。丧事理罢，犹剩只身，再守寒窗，重操旧业。日对书山文海，倍感辞穷理尽。藉前贤之翰墨，搜一己之枯肠，待至年终，草草而成。幸得人民卫生出版社中医编辑室之审定首肯，遂于 1998 年 4 月付梓问世，是时尤感一喜一惧。

该书出版后，遂用于教读研究生，亦在社会业界流通，至其成败取舍，自是难免。此后数年，在书肆已罕有所见，谅已售尽。此后，亦时有问及者。

去岁，有科学出版社陈伟同志来寒舍造访，见知此书，略为介绍。经其初审后，意欲再版。吾闻此讯，甚为惊喜。几年前，亦曾有友朋多次建议再版，吾亦征诸有关出版部门，皆托故婉却，无意于此。而此次有科学出版社曹丽英、陈伟同志等，竟慨然应允，始得如愿，此诚一大幸事也，亦一大喜事。既得其允，当借此良机，将此中病垢，再为详审，复予修订。然吾已届八十五岁，耄耋之年，甚感精力与体力均不我备，心欲为之而力不能也，仅撰述"中医文献的类书与丛书"一章补上，以还夙愿。余者有小疵处，稍作修订，并令吾子增敏与吾孙鹤鸣，予以整理，以应诸盼，实感愧对读者，至祈见谅。

盖中医古籍，汗牛充栋，博大精深，然较之中华数千年遗诸各科文献，实皆我国古代文献冰山之一角，亦我国传统文化之一大宝库也。且医之与文，亦难绝分，医必赖文，文亦涉医，分则众科，合则一体。故谈医者，不可不知文，为人子者，亦不可不知医也。然医与文皆非易事，古人常有"三折肱"、"九折臂"之叹，良有以也。而古籍文献之传于世者，皆为前人之遗作，其流传之事，常赖口耳相授，笔札相继，加以移时之后，文变义易，后人难以解读者比比，故常赖学者雠校，方得再行于世。春秋之时，有圣哲孔子，有见于此，整理儒家经籍，以教诸生，后世言"六艺"者，即指此也，即其弟子如子路等辈，亦识"三矢过河"为"己丑"之误。迨至汉代，矩之春秋战国，亦时过境迁，遗存古籍，亟待整理，复有刘向校书之举，而方技则委于侍医李柱国校之，中医经典则赖此以存。至宋代，继有林亿等校正医书，今存早期经籍，得以流行，其业绩颇丰，经验可传于后者亦多。下此而往，代不乏人。

雠校之学，高难之学也，非具《易传》所谓"探赜索隐，钩深致远"及林亿所谓"端本寻支，泝源探流"之雄略，安能及于此。故历来从于此者，皆业界之学人。张某仅一介草民，何敢言乎此？时也，遇也。逢此盛世，奉承上命。深知不能为，而复不得不为；深知力难行，而复不得不行，至其成败利钝，则难自顾矣。自1964年冬，受命参与国家十年规划之任务“七本古医书整理研究”项目以来，断续从事中医古籍与中医文献研究工作已三十多个春秋。其间，不乏艰难与困惑，多曾言及。赖有前贤诸著之指引与明训，加之个人在执业时之点滴体验，为教学之需要，才冒昧以试。此拙著问世之境况约略也。

今复再版，弊陋之处，旧貌犹在，惶恐之心，仍难或安。残躯已老，何敢自许，击背之掌，翘首以待。今特趁此良机，向诸有助于我之良师益友及科学出版社惠我诸君，谨致谢忱；切望读者，不吝赐教。

皓皓白首，未敢稍懈，匆匆岁月，时不我待。为中医大业之永存，有生之年，愿与诸君，共同努力！

齐东野老 張灿玾 谨识

2012年于山左历下琴石书屋

前　言

中医文献，源远流长，是中华民族灿烂文化的重要组成部分；中医古籍，浩如烟海，是祖国医学伟大宝库的具体体现。如此众多的中医古典文献，远自有文字记载之初，近至辛亥革命，就今存古籍而言，不下万种有余。它不仅具有重要的史学价值，而且又有重要的实用价值。

为更好地继承与发扬祖国医药学遗产，对中医古典文献或者说对中医古籍的整理研究、继承挖掘，显示其历史的发展规律，探讨其学术发展的源流，使之更好地为现实服务，乃是发展中医学术的一项十分迫切而艰巨的任务。

欲搞好中医文献的整理研究，必须运用文献学的基本理论与文献研究的基本方法，去指导和进行工作，方能达到预期的目的。

中医古籍文献学，乃是一般文献学的一个分支。作为一种专业文献学，就专业学科门类而言，乃是中医学的基础学科，也有人认为是中医学的支柱学科。此皆在说明其在中医学中的重要学术地位。本书旨在结合一般文献学的基本理论与基本内容，介绍中医文献学的基本概念、基本理论、基本知识、基本规律及基本的研究方法等有关内容。

本书务求以辩证唯物主义与历史唯物主义为指导，历史地、客观地反映中医古代文献的基本情况与基本面貌；系统地、科学地总结与概括中医古代文献研究与古籍整理方面的基本理论、基本知识、基本规律及基本的研究方法。

本书内容，是以中医古代文献为主体，在基本理论与基本知识等方面尽可能注意与古代文史哲文献研究方面已总结之带有普遍意义的问题相结合。冀其既有普遍性知识内容，又体现以学科专业为主。

凡前人已有的研究成就，本着“不攘人善”、“不没其实”的原则，尽量取原文加以引用，一则不歪曲原义，一则使说有所本，或文繁不便者，则适当摘引或缩写。

凡学术发展之有关问题，则尽可能按历史的实际，加以介绍，以体现学术发展中的断代水平与源流关系。

文献学内容，涉及范围较广，凡诸版本学、目录学、校勘学、训诂学、文字学、音韵学等，非一人所全能，恒多借助于前人名著，以体现中医文献与其他学科之关系。而书中主要内容或类例，则是以中医文献与现存中医古籍为基础，结合个人体会，加以论述，以体现中医文献学的专业特点。

本书为求便于中医古代文献之研读者及培养中医文献研究人员所习用，尽可能争取使其符合系统性、知识性、实用性、资料性等方面的要求。

中医文献学为中医学之新兴学科，前者已有诸著问世，均有所建树，本书亦多有所借鉴或引用。

自七十年代始，从事于中医古籍之整理研究工作以来，多得杏林同道相助，如马继兴老、史常永老、郭靄春老及武长春君、呼素华君、王铁策君等，均曾提供宝贵资料，有助于本书之草成，借此谨致谢忱。

由于本人学识浅陋，见闻不广，加之资料之匮乏，能力之有限；且作为中医文献学之诸多有关问题，尚在继续探讨中。故书中管窥之见，谬误之语，蠡酌之处，在所难免。切望同道诸君，不吝匡正。

张灿玾　谨识

1995年12月

目　　录

第一章 绪 论

中医文献，是我国劳动人民长期与疾病斗争的经验总结与理论概括，是中医学术伟大宝库的珍贵财富之所在，也是中国科学文化宝藏的重要组成部分。它不仅是医学科学数千年创造发展的历史记录，也是后世继承与发扬中医学术的基础与借鉴。因此，对中医文献的整理研究，具有十分重要的历史意义与现实意义。以下就中医文献与中医文献学的基本概念，及中医文献的学术价值及整理研究中医文献的主要任务等有关问题，加以简述。

第一节 文献与文献学

文献与文献学，是两个不同的概念，二者之间，既有联系，又有区别。

一、文 献

文献一词，首见于《论语·八佾》："子曰：夏礼吾能言之，杞不足徵也；殷礼吾能言之，宋不足徵也。文献不足故也，足则吾能徵之矣。"何晏等《集解》郑注："献犹贤也。我不以礼成之者，以此二国之君，文章、贤才不足故也。"宋·朱熹注："文，典籍也。献，贤也。"根据上述二解，尽管对文之注，不尽相同，亦无本质之差。

就先秦文献而言，"文"与"献"单独使用时，按古人注解，亦有与此相同或相近之义。如《国语·周语上》："有不享则修文。"韦昭注："文，典法也。"又《国语·周语下》："小不从文。"韦昭注："文，诗书也。"《论语·学而》："行有余力，则以学文。"何晏等集解："马曰：文者，古之遗文。"是"文"者，亦具多项相近之义。

就"文章"而言，亦有多种解释。《礼记·大传》："考文章，改正朔。"郑玄注："文章，礼法也。"孙希旦集解："文章，谓礼乐制度。"《论语·泰伯》："焕乎其有文章。"朱熹注："文章，礼乐法度也。"《文心雕龙·情采》："圣贤书辞，总称文章。"《汉书·卜式传》："又不习文章。"王先谦补注引何焯曰："文章，谓文物典章，稽古以立物垂训者也。"详"文物"，亦礼乐制度者也。如《左传·桓公二年》："夫德，俭而有度，登降有数，文物以纪之，声明以发之，以临百官。"《旧唐书·褚无量传》："使圣朝叶昭旷之涂，天下知文物之盛，岂不幸甚。"据上述诸文足可证明，古之所谓文章、文物，主要是指礼乐典章等各种法典制度方面的文字记录。

献之作贤、贤人、贤臣之解，古籍亦多见，如《尚书·益稷》："万邦黎献，共惟帝臣。"伪孔传："献，贤也。万邦众贤，共为帝臣。"又《尚书·洛诰》："孺子来相宅，其大惇典殷献民。"伪孔传："行典常于殷贤人。"《逸周书·作雒》："俘殷献民迁于九毕。"孔晁注："献民，士大夫也。”《尚书·酒诰》：“汝劼毖殷献臣。”蔡沈集传：“献臣，殷之贤臣。”

根据以上诸文，说明《论语》之所谓“文献”，证之前后文义，当指诗书礼乐等典籍与古代遗文之文及贤达善士之献。足见“文献”二字，仍是作为一般词语使用。

元·马端临《文献通考·自序》有云：“凡叙事则本之经史，而参之以历代会要，以及百家传记之书，信而有证者从之，乖异传疑者不录，所谓文也；凡论事则先取当时臣僚之奏疏，次及近代诸儒之评论，以至名流之燕谈，稗官之记录，凡一话一言，可以订典故之得失，证史传之是非者，则采而录之，所谓献也。其载诸史传之纪录，而可疑稽诸先儒之论辨而未当者，研精覃思悠然有得，则窃著己意，附其后焉。命其书曰《文献通考》。”

根据此段序文，含有以下三义：①文为叙事，包括经、史，历代会要，百家传记之书等，是为文的主要内容和研究对象；②献为论事，包括臣僚之奏疏，诸儒之评论，名流之燕谈，稗官之纪录等，为献的主要内容和研究对象；③考，包括史传记录可考稽先儒论辨未当者，研精所得，附著己意。这大概属于“辨章学术，考镜源流”之义。此所谓“文”，与古说亦基本相同，而所谓“献”，则由“贤人”，引申为臣僚奏疏、诸儒评论、名流燕谈、稗官记录等，较之贤人之义，尤为广泛，而且把文与献结合起来进行研究和论述，并以此命名，就具有了概念的性质。故作为“文献”二字的使用和含义，从《论语》到《文献通考》，是一个新的发展。

随着历史的不断进化，和文献整理研究工作的深入开展，对“文献”这一概念的内涵，又不断赋以新的含义。特别是近代从事文献研究的学者，提出了多种不同的说法。

张舜徽《中国文献学》第一章，在引述《文献通考》文后云：“‘文献’既是一个旧名词，自有它原来的含义和范围。我们今天既要借用这一名词，便不应抛弃它的含义而填入别的内容。近人却把具有历史价值的古迹、古物、模型、绘画，概称为历史文献，这便推广了它的含义和范围，和‘文献’二字的原意，是不相符合的。当然，古代实物上载有文字的，如龟甲、金石上面的刻辞，竹简、缯帛上面的文字，便是古代的书籍，是研究、整理历史文献的重要内容，必须加以重视。至于地下发现了远古人类的头盖骨或牙齿，那是古生物学的研究范围；在某一墓葬中出土了大批没有文字的陶器、铜器、漆器等实物……这些都是考古学家的职志，和文献自然是有区别的。”按张舜徽先生此说，基本上是维持马氏旧说，惟进一步提出古代实物上的文字材料，应属“文献”研究的范围，这当然比马端临提诸内容，又有新的发展。

近人倪波主编之《文献学概论》第一章第一节文献概念中，对文献定义举出了多种国内外说法，以及其自家的论述，现摘引如下：

国际上通用的“文献”定义，一般是据《文献情报术语国际标准(草案)》。(ISO/DIS5127)所载，“在存贮、检索、利用或传递记录信息的过程中，可作为一个单元处理的，在载体内、载体上或依附载体而存贮有信息或数据的载体。”

另据《国际标准书目著录(总则)》[ISBD(G)]所载，“item(文献)是指以任何实体形式出现的文献，作为标准书目著录的书目文献实体。”

目前在我国有关文献的定义，主要是沿着两个方向依据《文献情报术语国际标准(草案)》(ISO/DIS5127)进行阐述的：

一是较为详细的注释性定义。例如：

“为了把人类知识传播开来和继承下去，人们用文字、图形、符号、声频和视频等手段将其记录下来：或写在纸上，或晒在蓝图上，或摄制在感光片上，或录制在唱片上，或存贮在磁带上。这种附着在各种载体上的记录,统称为文献。"①

二是更为概括的定义。例如:

其一:"文献:记录有知识的一切载体。"②

其二:"文献是记录信息与知识的一切人工附载物。"③

其实,这种表述方式在我国古代已有先例。如,春秋战国之际《墨子·尚贤》中,首次提及"书之竹帛"。书,在这里系指"记载"方式,作动词即"书写"之意。又如,汉代许慎在《说文解字·叙》中,对于书籍的释义为"著于竹帛谓之书"。"著",指撰述、写作、记载,即可引申为记录方式。"竹"、"帛"等,指可用作书籍的载体。"书",系名词,指早期的文献之一。

文献的科学定义,应当指出文献这一概念所反映的对象的本质属性。对于科学定义的表述,辩证逻辑要求,从"文献"所反映的对象的发展变化中,全面研究其对象的一切联系,从而具体地揭示"文献"所反映的本质;形式逻辑方法,是将"文献"概念包含在其属的概念之中,并揭示"文献"与同一个属概念下的其他种概念之间的差别。据此,在上述定义中,对于定义概念与被定义概念的外延应相等的基本要求尚有欠缺。例如,用有限的概念(知识)去表述更大范畴的概念(信息),似有不妥之处。知识,是属于已经被人们认识的领域,是人们对自然现象与规律、社会现象与规律等的认识和描述。如果某些客观规律迄今尚未被人们所认识的话,那么一时仍然不能被划入人类的知识范畴,而只是人们继续认识、探索的对象。事实上对我们来说,未知世界还非常广阔,至今未被我们认识的信息尚有许许多多,正有待我们去努力探索。这类未知的信息一旦被记录下来,也应该属于文献。

我们认为应当将"文献"定义为:"文献是记录有信息可作为存储、利用或传递的过程中一个单元处理的人工固态附载物。"这就是说,不是所有"记录有信息"的都是文献,也不是"一切载体"都是文献,更无必要去区分是在载体内、载体上还是依附于载体。

显然,作为名词术语的"文献",与一般的语言符号是有区别的。如果我们将"文献"这一名词术语,分解为"名称"与"概念"两个部分来考查,或许更为清晰。"文献"的语义外延是根据它所指"概念"的关系,而不仅仅是根据它所指"名称"的关系而定义的,并且,"文献"概念是根据属于同一领域内的全部所指概念关系来定义的。

文献的"名称",是文献这一名词术语的外部语言形式。文献的"概念",通常可看作是一组实体都具有的本质属性的抽象再现,它实际上已扬弃了如图书、连续出版物、档案、非书资料等实体的个别属性后形成的抽象再现。

从上述诸文足可证明,关于"文献"这一概念的定义,目前在国内外,虽已提出了具有一定权威性的说解,但在学者间,认识上尚未取得完全一致的意见。

由于文献研究的对象,自有中外之别,古近之分,亦有一般与专科之差。不妨在各自的研究领域中,求同存异,继续探讨,逐步求得统一。

从而说明,"文献"二字;从一般词语使用到概念使用,有一个历史发展的过程,也就是说有一个从具体名物到抽象概括的过程。而作为概念的内涵,随着科学文化的不断发展和研究工作的不断深入,也有一个历史发展的过程,这也完全符合人们认识客观事物的自身规律。

---

① 李纪友等著:《图书馆专业基本科目名词简释》,书目文献出版社,1984年7月,第2~3页。

② 《GB3792·1—1983 文献目录总则》。

③ 倪波、荀昌荣主编:《理论图书馆学教程》,南开大学出版社,1986年8月,第26页。

二、文 献 学

文献学是近代新起的一个学科,它是在文献整理研究的基础上,逐步发展起来的。

作为文献的整理研究,并非始于近代,若就西汉由官方组织的刘向父子校书开始算起,至今亦有二千余年。况且在此之前,规模较大、成绩卓著者尚有孔子之考订诗书六艺等古典著作。故我国对文献整理研究的历史,由来已久。在此悠久的历史过程中,在文献整理研究方面,做出了卓越的成就,积累了宝贵的经验,创造了许多方法,概括了不少理论;同时,也加深了人们对文献与文献整理研究的认识,逐步明确了文献整理研究的任务。应该说,这其间虽然经过了漫长的岁月,但它也是文献研究的发展历史。

从我国现存诸多前人整理研究之古籍看,这方面的成就也是巨大的,并且在整理研究的方法与理论方面,也进行过一些总结。如宋·郑樵《通志·校雠略》,对古书之存亡、类例、编次、注释、校雠等,均有所论述。就文献的校勘、注释、辨伪、辑佚、著录、体式等,也都有过许多专著,或单篇专论。专著之书,多不胜举,专论之文,有张舜徽先生辑《文献学论著辑要》一书,集远自刘向,近至王重民等近百人之专论文章,可见一斑。凡此种种,仅是对古代文献或文献整理研究的某一或某几方面所做出的论述,尚不属"文献学"著作。

以"文献学"命名之书,或以"文献学"为主题之论文,则出之于近代,均系对文献及文献整理研究的有关问题,进行综合性论述;就文献学的学术体系及框架结构,进行理论上的探讨。以文献学专著为例,如1928年郑鹤声与郑鹤春编纂之《中国文献学概要》一书,含导言,结集,审订,讲习,翻译,编纂,刻印七章;五十年代末王欣夫《文献学讲义》一书,含绪言,目录,版本,校雠四章;1981年吴枫《中国古典文献学》,含导论,源流与分类,类别与体式,四部书的构成及其演变,类书、丛书与辑佚书,文献目录与解题,版本、校勘与辨伪,收藏与阅读八章。又1981年张舜徽《中国文献学》,全书十二编,第一编绪论,含文献学的范围、任务,记录古代文献的材料、书籍,古代文献的散亡等内容;第二编古代文献的基本情况,含著作、编述、抄纂及编述体例与写作的模仿、伪托、类辑等内容;第三编为版本;第四编为校勘;第五编为目录;第六编前人整理文献的具体工作,含抄写、注解、翻译、考证、辨伪、辑佚等内容;第七编前人整理文献的丰硕成果;第八编历代校雠学家整理文献的业绩;第九编清代考证学家整理文献的业绩;第十编近代学者整理文献最有贡献的人;第十一编今后整理文献的重要工作;第十二编整理文献的主要目的和重大任务。此一框架结构,不仅含有文献学的内容,而且又收容了前人在文献整理研究方面的业绩。1990年倪波主编《文献学概论》,全书十一章,第一章文献概述,第二章文献结构,第三章文献信息研究,第四章文献载体及其形态,第五章文献族系,第六章文献类型研究,第七章文献生产,第八章文献交流,第九章文献规律的研究,第十章文献工作标准化,第十一章文献工作现代化。该书周文骏序言在论及郑鹤声、张舜徽、吴枫、王欣夫诸家文献学时云:"这类著作基本恪守我国文献学原来的含义和范围,均以目录、版本和校雠为核心内容,并且具有以中国古代史作为背景的浓厚特色。所以,我们不妨称其为中国史学家或中国古文献学家的文献。"在论及该书则云:"我们可以看出,作者通过对文献和文献工作的讨论,力求勾勒出一个不局限于以目录、版本和校雠为核心内容的新的文献学科学体系,"通过本书框架结构及周序所言,倪氏此书,确实增加不少新的内容,但在继承我国传统的文献学方面,则显得有些不足。

关于文献学的基本要求和任务,以及文献学的概念,近代学者,亦有诸多论述,如张舜徽先生《中国文献学》第一编第一章云:"我国古代,无所谓文献学,而有从事于研究、整理历史文献的学者,在过去称之为校雠学家。所以校雠学无异成了文献学的别名。凡是有关整理、编纂、注释古典文献的工作,都由校雠学家担负了起来。假若没有历代校雠家们的辛勤劳动,尽管文献资料堆积成山,学者们也是无法去阅读、去探索的。我们今天,自然要很好地继承过去校雠学家们的方法和经验,对那些保存下来了的和已经发现了的图书、资料(包括甲骨、金石、竹简、帛书),进行整理、编纂、注释工作,使杂乱的资料条理化、系统化;古奥的文字通俗化、明朗化。并且进一步去粗取精,去伪存真,条别源流,甄论得失,替研究工作者们提供方便,节省时间,在研究、整理历史文献方面,作出有益的贡献,这是文献学的基本要求和任务。"

又王余光《中国历史文献学》绪论四"文献学与历史文献学"则云:"文献学是以文献整理的各方面及其历史为研究对象的一门学科。具体说,文献学要研究文献整理的对象、整理的内容和方法及文献整理的历史。首先要研究文献整理的对象。文献整理的对象即是文献本身。一个文献整理家,如果不对文献有所了解,那么整理工作是难以开展的。文献学不仅要研究每一个体文献的材料来源、编著过程、体裁、体例、内容及其价值。同时,文献学还要把文献作为一个文化实体去揭示它的产生和发展的原因、过程,研究各个时期文献的特点及各个时期文献的继承性,文献学对文献的研究为文献整理提供了科学的基础。其次要研究文献整理的内容和方法。前人文献整理的内容和方法主要有辨伪、版本、校勘、辑佚、标点、注释、翻译、书目、索引等。文献整理的内容和方法主要要解决三个问题,一是要实证文献的真实性、原本性与完整性,这就有了辨伪、版本、校勘、辑佚等方法,我们称之为文献的实证;一是要解释文献的语言、内容,这就有了标点、注释、翻译等,我们称之为文献的解释;一是要解决文献的排列顺序,为人们认识和研究文献提供方便。人们根据实际需要,将文献按一定的规则和类例编成书目,把一些分散的资料、论文,或一书或几本书中的相关内容,编成索引,使之达到一种井然有序的状态,这就有了书目和索引,我们称之为文献的整序。文献整理的上述三个问题是相互联系的,通过文献整理,人们可以有效而准确地获得可靠的、易于理解的文献。再次是对文献整理的历史的研究。这主要是考察我国文献整理的发展过程,总结前人文献整理的方法和经验,为今天文献整理的实践服务。"

又孙钦善《中国古文献学史》一书,对中国古文献学的定义则云:"什么是古文献学?简言之就是有关古代文献典籍整理和研究的学问。"又云:"古文献学实际上是一种综合性的边缘学科,它与古代语言文字学、古籍目录版本学以及古代历史学(包括通史、文化史、哲学史、思想史等)都有关联。同时古文献学又是实践性很强的应用学科。古文献学本身又有许多分支,诸如注释(包括字词的注音释义及天文、地理、名典、典制等的考证辨析)、校勘、目录、版本、辨伪、辑佚、编纂等,可见他是一个成熟的学科。"

从上述情况看,对文献学的思路及学术体系与框架结构,在近半个多世纪以来,也在不断发展。就目前诸家之文献学而论,虽有诸多相同或相近之处,亦有诸多不同之处。这也只能在今后文献整理研究的实践中,逐渐加以完善。

从中国传统文化的角度论,作为"文献学"来说,主要应是有关文献的基本情况、基本内容、基本知识、基本规律及文献整理研究的基本理论、基本方法与目的要求等方面的学问。因此,张舜徽、王余光及孙钦善三家所论,对古文献的实际情况,更具有现实的意义,更能够反映文献整理研究的实际情况,更有利于对文献整理研究工作的指导,更有利于对文献整理研究实践经验的总结与理论概括。

第二节　中医文献与中医文献学

中医文献是中华民族文献的一部分;中医文献学则是中国文献学的一个分支,也是一门专业文献学。作为专业文献学,乃是在普遍的、一般的文献学术体系的基础上,又具有特殊的、专业的学术特点;作为专业文献研究人员来说,应是在了解一般文献学的基础上,掌握本学科专业文献学的有关知识,才能更好地从事专业文献的整理研究工作及文献的阅读与应用。

一、中 医 文 献

根据我国2009年颁布的国家标准《GB/T3792・1—2009 文献著录总则》"记录有知识的一切载体"这一文献定义,对中医文献加以展现,主要可以分为两大类:

(一) 古代文献载体

在古代文献中,据现有资料信而有徵者,其上限当在殷商时期,其下限,根据中国历史分期断代的一般规定,即在辛亥革命以前,亦即下至清代。

在此三千余年的历史时期内,中医文献从载体方面论,主要有以下几种:

(1) 甲骨载体文献,此即自清代末期才被人们识破的在河南安阳出土的殷商甲骨文,因其将文字刻在龟甲或兽骨上,故称甲骨文。

就目前所能辨认的甲骨文字中,已有一些人体部位名称及疾病名称等与医学有关的文字,此为目前所知中医文献载体之最早者。

(2) 金石载体文献,即将文字铸造或雕刻在金属或玉石制成的器物上,故又称金文或石文。金文,大都为商周时期的钟鼎款识,亦有后世以金属铸造之器物,如宋代铸造之铜人,将经络与腧穴刻于其外,脏腑铸于其内,显示了脏腑、经络、腧穴方面的知识。石文如战国时期的行气玉铭及后世之碑铭、墓志及刻制之医书或医方石碑等。

(3) 竹木载体文献,即将文字记录在竹或木制的简,或以木制成的牍、版、方上的医学文献,如近代出土之《流沙坠简》及20世纪70年代出土之长沙马王堆汉简医书,武威出土之汉代医简等均属此类。

(4) 缣(缯)帛载体文献,即将文字记录在绢帛之类的丝织品上,如长沙马王堆出土之帛书医书,经整理小组定名之《足臂十一脉灸经》、《阴阳十一脉灸经》甲本与乙本、《胎产书》等十种,皆属此类。

(5) 纸质载体文献,即将文字抄录或刊印于纸质载体之上的文献。此种以纸质为载体之抄录本医学文献,现存早期抄本如敦煌卷子本皆是,且一直沿用至今,仍为抄录本之主要载体。刊印本,则自印刷术发明之后,医学文献亦以刊印之纸本为主要载体。

(6) 其他载体,如以贝叶、桦树皮等为载体者,在汉医学文献中,尚未发现。少数民族医学文献,则有以此为载体者。

（二）现代文献载体

现代医学文献载体，除仍以纸为主要载体外，随着科学技术的发展，作为知识的载体，已发展到利用声、光、电等现代科学技术，进行摄影、录像、录音及电脑储存。诸如缩微胶卷、缩微平片、录像带、录音带、电影片、电视片、幻灯片、唱盘及磁带软件等附载古今中医学知识者，均属中医文献之例。

（三）中医文献范围

中医文献，涉及之范围极广，可延及文献的各个方面。

（1）中医学专著，此指中医这一大的门类中的各种专业性著作。它无疑是中医文献的主体。

（2）各种综合性类书中所含中医文献。如唐代的《初学记》、《艺文类聚》，宋代的《太平御览》，明代的《永乐大典》，清代的《图书集成》等，特别是《永乐大典》、《图书集成》等，均收录有大量中医文献。其中如萧源等据现存《永乐大典》七百九十五卷中，辑出之《永乐大典医药集》，即达一百一十余万字。

（3）综合性丛书中所收中医文献。如明·胡文焕《格致丛书》收录了宋·周守中辑《养生类纂》等养生类书有六种；元·陶宗仪辑《说郛》一百二十弓收有唐·释慧日撰《禅本草》一卷；明·佚名氏辑《奚囊广要》收有《保产育婴录》等医书四种；清·湖南漫士集《水边林下》收唐·释灵澈撰《治病药》一卷，为他书所不载。阮元辑《宛委别藏》收有《难经集注》等医书八种。至于官修之《四库全书》，则所收医书更多。其中尤以清代早期以前丛书中所收医书，多为善本，学术价值较大。

（4）史籍记载医事文献。在古代正史、野史及史学杂记中，亦多记载或辑录有诸多关于医事制度及医林人物、医学书目等方面的文献。凡正史之百官志或职官志及各朝《会要》，多记有医事制度方面文献，艺文志或经籍志著录有医家书目。杂记中亦多记有医学各方面文献，如《太平广记》中记有若干本草方面的知识等。

（5）经传记载或援引之医学文献。指儒家经典及历代传注等记载或援引之医学文献。如《周礼·天官》所记周代医事制度。汉·郑玄注及唐·贾公彦疏，亦多具医学内容。

（6）诸子百家载录医学文献。在先秦以至明清诸子著作中，有诸多具有医学内容者，如后汉·班固撰《白虎通义》卷三“情性”中，记载有关藏象之内容，对研究早期藏象学说有重要文献价值。

（7）小说笔记载录之医学文献，在历代小说笔记中，载录医学文献颇多。

详经史百家及小说笔记中，载录医学文献，涉及面广，数量多，且多有医学著作中所不具之内容。如湖北省中医研究院钱远铭主编的《经史百家医录》，据经史百家千余家三万余卷，辑录医学文献一百一十余万字。又如陶御风等编纂的《历代笔记医事别录》，收唐至明清历代笔记三百余家，辑录医学文献近五十万言。二书所分门类，涉及医学许多方面，均具有重要文献价值。

（8）《释藏》（《大藏经》）、《道藏》收录医学文献。《释藏》收医学文献较少，只是些导引方面内容，而《道藏》及《云笈七签》中收录医书较多。

（9）文史工具书中收载医学文献。字书、辞书、韵书等，均含有或援引诸多医学文献。

如《释名》中的“释形体”、“释疾病”等,《说文》、《广韵》的医学专用字等。又如清·顾炎武《音学五书》、朱骏声《说文通训定声》等,皆引用或结合医学文献进行研究等。

(10) 出土文物中的医学文献。如江陵张家山汉简《脉书》,安徽阜阳汉简《万物》等;以及甲骨文或某些早期金石文字中与医学有关的内容。

以上主要举出这十个方面,以示医学文献的主体及所涉及于其他文献领域中之医学文献,当然,还有些含有医学内容的文献,不再烦举。总之,凡专属中医学知识载体,或其他文献载体中含有的中医内容,均属于中医文献。

(四) 中医古籍

中医古籍是中医文献的主要组成部分,或者说是中医文献的主体,但古籍和中医文献不是同一个概念。

籍,书册、书籍也。《史记·伯夷列传》:“夫学者载籍极博,犹考信于六艺。”《说文·竹部》:“籍,簿也。”段玉裁注:“引伸凡著于竹帛,皆谓之籍。”《说文通训定声·豫部》:“籍,簿书也。从竹,耤声。《周礼·大司马》:乃以九畿之籍。注:籍其礼差之书也。小行人掌邦国宾客之礼籍。注:名位尊卑之书。《左成二传》:非礼也无籍。注:书也。《东京赋》:盖六籍所不能谈。注:六经也。《荀子·儒效》:履天下之籍。注:图书也。《汉书·功臣表》:以昭元功之候籍云。注:谓名录也。”

书,犹籍也。《说文通训定声·豫部》:“书,著也。按:《说文·序》云:著于竹帛谓之书。……作书,上古以刀录于竹若木,中古以漆画于帛,后世以墨写于纸,《易·系辞传》:易之以书契。虞注:坤为书。《尚书·序》:疏书者,以笔画记之辞。《周礼·司书》注:主计会之簿书。《史记·礼书》索隐:书者,五经六籍总名也。”又如《论语·先进》:“何必读书,然后为学。”《史记·老子韩非列传》:“申子、韩子皆著书,传于后世,学者多有。”

是则书与籍,至少在春秋时期,已作为同义语使用。而书籍作为一个组合辞而连称者,则又为后也。如《三国志·王粲传》:“(蔡邕)闻粲在门,倒屣迎之,粲至,……邕曰:此王公孙也,有异才,吾不如也。吾家书籍文章,尽当与之。”故书籍,泛指一般图书也。

然而后世之所谓书籍,乃指具有一定主题(或题名)篇章,内容阐述完备,装制成某种形式的文献。若诸零散的文字材料,不能谓之书籍。

古籍、古书,泛指古代之书籍,南朝宋·谢灵运《鞠歌行》:“览古籍,信伊人。”唐·杨衡《游陆先生故岩居》:“拾薪遇遗鼎,探穴得古籍。”晋·葛洪《抱朴子外篇·钧世》:“且古书之多隐,未必昔人故欲难晓,或世异语变,或方言不同,经荒历乱,埋藏积久,简编朽绝,亡失者多;或杂续残缺,或脱去章句,是以难知,似若至深耳。”又云:“然古书虽多,未必尽美。”宋·曾巩《列女传目录·序》:“自唐之乱,古书之在者少矣。”此皆泛指古代书籍。特如葛洪,对某些古书之所以隐晦难知,并有所剖析。

然书籍之称古,并无固定断限,具有一定的时代性,如晋人之言古,汉以前书也;宋人之言古,唐以前书也;今人之言古,清以前书也;现所谓“古籍”,乃指清代及清代以前之古书也。故国家古籍整理小组原规定古籍整理之范围,亦为辛亥革命以前之书。

根据此一原则,中医古籍,乃指辛亥革命以前之中医古书。

中医古籍,浩如烟海,据日本丹波元简氏《中国医籍考》所收书目,远自秦汉,下迄清道光年间,共有三千数百种。又日本冈西为人氏《宋以前医籍考》所收书目,共有一千八百六十余种,这仅是一个大概数目,其遗而未收者,尚在多有。

今人郭霭春主编的《中国分省医籍考》,据全国二十六个省(自治区)地方志著录之医籍,共收书七千三百余种。严世芸主编的《中国医籍通考》,据出土文献,历代书目及方志著录及国内文献所见,共收书九千余种。此目前收中医古籍书目之最多者。

然而上述诸书所收书目,由于各种原因,亡佚甚多,而现存之古籍,据《全国中医图书联合目录》所收全国一百一十三个图书馆截至 1980 年底的馆藏中医药图书,著录列目者为一万二千一百二十四种,其中古籍有七千七百余种(含部分国外医学著作)。约略分之,医经类约一百八十余种;基础理论类约一百二十余种;伤寒金匮类约五百一十余种;诊法类约二百五十余种;针灸推拿类约二百九十余种;本草类约五百五十余种;方书类约一千一百八十余种;临床各科类约二千九百九十余种;养生类约一百四十余种;医案医话医论类约七百一十余种;医史类约一百余种;综合性著作约三百八十余种。其中除去国外著作,或因内容相同及相近而书名稍异,或书同而卷异等而重出者外,亦有七千种左右,若加之遗漏未收,未参编之馆藏,港澳台馆藏与私藏,及流散于国外者,恐今存中医古籍,犹当大于此数若干。

二、中医文献学

中医文献学,作为一门专业文献学,是近些年来开创的中医学中的一个新学科,已有马继兴研究员《中医文献学》与史常永研究员《实用中医文献学》等相继问世,为中医文献学的建设,做出了贡献。

中医文献学既是一般文献学的一个分支,自然是在一般文献学的基础上,结合中医学的专业特点,分化出来的一种专业文献学;是运用一般文献学中带有普遍性的理论、知识、原则、方法等,说明中医文献的有关问题;是在对中医文献具体研究和总结前人整理研究中医文献经验的基础上,进一步论述或说明中医文献中的有关问题。

就目前中医文献研究的实际情况而论,其研究对象,仍以古典文献为主,因而中医的文献学,实则为中医古典文献学。其形成的基础,包涵的内容及目的意义,仍在于中医古代文献的整理研究与应用。

根据上述情况,中医古典文献学应是:①根据一般文献学的原则,说明中医文献学的性质与特点;②结合历史学知识,及古代医籍,说明中医文献历史发展的源流与流别;③根据古代文献体式的情况,说明中医文献的体式与结构;④借助目录学的知识,说明中医文献著录情况;⑤借助版本学知识,说明中医文献载体情况;⑥结合古代文章学的知识,说明中医文献的文体;⑦利用文字学的有关知识,说明中医文献文字方面的有关问题;⑧借助文献整理研究一般方法方面的知识,说明中医文献的校勘、注释、辨伪、辑佚等有关问题;⑨根据古今整理研究中医文献的已有成果与经验,进行系统的总结概括;⑩从大量中医古代具体文献中,揭示其自身的客观规律,凡此等等,应是中医古代文献学研究的主要内容。

第三节 中医文献的学术价值

浩如烟海的中医文献,其学术价值,主要体现于以下几个方面:

1. 中医学术的载体与宝库

众多的中医文献,全是以文图的形式,记录下中医学术数千年来积累的丰富的理论知识和临床经验。这数亿万言的文字记录,是中医知识的主要载体。因此,离开了这一中医知识的载体,也就无从谈到中医学术,当然,作为知识的载体,还有一个重要方面,就是掌握中医知识的人,这是一种特殊的载体。但人们所能掌握的这一部分中医知识,只不过是中医文献知识的一部分。所以,文献作为中医知识的载体,它当然的是中医伟大宝库的组成部分,而且是一个重要的组成部分。

2. 中医学基础理论的渊薮

医学理论同别的理论一样,不是靠某个圣人如黄帝、岐伯的天才创造,或是某种先验的东西。它是在大量实践的基础上进行概括、总结、归纳、抽象。因此,理论的形成,是一个学术发展的过程,是一个不断提高和充实的过程,是一个不断深化的过程。所以,对中医学基本理论知识的整理研究,虽然前人已做了大量的工作,但并非一次或几次可以终结,我们仍然需要在大量文献研究的基础上,去进行规律的探索和理论的概括。

3. 中医学临床应用的指导

在大量中医古籍中,除了基础理论性著作外,有相当一部分属临床医学文献。其中又有两方面内容,一为临床各科理法方药,一为历代医家临床验案与经验体会的实录。此类文献,不仅是临床医学两千余年实际经验的全面记录,而且对当前和今后的临床医学,仍有十分重要的指导与启迪。故为历代学者所注目,且为文献整理研究的重点之一。特别在明、清医学文献中,有许多这方面很有成就的著作,颇为临床医家注重。

4. 中医科学研究的理论依据与信息资料

科学研究是发展学术的重要途径和手段。中医科学研究,当然也是发展中医学术的重要途径和手段。中医科学研究,无论是采用传统的文献研究方法,或是采用现代科学的研究方法,从理论的角度而论,一则是对传统的理论进行验证,一则是对原有理论的发展与扬弃,均需以文献所提供的理论为依据,就科研的信息与资料而论,尤需从文献的宝库中去查寻,故中医文献是中医科研的重要依据与信息来源。

5. 中医教育的知识源泉

中医教育是传授和继承中医学术的主要方式,也是培养中医后继人才的主要方式。而教育的内容,则是以教材加以体现。我国历史的医学教育,均以重要的医学典籍作为教材。就以当前的中医教育而论,有些重要的经典著作,仍需作为教材使用,即便是新编教材,亦是以大量古代文献为基础,加之新的比较成熟的科研成果或实践经验,加以系统的总结、编纂而成。足证,作为中医教育,尤其离不开对文献的依托。

6. 医史研究的素材

作为医学的历史专著,史无其书,在大量的历史文献中,仅有散在的一些历史资料与医林人物传记。虽然近代学者,已从大量史料中进行归纳总结,写出了一些医史专著。但由于此类资料的分散与零乱,加之大量资料的流失,对医学史的编纂,也不望一次成功,今后仍需从大量历史文献的素材中去挖掘和探索,并在此基础上进行研究,认真总结祖国医学自身发展的条件和规律。

7. 类书与丛书编辑的基础

从医学学术的角度看,由于历史条件的局限,医学文献较多属于个人之见,缺乏系统、全面的整理总结。为了使某一学科或某一系统的知识或文献资料,更加条理化或系统化,需要进行类书性编辑工作。或者为了对某一医家、某一学派或某一时期的学术进行全面而系统的研究,需要进行某一个人著作、某一学派或某一时期的丛书编辑。虽然在这方面,历史上及近些年来,已有过此类著作,但它远远达不到社会应用与学术研究的需要,今后仍需继续完成这方面的任务。而这种工作的基础,正是浩如烟海的历史文献。

8. 中医文献与中医文献学

由于中医文献历史悠久,批量较大,内容广博,体裁不一。而在这大量的历史文献中,体现了文献自身的理论、规律、体系、方法等方面的内容。诸如中医文献的流别、结构、著录、载体、文体、校勘、注释、辨伪、辑佚等。其中某些方面,虽与文史文献学有诸多雷同之处,但作为一种专业文献,毕竟有其自身的特点。因此,要探索和研究中医文献的文献学理论和体系,当然需要以一般文献学为借鉴,但重要的是通过大量中医文献的整理研究,总结自身的规律,体现本学科的特色。所以,中医文献学的研究,是离不开中医文献的。

9. 中医文献与传统科学文化

医学文献所记载的医学科学,乃是中华民族传统科学文化体系中的一个分支,或者说是总体中的一个部分。作为任何一门科学文化的形成与发展,都离不开本民族传统文化总体水平的制约。而作为总体文化的一个分支或部分,也必然和科学文化的总体有着不可分割的联系。作为祖国医学的指导思想,特别突出地强调了"人与天地相参"的观点。因而,在医学这一领域,它所涉及的知识覆面是相当广泛的,诸如天文、地理、气象、物候、历法、术数、音乐、哲学、典制等自然科学与社会科学等,均有所论及。因此,在中医文献的宝库中,也蕴藏着这方面的知识财富。

10. 中医文献与古典文体

古典文体,指古代文章体裁或体制。它是以文字语言记录各种文化与科学知识文章的特有形式。在中医文献的各类文章中,总是借助各种文体记录中医学的内容。所以,在中医文献中,对来自民间或文人之手的各类文体,诸如诗歌词赋,散文公文,甚至以医学为内容的小说变文寓言等,不仅形式繁多,而且颇具时代特色。因此,它既对研究古典文体有一定价值,又对文章形成年代的探讨,有一定参考意义。

11. 中医文献与古代汉语

古代汉语,是我国古代汉文化的一种记录和传授知识的工具。作为中医的主要组成部分或者说是主体的汉医，当然是与汉民族文化分不开的。因而，作为它的语言工具，自然是古代汉语。在中医文献中，保留了大量古汉语方面的宝贵资料。清代有些汉学大师，如顾炎武、朱骏声等，均曾在音韵、文字学研究方面，从中医文献中大量取证。遗憾的是，有些这方面的研究，反而忽略了浩如烟海的中医文献，致使有些论述，未能取得足够的书证。所以，中医文献也是古汉语研究的重要素材。

12. 中医文献与历史文物

作为中医古代文献，均为辛亥革命以前的遗物，远者已二千余年，近者亦上百年。就从它本身的价值和遗留的时间而言，也尽属文物之例，而且作为中医文献，它不仅是一种综合的科学文化的载体，就其物体本身而论，它又是社会生产，物质生活和多种技能的实际体现和实物证据，为研究我国古代的政治、经济、科学文化，提供客观的证据。

以上仅是指文献的一般价值而论，至于其中对某些病证的治疗经验和切实有效的验方等应用价值很高的知识财富，蕴藏于文献之中者，尤为多见。

第四节　中医文献整理研究的主要任务

文献整理研究，或者更具体地说是古籍整理研究，作为继承发扬民族文化的千秋大业，近些年来在各个系统（包括中医古籍整理）均做了大量工作，取得了显著的成绩。但是，并不可认为，古籍整理研究工作可以到此为止，或者说可以告一段落。或者有人认为古籍整理已经没有什么工作可作，或者没有什么有益的工作可作。如果持这种观点来对待民族文化遗产，那是十分危险的。我们认为今后在古籍整理研究方面，仍应继续整理，努力研究，为挖掘民族文化遗产，为发扬医学科学技术，为振兴中华文化事业，作出应有的贡献。

关于古籍整理研究的涵义及方式，黄永年先生《古籍整理概论》中曾说："古籍整理者，是对原有的古籍作种种加工，而这些加工的目的是使古籍更便于今人以及后人阅读利用，这就是古籍整理的涵义，或者可以说是古籍整理的领域。超过这个领域，如撰写讲述某种古籍的论文，以及撰写某种古籍的研究专著，尽管学术价值很高，也不算古籍整理，而只能算古籍研究。"并对古籍整理的方式，提出了选择底本、影印、校勘、标点、注释、今译、索引、序跋、附录等九个内容。此对中医古籍整理来说，也有一定意义。对中医古籍的整理与研究，今且不去探讨概念的界定和涵义的说解。就当前仍当进行的工作而论，我们认为，主要应包括以下几项内容：

1. 善本影印

重在提供价值较大的善本，供整理研究古医籍人员应用及图书资料的保存。

2. 标点

由于大多数古医籍，本无标点，或仅有简单的断句，对今日缺乏古汉语知识的读者来说，阅读和使用尤为困难。故需以新式标点加工整理。

3. 今译

即以现代汉语对原著进行翻译，以利古医籍的普及。对古医籍的今译，要符合信、达、雅的要求,其难度亦相当大。如果弄得不好,有失原意,则贻误后学。

4. 校勘

对古医籍来说,除了作者原稿尚存,或出版时间不久而出版时校对又较严的书以外,凡经多次翻刻传抄者,可以肯定地说,无一不需校勘。否则,以讹传讹。特别是某些关键性文字,常可由字误而造成文义与理解方面的众多歧义。故古书必校而方可读。

5. 注释

有些古医籍成书较早,如先秦两汉的著作等,或后世医家文风尚古者,由于文字语言音声之变,故后人读古人书,常感困难,加之有些文章,词语简单,语义含混,尤需进行阐发。故有些古医籍,必须加以注释,一则扫除文字方面的障碍,一则阐明义理,方可更好地发挥作用。

6. 类编

由于古医籍内容,无论是一家之言,或杂合众说,或作为一种学术体系,在文字记录的系统性、逻辑性等方面,都有些不足。故前人为了便于学习与应用,为了探索学术思想的体系,为了临床资料的积累,都进行了大量工作,取得了宝贵经验。比如类书的编纂,或对某一著作的分类研究等。但这只能是这一工作的基础,今后仍有大量的工作要去完成。

7. 丛书编辑

古医籍丛书编辑,据书目著录,现存尚有元刻元人杜思敬编《济生拔粹》版本,明以后编纂刊印之丛书,则大量存世。从而说明前人在丛书编纂方面,已做出了相当成就,而且也积累了丰富的经验。但也存有诸多不足之处,比如指导思想、选择版本、收载内容、加工方式等,都可在汲取前人经验教训的基础上,编辑出版更好更精更切实用的丛书。

8. 史书的编纂

中医专史的编写,仅是近几十年之事。这方面已取得了一定成绩,积累了一定经验,但在中医文献及其他文史文献中,加之近些年出土文物,仍有大量资料,应进一步挖掘,以便客观地、全面地、实事求是地对中医学的形成与发展,作出历史的评价,编写出本学科的通史、发展史及专科史。

9. 文献工具书的编纂

由于中医古籍书品种众多、版本复杂、内容丰富、检索不易,故自明清以后,特别是民国以来,有不少学者,十分注意中医古文献工具书的编写,诸如书目叙录、版本考证、各类索引、文字音韵、通释语义等各类工具书籍;近些年来,也有不少学者,在这方面作了许多有益的工作。但总的看来,这方面的工作,与中医文献的实际情况及社会需要,尚未能相称。因此,对中医文献工具书的编写,也是一项十分艰巨的任务。

10. 各种专科与专病文献的整理研究

由于中医历代文献历时较长、分散性较大,应用不便。故对各科或专病的文献,进行系统地、全面地整理研究,取其精华,弃其糟粕,有利于提高对中医文献的实际运用,有利于对学术的继承与发扬。

11. 各种学术流派与学术思想文献的整理研究

中医文献自形成之日起,历经各个不同的历史时期,都体现了诸多不同学派与不同的学术思想,有待于根据现有文献资料,加以系统的整理总结,并在此基础上,进行深入的研究,有利于促进学术的发展。

12. 中医文献理论的研究

文献理论的研究,也就是文献学的研究。在中医这一学科领域,也仅是在新中国成立以后,才有些学者注意到这一学科的建设和理论方面的研究,并已作出了可喜的成就。但随着中医文献整理研究工作的不断深入与扩展,中医文献专业的建立和中医文献整理研究人才的培养等,都要求我们在学科体系的建立、教材建设及中医文献理论的研究方面,作出新的成就,满足社会需求与教学的需要。因此,在这方面,也还有艰难而繁重的任务,等待我们去完成。

凡此等等,均需要在众多的具体文献中,作广泛深入的研究,方可完成。在广泛深入的研究过程中,并将进一步丰富和提高文献学的基本知识和基础理论。

第二章　中医文献的源流与流别

中医古代文献，源远流长，它与中国汉文化的形成与发展，一脉相承，息息相关。根据现有文献记载，远自上古时代，即有诸多有关医学的传说。自商周时期，即有不少有关医学内容的文字记录。迨至春秋、战国以降，医学文献内容，则有较多资料可征，特别在秦汉时期，随着社会生产力的不断提高，传统文化的不断发展，医疗技术也有了较大提高，而且在长期与大量医疗实践的基础上，通过广大医事工作者的总结概括，并注意吸收与借鉴其他学科的知识及理论，不但有较多临床经验的总结，而且有一批理论性著作问世，为中医学后来的发展，奠定了良好的基础。自汉以后，大量医学文献，层出不穷，截止辛亥革命，在两千多年的历史过程中，仅现有存世医籍，亦有约万千种之多，真可谓汗牛充栋。这既是先辈们留下的一笔宝贵财富，也是一座伟大的宝库。以下简要介绍中医古代文献各个历史时期的基本情况及诸多文献的源流与流别。

第一节　上古医学文献

此所谓上古时期，非史学家之历史分期，而为叙述方便，此指殷商以前的历史时期。

在上古时期，由于去古已远，未能留下实证，仅从先秦及两汉时期遗存之古代文献中，有追记上古于医学有关之事，亦多属于医事及医林人物有关之传说，难能成为信史。但是，随着人们的生产活动和疾病的侵扰，也必然和自然地会产生医疗活动，故后来许多文献所追记之事，亦当可反映我们的祖先或部族在医疗方面的一些情况。根据现有文献记载及出土文物考证，反映上古医疗活动，主要有以下几种形式：

一、后世文献追记之传说

在先秦及汉晋文献中有诸多有关上古医事之记载。其在当时，亦或有更早的文献可据，今已无从考证。今略举数端。

晋·皇甫谧《针灸甲乙经·序》："夫医道所兴，其来久矣，上古有神农，始尝草木而知百药；黄帝咨访岐伯、伯高、少俞之徒，内考五脏六腑，外综经络血气色候，参之天地，验之人物，本性命，穷神极变，而针道生焉。其论至妙，雷公受业，传之于后。伊尹以亚圣之才，撰用《神农本草》，以为《汤液》。"

《淮南子·修务训》："神农……尝百草之滋味，水泉之甘苦，令民知所避就，当此之时，一日而遇七十毒。"

《吕氏春秋·勿躬》："巫彭作医。"

《山海经·海内西经》："开明东有巫彭、巫抵、巫阳、巫履、巫凡、巫相，夹窫窳之尸，皆操不死之药以距之。”

以上诸记,皆传说时有此诸多医者。当然,此不可尽信,但至少反映了在上古时代,亦有诸多代表人物,掌握一定的医疗技术,从事医疗活动。

又《黄帝内经素问》中,亦有记述上古医事之文。如:

《素问・上古天真论》:“上古之人其知道者,法于阴阳,和于术数,食饮有节,起居有常,不妄作劳,故能形与神俱,而尽终其天年,度百岁乃去。”

又《阴阳应象大论》:“余闻上古圣人,论理人形,列别脏腑,端络经脉,会通六合,各从其经,气穴所发,各有处名,溪谷属骨,皆有所起,分部逆从,各有条理,四时阴阳,尽有经纪,外内之应,皆有表理……”

又《移精变气论》:“余闻古之治病,惟其移精变气,可祝由而已。”又“上古使僦贷季,理色脉而通神明,合之金木水火土,四时八风六合,不离其常,变化相移,以观其妙,以知其要……”

又《汤液醪醴论》:“上古圣人作汤液醪醴,为而不用。”

似此等记载,借黄帝与岐伯之语,又称之曰“上古”,自当系后人假托之词。然其谓“古之治病,惟其移精变气,可祝由而已。”则情亦可信。至于诸多带有理论性说解,恐非黄帝以前之所谓“上古”所能言也。故诸多论述,盖皆出自后人手笔。

二、后人著述依托上古者

先秦及汉人之著述,颇有托古之风,诸多后人之作,常托名于古。如《淮南子・修务训》云:“世俗之人,多遵古而贱今,故为道者,必托之于神农、黄帝,而后能入说。”

今举古医籍依托诸名之例:

《汉书・艺文志》著录医籍依托上古之人者有:《黄帝内经》十八卷、《外经》三十七卷,《泰始黄帝扁鹊俞拊方》二十三卷,《神农黄帝食禁方》七卷,《容成阴道》二十六卷,《务成子阴道》三十六卷,《尧舜阴道》二十三卷,《汤盘庚阴道》二十卷,《天老杂子阴道》二十五卷,《黄帝三王养阳方》二十卷等。

详此诸名,皆托之上古人。如《泰始扁鹊俞拊方》,颜师古注引应劭曰:“黄帝时医也。”“容成”,亦作容成子,相传为黄帝大臣。《列子・汤问》:“唯黄帝与容成子,居空峒之上,同斋三月,心死形废。”“天老”,相传亦黄帝之臣。《韩诗外传》卷八第八章:“黄帝即位……乃召天老而问之曰:凤象何如?”《后汉书・张衡传》:“方将师天老而友地典。”李贤注:“《帝王纪》曰:黄帝以风后配上台,天老配中台,五圣配下台,谓之三公。”“务成”,亦作务成子,相传为尧之师。汉・王符《潜夫论・赞学》:“尧师务成,舜师纪后。”

详《汉书・艺文志》著录上述诸书,绝非黄帝或尧舜时之作,定系战国或秦汉时人所依托古人者。

又长沙马王堆汉墓简书《十问》,皆依托古人,以问答体式,言养生保健房中等事。其中涉及上古之人者,如黄帝问天师、黄帝问大成、黄帝问曹熬、黄帝问容成、尧问舜、王子巧父问彭祖、帝盘庚问耇老、禹问师癸等。

详“天师”,指岐伯,如《黄帝内经素问・上古天真论》:“昔在黄帝……乃问于天师曰。”王冰注:“天师,岐伯也。”“大成”,不详,当为传说黄帝之臣;又或为“大真”,如汉・刘向《新序·杂事五》:“吕子曰:神农学悉老,黄帝学大真,颛顼学伯夷父,帝喾学伯招,帝尧学州文父,帝舜学许由,禹学大成执……”“曹熬”,今经史不见载,当为传说中黄帝之臣。“王子巧父”,不详,或有谓“王子乔”者,按王子乔,亦称王乔。《文选·孙绰·游天台山赋》:“王乔控鹤以冲天。”李善注引《列仙传》:“王子乔者,周灵王太子晋也。”又王乔者,似皆指秦汉时人。如《淮南子·齐俗训》:“今夫王乔、赤诵子,吹呕呼吸,吐故纳新。”《论衡·无形》:“称赤松、王乔,好道为仙,度世不死,是又虚也。”凡此似皆与问彭祖之义不合。此当指上古养道修仙者。“彭祖”,古之长寿者,《楚辞·天问》:“彭铿斟雉,帝何飨?”王逸注:“彭铿,彭祖也。”《列仙传》:“彭祖,讳铿,帝颛顼玄孙,至殷之末世,年已七百余岁而不衰,少好恬静,惟以养神为事。”“盘庚”,商代汤王九世孙祖丁之子。“耈老”,不详,当为商代之臣。“师癸”,不详,当为传说禹之臣。

又如长沙马王堆汉墓帛书《胎产书》中“禹问于幼频”,又诸房中术如《素女经》之“黄帝问素女”等,皆属此类。

凡此等等,借上古帝王如神农、黄帝、尧、禹等与其传说中大臣等之问答,皆系后世依托之作,决非该时之遗存文献,故不足为徵。

诸如此类依托之作,古代或以为据而可信。如前引晋·皇甫谧《针灸甲乙经·序》。又如唐·王冰次注《黄帝内经素问·序》:“夫释缚脱艰,全真导气,拯黎元于仁寿,济羸劣以获安者,非三圣道则不能致之矣。孔安国序《尚书》曰:伏羲、神农、黄帝之书,谓之三坟,言大道也。班固《汉书·艺文志》曰:《黄帝内经》十八卷,《素问》即其经之九卷也,兼《灵枢》九卷,乃其数焉。”又如宋·林亿等新校正《黄帝内经素问·序》云:“在昔黄帝之御极也,以理身绪余治天下,坐于明堂之上,临观八极,考建五常……乃与岐伯上穷天纪,下极地理,远取诸物,近取诸身,更相问难,垂法以福万世,于是雷公之伦,授业传之,而《内经》作矣。”又林亿等新校正《针灸甲乙经·序》云:“或曰《素问》、《针经》、《明堂》三部之书,非黄帝书,似出于战国。曰,人生天地之间,八尺之躯,脏之坚脆,腑之大小,谷之多少,脉之长短,血之清浊,十二经之血气大数,皮肤包络其外,可剖而视之乎!非大圣上智,孰能知之,战国之人何与焉。”

详林亿等之说,以为诸多所谓黄帝君臣问答之医书,并不可能由一般人所能为,必须由“大圣上智”之黄帝、岐伯等,方能有如此坟典之作。它完全抹杀了医学的技能与理论源于历代广大劳动者实践的历史事实。把知识与理论的形成、医学文献的产生,归之于圣王的“上智”与先知。这是一种十足的历史唯心史观。然而,在宋代另有诸多学者,对所谓黄帝所作之古代文献,却持有与林亿等完全不同的观点。如邵雍《皇极经世书》云:“《素问》、《阴符》,七国时书也。”程颢等《二程全书》云:“观《素问》文字气象,只是战国时人作。谓之三坟书则非也。”司马光《传家集》云:“谓《素问》为真黄帝之书,则恐不可……此周汉之间,医者依托以取重耳。”上举诸家对《黄帝内经》一书之真正作者及成书年代,虽所言不一(因这是一个难于判断其准确年代的复杂问题),但均对其为黄帝所作之说,持否定态度。此应符合历史的真实情况。故后世学者,根据历史的实际和医学发展的史实,对《黄帝内经》的成书年代,作过许多有一定学术价值的探讨。此仅以《黄帝内经》为例。就上举其他所谓上古医学文献,概不例外,亦皆为先秦或秦汉间人依托之作。

从而说明,在上古时代,由于生产力比较低下,虽然人们在生产和生活的过程中,必然地会有一定的医疗活动和医学知识的积累与传授,但尚难以留下传世的文献,这也完全符合历史发展的客观规律。

三、出土文物考证

截至目前,从出土文物来看,真正具有文字记录的文献,当属殷商时代的甲骨文。

殷商文化是在夏文化的基础上发展起来的,文字的发展与应用,日趋成熟。仅从今日发现的十万多片、五千多个单字中,虽无专门的医学文献,但其中也不乏与医学有关的内容。如人体部位名称有首、目、口、齿、自(鼻)、耳、止(趾)、足、页等,疾病名称有疒、疾、头病、耳病、眼病、鼻病、牙病、腹病、足病以及蛊、龋等,另外还有如医字、酒字、孕字、痳字等,均与医学有关。以上仅是从现已出土之大部为卜辞和已认出的字中,得知有此类内容。若推而论之,在夏、商文化中,一定尚有更多的医学文献,惟待日后有出土文物,或能有更多的医学文献资料。

四、上古医疗技术推议

如上所述,上古时代,虽然未能也难能有可靠的文献资料,但不等于该时期就没有医疗技术的存在。从出土文物及有关文献追述之史料推断,上古时期的医疗技术,可能采用了以下几种方法。

1. 针石治疗

根据近代考古发现,在石器时代的遗物中,有石制尖状器、镞形器、骨针等,此类工具固然主要是用于生产与生活方面,但亦不能排除其亦可作为医疗之用的可能性。如《山海经·东山经》:“高氏之山,其上多玉,其下多箴石。”晋·郭璞注:“可以为砥针,治痈肿者。”郝懿行笺疏:“案砥,当为砭字之伪。《南史·王僧孺传》引此注作‘可以为砭针’是也。《说文》云:砭,以石刺病也。《素问》云:东方之域,其病为痈疡,其治宜砭石。是砭石正东方所出也……《淮南·说山训》云:病者寝席,医之用针石。高诱注:石针所砥,弹入痈痤,出其恶血者也。”详此诸多文记,虽出自后人之手,然当有古代传说之追记者,是则亦可推断,上古之时,原有以石针、骨针及砭石等治病之法。这与后世所谓“伏羲制九针”的传说,义亦相合。

2. 药物治疗

药物治疗方法的发现,当与食品是分不开的,现虽无上古遗物可据,然后世载诸药物之功效,亦非偶然,定系劳动人民长时期经验的积累。现存《山海经》中,就记有诸多药物功效,如“南山经”载“有鱼焉,其状如牛……食之无肿疾”。南流之泽,“其中多赤鱬……食之不疥。”“仑者之山,其上多金玉,其下多青雘,有木焉,其状如谷……食者不饥,可以释劳”。又“西山经”载“其草有萆荔,其状如乌韭……食之已心痛”。又石脆之山,“其草多条,其状如韭……食之已疥。”如此等等,不胜枚举,且所举诸物,亦不见于古本草专著之《神农本草经》,又如近年来安徽阜阳汉墓出土之简书《万物》,其中亦载有较多药物,据《文物》1988年载胡平生等《〈万物〉略说》一文统计,其中关于各种药物的效用,包括玉石部、草部、木部、兽部、禽部、虫鱼部、果部、米谷部、菜部等七八十种。

似此等非医学类著作中所记诸药物功效主治，当然是以后来人积累之经验为主，但也难以排除某些源于上古人之世代传说中事。总之，在上古时期已采用某些药物治疗，当是无疑的，这与后来“神农尝百草，以疗民疾”的传说，亦相吻合。

3. 祝由治疗

祝由亦作祝褶。是以祝祷的方式进行治病。《说文·示部》：“褶，祝褶也。”段玉裁注：“惠氏士奇曰：《素问》黄帝曰：古之治病，可祝由而已。‘祝由’，即祝褶也。”由通繇、籀。《左传·闵二年》：“成风闻成季之繇。”杜预注：“繇，卦兆之占辞。”详《素问》此文，已见前引，王冰注云：“古者巢居穴处，夕隐朝游，禽兽之间，断可知矣……夫志捐思想，则内无眷慕之累，心忘愿欲，故外无伸宦之形，静保天真，自无邪胜，是以移精变气，无假毒药，祝说病由，不劳针石而已。”此种祝由之事，一般是由巫来承担的。如前引《山海经》诸巫，后来医之设祝由科，盖必由上古之有所沿传也。商周以来，巫尚盛行，亦良有以也。而且有些巫者，亦常兼能医，故古或混然。如俞樾《群经平议·孟子一》：“巫即医也。《楚辞·天问》：‘化为黄熊，巫何活焉。’王逸注：‘言鲧死后，化为黄熊，入于羽渊，岂巫医所能复生活。’是巫医古得通称，盖医之先亦巫也。”俞氏所谓“医即巫也”之说，虽不无商榷之义，难以尽同。然在上古时，巫与医有一定的关系，当是符合当时的生产与生活水平的社会背景。

利用祝由的形式治病，在特定的历史时期及特定的物质生活与文化生活的条件下，在人们的心理上，尚能起到一定的作用，如汉·刘向《说苑·辨物》：“吾闻上古之为医者，曰苗父。苗父之为医也，以菅为席，以刍为狗，北面而祝，发十言耳。诸扶而来者，舆而来者，皆平复如故。”如果巫者除采用祝由的形式外，兼用某种医疗技术，则更易被人们所接受。这在科学文化已经昌盛的今日，在某些经济文化比较落后的地区，仍有以巫术采用祝由形式为人们治病的事实，如1947年商务印书馆出版之《湘西苗族调查报告》及1985年云南民族出版社出版之《昆明民族和宗教调查》中，反映苗族巫师治病念《五瘟经》、《五雷经》及彝族巫师治病之“画水”等方式，均可得到证实。故祝由之法，本源于上古也无疑。

五、上古医疗技术的传播方式

上古时代，对医疗技术的传授与传播，在文字的创造尚属初期阶段时，对从简单的生产劳动及与疾病作斗争中积累起来的医疗知识与医疗技术，主要靠言传口授。如《黄帝内经素问·三部九候论》：“黄帝问曰：余闻九针于夫子，众多博大，不可胜数。余愿闻要道，以属子孙，传之后世，著之骨髓，藏之肝肺，歃血而受，不敢妄泄……”此虽属之浮辞之类，但它反映出这样一个问题，即上古取口传心授之法传授知识，被传授者，则将知识“著之骨髓，藏之肝肺”，永志不忘，后则“以属子孙，传之后世。”“著”，贮也。如《史记·货殖列传》：“子赣既学于仲尼，退而仕于卫，废著鬻财于曹、鲁之间。”司马贞索隐：“著音贮，《汉书》亦作贮。”又《素问·气交变大论》：“黄帝问曰：五运更治，上应天期……可得闻乎？岐伯稽首再拜对曰：昭乎哉问也，是明道也。此上帝所贵，先师传之，臣虽不敏，往闻其旨。”此亦说明黄帝所问之事，岐伯则谓“此上帝所贵，先师传之……往闻要旨”。是岐伯往日曾闻先师之传授，亦口传心授之法。又《灵枢经·师传》：“余闻先师，有所心藏，弗著于方，余愿闻而藏之，则而行之……"此与上引《素问》之文,正可互为印证。

以上虽仅举《素问》、《灵枢》为例,且此等文例,亦必后人托古之语。然其反映上古时代以口传心授之方式传授与传播知识,当属无疑。

结　语

从上述诸端不难看出,在上古时代,虽然由于生产水平比较低下,文化知识亦不发达,但随着人们的生产与生活的需要,医药知识和医疗技术的发现与应用,亦在必行。因此,上古时代,乃是中医文献的源头所在。

由于上古时代,人们尚未创造出相应的文字与记录文字的载体,故那时记载各种知识,是一种特殊的载体——人。各种知识,尽在人们的记忆之中,故知识的传授与传播,主要以口传心授的方式,世代相传。后来有了文字,则可借助记录文字的载体,进行传播。

后世诸书记载诸上古医事之文献,一则可能出于世代相传,一则撰人有意托古。虽非尽为信史,然亦可反映上古时代某些医学实际情况,当属无疑。

第二节　周秦医学文献

从周朝立国至秦覆亡,此一历史时期,历经八百余年。中国已进入了封建社会,社会生产力较之奴隶社会有较大发展,随着经济的增长,各种科学文化事业,亦均得到了相应的增长。作为社会交际工具和知识载体的文字,亦处于成熟时期。因之,此一时期,医学这一领域,无论是医学专用文献及其他文献收载之医学内容,数量明显增多;特别是从"春秋"到秦这二百余年间,由于学术上的百家争鸣,各种学派十分活跃。因而反映在文献方面,不仅著录医学文献之图书范围广,而且数量多、质量高。此类医学文献内容,主要记载于经史子集诸古籍及后世医学著作引文与其他著作追记文献中。亦有少数为后世出土文物所发现。今举例如下:

一、医事制度方面的文献

此指医学方面的各种规章制度。

《周礼·天官冢宰上》:

医师上士二人,下士二人,府二人,吏二人,徒二十人。

食医中士二人。

疾医中士八人。

疡医下士八人。

兽医下士四人。

按此段文献主要记载了周代朝廷之医事制度。从上文足可看出当时对医学的分科,只有疾医、食医、疡医、兽医四大类,并另设医师一级之管理人员。置食医的地位仅次于疾医,亦为中士,足见其对饮食医学,较为重视。另外特设兽医一科,这与当时官府因交通与战事需要而畜养大批大牲畜有关。此虽仅记官方医事制度,然对了解当时医学分科,则可以为证。

又《周礼·天官冢宰下》：

医师掌医之政令，聚毒药以共医事。凡邦之有疾者、疕疡者造焉。则使医分而治之。岁终则稽其医事，以制其食，十全为上，十失一次之，十失二次之，十失三次之，十失四为下。

食医掌和王之六食、六饮、六膳、百羞、百酱、八珍之齐。凡食齐眡春时，羹齐眡夏时，酱齐眡秋时，饮齐眡冬时。凡和，春多酸，夏多苦，秋多辛，冬多咸，调以滑甘。凡会膳食之宜，牛宜稌，羊宜黍，豕宜稷，犬宜粱，雁宜麦，鱼宜苽。凡君子之食，恒放焉。

疾医掌养万民之疾病。四时皆有厉疾，春时有痟首疾，夏时有痒疥疾，秋时有疟寒疾，冬时有嗽上气疾。以五味、五谷、五药养其病；以五气、五声、五色眡其死生。两之以九窍之变，参之以九脏之动。凡民之有疾者，分而治之，死终则各书其所以，而入于医师。

疡医掌肿疡、溃疡、金疡、折伤之祝药，劀杀之齐。凡疗疡，以五毒攻之，以五气养之，以五药疗之，以五味节之。凡药，以酸养骨，以辛养筋，以咸养脉，以苦养气，以甘养肉，以滑养窍。凡有疡者，受其药焉。

兽医掌疗兽病，疗兽疡。凡疗兽病，灌而行之，以节之，以动其气，观其所发而养之。凡疗兽疡，灌而劀之，以发其恶，然后药之、养之、食之。有病者，有疡者，使疗之。死则计其数以进退之。

按此段文献所记，不仅说明了疾医、食医、疡医、兽医的职责及考绩办法，而且反映出当时在医学理论体系及四时流行疾病等方面的问题。在理论体系方面如“九脏”说，酸养骨、辛养筋、咸养脉、苦养气、甘养肉、滑养窍等六养之说，均与后来《黄帝内经》中五脏体系与五味养五体之说不同。说明周代医学理论之早期流别，与后来之差异。又所言四时发病与今存《素问·金匮真言论》所言五时（包括长夏）善病某某等，亦不尽同。故此文对探讨该时期医学理论流别，具有重要价值。

二、医林人物方面的文献

此指医林人物之姓名、里贯及医事活动。

（1）《左传·成公十年》：“晋侯梦大厉，被发及地，搏膺而踊曰：杀余孙不义……公疾病，求医于秦，秦伯使医缓为之。未至，公梦疾为二竖子曰：彼良医也，惧伤我焉，逃之。其一曰：居肓之上，膏之下，若我何。医至曰：疾不可为也。在肓之上，膏之下，攻之不可，达之不及，药不至焉，不可为也……”

又《左传·昭公元年》：“晋侯求医于秦，秦伯使医和视之。曰：疾不可为也。是为近女室，疾如蛊……天有六气，降生五味，发为五色，徵为五声，淫生六疾。六气曰阴阳风雨晦明，分为四时，序为五节，过则为灾。阴淫寒疾，阳淫热疾，风淫末疾，雨淫腹疾，晦淫惑疾，明淫心疾。女阳物而晦时，淫则生内热惑蛊之疾。”

按《左传》记医缓、医和之事，不仅系秦之良医为晋侯治病之具体案例，而且从医和论病因说中，可以看出，此所谓“阴阳风雨晦明”之“六气”，虽与《黄帝内经》“风热火湿燥寒”之六气说不尽相同，但亦当为“六淫”致病之滥觞。

（2）《史记·扁鹊仓公列传》，记有扁鹊里贯、生平及为赵简子、虢太子、齐桓侯治病之具体经过。并提出病有六不治之说，即“骄恣不论于理，一不治也；轻身重财，二不治也；衣食不能适，三不治也；阴阳并，藏气不定，四不治也；形羸不能服药，五不治也；信巫不信医，六不治也。”其中包含有对达官贵人及巫术的批判，说明医学理论与医疗技术已得到高度发展，足以和鬼神等迷信思想相对抗。这一思想十分可贵，其与《素问·五脏别论》所谓“拘于鬼神者，不可与言至德；恶于针石者，不可与言至巧”之所论，亦有一定渊源关系。

又关于扁鹊为齐桓侯治病之事，汉·刘向《新序·杂事》，亦有所记载，惟文字略有不同。

从以上所记扁鹊治齐桓侯病事可见，在汉初必留有前朝有关医林人物方面之文献，惟后皆散佚。

按在汉前诸子文集中，有的虽涉及医林人物，然往往事出怪诞，恢诡奇谲，近乎寓言者，惟在借医以喻政，假艺以明理，不可以为信史也。今仍以扁鹊为例。如《列子·汤问》有鲁公扈、赵齐婴同请扁鹊治病之事，扁鹊谓二人，一者志强而气弱，一者志弱而气强。遂将二人迷死剖胸，互易其心。二人愈后，各返彼人之室，妻子不能识，乃相与讼，求辨于扁鹊，辨所由，讼乃已。

详《列子》本篇，共出十五则故事，此其一也。余如“大禹迷涂”、“小儿辩日”、“愚公移山”、“匏巴鼓琴”、“薛谭学讴”、“伯牙鼓琴”、“甘蝇善射”、“夸父逐日”等，事皆奇诞。言之于物理则近是，证之于史则恐非。故此记扁鹊换心之事，史书所不论，医家所不言，不足为徵也。是则说明，在医林人物诸文献中，亦尝有真伪相掺者，当有所明辨。

三、医学著作方面的文献

医学著作方面，在今存古医籍及历代史书经籍志、艺文志及官、私修目录书中著录之古医籍，署名为周秦间人之著作者，大都为依托之作。如《黄帝内经》及《外经》，《扁鹊内经》及《外经》等。经近代诸多学者考证，似皆成编于汉代前期。除此之外，尚无存世之周秦著作。然而，这一时期，是否尚无医著问世，当然不是。由于此时期之医著，一部分被汉人加工整理时，编纂汇辑为另外之书，一部分后皆亡佚，故现只能从早期医著之引书中进行考证。另有近年从汉墓出土之古医书，据多方考证，有些亦当系汉前之医著。今从这方面举例说明。

（一）今存古医籍引书

今存古医籍，据近代学者考证初步认定为汉代成编者如《黄帝内经素问》、《灵枢经》、《难经》等。

详上述三书，虽成编于汉人之手，但其中使用之素材及引用书名，多系前朝医著。故从三书之引书，可以考证出若干周秦时期之医学文献。

1.《素问》、《灵枢》

《素问》、《灵枢》引书，据初步考证，含有《五色》、《脉变》、《揆度》、《奇恒》、《针经》、《九针》、《热论》、《本病》、《上经》、《下经》、《金匮》、《刺法》、《形名》、《比类》、《从容》、《五中》、《明堂》、《终始》、《形法》、《大要》等，加之浑称“经曰”或“所谓……者”等不明书名之引文，其所引古医籍，不下三十种左右（详见后文“中医文献著录”之“引书著录”一节）。

2.《难经》

《难经》一书，首见《隋书·经籍志》著录为《黄帝八十一难》二卷。注：“梁有《黄帝众难经》一卷,吕博望注,亡。”皆不题撰人。至《旧唐书·经籍志》著录,始云:“《黄帝八十一难经》一卷,秦越人撰。”又唐初杨玄操氏《难经·序》文,一者言《难经》“乃勃海秦越人之所作”,又谓所解之经,为《黄帝内经》。按杨氏此说,不知所据。《史记·扁鹊传》、梁、隋书目均无此记,所解经文,与今存《素问》、《灵枢》不具或相悖者,亦不鲜见。故杨氏此说,后世学者颇有异议。尽管如此,但其所解之经,当系古医经之类,或系先秦人依托之作。又其引书有《十变》一书,亦当系汉以前古医籍也。

(二) 今存文史古籍引书

《史记·仓公传》记有仓公淳于意,曾受到公乘阳庆所授黄帝、扁鹊之《脉书》、《药论》、《上经》、《下经》、《五色诊》、《奇咳术》、《揆度》、《阴阳》、《外变》、《石神》、《接阴阳》等所谓“禁方书”。

据仓公传云:阳庆“谓意曰:尽去尔方书……我家给富,心爱公,欲尽以我禁方书悉教公”。是知阳庆授淳于意之书,绝非时人之作,定系前朝禁秘之书。故当系汉前古医著也。

(三) 出土文物古医籍

近年在汉墓出土文物中,有较多简书与帛书,其中有部分为古医籍,今举例如下:

1. 长沙马王堆汉墓古医书

1973年末,在湖南省长沙市马王堆三号汉墓中出土了大量帛书和少量简书。其中有部分为古医籍,因原件均无名,经整理小组定名后,计有《足臂十一脉灸经》、《阴阳十一脉灸经》甲本、《脉法》、《阴阳脉死候》、《五十二病方》、《却谷食气》、《阴阳十一脉灸经》乙本、《导引图》、《养生方》、《杂疗方》、《胎产书》、《十问》、《合阴阳》、《杂禁方》、《天下至道谈》等共15种。

(1)《足臂十一脉灸经》甲本,该书对人体足太阳脉、足少阳脉、足阳明脉、足少阴脉、足太阴脉、足厥阴脉、臂太阴脉、臂少阴脉、臂太阳脉、臂少阳脉、臂阳明脉等十一脉的名称、走向与部位、症候与灸治等予以说明。其内容与今存《灵枢·经脉篇》相校,其名小异。“臂”,《灵枢》作“手”,又此少“臂厥阴”一脉,应属早期十一脉体系。症候亦与《灵枢》差异较大,且只言“灸”不言“刺”。据此以论应系“经脉”学术形成之早期文献,对研究经脉学之发展,有较大价值。

(2)《阴阳十一脉灸经》,此书含钜阳脉、少阳脉、阳明脉、肩脉、耳脉、齿脉、太阴脉、厥阴脉、少阴脉、臂钜阴脉、臂少阴脉等十一脉。此书内容,从名称、症候等,均与《足臂十一脉灸经》差异较大。其“是动则应”与“其所产病”八字,上书无,《灵枢经》同,唯“产”作“生”。

就以上经脉之内容而论,均与《灵枢经》有较大差异,均应为经脉学说形成发展十一脉系统之早期文献。是皆可证经脉学说之发展,从起始至形成,并非出于一时一人之手,而是经历了一个多时、多地、多人的实践,集众人智慧而发展完善起来的,最后托名“雷公问于黄帝”文,而改编于原本《针经》中,即今日所见《灵枢·经脉》文也。

(3)《脉法》,此系一短篇文,内容亦残缺较多,难以详其全义,唯起始有“以脉法明教下,脉亦圣人之所贵也”二句,故整理时遂以“脉法”二字命题。据残留之文,亦言脉事者也。疑为别书脱落之文,或古单篇别行者。

(4)《阴阳脉死候》,此亦单篇言脉死候者,以其内容为三阳(天气)、三阴(地气)死候诸证,故整理时以此命题。其内容言及三阴、三阳之死证所具五死,即肌死、骨死、气死、血死、筋死,与五脏之相应亦有关,盖亦昔年诊候一类书。

(5)《五十二病方》,此书尽言诸病证之方,以其末有“凡此五十二”数字,故整理时遂命题为“五十二病方”。书中除第三十八病残缺外,余皆备,唯大多有程度不等的残缺。又据马继兴研究员《马王堆古医书考释》介绍,除上述所言外,尚有残片若干,其文云:“每个残片仍括一条至数条的残文,但除个别条文外,由于残缺过多,多数均无法分辨条数……”实为憾事也。

本书当系汉以前人抄录之数十种疾病(包括内、外、妇、儿及虫蛇咬伤)之治疗方法。所言“五十二”,系以抄录者于末文书字之题示,对医学临床各科在学术方面,无实际意义。书中所载医方,约言之已有酒剂、水剂、散剂、膏剂、敷法、熨法、沃法、舐法、灸法、按摩法、燻法、蒸法、砭法、切割法、沐浴法、角法等多种疗法,对医学治疗学的研究,很有启迪。

关于角法一法,虽仅在治“牡痔法”云:“牡痔居窍旁,大者如枣,小者如枣覈(核)者方:以小角角之,如孰(熟)二斗米顷,而张角,絜以小绳,剖以刀……”此乃角法与刀切两法合用,此曰“小角”与“大角”相对而言,即以兽角制成之拔筒,用以吸拔病物之具,汉以后,据有关文献记载,角法常以竹筒代兽角。

另有祝法与“巫祝法”均属迷信之类,足证当时巫术尚与医术相混,故早在春秋时代,扁鹊即有“信巫不信医者病不治”之警。本书中有多处言及“祝法”及“禹步三”法。“禹步三”,即巫师舞步也。汉·杨雄《法言·重黎》:“昔者姒氏治水土,而巫步多禹。”李轨注:“姒氏,禹也。治水土,涉山川,病足,故行跛也……而俗巫多效禹步。”晋·葛洪《抱朴子·登涉》:“禹步法:正立,右足在前,左足在后,次复前右足,以左足从右足併,是一步也。次复前右足,次前左足,以右足从左足併,是二步也。次复前右足,以左足从右足併,是三步也。如此,禹步之道毕矣。凡作天下百术,皆宜知禹步,不独此事也。”本书中亦多祝与禹步合用。

(6)《却谷食气》,该书乃讲述导引者流行避谷与食气之法,颇富羽家色彩,后世养生之书常言及之。

(7)《阴阳十一脉灸经》乙本,该书与《阴阳十一脉灸经》甲本,当系同源之别抄本,二书可互校。

(8)《导引图》,该书是一幅在帛上彩绘导引术练功图,上下四层排列,每层十一图,其图下题名,残缺较甚。据剩文可知为治疗某种疾病或练某功之图式,其法式多有以禽、兽命名者,如熊经、鹤唳、龙登、鹞飞、沐猴讙、猿呼、龟恨等。亦合于导引之术,如汉·华佗五禽戏,盖亦是类。

(9)《养生方》,该书出土时,即单抄于一卷帛上,因以养生方药为主要内容,故定以此名。其内容约为治阳痿方、壮阳方法、补益方、强筋方、阴肿方、女阴药方、房中术方等。本书基本上属于房中术类。其某些内容,虽具有一定研究价值,但亦可证明其供贵族王室玩弄女性之腐臭生活,则不可取矣。

(10)《杂疗方》,该书出土时,亦单抄一帛上,其文字亦残缺较甚,其内容约含房中、养生、埋胞法等,末有治蜮、蛇咬伤法,以其内容较杂,故定名《杂疗方》。

(11)《胎产书》,该书文字虽有残缺,但其内容尚可认定,主要为妊育、养胎、产子、埋胞方面的内容，为我国现知最早有关妊育方面之妇产类文献，故命以此名。其起文作"禹问于幼频曰"，当是依托之作。禹，夏禹王，幼频，不详或托为禹之臣。书中言受妊之时及养胎之法，均有一定科学道理；埋胞之义，不足置信。又养胎文中提及"四月而水受（授，下同）之，乃成血；……五月而火受之，乃使成气……六月而金气之，乃使成筋……七月而木受之，乃使成骨……八月而土受之，乃使成膚革……"虽有"五行"之名，然与《黄帝内经》中所言五脏及五体与五行相应则不同，此时五行学说与医理结合之历史研究，颇有价值。

（12）《十问》，本书为简书，与《合阴阳》合为一卷，其内容为黄帝与天师、大成、曹熬、容成，尧与舜，王子乔父与彭祖，盘庚与耇老，禹与师癸，文執（挚）与齐威王，王期与秦昭王等质疑问对之词。诸人皆依托古代帝王、候伯、医家、方术之流。如曹熬、大成、耇老、师癸、王期等，未见于别家文献，亦后人依托者，其内容皆涉于养生、房事、导引等术，以求健康长寿。对研探养生保健之法，有一定学术价值。以其设问之人及于十，故名"十问"。

（13）《合阴阳》，此与《十问》合为一卷，以其起文有"凡将合阴阳之方"云云，遂以"合阴阳"三字命名，其内容尽为男女性交合术。"阴阳"者，男女两性也。"合"者，男女交合也。此亦"房中术"类，对"性医学"之研究，有一定价值。

（14）《杂禁方》，此简与《天下至道谈》合为一卷。其内容仅言"夫妻相恶"、"妇姑善斗"、"婴儿善泣"及"夫妻相去"者之治法，故命曰"杂禁方"。似亦房中之流。

（15）《天下至道谈》，此书与《杂禁方》合为一卷，此亦木简，简中夹有独书"天下至道谈"一简，当是标题错置，遂以此为名，此简起首有文作"黄神问于左神曰"七字，亦系依托之词。此书虽云"天下至道"，实则寓养生于房中术中，特对房中术之"七损八益"，论之甚详。此对研究件保健及解读《黄帝内经·素问》"阴阳应象大论"此文，颇有意义。然房中术诸法含有贵族性生活需要等内容，亦在所难免，尤当别论。

以上对长沙马王堆汉墓出土医书内容加以简要介绍，现有1988年天津科学技术出版社发行周一谋、萧佐桃主编之《马王堆医书考释》、1992年科学技术出版社出版发行马继兴著《马王堆古医书考释》二书，可供研阅。

上述十五种书，据其中使用讳字的情况判断，其抄写年代，有的在汉初，然而也有避秦讳者，如《却谷食气》一书中"端阳"之"端"，即系避秦始皇嬴政之嫌讳"正"改字。结合抄写使用的不同字体分析，其抄写年代，并非出于同一时期。就这部分文献的成书年代而言，详该墓主人的入葬时间，学者据随葬遣册木牍所记墓葬时日"十二年二月乙巳朔戊辰"判断，为汉文帝十二年二月，此时汉代立国仅有三十九年的历史，若论天下与朝政真正安定和稳定的时间，也只是在汉文帝继业之后。这一批医学文献，作为文化珍品而殉葬，恐非时人之作。故很有可能皆出于汉以前人之手笔。从书体而论，有些与秦代书法亦多相似；从其学术内容而论，就有关部分，与今存《素问》、《灵枢》相校，也支持此种推断。当然，其抄写年代，也有许多为汉初抄件而无疑，因其有避汉惠帝刘盈、吕后雉、文帝刘恒之讳，即为确证。因此，这一批医学文献的真正成书年代，似可初步做出这样的判断，至少有相当一部分，应属前朝之医籍。如果说得更具体些，就其学术内容的断代水平而论，似当在战国至秦这一历史时期。

2. 江陵张家山汉墓出土古医籍

1984年湖北省江陵张家山汉墓出土汉简中，有医籍二种。现简介如下。

(1)《脉书》,该书名为原题名。据《文物》1989年7期载连劭名《江陵张家山汉简〈脉书〉初探》一文介绍:“湖北江陵张家山汉墓所出竹简中,有一部题名《脉书》的古代医学著作,共计65支简。全文字迹工整娟秀,抄写时间应在西汉初期。《脉书》首先叙述人体各种疾病的名称,其他同于马王堆帛书中的《阴阳十一脉灸经》、《脉法》、《阴阳脉死候》三种。”

据《文物》1989年7期整理小组发表之该书“释文”看,内容与《阴阳十一脉灸经》等基本相同,惟文字小有差别,且残缺情况尤少。从而说明,《脉书》与《阴阳十一脉灸经》二书,应系源于同一祖本之不同抄本。其抄写年代既在汉初,其成书时间,定系汉以前之旧籍也。

(2)《引书》,该书与《脉书》为同一汉墓出土之简书。书名为原题名。据《文物》1990年10期载彭浩《张家山汉简〈引书〉初探》介绍:“《引书》原文抄写在113枚竹简上”。“原简自名《引书》,题于书首竹简的背面”。“根据墓葬年代的推断,引书的抄写年代不会晚于西汉吕后二年(前186年)”。

详该书抄写年代既在汉初,是其成书,亦当系汉以前旧籍。是则说明,在汉以前,已有导引方面的专籍问世。

3. 安徽阜阳汉墓出土简书《万物》

1977年安徽阜阳汝阴侯二代夏侯灶墓出土《万物》(整理人定名)一书,其中记录有本草达七十余种,主治病证达三十余种。故《文物》1988年4期载胡平等《〈万物〉略说》一文云:“我们指出《万物》可能是早期的‘本草’、‘方术’书,并不认为《万物》代表了西汉初期医药学的最高水准……它抄成的时间在西汉初,而撰写的时间可能早得多。”是则说明该书当系汉以前之早期本草类著作。

(四) 古籍文物载医论、医言

在诸多古籍或文物中,尝载有医论、医言或医学铭文等,对医学文献的研究,具有十分重要的意义。今举例如下:

1. 古籍援引医论、医言

(1)《尚书·说命上》:“若岁大旱,用汝作霖雨,启乃心,沃朕心。若药不瞑眩,厥疾弗瘳。”伪孔传:“开汝心以沃我心。如服药必瞑眩极,其病乃除。欲其出切言以自警。”孔颖达正义:“当开汝心所有,以灌沃我心……若服药不使人瞑眩愦乱,则其疾不得瘳愈。言毒药乃得除病。”

详此语与《素问·藏气法时论》“毒药攻邪”及《素问·五常政大论》所谓“病有久新,方有大小,有毒无毒,固宜常制矣。大毒治病,十去其六;常毒治病,十去其七;小毒治病,十去其八;无毒治病,十去其九。谷肉果菜,食养尽之,无使过之,伤其正也。”有近似之意。亦在言毒药可以攻邪,且常致瞑眩。但不可攻伐太过,以防伤正。

(2)《左传·定公十三年》:“三折肱为良医。”

《楚辞·九章·惜诵》:“九折臂而成医兮,吾至今乃知其信焉。”朱熹注:“人九折臂,更历方药,乃成良医。”

《论语·子路》:“人而无恒,不可以作巫医。”

《礼记·曲礼》:“君有疾饮药,臣先尝之;亲有疾饮药,子先尝之。医不三世,不服其药。”孔颖达正义：“凡人病疾，盖以筋血不周，故服药以治之。其药不慎于物，必无其徵，故宜戒之。择其父子相承至三世也。”

详上引所谓“医不三世”、“三折肱”、“九折臂”、“人而无恒”等，均在强调医学实践及医贵有恒的重要意义。

又上引《史记·扁鹊传》所言六不治，也充分反映了是在大量实践的基础上的经验之谈。如此等等，对研究先秦医学思想，均为有重要意义之文献资料。

(3)《吕氏春秋·孟春纪·本性》：“出则以辇，入则以车，务以自佚，命之曰招蹷之机；肥肉厚酒，务以自强，命之曰烂肠之食；靡曼皓齿，郑卫之音，务以自乐，命之曰伐性之斧。”

又“贵公”：“室大则多阴，台高则多阳。多阳则蹷，多阴则痿。此阴阳不适之患也。是故先王不处大室，不为高台，味不众珍，衣不燀热。燀热则理塞，理塞则气不达。味众珍则胃充，胃充则大鞔，中大鞔而气不达，以此长生可得乎。”

又《吕氏春秋·季春纪·尽数》：“天生阴阳，寒暑燥湿，四时之化，万物之变，莫不为利，莫不为害。圣人察阴阳之宜，辨万物之利，以便生。故精神安乎形，而年寿得长焉。长也者，非短而续之也，毕其数也。毕数之务，在乎去害。何谓去害，大甘、大酸、大苦、大辛、大咸，五者充形则生害矣。大喜、大怒、大忧、大恐、大哀，五者接神则生害矣。大寒、大热、大燥、大湿、大风、大雾、大霖，七者动精则生害矣。故凡养生，莫若知本，知本则疾无由至矣。”

上引诸文，虽重在论养生之道，然其有关病因、病机之说，与今存《素问》、《灵枢》所论，亦多相似之义。就学术思想而论，亦可见其渊源关系。又就《吕氏春秋》十二纪中论养生的总体思路及主要的方法与原则，与《素问·四气调神大论》之义，颇多近似之处。故对研讨先秦医学文献，亦具有非常重要的学术与文献价值。

另外，在先秦文史诸古籍中涉及与医学有关的内容颇多，诸如阴阳、五行、气象、物候、病因、病机等文献，均可借助于研讨先秦古医学文献，兹不烦举。

2. 文物载医言、铭文

在古代文物中如金器、玉器等，常有与医学有关之医言或铭文，对研讨古代文献亦颇有学术价值。在诸多铭文款识中，出现较多者为长寿之祝词，也有少数为养生导引术者，如现存天津艺术博物馆之小型圆柱形十二面体玉器，上刻“行气”铭文。

此器郭沫若以为与洛阳金村出土之韩国铜器驫羌钟相似，定为三晋器物，为战国初期，陈邦怀则定为战国后期物。是为战国时物则无疑。

铭文凡十二行，行三字，共三十六字，外加重文六字，共四十二字。经郭沫若与陈邦怀等考释，此器铭文已可通读。铭文为：

行氣(气)：宎(吞)则適(畜)，(適)则神(伸)，神(伸)则下，下则定，定则固，固则明(萌)，明(萌)则
(长)，
(长)则退(复)，退(复)则天。天丌(其)沯(本)才(在)上，坠(地)丌(其)沯(本)才(在)下。

巡(顺)则生，逆则死。

按此铭文，不仅反映了古代关于导引行气的最基本的学术思想，而且就铭文本身而论，极有可能是摘取某一导引行气早期著作中之文句，刻于此玉器上，作为行气铭言而加以珍藏。

结　　语

根据该时期有关文献资料不难看出，该时期的医学文献，较之前一时期，有了较大发展。主要有以下特点。

（1）就医学文献的范围而论，从基础理论到临床应用，以及养生、术数、房中、医事制度、医林人物等各个方面，都曾有过不同形式的文献问世，为后来医学文献的全面展开，开创了道路。

（2）就文献形成的时期而言，在周代前期及中期，因尚处于封建社会的初期，经济文化发展情况，尚未达到较高水平，故医学文献为数亦不多，加之亡佚者众，故史记亦少。至春秋以后，特别是从战国至秦这一时期，由于学术界的空前活跃，促进了学术的大力发展，遂有大批量文献著作的形成，因而，也影响和带动了医学文献的发展。故此一时期的医学文献，根据古籍著录和出土文物的考证，均可证明为数较多，为汉代医学文献的整理研究和医学著作的进一步发展，奠定了良好基础。

（3）就学术水平而论，有两个明显的特点：一是认识上的深化。反映在对医学的各个方面，均有了比较深刻的认识，如对病因方面的认识，已能从神学观念的影响中解脱出来，从气候变化及情志变化等主客观因素中去认识病因，形成了科学的病因观念。又如对人体之形体与脏腑、经络等生理与形态方面的认识，也逐渐形成了系统化、具体化的水平。另一特点是学术上的理论化。在总结实践经验的基础上，把诸多感性知识，加以系统化、条理化、理论化。特别是如在针刺方面，从经络、腧穴体系的建立，到治疗原则及针刺手法等重要学术问题，均已初步形成了自身的理论。又如脏腑学说，也初步形成了以五脏为系统的脏腑学说等等。在说理方面，则借助阴阳、五行学说及“人与天地相参”的整体观念等等，以阐明人体的生理、病理、病因、病机、诊法、治则及人与自然的关系等方面的基本道理。为医学理论的进一步提高与发展，形成了框架体系。这从今日存世的《素问》、《灵枢》反映先秦医学内容中，即可充分体现到这些特点。

（4）就学术流别而论，亦充分体现了百家争鸣、多学派并存的特点。在先秦时期，随着科学文化的迅速发展，曾有过百家争鸣的局面，形成了多种学说并存的情况。这也是学术发展的必然趋势和人们认识社会与认识自然的必然经过。此时期的医学文献，也充分反映了这一特点。这从西汉时期刘向父子校书之《七略》，后被班固加以简化而编入《汉书·艺文志》中的“方技略”中，即可充分显示出来。如“医经”一类，就其论述的内容来看，大致皆同，然而有“七家”之学。就今存《素问》、《灵枢》的具体内容来看，同一命题，亦含有多家学说。如“经脉”一类，有手足十二经系统，有十一脉系统，就其称谓而言，有“手足”之称，有“臂足”之称。就经脉走向而言，有外向性者，有内向性者。就经脉流注而言，有出、溜、注、行、入说，有根、溜、注、入说。如此等等，不胜枚举。均可反映该书对先秦时期各种不同学说及不同流派之内容的兼收并蓄。

（5）就学术发展的情势而言，亦显示了继承与发展的问题。人们对客观事物的认识，总是由简单到复杂，由初浅到深入，由不完善到完善的继承与发展的过程。这在该时期的中医文献中，也有充分的体现。如病因方面，从《左传》记医和所谓“阴阳风雨晦明”六气说，到《黄帝内经》的“风热火湿燥寒”六气说；如经脉方面，从马王堆汉墓古医书《阴阳十一脉灸经》及《足臂十一脉灸经》,到《黄帝内经》十二经脉;在脏腑方面,从九脏说,到五脏说等。均可反映学术上的不断深化、不断完善,在继承的基础上不断发展,在多学说的基础上逐渐求同等学术方面的源流关系。

(6) 就古医籍的形式而言,反映了从单篇别行向多篇并行的发展趋势。先秦古籍,由于当时的载体及抄写条件,尚非简便易行,故该时书籍,多为单篇别行,此在诸多医籍中,如上述《素问》、《灵枢》及《史记·仓公传》中记载诸古医籍,大都属于此种形式。亦即以一篇之文,即作为一本书的单位,单独传行。又从近年出土之古医籍,亦可得到证明,如安徽阜阳出土之汉简《引书》及马王堆汉墓诸古医籍,大都属于此种形式。但有个别书之内容,亦非一个主题。如阜阳汉简《脉书》,其十一脉内容,与马王堆《阴阳十一脉灸经》甲、乙两本,根据文字之比较,除有少量异文外,内容基本相同,应是同一祖本之不同传抄本。然《脉书》在十一脉正文之后,尚有七段数百字。其第五段中有"砭有四害"之文,与马王堆古医书《脉法》文的内容大致相同,但二者文字差别较大,且前后文亦颇不一,故不可能源于同一祖本,必为两种不同系统的抄本。这部分内容,马王堆古医书是在《阴阳十一脉灸经》之后,整理小组别立其名曰《脉法》,而《脉书》除含此部内容外,尚有"视死徵"、"六痛"、"脓多少"、"相脉之道"、"治病之法"等内容。因此,便不能单纯以为是取不同篇文抄录在一起的问题,应当带有综合多篇编纂并行的性质。因此,可以证明,书的形式,已由单篇别行向多篇并行及综合编辑的形式过渡。

以上几点,应是该时期医学文献的主要特点。

第三节　两汉三国医学文献

从汉朝立国到三国统一归晋,历过了四百七十余年的时间。在这期间有过像西汉时期的文帝、景帝、武帝、昭帝、宣帝等及东汉时期的光武帝、明帝、章帝、和帝等比较安定的时期,国家的政治经济形势比较稳定,生产与文化事业也得到了相应的提高。但是也有楚汉逐鹿、新莽篡汉、三国分裂等动乱时期,经济衰退,科学文化受挫的时期。但这一时期,从总的方面看,中国的封建社会,正处于稳定阶段,生产力有了新的发展,促进了科学文化的提高。加之秦及先秦时期留下的大批文献资料,为汉代文化的发展,提供了有利的条件。随着科学技术的进步,自战国以来,简、帛等书籍载体的广泛应用,加之秦始皇统一文字等,均为汉代文化发展奠定了基础。反映在各种文献事业上,值得提及者有两大方面。一是对汉前及汉初文献,进行全面系统地研究;一是在前朝文献的基础上,创造和发展形成了一大批新的文献。这两方面,在医学文献领域中,均有所体现。现将汉代及三国时期医学文献概况加以简述。

一、书目著录医书

《汉书·艺文志·方技略》著录医书共有四个门类,三十六家,八百六十八卷,即医经七家,二百一十六卷;经方十一家,二百七十四卷;房中八家,一百八十六卷,神仙十家,二百又五卷。(详见"中医文献的著录"一章第四节)

详本志"叙论"云:"汉兴,改秦之败,大收篇籍,广开献书之路。迄孝武世,书缺简脱,礼崩乐坏。圣上喟然而谓曰:朕甚闵焉!于是建藏书之策,置写书之官,下及诸子传说,皆充秘府。至成帝时，以书颇散亡，使谒者陈农求遗书于天下。诏光禄大夫刘向校经传、诸子、诗赋，步兵校尉任宏校兵书，太史令尹咸校数术，侍医李柱国校方技。每一书已，向辄条其篇目，撮其旨意，录而奏之。会向卒，哀帝复使向子侍中奉车都尉歆卒父业。歆于是总群书而奏其《七略》。故有《辑略》、有《六艺略》、有《诸子略》、有《诗赋略》、有《兵书略》、有《术数略》、有《方技略》。今撮其要，以备篇籍。"

从此叙论中所及诸事，主要说明以下几个问题。第一，汉初，大收篇籍，广开献书之路。第二，汉初所收之书，至汉武帝时之数十年间，有些书已残缺，书简脱落。足见汉初所收之书，多为前朝旧籍。第三，由于旧籍时间较久，保存不善，始将藏书造策著录，并置写书官进行抄录，充置秘府（皇家藏书之所）保存。第四，汉武时求遗书，自经传六艺之外，兼及诸子百家，故书雅记，数量大增，故《文选》李善注引《七略》云："百年之间，书积如山。"第五，至汉成帝时约百年时间，所藏故籍，又有所散亡，乃命刘向等，复求遗书于天下，官府藏书，又为增多。第六，刘向等校书，按专业分工，使各有其责，各有所司，以保证校书质量。医书则由侍医李柱国负责。

根据此一历史背景，可知当时对医籍的搜求、收藏、整理等工作，亦在此例。从而说明，汉初官府藏书，是在秦王朝藏书的基础上继续搜求，其中必有大量秦代及先秦遗书，加之后来搜求之书，又有汉人诸多著作。故刘向校书时，就医书而言，其中亦含有大量前朝故籍。

就刘向等校书的方法而论，本叙论只言及"条其篇目，撮其旨意"。然而后世学者根据刘向等校存之古籍及有关资料，总结其校书方法有非常具体的内容。如元和、孙德谦《刘向校雠学纂微》一书，总结有二十三条（详见"中医古籍校勘"一章第二节），近人蒋元卿先生《校雠学史》一书，又概括为六条，即：一、兼备众本；二、比勘文字；三、篇第审定；四、定立书名；五、厘定部居；六、叙述源流。想此类具体的校雠方法，当时恐非仅用于经传、诸子、诗赋、兵书、数术等书。李柱国所校方技，亦必遵循此法，对医书进行整理。

根据此一思路，我们似可设想，《汉书·艺文志》著录"方技略"诸书，当有以下几个特点。

第一，著录诸书，皆刘向等校书时整理过之主要医籍，并非西汉时秘府之全部库存医书，当然更不是西汉时期存世之全部医籍。

第二，根据其他五略著录内容分析，凡知其撰人或传人者，皆有所注明，而"方技略"诸书，则无一注明者。又凡汉人作品，除注明撰人之方式外，有的则以姓名为书名，如"诸子略"中道家之《郎中婴齐》十二篇，注："武帝时。"有的则以姓氏为书名冠词，如"诸子略"中道家之《刘向说老子》四篇等。若据此推论，恐"方技略"中著录诸书，其原型当然可能有汉代佚名氏所依托者，然有相当部分皆系接受秦王朝旧藏及武帝以来搜求之前朝旧籍。

第三，由于班固继其父所修之《汉书》，并未另行编纂"艺文"部分内容，仅是将刘向父子校书所撰之《七略》，"删其要，以备篇籍"，因而"方技略"著录之书，恐难能反映西汉时期医家著述之基本面貌。

第四，刘向等所校诸书，根据总结其校书具体方法，并不是单纯地在文字方面的比勘异同，实际上是进行了一次古籍整理工作。也就是说对书名、篇章、部居、文字等，均有程度不同地加工整理。从而说明，有些医籍，恐系出于此次校书时的重新编纂而综合整理。因此，此中诸多著作或其所据祖本，亦当系前人遗著。

根据以上几点，对今日探讨西汉时期医学文献情况，有一定启发和帮助。

东汉时期，因《后汉书》无"艺文志"，则只能借助其他方法，了解当时医学文献有关情况。

二、古籍援引医书

现存汉代古籍中援引之医书，有两种情况，一者可能为前朝遗籍，一者可能为汉人撰著，今举例说明。

（1）《史记·仓公传》中曾有阳庆授淳于意诸书，已见前引，有可能为汉以前旧籍。又有淳于意教其弟子高期、王禹、冯信、杜信、唐安等书，除乃师阳庆授意之书外，尚"教以经脉高下及奇络结当论俞所居……"及"案法（按《太平御览·方术部·医一》引作审法）逆顺、论药法、定五味及和剂汤法"，又有"四时应阴阳"等。详以上诸说，究竟是否全系书名，尚难考定，但肯定会有别传医籍无疑，亦或有意所自撰者。另该传记谓"今意所诊者，皆有《诊籍》"。是知淳于意自撰有《诊籍》，乃平日诊病之记录。详今《史记》中所记诸病案，当是其中的一部分。

（2）《汉书·楼护传》："楼护，字居卿，齐人，父世医也，护少随父为医长安，出入贵戚家，护诵医经、本草、方术数十万言，长者咸爱重之。"

此传文涉及医者，文虽不长，但给我们启示很多，主要说明以下几点：第一，楼氏家族，世代业医，至其父为医于京都长安，出入贵戚之家，虽非侍医，亦当时医名较高者。第二，楼本齐人，去淳于意时代，已一百余年，其先世始业医者，亦或为意之再传弟子。第三，楼氏家中，由于世代积累，藏书极多，故楼护少年时，曾诵读医书达数十万言。详今存《素问》、《灵枢》二书总合字数，亦不过二十万字左右，一部《本草经》，尽多不过数万字，若数十万字，当含医书若干种。第四，当时楼氏家中藏书，已有医经类书，此与《汉书·艺文志》所记同。至楼护所读之医经为何种，从后来流传情况看，有可能为《黄帝内经》及《外经》。第五，从医书名称看，医经类书，当汉末之时，已在社会上流传。又本草之书已经问世，此与《汉书·艺文志》著录者有所不同。从而可证，在西汉末期，当有大量医籍，包括前朝旧作及时人新作，在世间通行。

（3）《后汉书·方术列传·郭玉传》："郭玉者，广汉雒人也。初有老父不知何出，常渔钓于涪水，因号涪翁，乞食人间，见有疾者，时下针石，辄应时而效，乃著《针经》、《诊脉法》传于世。"

又华佗传："临死，出一卷书与狱吏曰：此可以活人。吏畏法不敢受，佗亦不强，索火烧之。"据此记，佗确有著述，然已化为灰烬。后至晋·王叔和《脉经》中收佗论，应是流传于世间之散论。至于后出之《华氏中藏经》，乃系后人依托之作。又传末所附异术之士有"寿光、唐虞、鲁女生三人者，皆与华佗同时，寿光年可百五六十岁，行《容成公御妇人法》。"此又房中术之流。

《太平御览·方术部·医二》引《何颙别传》："《张仲景方·序》：卫汎好医术，少师仲景，有才识，撰《四逆三部厥经》及《妇人胎脏经》、《小儿颅囟方》三卷，皆行于世。"

又"医四"引《玉匮针经·序》曰："吕博（按即吴人吕广，此避隋炀帝杨广讳改字）少以医术知名，善诊脉论疾，多所著述。吴赤乌二年，为太医令。撰《玉匮针经》及注《八十一难经》。大行于世。"

仅从以上诸书所引,可知汉代及三国时存世医书及时人著述甚多,而不见于著录者,尚不知几许。然后世大都亡佚,故不见书目著录。若今日存世者,则犹寥若晨星矣。

三、医籍引见诸书

由于汉代医书,存世甚少,即晋初医著,亦仅存《脉经》及《甲乙经》二书,然此为数不多之书中,亦可见其引用前人著作的一些情况,今举三书为例。

1.《伤寒论》

现存本为汉·张仲景遗著,晋·王叔和撰次,内有张仲景序云:"余撰用《素问》、《九卷》、《八十一难》、《阴阳大论》、《胎胪》、《药录》,并《平脉》、《辨证》,为《伤寒杂病论》十六卷。"

序中引用诸书名,皆为首见,且如《阴阳大论》、《胎胪》、《药录》、《平脉》、《辨证》诸书,均不曾著录于别书。又详书中内容,在"伤寒例"中有明引《阴阳大论》文,又"平脉法"与"辨脉法",恐即《平脉》部分内容。在今本《伤寒论》与《金匮要略方论》中诸多辨证之条文,亦或有《辨证》一书中内容。

2.《脉经》

《脉经》为晋初王叔和撰。其自序曾云:"今撰集岐伯以来,逮于华佗,经论要诀,合为十卷。"是知该书乃集自前人依托之岐伯医书内容以至两汉及晋初诸名家之作,撰集而成。今从其具体内容中可见者有:

(1)《素问》、《针经》,见卷三及卷六引经文。

(2)《四时经》,见卷三。

(3)扁鹊曰、岐伯曰等,见卷四第五。今皆不见于别书,盖当时均有别篇单行之书。

(4)《张仲景论脉》,见卷五第一。

(5)《扁鹊阴阳脉法》、《扁鹊脉法》、《扁鹊华佗察声色要诀》、《扁鹊诊诸反逆死脉要诀》等,均见卷五。

(6)张仲景《伤寒杂病论》之条文,则分别见于卷七、卷八、卷九中。

(7)医律、热病阴阳交部、热病并阴阳部、少阴部、厥逆部、阴阳竭尽部、重实重虚部、阴阳相附部。以上诸名,见于卷七小字注文,皆不见别书著录。然其内容,大都见于今本《伤寒论》中,亦或仲景弟子所撰《四逆三部厥经》,所收乃师《伤寒杂病论》中部分条文,今亦别无所据,尚待考。

(8)《仲景评脉论要》,见卷七。详此部分条文,大都不见于别书,疑系张仲景别有论脉之书,亦或系原《伤寒杂病论》中部分内容。

(9)《手检图》,见卷十。

3.《针灸甲乙经》

《针灸甲乙经》一书,乃晋初皇甫谧撰著,详该书自序中,对汉代医学文献有三点值得研探之处:

第一,“近代太医令王叔和撰次仲景遗论甚精”。详皇甫谧与王叔和几为同时代人,其所言王叔和撰次张仲景遗论之事,可进一步证明仲景之书散亡之后,经王叔和重为撰次,方得传世。

第二,“按《七略》、《艺文志》:《黄帝内经》十八卷,今有《针经》九卷、《素问》九卷,二九十八卷,即《内经》也。”此乃就今存文献所知,认定《素问》、《针经》为《黄帝内经》之最早者。同时说明自东汉后期以来,《针经》与《九卷》,为同书异名而存世,亦或系两种不同传本。亦可说明《素问》与《九卷》(或《针经》),是作为两个独立部分,分别计卷而并行于世。

第三,“又有《明堂孔穴针灸治要》,皆黄帝岐伯遗事也”。此亦医学针灸《明堂》一书文献著录之最早者。其中可供研讨者有三:一者,《明堂》一书,亦托名黄帝与岐伯之作,而不是其他古人;二者,该书之形成时间,当在汉代刘向校书之后;三者,该书全称或为《明堂孔穴针灸治要》,后世称《明堂》者,或系简称。其基本内容,今存于《甲乙经》及《外台秘要》中。

又皇甫谧自序云:“伊尹以亚圣之才,撰用《神农本草》以为《汤液》。”详伊尹,商代人,其时已有《汤液》之书,当不足信。《汤液》者,《通鉴》载“伊尹著有《汤液本草》”,此亦难为凭。又敦煌卷子有梁·陶弘景《辅行诀脏腑用药法要》云:“商有圣相伊尹,撰《汤液经法》三□(按此当为卷字),为方亦三百六十首。上品上药,为服食补益方者,百二十首;中品中药,为疗疾祛邪之方,亦百二十首;下品毒药,为杀虫辟邪痈疽等方,亦百二十首。凡共三百六十首也。实万代医家之规范,苍生护命之大宝也。今检录常情需用者六十首,备山中预防灾疾之用耳。检用诸药之要者,可默契经方之旨焉。”按此说与皇甫谧所谓“撰用《神农本草》以为《汤液》”之义犹合。又云:“汉晋以还,诸名医辈,张机、卫汜、华元化、吴普、皇甫玄晏、支法存、葛雅川、范将军等,皆当代名贤,咸师式《汤液经法》,愍救疾苦,造福含灵。其间增减,虽各擅其异,或致新效,似乱旧经,而其旨趣,仍方圆之于规矩也。”又云:“张机撰《伤寒论》,避道家之称,故其方皆非正名也,但以某药名之,以推主为识耳。”是则说明陶氏所述《汤液经法》之方与上举诸名医选用医方之间的关系。又据今存《伤寒论》张仲景自序所谓“勤求古训,博采众方”之义,说明仲景书中之方,有博采前人医方者较多。

根据以上所记,特别是晋初皇甫谧所谓之《汤液》一书,结合陶弘景所述《汤液经法》与众医方之关系,似可初步推想,《汤液经法》一书,或系汉人依托伊尹,收集当时存世名方编撰而成。此所以陶弘景称之为“经方”者,以源于《汤液经法》也。

从以上三书援引之医学文献看,亦可证在汉代及三国时期存世之医籍,大致有三类情况:一者,汉以前医学旧籍存世仍多;一者,汉人根据或使用前朝医学文献,综合编纂之医籍;一者,时人编纂之医籍。总之,此一时期,医学文献存世尚多,惟后来大都亡佚,传世者极少。

四、存世医籍

汉代及三国时期医籍之存世者,现能确定或基本能确认者,已寥寥无几。今举数种,聊为说明。

1.《黄帝内经素问》

该书自宋代学者,已开始否定为黄帝时之作,并对其成书年代,进行了探讨。如邵雍以为七国时书，程颢以为是战国时人作，司马光以为"此周汉之间，医者依托以取重耳"。近些年来有不少学者，通过文字气象、学术发展情况、音韵等多方考证，倾向于形成于西汉时期。由当时医家，根据或利用存世之汉以前医学文献，通过编辑加工，综合整理，使诸多散在文献，合编为一。亦即皇甫谧所言，为《黄帝内经》中之九卷。

2.《灵枢经》

《灵枢经》一书，经后世学者多方考证，即张仲景《伤寒论·序》所言之《九卷》，皇甫谧《针灸甲乙经·序》所言之《针经》，此书的形成情况，经近代学者考证，与《素问》亦同。此书即皇甫谧所言《黄帝内经》之另外九卷。至于《灵枢》之名，虽今存文献中，首见王冰注《黄帝内经素问》，而"灵枢"之名，似与道家有关，故其命名，疑在南北朝时，出于黄冠之手，详见"隋唐时期医学文献"一节。

以上二书，也就是《黄帝内经》一书的问世，是对中医基础理论方面包括阴阳、五行、藏象、经络、腧穴、针道、诊法、治则等全面而系统的概括与总结，是中医基础理论方面的奠基之作，为后来中医学术的发展，打下了良好的基础。故后世奉为中医学的经典著作。

至于《素问》、《灵枢》是否即《汉书·艺文志》著录之《黄帝内经》，近人提出了诸多质疑，并有持否定意见者。但根据提出的诸多理由，似难成为定论。因此，在尚无确证之前，仍据皇甫谧说，维持旧论。同时，皇甫谧氏去刘向父子校书时，仅三百年左右，去班固修《汉书》时，亦仅二百余年。其时或有其他文献或传说为据，故尚不能认为皇甫谧说毫无根据。至于从今存《素问》、《灵枢》之内容看，至少可以认为其基本内容，在汉代传本中，已皆具备而无疑。这从《针灸甲乙经》之内容，即可予以证明。

3.《神农本草经》

《神农本草经》一书，本系依托之作，既无撰人，《汉书·艺文志》又不曾著录，故对其成书年代，则众说纷纭。如：

敦煌残卷梁·陶弘景《神农本草经集注·叙录》，云："旧说皆称《神农本草经》，余以为信焉……但轩辕以前，文字未传，如六爻指垂画象稼穑，即事成迹，至于药性所主，当以识识相因，不尔，何由得闻，至乎桐君，乃著在篇简，此书应与《素问》同类。便后人多更修饬之耳……今之所存，有此四卷，是其本经。出生郡县，乃后汉时制，疑仲景、元化等所记。"又云："本草时月，皆在建寅岁首，则从汉太初后所记也。"详陶氏之说，信乎疑乎，义犹两可。

北齐·颜之推《颜氏家训·书证》："史之阙文，为日久矣；加复秦人灭学，董卓焚书，典籍错乱，非止于此。譬犹《本草》，神农所述，而有预章、朱崖、赵国、常山、奉高、真定、临淄、冯翊等郡县名，出诸药物……皆由后人所羼，非本文也。"颜氏之说，则信为"神农所述"，其郡县诸名，"由后人羼入"。

宋·释赞宁《简谱》云："今详神农作《本草》非也。三五之世，朴略之风，史氏不繁，纪录无见，斯实后医工，知草木之性，托名炎帝耳。"

又宋·罗泌《路史》云："《汉纪》虽及本草，而志无录，梁《七录》始有之，止三卷，是故或谓古无其书，非也。昔楼护少诵医经、本草，则汉世尝有之，特未广尔。"

余如唐宋以后本草诸书及《本草经》辑本等，多曾对其成书年代有所探讨。

详本草之名，始见《汉书》平帝纪、郊祀志及楼护传。楼护传，前文已引，又平帝纪云：五年,“征天下通知逸经、古记、天文、历算、钟律、小学、史篇、方术、本草及以五经《论语》、《孝经》、《尔雅》教授者,在所为驾一封轺传。”又郊祀志云:成帝初即位,“方士使者,副佐本草待诏七十余人,皆归家。”又按该书原有所出郡县名,陶氏已言及,皆汉制。是前人因囿于神农旧传之义,故以汉郡县特汉人所加焉。证之诸说,应以汉代成书之说为是。窃疑或初成于前汉而终成于后汉之世。故当汉末至三国时,复有《吴普本草》等,盖本草之学,应始于此。

《神农本草经》原书早亡,今存辑本,皆明清以来,学者据《太平御览》及《证类本草》等有关文献辑复。

《本草经》一书,详记上、中、下三品三百六十五药之功效、主治、生长环境等有关内容。另有“序录”之文,提出如君臣佐使、阴阳配合、单行、相须、相使、相畏、相恶、相反、相杀之七情,四气五味等药性理论;在剂型方面,有丸、散、水煮、酒渍、膏煎等;在服药时间方面,则根据病情,有先食服、后食服、空服旦服、饱满夜服等不同服用方法。如此等等,说明本草之学,已开始向理论方面发展。

《本草经》一书,是对汉及汉以前药物治疗经验的概括和总结,象征着本草学已开始形成,故后世奉之为本草的经典著作。该书对后世影响极大,它不仅是本草的奠基之作,而且其功效主治,直至今日,仍具有应用与研究的价值。然其中上品药中,诸多“延年神仙”、“轻身不老”等说,亦系受秦汉时方士、神仙之流的影响,此亦历史之局限所致。

4.《难经》

《难经》一书,现存本皆署曰“卢国秦越人撰”。然考之古代文献,《史记·扁鹊传》中不曾言及此书,《汉书·艺文志》亦未著录。《隋书·经籍志》及引梁代书目,虽有《黄帝八十一难》及《黄帝众难经》之名,但均未著录撰人,直至《旧唐书·经籍志》始著录为秦越人撰。关于《八十一难》之名,在今存文献中,首见于《伤寒论》张仲景序。

详《难经》一书,为解经之作,至其所解何经,有唐·杨玄操《难经·序》首言所解之经为“《内经》二帙,帙各九卷,而其义幽赜,殆难穷览,越人乃采摘英华,抄撮精要,二部经内凡八十一章,勒成卷轴,伸演其首,探微索隐,传示后昆,名为《八十一难》。”后人多沿袭其说。迨至元、明间吕复始提出,“所引经言,多非《灵》、《素》本文。盖古有其书,而今亡之矣。”今详书中所具设问之词,约有三种,一者浑称“经言”,共有二十六题,居全书近三分之一;一者称书名,即六十三难与六十四难所言《十变》;一者直问,既不称“经”,亦不言何书。其中除《十变》外诸设问之词,有的见于今《素问》、《灵枢》,有的与该书文异而义同,有些问题,则不见于《素》、《灵》,甚有个别者,与之相左。因此,若以为《难经》所解之经为《内经》之说,似难成立。

根据现有文献及《难经》的内容分析,似可认为:《难经》一书,或出于汉人佚名氏依托之作,其所解之经,并非《黄帝内经》,当是另一家言。其中有诸多问题,如:诊脉“独取寸口”、“三焦有名无形”说、“命门”说,均可体现另一学术流派的不同学说。也是汉代医学基础理论文献的一个特点。

5.《伤寒论》

今存《伤寒论》为宋臣林亿等校定本。详《伤寒论》一书,宋以前书目著录或别书援引,并无是名。如隋、唐时书目著录有《张仲景方》或《张仲景药方》,《新唐书·艺文志》又有

《伤寒卒病论》之名等等。则今名有可能为南北朝或隋唐间人所取。观其内容,实则张仲景《伤寒杂病论》中之“伤寒”部分。

6.《金匮要略方论》

今存《金匮要略方论》,亦宋臣林亿等校定本。详宋以前亦无是名,其内容疑含于《张仲景方》或《张仲景药方》十五卷本中。今《金匮》林亿等序文云:“张仲景为《伤寒卒病论》(按卒,疑为杂字之坏文而误)合十六卷,今世但传《伤寒论》十卷,杂病未见其书,或于诸家方中载其一二矣。翰林学士王洙在馆阁日,于蠹简中得《仲景玉函要略方》三卷,上则辨“伤寒”,中则论“杂病”,下则载其“方”并疗“妇人”,乃录而传之。是则可知今名乃林亿等沿用旧名略为简化而校为定本,流传至今。又详今本林亿等序文后,遗存有九十七字云:

仲景金匮录岐黄《素》、《难》之方,近将千卷,患其混杂烦重,有求难得。故周流华裔九州之内,收拾奇异,捃拾遗逸,拣选诸经筋髓,以为方论一编……

经检今《肘后备急方》葛仙翁自序文有云:“省仲景、元化,刘、戴《秘要》,《金匮绿帙》、《黄素方》近将千卷,患其混杂烦重,有求难得。故周流华夏九州之中,收拾奇异,捃拾遗逸,选而集之,使种类殊分,缓急易简,凡为百卷,名曰《玉函》……”若将两文对照,何其相似乃尔。是则可知王洙所见《仲景玉函要略方》三卷,必南北朝或隋、唐时人,据葛仙翁《玉函方》,抄取有关仲景医方及论,别为一书,并仿之葛序,聊为前序,遂成此编,传之宋代,为林亿等将“杂病”及“妇人”部分析出,校定为《金匮要略方论》三卷。此亦仲景书源流演化之一端。总之,该书为仲景原《伤寒杂病论》中部分内容则无疑。

从今存以上二书之内容与晋·王叔和《脉经》中所收仲景书内容互相对照,虽有一定差异,但似可认定,此二书基本保存了张仲景原《伤寒杂病论》一书的主要内容。

张仲景作为汉末一代宗师,对医学文献的贡献极大。《伤寒杂病论》的问世,体现了医学的总体水平,特别在临床治疗方面,有了新的发展与提高。

从该书内容及张仲景自序看,它是一部以《内经》基础理论与临床实践相结合的产物。故书中对各种疾病的论述,亦可谓有论、有说、有理、有法、有方,体现了理、法、方、药的治疗学理论体系。在辨证方面,对病与病、证与证、病与证之间的关系,充分显示了辨证的思想,体现了六经辨证,脏腑辨证,阴阳、表里、寒热、虚实辨证等具体方法。在治疗方面,充分反映了“法”在治疗中的意义和作用,使治疗方法由朴素的感性的方法过渡到理性指导的阶段。对方剂学的发展,已达到了比较成熟和完善的阶段。方剂从简单的不稳定的经验方过渡到有方名、有主治、有相对稳定的药味(有些方剂并有加减)、有剂量、有制法、有服法、有禁忌等,使方剂这一药物治疗的重要形式,达到了系统的理论化水平。

总之,张仲景《伤寒杂病论》的问世,具有划时代的意义,具有承前启后的作用,体现了理论与实践相结合的精神,创立了辨证施治的体系,首创临床各科(包括“伤寒”与“杂病”“妇人病”等)专著,对后世医学的发展产生了巨大的影响。

五、古籍援引之医论、医言

古代援引汉代医籍或医家医论与医言亦较多,今举数家为例。

(1)《后汉书·方术列传·郭玉传》:“医之为言意也。腠理至微,随气用巧,针石之间,毫芒即乖,神存于心手之际,可得解而不可得言也。”此与《灵枢经·九针十二原》言针道“粗守形,上守神”之义,亦颇相似,言医者当静意守神,不可疏失时机。且病气之变化,微而难测,有时尽在意度,难以言状。故“医之为言意也”一语,传为后世医家名言。

(2)《韩诗外传》卷一第二十章:“天地有合,则生气有精矣;阴阳消息,则变化有时矣。时得则治,时失则乱。故人生而不具者五:目无见,不能食,不能行,不能言,不能施化。三月微的而后能见,七月而生齿而后能言,期年髑就而后能行,三年脑合而后能言,十六精通而后能施化。阴阳相反,阴以阳变,阳以阴变。故男八月生齿,八岁而龆齿,十六而精化小通。女七月生齿,七岁而龀齿,十四而精化小通。是故阳以阴变,阴以阳变。故不肖者精化始具,而生气感动,触情纵欲反施化,是以年寿亟夭而性不长也。”

按此文在刘向《说苑》中亦具,惟文少异。此文不仅说明阴阳互变的基本道理,而且其男八女七之生理变化周期说,对研讨《素问·上古天真论》文言“天癸”周期的学术渊源,很有参考价值。又此文不见于今存医籍中,可能为汉代或汉以前古医籍中,具有此说。

(3)《后汉书·方术列传·华佗传》:“佗语普曰:人体欲得劳动,但不当使极耳。动摇则谷气得销,血脉流通,病不得生,譬如户枢终不朽也。是以古之仙人者,为导引之事。熊经鸱顾,引挽要体,动诸关节,以求难老。吾有一术,名五禽之戏,一曰虎,二曰鹿,三曰熊,四曰猨,五曰鸟。亦以除疾,兼利蹄足,以当导引。体有不快,起作一禽之戏,怡而汗出,因以著粉,身体轻便而欲食。”按华氏五禽戏,亦导引之术也。今陶弘景《养性延命录》引《导引经》中,详述五禽戏之具体方法,或系该书所见,或系华佗之遗法。故此记对深入探讨华氏之五禽戏,具有重要文献价值。

(4)《易纬通卦验》卷下:该书论一年二十四节之风当至不至,或不当至而至,物候及十二经脉发病情况。今摘要节录如下,注文与经脉有关者则录。

冬至,广莫风至。当至不至,为人足太阴脉虚,多病振寒;未当至而至,则人足太阴脉盛,多病暴逆,胪胀心痛。

小寒,合冻。当至不至,人手太阴脉虚,人多病喉脾;(注:脾字误也,当为喉痹……手太阴脉,起手大指内侧,上贯咒唾,散鼻中)未当至而至,则人手太阴脉盛,人多热。

大寒,雪降。当至不至,人足少阴脉虚,多病蹷逆、惕、善惊;(注:足少阴脉起于足,上系)未当至而至,则人足少阴脉盛,人多病上气嗌肿。

立春,雨水降,条风至。当至不至,人足少阳脉虚,多病疫疟;(注:此当与火同为足少阴脉,言阳非)未当至而至,则人足少阳脉盛,人多病粟疾疫。(注:粟,痤肿也……脉亦当为足少阴矣)

雨水,冻冰释。当至不至,人手少阳脉虚,人多病心痛;(注:于脉,宜为手太阳,云少阳似误。心痛,坎也。手太阳起于手小指端,上颐,下目内眦)未当至而至,则人少阳脉盛,人多病目。(注:言脉亦当为于太阳也)

惊蛰,雷候应北。当至不至,为人足太阳脉虚,人多疫病疟;(注:太阳脉起足小指端,至前两板齿)未当至而至,则人足太阳脉盛,多病痈疽、胫肿。(注:足太阳脉起于下,其气盛,合胫肿)

春分,明庶风至。当至不至,为人手太阳脉虚,人多病痹痛;未当至而至,人手太阳脉盛,人多病疠疥身痒。

清明,雷鸣雨下,清明风至。当至不至,为人足阳明脉虚,人多病疥虚,振寒洞泄;未当至而至，人足阳明脉盛，人多病温暴死。

谷雨，当至不至，人足阳明脉虚，人多病痈疽、疟、振寒、霍乱；未当至而至，人足阳明脉盛，人多病温黑肿。

立夏，清明风至而暑。当至不至，人手阳明脉虚，多病寒热齿龋；未当至而至，人手阳明脉盛，多病头肿、嗌喉痹。

小满，当至不至，人足太阴脉虚，人多病满，筋急，痹痛；未当至而至，人足太阳脉盛，人多病冲气肿。

芒种，当至不至，人足太阳脉虚，多病血痹；未当至而至，人足太阳脉盛，多蹶，眩头痛痹。

夏至，景风至。当至不至，口干嗌痛（按据下文此前疑脱“人手阳脉虚”五字）；未当至而至，人手阳脉盛，多病肩痛。

小暑，云五色出。当至不至，人足阳明脉虚，多病泄注腹痛；未当至而至，人足阳明脉盛，多病胪肿。

大暑，雨湿至。当至不至，人手少阳脉虚，多病筋痹胸痛；未当至而至，人手少阳脉盛，多病胫痛恶气。

立秋，凉风至，白露下。当至不至，人足少阳脉虚，多病疠；（注：人足者，例宜言手）未当至而至，人足少阳脉盛，多病咳嗽上气、咽喉肿。

处暑，雨水。当至不至，人手太阴脉虚，多病胀，身热；未当至而至，人手太阴脉盛，多病胀，身热，不汗出。

白露，云气五色。当至不至，人足太阴脉虚，人多病痤疽泄。未当至而至，人足太阴脉盛，多病心胀闭，疝瘕。

秋分，风凉惨。当至不至，人手少阳脉虚，多病温，悲心痛；未当至而至，人手少阳脉盛，多病㿗胁鬲痛。

寒露，霜小下。当至不至，人足蹶阴脉虚，多病疪疼，腰痛；不当至而至，人足蹶阴脉盛，多病痛，㿗中热。

霜降，当至不至，人足蹶阴脉虚，多病腰痛；未当至而至，人足蹶阴脉盛，多病喉风肿。

立冬，不周风至。当至不至，人手少阳脉虚，多病温，心烦；未当至而至，人手少阳脉盛，多病臂掌痛。

小雪，阴寒。当至不至，人心主脉虚，多病肘腋痛；未当至而至，人心主脉盛，人多病腹、耳痛。

大雪，当至不至，人手心主脉虚，多病少气，五疸，水肿；未当至而至，人手心主脉盛，多病痈疽肿痛。

按《易纬通卦验》为《易纬》八种之一。详诸纬书，均汉代依托儒家经义宣扬符箓瑞应占验之书，其内容虽多附会人事吉凶，预言治乱兴衰，颇多怪诞之谈；但对天文，历法、地理、医学等知识，均有重要学术价值。本书注者郑康成，即郑玄，生当汉末，为经学大师，注文引经脉诸文，对研讨经络学说，颇具重要文献价值。

综观上述《通卦验》及郑注援引经脉诸文，有以下特点：①该文引经脉已具十二脉之数，特“手心主”一脉之称谓，与今存《灵枢・经脉》同，说明该书引文之祖本，较之马王堆医书十一脉系统为晚，当与《灵枢・经脉》成文时代相近或相同，经脉系统已臻完善。②郑注引经脉诸文，与今存《灵枢・经脉》有一定差别，如言手太阴脉“上贯咒唾（按二字义未详），散鼻中”,“足太阳脉起小指端,至前两板齿”,“足少阴脉起于足,上系”等,均与《灵枢·经脉》不同。③从郑注援引手太阴、足少阴、手太阳、足太阳四脉之起始与走向看,皆起于四肢末端,其走向呈内向性。亦与《灵枢·经脉》不同。从而说明郑注引文之祖本,当与《灵枢·经脉》为不同系统之经脉传本,或为另一家言也。是则可知,在汉代当有经脉不同系统之多种传本,惜后皆亡佚。

又本书所述历法、物候、发病等,亦反映汉代有关气象医学内容,与《灵枢·九宫八风》之说,似为同一学术体系,犹医学气象学之不同流别也。

(5)《春秋元命苞》:该书为《春秋纬》书之一种,亡佚后,今存辑本中,有少量医学遗文,可供研讨汉代藏象学派之多家学说。今摘取数端如下:

头者,神所居,上圆象天,气之府也。

脑之为言在也,人精在脑。

目者,肝之使。肝者,木之精,苍龙之位也。

鼻者,肺之使。肺者,金之精,白虎之位也。

耳者,心之候。心者,火之精,上为张星,火成于五,故人心长五寸。

阴者,肾之泻。肾者,水之精,上为虚危。

口者,脾之门户。脾者,土之精,上为北斗,主变化者也。

脾之为言埘著也。如龙盘虎伏,合埘著也。

胃者,脾之主府禀气。胃者,谷之委,故脾禀气也。

膀胱者,肺之府也。肺者,断决。膀胱亦常张有势,故膀胱决难也。

(6)《韩诗外传》:该书有援引五脏六府之说,与今存《素问》、《灵枢》说亦颇有差异。该文云:“惟夫命本人情,人有五脏六府。何谓五脏?情藏于肾,神藏于心,魂藏于肝,魄藏于肺,志藏于脾。何谓六府?咽喉量入之府,胃者五谷之府,大肠转输之府,小肠受成之府,胆积精之府,膀胱精液之府。”

(7)《白虎通义·情性》:该书为东汉班固撰,本篇有诸多论脏腑之说。结合五常(仁、义、礼、智、信)、五行与五脏的关系,亦为合经学之论。惟其引用前人医论,如《春秋元命苞》等,颇具文献价值。另有诸多佚名氏之论,今摘要如下:

或曰:口者心之候,耳者肾之候。

或曰肝系于目,肺系于鼻,心系于口,脾系于舌,肾系于耳。

六府者何谓也?谓大肠、小肠、胃、膀胱、三焦、胆也。府者,谓五藏宫府也。故《礼运记》曰:六情者,所以扶成五性也。胃者,脾之府也,脾主禀气,胃者,谷之委也,故脾禀气也。膀胱者,肾之府也。肾者主泻,膀胱常能有热,故先决难也。三焦者,包络府也,水谷之道路,气之所终始也。故上焦若窍,中焦若编,下焦若渎。胆者,肝之府也。肝者,木之精也,主仁,仁者不忍,故以胆断也。是以仁者,必有勇也……小肠、大肠,心、肺之府也,主礼义。礼义者,有分理。肠之大小相承受也。肠为心肺主,心为皮体主,故为两府也。

通过以上诸书对脏腑的记载,足可看出,其与今存《素问》、《灵枢》之脏腑学说,虽有相同或相近之处,然亦有诸多不同之处。从而似可证明,在汉代医学文献中,有关脏腑的学说,并非全属一个体系,而是具有多家不同的学派。反映了人们对脏腑的认识,从多方面与多角度的经验总结,形成了不同的学说,对探讨人体生理与病理变化,推动学术的发展,具有一定的促进作用。

(8)《大戴礼记·保傅》:《大戴礼解诂目录》保傅第四十八。郑玄注:"名曰保傅者,本经曰:保,保其身体;傅,傅之礼义。盖古者教王大子之礼也。贾谊《新书》保傅、傅积、容经、胎教等篇,与此大同小异。……"据郑注可知,关于"胎教"的问题,是古王室对其子孙进行礼教的内容之一,故言礼者,必述之。

保傅篇云:"《易》曰:正其本,万物理。失之毫厘,差之千里。故君子慎始也。《春秋》之元,《诗》之关雎,礼之冠昏,《易》之乾巛(坤),皆慎始敬终云尔。……故曰:凤凰生而有仁义之意,虎狼生而有贪戾之心,两者不等,各以其母,呜呼,戒之哉!无养乳虎,将伤天下。故曰素成(郑注:素成,犹言始终,谓有始必有终也)。胎教之道,书之玉版,藏之金匮,置之宗庙,以为后世戒。"

"青史氏之记曰:古者胎教,王后腹之七月,而就宴室(卢注云:宴室,夹室,次宴寝也。亦曰侧室)。太史持铜而御户左,大宰持斗而御户右,比及三月者,王后所求声音非礼乐,则太师缊瑟而称不习。所求滋味者非正味,则太宰倚斗而言曰:不敢以待太子。……"

据上文所云,胎教之事,古已有之,故称"青史氏"之记(卢注云:一曰青史子。《汉书·艺文志》:小说家,青史子五十七篇。古史官记事也)。古人强调人的精神灵魂方面的教养,应从胎儿始,故谓之"胎教",再配合以饮食方面的物质调养,方可免致胎儿接受不良的影响,这是很有道理的,也合乎医学方面的要求,故古代将此列入王室对太子"保傅"之内容,义在于此。

六、出土文物医学文献

在近代出土之文物中,有不少系汉代古医籍或古医籍残文,均有重要文献学价值。其中如前引长沙马王堆汉墓医书,另有安徽阜阳汉简古医书《脉书》与《引书》,其成书年代究在汉以前或西汉时期,实难确认,虽在先秦时期的可能性大,但亦不能完全排除在西汉前期的可能性。今再举两种为例。

1.《流沙坠简》

英籍探险家斯坦因于1906年至1907年间,考察我国新疆之和阗、尼雅、楼兰古城遗址及甘肃敦煌汉代长城鄣燧遗址时,发现了大批汉文及粟特文、佉卢文、婆罗谜文文书,书写材料多木质简牍。法籍汉学家沙畹曾系统整理斯氏此次考察所获汉文文书,编著《思坦因在东土耳其斯坦所获汉文文献》。1910年,罗振玉得知沙畹正在考释汉文简牍,翌年即向沙氏索取有关资料。1912年沙氏提供了手校本,罗氏随即与当时也侨居日本的王国维,据此手校本进行了释文和考证,于1914年在日本京都出版了《流沙坠简》。

据王国维该书序言云:"敦煌所出者,皆两汉之物;出罗布淖尔北者,则自魏末以迄前凉;其出和阗旁三地者,都不过二十余简,又皆无年代可考。然其古者,犹当为后汉遗物,其近者,亦当在隋、唐之际也。"

按《流沙坠简·方技类·医方》共有完、缺简文十一枚;残纸一片,有字三行,右边行字亦残缺。据整理注记,其残纸出蒲昌海北;十一枚简文,除"涂牛领"方不记出处外,余皆出于敦煌。"涂牛领"方一简,虽无出处,但若从文字字体及书写风格看,与其他简亦颇相似,故很可能是同出一地,而原整理漏记。从简文字体看,亦皆为汉代隶书,此与王国维所谓

“敦煌所出皆两汉之物”的考证亦相符。

从内容方面看,据罗振玉氏按云:“右医方十一简,内第三及第七以下共六简,确为兽医方,其他诸简,虽未能确指,然简式书法并同,疑是一书……又诸简载处方者姓名凡二,曰臣安国,曰漕孝寍,每方之前,又载病之征候,多如后世医者之诊案。”

从上述情况分析,当时出土之医方简文仅十一枚,且有多半已不完整。故有可能这仅是原藏中极小的一部分。从内容分析,它可能是一部完整的“兽医方”。从《周礼》记载之医事制度看,官家为保护御用大牲畜,已专设兽医以治兽病,迨至汉代,至少亦当有数百年的历史,在治疗方面,定已积累有众多的治疗经验与医方。然《汉志》著录,仅“数术类”有《相六畜》三十八卷,而无医方书。故《流沙坠简》之兽医方,对兽医方书源流的考证,具有重要文献价值。又为汉代已有兽医医方书,提供了实物证据。

2.《武威汉代医简》

1972年甘肃武威汉墓,出土了一批文物,据整理者考证,此墓当系东汉早期墓葬。

与其他文物同时出土的,还有一批简牍医方,原无名,经整理者定名为《武威汉代医简》。据该书“简牍整理概况”介绍,“原简册已散乱,各简上也没有编号标志,以致原册编联的先后次序几无可寻之迹。经过清理,现存简牍九十二枚,计:简七十八枚,牍十四枚。”

该书所载各科医方三十余首,包括杂病、金创、妇人、目病、针刺及膏药等。选用药物达一百余种。

所列诸方,基本上是无名方,仍具有古代纯朴经验方的特点。但也有个别方,已初具有名方之义。如“白水侯方”,方末并记云:“建威耿将军方,良禁,千金不传也。”说明此方之传人,及为“禁方”之价值。此方后在唐·孙思邈《千金翼》卷十二第二犹有“周白水侯方”,药味略有变动。说明此方流传之久。又有“千金膏药方”,“千金”二字,示珍贵也,亦具方名之义。说明医方已开始由无名方向有名方之过渡,同时也证明,医方已由纯经验的基础,向理论化、成熟化发展的趋向。亦可显示出医方的发展,从《黄帝内经》所载之方,到《武威汉代医简》之医方,到汉末张仲景书所收医方的发展过程和源流关系。故《武威汉代医简》对研讨方剂学的发展和源流,具有重要的文献价值。

3. 人体经脉漆雕模型

《文物报》1993年第二期载何志国、唐光孝《我国最早的人体经脉漆雕》一文报道,1993年2月四川绵阳西汉古墓,出土文物中有一件“人体漆雕格外引人注目”,又云:“我们推测它可能与经脉有关。其体表分布的红色线条当为人体经脉。人体正面从头顶、经胸腹、至脚两条线;背面则有三根线条,两根从头顶经背部至脚,一根从头顶至股缝;两臂各有三根线条,从指尖,经手臂至颈,与头部线条联接,形成网络。头部和手部线条最为复杂,头部正面纵线条就有五根,横线条三根,与躯干和手臂的线条联接;背纵向分布和交汇的线条也有五根,形成彼此相通的风格。线条俱为红漆描绘,宽0.1~0.15厘米。线条虽多,但行径有序,显然有所意图。上述线条分布与《黄帝内经》记载的十二经脉有些相似,头部和手背密纹的线条可能是支脉。”

从该文所述,结合图片所示,此人体模型所描绘线条,虽无文字说明,当属经脉图象无疑。此“人体漆雕”模型,不仅记载经脉分布和走向的早期文献内容,与马王堆及张家山出土之经脉文献,同为研究早期经脉学说的可靠依据。其另方面的意义,作为一种特殊的文献载体,或者说模型图象,是迄今为止文物发现之最早者,也就是说,至晚在西汉时期,已亦之。故其学术价值尤为可贵。

七、医林人物方面的文献

两汉三国时期,医林人物,就古代文献记载者,较之汉以前尤多,仅就清《古今图书集成·医部·医术名流列传》所收,计汉代有公孙光、杨中倩、阳庆、淳于意、秦信、宋邑、高期、王禹、冯信、杜信、唐安、苏耽、刘安、王遂、楼护、元俗、李少君、安丘望之、涪翁、程高等。

后汉有郭玉、李助、韩康、张伯祖、张仲景、杜度、卫沈、李常在、葛越、王遥、沈建、壶翁、费长房、华佗、吴普、樊阿等。

魏有句骊客、封君达等。

吴有董奉、负局先生、吕博、葛仙公、郑隐、鲍元等。

在诸多医林人物中,有的为后世留有名著,有的为后人传颂,成为医林美谈,以至为掌故所出。今举二例:

《后汉书·方术列传·费长房传》:"费长房者,汝南也。曾为市掾。市中有老翁卖药,悬一壶于肆头,及市罢,辄跳入壶中,市人莫之见,唯长房于楼上睹之异焉。因往再拜奉酒脯。翁知长房之意其神也,谓之曰:子明日可更来。长房旦日复诣翁,乃与俱入壶中,唯见玉堂严丽,旨酒甘肴,盈衍其中,共饮毕而出。……"此后世称行医曰"悬壶",或诸书名等取"壶"之义者,其典概出乎此。

晋·葛洪《神仙传》:"董奉者,字君异,候官人也。……奉居山,不种田,日为人治病,亦不取钱,重病愈者,使栽杏五株,轻者一株。如此数年,得十万株,郁然成林,乃使山中百禽群兽,游戏其下,卒不生草,常如芸治也。后杏子大熟,于林中作一草仓,示时人曰,欲买杏者,不需报奉,但将谷一器置仓中,即自往取一器杏去。常有人置谷来少而取杏去多者,林中群虎出吼逐之,大怖急挈杏走路傍倾覆,至家量杏,一如谷多少。或有人偷杏者,虎逐之到家,啮至死,家人知其偷杏,乃送还奉,叩头谢过,乃却使活。奉每年货杏得谷,旋以赈救贫乏,供给行旅不逮者,岁二万余人……"按此记虽近乎荒诞,然亦在颂医之技高德望者。故后世常以"杏林"以颂医业,或以"虎守杏林",以赞医德之高尚者,盖取乎此典。若夫自恃技高,强索巧取,以医而富己者,亦下流耳,何得言此。

八、道教医学文献

道教始于东汉后期。就其思想体系的渊源而论,原在秦汉时期,由于统治阶级的宗天神学及谶纬神学思想的影响,及于社会对宗教的需要,加之秦汉王朝对鬼神祠祀,特别是秦皇、汉武等,迷信于方士求仙不老之术,是道教成立的主要社会背景。在思想体系方面,由于汉代自武帝以来,崇尚黄老之说,主张清静无为的道学观念,是道教形成的思想基础。加之东汉后期的各种社会矛盾日趋激化,人民群众对汉王朝的统治日趋不满。故在顺帝时期,首由张陵在西蜀创太平道,又由其入道者需交纳五斗米,故又称"五斗米道"。

道教的教义,不论其思想体系源于何家,但有一个明显的特点,即有神论者,他们不仅创造了诸多之神，而且把人也神格化了，远者如老子，近者为创始人张陵，已经不是一个普通的人，而是一些精神不灭的神。

道教形成之后，为宣传和传播教义，自然需要一定的理论、学说与神仙不老之术。同时，为能切实做到养生长寿，导引行气，自然需要与医学结合，因而形成了道教医学所具有的某些特色。以下仅举二书为例。

1.《太平经》

《太平经》的真正作者，古无确记，现亦难考。据《后汉书·襄楷传》：襄楷字公矩，平原隰阳人也。好学博古，善天文阴阳之术。桓帝延熹九年，自家诣阙上书曰："臣前上琅邪宫崇受干吉（按或称于吉）神书，不合明听。"又云："初，顺帝时，琅邪宫崇诣阙，上其师干吉于曲阳泉水上所得神书百七十卷，皆缥白素、朱介、青首、朱目，号《太平清领书》。"李贤注："神书，即今道家《太平经》也。其经以甲乙丙丁戊己庚辛壬癸为部，每部一十七卷也。"是则襄楷传中所言干吉神书或《太平清领书》，即《太平经》也。

今存《太平经》一书，残缺较多，就其内容而论，诸如阴阳、五行、天文、历算、驱灾祛邪、守一养神、祝由复文等无不论及。其中固有诸多自然科学方面的知识与朴素的辩证法思想。但总的思想体系，则不失其神道设教的基本教义。今仅以医术为例。（按用王明先生《太平经合校》本）

经抄乙部阙题：真人问曰：凡人何故数有病乎？神人答曰：故肝神去，出游不时还，目无明也；心神去不在，其唇青白也；肺神去不在，其鼻不通也；肾神去不在，其耳聋也；脾神去不在，令人口不知甘也；头神去不在，令人眴冥也……夫神精，其性常居空闲之处，不居污浊之处也；欲思还神，皆当斋戒，悬象香室中，百病消亡；不斋不戒，精神不肯还反人也。皆上天共诉人也。所以人多积病，死者不绝。

卷五十草木方诀：草木有德有道有官位者，乃能驱使也，名之为草木方，此谓神草木也。治事立愈者，天上神草木也，下居地而生。立延年者，天上仙草木也，下居地而生也。治事立诀愈者，名为立愈之方；一日而愈，名为一日而愈方，百百十十相应愈者是也。此草木有精神，能相驱使，有官位之草木也……

卷五十刺诀：灸刺者，所以调安三百六十脉，通阴阳之首而除害者也。三百十脉者，应一岁三百六十日，日一脉持事，应四时五行而动，出外周旋身上，总于头顶，内系于脏。盛衰应四时而动移，有疾则不应，度数往来失常，或结或伤，或顺或逆，故当治之……此得天经脉谶书也。

卷九十三方药厌固相治诀：……今天师拘校诸方言，十十治愈者方，使天神治之也；十九治愈者方，使地神治之；十八治愈者方，使人精神治之。过此以下者，不可用也。……是万二千物，悉皆受天地统而行，一物不具，即天统有不足者，因使其更相治服也。

又卷一百四至一百七有复文若干道。

按所谓"复文"，即后世之"符文"，唯该书复文，虽人不解其意，亦大多为复字，如卷一百七十神祐复文之"⿱天天"、"[illegible]"、"⿰乙乙"等。即由某字或某几字叠合而成，或取某几字加某种偏旁叠合而成。此概为"复文"之意，与后来"符文"纯由点、线、圈等曲折弯转叠合者不同，符文亦极少有明显的字形，纯属符号性的。凡此等"复文"或"符文"，即代表天帝或神的意志或方法，故取为神祐，或用驱邪，或用以疗病。

以上诸端,已足可反映,在道教医学中,亦有某些合理的或比较合理的成分,亦即具有一定科学意义的内容,如言“三百六十脉、通阴阳之道而除害者”,又言“三百六十脉者……总于头顶,内系于脏”等,其“总于头顶”之说,今《素问》、《灵枢》中皆不具其义,惟《金匮玉函经·证治总例》有云:“三百六十五络,皆归于头。”当源于是。此亦可谓对经脉学说的另一家言。

尽管该书中有关医学方面,有诸如此类内容,但作为道家早期的这一经典著作,其立说的基本思想是“神权”和“天命”,人只不过是“神权”和“天命”的代表者或奉行者。这在上文引诸有关医学内容中,已表述得非常明确。如人之所以数有病者,乃“上天共诉人也”。草木之所以能治病者,以“天上神木也,下居地而生”。灸刺之治病者,“此得天经脉谶书也”。方之所以可用者,“是万二千物,悉皆受天地统而行”,如此等等,大凡如是。此所谓天,绝非物质的天,自然界的天,而是精神的天,意志的天,也就是上帝的代称,神的观念。故在道教医学文献中,一直是受这种教义规范的约束,贯穿着神学的思想。

作为道经经典的《太平经》,也是今存有关道教医学文献的最早著录者。

2.《参同契》

《参同契》汉末魏伯阳撰。伯阳,史无传,晋·葛洪《神仙传》云:“魏伯阳者,吴人也,高门之子,而性道术,不肯仕宦,闲居养性,时人莫知其所从来。谓之治民、养身而已……伯阳作《参同契》、《五相类》,凡二卷,其说如似解《周易》,其实假借爻象以论作丹之意,而儒者不知神仙之事,多作阴阳注之,殆失其奥旨矣。”

该书虽不著撰人,然因书中多用廋辞隐语,据宋·俞琰云,魏氏之名,亦隐于文中。如卷下云:“委时去害,依托丘山,循游寥廓,与鬼为邻。化形而仙,沦寂无声,百世一下,遨游人间,敷陈羽翮,东西南倾,汤遭阨际,水旱隔并,柯叶萎黄,失其华荣,吉人相乘负,安稳可长生。”俞琰云:“此乃魏伯阳三字隐语也。委与鬼相乘负,魏字也;百之一下为白,白与人相乘负,伯字也;汤遭旱而无水为昜,阨之厄际为 阝,阝与昜相乘负,阳(按繁体为陽)字也。魏公用意,可谓密矣。”此说不无道理。

详该书内容,虽曰言《易》,实则是对秦汉以来内养与丹术之总结与发展。正如清乾隆五十三年元真子董德宁《周易参同契正义》再识云:“三篇之作,总叙大易、内养、炉火三道。是以上篇言易道为多,而次之以内养,其炉火则兼及之;中篇则内养为多,而易道次之,炉火则又次之;下篇乃炉火为多,而内养为次,易道更为次也。此三篇之中,其三道之详简有不同也如此。故魏公之三篇者,以象三才之体也。”该书在道教中影响较大,一直流传至今,而从未间断。其内养与炉火之术,对两晋及南北朝期间影响尤大,故后起之作,多不胜举。

以上二书,作为道教早期古籍,具有一定的代表。其中有关医学之内容,已具有道教的某些特色。作为医学基础理论,在《太平经》中,已突出了对精、气、神的论述,为后来《黄庭经》的问世,奠定了基础。而《参同契》之内养与炉火,则是继承先秦以来,养生法与黄白术(即丹术)的成就,加以发展而成。另外,道教用以驱邪治病之复文,后来竟发展为有些教派的主要法宝,对医学方面也有一定影响,实则为医学领域之异端而矣。

九、《七略》与《艺文志》著录之方技文献

《汉书·艺文志·叙论》云:“昔仲尼没而微言绝,七十子丧而大义乖。故《春秋》分为

五,《诗》分为四,《易》有数家之传。战国从衡(按即纵横),真伪分争,诸子之言,纷然殽乱。至秦患之,乃燔灭文章,以愚黔首,汉兴,改秦之败,大收篇籍,广开献书之路。迄孝武世,书缺简脱,礼坏乐崩。圣上喟然而称曰:朕甚闵焉!于是建藏书之策,置写书之官。下及诸子传说,皆充秘府,至成帝时,以书颇散亡,使谒者陈农求遗书于天下。诏光禄大夫刘向校经传、诸子、诗赋,步兵校尉任宏校兵书,太史令尹咸校术数,侍医李柱国校方技。每一书已,向辄条其篇目,撮其指意,录而奏之。会向卒,哀帝复使向子侍中奉车都尉歆卒父业。歆于是总群书而奏其《七略》。故有《辑略》、有《六艺略》,有《诸子略》,有《诗赋略》,有《兵书略》,有《术数略》,有《方技略》。今删其要,以备篇籍。"

详此《叙论》,将汉代刘向父子校书之时代背景、图书流传情况、奉诏校书人员、校书概况,最终汇为《七略》。其文虽简而事已详。此现知我国最早的一部带有评注提要性的目录学著作。他不仅对当日所存图书进行了分类,而且对每一本书都进行了整合条理和校雠工作,取得了丰富的经验,起到了承前启后的效益。惜《七略》全文早亡,今所存者仅《艺文志》及别书所存佚文者耳。

就医学而论,此前并无系统记录,而《七略》则以一大类著录,使后世得以知其梗概,更重要的是使医学众多典籍,在学术方面得以知其源流。

方技类文献计分四部:

医经:《黄帝内经》十八卷,《外经》三十七卷。《扁鹊内经》九卷,《外经》十二卷。《白氏内经》三十八卷,《外经》三十六卷,《旁篇》二十五卷。

右医经七家,二百一十六卷。医经者,原人血脉、经络、骨髓、阴阳、表里,以起百病之本,死生之分。而用度针石汤火所施,调百药之所宜。至剂之德,犹磁石取铁,以物相使。拙者失理,以痛为剧,以死为生。

经方:《五藏六府痺十二病方》三十卷,《五藏六府疝十六病方》四十卷,《风寒热十六病方》二十六卷,《泰始黄帝扁鹊俞拊方》二十三卷,《五藏伤中十一病方》三十一卷,《客疾五藏狂颠病方》十七卷,《金创瘲瘛方》三十卷,《妇人婴儿方》十九卷,《汤液经法》三十二卷,《神农黄帝食禁》七卷。

右经方七家,二百七十四卷。经方者,本草石之寒温,量疾病之浅深;假药味之滋,因气感之宜;辩五苦六辛,致水火之剂;以通闭解结,反之于平。及失其宜者,以热益热,以寒增寒,精气内伤,不见于外,是所独失也。故谚云:有病不治,常得中医。

房中:《容成阴道》二十六卷,《务成子阴道》三十六卷,《尧舜阴道》二十三卷,《汤盘庚阴道》二十卷,《天老杂子阴道》二十五卷,《天一阴道》二十四卷,《黄帝三王养阳方》二十卷,《三家内房有子方》十七卷。

右房中八家,百八十六卷。房中者,情性之极,至道之际。是以圣王制外乐以禁内情,而为之节文。传曰:先王之作乐,所以节万事也。乐而有节,则和平寿考。及迷者事顾,以生疾而陨性命。

神仙:《宓戏杂子道》二十篇、《上圣杂子道》二十六卷、《道要杂子》十八卷、《黄帝杂子步引》十二卷、《黄帝岐伯按摩》十卷、《黄帝杂芝菌》十八卷、《黄帝杂子十九家方》二十一卷、《泰一杂子十五家方》二十二卷、《神农杂子技道》二十三卷、《黄帝杂子》三十一卷。

右神仙十家,二百五家。神仙者,所以保性命之真,而游求于其外者也。聊以盪意平心,同死生之域,而无怵惕于胸中。然而或者专以为务,则诞欺怪迂之文弥以益多,非圣王之所以教也。孔子曰:素隐行怪,后世有述焉,吾不为之也。

凡方技三十六家,八百六十八卷。方技者,皆生生之具,王官之一守也。太古有岐伯、俞拊,中世有扁鹊、秦和,盖论病以及国,原诊以知政。汉兴有仓公。今其技术晻昧,故论其术,以序方技为四种。

按以上尽录《汉书·艺文志》关于"方技略"之内容,通过此目,聊可获知汉代秘府藏书之崖略。"方技略"之所以得与"六艺略"、"诸子略"、"诗赋略"、"兵书略"、"数术略"并列者,正如刘向在"叙文"所云:"方技者,皆生生之具,王官去一守也。"从而可见刘向以为"方技"者,乃生生之大道,非区区执技之流,故继云"论病以及国,原诊以知政"。诚如是也。说明医学实关乎国之大事,民众生死之大政,岂可忽乎。

盖"医经"一类,虽为七,原宗于一,所以刘向所谓"原人血脉经络骨髓阴阳表里,以起百病之本,死生之分"。惜历年既久,失者苦多,尚存《黄帝内经》一本,即其余绪也。观乎此,则可知"医经"一门,关乎医学之道,如医学之理论、思想、文化、体系及应用等学俱备,非止一端也。

经方一类,论及于草、木、金、石之性味,寒、热、温、凉之气应,藉水火之刘,药石之方,"通闭解结,反之于平"。实开方药之先河。近代出土之"马王堆汉墓医书"《五十二病方》中,可见古方之崖略。至于"经方"中著录之先圣医方,亦依托之作也。而所记百病之医方,当出于医人之手,经验之方,非妄诞者所能及。

房中一类,多关乎古代性医学、性保健方面之书。即刘向所谓"房中者,情性之极,至道之际"也,当行之有度,用之合宜,亦可以养天真,若"迷者弗顾,以生疾而陨命"。犹如《吕氏春秋·本生》云:"靡曼皓齿,郑卫之音,务以自乐,命之曰伐性之斧。"亦警此也。近代长沙马王堆汉墓出土医书中有《十问》、《合阴阳》、《天下至道谈》等书,谅亦此类书也。

神仙一类,亦犹养天真、全性命、盪意平心之法,观其书,涉于导引、按摩、食芝、丹家等术,亦可以长寿而健身。若以此为务,则难免于怪力乱神,非正道也。故刘向特引孔子语,以警世人。此语诚是,详世之欲求不死者,藉诸神鬼、怪异、丹药者,正此辈也。

结　　语

根据以上情况,尽可说明,两汉三国时期医学文献,是一个十分辉煌的时代,它具体反映了这一时期医学发展的伟大成就,主要表现为以下几个方面:

1. 理论基础的建立与学术体系的形成

中医学术,在直观的感性经验的基础上,经过长时期的总结,特别是受先秦时期,阴阳五行学说被广泛运用于各个学术领域作为说理工具的影响,在中医学中,亦借用了阴阳五行学说作为自己的理论基础,说明人体生理、病因、病机、诊法、治则等有关问题的机理。两汉三国时期文献,在继承先秦医学成就的基础上,体现得尤为完备。从而说明,中医学术已从感性知识,发展到理性阶段,建立了以阴阳五行学说为主体的理论基础。

在学术体系方面,亦从多家学说的发展中,形成了以五脏六腑及十二经脉为主体的藏象经络学说,并根据"人与天地相参"的指导思想,与"阴阳五行"的理论基础,形成中医学术体系的框架结构,为中医学术的发展,奠定了坚实的理论基础。这在汉代最终成编的"医经"

类书，特别是《黄帝内经》是最富有代表性的著作。

2. 一批经典性著作的问世

在汉代最终形成及汉代形成的大量著作中，今日犹存世的一批著作，如上述诸书，虽经后人多次整理及辑复，难能尽复旧貌。但就其内容来看，应当说，基本上属于原作。这一批文献之所以能够存世而流传至今，绝非偶然。主要是由于它是该时期学术水平最高、应用价值最大的代表性著作。它不仅对中医学术的发展具有重要的指导意义，而且对中医当前和今后的继承发扬，仍有重要的学术价值。故后世奉之为经典，良有以也。

3. 辨证施治的奠基之作

辨证施治是中医治疗学中的一大特色。它把治疗从直觉的感性阶段上升到理性阶段。体现了治疗学中理法方药的完整过程。辨证，意味着说理与立法，施治，意味着遣方与用药。张仲景撰用之《辨证》一书，当属此类著作，《隋书·经籍志》著录之《辨病形证》，或即此书之传本。又张仲景医书，犹充分体现了辨证施治的法则。从辨病到辨证，从六经辨证到脏腑辨证，从同病异治到异病同治，从方剂变化到药味加减，均可充分显示这一法则的运用。故仲景著作，是在总结汉代及汉以前治疗经验的基础上，对中医治疗学的一个飞跃，是辨证施治的奠基之作，为中医治疗学的发展，打下了良好的基础。

4. 方剂的完善与成熟，医方的运用，由来已久

《汉书·艺文志》著录"经方"有经方十一家，二百七十四卷，然皆亡佚，不得详知。今所见者，唯《素问》、《灵枢》中仅具数方，特有近年出土之汉简医方，如马王堆医书《五十二病方》及《武威汉代医简》，从诸多古医方看，概犹"经方"之属。类此诸方，皆无方名，惟言主治何病证等。故仍为纯经验之记录。然仲景医书，乃博采众方（亦或合《汤液经法》等方书），故所存诸方，大都具方名、主治、药味、用量、煎法、服法及加减、禁忌等，说明对诸多医方，经多次运用调整，严密的选汰，合理的配伍，已形成一批定型的处方，予以命名，而成为有名方。此乃医方发展的一大进展，象征着医方的完善与成熟，为方剂学的发展奠定了基础。故梁·陶弘景赞曰："张仲景一部，最为众方之祖宗。"又有《汤液经法》三十二卷，虽亦亡佚，然在敦煌卷子中有署名陶隐居撰著之《辅行诀脏腑用药法要》，其中引《汤液经法》16 方，大多与仲景书医方合，应系旧籍遗方，若此或可证明，该时在方剂方面，确已达到成熟阶段，现已引起学界较多关注。

5. 一批专科、专病及综合性著作的形成

在汉代及三国时期成书的文献中，有一批属专科性或专病性医书。在专科性医书中，针灸如郭玉之《针经》、托古之《明堂孔穴针灸治要》等；妇科如卫汎之《妇人胎脏经》；儿科如卫汎《小儿颅囟方》；本草如托古之《神农本草经》、张仲景撰用之《药录》、吴普的《吴普本草》等；按摩如《汉书·艺文志》著录托古之《黄帝岐伯按摩》；诊法如张仲景撰用佚名氏《平脉》等。在专病性著作中，如《汉书·艺文志》著录之《五脏六腑痹十二病方》、《五脏六腑疝十六病方》、《五脏六腑瘅十二病方》、《客疾五脏狂癫病方》、《金创瘈瘲方》等。综合性著作中，如《汉书·艺文志》著录之《妇人婴儿方》，为两科合著；又有张仲景撰用之《胎胪》，据近人余嘉锡先生考证，

"妇人婴儿方书也。胎谓妇人胎脏,胪与颅皆从卢得声,古字通用,即颅囟也。"是说有一定道理;此中最有代表性者,为张仲景《伤寒杂病论》,实为一部多学科综合性医学著作。惜早已亡佚,幸存者唯仲景书经后人多次整理之《伤寒论》、《金匮要略》二书。这批医籍的问世,不仅说明中医学术的发展,已及较高水平,而且在文献著述方面,亦具有重大成就。

6. 针灸学术的成熟及文献的形成

针灸作为一种治疗技术,固是在较长实践中逐渐发展起来,并且逐渐由经验而概括为理论。如果说《素问》与《灵枢》为针灸学术的发展提供了理论指导,而《明堂》一书,则是在理论的指导下,为针灸学术的应用,提供了范本。因此,汉代针灸学术的成熟,主要表现在以下几个方面:第一,经络系统的建立,说明人们对经脉的认识,已达到系统、全面和完善阶段;第二,腧穴体系的建立,包括名称、部位、归经、针刺深度等,说明人们对腧穴的认识,已相当深化;第三,针刺手法的运用,已根据中医理论,提出了诸多可操作性原则与方法;第四,腧穴的主治与禁忌,已进行系统的总结。而《黄帝内经》有关针灸学术方面的众多论述,及《明堂》一书的问世,正充分体现了以上几点,说明针灸学术已臻成熟阶段。

7. 本草学的创立

据现有文献足资考证者,先秦时期尚无"本草"之名,亦未发现有本草方面的专著,而《汉书·艺文志》亦无著录。故《神农本草经》一书,据近代学者考证,倾向于该书成编于汉代者日多。"本草学"者,中医药物之学也。《本草经》一书,它不仅记录了每一药物的功效主治等,而且对药物理论方面的问题,亦有所论述,而且概括出某些共同性与规律性的内容,说明人们对药物的认识,已不是简单的感性知识的阶段,而是逐步向理论方面发展。故《本草经》的问世,象征着本草学的创立。

8. 传世医学文献的整理与著录

如果说先秦时期,传世医书尚多以单篇别行的形式出现的话,而到了两汉时期,则经过官方或个人的整理,而发展为较多的综合性医书。西汉刘向校书,是首次由官方组织的大规模的文献整理,其中"方技"部分,由侍医李柱国担任。最后由刘向父子总合著录,形成了《七略》,后被班固删选其要,编成《汉书·艺文志》,此为今存首次对文献之著录,也是医学文献的首次著录。个人整理今存世者如张仲景书。其自序云:"乃勤求古训,博采众方,撰用《素问》、《九卷》、《八十一难》、《阴阳大论》、《胎胪》、《药录》,并《平脉》、《辨证》,为《伤寒杂病论》合十六卷。"是知该书,从某种意义上讲,也是一次文献整理工作。当然,仲景之书,并非单纯地对已有医学文献的编辑,而是吸收已有文献,结合个人经验进行的整理工作。

9. 对"房中"与"神仙"学术的重视

从《汉书·艺文志·方技略》著录之方技书,不难看出有两个特点,一者就门类而言,医经、经方,与房中、神仙并列四类,足见其在方技文献中的地位;一者就家数与卷数而言,医经、经方合共十八家,四百九十卷;房中、神仙合共十八家,共三百九十一卷,亦近半数。足见其存世文献及整理入目者之多。详自古王室贵族,一方面过着荒淫侈奢的生活,一方面又追求神仙不老之术,在秦汉两代帝王如秦皇、汉武等,尤重此事。此正统治阶级在个人追求中的矛盾现状。为了迎合统治者的需要，房中、神仙之类文献的大量问世，并被官方较多地整理入目，与此种历史的社会背景有一定关系。当然，就房中与神仙两类文献内容而论，除具有淫秽与荒诞的一面外，更多的是对性医学与养生学的研究，具有重要的学术价值。

10. 气象医学的滥觞

气象医学是研讨气象变化对人体的影响以至于致病的学说。在今存《灵枢经》中已有“九宫八风”一篇，言及太乙游宫及八风致病情况，或系汉代或汉以前文献，被收入该书中。详八风之说，由来久矣，在《吕氏春秋》、《史记》、《淮南子》中均有这方面的记载。然记有太乙游宫及八风致病者，则莫详于《易纬书》。如《乾凿度》卷下云：“故太一取其数以行九宫。”郑玄注：“太一者，北辰之神名也。居其所曰，太乙常行于八卦日辰之间，曰天一，或曰太一。出入所游，息于紫宫之内外，其星因以为名焉。故《星经》曰天一、太一，主气之神。行犹待也。四正四维，以八卦神所居，故亦名之曰宫。天一下行，犹天子出巡狩，省方岳之事，每率则复。”此说与《灵枢·九宫八风》之义尽合，可证其渊源本同。又《通卦验》卷下云：“凡此阴阳之云，天之云，天之便气也。坎、震、离、兑为之，每卦六爻。即通于四时二十四气，人之四支二十四脉，亦存于期。”其二十四气八风之当至不至或未当至而至所致经脉之病，前已摘引。此较之《灵枢·九宫八风》文，尤为详备。又张仲景撰用之《阴阳大论》一书，在今存《伤寒论·伤寒例》尚存部分引文。可证其以二十四气为序言医学气象者也，与“九宫八风”说，显非一家之言，自是另一流派。凡此类记载，正为早期气象医学文献之渊源。与后来运气学说内容，虽非一种体系，然从气象医学而论，亦不无源流关系。

11. 道教医学的初创

宗教作为一种人类社会特有的现象，早在人类祖先进入文明社会之前，便已悄然产生在人类精神活动之中，不管经过多少时代变化，它始终保持着其共有的特点——有神论，演变为不同的形式与教义。道教则是产生于后汉，以元始天尊、太上老君为教祖，以不老神仙、清静无为等为宗旨的一种宗教。处于其教义的规定性，必然地与方技类之“神仙”一派有相同处，与医学相结合，因而在早期的道经经典中，便包含有诸多与医学有关的内容，并在继承先秦行气导引术与黄白术的基础上，通过进一步的总结发展，形成了特有的内养修炼等方法，在理论上也具有自身的某些特色，为道教医学发展开创了道路。

12. 重视胎教

《大戴礼记·保傅》曾云：“素成胎教之道，书之玉版，藏之金柜，置之宗庙，以为后世诫。”乐非礼不习，味非正不调。

青史氏之记：周后妃妊成王于身，立而不跛，坐而不差，笑而不喧，独处而不倨，虽怒而不詈，胎教之谓也。

13. 两汉及三国时期是继先秦之后医学发展的一个关键

据现有各种文献记录所见，它不仅有众多的医学文献（包括出土文献），而且也记录了丰富多彩的医疗方法。如药物治疗方面汤、丸、散、膏、丹，外治法中敷贴法、封法、浴沃法、灌洗法、熨法，医疗器物治法的刺法、灸法、熏法、切割法、拔法、按摩法，气功方面的导引等，极大地强化了医疗手段，也提高了疗效，为后世医疗方法的发展，奠定了良好的基础。

值得注意的是，在上古及先秦便流行着祝法与巫术，纯属于迷信邪道，却一直在民间甚至在上层贵族间流行，它可能对由情志方面的某些伤害引起的疾病，起到心理安慰或诱导作用，亦或对心理疗法有某种启迪，但绝对不能把它作为一种正当的医疗方法而列入医家，医与巫从来就是两个不同的概念。但不可否认的是，诞生于上古时代的这一医学宝藏和文化宝库，在其文献中甚至在某些典籍中，也难免混入某些术数学如纳音、纳甲、符咒类内容。我们必须坚持以历史唯物主义的观点看待此类问题，去继承与发扬我国传统医学，并推动其不断发展。

以上是为两汉三国时期医学文献之概况。

第四节　两晋南北朝医学文献

三国倾覆之后，政归司马氏，建立了晋朝，但由于政局未稳，自武帝司马炎死后，经八王之乱，生产破坏，经济与文化均受到极大摧残，社会上层人物大量南迁，科学文化亦随之南移，自元帝在建康（今南京）重整基业之后，由于国家政治中心的转移，加之科技文化人才亦集中于南方，故在东晋时期，南方有一相应的稳定时期，随着科学文化的发展，医学也有相应的发展，并形成一批新的文献。北方经匈奴、鲜卑、羯、氐、羌等少数民族达70年左右的混战局面，政局亦渐趋统一，由于北方经济文化破坏较重，故医学文献亦无更多进展。至晋朝覆亡，南北方仍未统一，形成南北朝对峙的局面达170年左右时间。南方与北方在此期间，均经过数朝的更递，政局始终未能得到较长时间的稳定，故科技文化及医学文献的发展，亦受到一定影响。相反，由于长时间的政局不稳，天下动乱，人们为了寻求精神上的依托，加之统治阶级的利用，释、道两教则有较大发展。因而道教医学在此时期也随之发展，形成了较多新的文献。以下将该时期医学文献概况，加以简述。

一、书目著录医书

两晋南北朝时期史书，均无“艺文志”，该时期官私编撰之书目，据《隋书·经籍志》记载如晋·荀勗《中经新簿》，南朝如宋·谢灵运《四部目录》、王俭《七志》及《四部书目录》、齐·王亮等《四部书目》、梁·任昉等《四部目录》及《文德殿目录》、阮孝绪《七录》等，惜皆亡佚，内容不详。然据《隋志》所云，此中宋·王俭之《七志》，“六曰术艺志，纪方技”。梁·阮孝绪之《七录》，“五曰技术录，纪数术”。《七志》之“方技”，无疑属医学文献，《七录》之技术录，所谓“纪数术”者，当含医学文献在内。是则说明南朝书目，当时亦著录医书入目。今所存者，惟《隋书·经籍志》书目下注文，记梁代存书情况，当系阮孝绪之《七录》。

今详《隋志》注文中记梁代医书近一百四十种。其中大致有以下几种情况：第一，晋以前医书，如《素问》、《黄帝众难经》、《神农本草经》、《明堂孔穴》等。第二，真伪难考者，如吴普撰《华佗方》六卷、李当之《本草经》一卷、《药录》六卷、《华佗内事》五卷、张仲景《疗伤寒身验方》一卷、蔡邕《本草》七卷等。此前不见著录，故真伪难辨。故此类医书，恐亦有为后人依托者。第三，不著录撰人，难以详考者，如《杂药方》四十六卷，《寒食散汤方》二十卷、《寒食散方》十卷、《百病膏方》十卷、《杂汤丸散酒煎薄贴膏汤妇人少小方》九卷等。此类医书，恐亦大都为南北朝时人撰著。第四，两晋南北朝时人所撰医书，如晋·皇甫谧《黄帝甲乙经》十二卷、王叔和《脉经》、葛洪《肘后方》六卷等。余者大都为南北朝时人撰著，如宋·秦承祖《偃侧杂针灸经》三卷、《本草》六卷，徐叔向《本草病源合药要钞》五卷，徐文伯《辨伤寒》一卷等，齐·褚澄《杂药方》二十卷，梁·陶弘景《本草》十卷、《本草经集注》七卷等。其中著录，尤以梁人为多。

又详《隋书·经籍志》著录诸书，具有撰人能够确认或疑为隋人者，约二十人；据注文与梁名同卷异或撰人同书名稍异者，约二十余种；确认晋以前古籍或依托两晋以前人撰著古籍约二十余种，如《岐伯经》十卷，《黄帝流注脉经》一卷，《桐君药录》三卷，《彭祖养性经》一卷，《墨子枕内五行纪要》一卷，《黄帝素问女胎》一卷，《扁鹊陷冰丸方》一卷，《扁鹊肘后方》三卷，《黄帝养胎经》一卷，《黄帝明堂偃人图》十二卷，《黄帝针灸虾蟆图》一卷，《扁鹊偃侧针灸图》三卷，《华佗枕中灸刺经》一卷，《淮南王食经》并目一百六十五卷，《伯乐治马杂病经》一卷，《素女秘道经》一卷（注：并《玄女经》），《素女方》一卷，《彭祖养性》一卷等皆是。按此类书中肯定有出于隋人之手或经隋人整理者，如《淮南王食经》一书，注云："大业中撰。"即可为证。但大多数恐为南北朝时人所作，当然，个别为汉代之作者，亦或有之。又《隋志》著录之养生、丹方、神仙、房中之类书，合计约五十余种，除少数有撰人如晋·葛仙公，梁·陶隐居（亦作抱朴子）、隋·孙文韬（?）、萧吉外，大都不具撰人。按此类书籍，恐亦大多出于南北朝人之手。又著录医书中有外番名者九种，即《龙树菩萨药方》四卷，《西域诸仙所说药方》二十三卷、《西域波罗仙人方》三卷，《西域名医所集要方》四卷、《婆罗门诸仙药方》二十卷，《婆罗门药方》五卷、《耆婆所述仙人命论方》二卷、《乾陀利治鬼方》十卷、《新录乾陀利治鬼方》十卷等。

详"龙树"，传说印度古代高僧，释迦灭后七百年出世于南天竺，为马鸣菩萨弟子迦昆摩罗尊者之弟子。"婆罗门"者，印度古代宗教名，以崇奉婆罗摩而得名。"耆婆"者，梵语译名，印度古代名医，初诣得叉尸罗国姓阿提黎，字宾迦罗而学医道，经七年而成。"乾陀利"者，亦作"乾陀罗"，西域古国名，据《大唐西域记》卷二载，在北印度境。"波罗"者，梵语"波罗密"之省，意为彼岸，即由此岸（生死岸）渡人到彼岸（涅盘、寂灭）。南朝宋·刘义庆《世说新语·文学》："（殷中军）初视《维摩诘》，疑'班若波罗密'太多，后见《小品》，恨此语少。""西域"者，汉以来指玉门关、阳关以西地区的总称。狭义指葱岭以东而言；广义则指凡通过狭义西域所能到达之处，包括亚洲中、西部，印度半岛等地。《汉书·西域传序》："西域以孝武时始通，本三十六国，其后稍分至五十余，皆在匈奴之西，乌孙之南，"根据以上名称的运用，皆与西域有关。详自西汉武帝始，国内始与西域通，其后印度高僧多有来中国者，国内自南北朝始，亦有僧人去印度，且南朝与北朝，亦均与西域某些国家有所来往。故上述诸多医学文献，似均与印度有关，当是出于释家之手。虽著录于《隋志》中，不一定仅成于隋代，若此等文献，疑在两晋及南北朝时期，已陆续传入中国。至于《隋志》著录的其他医籍，虽未注明梁代是否著录，其中定有一部分，原系隋以前旧籍。

总之，根据上述书目著录情况，在两晋南北朝时期，亦有相当一批医籍，曾经书目著录过。

二、古籍援引书目

古籍援引该时期医书，为数虽不甚多，然亦颇有文献价值，今举例如下：

1. 晋·葛洪《抱朴子内篇·杂应》

“余见戴霸、华佗所集《金匮绿囊》、崔中书《黄素方》及《百家杂方》五百许卷。甘胡、吕傅、周始、甘唐通、阮河南等，各撰暴卒备急方，或一百十，或九十四、或八十五、或四十六，世人皆为精悉，不可加也。余究而观之，殊多不备，诸急病其尚未尽，又浑漫杂错，无其条贯，有所寻按，不即可得。而治卒暴之候，皆用贵药，动数十种，自非富室而居京都者，不能素储，不可卒辩也，又多令人以针治病，其灸法又不明处所分寸，而但说身中孔穴荥输之名，自非旧医备览《明堂流注偃侧图》者，安能晓之哉！余所撰百卷，名曰《玉函方》，皆分别病名，以类相续，不相杂错。其《救卒》三卷，皆单行径易，约而易验，篱陌之间，顾眄皆药，众急之病，无不毕备，家有此方，可不用医。医多承袭世业，有名无实，但养虚声，以图财利。”又《肘后备急方·序》云：“余既穷览坟索，以著述余暇，兼综术数，省仲景、元化、刘、戴《秘要》、《金匮绿帙》、《黄素》方，近将千卷，患其混杂繁重，有求难得。故周流华夏九州之中，收拾奇异，捃拾遗逸，选而集之，使种类殊分，缓急易简，凡为百卷，名曰《玉函》，然非有力，不能尽写。又见周、甘、唐、阮诸家，各作《备急》，既不能穷诸病状，兼多珍贵之药，岂穷家野居，所能立辨。又使人用针，自非究习医方、素识《明堂流注》者，则身中营卫，尚不知其所在，安能用针以活之哉！是使鳬雁挚击，牛羊搏噬，无以异也。虽有其方，犹不免残害之疾。余今采其要约，以为《肘后救卒》三卷，率多易得之药，其不获已，须买之者，亦在贱价草石，所在皆有，兼之以灸，灸但言其分寸，不名孔穴，凡人览之可了其所用，或不出垣篱之内，顾眄可具，苟能信之，庶免横祸焉……”

详此两篇文献，内容亦颇相似，文字有些差别，所论周、甘、唐、阮诸家，阮者，阮河南，即阮炳也。从下文分析，上文言“甘唐通”其人，似应作“唐通”疑“甘”字衍，惟甘胡、吕傅、周始、唐通及戴霸等人，今皆不详，或亦三国或两晋时人。

从此两文中，对两晋时医学文献，可反映出以下几个问题。

（1）详葛洪生于晋初，至东晋之初，年已不惑，所见前人已有诸多大型医方书，少者数十卷，多者百余卷。这些书籍，很有可能在西晋时期或东晋之初，皆已问世。编纂如此大型方书，需要大量原始素材，而此等素材，恐非时人所及，定系前朝留有大量方书存世，以供选用。如此，可进一步证明张仲景所谓“博采众方”之义，系指采用当时存世众多方书中方。

（2）戴霸、华佗所集《金匮绿囊》一书，不见于别载，详《抱朴子》又云“仲景、元化、刘、戴《秘要》、《金匮绿帙》”。《金匮绿囊》与《金匮绿帙》当是一书，详此书疑非仲景、华佗或戴霸所集，或是晋人编纂，中含仲景、华佗或戴霸及其他人医学文献之大型医籍。

（3）当时编纂诸大型医籍，取材于多家，已初步具有类书性质，但由于存有诸多不足之处，如：“浑漫杂错，无其条贯，有所寻按，不即可得”；诸多急病，尚多未备之处；“治卒暴之候，皆作贵药，动数十种”，自非富室素有储备，卒不易办，贫寒之家，则无力以购；用针灸法，未予说明腧穴部位及分寸，非学者不能用等等。足可说明，当时编纂之大型医方书，缺乏合理的编排，未能面向大众。

（4）葛洪编纂之《玉函方》，鉴于以往诸书的缺点，改进了编排方法，“皆分别病名，以类相续，不相杂错”。说明该书的体例，是以病名为纲，各家医方为目，以类相续，不相杂错，寻检较易，已经具备了类书的主要特点。至其所编《肘后救卒方》，主要是面向大众，故其采方，“率多易得之药……须买之者，亦皆贱价草石，所在皆有”。从而说明，葛洪作为一位出身于名门望族仕宦之家的人物，经过西晋永嘉之乱，看到了东晋偏安、社会不安定的局面，加之家世素好神仙丹术的影响，成为道教信徒，在现实生活中，体恤到民间的疾苦，这种精神，亦颇可贵，故其《肘后方》一直流传于后世，与此有很大关系。

（5）在东晋及南北朝时期编纂如此大部头方书，亦属首创之举，然而此类文献之所以未能流传，如《隋书·经籍志》著录中惟有晋·阮炳《范东阳方》一百五卷，录一卷，注："梁一百七十六卷。"其余诸家包括葛洪之《玉函方》，正如《肘后救卒方》葛氏自序云："然非有力，不能尽写。"此当为古代诸大型图书之所以亡佚较多的主要原因之一。

2.《魏书·崔彧传》

"彧少尝诣青州，逢隐逸沙门，教以《素问》、《九卷》及《甲乙》，遂善医。"《北齐书·马嗣明传》："马嗣明，河内人，少明医术，博综经方，《甲乙》、《素问》、《明堂》、《本草》，莫不成诵，为人诊候，一年前知其生死。"按此两篇传记，虽未提什么新的文献，但从中可以得到三点启发：①处于北方及部分中原地区之北朝，虽由于晋永嘉之乱的文化南迁，但有些重要的医学典籍如《素问》、《九卷》、《本草经》等，仍在流传，且成为大医必读之书。②有些释家沙门，亦兼通医学，并熟悉医学经典。③《甲乙经》为晋初医家皇甫谧撰著，至北魏期间，虽仅百余年后，已受到医家的高度重视。上述两家传中，均提及《甲乙》，足可为证。又南北朝后，如唐代孙思邈强调"大医习业"之医书亦含《甲乙》，且官方曾将《甲乙》一书，列为医博士教授诸生必读书之一，决非偶然。亦足见该书对后世影响之大。

又《南史·张邵传》："东海徐熙，濮阳太守，好黄老，隐于泰望山，有道士过求饮，留一瓠瓠与之曰：君子孙宜以道术救世，当得二千石，熙开之，乃《扁鹊镜经》一卷，因精心学之，遂名震海内。"按此说近乎荒诞，然《扁鹊镜经》，当系依托之作。亦不见于别书著录，然徐之后代，延续数世，如徐秋夫、徐道度、徐叔向、徐文伯、徐成伯、徐嗣伯、徐雄、徐之才、徐之范、徐敏齐等，皆当时名医，且著述甚富。详见《隋书》及《唐书》之"经籍志"。

又《宋书·羊欣传》："羊欣，字敬元，素好黄老，尝自书章，有病不服药，饮符水而已。兼善医术，撰《药方》十卷。"按羊欣亦道者之流，然其《药方》一书，不见于别书。

三、医籍引见诸书

详该时医籍，传世者极少，今仅举二书为例：

1.《肘后备急方》

今存《肘后备急方》，原在梁时有陶弘景为之增补，本以"朱书甄别"，然今已难分，详其中葛、陶两家引书，亦多有别书所不见者。

《扁鹊法》，见卷一。按此疑为南北朝时依托之作。

《小品方》，见卷二。晋·陈延之撰。

《姚氏方》，见卷五。疑即梁·姚僧垣方。

《刘涓子》，即《鬼遗方》，见第五。《隋书·经籍志》著录云：龚庆宣撰。

《华佗禁方》，见第六。

按以上引《扁鹊法》及《华佗禁方》未见于别书。

其援引诸方,或言及华佗、仲景、崔氏、裴氏、徐玉等,皆不知引自何书,然必有所出。

2.《外台秘要》

《外台秘要》为唐·王焘撰,其中引书多有两晋南北朝时期者。如:
(1)晋代:
王叔和,此指王叔和整理之张仲景遗书。
《甲乙经》,皇甫谧撰,即《黄帝针灸甲乙经》。
《肘后方》,即葛洪《肘后救卒方》,又或称"葛氏",亦指葛洪。
《范旺方》,范东阳撰,即《隋书·经籍志》著录之《范东阳方》。
陈廪丘,亦称"廪丘公"。
靳邵。
(2)南北朝:
胡洽,《隋书·经籍志》著录有《胡洽百病方》二卷。
刘涓子,即《刘涓子鬼遗方》
《小品方》,陈延之撰。
《深师方》,僧深撰。《隋书·经籍志》著录梁有"《释僧深药方》三十卷"。
陶氏,即陶弘景。《隋书·经籍志》著录有《陶氏效验方》六卷。注:"梁五卷。"
《集验方》,姚僧垣撰。《隋书·经籍志》著录有《姚大夫集验方》十二卷,当指此。
《删繁方》,谢士泰撰。《隋书·经籍志》著录有《删繁方》十三卷。
以上诸书皆晋及南北朝人所撰,《外台》援引,说明诸书在唐代尚有存世之本。

四、存世医籍

两晋南北朝存世医籍,已为数不多,今举现知者为例。

1.《黄帝针灸甲乙经》

该书为晋初皇甫谧撰。《隋书·经籍志》著录有《黄帝甲乙经》十卷注:"音一卷,梁十二卷。"《旧唐书·经籍志》著录有《黄帝三部针经》十三卷,当包括《音》一卷,且"针"下疑脱"灸"字。《新唐书·艺文志》著录有《黄帝三部针灸经》十二卷,按诸名虽不同,实指一书,今存本皆十二卷本。

《甲乙经》内容,犹如自序中云:"《素问》论病精微,《九卷》原本经脉,其义深奥,不易觉也;又有《明堂孔穴针灸治要》,皆黄帝岐伯遗事也。三部同归,文多重复,错互非一……乃撰集三部,使事类相从,删其浮辞,除其重复,论其精要,至为十二卷,"是则说明该书是以《素问》、《九卷》、《明堂》三书为本,删其浮辞,除其重复,使事类相从。因而本书实则是一种类书型图书。

今本全书十二卷,一百二十八篇,为宋·林亿等校定本。一卷、二卷及四至六卷为基础理论部分;三卷为腧穴,共列腧穴三百四十八个(其中单穴四十九、双穴二百九十九)。卷六至卷十二,为病证论述及主治腧穴。其论病内容,皆源于《黄帝内经》,主治腧穴,皆源于《明堂》。其收载针灸治疗各种病证之腧穴主治共八百余条。

《甲乙经》的主要贡献有以下几点：①弘扬《内经》学术。详皇甫谧自序云："按《七略》、《艺文志》：《黄帝内经》十八卷。今有《针经》九卷，《素问》九卷，二九十八卷，即《内经》也。"此后医界大都尊《素问》、《九卷》（即今之《灵枢经》）为《内经》，并使其学术得到了进一步的宏扬。②合三书内容，打破原篇序，使事类相从，易于寻览。按三书内容，除重复者外，有些内容，亦较分散，谧按分类编排的体例，且将理论与应用相结合，也是医学文献编纂的一个创举。③保留《明堂》基本内容。详古《明堂》，至唐代以后，已经亡佚，今考诸有关文献，《甲乙经》中基本保留了古《明堂》的主要内容。④形成了针灸学术的经典性专著。详《甲乙》之前，虽古有《针经》之名，又《九卷》亦名《针经》，然理论方面内容较多；又古《明堂》一书，则侧重于应用。今谧将其混合为一，使之既有理论，又切实用，故成为一部针灸学术之经典性著作，对后世针灸学术的习用与发展，有重大影响。

2.《脉经》

该书为晋初王叔和撰。全十卷，历来主要书目均有著录。今存本亦十卷。

据自序云："脉理精微，其体难辨，弦紧浮芤，展转相类，在心易了，指下难明……旧经秘述，奥而不售，遂令末学，昧于原本，互兹偏见，各逞己能。"又云："今撰集岐伯以来，逮于华佗，经论要诀，合为十卷。百病根源，各以类例相从，声色证候，靡不该备，其王、阮、傅、戴、吴、葛、吕、张，所传异同，咸悉载录。"

详此文，其书虽曰《脉经》，不仅言脉而已。唯因"脉理难精"，故特以此命名，示持重耳。该书收集晋初及晋以前有关文献，"各以类例相从"之体例，编纂而成，实则亦一类书型医书。

今本全书十卷，一百零四篇，亦宋·林亿等校定本，卷一、卷二及卷四论脉，卷三论脏腑，卷五载张仲景、扁鹊、华佗等论脉法及察声色，卷六论五脏六腑病证，卷七载张仲景等论伤寒，卷八及卷九载张仲景论杂病，卷十为手捡图。

该书述二十四脉之体象、辨三关阴阳、奇经八脉病、三部九候、脏腑病候及察声色等，内容颇详，特别是收载仲景遗论，尤为详尽。故该书问世后，迅即受到医家重视。如《太平御览》卷七百二十三"医二"引北魏高湛《养生论》曰："王叔和性沉静，好著述，考核遗文，采摭群论，撰成《脉经》十卷……大行于世。"详此书之所以能久传于世而不绝者，良由此也。特别是今日对研探张仲景《伤寒杂病论》之原委，尤具重要文献价值。

3.《肘后备急方》

该书原系晋·葛洪撰，名《肘后救卒方》。全书三卷，八十六篇。后经梁·陶弘景整理增补，合并原书为七十九篇，增补二十二篇，计一百零一篇。更名为《肘后百一方》。

详该书陶弘景序云："抱朴此制，实为深益，然尚阙漏未尽，辄更采集补阙，凡一百一首，以朱书甄别，为《肘后百一方》。于杂病单治，略为周遍矣。昔应璩为《百一诗》，以箴规心行，今余撰此，盖欲卫辅我躬。且佛经云：人用四大成身，一大辄有一百一病，是故深宜自想。"又云："旧方都为八十六首……强致殊分，复成失例，今乃配合为七十九首，于本文究具，都无忖减，复添二十二首。"序末为总目：上卷三十五首，治内病；中卷三十五首，治外发病；下卷三十一首，治为物所苦病。

按"首"者，篇也。《史记·田儋列传论》："蒯通者，善为长短说，论战国之权变，为八十一首。"是则可知葛氏原书与陶氏复增后之旧貌。

详今存本有明万历二年李栻刊本。据李氏序云:“今年之夏,偶以巡行至均游武当,因阅《道藏》本,得《肘后备急方》八卷。”是知此本亦源于《道藏》本。又有元至元段成己序云:“连帅乌侯,夙多诊疾,宦学之余,留心于医药,前按察河南北道,得此方于平乡郭氏,郭之妇翁,得诸汴之掖庭,变乱之际,与身存亡,未尝轻以视人,迨今而出焉,天也。”似此本原出于宋都官藏。又金皇统四年杨用道序,言原本乃行省所得辽乾统间刊本,而又以唐慎微《证类本草》,“摘录其方,分以类例,而附于《肘后》随证之下,目之曰《附广肘后方》。”此即今日所存本之形成情况。

又据日本涩江全善《经籍访古志》著录该书按云:“用道《附广》本,原杨收之《道藏》,而明代更摘出刊行,此本是也。然朝鲜国所辑《医方类聚》所引,亦系用道《附广》本。而今本所无凡十四门(治手足诸病、治卒吐血唾血大小便血、治患消渴小便利数、治卒患诸淋不得小便、治梦交接泄精及溺白浊、治大便秘涩不通、治卒关格大小便并不通、治患寸白蛔虫诸九虫病、治患五痔及脱肛、治妇人漏下月水不通、治妊娠诸病、治产难横生逆生胎死胞不出、治产后诸色诸患、治小儿诸病诸方是也),此则《附广》本,亦已被后人删汰。甚矣哉,是书之厄也。”是则说明今本既非葛氏、陶氏旧貌,即《附广》本,亦失庐山真面目矣。

就今本内容而言,尚有两个比较明显的问题:①卷二第十三“虏疮”一条云“世人云:永徽四年,此疮从西东流,遍于海中……”又《外台》卷三“天行发斑方”引《肘后》文,无“永徽”以下三十五字。详“永徽”,唐高宗年号也。此显系唐人增入之文。②据陶氏序后总目所列,上卷三十五首,治内病;中卷三十五首,治外发病;下卷三十一首,治为物所苦病。然今全书仅有七十三篇,尚缺二十八篇。又详卷一至卷四,共三十五篇,似合原上卷之数。卷五、卷六内容,似属中卷治外发病内容,然仅有十七篇,应缺十八篇。卷七、卷八内容,似属下卷治为物所苦病,然仅有二十一篇,尚缺十篇。从而说明,该书历经传抄翻刻,加之后人整理增删,已非昔日旧貌矣。

就本书现存内容而论,主要有以下特点:①所取医方,具有简、便、验、廉的特色,体现了葛、陶二公以慈悲为怀,体恤民情的风尚。②书中医方有进一步挖掘验证的实用价值,如青蒿素之治疟,原在卷三第一中,即有“青蒿一握,以水二升,渍绞取汁,尽服之”之法。③治伤寒诸方,已突破辛温发汗之法,有辛凉解肌之方,如卷二第十三“葛根解肌汤”即以大青龙汤为基础,加葛根、大青而成。④所具医方,有相当一部分属救急之用,与书名“救卒”之义亦合。⑤陶氏自序中,含“发凡起例”十三条,说明书中有关问题。在古医籍中有如此详尽之“凡例”,亦属首见。⑥从三卷主治之分类看,具有三因发病之含义,此与仲景三因学说义不尽同。⑦从葛氏取名“百一”之义,及书中别具用符水治病法(见卷一第五、第九等),体现了一定的释、道二家宗教色彩。总之,《肘后备急方》对研讨两晋南北朝时期之医方,尤其是单验方,文献价值较大。

4.《刘涓子鬼遗方》

该书最早著录于《隋书·经籍志》为十卷,云龚庆宣撰。详现存本为五卷,卷前有龚氏于南朝齐永元元年撰序文一篇,详述得书之始末,颇涉怪诞。

序文首言刘涓子于晋末,在丹阳郊外射猎遇黄父鬼,因射鬼而得药得书之事。复言“时从宋武北征,有被疮者,以药涂之即愈。论者云,圣人所作,天必助之,此天授武王也。”末言其书流传经过云:“(涓子)姊适余从叔祖,涓子寄姊书,具叙此事并方一卷,方是丹阳白薄纸本写,今手迹尚存,从家世秘而不传。其孙道庆与余邻居,情款异常。临终见语,家有神方,儿子幼稚。苟非其人,道不虚行……欲以相传属。余既好方术,受而不辞。"此序言刘涓子遇鬼事,特出"时从宋武北征"及"天授武王"之语,其为宋武帝刘裕继晋立宋而先有谶纬占验以示天授之义甚明,而庆宣作此序时,已在齐永元元年,不仅去宋武帝时已八十余年,而且已移祚为齐。故此事似非龚庆宣自撰。又详其称刘裕为"宋武帝",必在刘裕死后。故本书言遇鬼之始作俑者,或当刘涓子之后,然犹在宋文帝或孝武帝之时。若以为龚庆宣撰,似与序文义难合。

今书内容,主要为治金疮与痈疽两部分。治金疮与治痈疽方,皆别有所出,当系晋代医方。其论痈疽诸文,大都出于《灵枢·痈疽》,特在今卷四首题作"黄父痈疽论",将《灵枢·痈疽》"黄帝曰"改作"九江黄父问于岐伯曰"。其僭改之义,正与序文言刘涓子遇黄父鬼之文相应。

总之,此书为今存最早之外科类专著,其医方不仅对研讨南北朝以前痈疽方及金疮方有重大学术价值,而且有一定应用价值。

5.《黄帝虾蟆经》

详《隋志》著录诸《虾蟆图》等书,宋以后即不见著录。现存有日本存《黄帝虾蟆经》一卷本。卷末有丹波元简跋云:"右《黄帝虾蟆图》一卷,和气氏奕世所传。丙辰秋转借自白川侍从钞而得之。按《隋·经籍志》:《黄帝虾蟆忌》一卷,正斯书也。"

又丹波元胤跋云:"其书虽全然出于假托,而《太平御览》引《抱朴子》曰:黄帝经有《虾蟆图》,言月生始二日,虾蟆始生,人亦不可针灸其处。《隋志》又有《明堂虾蟆图》一卷,徐悦《孔穴虾蟆图》三卷,则知晋宋间,已行于世。考日中有乌,月中有虾、兔,其说来亦尚矣。《史记·龟册传》曰:日为德而君于天下,辱于三足之乌,月为刑而相佐,见食于虾蟆。又《淮南子·精神训》曰:日中有踆乌,而月中有蟾蜍。又'说林训'曰:月照天下,食于詹诸,乌力胜日而服于雏礼。《参同契》曰:蟾蜍与兔魄,日月气双明,蟾蜍视卦节,兔魄吐生光。《文选·谢庄·月赋》注曰:张衡《灵宪》曰:月者,阴精之宗,积成为兽,象兔形。《春秋元命苞》曰:月之为言阙也。两说蟾蜍与兔者,阴阳双居,明阳之制阴,阴之倚阳也。据此,则其书似出于汉人者矣。"

根据丹波氏所云,以为该书"似出于汉人"之推论,似尚有未尽处。若《史记·龟册》及《淮南子》等说,只为日中有乌,月中有蟾、兔之说找到早期书证。而蟾、兔之引入医学,则《参同契》为早,详《参同契》,汉末魏伯阳撰。至于诸虾蟆图类书,则《抱朴子》所出,犹当东晋之季。即后来《隋志》所著录者,结合两晋时社会背景,故疑此类著作,恐大都出于两晋南北朝时期,个别是否有出于汉末至三国时期者,现尚无可靠依据。

该书内容,首举虾兔图、随月生毁日月蚀避刺灸法;次载灸刺避忌法八题。特如"年神舍九部避灸刺法"、"六甲日神游舍避灸判图"、"择五神所舍时避灸判法"、"诸服药吉日吉时及灸火木治病时向背咒法"等,反映了明显的神学观念及宗教色彩。又如文中所言"灵符"、"急急如律令",均道教符咒常用语。作为道教文献,特别是道教医学文献的繁衍,主要在两晋南北朝时期。此亦支持该书成于两晋时期的推论,而且似出于道家之手,与医家之《明堂》针灸,为另一系统。

6.《中藏经》

该书原题"汉·华佗撰"。书目著录,首见于宋代,如《宋史·艺文志》著录有"《黄氏中藏经》,灵宝洞主探微真人撰。"黄,当为"华"之误。郑樵《通志·艺文略》著录有《华氏中藏经》一卷。《遂初堂书目》著录有《华佗中藏经》。《直斋书录解题》著录有《中藏经》一卷，汉·谯郡华佗元化撰。其序称应灵洞主少室山邓处中，自言为华先生外孙，莫可考也。

据现有文献考证，《中藏经》一书，在宋代方始著录，且在民间亦有多种版本流传。如宋·楼钥跋文，即言及陆从老本与闽中本之不同。加之邓处中序，颇涉神怪，故对该书成书年代，历来说法不一。有信为华氏遗作者，有认为后人依托者。言依托者，究在何时，亦有云为宋人缀辑者，如周锡瓒云："《隋书·经籍志》载吴普撰《华佗方》十卷，《华佗内事》五卷……其书想北宋时，尚有流播，或多残缺。故其时名医缀辑，而成此书，别立名目，以托于华氏。"孙星衍则云："此书文义古奥，似是六朝人所撰，非后世所能假托。"

从现存本内容及历代著录情况分析，可发现以下诸多问题。

（1）署名项关于"灵宝洞主"与"应灵洞主"问题。《宋志》言"灵宝洞主探微真人撰"，《直斋书录解题》则云"其序称应灵洞主少室山邓处中序"。（按今本邓序作"应灵洞主探微真人少室山邓处中撰"）以上足以说明宋人所见本中，已有诸多不同处。上文有以下几点值得注意：第一，所谓"灵宝"或"应灵"，"应灵"之语，似无专指，而"灵宝"之名，则出于道教。初见于《太平经》中，具文诰之义，后道教有《灵宝经》问世，至东晋末至南朝刘宋时，形成了灵宝教派，其经以"灵宝"命名者尤多。此"灵宝"之所始也。第二，所谓"真人"，道家称修真得道之人。如孙思邈原信道，亦修养有素者，故称之为"孙真人"。又佛家称证真理之人，亦谓"真人"。第三，少室山在两晋时期，为佛教兴盛之地，亦隐者居留之处。从以上三点，似可说明，该书署名中称号，与释、道二教有关。

（2）从书中讳字看，避宋讳，如方中有山药，唐太宗以后名薯药，宋改山药。是宋人抄刊时改，于理为是。又书中有避南朝梁讳者，如卷上有当作"逆顺"处，作"逆从"，此避梁武帝父萧顺之偏讳。

（3）从书中内容分析，首先可以看出，该书虽属依托之作，但似有某些华佗遗文，如卷中"察声色形证决死法第四十九"，共有一百一十七条，其中有三十条左右与《脉经》卷五"扁鹊华佗察声色要诀第四"文同，或义同而文少异。详王叔和去华佗时甚近，其《脉经》中收华佗文，应为信实。此则说明此虽为伪书，而亦含真文。至其含真之程度则难以详考。又如前人已考，此中亦有宋人增补处，如吕复云："其方有用太平钱……盖太平，乃宋熙陵初年号。"又俞弁云："牢牙地黄散细注云：此方见僧文莹《湘山野录》。文莹，宋僧。"是则说明是书在宋代流传时，对其内容，又有所增补。又据该书某些学术内容，与两晋南北朝时著作，亦多相似，如卷中"论三焦虚实寒热生死逆顺脉证之法第三十二"中对三焦之论述，与《外台》卷六"三焦脉病论"引《删繁》文，颇多相同或相近处。又卷下医方中，有"葛玄真人百补构精圆"。葛玄，晋人也。

从以上情况分析，该书似为南北朝时，拾取华佗某些遗论，结合当时有关医论及医方编辑而成，应出黄冠之手。而后人并有所增补。

就该书学术价值而论，其对研讨华佗遗著及南北朝时医学文献，具有重要意义。如上述"三焦"之说，与今存《素问》、《灵枢》说均不同；在援引文献中，如卷上第二"《金匮》曰"、第三"《金匮至真要论》曰"、第七"《金匮大要论》曰"、第十九"《调神气论》曰"等，皆不见于别书，疑系葛洪《抱朴子》及《肘后救卒方》所言之《金匮绿囊》或《金匮绿帙》文；又卷上第十四文云："病有灾怪何谓也？病者应寒而反热，应热而反寒……皆属灾怪也。此乃五脏之气不相随从而致之也。四逆者不治。四逆者，谓主客运气俱不得时也。"此言"主客运气"之语，说明当时已有“运气学说”，此对探讨《素问》运气七篇大论之形成年代有重要意义；又卷上“水法有六论第十五”、“火法有五论第十六”，对研究《伤寒论》中之“水法”与“火法”，有重要参考价值；又如对五脏六腑之官名及功能等的论述，亦与《素问》、《灵枢》不尽同，体现为另一家说。总之，该书对两晋南北朝时期医学文献之研讨，具有重要学术价值。

7. 道教医籍《黄庭经》

《黄庭经》指《黄庭内景经》，一名《太上琴心文》，一名《东华玉篇》，一名《大帝金书》（指扶桑大帝金简刻书），为两晋间道士养生修炼之书。它是以医学藏象理论为基础，结合道教人身百脉关窍各有司神之说，以七言韵文的形式，以“存思”为主的修炼要诀。系宗教思想与医学理论互相糅合的一种道教医书。由于它为早期道教上清派所崇奉，故又称《上清黄庭内景玉经》。

《黄庭经》一书，道流相传，皆谓神授，近人王明先生考证，谓两晋之际，似已有秘藏之草本，魏夫人得之，撰为定本。

魏夫人者，魏华存也。唐·杜光庭《墉城集仙录》及明·顾元庆《文房小说》皆有传。互有详略，义则同。《文房小说》所收皆宋以前随笔小说等文，今引《南岳魏夫人传》文如下：“魏夫人者，任城人也。晋司徒剧阳文康公舒之女，名华存，字贤安。幼而好道，静默恭谨。读《庄》、《老》、三传，五经百氏，无不该览。志慕神仙，味真耽玄……常欲别居闲处，父母不许。年二十四，强适太保掾南阳刘文字幼彦，生二子，长曰璞，次日瑕。幼彦后为修武令，夫人心期幽灵，精诚弥笃。二子粗立，乃离隔宇室，斋于别寝。后众真下降，而清虚真人王君为之师，授以《太上宝文》、《八素隐书》、《大洞真经》等经共三十一卷。”又云：“景林真人又授夫人《黄庭内景经》……二子位既成立，夫人因得冥心斋静，累感真灵，修真之益，与日俱进。凡住世八十三年。以晋成帝咸和九年，托剑化形而去。”按此记亦足以说明《黄庭经》一书，并非魏夫人首撰。

“黄庭”之义，诸家说解不一，务成子注云：“此经以虚无为主，故用‘黄庭’标之耳，其景者，神也。”又云：“黄者，二仪之正色；庭者，四方之中庭。近取诸身，则脾为主；远取诸象，而天理自会。然谷神不死，是谓玄牝，是以宝其生也。”梁丘子注云：“黄者，中央之色也；庭者，四方之中也。外指事，即天中、人中、地中；内指事，即脑中、心中、脾中，故曰‘黄庭’。内者，心也；景者，象也。外象谕，即日月星辰云霞之象；内象谕，即血肉筋骨脏腑之象也。心居身内，存观一体之象色，故曰‘内景’也。”近人王明先生又云：“按黄庭三宫，上宫脑中，中宫心中，下宫脾中，黄为中央之色，庭为四方之中，并具中义。内景者，含气养精，内视神象，似义取双关。”按诸说虽有小异，对进一步探索《黄庭经》奥义，均可有所裨益。

现传《黄庭经》有《黄庭内景玉经》、《黄庭外景玉经》、《黄庭中景玉经》。《中景》问世较晚，宋·郑樵《通志》曾有著录。《内景》与《外景》，一般认为《内景》在先，《外景》在后，今存王羲之书拓本，即《外景》。从内容方面看，《外景》与《内景》总的来看，义本同源，文句也有诸多相同或相近者，但也有诸多不同处，应是《内景》的衍化本。《中景》文似摘取《内景》部分内容或文义，再为阐发补充。总之，为深入研讨《黄庭》之内涵，三者可以互参，尤以内、外二景，更为切近。

就文体与语词而论，有两大特点，一者全文皆七字句韵文。一者多用廋辞，如《黄庭内景玉经·呼吸章第二》：“后有密户前生门。”梁丘子注：“前南后北。密户，后二窍，言隐密也。生门,前七窍,言藉以生也。合为九窍也。”李一元注:“后密户,男子藏精之户,则左之肾户也。前生门,女子藏经之门,则右之命门也。”似此等隐语,历代注家,歧义颇多,均有待于深入研讨。

就医学方面,如所论五脏六腑等脏腑内容,固与《素问》、《灵枢》颇多相同之处。然亦不少不同之义,如五脏各有专章,而又别有“心神章”及“脾长章”;在六腑则只有“胆部章”,余者无专章;对脑(泥丸)功能的论述,尤为突出,故黄庭三宫者,心、脾、脑也。在人体气化方面,则特别突出了精、气、神的作用,即后人所谓道家论养生之“三宝”也。如此等等,均可显示其与《素问》、《灵枢》中脏腑学说并非尽出一家之言,故可以相互补充。在学术理论方面,虽亦涉及阴阳、五行,但并未以此说展开阐述人体生理活动之各种机理,此亦与《素》、《灵》有所不同。

就道学而论,主要有以下特点:①吐纳行气的内养方法,是继承了秦汉以来养生导引之说而加以发挥与发展。②恬淡无欲的精神,体现了老庄学派的哲学思想。③存思、守一的思想,是道教养生修炼的一贯主张。④神学观念,具有浓厚的宗教色彩。

总之,《黄庭经》一书,从医学的角度论,对脏腑、生理等论述,颇有补医论不足之处。

8.《养性延命录》

《养性延命录》,梁·陶弘景撰,为道家养生修炼之书,宋·张君房编《云笈七签》卷三十二,收该书入“杂修摄部”。

详该书陶氏序云:“余因正观微暇,聊复披览《养生要集》,其集乃前彦张湛道林之徒,翟平黄山之辈,咸是好事英奇,志在宝育,或鸠集《仙经》真人寿考之规,或采摭彭祖李聃长龄之术,上自农黄以来,下及两晋之际,但有益于养生,乃无损于后患。诸本先皆记录,今略取要法,删弃繁芜,类聚篇题,号为《养性延命录》,庶补助于有缘,冀凭以济物耳。”

详本序已明确告知其书之宗旨、内容及编例等有关问题。

今详本书所收内容,主要有《神农经》、老君《道德经》、《列子》、《老君指归》、《雒书宝予命》、《孔子家语》、太史公司马论、胡昭、《黄庭经》、《老君尹氏内解》、《中经》、韩融元长、《素问》、《老子》、《老君》、《名医叙病论》、彭祖、仲长统、张湛《养生集》、《仙经》、皇甫隆问青牛道士、仙人、《元阳经》、刘安、《导引经》等二十余种古代文献。其中有些医籍不见于别书,如《名医叙病论》、《导引经》等,虽载文不多,但对研讨该时期医学文献有重要意义。特如华佗五禽戏,在援引之《导引经》文中,有虎戏、鹿戏、猿戏、熊戏、鸟戏之具体操作方法,对挖掘华氏遗术,提供了文献依据。

其他该时期医籍,如敦煌卷子本之《本草经集注》等,多为残本,兹不再介绍。

五、出土文物医学文献

在出土文物中,具有两晋南北朝医学文献者,唯以敦煌卷子为最著。

近年有马继兴研究员整理《敦煌古医籍考释》一书,共搜集有关文献九十余件。据作者考证其撰著年代,“最早者可以上溯到先秦时代和汉代,但绝大多数的医书则均系南北朝以后隋唐时代的著作。”今举整理人基本确认为该时期之医书数种为例:

1.《明堂五脏论》

《明堂五脏论》一卷，古医籍及簿录均未收其目，撰人姓名不详。今书名系据此卷之首的标题而定。据本书中引有三国吴人吕广《玉匮针经》佚文，可知其撰年当在六朝时期。

2.《张仲景五脏论》

"《张仲景五脏论》一卷之书名，在古代簿录中最早可见于《崇文总目》、《通志·艺文略》及《宋史·艺文志》等。惟原书亡佚已久，传世古医籍也极罕引用……本书虽题以张仲景之名，但书中内容记有与张仲景同时代及其汉以后的医家姓氏和著作，如：后汉·华佗，晋·葛洪、刘涓子，北齐·宋侠，梁·陶弘景，后周·姚僧垣《集验方》以及雷公（敩）《炮炙论》等，足证其非张仲景所撰，而系六朝末叶之产物。"

3.《青乌子脉诀》

"《青乌子脉诀》一卷，古医籍及簿录均未收其目。青鸟子当即撰人别号。考《唐书·艺文志·五行类》中有《青乌子》三卷、《葬经》八卷、又十卷、又二卷，萧吉撰。似萧吉即青乌子之本名。考萧吉为南北朝人（六世纪末前后），《北史》卷八十九、《隋书》卷七十八均有传，为梁武帝兄长沙王萧懿之孙……又此书中的'饭'字写作'饣卞'，据清·王筠《说文句读》：'六朝讳言反，故改饭为饣卞。'据此其撰年当在隋代以前。"

4.《辅行诀脏腑用药法要》

"此书重视五行学说，以五行格局经纬五脏用药，独具一格。书中保存古佚书《汤液经法》、《桐君药录》的某些内容，对于研究医学史和仲景学说价值较大。"

按此书原题"梁华阳隐居陶弘景撰"，观其例式，与《养性延命录》相似，亦选录《汤液经法》等方。

其他医籍残本尚多，然大都难以确认，兹不再举。

六、养生类文献

养生作为一种医学文献流派，与《汉书·艺文志》之"神仙"一类，有某些相类似之处。作为"养生"文献的大量问世，亦应在两晋南北朝时期。今从以下两个方面加以简介：

1. 古籍援引养生类文献举例

葛洪《抱朴子内篇·遐览》所列道教书目中直接名"养生"或"养性"者，有"《养生书》一百五卷"、"王乔《养性治身经》三卷"。其他属"导引"、"房中"、"芝草"、"黄白"、"服食"、"内视"、"胎息"等不下数十种之多，此类著作，少数或有汉末及三国时人所作，然大多数当为两晋时数十年间之人所作，此与道教在该时期的兴旺发展，大量道教文献的问世这一历史背景亦正相应合。

《隋书·经籍志》著录名"养生"之书，有《养身经》一卷、《养生要术》一卷、《养生服食禁忌》一卷、《养生传》二卷、《彭祖养性》一卷。以上诸书，皆未署撰人，惟另有《帝王养生要方》二卷，署为“萧吉撰”，然萧吉其人，生当南北朝后期，后入隋，故其书究在南北朝或入隋之后所撰，亦难考。从而说明以上诸书中大多数，恐亦为南北朝时人所撰。

宋《太平御览·方术部·养生》引书有嵇康《养生论》、高湛《养生论》，另外有托名之作的《老子养生要诀》及不著撰人之《养生要》等。《养生要》一书，按其引序在高湛《养生论》之后，且文中有引《抱朴子》文者，亦或为南北朝时人撰著。

从以上三书所引，足见该时期养生类书之多。另外其亡佚及别书著录者，尚不知有几许矣。

2. 古籍载录养生类论述举例

在古籍中具有或援引之养生类论述极多，今谨举其中在学术思想方面具有一定代表性者数则为例。

《太平御览》引嵇康《养生论》曰：“养生有五难：名利不灭，此一难也；喜怒不除，此二难也；声色不去，此三难也；滋味不绝，此四难也；神虑精散，此五难也。五者必存，虽心希老，口诵至言，咀嚼英华，呼吸太阳，不能不夭其年也。五者无于胸中，则信顺日深……此养生大理所归也。”

《养性延命录》引高湛《养生集·叙》曰：“养生大要：一曰啬神，二曰爱气，三曰养形，四曰导引，五曰言语，六曰饮食，七曰房室，八曰反俗，九曰医药，十曰禁忌。过此以往，义可略焉。”

按凡此等论，与《素问·上古天真论》所谓“恬惔虚无，真气从之；精神内守，病安从来……是以嗜欲不能劳其目，淫邪不能惑其心，愚智贤不肖，不惧于物，故合于道”的精神亦相近。其基本观点，均是源于黄老学派“清静无为”的思想。

《抱朴子》中有关养生之道，散见于诸论。其基本精神有三点：①首先肯定了神仙的存在，养生的目的是追求神仙。如“论仙”云：“或问曰：神仙不死，信可得乎？抱朴子答曰：虽有至明，而有形者不可毕见焉。虽禀极聪，而有声者不可尽闻焉。虽有大章、竖亥之足，而所常履者，未若所不履之多。虽有禹、益、齐谐之智，而所尝识者，未若所不识之众也。万物云云，何所不有，况列仙之人，盈乎竹素矣。不死之道，曷为无之。”②黄老思想的继承。如该篇又云：“夫求长生修至道，诀在于志，不在于富贵也……学仙之法，欲得恬愉淡泊，涤除嗜欲，内视反听，尸居无心。”③对金丹符文的迷信。如在“金丹”篇中言“九丹者，长生之要”。第一丹曰丹华，服之七日仙；第二丹曰神丹，服之百日仙；第三丹曰神丹，服之百日仙；第四丹曰还丹，服之百日仙；第五丹曰饵丹，服之三十日仙；第六丹曰炼丹，服之百日仙；第七丹曰柔丹，服之百日仙；第八丹曰伏丹，服之百日仙；第九丹曰寒丹，服之百日仙。足见其对金丹的信服。对符文之用，该书不仅在有关篇章如卷十七“登涉”，保留一部分符文，而且曾多次介绍符文有避邪、驱鬼、治病之用。宣扬符文为“天文”“神授”等神学思想。如“遐览”曰：“郑君言符出于老君，皆天文也。老君通于神明，符皆神明所授。今人用之少验者，由于出来历久，传写之多误故也。又信心不笃，施用之亦不行。”

按《抱朴子》所收符文，其符文结构已与《太平经》中所存之“复文”有很大差别。如果说《太平经》“复文”是由几个汉字叠累或加以少量点线式符号组成，则《抱朴子》中“符文”，则主要以点、线、圆圈、方框等符号为主，个别尚有汉字的某些偏旁部件组成，采用类小篆与回文的运笔方式书写。后来在医籍中保留之符文，大多属此种形式。

关于此等符文,不仅后人不识,就连葛洪亦不能辨认。如“遐览”曰:“昔吴世有介象者,能读符文,知误之与否。有人试取百病杂符及诸厌劾符,去其籤题以示象,皆一一据名之。其有误者,便为人定之。自是以来,莫有能知者也。”此亦足可说明,南北朝以后留传符文之真伪情况。

《颜氏家训·养生》:“神仙之事,未可全诬,但性命在天,或难钟值。人生居世,触途牵絷:幼少之日,既有供养之勤,成立之年,便增妻孥之累。衣食资须,公私驱役;而望遁际山林,超然尘滓,千万不遇一尔。加以金玉之费,铲器所须,益非贫士所办。学如牛毛,成如麟角。华山之下,白骨如莽,何有可遂之理?考之内教,纵使得仙,终当有死,不能出世,不愿汝曹专精于此。若其爱养神明,调护气息,慎节起卧,均适寒暄,禁忌食饮,将铒药物,遂其所禀,不为夭折者,吾无间然……此辈小术,无损于事,亦可修也。”

按颜氏此论,对神仙之道,基本持否定态度;而对正常之养生方法,则允以可行,是比较现实的,反映了一种正确的养生观念。这在佛道二教盛行之时,金丹神仙泛滥之日,能提出如此见解,诚属难能可贵。

七、寒食散与解散类文献

寒食散类药物及医方,亦属金丹之类,始于秦汉,盛于两晋南北朝时期,对医学影响很大,文献亦多,且由于服食者,失于节度,或不得其法而中毒身残或死亡者,亦多有之,故又有解散之类(即解救金丹中毒之类)文献问世,此亦反映该时期方士、道教等对医学文献方面的影响。

1. 寒食散与五石散

五石之名,当始于先秦,如《史记·仓公传》云:“齐王侍医遂病,自练五石服之……告曰:公病中热。论曰:中热不溲者,不可服五石。”此言“论曰”,当是出于汉以前古文献之文。至于五石之名,说亦不一。《抱朴子·金丹》曰:“五石者,丹砂、雄黄、白矾、曾青、慈石也。”又《隋书·循吏传·梁彦光》:“父遇笃疾,医云饵五石可愈。时求紫石英不得。”是则说明该言五石中有“紫石英”。尽管历代所言五石,虽不尽同,但均属金石类药物则无疑。

五石散,即以五石类药所制之散。《甲乙经》皇甫谧自序云:“仲景见侍中王仲宣时,年二十余,谓曰:君有病,四十当眉落,眉落半年而死。令服五石汤可免。”此说亦见于《太平御览·方术部·医二》,文字小异。详五石汤,亦当系五石类医方。南朝宋·刘义庆《世说新语·言语》:“何平叔云:服五石散非惟治病,亦觉神明开朗。”宋·马永卿《懒真子》卷五:“后汉以来,方书中有五石散,又谓之寒石散。”是犹说明五石散与寒食散之关系。

寒食散,犹寒食药也。《晋书·皇甫谧传》:“臣惟顽蒙,备食晋粟……而小人无良,致招速祸,久婴笃疾,躯半不仁,右脚偏小,十有九载。又服寒食药,违错节度,辛苦荼毒,于今七年。”又《诸病源候论》卷六“寒食散发候”引皇甫士安云:“又寒食药者,世莫知焉。或言华佗,或曰仲景。考之于实,佗之精微方类单省,而仲景经有侯氏黑散、紫石英方,皆数种相出入,节度略同。然则寒食、草(疑为紫之误)石二方,出自仲景,非佗也。”是寒食药即寒食散也。以服此药后,药性散发,烦热即作,“常当寒衣寒饮,寒食寒卧,极寒益善。”故名之为“寒食散”或“寒食药”。

2. 金丹与服食

由于“寒食散”或“五石散”类方，大都以金石之药升炼而成。故亦“金丹”之类也。详金丹之术，虽始于秦汉方术之家，然盛于两晋南北朝之际。《抱朴子·金丹》曰：“余问诸道士以神丹金液之事，及《三皇内文》召天神地祇之法，了无一人知之者……昔左元放于天柱山中精思，而神人授之金丹仙经，会汉末乱，不遑合作，而避地来到江东，志欲投名以修斯道。余从祖仙公，又从元放受之。凡受《太清丹经》三卷及《九鼎丹经》一卷、《金液丹经》一卷。余师郑君者，则余从祖仙公之弟子也，又于从祖受之，而家贫无用买药。余亲事之，洒扫既久，乃于马迹山中立坛盟受之，并诸口诀诀之不书者。”详左元放者，东汉末人左慈也。郑君者，葛洪弟子郑隐也。上文主要说明了金丹书籍之起始及流传情况。由于金丹、寒食等药，亦列为养生及治病之术，故此类文献，亦尝收入医学书目中。

按“服食”这一概念，虽有多用，但在两晋南北朝时期，多指反映服用金石之类以求长生不老之药。《汉书·郊祀志下》：“世有仙人服食不终之药。”此指方士言服用金丹等药可以长生不死之事也。又《文选·古诗》：“人生忽如寄，寿无金石固。……服食求神仙，多为药所误。”此亦是对服食丹药以求神仙者之批判。此方士言“服食”者，义本于此。详汉魏六朝言服用丹药之文献，多名“服食”或“服饵”。又以丹药，多取金石类药物制成，故亦称“服石”、“服玉”、“饵金”等，义均同。此虽言“食”，与“食医”类之“食经”、“食禁”等不同。服食者，金丹之类。食经者，食养之类也。当然，其中亦有为服用非金石类药物如茯苓、松柏脂、芝草等，以求长生不老之术者，亦名“服食”。

3. 解散

解散者，解救由服用金丹及寒食类药物中毒之医方也。详《晋书·皇甫谧》记谧因服用寒食药后，导致“隆冬裸袒食冰，当暑烦闷，加以咳逆，或若温疟，或类伤寒，浮气流肿，四肢酸重……”又《诸病源候论》卷六“寒食散发候”引皇甫士安云：“寒食之疗者，御之至难，将之甚苦，近世尚书何晏，耽声好色，始服此药，心加开朗，体力转强，京师翕然，传以相授，历岁之困，皆不终朝而愈。众人喜于近利，未睹后患。晏死之后，服者弥繁，于时不辍，余亦豫焉。或暴发不常，夭害年命。是以族弟长互，舌缩入喉；东海王良夫，痈疮陷背；陇西辛长绪，脊肉烂溃；蜀郡赵公烈，中表六丧。悉寒食散之所为也。”又云：“咸宁四年，平阳太守刘泰，亦沉斯病，使使问汝救解之宜，先时有姜子者，以药困绝，余实生之，是以闻焉。然身自疴毒，虽才士不能书，辨者不能说也。苟思所不逮，暴至不旋踵，敢以教人乎？辞不获已，乃退而惟之求诸本草，考以《素问》，寻故事之所更，参气物之相使，并列四方之本，注释其下，集而与之。匪曰我能也。盖三折臂者，为医非生而知之，试验亦其次也。”按士安此文，详述其自身及诸多因服寒食药违错节度所致之各种疾苦及死亡情况，并因此而寻求各种解救方法。是知当时已有多人从事于金丹解药的研究，并撰著了一批文献。

4. 金丹、服食及解散方面的文献

关于这方面的文献，今存早期古籍中以《抱朴子内篇》“金丹”及“黄白”两篇著录较多，此皆汉末至东晋前期撰著。又《隋书·经籍志》医方类著录之此类著作，大都未著撰人，其中亦或有隋人所作，然大都为两晋南北朝时文献。其他如《诸病源候论》等，亦有少量著录。

今略举诸目如下：

金丹类：《太清丹经》、《金液丹经》、《黄帝九鼎神丹经》、《五灵丹经》、《岷山丹法》、《务成子丹法》、《羡门子丹法》、《取伏丹法》、《赤松子丹法》、《石先生丹法》、《康风子丹法》、《崔文子丹法》、《李文丹法》、《尹子丹法》、《太乙招魂丹法》、《采女丹法》、《稷丘子丹法》、《墨子丹法》、《张子和丹法》、《绮里丹法》、《玉柱丹法》、《肘后丹法》、《李公丹法》、《刘生丹法》、《陈生丹法》、《韩终丹法》、《金液为威喜巨胜之法》、《金液经》、《饵黄金法》、《小神丹方》、《小丹法》、《小饵黄金法》等，以上均见于《抱朴子·金丹》。又《练化杂术》一卷，陶隐居撰；《玉衡隐书》七十卷，目一卷，周弘让撰。《太清诸丹集要》四卷，陶隐居撰；《杂神丹方》九卷；《合丹大师口诀》一卷；《合丹节度》四卷，陶隐居撰；《合丹要略序》一卷，孙文韬撰；《仙人金银经并长生方》一卷；《狐刚子万金决》二卷，葛仙公撰；《金丹药方》四卷；《杂神仙丹经》十卷；《杂神仙黄白法》十二卷；《真人九丹经》一卷；《太极真人九转还丹经》一卷；《练宝法》二十五卷，目三卷，本四十卷，阙；《陵阳子说黄金秘法》一卷；《神方》二卷；《狐子杂诀》三卷；《太山八景神丹经》一卷；《太清神丹中经》一卷等。以上均见《隋书·经籍志》。此中有周弘让、孙文韬二名，究系何朝人，亦难考定。凡此诸金丹文献之多，一则说明当时行金丹术者之众，一则说明金丹术对该时期医学亦有较大影响。

服食类：

《隋书·经籍志》著录有《寒食散论》二卷；注："梁有《寒食散汤方》二十卷，《寒食散方》一十卷，皇甫谧、曹歙《论寒食散方》二卷，亡。"《神仙服食经》十卷；《杂仙饵方》八卷；《服食诸杂方》二卷，注："梁有《仙人水玉淯经》一卷。"《序服石方》一卷；《服玉方法》一卷；《神仙服食经》十卷；《神仙服食神秘方》二卷；《神仙服食药方》十卷，抱朴子撰；《神仙饵金丹沙秘方》一卷；《卫叔卿服食杂方》一卷；《神仙服食杂方》十卷；《神仙服食方》五卷；《服食诸杂方》二卷；《服饵方》三卷，陶隐居撰。以上诸书，大多未著录撰人，结合两晋南北朝时期金丹盛行的历史背景，恐亦大多为该时期之文献。

解散类：

《隋书·经籍志》著录有《寒食散对疗》一卷，释道洪撰；《解寒食散方》二卷，释智斌撰；注："梁《解散论》二卷。"《解寒食散论》二卷：注："梁有徐叔向《解寒食散方》六卷，释慧义《寒食解杂论》七卷。"《杂散方》八卷；注："梁有《解散方》、《解散论》各十三卷，徐叔向《解散消息节度》八卷，《范氏解散方》七卷，《解释慧义解散方》一卷，亡。"《廪丘公论》一卷；皇甫士安《依诸方撰》一卷。

按以上诸书，虽有诸多无撰人者，亦必系两晋南北朝时人所作。又《诸病源候论》卷六"寒食散发候"引书有云："皇甫士安撰解散说及将服消息节度。"当是士安有《解散说》一书。又"经籍志"著录皇甫谧之《依诸方撰》，当即前文引《病源》引文所谓"并列四方之本，注释其下"之作。

凡此诸书足可说明，该时期有诸多士大夫及贵族之家，在服金丹之风盛行之时，随着中毒事故之日增，并有诸多自受其害者或医家，亦在寻求或研究解救之法。皇甫谧特其典型者。

八、其他学科类文献

就《隋书·经籍志》及注文引梁代书目观之，在两晋南北朝时期著录之医学文献，除以

上所述之有关内容外,尚有其他某些学科。今举例如下:

1. 食经

详《周礼·天官冢宰第一》载周代医事制度,原有“食医”一门,掌对王室之饮食羞馔的调剂。此固对统治者而设,若饥不择食之贫苦人民或苟安温饱之一般士庶,亦何豫焉。然总不失为饮食医学之始。

《汉书·艺文志》著录有《神农黄帝食禁》七卷,前人或以为即《神农本草经》者,失之矣。清·姚振宗《汉书艺文志拾补》:“按严氏《全上古文编》云:《汉书·艺文志》经方家有《神农黄帝食禁》七卷。《周礼·医师》疏引《食禁》作《食药》。盖《食禁》、《食药》即本草也。’今按《隋志》引《七录》别有《神农药忌》一卷,《黄帝杂饮食忌》二卷。《药忌》、《食忌》似即《汉志》《食禁》七卷之遗。盖黄、农两家禁方之类,非本草也。”按姚氏所言《食禁》非本草则是,若谓“禁方之类”,恐亦非当。盖《食禁》者,当系食医类书,言饮食宜忌者也。

《隋书·经籍志》著录有:

《崔氏食经》四卷。按崔氏,北魏崔浩也。

《食经》十四卷。未著撰人。注:“梁有《食经》二卷,又《食经》十九卷,《刘休食方》一卷,齐冠军将军刘休撰,亡。”

《食馔次第法》一卷。未著撰人。注:“梁有《黄帝杂饮食忌》二卷。”

《四时御食经》一卷。未著撰人。注:“梁有《太官食经》五卷,又《太官食法》二十卷,《食法杂酒食要方白酒》并《作物法》十二卷,《家政方》十二卷,《食图》、《四时酒要方》、《白酒方》、《七日面酒方》、《杂酒食要法》、《杂藏酿法》、《杂病食要法》、《酒并饮食方》、《鳝及鲐蟹方》、《羹臛法》、《鲊膢朐法》、《北方酱法》各一卷,亡。”

以上诸书说明,在两晋南北朝时期,对饮食的各个方面,均有较深的研究,并有众多的文献问世,为以后食医的发展,提供了文献资料。

2. 兽医

兽医之制,早在《周礼》中已有记载,而兽医文献的著录,则为时已晚。《汉书·艺文志·数术·形法》著录有《相六畜》三十八卷。按此亦相形之书,尚非医籍。前章引《流沙坠简》之兽医方,当出自汉代。《隋书·经籍志》著录《疗马方》一卷,注:“梁有伯乐《疗马经》一卷,疑与此同。”按此书亦当系依托之作,伯乐,秦穆公时人,善御马,故托之。《庄子·马蹄》:“及至伯乐,曰:我善治马。”陆德明《释文》:“伯乐,姓孙,名阳,善驭马。”是伯乐《疗马经》,为兽医之最早著录者。

3. 香药

香药者,以各种香料合成之药,供封建王室及贵族熏烧或佩带之用。《南史·夷貊传·丹丹国》:“丹丹国,中大通三年,其王遣使奉表送牙像及画塔二躯,并献火齐珠、古贝、杂香药。大同元年,复遣使献金银、琉璃、杂宝、香药等物。”详丹丹,亦作单单、旦旦,古国名,在马来半岛西岸海中,详处已难考。《旧唐书·地理志》:“丹丹国,振州东南海中之一洲,舟行十日至。”大通三年,南朝梁武帝二十八年也;大同元年,梁武帝三十四年。是南朝时,与南海产香国多有交往。

《隋书·经籍志》著录有《香方》一卷,宋明帝撰。当为南朝刘宋时明帝敕撰之书。又有《杂香方》五卷,《龙树菩萨和香法》二卷,皆未著撰人,或亦南朝时佚名氏撰著。此亦香药方之最早著录者。

结　　语

根据上述情况,在两晋南北朝时期,虽然中国处于分裂与动乱的时间较长,但是由于一部分士大夫及文化界人士,不愿涉足于政治活动,而从事医学事业;也有一部分,由于政治形势长期得不到稳定,为寻求精神上依托,在从事宗教活动之余,亦兼及医学。故该时期的医学,在文献方面,仍然取得了很大成就。主要表现在以下几个方面。

1. 类书型医书

"类书"者,将多种文献分类汇编以供查寻之书。书目著录,《旧唐书·经籍志》标以"类事",宋《崇文总目》始名"类书"。唐宋以降,则诸多标准的类书相继问世,如唐之《艺文类聚》、宋之《太平御览》、明之《永乐大典》、清之《渊鉴类函》等。若溯其渊源,则至少可上及秦汉。如清·钮树玉《匪石先生文集》卷下"论《淮南子》"云:"类书之端,造于《淮南子》。古者著书,各道其自得耳,无有裒集群言,纳于部类者。秦之吕不韦,始聚能文之士,著为《吕览》;而其言则自成一家,且多他书所未载,非徒涉猎也。至《淮南》一书,乃博采群说,分诸部类,大旨宗老、庄而非儒、墨,虽泛滥庞杂,醇疵互见,而大气浩汗,故能融会无迹,则探索之力亦深矣。"晋代有王叔和《脉经》,其自序云:"今撰集岐伯以来,逮于华佗,经论要决,合为十卷,百病根源,各以类例相从……其王阮傅戴,吴葛吕张,所传异同,咸悉载录。"又有皇甫谧《针灸甲乙经》,其自序云:"乃撰集三部(《针经》、《素问》、《明堂孔穴针灸治要》),使事类相从,删其浮辞,除其重复,论其精要,至为十二卷。"详此二书,均是以多种别家之书为素材,以分类编排为体例,打破原书编次,重定部居,汇为一书。虽然与唐宋以后之纯工具性标准类书相较,尚不尽合。但此种编辑体例,当是受秦汉三国时期初期类书性图书编辑体例及编纂方法的影响,故亦医学中之早期类书型书籍。

2. 大型方书

从秦汉时期之医学文献已可看出,医学方书的编纂,其来已久。两晋南北朝时期,是在汉代医方书的基础上,加之后来之众多方书,通过检选汇编,形成了一批大型方书。如《隋书·经籍志》著录有"《范东阳方》一百五卷",注:"《录》一卷,范汪撰。梁有一百七十六卷。"范汪,主要活动在东晋初期,据《晋书·范汪传》载,原亦北方,出生于仕家,后败落,永嘉之乱,徙居江南,终身大部分时间,从事政际,曾任东阳太守。故书名《范东阳方》。据平生活动,此百余卷医方,决非出于个人自裁,必系选录东晋以前存世之医方书。然如此大型方书,亦属首见。惜早亡,今尚散见于《外台秘要》中。又上文"古籍援引书目"引《抱朴子内篇·杂应》所言诸书,诸家撰集之暴卒备急方,皆百卷左右,亦可见其博大。详葛洪,生于晋初,其主要活动时间,亦在东晋。从自撰《玉函方》可见,不仅规模为大,以卷数论,与《范东阳方》均属大型方书;又据其对前人所撰之暴卒备急方,除"殊多不备"外,"又浑漫杂错,无其条贯,有所寻按,不即可得。"是则说明该书从体例方面,又具有"分别病名,以类相续",便于寻按的特点，故此书亦属于大型方书之类书型者。后来唐·王焘撰《外台秘要》，或亦受此类方书之启迪。

3. 备急简易类方书

随着一批大型方书问世的同时，由于自汉末以来，历经三国以至魏晋南北朝时期，社会局势长期处于动乱状态，医药的匮乏，不言而喻，特别是一些穷乡僻壤的广大贫困劳动人民，偶逢暴卒之疾，则求医不得，只能束手受败，故有些医德高尚者，出于对人民的怜悯，特编纂了一批备急简易之方书。如葛洪《肘后方》序，言所收医方，“率多易得之药，其不获已须买之者，亦皆贱价草石，所在皆有。”陶弘景补阙序又云：“夫生人所为大患，莫急于疾，疾而不治，犹救火而不以水也。今辇掖左右，药师易寻，郊郭之外，已似难值。况穷村迥野，遥山绝浦，其间妄夭，安可胜言。”故特对《肘后方》，“更搜集补阙”。此可谓最富代表性之二家。后来诸多易简方之问世，多仿乎此。

4. 孔穴图谱及经脉流注类著作

详针灸腧穴之文献，在汉代已相继问世，前已说明。然当时之腧穴，疑只限于文字说明，非经名家指点，难以确定。《隋书·经籍志》注，梁代有徐悦、龙衔素《针经并孔穴虾蟆图》三卷，佚名氏《偃侧图》八卷本及二卷本。量此类孔穴图，皆两晋或南北朝时人，根据《明堂》之定位，绘为图象，以便于后学。又《隋志》著录尚有佚名氏之《明堂孔穴图》三卷本二种、《明堂虾蟆图》一卷、《针灸图要诀》一卷、《针灸图经》十一卷（注：“本十八卷。”）、《十二人图》等，又依托之作有《黄帝明堂偃人图》十二卷、《黄帝针灸虾蟆忌》一卷、《扁鹊偃侧针灸图》三卷等，疑亦两晋南北朝时人所作。详诸孔穴图象著作，大都以部区分类，然如《针灸图经》十一卷本或十八卷本及《十二人图》等，亦或系以经脉分类者。至于虾蟆图类著作，或与《素问》“以月死生为痏数”之说有关。又《隋志》著录有《黄帝十二经脉明堂五脏人图》一卷，亦疑系两晋南北朝时人托名之作，说明该时对经脉、五脏，亦有绘图之作。

经脉之流注，原本于《灵枢》（即古《九卷》、《针经》）之“本输”与“经脉”两篇。然书之大题始用“流注”者，据后世此类书推断，是经脉流注与腧穴归属相结合之义也。今详《隋志》著录有佚名氏《黄帝流注脉经》一卷，注：“梁有《明堂流注》六卷，亡。”此明堂经脉流注类文献之最早见于著录者。隋、唐两代，继有此类著作存世。详别书援引内容，犹本于古《明堂》，故此类著作，或皆《明堂》之别传本及衍化本。

5. 专科性医书

该时期由于社会动乱，人民生活贫困，各种疾病的流行，亦必然增多，随着对各种疾病治疗经验的积累，带动了医学理论的丰富及专科著作的形成。例如：

脏腑专集，如《五脏论》之类。今存有敦煌卷子残本《明堂五脏论》、《张仲景五脏论》等，均系该时医著，大致皆以五脏为本，论述五脏旁通、人应天地等方面内容。又今存朝鲜金礼蒙等编《医方类聚·总论》引《五脏论》，亦此类内容，其“医人”一题中，亦言及“李子预有杀鬼之方，刘涓子有遗鬼之录。”是知亦属南北朝人所作。综观诸论，特别是五脏与五方神相应诸文，似亦出之黄冠之手。

外科专著，除《刘涓子鬼遗方》外，《隋书·经籍志》注：“梁有《甘浚之疗痈疽金创要方》

十四卷、《甘浚之疗痈疽毒惋杂病方》三卷、《甘伯斋疗痈疽金创方》十五卷、亡。"似此诸书，皆属于外科。特如《刘涓子鬼遗方》治金疮方中有箭伤、弓弩伤等，知所谓"金创"者，兼及战伤内容。

五官科专著，如《隋志》注梁有《疗目方》五卷，《甘浚之疗耳眼方》，此皆属之五官科类。

兽医专著，如《隋志》著录有《疗马方》一卷。注："梁有《伯乐疗马经》一卷，疑与此同。"又著录有治马诸书凡八种，亦疑其中有前朝旧作。

其他如《徐叔向疗脚弱杂方》、《徐文伯辨脚弱方》等，治专病之书也。《范晔上香方》、《杂香膏方》、宋明帝撰《香方》等，香药专书也。

凡此种种，皆首见于著录者，亦当系该科或该病之首创专集。

6. 御药与御膳方书

御药方，即专为王室家族使用之医方，亦称为宫廷方。这是一种具有特殊意义的医方。此类医方，一者系御医们根据帝王家庭的特殊生活方式所拟定而行之有效之医方，一则系源于民间之验方或秘方，为御医御药部门所收藏。历代御用医疗机构均有若干此类医方。《隋书·经籍志》著录有《梁武帝所服杂药方》一卷。此为宫廷御用医方之最早见于书目著录者。

又《隋志》著录"梁有《太官食经》五卷、又《太官食法》二十卷。"详太官者，秦有太官令、丞，属少府。汉因之，南北朝亦相继有此职。而此《太官食经》与《太官食法》，正御膳饮食之最早著录者。按此类著作，虽为王室所用，然其于饮食营养之研究，亦有一定价值。

7. 医学典籍的整理

对医学文献的整理，其来已久。若对古文献之训解，古已有之。详见"中医古籍注释"一章。而对医学典籍的注释，据现有文献载记，则始于南北朝时期。盖两晋以前形成之医学典籍，主要是两汉时期形成之典籍，其形成之最终时间虽在两汉，然有些医籍如今存《素问》、《灵枢》等，其原始雏形及使用之素材，必有出于秦汉时期及先秦者。传至南北朝时期，近者有数百年，远者亦或千余年之久。随着时代的变迁，语言文字的变化，对诸多古籍之词语文义，已难尽解。也有的古籍，由于问世较早，内容亦欠完善，亦须补充。因而至南北朝时期对某些古典医籍的注释，亦势在必行。举例如：

《隋书·经籍志》著录《黄帝素问》八卷，全元起注。全元起，《隋志》本作"全元越"，《南史·王僧孺传》作"全元起"，据《新唐志》及《素问》林亿等新校正文，疑皆形近之误。详"王僧孺传"云："僧孺工属文，善楷隶，多识古事，侍郎全元起欲注《素问》，访以砭石。僧孺答曰：古人当以石为针，必不用铁。"又《素问》林亿等序云："时则有全元起者，始为之训解，阙第七一通。"按全元起史无传，僧孺传称"侍郎"，而医官历无此职，或其为政府官员而知医者。其《素问》训解八卷本，宋以后亡。有关该书情况及篇目，今存于林亿等《素问》新校正本中，可资考证。是全元起本，为现知《素问》第一部解本，对以后《素问》注解诸书，颇有启迪。

《本草经集注》，梁·陶弘景集注，书已亡，残存"叙录"部分。该书之所谓"集注，并非对《神农本草经》之文字或词语的训释，而是在《本草经》的基础上，首加叙录，增补药味，对原有药物，则增加大量有关产地、形态、鉴别及功效主治方面的资料，其体裁颇与南朝宋·裴松之《三国志》注相似，有关内容，大都存于宋官修本草如《大观本草》、《证类本草》中，足资考证。

《张仲景方》十五卷。此书《隋书·经籍志》著录仅云："仲景，后汉人。"《旧唐书·经籍志》著录则云"王叔和撰"。又晋·皇甫谧《针灸甲乙经》自序云："近代太医令王叔和撰仲景遗论甚精。"可证本书为王叔和撰次。详仲景《伤寒杂病论》一书，经汉末及三国之战乱，已经散佚，经王叔和整理撰次后，始得传世，此叔和整理之功，自不待言，后世《伤寒论》、《金匮要略》等仲景书，盖皆由此本分化而出也。

8. 本草学的新进展

本草作为医学的一个学科，经历了很长时间。截至《神农本草经》的最终形成，体现了本草学的诞生。但绝不意味着本草学在学术上的终结。故在两晋南北朝时，本草类著作，又有了新的进展。具体表现于三个方面：

第一，对《神农本草经》的增补与注释，如陶弘景《本草经集注》，该书不仅对《本草经》加以注释，而且增补药味至七百余种，在分类方面，也提出了玉石、草木、虫兽、果、菜、米食六类分类方法，较之原上、中、下三品分类尤为合理。在"叙录"部分，阐明了诸多共性与理论方面的问题，也是本草著作体例方面的一个新的开端，后世治本草者，多仿效之。故《本草经集注》是对《神农本草经》的新发展。

第二，一批新的本草著作的问世。就以《隋书·经籍志》著录可确认为该时期之本草著作有徐太山撰《本草》二卷，甘浚之撰《本草要方》三卷等。注记梁代本草著作属该时期者有《陶隐居本草》十卷，《随费本草》九卷，《秦承祖本草》六卷，《王季璞本草经》三卷，《李谠之本草经》、《谈道术本草经钞》各一卷，《徐叔向本草病源合药要钞》五卷，《徐叔向等四家体疗杂病本草要钞》十卷，《王末钞小儿用药本草》二卷，《甘浚之痈疽耳眼本草要钞》九卷，《陶弘景本草经集注》七卷，《赵赞本草经集注》一卷，《本草经轻用》，《本草经利用》各一卷，亡。其数量之多，形式之繁，内容之广，均超过了前一时期。

第三，图谱类本草的形成。详《隋书·经籍志》著录有"《灵秀本草图》六卷，原平仲撰；《芝草图》一卷"。

尚志钧等《历代中药文献精华》上编第三章云："《芝草图》早在陶弘景之前就出现"。又下编第一云："此为正史记载的较早的本草图，已佚。《历代名画记》在此书名下注云：'起赤箭，终蜻蜓。源平仲撰。'赤箭首见于《本经》，蜻蜓首见于《别录》。陶弘景云；蜻蛉，一名蜻蜓。且陶氏合《本经》、《别录》为一体，加注为《本草经集注》七卷，赤箭为卷三之前，蜻蜓居卷六之末。据此推测，《灵秀本草图》似乎是按陶氏本草编排顺序绘制，其年代可能在陶弘景（456—536）之后到隋朝之间。"按此说可参，且《隋志》著录佚名氏或撰人年代不详者，前朝旧籍犹多。

第四，内容的多边化。从以上诸家本草，不难看出，有注释者，如《本草经集注》；有摘要者，如《要抄》；有专科本草如《小儿用药本草》；有侧重于应用者，如《轻用》、《利用》等，从而说明，本草之书，作为一个学科，正在向学科体系的多方面发展。

9. 食医文献的形成

继《汉志》著录之《神农黄帝食禁》之后，在两晋南北朝时期，据《隋书·经籍志》注记，已有许多“食经”类文献问世，已见前文所引。其内容亦比较广泛，如饮料酒类之酿造、储藏，饮食物之制作，作料如酱之制造，饮食之宜忌及家政等方面。说明该时期对饮料、食物、操作、制造等方面的问题，已有更多的关注及较深入的研究，并形成了一批重要文献，为食医及营养学的研究，提供了一定的文献。有些与药物相关的内容，并被后世吸收于本草著作中。

10. 养生医学文献的进一步发展

作为养生之道，从先秦及于两汉，已有较多的人关注和从事于此道的研究和实践，并有一定的文献问世。但就文献而论，则莫如两晋南北朝时期为多，已见前文所述。此与当时的历史背景有密切的关系。由于长时间的社会动乱，造成了大多数人们精神生活的厌倦、空虚，日常生活得不到安定，物质生活得不到保证；而社会的另一个方面则是一些贵族世家，不仅能过着丰裕奢侈的生活，而且追求着永久的享受。所以养生问题，就成了众多的人所关注的问题，故有较多养生文献相继问世。就养生观念而论，有两种明显的特点：一者为追求不老神仙，原自先秦以来，相继而行，后来为道教所用，反映为神学体系；一者为黄老之道，主张清静无为，以恬愉为务，以自得为功的自然主义思想。这两种观念，其实质，均为脱离现实的消极厌世思想的反映。就养生方法而言，包括饮食、运动、生活及导引按摩、适应气候等方面，均不乏科学内容。故诸多养生文献中，除去消极的一面外，亦蕴藏着丰富的养生方法与理论知识。

11. 道教医学文献的进一步发展

由于道教在两晋南北朝时期，不仅在下层活动较广，有许多高级士族亦加入道教，而且曾几次受到统治者的恩崇与利用；诸多方士，也在新的形势下，变成了道士。使道教在这一时期的各种流派及相应的文献，均得到了极大的发展。就医学文献而论，是在前一历史时期道教医学及方士文献的基础上，也形成了一大批此类著作，主要表现在以下几个方面：

第一，《黄庭经》的问世，意味着道教医学理论著作的形成。它不仅具有鲜明的道教色彩，且在医学基础理论方面，也具有自家的特点，为道家内养功奠定了理论基础。

第二，大量金丹著作的形成，自秦汉以来，方士们已有金丹之术及少量文献。至两晋南北朝时期，因道教对金丹术的推崇、制造与服用，在总结实践经验的基础上，形成了一大批金丹著作。

金丹术，从积极的方面看，为无机药物的化学合成，创造了许多经验，后世许多丹药如红升、白降等，均是在金丹术的基础上形成的；从消极的方面看，为道家推行神仙不老术，起到了推波助澜的作用，甚至有些人因中毒身亡，还以为得道成仙。

第三，寒食散的服用与解救。寒食散与五石散，实亦金丹之类，然其与医学的关系犹近，故此类文献之见于医籍者犹多。一者有寒食散类服用之作，另则有解救寒食散类书，此亦该时医书一大特色。

12. 释教与医学的结合

从以上情况不难看出，自汉末以来道教与医学的结合，从人员到文献，均较明显。至两晋南北朝时期，随着释教在中国的传播，大量西域僧人的来华，一方面带来了较多医文，另一方面有些僧人兼习中国医学，形成了释教与医学的结合，主要表现在以下三个方面。

第一，佛门学说引入中医学术中。如佛家地、水、风、火四大学说，在中医文献中出现。

今存《肘后备急方·华阳隐居补阙百一方序》有云:"且佛经云:人用四大成身,一大辄有一百一病,是故深宜自想。"此陶弘景《肘后百一方》之所以取此名之由也。又《金匮玉函经·证治总例》云:"诸经藏中,金木水火土,自相克贼,地水火风,复加相乘……经云:地水火风,合和成人。凡人火气不调,举身蒸热;风气不调,全身强直,诸毛孔闭塞;水气不调,身体浮肿,胀满喘粗;土气不调,四肢不举,言无音声。"又云:"凡四气合德,四神安和,人一气不调,四神动作,四百四病,同时俱起……"详晋·释慧远《明报应论》云:"夫四大之体,即地、水、火、风耳,结而成身,以为神宅。"慧远,生当东晋时期,是则说明"四大"之说,至晚在晋代已传入中国,根据此义及该时期历史背景,《金匮玉函经》一书,极可能是成书于南北朝时期。

第二,僧徒从医。在南北朝时,僧人多有从医者,有的并有传世之医著。如齐梁间人僧深,著有《深公方》,又作《深师方》,今见惟《外台秘要》有引文。又如《隋书·经籍志》著录释道洪《寒食散对疗》一卷,《释道洪方》一卷。又如释莫满《单复要验方》二卷,释昙鸾《序百病杂丸方》三卷,释僧匡《针灸经》一卷等。诸僧生卒年代不详,其中或有为南北朝时。此后僧人从医,则代不乏人。

第三,外番医方书的编纂。详《隋书·经籍志》著录诸外番医方书,已如前述。因皆无著撰人,时代难详。然据两晋南北朝时西域僧人来华及僧人从医之历史背景,有些医方,当系外僧带来,有些或为当时僧人撰著。

以上诸端,犹两晋南北朝时期医学文献之别具特色者,余者不繁论。

第五节　隋唐五代医学文献

中国自两晋至南北朝时期,经历了三百余年的分裂局面,终于由隋文帝杨坚继北周之基业,建立了隋朝,统一了天下,使北、南二方,均获得了相对的稳定,经济亦有所增长,科学文化事业亦有所发展。隋末,由于隋炀帝之奢华,赋税日增,阶级矛盾日趋恶化,终于暴发了农民运动,最后由李渊夺取了国家政权,建立了唐朝。阶级矛盾有所缓和,社会安定,经济发展,文化事业更加繁荣,对外交流特别是与日、朝等国的交流,亦比较频繁,推动了科学文化的不断发展。由于李家王朝对儒、道、释三教,均采取利用的态度,故三教的思想体系,在科学文化方面均有所体现与影响。在医学文献方面也同样如此。因此,反映于医学文献中,不仅具有儒家的某些学术思想,也渗入了道、释二教的神学观念。在文献整理方面,由于唐代对儒家经典的进一步疏证,也带动了医学对某些经典著作的重视与整理,推动了医学经典校雠的进一步发展。同时,由于医学受到了官方的重视,不仅使诸多经典医学文献的学习得到了进一步加强,也出现了一些官修医书。唐代中后期,国势渐衰,生产日降,阶级矛盾加剧,特别是后期,多次农民起义,李唐天下终于覆亡,中国又处于五代十国达五十余年的分裂局面。由于政局不稳,社会动乱,科技文化的发展受到一定影响,医学文献问世亦少。但就隋唐五代时期的总体情况而论,医学文献仍然有新的发展。以下对该时期医学文献概况加以简述。

一、书目著录医学文献

在隋唐时期存世书目有《隋书·经籍志》、《旧唐书·经籍志》及《新唐书·艺文志》三种,均含有医学文献。

1.《隋书·经籍志》

《隋书·经籍志》著录之医书，大多为隋以前之医著。其有不著撰人或撰人不明年代者，现亦难考，已见上节。今举其能确认为隋人著作及撰人年代不详而别具特点者数种如下：

《论病源候论》五卷、《目》一卷，吴景贤撰。又按《旧唐书·经籍志》著录吴景《诸病源候论》五十卷，《新唐书·艺文志》著录同。另有《巢氏诸病源候论》五十卷，注云"巢元方"。吴景贤，隋代医者。《隋书·麦铁杖传》："铁杖以荷恩深重，每怀竭命之志，及辽东之役，请为前锋，顾谓医者吴景贤曰：大丈夫性命自有所在，岂能艾炷灸頞，瓜蒂歕鼻，治黄不差，而卧死儿女手中乎。"是可证作"吴景"者，当脱"贤"字。巢元方，亦隋代医者。《本草纲目·羊》李时珍按引唐·韩偓《开河记》云："隋大总管麻叔谋病风逆，起坐不得。炀帝命太医令巢元方视之。曰：风入腠理，病在胸臆。须用嫩肥羊蒸熟，掺药食之，则瘥。如其言，未尽剂而痊。"是巢元方犹医官也。又宋·郑樵《通志·艺文略》与明·焦竑《国史经籍志》著录有《巢氏伤寒论》一卷及《国史经籍志》著录有《巢氏水气论》一卷，或以为系巢元方之著作，尚无确证。按《诸病源候论》一书对后世影响较大，为隋代医学文献流传至今之唯一著作。

《杂汤方》十卷，成毅撰。成毅，生平年代无所考，或当南北朝末期至隋代人。详此书"杂汤"者，疑或收所谓经方外之杂汤方。按梁代《汤液经法》一书尚存，此中载方三百六十首，亦或属之经方者。总之，此当继《汤液经法》之后，又一方剂之专著也。又有佚名氏《散方》二卷，《杂散方》八卷，《疗百病散方》三卷，《杂药酒方》十五卷，加之北魏时释昙鸾撰《疗百病杂丸方》三卷。此则说明自魏晋南北朝至隋，已有各种不同剂型之专业方书，亦皆属继《汤液经法》之后的方剂类专书。

《四海类聚方》二千六百卷，《四海类聚单要方》三百卷，皆未著撰人。《旧唐书·经籍志》著录有"《类聚方》二千六百卷"，《新唐书·艺文志》著录有"隋炀帝敕撰《四海类聚单方》十六卷"。宋·郑樵《通志·艺文略》著录则有"隋朝《四海类聚方》二千六百卷"、"隋炀帝敕撰《四海类聚单方》三百卷(唐只存十六卷)"。详此二书规模之大，堪称为最。量此等书，若非官方修纂，个人绝无可能；而且如二千六百卷之《四海类聚方》，亦非短时间所能完成。根据《新唐志》及《通志》著录，结合上述情况分析，《四海类聚方》当系文帝杨坚时敕撰之特大型、类书型医方类书。详文帝开皇九年，南朝陈亡，天下始统一，很有可能在此后方举此事，开皇九年至文帝死，尚有十五年时间，或在此间完成，亦或在炀帝时，最终完成。而《四海类聚单方》则是炀帝时编纂，与《四海类聚方》为姊妹篇，一者收复方类，一者收单方类。尽管此二书，后皆散亡。但作为医学文献的整理编辑，不能不认为是一项巨大的工程。后世如宋之《太平圣惠方》、《圣济总录》、明之《普济方》等，虽亦皆出于官修，但亦远未及于《四海类聚方》之大，作为单方，后世亦未有及于《四海类聚单方》者。

《张仲景方》十五卷，注："仲景，后汉人，"此乃张仲景医书之首次见于书目著录，此后《旧唐志》著录作"《张仲景药方》十五卷，王叔和撰"，《新唐志》作："王叔和《张仲景药方》十五卷"。此亦书目著录首见"王叔和撰"者。此与晋·皇甫谧《甲乙经》序所谓"近代太医令王叔和撰次仲景遗论甚精"之说正合，盖此当为叔和重新撰次仲景《伤寒杂病论》之遗书也。

本草类著作，《隋志》著录之本草类书有二十余种，其中除有本草之音、义、药性、应用类著作外，别具新特点者如佚名氏《入林采药法》二卷，《太常采药时月》一卷，《四时采药及合目录》四卷;《种植药法》一卷。《诸药异名》八卷,沙门行矩撰,本十卷,今阙。以上各书,说明该时对药物之采集加工、家养种植等,已积累了丰富的经验,并形成了专业性文献。为后世药物的采集、种植的研究打下了基础。《诸药异名》的问世,说明存世诸本草,名称众多,极易造成混乱。而此书必系在鉴别的基础上,汇集诸家本草名称而作,为药物名称的规范化提供了文献资料。

又"五行类"著录有:《六甲贯胎书》一卷,《产乳书》二卷,《产经》一卷,王琛撰《推产妇何时产法》,《推产法》一卷,《杂产书》六卷,《生产符仪》一卷,《产图》二卷,《杂产图》四卷。详此类书不入医学类,而入五行类者,犹术数者之流。其中难免唯心机械论及法,特如《生产符仪》类书,更不待言。然其中亦定有可供医学研讨之处,惜后皆亡逸。如《旧唐书·经籍志》著录,则仅存《推产妇何时产法》一种,又别出崔知悌撰《产图》一卷,或至唐代已大都散亡。

2.《旧唐书·经籍志》、《新唐书·艺文志》

《旧唐书·经籍志》著录"明堂经脉类"共26种,"医术本草类"共109种;《新唐书·艺文志》著录"明堂经脉类"共40种,"医术类"共198家。二志共合373种,除去重复著录一百余种外,实有二百七十种左右。

二志著录诸书有以下特点:①有《旧唐志》著录而《新唐志》未著录者;亦有《新唐志》著录而《旧唐志》未著录者。如《新唐志》著录有"王冰注《黄帝素问》二十四卷,《释文》一卷",又"全元起注《黄帝素问》九卷",而《旧唐志》均未著录。②有著录撰人与未著录撰人之别,如《旧唐书》著录有"《雷公药对》二卷",《新唐志》著录作"徐之才《雷公药对》二卷",《旧唐志》著录有"《本草图经》七卷,苏敬撰",而《新唐志》无苏敬名。③有卷数不同者,如《旧唐志》著录"《本草用药要妙》二卷",而《新唐志》则作"九卷"。④有撰人名不同者,如《旧唐志》著录有"《黄帝明堂经》三卷,杨玄孙撰注",《新唐志》则作"杨玄注《黄帝明堂经》三卷"。如此等等,均足以说明二书在历代传抄翻刻过程中有可能致误。又因二书非一时编纂,对内容的取舍及素材的存亡,均可能有所不同,故二书间差异较大,学者当互参。

又二志著录之前朝书目,与《隋志》及《隋志》注文引梁代著录之书,亦有诸多不同处,主要有以下几点:①卷数不同者,如《旧唐志》著录有"《黄帝素问》八卷"又"《黄帝针经》十卷"。而《隋志》著录作"九卷",注:"梁八卷。"又"《黄帝针经》十卷"。②书名与卷数均不同者,如《旧唐志》著录有"《黄帝三部针经》十三卷,皇甫谧撰"。又"《黄帝八十一难经》一卷,秦越人撰"。而《隋志》作《黄帝甲乙经》十卷,注:"《音》一卷。梁十二卷。"又"《黄帝八十一难》二卷",注:"梁有《黄帝众难经》一卷,吕博望注,亡。"又"《黄帝针经》九卷"。③书名、卷数、撰人均不同者,如《旧唐志》著录有"《阮河南方》十六卷,阮炳撰。《杂药方》一百七十卷,范汪方,尹穆撰"。而《隋志》则作"《范东阳方》一百五卷。"注:"《录》一卷,范汪撰。梁一百七十六卷。梁又有《阮河南药方》十六卷,阮文叔撰。"④书名同而卷数、撰人均不同者,如《旧唐书》著录有"《诸病源候论》五十卷,吴景撰"。《新唐志》作"吴景《诸病源候论》五十卷;巢氏《诸病源候论》五十卷,巢元方"。而《隋志》则有"《论病源候论》五卷,《目》一卷,吴景贤撰"。上述情况在新旧《唐志》与《隋志》中,所见颇多,其中既有书在流传过程中所致之版本变化、残阙亡佚、后人整理对篇卷的分合、前后整理时的区别、书名使用之繁简、变更及避讳等情况,又有书在传抄过程中所致之讹误或脱漏。因此,此类书目著录之古籍,对书名、卷数、撰人、年代等,如有不同者,应予以必要的考证,多方取证,找出其不同的原因。否则,概以为正,或概以为误,均难作出准确的结论。

新旧《唐志》著录之医籍,可分为两大部分。一部分为前朝旧著,一部分为本朝新撰。

著录之前朝旧著,除上述诸多情况外,还有属前朝旧著,而前志不曾著录者,如《旧唐志》著录有"《脉经诀》三卷,徐氏撰"。按此言"徐氏",当为南北朝时徐熙之后代,而《隋志》及梁均未著录。又如新旧《隋志》著录均有《僧深集方》三十卷,而《隋志》未著录,在《范东阳方》注文言"梁有《僧深药方》三十卷"。

著录之新撰,有相当一部分不具撰人或撰人生卒年代不详,亦难以确认其年代。就其能够确认,或虽无撰人而有新的特点者,今择其有代表性之著作,仅举数例。

医经类:

《黄帝内经太素》三十卷,杨上善撰注(见《旧唐志》)。今有残缺本存世,详见后文。

王冰注《黄帝素问》二十四卷。

《释文》一卷,冰号启玄子(以上二书见《新唐志》)。今存有王冰注《素问》,详见后文。

明堂类:

《黄帝内经明堂类成》十三卷,(见《旧唐志》)。今残存序言及卷一,详见后文。

又佚名氏《黄帝明堂经》十三卷。

本草类:

新旧《唐志》著录之本草类书约三十种。其中除前朝旧著外,隋唐两代之饶有特色者,仅举数种为例。

《旧唐志》著录有《本草图经》七卷,苏敬撰;《新修本草》二十一卷,苏敬撰;《新修本草图》一十六卷,苏敬等撰。

《新唐志》著录同,惟《新修本草图》作"二十六卷"。据宋掌禹锡引唐英公李勣进本草表云"药图二十五卷",当以《新唐志》作"二十六卷"为是,以别有"目"一卷也。

又著录《图经》七卷云:"显庆四年,英国公李勣、太尉长孙无忌、兼侍中辛茂、将太子宾客弘文馆学士许敬宗、礼部郎中兼太子洗马弘文馆大学士孔志约、尚药奉御许孝崇、胡子家、蒋季璋、尚药局直长蔺复珪、许宏、直侍御医巢孝俭、太子药藏监蒋季瑜、吴嗣宗、丞蒋义方、太医令蒋季琬、许弘、丞蒋茂昌、太常丞吕才、贾文通、太史令李淳风、潞王府参军吴师哲、礼部主事颜仁楚,右监门府长史苏敬等撰。"又《新唐志》著录另有苏敬《新修本草》二十一卷,又《新修本草图》二十六卷,《本草图经》七卷。与上述三书,当是同书。或系别本而另为著录。

按以上三书共五十四卷,为唐高宗显庆年间由官方组织编撰之大型本草。

《新唐志》著录有郑虔撰《胡本草》七卷。李时珍云:"皆胡中药物,今不传。"此为首次记外来药物之本草。胡,古指西域或西域以外之民族或地区。

又陈藏器《本草拾遗》十卷。《政类本草·序例·补注所引书传》云:"唐开元中京兆府三原县尉陈藏器撰。以《神农本经》虽有陶、苏补集之说,然遗逸尚多,故别为序例一卷,拾遗六卷,解纷三卷,总曰《本草拾遗》,共十卷。"

以上皆本草著作之别有特色者。

医方类:

《旧唐志》著录有佚名氏《百病膏方》十卷,为膏剂之专著。

又苏游撰《玄感传尸方》一卷，崔知悌撰《骨蒸病灸方》一卷，此治劳瘵骨蒸病专著之最早著录者。

《新唐志》著录有佚名氏《岭南急救方》二卷，李继高《南行方》三卷。此首次著录岭南地区性疾病之医书。

又玄宗《开元广济方》五卷，德宗《贞元集要广利方》五卷，详《旧唐书·玄宗本纪》开元十一年："九月己巳，颁上撰《广济方》于天下，仍令诸州，各置医博士一人。"按此书早佚，《外台秘要》援引有二百余条。又《旧唐书·德宗本纪》贞元十二年："正月乙丑，上制《贞元广利药方》五百八十六首，颁降天下，"又《玉海》卷六十三："《贞元集要广利方》，贞元十二年二月十三日乙丑，上制《贞元广利方》，颁于天下，总六十三种，五百八十六首。亲制序，散制于天下通衢。"此皆皇帝新自主持编撰之医方书。

另有孙思邈撰《千金方》、《千金翼方》，王焘撰《外台秘要方》，犹医方书之贡献与影响较大者，今皆有传本存世。详见后文。

专科类：

《新唐志》著录有邵英俊《口齿论》一卷，又《排玉集》二卷，口齿方。此口齿疾病专著之首见于著录者。

医史类：

《新唐志》著录有甘伯宗《名医传》七卷，此医林人物传记之首见于著录者。此属之医史类传记性著作。详《玉海》卷六十三："唐《历代名医录》，《书目》：七卷，唐甘伯宗传。自伏羲至唐，凡一百二十人。《唐书》：《名医传》、《崇文目》同。"此书宋后已佚。

其他各科及各类医学文献，均较前朝有所发展。但前朝旧籍不见于著录者亦颇多，其中一则亡佚已多，一则散存于民间，不见于官藏或权贵者之手，亦难能著录，兹不烦举。

二、古籍援引医学文献

隋唐两代，除今见《隋志》及新旧《唐志》著录者外，尚有诸多见著于唐人及宋元人著作之引书中。特如唐人王焘《外台秘要》、宋代官修《证类本草》、明代私撰如李时珍《本草纲目》与楼英《医学纲目》等书，援引唐人著作尚多，详见第九章："中医文献的著录"第二节"引书著录"，兹不详举。

三、医事制度方面的文献

医事制度，早在《周礼》中已有此类文献，随着社会的不断进步，医学事业的不断发展，医事制度也不断改进，至隋、唐时期，尤为完善，对国外如日本、朝鲜等国影响亦大，在今存史籍中，记载这方面的文献较多，今摘要选介。

《隋书·百官志中》：门下省属"尚药局，典御二人，侍御医、直长各四人，医师四十人。"又"百官志下"：太常寺属"太医署有主药（二人），医师（二百人），药园师（二人），医博士（二人），助教（二人），按摩博士（二人），祝禁博士（二人）等员。"此简要记载隋代医药机构及人员设置的基本情况。

《旧唐书·职官志》："尚药局奉御二人（正五品），直长四人（正七品上），书吏四人，侍御医四人(从六品上),主药十二人,药童三十人,司医四人(正八品下),医佐四人(正八品下),按摩师四人,合口脂匠四人,掌固四人。奉御掌合和御药及诊候方脉之事,直长为之贰。凡药有上、中、下三品,上药为君,中药为臣,下药为佐。合造之法,一君三臣九佐。别人五脏,分其五味,有汤、丸、膏、散之用。诊脉有寸、关、尺之三部。医之大经,凡合和与监视,其分剂药成,尝而进焉。侍御医掌诊候,调和主药。药童主刮、削、捣、簁。”“太医署令二人(从七品下),丞二人(从八品下),府二人、史四人、主药八人、药童二十四人,医监四人(从八品下),医正八人(从九品下),药园师二人,药园生八人,掌固四人。太医令掌医疗之法,丞为之贰。其属有四:曰医师、针师、按摩师、禁咒师,皆有博士以教之,其考试登用如国子监之法。凡医师、医工、医正,疗人疾病,以其全多少而书之,以为考课。园师以时种莳收采。诸药医博士一人(正八品上),助教一人(从九品下),医师二十人,医工一百人,医生四十人,典药二人。博士掌以医术教授诸生(医术谓习《本草》、《甲乙》、《脉经》,分而为业,一曰体疗,二曰疮肿,三曰少小,四曰耳目口齿,五曰角法也)。针博士一人(从八品下),针助教一人(从九品下),针师十人,针工二十人。针博士掌教针生以经脉孔穴,使识浮、沉、涩、滑之候,又以九针为补写之法(其针各有九,应病用之也)。按摩博士一人(从九品下),按摩师四人,按摩工十六人,按摩生十五人。按摩博士掌教按摩生消息导引之法。咒禁博士一人(从九品下),咒禁师二人,咒禁工八人,咒禁生十人。咒禁博士掌教咒禁生以咒禁除邪魅之为厉者。”

又宋·程迥《医经正本书·有唐医政第一》:“太医令掌诸生医疗之法,其属有四(医师、针师、按摩师、咒禁师),皆有博士以教之,其考试登用,如国子监之法。丞二人(从八品下),医官四人(从八品下),医正四人(从九品下)。诸生读脉诀者,即令递相诊候,使知四时浮、沉、滑、涩之状。诸生读本草者,即令识药形状,知其药性。读明堂者,即令验其图识孔穴,诸生读《素问》、《黄帝针经》、《甲乙经》,皆使精熟。博士一人,医令、丞并季试也。药园师以时种莳,收采诸药,京师置药园一所,良田三顷,取庶人十六以上,二十以下,充药园生,业成,补药园师。凡药有阴阳配合,子母兄弟,根叶花实,草石骨肉之异,及有毒无毒,阴干暴干,采造时月,皆分别焉。凡药八百五十种(三百六十一,《神农本经》;一百十五,《新修本草》;一百八十一,《名医别录》;一百九十三,有名无用。皆辩其所出州土)。医博士一人(正八品),助教一人(从九品),掌以医术教授诸生,习《本草》、《甲乙》、《脉经》,分为业焉。一体疗,二疮肿,三少小,四耳目口齿,五角法,诸生既读经诀,乃业教习,率二十人,以一十八人学体疗,三人学疮肿,三人学少小,二人学耳目口齿,二人学角法。体疗七年成,疮肿少小五年成,耳目口齿四年成,角法三年成。针博士一人(从八品),助教一人(九品下),掌教针生以经脉孔穴,使知浮、沉、滑、涩之候,又以九针为补泻之法。凡此针有九种,以法九州九野之分,凡针疾先察五脏有余不足而补泻之(心藏神,肺藏气,肝藏血,脾藏肉,肾藏志。内连肾髓,外通津液,以成四支。九窍,十六节,三百六十五部,先必知其所在也)。凡针生习业,教之如医生之法(针生习业,《素问》、《黄帝针经》、《明堂》、《脉诀》、兼习流注偃侧等图、《赤乌神针》等经。业成者,试《素问》四条,《黄帝针经》、《明堂》、《脉诀》各二条),按摩博士二人(从九品下),掌按摩也(崔实《正论》曰:熊经、鸟伸,延年之术,故华佗有六禽之戏。《仙经》云:户枢不蠹,流水不腐。谓欲使骨节调和,血脉通宣。即其事也)。禁博士掌教禁咒生,以禁咒除邪魅之为厉者(有道禁出于山居,又有咒禁出于释氏。五法禁之,一曰存思,二曰禹步,三曰营目,四曰掌,五曰手印)。”

以上诸文献,反映隋唐时期医事制度的一些基本情况,特别是唐代,在国家设置的医药机构与医学教育机构,均有比较具体的记载。其医疗机构,对分科、职责、人员、级别、考课等,均有具体规定,其医学教育机构,对学科、规模、学制、师资、级别、教学内容、考试办法等,亦均有具体规定。

就医学教育而论,唐代所定诸项制度,为后世医学教育的发展奠定了基础。在教学内容方面,确立了《素问》、《针经》、《本草》、《明堂》、《甲乙》、《脉经》等经典性著作在医学教育中的地位,由于官方的导向及医学名家的倡导,上述诸多医学文献,一直为学术的发展与人才的培养发挥了重要的作用。

在教学内容与医疗分科方面,唐代对针灸学术尤为重视,故针灸文献在唐代有较多名著与此有一定关系。

在教学内容方面。除教授传统的医药学术外,并有“角法”一科,详“角法”者,以牛、羊角制成之拔筒,以吸拔病气或病体外出之法,前文引十二病方牡痔痔核以小角角之,即此法也。其大角制成之大筒即大角也。后世逐步改以竹筒为之,称为拔筒,形成之拔罐法,即角法也。唐王焘《外台秘要》卷四十“蝎螫方”引甄立言法云:“京师偏饶此虫,遍用诸药涂敷不能应时有效,遂依角法。以意用竹依作小角,留一节长三四寸,孔径四五分。若指上,可取细竹作之,才令搭得白螫处。指用大角,角之气漏不嗍。故角不厌大,大则嗍急瘥。速作四、五枚,铛内熟煮,取以角螫处,冷即换。”又至元代沙图穆苏《瑞竹堂经验方》清辑佚本卷五“疮科”有“吸筒”方云:“以慈竹为之,削去青。”亦指“角法”也。吾乡民间,昔年亦常有此法治风寒湿痹等证。另外,其禁咒一类,则反映了释、道二教对医疗及医学教育方面,具有一定的影响。

另外《旧唐书·职官志》记载“尚药局”有“兽医七十人”,说明其对兽医的重视。

总之,在唐代史料中,另如《唐六典》、《唐会要》等记载医学方面内容尚多,对研究唐代医事制度的基本情况,均为重要文献资料。

四、医学人物方面的文献

隋、唐、五代时期医学人物甚多,而正史入传者甚少。今所知,除正史入传者外,大都为别类散记。今举数书为例。

1.《医说》卷一“三皇历代名医”

收录有:徐敏齐、甄权、甄立言、宋洓、许胤宗、孙思邈、张文仲、孟诜、王方庆、秦鸣鹤、巢元方、玄珠先生、王冰。

2.《古今医统大全》卷一“历世圣贤名医姓氏”

隋:甄权、甄立言、莫君锡、巢元方、杨上善、全元起(按全元起氏,据史料考证,当为南北朝时梁人)、许智藏。

唐:孙思邈、王冰、韦慈藏、王方庆、张文仲、许胤宗、玄珠先生、秦鸣鹤、孟诜、刘元宾、李世勣、狄仁杰、纪朋、王伯彦、刘禹锡。

五代:李云卿。

3.《医学入门》卷首"历代医学姓氏"

儒医类有：孙思邈、狄梁公（即狄仁杰）、王绩、孟诜、陈藏器、许胤宗。

名医类有：巢元方、韦汎、玄珠、王冰、张鼎、张文仲、萧炳、杨损之、陈士良、于志宁、甘伯宗。

世医类有：徐敏齐、褚该、许智藏、甄权、甄立言。

4.《古今图书集成·医部·医术名流列传》

隋：许智藏（附：许奭、许澄）、莫君锡、巢元方、杨上善、全元起、北山黄公。

唐：许胤（按原作"引"，系避讳改字）宗、宋侠者、李洞元、李世勣、于志宁、甘伯宗、甄权、甄立言、张宝藏、孙回璞、孙思邈、秦鸣鹤、曹元（附：王勃）、王焘、张文仲（附：李虔纵）、韦慈藏、郝公景、狄仁杰、则天时医人、李听、孟诜、王方庆、纪朋、周广、陈藏器、日华子、玄珠先生、王冰、刘大师、李祐、宋清、刘禹锡、梁革、梁新（附：赵鄂）、王超、张仕政、陈仕良、京城医者、赵卿、沈应善、紫极宫道士、陈寨、拂菻医、谭简、钉铰匠、市医、张万福、王彦伯、申光逊、杨州医生。

五代：唐慎微、孟昶、韩保升、李谟、萧炳、李云卿、显德中道士，吴延绍、虞洮。

以上诸书收录，仅是隋唐五代时期医学人物的一部分，然而也是主要的一部分。至于当时天下为医者，则多不胜计。在诸多医家中，有的为临床实践家，终生忙于医疗，并无著述，如许胤宗、秦鸣鹤、韦慈藏、李虔纵等，时皆名医，而后则少有知者。特如张文仲，韦慈藏、王虔藏，《旧唐书·张文仲传》云："自则天中宗已后，诸医咸推文仲等三人为首。"其中唯文仲之著述，复为《外台》援引，故后世犹知其名。有的著述颇丰，对文献建设贡献较大，对后世影响亦深，如隋之巢元方，唐之甄权、孙思邈、杨上善、王冰、王焘、苏敬，五代之韩保升等，均为对医学文献之建设饶有贡献者。此外，或善于某一学科，或善于某法，或治有奇疾，或持有卓论，应当说，均对中医文献研究，具有不同程度的贡献。

五、医事、医论方面的文献

在隋唐五代及后世诸多史籍载诸医事、医论方面文献亦颇多，并能反映医学文献或医学思想的某些主要成就。今摘要选录为例。

1.《旧唐书·太宗本纪》贞观四年

"戊寅制决罪人不得鞭背，以《明堂》孔穴针灸之所。"此事《纲鉴》亦纪云："上读《明堂》针灸书云：人五脏之系，咸附于背，诏自今毋得笞囚背。"此可说明医学文献对法律制定的影响。

又贞观二十二年："五月庚子右卫长史王玄策，击帝那伏帝国大破之，获其王阿罗那顺及王妃子等……使方士那罗迩娑婆于金飚门，造延年之药。"此事《酉阳杂俎·医》亦有纪云："王玄策俘中天竺王阿罗那顺以诸阙，兼得术士那罗迩娑婆，言寿二百岁，太宗大奇之，馆于金飚门内，造延年药。"此则说明在唐代王室及仕族中，追求长生不死术之风，仍很盛行。故在该时期医著中，如《千金》、《外台》等，对两晋南北朝时期尤为盛行的服石等方面内容仍有大量的收录，与此不无关系。

2.《纲鉴》武则天周嗣圣十年

“周杀其尚方监裴匪躬。”目：“匪躬坐私谒皇嗣，腰斩于市。自是公卿以下，皆不得见。又有告皇嗣有异谋者，太后命来俊臣鞫其左右，太常工人安金藏大呼，谓俊臣曰：公既不信金藏之言，请剖心以明皇嗣不反，即引佩刀自剖其胸，五脏皆出。太后闻之，令舉入宫，使医内五脏，以桑皮线缝之，傅以药，经宿始苏。太后亲临视之，叹曰：吾有子不能自明，使汝至此。”此事至少可以说明，当时已有以桑皮线缝合之术，当属无疑。且当时及此前定有这方面的文献以载其术，惜皆不传于世。

3.《酉阳杂俎·医》

“卢城之东有扁鹊冢，云魏时针药之士，以卮腊祷之，所谓卢医也。”详隋、唐两代之卢县，均在今山东境内，此说明魏时（不详指三国之魏或南北朝之魏）人，仍有以扁鹊为卢医者，从汉代诸多文献之说。此对考证扁鹊里籍亦有一定参考意义。

4.《肘后备急方》卷二“治伤寒时气温病方第十三”记

“比岁有病时行，仍发疮头面及身，须臾周匝，状如火疮，皆戴白浆，随决随生，不即治，剧者多死。治得差后，疮斑紫黑，弥岁方灭，此恶毒之气。世人云，永徽四年，此疮从西东流，遍于海中，煮葵菜以蒜齑啖之即此，初患急食之，少饭下菜亦得。以建武中，于南阳击虏所得，仍呼为虏疮。诸医参详作治用之有效方。”

按此记中言“永徽”，为唐高宗年号，故知系唐人增补之内容。详此条言“虏疮”之状，与《病源》及《外台》言“豌豆疮”尽似，实属一病，即豆疮——天花也。又详“建武”，汉光武年号。《后汉书·光武帝纪》建武十八年，“遣伏波将军马援率楼船，将军段志等击交阯。”又《后汉书·马援传》亦载此事，唯言始于建武十七年，至“二十年秋，振旅还京师，军吏经瘴疫死者十四五。”此记言“以建武中，于南阳击虏所得”，当指此事。故此记虽简，然于豆疮在我国流传之原委，已予详明，且可证此病在唐高宗年间，由西向东，有一次较大的流行。对研究传染病史，提供了重要文献依据。

《肘后方》又记云：“比岁，又有虏黄。病初唯觉四体沉沉不快，须臾，见眼中黄，渐至面黄及举身皆黄。急令溺白纸，纸即如蘖染者，此热毒已入内，急治之……”

此记与上条文字气象亦同，亦为唐人增补内容。是亦记高宗永徽年间事，此称为“虏黄”，或与“虏疮”之病为同时染入者。详其病候，主要可说明三点：一者，此病原非中土所有，亦由外征时传入，故谓之“虏黄”；一者，此病具有一定传染性及流行性，故《肘后方》有“时行病发黄”之方，《病源》称为“急黄”，《外台》卷四引许仁则亦曰“急黄状始得，大类天行病”。一者，在永徽年间曾有所流行。

5.《旧唐书·孙思邈传》有云

“（卢）照邻有恶疾，医所不能愈，乃问思邈，名医愈疾，其道何如？思邈曰：吾闻善言天者，必质之于人；善言人者，亦本之于天。天有四时五行，寒暑迭代，其转运也，和而为雨，怒而为风，凝而为霜雪，张而为虹蜺，此天地之常数也。人有四支五体，一觉一寝，呼吸吐纳，精气往来，流而为荣卫，彰而为气色，发而为音声，此人之常数也。阳用其形，阴用其精，天人之所同也。及其失也，蒸则生热。否则生寒，结而为瘤，赘陷而为痈疽，奔而为喘，乏竭而为焦枯，诊发乎面，变动乎形，推此以及天地亦如之……良医导之以药石，救之以针剂，圣人和之以至德，辅之以人事，故形体有可愈之疾，天地有可消之灾。又曰：胆欲大而心欲小，智欲圆而行欲方。《诗》云：如临深渊，如履薄冰。谓小心也。赳赳武夫，公侯干城，谓大胆也。不为利回，不为义疚，行之方也。见机而作，不俟终日，智之圆也。”

按以上记载孙思邈诸论愈疾之道，主要体现了源于《黄帝内经》“人与天地相参”之精神。其良医治病所谓“和之以至德，辅之以人事”之论，对医生来说，不仅应具有精良的技术，还应具有“至德”与“人事”方面的责任感。此与其在《千金方·大医精诚》中所论医德之精神尽合。又所谓“胆欲大而心欲小，智欲圆而行欲方”。乃是医者防治疾病的一项十分重要的战略法则与施术的指导思想，而且亦体现了医者高超的技艺与情操。故后世医家奉之为名语格言，义犹此也。

又《旧唐书·张文仲传》：“文仲尤善疗风疾，其后则天令文仲集当时名医，共撰《疗风气诸方》，仍令麟台监王方庆监其修撰。文仲奏曰：风有一百二十四种，气有八十种。大抵医药虽同，人性各异，庸医不达药之性，使冬夏失节，因此杀人。唯脚气、头风、上气，尝须服药不绝，自余则随其发动，临时消息之。但有风气之人，春末夏初及秋暮，要得通泄，即不困剧，于是撰四时常服及轻重大小诸方十八首，表上之。”

按此记张文仲撰《疗风气诸方》，其书不见于书目著录。惟《外台秘要》卷十四具“张文仲疗诸风方九首”。系元侍郎希声集。方前有叙，收文仲奏文，义与此同，文稍异。若据元希声所集，似文仲所撰十八方，当系“疗风方”与“疗气方”分别为文。希声此集者，特“疗风方”也。其“疗气方”九首，或散佚。从本条纪文结合《外台》收录九方，对研讨隋唐时期治风病之学术思想有重要意义。

其他医事、医论方面文献尚多，不再繁举。

六、出土医学文献

在我国出土隋唐五代时期之医学文献，当属西北地区，特别甘肃敦煌卷子医书抄本。惜流失国外者甚多，个别亦有流入私人之手者。此批卷子本文献，不仅为我国古代文化之宝藏，亦为医学文献之宝贵遗产。其中之医学文献，建国后，有中医研究院马继兴研究员搜集国内外有关资料，经整理研究考证，汇编成册，名曰《敦煌古医籍考释》，于1988年由江西科学技术出版社出版。其中共收医学文献11类约80种（不包括同书异本者），可谓集卷子本医学文献之大成。现摘其书目（按有些书名，因原卷子本中无题或失题，系整理者新定）如下：

1. 医经类

（1）三部九候论
（2）病形脉诊

2. 五脏论类

（1）明堂五脏论

（2）张仲景五脏论·甲本
（3）张仲景五脏论·乙本
（4）张仲景五脏论·丙本
（5）张仲景五脏论·丁本
（6）耆婆五脏论

3. 诊法类

（1）平脉略例·甲本
（2）平脉略例·乙本
（3）五脏脉候阴阳相乘法·甲本
（4）五脏脉候阴阳相乘法·乙本
附:《占五脏声色源候》及《平脉略例》残文
（5）占五脏声色源候
（6）亡名氏脉经第一种
（7）亡名氏脉经第二种
（8）玄感脉经
（9）七表八里三部脉
（10）青乌子脉诀

4. 伤寒论类

（1）伤寒论·甲本
（2）伤寒论·乙本
（3）伤寒论·丙本

5. 医术类

（1）辅行诀脏腑用药法要
（2）刘涓子鬼遗方(甲卷、乙卷)

6. 医方类

（1）杂疗病药方
（2）唐人选方第一种(甲卷、乙卷、丙卷)
（3）唐人选方第二种
（4）黑帝要略方
（5）单药方
（6）不知名医方第一种
（7）不知名医方第二种
（8）不知名医方第三种
（9）不知名医方第四种
（10）不知名医方第五种

(11) 不知名医方第六种
(12) 不知名医方第七种
(13) 不知名医方第八种
(14) 不知名医方第九种
(15) 不知名医方第十种
(16) 不知名医方第十一种
(17) 不知名医方第十二种
(18) 不知名医方第十三种
(19) 不知名医方第十四种(甲卷、乙卷)
(20) 不知名医方第十五种
(21) 不知名医方第十六种
(22) 不知名医方第十七种
(23) 萎蕤丸方服药法
(24) 牛病熏药方
(25) 旃独杏枣汤方

7. 本草类

(1) 本草经集注·甲本
(2) 本草经集注·乙本
(3) 新修本草·甲本(甲卷·乙卷)
(4) 新修本草·乙本
(5) 新修本草·丙本
(6) 新修本草·丁本
(7) 亡名氏本草序例
(8) 食疗本草
(9) 亡名氏本草目录

8. 针灸类

(1) 灸法图(甲卷、乙卷、丙卷、丁卷、戊卷、己卷)
(2) 新集备急灸经·甲本
(3) 新集备急灸经·乙本
(4) 灸经明堂
(5) 人神流注
(6) 黄帝明堂经
(7) 亡名氏灸法
(8) 针灸节抄

9. 辟谷、服石、杂禁方类

(1) 辟谷诸方第一种·甲本

(2) 辟谷诸方第一种·乙本
(3) 辟谷诸方第二种
(4) 辟谷诸方第三种
(5) 辟谷诸方第四种
(6) 疗服石方
(7) 王宗杂忌单方
(8) 陵阳禁方
(9) 杂方术
(10) 亡名氏禁方

10. 佛家、道家医方类

(1) 佛家方第一种
(2) 佛家方第二种
(3) 佛家方第三种·甲本
(4) 佛家方第三种·乙本
(5) 道家方
(6) 诸医方髓

11. 医史资料类

(1) 乞药笺
(2)《救诸众生苦难经》中的十种死病
(3)《劝善经》中的七种死病
(4)《类书·医卜》医家郭玉传
(5)《伍子胥变文》中的"药名诗"
(6) 阴阳书中有关病症与药名的摘录
(7)《行事钞》中的"治病所须"
(8) 药价文书第一种
(9) 药价文书第二种
(10)《百一物本》中的医用物品
(11) 佛家语喻医方
(12)《痔病经》中的病名

上述诸书,其撰著年代与抄写年代,据该书"敦煌医学卷子的时代考察"一文云:

"撰著年代——各医学卷子的撰年,视不同著作而异,最早者可上溯到先秦时代(如医经类著作)和汉代(如《伤寒论》类著作),但绝大多数的医书则均系南北朝以后隋唐时代的著作。"

"抄写年代——卷子的抄写年代,最早的上限在南北朝及隋代,最晚的下限为五代时期,绝大多数的医书均唐代手写。"

根据诸卷子本内容及讳字情况,对撰著年代及抄写年代的此一考证认定,符合中医文献发展情况及图书写本的一般特征。

凡此卷子本诸医书,对中医古籍文献研究的学术价值,该书整理者提出有五个方面:

(1) 极大丰富了隋唐前后医学典籍宝藏。

(2) 为古医籍的校勘和辑佚提供了重要资料。

(3) 古佚"经方"的重要发现。

(4) 多方面的医药学术成就。

(5) 解决了在医史研究中若干长期争议的问题。(以上均详见该书"导言")

以上对敦煌卷子医学文献的学术评价,诚如是也。

就敦煌卷子的抄写结构而论,的确提示了诸多值得研究的问题。如"医经类"中《三部九候论》一书,此卷子(法国编号:P・3287)首尾均残,有上下栏框及行线……在每节之首多朱笔作'丶''○'标记,共存一百四十九行文字。前后续抄录五书,依次是:《三部九候论》、《伤寒论》(乙本)、《亡名氏脉经第一种》、《伤寒论》(丙本)及《亡名氏脉经第二种》。此书即其中第一种,相当于第一——三十一行。将其与传世本《素问》对照,基本与'三部九候论第二十'的绝大部分文字相同,现仍据传世本《素问》篇目称为《三部九候论》。

又详上文所谓《伤寒论乙本》之文,与今存本《伤寒论・伤寒例》自"凡伤寒之病,多从风寒得之"至"近取诸身,夫何远之有焉"一段文字基本相同。

又详上文所谓《伤寒论丙本》之文,与今存本《伤寒论・辨脉法》自"又未知何脏先受其灾"至"腋下温心下热也"一段文字基本相同。

根据上述情况,将互不联系的三部分内容,连续抄录在一幅卷本之上,如果认为是从《素问》或《伤寒论》中选录其中某一篇的部分文字,则是不可思议的。因此,不妨认为,此卷子本所收各部分内容之祖本,原当系单篇别行者,亦或系遗存于隋唐时期之古代医学珍籍。故似此等卷子本内容,对研究如《黄帝内经》及张仲景书之渊源,确有重要意义。

至于卷子中所存该时期医书,不仅其书皆早已散亡,即书名亦少有见于书目或别书著录者,故确是填补了该时期医学著作之某些空白。

七、存世医籍

隋唐五代时期医书,存世者为数亦不多,今简述如下。

1.《诸病源候论》

关于本书作者,由于史志著录不一,故后世歧说较多。宋・陈振孙《直斋书录解题》云:"隋太医博士巢元方等撰,大业六年也。"《四库全书总目》云:"考《隋书・经籍志》有《诸病源候论》五卷,《目》一卷,吴景贤撰。《旧唐书・经籍志》有《诸病源候论》五十卷,吴景撰。皆不言巢氏书,……惟《新唐书・艺文志》二书并载,书名卷数并同。不应如是之相复。疑当时本属官书,元方与景一为监修,一为编撰。故或题景名,或题元方名,实止一书,《新唐书》偶然重出。观晁公武《读书志》称巢元方等撰,足证旧本所列不一名,然则《隋志》吴景作吴景贤,贤或监字之误,其作五卷,亦当脱一十字。如止五卷,不应目录有一卷矣。"按此说"贤或监字之误",乃失之矣,已见前文。详作"吴景"者,疑唐人避中宗李显嫌讳去一字。又详吴景《诸病源候论》五卷,有作"《论病源候论》"者,亦或吴景贤原有此《论病源候论》五卷。而《四库全书总目》言"如止五卷,不应目录有一卷"之说,难为依据。如《隋志》著录另有《耆婆所述仙人命论方》二卷，目一卷；《治牛马驼骡等经》三卷，目一卷；《金匮录》二十三卷，目一卷；《养生注》十一卷，目一卷等。均可说明，卷数不问多少，均可别有“目”卷。且后来著录五十卷本，均不言有“目”，亦皆支持吴景贤先有此书问世。因而很可能后来官修之书，原在吴本基础上，由巢、吴等共同编撰。至于《新唐志》将二书并载，亦有可能将吴景贤原书与巢、吴等共撰后书误混，惟尚待进一步考定。

今存《诸病源候论》五十卷，分六十七门，共一千七百三十九论。又据丹波元胤《中国医籍考》按云：“友人山本恭庭（允）作《诸病源候论疏证》五十卷，解题一篇，详确可喜。盖其言曰：今本谬误，固已甚矣。且《外台秘要》引有伤寒十日至十二日候，伤寒毒攻眼候（今本有与此题目相同，其文即异）、重下候；《圣惠方》引有食痌候；《医心方》引小儿魍魉头候。考之今本，并无所见。瘿瘤门有多忘候、嗜眠候、鼾眠候、体臭候、狐臭候、漏腋候，并与题目不相涉，知是他篇错文。则其所脱佚，亦不止五候也。《三因方》曰：《巢氏病源》具列一千八百余件，盖为示病名也。是陈言所见，应天圣官刻，其所谓即本书原数，而今本惟有一千七百二十六论，其为残阙亦明矣，且张从正《儒门事亲》引是书卷三十七带下候文曰：巢氏内篇四十四卷云云。此知原有内、外之篇目，其卷第亦不同也。不知今本何以差错至此云。”又杨守敬《日本访书志》著录有小岛学古校本，注云：“日本医官小岛学古据宋本、元本、日本国刊本、聿修堂钞本，又以《外台秘要》、《医心方》（日本人撰）所引，合校于胡益谦刊本上，凡订正不下数千事，最为精审，似无遗恨。”足见此今传各种刊本，不仅有诸多衍误及错简之文，即或篇章结构，亦或有失原貌处。

《诸病源候论》一书，为全面系统地论述病因、病机之佳作。

该书在病因方面，除遵照传统之内、外等病因致病说外，在外因方面，特如伤寒、时行、温病等，均突出强调了“毒气”，又在“伤寒令不相染易候”一条，提出“人感其乖戾之气而发病者，此则多相染易，故须预服药，及为方法以防之”的论点，为传染病及预防传染病找到了理论上的依据，又如皮肤病有虫寄生、地方性疾病有饮沙水等，均是对病因学的发展。

在病候与病机方面，包括了内、外、妇、儿、五官、皮肤等多学科内容，均分别不同证候加以论述。

在防治方面，因属病源专著，故无方药或针灸等疗法，然对诸病证所附“养生方导引法”则颇为详尽。又在卷六“解散病诸候”中，保存了服寒食散中毒解救法，是今存文献保存此一资料最多和最详尽者，对研究寒食散及解救法有重大学术价值。

该书对后世影响较大，至唐代王焘撰《外台秘要》，采用该书内容甚多，又如日本《医心方》一书，亦多采用，即可为证。

2.《黄帝内经太素》

该书在国内宋以后即失传，现存惟日本仁和寺抄本，尚有残缺。国内有清光绪二十三年通隐堂刊本及1924年兰陵堂刊本，亦皆源于日本之抄本。

《太素》之去日本，据中、日两国之学者考证。认为该书形成后不久，即传入日本，如日本筱原孝市《黄帝内经太素解题》云：“《太素》成书后不久，即于奈良时代前期传到我国。”而见之于文献记录者，则首推日本天平宝字1年（757年，当唐肃宗二年）孝谦天皇的敕令中。后有宽平年间（相当于唐昭宗年代）由藤原佐节编撰之《日本国见在书目》，著录有“《内经太素》三十，杨上（按当脱善字）撰”。现存仁和寺本，为丹波赖基据丹波宪基仁平元年至保元三年(1151—1158年,当宋高宗二十一年至二十八年)抄本,于仁安元年至仁安三年(1166—1169年,当宋孝宗六年至八年)之重抄本。至于此本何时收藏于仁和寺,则尚无详考。

今存本由于卷一缺,按《玉海》卷六十三记《黄帝灵枢经》云:"《书目》:《黄帝灵枢经》九卷,黄帝、岐伯、雷公、少俞、伯高答问之语。隋·杨上善序:凡八十一篇……"据上下文义,此杨上善序,似为《太素》杨序。又据今存杨上善撰注《黄帝内经明堂》卷一,卷前亦有序,述编撰该书之原委。故《太素》一书,似有序文已缺。

今存本自卷二以下,卷端均署"通直郎守太子文学臣杨上善奉敕撰注"。杨上善,史无传。《素问》林亿等序云:"及隋·杨上善纂而为《太素》。"又李濂《医史》及《古今医统大全》均谓杨上善隋大业中为太医侍御,述《内经》为《太素》。然今存《太素》正文及注文中避讳字,自李渊父昞嫌讳丙,直至李治,均避讳,又称老子为"玄元皇帝"。详唐代处于政治上的需要,尊崇老子,始于唐高祖李渊。武德三年,利用晋州人吉善竹编造的谎言,确定李渊与老子之祖孙关系,至武德八年,正式宣布三教地位,道第一,儒第二,释第三。唐高宗乾封二年,帝次亳州,幸老君唐,追号为玄元皇帝。又据《旧唐书·职官志》正六品下阶有"太子文学",从六品下阶有"通直郎",注:"文散官"。按以上诸事,均在唐高祖至唐高宗年间事,从而说明,杨上善之职衔及撰注《太素》年代,应在唐高宗时,其所"奉敕",亦当系唐高宗之敕旨。又所谓隋大业中为太医侍御说,详隋大业六年至唐高宗时已四十余年,亦或杨上善在隋代曾任医官,若此,则其撰注《太素》时,已至老年矣。又杨上善对老、庄及佛学,亦颇有研究,仅《旧唐书·经籍志》杨上善撰注之书即有《老子》二卷、《老子道德指略论》二卷、《道德经》三卷、《略论》三卷、《庄子》十卷、《六趣论》十卷。又唐·杜光庭《道德经广圣义》云,"太子司仪郎杨上善,高宗时人,作《道德集注真言》二十卷。"故其《太素》注文中,亦颇体现其崇信道、释二教之精神。

该书是继晋·皇甫谧《针灸甲乙经》之后,将《黄帝内经》全文,打破原篇序,重新分类编排加注而成。全书共分二十一类,即摄生、阴阳、(按此后因缺卷,失类名一)人合、脏腑、经脉、输穴、营卫气、身度、诊候、证候、设方、(按此后因残缺,失类名一)九针、补泻、伤寒、寒热、邪论、风、气、杂病等,三十卷,每卷含若干篇,今存共一百七十八篇(含二十二卷首篇题名,缺卷覆刻本具),另外有文存而缺题及部分文字者四篇,尚有卷一、卷四、卷七、卷十八、卷二十全缺,另如卷十七只存末篇少量文字。约计总篇数有二百题。

关于《太素》本文问题,《汉书·艺文志》著录有《黄帝泰素》二十篇,注:"六国时,韩诸公子所作。"颜师古曰:"刘向《别录》云:或言韩诸公孙之所作也。言阴阳五行以为黄帝之道也,故曰《泰素》。"详《汉志》著录之《黄帝泰素》,为"诸子略"之"阴阳家"类,而该类原小叙云:"阴阳家者流,盖出于羲和之官。敬顺昊天,历象日月星辰,敬授民时,此其所长也。及拘者为之,则牵于禁忌,泥于小数,舍人事而任鬼神。"而《黄帝内经太素》一书,若彼时已成,应属"方技略"之"医经"类,想刘向父子所撰《别录》、《七略》或班固据以修撰《汉志·艺文略》之类例,尚不至如此混乱。故仅以"泰素"二字为据,而认定《黄帝内经太素》,即《汉志》著录之《黄帝泰素》,似难成立。又《太素》卷二十九"水论"文云:"黄帝坐明堂,雷公曰:臣受业传之以教,皆以经论,从容形法……"杨上善注:"天地之间,四方上下,六合宇间,有神明居中,以明造化,故号明堂。法天地为室,圣明居中,以明道教,称为明堂。从容者,详审貌也。所受太素经论,摄生安形详审之法……"若以为杨注所云"太素经论",即《太素经》,似欠妥。详此经文上下文义,为雷公自述其从黄帝受业,皆以经论。若黄帝授雷公者,皆《太素经》，与黄帝与岐伯等君臣问答而为《内经》之义，亦难相符。故此“太素”二字，另当别考，从而说明《黄帝内经太素》一书，并非原有此书，而杨上善仅为作注。而是杨氏将《黄帝内经》一书，重为类编加注。此从杨氏奉敕撰之另一书——《黄帝内经明堂》之体例，亦可得到佐证。

《太素》一书，是今存早期对《黄帝内经》进行训解的著作之一。杨注不仅对全文进行了注释，而且据别本有部分校勘，共出校文约百条，大部分为对校及他校八十余条，少数为理校。这对研讨《黄帝内经》隋唐以前传本之文字旧貌，有重要学术价值。

杨上善注文，不仅对全文进行了医理与文理的训释与阐发，而且亦注意到字、词的训释，如对“关阖枢”的两处注文，对“气门”的要义，阐发甚为详尽；又如对穴名的释义，为今存文献之最早者。惜因受宗教教义之影响，个别注文杂以神学观念。如卷六首篇“两精相搏谓之神”注：“及案释教，精合之时，有神气来托，则知先有理不虚也。”此种先于精气而独立存在之理的观念，即是典型的客观唯心思想。总之，《太素》杨注，虽有诸多欠妥之处，但亦不乏精注，故对后世影响较大。

另外，据《太素》卷十三“经筋”注云：“筋有大筋、小筋、膜筋、十二经筋起处与十二经脉流注，并起于四末，然所起处，有同有别，其有起维筋、缓筋等，皆是大筋别名。凡十二筋起处结处，及循结之处，皆撰为图画示人，上具如别传。”是则说明杨注对十二筋，原撰有图画，或当“别传”，然后皆失传。

至于杨氏所用之祖本，据今存《素问》与《灵枢》中诸多“喜病……”或“善……病”等“善”字，《太素》大都作“喜”字推断，当是北朝时传本，系避东魏孝静帝元善见讳改字。

3.《黄帝内经明堂》

该书在国内亦早已亡佚，现存有日本仁和寺存日本永仁四年，（1296年，当元成宗二年）丹波长高的抄本；永德三年（1383年，当明太祖十六年）的抄本，抄写人不详。均只存序文及卷一肺手太阴经一卷，余均缺，现两本均影印收入日本《东洋医学善本丛书》中。书名作《黄帝内经明堂》，卷端署“通直郎守太子文学臣杨上善奉敕撰注”。与《黄帝内经太素》卷端署名同。

《旧唐书·经籍志》著录有《黄帝内经明堂》十三卷，未著撰人；又《黄帝内经明堂类成》十三卷，杨上善撰。《新唐书·艺文志》著录则作“《黄帝内经明堂》十三卷”、“杨上善注《黄帝内经明堂类成》十三卷”。此书至《宋史·艺文志》已不见著录，或已亡佚。

从新、旧《唐志》著录看，《黄帝内经明堂》与《黄帝内经明堂类成》颇似二书。然今存日本残本《黄帝内经明堂》，均署杨上善奉敕撰注，特别是永德抄本，序文基本完整，题名亦作“黄帝内经明堂序”。又详序文有云：“旧制此经，分为三卷，诊候交杂，窥察难明。支体奇经，复兴八脉。亦如沮、漳、沅、澧，汚波于江汉；沣（按原作澧，澧在今湖南，误，沣在今陕西，先入渭而归于河，以其繁体与澧相近，故误，今改）、滈、涝、潏，分态于河宗。是以十二经脉各为一卷，奇经八脉复为一卷，合为十三卷焉。欲使九野迟（按当为区字之草书衍化体）分，望脩门而入郢。五音疏越，变混吹而归齐旦也。是古非今，或成累气，殊流合济，无乖胜范。伏禀皇明，以宣后学……《太素》陈其宗旨，《明堂》表其形见，是犹天一地二，亦渐通其妙物焉。”根据此序，足可说明以下几个问题：①该书是以旧制《明堂经》三卷本为祖本。②旧经并非以经脉归穴，且眉目条理不清。③该书以十二经脉各为一卷，奇经八脉复为一卷，故为十三卷。若据此注文,则《唐志》著录之《黄帝内经明堂》十三卷与《黄帝内经明堂类成》十三卷,应系一书而二名也。

从今存卷一书文分析,每一经包括之具体内容。主要有以下几个方面:①本脏,包括脏器之形态及大小、高下、坚脆、端正偏倾等。②五脏傍通,包括其行、色、时、味、日、志、气、音、声、荣、主、液、窍、畜、谷、星、数、变动、恶、克、生、臭、果、菜、脉、经脉等。③经脉及穴名。④腧穴及主治。前十二卷属于此例,第十三卷,与此或有别,今亦难详知。

杨上善注文包括校勘,其校勘内容,以别本对校为主。其注文对医理与文理均有所阐发,特别是穴名的释义,首开后世释穴名之端,对研讨穴名本义,颇具要义。

关于以经脉归穴之法,此前文献,大都散亡,难以详考。若今存文献之可考定者,当以《黄帝内经明堂》为最早者。

4. 王冰次注《黄帝内经素问》

《新唐志》著录王冰注《黄帝素问》二十四卷,今存世有宋林亿等校定本。

王冰次注《素问》最终时限,据自序云,在宝应元年,即唐肃宗七年,其时唐立国已百余年,又上距杨上善撰注《太素》(以唐高宗乾封二年追号老子为玄元皇帝后为下限),约六十年。

王冰,正史无传。后世著录如晁公武《郡斋读书志》等作"王砅"。《素问》新校正引《唐人物志》:"冰仕唐为太仆令,年八十余以寿终。"《古今医统大全》:"王冰,宝应中为太仆令,号启玄子。笃好医方,得先师所藏《太素》(疑为《素问》之误)及全元起书,大为次注《素问》,合八十一篇,二十四卷,又著《玄珠》十卷,《昭明隐旨》三卷。"又:"元珠先生,不知何郡人,洞明《素问》,极究微奥,时太仆令王冰,识其为异人,乃师事之,遂以妙旨授冰,冰由是大注《素问》,今行世。"按"元珠",据今存《玄珠密语》文,当作"玄珠",疑为宋人避讳改字。上述诸记,犹如宋林亿等引《唐人物志》说,可信性大。后人考诸王冰之事,缺于史料,终难定论。总之,据王冰自序云,冰亦慕道好养生者,玄珠先生,或本诸《玄珠密语》序。然该书,宋林亿等已言"盖后人附记之文"。此序亦难置信,今"玄珠先生"者,颇有疑焉。

据冰序言称,时所见《素问》,亦惟八卷,且"世本纰缪,篇目重叠,前后不伦,文义悬隔。施行不易,披会亦难,岁月既淹,袭以成弊。或一篇重出而别立二名,或两论并吞而都为一目,或问答未已别树篇题,或脱简不书而云世阙;重合经而冠针服,并方宜而为咳篇,隔虚实而为逆从,合经络而为论要,节皮部为经络,退至教以先针。诸如此流,不可胜数。"足可说明此种传世版本的基本面貌。

王冰次注本的祖本与校本,根据王冰自序,可知其掌握之版本有以下几种:①世本,即传世之通行本,此本存在问题较多,已如上述引文;②师氏所藏第七一卷,此卷内容,即世所奉行八卷本中所缺之卷;③张公秘本,此本从先生郭子斋堂处得之,冰以为此本"文字昭晰,义理环周,一以参详,群疑冰释";④旧藏之卷,此是王冰平日收藏之旧卷本。

王冰注本之内容,大致可分为四个部分:①世本中所含内容。这一部分,即除去运气七篇大论及"六节藏象论"之前半部分,为当时通行本中内容,亦即《素问》旧传本之基本内容。据宋·林亿等所见全元起注本内容,除篇卷与部分文字之差异外,亦大致相同。此部分内容有一明显特点,即保留有南朝梁代讳字,顺改作从(详见后文"中医文献的文字"一章)。从而说明这一部分的祖本,亦属于梁代传本当无疑。②"六节藏象论"前半部分,林亿等新校正云:"详从前岐伯曰:昭乎哉问也至此,全元起注本及《太素》并无,疑王氏之所补也。"然此部分文字，王冰注于“不分邪僻内生，工不能禁”下自出一校云：“此上十字，文义不伦，应古人错简，次后五治下，乃其义也，今朱书之。”此足以说明，此段文字，应是原本中已有，更非王冰自撰。③运气七篇大论，今本中亦有王冰校文二条：五运行大论“思胜恐”注：“思见祸机，故无忧恐。思，一作忧非也。”气交变大论“上应太白岁星”注：“太白芒盛，岁减明也。一经少此六字，缺文耳，”根据此两条校文，足可说明以下三个问题：第一，七大论内容，王冰所用，并非孤本；第二，这部分内容，有的《素问》本中已具，故称“一经”；第三，《素问》中具有七大论内容，非始于王冰，更非王冰自撰。④缺篇，今本六元正纪大论篇第七十一后，存刺法论篇第七十二，本病论篇第七十三，均注云“亡”。林亿等新校正云：“详此二篇，亡在王注之前，按病能论篇末王冰注云：世本既阙第七二篇。谓此二篇也。”说明王冰在使用原本时，基本上保存了旧貌。

根据以上情况，似可认为《素问》一书，在南北朝至隋唐间，有多种传本存世，而且就南朝梁代的五十余年间而言，《素问》传本，亦非仅止全元起注本一种，亦当另有其他传本。因此，运气七篇大论等之有收入《素问》中者，亦或远在南北朝近在隋唐间人。

王冰次注本对篇章及经文的调整与整理，主要依序文中自定凡例所云：“其中简脱文断，义不相接者，搜求经论所有，迁移以补其处；篇目坠缺，指事不明者，量其意趣，加字以昭其义；篇论吞并，义不相涉，阙漏名目者，区分事类，别目以冠篇首；君臣请问，礼义乖失者，考校尊卑，增益以光其意；错简碎文，前后重叠者，详其指趣，削去繁杂，以存其要；辞理秘密，难粗论述者，别撰《玄珠》，以陈其道。”而且，“凡所加字，皆朱书其文，使今古必分，字不杂糅。”足见王冰对整理经文，应是比较严肃与严谨的。

王冰次注本，以注释为主，并兼及校勘。校勘以别本相校为多，近三十条。理校次之，亦有十余条；以他书相校尤少。尽管出校条数不多，但对研讨唐以前旧貌，仍有重要意义。其注释方面，则较为全面，内容亦较丰富，且其注文别引他书，有的与今本亦不尽同，有的早已亡佚（详见“中医文献的著录”一章），尤为重要文献资料。由于王冰“弱龄慕道，夙好养生”，故受老庄及道教思想影响较多，从其注文引书如《广成子》、《庄子》、《河上公》（按此为河上公注《道德经》文）、《道经义》、《老子》、《真诰》、《真骨》等，亦可反映其道家思想。在医理阐释方面，亦颇多发挥之处，后世注家如马莳、吴崑、张介宾等，明引暗引者颇多。由于《太素》一书，宋以后即亡，故王冰注本，在明清以后尤为影响最大之《素问》注本。

运气七篇大论，在王冰次注本《素问》中，占有近三分之一的篇幅。宋·林亿等在新校正中特云：“仍观天元纪大论……至真要论七篇，居今《素问》四卷，篇卷浩大，不与《素问》前后篇卷等；又且所载之事，与《素问》余篇略不相通。窃疑此七篇，乃阴阳大论之文，王氏取以补所亡之篇，犹周官亡冬官，以考工记补之之类也。”详亿等所谓七大论“与《素问》余篇略不相通”，与《素问》前后篇卷亦不相等之义则是。然以为此为王冰所补入，若细考王注校文及自序所言当时所见《素问》诸本云云，则林说似非是；若谓七篇大论为《阴阳大论》文，详今存《伤寒论·伤寒例》引《阴阳大论》文可见，二者虽皆论医学气象学，然一以二十四气为序，一以干支纪年所化五运六气为序，显非一家之言。而王冰次注本中保留了此一内容，是为保存中医运气文献之一大贡献。

5.《千金方》与《千金翼方》

《千金方》与《千金翼方》，首见于《新唐书·艺文志》，均为孙思邈撰。

孙思邈,新、旧《唐书》均有传。据《旧唐书》本传云:“孙思邈,京兆华原人,通百家说,善言老子、庄周。周洛州总管独孤信见其少异之曰:圣童也。顾器大难为用耳,及长居太白山。”又详其在北周时,已称圣童,卒于唐高宗永淳初,“年百余岁”。隋、唐两代皇帝曾屡召,均固辞不受,又据《新唐书》本传云:“自注《老子》、《庄子》;撰《千金方》三十卷行于代,又撰《福禄论》三卷,《摄生真录》及《枕中素书》、《会三教论》各一卷。”是孙思邈为会通三教之论而兼通医者。然终以道教为主,故后世道教称之为“真人”。

《千金方》一书,今存世有日本江户医学影北宋本,详小岛尚质序云:“是书皇国向传唐代真本,惜仅存第一卷,其余寂无闻焉。若今世所传,系明人传刻《道藏》本,率意劖改,疑误宏多,强分卷帙,极失本真。世亦往往传元版,文字颇正,稍如可观,而仍不免时有疑误。则均未为精善也。独米泽大守上杉氏所藏宋椠一部,较诸元版,笔画端楷,更为清朗,检其缺讳,其为北宋刊本不疑,间有乾淳间补刻,亦唯寥寥数纸,则仍是为林亿等校正之旧,厘然可覆按也。”小岛氏言诸本,所谓“真本”一卷仍存,元大德十一年梅溪书院刊本在日本尚有存本,明《道藏》九十三卷(另有目录二卷)本仍存。是故江户医学影北宋本即为最佳本。

此本题名为《备急千金要方》,详宋代书目著录仍名《千金方》,惟《直斋书录解题》注云:“唐处士京兆孙思邈撰,自为之序,名曰《千金备急要方》,以为‘人命至重,有贵千金,一方济之,德逾于此’。其前类例数十条,林亿等新纂。”然则是本者,即林亿等校定本也。

该书为现存最早之较大型综合性医书,科目比较齐全,卷一序例,含医论九首,所收医方,大都为唐以前古方。如林亿等序云:“乃祖述农黄之旨,发明岐挚之学,经掇扁鹊之难,方采仓公之禁,仲景《黄素》,元化《绿帙》,葛仙翁之《必效》,胡居士之《经验》,张苗之《药对》,叔和之《脉法》,皇甫谧之《三部》,陶隐居之《百一》;自余郭玉、范汪、僧垣、阮炳。上极文字之初,下讫有隋之世,或经或方,无不采摭,集诸家之所秘要,去众说之所未至。成书一部,总三十卷,目录一通。脏腑之论,针灸之法,脉证之辨,食治之宜,始妇人而次婴孺,先脚气而后中风,伤寒痈疽,消渴水肿,七窍之疴,五石之毒,备急之方,养性之术。总篇二百三十二门,合方论五千三百首,莫不十全可验,四种兼包。”林亿等此说,是对该书的高度概括。另外,该书还有几个明显的特点:第一,在医德方面,于卷一“大医精诚”中,特为重点论述,为后世医家所赞赏。第二,以妇、孺方居前,为综合医书所少见,足证其对妇、儿科的重视。第三,杂病诸方以脏腑为纲,以病为目,突出了脏腑发病系统。第四,针灸方面,保存甄权新撰《明堂》,对研讨甄氏《明堂》与旧《明堂》之源流关系,提供了依据。第五,在卷一第四中引释经“四大”及“四百四病”说,卷五第四“咒客忤法”,卷十第六“治疟符法”,卷二十七养性诸论,均足以反映其受释、道二教影响之深。

另有清·黄丕烈氏在嘉庆四年于西山堂所得《孙真人千金方》三十卷本,其中缺卷六至卷十、卷十六至卷二十共十卷,经黄丕烈、陆心源等鉴定,为宋刊宋印,是林亿未校以前本。又据黄丕烈《士礼居藏书题跋记》该书纪事诗有云:“嫌名却避敌。”注:“此书遇敦字作敌,避光宗嫌名。”然则此本当是南宋前期刊本,现存日本东京静嘉堂文库。该本全称为《新雕孙真人千金方》,不仅书名与江户医学影北宋本不同,亦无林亿等校书有关内容,且篇目与文字及方药方面,均有较多差异。故此本对研讨《千金方》在宋臣校定前之旧貌,有重要学术价值。

《千金翼方》为孙思邈继《千金方》之后的另一著作,该书最早著录于《新唐书·艺文志》,亦三十卷,现存有元大德十一年梅溪书院刊本,为宋臣校亿等校定本。观其自序云:“人处物为灵,可幸蕴灵心阙,颐我性源者,由检押神秘,幽求今古,撰方一部,号曰《千金》。

可以济物摄生,可以穷微尽性,犹恐岱山临目,必昧秋毫之端;雷霆在耳,或遗玉石之响。所以更撰《方翼》三十卷,共成一家之学。”是该书犹羽翼《千金方》者,故取是名。

详该书内容,计有药录纂要一卷,本草三卷,妇人方四卷,伤寒二卷,小儿方及七窍病等方一卷,养性、辟谷、退居、补益各一卷,中风二卷,杂病三卷,万病方一卷,飞炼一卷,疮痈一卷,色脉一卷,针灸三卷,禁经二卷。详其内容,大都采自唐初及唐以前文献,今举其要者,以示其源流。

卷一“药录纂要”,述采药时节、药名、药出州土、用药处方等。此当为《药录》一书之纂要。详《隋书·经籍志》著录有《桐君药录》三卷、李密撰《药录》二卷,新旧《唐志》唯《桐君药录》,后皆亡佚。然此卷“药出州土”则言明将古名改用唐制。亦或唐初另有《药录》一书。或孙氏自改,现已难考。然就全部内容而论,对考证《药录》一书,自有参考价值。

卷二至卷四“本草”,此部分内容,证之宋《证类本草》引《嘉祐补注总序》云:“凡字朱墨之别,所谓《神农本经》者以朱字,《名医》因《神农》旧条而有增补者以墨字。间于朱字余所增者,皆别主条,并以墨字。”是知此三卷所收,乃本于《名医别录》。为考证该书,保存了重要文献资料。

卷九、卷十“伤寒”,为张仲景伤寒方论有关内容,经孙思邈“以方证同条,比类相附”,重为编排而成。详《千金方》卷九有云:“江南诸师,秘仲景要方不传。”盖彼时尚未睹仲景书,而此书所收,乃是当时所见仲景伤寒方论内容,故此书成为《脉经》后又一保存早期《伤寒论》传本内容的重要文献。

卷十二至卷十五“养性”等篇,最能反映道教的某些思想与观念,其中固然有诸多关于修身养性、饮食药物调理、生活与居处条件等可供研究与习用的文献资料,但其中亦多具神学观念及避世离俗的消极思想。足证孙思邈在思想理论方面,受魏晋南北朝盛行起来的道教学派影响很深。

卷二十二“飞炼”及卷十五“解散发动第三”,保存了较多丹石及解散方面的文献。特别是卷二十二“服诸石药及寒食散违失节度发病疗之法合四十五条第三”,与《病源》卷六“寒食散发候”引晋·皇甫谧撰《解散说》内容多相同,疑是同出一本,二书采用时,文字有详略、内容有繁简之别,然其源一也,为今存解散方面重要文献。

卷二十三、二十四“疮痈”,其内容多源于《刘涓子鬼遗方》,唯卷二十四治发背有二十六方,今存本错于卷二十二“飞炼”之后,检《鬼遗方》可证。

卷二十六、二十七、二十八“针灸”,其内容亦本于甄权《明堂》。

卷二十九、三十“禁经”,详该两卷内容诸多禁法,应出于道教者流。详其论曰:“斯之一法,体是神秘……不有所缉,将恐零落,今编为两卷,凡二十二篇,名曰《禁经》。”是知此部分内容,亦孙思邈编辑前人散论而成,盖亦出于唐以前之旧文。

根据上述诸例,尽可反映《千金翼方》内容,亦大都源于唐以前有关文献,对考证此前旧籍,颇有重要价值。

总之,《千金方》与《千金翼方》之书文内容,保存有大量汉及魏晋南北朝时期医学及道教医学文献。就学术思想而论,虽然继承了传统医学的思想,但其受道教思想的影响尤深。

6.《外台秘要》

该书首见于《新唐书·艺文志》著录“王焘《外台秘要方》四十卷”。

王焘，《唐书·王珪传》附记甚简，又据该书自序云，曾“七登南宫，两拜东掖，便繁台阁二十余载”，又曾“贬守房陵，量移大宁”。是知一生大部分时间，是在朝、野为官，又据唐代有关史料考证，知其家族世出宦门，其曾祖王珪，祖崇基、父茂时，皆仕于唐。焘“幼多疾病，长好医术”，是以仕而兼医者，唐玄宗天宝十一年间，焘为邺郡刺史，此书当成于此时。天宝十四年，安禄山反，时王焘当仍守于邺，故很有可能死于安史乱中。

王焘著述，《新唐志》著录尚有《外台要略》十卷，当是《外台秘要方》的节本，早亡。

详该书自序云：“便繁台阁二十余年，久知弘文馆图籍方书等，由是睹奥升堂，皆探其秘要……遂发愤刊削，庶几一隅。凡古方纂得五六十家，新撰者向数千百卷。皆研其总领，核其指归。近代释深、崔尚书、孙处士、张文仲、孟同州、许仁则、吴升等十数家，皆有编录，并行于代，美则美矣，而未尽善。何者，各擅风流，递相矛盾，或篇目重杂，或商较繁芜，今并味精英，钤其要妙，俾夜作昼经之营之，捐众贤之砂砾，掇群才之翠羽，皆出入再三，伏念旬岁，上自炎昊迄于圣唐，括囊遗阙，稽考隐秘，不愧尽心焉。”结合书文可知，是书乃焘在台阁时，已得弘文馆所藏方书有关文献资料，又借助于近代诸家编录此类医书之经验教训，经检选精要，编纂而成的一部中型、类书性医书。

宋臣孙兆等序云：“夫外台者，刺史之任也。秘要者，秘密枢要之谓也。唐·王焘台阁二十余年，久知弘文馆，得古今方，上自神农，下及唐世，无不采摭，集成经方四十卷，皆诸方秘密枢要也。以出守于外，故曰《外台秘要方》，凡一千一百单四门，以《巢氏病源》，诸家论辨，各冠其篇首，一家之学，不为不详……且古之如张仲景、《集验》、《小品方》，最为名家，今多亡逸，虽载诸方中，亦不能辨白。王氏编次，各题名号，使后之学者，皆知所出，此其所长也。”又《四库全书总目》云：“每条下必详注原书在某卷，世传引书注卷第，有李涪《刊误》及程大昌《演繁露》，而不知始创于焘。”

按以上二文关于书名之义及引书注卷第之说，余嘉锡先生《四库提要辨证》均另有别说，以为“外台”，当据《魏志·王肃传》注薛夏曰“兰台为外台，秘阁为内阁”之义。又引书注卷第者，六朝时已有之。可详见该书。按此又别出新义，另备一说。总之，由于王焘生平难以详考，古书亡佚，所在甚多。故此二事，姑存众说，以待后考。

关于《外台》的编辑体例，主要有三个特点：①先论而后方，此在《千金方》一书，已用此体。②以类例相从，此在《脉经》王叔和自序中已明言之。③引书出名号与卷第。引书出名号者，《脉经》已有之。如卷三云“右《四时经》”，“右《素问》、《针经》、张仲景”等；又卷七第一云“右二首出《医律》”，第十二云“出《九卷》”，第十六云“右《热病阴阳交部》”等，惜非全出。引书出卷第之例由于魏晋南北朝诸百卷左右及隋代千卷以上大型及特大型方书均早亡，其是否有此先例，不得而知，故《外台》此式，在今存古医籍中，可谓独占其先。总之，《外台》一书之编辑体例，就类书性医书而论，是可称善。就对其他医籍编纂引书而言，从文献的角度论，亦当效仿。

《外台》一书所含内容，虽亦可谓述而不作，然其检选之功，亦非等闲之力。就其所设门类而言，已为详尽，然亦非尽善。其在针灸方面，重灸而轻针，亦一偏之见，在学科内容方面，详略差异较大，如外科一类，则失之过简。就保存唐以前古医学文献的价值而言，在今存古医籍中，唯此为多。总之，《外台》一书，虽有某些不足之处，但其成就是主要的，对后世的影响亦较大，故一直流传至今。

7.《新修本草》

该书为唐代官修本草三书(见前文)中的一种,《唐会要》:“显庆二年,右监门府长史苏敬上言,陶弘景所撰本草,事多舛谬,请加删补。诏检校中书令许敬宗、大常寺丞吕才、太史令李淳风、礼部郎中孔志约、尚药奉御许孝崇,并诸名医等二十二人,增修旧本,征天下郡县所出药物,并书图之。仍令司空李勣总定之。并图合成五十五卷(按当为五十四卷),至四年正月十七日撰成,乃奏上。曰:本草行来自久,今之改修何所异也。于志宁对曰:是陶弘景《集注本草》及《名医别录》而注解之……其所误及《别录》不书四百有余种,今皆考而正之。本草之外,行用有效者,复百余种,今附载之。此所以为胜也。上称善,昭藏秘府。”此对该次编纂之原委及内容,有所概述。是知该书是在《本草经集注》及《名医别录》的基础上,正其讹误,并加注解,又新增药物而成。

又据《证类本草》引《唐本·序》云:“丹青绮焕,备庶物之形容,撰《本草图经》等,凡成五十四卷。”是知本次绘图,是在征集郡县所贡书图的基础上,彩绘而成,是今日所知,《新修本草图经》乃我国首见之彩绘药物图谱。

上述三书,国内早已亡佚,今存唯日本有抄写残本十卷。现有1995年上海古籍出版社影印之罗振玉藏原日本森立之收藏本,中日两国专家考证,此抄本的最初影写时间,据卷十五文末题记云:“天平三年岁次辛未七月十七日书生田边史。”天平三年,适当我国唐玄宗开元十九年,时去《新修本草》成书仅七十余年,说明此书传入日本较早,而此十卷本,虽非出于一家,但多系影抄,故尤易保持唐本旧貌。现存十卷为卷四、卷五、卷十二、卷十三、卷十四、卷十五、卷十七、卷十八、卷十九、卷二十。

从今存本可见,每一卷首行题名,如:“新修本草玉石等部中品卷第四”。次行署名,如“司空上柱国英国公臣勣等奉敕撰。”此为主持人李勣之名。再次为卷目,卷目末行为种数,如卷四为“右玉石类合三十种”,此下双行小字作“十六种神农本经六种名医别录八种新附”。说明卷四所收三十种,有十六种源于《神农本草经》,六种源于《名医别录》,八种为新增。此后为正文。

正文为大字,皆黑体,无朱墨之别。大字后为双行小字。小字中兼有冠“谨案”二字者,证之宋《证类本草》,大字正文,即《神农本草经》与《别录》文。小字注文为陶弘景注,冠以“谨案”者为该书新注,即《证类本草》所谓“唐本注”。凡新增药物,皆于正文下加“新附”二小字。

根据以上款式及其他文献所记,《新修本草》与唐以前本草的源流关系,已很清楚。

该书作为首次由官方组织编修之本草,且又是由政府颁行的第一部药典,对国内外影响极大。就现存本而论,无论对古本草的研讨,对宋以后本草的校勘等方面,都具有重要学术价值。

8.《石药尔雅》

该书为唐梅彪撰,首见于宋·尤袤《遂初堂书目》著录。据其唐宪宗元和元年自序云:“余西蜀江源人也。少好道艺,性攻丹术,自弱至于知命,穷究经方,曾览数百家,论功者如同指掌,用药皆是隐名。就于隐名之中,又有多本。若不备见,犹画饼梦桃。遇其经方,与不遇无别……但苦后学同余苦心,今附六家之口诀,众石之异名,象《尔雅》词句,凡六篇,勒为一卷。令疑迷者寻之稍易，习业者诵之不难。兼诸丹所有别名奇方异术之号，有法可营造者，条例于前，无法难作之流，具名于后。”观此序，对其编撰之宗旨、式例及内容，亦自明矣。

详其所谓“六家之口诀”，不知所指何家，据其内容，盖犹丹家之流。今检书中有题名六，曰飞鍊要诀、载诸有法可营造丹名、释诸丹中有别名异号、叙诸经传歌诀名目、释诸经记中所造药物名目、论诸大仙丹有名无法者。详其首题飞鍊要诀，乃“释诸药隐名”，是此诸隐名，或即六家之口诀中石药。

道教丹方，历皆秘传，故用隐名。如该书释“铅精”，其隐名竟达十五种之多，若无释者，实亦难辨。故此书释石药异名之功，对丹方之研究，有重要意义。要者，该书亦道家方术之流。

9.《仙授理伤续断秘方》

该书唐宋书目不见著录，据今人王育学氏考证，“元・李仲南之《永类钤方》，其引用本书的文字均冠以‘彭氏口教’以标明出处，但未提及书名。这是本书见著于文字的最早记载。”《道藏》收《急救仙方》十一卷，包括《仙授理伤续断秘方》，即此书。

今存本有序文云：“此方乃唐会昌间，有一头陀，结草庵于宜春之钟村，貌甚古，年百四五十岁，买数亩垦畭种粟以自给。村氓有彭叟者，常常往来其庐，颜情甚稔，或助之耕。一日，彭之子升木伐条，误坠于地，折颈挫肱，呻吟不绝，彭诉于道人。道人请视之，命买数品药，亲制以饵。俄而痛定，数日已如平时。始知道人能医，求者益众。道者亦厌之，乃取方授彭，使自制以应求者……道人有书数篇，所授者，特其最后一卷云。”

详该书近代书目著录皆列为唐代，如《杂病广要・采摭书目》、《中医图书联合目录》等。皆以此序为依据。然此序文中言蔺道者之事，颇涉怪诞。如云：“始道人闭门不通人事，人亦少至，惟一邓先生，每春晴秋爽，携稚过之，必载酒殽从焉。道人悬一椰瓢壁间，邓至则取瓢更酌，彭或遇之亦酌，二人皆谈笑竟晷，醉则高歌。其词曰“经世学，经世学成无用着……居久，邓先生不至，彭问道人，道人云：已仙去。彭卒不悟。后江西观察使行部至袁州，闻彭所歌，异之，诘其词，得道人姓氏，遂遣人同彭叟至其庐邀之。否则行矣，惟瓢存焉。”

据以上诸事，若谓唐人，疑处颇多：①唐宋书目无著录；②今存唐宋古籍未见援引；③所用药物，据王育学氏考证，有二十三种为《开宝本草》所载；④书中用方如四物汤、五积散等，今知首见于宋《和剂局方》；⑤江西观察使之称，作为行政区，江西一带，唐属江南西道，宋为江南西路，元始称江西行省。根据以上几点，结合《永类钤方》所谓“彭氏口教”之义，此“彭氏”可能即序文中所言“彭叟”，因而此序或出于“彭氏”之手。序文所言之事，亦可能为引人注目而有意作伪。若此，则此书恐非出于唐代，似为宋元间人所作。

尽管如此，该书仍为现存第一部伤科专书。其中记骨伤诸整复之手法，外伤诸医方，内治法诸方，均有一定的使用与研究价值，为骨伤科医著的建设，特辟新径。

其他唐代医著，《道藏》中尚存有孙思邈之《存神炼气铭》、《保生铭》、《孙真人摄养论》，皆言养生行气之术者。又有《福寿论》一书，论祸福寿夭之因，颇具因果报应之义。凡以上诸书，颇具道教色彩，故收入《道藏》，至其撰人，是否尽出孙思邈之手，亦难考定，兹不详述。

结　　语

根据上述情况，隋唐五代时期，医学文献的成就，主要有以下几个方面。

1. 病源学专著的问世

在隋代以前，远至《黄帝内经》一书著述的时代，对病因、病机问题，虽有诸多论述，但均系附论于有关篇章中，或其他专著中兼论病源。自隋代吴景贤、巢元方等《诸病源候论》问世，体现了中医学术在病因、病机方面，具有了系统的、全面的认识，在基础理论文献领域，填补了一项空白。其内容不仅学科齐全，而且对病与证等的病因、病机、病候以至于病变类型等各个方面，均具有较为详尽地论述，是对后世影响较大的一本病源学专著。

2. 对经典著作的注释

对于医籍的注释，由来已久，从《内经》中保留的诸多释文来看，或可追溯到先秦时期，而对一部医籍的全文注释，则此前已有三国时吕广注《难经》、南北朝时全元起注《素问》等，迨至隋唐时期，由于学术的不断发展，语言文字的不断变化，在文化领域内，无论是儒家、道家等，除对一批古典著作之某些白文本进行注释外，对过去有注者，亦需进行疏证或重注。因而在隋唐时期，注释之学，亦颇盛行。涉及医学领域，则突出表现为对经文的注释及古籍的释音。

经文注释方面，有杨上善《黄帝内经太素》及《黄帝内经明堂》，王冰注《黄帝内经素问》。上述三书，不仅对文理进行了训释，对医理进行了阐发，而且对原本的篇章结构，也进行了不同程度的调整，是对后世影响较大的注本。

在语音方面，魏晋南北朝时期，汉语语音已演变为中古音，故自魏晋至隋唐，就语音史分期而论，即为中古音时期，此一时期，不仅与汉及汉以前上古音之语音有所不同，即语义方面，随着时代的演进，也发生了某些变化，故自魏晋以降，随着对古籍的注释，并有诸多音释或释音之作。由于隋唐时期存世之古典医籍，大都形成或最终形成于汉代，有些古籍中并含有先秦文献。故其中有些字音或字义，时已难解。故上述三书之训释，均含有若干音释内容。另外，并有过对某一医籍进行音释的专著。如《旧唐志》著录有苏敬撰《本草音》三卷、殷子严撰《本草音义》二卷。《新唐志》著录有王冰(《素问》)《释文》一卷。《宋史·艺文志》著录有杨玄操《素问释音(一作“言”)》一卷。《通志·艺文略》著录有王冰《素问音释》一卷。《日本国见在书目》著录有杨玄操撰《八十一难音义》一卷等。均系对最终成书于汉代之古医籍的释音，并有少数文字的释义。此后，宋、元、明、清诸多注家，亦常仿此例。

3. 官修医书

在隋唐五代时期，医学文献由于得到官方的重视与支持，故有官方组织编写的多种医书。主要有以下几种。

隋代：

《四海类聚方》二千六百卷，《四海类聚单要方》三百卷。此二书均由隋文帝与炀帝朝由官方组织编写。

《诸病源候论》,亦系官方组织巢元方、吴景贤等医官编撰。

唐代:

唐太宗贞观年间,“(甄权)入为少府,奉敕修《明堂》,与承务郎司马德逸、太医令谢季卿、大常丞甄立言等,校定《图经》。”(见《千金翼》卷二十六第一)

唐高宗显庆年间,李勣、苏敬等奉敕编纂《新修本草》等书。

又乾封后,杨上善奉敕撰《黄帝内经太素》及《黄帝内经明堂》。

武则天天授年间,张文仲奉旨集当时名医共撰《疗风气诸方》。

唐玄宗开元十二年,御撰《广济方》颁行天下。

唐德宗贞元十二年,敕撰《广利方》于州府。

五代:

后蜀翰林学士韩保升与诸医工编撰之《蜀重广英公本草》(《蜀本草》),后蜀主孟昶自为序。

以上诸官修医书,对后世均有较大影响。特如《新修本草》,为我国第一部政府颁行之药典,亦为世界第一部药典。《新修本草图经》,则为第一部本草彩色图谱。

4. 本草文献的新发展

该时期在本草文献方面,又有新的发展,除上述诸多官修本草之外,私人撰著之本草文献,具有一定特色者,主要有以下几种:

第一,药物采集类文献,如佚名氏《入林采药法》、《太常采药时月》、《四时采药及合目录》等。皆当为总结历代采集药物之经验,惜诸书皆亡。

第二,药物种植类文献,如《种植药法》,后亦亡佚。

第三,药物异名类文献,如《石药尔雅》;又如《诸药异名》,后亡佚。

第四,外来药物类文献,如《胡本草》。详自汉代与西域诸地相通后,通过外交途径或天竺僧及阿拉伯客商之来华者,引进诸多药物,逐步收入本草文献,然专记外来药物者,则当以此书为始,惜亦亡佚。

第五,地区性药物文献,如《南海药谱》,《证类本草·序例上·补注所引书传》云:“《南海本草》,不著撰人名氏,杂记南方药所产郡县及疗疾之验,颇无伦次,似唐末人所作,凡二卷。”

第六,食药类药物文献,如《食性本草》。详《证类本草·序例上·补注所引书传》云:“《食性本草》,伪唐陪戎副尉剑州医学助教陈士良撰。以古有食医之官,因食养以治百病,故取《神农本经》洎陶隐居、苏恭、孟诜、陈藏器诸药关于饮食者类之,附以己说……。”

以上二书,在宋官修本草中尚有所援引。

从上述诸书可见,隋唐五代时期之本草文献,已分化为若干不同层类,各有专著,后世本草学之专项文献编撰,亦仿此例。

5. 针灸文献的新发展

针灸文献,主要有三方面的成就。

第一,对旧《明堂》的整理研究。由于旧《明堂》沿传已久,流传过程中又多致讹误,归穴体例亦不合实用,故需加以重新整理。如杨上善撰注之《黄帝内经明堂》、甄权所修《明堂》

等，均是在旧《明堂》的基础上整理而成。

第二，经脉腧穴流注系统的进一步完善。如果说在魏晋南北朝时之针灸文献中已有含“流注”之义时，惜书皆亡，具体内容尚难考定。然在隋唐时期之针灸文献，打破旧《明堂》以部区归穴的体例，而采用按经脉流注系统归穴之文献，今存本则尚有杨上善《黄帝内经明堂》残本，在十二经脉之外，别有奇经八脉一卷，内容不详。然据仅存卷一，“手太阴”一经之穴位排列，则为中府、天府、侠白、尺泽、孔最、列缺、经渠、太渊、鱼际、少商。是则说明该书是按《灵枢经·经脉》之经脉走向，依次归穴，故手太阴脉首中府而终少商，而王焘《外台秘要·明堂》，亦本于旧《明堂》及《甲乙经》，其归穴体例，一者按十二经脉归穴，奇经八脉之穴亦归于有关经脉中，一者根据《灵枢经·本输》之经脉流注走向，即皆起于四肢之末端，依次内行，故手太阴经之归穴，起于少商而终于天府。是则说明二书虽皆以经脉归穴，然所本不同，体系自异，形成了两种不同流派。为针灸腧穴系统的形成，开辟了新的思路与方式。其他如王冰注援引之《经脉流注孔穴图经》及《中诰孔穴图经》等，体例不详，据其书名义，亦或按经归穴者。

第三，经脉腧穴图的发展，继魏晋南北朝时期各种腧穴偃侧人图形之后，在隋唐时期诸多经脉图经类文献，已不满足于偃侧人图的要求，相继代之以十二脉图，如《外台·明堂序》云：“比来有经而无图，则不能明脉俞之会合；有图而无经，则不能论百疾之要也。由是观之，书之与图，不可无也。又人形不同，长短异状，图象参差，差之毫厘，则孔穴乖处，不可不详也。今依准《甲乙》正经………共十二经脉，皆以五色作之，奇经八脉，并以绿色标记，诸家并以三人为图，今因十二人而画图人十二身也。”似此等彩绘十二经脉腧穴图，犹针灸图谱文献之一大创举。

6. 医方类文献

隋唐时期医方类文献，书目著录甚多，可详见各朝书目。其具有一定特点者，略举数例。

第一，大型方书的编纂，即上述隋代官修之《四海类聚方》二千六百卷及《四海类聚单要方》三百卷。似此等特大型医方书，是可谓空前之医方巨著。惜因传抄不易，及至唐代已散亡殆尽。

第二，不同剂型方书。医方之剂型，自来有多种，然以剂型为例而编撰医方书者，则始于汉晋，承继于隋唐。如《隋志》著录之《杂汤方》、《散方》、《杂散方》、《疗百病散方》、《杂药酒方》、《百病膏方》等。说明医方之各种剂型方，日渐发展，经验逐步成熟，方剂不断增多，故有此不同剂型医方书问世。

第三，地区性医方书。如《新唐志》著录之《岭南急救方》及《南行方》等，皆为首见南方地区性医方文献。详史书所记，自汉代马援等南征，士卒多染疫疠，且每言南方恒多瘴气。故此类著述，乃地区性医方文献，后世医家亦多注意于地区性医方或地方性疾病治疗经验的总结。

7. 专科与专病类文献

隋唐时期在诸多前朝既有学科的文献建设方面，亦十分可观，但仍以各种方书的编纂为主要内容，并且有几种新的学科文献问世，特举如下例。

第一，口齿类文献。如《口齿论》、《排玉集》等，为论口齿病之专著，详《病源》卷二十九“齿病候”有二十一论；《外台》卷二十二齿病类凡二十二题，援引多家治齿病方。说明隋唐时期，对齿病的认识与治疗，已达相当水平。此二书特齿病之专著也。

第二，传尸、骨蒸病文献。如《玄感传尸方》、《骨蒸病灸方》等，详"骨蒸"之病，在《病源》中属于"虚劳"，且该书卷三、卷四两卷列虚劳诸候凡三十九论。是知隋唐间人对此病已有深刻的认识，且有众多此类文献。《玄感传尸方》早亡，今《外台》卷十三"传尸方四首"，收苏游论六则，即出于此书。其论有云"先内传毒气，周遍五脏"及"死讫复易家亲一人"等，已初步认识到此病之互相染易，崔氏《骨蒸病灸方》亦佚，今《外台》卷十三"灸骨蒸法图四首"注云："崔氏别录灸骨蒸方图并序，中书侍郎崔知悌撰，"盖此云当与《骨蒸病灸法》为同书。今《外台》引文，可见其一斑。详此二书，为今见治劳专著之著录者。

第三，瘰疬病文献。《隋志》著录有赵婆《疗漯方》一卷。按漯，"瘰"之假借字，瘰疬之病，早在《内经》中已有记载，《病源》及《外台》均有较多论述。作为专著文献，此为首见。

第四，消渴病文献。如《隋志》著录谢南郡《疗消渴众方》一卷。消渴之病，自《内经》始，历来论述较多，《病源》卷五凡八论，《外台》卷十一列十八题，收多家治消渴方。作为专著文献，则首见于此书。

第五，医史文献。如甘伯宗《名医传》。详医史文献，古皆散见于文史及医籍中，唯《名医传》一书，始有医史之专著。然此书所记，亦传记体，不含其他内容。

第六，法医性文献。五代时和凝曾撰有《疑狱集》一卷，并经其子和㠓增订。该书乃汇集汉以后之离奇疑案，其中涉及诸多法医知识，为法医专著之滥觞，亦对宋代法医学著作的问世有所启迪。

其他各类及各科医籍，隋唐五代时代，均有新的文献问世，学术上亦有新的进展，兹不详述。

8. 出土医学文献

近代出土医学文献，截至目前，尚无超过敦煌者。在以敦煌为主的西北地区出土隋唐五代时期写卷子本医书，种类多，历史跨度大，已如前述。这一部分卷子本，在学术、医史、文字、考证、文献、文物等方面，均有十分重要的学术价值，是一份宝贵的医学文献遗产。

9. 医学教育方面的文献

唐代的医学教育，在前朝的基础上，已形成了一整套教育制度。其教育规格，"考试登用如国子监之法"，乃属医学高等教育；专业设置，医科计有体疗、疮肿、少小、耳目口齿、角法等；学制则各科不等。教材以医学古典著作如《素问》、《针经》、《甲乙经》、《本草经》、《脉经》等为主。初步建立了以古典医籍为教材的模式。为后来的医学教育打下了基础，确立了医学经典著作在医学教育中的地位。药科，除授课外，并特设药园，供学生实习。这种理论与实际相结合的方式，具备特有的先进性与实用性。

10. 儒、道、释三教对医学的影响

由于唐代对儒、道、释三教，虽有主次之别，但均为我用的态度，在医学文献中亦必然地受到一定的影响，并有所反映。今就其最有代表性者，略举数端。

孙思邈《千金方·大医习业》一文提出，凡欲为大医，除规定读诸医学古籍及近代诸名家之著作外，"又须妙解阴阳禄命，诸家相法及灼龟五兆，《周易》六壬，并须精熟，乃得为大医……又须涉猎群书，何者？若不读五经，不知有仁义之道；不读三史，不知有古今之事；不读诸子，睹事则不能默而识之；不读《内经》，则不知有慈悲喜舍之德；不读《庄》、《老》，不能任真体运。则吉凶拘忌，触涂而生，至于五行休王，七耀天文，并须探赜。若能具而学之，则于医道，无所凝滞，尽善尽美矣。”按孙思邈设计的这种大医模式，其医学内容，固可为法，而其他方面，则无异于儒道、百家及星相占卜之大杂烩，诸如孙氏所举诸家，作为知识的一个侧面，知之则可，若依之以断吉凶则不可，若以大医所必备则非是。此亦正反映当时的某些社会思潮对医学的影响。

由秦汉兴起至魏晋南北朝盛行之长生不老术的服石之风，在魏晋南北朝时期，主要由道教者流传加以推行，在医学文献中亦颇具地位。在隋唐时期，道教在这方面对医学的影响，仍在继续。故在《病源》、《千金》、《千金翼》及《外台秘要》中，仍收录有诸如服石、咒禁、符录、杂忌等方面内容，亦足以反映一定的社会背景与思想基础。

术数对医学的影响，由来已久，早在先秦两汉时期，即有文可证，如《灵枢》之“通天”及“阴阳二十五人”等，均具有术数学的思想内涵。又如近些年出土之马王堆汉墓医书中之“禹藏埋胞图”及睡虎地秦简之“人字图”，以时间及方位埋胞而决定婴儿之生长发育情况等内容，亦具有术数学思想。《隋志》五行类著录之胎产诸书（详见本节第一），其书早亡，内容亦不详。若就其书名与归属类例而论，不难看出，其中虽或具有某些医学方面之内容，但更重要的是反映术数及道教的某些学术思想。

在该时期医学文献中反映释、道及术数者，尚不乏其例，不再烦举。

以上为隋唐五代时期医学文献基本情况之概述。

第六节 宋金元医学文献

宋金元时期，在历史上亦为多事之秋。五代十国，历经五十余年的分裂割据局面，加以战乱频繁，经济衰退，文化科技事业的发展，亦有所减缓，经赵匡胤发动陈桥兵变，定鼎中原，建都于汴京，历太祖、太宗两代征战，仅统一了五代十国所据境地。而在唐代统一了的北方与西方的大片地区，仍处于分割局面，特别是居于北方的辽国与西北地区的西夏，对宋朝的威胁尤大。终于由后来在北方崛起的女真族建立起了金国，灭辽之后，北宋亦亡，高宗赵构仅据江淮及江南地区，建立南宋，形成了南宋与金对峙的局面。于宋金对峙之际北方蒙古族，迅速壮大，灭金之后，并征服了欧亚广大地区，最后，以武力颠覆了南宋，建立了横跨欧亚广大地区的大元帝国。

北宋统治时期，虽对外由于军力不强，民族矛盾日趋严重；而对内则对农业的政策有所让步，阶级矛盾，有所缓和，经济文化有所发展。特别是继唐与五代雕版印书之后，且由于活字印刷术的发明，使印刷事业大加繁荣，为图书文献的兴旺提供了十分有利的条件。加之宋代几届帝王对医学的爱好，加强了对医学文献的整理研究。宋代统治者崇尚道教，儒家盛行理学，凡此对医学文献，均有不同程度的影响。

在宋金元时期，特别是南宋以后，由于战争频仍，人民负担沉重，疾病流行较多，加之战伤救治等多方面因素，也带动了医学的发展。

总之，宋金元时期，在继承前代成就的基础上，医学文献仍有较大发展，并形成一些不同的流派。

一、书目著录医学文献

宋代官、私编纂书目较多，虽有所亡佚，然今存世及后人辑佚本，尚有数种，著录医书，为数亦多，主要有以下几种：

(1)《宋史·艺文志》卷二百零七子类医书类，著录医书五百零九部，三千三百二十七卷。又子类道家类，尚有养生、丹术、导引、按摩、服食、黄庭、药物等与医学相关之文献若干种。

(2)《崇文总目》，宋仁宗景祐元年，诏翰林学士王尧臣、史馆检讨王洙，馆阁校勘欧阳修等校正条目，讨论撰次。定著书目三千四百四十五部，三千六百六十九卷，分类编录，总成六十六卷，经八年时间，于庆历元年进上。赐名《崇文总目》，该书经靖康之难，散亡殆尽。今存有清人钱东垣辑佚本，计辑录中医书目三百种。

(3)《遂初堂书目》，南宋·尤袤撰。袤，南宋绍兴十八年进士，官至礼部尚书，为孝宗淳熙名臣，家中藏书甚富，喜抄书，子弟及读女皆从之。尤喜读书，尝谓李太史焘云："饥读之以当肉，寒读之以当裘，孤寂读之以当友朋，幽忧读之以当金石琴瑟也"。此书目，即其家藏簿录也。其中医书类共著录五十四种。又道家类著录有道教医书如《石药尔雅》、《炉术本草》、《灵芝记》等数种。

(4)《郡斋读书志》，南宋·晁公武撰，公武，高宗绍兴间进士，官至傅文阁直学士，其家以翰墨为业者七世，故家世多书，后因遭火厄及战乱，荡然无存，后与南阳藏书家井度友善，尽得其所赠，合其旧藏，计得二万四千五百卷有奇，经"以朱雠校舛误终篇，辄撮其大旨论之"，撰为是目，其中医书类计著录五十一种。

(5)《直斋书录解题》，南宋·陈振孙撰。振孙，南宋理宗朝人也。据宋末周密《齐东野语》云："近年惟直斋陈氏书最多，盖尝仕于莆，传录夹漈郑氏、方氏、林氏、吴氏旧书，至五万一千一百八十余卷。且仿《读书志》作《解题》，极其精详。"该书后已亡，今存本乃清纂修《四库全书》时，从《永乐大典》中辑出，医书类计著录八十七种。

(6)《通志·艺文略》，南宋·郑樵撰。樵，高宗时，曾由右迪功郎，累官至枢密院编修官，好为考据伦类之学，著述甚丰，尤以《通志》为最著，其"艺文略·医方类"著录医书六百六十二种。又"道家类"吐纳、胎息、内视、导引、辟谷、内丹、外丹、金石药、服饵、房中、修养等门，著录道教医书五百六十种。

按《通志·艺文略》著录诸书，乃据历代文献著录，汇集而成，非宋代现存之书。其余书目之著录皆宋代见存医籍。

上述诸书著录书目，大致有三种情况：①宋之前历朝见存书目；②本朝新撰书目；③撰人缺如或撰人年代不详之书目。此中有一部分当是宋代佚名氏之作，另有一部分虽不见于唐及唐以前著录者，亦或为前朝遗著。故著录诸多书目，亦难以判断为宋人新撰之准确数字。

又日本冈西为人氏撰《宋以前医籍考》著录诸书，仅就其注明或确系宋、辽、金人撰注者，《内经》类有宋·高若讷《素问误文阙义》、宋·骆龙吉《内经拾遗》、金·刘完素《素问病机气宜保命集》及《素问玄机原病式》等八种；运气类有宋·赵从古《六甲天元运气钤》、宋·刘温舒《运气全书》二种；《难经》类有宋·丁德用《补注难经》、宋·杨康侯《注解难经》、金·纪天锡《集注难经》等十八种；《脉经》类有宋·刘元宾《通真子补注王叔和脉诀》、宋·崔嘉彦《崔紫虚脉诀秘旨》、辽·耶律庶成《方脉书》、金·张璧《云岐子脉法》等三十三种；针灸类有宋·王惟一《铜人腧穴针灸图经》、宋·王执中《针灸资生经》、辽·直鲁古《针灸脉诀书》、金·何若愚《流注指微赋》等二十八种;幼科类有宋·钱汶《小儿论》、宋·杨大邺《婴儿论》、宋·钱乙《钱氏小儿方》、宋·刘昉《幼幼新书》、金·刘完素《保童秘要》等三十三种;外科类有宋·邢元朴《痈疽论》、宋·陈自明《外科精义》等十二种;眼科类有宋·刘皓《论眼准的歌》及《疗小儿眼论》二种;养生类有宋·赵士纡《元籥卫生》、宋·初虞世《尊生要诀》、宋·陈直《奉亲养老书》等十六种;月令类有宋·姜蜕《养生月录》、宋·周守忠《养生月览》二种;医史医制类有《太医局程文》及《医经目录》二种;仲景方论类有宋·陈昌允《百中伤寒论》、宋·韩祗和《伤寒微旨论》、宋·庞安时《伤寒总病论》、金·成无己《注解伤寒论》等七十一种;经方类有宋·王怀隐等《太平圣惠方》、《太平惠民和剂局方》、宋·许叔微《普济本事方》、金·张元素《洁古家珍》、金·刘完素《灵秘十八方》、金·张从正《儒门事亲》、金·李杲《内外伤辨惑论》等一百六十种;本草类有宋·刘翰《开宝新详定本草》、宋·掌禹锡《嘉祐补注神农本草》、宋·唐慎微《经史证类备急备用本草》、宋·寇宗奭《本草衍义》、金·张元素《洁古珍珠囊》、金·李杲《用药法象》等四十二种;食经类有宋·曹子体《续法馔》、宋·娄居中《食治通说》等十一种。以上诸类计有四百四十种,详此一数据,仅能反映宋金时期见于书目著录之主要医著,若加之未详明撰人,别书援引书目,方志书目等恐尚有若干种。

元代正史无艺文志,元代亦未见有书目,清人有诸家补辽金元等志者,特以钱大昕撰《补元史艺文志》最详,其"医书"收元代七十二家,一百四十种,亦足可反映元代新撰医书之基本情况。

二、官修医学文献

宋金元时期,唯北宋由于皇帝的爱好与重视,故官修医书较多,南宋时,处于偏安之势,国力日衰,已难以顾及。金元时期,少数民族入主中原,虽不得不利用汉文化,但因勤于征战及镇压汉人的反抗,故亦无力于此。

宋官修医书有以下几种:

(一) 本草类

1.《开宝新详定本草》

据《嘉祐本草》所引书传云:"《开宝新详定本草》:开宝六年,诏尚药奉御刘翰,道士马志、翰林医官翟煦、张素、吴复圭、王光祐、陈昭遇、安自良等九人,详校诸本,仍取陈藏器《拾遗》诸书相参,颇有刊正别名及增益品目,马志为之注解,仍命左司员外郎知制诰扈蒙、翰林学士卢多逊等校定,凡二十卷,御制序,镂版于国子监。"

详开宝六年,宋太祖赵匡胤立国第十四年,此宋朝首次官修本草。

2.《开宝重定本草》

据《嘉祐本草》所引书传云:"《开宝重定本草》:开宝七年,诏以新定本草所释,药类或有未允,又命刘翰、马志等重详定,颇有增损,仍命翰林学士李昉、知制诰王祐、扈蒙等重看详,凡《神农》所说，以白字别之，《名医》所传，即以墨字，并目录共二十一卷。”

又《宋史·刘翰传》：“尝被诏详定《唐本草》，翰与道士马志、医官翟煦、张素、吴珪、王光祐、陈昭遇同议，凡《神农本经》三百六十种，《名医录》一百八十二种，唐本先附一百一十四种，有名无用一百九十四种，翰等又参定新附一百三十三种。既成，诏翰林学士中书舍人李昉、户部员外郎知制诰王祐、左司员外郎知制诰扈蒙详覆毕，上之。”

又据《证类本草·序例》载“开宝重定序”，说明此次重定本，亦是在唐《新修本草》的基础上，“尽考传误，刊为定本；类例非允，从而革焉”；今有全异者，“特立新条”；“证谬误而辨之者，署为今注，考文记而述之者，又为今按”；“新旧药合九百八十三种”。是知《开宝重定本草》，已较《新修本草》，不仅药物增多，而且在分类方面有所改进，其谬误者，亦有所刊正。

3.《嘉祐补注神农本草》

《通志·艺文略》著录为《嘉祐补注本草》，《直斋书录解题》及《宋史·艺文志》著录为《补注本草》，《郡斋读书志》著录为《补注神农本草》，皆指此书。

《重修政和经史证类备用本草·序例》载“嘉祐补注总叙”，首叙此前历代及本朝对本草之整理概况，既云：“嘉祐二年八月有诏，臣禹锡、臣亿、臣颂、臣洞等，再加校正，臣等亦既被命，遂更研核，窃谓前世医工原诊，用药随效辄记，遂至增多，概见诸书，浩博难究，虽屡加删定，而去取非一，或《本经》已载而所述粗略，或俚俗尝用而大医未闻。向非因事详著，则遗散多矣。乃请因其疏捂，更为补注，应诸家医书药谱，所载物品功用，并从采掇。惟名近迂僻，类乎怪诞，则所不取，自余经史百家，虽非方饵之急，其间或有参说药验，较然可据者，亦兼收载，务从该洽，以副诏意……新定旧药九百八十三种，新补八十二种，附于注者不预定焉，新定一十七种。总新旧一千八十二条，皆随类粗释。”

全书共收新旧药合一千零八十三种，计：“三百六十种《神农本经》，一百八十二种《名医别录》，一百一十四种《唐本》先附，一百三十三种今附，一百九十四种有名未用，八十二种新补，十七种新定。”

总叙中又列凡例十五条，详述本次整理时对有关内容的处理原则。

详《嘉祐补注本草》，较之此前诸本草，不仅有很大发展与改进，而且其采掇“经史百家”有关内容，为此后编修本草，首辟新径。其编纂方法之发凡起例，亦为后世所效仿。

4.《本草图经》

据《证类本草·序例》载嘉祐六年九月苏颂《本草图经序》云：“先是诏儒臣重校《神农本草》等凡八书……既而《补注本草》成书奏御。又诏天下郡县，上所产药本，用永徽故事，重命编述。臣禹锡以谓考正群书资众见，则其功易就；论著文字出异手，则其体不一。今天下所上，绘事千名，其解说物类，皆据世医之所闻见，事有详略，言多鄙俚，向非专一整比，缘饰以文，则前后不伦，披寻难晓。乃以臣颂向尝刻意此事，于是建言奏请，俾专撰述，臣颂既被旨，则裒集众说，类聚诠次，粗有条目……总二十卷，目录一卷。”此序对《本草图经》一书编写之原委，尽予说明。特别指明“用永徽故事，重命编述。”详“永徽故事”，指唐高宗永徽年间，编写《本草图经》（后世称《新修本草图经》）之故事也。足见此举，实受唐代之影响与启迪。

又《本草纲目·序例·历代诸家本草》：“（《图经本草》）考证详明，颇有发挥。但图与说异，两不相应，或有图无说，或有物失图，或说是图非。如江州菝葜乃仙遗粮，滁州青木香乃兜铃根，俱混列图；棠球子即赤爪木，天花粉即栝楼根，乃重出条之类。亦其小小疏漏耳。”此则说明《图经本草》明代尚存，李时珍亦亲见，故有此详述。总之，《图经本草》为继唐本之后，又一本草图谱文献也。

后于哲宗元祐年间，有阆中陈承者，“尝患(《补注本草》与《本草图经》)二书传者不博，而学者不兼有也，乃合为一。又附以古今论说，与己所见闻，列为二十三卷，名曰《重广补注神农本草并图经》，书著其说，图见其形，一启帙而两得之。”又《本草纲目·序例·本草别说》云：“宋哲宗元祐中，阆中医士陈承合二书为一，间缀数语，谓之别说，高宗绍兴末，命医工高继先等校正本草，亦有所附，皆浅俚无高论。”按陈承合二书为一之作，于读者极为便利，后之《大观本草》及《政类本草》，皆文图一书，或影响及之。

5.《本草衍义》

宋徽宗时寇宗奭编撰。其自序有云：“本草二部，其间撰注之人，或执用己私，失于商较，致使学者检据之间，不得无惑，今则并考诸家之说，参之实事，有未尽厥理者，衍之以臻其理(如东壁土、倒流水、冬灰之类)；隐避不断者，伸之以见其情(如水自菊下过而水香，鼹鼠溺精坠地而生子)；文简脱误者，证之以明其义(如玉泉、石蜜之类)；讳避而易名者，原之以存其名(如山药避本朝讳及唐避代宗讳)。使是非归一，治疗有源，检用之际，晓然无惑，是以搜求访缉者十有余年，采拾众善，诊疗疾苦，合和收蓄之功，率皆周尽……今则编次成书，谨依二经类例，分门条析，仍衍序例为三卷……依旧作二十卷，及目录一卷，名之曰《本草衍义》。”

又据政和六年十二月二十八日太医学劄付，知寇氏时任承直郎澧州司户曹事，曾将该书申尚书省，受纳后，批送太医学，经看详后，认为“意义可采，并是诣实申闻事”，并有旨“特与转一官，依条施行，添差充收买药材所办药材。”

根据此一情况，此书虽寇氏自撰，然经太医学看详首肯，并有旨转官，则亦可为私撰官审之书。

又《郡斋读书志》及《文献通考》著录，均作《本草广义》。详柯逢时跋文有云：“《文献通考》、《郡斋读书志》均作‘广义’，疑宣和所刊，当名《广义》，迨庆元时，避宁宗讳，乃改广为衍。观于序例上云，衍摭余义，文似不属，可为改广为衍之证，篇中屡见广字，当如《大观》之屡见慎字，殆勘落未尽。然《通志略》及《书录解题》并作《衍义》，或后人追改未可知也。”按此说当是。

由于此书对医界影响较大，故后世有将其并入《政类本草》中者，详见此下《政类本草》。

6.《政和新修经史政类备用本草》

据该书政和六年九月一日医学提举曹孝忠序云：“蜀人唐慎微，近以医术称，因本草旧经，衍以《政类》，医方之外，旁摭经史，至仙道经书，下逮百家之说，兼收并录。其义明，其理博，览之者可以洞达。臣因侍燕间，亲奉玉音，以为此书，实可垂济，乃诏节使臣杨戬总工刊写，又命臣校正而润色之……谨奉明诏，钦帅官联，朝夕讲究，删繁缉紊，务底厥理。诸有援引误谬，则断之以经传；字画鄙俚，则正以字说；余或讹戾殽互，缮录之不当者，又复随笔刊正。无虑数千，遂完然为成。书凡六十余万言，请目以《政和新修经史政类备用本草》云。”

此序对新修原唐慎微《政类本草》之原委及修定之内容等，均已说明。唐慎微原书今早佚,今存宋徽宗大观刊时有艾晟序云:"……本朝开宝、嘉祐之间,尝诏儒臣,论撰收拾采摭,至于前人之所弃,与夫有名而未用,已用而未载者,悉取而著于篇,其药之增多,遂至千有余种,庶乎无遗也。而世之医师方家,下至田父里妪,犹时有以单方异品,效见奇绝,而前书不载,世未知者,类盖非一。故慎微因其见闻之所逮,博采而备载之,于《本草图经》之外,又得药数百种,盖以诸家方书,与夫经子传记佛书道藏,凡该明乎物品功用者,各附于本药之左。其为书三十有一卷,目录一卷,六十余万言,名曰《经史证类备急本草》。"观此序,艾晟所见,当存唐书旧貌,且对唐书之内容及与旧本草之差异,亦有所概述。实则《经史政类备急本草》,是在《嘉祐本草》及《本草图经》的基础上加以修订而成。又详《嘉祐本草》采摭内容,已及于"经史百家",唐氏所撰,特仿此例,尤为广泛。故较《嘉祐本草》等,内容更为丰富。

唐慎微氏,艾晟序云:"不知何许人"。详《证类本草》书末附金熙宗皇统三年(当南宋高宗十七年)"翰林学士宇文公书《证类本草》后"。云:"唐慎微,字审元,成都华阳人,貌寝陋,举措语言朴讷,而中极明敏,其治病百不失一,语证候不过数言,再问之辄怒不应。其于人,不以贵贱,有所召必往,寒暑雨雪不避也。其为士人疗病,不取一钱,但以名方秘录为请。以此,士人尤喜之,每于经史诸书中得一药名、一方论,必录以告,遂集为此书。尚书左丞蒲公传正,俗以执政,恩例奏与一官,拒而不受,其二子五十一、五十四(偶忘其名)及婿张宗说字岩老,皆传其艺,为成都名医。"此下尤云元祐间,慎微曾为其先人治病事。然则慎微修撰此书,亦当哲宗朝事。

由于唐慎微书原本及曹孝忠新修本原书,均未能流传后世,今之所传,皆经后人修定本。详诸刊本,有《经史证类大观本草》及《重修政和经史证类备用本草》,此二种系统之传本,其基本内容虽大致相同,然其间亦颇多差异,近代中日学者,均有详考,兹不烦举。又现存张存惠晦明轩刊《重修政和经史证类备用本草》卷首有木记云:"此书世行久矣,诸家因革不同,今取《证类》本尤善者为窠模,增以寇氏《衍义》,别本中方论多者,悉为补入。又有《本经》、《别录》先附分条之类,其数旧多差互,今亦考证,凡药有异名者,取其俗称,注之目录各条下,俾读者易识,如蚤休云紫河车,假苏云荆芥之类是也;图象失真者,据所尝见,皆更写之,如竹分淡、苦、堇三种,食盐著古今二法之类是也;字画谬误,殊关利害,如升斗、疸疽、上下、千十、未末之类,无虑千数,或证以别本,质以诸书,悉为厘正,疑者阙之,敬俟来哲。仍广其脊行,以便缀缉,庶历久不坏。其间致力极意,诸所营制,难以俱载,不敢一毫苟简。与旧本颇异,故目之曰《重修》。天下贤士夫以旧鉴新自知矣。泰和甲子下己酉冬日南至晦明轩记。"

详此木记,较一般木记尤为重要,实则为此次重修本之序言。主要说明以下几点:①当时所见《政类本草》有多种刊本,此次选用之底本,为其中尤善者。②将寇宗奭《本草衍义》一书,合入其中。③对内容有所考证与校勘。④对文字特别是误文加以改正。⑤时间在泰和下甲子己酉冬。由于时间有"泰和"二字,故有《四库全书总目》等,则以为金章宗年间刊本,然后人已指其误,如杨守敬《日本访书志补》有云:"铸竹汀、程易畴考为元定宗后称制之年,距金亡已有十六年,其说至确,《提要》以为金泰定刻本,误矣。"又近人余嘉锡《四库提要辨证》云:"案张存惠字魏卿,精于星历之学,州里以好学见称,见元好问《遗山文集》卷三十六'集诸家通鉴节要序'。题记云:泰和甲子下己酉冬,实元定宗后称制之年,距金亡已有十六载矣。而存惠犹以泰和甲子下统之,隐寓不忘故国之思。或以为金泰和之刻,则误矣。"今皆从此说。

7.《绍兴校定经史证类备急本草》

《直斋书录解题》著录:“《绍兴校定本草》二十二卷:医官王继先等奉诏撰,绍兴二十九年上之,刻板修内司,每药为数语辨说,浅俚无高论。”又《玉海》卷六十三云:“绍兴二十七年八月十五日王继先上《校定大观证类本草》三十二卷,释音一卷,诏省修润,付胄监(按即国子监)镂板行之。”

按上二书所言时间、卷数不一。又详《宋以前医籍考》引春阳堂本高绍功、柴源、张存直、王继先绍兴二十九年二月进表序云:“……本草之书,经注异同,治说讹谬,于是举祖宗开宝、嘉祐之故事,诏臣等俾加校定,仰以见圣人仁德之至也。今敢不研精覃思,博采方术,参校诸家,别其同异。若夫物性,寒热补泻,有毒无毒;或理之倒置,义之相反者。辨其指归,务以至当。形象本旧绘画,以大纲取识,则不敢臆说,执以有据。考名方五百余首,证舛错八千余字。而使用之者不惑,施之者必验。”

据此序,其时间当以绍兴二十九年为是,其卷数,以《政和新修经史证类备用本草》原自三十卷有余,故《解题》作“二十二卷”者,疑误。详此次校定,唯对《政类本草》中某些讹误处加以改正。或以为欠妥处有所改动,对原书并无大的变动,故《解题》云“每药为数语辨说,浅俚无高论”。盖缘于此。又据《宋史·王继先传》,言其奸黠善佞,建炎初,以医得幸,其后渐贵宠,“其权势与秦桧埒,桧使其夫人诣之,叙拜兄弟,表里引援,迁昭庆军承宣使。又欲得节钺使,其徒张孝直等,校本草以献,给事中杨椿沮之,计不行。”或指此事。若然,则继先之校定本草,亦特仕进之阶梯也。非学问之道,故《解题》嘲之。

详宋代官修本草,自宋太祖开宝六年始,至南宋高宗时,已有七次之多。若不计寇宗奭《本草衍义》与王继先《绍兴校定经史证类备急本草》二书,由官方正式组织修定者,亦有五次,成就极为突出,较之唐《新修本草》,不仅药物已增至一千七百四十六种,其内容则既保留了《本经》及《别录》之旧文,又增补丁后世医家及经史百家诸多新说,且改正了前书中的某些讹误之处,可谓集宋及其前本草之大成。

(二) 医方类

1.《太平圣惠方》

此书宋代书目如《崇文总目》、《中兴馆阁书目辑考》、《通志·艺文略》、《宋史·艺文志》等均有著录。《崇文总目》及《宋志》均作王怀德,余均作王怀隐。

《玉海》卷六十三:“《太平圣惠方》,太宗留意医术,自潜邸得妙方千余首,太平兴国三年,诏医官院献经验方合万余首,集为《太平圣惠方》百卷,凡千六百七十门,万六千八百三十四首,并序论、总目录。每部以隋·巢元方《病源候论》冠其首。凡诸论证品药功效悉载之(目录一卷),御制序。淳化三年二月癸未赐宰相李昉、参政黄中沆、枢臣仲舒准(内出五部赐),五月己亥,颁天下诸州,置医博士掌之(书目首卷,兴国中王怀隐等承诏撰。庆历四年正月,赐德顺军)。”

《太平圣惠方·御制序》:“……朕昔自潜底,求集名方,异术玄针,皆得其要,兼收得名方千余首,无非亲验,并有准绳。贵在救民,去除疾苦。并编于翰林医官院,各取到经手家传应效药方,合万余道,令尚药奉御王怀隐等四人,校勘编类。凡诸论证,并该其中,品药功效,悉载其内。凡候疾之深浅，先辨虚实，次察表里，然后依方用药，则无不愈也……今勒编成一百卷，命曰《太平圣惠方》，仍令雕刻印版，徧施华夷。凡尔生灵，宜知朕意。”

《宋史·王怀隐传》：“王怀隐，宋州睢阳人。初为道士，住京城建隆观，善医诊。太宗尹京，怀隐以汤剂祇事。太平兴国初，诏归俗，命为尚药奉御，三迁至翰林医官使。三年，吴越遣子惟浚入朝，惟浚被疾，诏怀隐视之。初，太宗在藩邸，暇日多留意医术，藏名方千余首，皆尝有验者。至是，诏翰林医官院各具家传经验方以献，又万余首，命怀隐与副使王祐、郑奇、医官陈昭遇参对类编。每部以隋太医令巢元方《病源候论》冠其首，而方药次之成一百卷，赐名曰《太平圣惠方》，仍令镂板颁行天下，诸州各置医博士掌之。怀隐后数年卒。”

从以上诸文看，该书原系宋太宗赵光义登位前所集医验方及登位后诏命翰林医官院诸医官所献家传经验方，由王怀隐、王祐、郑奇、陈昭遇四人加以编纂，约自太平兴国初始，至淳化年间最后完成。

王怀隐之有作王怀德者，当是王具二名，亦犹王惟一犹作王惟德。亦或怀隐归俗前与归俗后名有不同也。

《太平圣惠方》全书共一百卷。卷一、卷二为诸论，卷三至卷三十七为各科病证，卷三十八为服乳石，卷三十九为解毒，卷四十至卷九十三为各科病证，卷九十四为神仙方，卷九十五为丹药，卷九十六与卷九十七为食治，卷九十八为补益方，卷九十九为针经，卷一百为明堂。

该书虽说为宋太宗“求集名方”及翰林医官所献“家传应效药方”，然详检书中内容，多有采摭别书或医官之家藏旧籍，今举例如下。

卷一“辨九候法”，为《素问·三部九候论》自篇首至“中部之候相减者死”一节文。

卷二“论处方法”自“夫疗寒以热药”至“当识斯要矣”一节，为《千金方》卷一处方第五文。

又“分三品药及反恶”，自起首至“米中部”诸文，为《千金方》卷一用药第六文。

卷三至卷九十一中诸“病源”文，多采自《诸病源候论》。

卷八伤寒门，当系宋以前《伤寒论》别传本之一。其体例与后来林亿等校定《伤寒论》及《金匮玉函经》均不同，对探讨宋以前《伤寒论》传本有重要意义。

卷三十八服乳石，其内容与《千金翼方》卷二十二飞錬多有相同处，如所谓“服乳石有五乖七急八不可三无碍法”，《千金翼》有“所谓六反七急八不可三无碍”等。

卷九十四神仙方，卷端序文有云“今所纂集诸方，邈考前经，旁征故典……将候秘藏，庶存编次云尔”，则此一内容，疑系采用原有旧籍，如“神仙诸名方”中有“毒四童散，是茅君小茅保命君所服方”。详茅君者，传说汉代在句容句曲山修道的茅氏兄弟。《南史·陶弘景传》有云“昔汉有三茅君得道来掌此山，故谓之茅山”。是皆出于黄冠之手。疑惟一为道士间所藏旧籍。

卷九十五丹药，卷端有序，载诸金丹及药酒方。此亦或系道教医方之旧籍。

卷九十六与卷九十七为食治。卷端有“论”一首，与别卷“序”义同，文中有“黄帝曰”云云，不见于《内经》，皆后人依托之文，亦疑为黄冠旧籍。

卷九十八补益方，卷端有序，文中特重精气神于养生之要，是亦出自道家。

卷九十九针经，卷端有序，文中“具列十二人形共计二百九十穴”，此十二人形图，唐王冰《外台秘要·明堂》始言及，又文中有引《甲乙经》、《小品》及《甄权针经》等，亦或中唐以后至五代时人所作之旧籍。

卷一百明堂，卷端有序云："……今则采其精粹，去彼繁芜……并集《小儿明堂》，编录于次。"是此专为治小儿者用。书中"具列四十五人形"图，亦别书所不载者。文中有引《岐伯明堂经》、《孙思邈明堂经》、《秦承祖明堂》、《华佗明堂》、《千金》、杨玄操、张文仲等。亦或出自中唐以后至五代时人之手笔。

总之，《太平圣惠方》一书，亦属综合型类书性医方书，其中保存有诸多后皆亡佚之古医籍文献资料。唯援引诸家，未标明书名及卷第，故不若唐王焘《外台秘要》之引人注目。

由于该书主编王怀隐，原为道士，故书中援引道教医学文献颇多；同时亦反映宋代王家受道教思想之影响较深，亦属自然。

此书自颁行后，又有简略本与删节本等衍化本。

《通志·艺文略》著录有《圣惠选方》六十卷。据蔡襄后序云："余治州之明年，议录旧所赐书，以示于众，郡人何希彭者，通方技之学，凡《圣惠方》有异域瓌奇，怪诞难致之物，及金石草木，得不死之篇，一皆置之。酌其便于民用者，得方六千九十六。希彭谨自守，为乡里所信。因取其本，誊载于版，列牙门之左右。"是则此本为何希彭选，由蔡襄推广其用。

《通志·艺文略》著录又有《太平圣惠单方》十五卷、《圣惠经用方》一卷，皆节选本。

2.《神医普救方》

《崇文总目辑释》著录有《神医普救》一千卷，贾黄中等撰。

《通志·艺文略·医方类》著录有《神医普救方》一千卷，宋朝翰林学士贾黄中等撰。

《玉海》卷六十三："《雍熙神医普救方》，太平兴国六年十月丙戌，诏贾黄中等于崇文院编录医书，雍熙三年十月纂成千卷，目录十卷，名《神医普救方》，御制序。"是知此书亦为贾黄中等奉诏官修，由宋太宗太平兴国六年起，至太宗雍熙三年完成，历时六年。

贾黄中，《宋史》有传，"太宗即位，迁礼部员外郎，太平兴国二年，知升州……五年，召归阙。"是则黄中于归阙之翌年，奉诏领编此书。

《宋史·李昉传》附其子宗讷传云："太平兴国初，诏贾黄中集《神医普救方》，宗讷暨刘锡、吴淑、吕文仲、杜镐、舒雅皆预焉。"详宗讷亦为仕宦，非为医者，盖亦佐贾黄中领编此书。

此书为继隋《四海类聚方》后，又一官修特大型类书性医方书。惜因卷帙浩繁，亦未能传世，故内容不详。谅亦广集古籍诸医方书类编而成。

3.《庆历善救方》

《通志·艺文略》著录有《庆历善救方》一卷。

《秘书省续编到四库缺书目》著录有《善救方》一卷。

《玉海》卷六十三《庆历善救方》："庆历八年癸酉，以南方病毒者乏方药，为颁《善救方》，又尝出通天犀，命太医和药赐疫者。"

《宋史·仁宗本纪》："庆历八年二月癸酉，颁《庆历善救方》。"

《文献通考·经籍考·医家》："《庆历善救方》一卷，两朝艺文志，诏以福州奏狱医林士元药下蛊毒，人以获全，录其方，令国医类聚附益，八年颁行。"

《临川文集》王安石该书后序云："……至于蛮夷荒忽不救之病，皆思有以救而存之，而臣等虽贱，实受命治民，不推陛下之恩泽，而致之民，则恐得罪于天下，而无所辞诛。谨以刻石，树之县门外左，令观赴者自得，而不求有司云。"

按该书早佚,详上文所记曰“南方病毒者”,“和药赐疫者”,“药下蛊毒”,“蛮夷荒忽不救之病”等,是知该书专为治南方地方性传染性疾病而颁。原在林士元医方的基础上,由医官类聚附益而成。此仁宗庆历年间事,以奉诏而行,故亦属官修医方书。

4.《简要济众方》

《宋史·艺文志》著录有周应《简要济众方》五卷。

《通志·艺文略》著录有《简要济众方》五卷,周应等撰。

《玉海》卷六十三《皇祐简要济众方》:“皇祐三年,集《简要济众方》五卷颁行。标脉证,叙病源,去诸家之浮冗。”又云:“《皇祐简要济众方》(一云《广济》)五卷,(皇祐中)仁宗谓辅臣曰,外无善医,其令太医简《圣惠方》之要者,颁下诸道。仍敕长史拯济令医官使周应编,三年颁行。”

《宋史·仁宗本纪》:“皇祐三年五月乙亥,颁《简要济众方》,命州县长吏,按方剂以救民疾。”

据上文是知《简要济众方》,为宋仁宗诏医官周应等,检《太平圣惠方》之要者,编纂而成,此亦《太平圣惠方》之删节本也。

5.《圣济总录》

《圣济总录》一书,宋代书目均无著录。清·倪灿《补辽金元艺文志》,于元代书目著录有《圣济总录》二百卷。

日本·丹波元简《医賸》卷上记《圣济总录》云:“政和《圣济总录》二百卷,《宋史·艺文志》、《艺文略》、《玉海》、晁、陈二氏,并不载其目。南方诸方书,未见引据者。盖此书之成,在于徽宗之季年,《圣济经》、《和剂局方》之后,洪景《卢容斋随笔》云:宣和殿大清楼龙图阁所储书籍,靖康荡析之余,尽归于燕。考之《宋史》则云:靖康二年,少帝在青城,金人尽索国子监书版,三馆秘阁四部书,大尝礼物,大成乐舞,明堂大内图,以至乘舆服御珍玩之物,辇致军前。意者如此书,镂版才成,未及颁布,亦在其中。尔后南北殊界,彼此不通,故南宋之士,不得观之。遂至有併其目而无知者。及金世宗大定中(按当南宋孝宗时),取所俘于汴都,重刊颁行,因传于今矣。”按此说极是。

详该书徽宗御制序云:“万机之余,著书四十二章,发明《内经》之妙,曰《圣济经》……亦诏天下以方术来上,并御府所藏颁之,为补遗一卷,治法一卷。卷凡二百,方几二万。以病分门,门各有论,而叙统附焉。首之以风疾之变动,终之以神仙之服饵,详至于腧穴经络,祝由符禁,无不悉备,名之曰《政和圣济总录》。”此对该书取材之渊源、编辑之体例、内容之梗概等,均有所简述。

全书二百卷,总目首列运气、叙例、补遗、治法四题,以为统领,次列诸病证与治疗六十六门,包括内科、外科、妇科、儿科及耳目口齿鼻咽等病。诸如宋神宗元丰旧制所设诸科之大方脉、风科、小方脉、眼科、疮肿兼折疡、产科、口齿兼咽喉科、针灸科、金镞兼书禁科等,亦皆该备。每门之下,首列统论;每病证之下,各有简论,后列诸方。采方之多,与《圣惠方》等。其乳石发动、补益、食治、符禁、神仙服饵诸门,显系取自道教医学。故《四库全书总目》云:“原本之末,有神仙服饵三卷,或言烹砂炼石,或言嚼柏咀松,或言吐纳清和,或言斩除三尸,盖是时道教方兴,故有时妄语。”又《诸暨图书馆目录》有云:“殿以神仙服饵一门,虽不无荒诞,亦时尚道教使然。”其运气一门，列诸首卷之冠，亦足见宋代对运气学说之崇尚。然其所论六十年运气诸文及所列六十年运气图，亦皆本于《素问》运气七篇大论，对研习运气学说，亦颇有裨益。

总之，《圣济总录》一书，亦属大型类书性医方书，其所收文献，系内府所藏古籍及征集朝野方术编纂而成，对研讨宋以前古医学文献，有重要学术价值。惟其编辑体例，除少数有标注书名卷第，如针灸之标注《甲乙经》等外，大都不具援引书名，故对其在文献方面的应用价值，则大为逊色。

6.《太平惠民和剂局方》

《通志·艺文略》著录有《和剂局方》五卷。

《郡斋读书志》著录有《太医局方》三卷："右元丰中，诏天下高手医，各以得效秘方进，下太医局验试，依方制药鬻之，仍模本传世。"

又《郡斋读书后志》著录有《和剂局方》十卷："右大观中，诏通医刊正药局方书，阅岁书成，校正七百八字，增损七十余方。"

《直斋书录解题》著录有《太平惠民和剂局方》六卷："库部郎中陈师文等校正，凡二十一门，二百九十七字。其后时有增补。"

《玉海》卷六十三熙宁太医局："大观中，陈师文等校正《和剂局方》五卷，一百九十七道，二十一门。绍兴二年四月，定医局为八十五员。礼部请止以四十三员为额。六年正月四日，置药局四所，其一曰和剂局。十八年闰八月二十三日，改熟药局为太平惠民局。二十一年十二月十七日，以监本药方颁诸路。"

详陈承、裴宗元、陈师文等"进表"有云："……又设太医局熟药所于京师……爰自崇宁增置七局，揭以和剂、惠民之名。俾夫修制给药，各有攸司。又设收买药材所，以革伪滥之弊。比诏会府，咸置药局，所以推广祖考之德泽，可谓曲尽。然自创局以来，所有之方，或取于鬻药之家，或取于陈献之士，不经参订，不无舛讹，虽尝镂板颁行，未免传疑承误。故有药味脱漏，铢两过差，制作多不依经，祖袭间有伪妄，至于贴榜，谬戾尤多，殆不可一二举也。顷因条具，上达朝廷，继而被命，遴选通医，俾之刊正。"

又详南宋宁宗嘉定元年敕授太医助教前差充四川总领所检查惠民局许洪序云："洪于供职暇日，谨证以监本，精加校定。尚虑或者以为出己意之私，于是按诸家本草所载，具注药性于逐品之下……仍并将吴直阁得效名方及诸局经验秘方，各随条类，附于本方之左。又编次《和剂指南总论》，以冠帙首，期与并行于时，此区区蝇附骥尾之愿也。"

从以上诸文，足可看出，《太平惠民和剂局方》一书，原系北宋和剂局、惠民局等所集诸卖药家旧藏医方及士人所献医方，曾汇集颁行，或即原五卷本之《和剂局方》，后又增至十卷本。至徽宗大观初，始由陈师文等校正，为五卷本。南宋之后，复经多次修订，初在高宗绍兴二十一年修定本，直至理宗淳祐年间，续有修订，并更名有《太平惠民和剂局方》、《增广校正和剂局方》等。前后达一百余年，汇多家之名方。

今存该书，宋刻有绍兴本残卷一种，现存日本宫内省图书寮。国内存本，皆元及明清刊本。

详今本共十卷，首诸风，终小儿诸疾共十四门，载方凡七百八十八方。

书中内容具多层次，显示几次主要修订本的基本面貌，每门之下，首列诸方；次为"绍兴续添方”，为南宋高宗绍兴年间续添；再次为“宝庆新增方”，为理宗宝庆年间新增；再次为“淳祐新添方”，为理宗淳祐年间新添；再次为“吴直阁增诸家名方”，吴直阁年代不详，丹波元胤《中国医籍考》著录《增广校正和剂局方》五卷本云：“按是书，往岁姬路侯大夫川合元升(鼎)得之西京书估，以赠于先子，盖南宋镵本也。校通行本，无宝庆以下方，虽有绍兴续添，别不标识，至诸家名方，不题吴直阁字，则知绍兴中吴直阁所增广也，然兹本不载其名字。所谓吴直阁者，难识为何人，且兹本但题增广校正，无太平惠民字，与《读书志》所载符。”据此本内容，则吴直阁增方，当在“绍兴续添方”之后；再次为“续添诸局经验秘方”，为宁宗嘉定元年续添，并于书末，增附《指南总论》三卷。若以时间论，首列诸方，当系北宋时原本载方，其次为南宋“绍兴续添方”，再次为“吴直阁增诸家名方”，再次为“续添诸局经验秘方”，再次为“宝庆新增方”，再次为“淳祐新添方”。今本之错乱其序，当出之后人整理所致。

《太平惠民和剂局方》一书，具有较高学术价值。①所收医方，具有较严的选择性，有的为方家所献，并为医局屡试，故实践性与可行性强。②规范并定型了一批常用医方，后世所用诸多名方，皆出于是书。③卷九“治妇人诸疾”所附《产图》，定系宋以前古籍，详《隋志》著录有崔知悌《产图》一卷，或即此本。

《局方》一书，尽管元·朱震亨于《局方发挥》中多有微词，然明清时如张景岳、叶桂等尤为辨之云，此医者之误，非方之过，亦为公允。

（三）针灸类

《铜人腧穴针灸图经》

《通志·艺文略》著录有《铜人腧穴针灸图经》三卷：“宋朝翰林医官王惟一编修，天圣中，诏以针灸之法，铸为铜人式。”

《郡斋读书志》著录《铜人腧穴针灸图经》三卷：“右皇朝王惟德撰。仁宗尝诏惟德，考次针灸之法，铸铜人为式，分腑脏十二经，旁注腧穴所会，刻题其名，并为图法，并主疗之术，刻版传于世，夏竦为序，明堂者，谓雷公问道，黄帝授之，故名云。”

《玉海》卷六十三：“《天圣针经》：五年十月壬辰，医官院上所铸腧穴铜人式二，诏一置医官院，一置大相国寺仁济殿。先是，上以针砭之法，传述不同，命尚药奉御王惟一考明堂气穴经络之会，铸铜人式，又纂集旧闻，订正讹误，为《铜人腧穴针灸图经》三卷，至是上之(摹印颁行)，翰林学士夏竦序曰……”

详该书撰者，有惟一、惟德之别。清刊《新刊补注铜人腧穴针灸图经》刘世珩跋云：“《读书后志》无经字，作王惟德，《通志略》作王惟一。惟德《宋史》有传，惟一无之，或者其为兄弟行矣。”按此说似未允，检《宋史》亦无王惟德传。若云兄弟行，亦无据。然则惟一、惟德，或并具二名，亦或有作字者，如庞安时，字安常。

该书详列经脉及腧穴图象，基本上确立了腧穴归经的十四经系统，并且使穴位进一步规范化，对当时及后世影响很大。

后有《新刊补注铜人腧穴针灸图经》五卷本者，乃系金世宗大定二十六年(当南宋孝宗二十四年)署称“平水闲邪聩叟”者所改编，今本卷三“黄帝问答论”及“针灸避忌之法”后有“针灸避忌太一之图序”，详述其“将逐节太一所直之日编次成图”，“庶得行针之士知避之，俾人无忤犯太一之凶”之意。是则此本虽对原《图经》本无大的文字改动，然犹非三卷本旧貌矣。

《铜人腧穴针灸图经》及所铸"铜人式",作为官方颁行之针灸文献,当时实具有一定法制性的意义,后世诸书援引颇多,对针灸学术的发展影响亦大,即后来之新刊补注五卷本,虽非旧貌,但因其流传较多,故亦有一定影响。

(四)基础理论类

《圣济经》

《郡斋读书志》:"御制《圣济经》十卷。右徽宗皇帝御制也,政和八年五月十一日,诏颁之天下学校。九月二十四日,大司成李邦彦等言,乃者从侍臣之请,今内外学校课试,于《圣济经》出题。臣等窃谓,今《内经》、《道德经》,既已选博士训说,乞更以《圣济经》附二经,兼讲,从之。"

《玉海》卷六十三政和《圣济经》:"《书目》:《圣济经》十卷,政和中御制并序。体真、原化、慈幼、达道、正纪、食颐、守机、卫生、药理、审剂,凡十篇。阴阳适平,精神内守而次,凡四十二章。"

详《圣济经》御制序有云:"自继述以来,兢兢业业,夙业不敢康,万机之余,细绎访问,务法上古,探天人之赜,原性命之理,明荣卫之清浊,究七八之盛衰,辨逆顺,鉴盈虚,为书十篇,凡四十二章,名之曰《圣济经》。使上士闻之,意契而道存;中士考之,自华而摭实。可以养生,可以立命,可以跻一世之民于仁寿之域,用广黄帝氏之传,岂不美哉!"此作者之指要,亦已明矣。

据书中内容,不难看出,该书是以《黄帝内经》之思想体系为本,加之以《老子》及《周易》之思想,融汇为一,特别对运气学说,有更多的阐述,足以反映徽宗的一些基本观点。其中虽有某些虚妄之说,然亦不乏卓见。亦可以为学习《内经》之筌蹄。《仪顾堂集》有云:"愚谓徽宗以天下为儿戏,自取败亡,然于岐黄家言,实能深造自得,其敕定之《证类本草》、《圣济总录》,至今亦奉为圭臬。苟使身为医士,与同时诸人,絜短较长,岂在朱肱、许叔微下乎!"按此说亦为公允。

该书世有吴禔注本。《直斋书录解题》著录:"《圣济经》十卷,政和御制,辟雍学生昭武吴禔注。"《仪顾堂集》云:"吴禔,仕履无考,据《书录解题》知为福建邵武人。据结衔,知为太学生而已。"吴禔之注,于原文亦颇多发挥之处。

三、宋代校正古医书

宋代自开国之初,即注意对古医籍之整理,尤以校正医书局成立前后,校正之医书,成效颇显。详见第十章第二节。今举以下诸书为例。

1.《诸病源候论》

《玉海》卷六十三"天圣校定《内经素问》"云:"天圣四年十月十二日(乙酉)命集贤校理晁宗悫、王举正校定《黄帝内经素问》、《难经》、巢氏(元方)《诸病源候论》(《唐志》五十卷),五年四月乙未,令国子监摹印颁行。诏学士宋绶撰《病源》序。"是此书在宋仁宗天圣四年命朝臣校定，五年校毕，诏宋绶为序，由国子监摩印颁行。

详《病源》宋绶序有云："《诸病源候论》者，隋大业中太医巢元方等奉诏所作也。会粹群说，沉研精理，形脉之证，罔不该集……监署课试，固常用此。乃命与《难经》、《素问》图镂方版，传布海内。"又云："翰林医官副使赵拱等参校既终，缮录以献，爰俾近著，为之题辞。"据此序所云，当时监署曾以《病源》等课试医者，故与《难经》、《素问》等镂版颁行。然至今未见《素问》与《难经》天圣间校本，或皆亡佚。

《病源》此次参校者为翰林医官副使赵拱等。详今存诸本，包括宋刊本，除存宋绶序外，别无其他校定方面的文字材料。故对此次参校所用底本、校本及内容校勘情况，已无从考。盖此次校书，乃用迳改之法。在宋臣所校书中，若从校勘学的角度论，以此为最下。然亦赖此官颁校定本，得以流传至今，否则，亦或亡矣。

2.《外台秘要方》

《玉海》卷六十三"唐《外台秘要》"云："皇祐中孙兆校正。"

《外台》附宋臣治平四年进表云："皇祐三年五月二十六日内降劄子，臣寮上言，臣昨南方州军，连年疾疫瘴疠，其尤甚处，一州有死十余人，此虽天令差舛，致此札瘥，亦缘医工谬妄，就增其疾。臣细曾询问，诸州皆阙医书习读，除《素问》、《病源》外，余皆传习伪书。伪书舛本，故所学浅俚，诖误病者。欲望圣慈，特出秘阁所藏医书，委官选取要用者，校定一本，降付杭州开板模印……仍令秘阁，检《外台秘要》三两本，送国子监见校勘医书官，仔细校勘。闻奏劄传孙兆准此。至治平二年二月二日准中书劄子校正医书所状医书内，有《外台秘要》一项。今访问前校正医书官孙兆，校对已成，所有净草，见在本家，欲乞指挥下本家取赴本局，修写进册，所贵早得了当，候指挥奉圣旨依所申施行，至四年三月×日进呈讫。"

据此进表说明，《外台秘要》一书，为宋仁宗皇祐三年付孙兆校勘，至英宗治平二年，校对已成，净草待送。前后历时十四年左右。

又据该书附"熙宁二年五月二日准中书劄子，奉圣旨镂版施行"具高保衡、孙奇、林亿三人衔名。又另附王安石、赵抃、曾公亮、富弼四人衔名。

每卷卷端均署"宋朝散大夫守光禄卿直秘阁判登闻检院上护军臣林亿等上进"等字样。正文中并具林亿等按语。如卷二"伤寒中风方九首"下有"臣亿等按"云云等文，又麻黄汤一条后，亦具此等字样。又详书中尚有诸如"谨按"、"臣按"等与大量其他校文不同之起首语。当皆出于林亿等人之手。故此则可证，孙兆于治平二年已校勘完成净草，送校正医书局，经林亿等复审，又经四年，于神宗熙平二年，最终完成，奉旨镂版施行。

据孙兆自序云："国家诏儒臣校正医书，臣承命，以其书方证之重者删去，以从其简；经书之异者，注解以著其详；鲁鱼亥豕，焕然明白。"此孙兆原校，有此三则，即删除重复，注解异文，校正讹文。

今详全书校勘内容，包括以下几个方面：①校勘方面，运用不同版本、援引他书、本书前后文及医理文理等为依据，对书中之异文、疑误、疑脱、重文、互见、出典及别书同文等，均有所校勘说明。②注解方面，如冷僻字词、读音、方意及文义不详处，均有所训释。至于原底本之讹误者，盖校者或为迳改，今本则不详。据此足可证明，此书的校勘，较之《病源》一书，在校勘方法及援引资料等方面，均较佳善。从而说明，宋臣对古医籍的整理，就文献的整理研究而论，已逐渐步入正轨，并且为日后所校诸书，提供了经验，打下了基础。

3.《伤寒论》

《伤寒论》一书,宋以前未见著录,著录皆名《张仲景方》或《张仲景药方》等。宋代有《崇文总目》(辑释本)、《通志·艺文略》、《郡斋读书志》、《直斋书录解题》、《宋史·艺文志》等,均有张仲景《伤寒论》十卷。《遂初堂书目》著录亦有张仲景《伤寒论》,惟不记卷数。其中《崇文总目》、《通志·艺文略》、《郡斋读书志》等,特注明为王叔和编次。此书目著录首见张仲景十卷本《伤寒论》者。

详《伤寒论》林亿等序云:"(张仲景)所著论,其言精而奥,其法简而详,非浅闻寡见者所能及。自仲景于今八百余年,惟王叔和能学之……开宝中,节度使高继冲,曾编录进上。其文理舛错,未尝考正,历代虽藏之书府,亦阙于雠校。是使治病之流,举天下无或知者。国家诏儒臣,校正医书,臣奇续被其选。以为百病之急,无急于伤寒,今先校定张仲景《伤寒论》十卷,总二十二篇,证外合三百九十七法,除重复,定有一百一十二方,今请颁行。"后署高保衡、孙奇、林亿三人衔名。

根据此序所述,宋代原在太祖开宝年间,有高继冲编录《伤寒论》进上。由于其时立国不久,故可推想高氏原据本,至少应出于唐代传本。从而说明此种《伤寒论》单行本,在宋以前,早已出现。此次由孙奇主校,而复经林亿等校定之《伤寒论》,当是以高继冲进上之本为底本。

今存此校定本附有"治平二年二月四日进呈奉圣旨镂版施行"之劄文,署高保衡、孙奇、林亿及政府官员范镇、赵概、欧阳修等二十人衔名。

又附元祐三年敕准国子监雕印小字《伤寒论》等医书出卖牒文。知治平年原印为大字本,因"纸墨价高,民间难以买置",故特雕印小字本出卖。

根据此上公文,知《伤寒论》校定本,原在宋英宗治平二年二月以前已校定终成。并于治平二年二月开雕摩印大字本,时隔二十三年,至哲宗元祐三年,复印小字本。

详此校定本,以别本对校为主,如所谓"一作"、"一云"等皆是;其次为本校,如引他卷他条相校者皆是;再次为他校,如引《脉经》、《外台》相校者皆是;少数为理校,即无本可据者皆是。此本校文,大都出于孙奇之手,校文不加任何起语如"按"、"详"等,少数校文乃出于林亿等最后校定。如"辨太阳病脉证并治上"中桂枝加葛根汤、桂枝麻黄各半汤、桂枝二麻黄一汤、桂枝二越婢一汤等方后"臣亿等谨案"诸文皆是。

又详该本中有一部分大字校文,如"辨太阳病脉证并治上"中桂枝去芍药汤方后云:"本云桂枝汤,今去芍药,将息如前法。"又如桂枝麻黄各半汤、桂枝二麻黄一汤、桂枝二越婢一汤等方后,亦有此类大字校文。似此等校文,皆非林亿等所加,乃原本所具,疑出自原整理此《伤寒论》十卷本人之手。

根据上文说明,《伤寒论》一书,在宋代并非仅有高继冲进上之本,而是有多种传本,且诸传本间异文较多。

林亿等校定《伤寒论》,且经多次刊印,在宋代及其后对该书的传习应用及进一步整理研究,具有重大的影响。故宋代有关《伤寒论》方面的文献,较前朝如此之多,与此有一定关系。

4.《金匮玉函经》

《通志·艺文略》著录有《金匮玉函经》八卷。

《秘书省续编到四库阙书目》著录有《金匮玉函》八卷。

又《郡斋读书后志》著录有《金匮玉函经》八卷，注云“仁宗朝，王洙得于馆阁中”。此失考也，故将《金匮要略方论》王洙所得本与此书混。

详该书林亿等疏云：“《金匮玉函经》与《伤寒论》同体而别名，欲人互相检阅，而为表里，以防后世之亡逸，其济人之心，不已深乎。细考前后，乃王叔和撰次之书。缘仲景有《金匮录》，故以《金匮玉函》名，取宝而藏之之义……国家诏儒臣校正医书，臣等先校定《伤寒论》，次校成此经。其文理或有与《伤寒论》不同者，然其意义皆通圣贤之法，不敢臆断，故并两存之。凡八卷，依次旧目，总二十九篇，一百一十五方。”是则此本亦在宋英宗治平二年后校。又据《金匮要略方论》序，此书亦先由孙奇主校，由林亿等最后校定。

据今存清康熙年刊本中陈世杰康熙五十五年序云，此本原由义门何焯先生提供手抄宋本。全书仅有十条校文，其中八条云“一作”或“一云”，余二条为卷三第三白通汤一条云：“旧云以下出叔和。”又卷四第八“少阴病下利脉微涩……”一条云：“《脉经》云：灸厥阴五十壮。”若林亿等据《脉经》以校，则何其单出此校，故书中校文是否出于宋臣之手，暂难考定。仅详林序有所谓“此经其文理，或有与《伤寒论》不同者，然其意义皆通圣贤之法，不敢臆断，故并两存之”之义，则此本似仅依旧本整理，未作过多校勘。

又详此书卷一“证治总例”，有言“经云：地水风火”及“四百四病”之义。足见撰此“总例”者，受释家影响较重。又详篇末有“凡点灸法皆取平身正体……”一段，与《千金》卷二十九第六尽同，“凡诸言壮数者”至“请秘而用之”一段，与《千金》卷二十九第六亦大致同。惟各有繁简之差，总的看，《玉函》多简，故此文亦可能源于《千金》。若此，则此本亦或出唐中期后。

5.《金匮要略方论》

《崇文总目辑释》著录有《金匮玉函要略》三卷。

《宋秘书省续编到四库阙书目》有张仲《玉函略》四卷，叶德辉按：“此有脱误，《崇文目》有张仲景《金匮玉函要略》三卷。”

《遂初堂书目》著录有《金匮要略》，不记卷数。

《宋史·艺文志》著录有张仲景撰王叔和集《金匮要略方》三卷。

该书林亿等序云：“张仲景为《伤寒卒病论》合十六卷，今世但传《伤寒论》十卷，杂病未见其书。或于诸家方中，载其一二矣。翰林学士王洙，在馆阁日，于蠹简中，得仲景《金匮玉函要略方》三卷。上则辨伤寒，中则论杂病，下则载其方，并疗妇人。乃录而传之士流，才数家耳。尝以对方证对者，施之于人，其效若神，而或有证而无方，或有方而无证，救疾治病，其有未备。国家诏儒臣校正医书，臣奇先校定《伤寒论》，次校定《金匮玉函经》，今又校成此书。仍以逐方次于证候之下，使仓卒之际，便于检用也；又采散在诸家之方，附于逐篇之末，以广其法；以其伤寒文多节略，故所自杂病以下，终于饮食禁忌，凡二十五篇，除重复，合二百六十二方，勒成上中下三卷，依旧名曰《金匮方论》。”

详此序主要说明以下几个问题：①祖本原系王洙在馆阁蠹简中检得，是此本亦前朝旧本。②祖本原貌为三卷本，上卷为伤寒，中卷为杂病，下卷为诸方及治妇人部分。③本次亦先由孙奇主校，后由林亿等校定。④本次整理的方法：第一，伤寒文多节略，未再整理；第二，选杂病及治妇人部分加以整理；第三，删除重复条文；第四，将医方附于有关条文下；第五，又从有关古籍,采仲景散在之方附于篇末。此本次整理之概况。

从今本校记诸文,反映此次校定之具体情况有以下几点:

第一,每篇后,注明论、脉证及方数。如"痓湿暍病脉证第二":论一首,脉证十二条,方十一首。

第二,校对内容:有对校者曰:"一作"或"一云"等,他校者有《脉经》、《肘后》、《千金》、《小品》、巢氏等;本校者,前后互证或提示互见;理校者有疑脱、疑误等。有注,主要为少量方剂的说明。

第三,采别书散在方有《外台》、《古今录验》、《千金》、《崔氏》、《近效》等书。

第四,每卷之末,有少量"音释",疑亦出林亿等此次整理之手。

第五,书中校记大都出于孙奇之手,少数有林亿等最后校定所加,则冠以"臣亿等"起语以别之。

第六,从校记中有较多"一作"或"一曰"等对校情况分析。此次校本,非止王洙所得本,尚有多种别本互校。

《金匮》一书,经此次校定,为宋以后之应用及研究,提供了重要文献依据。

6.《新校备急千金要方》

《郡斋读书志》著录有《千金方》三十卷,孙思邈撰。

《直斋书录解题》著录有《千金方》三十卷。"唐处士京兆孙思邈撰,自为之序,名曰《千金备急要方》。"

今存《千金方》有三种版本系统,一者日本原存《真本千金方》,只残存卷一。一者为《新雕孙真人千金方》,尚缺卷六至卷十、卷十六至卷二十。此二本中,均无宋臣校文,当系宋抄与宋刊未经宋臣校定之传本。一者为宋臣校定本,其中尤善者为日本江户医学影北宋本,据宋臣林亿等序题名《新校备急千金要方》。详《直斋书录解题》著录者,当是此本。

该书林亿等序云:"我朝以好生为德,以广爱为仁。乃诏儒臣,正是坠学,臣等术谢多通,职专典校,于是请内府之秘书,探《道藏》之别录,公私众本,搜访几遍。得以正其讹误,补其遗佚。文之重复者削之,事之不伦者辑之。编次类聚,期月功至。纲目虽有所立,文义犹或疑阻。是用端本以正末,如《素问》、《九墟》、《灵枢》、《甲乙》、《太素》、《巢源》、诸家本草、前世脉书、《金匮玉函》、《肘后备急》、谢士泰《删繁方》、刘涓子《鬼遗论》之类,事关所出,无不研核。尚有所缺,而又泝流以讨源,如《五鉴经》、《千金翼》、《崔氏纂要》、《延年秘录》、《正元广利》、《外台秘要》、《兵部手集》、《梦得传信》之类,凡所派别,无不考理,互相质正,反复稽参,然后遗文疑义,焕然悉明,书虽是旧,用之唯新。"

又书后附"校定备急千金要方后序"云:"臣尝读唐令见其制,为医者,皆习张仲景《伤寒》、陈延之《小品》。张仲景书今尚存于世,得以迹其为法,莫不有起死之功焉。以类推之,则《小品》亦仲景之比也。常痛其遗逸无余。及观陶隐居《百一方》、王焘《外台秘要》,多显方之所由来,乃得反复二书,究寻于《千金方》中,则仲景之法,十居其二三,《小品》十居其五六。粹乎哉!孙真人之为书也,既备有《汉志》四种之事,又兼载唐令二家之学。其术精而博,其道深而通。以今知古,由后视今,信其百世可行之法也。"序后附"治平三年正月二十五日进呈讫至四月二十六日奉圣旨镂板施行"牒及高保衡、孙奇、林亿、钱象先、赵概、欧阳修、曾公亮、韩琦等衔名。

根据以上二序，主要说明以下几点：①此次校定，寻访版本较多，包括内府藏本、《道藏》别本、公私藏本等。其选用底本，疑为内府秘本。②修定时，凡讹误者正之，重复者删之，无伦次者重辑之。经一年之功，纲目初有所立。③初校之后，疑阻尚多，复取端本正末法校之，即取《千金》引书相校，包括《素问》、《九墟》、《灵枢》、《甲乙》、《太素》、《巢源》、诸家本草、前世脉书、《金匮玉函》、《肘后备急》、《删繁方》、《鬼遗方》等唐以前书。尚有缺疑者，又以溯流讨源法校之，即取他书引《千金》或引书与《千金》同者相校。包括《五鉴经》、《千金翼》、《崔氏纂要》、《延年秘录》、《广利方》、《外台秘要》、《兵部手集》、《传信方》等唐人著作。足见该次以他书相校者，堪称详备。④据后序所言，《千金》中援引《小品》较多，亦旁证得之。足见校者之重《小品》，犹重《千金》也。⑤据上文所知，对本书之校定，工作量特大，历时应长，或始于仁宗嘉祐间，终成于英宗治平二年，进呈于治平三年正月，奉旨镂版于四月。

又详今江户医学影北宋本，对宋臣之校定，可说明以下几点：

第一，每卷大题均为《备急千金要方》，卷端署"朝奉郎守太常少卿充秘阁校理判登闻检院上护军赐绯鱼袋臣林亿等校正"，此用"校正"二字，盖或系突出本书重在"校正"之力。

第二，详校文中援引他校，尚有《古今录验》，姚大夫、苏长史方、胡洽、《金匮要略》、深师、《集验》、张文仲、《甲乙经方》、范汪、《救急方》、《伤寒》、《经心录》、《难经》、《必效方》、《明堂》、《脉经》、《备急方》、苏澄、《要籍喻义》、葛氏等。其中有六朝诸作，如《小品》等，恐皆散亡，疑从《外台》、《肘后》等书中，间接取证。特有《要籍喻义》一书，不见他书援引或著录。

第三，所出校记，以对校、他校为主。对校如"一本"、"一作"、"一云"、"一曰"等皆是。他校如上述引书。本校多提示互见，或互证异同。理校较少。其存疑、增补处，亦间有之。另有部分注文，如卷二十八第十四，解"屋漏"、"雀啄"、"弹石"、"解索"、"虾游"、"鱼翔"诸脉，宋刊新雕本皆无，当是宋臣解文。每篇之下皆注明"论"或"方"等数。如卷二求子第一下，注："论六首，方十五首，灸法六首，转女为男法三首。"书中校记，当均出于孙奇等人之手，有个别校文，或林亿等校定时加，作"臣亿等"以别。

第四，卷前附有"新校千金要方例"，文曰："《千金方》旧有例数十条，散在诸篇，凡用一法，皆宜徧知之，虽素熟其书者，临时尚虑有所遗失。况仓促遘疾，按证为治，不能无未达之惑。及新加撰次，不可无法，今撮集旧凡，并新校之意，为例一篇，次于今序之末，庶后之施用者，无凝滞焉。"此后共列二十凡。此亦宋臣本次校定一大成就。既集新旧诸例，以利读者，又体现了林亿等校书经验之日益发展。

第五，书中小字注文，不尽出于宋臣之手。如卷二十七调气法第五，证之宋刊新雕本，虽该本中似起始一段中有若干脱文，然今存影宋本中有两段小字注文一百七十余字，宋刊本均作大字正文。故有些小字注文，是否林亿等校文，尚当详考。

第六，宋代所存《千金方》一书，版本尚多，然各版本间，差异较大，在文字、内容、篇章等方面，亦颇混乱。即从今存宋刊新雕本中，亦可见一斑。想宋臣校定时，必取其中之最佳本为底本。即今所见，其中虽有某些增补之处，如卷十一肝脏脉论第一及卷十三心脏脉论第一中，增补经脉一段，虽未言所据何本，然证之后文心、肺、肾三脏，皆有经脉之文，以文例证之，亦不为无据。故《千金方》一书，仍当以宋臣校本为善，其校定之力不可泯，实有功于后学也。

7.《千金翼方》

《郡斋读书后志》著录《千金翼方》三十卷："右唐·孙思邈撰，思邈著《千金方》，复掇集遗轶，以羽翼其书，成一家之学。林亿等谓，首之以药录，次之以妇人、伤寒、小儿、养性、辟谷、退居、补益、杂病、疮痈、色脉、针灸，而禁经终焉者，皆有指意。"

《玉海》卷六十三《简要济众方》条有云："嘉祐间，命掌禹锡等校正医书……而《外台秘要》、《千金方翼》、《金匮要略》、悉从摹印。"按此所谓嘉祐间《千金翼方》已有摹印者，疑是未经宋臣校定之本也。

林亿等"校正《千金翼方》表"云："仁宗皇帝诏儒臣校正医书，臣等今校定《千金翼方》，谓乎物之繁，必先得其要，故首之以药录纂要；凡治病者，宜别药之性味，故次之以本草；人之生育，由母无疾，故次之以妇人；疾病之急，无急于伤寒，故次之以伤寒；然后养其少小，故次之以小儿；人身既立，必知所以自养，故次之以养性；养性者，莫善于养气，故次之以辟谷；气之盈，乃可安闲，故次之以退居；退居者，当事补养，故次之以补益；若补养失宜，则风疾乃作，故次之以中风；风者，百病之长，邪气缘而毕至，故次之以杂病；又次之以万病；愈诸疾者，必资乎大药，故次之以飞錬；乳石性坚，久服生热，故次之以疮痈；众多之疾，源乎脉证，故次之色脉；色脉既明，乃通腧穴，故次之以针灸，而禁经终焉。总三十卷，目录一卷。臣以为晋有人欲刊正《周易》及诸药方，与祖讷论，祖云，辨释经典，纵有异同，不足以伤风教，至于汤药，小小不达，则后人受弊不少。是医方不可以轻议也。臣等不敢肆臆见，妄加涂窜。取自神农以来书行于世者而质之，有所未至，以俟来者。"

按此序表明，《千金翼方》之校定，必在嘉祐之后，以赵祯已故，故得称庙号仁宗。然在英宗治平间或神宗熙宁间，尚无确证。至于林亿等对《千金翼》篇次之论，即《郡斋读书后志》所谓"皆有指意"之义。然林亿等此论，若作为剖析孙思邈对编次该书之思想逻辑则可，若以作众人养生之模式则不可。

详该书校文，较之《千金方》则逊色多矣。仅有少量以别本相校或他书如《千金方》、《外台秘要》、陶隐居等少数几种相校。

8.《脉经》

林亿等"校定脉经序"云："臣等承诏典校古医经方书，所校雠中，《脉经》一部，乃王叔和之所撰集……臣等各殚所学，博求众本，据经为断，去取非私。大抵世之传授不一，其别有三：有以隋·巢元方时行病源为第十卷者，考其时而谬自破；有以第五分上下卷，而撮诸篇之文，别增篇目者，推其本文而义无取。稽是二者，均之未覩厥真，各秘其所藏尔。今则考以《素问》、《九墟》、《灵枢》、《太素》、《难经》、《甲乙》、仲景之书，并《千金方》及《翼》说脉之篇以校之。除去重复，补其脱漏，其篇第亦颇改易，使以类相从，仍旧为一十卷，总九十七篇。"

书末附"熙宁元年七月十六日进呈奉圣旨镂版施行"牒文，并署高保衡、孙奇、林亿等衔名。

根据上文，说明以下几个问题：①宋代存世《脉经》传本尚多，大致有三种系统，前二种林亿等已辨其非，第三种即今存林亿等校定本之祖本。②宋臣此次校定，除博求众本之外，并以《素问》、《九墟》等别书相校，并且对篇第亦作过调整改动。③本书最终完成时间是在宋神宗熙宁元年，并于七月十六日进呈，奉圣旨镂版施行。后于宋哲宗绍圣三年准国子监申请，“开作小字重行校对出卖”。

今存宋臣校《脉经》，卷端署“朝散大夫守光禄卿直秘阁判登闻检院上护军臣林亿等类次”。“类次”二字，与别校定书皆不同，说明此书之校定，突出了对原本篇第改易之义。

详该书校文，以别本、他书相校者居多，理校者为次。别本相校者，如“一作”、“一云”、“一本”等皆是；他书相校者，有《巢源》、《千金》、《千金翼》、《素问》、《甲乙》、《玉函》、仲景、《要略》等。理校者，据文理或医理而校，如卷三第二《四时经》文“阳气上出，汗见于头，五月枯䕸，胞中空虚”。校云：“月当为内，䕸当为乾。枯，燥也。皆字误耳。内字似月，由来远矣，遂以传焉。”另外尚有部分释文。但该书中小字注文颇多，有些似出于叔和原本，不得尽以为皆林亿等注。

至于林亿等改动篇第处，因书中无所注明，亦无别传本比较，已难详明。如卷二卷目“平奇经八脉病第四”注云：“八脉为病，不在十二经，故以系此卷之末。”或属此类。

又该书校文，亦尽出孙奇等人之手，后由林亿等校定，故亦有“臣亿等”别按之文。

9.《针灸甲乙经》

《宋史・艺文志》著录有林亿《黄帝三部针灸经》。

《针灸甲乙经》林亿等序云：“晋・皇甫谧，博综典籍百家之言，沉静寡欲，有高尚之志，得风痹，因而学医，习览经方，遂臻至妙，取《黄帝素问》、《针经》、《明堂》三部之书，撰为《针灸经》十二卷，历古儒者之不能及也……惜简篇脱落者已多，是使文字错乱，义理颠倒，世失其传，学之者鲜矣……国家诏儒臣校正医书，今取《素问》、《九墟》、《灵枢》、《太素经》、《千金方》及《翼》、《外台秘要》诸家善书校对，玉成缮写，将备亲览。”

又该书明兰格抄本后附“熙宁二年四月二十三日进呈奉圣旨镂版施行”牒文及高保衡、孙奇、林亿等衔名。又有熙宁二年五月二日王安石、曾公亮、赵抃、富弼等衔名。

据以上二文，说明以下几点：①宋代存世之传本“简脱错落者已多，是使文字错乱，义理颠倒”。②林亿等校定时，曾以《素问》、《九墟》、《灵枢》、《太素》、《千金方》、《千金翼》等相校。③该书校定最终完成时间为宋神宗熙宁二年，并“镂版施行”。

今存《甲乙经》版本，主要有三种系统，一者为明蓝格抄本，虽系古抄宋臣校本，然文字比较混乱；一者为明正统刊本之抄本，书中无宋臣校定诸文，惜只残存卷一、卷二、卷三、皇甫谧序及序例等；一者为明吴勉学刊《医统正脉全书》本，明以后复刻及通行者，皆此本也。

据医统本中所具宋臣校文，可证有以下几点：

第一，书中小字校注有五百余条，然有些小字注文，似非出于宋臣之手，故难考定宋臣校注之准确条数。

第二，据他书互校者，有《太素》、《九墟》、《九卷》、《灵枢》、《针经》、《黄帝古针经》、《难经》、《脉经》、《千金方》、《千金翼》、《外台秘要》、《吕广募腧经》、《铜人》等，共出校文二百六十余条，其中特以据《素问》校者尤多，有二百余条。

第三，以别本对校者约二百余条，其中如称“一本”、“有本”、“古本”、“一云”、“一作”、“又作”、“一曰”等皆是。

第四，旁引别注相校者有一百三十余条，主要为引《素问》王冰注引《经脉流注孔穴图经》及《中诰孔穴图经》文，大都在卷三腧穴诸篇。

第五，该书校法，以别本及别书相校者为多；以本书前后文相校者次之；以文理或医理相校者尤次。在校文处理时，以存异文为多，或亦提出校者倾向性意见，删补者较少。

第六，校记书写，不若《素问》之校，均加“新校正”与旧文相别。本书则均直书校文，个别加“按”者，当系林亿等最后校定时所加。

10. 增广补注《黄帝内经素问》

《通志·艺文略》著录有《补注素问》二十四卷。“林亿补注”。

《天禄琳琅书目后编》著录有《重广补注黄帝内经素问》：“唐·王冰次注，孙兆重改误。宋·林亿、孙奇、高保衡校正。书二十四卷，八十一篇。前有林亿等进表，录宝应元年冰序，校正衔名，每卷末附音义。”有松江朱氏藏本，一函十册。“每版心有‘绍定重刊’四字，林亿等于仁宗嘉祐中奉敕校正。据表云：每念旬岁。是神宗时方告成锓梓。此则南宋理宗时重雕。版式字数尺寸，仍照原帙。”详此南宋理宗绍定年刊本，当据北宋本重刊。绍定去北宋熙宁时约160年。谅此南宋刊本与北宋本尚不至失真。则此中所记，当是原样。

今见唯明·顾从德翻刻宋本较佳。现依该本以见林亿等新校正概况如下。

林亿等《重广补注黄帝内经素问》序云：“顷在嘉祐中，仁宗念圣祖之遗事，将坠于地，乃诏通知其学者，俾之是正。臣等承乏典校，伏念旬岁，遂乃搜访中外，裒集众本。寖寻其义，正其讹舛，十得其三四，余不能具。窃谓未足以称明诏副圣意，而又采汉唐书录古医经之存于世者，得数十家，叙而考正焉。贯穿错杂，磅礴会通。或端本以寻支，或泝流而讨源，定其可知，次以旧目。正谬误者六千余字，增注义者二千余条。一言去取，必有稽考，舛文疑义，于是详明。”末署高保衡、林亿二人衔名。

又王冰序后，另行署“将仕郎守殿中丞孙兆重改误”。此后署高保衡、孙奇、林亿三人衔名。每卷卷端大题均作《重广补注黄帝内经素问》。次行书“启玄子次注林亿孙奇高保衡等奉敕校正孙兆重改误。”

又详元古林书堂刊本，目录部分大题作“补注释文黄帝内经素问总目”。此后有木记云：“是书乃医家至切至要之文，惜乎旧本讹舛漏误，有误学者，本堂今求到元丰·孙校正家藏善本，重加订正，分为一十二卷，以便检阅，卫生君子幸垂藻鉴。”按此本与顾刻本之款式基本相同。唯高保衡、孙奇、林亿三人衔名，在林亿等序文后。每卷卷端大题作“新刊补注释文黄帝内经素问”。据木记所云，此本之祖本，原系元丰·孙校正家藏。元丰者，宋神宗十一年改元。孙校正者，孙奇、孙兆，均曾任“同校正医书”，或指其一。然该本总目后，尚有一木记框廓，较前者稍大，唯无文字。此是否为刊者剜去，今已难考。故孙校正说，亦颇可疑。又详明熊宗立刊本，书名冠词及卷数与古林书堂本亦同。惟总目后云：“元本二十四卷，今并为一十二卷刊行”。此后亦有木记云“是书乃医家至切至要之文，惜乎旧本昏蒙讹舛，漏落不一，读者憾焉。本堂今将家藏善本，详明句读，三复订正，增入运气捷要图局，及经注音释、补遗，重新绣梓，以广其传，视诸他本，玉石不如，卫生君子藻鉴。成化十年岁舍甲午鳌熊氏种德堂识。”按此两木记中有些文句，何其相似乃尔，惟明刊本无“元丰孙校正家藏”，而是作“家藏”，愈有疑焉。故元刻似仍不及顾氏翻刻本或与宋刻尤近。

根据前引诸文，主要可说明以下数事：①林亿等校定本，是在王冰次注本的基础上，广泛进行校勘，并增补了注文，故在书名前加以冠词“增广补注”。②本次校定，约分两步进行，前段主要是搜集众本，加以对校，正其讹误。后段则是采用汉唐古医经如《太素》、《灵枢》、《甲乙》、《千金》、《外台》等别本互校。③全书共正谬误六千余字，增注义二千余条(按今本注文共一千余条，疑“二”字误)。④根据署名方式及署名序次，当是林亿等校定后，或经孙兆重改误字一次。⑤本书自宋仁宗嘉祐年间奉诏，经十余年间，当在宋神宗熙宁年间最终完成。⑥根据卷端署名及宋臣校他书署名，大多为高保衡、孙奇、林亿三人，故本校序后署名，疑脱“孙奇”名。⑦《素问》在宋代曾有多次校定，故此次林亿再校，特名“新校正”。

据顾从德翻刻本中新校正注文，可证有以下数事：

第一，全书共出校文有九百余条。出注文有四百余条。较之所校他书，尤为详备。

第二，在校勘方面，以别本互校者如“一作”、“一曰”、“一云”、“一本”等皆是。以他书互校者，皆具书名，如《九卷》、《九墟》、《灵枢》、《难经》、《脉经》、《甲乙》、全元起注本、《诸病源候论》、《伤寒论》、《金匮要略》、《太素》、《千金方》等古医籍及《周礼》、《礼记》等经史古籍。并具前后篇互校结合文理与医理相校等多种校法。在校文处理方面，虽直接改动者少，然当断者必断，如言衍、多、剩、重、脱、漏、缺、少、无、错简、互文、注混作文、误读、两通、各通、两言之、当作、当为、正、当删、未详、疑作等皆是。并且对校勘记的书写，亦可谓词语简练，出言有据，表意明确，去取慎审。

第三，在注释方面，包括释字、释词、解句、释名、疏证经文、阐发医理等。其注释方法，或引经互证，或提示互见，或引别家，或抒己见。对于王冰注有义未尽或义未安者，多有所补述或辨解，对运气七篇之释，尤为详尽。

第四，在每篇题名之下，标记全元起本所在篇目，保留了重要文献资料，后人考证全元起注本者，皆以此为据。

第五，辨伪，宋代已见有关运气方面之佚书及佚篇，而新校正皆有所辨，以为其伪，如对宋代存世之《玄珠》、《昭明隐旨》等书及“本病”、“刺法”二佚篇之辨即是。详见后文“运气类文献”。

第六，书中校文，皆冠以“新校正云”，使今古有别、新旧无混。较之他书之校文，甚为善处。然其中尚有三处以“臣亿等”三字冠之者，此与所校他书亦同，盖亦林亿等最后校定时所加。至于孙兆改误之字，今则不详，或为迳改。

第七，今存之署名，除高保衡、孙奇、林亿等外，另单署“将仕郎守殿中丞孙兆重改误”一行。此则说明此次校定，并无孙兆。然其重改误，在校定之前或校定之后，别无记载。详《明史·艺文志》著录有孙兆《素问注释考误》十二卷。按《明史》著录皆本朝医书，不应有宋人之著作，故疑误收。然孙兆或在新校正之前，有此著作。此事别书不载，尚待进一步考证。

总之《素问》之新校正，成就尤为可观，虽有某些不足之外，亦千虑之失，白璧之暇耳。

关于《灵枢经》与《黄帝内经太素》二书，《嘉祐补注神农本草》嘉祐二年，八月三日奏敕曾云：“所有《神农本草》、《灵枢》、《太素》、《甲乙经》、《素问》之类，及《广济》、《千金》、《外台秘要》等方，仍差太常少卿直集贤院掌禹锡、职方员外郎秘阁校理林亿、殿中丞秘阁校理张洞、殿中丞秘阁校勘苏颂同共校正。闻奏，臣禹锡等，寻奏置局刊校，并乞差医官三两人,同共详定。”据此奏敕所云,二书已列入校定诸书之例而无疑。然据现存宋代文献,无能证此二书确已校定颁行者。且林亿等《素问》新校正又曾言及《灵枢经》“惜不全”。故后世学者,大都以为此二书虽已列入校定计划之内,但由于某种原因,而未加校刊的可能性较大。迨至南宋高宗绍兴年间,有锦官史崧进献其校定之家藏《灵枢经》,方由官方刊行传世,今存各种传本,皆源于此。详史崧本乃将原家藏九卷本,勒为二十四卷本,并增修“音释”若干字,另有部分校文,均附于篇末。而《黄帝内经太素》一书,在南宋之后,国内又失传矣。

又宋哲宗年间,曾刊行高丽进献之《黄帝针经》。详《宋史·哲宗本纪》元祐八年春正月:“庚子,诏颁高丽所献《黄帝针经》于天下。”又《资治通鉴长编》卷四百八十:“元祐八年正月,工部侍郎权秘书监王钦臣言;高丽献到书内,有《黄帝针经》,篇帙具存,不可不宣布海内颂习,乞依例摹印。诏令校对讫,依所请。”按王钦臣,据《宋史》卷二百九十四王洙传附,钦臣,洙之子,曾奉使高丽,性嗜古,藏书数万卷,手自校正,世称善本。其留心医籍,亦若乃父曾于馆阁蠹简中得仲景《金匮玉函要略方》事也。又宋·江少虞《宋朝事实类苑》卷三十一“藏书之府”之二十亦载有此事,与上书所述大致同,唯详记圣旨云:“有旨:令秘书省选奏通晓医书官三两员校对,及令本省详定论,依所申施行。”根据上文所记,高丽进献本《黄帝针经》,在北宋哲宗嘉祐年间,曾经官方校定刊印颁行而无疑。又在金、元时医籍中,如元·罗天益《卫生宝鉴》及其整理其师李杲先生《东垣试效方》二书中,多有引用。特如《东垣试效方》引用较详,且大部分著明卷篇。盖金、元人必系沿用宋代刊本,此亦可证宋代曾校定刊行过《黄帝针经》。惟此书至明、清时期,既未见有传世之本,亦不见有著录或引用者,或其又佚失也。因本书久已失传,故宋臣校定体例及内容,今亦不详。

从宋代所校定以上诸书看,繁简不一,前后有差。但从总体而论,宋臣校书的成就是巨大的,对后世的影响是深远的,就学术与方法而论,内容也十分丰富,值得我们认真总结与发扬。

四、运气类文献

运气学说,在王冰次注本《素问》之后,逐渐为学术界所注目,并出现了一批新的文献问世,特在宋金元时期,较为兴盛,今略述其要者。

(一) 宋代书目著录者

《通志·艺文略》著录有《素问入式钤》一卷(兰先生撰)、《玄珠密语》十卷、《三甲运气经》三卷、《六甲天元气运钤》二卷、《五运六气玉锁子》三卷、《灵元经》三卷。

《宋史·艺文志》著录有叶长文《启玄子元和纪用经》一卷、赵从古《六甲天元运气钤》二卷、陈蓬《天元秘演》十卷、刘温舒《内经素问论奥》四卷。

《郡斋读书志》著录有《天元玉册》三十卷:“右启玄子撰,即唐王砯也。书推五运六气之变。”

《遂初堂书目》著录有《气运钞》。

《直斋书录解题》著录有《五运指掌图》一卷,叶玠撰。

以上诸书,除少数存世者外,大都亡佚。

（二）存世运气类书

1.《玄珠密语》，今存本皆十七卷

以《道藏》本为例。卷端大题均作《素问六气玄珠密语》，启玄子述。

卷前有《玄珠密语》序云："余少精吾道，志苦文儒，三冬不倦于寒窗，九夏岂辞于炎暑。后因则天理位，而乃退志休儒，继日优游，棲心至道……得遇玄珠，乃师事之尔，即数年间，未敢询其太玄至妙之门，以渐穷渊源，方言妙旨授余曰：百年间可授一人。不得其志，求者无妄泄矣。余即遇玄珠子，与我启明，故自号启玄子也，谓启问于玄珠子也。今则直书五本，每本一十卷也，头尾类篇义同，其目曰《玄珠密语》，乃玄珠子密而口授之言也。余于百年间，不逢志求之士，亦不敢隐没圣人之言，遂书五本，藏于五岳深洞中……"

详《玄珠》一书，原出《素问》王冰序云："辞理秘密，难粗论述者，别撰《玄珠》，以陈其道。"林亿等新校正云："详王氏《玄珠》，世无传者，今有《玄珠》十卷，《昭明隐旨》三卷，盖后人附托之文也。虽非王氏之书，亦于《素问》第十九卷至二十二四卷，颇有发明。其《隐旨》三卷，与今世所谓《天元玉册》者，正相表里，而与王冰之义多不同。"

根据上文，宋时林亿等已见有《玄珠》及《昭明隐旨》等书，且辨其非冰之书，盖后人附托之文。今《昭明隐旨》已佚，《玄珠密语》当即林亿等所见书。今观此序，不仅荒诞不稽，而且辞理浅俗。若与《素问》王冰序相较，则不啻霄壤。故后世早已辨其妄。如《四库全书总目》云："考冰所注《素问》，义蕴宏深，文词典雅，不似此书之迂怪，且序末称传之非人，殃堕九族，乃粗野道流之言，序中又谓余于百年之间，不逢志求之士，亦不敢隐没圣人之言，遂书五本，藏之五岳深洞中，是直言藏此书时，其年已在百岁之外，居然自号神仙矣，尤怪妄不可信也……术数家假托古人，往往如是，不足诘也。"然则此书之伪，不足为辨，亦或唐末或五代时羽家之流，托启玄子之名所为也。

就其内容而论，其阐述五运六气之义，亦可以羽翼《素问》运气七篇大论，然其所谓正化、对化、顺化、逆化、间化及地合、直符等说，则不见于《素问》，此犹另一家言。至于其所论观象以知国政，观气以测吉凶等，此犹术数家之流也。故此虽论五运六气之学，与《素问》运气七篇大论亦同中有别。今本作十七卷者，恐皆源于明《道藏》本，《道藏》收书卷数多有变者，如《素问》一书，王冰次注本原为二十四卷，而《道藏》本作五十卷，犹其例也。

2.《素问》遗篇"刺法论"、"本病论"

《素问》遗篇"刺法论"与"本病论"，在王冰次注本中已注明"亡"。然宋代却有此二篇存世。详林亿等新校正云："详此二篇，亡在王注之前，故病能论篇末，王冰注云：世本既阙第七二篇。谓此二篇也，而今世有《素问》亡篇及《昭明隐旨论》，以为此三篇，仍托名王冰为注。辞理鄙陋，无足取者。"是则林亿等已辨其伪。故《素问》宋刊本中无此二篇，今见元古林书堂刊本，书后附此二篇，然版式与字体，与前卷似皆有别，疑非原刊。

详该二篇内容，亦论运气者也。刺法篇，主要阐发六气升降之义，及对《素问·六元正纪大论》"资其化源"之义，衍释为文。然其所谓"迁正"、"退位"、天柱、天蓬、天冲、天英、天芮、地晶、地玄、地苍、地彤、地阜窒抑，及刚干柔干等说，皆《素问》七大论所不具。又避疫之法，所谓"天牝从来"，"即室先想"之意，实与道教"存思"之义同。如云："欲将入于疫室，先

想青气自肝而出,左行于东,化作森林。次想白气,自肺而出,右行于西,化作戈甲……"等。详《大洞真经》卷一"诵经玉诀"存思五方之气有云:"东向冥心叩齿九通,阴诵《太帝君素语内咒》:'苍元浩灵,少阳先生,九气还肝,使我魂宁……'毕,口引东方青阳之精,青气;因闭气九息,咽气九过,使布满肝脏之中,结作九神,青衣冠,状如木星,下布肝内。"如此等等,颇为相似。本病篇则继论"上下升降,迁正退位"之说,五运六气太过不及之变,以为病本。又详其文有云:"心为君主之官,神明出焉。失神守位,即神游上丹田,在帝太一帝君泥丸君下。神既失守,神光不聚"。此皆本于《黄庭》之义。

总之,刺法、本病二篇,若以为真《素问》之遗篇则不可,若以为运气之杂说,则义犹可存。其于《素问》,则亦有发挥余义处,其于王冰,则古今若判。然则此二篇,亦当在王冰之后,或出于医而好道者。

3.《天元玉册》

今存有中国中医科学院图书馆藏抄本二十八卷。

详《素问·天元纪大论》:"鬼臾区曰:臣积考《太始天元册》文曰。"王冰注:"《天元册》所以记天真元气运行之纪也。自神农之世,鬼臾区十世祖,始诵而行之。此太古占候灵文,洎乎伏羲之时,已镌诸玉版,命曰《册文》,太古灵文,故命曰《太始天元册》也。"林亿等新校正云:"详今世有《天元玉册》者,或者以为即此《太始天元册》文,非是。"据此则王冰以为《太始天元册》,乃太古占候灵文,且言伏羲之时,已镌诸玉版,命曰《册文》者,是唐时当有存世本托名伏羲氏之《册文》一书,故王冰得以言之。又冰注中,则从未言别撰《天元玉册》一书,故宋代有世本《天元玉册》,林亿等辨其非者,良是。又《素问》王冰序林亿等新校正亦云;《玄珠》、《昭明隐旨》于《素问》运气诸篇,"颇有发明,其《隐旨》三卷,与今世所谓《天元玉册》者,正相表里,而与王冰之义多不同"。此尤足以证《天元玉册》之非出于王冰之手。

《古今医统大全》采摭诸书有《太始天元玉册元诰》:"十卷,不载何人所作,历汉至唐,诸艺文志俱不载录。其文与《内经》不类,非战国时书,其间有天皇真人书,其文若道正无为,先天有之,太易无名,先于道生等语,皆老氏遗意。意者,老氏之徒所著。大要推元五运六气三元九宫太乙司政之类,殊为详明,深足以羽翼《内经》六微旨、五常政等论。太玄君扁鹊为之注。此扁鹊号太玄君,为黄帝时人。后秦越人医术之神,人称之曰扁鹊。"又《天元玉册》:"三十卷,启玄子王冰述《元诰》、《内经》之意,益之以五运六气之变。"

按此又别出《太始天元玉册元诰》一书,据《天元玉册》注文云"启玄子述《元诰》、《内经》之意",似《元诰》先于《玉册》,然宋人不言有《元诰》一书,故亦或后人据《玉册》文,复增老子之说,衍释而成。

总之,《天元玉册》一书,本取《素问·天元纪大论》言《太始天元册》名义,假启玄子之名,推演五运六气之学。虽为运气类书,亦多占星之术,亦术数家之流,似多出于唐、五代时人之作。

4.《运气论奥》

《郡斋读书志》著录有《运气论奥》三卷:"右皇朝刘温舒撰。温舒以《素问》运气,最为治病之要,而答问纷糅,文辞古奥,读者难知。因为三十论,二十七图,上于朝。"

该书自序云:"黄帝论疾苦成《素问》……其间气运,最为补泻之要。虽备见黄帝与岐伯、鬼臾区问对，纷糅篇章，卒无入法，稍难施用。余性识偏陋，窃慕真风，棲心圣典，积有岁月，虽吏役劳尘之暇，亦未尝暂捨，笔萃斯文，久以盈轴，莫不究源附说，解惑分图。括上古运气之秘文，撮斯书阴阳之精论，若网之在纲，珠之在贯，粲然明白。笺明奥义，感有指归。”末署“元符已卯岁丁丑月望日序”。

《四库全书总目》著录有《素问入式运气论奥》三卷，附《黄帝内经素问》遗篇一卷：“宋・刘温舒撰，温舒，里居未详，前有元符已卯自序。题朝散郎太医学司业。盖以医通籍者也。晁公武《读书志》云：温舒以《素问》气运为治病之要……因为三十论，二十七图上于朝。今详考其图，实二十九，盖十干起运、十二支司天二图，原本别题口诀，故公武不以入数，仅曰二十有七；其论实为三十一篇，末五行胜复论一篇，原本别注附字，故公武亦不以入数，仅曰三十也。卷末别附‘刺法论’ ·卷，题曰‘《黄帝内经素问》遗篇’。”按《四库总目》所言，与今本合，唯别附遗篇，尚有“本病论”也。

刘温舒，史无传，惟所题结衔为“朝散郎太医学司业”。朝散郎，为文散官，从七品上，虽有官名，而无固定职事。太医学司业为其实职，太医学者，医学高等学府也。司业，副长官也，又详此书序于宋哲宗元符二年。盖其生当在仁宗朝末，卒于徽宗末或靖康乱后。

《论奥》一书，主要是对运气学说之范式、气数、干支、纪辰等有关五运六气之运算及变幻等，根据《素问》运气七篇大论文，结合天文、历法、《玄珠》及王冰注义予以衍释。如卷上题名有：五行生死顺逆之图、论五行生死顺逆第一、十干之图、论十干第二、十二支图、论十二支第三、纳音之图、论纳音第四、六化之图、论六化第五、四时气候之图、七十二候之图、论四时气候第六等。图文结合，论述简要，亦有助于学运气之说。据书中内容及附载“刺法”、“本病”二文，亦可证温舒亦尚后世运气学者。

5.《元和纪用经》

《宋史・艺文志》著录有叶长文启玄子《元和纪用经》一卷。

日本・涩江全善等《经籍访古志》著录有《元和纪用经》一卷，《六醴斋医书》本：“唐启玄子王冰著。首有许寂序，末附《十国春秋・许寂传》及程永培跋。”

按此书宋以后，传者极少，《宋志》言叶长文，生卒年代及里贯均不详。清・程永培《六醴斋医书十种》收有此书，已无叶长文名，卷首有许寂序，并有程永培跋。

许寂序云：“昭皇在御，余尝布衣奉诏，讲《易》禁殿，忤言惊俗，寻乞还山，茹芝采药，与羽人梁自然为山水师友，丹灶之外，博究经方，救世活人。岁千百数。春和秋爽，多历名山。一日，授余启玄三章曰，君食熟酪，可施此药，余虽敬受，莫测其所谓也。后避兵入蜀，方悟熟为蜀，因施药治人，多获康愈，由是蜀人遂无夭枉。同光从王入朝，齿发已衰，旋乞致仕，卜林泉于洛。居岁余，又悟酪为洛。自洛人得药，起死者不可胜数。白牛师语，历验无差，食于蜀，食于洛，余神其事，乃书经之首，以传后世。”

许寂，吴志伊《十国春秋・前蜀》有传，言其初在四明山为道士时，见剑侠自臂中出物化剑等事，亦甚荒诞。而此序所记诸事，亦多迂怪。是许寂乃五代后梁后唐时人也。所言受书之羽人梁自然，亦当为唐末人。

又详程永培跋云：“《宋史・艺文志》载有启玄子《元和纪用经》一卷，世传绝少……王肯堂《准绳》曾引其说。以后诸家，绝未见有用其方者。今按此卷，乃传自越之许寂。寂本四明山道士，后至蜀历官至尚书，蜀降唐，遂家于洛，寂于蜀、洛两郡，治人病无不愈。余偶得之，如获至宝。是夜虚室生白，乃此书之光也，执方疗病，辄应手愈。第本有阙字，然本亦不刊，留之亦待补者。余乃据启玄子《素问》原注补之。尚有不及补者，则目力所限，考据难周，又不敢参以私意，仍留本，以俟博览君子。”程氏此序，亦颇自炫，不足以取信，足见其迷信于道术者也。

又详该书中章首列玄珠子秘授苗丹三方，经检宋·陈言《三因方》卷九“五瘘治法”有“王启玄传玄珠先生耘苗丹三方”云云诸文，与此当为同出一源，与《玄珠》之序，似出一人之手。又《元和纪用经》之名，所谓“元和”者，唐宪宗年号，其时去王冰《素问》作序之唐肃宗宝应年，已四十余年。而言此书为王冰著，岂不远乎。

总观上文诸记原委，宋人已见其书则无疑，许序所言种种及言玄珠等意，则反映道家色彩颇甚，故该书有可能在唐末或五代，与《玄珠》等，均出于道家之手，而托名于王冰也。

该书现存三章，上章为六气用药增损六法，据运气学说，列述用药之法；中章以五味具备服饵九法，首列玄珠子秘授苗丹三方；下章载古今验方八十一首。是该书亦以运气为式而施用方治之书。

详以上诸书，虽为运气类文献，然与《素问》运气七篇大论诸说，亦同中有别，非尽出一家。其中多具术数之说，道家之术，犹运气学说之分流也。

五、伤寒类文献

治伤寒之学，自仲景书问世之后，代不乏人。在魏晋南北朝及隋唐时期，对伤寒一门，已有伤寒、时气、热病、温病、瘟疫等多家之言。在病因、治法方面，亦有新的发展。如《肘后备急方》卷二“治伤寒时气温病方第十三”云：“伤寒、时气、瘟疫，三名同一种耳，而源本小异。其冬月伤于寒，或疾行力作，汗出得风冷，至夏发，名为伤寒；其冬月不甚寒，多暖气及西风，使人骨节缓堕受病，至春发，名为时行；其年岁中有疠气，兼挟鬼毒相注，名为温病。如此诊候并相似。又贵胜雅言总名伤寒，世俗因号为时行。”然在《病源》及《外台》中，已各别门类矣。然此时尚极少有专书问世。宋金元期间，特由于张仲景《伤寒论》之推广，世人研习者居多，加之时病流行，应用者广。故对伤寒类文献，有一较大发展，主要有以下几个方面：

（一）书目及引书著录之伤寒文献

根据宋代现存书目如《崇文总目》、《通志·艺文略》、《郡斋读书志》、《直斋书录解题》、《遂初堂书目》、《宋史·艺文志》及清人补辽、金、元艺文志，加之别书援引之伤寒类书目，约计有以下之多：

宋人撰：田宜卿《伤寒手鉴》、佚名氏《伤寒证辨集》、陈昌胤（一作陈昌允，系避宋讳改字）《百中伤寒论》、高若讷《伤寒类要》、佚名氏《伤寒类要方》、丁德用《伤寒滋济集》、孙兆《伤寒方》及《伤寒脉诀》、刘元宾《通真子伤寒诀》及《伤寒括要》、钱乙《伤寒指微论》及《伤寒指迷论》、韩衹和《伤寒微旨论》、庞安时《伤寒总病论》、王实《伤寒证治》、杨玠《四时伤寒总病论》、朱肱《伤寒百问》及《南阳活人书》、钱闻礼《钱氏伤寒百问方》及《伤寒百证歌》、卢祖常《拟进活人参同余议》、杨士瀛《伤寒类书活人总括》、王仲弓《伤寒治要》、卢昶《伤寒片玉集》、许叔微《伤寒百证歌》及《翼伤寒论》、《伤寒发微论》、《治法八十一篇》、《伤寒九十论》、石昌琏《证辨伤寒论》、佚名氏《伤寒集论方》、佚名氏《孙王二公伤寒论方》、上官均集

《伤寒要论方》、朱旦《伤寒论》、陈昌祚《明时政要伤寒论》、佚名氏《郑氏伤寒方》、曾谊《伤寒论》、罗适《伤寒救俗方》、刘君翰《伤寒式例》、李柽《伤寒要旨》及《伤寒治法撮要》、汤尹才《伤寒解惑论》、郭雍《伤寒论》、何滋《伤寒辨疑》、佚名氏《伤寒奥论》、李子建《伤寒十劝》、佚名氏《伤寒证法》、佚名氏《伤寒论翼》、佚名氏《伤寒遗法》、陈孔硕《伤寒泻痢要方》、平尧卿《伤寒论治要略》及《伤寒玉鉴新书》、屠鹏《伤寒要法》、李涉《伤寒方论》、李大参《伤寒指南论》、刘开《伤寒直格》、吴敏修《伤寒辨疑论》等。

金人撰：成无己《注解伤寒论》及《伤寒明理论》、李庆嗣《伤寒纂类》、《改证活人书》及《伤寒论》、宋震公《伤寒类证》、刘完素《伤寒直格》及《伤寒标本心法类萃》、镏洪《伤寒心要》、马宗素《伤寒医鉴》、常德《伤寒心镜》、张从正《伤寒心镜》、张璧《伤寒保命集》及《伤寒百问》、李杲《伤寒会要》及《伤寒治法举要》、李浩《伤寒钤法》。

元人撰：滑寿《读伤寒论抄》、朱震亨《伤寒论辨》及《伤寒摘疑》、熊景元《伤寒生意》、王履《伤寒立法考》等。

以上诸书数量之多，自非前朝所能比，但还不可能是该时期伤寒文献的全部，其他漏收及方志所记或书虽不名伤寒而以论伤寒为主者，尚有许多，由于伤寒文献之多，且后来继增，故作为医学文献门类，自此，一直沿用之。

诸伤寒文献，就内容而论，一者为张仲景《伤寒论》的整理研究及应用，一者为温热病亦即所谓广义伤寒方面文献。亦或二者兼而有之。故该时期伤寒文献，无论是对《伤寒论》的文献整理，还是对广义伤寒的文献整理，均为伤寒文献的发展开创了新的局面。

（二）伤寒医书整理研究方面的文献

宋金元时期对伤寒文献的整理研究，包括两个方面，一者为《伤寒论》文献，一者为伤寒病文献。二者既有联系，又有区别。形式亦多种多样，主要有以下几种：

1. 大型医方书收载《伤寒论》古传本内容

主要为《太平圣惠方》，主要在卷八中，收《伤寒论》部分条文内容。共列二十五题，二十四论，二百三十八条，方五十道。其“伤寒叙论”部分内容与《伤寒论·伤寒例》同；“辨伤寒脉”与《伤寒论·辨脉法》同，惟文字略有出入，并删去诸“问曰”、“答曰”等文；辨六经病形证及辨诸可与不可中条文，大都与《伤寒论》同，但有个别条文、处方，为《伤寒论》所不具。根据“该书叙论”中援引“《千金》云”及避唐高宗李治讳（诸当为“治”字者，均作“疗”），疑此系唐高宗时或高宗以后人所撰，其六经形证及诸可与不可，亦仅有部分条文，当是一种唐人抄录之节选本。

另有《圣济总录》卷二十至卷三十三中，亦保留有部分《伤寒论》条文，但多夹杂于治伤寒病证之其他条文中，构不成版本系统，疑是当时编撰该书，或时人编纂之治伤寒书，选录了部分《伤寒论》条文，而在文字方面，亦有所改动。

2. 校定古传本《伤寒论》

对《伤寒论》古传本之校定，该时期主要有宋臣林亿等之校定本《伤寒论》与《金匮玉函经》，特别是《伤寒论》一书，为宋以后研习《伤寒论》者，提供了范本。二书校定情况，详见前文。

3.《伤寒论》注释

该时期全文注释《伤寒论》者，唯金人成无已《注解伤寒论》。该书无自序，有严器之序云："仆忝自幼徂老，躭味仲景之书五十余年矣，虽粗得其门，而近升乎堂，然未入于室，常为之慊。然昨者，解后聊摄成公，议论赅博，术业精通，而有家学，注成《伤寒论》十卷，出以示仆。其三百九十七法之内，分析异同，彰明隐奥，调陈脉理，区别阴阳，使表里以昭然，俾汗下而灼见。百一十二方之后，通明名号之由，彰显药性之主。十剂轻重之攸分，七精制用之斯见。别气味之所宜，明补泻之所适。又皆引《内经》。旁牵众说，方法之辨，莫不允当，实前贤所未言，后学所未识，是得仲景之深意者也。"末署"时甲子中秋日洛阳严器之序"。

详此纪时言"甲子"者，当南宋高宗绍兴十三年，金熙宗皇统四年也。此时中原陷落已二十年左右。严氏此序，对成注《伤寒论》的某些主要成就，已有所论及，亦属公允。

该书现存明·赵开美《仲景全书》本，卷前有宋臣林亿等序，又附治平二年"进呈奉圣旨镂版施行"牒文及林亿与政府官员范镇等衔名，又附元祐二年准国子监"别作小字雕印"牒文。然综观此书全文，与宋臣校定本不同处颇多，决非皆为成氏校改。故成无已注解本所据祖本，必系另有所本。

观全书基本内容之结构，亦为十卷，篇题、名称及篇序，均与林亿校定本同。惟个别处文字如"伤寒例"等，稍有改动。其诸医方之文字，与宋臣校定本差异较大。对《伤寒论》原本重出之方及林亿等校文，尽为删除。又卷前有"首卷"一卷，列运气内容十一题，为宋臣林亿校本所无。然详考该书内容及金、元别本遗记，亦当为后人增附。

成注本主要有以下特点：①对部分经文，重为校勘。如卷二第四"病身热足寒，颈项强急，恶寒，时头热，面赤，目脉赤，独头面摇……"一条，林亿校定本同，亦无校，而成注本"面"下注云："一本无面字"，或成无已曾用林校本以外之传本相校。②其注释多援引《内经素问》、《针经》、《难经》、《金匮》、《千金》等，结合已见，以阐释医理及文理。③每方之后，加以训解方义，开仲景方方解之先河。④每卷之后，附以"音释"。此亦《伤寒论》具"音释"之首见者。

成无已《注解伤寒论》一书，为今见早期对《伤寒论》之全文注释者，虽有个别不善之处，然总而论之，应属成就卓著，故对明、清两代之研习者，影响较大。

4. 以方类证

以方类证即以《伤寒论》方为纲，将其主治条文或证，类列于下。此种方法，典型者如刘元宾《通真子伤寒括要》一书中，取《伤寒论》重要方剂三十一首，如桂枝汤证，下列《伤寒论》中桂枝汤主治条文十五条，后列桂枝汤方药组成及煎服法。惟最后一方证犀角散证，非《伤寒论》方。

此种方法，体现了异病同治及一方多治的精神。对打破《伤寒论》原篇序，取以方分类的方法研究《伤寒论》，提示了一种新思路和方法，更能突出对《伤寒论》方的深入研究。

5. 以方为论

以方为论即取仲景《伤寒论》方，重点在方药的组合、配伍及主治机理方面，进行论述，故亦即医方论，如成无已《伤寒明理论》卷四，"伤寒明理药方论"共取《伤寒论》方二十首，从方名、治法、配伍、主治、药性等方面进行了论述。

此法不仅是对《伤寒论》中二十首方剂的深入论述,亦为全面研究《伤寒论》,提供了经验,而且对后世"方论"诸书的问世,具有一定的影响。

6. 以证为论,或以证类文

以证为论者,是以《伤寒论》文所见诸证,或间及伤寒病别证为题,从理论上进行论述。以证类文者,以《伤寒论》文所见诸证,兼及伤寒别证为题,将《伤寒论》条文或解文,类列其后。前者如成无己《伤寒明理论》卷一至卷三,共列证名五十条,主要是从病机理论方面进行论述。后者如许叔微《伤寒百证歌》,共列一百证,编为七言歌诀,并另以注文形式,出列《伤寒论》条文,间加论述。又如许叔微《注解伤寒发微论》卷上"论伤寒七十二候",共列七十二证,每证之下,以注文形式,类例《伤寒论》条文,或别书内容,间出己论。

此方开创了《伤寒论》文献研究以证类方或以证类论的方法,体现了同病异治的精神,对后世亦有较大影响。

7. 以证案带论

以证案带论即以证名为题,以医案为例,而兼发论述者,如许叔微《伤寒九十论》,共列九十证。有以方名为证者,如大青龙汤证;有以证候为证者,如指甲黑青证者;有以病名为证者,如风温证;有以病机为证者,如阴中伏阳证;有以辨药为证者,如辨桂枝汤用芍药证等。每证之下,首列自治病案一则,次后大都有论,以明其理。所记病案,除具有姓氏外,间记职业、时间、病候、诊断、治法、方药、预后等,大都具备。所发论曰,亦皆肯切。

详伤寒类书之间记医案者,前已有之,如《伤寒微旨论》亦间附熙宁、元丰间治案,然如许氏之以此为体而论伤寒者,亦属首见,为后世结合临床应用研究,犹开先河之例。

8. 论述性文献

论述性文献主要是对伤寒病的有关问题,进行专题性论述。如韩祇和《伤寒微旨论》二卷,该书共列十五篇,如卷上有伤寒源篇、伤寒平脉篇、辨脉篇、阴阳盛虚篇、治病随证加减药篇、用药逆篇、可汗篇、可下篇等。亦多能综合文意,探索微旨。故《四库全书总目》云:"书凡十五篇,间附方论,大抵皆推阐张机之旨,而能变于其间。"其所选诸方,亦大都出于后世,故是书实则对伤寒病有关问题,结合《伤寒论》精神进行的专题性论述。并非对《伤寒论》的专题论述。

9. 综合性伤寒文献

综合性伤寒文献即对仲景《伤寒论》及后世伤寒病医著,加以己见,进行综合论述之文献。此类文献较多,今举以下几家为例。

庞安时《伤寒总病论》,该书今存本为六卷,卷六有《上苏子瞻端明辨伤寒论书》,对撰书之旨,言之详明。大意谓"四种温病,败坏之候,自王叔和后,鲜有明言详辨者……国家考正医书,无不详备,虽此异气败坏之证,未暇广其治法,安时所以区区略意,欲使家家户户,阅方易为行用,自可随证调治。"该书卷一至卷三,为《伤寒论》之大部内容。重新组合,共列三十四题,其卷一之六经证及卷二之诸可与不可证,虽具有《伤寒论》之某种原型,但题名及条文,亦皆重新检选组合,卷三则列有结胸,心下痞证等十三证,以证为主。故亦可谓对《伤寒论》之专题研究。卷四至卷六为治温热病者,如卷四自暑病论至温病发斑治法共八题,卷五自天行温病论至小儿伤寒共十二题,卷六自伤寒杂方至辨论共十题。是该书名《伤寒总病论》者,既系对《伤寒论》之总论,亦犹对伤寒病之总论也。"荛园刻书题识"云:"此书摘取张长沙之大要,辨论精妙,其有证而无方者,上溯《内经》,旁及他书,参以己见,为增损进退之法,实能发仲景未尽之意,而补其未尽之方。是为庞氏之撰著,非仅述而不作也。"亦如是言。

朱肱《南阳活人书》。此书为北宋朱肱撰,据进表云:"昔为冗吏,今作闲人,乃因三余,著成《百问》。上稽伊尹汤液之论,下述长沙经络之文,诠次无差,搜罗殆尽……一函八册共二十卷。"又据张蒇序云,始见无求子《伤寒百问》,不知为何人,后在武林遇朱肱,始知《百问》乃肱所作。书作于己巳(宋哲宗元祐四年),成于戊子(宋徽宗大观二年),"张长沙,南阳人也,其言虽详,其法难知。奉议公祖述其说,神而明之,以遗惠天下后世,余因揭其名为《南阳活人书》云。"是知该书原名《伤寒百问》,后于大观五年张蒇序时,改名《南阳活人书》,然肱进表中仍称《百问》。

又明·吴勉学刊《医统正脉》本,有《增注无求子类证活人书》二十二卷。清·陆心源《仪顾堂题跋》云:"以宋本校之,前多释音四叶,伤寒药性四叶,目录十六叶,又引《素问》、《灵枢》、《难经》、仲景诸家之说为之注。有双行注者,有低二格双行列于各条后者,肱有自注,与增注不分,大约不引旧说者,为肱自注,其引旧说者,皆增注也,卷一至十一分卷,与宋本同;卷十三、十四、十五,即宋本之十二、十三也;卷十六、七、八,即宋本之卷十四、五也;卷十九,即宋本之卷十六;卷二十,即宋本之卷十七;卷二十一,即宋本之卷十八;其卷二十二,为李子建《伤寒十劝》,非肱所著,与卷首之释音、药性,皆后人所增也。增注出于何人之手,明刻不著其名,查楼钥《玫瑰集》:《增释南阳活人书·序》曰:无求子朱公肱,士夫中通儒也,著《南阳活人书》,吾乡王君作肃,为士而习医,自号诚庵野人,以《活人书》为本,博取前辈诸书凡数十家,手自编纂,参入各条之下,名曰《增释活人书》。据此,则此本为王作肃所辑。"详楼钥,南宋孝宗、光宗时人。是朱肱《南阳活人书》二十卷本,至南宋王作肃增补增注,加以编辑,遂成二十二卷本,书名亦加冠词。《医统正脉》本名,亦或元、明间人刊者所为。

详今本内容,卷一至卷四,论经络、切脉、阴阳、表里等;卷五,论伤寒各种病证及湿热、暑热、痞满、咳逆诸证之治法及方药;卷十二至十五,取以方类证之法,论述《伤寒论》方的主治及方药加减;卷十六至十八,采摭《千金》、《外台》、《圣惠方》、《金匮玉函经》等治伤寒方,以补《伤寒论》之有证无方者;卷十九至二十,论妇人伤寒,小儿伤寒及小儿疮疹等;卷二十二收载李子建《伤寒十劝》文。

是则此书,亦对《伤寒论》及后世治伤寒法之综合论述性文献。

郭雍《伤寒补亡论》。郭雍,《宋史》有传,据称,其父曾师事程颐,著《易说》,雍传其父学,后习仲景之学。据自序云:"幼以多疾喜方,遍访名医,时尚及见常器之、康醇道辈,遂悟医师氏之学既久,深得于仲景之论。每叹此学大难穷尽,今则其道将绝,时为雍言之。雍初得闻仲景之书,未甚领略,渐磨日久,及老笃好之,叹已晚矣……今所论次,自岐黄以来及近代诸书,凡论辨问答证治,合一千五百余条,总五万言,分七十余门,集成论说二十卷,方药五卷。雍闻医家有好事,或三十年而著论,或二十载而成书,其用心精专,故足以垂世。如雍行年八十,日暮途远,志在速成,安能久于斯道,是以不踰年而略举大纲,已由前人之述已备,继踵有作，不过书札之力而已，未能免疏略牴牾也。”据此序，知为雍晚年之作，虽以仲景之学为主，然尤广及“岐黄以及近代诸书”，兼以己论，综合编辑而成。

清·汪琥《伤寒论辨证广注·采辑古今诸家书目》云：“书凡二十卷。其第一卷设为问答，以伤寒名例居前，附以叙论诸法及刺热等法；其第二、第三卷，乃辨脉、平脉法；第四卷，首叙六经统论，继之以太阳六经证治；至五、六、七卷，皆系仲景原论，其间有论而无方者，既补以庞安时、常器之两家之说，郭氏复为之校补于后；第八卷至十二卷，则叙汗、吐、下、温、灸、刺及用水用火之法；第十三至十五卷，则叙两感、阴阳易及病后劳复等二十余证；其第十六卷系阙文；第十七、第十八卷，则叙痉、湿、暍等九证及似伤寒诸证；其第十九、二十卷，则叙妇人、小儿伤寒，并痘疹诸证。是皆郭氏采《素》、《难》、《千金》、《外台》、《活人》等方论，以补仲景之阙略。治伤寒者，不可不知也。”

按汪氏所言，大致如是，又详书中援引古今文献，除汪氏所言外，尚有陶隐居、王叔和、《类要》（当即高若讷《伤寒类要》，此书已久佚）、《金匮》、《千金翼》、王仲弓、《两感论》（疑为王仲弓书）、《巢氏病源》、钱乙等诸说。是则可见，该书实则集仲景书及古代与宋代治伤寒（包括温热诸病）诸书之要论，加以一己之见，汇集成编。故亦综论伤寒者也。

又按其第十六卷，至明徐锦重刊时已佚，故今本皆缺。

六、金元四家医学文献

在金元时期，由于社会、地区及气候的关系，形成了一些不同的医学流派。其中尤为突出者为金元四家——刘完素、李杲、张从正、朱震亨。前人云：“医之门户分于金元”，盖指此也。四家之中，虽有些师承关系，但是后来由于各自所处的环境与条件不同，而发展为不同的学术流派，均有专著问世。明清时期，除有其再传门人外，并有诸多私淑弟子。故金元四家，对后来医学之发展亦较大。以下简述其师承关系及各家著述。

（一）师承关系

从师承关系看，主要由两派系，发展为四派系。

1. 河间学派

以起始人刘完素为河北省河间人，故名，据史常永研究员《河间学派世系考》一文的考证，河间学派之世系为：第一代为刘完素；第二代有马宗素、刘庭瑞、董系、刘荣甫、荆山浮屠、穆子昭、贾真孙；第三代有罗知悌、刘吉甫；第四代有朱震亨、王太医、潘阳坡；第五代有戴思恭、王履、赵良仁、刘淑渊、罗成之、张翼、赵道震、贾思诚、朱玉汝、朱嗣记、朱抝祖；第六代有刘纯、王宾、王彦昭、李肃、王伯承、朱文永、朱抝父；第七代有盛寅、韩叔阳、沈仲实、陶浩、朱宗喜；第八代有盛宏、盛僎、盛伦、李懋、沈承先；第九代有盛旷、盛暟、王观；第十代有盛乾。

以上共计十代四十八人，犹列世系表如下：

2. 易水学派

易水学派略后于河间学派。以起始人张元素为今河北省易水人，故名。该派起始人张元素，亲传弟子有李杲、王好古，李杲亲传弟子为罗天益，其后在明、清时期，私淑于易水学派

之说者则有多人。任应秋教授主编之《中医各家学说》,将易水学派的师承关系和私淑关系,列表如下:

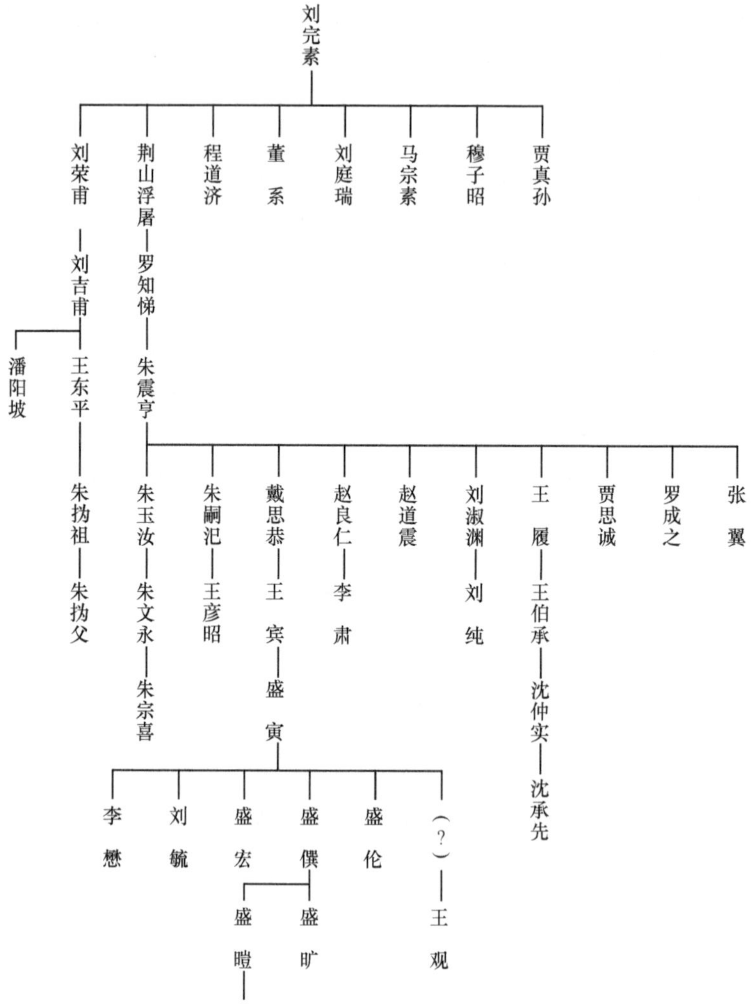

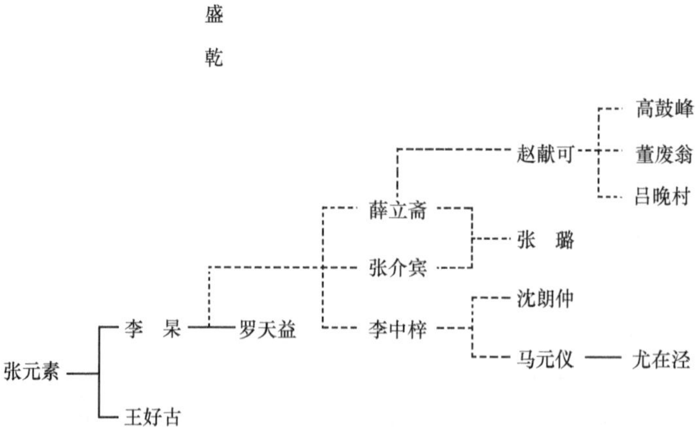

3. 戴人学派

戴人者,张从正之号也。从正始亦宗法于刘完素者,如《金史·张从正传》云:“张从正,字子和，睢州考城人，精于医，贯穿《素》、《难》之学，其法宗刘守真，用药多寒凉，然起疾救死多取效。”亲传张从正之学者，有麻九畴、常德、李子范等。

4. 丹溪学派

丹溪者，朱震亨也。以震亨为今浙江义乌人，家居赤岸镇丹溪，后遂以地望称之为丹溪先生。震亨本为刘完素三传弟子，后则根据当时的条件，发展分化为一种流派。震亨亲传及再传弟子甚多，详见前河间学派世系表。后世崇尚其说者，亦复不少。

（二）医学文献

金元时期四医家自著及弟子之撰著较多，今择其要者，简介如下：

1. 刘完素

完素一生，著述甚多，计有《宣明论方》、《素问玄机原病式》、《运气要旨论》、《素问药注》、《三消论》、《保童秘要》、《图解素问要旨论》、《治病心印》、《十八剂》、《伤寒直格》、《伤寒标本心法类萃》、《素问病机气宜保命集》等，有的已亡佚，其中最富有代表性者，若《原病式》、《保命集》、《宣明论》诸书。其中唯《保命集》一书，李时珍《本草纲目》以为乃张元素书。然《三消论》线溪野老跋及杜思敬《济生拔萃》均言守真书。详彼皆金、元时人，言当可信，故从之。

《原病式》自序有云：“观夫世传运气书多矣，盖举大纲，乃学之门户，皆歌颂钤图而已，终未备其体用，及互有得失，而惑人志者也……仆虽不敏，以其志慕斯道，而究之以久，略得其意……而辄申短识，本乎三坟之圣经，兼以众贤之妙论，编集运气要妙之说十余万言，九篇三部，勒成一部，命曰《内经运气要旨论》，备见圣贤经之用矣。然妙则妙矣，以其妙道，乃为对病临时处方之法，尤恐后学未精贯者，或难施用。复宗仲景之书，率参圣贤之说，推夫运气造化自然之理，以集伤寒杂病脉证方论之文。一部三卷十万余言，目曰《医方精要宣明论》。”又云：“观夫医者，唯以别阴阳虚实。最为枢要，识病之法，以其病气归于五运六气之化，明可见矣，谨率经之所言，二百余字，兼以语辞二百七十七言，绪归五运六气而已……今特举二百七十七字，独为一本，名曰《素问玄机原病》，遂以比物立象，详论天地运气造化自然之理，二万余言。仍以改证世俗谬说。”

今观此序，完素撰著众书之旨自明，其所宗法者，《素问》运气病机及仲景之学。故特举病机十九条五运主病与六气为病十条，加之自增“诸涩枯涸，干劲皴揭，皆属于燥”一条，共十一条二百七十七字为论病之纲，又详发六气皆能化火之义，治以寒凉为主，此其学之与诸家所别者。

余如其传人马宗素之《伤寒医鉴》、葛雍之《伤寒直格》、镏洪《伤寒心要》等，亦皆能进一步阐发完素之学。

2. 张元素

据诸书著录援引，著术亦多，如《珍珠囊》、《医学启源》、《洁古本草》、《洁古家珍》、《药注难经》、《洁古注叔和脉诀》、《洁古云岐针法》、《产育保生方》、《脏腑标本药式》等。有的如《产育保生方》，早亡；有的或为后人依托。如《药注难经》，滑寿《难经本义·汇考》云：

“洁古氏《药注》,疑是草稿,姑立章指义例,未及成书也,今所见者,往往言论,于经不相涉,且无文理,洁古平日著述极醇正,此绝不相似……岂好事者为之,而托为先生之名耶。”

张元素之学,亦源于《内经》、于脏腑辨证及结合五脏之苦欲补泻而用药方面,深得其义,形成了系统的理论概括。在用药方面,首倡药物归经及引经报使之说,在本草方面,亦为理论概括之发展。对后世影响较大。

3. 李杲

李杲虽非易水学派之起始人,然因其在乃师张元素的基础上,著述甚丰,颇多创见,故在易水学派中,影响较大,后世宗之者亦多。其著述有《内外伤辨惑论》、《脾胃论》、《兰室秘藏》、《医学发明》、《东垣试效方》等。另有《伤寒会要》、《保婴集》、《伤寒治法举要》、《东垣心要》、《万愈方》、《医学辨论》、《用药珍珠囊》、《五经活法机要》、《疮疡论》、《医方便儒》、《药性赋》等,有些已亡,有的系依托之作,故真伪尚待考。另有《活法机要》一书,元·杜思敬《济生拔萃》本中特注云:“东垣与《洁古家珍》及刘守真《病机》、《保命》大同小异。”又详该书内容,与今存刘完素《保命集》中、下卷大致同,唯每病之“论”文为简,载方亦大都为少,或间有不同者。故此书亦或源于《保命集》,而稍有损益者。

李杲医书,唯《内外伤辨惑论》,为其生前手定。余皆由门人校定,或据其有关资料所整理。

东垣之学,特重脾胃内伤为患,故创补中益气、升阳散火诸法。后世名之为补土派,盖由此也。《脾胃论》,有其门人罗天益后序云:“黄帝著《内经》,其忧天下后世,可谓厚且至矣,秦越人述《难经》以证之。伤寒为病最大,仲景广而论之,为万世法。至于内伤脾胃之病,诸书虽有其说,略而未详。我东垣先生,作《内外伤辨》、《脾胃论》以补之……”观此序之义,于东垣之学,可见一斑。

4. 张从正

从正著作,据《心印绀珠经》云,有《儒门事亲》三十篇,《十形三疗》一帙,《治病百法》一帙,《三复指迷》一帙,《治法心要》一帙,《三法六门》、《世传方》一帙。

今存有明刊《医统正脉》本《儒门事亲》十三卷,原非《儒门事亲》一种,实则为一多种本丛书,中日学者如日本·丹波元简《医賸》、清·周中孚《郑堂读书记》等,均有所考证。今详该书内容所含:

卷一至卷三,为《儒门事亲》,含医论三十篇。

卷四至卷五,为《治病百法》,含百种病证之证治。

卷六至卷八,为《十形三疗》,十形(按将六气为七,故实有十一形)者,即风、暑、火、热、湿、燥、寒、内伤、外伤、内积、外积等病形。三疗者,汗、吐、下三种疗法,此书实乃集从正及门人麻九畴等所治百病案例。

卷九为《杂记九门》,医案医话类。

卷十为《撮要图》,运气类。

卷十一至卷十二,为《三法六门》、《治法杂论》。三法者,汗、吐、下也;六门者,风、暑、湿、火、燥、寒也。杂论者,医论也。

卷十三,为刘河间先生《三消论》。

卷十四，为扁鹊华佗察声色定生死。

卷十五，为《世传神效名方》，为选录常用验方。

据上可见，今十五卷本《儒门事亲》，非张从正一家言也。

从正主张攻邪，多用汗、吐、下法，后人称之曰攻下派。用之于邪实者，自不待言，若正气虚者，又当别议。故后人如朱丹溪等，亦常讥之。是亦在医者之审证，非法之谬也。

5. 朱震亨

明、清书目著录及存世医书署名丹溪者甚多，如《素问纠略》、《本草衍义补遗》、《丹溪本草》、《丹溪脉法》、《伤寒发挥》、《局方发挥》、《格致余论》、《外科精要发挥》、《产宝百问》、《丹溪活幼心方》、《治痘要法》、《丹溪心法》、《胎产秘书》、《平治会萃》、《丹溪先生治法心要》等。其中有些亡佚未见，大多数为其门人或私淑者所纂辑或衍释。如《丹溪心法》一书，本系据丹溪有关文献资料等纂辑，然后世经多次增删衍释，遂演变为多种同名不同卷本，或书名类同而卷数内容均不同之书，亦或有后人依托之作。今知存世医书中，如《格致余论》、《局方发挥》、《本草衍义补遗》等，皆丹溪自撰。

丹溪倡"阳有余阴不足"及"湿热相火为病"等说，纠《局方》温燥之偏、取"滋阴降火"等法，皆其所长。后世或以为宜于江南水湿之乡者，亦一寓之见，要在审证，以用其长。

以上四家及其门人弟子、私淑医家，著述甚多，又各有发挥。虽为不同之派别，犹互有源流关系。倡一己之见，利一方之疾，互有发明，各具专攻，亦所以促进医学之发展。

七、各科医学文献

两宋金元时期，不仅在以上各方面的文献，颇有成就与特色。其他各学科领域内，在隋唐医学文献的基础上，又相继有所发展，并且有一批颇有时代特色与学术价值的文献问世。以下略述其要者。

（一）杂病及综合性医学文献

1.《三因极一病证方论》

宋·陈言撰。据自序云，此书初在南宋高宗时集方六卷，后至孝宗淳熙时复编辑为《三因极一病源论粹》，类分一百八十门，得方一千五十余道。然后世见诸宋刊本皆名曰《三因极一病证方论》，今本十八卷，含内、外、妇、儿等科，前有医论二十篇。本书特点是突出三因辨证。其所谓三因者，以六淫致病为外因，七情致病为内因，饥饱劳役、虫兽金创等伤为不内外因，较之《金匮》三因说，有所发展，后世多沿其义。

2.《普济本事方》

宋·许叔微撰。此书皆许氏所集多年应验及所得新意之方及腧穴主治。全书十卷，按病分二十三类，含内、外、妇、儿、伤及五官等科，计方三百余首，间附病案。其自序有云："年运而往，今逼桑榆，漫集已试之方，及所得新意，录以传远，题为《普济本事方》。"此其撰著特点，犹自明矣。

3.《世医得效方》

元・危亦林撰。此书成于元后至元三年,其自序云:“高祖云仙,游学东京,遇董奉廿五世孙京,授以大方脉,还家而医道日行。伯祖子美,复传妇人、正骨、金镞等科。大父碧崖,得小方科于周氏,伯熙再进学眼科及疗瘵疾。至仆,再参究疮肿、咽喉、口齿等科,及储积古方,并近代名医诸方。由高祖至仆,凡五世矣,随试随效……乃于天历初元,以十三科名目,依按古方,参之家传,昕夕弗怠,刻苦十稔,编次甫成,为十有九卷,名曰《世医得效方》……外附编《孙真人养生书》通一,十二帙。”是则此书实危氏集古方、家藏五世自试验方及所得他医传授医方,既为一综合性多学科医书,又为所集多人经验智慧之著作。其在正骨、金镞方面之治疗,尤为突出。

(二) 外科文献

1.《外科新书》

宋・伍起予撰。《宋史・艺文志》著录有此书。据《外科精要》邹应龙序,知其书盖以治痈疽为主。此疮肿之类文献或医著,首称“外科”者,惜亡已久。

2.《外科精要》

宋・陈自明撰。其自序曾对当时疮肿一科少有通人,而患者常误于庸医之手等,有所揭露,继云:“如近代名医李嗣立、伍起予、曾孚先辈,编集上古得效方论要诀。愚因暇日,采摭群言,自立要领,或先或后,不失次序,其中重复繁文者削之,取其言简义尽,纲领节目,整然不紊。”此书成于南宋理宗景定四年。详该书是采李嗣立《集验背疽方》、伍起予《外科新书》及曾孚先外科著作等近代及古代之说,编纂而成。该书强调疮肿应辨痈疽、虚实、冷热、轻重,未溃与已溃治法不同,特别指出已溃之后,应内外合治,托里排脓,不能攻伐,对治疗疮肿,具有十分重要的意义。

该书现明薛己增订补注并附入医案之本,收入《薛氏医案》中。

(三) 妇科文献

1.《妇人大全良方》

南宋・陈自明撰,书成于南宋理宗嘉熙元年。其自序云:“仆三世学医,家藏医书若干卷。既又遍行东南,所至必尽索医书以观。暇时闭关净室,翻阅涵泳,究极未合,采摭诸家之善,附以家传经验方,秤而成编。始自调经,讫于产后,凡八门,门数十余体,总二百六十余论。论后有药,药不惟其贵贱,惟其效。”

该书今存有元勤有堂刻本,二十四卷。所谓八门者,即调经门、众疾门、求嗣门、胎教门、妊娠门、坐月门、产难门、产后门等。书中博采众书,附以家藏验方,可谓集宋以前妇科学之大成。

2.《女科万金方》

宋・薛辛(字古愚)撰。后又为郑玉峰所增辑,名《郑氏秘传万金方》,书成于南宋末期。该书主要论述妇人调经及胎、产诸病与方治。后有郑氏增辑八十四方,不立方名,简述主治、药物组成及服法。

详《宋以前医籍考》著录《女科济阴要语万金方》，郑春敷撰，并有隆兴三年自序。按隆兴，南宋孝宗年号，仅二年，三年改为乾道，此云三年者，疑误。又引“薛郑世医记”，言薛郑二家，始为姻亲，世传妇科秘书。故此书内容，当含其世传之经验用方。惜今传本极少，仅知北京图书馆及南京图书馆有抄本。

（四）儿科文献

1.《小儿药证直诀》

宋·钱乙撰，阎孝（亦作季）忠整理。此书约成于宋徽宗大观年间。钱乙儿科，于时颇负盛名，《通志·艺文略》及《宋史·艺文志》均著录有《钱氏小儿方》八卷，《遂初堂书目》著录亦有此书。后亡。此则为阎孝忠集钱氏有关著述而成。

今存亦多种刊本，以清初起秀堂本为论，全书三卷，上卷为脉证治法，中卷记尝所治病，下卷为诸方。后附《阎氏小儿方论》及《董汲小儿斑疹备急方论》。该书基本保存了钱氏学术思想及治疗经验，对后世影响较大。

2.《幼幼新书》

宋·刘昉撰。本书原由刘昉生前编纂，已达三十八卷，近于完成，卒后由楼琫秉承刘氏遗愿，继续完成了最后两卷。最终形成时间，在南宋高宗绍兴年间。

该书为大型、类书性儿科医书，据李庚序云：“湖南帅潮阳刘公，镇抚之暇，尤喜方书。每患小儿疾苦，不惟世无良医，且无全书……因取古圣贤方论，与夫近世闻人家传，下至医工、技士之禁方。闾里小夫已试之秘诀，无不曲意寻记，兼收并录，命干办公事王历羲道士其事，乡贡进士王湜子是编其书。”又书后附所收“前代方书”共七种；“近世方书”计三十一种；“士大夫家藏”计十四种，其中另记长沙医或医家之子传方者十一家。是则说明本书主要汇集众家编纂而成。亦述而不作者。

全书共四十卷，设六百六十七门，计一百数十万言。含儿科论说及病证、治疗、方药等。所引众家，均首标书名。故本书对儿科文献学价值，尤为重大。

另有明代陈履端刊本，虽卷数、门类，一仍其旧，然内容已少许多，故非完本。

3.《痘诊论》

又名《闻人氏伯圜先生痘疹论》，宋·闻人规撰。书成于南宋理宗端平二年。

全书二卷，上卷综括儿科痘疹诸事，设八十一问为解，下卷列治疗方剂。

详痘疹之病，自隋唐以来，代有论者，然皆附载之篇，作为痘疹为名而撰有专籍者，则始于宋也，及于明清，则痘疹专书遂多矣。

（五）针灸文献

1.《针灸资生经》

宋·王执中撰。书成于南宋孝宗乾道年间。全书七卷，卷一总列诸穴，附经穴图四十六幅。卷二为刺灸与六法等杂论，卷三至卷七为各科病证之腧穴主治。

该书腧穴部分，是以部区与经脉并存的归穴方法，唯四肢部十二经之穴，亦不仅限于肘膝以下之五腧穴，此与《铜人》法非一体系。其引用《明堂》上下经及《甲乙经》文，均有重要文献学价值。

2.《子午流注针经》

金·何若愚撰。原收元窦桂芳辑《针灸四书》中，金·阎明广注。详何氏又有名《流注指微赋》者，有阎明广序云："近有南唐何公，务法上古，撰《指微论》，探经络之原，颐针刺之理，明营卫之清浊，别孔穴之部分。然未广传于世，又近于贞元癸酉（按金海陵王贞元元年，当南宋高宗绍兴二十三年）间，收何公所作《指微针赋》一通，悉其首云，皆按《指微论》中之妙理，先贤秘隐之枢机，复增多事一百余门，悉便于讨阅者也……广不揣荒拙，随其意韵，辄伸短说，采群经为之注解。广今复采《难》、《素》遗文，贾氏《井荥六十种法》，布经络往还，附针刺孔穴部分，钤括图形，集成一义，目之曰《流注经络井荥图歌诀》，续于赋后。"详序中言何公，即何若愚。贾氏，不详。

又明·徐凤《针灸大全》卷五"子午流注逐日按时定穴歌"后注云："右子午流注之法，无以考焉。虽《针灸四书》所载，尤且不全。还元返本之理，气血所纳之穴，俱隐而不具。予今将流注按时定穴，编成歌诀一十首，使后之学者，易为记诵，临用之时，不待思忖，且后图乃先贤所缀，故不敢废，备载于后，庶有所证耳，原图十二，今分十耳。"按此所言"原图十二"者，即阎明广序所谓之"钤括图形"十二幅。

据上文可知，针灸流注之法，原以《素》、《难》等有关气血运行及经脉流注等为理论基础，结合干、支与脏腑之应与干支值时等说，及运气学说的某些原理，而创造的一种针刺方法，今在金代何、阎等书中，已可见其端倪，然恐何、阎二家，亦非偶然自得，其生也正当南宋之初，故其滥觞者，亦或在北宋。

3.《十四经发挥》

元·滑寿撰。全书三卷，上卷为手足阴阳流注篇，论述经脉循行规律，附仰伏人尺寸图；中卷为十四经脉气所发篇，依《灵枢·经脉》各经脉循行，结合腧穴，详为注释，每经之首，冠以插图，贯以腧穴，并附有每经经穴歌；下卷为奇经八脉篇，述奇经八脉之循行。

所谓"十四经"者，手足阴阳十二脉加奇经八脉之任、督二脉也。自此，在针灸文献中，十四经之腧穴体系已完全确立。后世针灸诸书之腧穴归经，大都依此为法。

（六）法医文献

1.《折狱龟鉴》

宋·郑克撰。书成于南宋宁宗庆元年间。全书二十卷。系参考五代时和凝《疑狱集》补益分类编纂而成。原书明时已散佚。经清四库馆臣辑补为八卷。卷一、卷二为释冤，卷三为辨诬，卷四为议罪，卷五为惩恶，卷六为核奸，卷七为钩慝，卷八为严明。每门之下，分列若干类，收载历代文献中有关刑法的典型案例二百七十余条。每条详于述情，精于断案。虽为刑法折狱之作，但含诸法医检验、鉴定方面内容，亦为法医著作之雏形。

2.《洗冤录》

又名《宋提刑洗冤集录》，宋·宋慈撰。书成于南宋理宗淳祐年间。全书五卷(一作六卷、四卷)，内容含条令、检覆、疑难杂说及各种致病的检验方法，未埋、已埋之检验方法，妇人、小儿之检验方法，各种虫兽伤之检验方法。末为辟秽方、救死方、验状说等。

宋慈曾长时间任广东、湖南等地提刑，对刑事检验方面有丰富的实践经验。该书即在前人成就如《疑狱集》、《内恕录》的基础上，结合个人经验编纂而成，是一部典型的法医学著作。当时曾经当地政府颁行。元代又曾经国家颁行。该书对后世法医的学术发展与应用，均有重大影响，并有诸增广补注本。

3.《无冤录》

元·王与撰，书成于元武宗至大年间。全书二卷，因观《洗冤》、《平冤》二书，互有损益，遂以省部《考试程式》为持循之本。参考诸家异同，分门别类，撰成此书，计分三十类，对前人之说，择善而从，又增诸多的方法，文辞简洁，内容丰富，对法医学尤有新的发展。

八、医话、医论、医史等方面文献

1.《医经正本书》

宋·程迥撰。书成于南宋孝宗淳熙三年。该书以为医者读书当求本，“医经者，黄帝岐伯之问答，方书之本也”，不可误信邪说。此所以有是书之作。

全书一卷，有医政、伤寒、运气、医书、本草度量、医史等方面论说十四篇，有一定学术价值。唯言伤寒温疫等病，以正时俗亲者对患人不敢相顾之陋习则是，若云“无传染”则非。

2.《太医局程文》

宋·佚名氏撰，亦或太医局所编，故年代不详。该书为太医局考试医生文式。全书已佚，今存为清四库馆臣自《永乐大典》中辑出之部分。《四库全书总目》云：“宋时考试医学之制也，其命题有六：一曰墨义，试以记闻之博；二曰脉义，试以察脉之精；三曰大义，试以天地之大与脏腑之源；四曰论方，试以古人制方佐辅之法；五曰假令，试以证候方治之宜；六曰运气，试以一岁阴阳客主与人身感应之理。”现仅存四十七道，约三万余言。

3.《医说》

宋·张杲撰，书成于南宋孝宗淳熙十六年。该书据罗项序云，乃张氏平日观书所记之“有及于医者”。全书十卷，卷一为医林人物，记三皇及历代名医一百一十六人。卷二为医事，卷三至卷十，记医药及各科病证等。计四十九门，九百四十三则。属笔记之类，其内容多具一定史学价值。后有明·俞弁续为之，名《续医说》。

4.《历代名医蒙求》

宋·周守忠撰，书成于南宋宁宗嘉定十三年。全书二卷，据历代史书、医籍及其他杂著、传说之有关医林人物与医事者，辑录而成，计二百余项。是亦医史之类也。

九、其他医学文献

在该时期，除上述诸多种类医学文献外，另有其他颇值关注的医学文献问世，主要有以下几种。

（一）解剖学类医学文献

详解剖之学，虽早在《灵枢·经水》已云："若夫八尺之士，皮肉在此，外可度量，切循而得之，其死可解剖而视之。"但在宋以前，未见有解剖之专著，据宋代书目著录，则有解剖学文献问世。

1.《欧希范五脏图》

宋·吴简编。《郡斋读书后志》著录《存真图》云："比之《欧希范五脏图》，过之远矣。"说明《存真图》已较《欧希范五脏图》为胜。

宋·郑景璧撰《剧谈录》云："世传《欧希范五脏图》，此庆历间，杜杞待制治广南贼欧希范所作也。"书中详记欧希范因聚党作乱事，后为杜杞所执，"翌日尽磔市，且使皆剖腹，刳其肾肠，因使医与画人，一一探索，绘以为图。"详所记杜杞执欧希范事，在宋仁宗庆历年间。

又丹波元简《中国医籍考》引僧幻云之《史记标注》引《存真图》杨介曰文，记《欧希范五脏图》有关内容。又宋·范镇《东斋纪事》卷一、沈括《梦溪笔谈》卷二十六、叶梦德《岩下放言》卷下等，均对该图内容，有所记述。此宋代第一部亦为我国第一部解剖学著作。

2.《存真图》

宋·杨介编。《郡斋读书后志》著录《存真图》一卷，注："右皇朝杨介编，崇宁间，泗州刑贼于市，郡守李夷行遣医并画工往视，决膜摘膏肓，曲折图之，尽得纤细。介校以古书，无少异者。比《欧希范五脏图》，过之远矣。实有益医家也。王莽时，捕得翟义党王孙庆，使太医尚方，与巧屠共刳剥之，量度五脏，以竹筳导其脉，知所终始，云可以治病，亦是此义。"

又丹波元简《中国医籍考》引僧幻云之《史记标注》引该书云："政和三年，洛阳贾伟节《存真环中图》序曰：杨君介吉老，以所见五脏之真，绘而为图，取烟萝子所画，条析而厘正之，又益之十二经，以《存真环中》名之。"幻云注云："五脏六腑图也。环中，十二经图也。"

又宋·王明清《挥尘录·余话》云："杨介吉老者，泗州人，以医术闻四方。"

据上述诸说，则李夷行刑贼剖视时，所遣医者，或即杨介也。画工，即烟萝子也。原图当名《存真图》，后经杨介进一步厘正，并增十二经图，遂名《存真环中图》。又元·胡文焕刊《华氏玄门脉内照图》中，曾援引该书有关内容。

以上二书，为我国首创解剖专著。惜今皆不存于世久矣。

（二）医学书目类文献

医学书目之著录，昔皆存综合书目中，未见有医学专科书目。医学书籍之有专科书目者，当始于宋。

清·叶德辉考证《宋秘书省续编到四库阙书目》卷一史类目录中，有医家书目三种，即

《大宋本草目》、《神医普救集目》、《医经目录》。

详此三书,今皆亡佚,内容亦不详。要者,此书不见于前朝著录。特如称“大宋”之义,量皆出于宋人之手。

(三) 少数民族食医类文献

详食医类文献,自《汉书·艺文志》著录《神农黄帝食禁》以来,历来书目,代不乏书,然皆属之汉医,而专记少数民族食医类著作,则首见于元代。

《饮膳正要》

元·忽思慧撰。明·殷仲春《医藏书目·普醍函》著录《饮膳正要》三卷,忽思慧撰。

详其序云:“臣思慧自延祐年间,选充饮膳之职,于兹有年,久叨天禄,退思无以补报,敢不竭尽忠诚,以答洪恩之万一。是以日有余闲,与赵国公臣普兰奚,将累朝亲侍进用奇珍异馔,汤膏煎造,及诸家本草,名医方术,并日所必用谷肉果菜,取其性味神益者,集成一书,名曰《饮膳正要》。”此序于编书之宗旨,资料之来源,已有详述。又可知该书实由忽思慧与普兰奚所共撰。

全书三卷,卷一主要为养生、饮酒避忌、妊娠、乳母食忌及聚珍异馔;卷二主要为诸般汤煎及食疗诸病;卷三主要为可供食疗的营养物品。并附有人物活动图及米谷果菜禽兽等插图若干幅。可谓之图文并茂。

书中饮食物所用原料,有些为蒙古族喜食者,食品名称及制造方法,亦皆沿蒙人习俗。故该书为研究蒙古族食医之重要文献。

(四) 丛书的编纂

古代医学文献,类书性医书,自魏晋以来,已相继问世,而丛书型医学文献,则首见于元代。今举《济生拔萃》为例。

明·殷仲春《医藏书目·结集函》著录:“《济生拔萃》,十九卷,杜思敬。”

详《济生拔萃》,元·杜思敬辑,今存犹有元至大元年刊本。其子目为:

(1)《针经节要》一卷,(元)杜思敬节抄;

(2)《云岐子论经络迎随补泻法》,一卷,(元)张璧撰;

(3)《窦太师流注指要赋》,一卷,(金)窦杰撰;

(4)《针经摘英集》,一卷,不著撰人;

(5)《云岐子七表八里九道脉诀论并治法》,一卷,(元)张璧撰;

(6)《洁古老人珍珠囊》,一卷,(金)张元素撰;

(7)《医学发明》,一卷,(元)朱震亨撰;

(8)《脾胃论》,二卷,(元)李杲撰;

(9)《洁古家珍》,一卷,(金)张元素撰;

(10)《海藏老人此事难知》,一卷,(元)王好古撰;

(11)《医垒元戎》,一卷,(元)王好古撰;

(12)《阴证略例》,一卷,(元)王好古撰;

(13)《云岐子保命集论类要》,二卷,(元)张璧撰;

(14)《海藏癍论萃英》,一卷,(元)王好古撰;

(15)《田氏保婴集》,一卷,不著撰人;

(16)《兰室秘藏》,一卷,(元)李杲撰;

(17)《活法机要》,一卷,(元)朱震亨撰;

(18)《卫生宝鉴》,一卷,(元)罗天益集;

(19)《杂类名方》,一卷,(元)杜思敬撰。

详其书目,除自辑自抄各一种外,以金元易水学派医家著作为多。

据自序云:"昔尝闻许文正公语及近代医术,谓洁古之书,医中之王道。服膺斯言,未暇寻绎。洁古者,张元素也,洁古,其号也;云岐子璧,其子也;东垣,李明之;海藏,王好古进之。宗其道者也。罗天益,谦夫,绍述其术者也。皆有书行于世。往年,致政中书,家居泌上,因取而读之。大抵其言理胜,不尚幸功;圆融变化,不滞一隅。开阖抑扬,所趣中会其要。以扶元气为主,谓类王道,良有以也。于是择其尤切用者,节而录之,门分类析,有论有方,详不至冗,简不至略。仍首针法,以仿古制,并及余人之不戾而同者,以示取舍之公。劙为五帙,帙具各书,总名之曰《济生拔萃》。"

观乎此序,则杜氏编辑此书,其取舍之旨,不言而喻。其崇尚医学之王道者,正所以合易水派医家温补之义。

(五) 舌诊类文献

原乎舌诊之法,早在《内经》,已有所言,仲景继之,亦重其诊。然专论舌诊之书,今见唯自元人。

《伤寒金镜录》,元·杜本撰。

自序云:"凡伤寒热病传经之邪,比杂病不同,必辨其脉证舌,表里汗下之,庶有不误……今以十二舌明著,犹恐未尽诸证,复作二十四图并方治,列于左。则区区推源寻流,实可决死生之妙也。"此所言"十二舌"者,当为敖氏原有之舌诊十二图。

明·薛己将该书收入《薛氏医案》,序云:"旧有《敖氏金镜录》一篇,专以舌色视病,既图其状,复著其情,而后别其方药,开卷昭然……予者承乏留都,尝刻之太医官舍,本皆绘以五彩,恐其久而色渝,因致谬误,乃分注其色于上,使人得以意会焉。"观此序义,薛氏所收,即杜本书也,且原为五彩绘图,薛氏在太医院日,并尝刻之。

又有卢复序云:"敖氏不知何许人,有舌十二道,以验伤寒表里,杜清碧又增定焉。薛立斋再加润色,流行于世。"

详敖氏十二图,今已无考,最早亦不过宋金时也。故此书之著成,亦舌诊专著之始,为明清对舌诊法之注重与舌诊专著之发展,实有先河之功。

(六) 本草彩绘图

详本草之彩绘图,原在唐代已有之,然后皆佚。宋代有王介《履巉岩本草》一书,为王氏彩绘而成。

王氏字圣兴,号默庵,祖籍琅琊,南宋庆元间官内阁太尉,工丹青。此其在杭州一带采药、用药时所见所闻,结合实物绘制,于嘉定十三年撰成。以山中有堂曰履巉岩,因以为名。全书三卷,共收当地草药206种,每药皆按实物绘图,绘工极精,并记述药物之别名、性味、主治、附方等。

该书清以前不见书目著录，现存北京图书馆藏本，据考为明代摹绘，又中国中医科学院郑金生有整理本，对该书之有关问题及学术价值，均有所考析。

结　　语

根据以上情况，宋金元时期，虽然社会动乱时间较长，但由于科学文化的不断发展，社会因素的促进等多种原因，随着医学科学的发展，医学文献也取得了很大成就。主要表现于以下几个方面。

1. 官修医药书籍

宋代自立国之初，医药事业，由于受到皇家的重视，便开始组织人员，编写医药书籍，而且一直持续到北宋末期。其间，由官方组织编写及整理的医药书籍，涉及多方面内容。如医学基础理论方面的《圣济经》；医方书方面的《太平圣惠方》、《圣济总录》等；本草方面的如《开宝新详定本草》、《政和经史政类备用本草》等；针灸方面的如《铜人腧穴针灸图经》等。其中有不少为大型书籍，如《太平圣惠方》及《圣济总录》等。详隋唐时期，虽编写过大型医方书，但由于传抄不便，传本极少，故至宋代，已基本散亡殆尽。宋代所编者，至今尚存，为今存唯一大型宋以前医方书，具有重要文献价值。就本草、针灸类书而言，不仅具有文献价值，而且今后仍有其使用价值。

2. 政府组织校定医书

古代医籍传至宋代，虽散佚较多，但仍留下大量南北朝及隋唐时期的抄本。此类抄本，有些由于传本极少，有些则由于传本虽多，但传本之间，差异较大，讹误亦复不少。宋政府为了进一步推广此类医书，曾多次组织校定。其中成就尤为突出的是校正医书局所校诸书。这是继西汉·刘向父子校书之后，又一次由政府组织的较大规模的专业性校书活动。校正医书局由林亿等所校之书，不仅所选之底本，均为善本或孤本，而且其校勘方法，已由以往的单纯用别本相校的方法，而扩展以他书互校及本书前后内容相校，以至据文理与医理相校等方法。为医书校勘方法，奠定了四校法的基础，而且在校勘记的书写及校勘用语等方面，均提供了宝贵的经验。经它们校定的医书，不仅为诸书的推广应用，提供了范本，而且为日后的传播，起到了重要的作用。

3. 古医籍的整理

该时期在古医籍整理方面，除宋臣对部分重要古医籍的校定外，另有其他方面之整理本，对后世亦颇有影响。如北宋时期有高若讷《素问误文阙义》、孙净《素问注释考误》等，惜皆亡佚。南宋时有史崧整理之《灵枢经》，据自序云："参对诸本，再行校正。家藏旧本，《灵枢》九卷，共八十一篇，增修音释，附于卷末，勒为二十四卷。"惜此本今亦不存。在《难经》注释方面。宋金时有关书目著录及别书援引，有近二十种，如宋有丁德用《补注难经》、《虞庶注难经》、杨康侯《注解难经》、王惟一《集注八十一难经》、侯自然《难经疏》等，金有纪天锡《集注难经》、张元素《药注难经》等，惜大都亡佚，今存仅《难经集注》一书，保留有丁德用、虞庶、杨康候等部分注文,而此书是否成于宋人之手,尚待进一步考证。此亦足见宋金时,对《难经》一书,比较重视。在《伤寒论》注释方面,系统全面的注本,仅金成无己注本一家。此本为今存全文注释《伤寒论》之首见者,成就亦十分可观,对明清两代研习《伤寒论》者,影响较大。

4. 运气学说的发展

运气学说,自唐·王冰次注《黄帝内经素问》问世之后,逐步引起了人们的关注。迨至宋代及金元时期,尤为显明。首先在北宋时期,有一些新的运气著作,在社会上流传。如托名王冰之《玄珠》、《昭明隐旨》及《太始天元玉册》、《素问》遗篇等。继而有刘温舒《运气论奥》及对《素问》遗篇的认定。为运气学说的研习,起到一定作用。然而,此类运气著作,与《素问》运气七大论之学术体系,并不尽同,故宋臣林亿等,对《玄珠》、《昭明隐旨》及《素问》遗篇等,均持否定态度。至北宋末期,由于官方奉旨编纂之大型医方书《圣济总录》及宋徽宗赵佶亲撰之《圣济经》等,对运气学说的倡导,故在金元及其后,运气学说又得到了进一步的推广。特如金代刘完素等,受运气病机学说之影响尤大。此后,对运气学术的研习,则代不乏人,并不断有新的著作问世。

5. 针灸学术的新发展

该时期在针灸学术方面的新发展,主要表现于以下三个方面。

第一,腧穴归经的十四经系统的形成。由于古《明堂》的腧穴分布,均以部区与经脉相结合的形式,不能充分显示腧穴与经脉的关系,至唐代,虽有杨上善《黄帝内经明堂》卷一,显示手太阴肺一经内容,系以经脉归穴,然其书余卷均佚,故其按几经归穴,则不得而知。王焘《外台秘要·明堂》,乃以十二经归穴,将任脉并于足少阴肾,督脉并于足太阳膀胱,亦未能充分显示经脉体系。至北宋·王惟一铸造针灸铜人,虽尚未明确提出十四经系统,但其铜人之归穴,已按十四经分布。至元滑寿《十四经发挥》一书,始正式为“十四经”系统。此后,针灸腧穴之归经,则尽以十四经系统为法。

第二,腧穴定位的规范化。关于腧穴的定位,在古针灸文献中,虽有文字说明及图象的标志,但有些穴位,仅凭文字,难以说明,借助图象,亦难准确显示。且有些腧穴的定位,又有多种意见,应用则难统一。自宋代铸造铜人后,且又以官方颁行,并作为测试医生的标准。故对腧穴定位的标准化与规范化,起到了一定的促进作用。

第三,针灸子午流注法的形成。子午流注,作为一种针刺学说,与运气学说,术数学说如干支应时及医学之干支与脏腑经脉相应、经脉流注等内容有关。其初创之时,或始于宋代。然就文献记载而言,则始于金元,已如前述。后至明代,经徐凤在《针灸大全》一书进一步完善。则使“子午流注”,作为一种独特的针刺方法,沿传于后世。

6. 伤寒文献的大发展

作为伤寒方面的文献,在宋金元时期,具有长足的发展。其数量与质量,在前人基础上,均有较大提高。就内容而论,一方面是对张仲景《伤寒论》一书文献整理方面的著作;但更多的是在《伤寒论》的基础上,进一步对广义伤寒的研究与论述,故其内容,则含有大量温热暑疫等方面的内容,并在方药方面,继承了六朝以来的成就,结合当代人的经验,有了较大的发展,为明清时期温病学说及温病文献的形成,打下了良好的基础。同时,由于《伤寒论》一书的推广及《伤寒论》文献的整理研究,也为明清两代的《伤寒论》文献研究,创造了条件,提供了资料。

7. 法医学著作的形成

法医文献,在宋元时期已有多种著作,其中尤以宋慈《洗冤录》一书,不仅具有代表性,而且具有一定的创造性。该书对刑事部门与检验人员的职责,检验程序、各种致死的检验方法与检验部位,自伤与他伤的鉴别、尸体保护、检验报告、检验人员防护等,均有一定的说明,而且经政府颁布施行,确是一部典型的法医学著作。元代颁行时,又增加了若干新的规定,如初检、复检、公文程式等,尤为完善。凡此,足可证明,作为法医学著作,在宋元时期,已具有相当的水平,并具有法律效益。

8. 临床医学文献的发展

临床医学在该时期,继承了隋唐以前医学文献的成就,从数量、质量与科别方面,均有新的成就。就以杂病医方而论,日本·冈西为人《宋以前医籍考》著录"经方"类,北宋列一百三十八目,南宋列一百二十目,金列二十三目,合计二百八十一目。若再加元代著作,其数将达三百余目。此类书籍,多为内科杂病类方书,当然也有相当一部分为临床综合学科医方,从而可见其数量之多。就质量而论,有一部分书的质量,也有新的提高。如前述陈自明《妇人大全良方》,不仅妇科门类齐全,而且能博采众长,兼合已验。其所采诸方,有许多为后世所沿用。总之,临床医学文献的发展,乃是医学科学技术发展与临床经验积累的具体反映。

9. 金元医学流派四家文献

如果说在先秦及两汉时代早期医学文献,具有明显的不同流派,形成各种不同文献,促进了医学的发展,在金元时期,由于社会与地理等因素,又出现了一次明显的不同学术流派,即金元四大家——刘完素、李杲、张从正、朱震亨,并由其本人、亲传门人及私淑弟子,撰写了大量文献,对当代及后世影响较大,对医学的发展,有一定的促进作用。这批文献各具特色,各有一定的适应范围。用之得当,自为其长,孤执一偏,亦非无弊。后有元明间人吕元膺论之曰:"张易水医如濂溪之图太极,分阴分阳,而包括理气,其要以古方新病自为家法,或者失察,刚欲指图为极,则近乎画蛇添足矣。刘河间医如橐驼种树,所在全活,但假冰雪以为春,利于松柏,而不利于蒲柳。张子和医如老将对敌,或陈兵背水,或济河焚舟,置之死地而后生,不善效之,非溃则北矣;其六门、三法,盖长沙之余绪也。李东垣医如狮弦新絙,一鼓而竽籁并熄,胶柱和之,七均由是而不谐矣;无他希声之妙,非开指所能知也。"吕氏此论亦为公允。

10. 部分新科别文献的问世

在宋金元医学文献中,除宋以前已有之科别者外,也有几种新的科别类文献,如书目类之《大宋本草书目》、《神医普救书目》、《医经书目》等医学专科书目。宋慈《洗冤录》的撰著,象征我国法医学的形成。《欧希范五脏图》与《存真图》为首见医学解剖类文献。凡此类医学著作,填补了宋以前医学文献的空白。

又宋《董汲小儿斑疹备急方论》、《痘疹论》及元王好古《瘢论萃英》等书的著成，说明痘疹之病，已从此前的儿科或伤寒著作中分化出来，独立成编。此后在明清时期，发展为一很大数量科别类文献。

又《饮膳正要》一书，为我国古文献中仅存之一部少数民族食养医学文献。

又《伤寒金镜录》一书，为舌诊专著之首创，对明清舌诊著作之大量问世，影响较大。亦系中医望诊法之新发展。

11. 据官、私撰文献，说明该时期医事制度的进一步完善

在《宋史》、《金史》、《元史》之职官志或百官志中，及私撰如《医经正本书》等医籍中，对宋、金、元之医事制度方面的文献资料，说明该时期之医事制度，较之此前，尤为完善。如元代医学之分科，已由宋代之九科（大方脉、风科、小方脉、眼科、疮肿兼折伤、产科、口齿兼咽喉科、针兼灸科、金镞兼书禁科）分化为十三科（大方脉科、杂医科、小方脉科、风科、产科、眼科、口齿科、咽喉科、正骨科、金疮肿科、针灸科、祝由科、禁科），虽恢复祝由、保留禁科，不为进步，而其他十一科，则较之宋代更为完善。由于医事制度的分科日趋合理，促进医学文献撰著的科别分类，亦渐趋于完善，对明清诸多专科文献的问世，有一定影响。

在医学考试方面，如针灸铜人的铸造，不仅为穴位定位加以规范化，也对针灸医生的测试，提供了腧穴标准答案。又如《太医局程文》，不仅对研究宋代考试医生的内容，有重要文献价值，而且提供了标准答案例式的实物证据。均足以证明其医学考试制度方面的不断完善。

12. 印刷事业的发展，为医学文献提供了新的版本，尤便于流传

古代文献在宋以前，主要以抄录方式传播和流传，由于抄录不便，特别是诸多大型图书，抄录尤为不易，对文献的传播与流传，较为困难，医学文献也同样如此。故宋以前医学文献之留存于后者，为数较少，当然其原因较多，但与此亦不无关系。自宋代印刷事业兴旺与发展之后，不仅在医学版本方面，发生了划时代的变化，由抄本为主要形式而变为刊本为主要形式。而且为文献的传播与流传，提供了方便。故该时期医学文献及该时整理、刊印之古代文献，大多以刊本形式加以传播与流通，且流传之数量，亦较前明显增多。

13. 道家与医家的互相结合渗透，是六朝、隋唐遗风及政治倾向在医学文献中的反映

详五代战乱之际，几经易祚，兵戈扰攘，道教活动，亦受到一定的冲击。宋代立国之初，奠定了儒道释三教并尊的格局，至真宗皇帝始，则崇奉道教，并大力加以扶持，使道教之社会地位有所提高。除了符箓与斋醮科仪有进一步发展外，由魏晋南北朝盛行起来的黄白术及内丹术等，亦相继不衰。蒙古在入主中原之前，当铁木真西征之际，即得到全真道首领丘处机的支持。因此，在立国之后，道教便获得特殊的恩崇。

处于上述历史背景，在中医文献中，亦有所反映，主要表现在以下几个方面：

第一，官修医书之融汇道家思想及采摭道教文献。如宋徽宗亲撰之《圣济经》，即以《黄帝内经》为基础，结合《老子》之学术思想编纂而成。又如宋徽宗敕撰之《圣济总录》卷一百九十五至一百九十七“符禁门”所收内容，即道教之符箓与咒禁类文献。

第二，道教文献中，具有大量医学内容。如宋・张君房，在编纂《道藏》之余，所辑《云笈七签》卷三十二至卷三十六“杂修摄部”，收取养生导引按摩类文献二十余种，其中有一部分，即道教之内丹术。

第三，有些医书中，吸取了某些道家思想或道教医方。如运气诸书之中某些内容（详见前文），又如《三因方》卷九“五痿治法”中之上丹、中丹、小丹等，均与道教有关。

以上为宋金元时期医学文献之概况。

第七节　明清医学文献

元代末期，由于阶级矛盾与民族矛盾的不断加剧，经过多次农民起义，推翻了蒙古贵族的残暴统治，最后，由朱元璋平定了其他起义军，建立了明朝。经过一个时期统治集团内部权力之争，终于由永乐帝朱棣完成了国家的统一，对内采取了比较宽松的政策，对外进行了开发，使经济文化及科学技术，均有较大发展。明代末期，由于统治阶层的腐败，加重了对人民的压迫与剥削，终于暴发了全国大规模的农民起义，推翻了明朝的统治。但由于以李自成为首的起义军，贪图享受，最后由贵族阶级为代表的吴三桂，乘起义军政权未稳之机，勾结盘踞东北早已垂涎关内的清兵入关，平定了起义军，建立了由满族统治的清王朝。在清王朝的前中期，由于政治局势较为稳定，阶级矛盾和民族矛盾有所缓和，经济与科学文化也有一定发展。但 19 世纪以后，亦即自宣宗皇帝道光继位以来，政治日趋腐败，经济日趋衰落，导致国内多次的农民起义和外国的多次入侵，彻底打破了清政府闭关自守的政策。随着东西方资本主义国家对中国的经济侵略，其科技文化，亦相继传入中国。由于清政府国力日衰，最后终于引发了孙中山先生领导的资产阶级革命，推翻了清王朝的统治，结束了中国数千年的封建社会。

在明清统治时期，均有一段政局相对稳定，经济相应繁荣，科学文化也有一定发展的时期。中医文献也在宋金元的基础上，有一定发展与提高。加之清代闭关自守政策的被打破，西学东渐，对中医学术与文献，也产生了一定影响。该时期中医文献的成就，主要体现于以下几个方面。

一、书目著录医学文献

明清两代，特别是清代，综合性目录著作较多，加之史志书目及专业性书目，大致有以下几种情况：

（一）史志书目，明清两代史志著录，皆为本朝著述

(1)《明史·艺文志》杂艺小品类收本朝医书，计有医书 68 种。其中唯有“孙兆《素问注释考误》十二卷”一种，当是宋代之孙兆，误以为明人著作而收录。

(2)《清史稿·艺文志》医家类，著录医书共 235 种。

按以上二志著录书目，皆系该朝名家之代表性著作，距当时医家著作之实有数，相去甚远。

（二）综合性目录

明清两代目录著作甚多，其中有些目录著作，重在著录珍善本医书，故收录本朝著作较

少,有些综合性书目,则兼收历代医书。今举例如下。

(1) 焦竑《国史经籍志》医家类,共著录历代医书794种,但由于其注释撰人年代不详,故对明人之著作,亦难详考。

(2) 清・黄虞稷《千顷堂书目》,该书目著录体例,按朝代划分,在食货类、兽医书、法医书及医家类中,共收494种,其中明代医书有429种。详此数虽较《明志》多出数倍,然未收医书尚多。

(3) 清・丁丙《八千卷楼书目》医家类,著录本朝医书共166种。

(4) 民国・孙殿起《贩书偶记》及《续编》医家类,共著录清代医书560余种,按仅系在书市流通过的清人著作,而清人实有著作恐当超过此数若干。

(5) 清・江标编次《丰顺丁氏持静斋宋元校钞本书目》,首次著录有西医书目二种,《泰西人身说概》二卷旧抄本(按此明代日耳曼人邓玉函翻译)、《人身图书》二卷旧抄本(按此明代意大利人罗雅谷译述)。

(6) 清・徐树兰《古越藏书楼书目》,按此书成于光绪末年,为清代书目著录西医书之最多者,在东西洋医学总义、杂病、妇科、产科、儿科、外科、全体学、本草、方书及平时调摄诸类中,共著录有70种左右。

其他著录清代医籍之书目尚多,不再介绍。

二、医经类古籍整理研究

明清两代,对医经类古籍即《黄帝内经素问》、《灵枢经》及《难经》之整理研究,在唐宋金元的基础上,又有新的进展,形式亦呈多样。现分别举例如下:

(一)《黄帝内经》类

1.《内经》全文注解

(1) 明・马莳《黄帝内经素问注证发微》九卷、《灵枢注证发微》九卷。二书主要有以下特点:

第一,将《素问》王冰次注二十四卷本及《灵枢》宋传二十四卷本,重新调整为九卷本。第二,参考别书,特别是《素问》新校正提供的文献资料,进行了部分文字的校勘。第三,在《素问》注文中,汲取了较多的王冰注,均系暗引,另有一定发挥新义处;对《灵枢经》的注释,为今存全文注释之最早注本,且不乏创见,故对后人注《灵枢》者,影响尤大。第四,每篇有释题。第五,每段之后,有字、词释音或释义。

详马注《内经》,于《素问》前人注,颇多微词,亦为过矣,故时遭后人之讥;若《灵枢》之注,发明较多,颇得后人之许。如《四库全书总目》云:"以唐王冰分二十四卷为误,殊非大旨所关,其注亦无所发明,而于前人之著述,多所訾议,过矣。"又汪昂《素问灵枢类纂约注・凡例》云:"马注舛谬颇多,又有随文敷衍,有注犹之无注,反訾王注逢疑则默,亦不知量之过矣。"又云:"《灵枢》从前无注……至明始有马元台之注,其疏经络穴道,颇为详明,可谓有功后学。虽其中间有出入,然以从前畏难之书,而能力开坛坫,以视《素问》注,则过之远矣。"二家评述,于《灵枢》则是,若谓《素问》"无所发明",亦为过之。细考马注,后人如张介宾等,亦多暗引其文或暗从其义处，是亦可证。

(2) 清·张志聪《黄帝内经素问集注》九卷、《灵枢经集注》九卷。此二书特点为：第一，根据古传九卷本义，亦皆调整为九卷本；第二，所谓"集注"者，为张志聪同学与门人多人所共注；第三，阐释文理或医理，多出于自家之发挥；第四，每篇有释题。

详张注《内经》，多出于己见，观其自序云："今复自甲辰五载，注释《内经素问》九卷，以昼夜之悟思，印黄岐之精义。前人咳唾，概所勿袭，古论糟粕，悉所勿存。惟与同学高良共深参究之秘，及门诸弟时任校正之严，剞劂告成，颜曰《集注》，盖以集共事参校者，什之二三，先辈议论相符者，什之一二，非有弃置也，亦曰前所已言者，何烦余言，惟未言者，亟言之，以俟后学耳。"又云："《素问》注疏告竣，复集同学诸公，举《灵枢》而诠释之，因知经意深微，旨趣层折，一字一理，确有指归。以理会针，因针悟证，殚心研虑，鸡鸣风雨，未敢少休，庶几藉是可告无罪乎！"按张注是书，发挥义理，多有可参者。惟其不善考校，随文串解处，亦复不少，且多浮泛之论，难免空玄之感。

(3) 清·高世栻《素问直解》、《灵枢直解》。按《素问直解》今存，《灵枢直解》则未见传本。

《素问直解·凡例》有云："《素问内经》……后之注者，或割裂全文，或删改字句，剽窃诡道，实开罪于先圣。如《灵》、《素》合刻，纂集《类经》是已。惟王太仆、马元台、张隐庵注释，俱属全文。然字句文义，有重复而不作衍文者，有倒置而未经改正者，有以讹传讹而弗加详察者。余细为考校，确参订正，庶几上补圣经，下裨后学。"又云："隐庵先生有《集注》之刻，不便雷同，故曰《直解》，注释直捷明白，可合正文诵读。"今详高注本，亦本于志聪之路，尽出于义理串解，"殚心研注十载"之功，亦有助于后学，然其非前人之弊，犹难免于覆蹈。言欲"考校"、"订正"，犹未循文献之规矩，欲无失之，亦复难矣。

(4) 清·黄元御《素问悬解》十三卷，《灵枢悬解》九卷。

黄元御氏以为，今存之本，"紊乱错讹，未能正也"，"遗文颠倒，乱于俗士之手，遂使经传而义晦"。于是重为编次，自谓"淆乱移正，条绪清分，旧文按部，新义焕然。"详其改移处，除参之林亿等新校正外，多出于臆断，不足为后人法；其注文亦皆出于己意。其笔墨之酣畅，文词之流贯，可为上乘之作，然于医理之切中，则嫌于不足。《四库全书总目》易类《周易悬象》云："元御字坤载，号研农，昌邑人，早为诸生，因庸医误药损其目，遂发愤学医，于《素问》、《灵枢》、《难经》、《伤寒论》、《金匮玉函经》，皆有注释，凡数十万言，已别著录医家类中。大抵自命甚高，欲驾出魏晋以来医者，上自黄帝、岐伯、秦越人、张机外，罕能免其诋诃者，未免师心大过，求名太急。"按此对黄氏之评，亦可谓切中要害。

2.《素问》全文注释

(1) 明·吴崑《素问吴注》二十四卷。该书自序有云："隋有全元起，唐有王冰，宋有林亿，尝崛起而训是经，庶几昧爽之启明哉，待旦者较然睹矣。独其为象，小明则彰，大明则隐，谓之揭日月而行未也。不肖束发修儒，无何徙业，居尝晷度有熊，日求其旨而讨论之，不揣管陋，释以一得之言，署名《内经吴注》。业成，欲悬书国门以博射，徒以云山木石之夫，无能千金礼士，职是歙然。"

详吴氏注本，仍以王冰次注本为据，以二十四卷为数，其注文亦颇有独阐己见之处，取义于王冰注亦特多。然其擅改之处亦复不少，如据林亿等新校正引全元起本改"三部九候论篇”为“决死生论篇”，至其僭改经文之处，则多不胜举。自信若是，未必古意，终非校雠家之手笔。汪昂《素灵类纂约注 · 凡例》云：“吴注间有阐发，补前注所未备。然多改经文，亦觉嫌于轻擅。”此论亦可谓公允。

（2）清 · 张琦《素问释义》十卷。据该书自序义谓“冰之注，得不偿失，讬言藏本，多所改窜，又移其篇第，以意分合，于芜杂之文，曲为解说，牵合附会，强以相通，宋光禄卿林亿等，校以旧本，晰其异同离合，《素问》之舛杂真伪，于是乎见矣……所藉后之贤者，考其真伪，别其精粗，以明古圣之义，而又依文穿凿，无所决择，反令先圣之道，晦而不彰，转相传述，异说蜂起，意旨乖谬，散乱而不可理，是又训经者之过也。琦少好是书，又病其杂，因求其宗旨，按其条理，重为诠释。疑者阙之，伪者乙之，合者存之，误者正之，潜神竭虑，岁阅二十，《释义》十卷。其篇次仍王氏之旧，而以林氏校正分注，以存其真。”又云：“昌邑黄元御《素灵微蕴》、江阴章合节《素问阙疑》二书，行世未久，见者或少，篇中时用其说焉。”

详张注本，校注并重。其校文除据林亿等新校正及元刻本外，多为理校。亦是亦非，并未尽善。其注文，除自云时用黄元御、章合节二家外，亦时采王冰注，余者皆出于已见，亦时有前人未发之义。总之，该书之校注，亦多具可参之处。然其对王冰注之微词及前人旧释之贬斥，亦不无过处。

3. 类编全文注解

详明代对《内经》一书进行类编者，著录有多家，如阴秉阳《内经类考》、孙应奎《内经类钞》、佚名氏《内经类旨》等，然诸书皆未见。今存惟《类经》一书。

《类经》三十二卷，明 · 张介宾撰。据该书自序云：“初余究心是书，尝为摘要，将以自资，继而绎之久久，则言言金石，字字珠玑，竟不知孰可摘而孰可遗……于是乎详求其法，则唯有尽易旧制，颠倒一番，从类分门，然后附意阐发，庶晰其蕴。然惧擅动圣经，犹未敢也。粤稽往古，则周有扁鹊之摘难，晋有玄晏先生之类分，唐有王太仆之补削，元有滑樱宁之撮钞，鉴此四君子而后意决……由是遍索两经，先求难易，反复更秋，稍得其绪，然后合两为一，命名《类经》。类之者，以《灵枢》启《素问》之微，《素问》发《灵枢》之秘。相为表理，通其义也。两经既合，乃分为十二类。”

按此序对其类编动机、目的、方法、类例均为简述。其十二类者，即摄生、阴阳、藏象、脉色、经络、标本、气味、论治、疾病、运气、会通。其前十一类，皆《灵》、《素》本文，比类而条分之。十二类“会通”者，以“经文连属，难以强分，或附见于别门，欲求之而不得，分条索隐，血脉贯矣。”共列三十门类，摘其主要文句，标记所在类、篇，以便于检索。

详《类经》一书，其始作也，颇得皇甫谧、滑伯仁之启迪。虽难尽意，然较之他书，亦可谓条分缕析。其注文则多参之王冰、马莳及吴崑等，并附已意，融汇于中，其发明新义处，特如所加案语，多能发皇经旨。另注《图翼》与《附翼》二书，犹羽翼《类经》者也。凡《类经》有义未尽处及阐发余论者，皆详于二书。

又详张介宾氏，受宋明理学思想影响较大，故《图翼》之首，先有“太极图论”，《附翼》之端，则为“医易”。特如“太极图论”引朱子曰：“象数未形理已具。又曰：未有天地之先，毕竟先有此理。”若据此论，则其于理气关系，难免有头足倒置之嫌。

4. 类编摘要注解

类编摘要注解者，有两大类。

第一类为《素问》摘要类编。首有元·滑寿《读素问钞》，系摘取《素问》要文及王冰注，兼附己意，分藏象、经度、脉候、病能、摄生、论治、色诊、针刺、阴阳、标本、运气、汇萃十二类编纂而成。后至明代汪机，对其加以续辑，名《续素问钞》，较前尤善。此《素问》一书之摘要类编注释者。

第二类为《素问》、《灵枢》二书之合并摘要类编注解者，首有明·李中梓《内经知要》，计分道生、阴阳、色诊、脉诊、藏象、经络、治则、病能六类。其注文亦多参张介宾注，阐发己意处，亦颇简明扼要。该书对后世影响较大，多以为学习《内经》之普及本或启蒙读物。

清代此类著作较多，如汪昂《素问灵枢类纂约注》、冯兆张《内经纂要》、顾靖远《素灵摘要》、薛雪《医经原旨》、陈修园《灵枢素问节要浅注》等，不下十余种，其中以《素问灵枢类纂约注》影响较大。

5. 文句训校

文句训校者，摘取《素问》、《灵枢》某些文句，而加以训校之著述。

此类著作，先有日本·丹波元简《素问识》、《灵枢识》，后有其子丹波元坚《素问绍识》，又度会常珍《素问校讹》等，其法皆逐篇摘取疑难语词或文句，或订前人之误，或引别家之解，或作历史之考，或出一己之见，或校原文之讹等，对经文中疑难处之深入研究，颇有助焉。在我国亦多有取此法以校注经文者，如：

清·胡澍《素问校义》，余樾《读素问余录》，张文虎《舒艺室素问随笔》，孙诒让《札迻·素问王冰注校》，于鬯《香草续校书·素问》，沈祖绵《读素问臆断》、顾观光《素问校勘记》及《灵枢校勘记》等。上述清代诸家，并非专业医者，大都为儒学治经名家，或博学多识之士，或儒而好医者，均是在朴学的基础上，采用文献学的研究方法，对经文进行训解，确实解决了一些前人难以发现及难以解决的问题，对后人影响较大。当然，亦非所有之训校，尽可定论，其千虑一失处，亦间有之。总之，他们对研讨早期古医籍的思路和方法，是可取的，亦符合古籍整理研究的基本要求。

6. 音韵研究

音韵研究，指对古医籍之音韵进行研究。由于文字的读音，虽有相对的稳定性，但是随着历史的变化，语音也有所变化，因而又有其不稳定的一面。特别是两汉及先秦医学文献，皆用上古音，有些与中古以后读音，差别较大。故其中诸多韵文，后人因读音有变而妄改者有之，或传抄有误而失韵者有之。清人在这方面的研究，亦颇有成就，如：

顾炎武《音学五书》，其中引用了大量《素问》及《灵枢》中韵文，以证其读音。

又如江有诰《江氏音学十书·先秦韵读·素问、灵枢》。该书摘取《素问》、《灵枢》中大量韵文，根据其对上古音的研究所得，均标以韵部，或注明“通押”。如《素问·阴阳应象大论》：“水火者，阴阳之徵兆也”一句，“徵兆”，江氏改作“兆徵”（音止），与下句“阴阳者，万物之能使也”相押，后皆从其说。是顾、江二氏，实开全面系统研究古医籍音韵之先例。

7. 综合研究

对《灵枢》、《素问》的整理研究，除原文外，另有诸多专题性、理论性、或与《黄帝内经》有关的研究探讨性著作，即属于此。如：

明·盛寅《医经秘旨》、贺岳《医经大旨》、阴秉阳《黄帝内经始生考》等,清·黄元御《素灵微蕴》、江之兰《医津一筏》(又名《内经释要》)、莫熺《经义正目》、程知《医经理解》等。

凡此类书,并非摘取某一篇或某一节《内经》原文,进行整理研究,而是针对《内经》中的某一或某些问题,根据原文精神,结合个人体会,作进一步论述发挥的专题性论著。如黄元御《素灵微蕴》之"胎化解"、"藏象解"、"经脉解"、"营卫解"、"脏候解"、"五色解"、"五声解"等,概属乎此类专论。又如罗美《内经博义》三卷,计分"天道部"、"人道部"、"脉法部"、"针刺部"、"病能部"、"述病部"六大部,每一部中含若干小题,均系对《内经》某一问题的论述或发挥。

从其他方面或某一专题如难字、骨度等进行专门研究者,尚有多种,兹不再举。

(二)《难经》类

《难经》全文注解:

明清两代,在宋金元的基础上,注释《难经》者犹多。就今日存世者如明·熊宗立《勿听子俗解八十一难经》、张世贤《图注八十一难经》、王文洁《图注八十一难经评林捷径统宗》、聂尚恒《八十一难经图注》、马莳《难经正义》等,清·莫熺《难经直解》、徐大椿《难经经释》、丁锦《古本难经阐注》、沈德祖《越人难经真本说约》、黄元御《难经悬解》、熊庆笏《扁鹊脉书难经》、邹汉璜《难经解》、袁崇毅《难经晰解》、王三重《难经广说》、龚乃疆《难经启蒙》、叶霖《难经正义》等。其他见于书目著录或方志著录者,尚有若干。

对《难经》注释,前朝注本,从方法到内容,均较丰富,基础较好。明清注本,基本上是沿袭前人的方法和思路。

(1) 图文注本:即有图有注,如明·熊宗立《俗解八十一难经》,卷前有"难经图说"二十八题,其中有示意图,有形象图,均具文字说明,对后文的注释,有一定辅助作用。又如明·张世贤《图注八十一难经》,每难之后,均有图解,亦为示意图与形象图二种。此本对后世影响较大,翻刻次数较多。

(2) 文注本,即只以文字注释。如徐大椿《难经经释》、丁锦《古本难经阐注》、叶霖《难经正义》,均属此类。

《难经经释》,徐氏自序云:"《难经》非经也,以《灵》、《素》之微言奥旨引端未发者,设为问答之语,俾畅厥义也。古人书篇名义,非可苟称。难者辨论之谓,天下岂有以难名为经者,故知《难经》非经也。自古言医者,皆祖《内经》,而《内经》之学,至汉而分,仓公以诊胜,仲景以方胜,华佗氏以针灸杂法胜,虽皆不离乎《内经》,而师承有别……惟《难经》则悉本《内经》之语,而敷畅其义,圣学之传,惟此为得其宗,然窃有疑焉。其说有即以经文为释者,有悖经文而为释者,有颠倒经文以为释者……其间有大可疑处,且多曲为解释,并他书之是者反疑之,则岂前人皆无识乎?殆非也。盖经学之不讲久矣,惟知溯流以寻源,源不得,则中道而止,未尝从源以及流也。故以《难经》视《难经》,则《难经》自无可议,以《内经》之义视《难经》,则《难经》正多疵也……于是本其发难之情,先为申述《内经》本意,索其条理,随文诠释;既乃别其异同,辨其是否,其间有殊法异义,其说不本于《内经》,而与《内经》相发明者,此则别有师承,又不得执《内经》而议其可否。"

详《难经》一书,自唐初杨玄操氏提出"按黄帝有《内经》二帙,帙各九卷……越人乃采摘英华,抄撮精要,二部经内凡八十一章,勒成卷轴"之说后,注者多遵其说,而徐氏详审经文,发现其与《内经》诸多异处,故特提出"其殊法异义","别有师承"之说,突破前人旧论,可谓别具隻眼。又云其与《内经》可互相发明，“不得执《内经》而议其可否”，持论亦为允当。

《古本难经阐注》，据丁氏自序云，系雍正八年，“游武昌，客参政朱公所……出箧中古本《难经》，乃晋·王叔和《医范三经》之一也，开卷观之，异于坊本”。详历来书目著录，无王叔和《医范三经》之书，或系元明时人托古纂集之本也。又据“凡例”云：“是经注解，相传既久，错简颇多，如三难误列十八难，十难误列四十八难，凡误三十余条，今悉依古本厘正，一复越人之旧。”此则古本之异于坊本处。详明人整理古籍时，素有妄改之陋习，如医书之《素问吴注》即是。此尤可证明此所谓“古本”，或出自明人之手。该书注释，亦属简明，不尚图解，注文皆出己见，间附朱公中峰评语于文后。

《难经正义》，清·叶霖撰，与明·马莳注本同名。据自序云：“医书之繁，汗牛充栋，然剽袭伪托者多矣，何从而信之哉，亦在慎辨之尔。辨之法有三：考其年以求其世；此后味其辞而索其旨之浅深，临其诊以证其言之是非，而真伪无所匿矣。”故以为《难经》一书，“其为汉以前古书无疑，是即史迁‘仓公传’所谓《脉书》也。”详叶氏言辨伪之法，则义有可参。其辨《难经》为《史记·仓公传》所言《脉书》，则失考无据。叶氏此注，乃“谨考经文，寻其意旨，旁采群籍，资为佐证，质以诸贤之笺释，西士之剖验，以正其义。”按叶氏注，出于己意者为多，且间以西医之说附会于中。如一难注后云：“按脉者，血中之气也，经言营气，取营运于中之义，西医言食入于胃至小肠，皆有微丝管吸其精液，上至颈会管，过肺入心左上房（按此下复有小字注文，今略，后同），化赤为血，此即清者为营也，其血从左上房落左下房，入总脉管，由脊之膂筋，循行经脉之间，一日夜五十度周于身，尽八百十丈之脉道，以应呼吸漏下者，营气也……”又如二十难注后云：“按手厥阴心包络，即包心之脂膜，西医谓心之夹膜者是也。其膜分内外二层，外层坚而紧密，上裹总迴管脉管，下与隔膜之上层相粘，内层外连于外层，内粘于心，其脉与膈之脉管，肺之气食两管，而通贯于脑筋，心之脉络，亦从包络发出，以达周身，故经言膻中者，臣使之官也……”凡此诸文，其勇于探索之精神则可取，然文多附会，且当时其所见西医之书，尚未详明，故不足为法。

明清两代注《难经》之书，存世颇多，虽各抒己见，然亦多发挥，对研讨该书，均可互参，兹不烦举。

（3）集注本。即集多家注于一书者，如《难经集注》。

日本·涩江全善《经籍访古志》著录有王翰林《集注黄帝八十一难经》五卷，庆安五年刊本。注云：“此本虽未见原本，盖以明版翻刻者，其板往罹祝融，今世稀有，林天瀑祭酒活字摆印，收入《佚存丛书》中。而阮元《四库未收书提要》举有其本。”又详《中国丛书综录》收日本林衡辑《佚存丛书》第三帙有王翰林《集注黄帝八十一难经》（一名《难经集注》）五卷，（明）王九思等撰。

又日本·丹波元胤《中国医籍考》云：“按是书文化初，内医千田子敬（恭）重刊，时先子序曰：王翰林《集注黄帝八十一难经》五卷，《宋志》及晁、陈二氏并滑氏汇考之类，俱不著录……所谓王翰林者，未详何人，宋仁宗天圣四年，王惟一为翰林医官朝散大夫殿中省尚药奉御骑都尉，奉敕编修《铜人腧穴针灸图经》，王翰林即王惟一已……王九思、王鼎象、石友谅，虽他书无所见，其与惟一同为北宋人无疑矣。旧刻庆安版，虽未见祖本，题曰王翰林，则非惟一之旧也。”“又按杨康候所著《通神论》，元符中黄鲁直为序，与天圣四年相距七十余年，王惟一决不得与康候眉睫相接。则不知何由集入其说也。辛巳仲冬十八日，西城侍医野间君（成式）令嗣仁夫（成巳）得皇国亡名氏《难经俗解抄》，持来见示，卷首称，《难经》有十家补注。

所谓十家,并越人而言之。曰卢秦越人撰,吴太医令吕广注,济阳丁德用补注,前歙州歙县尉杨玄操演,巨宋陵阳草莱虞庶再演,青神阳康候续演,琴台王九思校正,通仙王哲象再校正,东京道人石友谅音释,翰林医官朝散大夫殿中省尚药奉御骑都尉赐紫金鱼袋王惟一重校正。建安李元立锓木于家塾。据此,诸家校注本,固各单行,李氏鸠集其说,编十家补注。而若署名,似不以朝代为次序,后人以惟一名在最后,谓系其所集,仍别为一书,题以王翰林集注字,先子所谓其非王氏之旧者,可见也,祭酒林天瀑先生(衡)《佚存丛书》,尝刻是书曰,明王九思所编,盖未深加考究也。"

按此注本对后世影响较大,然其祖本,究系宋代还是明代,在日本已有两说,今人如马继兴研究员、何爱华教授、凌耀星教授等,通过进一步考证,均倾向于其祖本为宋。然诸如王九思、王鼎象、石友谅三人生年及有关事宜仍无据可证。又据《中国医籍考》所言《难经俗解抄》中记十家补注说,有王哲象,无王鼎象,言王九思为琴台人,与明之鄠县王九思不合。又雕印人建安李元立,亦无确切证据为何代人。故此注本上述有关问题,尚待进一步考证其祖本年代。

其他有关《难经》之整理研究本,亦各有特色,均具已见,不再介绍。

三、《伤寒论》、《金匮》类古籍整理研究

张仲景《伤寒杂病论》一书,自散失后,首由晋·王叔和及其门人进行过辑校整理,后由于社会动乱及多人传抄整理,并衍化为多种不同传本。至宋臣林亿等,在古传本的基础上,经过校定后,由国家颁行《伤寒论》与《金匮要略方论》二种政府校定本,自此,《伤寒论》与《金匮要略》二书,始得广为流传,并以各种不同方式,继续进行整理研究。明清两代,则是在宋金元人整理研究的基础上,尤以多种方式,取得了新的成就。

(一)《伤寒论》类文献

明清两代对《伤寒论》文献研究,虽较前朝为多,但由于:①宋臣林亿等校定之《伤寒论》及《金匮玉函经》本,在元明期间未见有刊本,仅知有个别抄本。至万历二十七年始有赵开美刊本问世,然在国内亦流传不广,而在日本则有多种复刻本。直到辛亥革命后,方据日刻本在国内翻刻或影印。而金·成无已注本,则不仅元代有刊本,即明清两代,亦有多次刊本,流传较广,故明清两代,对《伤寒论》一书的文献整理或研究,除个别如王肯堂等曾参照流传极少的宋本(刊本或抄本)外,基本上是以金·成无已注本为祖本。②成注本与宋臣林亿等校定本,亦颇相同,该书原署为"汉长沙守张仲景述、晋太医令王叔和撰次"。详"伤寒例"又有"今世人伤寒,或始不早治,或治不对病,或日数久淹,困乃告医,医人又依次第而治之,则不中病。皆宜临时消息制方,无不效也。今搜集仲景旧论,录其证候声色,对病真方有神验者,拟防世急也"一段显非仲景自语之文。故明清两代,对《伤寒论》之文献研究,对原本是否尽出于仲景之手或尽出仲景原书本文,大都持怀疑态度,甚至以诋诃叔和者,亦颇有其人。明清之际,有方有执发难于先,喻嘉言继之于后,均对王叔和有较多微词,二人之说,对后者影响较大。故明清两代之《伤寒论》整理研究类文献,少有完本,大都有所删削或重新编次。③明清两代伤寒类文献颇多,其中有相当一部分著作,沿袭宋金元人之路,是对广义伤寒之论述,虽不同程度地吸收了《伤寒论》内容,但并非对《伤寒论》文献之整理研究,故不在此例。

根据上述情况,综观该时期《伤寒论》文献整理研究,主要有以下几种形式。

1. 原文注释

明清两代注《伤寒论》诸家，大都有所删削，或"伤寒例"，或诸"可与不可"等。大致有以下三种情况。

（1）独注本，如：

1）明·方有执《伤寒论条辨》。该书将原本篇章及文序，均重为编次。并"辨脉法"与"平脉法"为一，仍名"辨脉法"，分上下二篇。删去"伤寒例"一篇。全书计八卷二十二篇。另有附加内容数篇。

详"辨脉法上篇"云："此篇以下，皆叔和述仲景之言，附己意以为赞经之辞，譬则翼焉，传类也。篇目旧名'平脉'，次第二而僭经右。夫传不可以先经，论脉亦无先各脉而后平脉之理，且平脉不过前数条，冒事必如此耳。后亦各脉，安得直以平脉名篇。皆非叔和之旧，其为后人之纷更明甚，是故重考订而次序如今。"

又"削伤寒例（成无己本旧有'伤寒例'一篇，今削之。存此以备后照）"云："医道之方法俱备，自仲景始，故世称仲景方法之祖，《伤寒论》乃其书也。考求其方法，义例明甚。何谓例？如中风一也，伤寒二也，兼风寒俱有而中伤三也。三病不同，以皆同在太阳，故皆发汗。发汗云者，非以例言乎……夫何无己之注解，不省义例原属方法中，法外又独有伤寒之例，独例伤寒而置诸各属，含义而独曰例，岂仲景之言，其为后人之伪，明亦甚矣。伪例者谁，或曰叔和，谓叔和者，以其编述也。编述论而出始，则叔和之于论，诚功之首也。乃若又伪此例，则后之医伤寒者，不知通求各属，但务专拟于伤寒，仿例而行，仲景之道，反愈晦，而至今愈不明，究其叛乱不由厄于此例以至如此乎。以此言之，则叔和者，亦一罪之魁耳。"

按方氏于《伤寒论》之注释，不为无功，其编次之体例，作为一家言，亦未为不可。然其诋毁叔和之处，则不遗余力，从文献整理研究角度论，尽属妄见，并无书据，故清人闵芝庆云："方氏之心，无非欲立异以为高，故其编次，悉更旧本，前者后之，后者前之，诸篇皆有更移。太阳三篇为甚，将欲求胜于叔和乎！设使人各一见以自高，何时复出仲景而始定。奈何人也，敢妄意有更。"闵氏之评有执亦是，妄而自高以讥人者，亦必受人之讥。

2）清·喻昌《尚论篇》。该书亦尽改《伤寒论》旧观，删去"辨脉法"与"平脉法"二篇及部分条文，将"伤寒例"置于卷首，名"驳正王叔和序例"。并云："王叔和序例，传习已久，中人已深，欲削去之，而坊刻盛行，难掩众目，姑存原文，驳正其失，以定所宗，非故攻击前贤，实不得已之思耳。"

又详卷首"尚论张仲景伤寒论大意"云："今世传仲景《伤寒论》，乃宋秘阁臣林亿所校正，宋人成无己所诠注之书也……殊不知林、成二家，过于尊信叔和，往往先传后经，将叔和纬翼仲景之辞，且混编为仲景之书，况其他乎。如一卷之'平脉法'，二卷之'序例'，其文原不雅驯，反首列之，以错乱圣贤，则其所谓校正，所谓校注者，乃仲景之不幸，斯道之大厄也。"又云："今欲以'伤寒例'居前，六经病次之，类伤寒病又次之，至于杂病、杂脉、杂论，与伤寒无预者，皆略去。计得二百八十三条，并以治字易法字，而曰二百八十三法。虽有深心，漫无卓识，亦何足取。万历间方有执著《伤寒条辨》，始先即削去叔和'序例'，大得尊经之旨，然未免失之过激，不若爱礼存羊，取而驳正之，是非既定，功罪自明也。"

据上文可知，喻昌对《伤寒论》之注释，虽在处理方法上与方有执不尽相同，然就其基本思路而论，亦紧步方有执之后尘者。详喻氏生当明末清初，故其学风，亦颇受明人之影响。

3）清·张令韶《伤寒论直解》。该书删去“伤寒例”一篇，将“辨痉湿暍”一篇移于“辨阴阳易差后劳复”之后，计六卷十九篇。

详其“凡例”第一条云：“《伤寒论》旧本，以‘辨脉’、‘平脉’为首，先脉而后证宜矣。至以‘痉湿暍’列于六经之前，似非作论之本意，今先脉后证，列六经于‘辨脉’、‘平脉’之后，而‘霍乱’、‘痉湿暍’并‘汗吐下’又附于六经之后，以见因伤寒而并及之者也。若夫叔和‘序例’引《素问·热论》而立言于仲景《伤寒》，漫无发明……适足以滋后人之惑，故去之。”第三条云：“仲景云，撰用《素问》、《九卷》、《阴阳大论》，是以本文之中，无非阐发五运六气阴阳交会之理，故解内亦以之解经，罔敢杜撰，以贻天下后世之讥。”第五条云；“是书自有章节段落起止照应，非若他书散叙平铺而已，今依隐庵《集注》之分章节。”

根据上文，可证张注本之体例，除将“辨证法”与“平脉法”两篇仍置书首外，余均依张志聪《伤寒论集注》本，其学术思想亦多宗于张。他们对条文的处理，基本上均依原本之文序。

4）清·王丙《伤寒论注》，原书未见刊本，今有陆懋修校本，计六卷十七篇。

据卷一大题下懋修按云：“按诸家《伤寒论》注，惟我外曾祖朴庄公此注，为《千金翼方》定本。兹谨合《脉经》参校。”今详此注本与《千金翼方》篇名及条文均同，是《伤寒论》文献整理诸书中，唯一以《千金翼方》本为底本者，故别具特色。

详王氏注文，亦皆平允。且有个别条文，取以理校或以成注本校。陆氏又以《脉经》、《千金方》、《千金翼方》及日本影宋本参校。故本书颇具文献学价值。

其他单注本不再介绍。

（2）集注本，如：

1）明《张卿子伤寒论》。该书为张遂辰纂辑。全书是在成无已《注解伤寒论》的基础上（按该书无卷前运气绘图内容），将原十卷复厘为七卷，各卷卷末之“释音”，集中于卷前名“音释”；卷十所列诸方，并于集内，另加已注及采摘别家注释编辑而成。详其所采诸家，有王三阳、张兼善、唐不岩、王宇泰、许叔微、沈亮宸、《千金方》、朱丹溪、王损庵、王履、庞安时、《活人书》、戴元礼、赵嗣真、徐氏、黄氏、赵氏、张氏、汪氏、李东垣、王文禄、许氏、王海藏、娄氏、成氏、华学士、杜壬、吴氏、黄仲理、罗天益、《永类钤方》等三十余家。为今存最早之《伤寒论》集注本，亦是继成氏之后，在成注本基础上，全文注释《伤寒论》之本。

详该书“凡例”云；“仲景之书，精入无伦，非善读，未免滞于语下，诸家论述，各有发明，而聊摄成氏引经析义，尤称详洽，虽牴牾附会，间或时有，然诸家莫能胜之，初学不能舍此而索途也。悉依旧本，不敢去取。”又云：“诸家善发仲景之义者，无过南阳，外此如叔微、潜善、洁古、海藏、安常、东垣、丹溪、安道，近代如三阳、宇泰诸君子，单词片语，虽不拘长沙辙迹，实深得长沙精义，急为采入，以补六经未发之旨也。”其编次篇卷之法，“大抵因三阳王氏义例。”

按张氏注本，充分肯定了成无已注本的成就，并能广收诸家善注，且是在成氏原本篇次的基础上继续进行工作，与方有执氏大删大改，诋毁前人之学风相较，就古籍整理而论，堪称善举。

2）张志聪注释、高士宗纂集《伤寒论集注》。该书删“伤寒例”一篇，将“辨痉湿暍篇”移于“辨阴阳易”等之后，“辨脉法”与“平脉法”置诸最后。全书计六卷十八篇。

据该书“凡例”所云，有以下特点：第一，志聪等认为“伤寒原名《卒病论》，其新旧刊本正文中，有增一字者，有减一字者，有文法虚字各别者，有语句读法不同者，有一节分为二、三节者，有重出不作衍文者。今悉详确校正，当以兹刻为定本。”详张氏生当明万历三十八年，卒于清康熙十三年，此所言新旧刊本，当含有明清两代刊本。又据后文对成无己注之微词，亦或以成注本为祖本。第二，张氏以仲景序曾言撰用《素问》、《九卷》及《阴阳大论》等。“《阴阳大论》者，《素问》中大论七篇，皆论五运六气、司天在泉、阴阳上下、寒热胜复之理”，故在张注中，即以伤寒六经与运气六气之说相合为义，成为注释《伤寒论》之一大学派，后来之张令韶、陈修园等皆宗其说。第三，张注对成无己注中诸如“风则伤卫，寒则伤荣”。“脉缓为中风，脉紧为伤寒”，“伤寒恶寒，中风恶风，”、“伤寒无汗，中风有汗”及“风寒两感，营卫俱伤，宜大青龙汤”等之解，颇多微词，并另抒已见。第四，“是刻之所以名《集注》者，窃效朱子集注经书，可合正文而诵读之，并非汇集诸家也。”详该书以张志聪注为主，又有“高子曰”者，高士宗言也。另有如曾氏、张氏、凌氏、燕氏、姚氏、鲁氏、钱氏、陆氏、沈氏、陈氏、金氏、莫氏、施氏、马氏、卢氏、朱氏等曰，皆不详其名。然据卷五“辨可下病脉证篇”中“下利三部脉皆平……”一条注释后有“附余：莫玉阶曰：三部脉皆平，则病脉外之悍气，确乎不易。非吾师灵心慧眼，恶能看出”一则，然则莫玉阶者，即前之“莫氏”也。是则上述诸名氏，皆张之门生，其所言者，学师说之一得。故此书虽曰《集注》，“并非汇集诸家也”。

3）清·舒诏《伤寒集注》。该书一依喻昌《尚论篇》章法，由原四卷，析为十卷。其后增四卷，有“六经定法”、“答门人问”等十数论，乃舒氏业医心得，兼附验案。而非关《伤寒论》原文之注释。然于医者，亦颇有裨益。

详其自序云：“予少好医方，每苦于难通，获交南昌罗先生子尚盖，亲承嘉言口授……乃举所得于嘉言者，以传于诏。”又云：“然而仲景之书，虽由《尚论》而明，其间遗义尚多，故读不得其口授，亦鲜能通也。诏不敢安于暗混听之，以贻其误，于是不揆薄劣，参放百家，徵以症治，出其一知半解，补而详之，殚精瘁神十余年，始克集注成编，不可谓非难也。”是知舒氏犹喻昌再传弟子，亦喻氏一派者也。

该书注释，皆首选喻注，次为诏按，间采汪讱庵、程郊倩、胡章及、方中行、徐忠可、张隐庵、陈公璧等论，及门人萧克协、张盖仙等语。故谓之《集注》。

4）清·陈修园《伤寒论浅注》。该书为陈修园撰，又有其子元蔚、元犀及受业薛步云等加注，并采摘了部分前人如张志聪、张令韶、柯琴、庞安常、李中梓、喻昌、程郊倩、王宇泰等注文，故此书实亦集注性著作。

据该书“凡例”所云，具有以下特点：第一，以为仲景原文，章节起止，互相照应，故“不敢增减一字，移换一节”。第二，若陶节庵、张景岳、程钟龄及喻嘉言、程郊倩、魏念庭、柯韵伯等，“割章分句，挪前换后”，“互相诋驳者，终无一当也。”第三，“张隐庵、张令韶二家，俱从原文注解，虽间有矫枉过正处，而阐发五运六气阴阳会通之理”，则与仲景之旨合，故多以开阖枢及标本中气说以解经。第四，以为宋臣校正、成无己注本中之“辨脉”、“平脉”、“序例”，前贤谓出于王淑和之手，悉去之。第五，浅注于“原文中衬以小注，只求经旨明畅，不敢骛及高远”。

据此，则陈修园与张志聪、张令韶二家，犹一脉相承者。唯其浅注取“原文中衬以小注”之体，亦即将原文与注文联缀一体，通条串讲之体，简明易读，亦颇具特色。今举卷一“辨太阳病脉证篇”为例。注文加括号。

太阳（主人身最外一层，有经之为病，有气）之为病，（主乎外则）脉（应之而）浮，（何以为经，《内经》云，太阳之脉，连风府，上头项，挟脊抵腰至足，循身之背，故其为病，）头项强痛，(何以谓气，《内经》云，太阳之上，寒气主之，其病有因风而始恶寒者，有不因风而自恶寒者，虽有微甚，)而(总不离乎)恶寒。(盖人周身，八万四千毛窍，太阳卫外之气也，若病太阳卫外之气，则通体恶寒；若病太阳之经，则背恶寒。)此言太阳之病总提大纲。

按最末一句，非原文，为每一条之结语，以提示本条要义，亦"提要"之属。陈氏此种注释方式，亦别具一格者。

(3) 校注本，如：

清御纂《医宗金鉴·订正仲景全书伤寒论注》，该书为总修官吴谦撰，全书删去"伤寒例"一篇，将"平脉法"与"辨脉法"二篇移于最后，其余诸篇条文，亦皆重为编次。计十六卷二十二篇。其第十七卷为附加内容，含"正误"、"存疑"、"陶隐居《名医别录》合药分剂法则"、"三阴三阳经脉图注"、"伤寒刺灸等穴图"五篇。其注释体例有吴谦自注、按(按凡加按者，皆对原文提出校勘意见或阐发医理)、方解、音切，有集注、集解。集注与集解采有滑寿、程应旄(或作程郊倩)、吴人驹、方有执、汪琥、程知、喻昌、张锡驹、魏荔彤、沈明宗、闵芝庆、成无已、张璐、张兼善、柯琴、杜任、张志聪、王肯堂、李中梓、沈明宗《内台方议》、郑重光、林澜、吴绶、刘宏璧、《活人书》、沈亮宸、许叔微、王三阳、唐不岩、戴元礼、娄全善、赵良、周扬俊、赵嗣真、徐彬、高士宗等近四十家之注。

详该书吴氏自注，于文理医理，颇能发皇经旨，亦注家上乘之作。其按校之处，亦甚可参，其采摘诸家注文，除个别有宋人者外，大都为明代及清代前期名家之作，其中有些如王三阳、唐不岩、沈亮宸等之著，今皆佚。故该集注亦颇有文献学价值。

又卷十七"正误"诸篇六十余条，虽大多出于理校，个别有本校或他校者，其中亦不乏卓见之处；存疑三十余条，皆存而不论之条文。

总之，该书在明清两代《伤寒论》集注与校勘诸本中，为业绩最大者。惜其校勘，未用对校及他校诸书，是以为憾。

2. 增广注释

增广注释者，即基本上是以《伤寒论》原文为主，而适当增加了少部分温热病内容，而加以注释者，如：

(1) 明·王肯堂《伤寒证治准绳》。该书是以成注本《伤寒论》原条文为主，打乱原卷篇及条文次序，以证类方，重为编次，参之楼英《医学纲目·伤寒》之例，附以后贤伤寒温热病论及方，计为八卷。其注释体例，皆首出已注，后采诸家之注，故亦集注体也。

详其"凡例"所云，有以下特点：①"娄氏《纲目》，列六经正病于前，而次合病、并病，汗吐下后诸坏病于后，又次之以四时感异气而变者与妇婴而终焉。而每条之中，备列仲景法，然后以后贤续法补之。既概括百家，又不相淆杂，义例之善，无出其右，此书篇目，大抵因之。"此可知该书受《医学纲目》之影响较大。②对条文之归类，凡首称何经者，则归入何经。不言何经者，阳证入太阳，阴证入太阴。燥屎、便难等入阳明，厥逆吐利者入厥阴。此其归类之大要也。③对成无已注，以为"最为详明，虽随文顺释，自相矛盾者，时或有之，亦白璧微瑕，无损于连城也。"此论亦为公允。其别采诸家有赵嗣真、张兼善、黄仲理、《活人书》、庞安时、许叔微、《本事方》、韩祇和、孙兆、张洁古、张元素、云岐子、李东垣、朱丹溪、王海藏、王履、罗天益、戴元礼、娄全善、吴绶、陶华等。

书中收后贤治伤寒温热病之方亦多，特如太阳病"发热"一证，除调胃承气汤与白虎汤为仲景方外，余者有黄芪汤、川芎汤、神术汤等凡四十一方，皆后贤之方也。

此注释《伤寒论》之又一体也。

(2) 清·汪琥《伤寒论辨证广注》。该书系删除“辨脉”、“平脉”与汗吐下诸篇及“痉湿暍”与“霍乱”诸篇，并对个别条文作了调整，于六经病后，又附以“昔贤治××病方论变法”等编纂而成，其注释除己注、己按者外，多采成无己注及前人旧论。卷一增“纂注《内经·热论》”及“图注《内经》足阴阳六经之脉”等。全书计为十四卷。

据该书“凡例”所云，有以下特点：①增《内经·热论》等，是“知仲景之论，实宗《内经》之旨也”。②删“平脉”、“辨脉”及诸可与不可等篇者，以为“叔和所增入也”；删“痉湿暍”及“霍乱”者，“以其为杂病也”。③以为《伤寒论》一书，“若非叔和撰集，不能延至于后”；成无己《注解伤寒论》，“惟创始耳”。后人但言其过，而忘其功。此论颇为公允。④详其全文，是以成注本为祖本，而“伤寒例”篇，又参之《仲景全书》及《证治准绳》，补入“二十四节气决病法”者，以此“乃《伤寒论》一部纲领”。⑤以为方有执、喻昌、程郊倩三家之注，皆有功于仲景，然“所可嫌者，三家之书，皆倒致仲景六经篇原文”。此见亦颇可取。⑥仲景论后，必附昔贤及后人方论，欲后世“虽遇伤寒变证极奇之病，然疗之有法”。按汪氏此举，实宗于《伤寒证治准绳》。

详该书之总体思路，诸如对王叔和、成无己之评价，增广后贤之方论等，均受王肯堂影响较大。二人对《伤寒论》之整理研究方法，亦多有相似之处。故二家有一定代表性。

3. 以证类方论

以证类方论，即从《伤寒论》原文中，提出诸多证名为纲，将有关条文及方药，归于各证类之下，并加以注释。如：

(1) 明·林澜《伤寒折衷》。该书基本上是以《伤寒论》原文为主，适当吸收后贤论伤寒与温热病诸方论，以《伤寒论》原有篇目及“类证”等为篇题，下有若干证名为纲，将有关方论原文，归于各证，加以注释。全书计二十卷。前十二卷共九十余证，基本上以《伤寒论》原条文为主；后八卷百余证，有部分《伤寒论》原文，另为后贤方论。

据该书“例言”云，“类证之作，创始于《活人书》，莫备于《证治准绳》，第为帙既广，一时研究难尽者，学者患之。李士材作《伤寒括要》，删其繁冗，撮归精粹，可谓夹带之便物，但不无大简之弊。有言之未详明者，有遗漏者，有错误者，俱当逐一改订。且近时诸贤，灯传薪续，亦复不少。兹合纂为一编，庶繁简适中，而要义毕备。”又云：“聊摄一注，钩深索隐，细大毕诠，虽不尽珪方璧园之神妙，亦可谓得什中六七，自当弃其短而集其长。”

据此可知其编辑体例，实受《活人书》之启迪，取《证治准绳》及《伤寒括要》之长而避其短，改订而成。其注释则宗于成无己而兼抒己见，并博取后贤之论。

(2) 清·沈金鳌《伤寒论纲目》。该书乃析六经形证为诸证，以仲景原文为纲，以注为目，编纂而成，全书计十六卷。

据自序云：“廿年来，余读伤寒书百余家，人各一说，不胜繁冗驳杂之虑……乃不揣，著《纲目》一书，循六经之次，析各款之繁，以仲景论为纲，历代诸家之语足以阐明仲景者为目，庶览是书者，可寻流溯源，而晓然于仲景之旨矣。”又“凡例”云：“是书各循三阴三阳之六经，而又析六经所发之款症。不循经，但据款析言之，则如各经皆有头痛之类，难于识别；不析款，但循经挨言之，则又依文顺义，不能令读者一览易晓。故循经析款，是书所由而成。”是知该书系循经析款，以证类方，以原文为纲，以历代注释为目。此亦典型之以证类方论体。卷首为“总论”，卷一至卷十六为六经形证。如卷一至卷七为“太阳经证”，共析为七十四证。然后据证以类论。据论以索方。

(3) 清·钱潢《伤寒溯源集》。该书以为自王叔和编次之失，朱奉议搅乱原文，陶节庵尽废原文。虽有方有执痛关其非，喻嘉言指摘其谬，“然皆经义未驯”。于是“直溯源流”，“分经辨证”。将“伤寒例”、“平脉”、“辨脉”及诸可与不可等，尽为删去。全书计十卷。

按该书内容，尽以六经及差后诸证为纲，间附“合病并病篇”及“霍乱篇”。每篇之下设若干证。如太阳上篇中风证治，下设中风正治、太阳坏病、中风失治、中风火劫、中风误吐、中风误汗、汗下颠倒、中风误下、中风蓄血等证。详钱氏虽责前人“搅乱经文”，而该书之作，亦未必仲景原意。

(4) 清·柯琴《伤寒来苏集》。该书系对原文经过删改后，以证为类，编辑而成，全书计四卷。

据该书“凡例”云：“起手先立总论一篇，令人开卷便知伤寒家脉证得失之大局矣；每经各立总纲一篇，读此便知本经之脉证大略矣；每篇各标一症为题，看题便知此方之脉证治法矣。是编以症为主，故汇六经诸论，各以类从，其症是某经所重者，分列某经……叔和序例，固与仲景本论不合，所集脉法，其中有关于伤寒者，合于某证，即采附其间，片长可取，即得攀龙附骥耳。”观乎此，即知其编纂体例及取舍之梗概。

又云：“六经中有证治疏略，全条删去者”，“条中有冗句者删之”，“条中有衍文者删之，有讹字者改之，有阙字者补之”。

详柯氏之编辑体例。于初学者，亦觉纲举目张，其阐释医理及方解，亦多简明畅达。若作古籍整理，其虽讥“《条辨》既中邪魔，《尚论》浸循陋习”，然其妄删妄改之法，亦智者之一失也。

4. 以法类方证

以法类证，即以治法为纲，法以该论，据论索方之体。如：

(1) 清·吴人驹《医宗承启》。以为后世对《伤寒论注疏》，多有悖于仲景旨意。遂以证为类，著成此书，全书计六卷。

详卷一为序例、提纲；卷二至卷六，将原文按内容归类，计有发表、渗利、涌吐、攻下、和解、救内、清热、温里、针灸、需待、会通、死证、附翼、答书等。其中前九项，均为治疗大法。每项先列原文，次为疏注，后列防误(设反观照之法)。此以法类方证之体也。

(2) 清·尤在泾《伤寒贯珠集》。该书亦尽删“伤寒例”、“平脉”、“辨脉”及诸可与不可等内容。仅以六经原文，以法为纲，按法归类，全书计八卷。

详其内容，于每经之首，有“辨列××条例大意”一项，后则设诸法为类。如太阳篇上，计有：辨列太阳条例大意、太阳正治法、太阳权变法、太阳斡旋法等；太阳篇下有：太阳救逆法、太阳类病法。

按尤氏之注释，尽出己意，简明扼要，论述亦为公允，其与柯琴之注，多被后来注家所采用。

5. 以方类证

以方类证，即以方为纲，将原文按方归类。如：

(1) 明·许宏《金镜内台方议》。该书以《伤寒论》方为纲,以方归类。共分汤方、散方、丸方三大类。每类按主方与类方功能主治分类,全书计十二卷。

详该书内容,计汤方一百零一道,散方七道,丸方五道。每主方之下次以类方,如桂枝汤后次以桂枝加葛根汤,桂枝加厚朴杏子汤,桂枝加附子汤,桂枝去芍药汤等十八方。每方之下均设"汤议",议该方之主治及方义;或设"汤证",以归类主治诸条文;或设"疑问",以解答论中之疑难。该书对《伤寒论》一百一十三方之方议,颇有发挥之处,足资参考。

(2) 清·徐大椿《伤寒论类方》。该书是以《伤寒论》方为纲,以方类证。计一卷。

详全书内容,计十二类即桂枝汤类、麻黄汤类、葛根汤类、柴胡汤类、栀子汤类、承气汤类、泻心汤类、白虎汤类、五苓散类、四逆汤类、理中汤类、杂法方类。将《伤寒论》方证条文依方归类,并对原文加以简要注释。其注释内容,大都为提示要义、揭示病机或辨析证候。按该书对《伤寒论》方的分类,较之《金镜内台方议》,大为完善,其注释亦颇简明。可谓类而有序,简而且明。

6.《伤寒》专论

《伤寒》专论,即对《伤寒论》之专题论述性著作。如:

(1) 清·柯琴《伤寒论翼》。该书系对《伤寒论》之有关问题所作之专题性论述。

全书计二卷,卷上为全论大法、六经正义、合并启微、风寒辨惑、温暑指归、痉湿异同、平脉准绳等七篇;卷下为太阳病解、阳明病解、少阳病解、太阴病解、少阴病解、厥阴病解、制方大法等七篇。皆柯氏对《伤寒论》中重要内容之综合论述及研究心得。

(2) 清·黄元御《伤寒说意》。该书乃根据《伤寒论》各篇章原文精神,所作专题性与综合性论述。全书计十卷,另有卷首一卷。

详该书内容,卷首为专题性论述,计有六经解、六气解、营卫解、风寒解、传经解、里气解、风寒原要七篇。自卷一至卷十,是对《伤寒论》具体内容的综合论述。以六经病为纲,或论证、或论法、或论方、或论脉、或论病机、或论预后,种种不一。此专论之又一体也。

7.《伤寒》方论

《伤寒》方论,即对《伤寒论》方之解析或论述。如:

(1) 清·柯琴《伤寒附翼》。该书以六经为纲,将《伤寒论》方,逐一论述,全书计二卷。

详其内容,对一方之功效主治、药物性能、配伍意义、应用宜忌、作用机理等,均有所解析与论述。详其所论,亦较为明晰,颇可参阅。

(2) 清·王子接《伤寒古方通》。该书原系王氏《绛雪园古方选注》之一部分,皆王氏手定。经后人挖版析出,改作此名。

详其内容计分六门,即和剂共四十四方,如桂枝汤类、柴胡汤类等;寒剂共十方,如白虎汤类、葛根黄芩黄连汤等;温剂共十九方,如四逆汤类、理中丸类;汗剂共十三方,如麻黄汤类、青龙汤类等;吐剂共五方。如栀子豉汤类、瓜蒂散等;下剂共二十二方,如承气汤类、陷胸汤类等。每方首录原方,后为方论,论述亦较明晰。又详王氏曾云"及观柯韵伯《伤寒论翼》(按此当指《附翼》部分),具载靡遗,可谓先得吾心之所同然者矣。"是知此作亦多得柯氏之影响。

(3) 佚名氏《伤寒方论》。该书不详撰人,与清·徐彬《伤寒方论》(又名《伤寒一百十三方发明》)同名,但内容不同。原署"汪午桥秘藏方书",汪午桥,亦不详。该书仅有清精抄本,藏中国中医科学院图书馆,已由中医古籍出版社影印出版。

详该书小序云:"张仲景百十三方,王子接少选桂枝朴杏汤,多入条芩人参汤、柴胡螵蛸汤二方,缺论。余对方注参看,更属明晰。"详该书内容,尽依王子接《伤寒古方通》所分门类及方序,惟仅具方名,不载方药诸内容。每方之后,有"论曰"一则,以阐发方义,亦间引《内经》文,以证其论。是一部典型的《伤寒》方论性著作。其论述亦阐明扼要,评判得当。

8.《伤寒》歌诀

《伤寒》歌诀者,以《伤寒论》条文或原方编为歌诀,以便于诵读者也。如:

(1) 清御纂《医宗金鉴 · 伤寒心法要诀》。详其小序云:"伤寒一证。仲景论中立三百九十七法,一百一十三方,神明变化,可谓既详且尽矣……但其辞旨古奥,义蕴幽深,条目烦多,未易领会,人多苦之。兹特揣其要旨,编为歌诀,俾学者便于熟读默记。融会贯通,然后再玩味全书,则易读易解。"此其作歌诀之义,已详明矣。

全书每一题名下,根据《伤寒论》原文精神,以七字句韵文,编为歌诀,次辅以详释,甚便于初学。惟其中"类伤寒五种"、"同伤寒十二证"及"伤寒附法",则非《伤寒论》所有,乃后贤之论。

(2) 清 · 陈修园《长沙方歌括》。详该书小引有云:"(《伤寒论》诸方)宋元后诸书多略之,而不知古圣人之心法在此。余同周镜园饮中,畅明其义,归而乘兴韵之,其诗为药证、分两、煮法、服法等所限,弗能工也。戊辰岁余服阙,复到保阳供职,公余,取《伤寒论》原文重加注疏,书成,附此六卷于后,命男蔚按方而细注之,俾读《伤寒论》者,于人略我详处,得一捷便之法云。"据此则知陈氏为此歌诀之原委。

详全书计六卷,以六经为纲,每一方名下,首列主治条文,次列方药及煮服法等,再次为歌诀,皆七字韵句,末为方解。此书亦甚便于初学习用。

9. 语音、文字方面的研究

关于经典著作之语音、语义方面的研究,自唐、宋以来,诸多注经与校经名家都进行过这方面的工作,这在《黄帝内经》的校注本中,屡见不鲜。在张仲景先生医著中,早在宋传本《伤寒论》的校注也尽有注音、释义方面的内容。然将此内容进行集中解读者,自清以降,尤为显著。对经义的解析,具有重要的意义,今举其要者为例。

(1)《医宗金鉴 · 订正伤寒论注》,此书系《医宗金鉴》第一总修官、太医院右院判吴谦撰,全书十七卷,除第九卷、第十卷、第十四卷及最后一卷外,余十六卷之卷尾,均附"音切"一项,对卷中不常用字或异读字加以"切音",标明读音。标注用直音、声调、反切三法。

全书计有第一卷 40 字,第二卷 20 字,第三卷 10 字,第四卷 22 字,第五卷 4 字,第六卷 4 字,第七卷 1 字,第十卷 10 字,第十一卷 7 字,第十二卷 4 字,第十三卷 5 字,第十五卷 9 字,第十六卷 14 字。全书共有 150 字的切音。

今举卷二 20 字为例:沫音末、内音纳、合音鸽、见音现、饴音怡、烊音羊、欬溪介切、眩匣绢切、振平声、窒陟力切、瞑音冥、衄汝六切、蛭音质、蝱音盲、谛音帝、当去声、瘀影据切、噫乙介切、濡音软、啰於目切。

吴廉,字六吉,安徽歙县人,清代官太医院判,供奉内庭,屡被恩赉,乾隆四年,敕编医书,与刘裕铎同为总修官，于乾隆七年修成，乾隆帝赐名《医宗金鉴》，其中《订正伤寒论》与《订正金匮要略》二书，尽出于吴谦之手。对该书之注释，兼收清代众家之长，又能申一己之见，可谓兼收并蓄者，其于文字方面，尤能注意音与义之关系，故特设"音切"一项，以示后学。

(2)《伤寒论文字考》及《伤寒论文字考续》。日本冈山伊藤馨撰。先于日本嘉永三年(1850年，相当于清道光三十年庚戌)撰成《文字考》，后复于日本嘉永六年(1853年，相当于清咸丰三年癸丑)撰成《文字考续》。

《文字考》卷前有江户丹波元坚"序"云："出羽伊藤子德，儒而好医，轩岐、仲景之经，无不淹贯，每谓医经之旨，可以通儒术……今子德才学该通，遂及医经，故其著是书，爬罗剔抉，辨证甚密，所得往往有出于我辈之外者……"卷首有"自识"短文，言其出于医学世家，逃医入儒，"缝掖之后，尚奉家学"，于儒医之经籍，如文字训诂，不无所见，集而成卷，择《伤寒》类者，付之梨枣。该书有上下两卷，收词语八十五则，逐一训释之。《文字考续》前有野间成纪任夫"序"云："余以为仲景之论，文辞简质，旨义玄奥，用非浅学所能遽窥测也。必也徵诸六艺百家之言，求之两汉文义词气之间，逐字钻研，庶乎足以窥仲景氏玄奥之旨矣。……而子德乃以治经之余，仍能一一研核其文字异同处，徵以六艺百家之言。以畲其特见，其锋盖不可犯也。"此书亦有上下两卷，共收词语六十六则，逐一训释之。本书卷首亦有自识一文。以明其著述之旨。有文云："是以如《伤寒论》，自成无已创注以来，医家之所释，失其训诂者，殆过半矣。是馨之所以费见于医籍也。……"卷后有中岛重跋文一篇，言此二书刻于家塾之始末。

伊藤氏《伤寒论》中之语词，用文字训诂等方法进行研究，解析之义，所见颇多。如《文字考》中解"郑声、重声"之书证，"消息"一词之多义甚是；《文字考续》中指出"作、与、属、用、以五字皆同义"、"上中互训，中下互训"等，皆以经文中取证，甚可参。此本证本训法也。

(二)《金匮要略方论》类文献

1. 全文注本

全文注本，即对该书全部内容进行注释者。如：

(1) 元末明初赵以德《金匮方论衍义》。按赵以德，生当元末明初，入明时已五十三岁，故该书亦或成于元末明初。全书三卷，以宋代传本原文加以全文注释。

该书世无刊本，今存尚有抄本藏中国科学院图书馆。此为对《金匮要略方论》之最早注释本。

(2) 清·徐彬《金匮要略论注》。该书将原《金匮要略方论》三卷本，析为二十四卷本，并加以注、论。

详该书"凡例"云："此书废坠已久，中多讹字，疑者阙之，示慎也。间有挨文拆义，聊以鄙见，质之后贤。原文有附方，云出《千金》、《外台》诸书，似属后人赘入，然方引药味，颇亦不凡，或原为仲景所制，因述彼习用者之书名，今悉用徐镕传本，附列以候参考。拙著有注有论：正义疏释备于注；或有剩义，及总括诸证不可专属者，见于论；更有经义可借以发本文之覆者，别具上方。"

据上述文义，知徐注本，原以徐镕本为祖本。注释体裁所谓"注"者，为疏解原文；所谓"论"者，发挥余义；另有天头注者，或提示重点，或揭示要义，或训释词义，或校雠文字，诸般不一。且于“注中精意宜详味者”,标记各种符号。徐氏注本,对《金匮》一书,亦多有发挥,后世注家,亦多有引用。

2. 集注本

集注本,除己注外,另选多家注文者。如:

清·陈修园《金匮要略浅注》。该书取《金匮要略方论》,全文注释,间有其子元犀加按处。全书将原三卷本,析为十卷本。

详其“凡例”云:“《金匮要略》,赵以德、胡引年、程云来、沈目南、喻嘉言、徐忠可、魏念庭、尤在泾辈,所著之书,盛行于海内,凡业医者,无有不备,余即于书中,取其能发挥本文之旨者,重订而收录之,以为迎机之导。”

该书之注文,与《伤寒论浅注》体裁亦同,即以原文与注文融贯为一体,串解经文医理与文义。间选别家注文于后。所选诸注,亦皆有独到之见。

3. 补注本

补注本者,选前人之注本,更为补注者也。如:

(1) 清·周扬俊《金匮玉函经二注》。该书以赵以德《金匮方论衍义》为之补注,故名“二注”,“二”者,再也。全书将赵注三卷本,补注后析为二十二卷。

详该书自序云:“《金匮玉函经》为杂证矩范……迩者,程公云来,徐公忠可,各有疏注行世,已足发挥底蕴,表彰绝业。独赵以德先生《衍义》,理明学博,意周虑审,本轩岐诸论,相为映照,合体用应变,互为参酌,庶几大道之明也,惜乎未有梓本,读者甚少;更有遗编,注递颇缺,余购之二十余载,未得全璧,因不揣疏陋,拟为补注,又大半采嘉言之意,融会成之。”是知周氏补注,大都本于喻嘉言之说。

又详本书以《金匮玉函经》命名,或周氏未详《金匮玉函经》为《伤寒论》别本。其保留赵氏《衍义》,尚基本为原貌,唯补注内容,条数较少,发挥新义处亦不多。

(2) 清·唐宗海《金匮要略浅注补正》。该书取清·陈修园《金匮要略浅注》本,加以补正,全书将陈氏十卷本,删去最后“杂病方”以下三篇,尚存九卷。

详该书自序云:“陈修园集众之长,以成《浅注》,较他家注释,颇有发明,但于脏腑气化,皆仍唐宋后说;于汉文法,亦多未谙章句意旨,不无差讹……因念《金匮》为治杂病之律例,而《浅注》又读《金匮》之梯航,其中缺误,不行补正,曷足以臻纯美。爰加驳议,阐发微言,合中西、《内经》、仲景之书,而一以贯之。”按唐氏补正本,保留陈修园原注,而“补正”之处,尽出己意,未必皆非。其自以为前人之说,“宜为西医所笑”,然其间取西说之处,或附会之意,亦难免为后人所讥。

4. 校注本

校注本者,对原文进行校勘并加以注释者也。如:

清·御纂《医宗金鉴·订正仲景全书金匮要略注》。该书为吴谦等编。对《金匮》原文进行了正误,又有自注与集注。全书共分八卷。

详该书正文前小序云:“《伤寒论》论伤寒,《金匮要略》论杂病,乃仲景全书。《伤寒论》得成无己创注,续者五十余家,故得昌明宇内。《金匮要略》,人罕言之。虽有赵良仁、徐彬等注释，但其文义古奥，系千载残篇错简，颇多疑义，阙文亦复不少。承讹袭谬，随文蔓衍，宜后人视为迂远，束诸高阁。今于其失次者序之，残阙者补之。博采群书，详加注释。”又于二十四与二十五篇前序云：“《金匮要略》二十四、二十五两门，原列在卷末，其文似后人补入，注家或注或删。但传世已久，难以削去，仍附原文，另为一篇，以存参考云。”又末卷“《金匮要略》正误”序云：“《金匮要略》一书，其世远而就阙误也，与《伤寒论》等。如槃饪之槃字，与缓中补虚用大黄䗪虫丸主之之类，俱不可以为法。爰加斟酌其改移删补诸式，与夫存疑之二十八条，悉仿《伤寒论》叙次法。”

据以上三序所云，该书之校注体例及宗旨，已自明矣。及校勘正文及正误存疑诸条，均有一定参考价值。其注释内容，除自注外，博采诸家有赵良仁、徐彬、程林、高世栻、尤怡、李彣、沈明宗、魏荔彤、喻昌、李玮西、周扬俊、王履、张从正、娄全善、孙思邈等，亦可谓集诸家之大成，对《金匮》一书，发挥处良多。

5. 节注本

节注本者，对原文有删节之处，并加注释者也。如：

清·尤怡《金匮要略心典》。该书以宋传本为祖本，删去“杂病方”以下三篇，加以注释，全书仍为三卷。

详其自序云：“余读仲景书者数矣，心有所得，辄笔诸简端，以为他日考验学问之地，非敢举以注是书也。日月既深，十已得其七八，而未克遂竟其绪。丙午秋日，抱病斋居，勉谢人事，因取《金匮》旧本，重加寻绎。其未加笔记者补之，其记而未尽善者复改之，覃精研思，务求当于古人之心而后已。而其间深文奥义，有通之而未可通者，则阙之；其系传写之误者，则拟正之；其或类后人续入者，则删汰之。断自脏腑经络之下，终于妇人杂病，凡二十有二篇，厘为上中下三卷，仍宋臣林亿之旧也。集既成，颜曰《心典》，谓以吾心求古人之心，而得其典要云尔。”

按尤氏之注，平正允当，简明扼要，后世注家，引用颇多。

6. 改编注释

改编注释者，将原文进行重新改编，并删除部分原文，而加以注释者也，如：

清·黄元御《金匮悬解》。该书对《金匮》原文之“杂病方”以下三篇及部分“附方”予以删除，将原篇次及条文重新改编，并分类编成。全书将原二十二篇，改作二十二卷。又将全书内容分作六类，即脏腑经络、外感杂病、内伤、内伤杂病、外科、妇人。

详黄氏之删改，尽出臆断，于古籍整理不足为法，而其注释，无视前人旧注，与所解别书同法，亦难免“师心太过”之嫌。

7. 方论歌诀

方论歌诀者，对《金匮》方进行解析，并编为歌诀，便于诵读。如：

清·陈元犀《金匮方歌括》。该书将《金匮》原方及附方，均按原篇次，先录原方，次列歌诀，末为方解。凡《长沙方歌括》已具之方，此不再加歌诀。全书共六卷。

详其小引云：“辛未秋孟，元犀趋保阳承膝下欢。窃见家君公事稍暇，取《伤寒》、《金匮》等书，业已三四注者，而又更易其稿……元犀欲以高年节劳为请，然而不敢遽请也。一日，命元犀取《金匮方》按分两并煮服等法韵注之,做《伤寒》一百一十三方歌括体裁,元犀退而遵训,拟作六卷。家君见而乐之,遂即改正命缮,附于《金匮浅注》之后。”是知此书,乃陈元犀奉其父修园意,编纂而成。原附于《金匮要略浅注》之后。据该书“凡例”所云,此解亦多取“前贤名言精论千古不磨者,或于歌中,或于注中,采集不遗”。是知亦博采众长之义也。

四、伤寒温病类文献

在明清两代,冠以“伤寒”之文献,除《伤寒论》一书之整理本外,有相当一部分为论述“伤寒病”者。此所谓“伤寒”,即广义伤寒,包括温热病在内,另方面,在该时期,对温热病类文献,已逐步从广义伤寒中分化出来,形成了诸多温病类专著。以下分别举例说明。

(一) 伤寒类文献

凡此伤寒类文献中,既有张仲景《伤寒论》部分内容,亦间取前贤对《伤寒论》之发挥,又兼取温热病类内容。今举例如下:

(1) 明·陶华《伤寒六书》。该书含陶氏家秘一卷、明理续论一卷、伤寒琐言一卷、杀车槌法一卷、一提金启蒙一卷、证脉截江网一卷。全书计六卷。

详该书有伤寒琐言序云:“某今年七十有七,衰迈殊甚,桑榆之日,岂能久照,日夜用心,以辑成‘伤寒明理续编’,论法虽略备,非有师承口诀,不能融会贯通于心。又著‘琐言’一卷,文虽鄙俚,然言简意到,其中包括仲景不传之妙,皆世所未尝闻见。”

陶氏六书,原以各自成编,合称《六书》,综观全书内容,虽亦言及仲景之法,然大都出自后世之论,且以温热诸病为多。后世治《伤寒》者,对此书颇多微词,以为仲景《伤寒》,毁于陶氏之手,亦非公论,岂不知陶氏《六书》,虽名“伤寒”,犹广义伤寒,亦该温病也。陶氏此书,亦尽可反映明人治伤寒之基本大法。

(2) 清·陈尧道《伤寒辨证》。该书将治伤寒与温热病之辨证与治法,融会为一,且特突出辨病与辨证,以便于临病之用。全书四卷,前三卷为辨病与辨证,末卷为药方。

详该书自序云:“伤寒一门,余初学医,从《活人书》入手,真同涉海问津,茫无涯际,遂发愤读《伤寒论》及《明理论》等书,于理似有所得,及至临病,终属游移之见。且于伤寒诸籍,未免通此而碍彼。后得王氏《溯洄》、刘氏《直格》、陶氏《六书》、吴氏《蕴要》,甚契于心,兼之经历既久,方知万派千条,理归一贯,而诸家之治法,各有攸当也……兹将伤寒与温热病异治及疑似难辨之证,一一标出,庶及临病者,于表里虚实阴阳寒热,如苍素之了然乎。若夫有志明理,则先贤伤寒诸书,不可不细读也。”

据此序,则陈氏于此书之内容及宗旨,已言之甚明。且其所言诸书,亦可见其受清以前治伤寒病诸家之影响较大。

(3) 清·张璐《伤寒续论》。该书为张氏继《伤寒缵论》之后,对伤寒诸病之论述。全书二卷,上卷含六经、传变等五十三论,下卷含伤寒温病证候及杂方若干条。

详其“总论”云:“余尝考晋王叔和集仲景《伤寒》书,未尝不废书而三叹也……余窃不揣,复取仲景原文,重分其例,取《尚论》及各家之注,参以已见,成《缵论》矣。第残逸已多,证治不备,拟搜诸家之论以补之。虽其间互有发明,然未免多歧之惑,是不得不博采往哲之言以缀辑之。惜历代名贤,递相祖述,未能一一乎标明。姑从证类次第,读者毋以辞害义可也。谨叙六经、传变、合病、并病、标本、治法及正伤寒、两感、三阴、中寒、冬温、寒疫、伤风、温病、风温、时行、大头、温疫、温疟、温毒、阳毒、阴毒、热病、中暑、湿温、中湿、风湿、湿热、痉病、内伤、虚烦、脚气、霍乱、内痈、赤膈、黄耳、夹食、夹痰、夹水、夹血、夹气、夹阴、冒雨、溺水、重身、产后等四十证，暨以审证、死证，逐一辨论如左。”

观此诸论，虽有所杂，然于当时所见诸多寒温杂证，亦可谓包络无遗。其“杂方”收方一百一十三道，亦皆非《伤寒论》方。故此书犹羽翼《伤寒缵论》者也，故谓之《续论》，实则治广义伤寒之书。

(4) 清·俞根初《通俗伤寒论》。该书亦取广义伤寒之名，实则多为温热病之论。

据何廉臣1916年序云：“前清俞根初先生，在乾嘉之间，盛行四五十年，著《通俗伤寒论》十二卷。第一编第一章勘伤寒要诀，第二章六经方药；第二编病理诊断，第三章表里寒热，第四章气血虚实，第五章伤寒诊法，第六章伤寒脉舌；第三编证治各论，第七章伤寒本证，第八章伤寒兼证，第九章伤寒夹证，第十章伤寒坏证，第十一章伤寒复证；第四编调理诸法，第十二章瘥后调理法。”是知本书原为四编十二章。今观第八章伤寒兼证诸病，尽属温热病类，其第九章伤寒夹证诸病，亦多内科杂证及妇产科病而兼病伤寒热病者。故该书亦广论伤寒热病之作。今存本有何秀山、何廉臣父子及近人徐荣斋氏整理增补本，已不复分编。

(5) 清·车宗辂、胡宪丰同述《伤寒第一书》。该书先由车宗辂授于胡宪丰，胡继为增补而成。全书四集，虽名伤寒，亦论内伤外感之书，并附会五运六气、河洛八卦之说。

详胡宪丰序云：“壬辰孟夏，遇车子质中于丹阳官署，聚首言欢，意气莫遂，见其所治《伤寒》，论证用药，迥不犹人，奇效无匹，因叩其传，而得是书。乃知仲景所著《伤寒》原论，本一十六卷，治分九州，此则其扬州分野之法也。”又云“此书乃雍正初，德清沈月光学道深山，独得仲景真传而有九州之全书，授之昆山龚藩臣，龚授之于车。”复云：“予幸得《伤寒》秘笈，熟读揣摩，并推寻师说，考之卦图，始识伤寒证治，果有见病知原，如是约而明精而该者，因名之曰《伤寒第一书》，盖书中所论内伤外感，气运阴阳，表里虚实，实直从八卦图中，穷源探本，辨晰精微，无稍歧惑，即合之《内经·热论》、仲景《伤寒论》，其间旨趣要妙，亦先后同揆，不越毫末。”

据此序所云，言沈月光得仲景真传者，事出虚构；言九州分野之治，此扬州分野之法，亦偏执之见；附会八卦之图，亦多牵强之意。而论中诸病证方药，亦温热之病。故虽名伤寒，实温热病类。

(6) 清·吴坤安《伤寒指掌》。该书以类伤寒及伤寒六经为主，广论伤寒温热诸病，全书四卷。

详该书自序，对明清治《伤寒论》诸家如王肯堂、方中行、喻嘉言、王晋三、柯韵伯等，皆予以首肯，对治温热诸论如周禹载、薛生白、《伤寒第一书》、《叶天士医案》等，尤为赞许。以为“寒温之别，判若天渊，寒温之治，反如冰炭”。因欲纳二法于一书，故云：“仆自矜管窥之见，一割之能，述六经本病一卷，变病类病一卷。先古法，次新法。古法悉本《准绳》、《金鉴》、《选注》、《来苏集》之注释；新法则参《叶案》、《第一书》、《温热全书》之治焉。”

观其类伤寒十九证，大多为温热诸病，其论六经本证与变证，既存古法，亦用新方。是此所谓“伤寒”，亦广义伤寒也。

(7) 清·杨璇《伤寒瘟疫条辨》。该书将广义伤寒与瘟疫类书，融会为一书，故以“寒瘟”为名，全书计六卷。

详该书自序云，仲景《伤寒》自晋以来，发明其论者，不可数纪，其于冬月正伤寒，各能援古准今，道及温病，则不能辨别。“惟刘河间《直格》、王安道《溯洄》，以瘟病与伤寒为时不一，温清不同治方，差强人意，然于温病所以然之故，卒未能阐发到底……一日读《温疫论》，至伤寒得天地之常气，温病得天地之杂气，而心目为之一开。又读《缵论》，至伤寒自气分而传入血分，温病自血分而发出气分，不禁抚卷流连，豁然大悟。”，“于是集群言之粹，择千失之得，零星采辑，参以管见。著《寒温条辨》九十二则，务辨出温病与伤寒为另一门，其根源、脉证、治法、方论，灿然昌明于世，不复搀入《伤寒论》中，以误后学，是则余之志也。”

据此序所云，该书亦深得刘完素、王安道、吴又可、张路玉等有关温病与温疫之论的影响与启迪，故作此书，以别于《伤寒论》，是亦广论伤寒病与温疫者也。

该书卷一为“治病须知大运辨”，卷二与卷三为寒温诸病证之辨，卷四与卷五为“医方辨”，卷六为“本草类辨”。旨在说明伤寒与温疫之辨证与治法。

（二）温病类文献

明清两代，除上述广论伤寒病之著述，仍以“伤寒”命名者外，已有相当一部分医籍为专论温热病而不再以“伤寒”命名者。其中有综合论述者，有专论某一病证者。约言之，有以下几类，今举例说明。

1. 温热病类

凡诸以温热命名者，皆专论温热病之著作。大致有以下几类。

（1）综合性文献

综合性文献，对温热病之综合论述也。如：

1）清·叶天士《温热论》。该书为叶天士对温热病之综合论述。不分卷。

详该书首载《吴医汇讲》卷一，名《温证论治》，有小序云：“乃先生游于洞庭山，门人顾景文随之舟中，以当时所语，信笔记录，一时未加修饰。”另有叶天士门人华岫云等整理之《临证指南医案》，亦载此文，名《温热论》。后有章虚谷《医门棒喝》、王士雄《温热经纬》、宋兆淇《南病别鉴》等，皆收此书，足见其影响之大。

该书对温邪之所受，传变、病机、辨舌辨齿、辨瘢疹白痦，治法等，均有所论述。特对于辨舌，言之尤详，并首创卫气营血辨证之法，为温病辨证之大纲，发前人所未发。故是书亦可谓温病之经典性著作。

2）清·吴瑭《温病条辨》。该书取《素问》、《灵枢》有关热病内容，主要取后贤论病之法，特别从叶天士治温热诸病医案中取材较多，并加以方名，以成条文，结合个人心得，编纂而成。全书共六卷，前四卷为治温诸论，卷五为“解产难”，卷六为“解儿难”，并含痉、疳、痘、疹诸病。

详该书“凡例”有云：“是书虽为温病而设，实可羽翼伤寒，若真能识得伤寒，断不致疑麻桂之法不可用，若真能识得温病，断不致以辛温治伤寒之法治温病。”又云，晋唐以来，于温病一证，诸贤悉未能透过此关，“惟叶天士持论平和，立法精细。然叶氏吴人，所治多南方证，又立论甚简，但有医案，散见于杂证之中，人多忽之而不深究，瑭故历取诸贤精妙，考之《内经》，参以心得，为是编之作。”

据上文可见该书之著述宗旨及学术渊源。特别立三焦辨证之法，直为后世温病学者所采用。故是书亦温病诸书中有重大影响者。

3）清·王士雄《温热经纬》。该书乃汇集《内经》、张仲景、叶天士、陈平伯、薛生白、余师愚诸家有关温病之说，并加注释，编纂而成。全书五卷。

详该书自序云，《内经》有寒暑燥湿风感人为病之论，《难经》有伤寒有五之说，仲景以伤寒统之，“而条分中风、伤寒、温病、湿、暍五者之证……后贤不见，遂至议论愈多，至理愈晦，或以伤寒为温热，或以温热为伤寒；或并疫于风温，或并风温于疫，或不知伏气为病，或不知有外感之温；甚至并暑暍二字而不识。良可慨也。我曾王父随笔中，首为剖论。兹雄不揣愚昧，以轩岐、仲景之文为经，叶、薛诸家之辨为纬，纂为《温热经纬》五卷。”

又详该书内容，王氏虽选《内经》及仲景《伤寒论》文，然亦皆有关热病之论，另选叶天士“外感温热篇”及“三时伏气外感篇”、陈平伯“外感温病篇”、薛生白“湿热病篇”、余师愚“疫病篇”，皆论温病与疫病者。是书亦集治温之要籍加以注释，而间附己意。

4）清·雷丰《时病论》。该书以四时所发温病为名，以法兼方，另选备用诸方及临证治案。全书八卷。

详该书自序云：“爰不揣谫陋，将阴阳应象大论冬伤于寒，春必病温；春伤于风，夏生飧泄；夏伤于暑，秋必痎疟；秋伤于湿，冬生咳嗽八句经文为全部纲领。兼参先圣后贤之训，成一书以塞责。首先论病，论其常也；其次治案，治其变也。窃谓能知其常而通其变，则时病不难治矣。”又“凡例”云：“是书专为时病而设，时病者，乃感四时天气为病之证也，非时疫之时也。故书中专论四时之病，一切瘟疫，概不载入。”

据上文所云，该书乃论四时所感六淫之邪所发温病，故曰《时病论》，其以法兼方，并附以病案，使理论与实践相结合，知常达变，亦颇具特色。

5）清·陆子贤《六因条辨》。该书以风热暑湿燥寒六因为本，以六因发病为名，条辨诸病之辨证论治。全书三卷。

详其内容，上卷为春温辨论、论伤暑中暑中热辨误；中卷为伏暑辨论、秋燥辨论、冬温温毒辨论；下卷为伤湿辨论、暴感风寒论、风温辨论等。对诸病证之论治，亦颇简明，此温热病之以六因为名者。

（2）专论性文献

专论性文献，指某一专病或专证的论述。如：

1）清·陈平伯《外感温病篇》。此书名曰温病，实则专论“风温病”者，全书共十二条，收在王士雄《温热经纬》卷四中。

2）清·薛生白《湿热病篇》，此书名曰湿热，实则专论“湿温病”者，全书共四十六条，收在王士雄《温热经纬》卷四中。

3）明·郑全望《瘴疟指南》、明·卢之颐《痎疟论疏》等，皆专论疟病者。

4）清·华岳《急救霍乱方》、清·赵濂《霍乱论》、清·王士雄《霍乱论》等，皆专论霍乱病者。

5）清·叶霖《伏气解》、清·刘吉人《伏邪新书》等，皆专论伏邪所致之温病者。

6）清·吴坤安《感证宝筏》、清·董废翁《西塘感证》等，皆专论新感所致之温热病者也。

似此等论著，尚有诸多，不再列举。

2. 瘟疫病类

凡瘟疫病类，前人皆以为感受毒戾之气，可互相传染者也，《说文·疒部》：“疫，民皆疾也。"《集韵·魂韵》:"瘟,疫也。"此类著作,亦有综论与专论之别。

(1) 综论性文献

综论性文献,不专指某病,浑言瘟疫或疫病者也。如:

1) 明·吴又可《温疫论》。该书系作者据实际经验,结合前贤所论,撰著而成。全书二卷。

详该书自序云:"夫温疫之为病,非风非寒非暑非湿,乃天地间别有一种异气相感,其传有九,此疫治紧要关节。"又云:"崇祯辛巳,疫气流行,山东、浙省及南北两直,患者尤多,至五六月益甚,或至阖门传染。"

又卷上"原病"云:"伤寒与中暑,感天地之常气;疫者,感天地之厉气。在岁运有多少,在方隅有轻重,在四时有盛衰。此气之来,无老少强弱,触之者,即病邪自口鼻而入。"

又卷下"杂气论"云:"天地之杂气,种种不一……其气来无时,其着无方,众人触之者,各随其气而为诸病焉。其为病也,或时众人发颐,或时众人头面浮肿,名为大头温是也;或时众人咽痛;或时音哑,俗名虾蟆温是也;或时众人疟痢;或为痹气;或为痘疮;或为斑疹;或为疮疥疔肿;或时众人目赤肿痛;或时众人呕血暴下,俗名为瓜瓤温、探头温是也;或时众人瘿核,名为疙瘩温是也。为病种种,难以枚举。大约病遍于一方,延门阖户,众人相同。此时行疫气,即杂气所钟,为病各种,是知气之不一也。"

据上文所云,吴氏对疫病的病因、传染途径、发病特点、病候等,均有新的见解,为首创疫病专著,对后世影响较大。如洪天锡《补注温疫论》、郑重光《温疫论补注》、戴天章《广瘟疫论》、陆九芝《重订戴北山广瘟疫论》等,均是对该书的订补或评注。

2) 清·刘奎《松峰说疫》。该书亦本吴又可之说,又参之《内经》、《伤寒论》及运气学说,论述疫病之治法、用药、杂疫、辨疑等。全书六卷。

详其自序云:"伤寒之不明也,以中寒乱之,瘟疫之不明也,以伤寒乱之。能于其中,划然分析,则其于治伤寒瘟疫也,思过半矣……昔吴又可《温疫论》一书,较之诸家俱见卓识,独辟蚕丛,业已盛行海内,故其方论,兹集一概不录。第就自所经历者,聊舒管见,以羽翼又可,当亦谈疫者之所不斥也。夫疫病所包甚广,而瘟疫特其一也。又添杂疫、寒疫,各著方论,而症治始备,随编辑酌定,分为六卷。曰述古,曰论治,曰杂疫,曰辨疑,曰诸方,曰运气,亦庶几成一家言焉。"

刘氏此书,虽宗吴又可之论,亦多自家经验之谈。然间有怪诞之说。如言陈宜中梦神人语天灾流行,人多死于疫疠;赵逵吹笛疫遂止,诸挣证治,得之岱宗石壁间等,皆虚幻不可信也。

(2) 专论性文献

专论性文献,指对某种疫病或证候的论述。如:

1) 清·郑奋扬《鼠疫约编》,该书计六篇,即探原篇、避疫篇、病情篇、辨脉篇、提纲篇、治法篇、医案篇,验方篇,为专论鼠疫病者。

2) 清·余霖《疫疹一得》,专论疫疹病者。

3) 清·陈耕道《疫痧草》、清·金得鉴《烂喉痧痧辑要》,皆论述烂喉痧病者。

4) 清·张绍修《白喉症论》及《时疫白喉捷要》、清·李纪方《白喉全生集》、耐修臣子《白喉治法忌表抉微》等,皆论述疫喉或白喉之书。

3. 痧胀

痧胀之病，所涉甚广，名目繁多。多因触及疫气、秽气而发，或暑热郁为火毒而发。考其名目虽多，亦大都为疫病之类。如宋·陈言《三因极一病证方论》卷六："四季疫证治"类，有青筋牵、赤脉攒、黄肉随、白气狸、黑骨温等。亦皆此类。有清以来，有此专著，或言痧、或言翻、或言挣等，今举例如下。

（1）痧证

痧证者，以痧为名也。如：

1）清·郭右陶《痧胀玉衡》。该书主要论述痧证的病因、病机、证候、治法等。全书四卷。

详卷上"痧症发蒙论"云："痧之一症，缓者或可迟延，急者命悬顷刻……迩来四方疫气时行，即令丑寅年间，痧因而发，乡村城市之中，俱见有此等症，或为暗痧，或为闷痧，或为痧痛，或为落弓痧、噤口痧、扑鹅痧、角弓痧、盘肠痧，或又因伤寒疟痢，与夫胎前产后等症，而痧兼发，甚至阖门被祸，邻里相传。"又"痧原论"云："痧症先吐泻而心腹绞痛者，从秽气痧发者多；先心腹绞痛而吐泻者，从暑气痧发者多；心胸昏闷，痰涎胶结，从伤暑伏热痧发者多；偏身肿胀，疼痛难忍，四肢不举，舌强不言，从寒气冰伏过时，郁为火毒而痧发者多。"论其治法，大略有三，痧在肌肤者，刮之而愈；痧在血肉者，放之而愈；痧之深重，胀塞肠胃，壅阻经络，又必用药以济之。

该书内容，对痧之证状、看法、刮痧法、用针法、备用要方及各种变证，言之甚详。为痧证第一要籍。

2）清·王凯《痧症全书》、清·孙玘《痧证汇要》、徐了默《吊脚痧方论》等，皆论述治痧证之书。

（2）挣证、翻证

挣证、翻证者，以挣、翻为名也。如：

1）清·刘奎《松峰说疫》。该书卷三"杂疫"，具诸多疫名。或名疫，或名瘟，或名翻，或名挣，或名痧，如葡萄疫、捻颈瘟、虾蟆瘟、狼掐翻、椅子翻、麻雀挣、鸦子挣、瘟痧等皆以各种形象命名。

详鹰嘴挣后按云："右诸挣证，余得之岱宗石壁间，录而藏诸箧笥……后余游秦晋于太行道中，亦见粘一纸于壁前，所见者大同小异，俱变挣为翻，盖因其方言各异耳，而证治则无殊也。因取而对较增订之，以广为流布。至其命名，亦各有义意。"

按刘奎生当清代乾嘉之时，犹不知该文之所出，而在民间流传尚多，且称谓不一。然则此等病候，变化多端，尝出怪证，必系久出民间，谅非雅士之词。

2）清·李守先《针灸易学》。1953年建文书局石印三卷本，卷下附"七十二翻全图"，每一图大都具物像图与人形图各一，附以文字说明证候与治法。如"母猪翻"云："其形拱地"，上有一猪图，下有一人作拱身俯卧之像，有文云："治法先挑舌根，后除（按疑为针字之误）二大指，不针余指，各针一针，再以猪食池水灌之即愈。"

详此七十二翻之证，有些与《松峰说疫》诸杂疫证相近，然名不尽同。考其名称，大多以动物或器物与人之某种形象为名。如蚂蚁翻、兔子翻、长蛇翻、蝼蛄翻、羊羔翻、马翻、龟翻、乌纱翻、吹毛翻等，名称大都浅俚。

又详考李守先此书，其自序原作于清嘉庆三年，及清道光二十七年首刊有许天锡为之序，均不曾言及“七十二翻”，是则此文非出李氏之手，当系后人增附，然其由来，盖亦久矣。

3）清·韩凌霄《经验瘟痧新编》。该书卷下，列诸“杂疫”之名，与《松峰说疫》所出大致同。亦小有差异，如《说疫》多出“扣颈瘟”“化金疫”二名，文字亦稍有不同处，则韩书此证，与刘氏《说疫》，必系原出一说。

4. 痘疹类

痘疹之病，自唐宋以来，代有所论。原自《肘后方》中有关虏疮已云，“比岁有病时行”，又云，“此恶毒之气”，“以建武中于南阳击虏所得”。唐·王焘《外台秘要》亦归之“天行发斑方”。宋·钱乙《小儿药证直诀》卷上“疮疹候”亦云：“此天行之病也。”宋·郭雍《伤寒补亡论》卷二十“小儿疮疹下”亦云“疮疹始是温毒”。足可说明诸多前贤已充分认识到痘疹病的流行性、传染性，其病因为毒恶之气。明清以来。论述痘疹之专籍尤多，大致有以下几种情况。

（1）痘疹并论

痘疹综论者，痘疮与疹病两病合论述之著作。如：

1）明·万全《痘疹世医心法》十二卷及《痘疹格致要论》十卷。该书清康熙间刻《万密斋医学全书》又名《痘疹心法》二十三卷。该书对痘疹的见证、起发、证治、收靥、落痂、妇人疮疹、古今验方等，均有详细的论述。

2）明·聂尚恒《活幼心法》（又名《活幼心法大全》）。该书基本上为论述痘疹之书。全书九卷，卷一至卷六为痘疹。卷七为治痘验案，卷八与卷九为痧疹及儿科杂证。聂氏于痘疹一科，颇为见长，明清之际，多有承其师教者，并得其人痘接种之术。

3）又明·朱一麟《摘星楼治痘全书》（又名《治痘大成》、《痘科大成》）十八卷。该书虽单言“痘”，实则“痘疹”并论。该书系摘录痘疹文献汇为一册。书中详论痘疹总论、痘疹各期证治、治痘验案、古方痘疹药性、痘疹杂论及种痘法等，皆有所论述，可谓集痘疹之大成。摘星楼。朱氏书斋名。

4）清·朱麟祥《痘疹正宗》（又名《痘疹正宗金鉴》、《痘疹指南》）。该书二卷，上卷为痘证总论，下卷为痘证证治，后附治痘选要方、疹证诸论及治疹选要方等。

5）清·朱纯嘏《痘疹定论》，该书四卷。朱氏师法聂尚恒，在《活幼心法》的基础上，参之己见撰成。该书除对痘疹有所详论外，并介绍了人痘接种的历史和方法。其追溯种痘法时，曾记述有宋真宗时，峨嵋山神医为丞相王旦之子种痘之说。

（2）痘科专论

痘科专论，专论痘病之书。如：

1）明·汪机《痘治理辨》一卷、汪若源《汪氏痘书》一卷、聂尚恒《聂氏痘科》一卷。皆专论治痘之书。

2）清·陈尧道《痘科辨证》、叶向春《痘科红炉点雪》等，亦皆专论痘病者。

（3）疹科专论

疹科专论，专论疹病之书。如：

1）明·张介宾《景岳全书·麻疹诠》。详该书“述原”云：“痘之与疹，原非一种……第古人重痘而忽疹，多不详及。使后人无所宗法，余实怅之。自得罗田万氏之刻，见其理透法精，鄙念斯慰，今悉从其训，备述于此，虽其中稍有裁订，亦不过正其疑似，详其未详耳。”

详该书以前贤论痘疹者，多详于痘而略于疹，故在万全书诊疹病的基础上，结合已见撰成。详其内容，对麻疹之名义、逆顺、脉象、证候、治法、兼证等，均为之详论。另又列“水痘”一则，以详其治。

2）清·谢玉琼《麻科活人全书》。详其自序云：“麻证之方书甚少，后学无所取法……余素不通医，因见夫殇于麻者，不禁勃然兴活人之念。故凡医集中有麻疹证治者，必积置案头，朝夕探索，深究其奥，颇有心会。甲寅夏，于友人处得静远主人《麻疹辨证》一帙，继又得《麻科秘本》二卷。余细玩二书之论证立方，较之密斋《全书》、《张氏医通》、朱氏《定论》，颇更精详。犹病其缺略而不全也。因更将联杏《心法》、景岳《麻诠》、《经验治法》等书，各家麻疹之论，悉为录出，移此所有，补彼所缺，以彼所详，益此所略。其有用药适忌，措方背理者，谬抒狂瞽之见，及余已试而有效者，为之订正。自初潮至已出、已收、收后，论证著明，治方全备，俾后之学者，开卷了然。”是知该书亦集诸家所长，参之已见撰成。

全书四卷，共列一百零八条，对麻疹之证治及兼证，论述颇详。

又清代麻疹专书尚多，兹不烦举。

（4）种痘专论

种痘之术，源于我国，以人痘接种，后传至泰西，遂有以牛痘接种之法。迨至清代，遂有种痘之专著。今举下例。

1）清·允肃氏《种痘书》。该书为最早种痘专著，作者姓名里贯不详。现存仅有清抄本。

全书不分卷，首篇“种痘说”，介绍种痘的具体方法，如年龄、禀赋、气候及取苗法、放苗法、种痘后服药及宜忌等。次为“制药论”，介绍种痘后所服药的制备及服法。另收医论若干篇，皆论痘疹者也。

2）清·张琰《种痘新书》。该书虽曰《种痘新书》，然大部分内容，仍为论痘与治痘者。

全书十二卷，卷一与卷二论药性、痘疹诊法及治要；卷三为种鼻痘法；卷四至卷十二，皆论治痘疹有关内容。

详该书自序云：“宇内方书，总无种痘之说，岂治之方，则宜传之于世，而种痘之术，不可向人言乎。盖秘其诀而不肯笔之于书，私其技而不欲公之于世也。余今乃泄人之所未泄，传人之所未传，书不云新，亦何云乎。”又云：“余祖承聂久吾先生之教，种痘箕裘，已经数代，余读父书，遍临痘书，几及万人，用数十年艰苦之思，日勤于治痘之法，师古而不泥于古，读书不尽信其书……爰将平生学，悉笔于书。”

据此序可知，张氏种痘之术，亦源于明人聂尚恒（久吾）氏，然此法往多秘而不宣，而张氏遂笔于其书，公之于世。又将家传三代治痘疹之法，特别结合其个人经验，撰成此书，足称善举。

3）清·邱熺译著《引痘略》。该书主要介绍西法种牛痘之术，并附以种痘后有痘疮或溃烂等之备用方药。为首见古医籍之介绍西法种痘术者。

详该书作者嘉庆二十二年自序，历述自嘉庆十年四月西法种痘由小吕宋舟载婴儿至澳门，递传其种痘之事，时邱氏正在澳门操业，亲受接种得效，遂在会馆，专司其事之经历。

又“缙译外洋各夷医种牛痘原序”云：“天花之证，西洋诸国本无也。自前某年，自东方传染入境，遍西洋诸国，无能免者，赤子遭其荼毒，不可胜计。前亦曾有讲求种法，不过以天行好痘,相为传种,未能尽善,亦不能保其无害。嘉庆元年,西洋各外国,天行大盛,纷纷传染,遇害甚多,惟有一乡畜牛取乳者,小儿甚众,独免传染之害。问其故则云,初见牛之乳头乳旁,有小蓝疤,形如痘样,曾取浆以沾小儿身上,各出数颗,毫无所苦,后遂不相染天行之痘矣。时有医生咭嗱者往察得其实,因忆牛痘能解人痘之毒,试以其种,种在小儿身上,所种之儿,果不复传染人痘,遂以其法传之亚美利加等国。吕宋国王闻之,特发万金,遣船载婴儿传种而去,无不应验,因谕所属之小吕宋国,亦依法传种,俱能免害。随于嘉庆十年四月内,嗶嗹嘍嘈船,由小吕宋以婴儿载传痘种至澳门,其西洋医生偕澳门医生,照法传种,华夷童稚,不下数百,俱保全无恙。则此法诚保赤子之慈航,是以补造化之缺憾也。因将目击屡验者,详订缮译,辑成一书,以传于世。"详上文所记,对研究西法种痘及其传入中国的历史,有重要医史方面参考价值。

全书不分卷,其内容含引痘说,首在留浆养苗、次在认识疯痰、引泄法、审苗法、度苗法、出痘时宜辨、出痘后须知、方药等。

五、本草方剂类文献

本草与方剂类文献,在明清两代,亦取得了新的发展。本草学文献,一则体现了向高深度进展,一则体现了学科文献的多型化;方剂文献则主要体现由医方向方剂学的过渡与发展。以下分别举例说明。

(一) 本草类文献

本草类文献主要有以下几种类型。

1.《神农本草经》类

由于《神农本草经》一书久佚,故明清两代学者,多据宋代官修《重修政和经史政类备用本草》及《太平御览》等书,对其进行辑复,也有些医家对经文进行过注疏。如:

(1) 辑复本,如明代户复及清代孙星衍、顾观光、王闿运、姜国伊、黄奭等,均有辑本。然各家辑本,对类例、叙例、品味及产地等有关问题,均有不同的认识,故辑本之间,亦颇有差异。但对后来深入探讨《本经》的成书年代及编写体例、具体内容,均有一定参考价值。

(2) 注释本,如明·滕弘《神农本经会通》、缪希雍《本草经疏》及清·张志聪《本草崇源》、原题叶桂(按曹禾《医学读书志》称姚球著)《本草经解要》、徐大椿《神农本草经百种录》、邹澍《本经疏证》、陈修园《神农本草经读》等均是。

诸注本中尤以邹澍《本经疏证》,结合汉唐医学文献,发挥经义处颇多。全书十二卷,计收三品中药一百七十三味。历三十年始成。

据其自序云,先得友人介绍,细读刘潜江《本草述》有所启迪,"觉其旨渊然无尽,然微嫌其用力于张长沙、孙真人犹少也。因以己意,取《本经》、《别录》为经,《伤寒论》、《金匮要略》、《千金方》、《外台秘要》为纬,交互参证而组织之,疏明其所以之故。"此足可证邹氏注本用力之勤也。

2. 综合类本草之新发展

明清两代之本草著作,是在宋代官修本草的基础上,进一步增补与修订。同时,形成了一批备用型简要性本草著作及对部分常用本草之功效主治进行阐发性本草著作。

（1）大型综合性本草，如明·李时珍《本草纲目》。该书作者，继承家学，博通医籍。鉴于古籍所载旧药，讹误疏漏较多，应予订正补充。乃遍访名医宿儒，广搜民间验方，亲涉远山产地，调查研究，收集标本，并参阅八百余种有关文献，以《证类本草》为底本，结合个人所得，历时二十七年，三易其稿，撰成此书。

该书计五十二卷，卷一与卷二为叙例，卷三与卷四为百病主治药，卷五至卷五十二收水、火、土、石等十六部、六十二类本草一千八百九十二种药物。其中整理《证类本草》一千四百七十九种，取金元诸家所载三十九种，新增三百七十四种，附方一万余首，绘图千余幅。对每味药均有释名、集解、修治、气味、主治、发明、附方等项，对少数旧本草载传有误者，并为校正。为古本草中载药最多、设项较全之最佳作。

（2）补遗类本草，如清·赵学敏《本草纲目拾遗》。该书主要为拾《本草纲目》之遗，查阅六百余种文献，走访二百余人，编撰而成。

全书十卷，载药九百二十一种。其中有《本草纲目》未收药七百二十六种。多为民间用药及部分外来药物。该书对《本草纲目》中某些缺遗与讹误之药物，并有所订正。

（3）备用简要类本草，如清·汪昂《本草备要》。作者以本草旧籍或备而不要，或要而不备，“特裒诸家本草，由博返约，取适用者凡四百品，汇为小帙。某药入某经治某病，必为明其气味形色，所以主治之由，间附古人畏恶兼施，制防互济，用药深远之意，而以土产修治畏恶附于后，以十剂宣通补泻冠于前。”

由于该书，简明扼要，切合实用，故自康熙三十三年首刊以来，至清代末年，已有各种印本近四十种，足见其影响之大。后在乾隆年间有吴仪洛氏，以该书尚有某些讹误处，予以增补重订，收常用七百二十种，名曰《本草从新》，亦颇为流行，印本亦近三十种。

（4）阐发义理类本草，此类本草在明清两代多不胜举，如明·李中立《本草原始》、倪朱谟《本草汇言》，清·黄宫绣《本草求真》、张志聪《本草崇原》等皆是。作者或汇集名家之论，或阐发一己之见。旨在阐发本草功效主治之义理。

（5）本草图谱类著作。本草之有图谱，自唐《本草图经》以来，历代本草，多有附图者。然专以图谱为书者，则以明清两代为多。如明·周荣起女周祜、周禧合绘之彩图。《本草图谱》、清·德丰《草药图经》、吴其浚《植物名实图考》、高砚五《药用植物图考》等皆是。其中尤以周氏彩绘《本草图谱》及吴氏《植物名实图考》为尤精。

（6）本草歌诀类著作。歌诀体医籍便于记忆，故本草类书亦常用之。自元·李杲《珍珠囊指掌药性赋》之后，明清两代，行歌诀体者尤多。如明·蒋仪《药镜》、龚廷贤《万病回春·药性歌括》，清·朱钥《本草诗笺》、黄钰《本经便读》等皆是。若龚氏《药性歌括》四百味皆四言韵文，每药四名。《本经便读》则句式不定，类似赋体有韵。均朗朗上口，易于初学。

3. 专题类本草

专题性本草者，乃系对本草的某一部分或某一问题的专门论述。在明清两代本草，尤呈多型化。如：

（1）地区性本草，如明·兰茂《滇南本草》即是。

（2）食疗性本草，如明·卢和《食物本草》、赵南星《上医本草》；清·文晟《本草饮食谱》、费伯雄《食鉴本草》等均是。

(3) 救荒类本草,如明・朱橚《救荒本草》、鲍山《野菜博录》、王磐《救荒野谱》等皆是。

(4) 烹调类著作,如明・韩奕《易牙遗意》、钟星《饮馔服食谱》,清・王士雄《随息居饮食谱》、曾懿《中馈录》、朱彝尊《食宪鸿秘》等皆是。

(5) 炮炙类著作,如明・缪希雍《炮炙大法》,清・蒋示吉《药性炮制歌》、张睿《制药指南》等皆是。

(6) 辨伪性著作,如清代(增订)《伪药条辨》即是。

(7) 药物培养性著作,如明・俞宗木《种药疏》即是。

(8) 单味药类著作,如清・唐秉钧《人参考》、张光裕《桂考》等皆是。

4. 彩绘类本草

此指本草著作中所附药物图谱,均以彩色精美绘制之本草。现知明代绘制本草中,以下二种,堪称佳品。

(1)《御制本草品汇精要》:明孝宗弘治十六年(公元1508年),孝宗下诏太医院,编修一部药典,由司设监太监刘文泰任总督,计有总督、提调、总裁、副总裁、纂修、验药形质等九种职衔,另有誊录、绘画人员等在内共49人参加,是历史上编修药典参与人数最多者。

《御制本草品汇精要》是孝宗下诏太医院编纂修订的国家药品质量规格的最高法典,根据药用来源分为玉石、草、木、果10部,共收药物1815种。正文用朱墨两色分写,绘有精美的彩色写生图1358幅之多,这是中国第一部大型彩绘图书。编撰者舍弃当时已经比较成熟的雕版印刷技术,由14位抄书工匠分色缮写文字,8位宫廷画师绘图,精工细描,极显名贵。药典前有明孝宗亲自撰写的序言。全书分42卷正文,一卷目录,仿照《永乐大典》格式装帧成36册,装入小楠木盒中保存。《御制本草品汇精要》算得上是中国本草史上现存的最大最珍贵的一部彩色药物图谱。

该书历时一年半告成,据有关史料如《续医说》卷四"妄治"云:"弘治末年,孝宗皇帝之崩,病热也,院判刘文泰误以热剂进,上服之渴甚,索水饮,文泰执不可,内侍有进西瓜者,上啖之,仅能出言,召大臣刘健等受顾命。于是文泰下狱,然仅谪广西,戍而死。"

此案连及太医院多人,此书亦受到影响,一直秘藏内宫。至清康熙三十九年在秘库中发现此本,诏命武英殿监造赫士享、张常住依照原样重抄摹一部,世称"康熙重绘本"。该书于十六世纪之后,流失海外,现经国内外学者之共同努力,将原书拍摄完毕,荣归故里。

(2)《补遗雷公炮制便览》:为存世孤本,现存中国中医科学院图书馆,经该院医史文献研究所的专家考证,《补遗雷公炮制便览》原有十四卷,总目一卷,其绘成年代比现在享誉世界的明・李时珍《本草纲目》金陵初刊本(1593年)还要早2年。全书分作金石、草、木、人、兽、禽、虫鱼、果、米谷、菜10部,共载药957种。1128幅精美的彩色药图和其中罕见的219幅炮制图,为中国古本草(尤其是炮制工艺及设备)的研究,乃至古代美术研究,增添了大量绚丽而极具学术价值的新材料,它的浮现,令本草界为之震惊,乃我国国内现存古代彩绘本草中最为完整的一部传世典籍。

《补遗》全书有正文十四卷,总目一卷,书中没有留下编绘者的名字,从书的形制、版式、用纸等考察,系出自明内府,由明宫廷画师工笔精写彩绘而成。根据此书手绘牌记的记载,成于明万历辛卯春(1591年)。十四卷内容分作十部,分别是金石、草、木、人、兽、禽、虫鱼、果、米谷、菜。其中卷十二果部佚失不传,现存13卷实有完整药条906种。书中各药多配有

1~3 幅彩色药物形态图、药物采集图和炮制图，计达 1128 幅之多。原书 1600 余页除去目录，几乎每页都带图。这些图绘制得非常精美，尤为称奇的是，图的色彩历经 400 余年，居然仍艳丽如新，弥足珍贵。

书名中的"雷公"，世有二说，一为上古医药家，传说中的黄帝侍臣。《黄帝内经·素问》有黄帝与雷公论医道的记载。二是南北朝刘宋人雷敩，擅长药物炮制技术，撰有我国第一部中药炮制专著《雷公炮炙论》。后人多有将两人混为一谈的。本书对雷公的解释就是这样，而且画的也是上古雷公的故事，用的却是后世雷敩的文。

本书在近代编制之书目中，均不见著录。很可能是清代末期，由于社会动乱，由宫中散出，从书中的藏印可见，曾遭挖改。最后落入近人王聘贤手。王系贵阳中医学院教授，"文革"后，王将此书献给国家，现藏中国中医科学院图书馆。

以上二书之图谱，均出于明代宫廷画师之手，纯以工笔技法绘制，其构图之精巧，形象之逼真，设色之美观，线条之强劲流畅，既是本草之图象，又是艺术之佳作，又可体现中药之文化，真可谓上上之品。在国内外享誉很高。现二书由有关出版部门，彩照制版发行，使旧日宫秘之物，得与赏识者一见或购藏，犹幸事也。

（二）方剂类文献

方剂类者，与医方类不同。医方类书，均以病或证为纲，据以采方，而论其治。而方剂学著作，则是根据方剂的功效分类，并揭示方剂的基本理论、基本规律等理论性问题。方剂学著作的问世，是医方在理论上的新发展。明清两代，为方剂学著作之滥觞与初建。今举例如下。

1. 方剂分类性著作

方剂按功效分类之著作，如：

(1) 明·张介宾《景岳全书》中之"新方八阵"与"古方八阵"。八阵之名为补阵、和阵、攻阵、散阵、寒阵、热阵、固阵、因阵。其"新方八阵"并有"新方八略"，"古方八阵"，并有"附古方条序"，均为说明方分八阵之义理。此亦医方按功效分类之一端。阵虽有限，难以尽概诸类医方。然对方剂之分类，亦具有一定意义。

(2) 清·王子接《伤寒古方通》，是以《伤寒论》方为主，分为和剂、寒剂、温剂、汗剂、吐剂、下剂六类。此虽仅限于《伤寒论》方，每一剂类，亦缺乏理论方面的阐述。但亦不失其对方剂分类的意义。

2. 方剂考释类著作

方剂考释类著作，是指对方剂进行考证与解析性著作。如：

明·吴崑《医方考》。该书全六卷，选历代较常用方七百余首，除去重复及单方外，实有五百六十四方，仍按病分类而为之考析。

详该书自序云："弗明方之旨与方之证，及诸药升降浮沉、寒热温平、良毒之性，与夫宣、通、补、泻、轻、重、滑、涩、燥、湿反正类从之理，而徒执方以疗病，恶能保其不殃人乎？乃为之愍恻，取古昔良方七百余首，揆之于经，酌以心见，订之于证，发其微义，编为六卷，题之端曰《医方考》。盖以考其方药，考其见证，考其名义，考其事迹，考其变通，考其得失，考其所以然之故,匪徒苟然志方而已。"

观乎此文,该书虽仍以病证分门,然就其内容而论,已具有方剂学某些原则。故均对方剂学的形成,有一定意义。

3. 方剂学初创类著作

方剂学之初创类著作,即方剂分类,已基本摆脱了以病分门的构架,而是取以功效或以法分类之式,并对方剂基本理论、基本规律等方面有所论述的著作。如:

(1) 清·汪昂《医方集解》。该书基本上按功效分类,计有补养、发表、涌吐、攻里、表里、和解、理气、理血、祛风、祛寒、清暑、利湿、润燥、泻火、除痰、消导、收涩、杀虫、明目、痈疡、经产等二十一剂,另有"救急良方"及"勿药元诠"两篇。计收古今医方七百余首。每门之首,先论总义;每方之下,均详述其适应证、药物组成、附方加减等。并加以自注及名家方解。

据"凡例"云:"至于眼目、痈疡、妇人,各有专科,然兹集所以便用,故每科略取数方,以备采择;末附'急救良方',以应仓促;再附'勿药元诠'于卷终,使知谨疾摄生之要,无非欲跻斯世于仁寿而已。"是知本书之方剂分类,实则仅有十八类。为开医方按方剂学分类之先河,实方剂学的奠基之作。

(2) 清·吴仪洛《成方切用》。该书乃是在《医方集解》的基础上,进一步修订增补而成。

该书卷首为"方制总义",俱本于《内经》关于方制之论。初具方剂学总论之义,次为《内经》方,列各种方十二首。卷一至卷十二,列二十四门,为治气、理血、补养、涩固、表散、涌吐、攻下、消导、和解、表里、祛风、祛寒、消暑、燥湿、润燥、泻火、除痰、杀虫、经带、胎产、婴孩、痈疡、眼目、救急等二十四门。其前十八门,亦仍《医方集解》之旧,惟名称少异。后六门乃将"经产"分为二门,另增"婴孩"一门,余皆同。全书收古今成方一千三百余首。每门有总论,每方有解按。该书较之《医方集解》,尤近于"方剂学"之作。说明"方剂学"文献,作为一个学科的理论性著作,已渐趋成熟。

4. 方剂学定名之作

方剂学的发展,有了以上基础,逐步认识到其作为一个学科的重要意义,迨至清末,遂有正式以"方剂学"命名之作。如:

清末民初卢朋《方剂学讲义》。现有 1927 年广东中医药专门学校铅印本。详该学校的前身为广州医学求益社,成立于清光绪三十二年(1906 年),故是书当为该校在清末民初时之教材。自此,"方剂学",遂以得称,且逐步发展成熟。

六、基础学科方面的文献

明清时期,除对中医学基础理论方面的经典著作,有较为深入的整理研究之外,另有诸多基础学科的专著问世。主要有以下几个方面。今举例介绍。

1. 藏象类文献

(1) 明代不详撰人之《脏腑证治图说人镜经》、王思义续集《身体图会》,清·尤乘《脏腑性鉴》等。

详《脏腑证治图说人镜经》一书，又名《寿世内镜图说》，原题秦越人纂，显系托古作伪。疑系明代佚名氏著。全书八卷，卷一至卷六，载十二经脉之图、论、穴、病、气运、用药、治法等；卷七为奇经八脉；卷八为正、背、侧内形图等。后有明·钱雷附录二卷、明·张俊英续录二卷。多具藏象经络等基础理论方面内容。

(2) 清·顾靖远《内景图解》、王清任《医林改错》、周振武《人身通考》、徐延祚《医意内景图说》等。

详《医林改错》一书所记内脏诸说，多系王氏于义冢亲剖死儿所得，讹误颇多，难以为恁。然其精神则颇佳。又其所拟治血证诸方，则为经验之所得，甚得后世医界赞赏。

又《人身通考》一书，作者本《素问》、《灵枢》，对脏腑、经脉、腧穴、骨度等，参合各家学说，兼以己见，多有所考订。

2. 骨度类文献

1) 明·宁一玉《析骨分经》，清·沈彤《释骨》等。

2) 除上述诸专著外，尚有些综合性医书中，具有"骨度"之内容。如明·张介宾《类经图翼》三卷"周身骨部名目"，清代《医宗金鉴·刺灸心法要诀》"周身名位骨度"等，均有重要学术价值。

3. 运气类文献

1) 明·熊宗立《素问运气图括定局立成》、汪机《运气易览》、张昶《运气彀》、张介宾《类经图翼·运气》等。

2) 清代《医宗金鉴·运气要诀》、陆儋辰《运气辨》、翁藻《运气要诀》、王丙《时节气候决病法》等。

其中以《类经图翼》及《医宗金鉴》中运气内容，解说简要，图文并茂。陆儋辰《运气辨》则结合中西天文学知识，进行解说，别具新义。

4. 诊法类文献

诊法类文献，该时期著述甚多，大致有以下三类，今举要为例。

1) 四诊类，如明·张三锡《四诊法》、萧京《四诊正法》，清·林之翰《四诊抉微》、《医宗金鉴·四诊心法要诀》等皆是。其中尤以《四诊抉微》一书，对望诊、闻诊、问诊、切诊论之甚详。

2) 脉诊类，如明·李时珍《濒湖脉学》、李中梓《珍家正眼》、卢之颐《学古诊则》，清·张璐《诊宗三昧》、黄宫绣《脉理求真》、周学霆《三指禅》等皆是。其中以《濒湖脉学》最合实用，影响较大。其文以七言韵文为体，后附其父李月池删补宋崔嘉言《四言举要》，为四言韵文体，尤便背颂。

3) 太素脉类，如明·彭用光《太素运气脉诀》，又原题张太素著述刘伯详注解《太素张神仙脉诀玄微纲领宗统》及《太素脉》，又王文洁辑《太素张神仙脉诀玄微纲领统宗》等。

详"太素脉"之所始，众说纷纭，宋·张杲《医说》载张扩，闻川有王朴先生察脉知太素之妙。《宋史·僧智缘传》则云，其察脉知人贵贱祸福休咎。彭用光则云：有东海冯真人在金灵山,乾德乙丑(宋太祖乾德三年)始出洞,将其术受于人。唐·康骈《剧谈灵》则云,咸通、乾符中,京师医者续坤,详脉知吉凶休咎及得失时日。又王文洁本有魏时亨序则云,有青城山神仙张太素,悟叔和脉理之微,诊视之间,“不特可以知人之虚实寒热,疾病安危,而人之贵贱贫富,莫不于是决焉。”清·钱曾《读书敏求记》著录亡名氏《太素脉法》,序云:“有仙翁隐崆同山,能于指下决未兆吉凶寿限。唐末有樵者,于其石室石函中得此书,以传于后。”

又按“太素脉”者,宋已有之,如南宋齐能之《太素造化脉论》,其自序亦只言“精研医学,深究脉法……验人贫富贵贱,寿夭忧乐,往往不期而言中。”亦不曾涉诸此等传说之事。是“太素脉”义,当于唐宋时已有之,且传说不一。至明人记诸怪诞之说,尽出自传说虚幻,不足置信。

太素脉者,言诊脉预知祸福,休咎穷通。明·吴崑及清·徐大椿,早已辨其为旁门邪术。如吴崑《脉语》曰:“太素乃医之旁门……业太素者,不必师太素,但师风鉴(按乃相术也),风鉴精,而太素之说自神矣。”按此说甚是。

4)望诊类,如清·汪宏《望诊遵经》、周学海《形色外诊简摩》等皆是。尤以《望诊遵经》一书,对望诊的内容及望诊的方法,证候分析等,论之甚详。

5)舌诊类,如明·王景翰《神验医宗舌镜》,清·何愚《舌图辨证》、梁玉瑜《舌鉴辨证》等皆是。另外明清两代有关伤寒舌诊之著作颇多,兹不烦举。

6)腹诊类,如日本·和田璞(东郭)《东郭腹诊录》及丹波元简《诊腹学讲义》等皆是。

详按胸腹及胁下而诊之术,早在《内经》及《伤寒》、《金匮》中已论及之。若作为诊法之专籍,则当始之于此。

5. 医易类文献

如清·茅松龄《易范医疏》、李雨村《医易引端》、唐宗海《医易通论详解》及《医易通说》等皆是。

详医学与《易》学的关系,古人早有所论述,就《易》学的某些学术思想,自《黄帝内经》以来的诸多著述及注文中,均有所反映,特别是自宋明理学思想盛行以来,《易》学在医学某些著作中的体现,尤为明显。如明·张介宾《类经图翼》卷一“运气”,除首列与“太极图”相关之“太虚图”及“阴阳图”外,在诸多论说中,又时引邵雍及程朱学说,为之论证。因此,这一思想在明清两代的盛行,绝非偶然。特别在清代,则有专著问世,如《医易通说》卷上“缘起”云:“余每谈医,辄引《易》义,听者多河汉其言。不知人身脏腑,本于天地阴阳,而发明天地阴阳者,莫备于《易》。”详其内容,对太极、两仪、四象、先天八卦、后天八卦、人身八卦及天干、地支、花甲等,均结合医学作出了简要的说明。

七、临床各科文献

明清两代临床医学文献,是在长期历史经验积累的基础上,加之当代人实践经验的总结和理论认识方面的不断深化与提高,在数量、质量及内容与形式等各个方面,均具有较大的发展与进步。就科别而论,亦可谓之齐全。以下分别举例说明。

(一)综合性文献

综合性文献,为多学科综合性临床医学著作;或临床多学科兼有部分基础理论学科综合性著作。

1. 临床学科与基础学科综合性医书

此类医书多具有全部或大部临床学科内容及部分基础学科内容。如：

(1) 明·徐春甫编集《古今医统大全》。全书四十九卷,分为福、寿、康、宁四集,四集又析为四十秩。以八句五言诗号命名。即富贵荣华客,清闲自在仙。鹏程九万里,鹤算八千年。玉质成飞步,朱颜永驻延。平安无量劫,静默无真玄。该书门类含历世圣贤名医姓氏、《内经》要旨、翼医通考、病证、治疗、《内经》脉候、运气易览、经穴发明、针灸指南、本草集要等基础学科方面内容及内科、外科、妇科、儿科、伤寒、瘟疫、痘疹、口鼻、咽喉等临床学科内容。

全书共采摭历代医书及部分文史书二百七十种。故其内容,可谓集明代及此前主要医籍之大成。具有重要文献学及使用价值。其采摭书目,详见"中医文献著录"第一章第二节。

(2) 明·李梴《医学入门》。全书七卷,另有卷首一卷。卷首含集例、历代医学姓氏、先天图、原道统、天地人物气候相应图、阴骘、明堂仰伏脏腑图、保养、用药检方总目释方、运气、音字等;卷一含经络、脏腑、观形察色问证、脉证、针道、灸法等;卷二为本草;卷三至卷五为内、外、妇、儿等科;卷六为杂病用药赋;卷七含妇人小儿用药赋、杂病总方、通用古方诗括、急救诸方、怪疾、治法、习医规格等。是该书亦含基础理论、基本知识及临床各科之综合性医书。

(3) 明·龚廷贤《万病回春》。全书八卷。卷一含万金一统述、药性歌、诸病主药、释形体、周身脏腑形状、人身面手足之图、十二经脉歌、十二月七十二候歌、运气候节交应时刻数歌、医学源流等;卷二至卷八含内、外、妇、儿等科。是该书亦基本上属于既有基础学科又有临床学科之综合性医书。

(4) 清·罗国纲《罗氏会约医镜》。全书二十卷。卷一脉法;卷二治法精要;卷三与卷四伤寒;卷五瘟疫;卷六至卷十三内科杂证;卷十四与卷十五妇科;卷十六至卷十八本草;卷十九儿科、疡科;卷二十痘科。

2. 临床各科综合性医书

此类医书均为临床多学科内容,或兼少量基础学科之内容。

(1) 明·孙一奎《赤水玄珠》。全书三十卷。卷一至卷十六内科杂证;卷十七至卷十九伤寒;卷二十至卷二十四妇产科;卷二十五与卷二十六幼科;卷二十七与卷二十八痘疹;卷二十九与卷三十外科。

(2) 明·张洁《仁术便览》。全书四卷。卷一至卷三内科杂病;卷四疮疡、妇科、儿科等。

(3) 明·刘纯《玉机微义》。全书五十卷。卷一至卷四十八内科杂病;卷四十九妇人;卷五十小儿。该书为内、妇、儿三科综合性医书。

(4) 清·张璐《张氏医通》。全书十六卷。卷一至卷七内科杂病;卷八七窍门;卷九疮疡门;卷十妇人门上;卷十一妇人门下,婴儿门上;卷十二婴儿门下;卷十三至卷十六各科医方。

(5) 清・林珮琴《类证治裁》。全书八卷,另有卷之首一卷。卷首为内景综要;卷一至卷七内科杂病;卷八妇科及疮疡。

(6) 清・陈士铎《石室秘录》。全书八卷。卷一至卷五上,以治法为纲,列举一百二十八种治法,如正医法、反医法、顺医法、逆医法等,纳内、外、妇、儿等各科病证于其中;卷五下记述五行、阴阳、脏腑、四时与疾病的关系等十七论及儿科疾病。卷六设伤寒、中寒、中暑、水湿、热证、燥证、内伤等七门,分别论及各有关疾病之治法计百余条;后又列血证、腹痛、喉痛等杂病治法十六条。实则该书亦为临床各科综合性医书,且其以法为纲之体例,独具特色。其治疗方法,亦颇多独到之处。

(二) 杂病类文献

杂病,亦称杂证。杂者,繁多也。《荀子・性恶》:"杂能旁魄而无用。"杨倞注:"杂能,多异术也。"杂病或杂证之名,本指多种病或证,并无科别之义。如《金匮要略方论》卷下"妇人杂病"一篇,说明妇科亦有"杂病"。然在明、清医学文献中,有时专指大方脉内科之病证,但也有以内科为主,兼及少量别科内容。今举例如下。

(1) 明・王肯堂《杂病证治准绳》及《杂病证治类方》。《杂病证治准绳》全书八卷。卷一诸中、诸伤、寒热三门;卷二诸气门,卷三呕逆、诸血二门;卷四诸痛、诸痹二门;卷五诸风、诸杂二门,卷六大小腑门,卷七与卷八七窍门。共十三门,从其门类可见,该书基本上是属于大方脉或谓大内科范围诸病。其治疗诸方,俱载《杂病证治类方》中。

(2) 明・张介宾《景岳全书・杂证谟》。全书二十八卷。其中共列六十余病证之证治,均系大方脉类范围。

(3) 清・沈金鳌《杂病源流犀烛》。全书三十卷,另有卷首一卷。卷首上脉象统论,卷首下诸脉诗;其正文三十卷,除卷二十九有"腿股膝膑踝足疮疡"、"附痈疽兼证方论"二篇;卷三十为"跌扑闪挫源"及"金疮杖伤夹伤源流"二篇外,余均为大内科杂病。

又观其"凡例"有云:"疮疡之病,无不传染六淫而发于脏腑,虽症之未成,脉必先现,若不审此,有诊其脉而不知所由,且误认为内证而错治者,古名家内外必兼及,良有以也。"又云:"跌扑闪挫,古谓之伤科。虽伤于外,必致侵及于内,有害于脏腑经络。今列为篇,庶不至临时束手。并详金疮、杖伤、诸疮、诸伤等,以类及也。"观此例言,其加此内容之目的,一则为辨病,一则为备卒急之用,非为专设此科。

该书以脏腑门、奇经八脉门、六淫门、内伤外感门、身形门五大门类为纲,隶属各种病证,仿《千金》之义,突出脏腑体系,亦颇具特色。

(4) 清《医宗金鉴・杂病心法要诀》。全书五卷。首中风终大便燥结,共列四十二证。每证均先出七言歌诀,下附释文,既便于背颂,又阐明要义。虽列证较少,然所具诸方,皆切合实用。亦可谓选方精当。

(5) 清・程文囿《杂证汇参》。全书八卷。该书以介绍内科杂病为主的多种疾病证治。每病均选录《内经》、《脉经》及后世有关医论,分别述其病名、病因、病状、治法、医方等,间附医案,资料较为丰富。

(三) 以其他称谓命名之杂病类文献

此类文献,从命名到内容,仍沿袭旧制,所在仍多,书题名称,多从己愿,难以体现医学科别之特异性,可详见“中医古籍的书名与篇名”一章。其内容亦多以内科杂病为主,并涉及某些别的学科或基础学科。今举以下为例。如:

(1) 明·喻昌《医门法律》、王玺《医林类证集要》、李中梓《医宗必读》、戴元礼《秘传证治要诀及类方》、梁学孟《国医宗旨》、何经才《发明证治》、叶廷器《世医通变法》、秦昌遇《症因脉治》等皆是。其中特如《医门法律》一书,每一病均有论、有法、有律,可予人以规矩与警示,颇具特色。

(2) 清·李用粹《证治汇补》、徐灵胎《兰台轨范》、陈岐《医学传灯》、林开燧《林氏活人录汇编》、尤怡《金匮翼》、蒋宝素《医略十三篇》、徐镛《医学举要》等皆是。

(四) 内科类文献

内科类文献,指以“内科”命名之文献,此类著作,顾名思义,自当以内科为主。然而此等早期以“内科”命名之著作的内容,亦常含有其他学科。在学科病种范围方面,也多由作者自定。此亦一个学科新名称开始使用时所难免者。今举例如下。

(1) 明·薛己《内科摘要》。

(2) 清·文晟《内科摘录》、佚名氏《内科病症便检》等。

(3) 日本·本间救原著李客亭译述《汉译内科秘录》。

(五) 内科专病类文献

此类文献指对某一病或证及某几病证之专论性著作。如:

1. 多病性专著

(1) 清·姜天叙《风劳臌膈四大证治》。

(2) 清·佚名氏《内伤劳倦饮食水饮汇编》。

(3) 日本·大桥尚因《疝癥积聚编》。

2. 一病或一证性专著

(1) 中风,如熊笏《中风论》、沈灵犀《中风简要》。

(2) 痨瘵,如明·张旭《痨瘵问对》、胡慎柔《慎柔五书》、汪绮石《理虚元鉴》,清·汪启贤《虚痨汇选应验良方》、吴澄《不居集》等。

(3) 臌胀水气,如清·路顺德《治蛊新方》、沈灵犀《水气指南》、燃犀道人《驱蛊燃犀录》等。

(4) 痿痹,如沈灵犀《诸痹汇要》、《痿证大要》等。

(5) 血证,如清·潘为缙《血证良方》、唐宗海《血证论》等。

(六) 外科类文献

外科类文献,涉及范围亦较广,诸如疮疡、骨伤、金创、痔瘘、口齿、眼耳、咽喉等病。后则逐渐分化为多学科。在该时期外科文献中,大致有以下几类。

1. 外科类文献

此指以“外科”命名之著作。如:

(1) 明・杨清叟《仙传外科集验方》、汪机《外科理例》、薛己《外科心法》、陈实功《外科正宗》、申拱辰《外科启玄》等。

(2) 清・祁坤《外科大成》、程国彭《外科十法》、王维德《外科证治全生集》、《医宗金鉴・外科心法要诀》、许克昌《外科证治全书》、邹岳《外科真诠》等。

2. 疮疡类文献

此指以"疮疡"命名之著作。其内容亦多包括外科诸多病种。如:

(1) 明・王肯堂《疡医证治准绳》、陈文治《疡科选粹》等。

(2) 清・顾世澄《疡医大全》、孙震元《疡科会粹》、高秉钧《疡科心得集》、时世瑞《疡科捷径》等。

其中如《疡医证治准绳》含痈疽、内痈、皮肤病、跌打损伤、金疮、虫兽伤等内容。《疡医大全》含痈疽、内痈、皮肤病、痘疹、跌打、蛇虎伤、急救等内容。是疡科之书,实即外科类也。

3. 专病类文献

此指外科某一病证之专著。如:

(1) 疔疮,如清・应遵诲《疔疮要诀》、张镜《刺疔捷法》、过铸《治疗汇要》等。

(2) 瘰疬,如清・梁希增《疬科全书》。

(3) 麻风,如明・薛己《疠疡机要》、沈之问《解围元薮》、萧晓亭《疯门全书》等。

(4) 梅毒,如明・陈司成《黴疮秘录》、日本・桔尚贤《黴疮证治秘要》等。

(5) 痔瘘,如清・马国杰《马氏痔瘘科七十二种》。

(七) 骨伤科类文献

骨伤科文献,在明以前,基本上属于外科范围,明清两代,始分化为独立学科,而且有诸多专著问世。其名称大致有两类,或曰"骨"或曰"伤"。现分别举例。

1. 正骨类文献

明・薛己《正体类要》、清代《医宗金鉴・正骨心法要旨》、徐英《接骨全书》等。

2. 伤科类文献

清・高锦庭《伤科心得集》、钱秀昌《伤科补要》、胡廷光《伤科汇纂》、赵竹泉《伤科大成》等。

(八) 妇产科文献

妇产科文献,大致可分为综合性妇科、产科及嗣育等类。

1. 综合性妇科

此指调经、妇科杂病、胎前产后及嗣育等综合性之著作。如:

(1) 明・万全《万氏女科》、王肯堂《女科证治准绳》、武之望《济阴纲目》等。

其中《济阴纲目》一书,其内容是在《女科证治准绳》的基础上,稍加修订而成。

(2) 清・萧埙《女科经纶》、竹林寺僧《妇科秘方》、陈修园《女科要旨》、原题傅山《傅青主女科》、《医宗金鉴・妇科心法要诀》、沈金鳌《妇科玉尺》等。

其中竹林寺僧,原系浙江萧山竹林寺之僧,据考该寺僧人递传妇科,已若干代,故署名竹林寺僧之妇科方书,印本甚多,互有出入,均有一定实用价值。

又《傅青主女科》一书,是否出自傅山手定,学术界尚有争论,但作为该书的使用价值,则影响较大。自道光七年首刊以来至清末的八十余年间,有四十余种印本。

2. 产科类文献

此指单纯产科而不包括妇科内容之著作。如:

(1) 明・王化贞《产鉴》、工肯堂《胎产证治》、郑五金《胎产方书》等。

(2) 清・亟斋居士《达生篇》、倪枝维《产宝》、阎纯玺《胎产心法》、唐千顷《大生要旨》、汪喆《产科心法》、陈笏庵《胎产心法》、张曜孙《产妊集》等。

3. 嗣育

嗣育者,或曰种子,或曰育麟,或曰广嗣,义均同。如:

(1) 明・俞桥《广嗣要语》、万全《广嗣纪要》、张介宾《宜麟策》、洪基《种子秘剖》等。

(2) 清・方允淳《广嗣编》、吴云间《都春堂熊罴梦》、包诚《广生编》、佚名氏《螽斯集》等。

(九) 儿科文献

儿科亦称幼科,明清两代,儿科著作较多,今择要举例。

(1) 明・寇平《全幼心鉴》、鲁伯嗣《婴童百问》、万全《幼科发挥》、薛铠《保婴撮要》、万宁《万氏医贯》、王肯堂《幼科证治准绳》、周震《幼科医学指南》等。

(2) 清・夏鼎《幼科铁镜》、程云鹏《慈幼新书》、陈复正《幼幼集成》、《医宗金鉴・幼科杂病心法要诀》、沈金鳌《幼科释谜》、吴溶堂《保婴易知录》、芝屿樵客《儿科醒》、余含棻《保赤存真》等。

(十) 口齿、喉、目类文献

口齿、喉、目类文献,明以前亦大都包含于内、外两大科医书中。至明清两代,此类内容则逐步分化,独自成编。今举下例。

(1) 口齿类文献,如明・薛己《口齿类要》、姬舒庵《走马喉疳论》、广东藩署编《喉牙口舌各科秘旨》等。

(2) 喉科类文献

1) 综合喉科类文献,如明・郁凝祉《喉科秘本》、张介宾《喉证汇参》、清・尤乘《尤氏喉科秘书》、张宗良《喉科指掌》、朱翔宇《喉症全科紫珍集》、郑梅涧《重楼玉钥》、沈善谦《喉科心法》、金德鉴《喉科枕秘》、郑西园《喉科秘钥》等。

2) 白喉类文献,如清・郑梅涧《喉白阐微》、张绍修《时疫白喉捷要》、黄维翰《白喉辨证》、李纪方《白喉全生集》、耐修子《白喉治法忌表抉微》、陈葆善《白喉条辨》、刘昌祈《白喉治法要言》、张采田《白喉证治通考》等。

4）眼科类文献，如明·葆光道人《眼科龙木论》、程蚧《眼科应验良方》、傅仁宇《审视瑶函》、邓苑《一草亭眼科》、佚名氏《异授眼科》、清·王子固《眼科百问》、《医宗金鉴·眼科心法要诀》、邓学礼《目科正宗》、黄庭镜《目经大成》、顾锡《银海指南》等。

（十一）针灸、推拿类文献

针灸及推拿类文献，在明清两代，推出新著亦较多。在针灸方面，除有诸多综合性著作外，并逐渐分化出学科专论，如针法、灸法、经络、腧穴、子午流注等。推拿方面，亦完全形成了本学科学术体系，并有大量著作问世。以下择要举例。

1. 针灸综合性文献

此指通论针灸各种学术内容之著作。如：

（1）明·徐凤《针灸大全》、高武《针灸聚英》、汪机《针灸问对》、杨继洲《针灸大成》、吴崑《针方六集》等。

以上诸书，对针灸学术的发展，均有一定影响，特别是《针灸大全》在子午流注、灵龟八法及针刺手法等方面，继承前人成就，后学多本于此，有继往开来之功。《针灸大成》，则为集诸家学说之作。其中如历代各家针灸歌赋，收载尤多，论述范围亦较广范，尝为针灸家必备之书。余者亦皆为针灸要籍。

（2）清·《医宗金鉴·刺灸心法要诀》、李学川《针灸逢源》、廖润鸿《针灸集成》、李守先《针灸易学》等。

清代由于清王室不尚针灸，故名著不多，若《针灸易学》类书，亦普及之作也。

2. 针灸专论性文献

此指对针灸学术某一方面之专门论述性著作。如：

（1）针法，如清竹贤氏《针法图说》、李昌仁《针科全书妙诀》等。

（2）灸法，如叶茶山《采艾编》、徐宝谦《灸法心传》、姚襄《灸法集验》等。

（3）经络，如明·李时珍《奇经八脉考》、张三锡《经络考》、翟良《经络汇编》、沈子禄等《经络全书》、清·李濛《身经通考》、周孔四《周氏经络大全》、陈惠畴《经脉图考》等。

（4）腧穴，如明·陈会《全身百穴歌》、佚名氏《循经考穴编》、翁藻《经穴图考》、冯文轩《针灸穴法》等。

（5）子午流注，如明·凌云《子午流注图说》。

3. 推拿类文献

推拿亦称按摩，此法渊源甚早，在《黄帝内经》中，已论及此法，《汉志》著录有《黄帝岐伯按摩》十卷。若论其术，则多含于导引术中。今存推拿按摩专籍，皆明清两代之医著。今举例如下。

（1）明·龚廷贤《小儿推拿秘旨》、周于藩《小儿推拿秘诀》等。

（2）清·熊应雄《推拿广意》、骆如龙《幼科推拿秘书》、夏云集《保赤推拿法》、张振鋆《厘正按摩要术》、佚名氏《按摩经》等。

（十二）护病学之滥觞

对病人的护理工作，在古医籍中早已言及，但均在诸医疗法规之中，至清代始有一专著问世。即：

清·钱襄《侍疾要语》。详该书虽尚不能作为真正的护病之学，但不失护病学著之先声，且给人以启迪。

其他尚有导引、养生方面众多文献，兹不再举。

八、医案、医话、医论、医史类文献

此类文献，由来已久，然在明清两代，尤多于前朝，特别是医案与医论类著作，数量与质量方面，均有许多佳作。现举例如下。

（一）医案类文献

医案之作，早见于《史记·仓公传》，谓之"诊籍"，下此而往，多见于历代医著中。明清两代，医籍专著甚多，记录医家之实际治疗经验。此类医案著作，大致可分为三类，一为合编类医案，一为专人类医案，一为专科或专病医案。

1. 合编类医案

合编医案者，或跨朝代之多人医案，或本朝之多人医案，汇合成编。如：

（1）明·江瓘《名医类案》、陆岳《陆氏三世医案》等。

（2）清·魏之琇《续名医类案》、俞震《古今医案按》、陆嵩《易卢孙三家医案》、吴金寿《三家医案合刻》、柳宝诒《柳选四家医案》等。

2. 专人类医案

专人类医案者，一家之医案也。如：

（1）明·汪机《石山医案》、薛己《薛氏医案》、孙一奎《孙文垣医案》、王肯堂《王肯堂先生医案》、程仑《程原仲医案》等。

（2）清·喻昌《寓意草》、吕用晦《东庄医案》、尤怡《静香楼医案》、华岫云辑叶天士《临证指南医案》、徐大椿《洄溪医案》、吴瑭《吴鞠通医案》、齐有堂《齐氏医案》、王士雄《王氏医案》、王旭高《王旭高临证医案》、张聿青《张聿青医案》等。

3. 专病类医案

专病类医案，记载治疗某科、某类或某种病证之专门医案也。如：

（1）明·萧京《伤寒门医案》，见《轩岐救正论》卷四、卷五，此治伤寒病之医案。

（2）明·聂尚恒《奇效医案》，此治疗痘疮之医案也。

（3）清·徐锦《奇病录》，此治各种奇难怪证之医案也。

（4）清·吴荣滰《痧证医案》，此治痧证之医案也。

（5）清·陈少霞《陈氏幼科医案》，此治儿科之医案也。

凡此类医案形成专著者虽不多,但在各家医著中,则保存有大量的资料,在明清两代医著中,保存尤多,它直接体现了作者的学术思想与治疗经验,是一份宝贵的医案财富。

(二) 医话类文献

医话乃运用短文或笔记等形式,记录的个人经验、体会、心得、医事传闻、史料摘记及有关医药问题的考证、评述等,体裁不拘、文字不限的一种比较自由宽广的医学著作。

(1) 明・黄承录《折肱漫录》、冯元成《上池杂说》、裴一中《裴子言医》、程云来《医暇卮言》等。

(2) 清・魏之琇《柳州医话》、计楠《客尘医话》、俞廷举《金台医话》、王士雄《潜斋医话》、陆以湉《冷庐医话》、王泰林《西溪书屋夜话录》、毛祥麟《对山医话》等。

(三) 医论类文献

医论者,医家之论述性著作。包括议论,评论、论说等内容。如:

(1) 明・孙一奎《医旨续余》、王肯堂《肯堂医论》、张介宾《质疑录》、萧京《医论》、赵献可《医贯》等。

(2) 清・朱恩《困学随笔》、沈时誉《医衡》、沈萍如《鲙残篇》、张志聪《侣山堂类辨》、高士宗《医学真传》、吴鞠通《医医病书》、石寿棠《医源》、徐玉台《医学举要》、高上池《医学问对》、吴东旸《医学求是》、程芝田《医法心传》等。

(3) 期刊类文献

期刊类文献,按期收载诸家论文者,如:

清・唐大烈《吴医汇讲》。

详该书"凡例"有云:"是集凡属医门佳话,发前人所未发,可以益入学问者,不拘内外女幼各科,无不辑入。"又云"各分版页,不相连属,以便续增。"又云:"凡高论赐光,随到随镌,不分门论,不限卷数,不以年齿次先后,亦不以先后寓轩轾,以冀日增月益,可成大观。"

详上文,其宗旨、内容与形式,基本上是一种期刊性医著。该书共有十一卷,亦即十一期。自乾隆五十七年,历时十年,至嘉庆六年,唐氏谢世后终止。

此类医论,除有专著者外,在各家医著中亦颇多。此亦能充分体现医家之学术思想、学术体系、学术流别之读物。

(四) 医史类文献

医史类文献,包括一般史料、人物传记、姓氏考注类内容。如:

(1) 明・李濂《医史》、熊宗立《历代名医考》、朱儒《太医院志》、顾成章《周礼医官详说》等。

(2) 清・王宏翰《古今医史》、《古今图书集成・艺术典・医术名流列传》、李炳芬《医林集传》等。

九、法医类文献

法医类文献,自宋代《棠阴比事》与《洗冤录》二书问世之后,对后世影响极大。特别是

《洗冤录》一书，后世整理补注本甚多，清代亦焉。然该时期又有新作问世，今举例如下。

(1) 清·周以勋《检验萃言》。该书据前人论述、结合个人经验，对尸检的原则及方法，分析较详，有一定参考价值。

(2) 清·郎锦骐《检验集证》。该书作者，曾为地方官三十余年，决狱多起，有丰富检验经验。该书乃集其多年验案，对各种致伤之检验，结合案情，与以分析，亦有其实践的依据。

(3) 清·陈任曙《检骨图说》。该书以为《洗冤录》一书，对于检骨略而不详，对全身诸骨，以及指甲、牙齿等，均为详述，并附周身骨图十二幅。对骨检有重要意义，虽有与今解剖学不尽相符之处，亦不失其学术价值。

十、兽医类文献

兽医一门，在历朝虽有所发展，然在该时期，主要有明·喻仁(本元)与喻杰(本亨)兄弟二人，俱善兽医，多有著述，故以“元亨”为名。今存明清刊本尤多，举例如下。

(1) 明·喻仁、喻杰《元亨疗马集》附《牛经》、《驼经》。该书今存自清乾隆元年以来至清末，各种印本，不下三十种左右。虽其名称不一，然内容亦大致相同。此迄今为止，影响最大的一本兽医著作。

(2) 明·杨时乔《马书》。原有明万历二十四年自刻本，不知尚有存世者否。

(3) 明·陈仁锡《马经》。

(4) 明·佚名氏《马经》。

清代在兽医著作方面，则未见有新的贡献。

十一、中西汇通类医学文献

明清时代，在科技文化方面，由于受西学的影响，亦涉及医学领域。特别是在清代，由于帝国主义对中国的入侵。在科技文化领域，特别是医学方面，自西医学进入中国后，不仅有两种医学体系的并存，而且也出现了西医学对中医学的曲解及中西学说的“汇通”。主要表现在以下几个方面。

(一) 中西医书著录并存

随着西方医学进入中国后，诸多西医学著作也相继译为中文，在中国出版流传，因而书目著录，始将中西医书并存。今举例如下。

(1) 清·江标编次《丰顺丁氏持静斋宋元校钞本书目》，著录西医书两种，见前本节之一。丁氏名日昌，原书约成于光绪初年。

(2) 清·丁丙《八千卷楼书目》著录有：

《全体新论》十卷，西洋合信氏撰，海山仙馆本。《儒门医学》三卷，英海得兰撰，傅兰雅译，刊本。

(3) 清·徐树兰《古越藏书楼书目》。该书目收医家类为：

1) 医学总义，共四十八目，尽为中医书。

2) 东西洋医学总义，共十二目。其中除朝鲜许浚撰医书五种合为一目，为中医书外，其

余十一目含十五种,尽为西医书。有英人合信氏、哈士烈、海得兰、虎伯、弗里爱该惠连及美人嘉约翰等撰医书。如:

合信氏《西医略论》、尹端谟译《病理撮要》、哈士烈《体用十章》、虎伯《内科理法前、后编》、嘉约翰《西医内科全书》、弗里爱该惠连同撰《法律医学》等。

3) 杂病共十五目十七种,其中有四目四种为西医书。如:

美·嘉约翰《热证总论》、英·傅兰雅《医肺痨等病新说》等。

4) 妇科、产科、儿科共二十四目二十六种。其中有九目十种为西医书。如:

美·妥玛氏《妇科精蕴图说》、英·梅胜更《西医产科心法》及《图说》、美·富医士选《儿科论略》等。

5) 眼科共三目三种,尽为中医书。

6) 外科共十三目十三种。其中有七目为西医书。如:

美·嘉约翰译《割症全书》、美·富医士选《剖腹理法》、英·帕脱《临阵伤科捷要》、聂会东译《皮肤证治》等。

7) 全体学共十五目二十种。除二种为中医书外,余者尽为西医书。如:

英·稻惟德译《全体图说》、日本·长滨兼吉《普通生理学》、日本·冢本岩三郎《全体解剖图二十幅》等。

8) 本草共二十一目二十六种。其中有五目七种为西医书。如:

美·嘉约翰译《西药略释》、英·傅兰雅《泰西本草撮要》、英·稻维德译《医药略论》等。

9) 方书共二十三目二十八种。其中有三目四种为西医书。如:

英·思快尔《万国药方》、英·伟伦忽塔《医方汇编》、英·秀耀春《救人良方》等。

10) 平时调摄共十九目十九种,其中有十二种为西医书。如:

英·傅兰雅《幼童卫生编》、英·盖兰格《初学卫生编》、英·爱凡司《延年益寿论》、英·礼敦根《人与微生物争战论》等。

以上诸项共著录西医书七十余种,为清代书目中著录西医书之最多者,而且将中医书与西医书统一编目。从其书目内容可见,基本上可以反映清代译传于中国的西医书的基本情况。

从以上二书著录之西医书目看,当时之西医学与中医学之关系,一方面是持西说论者,对中医学说之曲解,甚至歧视,为后来部分人坚持消灭中医或歧视中医提供了理论依据;另一方面,也为西医学说向中医学术中的渗透,创造了条件。因此,在清代也形成了一批中西“汇通”性质的医学文献。

(二) 中医学与西医学的关系

自西医学术传入中国后,亦有不少来华西医,并自撰或译著西医书籍,由于两种医家及两类医学文献的并存,自然形成中医与西医的关系。西医文献作为一种科技著作之引进,则无可非议,而且其对我国西医人才的培养与建设,均有其一定的积极作用。然而,有些泰西医家,由于不了解中医与西医各自具有不同的理论体系与学术体系,又缺乏对中医学术的深入研究,更谈不上对中医医疗技术的实际运用。因而,在他们的著作中,存有诸多对中医学术的曲解、误解,甚至否定的内容。今举例说明英人合信氏《西医五种》。该书含《全体新论》、《博物新知》、《西医略论》、《妇婴新说》、《内科新说》。

据《内科新说》自序云:“余自道光己亥(即清道光十九年)来中土施诊,今已二十年,疗治病证,岁以万计,略悉华人体质,且知西国医理,有足订中土之伪者,因著《全体新论》,略言其概。书中所述,每与中土歧异……近岁来上海,因华友管茂才喜谈医学,遂与商酌,复著《西医略论》、《妇婴新说》及《内科新说》三书,皆发明《全体新论》,以广其用。”详英人合信氏,自道光十九年来华,始在广州惠爱医局,至咸丰七年至上海仁济医馆。其所著西医书中,均有不同程度诋毁中医之说。今按其成书年代相次为例。

(1)《全体新论》咸丰元年自序云:“予来粤有年,施医之暇,时习华文,每见中土医书所载骨肉脏腑经络,多不知其体用,辄为掩卷叹惜。夫医学一道,工夫甚钜,关系非轻。不知部位者,即不知病源;不知病源者,即不明治法;不明治法而用平常之药,犹属不致大害,若捕风捉影,以药试病,将有不忍言者矣。然以中华大国,能者固不乏人。而庸医碌碌,惟利是图者,亦指不胜屈,深为惜之。予自弱冠业医,于人身脏腑部位,历经剖骸看验,一切体用,倍悉其详。近得华友陈修堂相助,乃集西国医谱,参互考订……删烦撮要,译述成书,颜曰《全体新论》,形真理确,庶几备医学之未备。”

合信氏此序,不仅是对我国医者的歪曲与否定,而且是对中医在理论与学术体系方面的曲解与否定。按合信氏之说,中国数千年之医学,似皆“不知部位”、“不知病源”、“不明治法”,“若捕风捉影,以药试病。”这种把中国医学对中华民族繁衍昌盛所起的作用一概抹杀,把建筑在具有辨证的、唯物的及人与天地相应的学术思想与理论基础及长期的、大量的医疗实践的基础上中国医药学,基本否定的态度,无论其主观愿望如何,在客观上,实际是对中医学术的否定。对后来某些人之歧视与反对中医,具有一定影响。

又该书“例言”云:“是书所称上帝,或称上主,或称造物主,或称化工,皆指创造天地之主宰而言。”如果说本文的宗教崇奉之“造物主”的思想,还不够明确。不妨取该书“造化论”来补充一点注脚,该论云:“新旧《约书》曰:原始造化主,撮土为人,命曰亚当,取亚当一胁,附之以肉,又成一女,赋之以明灵之性,予之以生育之权,使相配合,是为人类之祖。自是以人传人,父精母血,积日而大。”

这里把造物主的思想,已经完全是按宗教教义的信念,当成客观真理加以宣扬,并述于医学。若比之我国医学《黄帝内经》阴阳二气感而成形的原始生化论的科学思想,不知要陈腐到何等程度,不知要倒退到若干世纪。

(2)《西医略论》咸丰七年自序云:“余著《全体新论》,未及审证治疗之法,欲续著一书,以完素志。比岁在粤东,专司医局,未遑著述。今年游上海旅馆多暇,适江宁管茂材谈论医学,因相与商榷,共成此书。夫人身脏腑骨肉血脉,中西所同,乃有西国熟知之理,习用之法,中土无闻焉,岂非憾事。是书采辑西国医书不一种……历数月而始蒇事,名曰《西医略论》。”

又该书“例言”云:“是书所列病证,皆中土所习见,而称名或与中土不同。因阅中土医书,有名实不符者,如睛珠变质,误称绿水灌瞳神之类;有虽有其名,实无其病者,如淋证则妄称气淋,眼证则妄称五轮八廓之类;有误以证状为病名者,如热,有炎证之热,有热证之热,中土概称为热,则混淆无别,不得不为改正。”

又检其内容中如“医学总论”言“(中国)医书汗牛充栋,半属耳闻臆断”。“中西医学论”言“中土医学,今不如古。”又如言《本草纲目》中“有大用者,如人参、大黄之类是也;有无用者,如龙虎骨之类是也。”凡此等等,俯拾皆是。

细审合信氏所言，自以为精通中国医学，实则一窍不通，自以为中国医学之救世主，实则其所论，不过“哑哑学语”者，如所谓“炎证之热”、“热证之热”，什么“脑气筋、甜肉经”等等，在今日看来，岂非稚子之言，童蒙之论。然而窃用中医之说者，如“审证论”云：“望闻问切，是为四诊，审证之法，莫切于此。夫寒热虚实，虽发于内而必现乎外”等等，时至一百余年后之今日，仍不失其学术价值。

对于合信氏译著之西医书，今日自不当再论其水平之如何，在当时，从介绍西方科技的角度论，自有其积极的意义，然其对中医学术之妄加评议，甚至全面加以歪曲或否定，历史已充分证明，对后来产生了极坏的影响。

(3)《内科新说》，该书撰于清咸丰八年。详其“例言”有云：“中土医书，有同一病源，见证少异，别立病名者，徒乱人意。今以脏腑为纲领，较有端绪。”又云：“西国药品，经历代医士，愈讲愈明，故后代本草，精过古昔……所望中国医官，知古昔本草，不尽可凭，或免墨守贻误。”

(4)《妇婴新说》，该书撰于咸丰八年。详其自序有云：“余更检阅中土内科诸书，大抵游移鲜据，不似欧罗巴人所述，确凿精详。因更译述疗治内证之法，以语华人。”

按此二书所云诸端，别无新意。亦不过是对中医学的否定而已。

详合信氏等之著作，从历史的角度论，今日仍不失其介绍西方医学之价值。至其书中水平，有相当部分内容，已成为历史的陈迹，除其史学价值外，已无可用之处。至其对中医学的歪曲与否定，则对后来造成的影响，则不可低估，不啻为歧视中医之始作俑者。

(三) 中西“汇通”类文献

在中医与西医两种医学体系并存的条件下，有些医家在接收了部分泰西医学之学说后，试图将中医与西医学说合为一体，或者说欲将中西两流合为一渠。因而自明末以来，特别是在清代，便形成了一批首先在中医著作中吸收了某些西医学说，以至所谓“中西汇通”或“中西汇参”等类医书问世。

1. 基础学科类文献

(1) 王宏翰《医学原始》，该书形成于清康熙二十七年，为现存最早含有西医学内容之医学著作。全书四卷。

详其内容，主要有以下几个特点：

第一，在脏腑形态及生理方面，多掺入西医学内容。如卷二“脉经之血由心炼论”云：“心内有二小包孔，一左一右，二孔中坚肉成壁，以为左右孔之界……心之二小孔，所以炼脉经甚热之血，使莫可渗。初进右小孔炼之，其外进恶粗之诸气，以嘘出之。其精者，左小孔更细炼之，始成脉络甚热至细之血矣。二小孔各有管路，各有小门，如树之小叶，血之出入，皆自开合，莫或有逆退者。”如此等等，皆类于此。

第二，倡“四元行论”，该书从高一志《格致书》说，以火、土、气、水为四元行。详火、土、气、水，与壮医之火、风、水、土四塔说，虽一字之差，义则无别，实皆释家地、水、风、火四大说之翻板，无甚新义。

第三，崇信“上帝”的客观唯心思想。如卷二“生长赖补养论”云：“人受上帝赋畀之灵性以生，而形体禀质含火、气、水、土四元行之所结。”即可反映其源于宗教的宇宙观。

总之,该书实为中医学、西医学、西方天文学及儒学、释学等之杂汇。

(2) 唐宗海《中西汇通医经精义》,该书撰于清光绪十八年,又名《中西医判》、《中西医学入门》、《中西医解》。

详其自序云:"自轩岐以逮仲景,医法详明。与政治声教相辅佐,晋唐以后,渐失真传,宋元以来,尤多纰缪。及今泰西各国,通于中土,不但便机器矜能,即于医学,亦诋中国为非。岂知中国宋元后医,诚可訾议,若秦汉三代所传《内》、《难》、仲景之书,极为精确,迥非西医所及。盖西医初出,未尽周详,中医沿讹,率多差误,不及此时厘正,贻害生民,不知凡几……因摘《灵》、《素》诸经,录其要义,兼中西之说解之,不存畺域异同之见,但求折衷归于一。"

按唐氏以中西之说,解诸经文,并增西医解剖图若干幅,意欲归一,实多牵强对号处,其用心可谓良苦,然未得此中三昧。

2. 古籍注释类文献

如清·叶霖《难经正义》,详见本节二、医经类古籍整理研究(二)《难经》类。

3. 藏象类文献

清·朱沛文《中西脏腑图象约纂》,是书亦成于光绪十八年,又名《华洋藏象约纂》。

全书三卷,附录一卷。上卷为五脏六腑形态、部位及功能等;卷中为眼、耳、鼻及骨骼等;卷下为十二经脉、气血营卫及西医脏腑解剖图等;附录为诊病、读书等杂论。朱氏欲"通其可通,并存互异",义有可取,而行之则非宜。

4. 骨度类文献

清·刘廷祯《中西骨格辨正》及《中西骨格图说》。

此二书,皆在考辨中西医之骨名。详人身之骨,本有定位定形,中西医说,虽小有差异,然较之脏腑气化之论,考之尤易,故此类书籍义犹可从。

5. 临床医学类文献

(1) 清·唐宗海《伤寒论浅注补正》及《金匮要略浅注补正》。

详该书乃取陈修园《伤寒论浅注》及《金匮要略浅注》为祖本,而加以"补正",凡唐氏补正之文,间或加以西医之说解之。

(2) 清·张锡纯《医学衷中参西录》,该书成于宣统元年。

全书原分七期而发,至宣统元年合印。其内容含处方学八卷、医论八卷、医话拾零、三三医书评、药物讲义四卷、伤寒讲义四卷、医案附诗草四卷。

详其宣统元年自序云,其自幼年,从先严丹亭公读书,尝述范文正公"不为良相,当为良医"之言。"及稍长,又授以方书,且为指示大意……后两试秋闱不第,虽在壮年,而淡于进取。遂广求方书,远自农轩,近至国朝著述诸家,约共搜阅百余种。"临证之后,几无虚日,"今汇集十余年经验之方,其屡试屡效者,适得大衍之倍数。方后缀以诠解与紧要医案,又兼采西人之说,与方中义理相发明,辑为八卷,名之曰《医学衷中参西录》。"详此,则知其命名之义。

6. 基础理论与证治结合类文献

清·罗定昌《中西医粹》,该书成于光绪八年。

全书三卷。卷上乃参之《周易》之义,取八卦、干支、五运六气等论述文二十五篇;卷中有自绘"丹字图"、"经脉图"若干幅,又参照王清任及合信氏绘脏腑图若干幅,并附录图说若干首。卷下为"脏腑图说症治要言合璧",列十二经病脉证治。

是则本书,亦惟中西医内容之兼收者,尚难言"汇通"之义。

7. 病名对照类文献

清·徐勤业编译《中外病名对照录》。该书成于宣统元年。此亦取对号入座之法相为对应。

8. 针灸类文献

清·刘仲衡《中西汇参铜人图说》。该书成于光绪二十五年。

全书不分卷,主要遵循王清任《医林改错》及诸多西医书籍,首载脏腑合图如心肺、脾胃、肝脾、肾膀胱等,俱依西说,不拘表里;次为脉论,绘有全身脉管图;再次叙十二经穴法分寸备考,亦分别绘图,配以腧穴歌;后为阳精、阴精等诸论。绘图吸取西医解剖学成就,较精细。

9. 卫生类文献

清·郑官应《中外卫生要旨》,该书成于光绪十六年。

全书有五卷本与四卷本两种。卷一为古代名人养生要语;卷二为前人养生动功;卷三为王士雄《随息居饮食谱》,并补入西医饮食有关成分分析理论;卷四为泰西卫生要旨;卷五为续编,主要选录西医有关器官组织与卫生之关系等内容。

10. 中西医学合编之丛书

此指中医书与西医书合编、或中医与所谓之"中西汇通"类书合编之丛书。

(1) 个人丛书类

1) 清·唐宗海《中西汇通医书五种》,含《中西汇通医经精义》、《金匮要略浅注补正》、《伤寒论浅注补正》、《血证类》、《本草问答》。该书最早有光绪十八年千顷堂石印本。

2) 清·罗定昌《中西医粹》,含《脏腑图说》、《脏腑各图》、《证治要言》、《医案类录》。该书最早有光绪十九年千顷堂石印本。

(2) 综合丛书类

1) 清·佚名氏辑《中外医书八种合刻》,含日本·丹波元简《脉学辑要》、唐宗海《中西医解》、罗定昌《脏腑图说证治要言合璧》、美国嘉约翰《皮肤新编》、罗定昌《医案类录》。该书最早为光绪二十五年至二十七年成都正字山房刊本。

2) 清·冯步蟾辑《中西医学劝读十二种》,含唐宗海《中西汇通医经精义》、佚名氏《中西会参医书》、唐宗海《伤寒论浅注补正》及《金匮要略浅注补正》、《血证论》、黄传祁《医学折衷劝读篇》、卢之颐《痎疟论疏》、看冰山人《医方折衷纂要录》、窦材《扁鹊心书》、唐宗海

《本草问答》、章楠释《薛生白湿热条辨》、章楠释《叶天士温热论》。该书最早有光绪三十四年赞化文社刊本。

3) 羊城学会编《中西医学全书》,含罗定昌《脏腑图说证治合璧》及《脏腑图说》、英国傅兰祇《格致医理略述》、潘学祖《中西医法汇录》、唐宗海《伤寒论浅注补正》、美国嘉约翰《皮肤新编》、唐宗海《中西辨证医经精义》及《血证论》、《本草问答》、日本・丹波元简《脉学精微辑要》、罗定昌《医案类录》、英国舒高第《论脉》。该书始成于宣统三年,至民国六年始由羊城医学研究所石印。

详上述诸所谓"中西汇通"及"中西合参"类书,大都形成于清代末期。对民国后一个时期之影响较大,起到了一定的导向作用。

十二、医学丛书与类书型文献

明清时期,除了基础学科与临床学科各类文献的全面发展与大量著作问世之外,另有丛书与类书型图书的编纂也取得了较大成就。以下分别举例说明。

(一) 丛书型医学文献

中医丛书,以元杜思敬《济生拔粹》为首创之作,明清两代,则为数较多,举例如下。

1. 明代医学丛书

(1)《汪石山医书八种》。含元・戴起宗《脉诀刊误集解》二卷、附录二卷,汪机补订;《石山医案》三卷、附录一卷,汪机撰;元・滑寿编《读素问钞》四卷,汪机续注;《运气易览》三卷,汪机编;《针灸问对》三卷,汪机编;《外科理例》七卷,附方一卷,汪机编;《痘治理辨》一卷,附方一卷,汪机编;明・戴元礼撰《推求师意》二卷,汪机编。

以上八种,有五种为汪机自撰,余三种为汪氏订补编纂。

(2) 王肯堂《六科证治准绳》。含《杂证准绳》八卷、《类方准绳》八卷、《伤寒准绳》八卷、《疡医准绳》六卷、《幼科准绳》九卷、《女科准绳》五卷。

以上八种,皆王肯堂自撰。

(3) 万全《万密斋医学全书》。含《保命歌诀》三十五卷、《伤寒摘锦》二卷、《养生四要》五卷、《万氏女科》三卷、《幼科发挥》二卷、《片玉新书》五卷、《育婴秘诀》四卷、《痘疹心法》二十三卷、《片玉痘疹》十三卷、《广嗣纪要》十六卷。

以上十种,皆万全自撰。

2. 清代医学丛书

(1) 冯兆张《冯氏锦囊秘录》,含《内经纂要》二卷、《杂证大小合参》十四卷、《脉诀纂要》一卷、《女科精要》一卷、《外科精要》一卷、《药按》一卷、《痘疹全集》十五卷、《杂证痘疹药性主治合参》十二卷。

以上八种,皆冯氏自撰。

(2) 沈金鳌《沈氏尊生书》,含《杂病源流犀烛》三十卷、卷首二卷,《伤寒论纲目》十六卷,《幼科释谜》六卷,《妇科玉尺》六卷,《要药分剂》十卷。

以上五书，皆沈氏自撰。

(3) 黄丕烈《士礼居黄氏丛书》，该书主要为文史类丛书，其中亦收入少数医籍，即宋·庞安时《伤寒总病论》六卷，黄丕烈撰《札记》一卷。道光三年据宋本影刊。宋·洪遵《洪氏集验方》五卷，嘉庆二十四年据宋本影刊。

详黄丕烈氏为古籍收藏家与鉴赏家。其收载之书，均系善本。此清代鉴藏家所辑丛书中所收书籍之主要特点。

在明清两代，特别是清代，各种类型的丛书，包括综合性、专科性、多家、一家及全书之类，据《中医图书联合目录》著录，除去部分重复著录者外，总计亦有二百余种，亦可谓历代丛书数之最。

(二) 类书型医学文献

古医籍类书，由来已久。惜大都亡佚，今存世者甚少，仅如唐·王焘《外台秘要》及宋官修《重修政和经史证类备用本草》等，当属之类书型医书。其他有综合性类书，如唐·欧阳询等修《艺文类聚》、宋·李昉等修《太平御览》等，均程度不同地收有医学文献。在明清两代有关医学类书，主要有两种类型。

1. 医学类书

典型的医学类书，未有专著。属于类书性之医书，举例如下。

(1) 明·朱橚《普济方》。该书为明周定王朱橚撰，并命教授滕硕、长史刘醇同考论之。

全书原为一百六十八卷，《四库全书》本析为四百二十六卷。《四库全书总目》云："是书取古今方剂，汇辑成编……凡一千九百六十论，二千一百七十五类，七百七十八法，六万一千七百三十九方，二百三十九图。采摭繁富，编次详析。自古经方，无更赅备于是者。其书蒐集务广，颇不免重复牴牾，医家病其杂糅，罕能卒业。"

该书实属医方类书，除理论部分外，基本上是按病证分类，所收方剂大都于方名下标记书名。因而具有以下三个特点：第一，采摭医书广博；第二，按一定方式分类编排；第三，选取内容，按一定形式标记书名。根据以上三点，故该书基本属于类书性质。

(2) 明·李时珍《本草纲目》。该书基本上是仿照宋《重修政和经史政类备用本草》的编纂体例。

全书除"序例"及"百病主治"外，按药品分类。每药又按所设"释名"、"集解"、"修治"、"气味"、"主治"、"发明"、"附方"等项，将采摭历代诸家书中内容，分类编排于有关项内。所收内容，均首先标记姓名或书名。凡李氏自增之内容，则加"时珍"二字以别之。

从全书内容看，亦基本符合类书的条件。第一，取材广博，共参阅八百余种有关文献。第二，内容按类编选。第三，选材均标记姓名或书名，故亦基本属类书型本草著作。

(3) 明·徐春甫《古今医统大全》，该书就编辑体例而言，门类较全，子目层次较多，收书较广，达二百七十种之多，其收录内容，亦基本上是采摭诸书分类汇编而成。但由于有些论文，是自撰或是他撰，缺乏交代；有些方药，未有标明书名出典。故可谓一种不规范之类书。

2. 综合性类书中所收医书

明官修《永乐大典》。此为典型之综合性类书。该书系明永乐年间由解缙等奉敕编纂。

全书二万二千八百七十七卷,凡例、目录六十卷。收存历代重要典籍多达七八千种,约三亿七千万字。

明成祖朱棣为该书规定之编纂要求有云:“凡书契以来经史子集百家之书,至于天文、地志、阴阳、医卜、僧道、技艺之言,备辑为一书,毋厌浩繁。”详该书“凡例”又称:“凡天文、地理、人伦、国统、道德、政治、制度、名物,以至奇闻异见,庾辞逸事,悉皆随字收载。”足见其收书之广,资料之富,为古今中外罕见之巨籍。

该书以单字为目,以洪武正韵系字。每字下先注音、文,次录各韵书、字书所注反切、释义,再列该字楷、篆、隶、草各体,最后分类汇辑各书中与该字有关之天文、地理、人事、人物以及诗词典故、杂艺等各项记载。成段或全书采录文献,一字不改,甚为完整。

该书在清嘉庆时,已仅存一部,又因管理不善,已有所缺失,复因英法联军及八国联军入侵,京都被掠,该书部分毁于兵火,部分被列强掠走,个别有散落民间者。建国后,经多方收集,截至八十年代,仅得七百九十五卷,占全书总卷数不足百分之四。其中所收医书文献,已由萧源等六人辑出,共一百二十余万字,由人民卫生出版社于 1984 年出版,名曰《永乐大典医药集》。据此,亦可见其内容之一斑。

由于本书所收之书,皆明以前古籍,且均为宋、元及此前古本,并有相当一部分至清代已亡佚。故清代四库馆臣在修《四库全书》时,利用此书做了部分辑佚工作,已得古籍四五百种,其中含医书近二十种,可见其学术价值之重大。故此书被毁,实为我国文化事业之一大损失。

明清两代在医学文献方面,尚有许多成就,兹不复述。

结　　语

根据上述情况,足可证明,明清时代,由于医疗技术的不断进步,医药事业的不断加强,理论水平的不断提高,进一步促进了医学文献的全面发展。体现了医学总体水平,总是按自身的规律和客观条件等主客观因素,不断进化的历史辩证法。就该时期特点而言,主要有以下几个方面。

1. 经典医学著作的全面整理

明清两代古医籍的整理研究,虽然未能如宋代由官方组织的大规模的古籍整理,但从总的方面看,医学界对经典医学文献的整理研究,则有了新发展趋势,取得了一定的成就。主要体现于以下几点。

第一,对《素问》、《灵枢》的注释。如明代马莳注本及清代张志聪注本,均是继唐以后,对《内经》的全文注释,而明张介宾《类经》,则是继唐·杨上善《太素》之后,又一次对《内经》的全文类编注释。单注《素问》者如明吴崑《素问吴注》。其他节注本与摘要类编注本等甚多,均超出以往任何时代,反映了该时期医学界对《内经》一书的重视程度与对基础理论文献研究的进一步加强。

在诸多注本中,一则体现对经文的加深理解,同时也是对基础理论的充实与提高。

在经文注释方面,特别是在清代,由于受朴学的影响,借助于音韵学、训诂学、校勘学的基本知识与基本理论,对经文的训释、校勘与考证,均达到了前所未有的高度,不仅解决了一些经文中的难点与疑点，也纠正了一些前人注释的错误，为医经注释，开辟了一条新的途径，提示了一种新的思路和方法。但另一方面，明代整理古文献随意删改原文的陋习，在医经注释方面也有所反映。如吴崑之《素问吴注》一书，即为此例之典型。直至清代，此种做法，在某些注释本中，亦程度不同的有所反映。

第二，对《难经》的注释。有关《难经》的注释，在宋金元时期，已进入一全盛时期，并取得了丰硕的成果。而明清时期，则是在继承前人成就的基础上，继续有所发展，对增强《难经》的学术地位，发扬《难经》的学术思想，起到了积极的作用。

第三，对《伤寒论》、《金匮要略方论》的文献整理研究。《伤寒》、《金匮》二书，自宋臣校定本问世后，宋金元时期，在医学界引起了极大兴趣，但该时期的医家，多侧重于应用方面的研究，而从事于《伤寒论》文献整理研究者，唯金人成无已一家。对《金匮》一书的文献研究，则尚属空白。至明清时期，对《伤寒》、《金匮》的研究，则进入了全新时代。对《伤寒》的研究，呈多边型发展，包括对原文的注释，删改重编注释，摘要重编注释，类编注释，校订注释，类方类证，综合论述，经方应用等，内容广泛，形式多样，为《伤寒论》一书的研究，开辟了广阔的道路。

在该时期的《伤寒论》研究中，主要有以下特点：①从事于文献整理研究者，为数虽亦不少，但仍以侧重于应用者为多。②在文献整理方面，因宋本流传甚少，成注本流传较多，故诸多整理本，大都以成注本为祖本。唯清·王朴庄注本，取《千金翼》本为祖本。③在原文整理方面，受明代改书陋习影响亦较大，以为今存《伤寒论》本，皆王叔和重新编次之误，发起对王叔和之批判，方有执倡之，喻嘉言和之，对清人影响极大。故清代诸本少有不删改者，仅少数几家改动较少。④在《伤寒论》方的方解与应用方面，已不限于伤寒，开广泛的应用范围。⑤《医宗金鉴·伤寒心法要诀》对原文的校勘，虽不够全面，但亦为清代对该书校勘之少见者。总之，明清两代，对《伤寒论》的研究，虽有诸弊端，但取得的成就，亦颇可观。

对《金匮》一书文献研究，始于明赵一德，填补了该书文献整理酌历史空白。至清·周扬俊氏又为之“二注”，发《金匮》注释之端。后之注家，大致有二，一者全文注释，一者摘要注释。余者多以《金匮》之文，收录于临床医籍中。总之，《金匮》一书的文献研究，在该时期亦取得了较好的成就，为临床应用创造了条件。

2. 伤寒文献之繁衍与温病学文献之形成

“伤寒”作为一种疾病的门类，在今存文献中，早在隋唐医籍如《诸病源候论》及《外台秘要》中，均占有相当篇幅，惟不曾独立成编。在宋金元时期，伤寒类专科著作，顿为增加，就其内容而论，已不仅限于《伤寒论》所论诸病及所载诸方；实则为广义伤寒，并该诸多温热之病及后贤之方。至明清时期治伤寒之学者，文献续增。论述范围，一般为收录部分《伤寒论》有关内容，而更多者为前贤及时人对温热病之论，加之个人闻见所及，形成了广论伤寒病证治之文献。就其实质而言，乃是在《伤寒论》治疗热病方论基础上的发展；同时，亦为温病学著作形成的过渡之作。是学术发展的历史必然。此类著作，在明清时期，亦颇为多见，几可与《伤寒论》文献并行。

温病学文献的形成，兆端于明末，形成于清代。自明末吴又可《温疫论》问世之后，整个清代，有关温病及瘟疫类著作，相继形成，并且从理论方面提出了许多不同学说。如病因方面的六淫为病说与戾气(厉气)异气说;感传方面的自口鼻入说与自皮毛而入说;病机方面的新感发病说与伏邪发病说;辨证方面的卫气营血辨证与三焦辨证。如此等等,虽诸说并存,但对温病及瘟疫的发病机理的深入研究及文献著作的进一步完善,奠定了良好的基础。

随着温病与瘟疫著作的问世,结合当时诸多天行病的流传情况及医疗经验的总结,同时也形成了一批疫、痧、痘、疹等方面的专著。而且对诸多天行温热疫病的传染问题,也有了较明确的认识。特别是对痘疹的防治方法,即成为医家关注的问题,因而,遂有种痘著作的形成,为人痘接种的具体方法之最早文献记载,为痘疮防治,开创了新的途径。

总之,清代在这方面的著述,是饶有成就的,就文献的情况而论,形成了《伤寒论》文献、伤寒病文献与温病学文献三足鼎立的局面。与此同时,也出现了某些医家的所谓经方派与时方派之争,也是学术发展必经的历史进程。

3. 基础学科文献的新发展

在基础学科内,自六朝以来,逐渐分化为多种学科。明清两代,主要有以下几方面文献。

第一,藏象、骨度方面文献。凡此类文献,一方面继承了传统的内景学说与骨度学说,至清代中后期,则有些文献,开始纳入了西医解剖学方面内容。

第二,诊法方面文献。在明清以前,有关诊法方面的文献,重在论脉,专著亦颇多。而在明清时期之诊法著作,有两个突出的成就。一者四诊综论。此可以清·林之翰《四诊抉微》为代表,该书比较全面地论述了望、闻、问、切四诊的方法。一者舌诊法的全面发展。在明清以前,虽已有元代如《敖氏伤寒金镜录》及杜本《舌镜》等,但内容比较简单。至明代则继有多家舌诊专著,特别是清代,以叶天士《温热论》中之"论舌"为代表,其内容既广泛又具体,而且均系从实践中观察所得,甚合实用,充分体现了中医诊法的特点与优势。后来言"舌诊"者,多本于此,且继续有所发展。另一方面,医学界对"太素脉"的批判,也体现了对某些伪科学的否定,维护了中医诊法的科学体系。

第三,运气方面文献。运气学说,自宋代官方注重以来,至明清时期,特有较多专著问世。仅现存运气方面的专著,即有二十余种,另外,在其他医著中附论者,尚有多种。但亦有如张登《伤寒兼证析义·运气》一文中,持有异议,陈修园亦宗其意。尽管如此,运气学说仍不失其重要意义。

4. 临床各科文献的创新与发展

明清时期临床医学文献,是在继承隋唐医方书及宋金元各派医学文献的基础上,结合当代医学实践,创造性地发展了一批更富有时代特色、更切合实用的著作,并且逐步由多学科医书向专科性医著转变。其主要成就,可体现于以下几个方面。

第一,综合性临床医学文献。由于古代医者,除在官设医署服务之医官,有分科从医者外,大都为个人业医。其诊疗范围既广,病种科别犹多,故专擅某科或从一科应诊者,固有其人。然大多数医者,皆能兼治多科疾病。故反映在医学著作方面。即根据个人所知,成多学科综合性医著,亦或结合个人心得,兼收基础理论方面内容。亦或为学医习用,将基础理论与临床各科内容全收。

第二,专科性医学文献。专科性医学文献,在明清两代,大致言之,除前朝已有而相继发展者外;诸多前朝未有者,该时期亦相继形成。如:杂病一类,逐步由广论多科杂病,而局限于内科杂病,有的迳以"内科"为名。外科一类,逐步将"伤科"分出,独立成编。并且有些小科如口齿、眼耳鼻喉等,均有专著问世。儿科一类,特有痘疹之病,有大量专著形成。妇科一类,则有综合性妇科、妇产、产科及种子等诸多类专著。

在诸多临床医著中,犹各具特色,如杂病诸书中,明人之作,远取唐宋诸家,近取金元之说者居多。而清代诸家,于法于方,另有诸多新的建树。外科诸书,《外科正宗》一书,于传统之治法,可谓详备,而清·王洪绪编《外科证治全生集》,于治阴疽用阳和汤、小金丹等,亦别得心传。其他诸科著作,亦皆有短长,学者自当互参。

总之,明清两代临床医学文献,在继承前人的基础上,在学科建设、学术思想及方药创新等方面,均具有新的进展。

5. 本草学的新成就

本草学自宋代官修本草《重修政和经史政类备用本草》颁行后,虽可以为是本草学的重大成就。然其后历经南宋金元至明,又有诸多(至少十余种)新的本草文献问世。象征着本草学又有所发展。在明清时,主要表现了三个方面。

第一,大型本草书《本草纲目》的著成。该书仍仿《政类本草》体例,但经李时珍查阅诸多文献,亲自走访调查,一则纠正了《政类本草》中讹误之处,一则补充了新的药物。使本草品味达一千八百余种,后又有清·赵学敏《本草纲目拾遗》为之补遗,使本草品味增至二千八百余种。为我国历史上本草学发展新的里程碑。

第二,备用型本草。由于《本草纲目》卷帙浩繁,检索不便,故清代有汪昂《本草备要》之作,及后来吴仪洛《本草从新》之修订本,为临床备用本草,提供了佳本,对后世影响较大。

第三,彩绘类本草。明修彩绘类本草二种,制作精善,绘图精美,为历来中医绘图类文献之最,有重要的学术价值。

第四,其他如对《神农本草经》之辑佚与注释,本草理论性著作,本草专题性著作及多科专著等,均超过了前朝。

6. 方剂学的创建

医方的创立,源于先秦,而医方书的编纂由来亦久,如隋唐及北宋,均有大型医方问世。明清时期,则有两个突出的成就。

第一,《普济方》一书,为现存古籍中收方最多之医方书。由于该书以类书体编纂,其中所收方书,有诸多后来散佚之书,故并具重要文献学价值。

第二,方剂学之创建。方书著作,历来虽多,但从现存文献可见,在清以前,均以病候类分,是作为疾病治疗的组成部分,而未能从医方自身的规律进行类分。清代《医方集解》与《成方切用》二书的编纂,则是打破医方附属于疾病的传统模式,基本上是以功效类分,将医方分为若干剂类,并增加以组方原则之理论性内容,形成了一种新的类方构架,揭示了方剂的自身规律,使医方问题向方剂的理论高度发展。从而说明方剂学的初步形成,为后来方剂学的完善奠定了基础。

7. 针灸学的新成就

针灸学在明清时期,主要有以下几个方面的成就。

第一,“子午流注”与“灵龟八法”的继承与发扬。详“子午流注”之法,或兆端于宋人,金元时代,多秘而不宣,明·徐凤《针灸大全》,始详述其法,后遂得传。又该书卷四载“窦文真公八法流注”所言“飞腾八法”,即“灵龟八法”也。亦自此而公之于世。

第二,针刺手法之专论。详针刺手法,原在《素问》与《灵枢》中有多篇论及。而后世专论手法者,亦当以《针灸大全》卷五“梓岐风谷飞经撮要金针赋”为是。据徐氏序云,该法亦得之东隐先生与彭九思二先生,详二公亦或元明间人。此赋中详论诸针刺手法,亦为对后世影响较大者。

第三,针灸文献之汇集。明·杨继洲《针灸大成》一书,可谓之述而不作。然其汇集历代针灸重要文献之功,嘉惠于后学甚多,特别是收录历代针灸歌赋,进一步发扬“子午流注”及“灵龟八法”等,皆有功于后世。

第四,针灸学科自身若干专题性著作的问世。随着针灸学术的深入研究,针灸著作已不限于综合性文献,而逐步分化为多科性如经络、腧穴、艾灸及“子午流注”、“太乙神针”等专题著作。

8. 推拿医著之新作

推拿,古犹称“按摩”,亦导引之术。早在《汉书·艺文志》方技略神仙类,即著录有《黄帝岐伯按摩》十卷。其后大都归于“道家”,如《抱朴子内篇·遐览》引道家书目内,有《按摩经》、《通志·艺文略·道家》著录亦有《按摩要法》等书,盖皆主要为养生导引之用。至于按摩以医疗为主者,在今存古籍中,皆明清两代旧作。

凡此推拿类医著,不仅广泛用于临床治疗有较好的效果,而且在理论上,如肢体部位与脏腑的关系等,亦有其自身的学术体系。故明清两代对继承与发展推拿学术,建设推拿文献具有重要历史贡献。

9. 类书与丛书的编纂

作为类书与丛书型古籍,虽则前朝已有,但真正的类书与丛书性著作,则以明清时代较为显著。

第一,类书。类书是以多种图书资料,按一定方式分类汇编,以供检索之用的书籍。作为分类汇编之书籍,在晋代有《脉经》、《甲乙经》等,皆属于此。但由于分类较粗,形式简单,尚难起到类书的作用,唐《外台秘要》的编纂体例,则大有改进。宋代编纂类书之风甚盛,如《圣惠方》、《圣济总录》等,虽近于是,但录用资料,出典不详,亦非佳作。明清时期,如《本草纲目》、《普济方》等,从其体例方面看,近为专科性类书。而真正的类书,则是明代之《永乐大典》与清代之《图书集成》,所收医学内容,则是典型的类书。

第二,丛书。丛书是汇集多种重要著作,依一定的原则、体例编辑的书。丛书之名,虽早见于唐代,但后世称谓并不尽同,故又有“合刻”、“全书”、“全集”、“丛刊”、“丛刻”等名。作为中医书之丛书,首见于元代杜思敬《济生拔粹》,该书共收十九种,皆金元时人著作,故亦可谓断代性丛书。明清为编纂丛书之全盛时期,除诸多综合性丛书中收有医籍外,中医学专业丛书也大量形成。

就中医学这一大科别而论。有综合性丛书,包括历史大跨度及多科别书,如明·王肯堂《古今医统正脉全书》,收书上自《素问》、《灵枢》,下至明代早期医著。有专人性丛书,如明·张介宾《景岳全书》、清·张志聪《南雅堂医书全集》等。有专科性丛书，如清·吴金寿《三家医案合刻》，含叶桂、缪遵义、薛雪三家医案；又清·朱之榛《保赤汇编》，含宋代及清代七家儿科著作。

另外，在清代后期，石印书倡行之后，有诸多出版家，随意将多种书合印，或以一家命名，或另为别名，则纯系商业牟利之作，选本欠佳，亦无原则，非出于名家之手。

10. 宋明理学对医学之影响

宋明理学，乃指北宋及明代儒家邵雍、周敦颐、程颢、程颐、朱熹与陆九渊、王守仁诸家的一种哲学思想体系，本据《周易·系辞传》所云"易有太极，是生两仪。两仪生四象，四象生八卦。八卦定吉凶，吉凶生大业"等语，一方面继承了阴阳变化、"一分为二"等朴素的辩证法思想，同时，又多阐释义理，兼谈性命为主。把"理"认定为居于"气"之先的至高无上的地位，而建立起来的唯心主义思想体系。这种思想在医学文献中的反映，主要有两个方面。

第一，有些医家在有关理论阐发文章中，深受宋明理学的影响。如张介宾《类经图翼》"太极图论"与"阴阳体象"二文，较多地引用了邵雍、朱熹等之论说。如引朱子云"夫太极者，理而已矣"，"象数未形理已具"，"未有天地之先，毕竟先有此理"等。充分体现理学的基本观点。而张氏折服于朱子之说，正说明其受理学影响较大。

第二，"医易"著作的问世。详医家之论《易》，由来已久。本以《易》中诸多哲理，具有丰富的辩证法思想，与医家之"阴阳"学说，亦颇相通。故学虽二致，理则一贯。明清时期，特有"医易"之书问世。其中对某些医学辩证法思想方面理论阐发，自然是有益的。但有些受宋明理学思想影响者，亦十分明显。如唐宗海《医易通说·太极》一文中，除引用周濂溪（即周敦颐）语外，该文最末一段云："太极者，肇造天地人物之真宰也。耶稣天主，尊崇造化主，虚奉其名，不知其实……不知圣人言太极，则真是造化主。如何肇造，如何神妙，皆有变化生成之实据，不徒托诸空谈，易其至矣乎。"从该文看，虽亦言及"变化生成"，但这种"变化生成"，仍有一个"真宰"，这就是"太极"。从而，无形之中，已把"太极"奉之为造物主。此其受理学之影响，已不言而喻。

11. 中西医学的关系

从明末以来，特别是清代中后期，随着东西洋文化之进入中国，西医文献亦有较多译著本，在国内流传。在西医学之流传期间，亦产生了不同的影响。

第一，随着西医文献的传入，和我国出国人员的学习，对我国西医人员的培养和西医技术的传播与应用，无疑是起到了积极的作用。

第二，对部分中医人员，通过部分西医知识的学习，试图进行"中西汇通"或"中西汇参"工作的创举，其精神是可取的。但由于在当时条件下和中西医学术体系的不同，这种仅用对号的方式或形式的汇通之类著作，今日看来，其历史的局限性，亦颇明显。

第三，有些泰西医者，由于对中医学不了解与不认识其学术体系的科学价值，而妄加的批评与曲解，甚至于否定，则造成了很坏的影响。此实歧视与排斥中医兆端之所出。

以上为明清医学文献的大致情况。

第三章　中医古籍的书名与篇名

书名与篇名的使用,有一个历史发展的过程。一般地讲,是从无名到有名,从单篇到多篇,从简单到复杂。它本身亦可体现学术的形成与发展,认识的深化与提高。现分别加以说明。

第一节　书　　名

书名是一本书的总称,又名大题,大名。书名的使用和形成,有一历史的发展和演变过程。中医现存古籍,由于历史的跨度较长,书名情况亦复杂多样,现就有关问题,分别加以简介。

一、有书无名

近人余嘉锡先生《古书通例·古书书名之研究》云:"古书之命名,多后人所追题,不皆出于作者之手,故惟官书及不知其学之所自出者,乃别为之名。其他多以人名书。"余氏所论,虽以文史等类古书为例,然医学之古著,亦不外乎此。这从近些年出土诸汉代或汉以前简书或帛书医书来看,亦可得到证明。如曾参加过长沙马王堆出土古医书整理的马继兴研究员,在其《马王堆古医书考释》第一篇中亦云:"三号墓的帛(简)古书出土后,除大部分基本完整外,还有不少残断碎片夹杂其间,其中可以辨认出的古书原文估计有十三万字,主要包括古本《周易》、古本《老子》,以及有关历史、地理、军事、哲学、天文、占卜和医药等方面的著作。而属于医药方技的专书可以辨认出的字数约有两万三千余字,占全部出土帛(简)书的六分之一左右。这些医药方技古书分别属于十四种著作及其一种别本。它们除个别著作外,大多均未题书名,也没有序跋及作者姓名。各书互有不同的编写体例和独立的内容,基本上首尾齐全……这些医书经马王堆帛书小组研究,分别根据原书的主题或其中关键性文字拟定了书名,即:《足臂十一脉灸经》、《阴阳十一脉灸经》(又有两种不同的抄本,分别称之为甲本和乙本)、《脉法》、《阴阳脉死候》、《五十二病方》(附卷末佚文)、《养生方》、《杂疗方》、《胎产书》、《却谷食气》(以上九种为帛书),《导引图》(以上一种系帛画),《十问》、《合阴阳》、《杂禁方》、《天下至道谈》(以上四种均为简书)。"根据以上介绍,尽可说明,这些古医籍,原来大都不具书名。尽管后来在湖北张家山出土的汉简古医籍中,有《脉书》、《引书》之名,其中《脉书》的大部分内容,与马王堆帛书《阴阳十一脉灸经》基本相同,但其在文字方面,仍有些明显的差别,如足太阳脉一条,《阴阳十一脉灸经》云"钜阳脉潼外踝娄中",而《脉书》则作"钜阳之脉,系于踵外踝中"(按原假借字,此用今通行之本字)。且《脉书》在十一脉之前后,均另有言病言脉等内容若干字,根据这一情况,似可认为,此书复经另人抄录时,除作个别文字的修改外，又综合了其他方面内容，故署曰《脉书》。因此，《脉书》之有名，亦不能以此推断马王堆古医籍原亦有名。又如安徽阜阳出土之古籍《万物》一书，其中记载了许多药物及功效，原亦无书名，是整理小组根据该书第一简"万物之本不可不察也"文，取其"万物"二字，定名曰《万物》。在古医籍中，这种情况，应是比较普遍的。

二、篇名即书名

《古书通例·古书书名研究》云："古书多摘首句二字以题篇，书只一篇者，即以篇名为书名。"余氏所云，在文史诸古籍中，这种情况，是大量存在的。而在古医籍中，有的则是以书文之主题而命名。如上引《引书》，乃是因书文全是言导引之术，其大多条目首文（类似小标题），皆用"引"字，如"引肩痛"、"引瘛"、"引辟"、"引喉痹"、"引鼽"、"引口痛"等。因取"引"字为书名。以书中别无篇名，故篇名亦即书名。

又古书多单篇别行，综合多篇而成为一书者，多为后人或门弟子之所为。故诸多古籍之篇名，亦即书名。如《史记·仓公传》，淳于意之师阳庆所授之所谓"禁书"，如《脉书》、《五色论》、《奇咳术》、《揆度》、《阴阳》、《外变》、《药论》、《石神》、《接阴阳》等，似皆单篇别行者。似此等书名，在今存《素问》、《灵枢》中，亦可见其称引之文，如《素问·病能论》云："《上经》者，言气之通天也；《下经》者，言病之变化也；《金匮》者，决死生也；《揆度》者，切度之也；《奇恒》者，言奇病也。所谓奇者，使奇病不得以四时死也；恒者，得以四时死也。所谓揆者，方切求之也，言切求其脉理也；度者，得其病处，以四时度之也。"此段引文，不仅有书名，而且并说明了该书的内容梗概。一则可证明诸此著作，大概为同一时期之作品，甚至有的或即是同一本书，如《阴阳》、《上经》、《下经》、《揆度》等；二则可证该书内容，大多为单项，故其书名，亦即篇名。

三、书名用语类别

古医籍之有名，从单篇别行篇名即书名始，固可追溯到先秦时期，而书名用语则含多种义项，书名与篇名并具，且名称结构由简单到复杂，也有一个历史发展的过程。大概先秦时期，名称多简单，汉以后书，名称逐渐复杂化，大多由两三个义项，个别书名有义项更多者。以下就古医籍书名用语义项类别，举例说明。

1. 迳用"医"字命名

医是医学这一大学科体系的总称谓，故诸多医籍，皆迳取用之。其相应组合语词又有医学、医林、医门、医家、医宗等，义皆同。如：

医：如宋·张杲辑《医说》、明·李濂撰《医史》、清·程文囿撰《医述》等。

医学：如明·张三锡撰《医学六要》、明·虞抟撰《医学正传》、明·缪希雍撰《医学传心》等。

医林：如清·骆登高撰《医林一致》、清·王琦辑《医林指月》、清·王清任撰《医林改错》等。

医门：如明·兰茂撰《医门挈要》、清·赵濂撰《医门补要》、清·刘鸿恩撰《医门八法》等。

医家：如清·高鼓峰撰《医家心法》、清·程曦等撰《医家四要》、清·陆志祖撰《医家金鉴》等。

医宗：如明·李中梓撰《医宗必读》、清·御纂《医宗金鉴》、清·蒋士吉撰《医宗说约》等。

中西医合名：如清·罗定昌《中西医粹》（一名《脏腑图说证治要言合璧》）、清·唐宗海《中西汇通医书五种》等。详是类名称之书，大多为清末人或在清末撰成者，因本系中医之书，而又参以西医之说者，故乃中西合名。

2. 以医学典故命名

即利用某一医学或与医学有关的典制、成例动员令或古代故事及有来历出处的词语命名。此乃泛指医学之典故，若具指各学科之典故，则详见各学科命名词语项。如：

（1）杏林。如清·张启倬《杏林碎锦》、日本·绪方惟胜《杏林内省录》、明·龚廷贤《种杏仙方》、清·宋钧衡《杏苑丛谭》等。

详《神仙传·董奉》云："奉，居山不种田，日为人治病，亦不取钱，重病愈者，使栽杏五株，轻者一株。如此数年，得十万余株，郁然成林。"后世遂以杏林为医学或医术之誉称。杏苑与杏林义同。

（2）橘井。如明·王章祖《橘井元珠》。

详《神仙传·苏仙公》云，苏仙公得道仙去时，谓其母曰："明年天下疾疫，庭中井水，簷边橘树，可以代养。井水一升，橘叶一枚，可疗一人。"翌年果疫疾，远近求治者悉活。后遂以"橘井"为良药之典。

（3）青囊。如明·邵以正辑《青囊杂纂》、清·赵濂《青囊秘效方》等。

详青囊亦古代医家书囊也。如唐·刘禹锡《闲坐忆乐天以诗问酒熟未》："案头开缥帙，肘后检青囊。唯有达生理，应无治老方。"后遂以青囊喻医书。

（4）仁术、仁寿。如明·张洁《仁术便览》、清·王孟英《王氏医案续编》（又名《仁术志》）。或单取"仁"字者，如清·孟葑《仁寿镜》、清·徐谦《仁端录痘疹玄珠》。

详《孟子·梁惠王上》："无伤也，是乃仁术也。"孟子所谓"仁"，本于孔子"爱人"之说。后世遂以医术比之仁术。又《论语·雍也》："知者乐，仁者寿。"《汉书·董仲舒传》："尧舜行德则民仁寿。"此故以仁寿比之医术。

（5）折肱。如明·吴承昊《折肱漫录》。

详《左传·定公三十年》："三折肱知为良医。"《楚辞·九章》："九折臂而成医兮，吾至今乃知其信然。"朱熹集注："人九折臂，更历方药，乃成良医，故吾于今，乃知作忠造怨之语，为诚然也。《左传》曰：三折肱为良医。亦此意也。"后遂以"三折肱"、"九折臂"以喻良医。

（6）上池、窥垣。如明·冯时可《上池杂说》、清·黄凯钧《上池涓滴》、日本·西川瑚《上池秘录》等。清·陈养晦《伤寒五法》附《伤寒论》，康熙六年刊本又名《窥垣秘术》。

详《史记·扁鹊传》：扁鹊少时为人舍长，舍客长桑君，常谨遇之，"出入十余年，乃呼扁鹊私坐，间与语曰：我有禁方，年老，欲传与公，公毋泄。扁鹊曰：敬诺。乃出其怀中药予扁鹊。饮是，以上池之水三十日，当知物矣……扁鹊以其言，饮药三十日，视见垣一方人。以此视病，尽见五脏症结，特以诊脉为名耳。"后遂以"上池"、"窥垣"以喻医术高明。

(7) 和缓。如清·全子久《和缓医风》。

详医和、医缓，为春秋时秦国两名医，后人常并称之为“和缓”。如晋·挚虞《疾愈赋》：“讲和缓之余论，寻越人之遗方。”故以和缓喻良医。

(8) 理瀹。如清·吴师机撰《外治医说》，后改名《理瀹骈文》，其自跋云：“《外治医说》刊既成，时贤皆云不甚解。其欲得吾之说者，则取其方而已。予知说之不行也，而要未肯遂弃。爰改名骈文，借《子华子》‘医者理也，药者瀹也’之句，摘理瀹二字以题其篇。”

详《子华子·北宫意问》云：“子华子居于北苓，北宫意公仲承侍，纵言而及于医。子华曰：医者理也，理者意也。药者瀹也，瀹者养也。”此“理瀹”二字取名之所本。

(9) 壶。如《宋史·艺文志》著录有韦宙《玉壶备急方》、清·杨风庭《一壶天》。清·李晴川《痘疹壶中天》。

详《后汉书·方术传·费长房》：“费长房者，汝南人也，曾为市掾，市中有老翁，悬一壶于肆头，及市罢，辄跳入壶中，市人莫之见，唯长房于楼上覩之，异焉，因往再拜，奉酒脯。翁知长房之意其神也，谓之曰：子明日可更来。长房旦日复诣翁，乃与俱入壶中。见玉堂严丽，旨酒甘肴，盈衍其中，共饮毕而出。”后随翁去，学仙未竟，“遂能医疗众病，鞭笞百鬼”。唐·陈子昂《感遇》诗：“曷见玄真子，观世玉壶中。”后世称行医曰“悬壶”，此用“玉壶”、“一壶”、“壶中”者，皆本于此。

(10) 春脚。如清·孟文瑞《春脚集》。

详五代王仁《开元天宝遗事·有脚阳春》：“宋璟爱民恤物，朝野归美，时人咸谓璟为有脚阳春。言所至之处，如阳春煦物也。”此以医者喻以有脚之春，可予病者以春阳也。

(11) 紫珍。如原题燕山窦氏《喉症全科紫珍集》。

详《异闻录》：“王度有古镜，常令张龙驹持照病者，其夜镜子匣中，冷然自鸣。明早，龙驹来谓度曰：龙驹昨忽梦一人，龙头蛇身，朱冠紫眼，谓龙驹：我即镜精也，名曰紫珍，为我谢王公百姓，有罪天与之疾，当渐愈，无为我苦。”此取名“紫珍”之所本也。

(12) 珠尘。如清·吴省三辑《艺海珠尘》。

详晋·王嘉《拾遗记·虞舜》：“(凭霄雀)常游丹海之际，时来苍梧之野，衔青砂珠，积成垄阜，名曰珠丘。其珠轻细，风吹如尘起，名曰珠尘……仙人方迴《游南岳七言赞》曰：珠尘圆洁轻且明，有道服者得长生。”是“珠尘”者，轻细如尘的青砂珠，为传说中仙药，服之可长生。该书乃辑《苏沈良方》、《一草亭眼科》、《大藏治病药》三书而成。义指三书之方，皆仙药也。

3. 以基础理论学科词语命名

此类医著，包括藏象、形体、本草、医方、病因、病机、诊法、治则、运气、预防等。

(1) 以藏象命名。如《隋书·经籍志》著录有佚名氏《五脏决》、《五脏论》，敦煌古医书有《明堂五脏论》、《张仲景五脏论》，清·尤乘《脏腑性鉴》、清·翁藻《脏腑总论》等。

又原题华佗《内照法》、清·徐延祚《医意内景图说》等，所言“内”，亦内脏之义。

(2) 以形体命名。如明·王思义《身体图会》、明·宁一玉《析骨分经》、清·沈彤《释骨》、清·翁藻《骨度名位》等。

(3) 以本草命名。本草又称“药”，此类书之命名，包括药品炮制等。如《神农本草经》、唐·苏敬等《新修本草》、宋·寇宗奭《本草衍义》、明·李时珍《本草纲目》等。唐·梅彪编

《石药尔雅》、明・肖京撰《药性微蕴》、明・贾所学撰《药品化义》等。南朝宋・雷敩撰《雷公炮炙论》、明・缪希雍撰《炮炙大法》等。

(4) 以医方命名。医方者,论述医方之主治、组合、加减、禁忌、煎服法及方义等。如明・许宏《金镜内台方议》、清・王晋三《古方选注》、清・汪昂《医方集解》等。

(5) 以病因命名。如隋・巢元方《诸病源候论》、宋・陈言《三因极一病证方论》、日本・小森桃坞《病因精义》等。

(6) 以病机命名。如明・刘全备《注解病机赋》、明・张三锡《病机部》、清・徐纫策《病机策》等。

(7) 以诊法命名。诊法包括望闻问切多种诊法。如清・林之翰《四诊抉微》、清・郭治撰《望问闻三诊》、原题王叔和撰《脉诀》、清・张登撰《伤寒舌鉴》、清・连自华撰《望诊》、清・周学海《形色外诊简摩》等。

(8) 以运气命名。如旧题唐・王冰《素问六气玄珠秘语》、宋・刘温舒《运气论奥》、明・汪机《运气易览》等。

(9) 以预防命名。如《宋史・艺文志》著录有《治未病方》。详治未病,源于《素问・四气调神大论》所谓"是故圣人不治已病治未病,不治已乱治未乱"之义。又清・马印麟《预防瘟疮论》。

4. 以科类命名

以科别、类别命名,首先应了解古代医学分科的情况。古代医学分科,在《周礼・天官》中已有记载,有食医、疾医、疡医、兽医之分。在《旧唐书・百官志》则有医师、针师、按摩师、咒禁之分,《新唐书・百官志》又有体疗、疮肿、少小、耳目口齿、角法之分。宋代据宋程迥《医经正本书》载,太医局设九科,即大方脉、风科、小方脉、眼科、疮肿兼折伤、产科、口齿兼咽喉、针兼灸科、金镞兼书禁科等。元代医学考试分十三科,即大方脉、杂医科、小方脉、风科、产科、眼科、口齿科、咽喉科、正骨科、金疮肿科、针灸科、祝由科、禁科等。明代亦分十三科,与元代略有不同,即大方脉、伤寒、妇人、小方脉、口齿、咽喉、眼科、疮肿、接骨、金镞、针灸、按摩、祝由等。清代初期设十一科,即大方脉、伤寒、妇人、小方脉、痘疹、口齿、咽喉、眼科、疮疡、正骨、针灸等,后逐渐合并,至清末,仅有大方脉、小方脉、口齿咽喉、眼、外科等五科。

这种分科的类别,主要是根据为皇家及国家机构上层人物服务需要的国家医疗机构、及医学教育及医学考试所设置。然而在地方及广大基层,并无此类医疗机构及医学教育机构,按专科分工和专科培养。在广大基层服务的医生,则是根据人民群众疾苦的需要,去学习和掌握医疗技术,故大多数医生,均掌握多学术技术。就培养人才的模式而言,从学校培养的是极少数,而大多数医生,则是通过师徒相授、世代相传及个人自学等方式,其模式亦是根据基层医疗工作需要来确定。因而,在我国古代的医生,除少数人从事专科医疗工作,而大多数则为多学科型。

从中医理论体系看,在治疗方面,充分体现了整体观念、辨证施治、同病异治、异病同治等特点。因而对各科疾病的治疗,除了某些具有特殊性的病变和特别医疗技术如正骨、金刃外伤等技术操作难度较大的差异之外,在辨证、遣方、用药等方面,共性之处颇多。故医者比较容易掌握多学科一般治疗方法。

古代医事，虽有一定分科，但亦不十分严格，有些学科的界限，特别如大方脉及外科等，包含内容并不稳定，而且与今日所言内、外科亦不尽同。另方面，有些著作，亦非尽按科别编纂，因而虽不为科，实具其类者，所在亦多。

古医籍除少数出于文人之手外，大都出于医家之作。作者必根据自己掌握的知识范围，进行撰著，且有些医家文化修养很高。除反映文章的风采外，在科别著作命名词语方面，亦常喜欢用典。

鉴于上述情况，反映在医学应用学科方面诸多著作中，具有以下特点：①除官方编纂的大型综合性医书如宋代之《太平圣惠方》及《圣济总录》外，个人编纂之多学科医著亦颇多；②以一科为主兼有别科内容，惟有详略之别；③专科著作内容涉及范围，诸书间亦颇有差异；④专科著作命名，在体现科别词语方面，有些学科比较明显，如小儿、妇产、针灸、按摩及耳、目、齿喉等；而有些学科特别如大方脉科，命名词语极为复杂多样；⑤有些著作命名，取用与学科有关的典故；⑥医籍内容，不尽为科别所限，然有其类例可循。

根据上述特点，对临证方面古医籍，有时很难从书名上能对科别有所反映。现仅就书名用语反映的情况加以说明。

（1）多学科著作，或以某科为主之命名。

以“杂病”命名。如汉·张仲景原著名《伤寒杂病论》，原书早佚，今存《金匮要略方论》一书，应为其原“杂病”部分。今存本，当以内科为主，而又有妇人、疮痈及杂疗方等，以疮痈内容为少。

又清·沈金鳌《杂病源流犀烛》，其内容亦以内科为主，兼及温热疫疹、耳目口齿鼻咽、疮疡瘰疬等。

是此二书，虽皆为杂病，而实则兼多学科内容。

（2）内科。内科类著作，最为多见，其命名用语，亦较复杂。今举其要者如下：

1）以“杂病”或“杂证”命名。如明·王肯堂《杂病证治准绳》，卷一为诸中门、诸伤门、寒热门；卷二为诸气门、卷三为诸呕逆门、诸血门；卷四为诸痛门、痿痹门；卷五为诸风门、神志门、杂门；卷六为大小腑门；卷七、卷八为七窍门。基本属于内科杂病门类。又如明·薛己《内科摘要》、清御纂《医宗金鉴·杂病心法要诀》、日本·丹波元坚《杂病广要》等。均属此类著作。

明·张介宾《景岳全书·杂证谟》、清·程文囿《杂证汇参》等，亦基本上为内科杂证。

2）以“方”命名。如唐·孙思邈《备急千金要方》，其内容包括妇人病、少小婴孺病、目鼻口舌唇病、齿喉耳面病、伤寒、脏腑病、疔肿痈疽、痔漏、解毒并杂治、备急、食治、平脉、明堂等。皆反映其多学科内容。

又宋·许叔微《普济本事方》，其内容除内科杂病外，又有肠风泻血痔漏脏毒、眼目头面口齿鼻舌唇耳、金疮痈疽打扑诸疮破伤风、伤寒时疫、妇人诸疾、小儿病等。

3）以“证治”等命名。如元·朱震亨《脉因证治》，清·秦昌遇《症因脉治》等，大都为内科疾病。但“证治”二字，亦非内科所专用。有的书虽以内科为主，而亦兼有别科病证。如明·戴元礼《秘传证治要诀》，有诸中门、诸伤门、诸气门、诸血门、诸痛门、诸嗽门、寒热门、大小腑门、虚损门、拾遗门等，均为内科杂证，另有疮毒门、妇人门，则属别科。

4）以“内科”命名。如明·薛己《内科摘要》，又名《薛氏内科撮要》、《薛氏医录》。明·佚名氏《内科正宗》，清·文晟《内科摘录》等。详“内科”之名，虽自明人开始使用，但在清代并未被广泛使用，诸多内科方面著作，仍多沿用旧制。

由于内科类书命名方式较多，且就内容所居的分量和地位看，历来均较别科为重。因此，在诸多应用学科著作中，有四种情况较为突出。凡不加别的学科名称者，大都为内科；或以内科为主，兼及别科少量内容；或标明内科著作，但亦兼及别科少量内容；或仅据书名，难以判断其科别。以上情况，较为复杂，兹不烦举。

(3) 外科。外科作为一个疾病系统，所包亦广。早在《周礼·天官》中有“疡医”者，即外科医也。《汉书·艺文志·方技》有《金创瘲瘛方》，金创，乃金刃创伤。又如筋骨损伤等，亦可包括于外科系统。故此类书名皆外科医著。另外尚有诸假托纪事者。现举诸要者如下。

1) 以外科命名。如宋·陈自明《外科精要》、元·齐德之《外科精义》、明有杨清叟《外科集验方》、赵宜真《外科方》、周文采《外科集验方》、薛己《外科心法》、汪机《外科理例》、王肯堂《外科准绳》、申拱宸《外科启玄》、陈实功《外科正宗》、龚居中《外科活人定本》、汪若谷《外科秘集》。清代名“外科”之书尤多，特别是官修《医宗金鉴》中外科，亦名《外科心法要诀》。由此，足证“外科”之名，自宋人提出后，很快便得到医家更多的运用，故以此命名者，不乏其书。

2) 以“疮疡”命名。如原题宋·窦汉卿《疮疡经验全书》、明·陈文汉《疮科选粹》、清·顾世澄《疡医大全》、清·高秉钧《疡医心得集》、日本·本间玄调《疡科秘录》等。详“疮疡”，本指痈疽类疾病，但作为以“疮疡”命名类著作，有些则不单指痈疽。如《疡医大全》一书，除诸部痈疽之外，又有脚气部、诸风部、癞癣部、幼科诸疮部、痘疹部、诸疮部、跌打部、急救部、蛇虎伤部、救急部、奇病部等。从而说明以“疮疡”命名，也是以小名代大名，寓有外科之义。

3) 以假托及纪事命名。如南朝齐·龚庆宣《刘涓子鬼遗方》，其自序中记刘涓子于晋末在丹阳遇黄父鬼得《痈疽方》事（详见“古医籍辨伪”章）。详刘涓子，晋末曾随刘裕征战，后覆晋称帝，为南朝宋武帝。是此序所记荒诞之事，定与刘裕称帝之事有关，故特纪此事并假托为名耳。

又清·陈士铎《洞天奥旨》，其自序中云：“康熙丁卯秋，遇岐伯天师于燕市，谭医者五阅月，凡脏腑经络，阴阳色脉，气血顺逆，邪正虚实，寒热异同，罔不尽言无隐，且遍传方术，试之多奇验。”后皆著述成编。“癸亥冬，再游燕市，所遇者，皆疮疡坏证……铎痛悯久之，因再著兹编，名曰《洞天奥旨》，谈医用药，无非本之洞天之传也。”详铎言燕市遇岐伯之事，经后人考证，当是于清末在燕遇名医兼主反清复明之傅山等，为避政治风险，故托以遇仙。岐伯，古传说黄帝时与之论医者。洞天，神仙居处也。

又清·佚名氏《华祖灰余集》。按华祖者，华佗也。详《后汉书·华佗传》，佗为汉末著名医家，尤擅外科，时为曹操治病，“去家思归，乃就操求还取方，因托妻疾，数期不反，操累书呼之，”终不肯至，操大怒，乃收付狱询，“临死，出一卷书与狱吏曰：此可以活人。吏畏法不敢受，佗亦不强，索火烧之。”此所以假托此事而取名。

其他有专论外科某病者如疔疮等，则皆取病名为名。

(4) 骨伤科。骨伤包括跌打或器物损伤筋骨及金创损伤筋骨等。金创指金属兵器或工具等创伤。

1) 以骨伤命名。以骨伤命名者，或曰正骨、或曰整骨、或曰正体、或曰伤科、或曰跌打损伤、或曰理伤,或曰接骨,或曰伤损等,均指筋骨损伤之病。如原题唐·蔺道人《仙授理伤续断秘方》、原题明·刘基(伯温)《刘伯温先生跌打损伤秘方》、明·薛己《正体类要》、清御纂《医宗金鉴·正骨心法要诀》、清·高锦庭《伤科心得集》、日本·各务文献《整骨新书》、清·徐瑛《接骨全书》、清·何德藻《伤损秘传》等。

2)以金创命名。如《汉书·艺文志·方技》著录有《金创瘲瘛方》、原题明·刘基(伯温)《金疮秘传禁方》、清·明德《金疮铁扇散》等。

(5)妇科。妇科包括妇科、产科、嗣育等。或曰妇科、或曰女科、或曰济阴、或曰宁坤;间有用典者。

1)以妇人命名。如《隋书·经籍志》著录有《张仲景疗妇人方》、《旧唐书·经籍志》,著录有《妇人方》、宋·陈自明《妇人大全良方》、宋·齐仲甫《女科百问》、明·万全《万氏妇科汇要》等。

2)以坤、阴命名。如:

宋·薛轩《坤元是保》、清·竹林寺僧《宁坤秘籍》(又名《竹林寺女科》)、清·刘逸《坤中之要》等。

详《周易·坤》:"象曰:至哉坤元,万物资生,乃顺承天。"又《周易·系辞上传》:"乾道成男,坤道成女。"此所以妇科称坤元或坤之所本。

又宋·薛古愚《薛氏济阴要语万全方》、明·武之望《济阴纲目》、清·刘常棐《济阴宝筏》等。

详女者阴也。盖以雌雄二性分阴阳,则雄性为阳,雌性为阴,故女子为阴。如《素问·阴阳应象大论》:"阴阳者,血气之男女也。"

3)以嗣育命名。嗣者,子嗣也。育,生育也。亦曰种子。如明·俞桥《广嗣要语》、明·袁黄《祈嗣真诠》、清·丁其誉《嗣育》、清·永福氏《求嗣指源》、清·赵冬郎《神效育子方》、清·张熙樵《生育辑要》、清·包诚《广生编》等。

又清·庄大椿《衍庆集》。详衍,孳生繁衍也。《管子·八观》:"荐草多衍,则六畜易繁也。"

4)以典故命名。如:

明·赵献可《邯郸遗稿》。详《史记·扁鹊仓公列传》言战国时名医秦越人,"为医或在齐,或在赵","过邯郸,闻贵妇人,即为带下医"。

又清·高斗魁《萃芳集》、清·魏祖清《树蕙编》。详芳,草香。蕙,香草。常用以喻洁美。《楚辞·离骚》:"昔三后之纯粹兮,固众芳之所在。"又"余既滋兰之九畹兮,又树蕙之百亩。"后世又常以芳、蕙等词以喻女子之洁美。

又清·佚名氏《红线女博识摘腴》。详红线,女侠名。据唐·袁郊《甘泽谣·红线》记,唐·潞州节度使薛嵩有侍女名红线,时魏博节度使田承嗣将并潞州,嵩忧闷无计。红线夜至魏郡,入田寝所,盗其床头金盒归,以示儆戒。嵩复遗书承嗣,并还金盒,事遂罢。红线亦去,不知所终。此故以"红线女"喻女科。

又明·姚言《螽斯集》。详螽斯,虫名。又《诗经·周南·螽斯序》:"螽斯,后妃子孙众多也。言若螽斯不妬忌,则子孙众多也。"后世用为多子之典。

又明·张介宾《宜麟策》、清·知新《育麟秘术》。麟,古传说为珍奇之兽。《晋书·顾和传》:"和二岁丧父,总角便有清操,族叔荣雅重之,曰:此吾家麒麟,兴吾宗者,必此人也。"又唐·杜甫《徐卿二字歌》:“君不见徐卿二子生绝奇……并是天上麒麟儿。”后以喻儿时聪颖者。故此言育麟、宜麟,皆用此典。

又清·吴云间《都春堂熊罴梦》。详《诗经·小雅·斯干》:“大人占之,维熊维罴,男子之祥。”唐·李群玉《哭小女痴儿》:“平生未省梦熊罴,稚女如花坠晓枝。”此多以喻生男之兆。

(6) 产科。产科多以产宝、胎产、达生、保生等命名。如:

唐·昝殷《经效产宝》、宋·李师圣《产育宝庆方》、元·朱震亨《产宝百问》、清·倪枝维《产宝》等。

宋·薛将仕《女科胎产问答要旨》、元·朱震亨《胎产秘书》、明·王肯堂《胎产证治》、清·阎纯玺《胎产心法》等。

明·褚胤昌《达生录》、清·亟斋居士《达生编》、清·余二田《达生保赤篇》、清·唐千顷《大生要旨》、清·王士达《济生集》等。

清·亟斋居士《保生篇》、清·柯炌《保产机要》、清·刘文华《保产金丹》等。

(7) 儿科。儿科又名幼科。儿科书古有颅或颅囟之称;后多以儿、幼、小、婴、赤等取名,间有用典者。

1) 以颅囟命名。汉·张仲景《伤寒论·序》言撰用之书有《胎胪药录》。余嘉锡《四库提要辨证》卷十二云:“《胎胪药录》者,妇人婴儿方书也。胎谓妇人胎脏,胪与颅皆从卢得声,古字通用,即颅囟也。”此说当是。

《太平御览》卷七百二十二“张仲景方序”,言“卫汛好医术,少师仲景”,撰有《小儿颅囟方》等,皆行世。又《隋书·经籍志》著录有《师巫颅囟经》、《卫汛颅囟经》。今存有清人自《永乐大典》辑本《颅囟经》。原序云,“夫颅囟者,谓天地阴阳化感颅囟,故受名也。”《四库全书总目》提要云:“其名颅囟者,殆因小儿初生,颅囟未合,证治各别,故取以名其书。”

2) 以儿、幼、小、婴、赤等命名。如:

《隋书·经籍志》著录有《小儿经》及《少小方》、宋·钱乙《小儿药证直诀》、明·张介宾《小儿则》、清·芝屿樵客《儿科醒》等。

宋·刘昉《幼幼新书》、元·曾世荣《活幼新书》、明·寇平《全幼心鉴》、明·万全《幼科发挥》等。

宋·郑樵《通志·艺文略》著录有孙会《婴孺方》、又佚名氏《婴孩病源论》、明·鲁伯嗣《婴童百问》、清·毓兰居士《保婴篇》等。

明·翁仲仁《保赤心法》、明·翟良《保赤类编》、清·任赞《保赤亲编》等。

3) 哑科。如清·叶其蓁《哑科指掌》。以婴幼儿语言未成熟,多不能自述,故曰哑科。

4) 用典。如明·沈惠《扁鹊游秦》、明·赵养葵《过秦新录》。

详《史记·扁鹊仓公列传》,言战国名医秦越人“来入咸阳,闻秦人爱小儿,即为小儿医。”上用“游秦”、“过秦”者,指此。

(8) 眼科。眼科多以眼、目、视、的等命名;间有用典者。

1) 眼、目。如《宋史·艺文志》著录有王守愚《小儿眼论》、宋·郑樵《通志·艺文略》著录有佚名氏《经验眼药方》及《眼论》。明·程玠《眼科应验良方》、明·邓苑《一草亭眼科全书》等。

又《旧唐书·经籍志》著录有佚名氏《疗目方》、清·邓学礼《目科正宗》及黄庭镜《目经大成》等。

2）视、的。如：明・傅仁宇《审视瑶函》。

宋・郑樵《通志・艺文略》著录有佚名氏《审的选要歌》及《审的眼药歌》。详的,《说文・日部》:“旳,明也。从日,勺声。”段玉裁注:“旳者,白之明也。故俗字作的。”《韩诗外传》卷一:“故人生而不具者五:目无见……三月微的,而后能见。”是的者,明也。

3）用典。如：

宋・郑樵《通志・艺文略》著录有佚名氏《龙树眼论》、明・葆光道人《眼科龙木论》等。详龙木,即龙树。木,避宋英宗赵曙嫌讳改树为木。龙树,印度古代高僧。传说释迦灭后七百年出世于南天竺,著作甚富,并传有医方。五代齐《谢贯上人寄示古风今体四轴》诗:“谩求龙树能医眼,休问图澄学洗肠。”亦示龙树有医病方。

又原题孙思邈《银海精微》、清・顾锡《银海指南》。

详银海者,目也。宋・苏轼《雪后书北台壁》诗:“冻合玉楼寒起粟,光摇银海眩生花。”宋庄委裕《鸡肋集》卷中:“东坡作《雪》诗……人多不晓‘玉楼’‘银海’事,惟王文正公(按即王安石)云:此见于道家,谓肩与目也。”

又清末详编者之《医苑》,收佚名氏《秘传离娄经》。详离娄,传说古之明目者。《孟子・离娄》焦循正义:“离娄者,古之明目者。黄帝时人也。黄帝亡其玄珠,使离朱索之,离朱即离娄也。”又详《庄子・骈拇》:“是故骈于明者……而离朱是已。”陆德明释文引司马彪曰:“离朱,黄帝时人,百步见秋毫之末。一云见千里针锋。《孟子》作离娄。”

又原题李药师撰《金镵秘论》。详金镵者,治眼病之具,亦名“金錍”。《涅槃经》卷八:“如目盲人为治目故,造诣良医,是时良医即以金錍决其眼膜。”《周书・张元传》:“其夜,见一老公,以金镵治其祖目。”

又焦竑《国史经籍志》著录胡大成《鸿飞集论》、又丹波元简《中国医籍考》著录《日华子鸿飞集论》一卷,题言曰:“昔有日华子,北齐雁门人也,幼年好游猎,忽一日同行数人,各执弓矢,出于雁门,岭南见征鸿数只飞过,坠于道傍,日华子又张弓而射之,群雁皆弃所舍庐,去书二卷,日华子收之,乃览其文,是昔时皇帝(按当是黄帝之误)岐伯问答眼证书,故曰《鸿飞集论》。”后如佚名氏之《飞鸿集眼科七十二证》、《眼科精彩鸿飞集》等,皆本于此。

(9) 口齿科。口齿科多直接以口齿命名,亦间有用典者。如《新唐书・艺文志》著录有邵英俊《口齿论》、《宋史・艺文志》著录有广陵正师《口齿论》等,明・薛己《口齿类要》。

又《新唐书・艺文志》著录有邵英俊《排玉集》、《宋史・艺文志》著录有《穿玉集》。详古时常形容洁白美丽的牙齿为玉齿。晋・郭璞《游仙诗》:“粲然启玉齿。”南朝梁,简文帝《七励》:“玉齿芙蓉,红妆绰约。”此喻齿之整洁如排玉、穿玉也。

又《普济方・口齿》引《口齿玉池论》,详玉池,口也。《黄庭外景经・上部经》:“玉池清水灌灵根”。务成子注;“口为玉池太和宫。”

(10) 喉科。喉科多以咽喉或喉科命名,间有用典者。如《宋史・艺文志》著录有《咽喉口齿论》,佚名氏《咽喉脉证通论》、清・尤乘《尤氏喉科》、清・许嗣灿《喉风论》等。

又清・郑梅涧《重楼玉钥》及郑瀚《重楼玉钥续编》。详《黄庭内景经・黄庭章》:“重堂焕焕明八威。”梁丘子注:“重堂,喉咙名也。一曰重楼,一曰重环。本经云:绛宫重楼十二级。绛宫心也。喉咙在心上,故曰重堂。”又若得章:“重中楼阁十二环。”梁丘子注:“谓喉咙十二环,相重在心上。心为绛宫,有象楼阁者也。”此取“重楼”为名之所本。

（11）寒、暑、温、疫、时病、感证等类。此类书皆外感病类之书，乃以此命名。

1）以寒命名。如汉·张仲景《伤寒杂病论》，散失后，经后人将伤寒部分析出，取名《伤寒论》。又如清·邹璜《寒疫论》、清·王光甸《寒疫合编》等。

2）以暑命名。如明·张鹤腾《伤暑全书》、清·王学渊《暑症指南》、清·徐鹤《伤暑论》等。

3）以温命名。如明·张介宾《温病证治歌括》、清·喻昌《温症朗照》、清·叶天士《温热论》、清·吴鞠通《温病条辨》等。

4）以疫命名。如明·吴又可《温疫论》、清·戴天章《温疫明辨》、清·刘奎《松峰说疫》、清·余霖《疫疹一得》等。

5）以时病命名。如邵登瀛《四时病机》、清·雷丰《时病论》、清·黄子俊《时症汇编》等。

6）以感证命名。如清·茅钟盈《感证集腋》、清·董废翁《西塘感证》、清·周岩《六气感证要义》等。

7）以六因为名者。如清·陆廷珍《六因条辨》、清·刘恒瑞《六淫直径》等；或以某一因为名者，如日本·后藤省《伤风约言》、清·张节《伤燥论》、清·薛雪《湿热条辨》。

8）以痧、翻命名者。如清·郭志邃《痧胀玉衡》、清·王凯《痧症全书》、清·王士雄《吊脚痧症》及《绞肠痧症》、清·龙宗树《七十二痧证仙方》等。详痧者，以身现瘀点如沙，故名痧病。其变端多怪证，因有七十二痧之名。

又清·佚名氏《绣像翻症》及《翻症图考》等。详翻之为名，早见于清·刘奎《松峰说疫》卷三杂疫，除诸瘟、痧、挣等名称外，又列翻证八，即狼掐翻、蚰蜒翻、椅子翻、扁担翻、王瓜翻、白眼翻、逶脐翻、疙瘩翻等。又清·李守先《针灸易学》，民国间上海石印本增卷下列诸翻证七十四名，又民国间保定晓钟书局石印本《七十二翻》，似此等内容，亦当出之于清末人之手。观诸名称，皆俗陋不雅，疑原出之民间，对诸多怪证之称。又详痧有七十二证，而翻又有七十二或七十四名，则亦当为同类也。

详外感诸书，命名亦颇多，大多见名而知其义，兹不烦举。

（12）针灸科。针灸科命名，要者有三，一曰针灸；一曰明堂；一曰虾蟆。

1）以针灸命名。如《灵枢经》，古亦名《针经》、《隋书·经籍志》著录有佚名氏《玉匮真经》、金·窦杰《针经指南》等。《旧唐书·经籍志》著录有《灸经》、《新唐书·艺文志》著录有岐伯《灸经》及雷氏《灸经》，宋·庄绰《灸膏肓俞穴法》。

又晋·皇甫谧《针灸甲乙经》、《隋书·经籍志》著录有徐叔响《针灸要钞》、宋·王执中《针灸资生经》、明·杨继洲《针灸大成》等。

2）以明堂命名。如晋·皇甫谧《针灸甲乙经》序引《明堂孔穴针灸治要》、《隋书·经籍志》著录有《明堂孔穴图》、《黄帝明堂偃人图》，《旧唐书·经籍志》著录有杨上善《黄帝内经明堂类成》、杨玄孙《黄帝明堂经》，佚名氏《西方子明堂灸经》。详《铜人腧穴针灸图经》夏竦序云："昔我圣祖之问岐伯也，以为善言天者，必有验于人，天之数十有二，人经络以应之，因天度三百六十有五，人气穴以应之，上下有纪，左右有象……洎雷公请问其道，乃坐明堂以授之。后世之言明堂者以此。"详古书之命名方式，当以此说为是。又敦煌卷子《明堂五脏论》："四火假合，五谷咨身，立形躯于世间，看明堂而医疗。只如明堂二字，其义不轻。明者命也，堂者躯也。"按此文疑受释、道之影响，故有"四大"之说。细审古义，似不若夏竦说合于古风。

3）以虾蟆命名。如《隋书·经籍志》著录有《黄帝针灸虾蟆忌》、《明堂虾蟆图》，又《黄帝针经》后注云："梁有徐悦、龙衔素《针经并孔穴虾蟆图》。"

今存有佚名氏《黄帝虾蟆经》，日本·丹波元胤曰："《黄帝虾蟆经》轴子一卷，先子借录之列相白河侯。其书虽全然出于假托，而《太平御览》引《抱朴子》曰：《黄帝经》有虾蟆图，言月生始二日，虾蟆始生，人亦不可针灸其处……考日中有乌，月中有虾兔，其说来亦尚矣。《史记·龟策传》曰：日为德而君于天下，辱于三足之乌。月为刑而相佐，见食于虾蟆。《淮南子·精神训》曰：日中有踆乌，而月中有蟾蜍……两说蟾蜍与兔者，阴阳双居。明阳之制阴，阴之倚阳也。"详存《黄帝虾蟆经》内容，犹如《抱朴子》所云。又《素问》原有"以月死生为痏数及月盈勿补月虚勿泻"等刺法，说明气血流注及针刺与月的关系。此所以名"虾蟆"之所本也。

另又有腧穴、经脉类书，皆取本义为名，兹不烦举。

（13）推拿科。推拿古称按摩。如：

《汉书·艺文志》著录有《黄帝岐伯按摩》、清·张振鋆《厘正按摩要术》、佚名氏《按摩经》等。详按摩者，医者以手按、推、捏、揉等法以治病之术。《素问·血气形志篇》："形数惊恐，经络不通，病生于不仁，治之以按摩醪药。"王冰注："夫按摩者，所以开通闭塞，导引阴阳。"

又明·龚廷贤《小儿推拿秘旨》、清·熊应雄《推拿广意》等。详推拿，本即按摩之术，然明清以降，惯称小儿为推拿。今则成人、小儿概称推拿矣。

（14）导引类。导引，古亦称"引"，导引之术，由于方法多样，其命名主要有以下几类：

1）以导引命名。如湖北张家山汉墓简书《引书》，《隋书·经籍志》著录有《引气图》、《导引图》，巢元方《诸病源候论》援引之《养生方导引法》，原题逍遥子撰《逍遥子导引诀》等。

详导引者，运动肢体、练气调息、导引气血之法也。《素问·阴阳应象大论》："气虚宜引之。"王冰注："掣，读为导，导引则气血条畅。"又异法方宜论："中央者……其治宜导引按蹻。"王冰注："导引谓摇筋骨、动支节。"

2）以服气命名。服气或单名气。如：《新唐书·艺文志》著录有《气诀》，宋·郑樵《通志·艺文略》著录有《静气论》、《洞气诀》、《流珠行气法》、《太清调气经》、中皇子撰《服气要经》、申天师撰《服气要诀》、《吐故纳新除万病法》等，明高廉《服气功》及《六气歌诀》等。

详服气者，吐纳法也。《晋书·隐逸传·张忠传》："恬静寡欲，清虚服气，餐芝饵石，修导养之法。"《庄子·刻意》："吹呴呼吸，吐故纳新，熊经鸟申，为寿而已矣。"陆德明释文引李颐曰："吐故气，纳新气也。"

3）以胎息命名。如晋·葛洪《抱朴子内篇·遐览》列道经书目有《胎息经》，《宋史·艺文志》著录有僧遵化《养生胎息秘诀》，宋·郑樵《通志·艺文略》著录有胎息类书三十部，明·王文禄《胎息经》等。

详胎息者，炼气之法也。《后汉书·方术传下·王真》："年且百岁，视之面有光泽，似未五十者。自云：周流登五岳名山，悉能行胎息胎食之方，嗽舌下泉咽之。"李贤注《汉武内传》云："习闭气而吞之，名曰胎息。习嗽舌下泉而咽之，名曰胎食。"晋·葛洪《抱朴子内篇·对仙》引《仙经》曰："服丹守一，与天相毕，还精胎息，延寿无极。"又释滞篇云："得胎息者，能不以鼻口嘘吸，如坐胞胎之中，则道成矣。"此喻炼气者如胎儿之呼吸法也，故曰"胎息"。息者，呼吸也。

4）以黄庭命名。如晋·葛洪《抱朴子内篇·遐览》列道经书有《黄庭经》，《新唐书·艺文志》著录有《老子黄庭经》，女子胡愔《黄庭内景图》、白履忠注《黄庭内景经》，宋·郑樵《通志·艺文略》著录有"黄庭"类书凡三十五种，宋·张君房《云笈七笺》卷十，收梁丘子《上清黄庭内景经》，务成子注《太上黄庭外景经》。

详黄庭一词，早见于汉代文献。如后汉边韶《老子铭》："出入丹庐，上下黄庭。"又旧题《列仙传·容城公传》："道贯黄庭，伯阳仰畴。"《上清黄庭内景经》梁丘子注："黄者，中央之色也。庭者，四方之中也。外指事，即天中、地中、人中；内指事，即囟中、心中、脾中。故曰黄庭也。"《太上黄庭外景经》务成子注："黄者，二仪之正色。庭者，四方之中庭。近取诸身则以脾为主，远取诸象则天理自会。"二说虽少异，而大旨同。要皆道家修养运气之法。

5）以体式命名。以体式命名者，示以何种体位姿式也。如宋·陈抟《坐功图说》、朱熹《朱子静坐说》、清·娄杰《八段锦坐立功法图诀》、佚名氏《却病坐运法则》。

凡导引之术，涉及道、释二家，著述甚丰，体类亦多，兹不烦举。

6）用典。如明·陆西星《方壶外史》。

详汉·班固《西都赋》："滥瀛洲与方壶，蓬莱起乎中央。"《列子·汤问》："渤海之东，不知几亿万里，有大壑焉……其中有五山焉：一曰岱舆，二曰员峤，三曰方壶，四曰瀛洲，五曰蓬莱。"殷敬顺释文："一曰方丈。"是此五山皆仙人所居之地，有长生不老之术。此以导引之法，以喻长生不老之术也。

（15）房中类。房中，又称阴道、内房，隋改房内，以避隋文帝杨坚父杨忠嫌讳改字。

《汉书·艺文志》著录有《容成阴道》、《务成子阴道》、《三家内房有子方》等。

《隋书·经籍志》著录有葛氏撰《序房内秘术》、《徐太山房内秘要》等。

又《玉房秘诀》，详"玉房"，亦房中也。"玉"，喻洁美如玉。

又《素女方》。详素女，传说黄帝时人，向黄帝传授房中术。如《医心方·房内》："黄帝问素女曰：吾气衰而不和，心内不乐，身常恐危，将如之何？素女曰：凡人之所以衰微者，皆伤于阴，伤交接之道尔……可不慎哉。"

（16）养生类。养生之学，称谓亦多，约言之，多以生、性、命、寿及摄、养、卫、保等字取名。兹举其要者如下：

1）以养性命名。如南朝梁·陶弘景《养性延命录》。

2）以卫生命名。如原题孙思邈撰《孙思邈卫生歌》、明·高濂《仙灵卫生歌》、清·魏祖清《卫生编》等。

3）以摄生命名。如元·邱处机《摄生消息论》、明·沈仕《摄生要录》、明·胡文焕《摄生集览》等。

4）以遵生命名。如明·高濂《遵生八笺》、明·蒋学成《尊生要旨》等。

5）以保生命名。如宋·蒲处贯《保生要录》、清·知非山人《何生造福录》等。

6）以老、寿、龄等命名。如宋·陈直《养老奉亲书》、宋·愚谷老人《延寿第一绅言》、明·龚居中《万寿丹书》、清·罗福至《延龄纂要》等。

7）以颐养命名。如清·冯曦《颐养全要》、清·叶志诜《颐身集》等。

凡此类书名，皆具保全性命、颐养生身、延龄益寿之义。

（17）饮膳类。饮膳类多以饮膳、饮馔、食谱等命名，亦间有用典者。如元·忽思慧《饮膳正要》、明·高濂《饮膳服食笺》、清·王士雄《随息居饮食谱》等。

又明·韩奕《易牙遗意》。

详"易牙",春秋时齐桓公宠臣,长于调味,后多以指善烹调者。《孟子·告子上》:"至于味,天下期于易牙。"此取"易牙"为名者,善调饮食也。

(18) 法医类。法医类多取洗冤、折狱等名,亦间有用典者。如宋·郑克《折狱龟鉴》宋·宋慈《洗冤录》、元·王与《无冤录》等。

又宋·桂万荣《棠阴比事》。

详"棠阴",喻惠政或良吏的惠行。南朝梁·简文帝《罢丹阳郡往与吏民别》诗:"柳栽今尚在,棠阴今讵怜。"棠,棠树也。《史记·燕召公世家》:"召公巡行乡邑,有棠树,决狱政事其下,自侯伯至庶人各得其所,无失职者。"此为善政之所出典也。

5. 以珍藏命名

(1) 金匮、石室、玉函。如汉·张仲景著经后人撰辑之《金匮要略方论》、《金匮玉函经》、清·陈士铎《石室秘录》等。

详《汉书·高帝纪》:"与功臣剖符作誓,丹书铁契,金匮石室,藏之宗庙。"颜师古注:"以金为匮,以石为室,重缄封之,保慎之义。"又《素问》气穴论、天元纪大论及《灵枢·岁露论》等均曾言"藏之金匮",《灵枢·阴阳二十五人》犹言"金匮藏之,不敢扬之"。皆言珍藏也。玉函者,玉制之匣。晋·葛洪《抱朴子·地真》:"九转丹、金液经、守一诀,皆在昆仑五城之内,藏以玉函,刻以金札,封以紫泥,印以中章焉。"亦以示珍藏。

(2) 灵兰、金兰、兰台。如原题明·王肯堂《灵兰要览》、清·佚名氏《灵兰秘藏》、金·李杲《兰室秘藏》、清·徐大椿《兰台轨范》等。

详《素问·灵兰秘典论》:"黄帝乃择吉日良兆,而藏灵兰之室,以传保焉。"王冰注:"秘之至也。"又《素问·气交变大论》:"乃择良兆,而藏之灵室……非斋戒不敢发,慎传也。"王冰注:"灵室,谓兰灵室,黄帝之书府也。"又《素问·气穴论》:"乃藏之金兰之室。"杨上善注:"金兰之室,藏书府也。"是灵兰之名,皆本于此。又兰台者,古收藏典籍之处。如《汉书·百官公卿表上》:"御史大夫……有两丞,秩千石。一曰中丞,在殿中兰台,掌图籍秘书。"后亦以兰台泛指藏书处。

6. 以珍贵命名

凡此类书名,皆以金、玉、珠、宝等以喻之。

(1) 金。如唐·孙思邈《备急千金要方》,其自序云:"人命至重,贵有千金,一方济之,德踰于此。"

(2) 玉。如原题唐·王冰撰《天元玉册》。

详《素问·天元纪大论》:"鬼臾区曰:臣积考《太始天元册》文曰。"王冰注:"《天元册》,所以纪天真元气运行之纪也。……此太古占候灵文。"玉册者,犹珍贵之秘籍也。如北周·庾信《进象经赋表》:"四辙中绳,全观玉册。"此所以名"玉册"者,亦珍贵也。

(3) 珠。如明·李汤卿《心印绀珠经》、清·尤在泾《伤寒贯珠集》。

详贯珠者,成串之珍珠也。《礼记·乐记》:"故歌者,上如抗,下如队,曲如折,止如槁木,倨中矩,勾中钩,累累乎端如贯珠。"

又如明·孙一奎《赤水玄珠》,祝世禄序云:“书未有名,会方士挟仙术游里中,生就问名,仙称纯阳子,命曰《赤水玄珠》。生驰语余,余曰:嘻!纯阳子知生苦心哉。”

详《庄子·天地》:“黄帝游乎赤水之北,登乎昆仑之丘而南望,还归遗其玄珠。”此借方士之口,喻黄帝游赤水、登昆仑所遗之玄珠,言该书之可贵也。

(4) 宝。如宋·郭思编《千金宝要》、清·尚宗康编《万金至宝》。

详至宝者,最珍贵之宝物也。《后汉书·陈元传》:“至宝不同众好,故卞和泣血。”

7. 以规范命名

凡以规范或法式命名者,常见者,如绳、尺、律、法、式等。

(1) 绳。如明·王肯堂《证治准绳》、明·方隅、方谷撰《医林绳墨》。

详绳、绳墨者,木工用以测直者,并引申为准则、法度。《荀子·劝学》:“木直中绳,鞣以为轮。”《商君书·开塞》:“王道有绳。”《孟子·尽心上》:“大匠不以拙工废绳墨。”

(2) 尺。如清·沈金鳌《妇科玉尺》,自序云:“尺者画分寸,量短长,取其准也。尺而以玉为之,分寸所画,坚久不磨,尤准之准也。余窃思短长之数,必取准于尺。于物然,于病亦然,于妇女之病更无不然。”

详尺者,喻法度或准则。《金史·文艺传下·元好问》:“为文有绳尺,备众体。”

(3) 律。如清·喻昌《医门法律》,其自序云:“医以心之不明,术之不明,习为格套,牢笼病者,遂至举世共成一大格套……昌也闭目茫然,惟见其暗。然见暗不可谓非明也。野岸渔灯,荒村渔照,一隙微明,举以点缀医门千年黯汶,拟定法律,为率由途道,聊以行其佛事也。”《四库全书总目》提要云:“律者,明著医之所以失,而判定其罪,如折狱然。”

详律犹法也。《易·师》:“师出以律,否臧凶。”孔颖达疏:“律,法也。”

(4) 法。如元·朱震亨撰《丹溪心法》、清御纂《医宗金鉴》杂病、妇科、针灸、四诊等“心法要诀”。

详法者,犹准则、模式也。《易·系辞上》:“制而用之谓之法。”孔颖达疏:“言圣人裁制其物而施用之,垂为模范,故云谓之法。”心法者,泛指心得与方法也。宋·朱熹《中庸章句》:“此篇乃孔门传授心法,子思恐其久而差也,故笔之于书,以授孟子。”

(5) 式。式有程式或法式之义。如金·刘完素《素问玄机原病式》,其自序云:“大凡明病阴阳虚实,无越此法,虽已并载之前二帙(按指《内经运气要旨论》、《医方精要宣明论》二书),复虑世俗多出妄说,有违古圣之意,今特举二百七十七字,名曰《素问玄机原病式》,遂以比物立象,详论天地运气造化自然之理。”

又如明·孙志宏《简明医彀》,其自序云:“不佞宏幼业制举,长乃颛医,迄今五十余载,恒以所佩庭训及所验心得,视人疾懔懔,勿敢凭臆,勿敢徇俗,一摹古人成法。遂兴念缵著,并酬夙愿,蒐网古今群书,反复演互,几换星霜,始成斯集……其书备而不冗,约而不漏,义类浅显,人人可解,若射必有彀,故命曰《简明医彀》。”

详彀有程式或法式之义。《庄子·德充符》:“游于羿之彀中。”郭象注:“弓矢所及为彀中。”是中程式曰入彀。

又元·李仲南《永类钤方》、明·高昶《钤法书》等。

详钤,兵法也。《后汉书·方术传序》:“箕子之术,师旷之书,纬候之部,钤决之符,皆所以探抽冥赜,参验人区。”李贤注:“兵法有《玉钤篇》及《玄女六韬要诀》。”唐·张说《将赴朔方军》诗："礼乐逢明主，韬钤用老臣。"此皆指兵法而言。盖用药如用兵，故以医法喻兵法。

8. 以指引、启悟等命名

凡此类书名，多有指点、引导、启迪、醒误等之义。

(1) 指引。如明·龚居中撰《痰火点雪》，又名《红炉点雪》。邓志谟序云：应园龚君，"出其纂辑《痰火》一书行世，问序于余。余阅其著论立诀，靡一不精；别门分类，靡一不详。……所谓红炉飞片雪，龙虎自相随。"又如清·叶向春《痘科红炉点雪》。

详"红炉点雪"，犹红炉上着一点雪，立即融化，喻一经指点，立即悟解。《高子遗书·会语七八》："颜子克己，若红炉点雪，不必言难，天下归仁。"

又如清·宋麟祥撰《痘疹指南》(即《痘疹正宗金鉴》)、清·孙静轩撰《医儒指南》等。

详指南有指导之义。本于指南车说。晋·崔豹《古今注·舆服》："大驾指南车，起黄帝与蚩尤战于涿鹿之野，蚩尤作大雾，兵士皆迷，于是作指南车，以示四方，遂擒蚩尤，而即帝位。"指南之义，即指示方向也。《文选·张衡·东京赋》："鄙哉予乎！习非而遂迷也，幸见指南于吾子。"

又如清·包镇鲁撰《喉科杓指》。

详杓(biāo 音标)，北斗斗柄三星也。《史记·天官书》："北斗七星……杓衡龙角。"裴骃集解引孟康曰："杓，北斗柄也。"以北斗能指示方向，故名杓指。

(2) 启悟。如明·申斗垣撰《外科启玄》、清·程钟龄撰《医学心悟》、清·包岩撰《醒世篇》等。

详此言启、言悟、言醒等，皆具启悟或醒悟之义。

又如明·孙一奎撰《痘疹心印》、明·李汤卿《心印绀珠经》、明·朱惠明撰《慈幼心传》、清·程芝田撰《医法心传》等。

详心印、心传，皆佛家用语，谓不立文字，以心相传、心心相印，悟解契合。《坛经·顿渐品》："师曰：吾传佛心印，安敢违于佛经。"又详绀珠，又名记事珠，人有遗忘，则有所启悟。《开元天宝遗事·记事珠》："开元中，张说为宰相，有人惠说一珠，绀色有光，名曰记事珠，或有阙忘之事，则以手持弄此珠，便觉心神开悟，事无巨细，涣然明晓，一无所忘，说秘为至宝。"宋方回《小学绀珠·序》："唐张燕公惠，多读少记，得绀碧大珠一颗，握以自照，则平生所读所记，了了不忘，故后人摘书小说奇事，名绀珠集。"

9. 以鉴察命名者

如元·罗天益撰《卫生宝鉴》、清御纂《医宗金鉴》、清·罗国纲撰《罗氏会约医镜》、明·铁峰居士撰《保生心鉴》等。

详鉴与鑑同，鑑犹镜也。镜可以照人，此引申为明察之义。《淮南子·齐俗训》："五帝三王……抱大圣之心，以镜万物之情。"《后汉书·郭太传》："其奖拔士人，所如所鉴。"言金鑑、宝鉴者，明珍贵也。又心鉴，犹心镜也，亦佛家语。谓心净如明镜，能照万象。《圆觉经》卷上："慧目肃清，照曜心镜。"

又如清·沈金鳌撰《杂病源流犀烛》，其自序云："极天下能烛幽者，犀之角而已。角何能烛？以犀性之通灵也，犀之神力，全注于角，其通灵之性，亦全聚于角，是以燃之而幽无弗烛也。"又清·许起撰《霍乱燃犀说》。"燃犀"与"犀烛"义同。

详犀烛，或作"犀燃烛照"，或作"燃犀"，犹"犀照牛渚"，皆洞察或洞明之义。《晋书·温峤传》："（峤）至牛渚矶，水深不可测，世云其下多怪物，峤遂燃犀角而照之，须臾，见水族覆火，奇形异状，或乘马车著赤衣者。"后遂以犀照、燃犀、犀烛等，以喻洞察邪恶。如宋·辛弃疾《水龙吟·过南剑双溪楼》："待燃犀下看，凭欄却怕，风雷怒，鱼龙惨。"清·王韬《使才》："正如犀燃烛照，无所遁形。"

10. 以禁秘命名

凡此类书名，多以禁方、秘方，或取典如"枕中"、"海上"、"琅环"等命名。

（1）禁方、秘方。如明·龚廷贤编《鲁府禁方》，乃龚氏厘定鲁王府多年收藏之秘方、禁方。又旧题孙思邈撰《龙宫三十禁方》。

详《酉阳杂俎·玉格》："孙思邈尝居终南山，与宣律和尚相接，每来往互参宗旨。时大旱，西域僧请于昆明池结坛祈雨，诏有司备香灯，凡七日，缩水数尺。忽有老人夜诣宣律和尚求救曰：弟子昆明池龙也，无雨久，匪由弟子。胡僧利弟子脑，将为药，欺天子言祈雨，命在旦夕，乞和尚法力加护。宣公辞曰：贫道持律而已，可求孙先生。老人因至思邈石室求救。孙谓曰：我知昆明龙宫有仙方三十首，尔传与予，予将救汝。老人曰：此方上帝不许妄传，今急矣，固无所吝。有顷，捧方而至。孙曰：尔第还，无虑胡僧也。自是池水忽涨，数日溢岸，胡僧羞恚而死。孙复著《千金方》三十卷，每卷入一方，人不得晓。"此后人托名孙撰《龙宫三十禁方》之缘起也。

又元·杨清叟撰《仙传外科秘方》、唐·蔺道人撰《仙授理伤续断秘书》、清·佚名氏撰《龙宫遗秘》等，皆言秘方、秘法、秘术、秘书之类。又此类书，又常以"家传方"、"仙方"等称之，乃言世代家传而不外宣、或本自仙授，以示禁秘也。

（2）枕中。如明·王肯堂撰《枕藏外科》、清·俞樾《枕中三字诀》、佚名氏《枕中记》等。

详枕中、枕藏，均有枕秘之义。《汉书·刘向传》："上（宣帝）复兴神仙方术之事，而淮南有枕中《鸿宝》、《苑秘书》。书言神仙使鬼物为金之术，及邹衍重道延命方，世人莫见。"颜师古注："《鸿宝》、《苑秘书》，并道术篇名，藏在枕中，言常存录之不漏泄也。"又清·郎廷槐等《师友诗传录》："盖唐人犹有六朝余习，故以《文选》为论衡枕秘。"

（3）海上。如原题孙思邈著《孙真人海上方》等。

详海上方，犹仙方也。以秦始皇、汉武帝等，均曾多次派人去海上求不死仙药，故称仙方为海上方。

（4）琅环。如清·陈太初《琅环青囊要》。

详琅环，传说中神仙的洞府。元·伊世珍《琅环记》卷上："共至一处，大石中忽然有门，引华（张华）入数步，则别是天地，宫室嵯峨。引入一室中，陈书满架……华问地名，对曰：瑯环福地。"按瑯环与琅环同。

11. 以慈善命名者

凡此类书名，常取慈航、宝筏、普济等为义。

（1）慈航。如明·龚廷贤撰《云林医圣普渡慈航》。

详慈航，本于佛家语，谓佛或菩萨以慈悲之心度人，如航船之济众，使脱离苦海。《万善同归集》六："驾大般若之慈航，越三有之苦津。"南朝梁萧统《开善寺法会》："法轮明暗室，慧海度慈航。”此以医术能解除病人之痛苦,以喻佛家之慈航。

(2) 宝筏。如清·强健撰《痘证宝筏》、清·江之兰撰《医津一筏》。

详筏即宝筏,宝筏或作宝船,本于佛家语,喻佛法能度人生死海而登彼岸,如筏或船之渡河焉。《观佛三昧海经·观四无量心品》:“见诸化佛从佛胸出入于佛脐,游佛心间,乘大宝船,经往五道受罪人所。”南朝梁简文帝《千佛愿文》:“涤无明于欲界,度苍生于宝船。”唐·李白《春日归山寄孟浩然》:“金绳开觉路,宝筏渡迷川。”此以医术之救死扶伤,以喻佛法之宝筏也。

(3) 普济。如宋·许叔微撰《普济本事方》,其自序云:“予年十一,连遭家祸……痛念里无良医,束手待尽,及长成人,刻意方书,誓欲以救物为心。杳冥之中,似有所誓,年运而往,今逼桑榆,漫集已试之方及所得新意,录以传远,题为《普济本事方》。”又如明·朱橚《普济方》。

详普济,犹普渡也。本于佛家语,谓佛视众生在世,营营扰扰,如在海中,本慈悲之者,施以法力,悉救济之,使登彼岸也。《太平广记》卷一六一引唐·法琳《辨正论》:“(张应)妻曰:我本佛家女,为我做佛事。应即往精舍中,见竺昙镜,镜曰:普济众生,但君当一心受持耳。”此以医术比之佛法,可以普济病者于疾苦之海中,以及彼岸也。

12. 以祝愿命名

凡此类书名,常以春、寿、生、活等取义。

(1) 春。如明·龚廷贤撰《万病回春》,其自序云:“余弗类龆龄博载籍,有志效古相,佐天子调化元,登生民于春台和煦之境。寻以数奇谫劣弗售,遂卸仕晋。隐于春云林麓之滨,赖家大人以医学鸣世起家,乃世其传。思弗克为良相,赞庙谟以寿国脉;则为良医,诊民瘼以寿苍生。”又如明·朱栋隆《四海回春》、清·王孟英《回春录》等。

详回春者,冬去春来也。此以喻医者能使病去身安,亦犹春回也。

(2) 寿。如明·龚廷贤撰《寿世保元》、清·尤乘撰《寿世青编》。

详寿世者,谓造福于世人也。寿,长寿、福寿也。

(3) 生。如宋·王贶《全生指迷方》、宋·严用和《济生方》等。

详《易·系辞下》:“天地之大德曰生。”生犹生命也。张仲景《伤寒论·序》:“上以疗君亲之疾,下以救贫贱之厄,中以保身长全,以养其生。”故全生、济生者,保全或挽救人的生命也。

(4) 活。如朱肱《类证活人书》,张蒧序云:“其论伤寒治法者,长沙太守一人而已。华佗指张长沙《伤寒论》为活人书……奉议公祖述其说,神而明之,以遗惠天下后世。余因揭其名为《南阳活人书》云。”又如宋·聂守恒撰《活幼心法》等。

详活者,与死相对,指生命的存在,犹生也。活人、活幼者,欲垂危之疾病得活之义。

13. 以警示命名者

凡此类书名,如言棒、言铃者皆是,皆以警示医者为旨。

(1) 棒。如清·章楠《医门棒喝》,其自序云:“然医者既患多书,余又何述焉!特以向来未明之义,各相牴牾,而流弊之害者,举其百中一二,如后条例所云……爰名之为《医门棒喝》,聊取解黏去缚,俾洞见本源之意耳。”又如清·贺勖《医林棒睡》等。

详棒喝，本出佛教禅宗用语，禅宗接待初机学人，对其所问，或以棒打，或以口喝，以验其根机之利钝。谓之“棒喝”。后遂以警醒人之迷误者，曰“当头棒喝。”棒睡者，犹以棒警睡者，使其醒悟。

(2) 铃。如李舟虚《医铃》。

详铃者，铃铎也。大者为铃，小者为铎。铃铎有警示之用。三国魏·嵇康《声无哀乐论》：“犹铃铎警耳，钟鼓骇心。”

14. 以便捷明了命名者

凡此类书名，均可体现应用便捷，或为备急之用。亦可使人明了易知。

(1) 肘后。如晋·葛洪《肘后备急方》，其自序云：“余今采其要约，以为肘后救卒三卷，率多易得之药，其不获已须买之者，亦皆贱价草石，所在皆有，兼之以灸，灸但言其分寸，不名孔穴。凡人览之，可了其所用。或不出垣篱之内，顾眄可具，苟能信之，庶免横祸焉。”

详肘后，有携带方便之义。唐·杜甫《寄张十二山人诗》：“肘后符应验，囊中药未陈。”

(2) 指掌。如元·吴恕《伤寒活人指掌图》，其自序云：“今以南阳诸书，裒其精粹，划为列图，号曰《活人指掌》……盖取其易简也。”又如明·王肯堂《明医指掌》、清·吴坤安《伤寒指掌》等。

详指掌者，比喻事理之浅显明了也。《论语·八佾》：“或问禘之说。子曰：不知也。知其说者之于天下也，其如示诸斯乎？指其掌。”朱熹集注：“指其掌，弟子记夫子言此而自指其掌，易其明且易也。”

15. 以姓名别号命名者

凡此类书名，包括姓氏、名、字及别号等。

(1) 姓氏。如南朝齐·褚澄《褚氏遗书》、明·韩懋《韩氏医通》、明·裴一中《裴子言医》、清·叶天士《叶选医衡》、清·王孟英《王氏医案》、清·柳宝诒《柳选四家医案》等。

(2) 名、字。如金·张元素《洁古家珍》，洁古为张元素之字；清·张千里《张千里医案》；清·王士雄《王孟英医案》，孟英为王士雄之字。

(3) 号。如明·张介宾《景岳全书》，景岳为张介宾之号。清·徐大椿《洄溪医案》，洄溪为徐大椿晚号。元·朱震亨《丹溪心法》，丹溪为朱震亨先生世称别号；明·刘浴德《壶隐子日用方》，壶隐子为刘浴德别号。

16. 以室名、衔名、地名命名者

(1) 室名。如清·张志聪《侣山堂类辨》，侣山堂为张志聪堂号。清·王泰林《西溪书屋夜话录》、《退思斋医案》，西溪书屋、退思斋，皆王泰林室名；陆以湉《冷庐医话》，冷庐为陆以湉室名。

(2) 衔名、封号。如黄元御《长沙药解》，此乃解张仲景《伤寒论》、《金匮要略》诸方之药，以仲景曾为长沙太守，故此云“长沙”者，实具衔名之义。元·窦杰《窦太师流注指要赋》，窦杰，于元世祖时曾授翰林侍讲学士，加昭文馆大学士。卒后，追赠太师。故称窦太师。

(4) 地名。如清·费伯雄《孟河费氏医案》，费伯雄，江苏武进县孟河镇人。清·唐大烈编《吴医汇讲》，以所录文章，皆古时吴地之医者，故称“吴医”。

17. 以数词命名者

凡本类书名中所举之数词,有具指,即所举之数目,与内容之数合;有泛指,即指为多或某种特殊意义。

(1) 实指。如:

《八十一难经》,以该书全文为八十一难之问答,故名。

《九卷》,《伤寒论·序》云:"余撰用《素问》、《九卷》、《八十一难》、《阴阳大论》、《胎胪药录》……"详《九卷》,即《灵枢经》之古传本,以其内容仅有九卷,故名。

《汉书艺文志·方技·经方》著录有《五脏六腑痹十二病方》、《五脏六腑疝十六病方》、《五脏六腑瘅十二病方》、《风寒热十六病方》等,所言十六病、十二病,皆实指其病证数。

宋·许叔微《伤寒九十论》,以该书所论伤寒诸证凡九十题,故名。

元·葛乾孙《十药神书》,以该书共载十方,以甲乙丙丁等十天干为序,如甲字十灰散、乙字花蕊石散等,故名。

明·袁学渊编《秘传眼科七十二症全书》,以该书论眼病七十二症之治法,故名。

(2) 泛指。如唐·孙思邈《千金要方》、明·龚廷贤《万病回春》、明·涂绅撰《百代医宗》、清·佚名氏编《百发百中》等,凡言百、千、万者,皆言其多也。百发百中者,形容效佳也。

(3) 用典。如晋·葛洪《肘后备急方》,经南朝梁·陶弘景补阙后,又名《肘后百一方》。陶弘景序云:"今余撰此,盖欲卫辅我躬。且佛经云:用四大成身,一大辄有一百一病,是故深宜自想。上自通人,下达众庶,莫不各加缮写。"又如宋·王璆撰《是斋百一选方》。

详一百一病,源于佛家。《智度论·六十五日》云:"四百四病者,四大为身,常相侵害,一一大中,百一病起。冷病有二百二,水风起故;热病有二百二,地火起故。"《千金要方》卷一诊候第四云:"地水火风,和合成人……凡四气合德,四神安和。一气不调,百一病生。四神动作,四百四病,同时俱发。又云:一百一病,不治自愈;一百一病,须治而愈;一百一病,虽治难愈;一百一病,真病不治。"此《肘后百一方》取名之义也。

18. 以赞美命名

如宋·刘党撰《琼瑶发明神书》、明·傅仁宇撰《审视瑶函》。

详琼瑶,本指美玉,此以喻美好的诗文。唐·高适《酬李少府》诗云:"日夕捧琼瑶,相思无休歇。"瑶函,玉制书衣也。佛家、道家用以贮藏经文、符录。唐·司空图《月下留丹灶》诗云:"瑶函真迹在,妖魅敢扬威。"此用琼瑶、瑶函者,皆喻善美之书。

又如元·齐德之撰《外科精义》、清·何书田撰《医学妙谛》、元·杜思敬辑《济生拔粹》、明·虞抟撰《医学正传》等。

详诸言精、妙、粹、正等,皆具精善美好之义。

又清·梁以任《验方侯鲭》。

详侯鲭,即五侯鲭。《西京杂记》卷二:"五侯不相能,宾客不得来往。娄护、丰辩,传食五侯间,各得其欢心,竟致奇膳,护乃合以为鲭,以为奇味焉。"鲭,本指鱼和肉作成的杂烩,后泛指佳肴。此犹用为赞美之义。

19. 以谦词命名

清·徐大椿《慎疾刍言》。

详刍言，犹浅陋或卑贱之言也。《诗经·大雅·板》："先民有言。询于刍荛。"孔颖达正义："是贱人也。"又南朝·宋谢庄《上搜才表》："敢露刍言，惧氛恒典。"

又清·陈鸿猷《管见医案》。

详管见，犹狭隘之见识，如从管中窥物。晋·陆云《国起西园第表启》："然用功甚严，窃惧事不得济，愚臣管见，辄敢瞽言。"

又清·杜钟骏《管窥一得》。

详管窥，犹管见。《后汉书·章帝纪》："朕在弱冠，未知稼穑之艰难，区区管见，岂能照一隅哉。"此以喻所见甚小。一得，犹一得之见，即一点见解。《晏子春秋·杂下》："圣人千虑，必有一失；愚人千虑，必有一得。"言非全面之见。

又清·曹禾《痘医蠡酌录》。

详蠡酌，犹蠡测。北周·庾信《华林园与射赋序》："以管窥天，以蠡酌海。"《汉书·东方朔传》作"以筦窥天，以蠡测海。"颜师古注引张晏曰："蠡，瓠瓢也。"此以喻所言甚浅。

20. 以纪事命名

清·曹存心撰《琉球百问》。

详曹存心，清江苏常熟县人，邑名医曹振业子，悬壶于苏州，琉球贡使吕凤仪，慕名问业，以医理疑义百条质难。存心一一剖析，后由门人整理，因名《琉球百问》。

又清·龙之章《蠢子医》，其自序云："遭家不造，长子次子，相继而亡，诸孙嗷嗷，无以糊口。欲课以农，无田可耕；欲课以读，无暇可乘。不得不以医道为生活……因举古人方略，与自己管见，率为诗歌，以便颂读。使诸孙朝而颂，夕而维，以及于古，虽不能入神农之室，亦可以继晏子之风也。"按晏子，据自序前文，指当时沈邱名医晏廷予。

又清·马文植《纪恩录》。

详马文植，字培之。光绪六年，慈禧太后疾，征召国内名医，江苏巡抚举文植，应召进京，出入宫廷历八月之久。后因病返里，于光绪十八年编成此书。以日记体裁，历述其航海抵京，伺值内庭，排日听宣，入宫察脉、看验处方及奏牍、照会等。取名《纪恩录》者，以示此行之恩荣。

又明·李预亨撰《推篷寤语》。

详预亨，江苏松江人，幼习儒，喜博览，涉诗文、兵法、养生等，终不得志。隆庆四年，始捐举业，以鸿胪谒选，乘舟自苏赴京，途中将夙昔所得养生之学，汇而成书，故名《推篷寤语》。

又清·卢之颐《本草乘雅半偈》。

其自序云："余质性黑暗，又不能多取师承。每阅本草，艰苦殊甚……会春风座中，狂飚拂面，余遂绝念世纷，专意笔墨。自丙寅至庚未，几历十八春秋，而此书始成。原分参、核、衍、断四种，故名其书曰《乘雅》。数四为乘，非取载之义也。明年甲申方事剞劂，又明年乙酉五月，会有兵变，挈家而逃，流离万状，诸楚备尝。沿至丙戌之十月，始得生还，而家徒四壁，则板帙之零落殆尽可知已。既慕古人破甑弗顾之意，而仍自怀千金敝帚之思，勉辑旧业，仅能完参、核之残缺，衍、断倍多，何能补漏？虽余之始意，亦欲中分四种，谓参、核可该衍、断,遂又名其书为《乘雅半偈》。"

详偈,梵语"偈佗"之简称,即佛经中之唱颂词,通常以四句为一偈。卢氏此书,原为参、核、衍、断四种,因兵火而失其半。遂借偈义而称"半偈"。

又清·费伯雄《医醇賸义》,其自序云:"因思医学,至今芜杂已极,医家病家目不睹先正典型,群相率而喜新厌故,流毒安有穷哉,救正之法,惟有执简御繁,明白指示,庶几后学一归醇正,不惑殊途。爰将数十年,所稍稍有得,而笔之于简者,都为一集,名曰《医醇》……乃灾梨半载,而烽火西来……而坊刻定本与家藏副本,尽付祝融。"后"追忆《医醇》中语,随笔录出,不及十之二三,儿子辈复请付梓","勉从其请,改题曰《医醇賸义》。"

详以上二书,虽未直接言纪事,然所谓"半偈"、"賸义"者,皆因兵火,使全帙残缺。故实则寓纪事于中也。

21. 以编撰方式命名

编撰方式,指作者对前人旧著或个人新著,采用何种方式进行编纂。此类方式亦呈多样,今举数例。如:

明·张介宾《类经》,其自序云:"余究心是书(按指《黄帝内经》),尝为摘要,将以自资。继而绎之久久,则言言金石,字字珠玑。竟不知孰可摘而孰可遗……于是乎详求其法,唯有尽易旧制,颠倒一番,从类分门,然后附意阐发,庶晰其韫……由是遍索两经,先求难易,反复更秋,稍得其绪,然后合两为一,命曰《类经》。类之者,以《灵枢》启《素问》之微;《素问》发《灵枢》之秘,相为表里,通其义也。两经既合,乃分为十二类。"此对原书进行分类编纂之一式。

清·姚止庵《素问经注节解》,其"凡例"云:"是集或有谓余当全载原文,但于应节解处各记钩勒,庶使读者备悉源流,知经之所以节,注之所以另为解,是也。但此举原所以便肄习,若仍列全文,则不特篇卷浩繁,且使读者心目眩乱,故予节略,非但省文,实所以豁心也。"此对原书进行节略之一式。

明·周文采《医方选要》,其自序云:"尝观夫医之道,开其源者,有《内经》、《灵枢》、《汤液》等书;导其流者,有《千金》、《十书》、《心法》等篇;扬其波者,有《普济》、《袖珍》、《奇效》等集。方至此,可谓极备矣。然而书既多,议论亦异,此是彼非,自相牴牾,不可不择其理之当者而集之……勉强择出,平日所闻所见,及常用有验之方,去其繁而就其简,分门别类,凡十卷,名之曰《医方选要》。"此所明"选"之义。

清·张志聪《黄帝内经素问集注》,其自序云:"自甲辰五载,注释《内经素问》九卷,以昼夜之悟思,印黄岐之精义,前人咳唾,概所无袭,古论糟粕,悉所勿存,惟与同学高良,共深参究之秘;及门诸弟,时任校正之严,剞劂告成,颜曰《集注》。盖以集共事参校者,什之二三;先辈议论相符者,什之一二。非有弃置也。"此集多人之注于一书之式。

四、丛书命名

丛书指多种书籍,汇为一编之书。中医古籍中丛书,大致有以下几种情况。

(1) 以个人命名,且纯为个人撰著之书。如《刘河间伤寒三书》,含《黄帝素问宣明论方》、《素问玄机原病式》、《素问病机气宜保命集》,三书皆刘完素自撰。

又如《万密斋医学全书》,含《保命歌括》、《伤寒摘锦》、《养生四要》、《万氏女科》、《幼科发挥》、《片玉新书》、《育婴秘诀》、《痘疹心法》、《片玉痘疹》、《广嗣纪要》，以上十种，皆万全自撰。

（2）以个人自著一种命名，兼含自著他书若干种。如《赤水玄珠全集》，含《赤水玄珠》、《医旨续余》、《三吴医案》、《新都医案》、《宜兴医案》。以上五书皆孙一奎自撰，惟取《赤水玄珠》为名。

又如《仁斋直指医书四种》，含《仁斋直指附遗方论》、《医脉真经》、《仁斋伤寒类书活人总括》、《仁斋直指小儿方论》。以上四种皆杨士瀛自撰，惟取《仁斋直指》为名。

（3）个人自著及整理别家书若干种而重为命名者。如《家居医录》，含《内科摘要》、《女科撮要》、《正体类要》、《疬医机要》、《口齿类要》、《保婴粹要》，以上六书皆薛己自撰。又宋·陈文中《陈氏小儿痘疹方论》，旧题宋·钱乙《保婴金镜录》，以上二书皆薛己注。

又如《南雅堂医书全集》，又名《陈修园医书十六种》或《公余十六种》。含《灵素节要浅注》、《金匮要略浅注》、《金匮方歌括》、《伤寒论浅注》、《长沙方歌括》、《医学实在易》、《医学从众录》、《女科要旨》、《神农本草经读》、《医学三字经》、《时方妙用》、《时方歌括》、《景岳新方砭》、《伤寒真方歌括》、《伤寒医诀串解》、《十药神书注解》，以上十六种皆陈修园自著、自注及砭。南雅堂，陈修园室名。

（4）父子或世家之多种著作汇为一书而另为命名者。如《张氏医书七种》，其中《张氏医通》、《本经逢源》、《伤寒绪论》、《伤寒缵论》，以上四书为张璐撰；《诊宗三昧》，张璐撰，张登编次；《伤寒舌鉴》，张登撰；《伤寒兼证析义》，张倬撰。张登、张倬为张璐之子。

（5）以一人命名而含具有师承关系之多人著作者。如《丹溪心法》或《丹溪心法附余》，其中《医学发明》为李杲撰，《脉诀指掌》、《金匮钩玄》、《活法机要》三书为朱震亨撰，《证治要诀》及《证治要诀类方》二书为戴元礼编撰。详朱丹溪为医，曾师承于罗知悌。而罗氏虽得刘完素弟子荆山浮屠之传，并涉李杲、张从正之学，故罗、朱与李杲，在学术上，亦间有师承关系。戴元礼为朱震亨入门弟子，且震亨诸多撰著，多经戴元礼等整理。故此书所收诸著，实含师承关系。

（6）由一人编辑别家多种著作汇为一书，而另为命名者。如明·顾从德编《医学六经》，含《重广补注黄帝内经素问》、《黄帝素问灵枢经》、《针灸甲乙经》、《难经本义》、《脉经》、《华先生中藏经》。

又如明·王肯堂编辑之《古今医统正脉全书》，全书共收书上至《黄帝内经素问》，下至本朝戴元礼医著三种、陶华医著五种，共四十种。后于万历二十九年，由吴勉学校订刊行。此书对后世影响较大，为医家所辑丛书之佳作。

（7）以个人自著并别家多种著作汇为一书，而另为命名者。如元·杜思敬《济生拔粹》，其中惟有《针经节要》及《杂类名方》二书为杜氏自辑、自抄，余者为金·窦杰《窦太师流注指要赋》、金·李杲《医学发明》、《脾胃论》、《兰室秘藏》，金·张元素《洁古老人珍珠囊》、《洁古家珍》，元·张璧《云岐子论经络迎随补泻法》、《云岐子七表八里九道脉诀论并治法》、《云岐子保命集论类要》，元·王好古《海藏老人此事难知》、《医垒元戎》、《阴证略例》、《海藏斑论萃英》，元·朱震亨《活法机要》，元·罗天益《卫生宝鉴》，另有佚名氏《针经摘英集》及《田氏保婴集》二种。该书乃选编金元时医籍中精品，故名“济生拔粹”。

（8）合刻医书之命名。合刻医书，即或公或私同时合刻诸书，形同一式而统一命名者。如《平阳府所刻医书六种》，含宋·王惟一《新刊铜人针灸经》、佚名氏《新编西方子明堂灸经》、原题华佗撰《新刊华佗玄门脉诀内照图》、佚名氏《养生导引法》、混沌子《锦身机要》、王蔡《修真秘要》。

又明万历浙江布政司刻明·李维桢《合刻医书二种》,含明·徐用诚《玉机微义》、明·虞抟《医学正传》。

又明·汪机《汪石山医书八种》,含汪机自撰五种,即《石山医案》、《运气易览》、《针灸问对》、《外科理例》、《痘治理辨》,另有元·戴起宗《脉诀刊误集解》,汪机补订;元·滑寿《读素问钞》,汪机续注;戴元礼《推求师意》,汪机编。原为其家乡祁门朴墅汪氏祠堂汇刻。此仅将汪氏自著及整理过的医书,汇编合刻。

凡此类书,命名多较简单,亦无特殊含义,仅表示对几书的合刻。

(9) 书贾坊刻以一人为名,而实含多家与其人毫无关涉之医著者。书坊刊书在明末至清代,此类情况较多,特以清后期至民国间尤甚。以陈修园医书最富有代表性。

详陈修园及其弟子自著医书仅有十六种或十七种,然早在清同治元年,即有务本书局刻十八种本,外增竹梅居士《急救经验良方》、王士雄《霍乱论》,又有经纶堂刻二十三种本,外增六种。至同治六年,又有二十四种刻本;至光绪年,又有锦章书局二十八种之石印本、上海图书集成印书局三十种之石印本、宏道堂三十二种之刻本、上海文盛堂四十八种之石印本、商务印书馆五十种之铅印本,上海鸿宝斋书局六十种之石印本、上海广雅启新书局七十种之石印本。从上述情况不难看出,出版家为了招徕顾主,相为竞争,书的种数,直线上升,而且有诸多均为陈修园身后之作,即使有早期医著,亦与陈氏毫无关系,何得言陈修园医书,纯粹是一种商业性质的行为。至民国初年,又有重庆中西书局七十二种铅印本,将清末如唐宗海《痢症三字诀》等亦收入。似此等书名,以陈修园为该丛书之代表,仅可表示其中有陈氏医著,在其他方面,已毫无意义。

五、书名冠词

书名冠词是加在书名前的附文。这类情况,有的是出于作者之手,有的则是雕版印书时出于刊印家之手,有的则是出于后来整理人之手。

冠词的内容亦较复杂,或反映内容增删,或反映撰著名号,或反映编纂方式,或反映版本情况,或反映内容类别,诸般不一,现举例说明。

1. 反映撰著名号者

如《汉书·艺文志》著录有《黄帝内经》、《外经》、《扁鹊内经》、《外经》、《白氏内经》、《外经》、《旁篇》、《神农黄帝食禁》、《黄帝岐伯按摩》等。所出黄帝、岐伯、神农、扁鹊、白氏等,皆出自作者之手,假托古人名号以取重耳。

又《医贯》之名,有明·万宁《医贯》,名《万氏医贯》,又明·赵献可亦有《医贯》一书,为与《万氏医贯》相区别,故赵献可《医贯》,又名《赵氏医贯》。

又清·王子接《古方选注》,扫叶山房刊本,扉页题作《十三科古方选注》,卷端题作《绛雪园古方选注》,详绛雪园为王子接室名。

又《难经集注》,日本·武村市兵卫刊本及濯缨堂重刊本、清光绪十五年上海黄氏木活字本等均作《王翰林集注黄帝八十一难经》。王翰林,据后世学者考正,宋·王惟一,曾为翰林医官,此加冠"王翰林"者,意为集注人王惟一之姓氏并衔名也。

2. 反映时间或地域者

如宋·曹孝忠奉敕校勘《重修政和经史政类备用本草》,反映曹孝忠对《大观经史政类备急本草》的重新修定,是在宋徽宗政和年间。

又清光绪四年上海独山莫绳孙据日本文政十二年重刊元大德十一年梅溪书院本,题作《景元大德千金翼方三十卷》。反映为影刻元大德年刊本。但此本之祖本,并非真正元刻本,乃据日本重刻元大德本,故仍作元大德本。又宋徽宗敕撰《圣济总录》,又名《政和圣济总录》、《大德重校圣济总录》。政和为宋徽宗年号,反映该书编纂年代。大德为元成宗年号,反映该书重校年代。

又清光绪七年重刻陈耕道《疫痧草》,题作《虞山陈氏疫痧草》,反映了该书作者的姓氏及里籍。

3. 反映版本情况者

如宋代刊行唐·孙思邈《备急千金要方》,题作《新雕孙真人千金方》,反映此本是一最新开雕之版本。又日本存《千金方》天正年间抄本残卷,题作《真本千金方》,反映此本较之别传本为真。

日本·度会常珍《素问校讹》,题作《仿宋椠本素问校讹》,反映作者是对仿宋刊本进行了校讹。

清嘉庆十年古歙鲍漱芳刊明·马莳《黄帝内经素问注证发微》与《黄帝内经灵枢注证发微》,题作《重刻素问灵枢注证发微》,反映此本为清人重刊本。

日本《东洋医学善本丛书》收晋·王叔和《脉经》,题作《影宋版脉经》,反映此刊本乃影宋本刊刻。又该书收晋·皇甫谧《针灸甲乙经》明蓝格抄本,题作《古抄本黄帝三部针灸甲乙经》,又所收《针灸甲乙经》正统本抄本残卷,题作《古抄本针灸甲乙经》,均反映此本系抄本,而且为古抄本。

清大业堂梓行明·方广《丹溪心法附余》,题作《重镌官板丹溪心法附余》,反映此本为据官版之重刊本。

4. 反映整理方式者

如宋·林亿等《重广补注黄帝内经素问》,反映林亿等对王冰次注本《黄帝内经素问》的新校正,进行"重广补注"。

又明·张世贤《图注难经脉诀》,反映张世贤对旧题王叔和《难经脉诀》,又进行了"图注"。图注者,图解与注文也。

又清·周学海《评点叶案存真》,反映周学海对叶万青所辑叶天士医案《叶案存真》,又进行"评点"。

又清天德堂刊行明武之望《济阴纲目》,作"重订济阴纲目",反映该刊本对原据本有所重订。

六、书名组合结构

上述书名诸例,绝大部分是从书名词语中某一义项为例加以说明,然而书名用语,很少为单义项。大都由多义项结合而成,也就是说,是从多方面反映书的内涵。因而形成了书名用语多义项组合结构。主要有以下几种情况。

(一)简单组合

凡简单组合者,大都仅有一反映该书的最一般概念的词语,和一个反映该书特殊意义的词语。如:

(1)《灵枢经》,古又名《九卷》;《难经》,又名《八十一难》。

(2)湖北张家山汉墓简书之《脉书》、《引书》。

(3)《黄帝内经》及《史记·扁鹊仓公传》引用之古医籍《上经》、《下经》,晋·王叔和《脉经》等。

(4)原题汉·张仲景撰、晋·王叔和撰次、宋·林亿校正《伤寒论》、清·雷丰《时病论》。

(5)宋·张杲《医说》、明·王文禄《医先》、清·石寿棠《医原》。

似此等书名,组合均较简单,有的可直接反映该书内容,如《脉书》内容为经脉,《引书》内容为导引,《伤寒论》内容为论述伤寒病等;有的则名虽简单,但用词含义则不明确,需另外加以说明。如《上经》、《下经》。《素问·病能论》云:"《上经》言气之通天也。《下经》言病之变化也。"根据这一说明,则可略知大义。有些存世的此类著作,名虽简单,然欲知其内容,尚需再考书文。

(二)多义项组合

此类书名,乃指至少有两个及两个以上词语组合而成。其中除具有书及文体、编纂形式等一般词语外,常包括反映书的内容类别或科别、撰注者姓名、编纂方式、使用文献等。如:

(1)《黄帝内经素问》,此名具有四个义项:"黄帝",示书文依托作者;"内",示与"外"相别;"经",示具有重要学术地位的经典著作;"素问",示为《黄帝内经》中一部分。

又晋·皇甫谧《针灸甲乙经》,又名《黄帝三部针灸甲乙经》,具有五个义项:"黄帝",示该书所用原文献之依托作者;"三部",示该书援引文献为三部,即《素问》、《针经》、《明堂孔穴针灸治要》;"针灸",示科别;"甲乙",解有二说,一者以为该书原为十卷,以天干十字即甲乙丙丁等为次,故取"甲乙"二字为名,一者以为"甲乙"为编次之义;"经",义与上同。

(2)《王翰林集注黄帝八十一难经》,此名具有五个义项:"王翰林",示整理人姓氏及衔名;"集注",示整理方式;"黄帝",示原书内容与黄帝有关;"八十一",是对内容量的表示;"难",是对内容难度的表示;"经",义与上同。

又清·姚止庵《素问经注节解》,此名具有五个义项:"素问",原书名;"经",示原经文;"注",示原王冰注文;"节",示编纂方式有节略;"解",示作者自解。

(3)金·刘完素《素问病机气宜保命集》,此名具有五个义项:"素问",示原书名,为其学之所本;"病机",示该书内容范围;"气宜",示论述要义为"治病必明六化分治,五味五色所主,五脏所宜";"保命",即保生,示医学主旨;"集",示书体。

又宋·史晟修订《大观经史政类备急本草》,此名有五个义项:"大观",示宋徽宗大观年间,宋·史晟对原唐慎微《经史政类备急本草》的修定;"经史",示原书于"医方之外,旁摭经史,至仙经道书,下逮百家之说,兼收并录";"政类",示原书"因本草旧经,衍以证类";"备急”，示本书之用；“本草”，示学科类别。

(4) 清·原题燕山窦氏撰、朱翔宇编《喉症全科紫珍集》，又名《增补经验喉科紫珍青囊济世录》，此名具有七个义项：“增补”，示对原书内容有所增加和补充；“经验”，示增补内容曾经验用；“喉科”，示科别；“紫珍”与“青囊”，示珍贵医籍，均系用典，详见前书名用典；“济世”，示医学宗旨；“录”，示记录，犹书之代词。

又明·翁仲仁《痘疹金镜录》，又名《增补痘疹玉髓金镜录》，此名具有五个义项：“增补”，义同上；“痘疹”，示科别；“玉髓”，犹玉液，示珍贵；“金镜”，示明了；“录”，义同上。

书名用语之组合结构，涉及内容，范围较广，情况不一，以上仅举数书为例。根据此等情况，对了解一书的类别、内容、源流、传变情况等，具有一定的意义。

七、书名的演变与别出

古医籍书名，一般的讲，大都比较固定。然而由于历史的原因，有些书名则出现了古今不一，一书多名，或同名异书，或题名与序言称名不一等多种情况。以下举其要者为例。

1. 一书多名

如：

(1)《黄帝内经》，首见于《汉书·艺文志》，然不详所含别名。汉·张仲景《伤寒杂病论·序》称，撰用之书有《素问》、《九卷》，晋·皇甫谧《针灸甲乙经·序》则云：“今有《针经》九卷，《素问》九卷，二九十八卷，即《内经》也……《素问》论病精微，《九卷》原本经脉。”是《素问》之名，与仲景言同，而《九卷》又别出《针经》之名。

详《素问》之名，今古无变。而《九卷》异名较多。早在汉晋间已有《针经》之称。《旧唐书·经籍志》著录又有《九灵经》之名。《素问》王冰次注本序又名《灵枢》，《宋史·艺文志》又有《黄帝九虚内经》之名。以上诸名，据文献考证，实指一书，惟传本间小有差异。如宋·王应麟《玉海·艺文》著录《黄帝灵枢经》：“隋杨上善序：凡八十一篇。《针经》、《九卷》，大抵同，亦八十一篇。《针经》以九针十二原为首，《灵枢》以精气为首。”是则说明《九卷》在流传过程中，出现几种不同传本，而书名也有所改变，内容也小有差异。

(2)《难经》，首见于张仲景《伤寒杂病论·序》，称《八十一难》，隋·萧吉《五行大义》卷三第四引作《八十一问》，《旧唐书·经籍志》著录有《黄帝八十一难经》，并注云：“秦越人撰。书名上加冠“黄帝”二字，下缀“经”字。《宋史·艺文志》著录有秦越人《难经疏》十三卷。是《难经》一书，已有四名。

(3) 汉·张仲景《伤寒杂病论》(据今存《伤寒论》张仲景自序称)，散失后，曾经晋·王叔和编次，《隋书·经籍志》著录有《医方论》七卷，注：“梁有仲景《辨伤寒》十卷。”又张仲景《评病要方》一卷。《旧唐书·经籍志》著录有《张仲景药方》，注：“王叔和撰。”《新唐书·艺文志》著录有王叔和《张仲景药方》十五卷，又《伤寒卒病论》十卷。《宋史·艺文志》著录有张仲景《伤寒论》十卷，《金匮要略方》三卷，注：“张仲景撰，王叔和集。”又宋臣王洙“于馆阁蠹简中得仲景《金匮玉函要略方》三卷，上则辨伤寒，中则论杂病，下则载其方，并疗妇人。”是此亦宋以前旧物无疑。又林亿等校勘医书有《伤寒论》、《金匮要略方论》，又有《金匮玉函经》一书，与《伤寒论》大同小异。今存《伤寒论》与《金匮要略方论》，皆沿用宋本。从上述情况可见，张仲景《伤寒杂病论》一书，自汉末至北宋不足千年的时间，该书发生了极大的演变，书名也改变过多次。

(4) 佚名氏《人镜经》，又名《脏腑证治图说人镜经》，经明·钱雷增《附录》二卷，故又名《人镜经附录全书》、《人镜经附录》，至明末又经张俊英别增《续录》，又名《寿世内经图说》。可见此书，不管原著出于何人之手，问世不久，又易名矣。

(5) 宋·朱肱《类证活人书》，据张蒇宋徽宗大观元年序及朱肱政和五年进表，其书原名《伤寒百问》，与书中内容前十一卷百问之数亦合。又据张序云，原所见《百问》，不知出自何人，后得见朱氏，"因出以相示，然后知昔之所见《百问》，乃奉议公所作也。因乞其缮本，校其详略，而《伤寒百问》，十得五六，前日之所谓歉然者，悉完且备……余因揭其名为《南阳活人书》。"是知此书，原名《伤寒百问》，经修改后，由张蒇题名《南阳活人书》，后随袭用。

2. 同名异书

如：

(1)《医贯》，明·赵献可撰著，为医学基础理论方面著作。又明·万宁撰著，为儿科及医案方面著作。二者书名尽同，为与区别，前者常加冠"赵氏"二字，后者加冠"万氏"二字。

(2)《伤寒论纲目》，清·张志聪撰九卷本，附白文一卷，有康熙十二年自刻本。又有清·沈金鳌撰注本，共十六卷，卷首一卷，最早有乾隆三十九年无锡沈氏师检堂刊本。

(3)《卫生要诀》，清·高士钥编，为临床治疗方面著作，不分卷。又清·范在文撰，四卷本，为养生方面著作。

(4)《历代名医考》，明·熊均撰，又名《医学源流》、《原医图》，为医学传记性著作。又清·赵廷玉撰《医学源流》，为医学通史性著作。

(5)《诊家正眼》，明·李中梓撰，二卷本。又清末李裕达撰，不分卷。

(6)《难经正义》，明·马莳撰。又清·叶霖撰，约当清光绪年间。

似此等名同而实异者极多，尤其同科同类而命名组合简单者尤多，不胜枚举。学者自当从作者、卷数方面加以辨别，若卷数相同而名佚者，则只有从内容方面加以考正。

3. 书名序言称名不一

如：

(1) 宋·陈言《三因极一病证方论》，详自序云："余绍兴辛巳，为叶表弟桷伯材集方六卷，前叙阴阳病脉证，次及所因之说，集注脉经，类分八十一门，方若干道，题曰《依源指治》。伯材在行朝，得书欲托贵人刊行，未几下世遂已。淳熙甲午，复与友人汤致德远庆德夫，论及医事之要，无出三因，辨因之初，无逾脉息……因编集应用诸方，类方一百八十门，得方一千五十余道，题曰《三因极一病源论粹》。又详《宋史·艺文志》著录为《三因病源方》六卷，宋·陈振孙《直斋书录解题》著录为《三因极一方》六卷。是今名及书目著录名，均与自序所题名不一，必系后来有所改变。

(2) 明·吴崑《黄帝内经素问吴注》。详其自序云："不肖束发修儒，无何从业，居常晷度有熊，日求其旨而讨论之，不揣管陋，释以一得之言，署名《内经吴注》。"然今存诸刊本，或作《素问吴注》，或作《吴注素问》，皆与自题不合，是以后人改名。

(3) 明·杨璿《伤寒温疫条辨》，详自序谓，伤寒温病，众说不一，因读明·吴又可《温疫论》及清·张璐《伤寒缵论》二家书，以为“千古疑案，两言决之。于是集群言之粹，择千失之德，零星采辑，参以管见，著《寒温条辨》九十二则，务辨出温病与伤寒另为一门。”是知原自题名为《寒温条辨》。

（4）清·沈明宗《伤寒六经辨证治法》，自序云：“余谨遵少阴少阳之经旨，而撰《方论》二卷，即仲景所谓大邪中表之证。其小邪中里诸病，已经载于《金匮》。惟七情内伤，未经悉肯，所以亦述二卷，统附于末，深冀后之读者，以外感内伤，合参其理，即得全体大用。故潛证为医学之纲，统其书名曰《医征》云尔。”是知此序为《医征》所作，非本书之专序，故名不同。又详今存清康熙三十四年以宁堂刊《医征》，所含五种中有《伤寒六经纂注》，与本名亦不同，恐亦非出于作者原意。

有关此类情况，所在亦多，仅举上例为证。从上例中不难看出，书名的演变，有多种原因，约言之为：①由于原书散失，经后人撰次重辑，或整理分化，故另出书名。②原书经后人整理后，别出异名。③原书最后定稿付梓时，复出新名。④原书虽已有名，又为别家序者，另赐书名。⑤后人重刊，或商贾刊印为标新立异而别出异名。其中有些与作者原意不合，或与原书旧貌不符，若经考证翔实者，可予以正名。此亦古医籍整理时，所当为者。

第二节　篇　　名

篇名，是一篇文章的标题，故又名篇题，或称小题。篇名的使用和形式，有一个历史的发展过程。古医籍篇名，由于古今不同，内容有别。故诸书篇题名称，情况不一。现分别说明。

一、篇名使用与演变

1. 篇的基本含义

《说文·竹部》：“篇，书也。”段玉裁注：“书，箸也，箸于简牍者也，亦谓之篇。古曰篇，汉人亦曰卷。”朱骏声通训定声：“篇，谓书于简册可编者也。”《汉书·武帝纪》：“咸以书对，著之于篇。”颜师古注：“篇，谓竹简也。”唐·刘知几《史通·叙事》：“夫饰言者为文，编文者为句，句积而章立，章积而篇成。”是篇者，本为著于简牍之文，积而意完，编而成册，则谓之篇，亦谓之书。后人沿袭其义，谓一首完整的文章谓之篇。

2. 古书多无篇名

由于早期之古文献，多单篇别行，故篇即为书，书亦犹篇也。而古书多无名，故自无篇名。详见本章前“书名”项。

3. 古书篇名的使用

如前所述，古书多无篇名，后人整理时，积多篇为一书，遂为之名。因在一书之中，有多篇文章者，乃各具专名，则书名与篇名，遂分别为义。《汉书·艺文志》云：“成帝时，以书颇散亡，使谒者陈农，求遗书于天下，诏光禄大夫刘向校经传诸子诗赋，步兵校尉任宏校兵书，太史令尹咸校术数，侍医李柱国校方技。每一书已，向辄条其篇目，撮其指意，录而奏之。”

是刘向校书时(包括所校方技类书),亦定有无篇名者,必乃向等为之命名。后人著书,遂各具篇名。故篇名的使用,亦经历过从无到有、从不完善到逐步完善的历史演变过程。

4. 古籍篇题命名之义

余嘉锡《古书通例·古书书名之研究》:"古书多摘首句二字以题篇,书只一篇者,即以篇名为书名。程大昌曰:'《荡》之诗,以荡荡上帝发端。《召旻》之诗,以旻天疾威发端。盖采诗者摘其首章要语,以识篇第,本无深义。'顾炎武曰:'《三百篇》之诗人,大率诗成取其中一字二字三四字以名篇,故十五国并无一题,《雅》、《颂》中间一有之,五言之兴,始自汉、魏,而《十九首》并无题,《郊礼歌》、《铙歌曲》各以篇首字以题。'……愚谓不独诗词也,古人之著书作文,亦因事物之需要,而发乎不得不然,未有先命题,而强其情与意曲折以赴之者。故《诗》、《书》之篇名,皆后人所题。诸字之文,成于手著者,往往一意相承,自具首尾,文成之后,或取篇中旨意,标为题目……"以上诸家,对诸古籍篇题命名之始及命名之义所作的说明,不仅符合于诸多早期古籍,亦符合早期古医籍篇题命名之义。如清·姚止庵《素问经注节解·凡例》:"每篇各有命名之义,有为篇中要旨所关者;有毫无关涉,不过以起首有此数字而即以之为名者。"姚氏所言诚是,在今存《素问》、《灵枢》中诸多篇题,详其命名之义,仅此二类而已。惟取篇文一二字或数字为名者,仅限于早期古医籍中,犹存此古法。汉以后人医著,则无以此法命名者。

二、古医籍篇题命名举例

详诸古医籍篇题命名之义,概言之,有以下数端:取篇文一二字或数字为名者;约取篇文要旨为名者;题名既为篇文几字又可体现篇文要旨者;以篇文所言事、物为名者等。在篇题组合结构方面,又有单层次与多层次之分。在篇序方面,有带序次与不带序次之别。以下分别举例:

1. 取篇文一二字或数字为名者

如:

《灵枢·口问》,以篇文起首云:"黄帝闲居,辟左右而问于岐伯曰:余已闻九针之经,论阴阳逆顺,六经已毕,原得口问。"故取"口问"为名。

《灵枢·玉版》,以篇文末云:"黄帝曰:善乎方,明哉道,请著之玉版,以为重宝,传之后世,以为刺禁,令民勿敢犯也。"故取"玉版"为名。

《素问·玉机真藏论》,以篇文中云:"著之玉版,藏之藏府,每旦读之,名曰《玉机》。"又此后又数言"真脏",故取此四字为名。

详以上以"口问"、"玉版"、"玉机"等字样命名,在现存古医籍中,惟《素问》、《灵枢》中尚存此古义。以此类题名,难以体现篇文要旨,故后世篇名,已无继用者。

2. 约取篇文要旨为名者

此乃概括篇文重要旨义,取以为名。如:

《素问·阴阳应象大论》,马莳注:"此篇以天地之阴阳,万物之阴阳,合于人身之阴阳,其象相应，故名篇。”姚止庵注：“天地之道，阴阳而已，人则戴天履地，抱阴负阳，其象与天地相应，故以命篇。”

《素问·藏气法时论》，马莳注：“五脏之气，必应天时，而人之治藏气者，当法天时，故名篇。”

详此等名，皆是对篇文要旨的概括，观其名则知其大义。凡论述性文章，多取此类题名。

3. 题名既为几字又可体现篇文要旨者

此类题名既是摘取篇文的某几字，而又能体现篇文的重要旨义。如：

《素问·移精变气论》，其篇文起首云：“黄帝问曰：余闻古之治病，惟其移精变气，可祝由而已。”详该篇内容，亦在论述移精变气，故以此名篇。

《素问·阴阳类论》，其篇文起首云：“孟春始至，黄帝燕坐，临观八极，正八风之气，而问雷公曰：阴阳之类，经脉之道，五中所主，何脏最贵？”详该篇内容，亦在论述阴阳之类，故以此名篇。

4. 以篇文所言事、物为名者

这种命名方式最为简易，仅以篇文所言事、物为名，不附加任何另外义。如：

《素问》之“风论”、“痹论”、“痿论”、“厥论”、“热论”、“疟论”、“咳论”等。

《灵枢》之“经脉”、“经别”、“经水”、“经筋”、“热病”、“厥病”、“背腧”、“平人绝谷”、“九宫八风”等。

《脉经》卷六之“肝病证”、“胆病证”、“心病证”、“小肠病证”等。

《千金要方》之“大医习业”、“大医精诚”、“治病略例”等。

这种命名方式，在医籍中运用较多，特如本草、方剂、腧穴、脉学等书，运用此法为题者尤多。在临床各科医书中，亦单以病名或证名为题名者多。在医史人物中，则以人名为题。故此种方式，取之较易，用者最广。

5. 多层次词语结构者

这种篇名，大都有一个或多个主词，并对围绕其主词所陈述的方式及内容有所表示。如：

《脉经》卷八“平卒尸厥脉证第一”，此篇名中的主词是“卒尸厥”，陈述卒尸厥的方式是“平”，平与“评”通。《广雅·释诂》：“评，议也。”“脉证”是评的内容。故本篇名表示评议卒尸厥病的脉与证。是本篇名乃由平、卒尸厥、脉、证四个词语联合组成。

《伤寒论》卷第二“辨太阳病脉证并治第五”，此篇名中的主词是“太阳病”，陈述太阳病的方式是“辨”，脉、证、治是辨的内容。故本篇名表示辨别太阳病的脉、证及治法，由辨、太阳病、脉、证、治五个词语联合组成。

此类篇名对篇文陈述的主题、陈述的方式、陈述的内容等，都作了交待，可以使读者一目了然，起到观名以知实的作用。

6. 单题篇名

这类篇名，是只具一项主题。此类篇名甚多，反映了篇文内容，每篇大多只论述一个主题。如前举《素问》之风论、痹论、痿论等。又如金·成无己《伤寒明理论》卷一:发热第一、恶寒第二、恶风第三、寒热第四、潮热第五等,皆为单题。

7. 多题篇名

此类篇名,具有两项或两项以上主题。说明篇文内容,不止一个主题。如:

《素问·诊要经终论》,以篇文起首为"黄帝问曰:诊要何如?"篇文后部又为"帝曰:愿闻十二经脉之终奈何?"诊要与经终,是不相连贯的两个主题,故本篇为两项主题篇名。

《灵枢·九针十二原》,以篇文前则论九针,后则论述十二原,故亦为双项主题。

《脉经》卷九"平带下绝产无子亡血居经证第四"。此篇名既为多层次结构,又为多题者,其主题包括带下、绝产、无子、亡血、居经五项。

《针灸甲乙经》卷十二,"欠哕唏振寒噫嚏觯泣出太息漾下耳鸣啮舌善忘善饥第一",此篇名包括之主题,竟达十四项之多,可谓多题篇名之典型。

8. 篇名附文

有的篇名在正文之后,尚有小字附文。如:

《灵枢经》前九篇篇名正文下,分别有小字附文法天、法地、法人、法时、法音、法律、法星、法风、法野等字样。详《灵枢经·九针论》有文云:"九针者,天地之大数也,始于一而终于九。故曰一以法天、二以法地、三以法人、四以法时、五以法音、六以法律、七以法星、八以法风、九以法野。"此附文与篇文内容无关,在此仅可标篇序。

9. 小题与篇文相连

在古医籍中,有的书虽书文分为若干篇,但并未另为命名,仅取书名原文列为若干序次。如《黄帝八十一难经》:

"一难曰:十二经皆有动脉,独取寸口以决五脏六腑死生吉凶之法,何谓也?然:寸口者,脉之大会,手太阴之脉动也。人一呼,脉行三寸,一吸脉行三寸,呼吸定息,脉行六寸。人一日一夜,凡一万三千五百息,脉行五十度,周于身,漏水下百刻,荣卫行阳二十五度,行阴亦二十五度,为一周也。故五十度,复会于手太阴。寸口者,五脏六腑之所终始,故法取于寸口也。"余难均同此例。

详此篇文,"曰"以下乃设问之辞,"然"以下为应答之语。为本篇正式篇文。"一难"二字,实属题名,一者,表序次也。难者,以该书本未对篇文别题篇名,而仍以书名"难"字加序次组合为小题,加冠篇文之前,以分别诸篇。故"一难"二字,实属题名。

10. 后人追加小题

有的古医籍,原无小题,后传本有别具小题者,乃后人整理时追加。如:

清·叶天士《温热论》,最先刊出由叶氏门人华岫云等编辑之《临证指南医案》,收载本文无小题。又与华氏稍后之《吴医汇讲》收载时,大题作《温证论治》,亦无小题。且据注文云:"所著《温证论治》二十则,乃先生游于洞庭山,门人顾景文随之舟中,以当时所语,信笔录记,一时未加修饰。"据此,则原所以无小题之因自明。至清光绪年间,由宋兆淇编纂之《南病别鉴》收载此文时,则有二十一论题名,为温病大概、化热入营、邪留三焦、里结阳明、白舌、黄舌、绛舌、燥绛舌、紫舌、淡红舌、芒刺舌、血迹肿大舌、如烟煤舌、黑舌、粉白滑舌并斑疹、白痦、齿血、齿燥齿枯、齿垢、论妇人温病等，显系宋氏所加，虽有失原貌，然亦纲目清晰。

11. 小题在后

古代之书，始皆无题，已如前述。即有题名之后，题与文之次，古今亦有所不同。后世之篇题或类名，皆在文前，而古代之书多有题名或类名在文后者，今存文史书中，如《吕氏春秋》，犹如此制。如卷一，大题之后，另行作：

孟春纪第一　本生　重己　贵公　去私

这实际上是一个卷目，此后另起行为正文。正文之末，另行作"孟春纪"，则是篇名。后皆同。

又如诸史书艺文志或经籍志中，小的类名均在文后。如医经、经方、房中、神仙四类，文前均无题名，仅在文后曰，右医经、右经方、右房中、右神仙。此实为小题。

在存世古医籍中，已无此种情况，然而史志艺文之方技或医学类，仍存旧制，不可不知。

12. 篇名的演变

有些古医籍，由于历时较久，或几经散佚辑复，遂使篇名有变。如：

汉·张仲景《伤寒杂病论》，因原书汉末至三国间已散乱。原篇名不得而知。今存晋·王叔和《脉经》卷七伤寒病部注文中有云"右热病并阴阳部"、"右少阴部"、"右厥逆部"、"右阴阳竭尽部"、"右重虚重实部"、"右阴阳相附部"等。据本书卷二、卷三体例，疑此注文，乃出于王叔和之手，其注言所出诸部名，今存诸书皆不见，今《脉经》原文，亦不存六经等篇名。又唐·孙思邈《千金翼方》收"伤寒病"内容，其六经病则只曰"阳明病状"、"少阳病状"等。今存宋臣林亿等校定之《伤寒论》六经，则篇名作如"辨太阳病脉证并治"等；而《金匮玉函经》则作如"辨太阳病形证治"等。又日本有《古本康平伤寒论》，则六经病只作如"辨太阳病"等。足可看出张仲景《伤寒杂病论》一书散佚后，经后人多次重新辑复整理时，不仅在内容方面有诸多差异，其篇名亦有较大变化。

又《黄帝内经素问》一书，今存本乃王冰次注本，据宋臣林亿等新校正引南朝梁·全元起注本，不仅篇文有诸多分合处，即篇名亦有诸多不同者。如王注本"三部九候论"，全注本名"决死生"；"举痛论"名"五脏卒痛"；"示从容论"名"从容别黑白"；"疏五过论"名"论过失"；"徵四失论"名"方论得失明著"；"解精微论"名"方论解"等。亦可证今名与古名，常因后人传抄整理而有所改变。

以上仅举诸例，以示篇名之应用与演变，以及命名之常例。在诸多古医籍中，尚有其他情况，据此例而推之，亦可自明，不再烦举。

第四章　中医古籍书体结构

中医古籍，不仅其正文内容，丰富多彩。就其附加内容，亦多种多样。其书体结构，从形式到内容，均显得情况复杂。本文所谓书体，包括各种形式的书，如稿本、抄本、印本（包括私刻、坊刻、官刻等馈赠品及商品书）等书本内容结构。现将书体结构的有关情况，分别加以介绍。

第一节　书体结构的基本概念

古文献作为书的形式的形成，有一个由简到繁，由单一到多样的演变过程。早期的书籍，多为单篇别行。故内容组合，亦较简单，而多篇合编者，则组合复杂，结构不一。

书籍的结构，有多种意义。有指文章内容的布局、层次、段落等的编排。如《朱子语类》卷九四云："此《语》、《孟》较分晓精深，结构严密。"近人吴晗先生《谈写好文章》一文亦云："学习他们的写作方法，结构布局、遣词造句，对写好文章会有很大帮助。"有指书籍版面形式及全书内容的编排方式。如曹之先生《中国古籍版本学》一书，指书的外衣、书签、书名页、书首、书根、书脑、书脊等为外形结构；指书的序、目录、跋、凡例、卷首、卷末、附录、外集、卷端、大题和小题、牌记、墨丁、墨圈、阴文、阳文、行款、藏单、帮手等为内部结构。此中除了某些具有版本价值的特点外，余者也基本上就是全书结构的内容。本章则以介绍书的内部结构为主。

就书的全部内容看，具有以下几个组成部分，即扉页、卷前附录、正卷、卷后附录。

扉页是题写书名或撰人的部分，若系出版物，亦题写与出版有关事项，如出版家、出版时间或藏版家等。

卷前附录，包括序或跋、题辞、凡例、目录等。或有牒文、札文等，亦多在卷前。别有项目亦因书而异。以上内容，也有的将其中的某几部分组合为"首卷"或"卷首"。这一部分内容，也可统称为"卷前附录"。

正卷，即书的卷文部分，也是书的主体。有的分卷，有的不分卷。凡内容或类别较多者，大都分卷，反之，若内容较少或类别单一者，亦有不分卷者。分卷者，每一卷书，除正式卷文内容部分外，又有卷端与卷尾两部分内容。

卷后附录，包括序或跋、附录，亦有将札文置于卷末者。别有项目亦因书而异。

第二节　古医籍书体结构常例

一、扉　　页

（1）仅署书名者，明·叶廷器《世医通变要法》，中间大字署"世医通变要法"六字，别无他文。又如清·唐宗海《医易通说》,中间大字楷书署“医易通说”四字。全书无刊人及刊书时间。

(2) 署书名及出版家者,今举两式为例:

一种是同署于一面,如清咸丰年刊清·石寿棠《医原》,中间大字署“医原”二字,上首署“咸丰辛酉镌”五字,下首署“留耕书屋藏版”六字,均用楷书。

一种形式为分署两面,如清光绪年刊清·张锡驹《伤寒直解》,前面大字署“伤寒直解”四字,上首小字首行署“张仲景原文”五字,次行署“张令韶注解”五字,均用隶书。后面牌记双行小字署“光绪乙酉春仲重刊于福州醉经阁”十四字,用行书。

(3) 署书名与刊印时间者,如清光绪年刊清·吕震名《伤寒寻源》,前面大字楷书署“伤寒寻源三卷”六字,后面为牌记双行小字署“光绪七年秋八月重校刊九月工竣”十四字,用行书。

(4) 署书名与刊印时间及刊家者,如清光绪年抱芳阁刊清·叶天士《叶案存真》,前面大字篆书署“叶案存真”四字,后面牌记双行小字署“光绪丙戌中秋月常熟抱芳阁刊”十三字,用隶书。

(5) 署书名、撰人及刊印者,如人民卫生出版社影印日本影印唐·孙思邈《备急千金要方》,中间大字隶书署“备急千金要方”,上首小字书“孙思邈著”四字,下首小字楷书“江户医学影北宋本”七字。

(6) 署书名、撰人、校定人及刊印者,如清扫叶山房刊王晋三《古方选注》,中间大字署“十三科古方选注”,上首双行小字,首行署“王晋三先生注”六字,次行署“叶天士先生校”六字,此下有朱红印记,为“扫叶山房督造书籍”八字。下首小字署“扫叶山房刊”五字。书首小字横署“魏柏乡先生鉴定”七字。均用楷书。

(7) 署书名、撰人、刊印者,兼外附篇目者,如清文胜堂刊清·舒诏《伤寒集注》,中间大字署“新增伤寒集注”六字,上首小字署“进贤舒驰远先生著”六字,此下署“文胜堂梓”四字。下首署“六经定法、答门人问、痢门挈纲、女科要诀,后附麻痘真诠、瘟疫论、真阳论,附辨肺痈肺痿、吐血论、芪术不固表论、脉图、辨讹、辨脉”等,为附篇名。均为楷书。

(8) 署书名、撰人、刊印家及刊印时间,兼有附言者,如清乾隆年刊清·唐笠山《吴医汇讲》,中间大字署“吴医汇讲”四字,上首小字署“唐笠山纂辑”五字,此下有朱红印记为“扫叶山房督造书籍”八字。下首小字署“凡属医门佳话,发前人所未发者,裒集成编,诸同学如有高论,并望光增。附各书校讹、伤寒辨症歌、周身经络总诀”等。书首小字横署“乾隆壬子岁新镌”七字,均为楷书。

(9) 署书名、撰人、校补人、刊印家,兼有内容提要者。如清小西堂刊明·傅仁宇《眼科大全》,中间大字署“眼科大全”,右上双行小字,一为“秣陵傅仁宇先生纂辑”,一为“广陵林长生先生校补”;右下小字为“小西堂藏板”。左上、中、下各四行小字,上为“一、选前贤治验医案,一、编识病辨证总赋,一、定五轮八廓图论,一、升炼开瞽灵药于(按“于”字疑误)。”中为“一、详注脉诀看眼活法,一、较原机启微症治论,一、究金针宜拔内障症,一、备针灸内外眼要穴。”下为“一、按运气致病一百零八症,一、采龙木(按原误作“水”)银海诸集合宜论,一、慎钩割针烙川药宜忌论,一、秘制点洗敷吹治验诸方。”似此等文,虽属提要性质,实亦刊印家的一种宣传方式。

(10) 栏外有署文者。如清·程徒美《胎产大法》文星堂刊本。扉页栏内中间大字署

“胎产大法”，右署“新都志阳子编辑”，左署“文星堂藏板”。栏上天部横署“道光丙午年梓”。

又清天德堂刊明·武之望《济阴纲目》，栏内中间大字署“重订济阴纲目”，右上署“关中武叔卿先生著”，右下署“天德堂藏板”。左署“医家治法，惟女科为更难，《济阴纲目》一书，最称精核。不特立论切要，而辨别方脉，一圈一评，尽属金针，使人寓目症治疗。然非海内岐黄家，急需讲究，凡人士，亦当置一册于座右，诚宜家之至宝。今本坊不惜工本，并加校证，点画无讹，识者辨之。”又栏外天部横署“女科第一善本”。此皆坊家之宣传语。

二、卷前附录

这一部分的内容结构，一般地说，主要是有序文或跋文、凡例、目录等。但一本书历经多次整理抄刊，有时增加了整理抄刊者所加之文，也有时出于坊贾之手，增加了某种内容。当然，也有是出于作者本人，将某些与本书有关，但亦难置于正卷之内的文章，亦置于卷前。因此，有的书，卷前部分的内容，就显得十分烦杂。下面分别加以介绍。

（一）序跋

序有自序与他序之别。跋一般为他人所作。

1. 自序

今举数则为例。

（1）汉·张仲景《伤寒杂病论》自序，充满悲天悯人之义，并述撰著之宗旨及撰用之书籍，文见今《伤寒论》卷前。

（2）晋·皇甫谧《针灸甲乙经》自序，首赞上古、中古及秦汉医家术业之精，及近代王叔和撰次仲景遗论之功；次论《针经》、《素问》之要，末述撰著之宗旨及编纂体例。内容亦较完备。

（3）唐·王焘《外台秘要》自序，除了一般性内容如颂圣王之德及论医学之要外，文中详述其自身经历，如“幼多疾病，长好医术”，“七登南宫，两拜东掖，便繁台阁二十余载”。“以婚姻之故，贬守房陵，量移大宁，提携江上，冒犯蒸暑，自南阻北，既僻且陋，染瘴婴疴，十有六七，死生契关，不可问天”。又述撰著博采诸书，如所谓“凡古方纂得五六十家，新撰者向数千百卷，皆研其总领，核其指归。近代释僧深、崔尚书、孙处士、张文仲、孟同州、许仁则、吴升等十数家，皆有编录”。此文对王焘身世及著书背景、撰辑内容的研究，均有重要的学术价值。

（4）唐·王冰次注《黄帝内经素问》自序，首赞《内经》、赞前贤如周之秦公、汉之淳于公、魏之张公、华公等，次对当时存世之《素问》的基本情况作了较为详细的说明。如所谓“世本纰缪，篇目重叠，前后不伦，文义悬隔，施行不易，披会亦难，岁月既淹，袭以成弊。或一篇重出而别立二名，或两论并吞而都为一目，或问答未已别树篇题，或脱简不书而云世阙，重合经而冠针服，并方宜而为咳篇，隔虚实而为逆从，合经络而为论要，节皮部为经络，退至教以先针。诸如此流，不可胜数”。同时又提出了整理的七条原则，实则为整理该书的发凡起例，并对该书采用版本与文献资料的来源，均有所交待，根据这些资料，对照今日存世之《甲乙》、《太素》等古经文，对探讨《素问》一书在六朝时期之旧貌，有很重要的学术价值。这也是一篇既有实际内容又有整理原则与方法的较好序文。又如宋《政和经史证类备用本草·序例》所收"嘉祐补注总叙"、"本草图经序"、"开宝重定序"、"唐本序"、"梁陶隐居序"等，对南朝梁至北宋前期这一时期，有关本草的修定及本草学术的发展情况，均有概括的说明，对宋以前本草文献的研究，具有重要意义。

又如清·姚止庵《素问经注节解》自序，亦仿王冰自序体裁，除对原《素问》王冰次注本有所评述外，并提出了七条整理的原则，亦为本书之发凡起例。

(5)《中藏经》邓处中序，自云为华佗之外孙。述华佗原自公宜山洞中，曾遇二老，授以书函，"其方论多奇怪，从兹施试，效无不神存"，佗死后，"因吊先生寝室，梦先生引余坐，语《中藏经》真活人法也，子可取之，勿传非人，余觉，惊怖不定，遂讨先生旧物，获石函一具，开之，得书一帙，乃《中藏经》也。"似此种序，虽无学术价值，然其作伪之迹，斯亦可证。

(6) 宋代林亿等校定诸书之序，如《素问》、《甲乙经》、《脉经》、《伤寒论》、《金匮要略》等，对了解该书古传本的某些基本情况和本次整理校定的一般情况有重要意义，另有大量文笔是对皇帝的歌功颂德，则无甚学术价值。

(7) 宋《太平圣惠方》太宗赵光义御制序，主要称颂太平盛世，皇帝体恤民疾，同时也反映太宗之珍爱医术，故令臣下编纂此书。如云："朕昔自潜邸，求集名方，异术玄针，皆得其要，兼收得妙方千余首，无非亲验，并有准绳，贵在救民，去除疾苦。并遍于翰林医官院，各取到经手家传应效药方，合万余道。令尚药奉御王怀隐等四人，校勘编类。……今编勒成一百卷，命曰《太平圣惠方》，仍令雕刻印版，遍施华夷。凡尔生灵，宜知朕意。"此尽可反映北宋医药事业与整理古医籍之兴旺，与皇家之重视有很大关系。

(8) 金·刘完素《素问玄机原病式》自序。全文数千余字，是序文中之较长者。此文上自"三坟"，下迄唐宋，论医儒之道，并以较多笔墨论述仲景之书及《内经》运气之要义。对前人如王叔和、高继冲、朱肱、王冰、林亿等，虽肯定了其某些成就，然亦颇多微词。末书其所以撰《素问玄机原病式》者，"遂以比物立象，详论天地运气自然之理，注二万余言，仍以改证世俗谬说，虽不备举其误，其意足可明矣。虽未备论诸疾，以此推之则识病。六气阴阳虚实，几于备矣。盖求运气言象之意，而得自然神妙之情理。"似此等序，又可以反映作者的学术渊源与学术思想。

(9) 明·龚廷贤《万病回春》自序，首言不为良相则为良医之志。次则尽述其书名《万病回春》之义。如云："频年以来，经历愈多，施济愈验，凡疾者疗之，沉疴顿起，如草木之逢春……而一念与物同春之心，实有不容已也。于是从苦心十祀，祖轩、岐，宗仓、越，法刘、张、李、朱及历代名家，茹其英华，参以己意，详审精密，集成此书，名曰《万病回春》。真有以收天下春于肺腑矣。盖春乃造化生育之府，在天为元(按此乃"玄"避讳改字，下同)，在人为仁。天以元生万物，俾物之瘁者回春，而后品汇毓太和；君子以仁生万民，俾民之病者回春，而后群生跻寿域。故三皇之世如春，谓民物咸遂其生，此回春之义所由取也。"此文既说明书名取回春之义，亦可体现作者著述之一番苦心。又如清·沈金鳌《杂病源流犀烛》自序，亦类同此例。

(10) 明·方谷《医林绳墨》自序，主要说明此原系与门弟子讲解之用，并非完帙。如云："《绳墨》一书，乃为后学习医之龟鉴，非谷一人之私意，但领《内经》、仲景、东垣、丹溪、河间诸先生之成法者，著方立论，日与门弟子讲解……今幸豚儿立志集成方论一册，寿之于梓，与天下后世共，老朽再加愚按校正，定立主意。其中傥有差讹，识见之未到者，凡我同志，乞为笔削云。”凡此类著作，又如明·李中梓《医宗必读》，本亦云“为二三子指南”，是皆课徒之用，观序则明其意。

(11) 宋·陈言《三因极一病证方论》自序，言其撰著之始末，且知前曾有《依源指治》一书，而此书原名为《三因极一病源论粹》，与现名不同。又《直斋书录解题》著录则为《三因极一方》六卷，与今本亦不同。故据序文与今本之差别，尚可提供进一步考证的线索。

2. 他序

他序者，他人所作之序，情况亦颇复杂，诸如师长、子弟、门人、亲友、病家、达官、缙绅、隐名、刊印人、收藏人等，均有为序者，序文内容，亦千般不一，今举以下为例：

(1)《外台秘要》，今江户医学本有明东阁大学士方逢年序、明赐进士第正议大夫太常寺卿吴士奇序、明赐进士出身翰林院庶吉士奉命参佐军务钦授山东道监察御史郡人金声序、明赐进士出身中宪大夫江西等处提刑按察司副使奉敕提督学政当湖陆锡明序、明钦命提督徽宁池太等处地方总兵官都督同知榆林张天禄序、明赐进士第中议大夫赞治尹奉敕巡抚湖广等处地方提督军务都察院右佥都御史前太常寺少卿钦差督催湖广饷务吏部验封清吏司郎中文选考功清吏司员外郎典陕西试事里人唐晖序、明赐进士及第翰林院编修国史讲官邑人吴孔嘉序、明新安后学程衍道敬通父序等八人序。其中惟程衍道为该书校雠人，自谓“向购写本，讹缺颇多，因复殚力校雠，遇有疑义，则旁引类证，录于篇侧，其无文可徵者，不敢强释，以俟解人。十载始峻厥工。”余序皆为程氏同乡或友善者，大都泛泛论医，或述程氏身世，或赞《外台》之善美，或赞程校之功绩。凡此种种，尽可代表他序之一般内容。

(2)明·赵开美《仲景全书》，有赵开美序，述其先将《伤寒论》成注本及《金匮要略》合刻，取名《仲景全书》，“既刻已，复得宋版《伤寒论》焉，予囊固知成注非全文，及得是书，不啻拱璧，转卷间，而后知成之荒也，因复并刻之。”此为刊书人之序，对研讨《伤寒论》版本源流，极为有益。

(3)日本江户医学影宋本《备急千金要方》，有小岛尚质等序，此文对宋刊本作了考证，并“亟倩好手影写，选子弟才俊者雠对点勘”，故可知此本为宋刊本无疑，而此刻本系“影写”本，亦属可靠之本。

(4)元·罗天益《卫生宝鉴》，有至元辛巳郧城砚坚序云：“太医罗先生，学于东垣李君，源于易水张君，其道大行，惧夫二君之传久而泯没也，集录铨次而刻之梓者，非一编矣。暇日，携成书四帙见视，而曰且将板行，一序毋吝。”详砚坚，即砚弥坚，本汉上，后家真定，曾被荐擢真定教授，后置国子监，拜国子司业，岁余以疾告归。此序为罗氏乞请名家之作。文中惟对书中内容略加介绍，并加赞誉而已。

(5)明·张洁《仁术便览》，有同郡王再聘序云：“吾邑张君，精于岐黄之业，集为《仁术便览》，得病之情，知病之体，杂合以治，各得所宜，诚可以济世蒸人。”是知为同乡所序，惟此序泛泛面言，别无新义。

(6)清·顾松园《顾氏医镜》，有其养女之婿程简之序。文中详述顾氏与其岳丈符赞先原有车笠之盟，后其岳丈客殁粤东，而顾氏对符女颇为关照，故“因以舅视松翁”、“松翁即以婿视简”，以彰其德。又赞其书，乃“松翁一生苦心”，因为之序。似此等序，亦可反映顾氏为人之品德。

(7)清·沈金鳌《沈氏尊生书》,有其兄岵瞻序云:"余弟芊绿博古明经,一生笃学,大约四十以前,专志儒书,四十以后,专攻医学,故著作甚富。于儒则有《芊绿草堂稿》若干种;于医则有《沈氏尊生书》若干种。"是以知沈氏之医文并茂。

(8)日本·滕万卿《难经古义》有太原王勃序一篇。详王勃唐人,书早佚,本序原载宋太平兴国年李昉等奉敕撰《文苑英华》卷七三五杂序类中,滕氏当系转引。详文中详述《难经》一书世代相传之始末,如云"《黄帝八十一难经》,是医经之秘录也。昔者岐伯以授黄帝,黄帝历九师以授伊尹,伊尹以授汤,汤历六师以授太公,太公以授文王,文王历九师以授医和,医和历六师以授秦越人,秦越人始定立章句,历九师以授华佗,华佗历六师以授黄公,黄公以授曹夫子。夫子讳元,字真道,自云京兆人也。盖授黄公之术,洞明医道。"勃从曹夫子学,"谨录师训,编附圣经"。此中历述《难经》递传之事,疑出于黄冠者传说之事,不足为信,至言黄元训经之说,则可资考证。

3. 序类别称

序文除此称谓外,尚有同类文章诸多别称。今选介如下。

(1)引。引,或称引言,唐以后始有此体,大略如序而稍为简短。如:

明·方有执《伤寒论条辨》,前有"序",次有"引",该文中心议题是强调仲景《伤寒论》一书的重要地位。如所谓"书曰论,何也?仲景自道也。盖谓愤伤寒之不明,戚宗族之非命,论病以辨明伤寒,非谓论伤寒之一病也。其文经也,事则论……吾故曰:名虽曰论,实则经也。虽然若曰伤寒经,殊乖矣。必曰医经,称情哉。"本文实则对前序的补充。

又如清·张璐《本经逢源》之"小引",主要说明《神农本草经》的学术价值及其疏解此书的宗旨。如所谓"医之有《本经》也,犹匠氏之有绳墨也。有绳墨而后有规矩,有规矩而后能变通。变通生乎智巧,又必本诸绳墨也。原夫炎帝《本经》,绳墨之创始也……因不揣聊陈鄙见,略疏《本经》之大义,并系诸家治法,庶使学人左右逢源,不逾炎黄绳墨,足以为上工也。"

(2)小序。如清·雷丰《时病论》,前有"自序",次有"小序"。重在驳斥或者对所谓"时医"之砭疑之词,并说明"时医必识时令,因时令而治时病,治时病而用时方"的重要意义,也是对"前序"的补充,因其文短于"前序",而义则犹简,故名"小序"。

(3)叙。叙与序义同。如清·袁昶校刻《黄帝内经太素》之"叙",首述所得此传本之始末及校勘情况。如云"前在京师,柯太史巽庵得之亶洲夷洲传抄,予又从柯君假以录副……今嘱弢庐先生校勘,而鲍生次瓯佐成之。"次述医学之要及学医之难。故校刻是书,以发义蕴。是此与序,亦无别。

(4)弁言。亦序之类,以其文书首,故名弁言。如清·罗茂亭《医案类录》之"弁言"。先言医案之重要意义,后叙效喻嘉言《寓意草》之意,将平日所治,"一经获效,立案存记,用以自镜得失,不敢妄邀虚誉也。"亦可见其用心良苦,医德之高尚。

(5)绪言。绪言与序言之义,亦基本相同,重在说明编撰主旨。如清·薛雪《医经原旨》之"绪言",主要说明《黄帝内经》,虽"万古不磨之作",然"故多繁辞"。而张景岳作《类经》,"诚所谓别裁伪体者欤!惜乎,疑信相半,未能去华存实",因"重为删述,望闻问切之功备矣,然不敢创新立异,名之曰《医经原旨》"。此可见其作是书之旨矣。

凡书之序,属自作者,大都为表述撰著宗旨、学术价值、内容梗概、编纂始末等方面内容为主,余者则因人而异。属他序者,大都为介绍大义,品评得失。亦或介绍作者生平、撰著缘起及刊行有关事宜、流传沿革等。故认真阅读一书之序文,对了解该书有关事宜及学术思想,具有重要的作用。当然,有些序言,或对别书以诋毁不当之语,对本书以夸张不适之辞,或虚拟妄诞之事,或过为褒奖之言等。特别在他序中,此类情况,较为多见。亦不足为法。

4. 依托之序

依托之序者,乃作序人非署名人所作;或所署之名,非真实姓名。如:

清·陈士铎《石室秘录》一书,载有岐伯序一、张机(即张仲景)序一、吕道人序一。

在康熙丁卯冬至前一日岐伯序中云:康熙丁卯夏秋之间,陈远公(陈士铎号)过我于玉河之西,与之辨难《内经》诸书,"余出秘录示之,乃手抄行笈,慨然以著书为己任。"又与之辨难《内经》一月,"遂将《石室秘录》令其抄录一通,存之笥中,以备著书时之考稽也。"在康熙丁卯冬至后十日张仲景序则云:陈远公于丁卯(康熙 26 年)著书于玉河之南,逢岐伯与余为之辨难,岐伯乃传此书二十四法。"余嘉陈子活人之心,无有尽期,乃逐门又尚论之,以见医道之大而精,精而神也。合而刊布天下,使世知天地之间,何所不有"。详岐伯为传说上古黄帝时臣,张仲景生汉末,岂能于康熙年与陈氏论医,其出于依托之义,不言自明。又吕道人序则云:"今上戊辰(康熙 27 年)二月花朝后三日,远公陈子,将岐天师《石室秘录》请序于余。"复云"余乃邀天师至燕市,而天师又邀仲景张公同游客邸,晨夕往还,罄传方法,共一百二十八门,名曰《石室秘录》……又请于天师召华元化,质今昔之异同,华君又罄传之毋隐。"按此吕道人者,亦非真实姓名。观此三序,叙事间,颇多差异,在时间上亦错互不一。据近人山西何高民氏考证,此书及陈士铎氏与当时山西傅山等反清人士有关,故皆讳其真实姓名,此说可参。故似此等依托之序,事似荒诞,然常可借以对该书真伪的辨别及某些历史事实的考证。当然,若纯出虚构,则不足为凭。

5. 跋

跋文一般在卷后者为多,但也有在卷前者。如:

宋·郭雍《伤寒补亡论》,有朱熹书"跋郭长阳医书"文。备述得见该书之始末及倡议刊刻此书缘起,并附言寸关尺三部诊法之所见。据跋文可知,该书已极为学界重视。如其故人王汉伯纪及亲友方士繇伯谟观其书,皆惊喜曰:此奇书也。为广布其书,朱熹特请长乐守蔡忠惠及闽帅詹元善二君校正刊补。是则是书之得流传于天下者,亦得朱公之力也。同时,从文中得知郭雍对理学也很有研究,此可以补史传所不载之缺。故此跋文,并非浮泛赞誉之词,内容实在,颇有学术价值。

又如清·顾锡《银海指南》,有其受业门人殳芬"前跋",对乃师撰著之因及学术思想渊源,均有所表述。如所谓"至于用方,则宗景岳,用药则守之才,足见与古为徒,心源印合,然巧运神思,独抒己见,岂末学所能测识乎!",所言亦属实情。对研究该书学术思想,亦有所启示。

凡诸跋文,亦无定体,惟赞颂者较多。若能于作者身世、撰著始末、学术特色、版本流传等有所述及,则当为佳作,对研究该书,亦颇有裨益。

(二) 凡例

凡例者,发凡起例之缩语,意在揭示全书的要旨或体例。晋·杜预《春秋经传集解序》:

"其发凡以言例,皆经国之常制,周公之垂法,史书之旧章。"又《左传·隐公七年》:"凡诸侯同盟,于是称名,故薨则赴以名,告终称嗣也,以继好息民,谓之礼经。"杜预注:"此言凡例,乃周公所制礼经也。"明·宋濂《吕氏采史目录序》:"于是礼部尚书崔亮主事,黄肃与濂等发凡举例。"又清·叶廷琯《吹网录·思辨录辑要有旧本》:"目录前有发凡,每类目前复有小序。"是"凡例"者,本亦指体制、章法或内容大要,后又指说明本书内容及编纂体例之文。

古书凡例,并不单独成文,多夹在正文之中,如唐·杨上善、王冰等注医经,皆有此例。

后来独立为文者,一般均置于卷前,个别有将其置于卷内者。凡例亦有自撰与他撰之不同。他撰又有参编人或整理人、刊书人撰等不同。就其内容而论,亦呈多样,以说明编纂体例者为多,另或论述医理,或品评别家,或考析源流,或说明内容,或交待与说明有关事宜,各随其欲。就名称而言,亦不尽同,如例、式例、条例、发凡、例言、集例、附言、凡例、义例、序例等。

(1) 例,如唐·孙思邈《备急千金要方》,今存本有宋·林亿等新撰"例"文,首文云:"《千金方》旧有例数十条,散在诸篇,凡用一法,皆宜遍知之,虽素熟其书者,临事尚虑有所遗失,况仓促遘疾,按证为治,不能无未达之惑,及新加撰次,不可无法,今撮集旧凡,并新校之意,为例一篇,次于今序之末,庶后之施用者,无凝滞焉。"据此可知,该书原有"凡"文数十条,皆散在文中,今林亿等"撮集旧凡"及新撰合为一例。此后共出"例"文二十条,对药物、计量、制法、病名、体例、文字假借等有关问题,作了具体说明。后来诸医籍之凡例,采用此体者较多。

(2) 式例,如金·刘完素《素问玄机原病式》有"式例"一篇。详其文乃出于《素问·至真要大论》病机十九条中,"五运主病"取肝、心、脾、肺、肾五条,"六气主病"取风、热、湿、火、寒五条,另加自撰"诸涩枯涸,干劲皴揭,皆属于燥"一条,合为六条。末云:"右正文二百七十七字,散见于《素问》及王太仆注,刘守真撮其要,以述此编。"据此,则本文原非守真自撰,疑为后人摘取正文之纲目,以为此例,此亦病机之类例也。

(3) 条例,如清·章虚谷《医门棒喝·初集》,有"条例"一篇,共出列十条,首文云:"医门之书,除圣经外,其自古称大家者,人莫不信奉,而鲜知其弊,兹以管窥所及,表其一二。以大家之论,尚不可固执偏从,况其余诸书,岂可尽信,明者当知所择矣。"详《棒喝》一书,对前朝及本朝诸名家之学说,多有所非议,故"条例"中所举如刘完素、朱震亨、张景岳、李东垣、尤在泾、吴又可、吴鞠通、戴麟郊等,以为之例,故此所谓"条例",乃其书文中驳之之例,犹著述之例也。

(4) 发凡,如清·费伯阳《医醇賸义》之"发凡",出列三条,"一、是编先论病证,随载自制方,后附成方,非敢僭越古人,后先倒置,欲令阅者,先将病证及治法,了然于胸中,然后再取古方,一一参看,使知印证古人之处,全不在拘执成法,而亦不离成法,乃为能自得师;一、东垣、丹溪,一补阴一补阳,实开两大法门,惟升、柴、知、柏非可常用。故方中凡有此四味者,概不多录,后人但师其温补脾胃及壮水养阴之法可也;一、伤寒一门,头绪纷繁,非数千百言所能尽,集隘,故不复登。"此文虽仅说明三事,但从前二事中,亦可看出作者治学之思路与学术观点,也反映该书的编撰体例。后者仅为说明该书不收伤寒一门的原因。

(5) 例言,如清·唐宗海《医经精义》之"例言",共列十一条,主要说明撰著宗旨、学术渊源、编辑体例及方法等有关事宜。是亦近乎后世之"凡例"体式。

(6) 集例,如明·李梴《医学入门》,有"集例",共列二十条,主要说明撰著宗旨及保养、运气、历代名医姓氏、经络、脏腑、针刺、形色、本草、温暑、伤寒、内伤及杂病、女科、小儿、外科、治法、杂病用药赋及古方诗括等文之所依。如“内伤纂东垣并各名家而编次之,杂病窃危氏《得效方》意及丹溪用药总法”;“女科以《妇人良方》为主,及参名家”;“小儿以《仁斋》为主,并《安老怀幼书》,痘疹以《医学正传》为要,并《仁斋》、陈氏、魏氏、闻人氏三要等书”;“外科以《外科枢要》为主”等。这对了解全书内容之所本,有重要意义,此亦“凡例”之一体。

(7) 附言,如日本·滕万卿《难经古义》之“附言”,共出列八条,其中第一、五、七、八四条,为编撰例文;第二、三、六条,为对《难经》之考释;第四条为对前人附图之非议。据此,则此所谓“附言”,亦“凡例”之类也。

(8) 凡例,“凡例”之称,明、清间著作,用者最多。就撰人而言,或自撰,或整理人撰、或刊书人撰;就内容而言,体裁亦不一。今举例说明。

1) 明·高武《针灸聚英》,列例文十九条,除说明书名之义及卷次分类之外,余者基本上属于编撰体例的说明。

又如明·龚廷贤《万病回春》,列例文十三条,亦属对编撰体例的说明。末缀谦词云:“此愚之管见,非取以欺当世,特不任济人之心耳,高明其亮诸。”

此类体式之“凡例”,不仅在明清两代医籍中仿效较多,在近代医著中,亦大都采用此式,重在说明编纂体例方面的有关问题,并缀以谦词,或说明其他有关情况。

2) 明·王肯堂《伤寒证治准绳》有“凡例”七条:第一条,赞楼英《医学纲目》之体例,故“此书篇目大抵因之”;第二条,述叔和编次之意,故“今于各证分经处,尚多仍叔和之旧学”;第三条,述六经提纲之证候,余不言者,“省文也”;第四条,说明行文简名之全称;第五条,度量考证;第六条,赞丹溪“伤寒属内伤者,十居八九,当以补元气为主”之说,故治伤寒当“谨护元气”;第七条,医人疑误之戒。出例七条,均充分阐明原委,故文字较长,此亦一种体式。

3) 清·柯琴《伤寒来苏集》有“凡例”十一条,前三条系对其书编次体例的说明,后八条则重在说明其笔削之义,是为整理人对原文处理之例。

4) 宋·郭雍《伤寒补亡论》,有清·徐锦刊印时“凡例”,例文除对该书之赞颂外,主要说明因该书传本已极少,“惧其湮没,急为付梓”。同时说明其所用底本的一些基本情况。

5) 清·罗国纲《罗氏会约医镜》之“凡例”,出列十二条。对撰著宗旨、采摭标准、编纂体例及有关事宜等,均有所说明。如第三条云:“是书本平生之心得者以立言,不敢捃摭以竞繁多,隐晦以彰深远;务令一见能解,以便取用。”说明所收内容,皆根据个人经验体会,选取切合实用者。如第九条,说明拣选单方,备荒村僻野,势急选用,第十条,说明牛黄、琥珀等贵重药,有而不真,方不轻载,反映作者能体察民情。第十一条,说明词章虽不能工雅,“然亦只求明达,不尚虚文。”第十二条,说明各科内容,有详略的不同等,体现作者实事求是的精神,故例文亦少泛论或空文。此等“凡例”,也算是约而要者。

6) 清·陈修园《医学从众录》之“凡例”,出列六条:第一条,交待“是书前曾托名叶天士,今特收回”。第二条云“是书论证治法,悉遵古训,绝无臆说浮谈,以时法列于前,仲师法列于后,由浅入深之意也。”说明作者之指导思想及章法。第四条中有评述前人者,如所谓“坊刻《万病回春》、《嵩崖尊生》、《古今医统》、《东医宝鉴》等书,所列病证不可谓不详,而临时查对,绝少符合,即有合处,亦不应验,盖以逐末而忘其本也。”如此贬诎,未免太过,难令人服。第五、六两条,说明本书如所谓“此书阐明圣法为入门之准”。“论中所列诸方,第三卷、第四卷,俱载弗遗”等语,亦有些过誉,故作为例文,难尽人意。

7) 清·郭右陶《痧胀玉衡》之"凡例",出列十一条,重在说明收方标准、砭刺准的、制方分两、饮汤规则等有关事宜。行文比较简练,如"言有不实,治有不效者,一句不载";"据证用治,立方制宜,非痧不录";"砭刺痧筋,必须紫黑毒血,据为实见";"制方分两甚少,若遇西北风高土燥之地,刚强勇壮之人,其分两必须加倍,或加二倍三倍,方能有效"等,行文简短,事亦言明,可滋仿效。惟言事不多,则不够完备。

8) 明·江瓘《名医类案》之"凡例",出列九条,基本上是属于编纂体例,例文简洁明了。今录全文如下:

一、是书乃披阅诸子百家之文中,有案会心者,辄手录以备遗忘,积久成袟,乃分门析类耳。

一、前修时贤之案,则系之曰某人,示无掩也。有案无人者,则曰出某书,示有据也。

一、某人案,惟先达著名者,则书其字号或官,如朱子注书例,凡先达称官称爵称字号之类;案可采而声未著者,直书其名,欲人易晓也。

一、时贤案惟变法稍出奇者采之,诸庸常者不录。

一、案下附说,或采前修之言,或附管见,与贤者共议耳,非敢自以为是也。

一、案中方法用古方加减者,但载方名;其方稍隐者,注云出某书;间有品味简者,直载其方其药;分两制度,或有或无,或详或略,皆仍诸书之旧也。

一、愚治验诸案,亦附诸条之末,一得之愚,弗敢隐秘,后来者或有可採择焉。

一、案以世次为先后,非有所颉颃也;间有先后失次者,无可考者也。

一、诸门后,各自分板,不相连属,庶后可续编入,不乱其成书也。

此文不仅对编纂体例,交待比较清楚,行文简明,而且反映作者学风严谨,治学态度亦为谦逊,总体设计亦较合理,是一篇比较好的"凡例"文。

⑨清·汪昂《本草备要》之"凡例",出列十五条,除对该书之宗旨、体例作出说明外,对其学术渊源及治学态度亦有所体现。如第一条云:"注本草者,当先注病证。不然,病之未明,药于何有?从前作者,罕明斯义……唯李氏《纲目》,自裒集诸家,附著论说,间及病源;《经疏》因之,释药而兼释病,补前人之未备,作后之指南。兹集祖述二书,更加增订药性病情,互相发明,以便兹用。"说明汪氏之学,独宗明·李时珍《本草纲目》及清·邹澍《本经疏证》二书,又第九条云"先哲名言,有言以人重者,有人以言重者,须当仍其名氏,庶乎后学,知所禀承,或是或非,有可裁断矣。"这种不没前人之实的治学态度,亦受李时珍影响,此种精神,亦颇可从。

⑩刊书凡例,如明·武之望《济阴纲目》清康熙四年刊本,有西陵澹漪子汪淇右子所撰"凡例"七条,前五条言"治妇人难"及称道此书之善。第六条云:"是书实医家之秘宝,因原版无存,世人每欲购求遗本,真如丹经仙录,可思而不可得。今本坊重登梨枣,照原本不易一字;至于纸用精良,镌皆名手,以方可寿人,书可寿世,述者不厌精工,识者自为鉴赏。"第七条云:"此刻之后,随有《慈幼纲目》,即《证治准绳》之幼科也。复增圈点,详加评释,亦如是编之精详。梓以问世,盖济阴所以扶阳,地天于焉常泰,而慈幼即以康老,运会用是咸亨。"观此凡例,作者"致籍仁术",亦属善举;然前五条之誉人,后二条之誉己,终不免于商贾之气。

(9) 义例,明·卢之颐《本草乘雅半偈》有"义例"四则云:

图说"核":

自炎帝尝药,形质始晢,惟刑异齐,而厥形缘以区分。先贤著为图说,间亦差别……或古之所产,今无取焉。倘按旧图,靡施新效。余谨从先贤序述名类中,妄加辨核……作图说“核”。

《本经》“参”:

《本经》言简义尽,精义入神,其范围曲成之妙,非古之聪明睿智而神圣者,何以与此……余颛愚谫陋,积岁茫茫,然偶有一德,辄妄忆之而妄言之。觊海内高明,庶有因鄙说而起予者。作《本经》“参”。

《别录》“衍”:

《别录》盖陶隐居就《本经》而稍广之,所谓衍也……顾余于隐居,何能为役。虽然,推此志也,使人知《别录》与《本经》非二说,余则幸矣。作《别录》“衍”。

附方“断”:

在昔贤圣,莫不深晢《本经》精义入神之奥,是以因病立方,各有深意……则我可以立方,矧有古方之可循者乎。不则余惧其操方以希合也。作附方“断”。

上述四则,一则可见作者撰著宗旨,一则说明编写体例。故亦属凡例之类。

(10) 序例。今存晋·皇甫谧《针灸甲乙经》有“序例”文云:“诸问黄帝及雷公皆曰问,其对也,黄帝曰答,岐伯之徒皆曰对。上章问及对已有名字者,则下章但言问、言对,亦不更说名字也;若人异,则重复更名字;此则其例也。诸言主之者,可灸可刺;其言刺之者,不可灸;言灸之者,不可刺;亦其例也。”此文重在说明几种行文体例,对校正今本中某些讹误,有一定意义。惟此文是否出于原作者之手,现尚难作出最终结论。

(11) 评注凡例。有的古籍复经后人评注,故除原有凡例,又增加“评注凡例”,以明其体。如曹炳章《增补评注温病条辨》“凡例”云:“凡书雄案,即王士雄孟英;书霖按,即叶霖子雨;书雪堂按,即定海郑雪堂。眉批下注朱评者,是原书朱武曹评;不书名者,则炳章自评也。”以上主要说明评注书文诸家姓氏,使读者一目了然。

从以上诸例中,足可说明,凡例之文,虽名称不一,然就内容而论,实则一体。重在说明撰著宗旨、内容概要、学术思想、编纂体例、行文规范,交待有关事宜等,有的亦可体现作者学术渊源,治学态度,或品评前人,或警示庸人等。

近代诸书“凡例”,则以说明编纂体例及与编纂有关之事宜者为多。总之,“凡例”亦古医籍一重要组成部分。故研读者,不可忽略。

(三) 叙论类

此类内容,或名叙或名论或名录,名虽不一,内容基本相似。所含内容,重点已不在编纂宗旨及体例结构等方面,而主要是对本学科在理论上作出概括的论述或阐明。有些在正文中不便处置的内容,均可收于其中。有的也包括编写体例。今举例说明。

1. 例与序之别体

此所谓例及序例,与以上所举,名虽相同,而内容差别较大,故特入此类。如:

(1) 例。今存张仲景《伤寒论》成无已注本及明·赵开美翻宋刊本,均有“伤寒例”一篇。文中有云“今搜采仲景旧论,录其证候,诊脉之声色,对病真方有神验者,拟防世急也。”是知此“例”,非出于仲景自撰,后人多谓出于晋·王叔和之手。例文前部分乃《阴阳大论》

文,为论述伤寒之病因、病机及伤寒之传变。后部分共列“凡”文八条,主要说明伤寒病之演变、诊候、治法、转归等一般规律。似此等文,实则对伤寒病的综述,近乎后人之所谓“总论”或“绪论”类内容。若按全书内容结构,似应置于卷首。然今传成注本及赵开美翻刻宋本,皆在“辨脉法”与“平脉法”之后。或久经传抄,而误错于此,今已难考。

(2) 序例。序例而包揽众多内容之体,医籍首见于宋,下此之后,亦有效仿者。如:

宋·寇宗奭《本草衍义》,有序例上中下三篇。序例上,具有两部分内容,前曰“总叙”,含对本朝整理医籍之赞颂,著述之缘起,本草名之考证,药性之论述,养生之大法,治病八要等内容。其治病八要,概括为虚实冷热邪正内外,亦系对辨证的总结。后曰“序例”,系对药物之性味,个别药物如巴豆、犀角、羚羊角等的制法与用法,麻黄之煮法等,加以说明。序例中,重在说明用药注意事项数则。序例下,主要列举八个病案为例。从上述情况,此所谓“序例”,实际上包括“序”和“例”两个部分,且其内容,已较常例为多。如病案之收入序例者,别例不多见。

又宋《重修政和经史证类备用本草》,有“序例”两卷,第一卷为“序例上”,含“嘉祐补注总叙”、“《本草图经》序”、“唐本序”、“梁陶隐居序”、“掌禹锡等序”、“补注所引书传”、“林枢密重广《本草图经》序”、“《雷公炮炙论》序”等,所引诸本草序文内容,亦皆有“序”有“例”。卷二为“序例下”,首文云:“谨按诸药一种,虽主数病,而性理亦有偏著,立方之日,或致疑混,复恐单行经用,赴急抄撮,不必皆得研究,今宜指抄病源所主药名,便可于此处疗。若欲的寻,亦兼易解,其甘苦之味可略,有毒无毒易知,惟冷热须明,今依《本经别录》,注于本条之下。其有不宜入汤酒、宜入汤酒者,今亦条于后矣。”此下备列诸病取治之药及其性味与佐使畏恶等常例。观此“序例”全文,虽有“序”有“例”,然其内容,亦包括甚广。

又宋《圣济总录》则将叙例编入正卷中,其卷第三“叙例”,列治法等差、药品、汤散、煎煮、服饵、服药多少、禁忌、治择、修制、秤两、升合、妇人、小儿、食治、针灸等十六项,其内容基本上属于“凡例”之体,如等差项云:“病有中风、伤寒、寒热、温疟之类,各有等差。今论方叙病,特以中风为首,以风为百病之长,善行而数变故也。其余伤寒、温疟、杂病,各从其重轻缓急而先后之。至于九窍诸科,与妇人、小儿,又宜析而次之。”治择项云:“凡药有燥湿精粗不同,必须治择炮焙讫,乃秤之。若用巴豆则不然,当先秤然后治择;其言巴豆霜者,当依分两用之。”妇人项云:“妇人之病,除妊娠产后血风血气门外,其余杂病及耳目口鼻诸疾,与男子无异,当于逐门中,随证用之。”

又明·李时珍《本草纲目》卷前有“凡例”一篇,出列十二条,其内容全系编辑体例。另卷文之第一卷与第二卷,则为“序例”。第一卷含二十题,即历代诸家本草、引据古今医家书目、引据古今经史百家书目、采集诸家本草药品总数、《神农本草经》名例、陶隐居《名医别录》合药分剂法则、采药分六气岁物、七方、十剂、气味阴阳、五味宜忌、五味偏胜、标本阴阳、升降浮沉、四时用药例、五运六淫用药式、六腑六脏用药气味补泻、五脏五味补泻、脏腑虚实标本用药式、引经报使等;第二卷含十三题,即药名异同、相须相使相畏相恶诸药、相反诸药、服药食忌、妊娠禁忌、饮食禁忌、李东垣随证用药凡例、陈藏器诸虚用药凡例、张子和汗吐下三法、病有八要六失六不治、《药对》岁物药品、《神农本草经》目录、《宋本草》旧目录等。本序例从包含的内容看,基本上是仿效《重修政和经史证类备用本草》的模式,惟包罗内容更为广泛,除了书目及对《本草经》的某些考证外,大部分为本草学的一些基本理论与基本知识。实际上是本草学的总论。当然,对本草的某些共性或规律性的问题的概括或归纳,亦含有例的性质,作为“序例”亦非不可。但终因其过于驳杂,后世大都对诸如此类内容,加以分化,或重新组合,另为命题。少有效仿此体者。

从以上三书之“序例”内容看,已远远超出一般凡例的范围。其中属于理论性阐述及某些规律性概括,后皆别为总论或绪论等文。

2. 叙录

今存敦煌石室梁·陶弘景《本草经集注》残本,仅存叙录的残卷。其内容包括以下几个方面:

陶弘景自序。

对本经上、中、下三品药物功效的解说。

君臣佐使的组合原则,药物七情的配合宜忌,寒热温凉四性及有毒无毒的阐述。不同剂型如丸、散、水煮、酒渍等的适应症等说明。

药物采集、加工、炮炙等有关事宜。

各种病证通用药物,解诸药毒法,诸药畏恶等。

上述内容,除陶弘景自序外,余者均含有部分《本草经》原文,但更多为陶氏所作新的发挥。从这部分内容的性质而论,乃为本草学有关共性问题的综合论述。即后世本草学之滥觞。这种体裁,据后世学者考证,《本草经》一书,古籍著录及记载,原有四卷之本,其中一卷为“序录”。因此,陶氏《本草经集注》之“叙录”,很有可能为沿用《本经》旧制。惟《本经》若以四卷论,则这一部分内容,应入正卷之中,不属卷前附录矣。

3. 绪论

清·赵学敏《串雅内编》之“绪论”,共列十二条,其中第一、二、三条,是对走方医某些术语的解说。如手所持铁铃曰虎刺,所持药囊曰无且囊,用针曰挑红,艾火曰秉离等。第四条为走医三字诀,第五条为走医有四验,第五为常用之法,第六、第七、第八条为医德,第九、第十、第十一为取效之法,第十二为走医于内科有变病法,乃不仁之术。是对走方医有关事宜的综述。对了解和考证走方医有重要意义,对研究和探索该书中所收医方与医术的应用,有重要的启示。故此“绪论”,特有其一定学术价值。

(四) 目录

此言目录,指专书目录,乃将全书的卷次、章节、篇题等,依一定方式排列的次序。故亦称目次。如清·姚衡《寒秀草堂笔记》卷三:“姜白石《绛帖平》,乃就东库本有字号者著录,其书仅存六卷,‘河’字以下全缺,艺林咸谓憾事。幸目次备详总录,鉴古者资以考证。”一书之目录,可使书文纲举目张,一目了然。今更加页码,尤便于检索。故就读一书,必先阅目。目录之体制及载录方式,各书亦不尽同。就体制而言,有纲目或总目,有细目,有全目,有卷目,有类目等。就载录方式而言,有尽在前者,有分在各卷之首者,亦有在卷内者,今举例说明。

1. 总目

亦称纲目。多为书体庞大,而篇章层次较多者,特设总目,仅列一级题名而已。如:

隋·巢元方《诸病源候论》之“纲目”,“第一卷至第十卷:风病、虚劳病、腰背病、消渴病、解散病、伤寒病、时气病、热病、温病、疫疠病。”第十一卷至二十卷,列二十题;第二十一卷至三十卷,列十八题;第三十一卷至四十卷,列十四题;第四十一卷至五十卷,列五题。此纲目仅反映大的类别名称。

宋官修《圣济总录》之“总目录”,仅列七十个门类名,如运气、叙例、补遗、治法、诸风门、诸痹门、伤寒门、中暍门、疟病门等,以示全书类别。

明·李时珍《本草纲目》之“总目”,每卷只列总题名或药物部类名,如“第一卷,序例;第二卷,序例;第三卷,百病主治药;第四卷,百病主治药;第五卷,水部二类:水之一,天水类一十三种;水之二,地水类三十种;……右通计一十六部,六十类,一千八百九十七种。”

2. 子目

亦称细目,是一书的卷次、篇章、题名的具体目录。一般只称“目录”。如:

宋御制《太平圣惠方》之“排门目录”,每卷均详列题名及“论”之首数,“方”之首数。如:第四卷:凡十五门,论一首,病源十四首,方共计一百十四道。

心脏论一首

治心虚补心诸方六道

治心实泻心诸方八道

……

以上共列细目十五则。

又如唐·王冰次注《黄帝内经素问》之“目录”,全书十二卷,每卷均列篇名及篇序。如:第一卷:上古天真论一,四气调神大论二,生气通天论三,金匮真言论四。

这种形式是专书目录采用最多的一种。至其内容的繁简则各书不一,层次少者仅有一级,多者可二级、三级不等。总之,分目愈细,则层次较多,反之则少。

3. 全目

全目,即全书总目录,故亦或名之为总目,如上举《黄帝内经素问》、《太平圣惠方》,卷前均有一全书总目。大多数古医籍目录,即为此类,兹不烦举。

4. 卷目

即分卷目录。有些古医籍,没有全书总目,只有分卷目录。如《针灸甲乙经》明五车楼刊本,全书十二卷,每卷之前有卷目,但无总目。这种形式,在古医籍中亦不少见。有时后人再刊时,亦或合卷目为总目。

5. 纲目

即全书门类目录,不举篇章小题,如隋·巢元方《诸病源候论》;也有的书称为“总目”,如宋官修《圣济总录》。

6. 有纲目兼有子目

如上引《诸病源候论》及《圣济总录》二书,均为既有纲目或总目,又有子目者。然大多数医书,仅有子目,无纲目。

7. 目录层次类别举例

由于有些古医籍内容,呈多级题式,因此反映在目录方面,亦呈多层次结构,并可体现其学科内容的不同类别,形成目录中的类目。现根据各种医籍的不同特点,举例说明。

(1)本草类:早期的本草书为《神农本草经》,因书已早佚,据现有资料所知,《本经》分上、中、下三品,据该书“序录”云,上药主养命、中药主养性、下药主治病。这种分类法,实际上是根据药物效用进行分类,惟仅以上中下三品或养命、养性、治病为别,未免太简。但作为药物按效用分类的滥觞,还是很有意义的。后世在此种方法的启迪下,遂有按效用加以具体分类者。如明·李梴《医学入门·本草》,计分治风门、治热门、治湿门、治燥门、治寒门、治疮门、米谷部等。虽然其所设门类,从药物效用的角度讲,还很不理想,但较之三品之法,已更为具体。后世逐渐加以完善,遂成按效用分类之法,又有以品物形类相分者,如梁·陶弘景《神农本草经集注》将诸药分为六大类,即玉石类、草木类、虫兽类、果类、菜类、米食类等。这种分类法,对后世影响较大,如宋《重修政和经史证类备用本草》,主要分玉石部、草部、木部、人部、兽部、禽部、虫鱼部、果部、米谷部、菜部等。至明·李时珍《本草纲目》,随着药物品类的增多,在此基础上,分类尤细,计有:水部、火部、土部、金石部、草部、谷部、菜部、果部、木部、服器部、虫部、鳞部、介部、禽部、兽部、人部等。这种按品物分类的方法,为近古本草书分类法沿用最多者。

(2)基础理论类:在基础理论著作中,进行门类区别的,有以下两种情况:一为对某些经典性著作的内容归类;一为某些专著所设之门类。如:

《八十一难经》,隋唐时人杨玄操氏,曾将其进行分类改编,据杨氏自序云:“今辄条贯编次,使类例相从,凡为一十三篇,仍旧八十一首。”此所谓一十三篇,实则一十三类,今存《难经集注》中,仍存此目,即第一,经脉诊候;第二,经络大数;第三,奇经八脉;第四,荣卫三焦;第五,脏腑配象;第六,脏腑度数;第七,虚实邪正;第八,脏腑传病;第九,脏腑积聚;第十,五泄伤寒;第十一,神圣工巧;第十二,脏腑井腧;第十三,用针补泻。

唐·杨上善《黄帝内经太素》,全书计三十卷,今存仁和寺本中,有十九个类目,即摄生、阴阳、人合、脏腑、经脉、腧穴、荣卫气、身度、诊候、证候、设方、九针、补泻、伤寒、寒热、邪论、风、气、杂病等。据排列卷次分析,在缺卷中,尚有两类佚名。全书合计,似当为二十一类。这种分类方法,可使读者对《素问》、《灵枢》诸篇内容,有一概括的了解。后世注家,亦多有采用此法,对《内经》本文,进行分类注释者,如明·张介宾《类经》,将全书本文分为十大类,即摄生类、阴阳类、藏象类、脉色类、经络类、气味论、论治类、疾病类、针刺类、运气类。节选进行者,如明·李中梓《内经知要》。

(3)证治类。证治类,即证候、论治等各科医书。其分类方法亦不一致,现举例说明:

1)以病证分类。如隋·巢元方《诸病源候论》,全书共五十卷,六十七门,一千七百三十九候。其六十七门,均以病证为名。如卷一、卷二为风病诸候,卷三、卷四为虚劳病诸候,卷五为腰背病诸候,卷七、卷八为伤寒病诸候,卷九为时气病诸候、热病诸候,卷十为温病诸候等。又如清·张璐《张氏医通》,全书共十六卷,其前十二卷,设中风门、诸伤门、寒热门、诸气门、诸呕逆门、诸血门、诸痛门、痿痹门、诸风门、神志门、大小府门、七窍门、疮疡门、杂门、妇人门、婴儿门等十六个门类。每门之下,各具若干病证。如诸伤门,含伤寒、暑、湿、燥、火、伤饮食、劳倦、虚损等。又如宋·陈自明《妇人大全良方》共设八门，如该书“纲目”所云：调经门，凡医妇人，先须调经，故以为初；众疾门，经脉不调，众疾生焉，故以次之；求嗣门，众疾既无，须知求嗣，故以次之；胎教门，求嗣已明，须知胎教，故以次之；妊娠门，胎教已明，须知妊娠疾病，故以次之；坐月门，妊娠疾病已明，须知坐月，故以次之；产难门；坐月已明，须知产难，故以次之；产后门，产难已明，须知产后疾病，故以次之。这种分类方法，主要体现各种病证的病性体系。

2）以病位、病因等分类。如清·沈金鳌《杂病源流犀烛》，全书三十卷，设脏腑门、奇经八脉门、六淫门、内伤外感门、面部门、身形门等六个门类。每门之下，再设部类及病证。如脏腑门，共分六脏六腑十二部，脏腑门之肺下设肺病源流、肺胀、肺痿、肺痈、息贲、咳嗽哮喘源流、诸气源流、中气、上气、下气、短气、少气、气逆、气郁、气滞涩、气痛、痧子源流等。又如六淫门，共分风、寒、暑、湿、燥、火六门，风门下设风病源流、毒风论、感冒源流、中风源流、诸痹源流、白虎历节风、麻木源流、破伤风源流、痉痓等。该书门类之脏腑门、奇经八脉门、面部门、身形门为病位类，主要体现病证之病位体系；六淫门、内伤外感门为病因类，主要体现病证之病因体系。

3）以治法分类。如清·陈士铎《石室秘录》，全书共六卷，从卷一至卷五，依次列举了一百二十八种治法。如卷一中有正医法、反医法、顺医法、逆医法、内治法、外治法、完治法、碎治法、大治法、小治法、偏治法、全治法、生治法、死治法等十四法。每一法中，均具有多种病证的具体论述及治疗方药。如正医法中含论肺经生痈、论久嗽服气法、论水泻、论血痢、论水肿、论两胁胀满吞酸吐酸、论腰痛、论怔忡不寐等。这种分类方法，虽对病证的寻检不甚方便，但颇能体现中医治法的灵活多样，特别能体现异病同治的特点。

（4）综合医书类。综合医书指包括多学科内容之医书。如元·罗天益《卫生宝鉴》，全书二十四卷，共设药误永鉴、名方类集、药类法象、医验纪述四大类。其中“药误永鉴”，多论药误之戒，如卷一为春服宣药辨、革春服宣药歌、无病服药辨、古方名实辨、承气汤辨、阴盛阳虚汗之则愈下之则死、阳盛阴虚下之则愈汗之则死、汗多亡阳、下多亡阴、方成弗约之失等。“名方类集”，为论治诸方药，复设若干门，如诸风门、咽喉口齿门、咳嗽门、疮肿门、烦躁方等。“药类法象”，言药物情味及治法用方有关事宜。“医验纪述”，乃记述自治之验案。故此中四大类者，以示不同科别也。又如清·罗氏《会约医镜》，全书二十卷，分设脉法、治法精要、伤寒、温疫、杂证、妇科、本草、儿科、疮科、痘科等十大类。实则乃诊法、治则、本草及临证各科之综合。

（5）多学科医书类，此指多学科内容，统一卷次类医书。如清·御纂《医宗金鉴》，全书七十四卷，卷一至卷十七为订正伤寒论注、卷十八至卷二十五为订正金匮要略注、卷二十六至卷三十三为删补名医方论、卷三十四为四诊要诀、卷三十五为运气要诀、卷三十六至三十八为伤寒心法要诀、卷三十九至卷四十三为杂病心法要诀、卷四十四至卷四十九为妇科心法要诀、卷五十至卷五十五为幼科心法要诀、卷五十六至卷五十八为痘疹心法要诀、卷六十为种痘心法要诀、卷六十一至卷六十二为眼科心法要诀、卷六十三至卷七十为刺灸心法要诀、卷七十一至卷七十四为正骨心法要旨。似此等医书，虽卷次统一为序，实属丛书性质。因其各大类别，乃是一部完整的专科著作，均可独立成编，故此种类别，亦为科别，与别类书之类别不同，非属同一层次。

（6）医话医论类。如宋·张杲《医说》，乃作者集录南宋以前多种文史著作中有关医学典故、传说等资料，汇编成册，全书十卷，分设四十九门，含医史人物、医书、本草、医方、针灸、诊法、各科病证、药食所忌、养生及医功报应等，使杂收之说，得以各归其类。又如清・唐宗海《血证论》，全书八卷，前六卷将诸多血证，归结为总论、血上干证治、血外渗证治、血下泄证治、血中瘀证治、失血兼见诸证六个类目，后二卷为方解。

8. 目录与卷文目不一

如清・徐彬《金匮要略论注》，卷前总目不分卷，而卷文则全书分为二十四卷。又如明・戴元礼《秘传证治要诀》，总目不分卷，列十二门类，如诸中门，包括中风、中气、中寒、中暑、中湿、中恶、厥等；诸伤门，包括伤风寒、伤暑、伤湿、伤酒、伤食等。而卷文则分为十二卷，每门为一卷，与总目相对应。

9. 目录收卷内

目录作为附加部分内容，一般均在卷前，但也有收入卷内者。

10. 无目

即无目录，即既无总目，亦无卷目，如《伤寒直格》即是。

根据上文诸例，不难看出，目录是对书文内容纲目的总合展现，它不仅能反映一书的大纲细目，而且能反映书文内容的不同层次及学术体系，也是全书内容高度概括的缩影。因此，书的目录，为书体结构重要组成部分。

（五）杂体文

杂体文指除序跋、凡例及叙论、目录等与书文有直接关系者外的一些与该书或作者具有某种特殊关系，但亦非一般常例的各类文章。此类内容，因无定体，亦无定例，情况比较复杂，现择其要者，举例说明。

1. 公文类

公文类包括两大类，一者皇帝或上级机关下达或批示于下级之公文；一者个人或下级机进呈给皇帝或上级机关的公文。如：

（1）明・周文采《医方选要》，有礼部所上奏章及嘉靖皇帝圣旨准奏各五。盖因该书原系周文采奉嘉靖皇帝之父兴王令旨所集录，并有兴王亲撰序文，故此书得受皇家额外重视。五次奏文及皇帝批复为：

1）嘉靖二十三年十月十六日通政使司右通政臣顾可学奏请将《医方选要》刊行疏，皇帝批复：

圣旨：皇考躬集《医方选要》一书，实体仰天地生德寿众至仁之心。岁久，传布未广，览尔奏进，朕心嘉悦，礼部便重加恭录刻梓，仍行两京各省翻刻，以宣济民之化。钦此。

2）同年十月十九日礼部尚书兼翰林院学士臣费寀等奏报“重加恭录翻刻”事。皇帝二十一日批复：

圣旨：是。钦此。

3）同年十月二十一日礼部尚书兼翰林院学士臣费寀等奏请刊行该书“应用纸张人匠梨

板等”合用钱粮,“合候命下行移各该衙门取办供应”事。皇帝二十三日批覆:

圣旨:是。钦此。

4) 同年十一月初一日礼部尚书兼翰林院学士臣费宷等奏疏报告恭录校正情,并请求“再照顾可学奏乞皇上重加宸翰续序”事。皇帝初三日批覆:

圣旨:书样依拟刊布,序已有皇考御制了。钦此。

5) 嘉靖二十四年闰正月二十一日礼部尚书兼翰林院学士费宷等奏请将“本官续进《外科集验方》二本……礼部重加校录,同前书一体刊布。”并拟将原兴王御制后跋“并移于前”,将周文采原序移于后,“庶尊卑有等,先后不淆”事。皇帝二十五日批覆:

圣旨:是。钦此。

从上述情况,足可看出,一本普通医方书,收载公文如此之多,在医书中恐怕是绝无仅有的。这主要是因为该书乃嘉靖皇帝之父亲令周文采集录,并有皇考亲序。否则,不会得到皇家如此礼遇。

(2) 宋·朱肱《类证活人书》之“进表”,乃朱肱为该书“伏乞宣付国子监印造颁行”之奏疏。该文大量笔墨用在宣扬皇化,歌颂盛世及其本人励志行医之心。这也是公文格调的一般特点。惟表中原言该书“一函八册,共二十卷”,与今存本二十二卷之数不合。故对考证其传本源流,有一定意义。

(3) 宋《太平惠民和剂局方》之“进表”,乃南宋措置药局陈承、裴宗元、陈师文所上。表中除反映该书原刊本之讹误及本次修订勘正等情况外,并对北宋校刊医书及设立“太医局熟药所”等七局的情况,亦有所简述。对研究北宋编纂校刊医书及设置医药局等有关事宜,可进一步提供证据。

(4) 金·成无己《注解伤寒论》,有北宋高保衡、孙奇、林亿等关于“雕印小字《伤寒论》等医书”事敕文。从文中反映了当时官方开雕印书在审批、管理、经费、流通等方面的一些情况,对研究北宋印书事业有一定参考价值。

2. 传记类

(1) 传状:如元·罗天益整理编辑其师之书《东垣试效方》,有至元丁卯(公元1267年)真定路府学教授砚坚撰“东垣老人传”,反映李氏不吝家私,肯于周济之情操仁行;从张元素学医,终于有成之治学精神,临终将所著书尽授其弟子罗谦甫,为天下后世之高尚品格。砚坚去东垣,时地皆近,其所言当不为虚。此对研究东垣身世,有重要史料价值。

又如清·胡澍《内经素问校义》,有其族叔祖胡培系撰“户部郎中胡君荄甫事状”一篇,历述其名号、里籍、身世、仕途、著述、治医等情况,并赞其品行孝友之德,又述及本书撰著及刊刻情况等,叙事较详,对研究胡澍生平,有很高学术价值。

又如清·吕震名《伤寒寻源》有潘遵祈“钱唐吕榇村司马传略”一篇,历述吕氏里籍、居处、名号、生卒年月、仕途、治医等,特书吕氏为潘氏及其家人、亲友治病多奇效之情状,并赞吕氏之为人,虽困矮屋口不言贫之高雅,亦颇有史学价值。

又如清·戴天章《瘟疫明辨》,收《上元县志》记戴氏事状。谓其少年时习举子业,虽好学强记,熟读经史,然以为“时文干禄,不足为研求有用之学。乃穷研天文地理射弋及书画琴弈之类,尤精于医理,活人无算。”这种济世救人致用务实的精神,亦颇堪称道。

(2) 记事:如明·张介宾《景岳全书》有其外孙林日蔚《全书纪略》一篇。文中除介绍该书分卷及门类外，对张氏的祖籍、居处、身世、志趣、著作等均有所介绍；并对该书为晚年编成，因“力不能梓授先君，先君复授日蔚”，后携走粤东，得方伯鲁公捐俸付梓之经过，予以说明。这是了解张介宾生平的重要文献资料。

又如清·陈修园《女科要旨》，有其孙陈心典识文云：“心典少随任北直，获睹先大父公余之暇，命先伯父拟注《伤寒论浅注》为前集，命先君拟注《金匮要略浅注》为后集。剖晰详明，以示来者。更遗《女科要旨》一书，命先君韵拟之，未及付梓……谨校之，以付攻木氏。”据此识文，不仅可知陈修园此三书之始末，而且可知《伤寒论浅注》，实出其长子陈元蔚之手，《金匮要略浅注》，则出其次子陈元犀之手，虽皆秉承父命，当然在学术上，亦当源于父义。然操笔者，并非修园自为。

（3）源流：如明·万密斋《万氏妇人科》载自撰“叙万氏幼科源流”一文，述万氏世传儿科及其撰著儿科医书的情况云：“粤自先祖杏城翁，豫章人，以幼科鸣。第一世，早卒。先考菊轩翁，孤，继其志而述之。成化庚子客于罗，娶先妣陈氏，生不肖，乃家焉，其术大行，远近闻而诵之万氏小儿科云，为贰世。罗有巨儒张玉泉、胡柳溪，讲明律历史纲之学，翁知全可教，命从游于夫子之门而学焉，颇得其传。翁卒矣，顾其幼科之不鸣不行也……故予暇日，自求家世相传之绪，散失者集之，缺略者补之，繁芜者删之，错误者订之。书成，名《育婴家秘》，以遗子孙，为三世……又著《幼科发挥》以明之者，发明《育婴家秘》之遗意也。”此文对其家世及世传儿科源流，叙述较详，实而可信。

（4）医林列传：如清·张柳子《伤寒论》之“医林列传”，收张机、王叔和、成无己三人传略。详该书卷端署名为“汉南阳张仲景原著、晋高平王叔和撰次、宋聊摄成无己注释、清钱塘张卿子参订”。观乎此，其所收三人传略之义自明也。

又如明·李梴《医学入门》卷首之“历代医学姓氏”，分类收录医家，计为：上古圣贤，三代以前圣君贤相，并为医药以济死生者也：伏羲氏、神农氏、黄帝等 13 人。儒医，秦汉以后，有通经博史，修身慎行，闻人钜儒，兼通乎医：张机、皇甫谧等 41 人。明医，医极其明者也：扁鹊、淳于意、郭玉、医缓、医和、文挚、华佗等 98 人。世医，以医为业，世代相承者也：楼护、徐秋夫、徐道度、徐叔响等 44 人。仙禅道术，长桑君、凤纲、玄俗、董奉等 19 人。此种分类法，虽不甚科学，然其保存之史料，有一定史学价值。

3. 书目类

书目类者，主要有编著者参考引用书目，同类书主要书目，古书书目源流考证等。凡此附录之书目，不仅对了解作者撰著情况，有一定意义，而且对目录及版本的研究，均有重要参考价值。如：

（1）宋《重修政和经史证类备用本草》之“所出经史方书”，乃撰辑时参考及引用书之书目，计 248 种。其中经史诸子类 25 种、医学类 116 种、道家类 37 种、兽医类 1 种、文集杂记类 69 种。特别对一些后佚古医籍的研究，更有参考价值。

（2）明·李时珍《本草纲目》，在“序例”中出列三种书目：

一为“历代诸家本草”，上自《神农本草》，下至其自撰之《本草纲目》，计有 42 种，并对每书加小叙说明。如自撰《本草纲目》云：“明赵府奉祠、敕封文林郎、蓬溪知县、蕲州李时珍东璧撰。搜罗百氏、访采四方。始于嘉靖壬子，终于万历戊寅，稿凡三易。分为五十二卷，列为一十六部，部各分类，类凡六十。标名为纲，列事为目。增药三百七十四种，方八千一百六十。"据此,对李时珍撰著此书时,搜罗之广,用力之勤,历时之艰,选药之多,及其基本的体裁结构等,则有一概略的了解。

一为"引据古今医家书目",李时珍云:"自陶弘景以下,唐、宋诸本草引用医书,凡八十四家,而唐慎微居多。时珍今所引,除旧本外,凡二百七十七家。"

一为"引据古今经史百家书目",李时珍云:"自陶弘景,唐、宋已下所引用者,凡一百五十一家。时珍所引用者,除旧本外,凡四百四十家。"

(3) 清·汪琥《伤寒论辨证广注》列两种书目:

一者"采辑古今诸家伤寒书目",自王叔和辑《伤寒论》至其自撰《伤寒辨证广注》,计47种,每书有小叙,一则为作者与内容简介;一者对该书之评述,持论大多较为公允。如唐·王焘《外台·伤寒方论》,首先介绍了该书所收唐以前论伤寒文及治伤寒方凡八家,"曰仲景、曰叔和、曰华佗、曰陈廪丘、曰范汪、曰《小品》、曰《千金》、曰《经心录》。"又云:"其书不专以仲景方论为主,能广采诸家方论,合而成书,实为明备。所以先哲有云:不观《外台》方,不读《千金》论,则医人所见不广,用药不神。至哉言也。"汪氏对《外台》所收治伤寒诸论及方的评价,反映其对伤寒一病的认识,能从历史发展的角度看问题,其思路与观点,无疑都是正确的。较之后来者如陆九芝等,以为治伤寒、热病,除仲景书外,别无可从的思想,实在是高明得多。又如对明·方有执《伤寒条辨》一书,首先对方氏删削原书内容,重新改编条文的情况作了介绍,复云:"愚以例不可削,条不可紊,所以关要编云:伤寒有例,犹律法之例。其间虽杂以叔和之语,不敢谓此例皆非仲景之言。又六经篇,若欲得前后条分,绝无紊杂,必如仲景者出,方可自许。后世天资不逮者,其能悉如仲景本意邪?方氏之心,无非欲立异以为高,故其编次,悉更旧本,前者后之,后者前之,诸篇皆有更移,太阳三篇为甚。将欲求胜于叔和乎?设使人各一见以自高,何时复出仲景而始定。吁!余何人也,敢妄意有更。"他对方氏这种随意删削内容、移改经文、诋毁叔和、妄自为是之作法的评论,亦可为公允。似此类书目小叙,对研究前人著作,亦颇可借鉴。

(4) 日本·丹波元简《素问识》之"诸家注解书目",出列历朝诸家《素问》注本49种,均注明出典。有的并注明版本,如宋·林亿等校定本,有明·熊宗立校刊二十四卷本,一依赵府居敬堂本,日本活字本并朝鲜本均以此为祖本。又熊氏所刻十二卷本,后来之黄海本、周对峰、日本刻本等,则全本于此。似此等版本源流的考证,有重要学术价值。

4. 提要与综论类

此文乃系对全书内容或有关事宜的扼要说明或综合论述。

(1) 提要类:如清·佚名氏亟斋居士《达生篇》之"大意",共列八条,第一条说明胎产之书虽多,而未竟其旨,"特遵古人之意而条达之",为临时应急;第二条说明此编只在反覆言理,载方一二,务在平稳;第三条说明篇中备载胎前产后调护之法;第四条说明此编言语俚俗,务在普及,令家喻户晓,临时自有主张;第五条说明富贵之家,尤须知晓,且勿骄傲,不听人言;第六条说明本编特为难产而设,故胎前产后,只略载一二,以存其概;第七条说明试痛一篇,尤为重要,且勿致误;第八条说明勿以胎产为小善而不为。凡此种种,亦皆胎产要事,故作者特以专文予以说明。

又如晋·葛洪《肘后备急方》四库本,有《四库全书》总纂官纪昀等撰"提要",云:"《肘后备急方》八卷,晋·葛洪撰……初名《肘后卒救方》,梁·陶弘景补其阙漏,得一百一首,为

《肘后百一方》。金·杨用道又取唐慎微《证类本草》诸方,附于《肘后》随证之下,为《附广肘后方》。元世祖至元间有乌某者,得其本于平乡郭氏,始刻而传之,段成己为之序称:葛、陶二君共成此编,而不及杨用道。此本为明嘉靖中襄阳知府吕容所刻,始并列葛、陶、杨三序于卷首,书中凡杨氏所增,皆别题附方二字,列之于后,而葛、陶二家之方,则不加分析,无可辨别。案《隋书·经籍志》葛洪《肘后方》六卷,梁二卷,陶弘景《补阙肘后百一方》九卷,亡。《宋史·艺文志》只有葛书而无陶书。是陶书在隋已亡,不应元时复出。又陶书原目九卷,而此本合杨用道所附,只有八卷。篇帙多寡,亦不相合,疑此书本无《百一方》在内,特后人取弘景原序冠之耳。书凡分五十一类,有方无论,不用难得之药,简要易明,虽颇经后来增损,而大旨精要,犹未尽失其本意云。"此文前部分,主要是根据葛、陶、段、杨四家序及有关史料,对本书编纂、整理、流传及版本等情况,进行了综合说明。后则以该书内容及特色作了简单介绍,对读者亦颇为有益。

又如明·周王朱橚《普济方》四库本,亦有《四库全书总目》"提要"云:"《普济方》四百二十六卷,明·周王朱橚撰。橚,太祖第五子,初封吴王,洪武十一年,改封周,十四年就藩开封。洪熙元年薨,谥曰定。事迹见《明史·诸王列传》。橚好学能文,留心民事,尝作《救荒本草》,已著于录。是书取古今方剂汇辑成编,乃橚所自订,而教授滕硕、长史刘醇等同考定之。凡一千九百六十论,二千一百七十五类,七百七十八法,六万一千七百三十九方,二百三十九图,可谓集方书之大全者。李时珍《本草纲目》采录其方至多,然时珍称为周宪王,则以为橚子有燉所作,未免舛误。《明史·艺文志》作六十八卷,与此不同,则又误脱一百二字也。其书据摭浩博,重复牴牾,颇不免杂糅之弊。然医理至深,寒凉温补,用各攸宜,虚实阴阳,时亦有当。俗师见闻不广,往往株守一偏用之,适足以致误。是书于一证之下,备列诸方,使学者依类推求于异同出入之间,得以窥见古人之用意。因而折衷参伍,不致为成法所拘,其有益于医术者甚大,正不必繁芜为病矣。"此文共有五个层次,首先简介了朱橚的身世;第二层言本书编辑情况及全书含容量;第三层纠正李时珍引用及《明史·艺文志》中之讹误;第四层言其不足处;第五层对全书评价。所言诸事简明,评价亦属公允。

(2) 综论类:如日本·丹波元简氏《伤寒论辑义》之"综概",乃是对《伤寒论》及原名《伤寒卒病论》之书名考释。如所谓"其命书以伤寒者",乃序中所言其宗族死亡者,"伤寒十居其七"之伤寒,遂作此书,考论中伤寒,乃外感中之一证。案论是论难之论,"后人尊崇之至,遂以论语之论释焉,恐非命书者之本旨也。"又对《伤寒论》学术渊源、王叔和撰次本等均有所考述。又《金匮要略辑义》,亦有"综概"一文,系对该书命名之义,传本沿革等有关问题之考述。特经考证,提出"金匮玉函,原是葛洪所命书。即唐人尊宗仲景者,取而为之标题,以珍秘不出之故"的见解,颇有参考意义。

5. 汇考

汇考是对该书有关问题诸如作者、成书年代、内容、流传、版本等有关问题的考证。如:

元·滑寿《难经本义》之"《难经》汇考",对《难经》作者、《难经》与《黄帝内经》的关系、《难经》整理研究、五腧穴命名之义及脏五腑六等问题,均作过一定考证。虽不够深入而详尽,然对后人研究,亦有一定启示和参考。另有"阙误总类"的考证,含七、十二、十四、十六、十七、十八、二十、二十一、二十三、二十八、二十九、三十一、四十八、四十九、六十、六十九、七十四、七十五、八十一诸难,对整理研究此书,有重要学术价值。

日本·丹波元简《素问识》之“《素问》汇考”，援引自南北朝以下二十九家之说，对《素问》成书年代等有关问题，提供了各种见解，其中不乏高明之见。如引元明间人吕复云：“《内经素问》，世称黄帝岐伯问答之书，及观其旨意，殆非一时之言；其所撰述，亦非一人之手……而大略如《礼记》之萃于汉儒，而与孔子子思之言并传也。”吕氏提出《内经》之旨意及撰述，非出于一时一人之手的观点，直为后来学者所公认。至于其成书年代，丹波氏在该书“解题”中，并根据其他资料，亦认为出于汉人之手。这其中，当然也必受吕复之说的启迪。这种看法，现在已被越来越多的内外证据所证实，被越来越多的人所公认。

凡书中有关汇考内容（按有的无专论，或合并于其他文中），对某些历史或学术问题的探讨，有一定的启迪和参考作用。

6. 评注类

评注，指对该书的评议，或对某些文字词语的训释。如：

清·程应旄《伤寒论后条辨》对张仲景原序之评注，颇能发其底蕴。如总的认为“《伤寒论》仲景之自序，竟是一篇悲天悯人文字，从此处作论，盖即孔子惧作《春秋》之微旨也。”对序文中每一层次，均能加以深刻的分析，揭示其内涵，并给以高度评价。

日本·浅田栗园《伤寒论识》之“总评”，是对今存本《伤寒论》的评议，如云“所引《素问》、《九卷》、《八十一难》、《阴阳大论》、《胎胪药录》等书，质之于论中，未尝有一本于此者”，因谓此序乃出于“晋人假托无疑”。又认为平脉篇与辨脉篇，乃出于后人“裒集《素》、《难》、《金匮》脉语”所拟；痓湿暍篇及汗吐下诸可与不可条，亦皆后人所为。按浅田氏所论按其所据，重在推而导之，并无实证，尚难为信。又云：“太阳至差后劳复凡九篇，句句皆理，字字皆法，学者细心体会，其中义理章法，如神龙出没，首尾相顾。一字一句，条分缕析，鳞甲森然，自得其蕴奥。”详其对六经条文之评述，虽不无形况之语，然就其实际效用而言，亦不为过。

又如日本·丹波元简《素问》之“解题”，对黄帝、《内经》、《素问》之出典及涵义，进行了考释；对《黄帝内经》之成书年代，据《淮南子》云“世俗人多遵古而贱今，故为道者，必托之于神农黄帝，而后能入说”。刘向云：“言阴阳五行，以为黄帝之道”。又证之别书，断为“汉人所撰述”，有一定道理。对运气七篇大论及遗篇两论，则认为系后人取以补亡，亦属公允。

7. 诗文类

卷前诗文，有自作者，亦有他作者。诗文内容，或赞颂，或叙事，或明志，等等不一，今举例说明：

如：明·龚云林《寿世保元》之“附诸缙绅赠言”，计有刑部尚书舒化、两京刑工二部尚书刘讱、两京户兵刑三部尚书刘自强、礼部佐侍郎兼翰林学士张一桂、前进士守尚书郎张寿朋、巡抚浙江佥都御史张卤、巡抚贵州佥都御史胡桂芳、巡抚山东监察御史何出光、中宪大夫抚州府知府王梁、中顺大夫南康府知府刘巡、中顺大夫武定府知府刘懋武、乡进士黄立言等。此古医籍中收赠诗最多者，足证龚氏接触人物，以上层居多。

又如清·韩凌霄《经验瘟痧新编》，有其受业弟子“赞语”一篇，为四言诗三首；惟对乃师之赞颂，别无新义。

又如清·顾锡《银海指南》，有鲍廷博“题词”一篇，乃诗歌体。亦惟赞之而已。

8. 杂文类

杂文者，非一般医籍卷前附录所需内容。故其所述，并无定体。如：

清·张璐《张氏医通》之“石顽老人医门十戒”，始云：“轩辕氏以治兵之余治病，于是醫字下笔从医，国语之兵不解医本此，中藏矢殳，内攻脏腑之疾，与用兵不异。其下从酉，乃古酒字。从古服药，多以酒助也。后世不解从酉之故，易之以巫。缘十三科中，原有祝由之说，所以乡村之病，辄专事于祷，即或不灵，可无毒药伤生之咎，因推医字之义，爰述医戒数端，敢祈同志，逐一揆诸。”此下共列十戒文。其十戒名为：薰莸时习戒、恃才妄作戒、任性偏执戒、同流合污戒、因名误实戒、师事异端戒、贵贱混治戒、贫富易心戒、乘危苟取戒、诋毁同道戒。凡此戒文，名之曰戒，实则刺诸流俗之徒，如薰莸时习戒云：“医师无方术气，方是白描画手，本分师家。”乘危苟取戒云：“苟取已属非义，乘危尤为祸枢，纵具补天浴日之功，一有此疵，则拚其善而为不善矣。”足见其高尚的医德和高贵的气节。虽为卷外之文，亦当为操术者所警。

又如清·包三锺《喉证家宝》有自撰“功洞天”文。是对托名洞天仙师所作《白喉忌表抉微》一书的砭刺，数其过有五。然包氏所云，亦非尽然。是两家所论，未必一病，治之之法，重在审证。似此尽非别家，独是一己。学者亦需明辨，各为择善而从之。

9. 书信类

书信类者，乃作者与师友间书信，常可借此以了解作者身世及撰著宗旨等有关事宜。如：宋·朱肱《南阳活人书》之“谢启”，元·罗天益《卫生宝鉴》之“自启”，皆属此类，详见第五章，中医文献之文体。

又如宋·庞安常《伤寒总病论》有“苏轼答安常帖”云：

轼启：久不为问，思企日深，过辱存记，远枉书教，具闻起居佳胜，感慰兼集，惠示《伤寒论》，真得古圣贤救人之意，岂独为传世不朽之资，盖已义贯幽明矣。谨当为作题首一篇寄去，方苦多事，故未能便付去人，然亦不久作也。老倦甚矣，秋初决当求去，未知何日会见。临书惘惘，惟万万以时自爱。不宣。再拜。

安常处士阁下五月廿八日

人生浮脆，何者可恃，如君能著书传后有几，念此，便当为数百字，仍欲送杭州开板也。知之。又白。

从此函中，可以看出，庞氏与苏轼过从较深，故或庞请苏为之作序，然今传本无者，不知后来失落，或苏轼未能完成此事，现亦难考。

10. 有关人员姓氏

此类姓氏大致为校订人、付梓助资人或从学弟子等。如：

清·张璐《张氏医通》之“参阅姓字”，共列 48 人，其中惟有 16 人标里籍，如淮安、高邮都门、杭州、石门、京口、徽州寓吴门、上海、吴江、同川、上元等地，余者或为同乡。列从学 13 人，其中 2 人为其子诞先门人，一人为其子飞畴门人。此对研究张氏史迹，亦当有助。

明·孙志宏《简明医彀》，有“助梓缙绅孝廉太学文学诸公姓氏”，其中卷一 12 人，皆盐官人；卷二 14 人，皆盐官人；卷三盐官 12 人、资圣 1 人、当湖 6 人；卷四当湖 7 人、嘉禾 1 人、慈溪1人、钱塘3人;卷五1人,钱塘;卷六1人,当湖;卷七武塘1人,当湖1人;卷八2人,当湖。从诸多赞助出版人看,反映孙氏社会地位较高,本书社会影响亦较大。

明·张介宾《景岳全书》岳峙楼本,有"重订《景岳全书》姓氏"十一人:琼南云志高、山阴缪之伟、休宁查廷璋、江宁朱见一、豫章沈维相、山阴俞士琳、西园黄廷璋、古吴潘梧、山阴余士元、钱塘曹如璨、关中刘梦熊。以上诸人又在正卷卷端分别出现。是知诸人当是在刊书时负责各分卷的校订人,似别无他义。

11. 学医与读书方法类

此类内容,大抵为对学者的学习指导和读书指导,虽为个人体验,但对一般读者,亦有一定参考意义。如:

清·单南山《胎产指南》钱升檖秘本有"医学入门之法"云:"初学医者,须先李士材《医宗必读》、《脉诀》,药性之寒热温凉,入何经络,必须熟记;并看李时珍《本草纲目》,细心体认,脉象药性,无遗义矣;伤寒必须看朱肱《南阳活人书》,并成无已《明理论》、《注解伤寒论》;杂症:儿科痘疹须看万密斋全部,万无一失,诸书不及也;女科《胎产》秘本之外,更无佳者;《医方集解》,亦不可不看,方知用药之故。其余医书,汗牛充栋,如《内经》、《灵枢》、《素问》、《东医宝鉴》、王肯堂《准绳》,不可不览,亦不可遍览;若《景岳全书》、《伤寒六书》,时医若不奉为模楷,何以医病?但其中不无偏僻旁见之处,故时医多误。观之须识其偏正,正者师之,偏者弃之,若不别其是非,不特用之有误,观之亦无益也。特识以为初学蹊径,遵而循之,熟而习之,神而明之,虽不能驰名六合,亦可腾誉绍兴为白眉矣,慎勿忽诸。"按此翁所论,虽未必尽为公允,然所指诸书,亦皆可从,于初学医者,不无启迪。

又清·陈修园《伤寒论浅注》有"读法"13条,《金匮要略浅注》有"读法"7条,乃陈氏自家体会,并可反映陈氏之学术思想及对经文的理解。然其所论,亦皆二书有关之重要课题,虽难免一得之见,对后学亦不无益处。今举《金匮》中7条概而言之:第一条言读《金匮》必先读《伤寒》,方能全面领会;第二条言论中言脉,有寸口与趺阳、少阴并举者,以"撰用《素问》、《九卷》是也",有独取寸口法者,以"撰用《八十一难》是也……学者遵古而不泥于古,然后可以读活泼之仲景书";第三条言该书之所以名要略者,"盖以握要之韬略也";第四条言读《金匮》书,应注意正面、反面、对面、旁面、上面、底面,反复研读,以求新见;第五条言"风寒暑湿燥火六气为病,《金匮》惟以风寒括之者,盖以风本阳邪,寒本阴邪,病总不离阴阳二气,故举此二邪为主,而触类引而伸之";第六条言"《金匮》合数证为一篇的意义";第七条言标本中气说,"当以《内经》为体,以仲景书为用。"陈氏所论,除强合《内经》运气标本中气说于仲景书外,余者亦皆有一定意义,可供学者参考。

又如明·王肯堂《伤寒证治准绳》之"入门辨证诀",凡列两题,一者为"发热外感内伤辨",其中先概述李东垣内伤外感发热之辨法大要;次言内伤外感兼病而相合者,尤当据其脉证,以辨内伤与外感何者为重,以确定治法之或补或散,何者为急。一者为"伤寒、类伤寒辨",列出冬温、温病、寒疫、热病、湿温、风温、霍乱、痉、伤食、虚烦、痰、脚气、内痈、畜血等14种病证与伤寒的辨别方法。此中所论,虽然对某些病证与伤寒的辨别方法,由于受时代及个人见解方面局限性的制约,难能尽如所言,但其注意到伤寒与多种近似病证的辨别,方法是可取的。

12. 图像

图像者,指各种图形、图表及影像之类。亦可以辅助文字的说明。

(1) 图。图有物象图、有示意图。

明·高武《针灸素难要旨》有“九针式”,根据《灵枢》所记,将镵针、员针、鍉针、锋针、铍针、员利针、毫针、长针、燔针,各为图形,并附以文字说明。与《灵枢》不同者,此去大针而加燔针。

元·滑寿《难经本义》,有“《难经》图”十三幅,即经脉始从中焦流注图、关格覆溢之图、脏腑阴阳寒热图、色脉相胜相生图、五行子母相生图、男女生于寅申图、荣卫清浊升降图、肝肺色象浮沉图、五脏声色臭味液之图、五邪举心为例图、七传间脏之图、手足阴阳荥俞刚柔配遇之图、补水泻火之图等,均以不同形式的示意图,附以文字说明,对深入理解原文的含义,有一定帮助。

(2) 像。像为影象,亦即作者肖像。如:

清·章楠《医门棒喝》,有虚谷小影,并有“自赞云:这是个什么汉?若曰儒,未读书;若曰道,丹不晓;若曰释,勿面壁。胡为孑然而独立?不解世务人情,耳目口鼻虚设,面冷如冰。心肠火热,却怕荤腥。喜尝墨汁,似呆非呆,若痴若兀。原来一无所有,权且取名弃物。嘻!这样酒囊饭袋,还要丹青涂抹,雪泥鸿爪,偶留刹那,变幻无迹。故云色即是空,谁知空里有色。咄!休说,撞着云门和尚,一棒打杀,与狗子喫。乃顾影而歌曰:心是海兮性为水,私欲如泥和水流,富贵繁华风鼓荡,澜翻波涌几时休。纵使偶然澄,风摇又不清,必将泥去尽,虽动自光明。去泥如摩镜,歇手便生尘,此事真难事,用功可不勤。一旦转身见明月,乃知逐影枉劳神,营营终日竟何求,恰似春蚕在树头。茧成身死心未了,了得心时方自由,孤舟一叶顺江流,朝朝暮暮无人渡,醉卧江心月正圆,水中捞月谁知误。秋月印秋潭,潭枯月乃失。请君举头看,莫向潭中觅。说空原不空,执有却非有,要知空有两无关,明珠自在盘中走,打碎盘儿失却珠,毕竟落何处,快些寻来莫迟后。”此文从表面看,乃是章氏自嘲,实际上反映其本人心理状态的矛盾。他虽然受释家四大皆空的影响,但也未能作到与世不染。详章氏生当嘉庆、道光之世,满清统治日趋衰落,国内外矛盾不断增强。人们不甘心于此,但亦无力挽回。章氏的思想,正是社会情况的反映。所以他的这篇“自赞”文,对研究章虚谷其人,还是很有参考价值。

明·孙一奎《赤水玄珠》,具“孙东宿先生小像”。东宿为孙一奎之字。另有“孙东宿先生像赞”,一为吴郡太史检庵徐显卿题云:“炯然其眸,飘然其髯。是常入龙宫而探石函耶。隆冬不寒,曰三秀草。沧海可田,思邈不老。”一为将乐大令表弟汪文璧题云:“君貌昂藏,君心孔良。庞眉美髯,王质金相。盛仪挹挹,而神采焕发。谈吐纚纚,而道术彪章。蒐岐轩之秘而泄其心髓,补张朱之阙而订其雌黄。探玄珠于赤水,韰玉屑于青囊。余绪渺论,医案流芳。《十三篇》不得专美,《晋春秋》安能擅扬。是用儒绅倾仰,久矣懿范垂光。”是皆赞颂之词,故用赞文体也。

13. 音释

音释是对书中难字的释音,凡此等内容,大都在卷文之中,然亦有集中于卷前者。如清·张卿子《伤寒论》,集中音释计卷一 67 条、卷二 43 条、卷三 31 条、卷四 9 条、卷五 7 条、卷六 4 条、卷七10条,共171条。其音释不仅是释音,而且对大多数字,也有释义。如“饲,音噎,义同。”“哕,于月切,逆气也。”“中病,上音众。”第一字用直音且注明义同;第二字用反切法,并释义;第三字用标声调法。其音释大都准确,然亦有少数不十分确切者,如“洒淅,上所下切,下音析,寒惊貌”。其言寒则是,言惊似不妥。寒未必然惊也。

又如明·李梴《医学入门》卷首之“音字”,共收439字,均用直音法为之注,并有相当一部分作了释义。对读该书者,亦较方便。

以上所举卷前附录诸多情况,说明此类内容的复杂性和多样化。但从中亦可看出其内容虽然复杂多样,但大致可分为两大类。

(1) 基本内容,包括序言、凡例、目录三大项。序言主要反映该书撰著缘起、宗旨、指导思想、内容梗概等有关问题;凡例即一书的发凡起例,主要说明编撰体裁、结构、文字等方面有关事宜;目录是一书纲目,一则可供检索,二者能反映全书基本面貌。作为一书的附加内容,这三项显得尤为重要。作为读者或研究者可以通过这部分内容,了解有关该书的最起码的情况。当然,在一些较早的医籍中,不具有或不完全具有这部分内容,乃是历史发展的必然阶段。但在后期医籍,具此三项者,则为数不少。使书体结构日趋完善。

另外,有些官修图书或具有法令性图书,尚有公文内容,以示其重要性或法律效用。如《洗冤录》一书,今存本中有元代政府多次颁布公文。

(2) 附加内容。这部分内容虽较复杂,并无定式,可由原作者或后来整理人酌情选附,亦无特定范围。从以上列举的这类内容的情况看,当然也可以反映出许多与该书有关的问题。如公文类可反映政府的某些医事制度、作者的社会地位及该书的社会影响等;传记可反映作者或其家族的里籍、身世、学识、业绩、情操等;诗文可反映作者的社交、情趣、文化素养、学术见解、社会地位等;方法可给人以启迪或示范;有关人员姓氏可提供与作者或该书有关的名录,亦或具有考证的价值;提要与综概是该书关要所在;书目则具有目录学价值或版本源流考证意义;汇考则对该书某些历史性问题提供研究的成果或思路、方法及资料。评注是对一书的评价。

此类内容,作为一般读者,当然需要有所了解;对一般研究人员来说,更不可忽视;特别是对中医古籍整理人员或中医文献研究人员来说,尤为重要。故对此类内容,亦应给以足够重视。

三、卷首或首卷

卷首或首卷是相同的概念,即在正卷之前非正式卷文的某些内容,没有一定规格或范围,均系各书自定。具有这种形式的古医籍,为数较少。现举例说明:

(1) 金·成无己《注解伤寒论》,明·赵开美刊本,除张仲景原序、宋臣林亿等序、成无己自序及医林列传、目录外,在正卷之前,有首卷。其内容为:

南政三阴六图、北政三阴六图、南政阴阳交四图、北政阴阳交四图、三阳上下加临补泻病证三图、三阴上下加临补泻病证三图、五运六气主病加临转移之图、运气图解、释运气加临民病吉凶图、汗差棺墓总括歌、运气加临五图。详此首卷之运气图,近代国内学者,有见元刻本中无此内容,又据严器之等序文亦不言运气,故以为非成氏之旧。详《爱日精庐藏书志》著录影写金刻本,有刊行人王鼎序云:“《明理论》一篇,十五年前已为邢台好事者镂版,流传于世。独此书沉堕未出。”是则说明,金大定十二年刊本,当为首刊本。其中另有武安布衣王纬序云:“盖仲景之书,意深理奥,非夫明经络晓运气,达药性于运气之用者,则莫得而拟议也……今则聊摄成无已先生注解,内则明人之经络,外则合人之运气,中间说药之性味,深造运气之用,错而综之,以释其经,由是仲景之意,较然大著。”若据此序之意,亦难断定当有此内容。且诸图与《素问》运气诸篇,亦多有不同处,而成注中又不曾言及,故此内容,当系后人增附。

(2) 明·李梴《医学入门》,在序文目录后,有首卷,其内容为:

集例、先天图、天地人物气候相应图、明堂仰伏脏腑图、经穴撮要歌括(新增)、用药检方总目、释方、音字、历代医学姓氏、原道统说、阴骘、保养(附导引法)、运气总论等。

集例项,即凡例之类;先天图,据易理言先天元气生天生地生人生万物之理;天地人物气候相应说,以图象表示天地人与四时、六气、脏腑、经脉、星宿、方地、时位、二十四气等相应之例;经穴撮要歌括,乃增收南海平洲梁大川先生所编十二经脉五腧穴诗歌;用药检方总目,实则全书病证所收医方之细目;释方,收 168 方以释方名;音字,收书中 439 字加以释音与释义;历代圣王姓氏,收上古至明代医家传略;原道统说,注云:“纂绀珠经。”绀珠者,取典于记事不忘,乃取历代重要医家之要事名著,纂辑为文,以便学者,记而不忘;阴骘者,言医德也;保养者,论养生也;运气总论者,论运气也。

此卷首内容,收录范围较广,除不含序文与目录外,其余内容,与诸书卷前附录所收范围,基本上相同。实际上它是卷前附录的另外一种形式,并无特殊意外。故《医学入门》的“首卷”,作为一种书体结构内容的类型,具有一定的代表性。

(3) 清·单南山《胎产指南》之“卷首”,其内容为:女科总论、胎产脉候、调经章、崩漏章、种子章等。其调经章含不及期而经先行、一月而经再行、数月而经一行、经行或先或后、经将行腹痛、经水淡紫色、经闭不行、石瘕、肠覃等;崩漏章含崩漏、经血妄行、赤白带下、白浊白淫白带辨证等;种子章含种子(按此文无题)、保胎辑要总论、受胎保护、难产七因等。以上各项均有方证主治。似此等内容,本可纳入卷文之中,或以本书取名《胎产指南》,而调经、种子诸项,不在胎产之内,故不列入正文,而别为“卷首”,此与以上所举不同,乃又一体也。

(4) 清·沈金鳌《杂病源流犀烛》,卷首上为“脉象统论”,卷首下为“诸脉主病诗”,是其卷首,乃言脉诊法之专题。

又清·林珮琴《类证治裁》其卷之首为“内景综要”,乃综述藏象经脉等有关内容。亦系专题论述。

上述两书之卷首,又是一种类型,均系对某一问题的专论,且不便置于正卷之内,故特设卷首一卷。

又清·吴瑭《温病条辨》之卷首,名“原病篇”,其中援引《素问》、《灵枢》有关温热病经文十九条,加以注释。从其命名之义,可知亦在明热病学说之渊源而已。

(5) 明·方广《丹溪心法附余》之卷首,含:《本草衍义》补遗凡一百三十五种、十二经见证、丹溪论五篇、附刘河间风热湿燥寒论、附诊家枢要、附十二经脉歌、附古菴《药鉴》。似此杂收诸文,尤无一定宗旨。

从上述所引“卷首”或“首卷”内容看,并无特定含义,亦无约定范式,尽在作者自裁,故随意性很大。从其内容来看,大都与卷前附录无异。特如方广《丹溪心法附余》,在七题中,有四题曰"附",故实则附录也。

四、正卷体式

正卷体式。正卷体式有以下几种情况及内容:

(一) 卷名的由来

详书之称卷,盖缘于缣帛。古之书有写于缣帛者,系之以轴,便于舒卷。一帛作一卷,后世虽不用缣帛而改用纸,犹沿用其义,将若干内容,作为一卷,成为一种标志数量的单位名称。《书林清话·书之称卷》云:"卷子因于竹帛之帛。竹谓简,帛谓纸也。《墨子》云:以其所行,书于竹帛。《汉书·东方朔传》:著于竹帛。王充《论衡》:短书俗记,竹帛胤(注:俗本作乱)文,非儒者所见,众多非一。是竹帛汉时通用物矣。帛之为书,便于舒卷,故一书谓之几卷。凡古书,以一篇作一卷(注:《汉书·艺文志》有称若干篇者,竹也。有称若干卷者,帛也)。"今书言卷者,源于古意,但不尽同于古。古书单篇别行,一卷载一篇,故篇卷相等。然经整理者或收藏者加工后,亦可一卷载几篇。如长沙马王堆汉墓出土古医学帛书,据整理小组介绍,原有五张帛,整理小组分别称之为甲乙丙丁戊。其中帛甲录有四篇内容,均无题。经此次整理,命名为《足臂十一脉灸经》、《阴阳十一脉灸经》(甲本)、《脉法》、《阴阳脉死候》、《五十二病方》。这种形式,是墓主人此次收藏抄录时所为,还是所据祖本即作此样,现在当然是无从考察。总之,此作为一卷帛书,已收录了多题内容,当可证明一卷之中,并非全是单篇。后来以纸为载体,容量增大,一卷常含若干篇,故篇卷义自有别。

(二) 卷次体式

1. 单卷本

所谓单卷本,亦即不分卷之书。此类书大致有两种情况。一者内容专一,容量不大,一者内容虽含多项,而容量不大。如佚名氏《灵枢略》、宋·程迥《医经正本书》、元·朱彦修《格致余论》、清·徐灵胎《慎疾刍言》等,皆是单卷本书。凡单卷本书,皆不需记卷。

2. 两卷本

两卷本书的记卷有两种形式:

(1) 分上、下卷。如:

宋·许叔微《伤寒发微论》,该书共有"论"二十二条,从一至八为卷上,从九至二十二为卷下。

元·齐德之《外科精义》分上下卷,上卷论病候及治法,下卷为诸方主治。

清·徐大椿《难经经释》分上下卷,卷上从一难至二十九难,卷下从三十难至八十一难。

(2) 分一、二卷。如:

元·王好古《此事难知》。皆论述医文。

清·金德鉴《焦氏喉科枕秘》,卷一为治法,含治喉秘法、治喉要诀(十条)、临症二十法、焦氏喉症图形针药秘传。卷二为方药主治。

3. 三卷本

三卷本书的记卷，亦有两种形式。

(1) 分上、中、下卷。如：

原署汉·华佗撰《中藏经》，有卷上、卷中、卷下三卷。卷上卷中为诸论四十九道；卷下为疗诸病药方六十道。

元·李杲《内外伤辨惑论》、《脾胃论》、《兰室秘藏》三书，皆分卷上、卷中、卷下三卷。《内外伤辨惑论》卷上有辨证诸题十三道；卷中有论病及立方四道；卷下为内伤杂论、杂方等。《脾胃论》三卷则皆有论有方，《兰室秘藏》三卷亦同。是则说明其分卷方法，并无严格界限。惟以容量多少，适当截取而已。

(2) 分一、二、三卷。如：

清·潘名熊《医略》，卷一列七病证治；卷二列十一病证治；卷三列七病证治，附论一篇。

4. 多卷本书

此指四卷以上的书籍。此种卷本占医籍中的大多数，其记卷有以下几种情况：

以数次为序，如卷一、卷二、卷三、卷四等，这种形式占医籍中的大多数。不烦举例。

或作卷之一、卷之二、卷之三、卷之四等，如明·戴元礼《秘传证治要诀》、明·张介宾《类经》等，皆以此法记卷。

或作卷第一、卷第二、卷第三、卷第四等，如宋·许叔微《普济本事方》、元·罗天益整理乃师《东垣试效方》等，皆以此法记卷。

或作一卷、二卷、三卷、四卷等，如明·张介宾《类经图翼》，即以此法记卷。

5. 以别称代数次为序

如晋·皇甫谧《针灸甲乙经》一书，今传本皆作十二卷本，称卷一、卷二等。详唐·王焘《外台秘要》卷五"温疟方"引《甲乙经》文，云出庚卷第七；卷十九"灸脚气穴名"及卷三十九"明堂"引《甲乙经》文，均云出丙卷；卷二十"水肿方"引《甲乙经》文，云出第八辛卷。是知《甲乙经》一书之古传本，有以十天干名，即甲、乙、丙、丁等记卷者。

明·龚云林《寿世保元》，全书十卷，乃以十天干名与数次结合记卷，即甲集卷一、乙集卷二、丙集卷三、丁集卷四等。

又清·陈士铎《石室秘录》，乃以卷次与别称结合为名。全书计六卷，即卷一礼集、卷二乐集、卷三射集、卷四御集、卷五书集、卷六数集。似此等别称，并不表示其与该卷内容有何内涵联系或类别方面的区分，故亦无特殊意义。

又清·车宗辂、胡宪丰同述《伤寒第一书》，全书共四集，乃以《周易·乾》："元亨利贞"四字为名，即元集、亨集、利集、贞集。

又明·万全《万氏医贯》，全书共三卷，以天、地、人三才为名，即天部卷上，地部卷中，人部卷下。

又日本·贺川玄迪《产论翼》，全书共二卷，以八卦乾、坤二字为名，即乾之卷，坤之卷。

凡此等以其语词以代卷数而计者，花样甚多，皆出自文人之手，特标新立异者为多，具实际意义者少。

6. 合书为卷

此指汇多书为一书而另为命名,并以书为卷者。如明·陶华《伤寒六书》。

详《伤寒六书》,含《伤寒琐言》、《家秘的本》、《杀车锤法》、《一提金》、《截江网》、《理明续论》,乃陶氏不同时期之六种有关伤寒的著作,皆独立成编,后汇为一书,仍依旧名,惟于每书之下,别加卷次,为:伤寒琐言卷一、家秘的本卷二、杀车锤法卷三、一提金卷四、截江网卷五、明理续论卷六。实则以书为卷。

7. 卷数不固定书

作为书的卷数,就一般情况而论,是比较固定的。然而有些书,特别是去古较远的书,古今记载,卷数常有不一者;就中古以下之书,卷数不同者,亦不鲜见。究其原因,大致有以下诸端:

由于社会的与历史的原因,致使原卷数整卷脱落者。

由于历经后世多次传抄翻刻,致令卷数有变更者。

由于后人整理时,随意损益,致令卷数有增减者。

由于书本残缺,后人整理,欲足其数,则卷数虽仍其旧,而实则不全者。

由于书贾刊印,或后人重为编辑,不遵旧制而随意分合者。

由于作者曾对原著之修订,致令卷数有前后不一者。

今举例说明,如:

①《黄帝内经素问》、《灵枢经》。晋·皇甫谧《针灸甲乙经·序》云:"今有《针经》九卷、《素问》九卷,二九十八卷,即《内经》也。"是谧所见本,《素问》、《针经》原各九卷。然后世著录及今存传世之本则卷数不一。今分别介绍:

《素问》、《隋书·经籍志》著录《黄帝素问》八卷,全元越(按当为"起"之误)注。详《素问·王冰序》云:"班固《汉书·艺文志》曰:《黄帝内经》十八卷,《素问》即其经之九卷也。兼《灵枢》九卷,乃其数焉。虽复年移代革,而授学犹存,惧非其人,而时有所隐,故第七一卷,师氏藏之,今之奉行,惟八卷尔。"又林亿等新校正云:"详《素问》第七卷,亡已久矣。……《隋书·经籍志》载梁《七录》亦云止存八卷。全元起隋人(按此说有误,全元起为梁人),所注本乃无第七。"是从晋皇甫谧所见九卷本,至梁代二百余年间,乃佚失第七一卷。经王冰增补整理,析为二十四卷,复经宋林亿等校正定型。然此后诸刊本,一仍二十四卷本者,固为多数,而别有分合者,亦复不少。如合为九卷本者有清代抄本、日本刊本;合为十二卷本者,有元刊本、明成化十年熊宗立刊本、嘉靖年间赵府居敬堂刊本及吴悌刊白文本等;分为五十卷本者有明正统刊《道藏》本。《灵枢经》一书,据《素问·王冰序》言,其所见亦为九卷本,然至南宋史崧所献本,其家藏旧本,亦为九卷,经史崧整理后,亦析为二十四卷本。此后刊本,有复合为十二卷本者,如元刊本、明·熊宗立及赵府居敬堂刊本等;有析为二十三卷本者,如明·正统《道藏》本等。又《素问》、《灵枢》注本有复合为九卷本者,如明·马莳《黄帝内经素问注证发微》及《黄帝内经灵枢注证发微》、清·张志聪《黄帝内经素问集注》及《黄帝内经灵枢集注》。

②《难经》。《隋书·经籍志》著录有《黄帝八十一难》二卷,注:"梁有《黄帝众难经》一卷。"《旧唐书·经籍志》著录为一卷本、《新唐书·艺文志》著录为二卷本。《宋史·艺文

志》著录为二卷本。今存白文本如《医要集览》本、白云阁本等,亦皆不分卷。然诸多注解本,则卷数不一。最早之《难经集注》为五卷本,余如个人注解本,其卷数皆自定。

③《脉经》。据王叔和自序所云,原为十卷。《隋志》、《唐志》及《宋志》亦均作十卷。详宋林亿等"校定《脉经》进呈札子"云:"大抵世之传授不一,其别有三,有以隋·巢元方时气病源为第十卷者,考其时而缪自破;有以第五分上下卷,而撮诸篇之文,别增篇目者,推其本文而义无取。稽是二者,均之未睹厥真,各秘其所藏尔。今则考以《素问》、《九墟》、《灵枢》、《太素》、《难经》、《甲乙》、仲景之书,并《千金方》及《翼》说脉之篇,除去重复,补其脱漏,其篇第亦颇改易,使以类相从,仍旧为一十卷。"观其所云,则知《脉经》一书,传至宋代,其篇卷亦颇有不同。今存世传本,皆本宋林亿等校定本。

④《本草备要》,清康熙三十三年保阳文富堂刊八卷本,同年又一不明出版单位的刊本则为四卷本,此后这两种刊本,均曾经过别的出版家多次翻刻。在日本亨保14年(当清雍正七年)植村藤治郎等刊二卷本。清光绪九年长沙遐龄精舍刊六卷本。详此书汪昂氏亦仅在康熙年间著成,然早期刊本,即有八卷与四卷之别,在此后二百年左右时间,又有二卷与六卷两种刊本。而且这些刊本间,也存有一些差异,从而说明该书在流传过程中,或经后人整理加工,或经厂商任意并合,故而出现多种不同的卷本。

从上述情况,足可说明,有些古医籍在流传过程中,由于种种原因,其卷数常有分合的变动。且有时随着卷数的变动,其内容也有所增损。因此,作为古医籍文献的研究,对于此种情况,必须加以研究考证,辨别学术与版本的源流。

(三) 全书分上下或内外篇(集)

有些医籍不仅具有若干卷,而且将诸卷复分为内外或上下篇或集者。当源于古义,如《汉志》方技类诸医经之分内、外经,诸子书中之有内、外篇者,虽无严格之界限可断,亦各有其自定之意义寓焉。今举例说明:

(1) 明·李梴《医学入门》,全书共六卷,又分内集与外集两大类,一卷、二卷为内集,三卷至六卷为外集。其集例云:"中分内、外,内集详于运气、经络、脉、药;外集详于温、暑、伤寒、内伤杂病、方论。医能知此内外门户,而后可以设法治病,不致拘象执方。"此明其所以为内外集之义,亦别为两大类也。

(2) 清·姚止庵《素问经注节解》,全书共九卷,又分为内篇与外篇两大类。从一卷至三卷为内篇,从四卷至九卷为外篇。其凡例云:"内篇所载,皆阴阳变化之大义,脉象治法之要旨,固当细心体认;至于外篇,针灸如阴阳离合等篇,岁运如至真要、天元纪等篇,其中各有精义,所当节取以究其微,未可以其例之外篇而概视为肤浅也。"此详其所以分内、外篇之义,实则亦别为两大类也。

(3) 清·张曜孙《产孕集》,全书十三题名,分为上下篇,上篇为辨孕、养孕、孕宜、孕忌、孕疾;下篇为辨产、产戒、用药、应变、调摄、怀婴、拯危、去疾。从上下篇所含题名中,尽可看出,上篇为言孕,下篇言产。此乃该书分上下篇之意义所在。

(四) 全书分若干集

有的医书,不仅分为若干卷,而且将若干卷,再约为若干集。如明·张介宾《景岳全书》,全书计有六十四卷,又分为二十四集,以四句六言诗代称,名为"入道须从性理,明心必贯天人，谋烈圣贤大德，图书宇宙长春。”又如明·徐春甫《古今医统大全》，全书计有一百卷，又分为福集、寿集、康集、宁集四大集。每集又分十个单元，以两句五言诗统之，全书为八句诗四十字。成“卷集字号诗”，即“富贵荣华客，清闲自在仙。鹏程九万里，鹤算八千年。玉质成飞步，朱颜永驻延。平安无量劫，静默有真玄”。似此等集名，以其难以体现内容的实质，故只能表示卷数的分合。这种情况，在古医籍中，效法者较少。

（五）卷端文

所谓卷端，指每卷书正文前的几行文字，一般为书名、卷次、著者，校订者，亦或有附言等。

1. 书名项

书名亦称大题。书名项一般是连同卷次，均在卷文首行居下。有繁简两种书写形式：

（1）繁式。繁式写书的全称及冠词。如：

宋·林亿等新校正《素问》，书名行为“重广补注黄帝内经素问卷第一”十三字。其中“重广补注”四字为书名冠词，说明本次整理方式和增加的内容；“黄帝内经素问”，为书的全称；“卷第一”三字为卷次。

明·张鹤腾《伤暑全书》，有清·叶霖增订本，书名行为“增订伤暑全书卷上”，其中“增订”二字为冠词，说明为后增订本，“伤暑全书”为原书名，“卷上”为卷次。

又《难经集注》，首行为“王翰林集注黄帝八十一难经”，其中“王翰林集注”五字为冠词，又具有两层意义，“王翰林”示该书作者，“集注”示本次整理方式。“黄帝八十一难经”为书的全称。

又晋·葛洪《肘后备急方》，首行为“葛仙翁肘后备急方卷之一”，“葛仙翁”三字冠词为示该书原作者。

（2）简式。简式写书的简名，或将书名略去，而只写卷次。如：

晋·皇甫谧《针灸甲乙经》，原序前书名作《黄帝三部针灸甲乙经》，今卷文前为“针灸甲乙经卷之一”，是书名已略去“黄帝三部”四字。

（3）卷端书名与扉页书名不一。如原题宋·燕山窦汉卿辑著之《疮疡经验全书》，清康熙五十六年浩然楼刊本，卷端署“疮疡经验全书”，扉页署“窦太师全书”。又如明·傅仁宇《审视瑶函》，清小酉堂刊本，卷端署“傅氏眼科审视瑶函”，扉页署“眼科大全”。

2. 署名项

古籍之署名，有一历史的过程。早期古籍多不题撰人，后来则题撰人。今存古籍署名内容，可包括朝代、里籍、姓氏、字号及撰著方式等；有些传本或版刻本，兼有参阅人、校订人姓名及与作者的关系等，情况不一。现举例说明。

（1）不题撰人者：余嘉锡《古书通例·古书不题撰人》云：“欲读古书，当考作者之姓名，因以推知其身世，乃能通其指意。孟子曰：‘诵其诗，读其书，不知其人可乎！’焦循曰：‘古人各生一时，则其言各有所当。惟论其世，乃不执泥其言，亦不鄙弃其言，斯为能尚友古人。’陈启源曰：‘考孟子所论读诗之法，然则学诗者必先知诗人生何时？事何君？且感何事而作诗？然后其诗可得而读也。’其言可谓明切矣。然古书多不题撰人。则欲知人论世，其事乃至不易也。”余氏征引大量先秦文史类著作为证。又于“自撰书名之所自始”文,引秦·吕不韦《吕氏春秋》云:“自著书而命之名,始见于此。不韦之举,纯出于好名。又其书成于众人之手,非所自撰,与他人著书以传后学者不同。故亟亟焉表章之。盖古人学术为公器者,至是始为私人争名之具矣。”余氏所论,虽专指文史诸书。然医学诸早期古籍,亦犹是也。医者撰文,务在传其术,非在扬其名。若传非其人,则宁禁而勿传。今举古医籍为例。

1)《汉书·艺文志·方技》著录有医经七家、经方十一家、房中八家、神仙十家,共三十六家之书。除书名中有诸依托如黄帝、岐伯、扁鹊、白氏、俞拊、容成、务成、尧、舜、盘庚、宓戏、神农等名外,在注文中,无一言及其时其名者。则其书在当时亦皆不题撰人也。

2)1973年长沙马王堆汉墓出土之帛书、简书古医书共十一种,不仅未题撰人,且亦无书名。后由整理小组据文意,定名为《足臂十一脉灸经》、《阴阳十一脉灸经》甲本及乙本、《脉法》、《阴阳脉死候》、《五十二病方》等名。尤可证古医书亦不题撰人。

1984年湖北江陵张家山汉墓出土古医书有《脉书》与《引书》,《脉书》内容与马王堆出土之《阴阳十一脉灸经》基本相同。此虽有书名,亦不题撰人。

3)敦煌古医籍。据中国中医科学院马继兴研究员《敦煌古医籍考释》介绍,共收医籍数十种,其中有的首尾俱缺,有的系古医籍传本,如《伤寒论》、《本草经集注》等。就其完整或较完整者而言,亦皆未题撰人。

4)今存古医籍不题撰人者,如《黄帝内经素问》、《灵枢经》,不仅今存本不题撰人,即历来书目著录,亦皆无撰人。

又《八十一难经》,详《隋书·经籍志》,有《黄帝八十一难》二卷,注:“梁有《黄帝众难经》一卷,吕博望注,亡。”亦未题撰人。至《旧唐书·经籍志》有《黄帝八十一难经》一卷,注文始云“秦越人撰”。

似此等不题撰人之书,不仅在诸书目著录当中,为数较多。即在现存诸古医籍中,也有许多无撰人者。这种情况,一则为原作者,处于某种原因,不欲题名。一则后世传抄,亦或脱失。凡此等书,有的通过考证,或有所得;有的根据学术源流或时代特点,仅能知其成书之大致时限;有的则难以考定。特为学术研究,增加了诸多困难。故一书对撰著人的题名,具有重要意义。

(2)署名项举例

1)《伤寒论》,今明·赵开美翻刻宋本,共列五名。依次为:

汉·张仲景述。汉,示朝代,下同;张仲景,张机之字,示原作者;述,示撰著方式。

晋·王叔和撰次。王叔和,王熙之字,示整理人;撰次,示整理方式。

宋·林亿校正。林亿校正,示此本系宋代林亿等校正后之本。

明·赵开美校刻、沈琳同校。示此本为赵开美在宋林亿等校本的基础上,再为校正翻刻,沈琳为协同赵开美校正之人。

从这一署名的情况足可说明,今存明·赵刊本《伤寒论》,具有四个朝代的四个层次。其中前三次,如张仲景原文、王叔和撰次、林亿等校正,皆有文可循,有迹可察,惟赵开美等对书文究竟作了那些具体工作,难得详知。故单就署名而言。亦可反映该书的一些有关情况。

2)《黄帝内经素问》,今存唐·王冰次注、宋·林亿等新校正、明·顾从德翻刻宋本、署名行为:

启玄子次注、林亿、孙奇、高保衡等奉敕校正，孙兆重改误

这一署名有两个朝代，三个层次。因《素问》一书，既托名为黄帝之作，故不署作者。启玄子是唐王冰的别号，次注，说明王冰整理时有两项内容，一是重新编次，二是进行注释。这是一个层次；林亿、孙奇、高保衡三人，为宋代校正医书局官员，校正，说明他们所作的工作是对王冰次注本进行新的校正。特别表示此次校正工作是奉敕而行，亦即接受皇帝的敕令进行的。说明本次校正，非同一般，应具有国家级的水平，这是第二个层次。以上两代人所进行的工作，其文俱在。惟孙兆重改误这第三个层次，作了那些具体工作，从现存本中，既无详细交待，亦无文字可证，不易详明。

3）唐·杨上善《黄帝内经太素》日本仁和寺抄本，其署名为：

通直郎守太子文学臣杨上善奉敕撰注

这一署名含四层意思：

通直郎、太子文学是两职衔。这对于考证杨上善身世时代很有意义，特别是太子文学一职，结合《太素》中讳字，可断定杨上善撰注此书，当在唐高宗时代。杨上善是作者姓名。奉敕，说明本书非一般作品，乃奉君命而作。撰注，说明整理方式，对原文进行编次注释。或以为“撰注”，为撰写注文，恐非是。详王冰编次注释之《素问》，其自序中亦云“因而撰注，用传不朽”。故此署名，亦可反映以上几个重要问题。

4）宋·许叔微《普济本事方》署名为“仪真许叔微述”；《伤寒百证歌》、《伤寒发微论》、《伤寒九十论》三书均署“白沙许叔微述”。

详此前后署地名不一者，许氏生当北宋与南宋交替之际，其本真州（当今江苏省仪征）人，真州，宋徽宗政和七年赐名仪真。后宋高宗建炎三年，真州为金兵所陷，叔微想已南迁。而此书自序云“今逼桑榆”，是为晚年所成。而署名云“仪真”者，当是怀念故里，又署“白沙”者，白沙当今江西省峡江与吉水间。是此时当居于此。故从此地名，亦可证实许氏流落之地。知可，许氏之字。称“述”者，遵前人之著，而有以说之之意。

5）元·危亦林《世医得效方》共列三名：

建宁路官医提领陈志刊行。详此书诸序，知危氏曾在建宁州任医学教授，并将此书献与官医提领陈志，后经江西提举司校正牒报太医院，经太医院医官核准称善，并嘱付梓。再经陈志等“命工绣梓”，并为之序。此固陈志刊行署名居首之缘起也。

南丰州医学教授危亦林编集。南丰为其里籍，医学教授系建宁州任职。言编集者，以是书乃集危氏五世屡试效方编纂而成，故不言撰。

江西等处官医副提举余赐山校正。江西等处官医，示其职责范围。副提举系职衔。余赐山当为最后校正人，故署于末。

此一署名方式，亦可反映本书刊行的一些关节情况。

6）明·缪希雍《神农本草经疏》署二名。

东吴缪希雍仲淳甫著。此署名有五层意思。东吴为地名，系泛指，缪氏本江苏常熟人，迁居金坛，古均东吴辖区，故用此泛指。缪希雍，作者姓名。仲淳，其字。甫，男子美称。《说文·用部》：“甫，男子之美称也。”又或作“父”，义同。撰，自著也。

同邑门人李枝参订。此名有四层意思。同邑示与缪氏同里。门人，乃受业弟子，示与缪氏的关系。李枝，姓名。参订，示工作方式。

7）清·张志聪《黄帝内经素问集注》。有三类署名：

清钱塘张志聪隐庵集注。前示朝代与里籍,隐庵为志聪之字。集注,示注释方式乃集多人之注。

参订人,皆为同学,各卷不一。如卷一莫承艺、卷二高世栻、卷三杨象乾等。所以称同学者,时张志聪创侣山堂讲堂,讲授医学,志聪之后,由高世栻续办,此称同学者,盖即听讲诸医,以其不同于入室弟子,故以此称。参订者,其工作方式。

校正人,皆为门人,各卷亦不一。如卷一朱景韩、卷二王弘义与黄绍姚、卷三莫善昌等。门人者,受业弟子也。校正犹今之言校对。

此书参订人与校正人,对考证侣山堂当时听讲人员及志聪亲授弟子等情况,有重要价值。

8)明·汪机《读素问抄》,署二名:

许昌滑寿伯仁编辑

祁门汪机省之续注

前者系本书原作者之署名。伯仁,滑寿之字。以滑氏原以王冰次注《素问》为本,选录编辑,故不言撰。后者示汪机在滑本基础上,再为续注。省之,汪机之字。此又一体也。

9)《盘珠集胎产症治》,三名合署。

清·姚江施雯澹宁、严洁西亭、洪炜缉庵同纂。

此示施雯、严洁、洪炜三人合编之书。

10)《胎产新书》中含三书,其署名为:

《女科秘要》:静光轮应禅师考定。

《女科秘旨》:轮应禅师考定。

《女科旨要》:雪岩禅师增广。

据本书吴煜叙云,此书原得之浙江肖山竹林寺僧。详竹林寺僧,擅于妇科,由来已久。是此中诸法,仍轮应禅师所考定,雪岩禅师所增广,示非二人独撰。轮应、雪岩,二禅师法号,非本名也。

11)清·孙星衍等辑《神农本草经》,有两类署名:

魏·吴普等述。示孙星衍等认为该书为三国时魏人吴普等所述前人之说。非出于本人之新作,故不用撰。反映其对该书作者的见解。

清·孙星衍、孙冯翼辑。此言辑者,示此书为辑佚之本。

12)清·龙绘堂《蠢子医》,其署名为:

阳夏龙之章绘堂甫手著。

榆山朱名炤潜斋甫、秣陵杨凌阁仲唐甫、阳夏毛世型特立甫、襄邑施景舜虞琴甫参订。

秣陵:闫松墅济源甫、于建章黼宸甫、张三宝鼎实甫、邓汉东林春甫校正。

侄金门君由甫、孙镇川兑山甫、侄孙浚川晴澜甫付印。

杭州董志仁校刊。

这种署名方式,大概是最为复杂的,形同帐单,不足为法。

13)明·程衍道校刊唐·王焘《外台秘要》,有两类署名:

宋朝散大夫守光禄卿直秘阁判登闻简院上护军臣林亿等上进。此为说明此书所据祖本为宋臣林亿等校定本。

新安后学程衍道敬通父订梓。此则说明此本订梓人。新安,程氏里贯;敬通,衍道之字;

后学，谦词。订梓，校订、刊印也。

此后亦或署其男或门人同校，各卷不一。

此又署名之别一体。

14）明·黄庭镜《目经大成》有六类署名：

平昌慎斋魏定国鉴定。据自序云，其书"冢宰魏大人，一见悦服"，并请为审定，故特首署其名。

卢汀不尘子黄庭镜燕台氏笔乘。按此著者里贯姓氏名号。

上邑族弟香泉必智学源参阅

男锄非在田省耕原订

孙玉峰瑛怀校刊

受业　门人胡鹏南腾霄　同校
　　　族叔　文标庭树

按后者皆校阅人，徒列姓名而已，不足为法。

（3）撰著用语

从以上所引各书署名行看，其撰著方式用语，各有不同。概言之，可分两类，一为注释类，即对前人著作进行注释之类的书籍，其方式亦有多种，用语亦自不同，可参见"中医古籍注释"章有关内容，今不烦举；一为著述类，即个人自行著作之类的书籍，其方式亦不尽同，其用语，既可用代表著述之通常用语，亦可选用能反映某种工作特点的用语。同时，由于文异义通的文字方面的原因，有些用语虽不相同，然其义则难以区别；也有些用语，仅是反映作为著作的最一般的方式，因不管注释类著作或著述类著作，均可用之。今举例说明：

1）著，此乃使用较多和最为通常的用语。如：《景岳全书》，"会稽张介宾会卿著"；《伤科方书》，"江考卿先生著"。

著，记载、记录或撰述也。《左传·襄公二十三年》："初斐豹，隶也，著于丹书。"杜预注："盖犯罪没为官奴，以丹书其罪。"汉·司马迁《报任少卿书》："仆诚以著此书，藏诸名山。"《后汉书·延笃传》："能著文章，有名京师。"此以写书或文章名"著"之义甚明。又如《素问·玉机真脏论》："著之玉版，藏之藏府，每旦读之，名曰《玉机》。"又《灵枢·师传》："余闻先师，有所心藏，弗著于方。"《灵枢·病传》："生神之理，可著于竹帛。"版、方、竹、帛，皆当时书文载体。版与方，木制；竹，竹制简也；帛，丝制。此所言"著"，亦记载记录之义。故后世写书、写文章，均可谓著。其成品则可名著作。

2）撰。撰亦著述使用较多之用语。如：《黄帝内经素问》，"通直郎守太子文学臣杨上善奉敕撰注"；《局方发挥》，"元朱震亨撰"。

撰，对著作方式的表述，具有二义：一者，编纂也。三国魏曹丕《与吴质书》："顷撰其遗文，都为一部。"上述《黄帝内经太素》曰"撰注"之"撰"，即属此义。又王冰次注本《黄帝内经素问》自序亦云："恐散于末学，绝彼师资，因而撰注，用传不朽"。此所言"撰注"之"撰"，亦属此义。以《太素》及王冰次注本《素问》，都曾对该书祖本原文进行过重新编排的工作，故均称"撰"。又如《黄帝内经明堂》，亦署"通直郎守太子文学臣杨上善奉敕撰注"。其自序云："旧制此经，分为三卷，诊候交杂，窥察难明，支体奇经，复兴八脉。亦如沮、漳、沅、澧，汚波于江汉；澧、滈、涝、潏，分态于河宗。是以十二经脉，各为一卷，奇经八脉，复为一卷，合为十三卷焉。”乃是对旧传《明堂》三卷重新编次的说明，书文中并加了注释，亦可证其所以名“撰注”之义。撰的另一意义为著述或写作。《楚辞·招魂》：“结撰至思，兰芳假些。”洪兴祖补注：“撰，述也。”又唐·柳宗元《献平准夷雅表》：“谨撰《平准夷雅》二篇。”皆属此义。又上引《局方发挥》之言“撰”，亦撰述或撰写之义。

3）纂。如《寿世青编》，“古平北尤乘生洲手纂”。又《外科传薪集》，“孟河马培之纂”。

纂，编辑、编撰也。《荀子·君道》：“纂论公察则民不疑。”《晋书·刑法志》：“虽时有蠲革，而旧律繁芜，未经纂集。”此二书所言“纂”，皆此义。上引二医籍，亦俱系对前人之说进行编纂，故称“纂”。

4）编，如《寿世保元》，“太医院吏目金溪云林龚廷贤子才编”；又《鲁府禁方》，署名同上。又《药症忌宜》，“三山陈沏编”。

编，具有二义：一者编辑。《南史·刘苞传》：“手自编辑，筴筐盈满。”唐·柳宗元《驳复仇议》：“且请编之于令，永为国典。”故编者，实含有利用一定资料进行再创造之编写方式。

如上引龚廷贤之《寿世保元》及陈沏之《药症忌宜》，均具此义。另一义为编次也。《说文·糸部》：“编，次简也。”段玉裁注：“以丝次第竹简而排列之曰编。”《谷梁传·桓公元年》：“春秋编年，四时具而后为年。”此皆编次之义。如上引《鲁府禁方》，虽亦为龚廷贤编，然与《寿世保元》不尽相同。详该书鲁王原序云：“频年以来，博济奇方，殆今数载，续以成帙……今将所治验方，推而广之，以济天下有是恙者。余闻龚子所著《医鉴》、《回春》、《仙方》、《神彀》四书，盛行于世，推其心仁且厚矣，兹今所蓄秘方，并渠素蕴珍奇，厘为四卷。题曰《鲁府禁方》。”是知书中诸方，原系鲁王府所收集，复经龚廷贤整理编次，得成完帙。故此云“编”，全系编次之义。

5）次，如《脉经》，“朝散大夫守光禄卿直秘阁判登闻检院上护军臣林亿等类次”。

详林亿等序文原云，该书“世之传授不一……今则考从《素问》、《九墟》、《灵枢》、《太素》、《难经》、《甲乙》、仲景之书，并《千金方》及《翼》说脉之篇以校之，除去重复，补其脱漏；其篇第亦颇为改易；使以类相从，仍旧为一十卷，总九十七篇。”是知林亿等，对该书不仅进行校勘，而且重为分类编次。类，类别。次，编次也。《汉书·高帝纪》：“天下既定，命萧何次律令。”

6）辑，如《内经知要》，“云间李念莪原辑”。《本草纲目拾遗》，“钱塘赵学敏述轩氏辑”。

辑，犹纂集或编辑也。《国语·晋语八》：“及为成师，居太傅，端刑法，辑训典。”俞樾《群经平议·国语二》：“辑训典，谓集合先代之训辞及其典礼也。”《汉书·艺文志》：“《论语》者，孔子应答弟子时人及弟子相与言而接闻于夫子之语也。当时弟子各有所记。夫子既卒，门人相与辑而论纂，故谓之《论语》。”上引《内经知要》一书，是作者对《内经》自以为要者，进行选录编辑；《本草纲目拾遗》，乃作者对其后发现《本草纲目》未收药物，编辑而成。均有利用某种已有资料，再加编纂之义，故谓之辑。

又近世对辑佚之书，亦常称为“辑”。如近人尚志钧辑校之《吴普本草》、《名医别录》，祝新年辑校之《小品方新辑》等，皆属此类。

7）述，如《温热论笺正》，“长洲叶桂天士述，萧山陈光淞根儒笺正”。《霍乱燃犀说》，“江左老瓠许起述”。

述，记述、叙说也。《论语·宪问》：“长而无述焉。”晋·潘岳《西征赋》：“班述陆海珍藏。”皆述说之义。详《吴医汇讲·温热论治》前序云：“叶天士，名桂，号香岩。世居阊门外下塘，所著温证论治二十则，乃先生游于洞庭山，门人顾景文随之舟中，以当时所语，信笔录记。”《霍乱燃犀说·自序》云：“兹姑缕述前人名论如干，则是寒是热，朗若列眉。”此上引二书之所以名“述”之义。是则所谓述者，犹阐述、说明也。

8）草，如《疫痧草》，“虞山陈耕道草”。

草，谓起草，或写作之初稿而未加修定者。《汉书·淮南王刘安传》：“每为报书及赐，常召司马相如等视草乃遣。”颜师古注：．“草谓为文之稿草。”详《疫痧草·自叙》云：“道不揣鄙陋，观其象，察其机，偶有所得，而遂笔之于书，其草率无文，故名曰《疫痧草》。”此正所以明言“草”之义。

9）学，如清·顾观光辑《神农本草经》，“金山顾观光尚之学”。

学，有注述之义。如晋·张华《博物志》卷四：“何休注《公羊传》曰何休学。”唐·陆德明《经典释文·春秋公羊音义》：“学者，言为此经之学，即注述之义。”详《本草经》自序云：“爰于缮阅之余，重为甄录其先后，则以本经目录定之，乃用韩氏之说，别为序录一卷，而唐、宋类书所引，有出《证类》外者，亦备录焉。为考古计，非为业医计也。而非邃于古，而明于医者，恐其闻之而骇且惑也。”此正说明顾治此经而辑之，并为之说，故谓之“学”。

10）笔乘，如清·黄庭镜《目经大成》，“卢汀不尘子黄庭镜燕台氏笔乘”。

笔乘，犹著作也。如明冯梦龙《古今谭概·颜甲部序》：“夫古来笔乘，孰非戏本？只少一副响锣鼓耳。”清·陈康祺《燕下乡脞录》卷二：“而康熙已后，诸名人诗文笔乘，于徐氏子弟之豪横……颇有微词。”此皆指著作而言。

3. 卷端附文

卷端附文，指在卷名及署名之后、篇名之前，作者所附非篇文正式内容的文字。凡此等文，均在第一卷之卷端。如：

明·缪希雍《神农本草经疏》卷之一有附文云：“予之作是疏也，该括经文，义难概述，求其宗趣，宜有裁节。是以或先经而阐义，或随文而畅旨，或断章以相比，或因源以导流，或从末而会本，或根性以知非。凡兹数者，期在发明经旨，适当于用焉。惧偏见多遗，难为准的，必欲使纤悉洞了，小大靡遗，开扩来学，臻乎无惑，尚有望于明诘之助焉。”是文实乃对“疏”文体例的说明，观此文足可了解其立义之旨。

又明·龚廷贤《万病回春》卷之一有附文云：“题曰：医演岐黄本世传，为嗟海内困颠连。凡篇述括千年秘，一点春回万病痊。解使疲癃跻寿域，却惭谫陋著遗编。敢云下玉思三献，忧国忧民天下先。”这是一首七言律诗，意在表述作者著书动机与书名含义。

（六）篇名

篇名即题名，亦称小题，是对书名称大题而言。在篇名项，主要有以下几种情况。

（1）篇名在篇文前，独占一行。这是今存古医籍的普遍形式。在古代则有取篇题在篇文后且不单独占行的形式，这在今存其他古籍中，如秦·吕不韦撰《吕氏春秋》，仍保留这种形式。

（2）篇名下有带“篇”字与不带“篇”字之别。在古医籍中，有的篇题末均带“篇”字，如今存明顾从德影刻宋刊《黄帝内经素问》，在正卷中每一题名下均带“篇”字。而明·赵府居敬堂刊《灵枢经》，篇题下均不带“篇”序。

(3) 篇名下有带篇次与不带篇次的不同。有的古医籍在篇名下兼有篇次。如唐·孙思邈《备急千金要方》卷一,共有九篇,在篇名下均标以第一、第二、第三等篇序;而唐·王焘《外台秘要》,则均无篇序。凡无篇序之书,于检索方面,则不甚简便。

(4) 篇分上下。有的篇,由于内容太多,则分为上下,或上中下。如:

《针灸甲乙经》卷八,"五脏传病发寒热第一",分为上下篇两部分。又卷七"六经受病发伤寒热病第一",分为上中下篇三部分。

(5) 篇名下有附题。有的古医籍,在篇名之下,另有小字附题,标明本篇内容,尚有附加内容。如《针灸甲乙经》卷九"大寒内薄骨髓相逆发头痛第一"下,有"颔项痛附"四小字附题;又卷十二"血溢发衄第七"下有"鼻鼽息肉著附"六小字附题。

清·林珮琴《类证治裁》卷之一,"暑证"下有小字附文作"附冒暑、伤暑、中暑、中暍、夹暑、暑风、暑厥、暑瘵、疰夏、湿温、暑泻、暑疡、伏暑"。这种方式与前者不同,乃另一种体式。此篇名所言"暑证",是因暑而病的总称,含有病因之义。而下附诸名,则是因暑而成之具体病证名。

五、卷　　尾

凡具多卷之书,每卷之卷尾,大都不具别文,然也有少数古医籍,具有不同形式或不同内容之文,有的且具有一定价值。今举数端为例。

1. 再出书名卷次或兼表卷文终了

如:

《黄帝内经太素》日本仁和寺抄本及肖延平刊本,每卷之末,均再出书名、卷次及类名,与卷端文尽同。

晋·皇甫谧《针灸甲乙经》,明·五车楼刊本,每卷卷末一行,均有表卷文终了文。如"针灸甲乙经卷之一终"。

《灵枢经》明·赵府居敬堂刊本,每卷之末行,亦有示终了字样。如"黄帝内经素问灵枢经卷之一终"。

2. 音释

如:

《黄帝内经素问》明·顾从德翻宋刻本,每卷末复有书名及卷次,后附音释。如:

重广补注黄帝内经素问卷三

灵兰秘典论:膻,徒旱切。廪,力稔切。瘠,音籍。瞿,音劬。六节藏象论:僦,即就切。溲,所鸠切,小便也。五脏生成论:胝䏶,上丁尼切,下侧救切。炲,音苔。衃,芳杯切。麕,音顽,又音君。隧,音遂。颃,胡浪切。颡,苏朗切。系,奚帝切。顴,音权。胠,去鱼切。髃,音虞。五脏别论:楯,音巡。恶,音污。

3. 校对人姓名。此指刻书时之校对人姓名

如:

明·程衍道校刊唐·王焘《外台秘要》,每卷末均有校勘人职衔及姓名。如:

卷二末署:右迪功郎充两浙东路提举茶盐司干办公事赵寔较勘。

卷三末署:右从事郎充两浙东路提举茶盐司干办公事赵子孟较勘。

卷十七末署:朝奉郎提举药局兼太医令医学博士臣裴宗元较正,此下署张寔衔名并较勘。详裴宗元,北宋人,此署名,当系宋本中原有校正人。

似此等署名,对研究版本源流,亦颇为有益。

又清·光绪三年浙江书局据明武陵顾氏影宋嘉祐刻《黄帝内经素问》之复刻本,每卷末均有总校与分校人姓名。如:卷一末行作:

总校:余肇钧。分校:冯一梅、朱昌寿校。

卷三末行作:

总校:余肇钧。分校:冯一梅、孙瑛校。

又如清·萧延平校刊《黄帝内经太素》,每卷末均有校对人姓名。如卷一作“黄陂肖贞昌校字”,卷六作“黄陂陈孝启、萧贞昌校字”等。

凡此等刊本,曾经专人负责核校,在质量方面,应是较好的本子。

4. 抄录人及校对人姓名

如:

日本仁和寺藏重抄本《黄帝内经太素》,每卷末有抄录及核合人姓名时间。如卷十卷名后作:

仁安二年四月廿七日以同本书写了

以同本移点核合了

丹波赖基

本:仁平元年八月廿五日以同本书写移点

比核了　　宪基

此文对考证《黄帝内经太素》流传情况,有重要意义。详日本仁安、仁平两代,均当南宋高宗绍兴年间,仁平在前,仁安在后。据此抄录时间,可知该书当南宋时,在日本先由丹波宪基抄录,后由丹波赖基据宪基本重抄。今藏仁和寺残本,即丹波赖基重抄本也。

5. 附记

如:

日本·丹波赖基撰《医心方》,现存江户医学馆影刻本,每卷之后,均附有背记与札记。

背记,系日本天养二年(公元1145年),当南宋高宗绍兴十五年,对该书进行校勘时所记,其内容为少量名词术语的训释或本次校勘有关事宜。此背记仅少数卷中有之。

札记,系日本江户医学馆影刻时所作之校勘记。将其附于每卷之后。详该校记曾参考多种抄本及有关古医籍。故对该书的进一步校勘有重要学术价值。

六、卷后附录

卷后附录内容,亦无定格,与卷前附录诸多相同处,今择其要者,举以为例。

（一）序跋

（1）序：序一般均在卷前，然亦有在卷后者，又有自序与他序之别。

1）自序。如：

明·周文采撰集之《医方选要》，有弘治八年自序，今在卷后。详该书乃周氏于孝宗朝奉朱厚熜之父兴王令旨，集录而成。后朱厚熜即位为帝，是为世宗，年号嘉靖。故是书于嘉靖年间经礼部奏请复刊是书，并请将周氏原序移于卷后。

2）他序。如：

宋·庞安常《伤寒总病论》，有黄山谷为之后序，历述其生平云：庞安常少时喜医方，为人治病，名倾淮南诸医。然为气任侠，"少年豪纵，事无所不为"，而为人治病，则"脱然不受谢而去"。"中年乃屏绝戏弄，闭门读书"，"每用以治病，几乎十全矣"。"盖其轻财如粪土，耐事如慈母而有常。似秦汉间任侠而不害人，似战国四公子而不争利……其所总辑《伤寒论》，皆其日用书也。欲掇其大要，论其精妙，使士大夫稍知之……读其书自足以揽其精微，故不著其行事"。此序不仅对安常之为医，特加赞许，对安常之生平简介，亦有重要史学价值。

宋·朱肱《南阳活人书》，今商务印书馆1955年印本，据宋·楼钥《攻媿集》，于卷后附楼氏《增释南阳活人书序》一文，备言朱氏著此书及上献朝庭的有关情况，并详述王作肃为该书增释之事云："无求子朱公肱，士夫中通儒也，著《南阳活人书》，尤为精详。吾乡王君作肃，为士而习医，自号诚庵野人，以活人书为本，又博取前辈诸书凡数十家，手自编纂，蝇头细书，参入各条之下，名曰《增释南阳活人书》，可谓勤且博矣。自言暮齿骎骎，不欲为私藏，将版行于世，来求一言。"详此书明刻本如《医统正脉全书》本及徐熔校刊本，均未提及王作肃增释事，今赖此序得以证之。同时亦可说明王氏增释本，当有楼序，今无者，或后人传抄脱失，或故将该文删削，尚待再考。

似此等他序，对了解该书始末，有重要意义。

又唐·孙思邈《千金翼方》，卷后有"校正《千金翼方》后序"一文，谓该书"辨论方法，见于《千金》者十五六。惟伤寒，谓大医汤药虽行，百无一效，乃专取仲景之论……为十六篇，分上下两卷，亦一时之新意，比于《千金》，为辅翼之深者也。"又云："至于合药生熟之宜，炮炙之制，分两升斗之剂，并载《千金》凡例中，此不著云尔。"是知此后序，乃宋臣林亿等校正该书后所作。此校书所作后序，后世校勘诸家，亦常仿此例。凡此等序，对了解该书有关情况，亦具要义。

（2）跋：跋文一般均在卷后。如：

《黄帝内经素问》明·顾从德刊本，卷后有顾从德识文云，曾得其父亲授宋刻善本。并云"（其父）亟欲广其佳本，公暇校雠，至妄寝食。予小子敢遂翻刻，以见承训之私云"。从此识文可知该本为翻宋刊本。由于《素问》之宋代刊本均佚，故此本一直被后世奉为最佳本，较之元、明之别刊本尤善。

清·吴师机《理瀹骈文》，卷后有自跋三文。一为同治四年九月，说明《外治医说》复改《理瀹骈文》之义。一为同治九年六月，说明潞安赵太守翻刻此书，"实余所深望"，刊书传播，令天下皆得观览，可不至于枉人。足见其为医之诚。一为同治九年七月，复述其编纂此书之目的及经历。如云："诚以外治一门，前人所略"，"是书之成，历二十年，一句一字，皆具苦心，十数易其稿，三锓其版，时有改窜，亦时有增益，而意犹未惬也。”亦可见编者为宏扬外治之法，其用心之良苦。

宋·郭雍《伤寒补亡论》，清道光年徐锦刊本，卷后有徐氏门人范洵“跋”，历述乃师所授旧藏此书，已有所亡失，且“错句讹字，所在多有”。经范氏校雠，“订正者有之，阙疑者有之，割爱者有之”。详此跋对了解该书流传及范氏校勘情况，颇有助焉。

（二）校记

校记或曰“札记”，或曰“校讷”，或曰“考异”，是校书人所作的校刊记录。如：

宋·庞安常《伤寒总病论》，清·道光三年（1823年）黄丕烈氏士礼居翻宋刻本，卷后有黄氏札记，其谓“此书摘取张长沙之大要，辩论精妙，其有证而无方者，上溯《内经》，旁及他书，参以已见，为增损进退之法……是为庞氏之撰著，非仅述而不作也。故所引原文，每有删削，观诸家抄本，多有异同，或未见宋刻，传写互异，或依据张书，增补失真。故今将宋刻庞论翻雕，未敢辄改原文，即有抄本，义长者，亦第摘取备考，别疏为‘札记’附于后。”所附“札记”，计260余条。详黄氏以宋本为底本，又参之薛性天、顾容安、张莳塘等家藏旧本进行校勘，所出校记，对后人进一步校订此书，提供了别本依据，具有重要价值。

宋·许叔微《伤寒九十论》，清·胡珽《琳琅秘室丛书》本，卷后有胡氏“校讷”，文云：“是书世无刊本，医家得之，奉为枕中秘。余屡欲刊行，又以原抄多舛误处，未得善本校正，人命攸关，非细事也。今夏与徐丈（按丈疑为“文”之误）稼甫、江君彤甫，翻阅他书，纠正数处，而彤甫复不敢自信，知贝君静安素习是道，携往质之，贝君更为曲证旁参，于是殆可以无憾矣。间有疑似，附录于后。”此后具校记四十则。又另具会稽钱吾氏董金鉴辑“续校”二十余条。均有一定参考价值。

日本森立之氏辑《神农本草经》，书后有“考异”，该书除对一般俗体字加以迳改外，参考诸多别本传文，对异文进行了考校，写出了校记数百余条，对少数确凿无疑之讹文，作了校正，有重要参考价值。

（三）书目

书目包括作者直接引用书目及参考书目，一般古医籍均在书前，但亦有在书后者。如：

日本·丹波元坚《杂病广要》，卷后有“引用书目”，共列书目315种，基本包括了中国历朝主要医籍及少量训诂专书与野史杂记。每一书目均列书名及朝代与作者，对古医籍目录学研究有一定价值。

（四）杂体文

1. 公文

如：

宋官修《重修政和经史证类备用本草》，卷后有公文类三项：①宋仁宗嘉祐二年八月三日“补注本草奏敕”；②宋仁宗嘉祐五年八月十二日“图经本草奏敕”；③宋徽宗政和六年七月二十九日《政类本草》奉敕校勘官龚璧、丁卓、许堪、杜润夫、朱永弼、谢惇、刘植、曹孝忠等结衔；本文为宋代三次官修本草，提供了可靠史料。

晋·王叔和《脉经》,明·佚名氏影刻南宋何大任本,卷后有公文类三项:①宋神宗熙宁元年七月十六日进呈奉圣旨镂版施行高保衡、孙奇、林亿等结衔;②宋神宗熙宁二年七月十四日王安石、赵抃、曾公亮、富弼等结衔;③宋哲宗绍圣元年六月二十五日国子监、礼部等准奏将《千金翼方》、《金匮要略方》、王氏《脉经》、《补注本草》、《图经本草》等五件医书,"开作小字,重行校对出卖"之牒文。文中又提及前曾准将"开雕小字《圣惠方》等五部出卖"事。对北宋两次由官方印制小字本医书,提供了可靠史料。

2. 传记

如:

元·朱震亨《丹溪心法》,卷后有戴良(自号九灵山人)撰"丹溪翁传",文中详述朱氏学医之始末及学术思想,并载典型病案数则。详戴良与震亨均为婺州人,居县相邻,震亨年长于戴。故传中所言诸事,当为信史;论其学术思想,亦可谓该备。

明·龚廷贤《万病回春》,卷后有明万历十六年赐进士第亚中大夫、浙江布政使司参政徐敬吾"叙云林志行纪"文(详见"中医文献的文体"章"传记"类例引),该文详述"云林生平之志,素履之行也。"可见云林能尽贤孝于父兄,施仁义于族里,散财物于贫寒,行仁术于患者,其"垂名竹帛,端有在耳"。

3. 碑铭

如:

明·江瓘《名医类案》,卷后有同里擢司马郎、兵部侍郎汪道昆撰"明处士江民莹墓志铭"文。该文历述江氏之生平,极赞其高风亮节。观其文,是不为过。

4. 音释

如:

宋·庞安常《伤寒总病论》,卷后有"伤寒论音训",共出字、词六十余条,并兼出义训。

宋·骆龙吉撰、明·刘浴德等订补《增补内经拾遗方论》,卷后有"集中难字音注",共出字二十九个,用直音或反切法注。

5. 有关人员姓氏

如:

清·龙绘堂《蠢子医》,卷后有"参阅姓氏",共列 165 人。详该书全文,不过十万字有余,列诸多参阅人,不知为何公干。此亦过之矣。

6. 考证

如:

日本·丹波元简氏《医賸》,卷后有"附录",列募原考、《铜人针灸图经考》、附铜象考、屠苏考、梅雨考、冬虫夏草考、吸毒石考等七题,均据古医籍及文史杂记等详为考证,述其原委。如"附铜象考",援引周密《齐东野语》、《元史·艺工传》、将一葵《长安客话》、《明史·凌云传》、清英廉等《日下旧闻考》、彭孙贻《客舍偶闻》、吴长元《宸垣识略》等书,对宋、元、明三朝制造之铜人的有关记载，有所考证，有助于后学对铜人之研讨。

清·钱潢《伤寒溯源集》，卷后附录有"三百九十七法一百一十三方辨论"、"动气臆说"、"铢两升合古今不同辨论"、"权量考"、"大斗小两"、"长沙无朱雀汤说"等，参考有关文献，进行了一定考证。

7. 附记

如：

日本·吉益东洞、村井杶合著之《药徵及药徵续编》，卷后有"附言十七则"，为村井杶撰，详述吉益氏《药徵》及其本人又为《续编》之旨，大义均在宗仲景用药之法。如云："仲景之方之有徵也，药亦有徵。东洞先师尝有药徵之举，大行于海内，始开天下古今之人之眼目，非如后世诸家本草之书之墨墨也。"

这种卷后附录，作为一书的附加部分，从以上所引诸端看，亦无定体。即同样内容，有置于卷前者，亦有置于卷后者。作为卷后附录，也具有灵活性、多样性的特点。具体而言，即不便置于卷文中之内容，与该书有关的问题，或虽与卷文无关而作者别有成文之作，均可置于卷后。如上引清·钱璜《伤寒溯源集·附录》。又如清·王三尊《医权初编·附录》，具重梓伤寒论翼序、重梓古今名医方论序、拟黜巫状等三题。是可为证。

由于卷后附录内容，涉及范围亦颇广，今仅举诸项为例，余者不再烦举。

通过以上诸例，足可说明，作为书体的内容结构，应包括其全部的文字材料。当然，作为书的核心部分，固为正卷内容。但是其附录部分，包括卷前附录与卷后附录，亦与正卷内容有密切关系；或与作者有直接关系。因此，对一本书的习读或研究整理，不仅应重视正卷内容，亦须注意其附录内容。特别是作为古籍整理，认真研究其附录内容，往往可获得诸如版本、流通、史料、传变等重要文献依据或线索。此所以了解或掌握书体结构之意义所在。

就书体结构之内容而论，亦不难看出其历史发展之轨迹。先秦之书，除正卷内容外，别无其他附加部分。迨至汉代，乃有自作序言者，如张仲景《伤寒杂病论》；魏、晋以降，至隋、唐时期，现存医书，亦大都有作者自序及目录等附加内容；至宋代伊始，附加内容，逐步增多，特至明清时期，附加内容，尤为复杂多样，其中有些内容，固与正卷内容有关，但也有些内容，颇富商业色彩，也不乏名利意味。因此，就书的结构而言，从总体方面看，亦颇能体现时代的特色。

第五章　中医文献的文体

文体，此指古文章的体裁。体裁，也称体制、体式，是文章自身特有的形式。

古文章，是我国民族古代文化的主要记录者与反映者。中医，是我国民族传统古文化的重要组成部分。中医知识与技能的记录与传授，主要也是以文章的形式出现。而中医各种文章的形成、发展，也必然为总体文化各种文章的形式与中医学术相结合的产物。因此，欲知中医文献的文体，首先应对中国民族文化古文文体有所了解，才能进一步提高阅读与研究整理中医古文献的能力。

第一节　文体的基本概念

文，即文章。此指文辞或独立成篇的文字。如《史记·儒林列传序》云："臣谨案诏书律令下者，明天人分际，通古今之义，文章尔雅，训辞深厚，恩施甚美。"此言文章，具文辞之义。又《后汉书·延笃传》云："能著文章，有名京师。"此则指独立成篇之文也。

在先秦时期，文章包括文学作品与非文学作品。所谓非文学作品，乃专指记叙文、议论文、说明文、应用文等一般性文章。而文学作品则是以语言塑造形象来反映现实的艺术作品。魏晋时挚虞在《文章流别论》中曾云："文章者，所以宣上下之象，明人伦之叙，穷理尽性，以究万物之宜也。"此一说解，若排除其由于历史的局限性带来的某些不科学或不合理的内涵外，从反映论的角度讲，基本上是正确的。因而，文章是反映客观事物由文字语句组成篇章的书面语言，是对自然现象与社会生活的反映，是人类进行社会交际，表达感情、传授知识的一种很重要的形式与工具。

我国地域辽阔，民族众多，语言丰富，文化历史悠久，成就辉煌。存世各种古代文献，内容丰富，种类繁多。皆出自古代各种不同类别及不同层次的作家，根据作品的不同内容和用途，采用不同体式写成。

近人林治金等人《中国古代文章学辞典·体裁编》撮要中云：

"体裁，也称文体、体制、体式，文章学术语。指文章反映客观事物、再现社会生活、表达思想感情的具体样式和类别，是文章构成的一种规格和体式。"

"体裁，反映了文章从内容到形式的特点，属于表现形式范畴的要素。它的构成，包括文章的内容、结构形态、语言风格、表现手法、以及时代、民族、阶级、地域等各种因素。体裁，是历史性和稳定性的统一，又是内容和形式的统一。"

这是对文体的基本概念的概括，从而说明，了解各种文体的基本形式，对于学习与研究文章内容，有十分重要的意义。

第二节 古文体的类别

文体的产生，是随着书面语言或文字记录的出现而产生的。如郭沫若《蒲剑集·革命诗人屈原》云："人类最初，只有言语，没有文字，到了有文字的发明，才开始用字记录言语，便成为所谓文章。"而文章体裁，则当然也是必然的随文章而产生。然而文章的绚丽光彩和体裁的丰富多样，并非始则如是，而是随着社会的进步、文化事业的发展和写作技巧的演进而逐步发展起来的。因而，文体是受社会生活、生产活动和语言演变的制约，并不是一成不变的。某种文体的形成、发展和消亡，反映社会形态的变化和语言文字的演变过程。因此，通过文体的研究和理解，也有助于对历史事实的了解。

据现有文献资料所见，早期的文字记录，形式比较简单，如现有殷商时代的甲骨文，大都为当时的卜辞，有些字数较多的记录，虽可以作为早期的文章，若就形式而言，也最多只能算是一种记事散文。在医药方面，现有甲骨文中，则仅有个别疾病名字，尚无较系统的记录，不能算是文章。迨至周代及于先秦时期，各类文章盛况空前，而文章之体式，亦不一而足。故自秦汉以来，开始注意各种文体的特点和文体的演变，并对文体的门类进行概括性研究。如晋·陆机《文赋》云："诗缘情而绮靡，赋体物而浏亮，碑披文以相质，诔缠绵而悽怆，铭博约而温润，箴顿挫而清壮，颂优游以彬蔚，论精微而朗畅，奏平彻以闲雅，说炜晔而谲诳。"说明了各种文体的特征和语言风格。唐·刘知几《史通·载文》云："爰洎中叶，文体大变。"清·龚自珍《秦汉石刻文录序》云："文体五百岁一变，书体五百岁一变。"虽然他们论述的对象不同，刘言在史，龚言在文，但他们提出文体在一定历史时期会有所变化的观点，则是相同的，也是正确的。真正对文章进行分类者，乃始于西晋·挚虞《文章流别集》，把文体分为四十一类。而现存最早影响亦较大者，当属之南朝时期梁人刘勰之《文心雕龙》与昭明太子萧统之《文选》。《文心雕龙》将文体分为二十类。《文选》则分为三十九类。其中《文选》乃是以此作为选文分类之类目，仅在序言中作过简短的叙述，而没有系统的论述。《文心雕龙》则是以论为主，其中不仅对前人的创造经验和学术成就进行了总结，而且对写作特点与语言风格均有所论，体现了对文体的论述，逐渐向理论化发展。明代有吴讷以宋人真德秀《文章正宗》为蓝本，撰《文章辨体》一书，分文体为五十四类，后徐师曾又在《文章辨体》的基础上有所损益，撰《文体明辨》，分文体为一百二十七类。从两书分类情况分析，虽有些分类过细，且有不十分严谨之处，但作为文体专著的问世，则象征着文体的理论研究，已有较大发展。对各类文体的特点与写作要求，愈益明确，文体理论开始形成。对文章内部规律已有了较深入的认识。清代有姚鼐的《古文辞类纂》，集先秦两汉以至明清间诸多名家大作于一书，根据不同内容，将文体分为十三类，即论辨类、序跋类、奏议类、书说类、赠序类、诏令类、传状类、碑志类、杂记类、箴铭类、颂赞类、辞赋类、哀祭类。其十三类大义为：

(1) 论辨类。论者，论说或论断事理；辨者，辨析或辨驳是非。

(2) 序跋类。序，亦作"叙"，写于书文首或末，对作品的起因、内容、体例等加以叙述和申说；跋，写于书文首或末，对与作品有关问题，或作说明或作议论。

(3) 奏议类。奏议亦称奏疏，是古代臣下向帝王进言议事的文书。

(4) 书说类。本指春秋列国士大夫间，为书相遗曰书；战国说士其已去国而说其时立或说异国之君曰说。后则以士大夫间书信往来为书；对某些事物或经义的解说为说。

(5) 赠序类。赠序犹赠言,专为亲朋送别之作,原与序跋合,姚氏别出,自成一体。

(6) 诏令类。诏令者,诏诰敕命也。为皇家发布之文告,亦公文之一体。

(7) 传状类。传者,传记也,传犹传也,所以传示来世;状者,行状也。"状者貌也,体貌本原,取其事实。"是传状乃记述人之事略者也。

(8) 碑志类。碑者,此指刻石以歌颂功德之文也,亦谓之颂。志者,识也,记述死者生平之文也,亦谓之铭。

(9) 杂记类。记诸事物者也。或记人、或记物、或记事、或记景。于记述之中,或尚论,或抒情,不一而足。

(10) 箴铭类。箴铭者,规劝、告戒、警谕也。姚氏所谓"圣贤所以自戒警之义"。如座右铭者是也。

(11) 颂赞类。颂赞者,颂扬赞美之文也。此所以美盛德而扬名声者也。

(12) 辞赋类。辞赋者,赋体之类,排陈辞藻、咏物说理之文也。

(13) 哀祭类。哀祭者,哀悼祭奠死者之文也。

姚氏之分类,对后来影响较大。如清末民初桐城姚永朴先生《文学研究法》中曾云:"欲学文章,必先辨门类。门者,其纲也;类者,其目也……自惜抱先生《古文辞类纂》出,辨别体裁,视前人乃更精审,其分类凡十有三:曰论辨、曰序跋、曰奏议、曰书说、曰赠序、曰诏令、曰传状、曰碑志、曰杂记、曰箴铭、曰赞颂、曰词赋、曰哀祭,举凡名异实同与名同实异者,罔不考而论之,分合出入之际,独厘然当于人心,乾隆、嘉庆以来,号称善本,良有以也。"

近人王力先生对姚氏文体十三类分法,也做过具体的解说,并认为"有些类的界限不是十分清楚的。就名称来看,有的是同名而异实……就内容来看,有些作品可能跨类。"又云:"我们不能机械地看待古人这种分类,因为这种分类还是不够科学的。同时,我们也不宜完全抹杀这种分类,因为这种分类还是有一些客观根据的。"又云:"下面我们再从用韵的角度来看文体。辞赋、颂赞、箴、碑志、哀祭,这五类一般都是有韵的文章,我们把它叫做'韵文'。但是,有完全的韵文,有不完全的韵文。个别的也有完全不用韵的。五类用韵的情况又各不同,所以必须分别加以讨论。"

王力先生对文体十三类分法,给予一定的肯定,也指出其不足之处,同时,又从声韵的角度,提出十三类中有五类为韵文。韵文是对散文而言。至六朝时期,又有骈文盛行,故对韵文与骈文以外者,名为散文或散体文。如清·江藩《经解入门·音韵源流》云:"文之在韵,六经始,虞廷赓歌,韵之最古,《毛诗》用韵,《周易》彖、小象、杂卦皆韵,《离骚》、《太玄》、《易林》,无不韵。其不韵,散体之文耳。"这是从文句与声韵结构方面去区别文体,与上述从内容方面区分者不同。

总之,文体是一种很复杂的文章形式,自古以来,不少学者,都在注意这方面的概括与总结,约为类名者,少则十余种,体类并举者,多则有一二百种。如清人吴曾祺分文体为十三类,三百一十三小类。近人有林治金等主编之《中国古代文章学辞典》,列体式有五十种,刘兰英等主编之《古文知识辞典》,列文体有一百五十八种。它反映了人们的社会活动,在运用文章这种书面语言时,体现了丰富多彩的内容,创造了变化多端的形式,尚难作出统一的定式,为便于了解古代医籍文章体式,仅作此简要的介绍。

第三节　中医古代文献文体概述

如前所述，文体的形成与发展，与文化发展的关系至关重要，而医学文献的各种文体，总的来看，与经史子集诸古籍文体基本相同，但在某些具体运用与表述方面，尚有其自身的特点。现将历代中医古文献文体分别加以概述。

一、周秦时期

在现存文字史料中，殷商时期的甲骨文，虽具有了文章的雏形，但在医学方面，则仅有个别病名的记载，尚未发现有较完整的记述。后来记录于文字的许多与医学有关的医药成就及神话传说，如伊尹为汤液，神农尝百草等，当是源于古代的传说或早期佚失的文字记载。因而，现存文献中，有关医学的文章，仍以周秦时期为最早，现举例如下。

《周礼·天官冢宰下》有记载周代医事制度的文章，共有医师、食医、疾医、疡医、兽医五类，每类均有数十字，为一种记事散文体。如医师类曰：

“医师掌医之政令，聚毒药以共医事。凡邦之有疾病者、疕疡者造焉，则使医分而治之。岁终则稽其医事，以制其食，十全为上，十失一次之，十失二次之，十失三次之，十失四为下。”

这篇短文，可分为三段，第一段说明医师的职责；第二段说明分工办法；第三段说明考绩与奖惩办法。从风格上看，文字质朴，条理清楚，记事明确，是一篇典型的记事散文。

春秋时期，《左传》中记载有医事文两则。一者鲁成公十年，秦医缓为晋景公治病事；一者鲁昭公元年秦医和为晋平公治病事。两文皆属史体，亦纪事散文。然两文风格不一，前者颇有些文学色彩，近乎寓言，可信性较差。文作：

“晋侯梦大厉，被发及地，搏膺而踊曰：杀余孙不义，余得请于帝矣。坏大门及寝门而入。公惧，入于室，又坏户。公觉，召桑田巫。巫言如梦，公曰：何如？曰：不食新矣。公疾病，求医于秦，秦伯使医缓为之。未至，公梦疾为二竖子曰：彼良医也。惧伤我焉，逃之。其一曰：居肓之上，膏之下，若我何？医至曰：疾不可为也，在肓之上，膏之下，攻之不可，达之不及，药不至焉，不可为也。公曰：良医也。厚为之礼而归之。六月丙午，晋侯欲麦，使甸人献麦，馈人为之，召桑田巫，示而杀之。将食，张如厕，陷而卒。小臣有晨梦负公以登天，及日中，负晋侯出诸厕，遂以为殉。”

此文前后以三梦相应，已自怪诞，而巫言与医言，又与梦相应，亦颇离奇，故从文章的角度分析，医缓治病之事，当自有之，其具体事宜，则缺乏科学依据，不可尽信。然此文在文采方面，亦较《周礼》文不同，彼者纯属记实，此则有较多描述。

第二则记秦医和为晋平公治病之事，则记事较略而颇多议论，是记事之中兼带议论。如医和先言平公之病为“近女室”，平公问“女不可近乎？”医和未从正面回答，而是藉音乐“不可忘平和”、“无以生疾”作答，乃是采用了“比”的手法，加以说明，此后又以“阴阳风雨晦明”六气致病为例，进行论述，使整个文章，错落有序，论证充分，说理得当，语言流畅，颇富文采。

近来出土的诸多中医文献，一般学者认为，当在《黄帝内经》成书之前，应属先秦时期古医学文献。如长沙马王堆医书，阜阳汉简之古医书。其文体大概有以下几种形式：

1. 短文散体

对每一问题的述说，少者十余字，多者数十字至百余字，个别亦有数百字者，问题与问题之间，在大的题名下，固可以合于一起，但每一问题均可独立存在，用散文写成。如《足臂十一脉灸经》、《阴阳十一脉灸经》及阜阳汉简《脉书》中记述每条经脉之循行与发病。后来的《灵枢经》中有关经脉的几篇文章如《经脉》、《经别》、《经水》、《经筋》等，亦均沿用此种体式。

又《五十二病方》中，对方证的记述，基本上亦取此式。一证一方，或一证几方，一般皆先言病证，后言方。个别亦有仅具病名而即言治方者，如记白处病。第一条为"白处方，取灌青……"共五十余字。第二条起首及此后缺文甚多，共有数百字。又《养生方》文及阜阳汉简《引书》文，也基本属于此种形式。

此类文章，从风格上看，均以记实为主，语言简朴，不加修饰，大多无理论性阐述，显然为早期记实性文章，缺乏文采。但这种短体散文构成的条段式文章，一直为后世沿用，逐步加以完善和修饰，形成了后来医著中的条文格式。它字数不拘多少，语句不拘长短，色彩不计文质。行文方便，题材灵活，最适宜于科技性文章。

2. 对问体，即以两人问答的形式进行论述

如《十问》中，计有黄帝问天师、黄帝问大成、黄帝问曹熬、黄帝问容成、尧问舜、王子巧父问彭祖、盘庚问耇老、禹问师癸、齐威王问文执、秦昭王问王期。这一形式，其整个文章，均以问答的方式加以表述。在答词中，或兼以某种道理加以论述。如齐威王问文执卧时食韭时，文执答曰："草千岁者唯韭，唯因而命之。其受天气也早，其受地气也葆，故辟慑懦怯者，食之恒张；目不察者，食之恒明；耳不闻者，食之恒听；春三月食之，苛疾不起，筋骨益强。此谓百草之王。"这种形式对后来影响较大，在表述方面，已不是单纯的记述，而带有论述的雏形，初步体现了说理的内容。在语言文句方面，也显得流畅风彩，逐渐向论说体式发展。另外，《十问》之文，全用韵文写成。今举黄帝问大成例：

"黄帝问于大成曰：民何失而颜色粗黧，黑而苍？民何得而腠理靡曼，鲜白有光？大成答曰：君欲练色鲜白，则察观尺蠖。尺蠖之食方，通于阴阳。食苍则苍，食黄则黄。唯君所食，以变五色。"

这一段中，苍与光古阳韵相押，白与蠖古铎韵相押，方、阳、苍、黄四字古阳韵相押，食与色古职韵相押。

"君必食阴以为常，助以柏实盛良，饮走兽泉英，可以却老复壮，曼泽有光。"

"接阴将众，继以飞虫。春雀圆子，兴彼鸣雄，鸣雄有精。诚能服此，玉策复生。"

"太上势遇，壅彼玉窦。盛乃从之，圆子送之。若不势遇，置之以麷。诚能服此，可以起死。大成之起死食鸟精之道。"

上文第一段常、良、英、壮、光，皆古阳韵。第二段众与虫古冬韵，雄古蒸韵，精与生古耕韵，是冬、蒸、耕三韵相押。第三段一二两句，遇古侯韵，窦古屋韵，侯屋二韵相押。三四句皆之字，古之韵。五六两句，遇古侯韵，麷古东韵，侯冬韵相押。七八句，此古支韵，死古脂韵，支脂韵相押。最后一句，散文无韵。

上文说明，在先秦时期，至晚在秦汉时期，医学文章，已采用了韵文形式。这种形式，读

起来朗朗上口，便于记忆。韵脚的位置，有句句有韵或隔句有韵不等。在一段之中，其韵类有一韵到底者，亦有根据对转、旁转关系，以邻韵相押者，在句式方面，大多为四字句式，间有更多字句式。这与《诗经》的句式结构，亦颇相似。从艺术性看，《诗经》为文学作品，且又经文人润色，自然显得有文采，而医文则属科技作品，文以质朴平实为主，乃是医学韵文的特点。这种形式，对后来影响较大，诸如歌诀体、诗词体等，皆以韵文写成。

从春秋战国过渡至西汉前期，有众多医著问世。仅《汉书·艺文志》著录者，则有三十六家，八百六十余卷。然大都亡佚。后来存世者，至汉晋间，唯《素问》、《九卷》（亦名《针经》），西晋人皇甫谧认为即《黄帝内经》，今存世有《素问》、《灵枢》（即古《九卷》）。详此二书，近人多倾向于最终成编于汉代，然其中必有汉以前文献，姑以汉及汉前文献而论之。

从今存《素问》、《灵枢》看，由于该书选用素材，非成于一时一人之手，故其文体则呈多样化。从总的方面看，不外乎散文与韵文两大类。在散文中，主要有论说、解说与记述等体式。论说文，多是对医理的讨论、议论。记述文，多是对生理、病侯、治疗等的记载与说明。解说文，多是对问题的分析解释。从文采上看，又有质朴简短与华丽铺陈的不同，体现了不同时代文章的风格。从说理的透明度看，又有隐晦与明晰的差别。总之，从文体的角度看，《素问》、《灵枢》文章，是一部不同时期多种形式的综合体。现举例说明：

1. 论说

如《素问·上古天真论》，用黄帝与岐伯问对形式，对长寿养生之道，以古今对比，愚智对比等方式进行论述。全篇文章，结构得体，层次分明，行文流畅，语言简洁。主要以散体为主，间有少量韵句。从全篇文章的风格看，应该是《素问》中形成较晚的一篇文章。又如《素问·阴阳应象大论》一文，从风格上看，与本文亦属同一类型，惟全用散体，不带韵句。另如《素问·阴阳类论》一文，则显得有些质朴，说理亦不够明晰，应属早期文章，余如著至教、示从容等文，与此文基本上具有相同风格。在这类文章中，特别如《素问·阴阳应象大论》等，结构、内容、文采均较完美的文章，已较好地奠定了医学论说文的基础。

2. 解说

典型的解说体有四篇，即《素问》中“阳明脉解”、“脉解”与“针解”，《灵枢》中“小针解”。是对经脉病候与针刺技法的解说。如《素问·阳明脉解》云：“黄帝问曰：足阳明之脉病，恶人与火，闻木音则惕然而惊，钟鼓不为动，闻木音而惊，何也？岐伯曰：阳明者，胃脉也。胃者，土也。故闻木音而惊者，土恶木也。”又如《灵枢·小针解》云：“所谓易陈者，易言也。难入者，难著于人也。粗守形者，守刺法也。上守神者，守人之血气有余不足，可补写也。”另外，在其他体式中，亦常兼带有解说性内容。但从整体看，则不属解说文。在诸多解说文中，已不仅是单纯地陈述或描述，而兼有许多理论方面的阐述。因而，它也是表述医学理论的一种形式。

3. 记述

如《素问》中“气穴论”、“气府论”、“骨空论”等，记载说明诸多腧穴的部位。“大奇论”，记载说明了诸多的病候与死脉。《灵枢》中“经脉”、“经别”、“经筋”等，记载说明了经脉、络脉、经别、经筋等系统的具体部位及病候。此类文章，语言文句以务实简洁为主，少有浮泛之词及过多修饰性色彩，是比较典型的纯科技性记述文。

4. 韵文

韵文在《素问》、《灵枢》中占有相当多篇幅，前人曾有的认为《内经》通篇都是韵，虽不甚确切，但说明《内经》韵文较多。从韵文的形式看，大致有三种形式，即四字句韵文，七字句韵文，不等字句韵文。

（1）四字句韵文，如《灵枢》中“九针十二原”、“五色”等篇，均有些典型的四字句韵文。不过今存本中，有些衍文与倒文，破坏了句式结构，不可不知。

（2）七字句韵文。清人顾亭林先生曾云：“余考七言之兴，自汉以前固多有之，如《灵枢经·刺节真邪篇》：“凡刺小邪曰以大，补其不足乃无害，视其所在迎之界。凡刺寒邪曰以温，徐往徐来致其神，门户已闭气不分，虚实得调其气存……”详《灵枢》该篇七字句韵文尚不止此，惟余者颇有衍脱误倒处，前朝注家，因不识其故，多有破句误读者。余篇亦或间有少量七字韵句者。

（3）字数不等句韵文。这种韵句，每句的字数不固定。这种形式，未有长篇大文，多在散文中夹带一些韵句，或夹一小段韵句。因而，也可以说是有韵的散文。

总之，《素问》、《灵枢》作为一种经典性医学理论专著，不仅根据内容与表达的需要而体式多样，且随着医学发展由感性知识向理性知识的过渡，而逐渐趋向于理论化。同时，掌握医学知识与技能的人，有的也具有相当的文化修养，因而在语言文字方面，已具有诸多文的色彩，使文章的总体风貌，达到了较高水平。

另外，一般认为成书可能跨越秦汉时期的另一部著作《难经》，全以问对形式，加以解难，尽为散体。其解难之文，有论述性的，亦有陈述性的。从文章风貌看，行文流畅，语言明晰，不若《素》、《灵》中代表早期成文的某些篇章之质朴隐晦。亦可证其成书或晚于此。

《神农本草经》一书，近代学者，亦认为成书于汉代，然而，其使用的素材，必有更早于此时者。此书早佚，现仅从诸辑本看，其文体为散体短文，以记述为主，议论较少，语言文句，只在平实。这是早期已臻成熟的记载本草的一种文体。从今文看，其内容结构包括名称、性味、功效、主治等。另有毒副作用、生长环境及产地、加工炮制等内容，有些学者，认为系后人整理补充。不管怎样，《本草经》加之后人整理补充形成的这种体式，已为本草学著作奠定了基础，一直沿用至今，基本上还是在这一体式的基础上，有所完善而已。

二、汉　　代

汉代文化是一个高度发展的时期，各类文章俱很兴旺。在医学方面，也有了新的发展，可惜存世医学文献，除《内经》中所具者外，已为数不多。现举以下几种为例。

1. 传记体

如司马迁《史记·扁鹊仓公列传》，班固《汉书·华佗传》等。开创了传记文学的新纪元，是记叙散文的新发展。文章篇幅较长，内容丰富，语言简练，文笔流畅。除记述其一般事略行状外，善用突出或典型案例以衬托人物。如《史记》扁鹊传中，突出治虢太子尸厥与望齐侯之色两案，形象生动，描述细腻，给人以深刻的印象。故后来张仲景先生在《伤寒杂病论》序文中特曰："余每览越人，入虢之诊，望齐侯之色，未尝不慨然叹其才秀也。"良有以也。在仓公传中，突出了二十个病案的记述。大致记有姓名、性别、里籍、病候、诊断、治疗与方、转归等，有的还兼有病机分析，虽然各案所记不尽一致，但基本上已具备了病案的一般要求，开创了病案体式的文例，为后世病案体例的建立，奠定了基础。这种文体在语言文笔方面，以简洁精练平实为主，体现了自然科学应用性文章的特点。后世医家传记文章，多仿诸此。

2. 散文体

两汉时代，中医学在治疗方面，无论是针灸还是方药，都达到了一个相当高的水平。在记录这些治疗方法，不断创造出相应的文体。如近年出土的武威汉代医简，大都采用主治与方药相结合的条段式散文体，进行记述。如简文一、二简记：

治久咳上气，喉中如百虫鸣状，卅岁以上方：柴胡、桔梗、蜀椒，各二分，桂、乌喙、姜，各一分。凡六物，冶合，丸以白蜜，大如樱桃。昼夜各含三丸消，咽其汁甚良。

从此条可以看出，条文中对主治、方药、剂量、制法、剂型、服法的记述，已较具体而明确。文字不长，语言简练，立义明确，是一种记录临床证治较好的体式。

在针灸治疗方面，已有《明堂》专著问世，惜其书早佚，体式不详，若据后来引用其书之《针灸甲乙经》及《外台秘要》等考证，很可能采用了以腧穴为纲合以主治之体式。

3. 自序体

汉末有张仲景《伤寒杂病论》，今存《伤寒论》、《金匮要略》，即该书佚后，经后人多次整理本，然仍保留较多原貌。从现存本中可以看到有以下特点。

首开医著自序体例。《伤寒论》张仲景自序，此文笔墨酣畅，结构严谨，且颇富文采，充分体现汉文风尚，是一篇散体序文。全文大致可分三段。第一段是对越人的赞赏及对时俗及庸医的鞭挞，说理透彻，文笔犀利。第二段表述撰著宗旨与内容梗概，文墨虽简，然具体而翔实。第三段以古代医与当今医对比的方法，说明医事之难，医任之重。可以说本篇序文，从内容到形式，从结构到文采，都可以算是上乘之作。

完善了证治结合条段式散文体式。在今存《伤寒》、《金匮》中除了部分记述与论述性文章外，余者主要为证治结合条段式散文体。如《伤寒论·辨太阳病脉证并治上》"太阳中风"条云：

太阳中风，阳浮而阴弱。阳浮者，热自发；阴弱者，汗自出。啬啬恶寒，淅淅恶风，翕翕发热，鼻鸣干呕者，桂枝汤主之。方一：

桂枝（三两，去皮）　芍药（三两）　甘草（二两，炙）　生姜（三两，切）大枣（十二枚，擘）

右五味，㕮咀三味，以水七升，微火煮取三升。去滓，适寒温，服一升，（下略）

此一条文，包括病证、方名、药物、剂量、制法、服法、注意事项及禁忌等。对症状的记述，有的用形况之词进行描述，更加形象化。较之《武威汉代医简》，尤为完善。这种体裁对后世影响很大，诸多临床著作，基本上是仿效这种体式。

此时尚有名医华佗，有医著，疑早毁。今存《中藏经》，非出其手。故其为文不详。

三、魏晋南北朝

西晋有皇甫谧《针灸甲乙经》、王叔和《脉经》，二书皆系对别书之重辑与编集，开医学类书之先例，且步仲景之后，各自为序，冠于书首。另在《脉经》辑仲景旧论中，保留了较今《伤寒论》与《金匮》尤多之语录体散文。或独曰为“师曰”，或对问为“师曰”、“问曰”，但均系语录体，当是出于仲景门人之笔录，带有记实性质。故其为文，多未加整饰，倍感实在。在《针灸甲乙经》中，今本保留有“序例”一文，详明黄帝与雷公、岐伯等问对及刺、灸之可与不可的行文方式。可算是凡例体之雏形，惟本文是出于皇甫谧之手，还是后人整理本书时所加的说明，有待于进一步考证，现尚难定。

魏晋之际，有无名氏《黄庭经》一书，即后世称《太上黄庭外景玉经》者。此书虽归于道家，然亦《汉志》神仙之类也。从今传本看。全书尽为七字句韵文。这在医籍中，全书用固定句式韵文者，当系首创。另外，本书多用隐语，如云“三关之中精气深，子欲不死修昆仑，绛宫重楼十二环”。昆仑，即泥丸，脑也。绛宫，心也。重楼十二环，重楼，喉也，喉有十二环。盖隐语之用，为时亦早，而魏晋之时尤盛。《文心雕龙·谐隐》云：“讔者，隐也，遁辞以隐意，谲譬以指事也……汉世《隐书》，十有八篇，歆、固编文，录之歌末。”说明这种用隐语之风气，由来已久，且多为歌赋体，与本文亦合。这种用隐语之风，特别对后世道家养生导引类著作，影响尤大。

魏晋其他著作，大都佚而不详。有葛洪撰《肘后备急方》一书，至南北朝时期，经梁人陶弘景加以补充，改名《补阙肘后百一方》，有自序一篇，对撰著的宗旨，调整的原则和方法，均予以说明。又兼带发凡起例，共出“凡”文十三条，诸如选文原则，服用方法，计量标准、药物炮制及煎药方法等有关事宜，皆一一分条说明，应属比较标准的凡例体说明文。

南北朝时期医籍大都亡佚，有梁人全元起对《素问》训解，为今知首开对医经之注释，惟其书宋以后亦亡，现仅在林亿等《素问》中有少量引文，亦属凤毛麟角，其全书风貌，亦不得而知。又有陶弘景《本草经集注》一书，是在原《神农本草经》的基础上，对品味分类及性味主治等之调整与补充，对药名及制作、产地的解析与说明等，也是早期的注释体类。因其对原书的调整补充、解析说明中，曾吸收前人及别家之说，故谓之“集注”。

又该时期之笔记式著作中，亦有含医学内容者，如晋·张华《博物志》卷四之“药物”、“药论”、“食记”、“药术”及卷五之“方士”、“服食”、“辨方士”等，均属乎此。为笔记体记医药之早期著作，皆以短文散体形式记载。

四、隋唐五代

隋唐时代，现存有隋人巢元方之《诸病源候论》、唐人孙思邈之《千金备急要方》及《千金翼方》、王焘之《外台秘要》等书。由于南北朝时期诸多大型综合性医学文皆佚，其文章体貌不详。故唐人此类著作，必对前人有所继承，现存此书，在这一时期，当有一定的代表性。

《诸病源候论》一书，除个别章节为长篇陈述性散文外，大都为条段式陈述性或论述性散体短文。

《千金方》、《千金翼方》及《外台秘要》三书，均为综合性医书，除有些专题论述性散文，如《千金方》之“大医习业”、“大医精诚”、“治病略例”及个别长篇陈述性散文外。其主要体例为各科病证及治疗之体式。三书基本上相同。各科以病或证为纲，以方为目，每病先有总论性散文，陈述或论述该病生理、病因、病机、诊法等有关问题，后则为治疗部分。每方之下，陈述主治、证候及药物、制服方法等。这种体例，已形成了临床各科医著的基本形式。此类文章应体现简洁、明了、确切，方可达到实用的目的。

唐代的另一突出成就是注释体裁的形成。注释医书，三国时已有之，又梁人全元起已为《素问》作训解。但体貌均不详。文史方面解经之学，在汉代已业绩辉煌。而医学之经典，形成与确立较晚，故自南北朝至隋唐时期，始步汉人注文史等经书及诸子之后，为古典医籍作注。现存有杨上善奉敕撰注之《黄帝内经太素》，王冰撰注之《黄帝内经素问》二书，是在前人注释的基础上，借鉴汉人注释经史诸子诸书的经验，形成了古医籍的注疏体式。此类文章的特点，在形式上皆为夹注式随文注释的散文。在方法上，采用解析、阐发、章句、串讲等训诂手段，对原文进行注释。在色调上，则力求切实明了，不求文句语辞之华美绚丽。其行文则是对原文的内涵而采用论述、陈述、解说等不同方式，进行表述。杨、王二家对古医书注释形式，在医籍注释史上，具有较高成就与较大影响。

又有《孙真人海上方》一书，原署孙思邈撰，经后人考证，非出于孙思邈之手，乃后人依托之作，然亦为唐宋间人所撰。全书习用诗体，共一百二十三首，仿唐代形成的七言绝句体，注意押韵、平仄、黏对等艺术手法，追求形式的美。又附录二首为五言体，一题"孙真人枕上记"，一题"孙真人养生铭"。乃箴铭体类，文字朴实无华，理通而意深。惟一般箴文或铭文，多四字韵句，此虽用五字为句，亦合此类体式。

又敦煌变文中，亦有与医学有关之文章。如《伍子胥变文》中之"药名诗"及《茶酒论》，此等变文，大都为隋唐五代时期之通俗文学，取佛经或中国原有故事，加以敷演，使之变为通俗生动，故为变文，乃文学体裁中一体。"药名诗"以药名纳于文句中，或直用本义，或借用谐音，形成了一种独具风格的艺术风貌。《茶酒论》则予茶与酒以人格化，各夸己功，不肯相让，最后由水言于茶酒，谓二物皆须得水，不得争功而文结，饶有风趣。亦别具风格之文学体裁。

在隋唐笔记中，又有诸多杂记医药方面之内容，为笔记体。笔记，又称随笔、笔读、杂谈等。泛指随时笔录，不拘体例，不拘形式，不限内容的一种体式。如唐人段成式《酉阳杂俎》卷二"玉格"、卷七之"酒食"与"医"、卷十六至十九"广动植"等，均杂记有许多医药方面内容；又如刘悚《隋唐嘉话》，亦记有医事方面内容。殆宋以后，复有专记医学内容的著作问世。

五、宋　　代

宋代医学，由于官方的重视，印刷业的发展，医学发展较快，存世医籍及与医学有关之文献亦多。在文体方面，主要有以下诸多新的体式。

1. 奏议

奏议，为臣下对上方之奏疏文，此类文章结构严谨，语言简洁，特须体现礼仪规格，为公文体式。如《重修政和经史证类备用本草》后附"补注本草奏敕"、"图经本草奏敕"，奏明历次奉诏修定本草之情况及今次修定之奏请等，皆详明具体时间及职员署称职衔。又如《脉经》林亿等序，亦为校正医书局林亿等校完奏呈之文。文中详述本次校勘之情况。

2. 牒文

牒文，此为官府签发的一般公文。如《脉经》后附绍圣三年国子监牒文，为国子监批覆

"开雕小字《圣惠方》等共五部"之公文,文中具有具体时间及监官职衔及署名。

3. 札子

札子,是官府用来上奏或启事的一种公文。此种文体均有一定规格,奏事应明了,行文应简练。如《外台秘要》具宋皇祐三年五月二十六日进呈札子,奏请校正医书等事宜文,即属此。又如明兰格抄本后附札文,乃是一种签押形式,谨于"进呈奉圣旨镂版施行"后签押行事诸官,以示负责。

4. 条令

条令,即条文法令,也是一种公文体式,用条文形式,说明某种行为的准则。如《洗冤集录》卷一具朝散大夫新除直秘阁湖南提刑充大使行府参议官宋慈编"条令"二十七条,规定刑事验尸有关事宜。

5. 表

表,亦奏议之体,是臣下向皇帝或上官奏事之公文。如朱肱《南阳活人书》有"进表"一文,为朱肱乞请国子监将其书印造颁行而奏,此文极尽著述之意与至诚之心,欲达圣听,伏乞宣付。

6. 词体

词体,是以词牌体式写成。这种体式,需合词牌格律,如句式、平仄、对仗、押韵等要求。如宋仙游道士彭致中《鸣鹤余音》一书,乃集诸家养生导引方面之作而成。用此种体式撰写医文,虽有词牌之名,但为内容所限,大都无艺文之美,故生命力不强,后世有《幼科全书》中"西江月"及《目经》一书,均用词牌。总之,医文有此体者,实为少数。

7. 程文

此指科场应试者进呈的文章,由官方撰定或录用考中者所作,则可为范例。《四库全书总目·太医局程文》提要云:"宋时考试医学之制也,其命题有六:一曰墨义,试以记闻之博;二日脉义,试以察脉之精;三日大义,试以天地之奥与脏腑之源;四曰论方,试以古制方佐辅之法;五曰假令,试以证候方治之宜;六日运气,试以一岁阴阳客主与人身感应之理……程文以墨义为第一道,较旧制又稍益矣,其裒为一集,不知何人所编,世亦别无传本,今从《永乐大典》中排纂。得墨义九道、脉义六道、大义三十七道、论方八道、假令十八道、运气九道,谨厘次为九卷。其文皆通贯三经及三部针灸之法,暨金石之品,草木之性,辨析精微,足资启发。"凡此等文皆当结构严紧,行文洗练,辨析精当,论述简要,具有一定法度与范式也。

8. 笔记

笔记之作,虽行于魏晋,然集诸笔记而撰为一书者,据今存医书所见,始于宋代。如张杲《医说》一书,即属此类。该书罗顼序云:"凡书之有及于医者,必记之,名之曰《医说》。始见则曰己得几事矣,再见则曰又得几事矣,其意欲满千事,则以传诸人子。"书中所记,皆标明出典,并分别类例,如医家、医书、本草、针灸、神医、神方、诊法、食忌、论医、养生及各种疾病之诊治等，皆其博览群书所得。

六、金元时代

金元间医籍，赋体之作较多。如金元时人窦汉卿《标幽赋》，为今见最早之长篇赋体文。举凡经络、气穴、刺法、针治等，均有所记。此文基本上是仿南北朝间兴起的四六文体写成。文句大都以四字句与六字句构成，讲求对仗、押韵。行文流畅，朗朗上口，便于颂读，易于记忆，亦属韵文之类。此体对后来影响较大，如明·杨继洲《针灸大成》中所集之周身经穴赋、百症赋、标幽赋、席弘赋、金针赋、玉龙赋、通玄指要赋、灵光赋、拦江赋、流注指微赋等，均为赋体。又如清·福寿堂主人所辑《药性赋》一书，则是一本典型的赋体文著作。全书以药性之寒、热、温、平分类，将每药之主要性味点出，背颂为易。后来，常为初学本草者所习用。

七、明清时代

明清时代，有大量医籍问世，然就文体而言，前朝已皆有定例可循，基本上没有什么新的体裁，不过在前人各种文体的基础上，广泛加以应用，并不断有所充实和完善。

以上对中医古籍文体，仅为简要说明。总之，中医古文献之文体，主要是受文史诸书文体影响，结合医学内容加以运用。

从上述情况可见，医学古文献之文体，就文句与用韵而言，不外韵文与散文两类，韵文必须押韵，且句子结构，常有字数规定，如歌诀、诗词、赋体类皆是，散文则不须押韵，句子亦无字数限定，凡无韵之体，皆为散文。就应用而言，有文学类与应用类两大类。医学文献大都为应用文，如公文、传状、记事、议论、注释、序跋、陈述等，均在应用。然而有些传状、记事及诗词诸体，出于文学修养较高者之手，亦颇富文学特色。就篇幅而言，有长篇、短篇。凡诸理论性论述或阐发者，以长篇为多，又如有些传记内容，如诸史书中医家名流列传，亦多用长篇。而临床各科及本草、气穴等之记述，常用短篇，如本草所记性味、功效、主治，气穴之部位、主治、针刺深度、艾灸壮数，方药主治、煎服用法等，皆取条段式短篇散文。就内容而言，则各有不同，如牒文、札子之为公文，议论、论说之为理论，传状、记事之记述人物、山川、史事等。赞颂之为褒奖、箴铭之为警示等，据事以言义，据义以行文。各具风采，各有特色，或韵或散，不一而足。

第四节　中医古文献文体举例

在众多古医学文献中，展现着绚丽多姿的文体，体现了中医文献的医文并茂。现聊举诸文如下。

1. 牒文

如北宋绍圣年国子监奉敕开雕印制小字本医书牒文：

国子监准、监关准、尚书礼部符准，绍圣元年六月二十五日。

敕中书省、尚书省送到礼部状、据国子监状、据翰林医学本监三学看治任仲言状，伏睹，

本监先准

朝旨，开雕小字《圣惠方》等共五部出卖。并每节镇各十部，余州各五部本处出卖。今有《千金翼方》、《金匮要略方》、王氏《脉经》、《补注本草》、《图经本草》等五件医书，日用而不可阙，本监虽见印卖，皆是大字，医人往往无钱请买，兼外州军尤不可得，欲乞开作小字，重行校对出卖，及降外州军施行，本部看详，欲依国子监申请事理施行，伏候指挥。六月二十三日奉

圣旨依奉　敕如右，牒到奉行。　都省前批六月二十六日未时，付礼部施行，

仍关合属去处主者，一依

敕命，指挥施行。

绍圣三年六月　日雕。

集庆军节度推官监国子监书库　向宗恕
承务郎监国子监书库　曾 缲
延安府临真县令监国子监书库　邓 平
颍州万寿县令监国子监书库　郭直卿
宣义郎国子监主薄　王仲嶷
通直郎国子监丞武骑尉　檀宗益
朝散郎守国子监司业上轻车都尉赐绯鱼袋　赵梃之
朝奉郎守国子司业兼侍讲云骑尉　龚 原

这种公文体式，书写有一定规格，如言圣、朝、敕等有关皇帝称谓时，均需另行抬头或空格，以示尊重。署名结衔，不论字数多少，均作一行书，不得回行。名字皆用小一号字。述事应简明，行文应洗练，用语应准确，所署部属、官员、时间等，均需具体。

2. 札文

如《外台秘要》卷端所具宋政府校勘该书札文：

宋皇祐三年五月二十六日

内降札子臣寮上言，臣昨南方州军，连年疾疫瘴疠，其尤甚处，一州有死十余万人。此虽天令差舛，致此扎瘥，亦缘医工谬妄，就增其疾。臣细曾询问诸州，皆阙医书习读，除《素问》、《病源》外，余皆传习伪书舛本，故所学浅俚诖误病者，欲望

圣慈，特出秘阁所藏医书，委官选取要用者，较定一本，降付杭州，开板模印，庶使

圣泽及于幽隐，民生免于夭横。奉

圣旨宜令逐路转运司指挥辖下州府军监，如有疾疫瘴疠之处，于《圣惠方》内写录合用药方，出榜晓示，及遍下诸县，许人抄札。仍令秘阁简《外台秘要》三两本，送国子监见校勘医书官，子细校勘。闻奏札付孙兆准此，至治平二年二月二日准中书校正医书所状医书内，有《外台秘要》一项，今访闻前较正官孙兆，较对已成，所有净草，见在本家，欲乞指挥下本家取付本局修写进册，所贵早得了当，候指挥奉

圣旨依所申施行，至四年三月　日

进呈讫。

本篇札文，基本上保持了规格原样，为典型的公文体式。

3. 奏文

奏文为臣下向皇帝或上方奏事之文,如今存宋代校正医书局所校诸书,其卷端所具校勘官如林亿等之序,即当时校毕之奏文。有《素问》、《伤寒论》、《金匮要略》、《甲乙经》、《脉经》、《千金要方》等林亿等序,即属乎此。

又如宋·朱肱《南阳活人书》,卷端有朱肱"进表"一篇,亦属此类。文中详述其编撰之始末与宗旨,并请求国子监印造颁行。

此类奏文较多,不再举例。

4. 律令文

律令文,是国家或地方政府颁布的法律或条例。如宋代宋慈《洗冤录》卷一,一、条令,即当时之法医条例。其中共列二十八条,今举数条为例:

诸尸应验而不验(初、覆同。按原作小字注文,今改加括号,下同),或受差过两时不发(过夜不计,下条准此),或不亲临视,或不定要害致死之因,或定而不当(谓以非理死为病死,因头伤为胁伤之类),各以违制论。即凭验状,致罪已出入者,不在自首觉举之例,其事状难明,定而失当者,杖一百,吏人行人一等科罪。

诸被差验覆,非系经隔日久,而辄称尸坏不验者,坐以应验不验之罪(淳祐详定)。

诸验尸报到,过两时不请官者,请官违法,或受请违法而不言,或牒至应受而不受,或初覆检官吏行人相见,及漏露所验事状者,各杖一百(若验讫不当日内申所属者,准此)。

诸县承他处官司请官验尸,有官可那而称阙,若阙官而不具事申牒,或探伺牒至,而托故在假被免者,各以违制论。

诸行人因验尸受财,依公人法。

从以上五条中,可见出条令的行文,比较严密,对概念的含义,不能任意解释;有明确的责任制,违章者,有明确的处分制。

又如清·喻昌《医门法律》一书,仿律令之体,有律文若干条,申明医之过或医之罪。如"问病论"附律一条云:"凡治病不问病人所便,不得其情,草草诊过,用药无据,多所伤残,医之过也。""络脉论"附律一条云:"凡治病不明脏腑经络,开口动手便错。不学无术,急于求售,医之过也。"又如"疟证门"有律三条:"凡治疟,不求邪之所在,辄行大汗大下,伤人正气者,医之罪也。""凡用吐法,妄施恶劣之药,并各种丸药,伤人脏腑,医之罪也。""凡用截疟之法,不俟疟势稍衰,辄求速止者,医之罪也。"

喻氏此类律文,虽无法律效用,但其揭示医人之过,颇为有益,亦可为医家之戒律。

5. 移文

移文,亦公文体类,指行于不相统属的官署间的公文,亦泛指平行文书,如元刻本《脉经》卷端有元泰定四年江西湖东道肃政廉访使"移文",今举为例:

皇帝圣旨,里江西湖东道肃政廉访司来申,备龙兴路医学申,教授谢晋翁关,窃惟儒学以仁义立教,扶植纲常,使天下不犯刑宪。医学以仁心立教,拯救疾病,使生民不致夭瘥。故医之《素问》、《难经》,与儒之六经相为表里,皆古圣人以利天下后世为心者也。医经之中,王叔和《脉经》十卷,诚为医门不易之法。如蒙将《脉经》刻布流传,诚可裨国朝好生之一端也。

缘医别无钱粮,如将上项《脉经》,于儒学内支用有余钱粮,刻布传远,幸甚。保结关请照验,准此,申乞照详,得参详医学申请刊雕《脉经》,若于合属学院有余钱粮去处,约量拨支工价,雇匠刊雕成书,从本司收贮印行,似为便益,未敢悬便,申乞照详施行。得此准申宪司,合下仰照验不妨,本职从省计料,合用工匠物价钞,估体见数,就行龙兴路学,羡余子粒钱内,支拨刊雕。申司施行,须至指挥,右下江西等处儒学提举柳文林准此。

泰定四年六月初四日中奉大夫江西湖东道肃政廉访使朵列秃

上引"移文",说明了申请的程序,行文中使用了一系列公文用语,是标准的公文体式。

6. 启文

启是一种公文书函,是臣下写给君王的信件和官员之间的书信,但一般是下级官员写给上级官员的信称"启"。今举宋·朱肱《类证活人书》卷端"谢启"为例:

命出于中,恩归有自,艺成而下,唯济世可以无嫌,禄在其中,苟为贫有何不可。如肱者,瞿聃遮眼,医卜藏身,十载投闲,怜桑麻之已长,一朝就列,愧松菊以难存。方将穿墨池以灌园,安丹灶而息火。扫除伎俩,淘汰因缘。不虞汤液之言,偶合春秋之法。道俗交庆,鱼鸟亦惊。龙光祇荷于殊恩,陶冶实资于大化。此盖伏遇太师相公,无心造物,有意为民,以人物升沉为深忧,以世谛俯仰为可愧。苟有一得,不问其他,致兹流落之余,亦在使令之数,敢不激昂晚节,箠策下愚。稽首倾心,岂特平日之师仰。断臂抉目,盖将投老以依归。

本文具有典型的启文特点,用骈文体四六文句写成,不过是表述对上司的感激之情,别无实际内容。

启亦有弟子写与师长之信件。如元·罗天益《卫生宝鉴》,卷端有"自启"一文,乃罗氏奉乃师李东垣先生之书信。其文亦用四六文体。义亦有三,一言从师之要,如曰"射不师于后羿,岂能成弹日之功;匠非习于公输,未易耸连云之构。"一赞东垣之技,如曰"驱驰用药,如孙吴之用兵;条派病源,若神禹之行水;是以问病而证莫不识,投药而疾靡不瘳。有元化涤胃之神功,得卢扁用人之手段。"三曰乞请师教。也是一篇很有文采的启文。

7. 论文

如《素问·阴阳应象大论》一文,重在论述阴阳应象的道理。今摘其前半为例:

黄帝曰:阴阳者,天地之道也,万物之纲纪,变化之父母,生杀之本始,神明之府也。治病必求于本。故积阳为天,积阴为地。阴静阳躁,阳生阴长,阳杀阴藏。阳化气,阴成形。寒极生热,热极生寒。寒气生浊,热气生清。清气在下则生飧泄,浊气在上则生䐜胀。此阴阳反作,病之逆从也。故清阳为天,浊阴为地。地气上为云,天气下为雨;雨出地气,云出天气。故清阳出上窍,浊阴出下窍;清阳发腠理,浊阴走五脏;清阳实四支,浊阴归六府。水为阴,火为阳,阳为气,阴为味;味归形,形归气,气归精,精归化。精食气,形食味,味伤形,气伤精。精化为气,气伤于味。阴味出下窍,阳气出上窍。味厚者为阴,薄者阴之阳;气厚者为阳,薄为阳之阴。味厚则泄,薄则通。气薄则发泄,厚则发热。壮火之气衰,少火之气壮,壮火食气,气食少火,壮火散气,少火生气。气味辛甘发散为阳,酸苦涌泄为阴。阴胜则阳病,阳胜则阴病;阳胜则热,阴胜则寒;重寒则热,重热则寒。寒伤形,热伤气。气伤痛,形伤肿。故先痛而后肿者,气伤形也;先肿而后痛者,形伤气也……

上引诸文,大致可分三段,自起首至"神明之府也"为一段,论述阴阳的基本概念与重要意义。自“故积阳为天”至“化生精，气生形”为一段，根据上文所云，引申出天地、清浊、水火、形气、气味等，论述其阴阳之属性及相互反作与归化的道理。自“味伤形”至“形伤气也”为第三段，从气味与形气方面，论述其性能与病机。这是中医文献中形成较早的一篇论文体文章，在行文、用语、结构、逻辑等方面，均显得比较成熟。

又如清·柯韵伯“六味地黄丸”方论云：

肾虚不能藏精，坎宫之火无所附而妄行，下无以奉春生之令，上绝肺金之化源。地黄禀甘寒之性，制熟味更厚，是精不足者补之以味也；用以大滋肾阴，填精补髓，壮水之主。以泽泻为使，世或恶其泻肾而去之，不知一阴一阳者，天地之道，一开一阖者，动静之机。精者，属癸，阴水也，静而不走，为肾之体；溺者，属壬，阳水也，动而不居，为肾之用。是以肾主五液，若阴水不守，则真水不足，阳水不流，则邪水逆行，故君地黄以护封蛰之本，即佐泽泻以疏水道之滞也。然肾虚不补其母，不导其上源，亦无以固封蛰之用。山药凉补，以培癸水之上源；茯苓淡渗，以导壬水之上源，加茱萸之酸温，藉以收少阳之火，以滋厥阴之液；丹皮辛寒，以清少阴之火，还以奉少阳之气也。滋化源，奉生气，天癸居其所矣。壮水制火，特其一端耳！

本论从阴阳水火、虚实补泻、动静开阖等对立统一的两个方面，从肾与肺脾等关系方面，充分论述了正水与邪水的机理，对六味地黄丸的作用，作出了理论上的论证。文章行文流畅，结构严密，层次分明，逻辑性强，是一篇有很高学术价值的论文。

8. 说文

说文以陈述为主，凡对某事物如人体形态功能、病因证候等之说明者，皆为说文。如《素问·灵兰秘典论》，重在说明脏腑之官能；《灵枢·经脉》，重在说明经脉与络脉之循行部位及发病情况、治疗大法等。又如《诸病源候论》，重在说明各种疾病之病因与证候。又如诸方书之条段式散文，重在说明方药之主治及用法等。凡此等文，所在甚多，兹不烦举。

9. 记文

记者，记录也。凡诸病案记录，即属记文。此类文早见于《史记·扁鹊仓公传》，如仓公传有案云：

“齐王太后病，召臣意入诊脉，曰：风瘅客脬，难于大小溲，溺赤。臣意饮以火齐汤，一饮即前后溲，再饮病已，溺如故。病得之流汗出滫滫者，去衣而汗晞也。所以知齐王太后病者，臣意诊其脉，切其太阴之口，湿热风气也。《脉法》曰：沉之而大坚、浮之而大紧者，主病在肾。肾切之而相反也，脉大而躁者，膀胱气也；躁者，中有热而溺赤。”

此记对病情记录较简而兼带论述之文。后世有明·江瓘《名医类案》，乃辑历代名家医案之作。记文繁简不一，简者只有数十字，仅记主要证候、病机、方治等，繁者常有千字左右，均有议论内容。又《柳选四家医案》及《临证指南医案》，所记尤有简者，或仅十余字，如《临证指南医案》眩晕一案记：“某，酒客中虚，痰晕，二陈加术、白蒺、钩藤、天麻。”此虽文简，亦可师其法。至清代中后期对病案记录，则较为详细而具体。常包括姓氏、性别、时间、症状、脉象、体征、诊候、病史、病因、病机分析、治法、方药、服法、帖数等。并详记复诊情况及预后，使病案记录更为完整而具体，为中医病案记录奠定了基础。今举《吴鞠通医案》肝厥一案为例：

额氏，二十二岁，除夕日亥时，先是产后受寒痹痛，医用桂、附等极燥之品，服之大效；医见其效也，以为此人非此不可，用之一年有余，不知温燥与温养不同，可以治病，不可以养生，以致少阴津液被劫无余，厥阴头痛，单巅顶一点痛不可忍，畏明，至于窗间有豆大微光即大叫，必室如漆黑而后少安，一日厥去四五次，脉弦细数，按之无力，危急已极。勉与定风珠潜阳育阴，以熄肝风。

（方药从略）

正月初一日，微见小效，加：鲍鱼片一两，煮成十杯，去渣，煎至五杯，服如前。

初二日，又见效，方法如前。

初三日，厥止，头痛大减，犹畏明，方法如前。

初四日，腰以上发热，腰以下冰凉，上下浑如两截；身左半有汗，身右半无汗，左右浑如两畔，自古方书未见是症，窃思古人云："琴瑟不调，必改弦而更张之"，此症当令其复厥后再安则愈。照前方定风珠减半，加青蒿八分，当夜即厥二三次。

初五日，照前定风珠原方分量一帖，服后厥止神安。

初七日，仍照前方。

初八日，方皆如前，渐不畏明，至正月二十日外，彻去帐幔，汤药服至二月春分后，与专翕大生羔一料，全愈。

此案不仅记录详明，且对治疗之构思，用药之寓义，亦均无遗，属病案记录之佳作。

10. 语录

语录是讲学或教授时的口语记录。如晋・王叔和《脉经》中，有较多此类条文，今举"平带下绝产无子亡血居经证第四"三条为例：

师曰：妇人带下六极之病，脉浮则为肠鸣腹满，紧则为腹中痛，数则为阴中痒，痛则生疮，弦则为阴疼掣痛。

师曰：带下有三门，一曰胞门，二曰龙门，三曰玉门。已产属胞门，未产属龙门，未嫁女属玉门。

问曰：未出门女有三病，何谓也？师曰：一病者，经水初下，阴中热，或有当风，或有扇者；二病者，或有以寒水洗之；三病者，或见丹下，惊怖得病，属带下。

这是一种典型的语录体，当系仲景弟子从师之实录。这种体例有两个特点，一者每条独立为义，条与条之间无直接的联系；二者因出于实录，故文字质朴，不加修饰。

11. 程文

如宋《太医局程文》，今举卷三"又大义"第二道为例：

问：阴阳之气清静则生化治。

对：阴阳运布，既清而有常；气候调平，故生化而自治。盖阳动于岁半之前，则积温至于暑；阴动于岁半之后，则积凉至于寒。随时迭运，本往来以相推；顺序递迁，皆安平而叶应。故气候有清浊之理，则生化有调治之常，是皆二气之相合，人物各得其分也。《内经》曰：阴阳之气清静则生化治。大意如此。且夫太极奠位于天地，一元肇判于阴阳，论人物之附丽，虽两仪覆载之功；究人物之化生，实阴阳斡运之德。今夫气分四序，化应群生，阳用事于岁半之前，则始于温而盛于暑，播于春夏之时；阴用事于岁半之后，则始于凉而盛于寒，布于秋冬之令。寒热温凉，既随时而有准；生长收藏，必应候而有常。二气齐等而不偏，两者平调而相守，气候之来则清静而调适，人物之应则保治于安平。生生而悉赋其形，化化而各得其分。既无灾眚之变，俱全始终之功，自非二气调平，阴阳清静，安能神应如是哉！《内经》曰：阴阳者，天地之道也。又曰：生生化化，品物咸章。上文曰：阳之动，始于温而盛于暑；阴之动，始于凉而盛于寒。又曰：气之相守司也，如权衡之不得相失也。王氏注曰：天地之气，寒暑相对，温凉相望，如持称也，两者相等无相夺伦，则清静而生化，各得其分也。《圣济经》曰：一阴一阳之谓道。由是推之，气候推迁既适平而相应，人物赋禀自生化以循常。大哉造化之元功，贵均和而施用也。谨对。

此文实际上也是一篇论文，就其层次而言，首先是解题，说明大义。其次展开，进一步讨论，加以深化。第三是提出论据，加以证实。最后是结语。从色调与技巧而言，本文多用对文句，语言畅达，富于哲理，逻辑性强。从规格上看，皆取对问体式，末曰“谨对”，为以下对上，示尊卑也。乃是此类程文的特点。

12. 辩文

辩与辨通，有辨解与辨难之义。如清·张志聪《侣山堂类辩》，其自序云：“夫天下有理所同者，同无容辩；天下有理所异者，异亦无容辩。即天下有理之同，而勿为理之所异；理之异而或为理之所同。同中异，异中同，又无容辩。惟是理之同矣，而同者竟若异；理之异矣，而异者竟勿同。同之不可为异，异之不可为同，又何容无辩。辩之而使后世知其同，即知其所以异矣；知其异即知其所以同矣。知其同不为异，异不为同，即知其所以同，所以异矣。”观其文有“辩血”、“辩气”、“辩两肾”、“辩三焦”、“辩包络”、“辩督脉”、“辩脏腑阴阳”、“辩九窍”、“辩七门”等，皆辨析其义也。

又如清·陆懋修《世补斋医书》有“葛根桂枝之辨”、“葛根麻黄辨”、“犀角升麻辨”、“犀角膏黄辨”等，则为辨难、辨论，是对某些医家如吴鞠通、聂久吾、叶天士等不同学派的批驳。

凡此辨文，常可体现诸家不同学派之辨论和不同观点之争鸣。而尤为要者，在于辨异同，正是非。

13. 评文

评者品评也。即对别书或别说评其优劣，品其高低。如日本·宇惠子迪《徂徕先生素问评》，今举“四气调神大论”三段为例：

四气调神大论第二……

文章极美，与上篇不侔味，此极似《吕览》。

交通不表万物命故不施。交通至不施，必有缺误。

夫病已成云云。结句议论有万钧力。此篇《素问》中第一文字。

按上引诸评文，虽简短，但均点出其要害之处。可供读者寻味。

又如清·吴瑭《温病条辨》，亦有诸家评文。如卷首第八条注云：“阳盛则阴衰，泻阳则阴得安其位，故曰实其阴。泻阳之有余，即所以补阴之不足。故曰补其不足也。”朱武曹评：“独具隻眼，可谓饮上池水矣。要领前人所无，一言以蔽之曰：存津液。”

此评特点出“存津液”三字，亦可谓识治温之要领。

凡此等评文，多用简短散体。体裁不限，长短咸宜。

14. 歌诀

这种体裁在《素问》、《灵枢》中早已有之，兹不烦举，后来在各科著作中，均有采用此体者。如：

宋·崔嘉彦《四言举要》，用四言体言脉诊，后为明·李言闻重加整理，愈为精当。又如明·李时珍《濒湖脉学》中各脉之体状诗、相类诗、主病诗，用七言体言脉，均对后来有较大影响，习医之初，大都取此歌诀背颂。

清代御制《医宗金鉴》中之“杂病心法要诀”、“妇科心法要诀”、“儿科心法要诀”、“外科心法要诀”、“伤寒心法要诀”、“刺灸心法要诀”等，均以七言体写成。如中风病乌药顺气散条云：“乌药顺气实中络，喎斜顽麻风注痛，麻黄枳桔乌蚕共，白芷干姜陈草芎。”既言证治，又可以代汤头歌诀。医者多取此书习颂。

清·陈修园《医学三字经》，以三字体写成，多有取为学医之启蒙教材。

15. 诗体

诗体用韵较严，平仄应合格律。医学文中诗体，应以明·李梴《医学入门》所收梁大川先生《经穴撮要歌括》，最为上乘之作。如：

足少阳胆本腧穴云：“窍阴别后恨相牵，几侠溪临泣杜鹃。怀抱丘墟情未毕，烦君阳辅寄陵泉。”此诗为七言绝句，首句平起入韵，二句仄对协韵，三句与二句平仄相粘，末句与三句平仄相对押韵。用韵牵、鹃、泉三字归下平声一先部。诗中穴名喻地名，写离别之情，意境亦佳。不仅有助于记穴，且多文学色彩。

又如足阳明胃本腧穴云：“一帆风送兑庭西，陷谷冲阳过解溪。三里未知何日到，几番翘首欲思齐。”此诗亦平起首句入韵，西、溪、齐三字归上平声八齐部。兑庭，厉兑与内庭二穴名。此诗寓意为游子离家远行，翘首而思之情，亦颇可寻味。梁大川所作，每经一首，共十二首大都类此。

又清·黄庭镜《目经大成》卷之二，亦多取诗体。今举两例：

因风一：风兮风兮来无由，未解吾愠添吾愁。表虚引入肌肤去，不病肌肤病目系。有病惊搐与偏喎，或成上视死亡多。若夫六经内风作，痛攻先在头巅着。洎而风变医无济，外症得来仍不治。血虚血热亦生风，昏痒痛泪不和同。势盛风生祸较酷，一类凝脂一痘毒。君不见，无风火不炎，病情虽逆药同参。

按此为七言古风体，诗句以七字句为主，间用三字、五字句。用韵亦非一韵，可以换韵。此文对眼病因风所致之病机、变证及预后等，均有表述，亦可谓医文并茂。

因痘疹九：痘疹原无种，平生只一遭。火威酷若吏，风利快如刀。作害侵空窍，攻坚入不毛。收成犹故我，造化小儿曹。

按此为五言律诗，除个别字如“酷”为仄声不协外，余如用韵、对仗、粘对等，均合诗律。文理与医理俱佳。

又署名孙思邈之《孙真人海上方》，亦以七言绝句体写成。今举两首为例：暑月伤热，“途中大暑最堪怜，急取车轮土五钱。盏内澄清汤服尽，身轻体健即安然。”伤寒咳嗽，“伤寒咳嗽夜无眠，细碾明矾末一钱。半夏橘皮姜共煮，煎汤调下化粘涎。”此二首皆合诗律，第一首用韵怜、钱、然三字，第二首眠、钱、涎三字，皆归下平声一先部。全书共一百二十一首，皆用此体。虽不如梁大川本腧穴诗寓意之美,然不失诗之格律,亦属佳作。

16. 词体

如《道藏·鸣鹤余音》收冯尊师词:

瑶台第一层 咏茶

一气才交雷震动,一声吐黄芽。玉人采得,收归鼎内,制造无差。铁轮万转,罗撼渐急,千遍无查。妙如法,用工夫了毕,随处生涯。 堪夸,仙童手巧,泛瓯春雪妙难加。睡魔赶退,分开道眼,识破浮华。赵州知味,庐仝达此,总到仙家。这盏茶,愿人人早娱,同赴烟霞。

此词基本符合诗律的要求,仅有个别字的平仄声及个别句式,与《钦定词谱》所记略有出入,或尚有别体。该书辑诸家词凡数百首,尽述养生导引之道,亦别具风采。

又《图书集成·医部汇考》收朱震亨《幼科全书》,有西江月若干首,亦为词体。今举"发热"西江月四首中前二首为例:

小儿病则生热,须知得病根因。风寒外感热来潮,饮食内伤烦躁。 吐泻疟痢疮疥,变蒸痘疹如烧。骨蒸体弱渐成劳,调治般般分晓。

若是风寒外感,面红又恶风寒,惺惺散子妙难言,有咳参苏灵验。 饮食内伤可下,三黄脾积相参。再添积圣保平安,莫使脾虚表转。

按西江月为双调词牌。二句入韵平声,三句叶韵平声,四句用韵换仄声。上下片同。本词在句式用韵方面均合词律,惟字之平仄,因为医学名词所限,有不合处。

又清·黄庭镜《目经大成》卷二,述眼科诸病八十一证,均以诗、词体为文,所用词牌,单、双调均有,如误佳期、菩萨蛮、柳梢青、满江红、花非花、忆秦娥、如梦令、长相思、蝶恋花、摊破浣溪沙等,不下数十名。唯只以病证为题,不书词调名,若不识其文体,断句亦难,今举数例。

无因而因:"嗜欲少,世情疏。性气温和饮食宜。日月风霜皆不出,呋呋哑病耐人思。"按此为"捣练子",单调。

瞳神反背:"轮廓倾翻症匪小,病人难值医人少。虽然家秘有金针,心不巧,手不妙。多恐沉盲直到老。"按此为"天仙子",单调。

鱼睛不夜:"愁,瞳子瞠瞠不转头。阳邪亢,风热又相投。"按此为"归子谣",单调。

聚星障:"一片片,几星星,翳青睛。引泪落,与丝绦。夜而朝,右复左,主何经。 未郁结,火飞腾,两相争。能急变,不当明。雾笼花,云漏月,过平生。"按此为"三字令",双调。

无时泪下:"山叶辞柯,草虫微露,早是薄寒天气。孤衾中夜不成眠,枕上湿,疏疏清泪。并未悲秋,何曾困酒,水火无端憔悴。借将腻粉饰衰容,界长痕,花羞觑。"按此为"鹊桥仙",双调。

睑黡:"时对青铜理鬓毛,意萧骚,销金帐暖醉酕醄,梦魂劳。 倏忽肉轮沿际黑,如灰色。妻梅子鹤耐清操,命根牢。"按此为"添声杨柳枝",双调。

详该书所用词,除因受医学语词所限,平仄有不合者外,诸如句式、平仄、对仗、用韵等,基本均符合词律。不仅言明医道,且尚具意境,颇富文彩,为以词体述医之上乘佳作。

此类文体,因为医学内容所限,常有破格处,另方面虽用词体写成,非有极深医文功力,常难得文辞神韵,故用此体写成医书较少。

17. 赋体

如金元时人窦汉卿之《标幽赋》。今选其一段为例：

拯救者法，妙用者针。察岁时于天道，定形气于予心。春夏瘦而刺浅，秋冬肥而刺深。不穷经络阴阳，多逢刺禁；既论脏腑虚实，须向经寻。原夫起自中焦，水初下漏。太阴为始，至厥阴而方终；穴出云门，抵期门而最后。正经十二，别络走三百余支。正侧仰伏，气血有六百余候。手足三阳，手走头而头走足；手足三阴，足走腹而胸走手……

这种文体，就形式而言，乃仿南北朝时形成之四六体。文中基本上是以四字句与六字句交错使用，句子凝练，对仗工整，音韵和谐。上引此段文中，有上四与下四相对，上六与下六相对，上六、四与下六、四相对，上四、六与下四、六相对等形式。由于本文句子整齐而又为韵语，故诸多应记颂之文，常仿此体。

又如明·刘纯《医经小学·周身经穴赋》，今举两经为例：

手太阴兮大指侧，少商鱼际兮太渊穴。经渠兮列缺，孔最兮尺泽。侠白共天府为邻，云门与中府相接。

手阳明兮大肠之经，循商阳兮二三而行。历合谷阳溪之腧，过偏历温留之滨。下廉上廉，三里而近。曲池肘髎，五里之程。臑髃上于巨骨，天鼎纡乎扶突。禾髎唇连，迎香鼻迫。

此文在形式上乃仿汉赋之体。句式不定，韵散兼行。多用语气词"兮"字，或在句中，或在句末。讲求对仗工整，文句凝练。读起来颇为上口，易于背颂。

18. 道情体

道情为曲艺之类，可以渔鼓与简板伴唱。如清·徐大椿《洄溪道情》。今举其一曲为例：

行 医 叹

叹无聊，便学医。唉！人命关天，此事难知。救人心做不得谋生计，不读方书半卷，只记药味几枚，无论臌膈风劳，伤寒疟痢，一般的望闻问切，说是谈非，要入世投机。只打听近日时医，惯用的是何方何味，试一试，偶然得效，倒觉得希奇。试得不灵，更弄得无主意。若还死了，只说道药不错，病难医。绝多少单男独女。送多少高年父母，折多少壮岁夫妻。不但分毫无罪，还要药本酬仪。问你居心何忍，王法虽不及，天理实难欺。若果有救世真心，还望你读书明理。做不来，宁可改业营生，免得阴诛冥击。

徐氏所作诸道情，虽为一种通俗说唱文学作品，然其中亦不少警世之文。似此"行医叹"者，即是。

19. 连珠体

如清·唐笠山《吴医汇讲》卷四载周蕴石"连珠"十首，序云："连珠之作，肇自汉章之世，义取贯珠，文多假喻，节短而韵长，言近而旨远，盖词赋之流派也。前贤葛稚川论医，用连珠文，今仿其体。"今摘其二首为例：

盖闻天动星回，而辰极居其所；玑旋轮转，而衡轴执其中。是以位定坎离，握枢纽于南北；纬缠卯酉，分升降于西东。

盖闻水障于土，当以渍其土；火生于木，仍自焚其木。是以植千章之嘉树，必溉清渠；筑百丈之修堤，先疏支渎。

详此“连珠”之体，据《文选》李善注，乃汉章帝之时，班固、贾逵、傅毅等奉诏作，“其文体辞丽而言约，不指说事情，必假喻以达其旨，而览者微悟。合于古诗讽、兴之义，欲使历历如贯珠，易看而可悦，故谓之连珠。”此作正仿此体。

20. 铭文

如宋·吕晦《医铭》：

晋人武泰通医术，守臣献状，补大医正。还乡里，创起应圣侯庙。艺既成，归善于师。又将广懋来学，其志有足称者，予谪官于是，迁守蒲中，既行丐文，以显于庙，因作医铭，嘉乃意勤，遂成其志，知予言有以滋其善也。铭曰：

六气五行，人禀而生。三部九候，纳诸和平。昔称绝技，湔肠涤胃。辅以砭石，因之决渎。察脉之原，当于未然。不攻而胜，庶几十全。愈世之病，如持国柄。常使众邪，不得干正。能尽己意，膏肓必起。苟利于艺，毫厘千里。奉也有为，心不忘师。义利之重，慎乎所治。

此文前序后铭，序文极赞武氏之德，用散体。铭文用四言韵文，可以为医家之警示，置之于座右。

21. 箴文

如明·龚信所作箴文，今举其二为例：

庸 医 箴

今之庸医，炫奇立异。不学经书，不通字义。妄自矜夸，以欺当世。争趋人门，不速自至。时献苞苴，问病为意。自逞以能，百般贡谀。病家不审，模糊处治。不察病源，不分虚实。不畏生死，孟浪一时，忽然病变，急自散去。误人性命，希图微利。如此庸医，可耻可忌。

警 医 箴

至重为人命，最难却是医。病源须洞察，药饵要详施。当奏万全效，莫趁十年时。死生关系大，惟有上天知。叮咛同志者，济世务加思。

此二文，前者用四言体，后者用五言体。所言语语真切，字字中的。非但警人，亦且警术，足当为玩忽人命贪图利欲者之所戒。此箴文之意义所在。

22. 赞文

如元·戴良《丹溪翁传赞》：

论曰：昔汉严君平，博学无不通，卖卜成都，人有邪恶非正之问，则依蓍龟，为陈其利害。与人子言依于孝，与人弟言依于顺，与人臣言依于忠。史称其风声气节，足以激贪而厉俗。翁在婺，得道学之源委，而混迹于医，或以医来见者，未尝不以葆精毓神开其心。至于一语一默一出一处，凡有关于伦理者，尤谆谆训诲，使人奋迅感慨激厉之不暇。左丘明有云：仁人之言，其利溥哉信矣。翁者，盖古所谓直谅多闻之益友，又可以医师少之哉！

此文先以汉严君平之激贪历俗，引出丹溪翁之谆谆训诲。非但赞丹溪翁之医，重在赞丹溪翁之德。斯哉仁人，故可为直谅多闻之益友。此赞文笔简洁，旨意真切，寓意颇深。虽为仁人之赞，亦为庸医之警。

赞文中,又有“自赞”者,乃自我称颂者也。如清·章楠《医门棒喝》有“虚谷小影自赞”文。今举以为例:

这是个什么汉!若曰儒,未读书;若曰道,丹不晓;若曰释,勿面壁;胡为孑然而独立。不解世务人情,耳目口鼻虚设,面冷如冰。心肠火热,却怕荤腥。喜尝墨汁,似呆非呆,若痴若兀,原来一无所用。权且取名弃物。嘻!这样酒囊饭袋,还要丹青涂抹,雪泥鸿爪,偶留刹那,变幻无迹。故云色即是空,谁知空里有色。咄!休说,撞着云门和尚,一棒打杀,与狗子喫。乃顾影而歌曰:心是海兮性为水,私欲如泥和水流,富贵繁华风鼓荡,澜翻波涌几时休。纵使偶然澄,风摇又不清,必将泥去尽,虽动自光明。去泥如磨镜,歇手便生尘。此事真难事,用功可不勤。一旦转身见明月,乃知逐影妄劳神,营营终日竟何求,恰似春蚕在树头,茧成身死心未了,了得心事方自由。孤舟一叶顺江流,朝朝暮暮无人渡,醉卧江心月正圆,水中捞月谁知误。秋月印秋潭,潭枯月乃失,请君举头看,莫向潭中觅。说空原不空,执有却非有。要知空有两无关,明珠自在盘中走。打碎盘儿失却珠,毕竟落何处,快些寻来莫迟后。

此赞亦用韵文,除两处一字读外,取三字句、四字句、五字句、六字句、七字句混用。全文大致分两部分,前者乃自嘲,反映自欲清高而厌俗的心理状态;后者乃自赞,体现其迷于佛说,色相皆空的虚无观念,而又有盘碎珠失快寻莫后的矛盾心情。这对探讨章氏的思想亦有很重要的学术价值。

23. 传奇体

如明·李诩《戒庵老人漫笔》卷四“桑寄生传”,是以药名拟人名、地名、物名等,仿唐宋传奇体撰成的短篇小说。兹引部分内容为例:

《传》云:桑寄生者,常山人也,为人厚朴,少有远志,读书数百部。长而益智不凡,雌黄今古,谈辞如玉屑,状貌瑰异,龙骨而虎睛。臂力绝人,运大戟八十斤,走及千里马。与刘寄奴为布衣交,刘即位,拜为将军。日含鸡舌侍左右,恩幸无比。荐其友秦艽、周升、杜仲、马勃,上召见之,曰:公等所谓参、苓、芝、术,不可一日无者也,何相见之晚耶!生即进曰:士以类合,犹磁石取针,琥珀拾芥。若用小人而望其进贤,是犹求柴胡、桔梗于泽泻也。然颇好佛,与天竺黄道人、密陀僧交最善。从容言于上,上恶其异端,弗之用。

木贼反,自号威灵仙,与辛夷、前胡相结连,犯天雄军。上谓生曰:豺狼毒吾民,奈何?生曰:此小草寇;臣请折箠笞之。上大喜,赐穿山甲、犀角带,问:何时当归?曰:不过半夏。遂帅兵往,乘海马攻贼,大战百合,流血余数里。令士卒挽川弓、发赤箭,贼不能当,遂走,绊于铁蒺藜,或践滑石而踬,悉追斩之。惟先降者独活,以延胡索系之而归,获无名异宝不可胜计。或曰:马援以薏苡兴谤,此不可留也。俱籍献之。上迎劳生曰:卿平贼如蓢草,孙吴不能过也。因呼为国老而不名……

以上摘文中共出药名如桑寄生、常山、厚朴、远志、百部、益智、雌黄、玉屑、龙骨、虎睛、大戟、千里马、刘寄奴、将军、鸡舌、秦艽、周升(周升麻)、杜仲、马勃、参、苓、芝、术、磁石、琥珀、柴胡、桔梗、泽泻、天竺黄、密陀僧、苁蓉、木贼、威灵仙、辛夷、前胡、天雄、狼毒、草寇(蔻)、穿山甲、犀角、当归、半夏、海马、百合、血余、川弓(芎)、赤箭、蒺藜、滑石、独活、延胡索、无名异、薏苡、蓢草、国老等五十五种,加之后文引用计一百十余种,或用本义,或用拟义,或独立为词,或与别文混合为语,或实或虚,运用之巧,不一而足,可以算是水乳交融。且故事情节曲折,错落起伏,妙趣横生,是一篇很好的虚拟传奇小说。

24. 变文体

如敦煌变文之《伍子胥变文》，写伍子胥出逃时，一路艰辛，偶遇其妻，相互对话，取药名谐音。今据项楚《敦煌变文选注》本，摘引一段为例：

其妻遂作药名诗问曰：妾是仵茄（五加）之妻细辛，早仕于梁，就礼未及当归，使妾闲居独活，膏莨（高良）姜芥，泽泻无怜，仰叹槟榔，何时远志，近闻楚王无道，遂发柴胡之心，诛妾家破芒消，屈身苜（苷）遂，葳蕤怯弱，石胆难当，夫怕逃人，茱萸得脱，潜形菌草，匿形藜芦，状似被趁野干，遂使狂夫茛（莨）菪，妾忆泪沾赤石，结恨青箱（葙），夜寝难可决明，日念舌干卷柏，闻君乞声厚朴，不觉踯躅君前，谓言夫聟麦门，遂使苁蓉缓步，看君龙齿，似妾狼牙，桔梗苦为，愿陈枳壳。

项楚注：仵家，此处与"伍家"谐音。细辛此处或与"细君"谐音。榔与"郎"谐音，柴胡与"豺狐"谐音，茱与"诛"、萸与"瘐"谐音，桔梗与"汲绠"谐音，枳壳与"止渴"谐音。

以上两体仅是取药名，或拟名、或谐音、或破用、或直用，虚拟撰写的文章，体现作者的写作技巧，增加趣味性，均属文学作品。

25. 寓言

寓言是一些寄托劝喻或讽刺意义的短小精捍的故事。它可借此喻彼、借古喻今、借物喻人、借近喻远，使深奥的义理以浅显的故事加以体现。如《列子·汤问》有医事文。今举为例：

鲁公扈、赵齐婴二人有疾，同请扁鹊求治……谓公扈、齐婴曰：汝曩之所疾，自外而干腑脏者，固药石之所已。今有偕生之疾，与体偕长。今为汝攻之，何如？二人曰：愿先闻其验。扁鹊谓公扈曰：汝志强而气弱，故足于谋而寡于断。齐婴志弱而气强，故少于虑而伤于专。若换汝之心，则均于善矣。扁鹊遂饮二人毒酒，迷死三日，剖胸探心，易而置之；投以神药，既悟如初。二人辞归。于是公扈反齐婴之室，而有其妻子，妻子弗识。齐婴亦反公扈之室，有其妻子，妻子亦弗识。二室因相与讼，求辨于扁鹊。扁鹊辨其所由，讼乃已。

这是一则典型的寓言故事，考鲁公扈、赵齐婴，史亦无其人，故绝非信史。此文主在言"均"，二人之所以有差者，以不均也，故换其心则均于善矣。

26. 赠序

如宋·朱熹《送夏医序》：

予尝病世之为论者，皆以为天下之事，宜于今者不必根于古，谐于俗者不必本于经。及观夏君之医，而又有以知其决不然也。盖夏君之医，处方用药，奇怪绝出，有若不近人情者，而其卒多验，及问其所以然者，则皆据经考古，而未尝无所自也。予于是窃有感焉。因书遗之，以信其术于当世，又以风吾党之不师古，而自用者云。

此朱熹所赠夏医之序（按《直斋书录解题·医书类》有《治奇疾方》一卷，夏子益撰，凡三十八道，皆奇形怪证，世间所未见者。疑夏医为夏子益），赞其为医之据经考古，兼风俗者之无所根本。凡此等赠序，与为某书作序不同，亦赠言之属。

27. 传记文

医家之有传，始于《史记》，下此而往，历代史书及方志，均有医家之传记，其他古籍及古医籍中,亦有这方面的文章。其内容大都记述其里籍、身世、生平业绩,或赞其品行,或兼记治验。体裁不一,详略有差。凡传记之文,务求资料翔实,褒贬得当,不失其史学价值。此类文章甚多,兹不烦举。

又有所谓“志行”者,亦为传记之类,唯重在记其志趣与品行。今举明·龚廷贤《万病回春》末徐汝阳撰“叙云林志行纪”部分内容为例:

云林世为金溪人,姓龚氏,名廷贤,字子才。生而岐嶷,仁孝天畀,襟度汪洋,卓乎为昭代人豪。早岁业举子,饱经术,操觚染翰,发为文辞,云锦天葩,灿然立就。将有志南溟,效用廊庙,以大究厥施,缘数奇不第,遂缵父业,精于医,谓达则为良相,不达则为良医,均之有补于世道也。

始游许昌,如扶沟,诣都下,即受知于太学士中玄高公,定西侯文益蒋公,大司寇三川刘公。声名烨烨播京师,随被命拜官荣归。既而,由金陵复抵大梁,在在弛声,起死回生,活人无算。王侯公卿礼宾敬慕,迎候接踵,赠以诗章,旌以扁额,络绎不绝。而周藩海阳王昆湖、安昌王静观、大宗正西亭,及当道抚台洪溪衷公、翰林玉阳张公、学宪一申杨公尤加毖焉。然赋性廉介,乐于施济而不责报。诸元老荐绅先生酬以金币而不可却者,虽受之,亦不私己,遗归以赈宗族乡党之贫困者。

事乃父西园公纯孝,温凊定省,聚百顺以养志。如父志在仁天下,即推所传之秘集《古今医鉴》、《种杏仙方》、《万病回春》三书刊行于世,使人人按书而察其病,得以终天年而登寿域,大有功于天下后世。父志在锺爱庶母所生二幼子,即以其爱者而加爱焉,视之犹父然也。凡家业悉推让之,又且另赠之以田,使安享其逸以承父欢,可谓善继善述而恪守义方者也。至于让祖产于叔父,贻厚资于仲弟,建祠堂以承先,立家训以启后,创大门以华宗,置义田以赡族,此皆仁人义士之所为也。又尝输谷粟,赈饥民,而不忍其颠连;施棺木,瘗旅衬,而不忍其暴露;解衣裘,救寒士,而不望其后偿;崇礼节,友贤良,而不爽其信行;还鬻女,返卖僮,而不索其聘财;怜鳏寡,恤孤独,而不吝其厚费。志行卓荦,奇伟不可枚举,此特其彰明较著,可纪而传之以风世教也。

观此“志行纪”,不仅可知龚氏身世梗概,特如其志趣之高雅,品行之淳厚、风尚之豁达,为人之忠信。乐善好施,济世救人。作为一个封建社会的医者,可为后人效仿者良多。观《寿世保元》前附赠言,亦可证徐氏此纪,非尽出于赞,其必有可徵之事。

28. 记事文

记医事之文,由来亦久。如《周礼·天官冢宰下》所记周代医事制度即是。历代史书中,亦均有不同程度的记述。在其他古籍中也有许多记医事之文。今举宋·程迥《医经正本书》为例。

有唐医政第一:

太医令掌诸生医疗之法,其属有四,皆有博士以教之,其考试登用,如国子监之法,丞二人,医官四人,医正四人。诸生读脉诀者,即令递相诊候,使知四时浮沉滑涩之状。诸生读本草者,即令识药形状,知其药性。读明堂者,即令验其图识孔穴。诸生读《素问》、《黄帝针经》、《甲乙》、《脉经》,皆使精熟。博士一试,医令丞并季试也。药园师以时种莳、收采诸药……医博士一人,助教一人,掌以医术教授诸生,习《本草》、《甲乙》、《脉经》,分为业焉。一体疗、二疮肿、三少小、四耳目口齿、五角法。诸生既读经诀,乃业教习,率二十人,以一十人学体疗,三人学疮肿,三人学少小,二人学耳目口齿，二人学角法。体疗七年成，疮肿少小五年成，耳目口齿四年成，角法三年成。针博士一人，助教一人，掌教针生以经脉孔穴，使知浮沉滑涩之候，又以九针为补泻之法……凡针生习业，教之如医生之法。按摩博士二人，掌按摩也。禁博士，掌教禁咒生，以禁咒除邪魅之为厉者。

从此文可知唐代有关医学教育的一些基本情况，很有史学价值。凡此记事之体，文不限工拙，事不限大小，篇不限长短，惟当以翔实具体为是。

29. 碑铭

如明·江瓘《名医类案》末有汪道昆书"明处士江民莹墓志铭"，民莹，瓘之字。此文历述江氏生平事迹。该文大致有三部分。第一部分，记其乡试不第为商，复因病为医，且属辞《尔雅》，后远游江南等事。第二部分，赞其为人。第三部分为"铭文"："相彼良玉，胡然而终藏。尔有文德，恶用乎珪璋。相彼梁木，胡然而先拨，尔有令名，恶用乎黄发。渐江东渐，厥有新阡。君子归止，是曰九原。"这种"铭文"，皆以韵文写成，也是为死者所作的赞词及挽语。

30. 序文

医书之有序，首见于汉·张仲景《伤寒杂病论》此后诸著大多有序。序有自序有他序。他序有撰人请他人作序，亦有后人整理时加序，出版家加序等。

(1) 自序，今再举晋·王叔和《脉经·序》为例：

脉理精微，其体难辨，弦紧浮芤，展转相类，在心易了，指下难明。谓沉为伏，则方治永乖，以缓为迟，则危殆立至。况有数候俱见，异病同脉者乎！夫医药为用，性命所系。和鹊至妙，犹或加思。仲景明审，亦候形证。一毫有疑，则考校以求验。故伤寒有承气之戒，呕哕发下焦之间。而遗文远旨，代寡能用，旧经秘述，奥而不售。遂令末学，昧于原本，斥兹偏见，各逞已能。致微疴成膏肓之变，滞固绝振起之望，良有以也。今撰集岐伯以来，逮于华佗，经论要决，合为十卷。百病根源，各以类例相从。声色证候，靡不该备。其王、阮、傅、戴、吴、葛、吕、张，所传异同，咸悉载录。诚能留心研穷，究其微赜，则可以比踪古贤，代无夭横矣。

此序虽不及仲景序之畅达犀利，然其述诊候之要，挞时俗之弊，亦尽极矣。于撰著之宗旨，编纂之体例，收录之内容，亦各有交待。且文字简短，不加虚玄，也是一篇较好的序文。凡自序之文，除如上文之内容外，亦有兼具凡例者，今摘《素问》王冰序为例：

其中简脱文断，义不相接者，搜求经论所有，迁移以补其处；篇目坠缺，指事不明者，量其意趣，加字以昭其义；篇论吞并，义不相涉，阙漏名目者，区分事类，别目以冠篇首；君臣请问，礼仪乖失者，考校尊卑，增益以光其意；错简碎文，前后重叠者，详其指趣，削去繁杂，以存其要；辞理秘密，难粗论述者，别撰《玄珠》，以陈其道；凡所加字，皆朱书其文，使今古必分，字不杂糅。

上列七条，王冰在整理《素问》时，基本上是按此进行的。

(2) 他序。他序中，或介绍作者身世，或赞赏其品行，或评介著作内容，体裁不一，然亦有无限夸张不适之词者，则非佳作。

31. 跋文

如顾从德翻刻宋本《素问》后有跋文一篇。此文内容可分三个部分。第一部分述其幼承庭训，少喜医方，谨从家教，学医必从《内经》始。第二部分，言时之名医王光庵及其弟子盛启东、韩叔阳之学，均源于《内经》。第三部分，言其家传宋本《素问》及校雠翻刻之始末。因是得知此本之可贵。

又如清·顾松园《医镜》，后有其子元宰之跋文一篇，详述其父因病作延医无效及恨时医误药杀人，遂废举子业而学医之缘起，复述其父撰著此书之经过。是以得知顾氏为医之梗概。

又如日本·丹波康赖《医心方》一书，有安政丁巳重五福山源立之、多纪元倍跋，说明此书流传情况及现本因传抄所致之讹误情况。对考证版本及校勘文字，均有重要价值。

跋文一般是散文体，但个别也有为韵文者，如南宋道人白玉蟾《清闲跋》，今举为例：

可委者命，可凭者天。人无牵尔，事不偶然。上天生我，上天死我，一听于天，有何不可。时有待识，物有枯荣，人有衰盛，事有废兴。龙不冬跃，萤能夜飞，君子小人，而皆有时。仲尼再思，曾参三省，予何人哉，敢不修整。人言为信，日月为明，止戈为武，羔美为羹。人有贤愚，事无巨细，得不艰难，失必容易，断可决疑，断不可缓，当断不断，反受其乱。人善不趋，已恶不除，谓之知道，不亦难乎。良如金玉，重如丘山，仪如鸾凤，气如芝兰。春无再至，花无再开，人无再少，时无再来。

此跋全用四字句韵文，与别体亦殊。

32. 引文

引文，亦序文之类。如明·方有执《伤寒论条辨》，前有"序"，后有"引"，从内容方面看，引文是对序文的进一步说明，并无特殊意义，唯篇幅较短。又有名为"小引"者，有自作，有他作。自作者，如清·陈修园《医学三字经》文较短，今举为例：

童子入学，塾师先授以《三字经》，欲其便诵也，识途也。学医之始，未定先授何书，如大海茫茫，错认半字罗经，便入牛鬼蛇神之域。余所以以《三字经》之刻也。前曾托名叶天士，取时俗所推崇者，以投时好。然书中之奥旨，悉本圣经，经明而专家之技可废。谢退谷于注韩书室得缮本惠书千余言，属归本名，幸有同志，今付梓而从其说，而仍名经而不以为僭者，采集经文，还之先圣，海内诸君子，可因此一字而共知所遵，且可因此一字而不病余之作。

此文主要说明撰著宗旨及前刻依托署名之故。是亦序文之属。

33. 题词

题词有自题与他题之别。他题者，多是对著作的赞赏、评价或观感，如清·罗东逸《内经博义》有赵汝揆"题辞"，前言为医之不易，后赞东逸之博学及《内经博义》之垂去。与序文亦皆类同。

又如明·盛寅《医经秘旨》，今传本有清·顾晓澜"再订题辞"，首述寅前隐居洞庭，喜读坟典，后遂膺征辟，春满两都之盛誉。后述其加按之经过。

又有清·吴鞠通《医医病书》之"题词"为自题。今举以为例：

病人之病，赖医人之医。医人之病，层出不穷，将何以恤灾救患，捍卫生民哉！仲尼谓工欲善其事，必先利其器。子舆氏谓不以规矩，不能成方圆。医人者，规矩也。病人者，所制之器也。今将修规矩以成器，作《医医病书》。

又如清·费伯雄《医醇剩义》，有李小湖先生"题辞"四首，用韵文，皆系对费氏之赞语。

今举其第四首为例：

儒林与文苑，千秋照简编。岂无艺术传，别表冠世贤。华陀许颍宗，妇孺惊若仙。本草三千味，《难经》八十篇。格致即圣学，名与精神传。况用拯危殆。能夺造化权。话人较良相，未知谁后先。莘渭不巷遇，徒手难问天。孟城一匹夫，所值蒙生全。日济什百人，功德岁万千。大哉农轩业，托始尧舜前。

观诸题词，与诸序、跋，亦无大别。其为文也，有韵有散，有长有短，并无定体。惟序与跋或在前或在后，而题辞一般均在前。

34. 青词

青词亦称"绿素"或"绿章"。以朱笔写在青藤纸上，故名。多为禳灾祈祷之用。如宋·朱肱《南阳活人书》，卷端有"青词"：

窃以神农尝药，伊尹论方，证顺阴阳。虽克求于民瘼，时无疫疠，盖有赖于神休。瞻彼旻穹，哀此黎庶，伏念臣浪游东土，空阅流光。蔑闻经国之谋，端议济人之术。冥冥长夜，怜横死之无辜。断断穷年，矧余生之多病。自朝及夕，考古验今，首尾及二十一年，前后仅九万余字，焦心皓首，编笔青编，原其微功，实自潜祐。属成书之将上，爰奏牍以先天。恭即兰场，肆陈醮席。冀九清之降鉴，祈万宇于康宁。仰获证明，庶传永久。臣无任悬祷之至。

以上主要介绍了文体的基本概念与类别，中医文献对文体使用的发展过程，并列举了三十余种文体的例文。

由于文为载道之体，人们在历史发展的长河中，根据道的不同内容和要求，创造了各种不同的文体，而医道则是根据医学发展的不同要求，借用各种文体，记载医学的各类内容。故观其体，常可以粗知内容概况和时代特色。因而，有时从文章的气象与风貌，可以发现后世依托古人伪撰的作品，起到辨伪的作用。

医学体系的形成与发展，从某种意义上讲，是客观历史缩影的再现。随着医学内容不断提高与发展及医学领域的不断扩大，反映出中医古文献体裁的多样，决不是出于某些人的主观随意，而是历史发展的必然结果。

随着总体文化水平的不断发展与提高，并有许多文化修养较高的人从事医学事业，不仅要求医学文献在记录方面的真实性与确切性，而且要具有一定的艺术技巧与美的色彩，这也是医学文献在文体方面绚丽多彩的原因之一。

有些文章，在语句结构与声韵使用、行文规格、运用词语方面，具有特定的要求与范式，根据这类文章的特点，亦常可发现现存本中，由于传抄翻刻已久或后人随意篡改所致之讹误。

有的文章，纯属文学作品，或带有明显的文学色彩，亦或具有政论性质。其中具有的某些医学内容，有的纯属虚拟，或有部分情节与事实的虚拟与夸张润色。亦常可借助对文章的分析，以鉴别其史料的真实程度。

每一医家之著作，均可充分体现其文化修养的程度及写作特色。因而，对其文章的深入研究，亦常可借此而发现某些伪作，或著作中窜入的他作。以鉴别内容的真实程度。从而说明，掌握各类文章的规律与特点，不仅可以了解中医古籍文体的形式、发展及使用价值，而且对古文献的整理研究，亦具有十分重要的现实意义。

第六章　中医文献的文字

文字作为一种社会交际的工具与知识的载体,一开始便承担了这方面的任务,尽管在社会交际中,大量使用语言进行交流。但要使语言表述的内容,得以长期保存,在没有声音载体的时代,惟有靠文字的记录。因此,今日之所以得见古代诸多文献史籍,离开文字,是不可想象的。而文字固有其音义相关之形体,特别是汉文字的这一特点尤为明显。作为文字的形体,自有其相应的稳定性,但随着时代的发展,又有其变化的一面。这种既稳定又变化的文字形体,在历史文献中,包括中医文献,也就很自然的有所反映,不仅如此,随着文字书写艺术的发展,其书写风格,亦多有不同,而且由于某种政治因素,又产生了一些在字形、字音、字义方面具有特殊意义的文字。这就为文献的阅读和研究,带来了一定的困难。因此,对文献的整理与研究,必需具备这方面的有关知识,此即本章所论的重要内容。

第一节　中医文献的字体

字体,文字之不同体式,如甲骨文、篆书、隶书、楷书、草书、行书等。汉·蔡邕《篆势》:“思字体之俯仰,举大略而论旃。”又《南史·江淹传》:“时襄阳人开古冢,得玉镜及竹简古书,字不可识。王僧虔善识字体,亦不能谙。直云似是科斗书。”

记载具有与医学有关的内容及系统记载医学内容的字体,据现有资料说明,最早应是甲骨文与金文,其后则有篆书、隶书、楷书等,现分述于下。

一、甲　骨　文

甲骨文指清光绪二十五年(1899 年)以来,在河南省安阳县等殷墟故址出土的刻在龟甲、兽骨上的文字,时代在殷武丁(公元前 1324 年至公元前 1266 年)到殷末帝辛(即纣王,公元前 1123 年)共二百余年。自光绪年至今 80 余年,共出土甲骨 16 万余片,单字约 5 千多个,其中已认识的字,仅有 1500 个左右。这种文字,虽较早期的图画文字已大大发展,但仍有较浓厚的图画意味,由于此种文字,多系以金属刀具刻在甲骨上面,故其字形,不便作圆形,凡后世作圆形处,皆作方折,故整个字形,多呈方形,且由于刀刻,故显得字画刚直遒劲。其内容多为当时占卜之卜辞,仅有极少量与医学有关之疾病名称及人体部位及脏器名称,可参见编纂甲骨文之有关资料。

二、金　　文

金文指铸刻在青铜器上的铭文款识。古人称铜为金,故曰金文,此种文字一般多铸刻在钟或鼎等器皿上，故犹称钟鼎文、金文，现发现最早者为商代，但以周代为最多。金文较甲骨文有较大发展，一字多形的现象较甲骨文为少，形体渐趋划一，大小渐趋齐同，结构渐趋方整，字画比较粗壮，图画之意亦渐少。此种文字直接记载医学内容者尚未发现，多是在铭文中附有对健康的祝愿，反映人们特别是官僚贵族的某种主观愿望。另外有少量人体部位名称。

三、小　篆

小篆是对大篆而言，小篆虽始于秦以前，但在秦时统一文字，小篆即成为通行文字，此以前古文字即为大篆。小篆继金文演变而成，故其形体与金文颇多相似之处。然小篆较之金文更加规范化，具有字形统一，结构匀称，笔画工整，舍繁就简，组合有一定的规律等特点。由于秦时始以小篆为通行文字，一直沿袭至西汉的一个时期，故此时留下的文字材料，特别是近年出土文献，有一部分书体为小篆。其中也有医学文献，如长沙马王堆出土之汉墓医学帛书《足臂十一脉灸经》、《阴阳十一脉灸经》甲本、《脉法》甲本、《阴阳脉死候》及《五十二病方》等五书，均为小篆体。此足可证此等医书的抄录年代，至少在汉初或秦代，至其成书年代，由于其作为珍品殉葬之物，可推知或为先秦之时。

以上诸帛书小篆，不仅书写规整，而且充分体现了笔书的书法艺术美，其笔画虽亦刚劲有力，但亦颇富柔和之气，如撇、捺有弯，横画微斜，折弯处以圆折为多，字之大小虽不尽同，亦错落有置，竖画亦常有越界者。从整个章幅看，显得挥洒自如，伸展秀美。定系出自书写名家之手，使今日不仅获知其内容，且得到小篆书写真迹的实证，为小篆书法艺术的继承发扬提供了依据。汉以后，作为通行文字，逐步为隶书代替。后世所见医籍，亦少有用小篆书写者，惟撰人或序跋人、鉴赏人、藏书家之名章、饰物等，有用小篆体者，另有题词或题名亦间用之，亦皆作为书法艺术体使用，而非通用字体。如光绪三年浙江书局据明·顾从德影宋本《素问》重刻本，其扉页即篆书“黄帝内经”四字。

四、隶　书

隶书由篆书演变而成，所以名“隶”者，晋人卫恒论四体书云：“秦既用篆，奏事繁多，篆字难成，即令隶人佐书，曰隶字。”

隶书有古、今之分。古隶在战国时已具雏形，而通行于秦末至汉。今隶则通行于东汉至晋初。古隶似脱胎于篆，故仍含有一定篆体成分，而今隶则完全摆脱了篆书的形象，从书法艺术方面看，隶书已趋于扁平，用笔有蚕头燕尾、逆入平出等特点。

在医学文献中用隶书者，有长沙马王堆汉墓出土之简书《十问》、《合阴阳》、《杂禁方》及《天下至道谈》等。据整理人研究，此简书的抄录时间，当早于墓主人，应在秦代或秦汉之间。又有甘肃武威出土之汉代医简（今整理本定名为《武威汉代医简》），其抄录时间则晚于马王堆汉简医书。

对于此等汉代隶书真迹的书法艺术，得到书法家的高度评价。如徐祖蕃根据武威出土之汉简文献编选之《汉简书法选》序言，对《仪礼》简的书法艺术评述云：“《仪礼》简在字形结体及用笔上都有其独到之处和美学价值的。其在结体上巧妙地应用了字的重心向左偏移，使右方有广阔的天地，以利于由左向右出锋，施以展开之势，以显字的力度，真是左收右放，一张一弛，形成结体上的无穷变化，在不平衡中求得平衡，以避开左右停匀的板滞之形。”在评价医药简牍时云：“医药简牍的书法，乍看似不如《仪礼》简和王杖等简那样精熟，但它颇有西北地区民间艺术中的粗犷雄强之风，貌似幼稚，而恰恰就在这稚拙纯朴之中，表现出武威古代的书法艺术风貌。”从而说明，此类出土古隶书古籍，不仅可见当时之通行文字，而且在书法艺术上有较高价值。由于今存汉隶碑帖，多系东汉时之遗物，属于今隶，故古隶书实物的出土，就书法艺术而论，也是填补了一段历史空白。

今隶之用于医籍，亦事在必然，唯今尚未出土较完整的文献，中华书局印罗振玉、王国维编《流沙坠简》方技类收十一简，观其字形，亦系汉代遗物，因简文不多，尚难详断，有待今后进一步挖掘。

后人之用隶书者，正文则无，唯序跋或题写书名时，偶或用之，亦在书法艺术之例，非通行文字。如日本江户医学影北宋本《备急千金要方》，扉页书名用今隶题写。

五、真　　书

真书犹称楷书，由隶书演变而成。是自东汉末年已开始通行的字体，至晋初已完全成熟，成为一种普遍通行的字体。由于其用笔书写较篆书与隶书尤为方便，自始行之后，便显示出其强大的生命力，故能经久不衰，直至今日，已有近二千年的历史，其间除少量字形有所变化外，就字体而论，则始终未变。

真书的结构与汉隶基本上无大差别，但也有些不同之处，如个别字形改变、简化等，而更多的则是笔势的改变，如蒋善国《汉字学》论真书时云：“就整个字势说，汉隶向外推开，真书向里集中，汉隶笔画波动，真书笔画平稳；汉隶是‘八’字形扁方的方块字，真书是‘永’字形长方的方块字。汉隶平直方整，真书不甚平直方整(尽管它不是一波三折)……”等等。对真书与汉隶的差别，均加以具体说明，可详见该书。

真书既作为一种通行字体使用，文献的抄录及书籍的书写，自是以此种为主，医书亦不例外。正由于真书字体使用时间长，故今日留存之古籍字体，无论写本、碑刻或版刻，均以真书为最多。今举例如下：

1. 传为晋·王羲之所书之《黄庭经》

此文是否王羲之书，历来书家尚有争议。因原书早已散失，今所见皆后世摩刻拓本，按旧说一般均称王羲之书，且影响极大。如天津著名收藏家张叔诚所得明代收藏家朱之赤等藏宋拓本，朱之赤跋云：“《黄庭经》摩刻甚多，独此淳意古质、宛然见晋人风韵。”又如清雍正七年著名书画家方士庶跋云：“或云《黄庭》是右军换鹅书，或云换鹅是《道德经》，非《黄庭经》也，自陶弘景始以《黄庭》与《乐毅论》，并称为右军正书有名笔迹。开元五年，购右军正书得三卷，《黄庭》为第一。函关失守，内库法书，复散落人间，事平，遣使搜访，独不得《黄庭》真迹……余所见宋拓，不下十数，神采锋稜，此本为最……”按今所见《黄庭经》拓本，虽非真迹，然其风韵，仍不失晋人法度，故历来书家甚崇尚之。

2. 南北朝时期写本

南北朝时期真书写本，今所见者，唯敦煌卷子本尚有遗本。马继兴《中医文献学·导言》“敦煌医学卷子的时代考察”一文中，曾言及有多种卷本出于南北朝时期，又梁·陶弘景《本草经集注》残本，罗振玉氏曾以为系唐开元写本，而日本小川琢治根据实物研究，发现此书原本并不是开元写本，而是六朝的写本。范行准先生亦同意此说。此本书写质朴，字形规范，有些笔势，尚带魏书韵味，如有些横画，颇似方笔魏书，“六”字下右点作三角形等，亦能显示其南北朝书写风韵。

3. 唐人写本

唐人真书写本，在敦煌卷子医书中保留亦多，就其书气而论，多受当时名书法家如欧、柳、颜等影响较大。另如今存完本有钟可大《灵飞经》拓片。详钟可大，名绍京，为三国时名书法家钟繇十世孙，可大以善书直凤阁，时号为小钟，其书法师承薛稷，笔意潇洒，风姿秀逸。《灵飞经》为其代表作。后世视为真书之范本，宋以后刊本中，亦时有师法其风韵者。

4. 宋代至清代真书版刻体

自宋代印刷技术盛行后，特别是雕版印刷之书籍，尤占多数。由于雕版工作，需先行书写，或聘请名写家书写，个别内容如序跋等，亦或采用作者手稿，其中写工所写，虽不如名书家之书法水平，然亦多系多年培养之写手，亦具有一定书法水平，当然，其中亦难免有书写水平较低或很低者。对写手之书写标准，不仅要求在行款、排列、字形结构方面要具有一定艺术水平，而且应具有一定书法水平。因此，诸多写手，多募仿历代名书法家之书法风格，其中尤以效法唐代名书法家欧阳询、颜真卿、柳公权及元代赵孟頫者为多。如今存宋刻本《医说》，字体结构匀称，字体疏朗，重心内收、撇捺伸展，横平竖直，气象端庄，就其笔势风韵而论，颇具颜柳之余韵，直可作小字范本使用，堪称版刻真书佳作，又如元广勤书堂刻《脉经》，就其书写风格及笔势而论，笔画柔和，柔中含刚，横画有诸多明显逆入露锋之处，个别部分带行书写法，如三点水旁之中点及下挑，常连笔书，颇具赵孟頫笔意。又如明·顾从德翻刻宋本《黄帝内经素问》，字形结体严紧，横平竖直，笔画方正，刚劲有力，横画稍清瘦，竖画略粗壮，具有欧阳询书的某些风韵。

有关欧、柳、颜、赵书法艺术，徐利明《书法艺术大观》一书，曾有概括论述，今摘要介绍如下：

欧阳询：欧字的点画基本上以方笔为主。但不像北朝碑版那样有过方的圭角。落笔多藏锋，行笔雄健含蓄，收笔多回锋，点，讲求相互呼应、贯气，并列或者相同的点特别讲求其富有变化，姿态各别。横、竖画用方笔，一般写得很平直，间架紧实整齐而稍长。撇、捺画间用圆笔，笔势灵活生动。钩画取法如隶，都作极小的等边三角形，意态饱满稳健。转折又多是方中带圆势，既显方劲又带浑厚。

颜真卿：颜真卿善楷、草，笔力遒婉，上承王羲之的传统，兼融初唐四家(按即欧阳询、虞世南、褚遂良、薛稷)书法特征，后从张旭得笔法，特别是吸取南北朝书之新风，创前人所无。颜体著名的碑帖有《多宝塔》，书体秀劲丰润，结体严整紧密。如《麻姑仙坛记》，气质豪宕，质朴遒厚，肥不臃肿，虚实对比巧妙，搭配灵活，密中有疏朗之气，八方圆足，稳固如塔。行笔藏头收尾，以提转为主，流润放纵。即使是笔画极细之处，也十分注意运笔的轻重，上下起落无不流动，因此，笔画显得重而不浊，形成了外圆内方之风神。

柳公权：公权初学王羲之，遍阅近代笔法，体势劲媚，自成一家，《玄秘塔碑》是柳氏晚年之作，整个作品端正峻丽。用笔干净利落，引筋入骨，寓圆厚于清刚之内。《玄》主要吸收了北魏方笔之长，把点画写得爽利森挺，神气清健，给人以斩钉截铁之感，柳之笔画不像颜书那样浑雄，而是写得瘦硬精悍。其形体也无姿媚之态，于瘦硬中呈露出俊丽之风采，点画的长短、斜正在处理和搭配中意态从容，恰到好处，疏密关系也是开合有度，虽多为横平竖直，却别有一番神情意趣。《神策军碑》，用笔以方为主，利落劲健，骨气外露，提按顿挫分明，整个作品充满着一种神气清健，峻整遒劲之美。细赏之，笔正锋正，藏筋守骨，锋芒棱角坚实峻健，行笔如壮士伍步，利落爽健。无论是提按顿挫，还是转折藏收，意度精妙，法度森严。其形体狭长而瘦劲，中坚而旁肆，险中生态，于紧密中又有疏朗开阔之气，无论是点画的长短搭配，还是疏密的配合，以及斜正的变化，无不峻整有度，看不出丝毫尘俗之气。

赵孟頫：在书法上他集楷、隶、行、草、篆各体书法于一身。虞集称他"楷法深得《洛神赋》而揽其标；行书诣《圣教序》而入其室，至于草书，饱《十七帖》而变其形。"赵孟頫传世作品很多，如《洛神赋》、《兰亭十三跋》等。《兰亭十三跋》，行间茂密，温润闲雅，用笔精巧，缜浓得度，骨肉停均，所谓"肉不没骨，筋不外透"，赵孟頫的行书风格尽在其中。对于赵孟頫的书法成就，前代虽有不同意见，但总的来说，赵书不愧称雄一时，缺点在过于娴熟。

以上是徐氏对四家书法艺术的论述。

另外在真书中尚有一种魏体，以其指南北朝时期特别是北魏时期书风相近的碑刻，故又称魏碑。此种书体流别很多，总的来说，有方笔、圆笔、方圆结合三种笔势。方笔者如《龙门二十品》，圆笔者如《郑文公碑》，方圆结合者如唐《等慈寺碑》等。

关于魏碑的书法艺术特征，康有为总结为十美，"一曰魄力雄强，二曰气象浑穆，三曰笔法跳跃，四曰点画峻厚，五曰意态奇逸，六曰精神飞动，七曰兴趣酣足，八曰骨气洞达，九曰结构天成，十曰血肉丰满。"由于魏体在书法艺术中具有独特的风韵，故后世书法家亦多摹习者，或与楷体融为一体，别具风貌。

魏碑在古医籍正文中作为通用文字者较少，而楷书中带有魏碑余韵者则有之，如成化三年熊氏种德书堂刊熊宗立编集《名方类证医书大全》，其正文，特别是吴尚志序与熊宗立自序之字体，颇具魏碑圆笔书法的韵味。在医籍中别有所用者，多为序跋，或题写书名者亦有之。

六、行　　书

行书是真书与草书之间的一种书体。起源于东汉，形成于晋。《晋书·谢安传》："及总角，神识沉敏，风宇条畅，善行书。"唐·张彦远《法书要录·张怀瓘书断上》："按行书者，后汉颍川刘德升所作也，即正书之小伪，务从简易，相间流行，故谓之行书。"是所谓行书，就其气势而论，具行走、行动、流行之义，亦即予人以动态之感。行书亦称"行押"，《魏书·崔玄伯传》："尤善草隶行押之书，为世摹揩。"宋·曾慥《类说》卷五十八引《书法苑》："钟繇有三体：一曰名石，谓正书；二曰章程，谓八分书；三曰行押，谓行书。"

行书的书写特点，明·丰坊《书诀》云："行笔而不停，着纸而不刻，轻载而重按，如水流云行，无少间断，永存平生意。"姜白石云："是点画处皆重，非点画处，偶相引带，其笔皆轻。"

根据书法家的论述，行书体的特点主要有以下几个方面：就总体而言，它是介于楷、草之间的一种书体，因其既有楷书的一些特征，又有草书的某些形象；就字的结构而言，有些字形渐取简化，如罾字上端两口，可以两点代之，冀字上端之北字亦可以两点代之，戔字可以戋字代之等；就书写笔顺而言，有些本系两笔者，可以连笔引带，如三点水旁字，点与挑可以连笔而行，木旁之木字，撇与捺可先撇而后上挑等。就运笔方式而言，多提笔轻按，如水之流行无阻，转折之处，多从圆转而少用方折等，整个运笔过程，务在流畅，较少顿挫。故行书之体，从整体上看，显得流畅疏朗，舒展活泼。

由于行书体在书写方面较为方便，不似楷书之规整，亦不似草书之难以辨认，故其形成之后，不仅为书法家所习作，而且作为一种日常生活之使用字，很快即在社会上通行。除一般正式公文及书文清稿、印刷写版等要求用楷书者，均可用行书体书写。

在古籍中用行书体者，主要有三种情况，一为序言或跋文，如明·张介宾《类经》与《类经图翼》之自序系行书体，兼具私章，显系张氏手迹。此序书体流畅俊美，显示了张景岳在书法方面颇有造诣。一为古籍稿本，如明·许元《脉镜》原系稿本，现收《中国医学大成续编》第三册，字体以楷、行相兼。一为题写书名或题词，此类情况较多，亦在显示其书法艺术，非通行文字。

七、草　　书

草书亦称"草体"，《书法要录》卷一引南朝·宋羊欣《采古来能书人名》："河东卫凯，字伯儒，魏尚书仆射，善草及古文，略尽其妙，草体微瘦而笔迹精熟。"草书源于草隶，即隶书之草写体。《陈书·始兴王伯茂传》："伯茂大攻草隶，甚得右军之法。"唐·张怀瓘《书断·王献之》："王献之字子敬，尤善草隶，幼学于父，次习于张芝。"据传后汉章帝好之，汉魏间的章草，殆始于此。后真书行，书时渐脱隶书笔意，用笔日趋圆转，笔画连属引带，并多简略，遂成今草，晋·王羲之等遂创诸字上下连属的草体。《晋书·王羲之传》："尝诣门生家，见棐几滑净，因书之，真草相半。"至唐·张旭、怀素等，又发展为笔势恣纵、字字牵连、笔笔相通的狂草。

草书的书法特点，前人论之甚多，要在形象于物，法存于意。亦如唐代韩愈《送高闲上人序》所谓"世间万物皆草书"，又清代刘熙载所云："盖草之道，千变万化，执技寻逐，失之愈定，非神明之得，孰能止于至善耶……他书法多于意，草书意多于法。"此种取意象形的特点在唐代怀素《自叙帖》中，引诸名家评述，尤为详尽。如所谓"张礼部云：奔蛇走虺势入座，骤雨旋风声满堂。卢员外云：初疑轻烟澹古松，又似山开万仞峰。王永州邕曰：寒猿饮水撼枯藤，壮士拔山伸劲铁。朱处士遥云：笔下唯看激电流，字成只畏盘龙走。"似此等等，虽是对怀素狂草意象的形容，亦可反映草书的特点。总之，草书之象形取意，犹如徐利明《书法艺术大观》所云："所谓'草书意多于法'，即强调了草书善于寄寓发挥作者的兴致和情感，尤其是狂草。作者借助于娴熟的书法技巧，在点画起伏跌宕、线条盘旋环绕之中，抒发胸中之气、之情、之兴。"从而说明草书的书法艺术，是在其基本书写规律的前提下，可使作者以凝重的笔墨、流畅的线条，充分发挥其书写的技巧，抒发其意境，体现其情趣，使整章结构，融汇为一完整的画面，显示其书法艺术高超的技术，给人以美的享受。

草书体在古籍中较少使用，惟个别序言，有用草书者，由于其书体，非具有相当书法知识者，不易辨认，故亦不多见。

八、宋　体　字

宋体字亦称匠体，是明代正德、嘉靖间兴起的一种写工所书横轻竖重的方廓形字体，以其始因摹仿宋人雕版书体而仅得外貌，故称宋体；又因出于书工匠人之手，故称匠体；又因其始于明代，故又称明匠体。如清·薛熙编《明文在·凡例》云："古本均系能书之士各随其字体书之，无有所谓宋字也。明季始有书工专写肤廓字样，谓之宋体。"又清康熙十二年，敕廷臣补刊经厂本《文献通考》脱简，冠以序文，并明确规定："此后刻书，凡方体均称宋字，楷书皆称软字。"故宋字因对楷书软字而言，又称硬体字。

此种字体的兴起，据版本学家考证，认为明正德间有李梦阳、何竟明等"前七子"发动复古运动，嘉靖至万历间，又有李攀龙、王世贞等"后七子"再一次发动复古运动，形成"文必秦汉，诗必唐宋"之风，反映在印刷刻书方面，掀起了翻刻宋本的热潮，专从形式上模仿宋本字体，结果，仅得其貌似，而无其神韵。毛春翔《古书版本常谈》云："自正德、嘉靖以降，黑口本绝无仅有，一般都是白口，而字体亦一变而为方体字，僵硬呆滞，劣者犹如枯柴，很不美观，万历以后，字体又一变而为横轻直重，颇似颜体字，其气魄与嘉靖本全不相似，天启、崇祯，字体又一变而为狭长的横轻直重的字样，气魄更小。"又如严佐之《古籍版本学概论》云："明洪武至正德，刻本字体基本保留元末遗风，自嘉靖起，变化成一种横平竖直，横细竖粗，撇捺直挺，整齐严谨的长方形字体……清康熙刻本字体又在明代仿宋体的基础上，从字形、笔划间变幻出'肥宋'、'瘦宋'、'小宋'、'扁宋'等多种风采不一的字体。"此中足以说明宋体字的起始、形成和演变情况。

对宋体字的评价，前人多从书法艺术的角度论述，故多含贬义，亦自有道理。然而此种字体形成之后，由于便于书写与刀刻，故对后来雕版用字影响很大，最终形成了印刷字体。正如严佐之《古籍版本学概论》云："规范化的字体虽然缺乏流利生动的感觉，却有利于提高刊版写版的效率，这和当时出版业的商业化是相适应的。"姚伯岳《版本学》云："笔者以为，明代中叶以后的复古风气，只是为宋体字提供了一个契机，实际上，创制一种规范的刻书字体，早已成为刻书业的一种需要，明代刻书匠人在对宋版书所用字体的刻意摹仿和精心揣摸中，逐步掌握了其特点和规律，从而创制出了一种能够长期、广泛适用的刻书专用的印刷体，这是图书印刷技术的进步，也是图书印刷事业必然趋势。"上述二家对宋体字的评价比较公允，此种字体，固然不能体现书法艺术的美感，但作为雕版用，从书工与刀工的角度论，均宜施行，即是从行款的外观论，也显得整齐规范，具有一定的艺术性。当然，有些粗工制品则不在此例。

宋体字的书体，主要有笔画均横轻竖重，横细竖粗，以方笔为主，横画末端呈三角形肩峰，竖画则末锐，亦呈三角形，撇、捺较直，整体结构紧凑方整等特点。

宋体字刊本，自明中末期后，特别是清刊本，俯拾皆是，不难寻求，兹不详举。

第二节　中医文献的通假字

通假字亦称通借字，是古代文献在文字方面常见的一种现象，就中医文献而言，自中医最早经典著作《素问》、《灵枢》及近年出土之两汉与先秦医籍，下迄明、清医籍中，均程度不同的存有通假。特别是先秦、两汉中医文献的研究及中医古籍的整理，若不辨通假，极易造成误校、误释方面的错误，这在前人的校、注中，亦屡见不鲜。以下就通假字的有关问题，略作介绍。

一、通假字的基本概念

由于古文献中大量通假字的存在和前人往往因不识通假而形成的误解，使古籍真貌真义不能真正加以显示，因而引起了诸多校雠学家与文字学家的重视和研究，并进一步探索形成通假字的原因和规律。特别是自清代以来，虽然有些问题，尚难取得一致意见，但确已取得很大成就。今取近代学者之代表性著作所论，略作介绍。

(1) 高享《古字通假会典》董治安1982年所作"前言"云：

"古字通假，是古字通用假借的省称。我们阅读古籍，特别是阅读先秦两汉古籍，常常会遇到古字因声音相近、相同而通假的现象一或者是假借字与本字通用，或者是假借字与假借字通用。而对于假借字，欲求其理解的正确、透彻，最重要的，就在于必须探索其所借代的本字。

清人王念孙说：'字之声同声近者，经传往往假借，学者以声求义，破其假借之字，而读其本字，则涣然冰释；如其假借之字，而强为之解，则诘籍为病矣。'王引之也说：'至于经典古字，声近而通……往往本字见存，而古本则不用古字，而用同声之字。学者改本字读之，则怡然理顺；依借字解之，则以文害辞。'他们所说，都正是强调了识破假借字，求其本字对于古籍阅读的重要和必要。"

又云：

"那么，为什么在古籍中会出现如此大量的文字通用的现象呢？这从客观上说，主要是由于当时文字数量不多，流传亦复不易，以致人们难以处处使用本字，难于做到书写的更规范化；而就人们主观而言，则是由于古代并不认为假借字的使用是代替本字。古人表述思想，执笔为文，往往习惯于各自按照口头读音的相同或相近，比较范围宽泛地、不那么严格地选用汉字。他们可以有意识地借用音同、音近的彼一字表述此一义，也完全可以误以音同、音近的彼一字代替表达本义的此一字。这后一种情况，其实就类似于今天的所谓'写别字'了。由此可见，古人对于假借字的使用，不仅带有相当的自发性，而且带有一定程度的随意性。

正是出自这样的原因，我们可以看到，有一部分假借字，似乎曾在较大范围得到过人们的认可，因而在不同古籍中多次出现；而另一部分假借字的使用，就显得具有更多地偶然成分，在古籍中重复出现次数很少，有的甚至仅见于某一著作……"

(2) 马天祥等编著《古汉语通假字字典》马氏《前言》云：

"关于通假字的性质，历代学者论述甚多。南宋学者叶大庆在其所著《考古质疑》中就《汉书》举例论述说："乃若古字借用，'聚人曰财'，则财货也。《贾谊传》之'财幸'则与'裁'同，《文纪》之'财足'则与'纔'同。'庶绩咸熙'，则'熙'广也，《礼志》'熙事备成'，则与'禧'同，《翟义传》'熙念我孺子'，则与'嘻'同。此皆借之而通用。"

清人严章福在《经典通用考·自序》中说："本无其字谓之假借，本无其字而后有字者，亦不得谓非假借，通用亦假借也。"

清人许印林在吴玉措所辑的《别雅》卷一的一条案语中说："'本无其字，依声托事'，假借之正也；既有其字，同声相代，假借之变；要皆是假借，其全系乎音。"

又云：

"通假字是怎样产生的？这也是历代学者经常探讨的一个重要问题。一般学者大都以唐人陆德明《经典释文序录条例》中所引郑玄的一段话为准，这段话的全文是：'其始书之也，仓促无其字，或以音类比方假借为之，趣于近之而已。受之者非一邦之人，人用其乡，同言异字，同字异言，于兹遂生矣。'这段话亦见于张守节的《史记正义·论音例》，文字稍有不同……郑玄的论断，大致合乎情理，不过意思还不够完备。

清代文字音韵学家陈澧在《东塾读书记》的《小学》中谈通假字产生的原因时说：汉人用字多通借，在今日觉其古妙，且因此得以考古音古义。然古人所以用通借字者，实以无分部之字书，故至于歧异耳。《说文》既出，而用通借字者少矣。此《颜氏家训》所谓许慎贯以部分，使不得误者也，焦理堂（循）云：'如麓录二字，本皆有者也，何必借录为麓？壶瓠二字，本皆有者也，何必借壶为瓠？疑之最久，叩诸深通六书之人，说之皆不能了。'（《周易用假借论》）'澧谓实因无分部之字书故尔，不必疑也。'陈氏之论深中肯綮。以此与郑玄之说结合起来看，通假字产生的原因，大约是可以为学者们所接受的。"

（3）郑权中遗著《通借字萃编》，该书第一章"通借字概说"云：

"通借字是由于音通而借用的字，一称通假字。古籍注解中，如某通某，某通作某，某为某之借字，某同某，某与某同，某一（亦、又）作某，某今作某，某音某，某读为某，某读与某同，某、某也；某之为言某也，某犹某也（均指声训字）……这些通借字就好比后人所谓同音错别字。"

又云：

"这里，还必须指出：通借字虽然如同错别字，但它不是无缘无故的错，而是随声迁就的错。它所迁就的，是两字的声音相同或相近。分析其类别，有谐声字通借、同音字通借（即双声叠韵通借）、双声字通借、叠韵字通借，对转字通借、合音字通借六种。"

该书整理人涂宗涛在"序"中云：

"'不知假借者，不可与读古书；不明古音者，不足以识假借'，朱骏声在《说文通训定声·自叙》中的这几句话，乃千古不刊之论。今天，凡是研读古籍尤其先秦古籍的人，都知道识别假借字（亦称通假字或通借字）的重要性。不知通假，不是读不懂古书，就是错解古书的含义，因此，把掌握通假字看作读通古书一把重要钥匙，是十分恰当的。"

此"序"同时指出该书的主要缺陷是"把通借字的范畴放得太宽"，并谓："我们衷心希望读者在阅读古籍时，对通借字要从严掌握，凡原字能得到合理解释者，就不要求助于通借字；在查阅使用本书时，也应持分析态度，然后加以抉择，因为把通借字的范畴放得太宽，就会使人产生'几疑天下无字不可通用'的副作用。"

从以上诸家所论，对通假字的一些基本概念，已基本上予以论及，概言之有以下几点：

通假字，亦称通借字，是古字通用假借的省称，亦即古人书写时所借用之音同或音近之别字。

识别通假字的重要意义在于，凡所用字为通假者，则非本字本义，若不能识破通假，则本义隐晦不明，若按假借之字义理解，则易误解。故识别通假，对研读古籍具有十分重要的意义。

产生通假字的原因为:当时所造之字,不足为用,若无本字者,遂以别字假借之;有的虽有本字,然笔者仓促为文,或以别字代之;亦或因时无分部之字书,习者不易,亦或以别字代之等。

运用通假字的原则,亦即古人所谓"本无其字,依声托事"、"既有其字,同声相代","要皆是假借,其全系乎音"亦即所谓通假字者,必须取音同或音近之字以代之,因有所谓谐声通假、同音通假、双声通假、叠音通假等不同类型。

通假字的应用范围,据现有古文献特别是先秦、两汉文献所见,有些通假字,应用范围较广。如近年出土之长沙马王堆汉墓古文献与临沂银雀山汉墓古文献,有些通假字,两者所用均同。此足以说明,有的通假字,当时已约定俗成,故曾多方使用;有的则仅见于少数古籍或仅在一书中使用,成为所谓"孤证"。这其中难免有笔者自发性与随意性的因素。另一方面,今日所见先秦、两汉之文献实物数量,与当时实有数量,亦不及千万分之一,故有些字,由于古书散佚甚多,别无旁证,故亦不一定绝系"孤证"。

辨认假借字的原则。由于汉文字形成、演变与使用的问题,已有数千年的历史,其使用范围亦甚广,各个历史时期与各个地域在使用汉文字时亦有某些差异,由于此种历史的与地域的使用及汉字本身发展变化的原因,造成通假字的情况十分复杂。虽然前人对通假字的研究,已找到某些规律和原则,但这些规律和原则,只能在一定范围内或特定条件下使用,并不具有普遍性的意义。比如所谓谐声通假、双声通假、叠韵通假等,并非所有谐声字、双声字、叠韵字,亦即音同或音近字之间,均可相互通假。因而在研读古书时,凡用本字能作出在本语言环境中合理的或比较合理的解释,就不一定借助于通假。因此,在辨识通假字时,仍当从严掌握,尽可能取得书证。以免滥用通假而别生歧义。

二、中医古籍通假字举例

由于古代文献中通假字的使用比较普遍,中医古籍亦不例外,在现存古籍及历来出土古医学文献中,均存有程度不同的假借字。而且前人在注、校古医籍时,早亦注意到通假字的问题。唐·孙思邈《千金要方》林亿等"例云:凡诸卷中用字,文多假借,如乾字作干、屎字作矢、锐字作兑,其类非一,今则各仍旧文,更不普加改定,亦从古之意也。"凡此等等,旨在说明识破通假字所替代之本字,则文义自明。

古医籍中通假字,历朝皆有,今举以下三种为例说明。

1. 长沙马王堆汉墓古医书

长沙马王堆汉墓出土医书计有帛书十四种之多,其文字含有大量古今字、异体字及通假字,特以通假字为数尤多。据马继兴研究员《马王堆汉墓古医书考释·导论·马王堆汉墓古医书的古文字》一文所作统计,计有各种类型如同音通假、双声通假、叠韵通假等计有800余字,足以反映在先秦、两汉时期使用通假字的一般情况。如此众多的通假字,在当时人读来,可能不感到生疏。但在今人读来,如不识破通假,则文义难明,今据文物出版社出版之《五十二病方》,摘录几则为例:

足臂十一脉灸经:

足少阳温(脉):出于踝前,枝于骨间,上贯膝外兼(廉),出于股外兼(廉),出胁;枝之肩薄(髆);其直者贯腋,出于项、耳,出湛(枕),出目外渍(眥)。

其病:病足小指次[指]废,胻外兼(廉)痛,胻寒,膝外兼(廉)痛,股外兼(廉)痛,脾(髀)外兼(廉)痛,胁痛,口痛,产马,缺盆痛,瘘(瘘),聋,湛(枕)痛,耳前痛,目外渍(眦)痛,胁外种(肿),诸[病]此物者,皆久(灸)少阳温(脉)。

按上文中圆括号内之字为整理人所加本字;方括号内之字为所补之缺文,方空围为缺文,下同。

又如《文物》1990年10期发表之《张家山汉简<引书>释文》,今摘录一段如下:

举胻交股,更上更下三十,曰交股。信(伸)胻诎(屈)指三十,曰尺汙(蠖)。傅(附)足离翕(合),䍃(踰)三十,曰金指。信(伸)胻直踵,并䍃(踰)三十,曰埤垸。

从以上所引两书之两段文字看,所用通假字的情况,有两点明显的特点,一是用字较多,二是有些通假字汉以后较少见。如以兼代廉、以薄代髆、以渍代眦、以久代灸等。此等替代字之本义与所替代之字的本义毫无联系,只是由于音同或音近,故取而代之。汉以后文献所用通假字之所以较少,是由于文字的不断发展和创新,加之后人在传抄和整理前世古籍时在文字方面,逐渐趋向规范化的要求,将诸多通假字改为本字,故今日存世之先秦、两汉文献古籍中之通假字,虽较当代作品为多,然比之出土之汉及汉以前文献中之通假字,已大为减少。

2.《黄帝内经》

《黄帝内经》之成书年代,虽学术界尚有不同意见,但就其内容而论,必含先秦及汉代古文献。今存之本,定系历代多次传抄整理而流传至今,故其中通假字虽不及马王堆出土古医籍之多,然仍保留有诸多通假字,今举例说明。

《素问·生气通天论》:"汗出偏沮,使人偏枯,"王冰注:"夫人之身常偏汗出而湿润者,久久偏枯,半身不遂。"新校正云:"按沮,《千金》作祖,全元起本作恒。"按沮,当为"阻"之通假。《战国策·齐策一》:"故人非之不为沮。"《吕氏春秋·知士》引作"阻",又《战国策·赵策一》:"坏沮乃复归土。"鲍本作"阻"。从而足可证明"沮"为"阻"之通假字,王冰注文,未能识破通假,显然有误,新校正引《千金》作"祖",亦为通假,祖与沮相假,古籍亦有此例,至于全元起本作"恒",当系"怚"之形近误。古籍诸多取声于"且"之字,尝多互为通假,如此则诸疑冰释。

又:"高梁之变,足生大丁。"王冰注:"高,膏也。梁,粱也。"按王冰此释,指明通假,恰合文义。

又:"味过于辛,筋脉沮施,精神乃央。"王冰注:"央,久也。"详《说文·冂部》:"央,中央也……一曰久也。"王冰注本于《说文》,固为有据,然在此语境中,义则难通。新校正云:"央乃殃也,古文通用,如膏粱之作高梁……,盖古文简略,字多假借用者也。"按新校正说,于义为是。

《灵枢·九针十二原》:"排阳得针,邪气得泻。"马莳注:"排阳气以得针,则邪气自得泄矣。"张介宾注;"故可排开阳道气以泄邪气。"张志聪注:"排阳得针者,排针而得阳气也。"按三家注义,或曰阳道,或曰阳气,于"阳"之义,均从本字为释。又《甲乙经》卷五第四"排扬出针,疾气得邪。"又详《灵枢》本篇前文"放而出之"及《素问·调经论》所谓"泻实者,气盛乃纳针……外门不闭,以出其疾,摇大其道,如利其路"之义,则三家注从本字释义均非。盖阳为"扬"之通假,有《甲乙经》可证。又经传扬作"阳"者颇多,如《易·夬》:"扬于王庭。"汉帛书作“阳”。又《诗·小雅·正月》:“燎之方扬。”《汉书·谷永传》引作“阳”,亦可为证。是则“阳”为“扬”之通假。

《灵枢·通天》:“阳重脱者易狂。”《甲乙经》卷一第十六同。马莳、张志聪注本均改作“阴重脱者阳狂”,解从本义,张介宾注,虽未改字亦不释“易”字。详易,与瘍为通假。《说文通训定声·解部》:“易,假借又为瘍。《汉书》:乐平侯·诉病狂易。”《广雅,释诂三》:“瘍,痴也。”王念孙疏证:“《说文》:“‘瘍,脉瘍也。’脉瘍,犹辟易也。《吴语》;‘称疾辟易。’韦昭注:‘辟易,狂疾。’”是“易狂”者,狂病也。易狂亦作“狂易”,如《甲乙经》卷十一第二:“狂易多言不休及狂走欲自杀,及目妄见,刺风府。”又“狂易,鱼际及合谷……主之。”是足可证此“易”字,非容易字。乃“瘍”之通假。

3.《诸病源候论》

该书隋·巢元方所撰,今举其中二十七卷至二十九卷中通借字为例。

卷二十七:吐血候:“所食之物与气共上冲蹴。因伤胃口,便吐血。”蹴,《说文·足部》:“行平易也。”《广韵·屋韵》:“蹴踖,行而谨敬。”《法言·学行》:“或人蹴尔曰”李轨注:“蹴尔,惊貌。”按此三义与此均不合。又详《三国志·魏志·董卓传》裴松之引晋·华峤《汉书》曰:“以我强兵蹴之。”是墩有逼迫、窘困之义,与蹙义通。《正字通·足部》:“蹴,困迫也,与蹙通。”

卷二十八:睊目候:“……使目眦痒而泪出,目眦恒湿,故谓之睊目。”详《说文·目部》“睊,视貌,从目,肙声。”《广雅》、《广韵》等,义同。在此义难通,据文义,当为“涓”之通假。详古经籍以肙取声之字多有通假者,如悁与绢、涓与绢、娟与鋗等。涓,细流也。《说文·水部》:“涓,小流也。”《广雅·释训》:“涓涓,流也,与此文义合。睊目者,目泪流出也。

卷二十九:耳聋候:“手少阳之脉动,而气厥逆,而耳聋者,其候耳内煇煇焞焞也。”煇煇焞焞,耳聋鸣,声浑然不辨也。详煇煇焞焞,医文多出。如《灵枢·经脉》三焦手少阳之脉:“是动则病耳聋浑浑焞焞。”《太素·经脉连环》作:“浑浑淳淳”。似此等形况之词,但求其声同或声近,而义则均通,故互为通借。又耳聤耵候:“耳聤耵者,耳里津液结聚所成。”详聤耵,又作耵聍,又作擿抵。《灵枢·厥病》:“耳中有脓,若有干耵聍,耳无闻也,”《甲乙经》卷十二第五:“干耵聍”作“干擿抵”。注:“一本作耵聍。”《太素·耳聋》同《灵枢经》,杨上善注:“擿,当狄反。抵,乃井反。”是则耵聍、聤聍、抵,义并同。皆字之通假也。

又齿漏候:“风邪客于经脉,流滞齿根。”详流犹留也。《素问·气穴论》脏俞五十穴,王冰注:“留十呼。”林亿等新校正云:“按《甲乙经》留作流,余所流并作留。”按流、留二字,医经诸书通假处颇多,经史古籍,亦不乏见,今不烦举。

似此等通假字,在古医籍中多不胜举。以上仅以数书中少数字为例,旨在说明研读古医籍时,识别通假字的意义。否则,难免误校、误解。

第三节　中医文献的俗字与书刊匠字

中医文献中的俗字与书刊别字与其他文献皆同,是古代文献在文字方面存在的一种普遍现象,此等俗体字及匠字,与正字字形具有程度不同的差别,有的只限于个别笔画的改变,有的则为某一部分或偏旁的改变。因而形成了一字多形的差别。就正字与俗字而言,今存古医籍(不包括出土两汉及先秦古医籍)正文,皆以楷体为主,其字形大部分为正字,且古今一体。但也有少数字所谓正字,时代亦有别,有的字彼时为正字,此时则为俗字。就书刊别字而言,由于地区与时代及书写人习惯等不同,诸书亦不完全一致。如此等等。在中医现存古籍中,亦均有所反映。因而,对中医古籍的研读,就必需对俗字与别字问题有所了解。否则,很容易造成误读或误解。

一、俗　　字

俗字亦称俗体。指通俗流行而字形不规范的汉字,别于正体而言。如北齐·颜之推《颜氏家训·杂艺》:"晋、宋以来,多能书者,故其时俗,递相染尚,所有部帙,楷正可观,不无俗字,非为大损,至梁天监之间,斯风未变;大同之末,讹替滋生。萧子云改易字体,邵陵王颇行伪字,朝野翕然,以为楷式,画虎不成,多所伤败。至为一字,唯见数点,或妄斟酌,逐(按有本作"遂")便转移。尔后坟籍,略不可看。北朝丧乱之余。书迹鄙陋,加以专辄造字,猥拙甚于江南,乃以百念为忧,言反为变,不用为罢,追来为归,更生为苏,先人为老,如此非一,徧满经传。唯有姚元标工于楷隶,留心小学,后生师之者众。洎于齐末,秘书缮写,贤于往日多矣。"近人王利器先生集解:"《魏书·江式传》:'延昌三年上表,求撰集古今文字,有云:皇魏承百王之季,绍五运之绪,世易风移,文字改变,篆形谬错,隶体失真,俗学鄙习,复加虚巧;谈辩之士,又以意说炫惑于时,难以厘改。故传曰:以众非非行正。信哉,得之于斯情矣!乃曰:追来为归,巧言为辨,(案《龙龛手鉴》一言部:㕗,古文辩字。㕗当作巧。)小兒为䚉(案《龙龛手鉴)》一兒部:䚉,於盈切,䚉兒。此文䚉当为䚉之误。)神蟲为蠶,(案《龙龛手鉴》二䖵部:䖔,古,昨含反,吐丝虫也。)如斯甚众,皆不合孔氏古书、史籀大篆、许氏《说文》、《石经》三字也。'《职官分纪》十五引韦述《集贤注记》载开元十九年集贤院四库书中古代书云:'齐、周书纸墨亦劣,或用后魏时字,自反为归。(案《龙龛手鉴》三自部:皈,音归。文子为字,欠画加点,应三反四,又无当时名辈书记。'《苏氏演议》上:'只因田夫民为农,(案《龙龛手鉴》一田部有畓字,音同。)百念为憂,更生为蘇,两隻为雙,神蟲为蠶,明王为聖,(案《龙龛手鉴》三玉部:𤣩,古文,音聖,即此字。)不见为覔《龙龛手鉴》三见部作覔。)美色为豔,囗王为国。(案《龙龛手鉴》一囗部:国,俗,邦國也。正作國。)文字为學:如此之字,皆后魏流俗所撰,学者之所不用。'诸所言北朝俗字,可以互参,近人乃有《碑别字》、《碑别字补》之作,可备观焉。又案:《魏书·世祖纪》:'始光二年,初造新字千余,颁下远近,永为楷式。'则颜氏所斥为'专辄造字'者,特其一隅耳。"

从上文可见,此等俗字古已有之,然在南北朝时期,中国处于较长时期的分裂状态,对文字的使用,缺乏统一的规范化,故用字较为混乱,一则民间在使用文字时,随意造字,一则由官方颁布了一些新造之字,这两种新造之字,逐渐在民间流行,遂致正俗字互相混用,形体不一,故诸使用俗字者,尤以南北朝时期为甚。而且有些俗字,一直流传于后世,故隋唐以至宋代之文献,仍保留有诸多前朝流传下来的俗字。在中医文献中,亦不例外,而且有些字已被后世收入字书。

又唐代宗大历年间颜元孙撰《干禄字书》云:"所谓俗者,例皆浅近,唯籍帐、文案、卷契、药方,非涉雅言,用亦无爽,倘能改革,善不可加,所谓通者,相承久远,可以施表奏、牋啟、尺牍、判状,固免诋诃。(若须作文言及选曹铨试,兼择正体,用之尤佳)所谓正者,并有憑据,可以施著述、文章、对策、碑碣、将为允当。”该书对俗字,作了具体的说明。据此说明,所谓俗字,主要有三点,即:①“例皆浅近”,证之下文言正字云“并有恁据”之义,则例皆浅近者,乃无古文字书之依据,并出于民间及时人之手;②“唯籍帐、文案、卷契、药方”等文类,予以运用,说明此等文字的作用范围多在民间,有一定的群众基础;③“非涉雅言,用亦无爽”,说明此等文字,只要不涉及“雅言”,用亦无妨。详“雅言”者,当指儒家经典之言,《论语。述而》:“《诗》、《书》执礼,皆雅言也。”宋·邢昺疏:“雅,正也。子所正言者,《诗》、《书》、《礼》也,此三者先王典法,临文教学,读之必正言其音。然后义全。”足证当时除儒家经典著作外,余者行文时亦可使用。此亦针对当时对儒家经典之传抄用字亦多混乱的情况而言。与此相同时期,又有张参撰《五经文字》,亦所以正五经之文字也。然而,由于俗字的使用比较广泛,书写亦较简便,故在各种古籍之写本中,仍占有相当数量,迨至宋代,虽雕版印书业大行,然宋人所用祖本,亦多为六朝写本,刊书写版,因袭相仍。宋以后雕版,又沿用宋版,依样施行。故在诸古籍中仍保留有相当多的六朝俗字,当然,其中也有一部分为隋、唐以后所造俗字。在中医古籍中,特别是宋以前医著及古注中,亦屡见不鲜。

关于诸多俗字的形成,除了一部分官方或民间新造之字外,亦可认为是正字的演变,这种演变,并不是可以随意变更字形,而是具有一定的规律。今以《干禄字书》所举正俗字为例,简要说明如下:

(1) 简化,即将正字笔画繁多者加以简略。如“醫醫”,上俗下正。“寛寬”上俗下正。似此等字,均将部分笔画加以简化。

(2) 减化,即将正字中的一笔或几笔减除。如“原原”,上俗下正。“流流”上俗下正。似此等字,均正字笔画减少了一笔或几笔。

(3) 置换,即将正字中的某一部分如偏旁或声符予以置换。如“堤隄”上俗下正。“怜憐”,上俗下正。“烟煙”,上俗下正。“苐第”,上俗下正。似此等字,均将正字偏旁或部首加以置换。

(4) 易位,即将正字的两个部分,如左右结构或上下结构,加以调换位置。如“蘓蘇”,上俗下正。“凢凡”,上俗下正。似此等字,均将正字某一部分加以调换位置。

(5) 形变,即将正字中某一部分的形态加以改变。如“雄雄”上俗下正。“燥燥”,上俗下正。“閞關”,上俗下正。“囙因”,上俗下正。似此等字,均与原正字之字形有所不同。

(6) 画变,即将正字中的某一笔加以改变。如“看看”,上俗下正。“典典”,上俗下正。“功功”,上俗下正。似此等字,均对正字之某画有缩短、延伸或贯穿等改变。

(7) 省略,即将正字中的某一部分省略。如“啚圖”,上俗下正。“寃寃”,上俗下正。“虫蟲”,上俗下正。“寫寫”,上俗下正。凡此等字,均对正字有省略处。

(8) 繁化,即对正字增加笔画或部件,较原字尤为繁杂。如“俞俞”,上俗下正。“菓果”,上俗下正。“韮韭”,上俗下正。“拔拔”,上俗下正。凡此等字,均对正字有增加笔画或部件处。

以上所列,仅就该书所出俗字之习见特点而论,若就历朝所见俗字,当然情况还要复杂些,但上述诸条,亦皆所必具。就古医籍中所见俗字,亦大致如是。从上述诸例尤可看出,凡诸俗字,虽对正字字形有所变化,但其形符与义符之形,除少数字变化极大者外,只要掌握了其演变的规律,则不难辨识。

二、书刊匠字

书刊匠字，此指在古籍写本及刊本中常见之诸多不规范字。此类字无论正字或俗字，横、竖、撇、点、捺、折诸画，均可出现一些极不规范的写法。由于留于此等文字之古籍，大都出自书写或刊刻工匠之后，故姑名曰"匠字"。

此种匠字体，在诸宋、元佳本中较为少见。当属名手书写上版，故大都字体规范。而在诸多书写较次之本，特别是明、清刻宋体字本中尤多。其中，有的字或仅在某一版本中出现，有的则在多种版本中出现，是则说明其在书刊方面已形成一定的习惯，或者说具有一定的流通性。故研读古籍时，自当对此等字有所了解。

详诸匠字之演变，主要是受书法艺术、篆刻艺术、碑碣别字及俗字之影响较大。如"畢"字缺最末一短横，原在唐·柳公权《玄秘塔》碑即如此写；"建"字唐·欧阳询《九成宫》碑则作"建"，使辶旁与廴旁相混；"袁"字中间方口作尖口，如晋·王羲之书《黄庭经》之"遠"字作"逺"，等等皆是。

今仅就《针灸甲乙经》明《医统正脉》本中所见诸匠字的字形。约而言之，大致有以下几种特点：

(1) 一笔断开者，如"庚"之作"庚"，"陷"之作"陷"等。即将字中一笔断为二画。

(2) 二笔相连者，如"乘"之作"乘"，"每"之作"毎"，"黑"之作"黒"等。即将字中之二笔连为一笔。

(3) 笔画贯穿者，如"民"之作"民"，"衰"之作"衰"等。即将其中的某一不应贯穿之笔画而加以贯穿。

(4) 增笔者，如"尻"之作"尻"，"枕"之作"枕"，"步"之作"步"等，即在字中某处增加一笔。

(5) 减笔者，如"畢"之作"畢"，"瓜"之作"瓜"，"卵"之作"卵"，"鬼"之作"鬼"，"俱"之作"俱"等，即将字之某一笔减去。

(6) 借代者，如"冰"之作"氷"，"堯"之作"尭"(如繞、翹等堯旁字)。即将字中某一笔借代为另一笔。

(7) 笔画延伸者，如"甘"之作"甘"，"再"之作"再"等。即将字中某画延伸。

(8) 曲直相变者，如"肙"之作"肙"，"却"之作"却"，"念"之作"念"等，即将字中某笔曲笔变直或直笔变曲。

(9) 易位者，如"魂"之作"䰟"，"魄"之作"䰲"，"岸"之作"岍"等，即将字之横竖结构变换位置。

(10) 行书化者，如"延"之作"延"，"背"之作"北月"等。即是将字中某一部分采用行书的写法。

(11) 繁化者，如"備"之作"僃"，"睆"之作"睆"等。即较正字更为繁杂。

(12) 简化者，如"傴"之作"傴"，"撰"之作"撰"等。即将字之某一部分加以简化。

(13) 变通者，如"虚"之作"虗"，"参"之作"叅"等，即将字之某一部分加以变通。

(14) 近似者，如"卷"之作"卷"，"危"之作"危"等，均为字中某一部分之笔画有相似者，故常混用。

以上仅是列出诸多匠字演变的主要类例，如果能掌握其变化之一般规律，则不难辨识。

似此等俗字及书刊匠字，固然属于不规范的字，其中有的字，亦当属之白字。所以此等字，只能在一定的范围或一定的条件下，方可辨认，如繁体字“畢”字，缺了最末一横画，若不是在碑帖或刊本中出现，自然应为白字，另外有些俗字，带有明显的时代特征。如“淵”字。在日本仁和寺《黄帝内经太素》中则作“渕”，详魏碑中有诸多渊字别体，与测相同或相近，又辽释行均《龙龛手镜·水部》：“渕，正，乌玄反，深也，又泉水不流者曰渕。”故《太素》中留有此字，以上可以说明，有些俗字与匠字的使用，亦有一定的时间性。

作为古医籍的研读，辨识诸多俗字与匠字，不仅可以进一步揭示其本字本义，而且从文献的角度论，有时亦可有助于对著者及版本的考证。此其又一重要意义。

第四节　中医文献的避讳字

避讳为中国封建社会对于君主及尊长的名字，必须避免说出或写出。避讳字，指对应避讳之字而经特殊方法处理后的文字。

北齐·颜之推《颜氏家训·风操》：“凡避讳者，皆须得其同训以代换之，桓公名白，博有五皓之称；厉王名长，琴有修短之目。”宋·庄季裕《鸡肋编》卷下：“而唐·冯宿父名子华，及出为华州刺史，用以避讳不拜。”是皆说明涉及避讳之事。近人陈垣先生《史讳举例·序》云：“民国以前，凡文字上不得直书当代君主或所尊之名，必须用其他方法以避之，是之谓避讳。避讳为中国特有之风俗，其俗起于周，成于秦，盛于唐、宋，其历史垂二千年。其流弊足以淆乱古文书。然反而利用之，则可以解释古文书之疑滞，辨别古文书之真伪及时代，识者便焉。盖讳字各朝不同，不啻为时代之标志，前乎此或后乎此，均不能有是……研究避讳而能应用之于校勘学及考古学者，谓之避讳学。避讳学亦史学中一补助科学也。”陈垣先生对避讳的含义，避讳的历史、避讳的流弊及避讳对古籍整理及文献考证的重要意义，均作了简要说明。

就中医古籍而论，虽经历代有所回改，然现存本中，留有避讳字亦较多，而前人有因不辨讳字，校勘而误以为异文、误字者有之，注释而别生歧义者有之，考证撰人而误断年代者有之，考证古籍而误断时限者有之。故掌握避讳的有关知识，对研读和整理中医古籍，具有十分重要的意义。

一、避讳常例

避讳虽始于周代，但作为礼法而有明文规定者，在今存古文献中，则初见于西汉戴圣编纂之《礼记》。

《礼记·曲礼上》：“卒哭乃讳。（郑玄注：敬鬼神之名也。讳，避也。生者不相辟名，卫侯名恶，大夫有名恶，君臣同名，《春秋》不非）礼不讳嫌名，二名不偏讳。（郑玄注：为其难避也，嫌名，谓音声相近，若禹与雨、丘与区也。偏谓二名不一一讳也。孔子之母名徵在，言在不称徵，言徵不称在）逮事父母，则讳王父母，不逮事父母，则不讳王父母。（郑玄注：“逮，及也。谓幼孤不及识父母之恩不，至于祖名，孝子闻名心惧，讳之由心）君所无私讳。（郑玄注：谓臣言于君前，不避家讳。尊无二）大夫之所有公讳。（郑玄注：避君讳也），诗书不讳，临文不讳。(郑玄注:为其失事正)庙中不讳。(郑玄注:为有事于高祖,则不讳曾祖以下,尊无二也,于下则讳上)夫人之讳,虽质君之前,臣不讳也。(郑玄注:臣于夫人之家恩远也。质犹对也)妇讳不出门。(郑玄注:妇亲远于宫中言避之)大功小功不讳,入境而问禁,入国而问俗,入门而问讳。(郑玄注:皆为敬主人也。禁为政教,俗谓常所行与所恶也,国,城中也)"

又《礼记·檀弓下》:"既卒哭,宰夫执木铎以命宫曰:舍故而讳新。(郑玄注:故为高祖之父,当迁者也。孔颖达疏:卒哭而讳者,讳谓神名也,古者生不相讳,卒哭之前,犹生事之,故不讳,至卒哭,乃有神讳也)"。

从上文不难看出,当时所记避讳诸条,对何者讳何者不讳,固有此礼法,然而在封建社会天子为不二之尊,凡涉及天子及其家族贵戚之尊严者,是一个严重的政治问题。所以《礼记》中规定诸条,自汉以来,特别自李唐以降,并未按此执行。如"临文不讳",凡唐人临文,皆避当代国君之讳,如唐·杨上善撰注《黄帝内经太素》,自李渊之父李昞起,直讳至李治,含李昞、李渊、李世民、李治四代,加上老子,共五人之讳。又"礼不讳嫌名",据今书所存可见,自汉以后,避嫌名者多矣,如上述《太素》避李昞讳,改"丙"为"景",此避嫌名也。宋代有的皇帝避嫌名竟达五十三字之多。又"二名不偏讳",《史讳举例》第四十四云:"自王莽禁二字为名后,单名成俗者二三百年,其时帝王既无二名,自无所谓偏讳。宋、齐而后,二名渐众,南齐太祖名萧道成,《南齐书·薛渊传》云:本名道渊,避太祖偏讳改。是二名偏讳,南齐已然。《旧唐书·太宗纪》:武德九年六月令曰:依《礼》,二名不偏讳。近代以来,两字兼讳,废阙已多,率意而行,有违经典,其官号人名及公私文籍,有世民两字不连续者,并不须讳。据此,唐以前两字兼避,已成风俗,至太宗时始禁之。然禁者自禁,唐时二名仍偏讳。"今仍以唐·杨上善《太素》为例。世民二字皆有避讳。如经文"民"字,注文改称"人";经文"世"字,注文改称"代"。又所谓"舍故而讳新",也就是所谓"已祧不讳",《礼记·祭法》:"远庙为祧。"孙希旦集解:"盖谓高祖之父、高祖之祖之庙也。"按旧王制,天子七庙,三昭三穆,与祖庙而七,除太祖之庙为不祧之祖,大抵七世以内则讳之。然后世诸多讳字,常因袭相仍,即隔朝之书,仍留有前朝讳字,亦屡见不鲜。又所谓"诗书不讳,临文不讳"者,在君权神圣的时代,尤其是明、清两代,大兴文字狱,涉及于帝王之名讳,尤不敢冒犯。总之,自周以来,历代帝王,除元朝无汉字专名外,皆有避讳,大凡某朝对避讳禁例较严者,则讳字较多,禁例较宽者,则讳字较少。凡官修诸书,讳字较严,民间习作,则讳字较少。据现存中医文献中讳字而论,最早者为避秦始皇讳,此下直至清代。

从避讳的文字分析,大致有以下几种情况:

(1) 避当代皇帝之名讳,即避当代皇帝一字名者,多见。如避隋文帝杨坚讳,改"坚"为鞕、牢;避唐高宗李治讳,改"治"为理等。

(2) 避当代帝王二名偏讳,即避帝王二字名者。如前举《太素》中避李世民讳;又宋刻医书避宋太祖赵匡胤讳,匡胤二字皆缺末笔。又如避清康熙帝玄烨讳,改玄参为元参等。

(3) 避每朝首届皇帝父及祖辈之讳,如避南朝梁萧衍父顺之讳,《中藏经》及《黄帝内经素问》中"逆顺"之"顺"改为从;又如避宋太祖赵匡胤父玄朗讳,改《伤寒论》"玄武汤"为真武汤。

(4) 避当代帝王嫌名讳,即避与当代帝王名之音同或音近字之讳。如明刊本《针灸甲乙经》卷五第四:"病甚而恇。"又卷八第一上:"目眶陷。"恇、眶二字之"匡"旁。均缺末笔之横画。此避宋太祖赵匡胤之嫌名。

（5）避名人讳。此指某些历史名人具有特殊社会地位者，其名亦讳。如孔子名丘，引家遵之为“圣”，经书多避“丘”字，缺笔作“丘”。《针灸甲乙经》清存存轩本“外丘”、“商丘”、“梁丘”、“丘墟”诸穴之“丘”，皆缺笔避讳。又宋人避孔丘讳，读丘为“区”，今《针灸甲乙经》五车楼本卷三第七，篇名下注文“中枢”之“枢”字，“区”旁缺末笔，是避孔丘嫌名讳。

（6）避胡讳。我国古代称北部及西北部少数民族为“胡”，故北族多讳言胡。如《本草纲目》卷二十二胡麻“释名”云：“又杜宝《拾遗录》云：隋大业四年，改胡麻曰交麻。”又卷二十八胡瓜“释名”引陈藏器曰：“北人避石勒讳，改呼黄瓜。”又自云：“张骞使西域得种，故名胡瓜。按杜宝《拾遗录》云：隋大业四年避讳，改胡瓜为黄瓜。与陈氏之说微异。”

（7）避私讳，指撰人避其自家之私讳，若其遵亲或师长之类。如《本草纲目·莼》：“颜推《家训》云：蔡朗父讳张纯，改莼为露葵。北人不知以绿葵为之。《诗》云：薄采其茆。即莼也，或讳其名，谓之锦带。”凡避私讳，若无专记，则较难详考。

（8）旧文旧名不讳例，此指前朝旧作及古名大都不讳，如唐·杨上善《黄帝内经太素》，凡经文中涉及唐讳者，大都不改，而注文则避。又如宋《重修政和经史证类备用本草》及《太平圣惠方》中“玄参”一药，仍用旧名，至清代则均作元参。

（9）保留前朝讳字，在今存古籍中，后世翻刻时，多有保留前朝讳字者，若宋刊隋巢元方《诸病源候论》中，仍保留避文帝杨坚讳字，如卷三十八“带下三十六候”云：“小腹急牢痛。”《千金》卷四第三，“牢”作“坚”可证。

（10）后人回改不尽之讳字，凡前朝讳字后世回改者较多。然亦有回改不尽者，如《黄帝内经太素》，经文避李渊父李昞嫌名，改“丙”为景，今本仅存几处，余已回改为“丙”。

以上是中医古籍中避讳大致情况。

有关避讳所用方法，在中医古籍中所见，主要有以下几法。

第一，改字。即将所避讳之字，改用另外一字，改字之法，用之较早，今见有避秦讳者，即用改字。如《太素·真脏脉形》杨上善注：“古本有作正脏，当是秦皇名正，故改真耳。真、正义同也。”后来用改字法为多，改字大致有以下几法。

（1）以同音字改。如明·许弘《金镜内台方议》，清乾隆59年程永培刊本，改作“许宏”，避乾隆弘历偏讳也。《重修政和经史政类备用本草》“柴胡”：“生洪农。”避唐高宗子李弘讳，改弘农为“洪农”。

（2）以近音字改。如清代改玄参为“元参”，避康熙帝玄烨讳改字。又如前言《太素》改“丙”为“景”，避李渊父李昞嫌名改字例。

（3）以近义字改，如唐·苏敬撰《新修本草》，宋《政类本草·补注引用书传》引该书云：“显庆中监门府长史苏恭表请修定。”此避宋太祖赵匡胤祖敬讳改字，恭与敬义近。梁·陶弘景《本草经集注·序例》：“凡方云半夏一升者，洗竟。”宋《重修政和经史证类备用本草》卷一引该序文“竟”作“毕”。此避赵匡胤祖敬嫌名改字。宋·唐慎微等编《重修政和经史政类备用本草》，南宋·陈衍撰《宝庆本草折衷》改作“唐谨微”，避孝宗赵昚讳改字，昚与慎同。

（4）以异声符字改。如《灵枢·九针十二原》：“如蟁虻止。”《甲乙经》卷五第四“蟁”作“蚊”。详《说文·虫部》：“蟁，齧人飞虫，从䖵，民声……蚊，俗蟁，从虫，从文。”此避唐太宗李世民名讳改。

第二，缺笔，避讳之字以缺笔为法，盖始于唐代。《史讳举例》卷八：“唐时避讳，有可特纪者，为缺笔之例，自唐时始，既有此例，则古籍文字，可以少所更易，故开成《石经》，缺笔多而改字少，经典元本，赖是保存焉。”唐代虽创缺笔之法，然后世避讳改字者，仍不少见。

缺笔者，即将避讳字之某笔缺如，其中以缺末笔者为多，如宋避太祖赵匡胤讳，匡作匡、胤作肙；避真宗赵恒讳，恒作恒；避仁宗赵祯讳，祯作祯。清避圣祖玄烨讳，玄作玄等皆是。

又陆心源《皕宋楼藏书志》著录北宋刊《外台秘要》云；“神宗以前帝讳嫌名皆缺避，哲宗以后不避。”又著录《卫生家宝产科备要》影写宋刊本，瞿氏手跋云：“中辕、悬字俱缺笔，又丸作圆，避钦宗嫌名也（按钦宗名桓）。”

第三，变形。即将避讳之字改变字形。如清代避圣祖玄烨讳，玄字有多种变写法。如《吴医汇讲》卷五有薛公望《拟张令韶<伤寒直解>辨证歌》，其中弦脉之“弦”，均作“弦”。又唐代避太宗李世民讳，将“民”旁之字，改作“氏”如《素问·八正神明论》：“适若昬”《甲乙经》卷五第四“昬”改作“昏”。

第四，改用别字，即将原有之讳字，改用一别字，如唐·杨上善《太素》正文中之“淵”字，均作“渕”。详“渕”，北魏《比丘僧智造像》、《王光造像》、《王僧墓志》、《张猛龙碑》等，及北齐《宋敬业造像》、唐《李扶墓志铭》等碑，均有此类似写法，是为碑铭别字也。又王素编著《唐写本论语郑氏注及其研究》，原写本避唐太宗李世民讳，民字缺笔，而避唐高祖李渊讳，渊字亦作“渕”，亦可证避讳改用别字法。

第五，删字。即将原有之讳字删去。如南朝梁·陶弘景撰《神农本草经集注》，敦煌卷子《张仲景五脏论》甲本云：“陶景注经。”此唐人避高宗之太子李弘讳删字。

二、讳改类例

由于避讳有改字一法，涉及面甚广，致令诸多事物、称号、书文等，均予改动，失去原来面貌，如若不能识别，必生疑误。今就中医文献所见略为介绍。

1. 改书名

如原题唐·王冰撰《玄珠秘语》、金·刘守真《素问玄机原病式》、明·戴元礼《金匮钩玄》及李中梓《本草通玄》等，清刊本或书目著录，因避圣祖玄烨讳，则将“玄”改为“元”。

《唐书·艺文志》著录有“王超《仙人水镜图诀》一卷”，《崇文总目辑释》卷三作《仙人水鉴图诀》，此宋代避太祖赵匡胤祖敬嫌名改。

2. 改人名

如唐·昝殷《经效产宝》，《宋史·艺文志》及《通志·艺文略》著录该书时均作“昝商”。此避宋太祖赵匡胤父弘殷讳改字。

又宋代书目著录有《龙树眼论》。龙树，印度古代高僧，世传能治眼疾。五代·齐己《谢贯微道人寄示古风今体四轴》诗：“谩求龙树能医眼，休问图澄学洗肠。”故眼科书托名“龙树”，然宋·刘昉《幼幼新书》引书有《龙木论》一书，详龙树、龙木为一人，作“木”者，系避宋英宗赵曙嫌名改字。

3. 改姓氏

如《隋书·经籍志》著录《胡洽百病方》注云：“梁有《殷荆州要方》一卷，殷仲堪撰，亡”。

《外台秘要》宋刊本卷三“天行病发汗等方”引崔氏“增损理中丸方”作“商仲堪”，此宋人避太祖赵匡胤父弘殷讳改字。

4. 改别号

如唐・王冰次注《黄帝内经素问》，冰号“启玄子”，清・孙星衍《平津馆鉴藏记》著录《黄帝内经素问》作“启元子”，此避圣祖玄烨讳改字。

5. 改地名

如宋《重修政和经史政类本草》记柴胡云“生洪农。”详洪农，本作“弘农”，此避太祖赵匡胤父弘殷偏讳改字。

6. 改年号

如宋《经史证类大观本草》清・柯逢时影宋校刻本“银屑”引《海药本草》云：“按《正观政要》云”。又《重修政和经史证类备用本草》卷十六“羊乳”引《经验方》云：“正元十年崔员外从质云。”又唐德宗贞元十二年御纂《贞元集要广利方》，宋《崇文总目》及《玉海》著录均作《正元集要广利方》。此皆宋人避仁宗赵祯嫌名改字。

7. 改天干名

如唐・孙思邈《千金要方》宋刊本卷二第一：“交会之日常避景丁日。”此避太祖李渊父李昞嫌名改字。

8. 改穴名

如晋・皇甫谧《针灸甲乙经》，撰用《明堂孔穴针灸治要》，有大渊、渊掖二穴，唐・孙思邈《千金要方》及《千金翼方》均作大泉、泉掖，此唐人避太祖李渊讳改字。

9. 改药名

如山药，《神农本草经》原名“薯蓣”，经唐、宋两次避讳，改名山药。宋・寇宗奭《本草衍义・序例上》云：“如山药，避本朝讳及唐代宗讳。”详唐代宗名李豫，避其嫌名先改为薯药；宋英宗名赵署，避其嫌名，后改为山药。

又如罗勒，《政和经史政类备用本草》卷二十七：“北人呼为兰香，为石勒讳也。”《本草纲目》卷二十六：“《邺中记》：石虎讳言勒，改罗勒为香叶。”按石虎，石勒之子，故讳言勒。

10. 改方名

如《伤寒论》有“真武汤”，唐・孙思邈《千金翼方・伤寒下・少阴病状》作“玄武汤”。按作“真武汤”者，宋人避太祖赵匡胤始祖玄朗讳改字。

11. 改剂型名

如南宋医书《太平惠民和剂局方》、《普济本事方》等，“丸”均作“圆”，此避钦宗赵桓讳改字。

12. 改庙号

如宋·寇宗奭《本草衍义》“序列上”注文有云:“唐张果诏见,元宗谓高力士曰:吾闻饮堇无苦者,奇士也。”详,唐明皇李隆基庙号为“玄宗”,此宋人避太祖赵匡胤始祖玄朗讳改字。

13. 改机构名

如唐·王焘《外台秘要》卷后,宋刊本有校勘机关为“干办公事”,宋叶绍翁《四朝闻见录·天上台星》:“旧制诸路监司属官,曰勾当公事,建炎初,避高宗嫌名,易为干办”。又宋刊林亿衔名“登闻检院”,明刊本作“登闻简院”。避崇祯帝朱由检讳改字。

14. 改经文

如元·滑寿《难经本义·凡例》云:“纪齐卿于经中‘盛’字,多改作‘甚’字。岂国讳或家讳有所避邪？盖昧于临文不讳之义也,今不从。”是知金人纪齐卿(即纪天锡)注本中,均改盛为甚,又今存汉·张仲景《伤寒论》言:大便鞕文”,今《脉经》卷七及《千金翼方·伤寒》均作“坚”,此隋人避文帝杨坚讳改字。

以上仅就部分中医文献所见,因避讳而改称之类例,若详核旧籍,当不止此,然若知乎此例,则余者亦不难辨识矣。

三、中医古籍避讳字举例

中医古籍,历来甚多,然散佚者亦甚众。就今存诸书而言,有相当一部分不同程度地留有其本朝或别朝讳字。若论流传时间之长,则莫过于《黄帝内经》一书。该书不仅流传时间久,且由午原书使用素材较古,而且后世又衍化为多种传本,如《素问》、《灵枢》、《针灸甲乙经》、《黄帝内经太素》等,皆其类也,又《黄帝内经》一书,作为中医之重要典籍,素为历代医家所重视,传抄及翻刻次数,均较别书为多,加之历代校释之文,留存之讳字,亦较别书为多,今以《素问》、《灵枢》、《甲乙经》、《太素》为例,以见医籍之避讳情况。

1. 避秦讳

正改作真。正,秦始皇嬴政嫌名。

《太素·真藏脉形》(仁和寺本,下同):“真脏”,杨上善注:“古本有作正脏,当是秦皇名正,故改为真耳。真、正义同也。”《素问·离合真邪论》(明·顾从德翻宋刻本,下同):“以邪为真。”《甲乙经》(《医统正脉全书》本,下同)卷十第二“真”作“正”,犹存古义。

2. 避汉讳

(1) 盈改作憑、盛。盈,汉惠帝名。

《素问·八正神明论》:“血气扬溢”。《素问·移精变气论》王冰注则作“血气盈溢。”此可证古本“扬”有作“盈”者。

《灵枢·本神》(明·赵府居敬堂本,下同):“(肺气)实则喘喝胸盈仰息。”《甲乙》卷一第一“盈”作“凴”，凴下林亿等校云：“《九墟》作盈。”此可证晋·皇甫谧所用本作“凴”。

《灵枢·逆顺肥瘦》：“血气充盈。”《甲乙经》卷五第六“盈”作“盛”，此可证皇甫谧所用本作“盛”。

（2）弗改作不。弗，汉昭帝名，初名弗陵。

不与弗二字，在《素问》、《灵枢》与《甲乙经》、《太素》混用处甚多，如《灵枢·脉度》：“则阳气不能荣也。”《太素·脏腑气液》“不”作“弗”。

3. 避南北朝讳

（1）顺改作从。顺，南朝梁武帝萧衍父顺之偏讳。

《素问》除运气七篇外，凡“逆顺”字，皆作“逆从”，当系南朝梁代传本也。

（2）善改作喜。善，东魏孝静帝元善见之偏讳。

《素问》、《灵枢》中凡言“善病……”者，《太素》有大部分作“喜病……”，当系北朝东魏时传本也。

4. 避隋讳

（1）中改作内。中，隋文帝杨坚父杨忠嫌名。

《素问》、《灵枢》与《甲乙经》、《太素》诸本，中、内二字混用者甚多。如《素问·玉机真脏论》：“夏脉如钩……病在中。”《甲乙经》卷四第一上及《千金方》（日本江户医学影北宋本）卷十三第一，“中”均作“内”。

（2）坚改作紧或牢。坚，隋文帝杨坚讳。

《素问·平人气象论》：“寸口脉沈而坚者，曰病在中。”《太素·尺寸诊》“坚”作“紧”。《素问·玉机真藏论》：“真心脉至，坚而搏。”《甲乙经》卷八第一同，“紧”下校注云：“一本作坚。”

5. 避唐讳

（1）丙改作景。丙，唐高祖李渊父李昞嫌名。

《灵枢·阴阳系日月》：“丙主右手之阳明。”《太素·阴阳合》（萧延平本）“丙”作“景”。

（2）渊改作泉、渊、淟、洞。渊唐高祖李渊讳。

《素问·气府论》：“掖下三寸。”《太素·气府》日本仁和寺本杨上善注：“掖下左右三寸间，泉掖，辄筋、天池三穴。”按泉掖者，渊掖也。

《太素》日本仁和寺本中“太渊”、“深渊”等，均作“太渕”、“深渕”，此因避讳而改别字。

《素问·气厥论》：“辛頞鼻渊。”《太素·寒热相移》“渊”作“淟”，《甲乙经》卷十二第四“渊”下校云：“一作洞”。

（3）世改作代。世，唐太宗李世民偏名。

《太素·知祝由》：“今世治病。”杨上善注：“今代之人，苦于针药。”

（4）泄改作洩。避李世民讳，改世旁字。

《素问》、《灵枢》中泄字、《太素》均作“洩”。

（5）民改作人。民，李世民偏名。

《太素·顺养》：“治民与治自（按“自”当为“身”之误）。”杨上善注：“人之与已。”

(6) 治改作理、疗。治,唐高宗李治名。

《太素》经文中,凡治疗之“治”,杨上善注均作“疗”;凡治理之“治”,杨上善注均作“理”。又《素问》经文治疗之“治”王冰注亦有作“疗”者。如《素问·玉版论要》:“治在权衡相夺。”王冰注:“当揆度其气,随宜而处疗之。”

(7) 老子改称玄元黄帝。唐朝立国不久,就曾追认老子李耳为其远祖,后又追封为“玄元皇帝。”《旧唐书·本纪》高宗乾封元年:“二月己未,次亳州,幸老君庙,追号曰太上玄元皇帝。”故避称“老子”。

《太素·顺养》:“天气清静光明者也。”杨上善注:“玄元皇帝曰:虚静者,天之明也。”

6. 避宋讳

(1) 竟字缺笔。竟,宋太祖赵匡胤祖敬嫌讳。

《素问·风论》末,新校正云:“按孙思邈云:新房室竟。”“竟”字缺末笔。

(2) 匡字缺笔。匡,宋太祖赵匡胤偏名。

《素问·玉机真藏论》:“目匡陷。”“匡”字缺末笔。

(3) 恇字缺笔。恇,赵匡胤嫌名。

《素问·通评虚实论》:“行步恇然。”“恇”字缺末笔。

《灵枢·九针十二原》:“取三脉者恇。”“恇”字缺笔。

(4) 玄字缺笔。玄,赵匡胤始祖玄朗偏名。

《素问·水热穴论》:“所谓玄府者,汗孔也”“玄”字缺末笔。

(5) 眩字缺笔。眩,赵匡祖始祖玄朗嫌名讳。

《素问·六元正纪大论》:“甚则耳鸣眩转。”“玄”字缺末笔。

(6) 絃字缺笔。絃,赵匡胤始祖玄朗嫌名。

《素问·阴阳别论》:“鼓阳胜急曰絃。”“絃”字缺末笔。

(7) 弦字缺笔。弦,赵匡胤始祖玄朗嫌名。

《素问·玉机真藏论》:“黄帝问曰;“春脉如弦,何如而弦?”二“弦”字均缺末笔。

(8) 炅改作热。炅,宋太宗赵炅名。

《素问·举痛论》:“炅则腠理开。”《甲乙经》卷一第一“炅”作“热”。

(9) 恒字缺笔。恒,宋真宗赵恒名。

《素问·五藏别论》:“名曰奇恒之府。”“恒”字缺末笔。

(10) 贞字缺笔,贞,宋仁宗赵祯嫌名。

《灵枢·厥病》:“厥头痛,贞贞头重而痛。”“贞贞”二字均缺笔。

(11) 徵字缺笔。徵,宋仁宗赵祯嫌名。

《素问·金匮真言论》:“其音徵。”“徵”字缺笔作“徵”。

(12) 属字缺笔。属,宋英宗赵曙嫌名。

《素问·阴阳应象大论》:“溪谷屬骨”“屬”字缺笔作“屬”。

(13) 敦改作纯。敦,宋光宗赵惇嫌名。

《灵枢·逆顺肥瘦》:“其端正敦厚者。”《甲乙经》卷五第六“敦”作“纯”。

7. 避清讳

玄字缺笔或改作“元”。玄,清圣祖玄烨偏讳。

清刻《素问》及《甲乙经》等书,或“玄”字缺笔,或改作“元”。

以上为所见《黄帝内经》系统诸书现存版本所残留讳字,就朝代而言,上及于秦,下至于清,历数朝人手笔,其中尤以宋讳为多,就字数而言,达二十余个,有单讳,有偏讳,有嫌讳等。由于诸多讳字的存在,遂使诸版本间及不同传本间出现了较多异文。若不明讳字,易生歧解。又就每个讳字的情况而言,亦不尽同。由于讳字有经后人回改者,有未经回改者,故有的讳字仅存一处,有的则尚存多处,有的则全书皆讳,亦所当知。此虽为《内经》系统本之情况,然亦可见中医古籍避讳之一斑。

四、讳字对研读古医籍的重要意义

古籍中诸多避讳字,固然可造成文字方面的混乱,然只要掌握了避讳字的时代特征及处理讳字的方法和规律,反而对文献研读与古籍整理,具有重要的研究意义,主要有以下几个方面:

1. 借助于对版本的考证

古籍版本,若无明显的年代标志,在考证时,当需从多方面入手。然而,有时根据其讳字情况,亦可确定其大致年代。如:

清·陆心源《皕宋楼藏书志》著录有“《外台秘要方》四十卷,北宋刊印本。”“其案曰:北宋熙宁二年刊本,为是书最初祖本……神宗以前帝讳、嫌名皆缺避、哲宗以后不避,版心有刻工姓名。每卷有目,连属正文。卷末或题右从事郎两浙东路提举茶盐司干办公事赵子孟校勘,或题右迪功郎充两浙东路提举茶盐司干办公事张寔校勘。卷一末有朝奉郎提举约局兼太医令医学博士臣裴宗元校正一行。”按是书所谓北宋本,疑或根据熙宁二年准中书札子及避帝讳、嫌名至神宗而定。然据陆案所述款式,与今存宋版《外台》同。内有校勘者曰:“干办公事”,则不当为北宋事。详前引宋绍翁《四朝闻见录·天上台星》谓旧制曰“勾当公事”,建炎初,为避高宗嫌名,始称“干办公事”。又元人李治《敬斋古今黈》所言,与此说亦同。则此刊本当属之南宋初年也。此言“北宋刊印本”者,疑非是。

又马继兴研究员《敦煌古医籍考释·敦煌医学卷子的时代考察》,有关该卷子之抄写年代考察之三,即根据卷子中的避讳文字考察,其中讳字,前有南朝梁武帝萧衍父顺之嫌讳,后至唐睿宗李旦讳,结合其他考察内容,此敦煌古医籍卷子的抄写年代,当在南北朝至唐穆宗之前。

2. 借助于对成书年代的考证

有些古籍,特别是有些托名之作,虽流传已久,但其究竟在何时成书,有时亦可借助于讳字,作为参考证据,进行判断。如:

题名华佗撰之《华氏中藏经》,《汉书·华佗传》无记,书目著录则始于宋代。如郑樵《通志·艺文略》著录题曰《华氏中藏经》,尤袤《遂初堂书目》著录为《华佗中藏经》,陈振孙《直斋书录解题》著录“《中藏经》一卷,汉谯郡华佗元化撰。其序称应灵洞主少室山邓处中,自言为华先生外孙,莫可考也。”《宋史·艺文志》著录为“《华氏中藏经》一卷。灵宝洞主探微真人撰。”详此宋代著录已不尽同,对其撰人,宋人亦谓莫考。该书楼钥跋曰:“序引之说,颇涉神怪,难于尽信。”因而对该书的撰者及成书年代,后来则众说纷纭。关于其作者,后世大多以为并非出于华佗之手,当系后人托名之作。至其成书年代,最早有清孙星衍云:“此书文义古奥,似是六朝人所撰,非后世所能假托。”然六朝之说,义较模糊。今详书中讳字,宋讳自不待言。然书中尚有南朝梁之讳字,如卷上第一“见天地逆从”,“皆天地阴阳逆从。”第三“由五行逆从而一焉”,“从之则吉,逆之则凶”。第七“从者生,逆者死”,“逆从之兆”等。似此等“逆从”之“从”,按常例均当作“顺”。考诸讳字,南朝梁武帝父名顺之,以避父嫌名,改“顺”为“从”,黄本骥《避讳录》卷二梁:“帝父名顺之,《易·革》彖曰:‘顺乎天而应乎人。’武帝诏作‘应天从人’。避讳改也。”陈垣《避讳录》卷八:梁武帝父顺之。“《梁书》称顺阳郡为南乡,《南齐书》顺字,多易为从。”是则《中藏经》一书之成书年代,结合其内容分析,大致似应在六朝之晋至梁这一时期,当然今存本中尚有“逆顺”字样,当系后人抄录时回改所致。

3. 借助于对撰注年代的考证

有些古籍注本,因撰注年代不详,或撰注人生平不详,或原书序言脱失,因而对撰写年代则缺乏实据,后人往往众说不一,有时可借助于讳字加以考证。如:

杨上善撰注《黄帝内经太素》,今存日本仁和寺本每卷大名之后作“通直郎守太子文学臣杨上善奉敕撰注”。宋·林亿等《重广补注黄帝内经素问·序》云:“及隋杨上善,纂而为《太素》。”清·杨守敬《日本访书志》著录该书云:“杨上善爵里时代,古书无征。据其每卷首题‘通直郎守太子文学臣杨上善奉敕撰注’,据《唐六典》,‘魏置太子文学,晋之后不置,至后周建德三年置太子文学十人,后废。皇朝显庆中始置。’是隋代并无太子文学之官,则上善为唐显庆以后人。又据此书残卷中‘丙主左手之阳明’,注云:景丁属阳明者,景为五月云云,唐人避太祖讳,丙为景。则上善为唐人审矣。”是陆氏根据对职衔的考征结合书中讳字,否定了林亿等之说,而确认杨上善为唐人。又详今存日本仁和寺《太素》中诸讳字,可进一步证明,杨上善撰注《太素》的时间,不仅非隋代,而是在唐代高宗李治乾封二年之后。

4. 借助于对祖本的考证

有些古籍,由于流传较久,故传本较多。凡流传越久者,则传本越多,且由于所据祖本不同,讳字不一,传本与传本之间,亦多有异文,遂构成不同传本系统,亦常可借助于讳字,进一步考证其祖本。如:

今存《黄帝内经素问》,为唐·王冰次注、林亿等“重广补注”本,其中在王冰注文中尚残存避唐讳处,如民作“人”,治作“疗”等,《异法方法宜论》:“其民华食而脂肥”、“其民皆致理而赤色”、“其民食杂而不劳”三句中“民”,王冰注皆作“人”等;在经文中则有一明显讳字,即“逆顺”之“顺”;除运气七篇外,皆作“从”,说已见前。又今存唐·杨上善撰注《黄帝内经太素》经文与注文讳字,已见前。其经文中有一讳字最应注意,即《素问》中凡言“善病……”及“善……”病者之“善”字,《太素》多作“喜”,说亦见前。据此似可推知,王冰注《素问》所据祖本为南朝梁代之传本,杨上善注《太素》所据祖本,当为北朝东魏之传本。故而今存《素问》与《太素》中含《素问》内容,文字差异较大,除唐以来整理人及传抄翻刻所致异文外,两书祖本在南北朝时期,恐已有较多异文。

5. 借助于对古医籍的辨伪

中医古籍中,有的并非署名作者所撰,而系后人托古或商贾伪托之书。此不仅在古代有

之,即清人近作,亦常有之。即所谓伪书也。有时可借助于讳字以辨其伪。如:

民国十五年上海大成书局出版之《本草易读》,内封署为“汪讱菴先生秘本,徐灵胎、叶天士先生藏本,清·御医吴谦审定”。卷前例文有:“我朝徐洄溪,江南宿儒也”云云。详汪讱菴,名汪昂,生于明·万历四十三年。徐洄溪,名大椿,生于清·康熙三十二年。晚于汪昂七十八年,汪昂何得言洄溪,是则不可信也。吴谦则生于乾隆元年,又晚于徐大椿四十三年,何得审定汪书,此不可信二也。又详该书“元胡”条名后云:“本名玄胡索,宋时避真宗讳,改玄为延,今后避庙讳,改玄为元也。”按庙讳者,已死皇帝之名。清帝名有“玄”字者,唯圣祖玄烨。是此言避庙讳改玄为元,必圣祖康熙之后,故此书作时,至早亦只能在雍正或乾隆年间。故言汪昂秘本者,绝非,详本书纯系一普及读物,且此前绝无著录或提及者,定系依托人或商贾有意作伪。

6. 借助于对异文的校断与训释

由于古医籍诸多避讳字的存在,又因后代不断回改,且诸版本间或与原书相关之著作,如《素问》之与《甲乙经》、《太素》等,回改之字不尽一致,故诸版本间或与相关著作中,因讳字而造成的异文,亦颇多见。若校勘其书时,能掌握讳字的有关知识,对诸多异文,自不难判断,否则,亦常可造成未详或误断者。在语词注释方面。由于改字造成之异文,若知为讳字,则不致发生歧解或误解。如《伤寒论》之“大便鞕”者,即“大便坚”也。或以为“鞕”与坚不同而别为训解者,不识讳字也。故对古医籍之整理,或校或释,均可借助避讳,对异文歧义加以判断。

第七章　中医文献的标记符号

标记符号,乃标记文章用的各种符号。古曾有"标点"云称。如《宋史·儒林传八·何基》:"凡所读,无不加标点,义显意明,有不待论说而自见者。"此乃谓古籍因无标点,或句读不清,义晦不明,经何基读过而加以标点,义则明矣。说明标点于文句之重要意义。而标记符号,虽与句读有关,然则不仅限于句读,尚有诸多句读以外之标记符号。我国对标记符号的运用,历时已久,不仅在诸多古文献中有所记载,而且在今存古籍中,亦留有各种标记符号,以下就句读及标记符号之有关记载及各种标记符号分别加以介绍。

第一节　句读释义

句读,指文辞之休止停顿处。文辞语意已尽者为句,未尽而须停顿者为读。

句读,亦称句投、句度、句逗、句断。义均同。古文点句之法,古已有之。清·章学诚《丙辰札记》云:"点句之法,汉以前已有之。"句读之称,原自汉代,已见著录。东汉·何休《春秋公羊传解诂·序》:"传《春秋》者非一,本据乱而作。其中多非常异义可怪之论……是以讲诵师,言至于百万,犹有不解。时加酿嘲辞,援引他经,失其句读;以无为有,甚可闵笑者,不可胜记也。"此在说明对古经若"失其句读",义自不明,必致闵笑。又高诱注《淮南子》自叙:"自诱之少,从故侍中同县卢君受其句读,诵举大义"。汉·马融《长笛赋》:"观法于节奏,察变于句投。"李善注:"《说文》:'逗,止也。'投与逗古字通、音豆。投,句之所止也。"以上所记,文虽不同,义则无二。

明·袁子让《字学元元》卷五云:"句读,读音豆。语绝曰句,语未绝点字之中曰读。"清·郝懿行《证俗文》卷八云:"句者,局也。句半而绝谓之读,亦谓之投。句者,钩也,词终钩绝之也。投者,酘也。词未终而徽绝之,俟再酘也。"清·黄以周《郡经说》:"古离经有二法,一曰句断,一曰句绝。句断今谓之句逗,古亦谓之句投。断与逗、投皆音近字。"

从上述诸文可见,古文对句读问题,有非常明确的论述,并重在说明读书明句读的重要意义。为了解决这一问题,特采用标点、定点等标记符号,借以助读。

第二节　标记符号的使用与演变

在古籍中使用各种标记符号的历史,古籍多有记载。如《史记·滑稽列传》:"人主从上方读之,止,辄乙其处。"此乃在书上用乙字符号打钩,表示终止。《说文·丶部》:"丶,有所绝止,丶而识之也。"徐锴系传:"犹点柱之柱,若汉武读书辄乙其处也。"从而说明无论打钩之"乙",或绝止之"丶",均表示文句的终止。

南朝刘宋时刘义庆《世说新语·文学》:"其余众篇,或定点文句而已。"亦说明当时读书,亦有"定点文句"之法。也就是对文章的加点断句。

宋·叶绍翁《四朝闻见录·陆放翁》:"(陆游)游宦剑南,作为歌诗,皆寄意恢复,书肆流传,或得以御孝宗,上乙其处而韪之。"详此所言"乙其处",非断句之谓,以诗歌勿需断句,实则于佳言绝美处,加以标点而赞赏之。"韪",赞赏也。此犹今人之所谓着重符号也。

清·王士祯《分甘余话》卷上:"余所见叶文庄与中盛遗集写册,皆手自点窜钩勒。"又清·陆以湉《冷庐杂识·徐文长樨威》:"比应京兆试,翰林某入闱分校……而某不能句读,即钩勒皆误。"又清·黄宗羲《答张尔公论茅鹿门批评八家书》:"鹿门八家之选,其旨大略比之荆川、道思。然其圈点句抹多不得要领。"曾国藩《经史百家简编·序》:"试官评定甲乙,用朱墨旌别其旁,名曰圈点。"又黄人《清文汇·序》:"句梳字栉,书眉乙尾。"此所谓"书眉乙尾"者,乃于书眉,钩画段落符号之义。

从上文可见,标记符号的运用,已不限于句读,诸如段落的区分,佳句的标记等,皆可以为之,然在古代,多系读者或抄写人所记,亦或以朱笔另记。

清·平步清《霞外攟屑·论文·文章圈点》:"书有圈点钩勒,始自前明中叶选刻时文陋习。"平步清氏所记,说明古籍中的各种标记符号,在明代中叶,已开始在一些"选刻时文"本中使用,这是雕版印书史上的一个新的发展,也是版本方面的一个新的特征。唯平氏称之为"陋习",则品评有过。当然,在清人之版刻本中,经典、名著及重要著作中,仍少滥用各种标点符号,用之较多者,仍为时人著作,且多钩勒之处。

在现存古医籍之各种刊本、抄本及近年出土古医籍之简书与帛书中,亦有多种具有形式不一与程度不同的标记符号。从时间方面看,在出土古籍中已经使用,但符号形式较少,如《武威汉代医简》后附"简牍整理概况"介绍:"简文中所用标号,没有一定的规格,有的顶头书写不用标号;有的在简端标以'丿'、'﹅'、'，'等符号,还有在两个医方之间或分段处标有'丿'号的。"而使用最多者,则为清刊本,并在"凡例"中有所说明。如清康熙十年徐彬《金匮要略论注·凡例》云:"注中精义宜详味者,用密圈○○○;其有翻剥者,用密点丶丶丶;其有就经文逐字注释者,悉用空尖ᐁᐁᐁ。非以此分句读,故凡系经文字面即尖之,取其易辨耳。"又乾隆四年舒诏《伤寒集注·凡例》云:"是书凡主脑及关键处,每字上加大圈;凡絜明脉证及比类处,旁加尖圈;凡精义处,旁加密点;凡紧要处,旁加连圈;以便省览。"足见该时已十分重视对标记符号的运用。从古籍种类方面看,经典原著及重要名著用各种标记符号者较少;以后人注解本或评注本及时人杂著使用者较多。从使用情况看,各种符号的使用也极不一致,如篇章或段落号有墨盖子、大圆圈、长黑点等形式;着重号有小圆圈、小圆黑点、直线、细条框、尖圈等多种形式。

另外有诸多刊本,亦曾经读者以朱笔或墨笔加以句读符号或其他各种标记符号,如笔者自藏清咸丰十一年留耕书屋藏版之石寿棠《医原》,即经佚名氏以墨笔圈点,亦用过多种标记称号。

根据上述情况,中医古医籍对标记符号的使用,同其他古籍一样,据今见文献实物可证,至少在秦汉时期,在简书与帛书中已有所运用。如马王堆汉墓出土之古医学文献,张家山汉墓出土之古医籍《脉书》与《引书》,均有些简单的段落符号。惟至明代中后期,在各种刊印本中,开始使用各种标记符号,至清代刊本中使用者更多,中后期为尤盛,如嘉庆十八年会成堂重刊之冯兆张《冯氏锦囊秘录》、同治十年杭州有容斋藏版之阎纯玺《胎产心法》、光绪七年重校刊之吕震名《伤寒寻源》、光绪十年研经堂藏版之林珮琴《类证治裁》、光绪十四年三义堂藏版之杨璇《伤寒温疫条辨》等，不胜枚举。

根据以上情况，足可看出，标记符号的使用，有一个历史的发展演变过程。秦汉时期只有简单的标记符号，后世使用标记符号者逐渐增多。迨至明、清时期，随着人们对标记符号认识的不断提高，同时亦受到读书圈点或钩勒以及对试卷的评点等方面的影响，标记符号，已不限于篇章与句读，其应用范围亦逐渐扩大。并且在雕版印本中也得到了应用。为日后标准化和统一的标点符号的使用奠定了基础。

第三节　中医古籍标记符号类例

如上所述，中医古籍对标记符号的使用，今存最早者为近年出土之汉墓古医学文献。此等文献中，只是对篇章段落的标记符号，后来发展为多种标记符号。综观历代所用标记符号，大致有以下几类。

一、卷 篇 符 号

卷篇符号，即对每一卷或每一篇章所标记之符号。主要有以下几种：

（1）墨盖子“■”符号，即在卷上或篇题标记一墨盖子。如元广勤书堂刊印之《脉经》，其卷前“目录”共有十卷，作“卷第一”、“卷第二”等，每卷名上，均标记有花墨盖子，花墨盖子之间并有一小圆圈。

又正文卷第一“脉形状指下秘决第一”之篇名上，亦标记有花墨盖子，花墨盖子下并有大圆圈。

又如清翻元大德梅溪书院本唐·孙思邈《千金翼方·目录》，亦有此种标记符号。

此符号早在南宋刊本即见，如《第一批国家珍贵古籍名录图录》之宋淳熙十一年康郡斋刻本《卫生家宝产科备要》中，题名上即有此号，后至金、元刻本中较多见。

（2）大圆圈式“○”符号，即在卷上或篇章上标记一大圆圈。如元成宗大德六年宗文书院刊印之《经史证类大观本草》正文卷之一“序例上”，题名上即有一大圆圈标记。

（3）方括号式“〔　〕”符号（按古籍皆竖行，今改作横排，以利书写），即在门类名或篇名外加以方括号。如明万历、天启间金陵唐鲤耀重刊之《丹溪心法附余》卷之一：

〔外感〕上

〔中风一〕附中气　预防中风

此“外感”者，门类名。“中风”者，篇名。均外加方括号。

（4）方框式“□”符号，即在门类或病证名外，加以方框。如清刻本《云林神彀》：

□疟疾□、□痢疾□、□泄泻□……

二、段 落 符 号

段落符号，即对每一段落所标记之符号。主要有以下几种：

（1）圆黑点“●”符号，即在段落起文上加有圆黑点符号。如马王堆出土帛书医书《足臂十一脉灸经》。每一经于“××脉”上有大黑点；“诸病此物者”五字之上亦有大黑点。是则标记每一经经文，可分成两个段落。

又如清刊本《云林神彀》卷一“真中风”，有的条文顶端，标记圆黑点符号。如“中风不语痰迷心窍痰火气郁豁开为妙”一条即是。

(2) 长点“丶”符号，即在段落起文上加一长点符号。如：

《武威汉代医简》中有些方治条文上，加有此长浑点符号。

(3) 圆圈“○”符号，即在每一段落上加一圆圈标记。如清康熙间官刻明·林澜《伤寒折衷》，在每一段条文之上，均加一圆圈符号。

(4) 三角形“△”符号，即在每一段落上或旁加一三角形符号。如敦煌卷子《唐人选方》丙卷，每一段落之上有三角形符号。

又如《中国医学大成续编》第九册收单南山先生《明易产科》稿本，正文中大多题名旁及条段旁，均加以三角形符号。如卷五

首论生化汤不可多服

凡胎至七个月将生化汤照方预制娩时胞水一破速服一帖

一血块判

女病倍于男者产症也夫产后血块医家所当审慎勿轻视而慢忽也

(5) 钩形“√”符号，即在每一段落上加一钩形符号。如敦煌卷子《唐人选方》乙卷，每一段落之上有钩形符号。

(6) 太极图式“☯”符号，即在每一段落上加一太极图符号。如清刻本《云林神彀》卷一“痰饮”病，“脉多滑有弦滑沉滑微滑”一条上端，即有太极图号。

三、句读符号

即对每一文句所标记之各种符号。主要有以下几种：

(1) 小圆圈句读号“○”，即在每句末字旁加一小圆圈符号。如明·赵开美刊《仲景全书·注解伤寒论》，在每一句旁，均有小圆圈断句。

(2) 小黑点句读号“●”符号，即在每句末字下加一小黑点符号。如清光绪五年扫叶山房藏版之《金匮要略论注》，经文每一句旁，均有小黑圆点断句。

(3) 顿点“丶”句读符号，即在每句末字下加一顿点符号。如清光绪年绍兴裘氏藏版之《医方间义》，正文之每一句旁，均以顿点断句。

(4) 圆圈与黑点兼用之句读符号，即此两种符号相间使用。如清光绪十六年浙江书局刊印之清·张志聪《黄帝内经灵枢集注·病传篇》：

病先发于肺三日而之肝一日而之脾五日而之胃十日不已死冬日入夏日出

杨元如曰肺主气日出而气始隆日入而气收引冬日入者气入而绝于内也(按此后省)

此文“病先发于肺”至“夏日出”为《灵枢经》原文，加圆圈为句读符号；“杨元如曰”以后为注文，加圆黑点为句读号。二者用法义同，唯使经文与注文有别，故二者间用。

(5) 顿点符号与圆圈符号兼用之句读符号，即此两种符号相间使用。如清宣统二年刊印之周伯贞《医学入门·疟论》：

寒者阴气也风者阳气也先伤于寒而后伤于风故先寒而后热病以时作名曰寒疟

按此文对这两种符号亦相间使用。根据其使用情况，似可看出，其使用顿号符号者，近似于今之逗号；使用圆圈符号者，近似于今之句号。此种符号的用法，对标记句读，已趋于成熟。较之其他用法，尤为切近句义。

又如人民卫生出版社影印《知不足斋丛书》本《名医类案·虚损》江篁南治案：

江篁南治一妇以恼怒患痰嗽潮热自汗肌体瘦损屡药罔效脉浑浑如泉涌右寸散乱数而且紧以参芪归术茯苓陈皮甘草白芍半夏曲香附圆眼肉四帖自汗十愈八九起立有力痰嗽减半惟口内干热前方半夏换贝母出入调理寻愈

按此文对这两种符号亦相间使用。其圆圈符号，皆具逗号与句号之义。而顿号的使用，似具二义，一者如首句“江篁南治一妇”之顿号，具有逗号之义，一者后文诸药名之顿号，则与今顿号之义亦同。然该书在使用此顿号时，亦不甚规范，故此一符号，亦具多种用途。

四、着重符号

着重符号，即对某一重要文句或关键字及词语之旁，标记各种不同形式的着重符号。主要有以下几种：

(1) 连圈式“○○○”符号。如清光绪二十四年江南书局刊印《白喉治法忌表抉微》：

仙论始终守方五日而瘳长次两儿次第传染审其情状症亦不同深信不疑即以养阴清肺汤投服或便黏痰或发斑疹服三剂而热清喉间均稍露白点不移时而退尽竟未大发乃坚信养阴忌表四字为治白喉者历劫不磨之论

(2) 密点式“●●●●”符号。如《中医珍本丛书》本《疫症治例·疫病论》：

此治沴邪兼入三阳之府出其治法也沴气与正气混合得芦根方相共出入加减诚执中两用之道沴邪每多解散而愈

(3) 顿号式“、”。如清同治十年杭州有容斋藏版之《胎产心法》卷下“浮肿论”：

产后手足具浮皮肤间光莹色润乃脾虚不能制水肾虚不能行水也宜大补为主补中利水汤治之如因寒邪湿气伤表无汗而肿前汤加姜皮半夏苏叶或五皮散亦可

(4) 尖圈式“ͽ”符号。如清光绪五年扫叶山房刊印之《金匮要略论注》卷一第一“息引胸中上气者咳”注：

曰息引胸中上气者咳谓上气为逆至息引其胸中之气上逆则肺金收降之令不行乃上逆而咳

(5) 三角形“△”符号。如清道光二十八年重刊《笔花医镜·望闻问切论》卷一：

望者看形色也闻者听声音也问者诊病情也切者诊六脉也四事本不可缺一

又“伤寒论治”：

其有初起寒邪直中三阴者其症腹冷痹

(6) 圆圈中心加点式“⊙”符号。如清嘉庆十八年刊印之《冯氏锦囊》卷首引“至真要大论”文：

补上治上治以缓、补下治下治以急、急则气味厚、缓则气味薄、适其至所此之谓也

（7）下撇式“ノ”符号。如清嘉庆十八年印之《冯氏锦囊·杂证凡例》：

即祖宗不归罪于我而我也无惭愧以见子孙乎

（8）直线式“——”符号。如清天德堂藏版之《济阴纲目》卷二“经闭”引骆氏曰：

盖肝藏血受天一之气以为滋荣其经上贯膈布胁肋若脱血失精肝气已伤肝血枯涸不荣而胸胁满妨于食则肝病传脾而闻腥臊臭

（9）细条框式“▭”符号。如清天德堂藏版之《济阴纲目》卷二“经闭”引东垣曰：

东垣曰经闭不行有三妇人脾胃久虚形体羸弱气血具衰而致经水断绝不行……或心包络脉洪数躁作时见大便秘涩小便虽清不利而经水闭绝不行

（10）双圆圈式“○○”及多圆圈式符号。如清光绪二年慎德堂藏版之《保赤存真》卷十“口疮论治”：

一口疮服凉药不效乃肝脾之气不足虚火上炎宜理中汤外以肉桂末吹之

一口频撮者脾虚不能生肺气不和也宜异功散

又如清光绪二十四年江南书局刊印之《白喉治法忌表氛微·遵定药将三表》：

三将之中以正将为定法而以猛将驭其重次将驭其轻四层之中又以镇润为定法……镇润之中又以养阴清肺汤为定法

（11）多顿点式“、、、、”符号。如清光绪二年慎德堂藏版之《保赤存真》卷十“目病症治”：

按翳膜者风热内蕴也邪气未定谓之热翳而浮于外……若上眼皮下出黑白翳者风太阳寒水从我至内者属少阳风热

（12）叉“×”符号。如清嘉庆二十五年江南怀仁堂重刊印之《活幼心法大全》卷一“初发热至痘出齐数日内调治法”：

若身热一二日即出痘先发于天庭司空印堂等处者或一齐出而稠密者或干枯而紫黑者或成片不分颗粒者皆血气凝滞而毒气肆行最为可忧

（13）多种着重符号兼用者。

此指一书中兼用多种着重符号者。一般多二三种兼用。今举例如下：

1）以圆卷符号与顿点符号兼用者。如清光绪七年重校刊之《伤寒寻源上集·阙泥四时论病之谬》：

人在气交之中果能奉右天道御气调神则寒暑温凉亦自循乎天地自然之令气何至于病惟逆之而病生焉则言病当穷乎人事之变故仲景但就人身表里脏腑上审其所犯者何证即知六气之中属何气……其辨证之法如同一太阳病而以证之有汗无汗脉之浮缓紧分别风与寒

2）以圆圈符号顿点符号三角符号兼用者。如清光绪二十四年江南书局刊印之《白喉治法忌表抉微·洞主仙师前论·答耐修问》：

迨自知其误翻然改计不先追其毒药而徒增其当然无益也解表药之毒……秋用荸荠苗梢黄者九枝各寸许冬用生青果核磨汁或打碎五枚不必拘定四时……加入养阴清肺汤中为引一

剂后照全方不加引

3）以圆圈符号、顿点符号及尖圈符号兼用者，如清光绪四年扫叶山房藏版之《金匮要略论注》卷一“息张口短气者，肺痿吐沫”注：

曰张口短气者肺痿吐沫谓短气虚也张口是有涎沫阻遏不容气返之势则必肺气不通而为肺痿吐沫三者全在乎肺而证其病之在心肺也然不竟言呼而曰息者盖出气虽大中无小还不能大呼故揭出摇肩息引张口六字

似此等多种着重符号在一书或一篇、一段中兼用者，清刊本中颇多，今明其义则可，兹不烦举。

五、名称符号

即用以标记各种名称者。

(1) 方名细条框式“══”符号，如清嘉庆二十五年江南怀仁堂重刊本之《活幼心法大全》，书中凡方名旁，均加以细条框符号。如卷二“初发热至痘出齐数日内调治法”：

儿体气素怯弱者用加味参苏饮汗之体气素壮实者用加味升麻葛根汤汗之

(2) 地名细条框式“══”符号，如清康熙六十年宛平李芳英刊印之《痘诊正宗》卷下附诸病案之地名，均加细条框符号。如“清源”、“东郡”、“夏津”等。

(3) 人名直线式“——”符号，如清康熙六十年宛平李芳英刊印之《痘疹正宗》卷下附诸病案之姓名，均加直线符号。如“哲老石先生”、“江氏”、“徐铭老”、“张姓”、“白介公”、“张贞老”、“方烛老”、“徐子老”、“彭君老”等。

六、文字符号

文字符号，指与文字有关的各种标记符号。常见者有以下几种。

(1) 缺字符号。指古籍因虫蚀或破损而脱失几字者，则以缺字符号代之。缺字符号有两种形式：

1）空围式“□”缺字符号，如清光绪二十三年通隐堂刊印之《黄帝内经明堂·序》：

臣闻星汉照□□□分其澜奥□□□水□□□□□□□所□□□□□□化通乾坤之气象人之秀异得□□□虽四体百节必有修系而五藏六府咸存厥司……

本文据日本永仁六年抄本及永德三年抄本核校，应为：

臣闻星汉照□□□分其澜奥□巫湇水九派洩其□□所以发神明之变化通乾坤之气象人之秀异得自中矣虽四体百节必有攸系

从两抄本核校后，仍有六字不清，故此等空围符号，即代缺佚之字。

又 1924 年兰陵堂刊萧延平校《黄帝内经太素·阴阳乔脉》“岐伯对曰：乔脉者，少阴之别，起于然骨之后，上内踝之上”注：

……然骨之后即跟中也九卷与八十一难左右并具两乔丈尺义皆同也□□□□□□是足少阴别脉也然骨跟中口下少前大起骨也

详日本仁和寺抄本《太素》,此七缺字处,文亦不清。

2）墨丁式“■”缺字符号。墨丁亦称墨钉、墨亭。乃雕版时留存一字或几字之未雕部分。此种墨丁,有两种情况:

第一,原书文字缺佚,留墨丁以代之。如明《医统正脉全书》本及五车楼本《针灸甲乙经》卷三第一“本神”注文:

■曰直耳上入发际四分

明兰格抄本作“一曰直耳,入发际四分”是可证墨丁处,原脱佚一“一”字。

第二,原书撰人对文有不详者,留待后补。如明崇祯间刊印之《医藏书目・正法函目》著录有《伤寒举要》下留有墨丁,待补卷数及撰人;《伤寒或问》一卷,留有墨丁,待补撰人;《伤寒撮要》,杨晌,留有墨丁,待补卷数。

（2）删字符号。指对书中衍文应予以删除的符号。如马继兴研究员《中医文献学》第三篇第三章第四节引敦煌卷子《五脏脉候阴阳相乘法》:

反得微长卜涩而短者

反得大卜浮而大洪者

按上文“长卜”、“大卜”二字,“卜”为删字符号。即“长”、“大”二字为衍文,当删。

（3）重字符号,指文字之重复使用时所用之符号。此等符号,多见于写稿或抄本中,刊本亦间有用者。重文符号有以下几种:

1）叠字符号,即一字重叠使用时所用之符号。如晋・王羲之书《黄庭经》:

昼日照こ夜自守渴自得饮饥自饱

下于咙喉何落こ诸神皆会相求索

此皆“照照”、“落落”之重文符号。

又如日本仁和寺本《太素・顺养》:

岐伯曰夫人中热消瘅则便寒こ中之属便热

按此“寒”下之“こ”,即重字符号,是本文当作“岐伯曰:夫人中热消瘅则便寒,寒中之属则便热。”

又如:

且夫王公大人血食之君骄恣从欲轻人而无能禁之ここ则逆其志

按此“禁之”二字下之“ここ”,即重字符号,是本文当作“且夫王公大人,血食之君,骄恣从(按从为纵之通假)欲,轻人而无能禁之,禁之则逆其志”。

又清乾隆八年石门吴氏黄叶村庄刊印之《仁端录痘疹玄珠・叙》云:

敛痘当如棋终结局着こ收到

又吴大成叙云:

其议论滔丶滚滚贯通诸家其经纬丝こ缕缕井然不紊

按上文中“丶”及“こ”,皆重字符号也。

详重字符号之运用,其来已久,如:“こ”符号,本作“=”,故雕印本中作“=”。

原在古金石款识中已多运用此重字符号。如宋・薛尚功《历代钟鼎彝器款识法帖》卷七收周器款识“迟父钟”中“子=孙=”。即“子子孙孙”。是则我国使用重字符号之历史,其来尚矣。后又衍化为“亽”、“ㄅ”等符号,亦同。

2）间重符号,即文字之重号是上下间隔使用。如日本仁和寺本《太素・脏腑应候》:

心应脉皮厚者脉こ厚こ者小肠厚皮薄者脉こ薄こ者小肠薄皮缓者脉こ缓こ者小肠大而长

详本文《灵枢·本藏》作“心应脉,皮厚者脉厚,脉厚者小肠厚;皮薄者脉薄,脉薄者小肠薄;皮缓者脉缓,脉缓者小肠大而长”。是可证《太素文》中之“脉こ厚こ”为“脉厚脉厚”,“脉こ薄こ”为“脉薄脉薄”,“脉こ缓こ”为“脉缓脉缓”。似等重文符号为间文相重也。

又《太素·本输》:

心……入于曲こ泽こ者肘内廉

详此文当为“心……入于曲泽,曲泽者,肘内廉”。

3）以一代多重文符号,即用一个重字符号以代替几个字。如日本仁和寺本《太素·调食》:

血与咸相得则血こ涘こ则胃汁注之こ则胃中竭こ则咽路燋故舌干善渴

详本文《灵枢经·五味论》作“血与咸相得则凝,凝则胃中汁注之,注之则胃中竭,竭则咽路焦,故舌本干而善渴”。是则可证本文“注之こ”应为“注之注之”。此以一个重字符号代替“注之”二字。

又《太素·脏腑应候》:

肉䐃不称其身者胃下こ者下管约不利

详本文应作“肉䐃不称其身者胃下,胃下者,下管约不利”。《灵枢·本脏》亦可证。

（4）正倒文符号,指书文因误写为倒文时而予以改正之符号。

1）钩式“√”符号,如马继兴研究员《中医文献学》第三篇第三章第四节引敦煌卷子医书《玄感脉经》:

其脉前大后小则为头痛目眩前小后则√大为胸满短气

“√”号即将“则”与“大”字互易之意。

又引该书:

手太阴有√亦鱼

也是将“有”与“亦”字互易。

2）乙正式“∽”符号,如《中国医学大成续编》第九册收单南山先生《明易产科》稿本卷二“胎不安毋妄议落胎救母议”:

姜炭助血血虚火热桃仁通结燥小便秘缩细心酌量

按此文在“血虚火热”与“桃仁通结燥”两句间加乙正号,即将“血虚火热”与“桃仁通结燥”两句互易。

（5）涂抹符号,此指在稿本或评校本,撰人或评校人认为未当或非是处之文字,所加的符号。《增韵·末韵》:“抹,涂抹也。乱曰涂,长曰抹。”唐·苏鹗《杜阳杂编》卷上:“上试制科于宣政殿,或有词理乖谬者,即浓笔抹之至尾。”主要有以下几种形式:

1）圈盖式称号,即在字上以朱笔或墨笔加以不规则之圈涂盖。如《中国医学大成续编》第九册所收单南山先生《明易产科》稿本卷二“胎不安毋妄议落胎救母辨”:“姜炭助血,善助阴。”其“善助阴”三字,用墨笔圈盖。

2）点盖式符号,即在字上以墨笔或朱笔加盖以顿点。如中国中医科学院图书馆藏日本小岛尚真父子校《针灸甲乙经》本卷二第六:

治之以马膏膏其急者以白酒和桂涂其缓者

按此十八字,均以朱笔加盖朱点,此校者或有疑义处。

3) 加杠式符号,即在字上以墨笔或朱笔加盖直杠。如中国中医科学院图书馆藏日本小岛父子校《针灸甲乙经》本卷一第一:

素问曰人卧血归于肝肝受血而能视足受血而能步掌受血而能握指受血而能摄

又杨上善云心之忧在心变动肺之忧在肺之志是则肺主于秋忧为正也心主于忧变而生忧也

按此两段文字,均以朱笔加杠通贯盖之。详原眉批云:"又杨上善云一则,必是宋校时注文,宜细书。"故此等以朱笔加杠之文,皆校者认为非《甲乙经》旧文。

(6) 标音"●"、"○"符号。标音符号,古称"点发",犹称"圈发"。凡一字有数音,其音义异时,于字旁以点或圈,以示有别。唐·颜师古《匡谬正俗·副》:"副贰之字,副字本为福字……后之学者,不知有福字,翻以副贰为正体,副坼为假借,读《诗》'不坼不副',乃以朱笔点发副字已乖本音。"唐·张守节《史记正义·发字例》:"古书字少,假借盖多。字或数音,观义点发,皆依平上去入……如字初音者皆为正字,不须点发。"又明·凌稚隆《汉书评林·凡例》:"一字有数呼者,则准声韵,半圈于四周以别之。"是则说明标音之义,凡正字本音者,不需标记,若有异读别义者,则需点发。即以点、圈或半圈加于字旁,字左下为平声,左上为上声,右上为去声,右下为入声。

如明·赵府居敬堂刊印《灵枢经·小针解》:

所谓易°陈者。易°言也。

恶知其原者。先知何经之病。

皮肉筋脉。各有所°处者。言经络各有主也。

唯言尽写二阳之气。。令病人恇然不复也。

言上工知相°五色于目。

按以上易、恶、处、令、相六字,皆有圈发,是皆古代之发声有别者。

又如明·吴勉学刊印《注解伤寒论·辨脉法》:

凡脉大浮数。动滑。此名阳也。

其脉浮而数。能°食。不大便者。此为实。

病有洒°淅恶°寒而复°发热者何。

数为在府。迟为在藏°。

大便鞕。气噫°而除。

夏月盛热。欲著。复衣。

医者不知而反饮°冷水。

法当清邪中°于上焦。浊邪中°于下焦。

声嗢咽塞°

脐°筑湫痛。

按以上数、能、洒、恶、复、藏、噫、著、饮、中、塞、脐等十二字皆圈发。

凡诸圈发之字,一则知与一般读音有别,不致引起误读或误解,如"洒淅恶寒"之"洒",

本有洗、萨二读。然此圈发后，则当读洗，洒淅恶寒，与太阳病桂枝汤证之“淅淅恶风”之“淅淅”义亦同，皆形况之词也。一则有助于对中古音的研究。详此圈发之法，或在唐以后，故其标音，当以中古音为准。另者，其标音古韵书如《广韵》、《集韵》不具者亦有之，尚可供进一步研究之依据。

七、其他符号

其他符号者，上述六类以外之各种符号也。今举例如下。

(1) 间隔号“○”符号。常用于上下文需加以间隔者。如《知不足丛书》本《难经集注·十六难》：“曰：脉有三部九候”注：

吕曰○三部者○寸关尺也○九候者○上部三候○中部三候○下部三候○三三如九也○。○丁曰○三部者○寸关尺也○九候者浮中沉也○是一难之所演也○ ○虞曰○三部法三才○故有天地人○三部之中○亦各有天地人○因而成九○

(2) 区别号“”墨盖子符号，此与前言“鱼尾”之形同。如蒙古定宗四年平阳张存惠晦明轩刊本《重修政和经史证类备用本草·目录》自第三卷起，每卷总类之后，均云：“自墨盖子以下，并唐慎微续证类。”又“序例下”云：“凡墨盖子下，并唐慎微续添”今见该书有两种情况：

第一种，如卷二“序例下”所列治疗各种疾病之药名中，有一部分药名上有墨盖子符号。

第二种，在正文诸药中引录后世诸家说者，有一部分书名(或以人名代书名)上，加有墨盖子符号。如丹砂条有“《雷公》云”、玉屑条有“《海药》”、玄明粉条有“《仙经》”、太一余粮条有“《陈藏器》云：”等，书名前均有墨盖子符号。

按是知凡此种墨盖子符号以下之文，为唐慎微新增者，加此符号以与旧文相区别。

又区别重圈“◎”符号。如清·王琥《伤寒论辨证广注·凡例》云：“六经篇中，惟中寒病为真阴证，不入上例，止以重圈记之；其真阴寒证宜用汤药，亦以重圈记之。”详该书少阴病与厥阴病两篇中有部分条文上，均加冠重圈“◎”符号，以示与其他条文有所区别。

以上仅系部分医籍及别书所援引之标记符号。若详察之，恐尚有多种，今不再举。此亦足可说明古医籍中标记符号运用情况。

第四节　标记符号的特点与意义

从上述诸多情况分析，中医古代文献对各种标记符号的运用，总而言之，主要可概括为以下几个方面：

(1) 就其运用的历史而言，同文史方面的文献一样，远自周代所留文献，即有重字符号的使用，而且一致延用至后世。从近年出土诸古医书看，标记符号已具有多种形式和运用到多方面。此类文献，自可追溯到先秦及两汉时期。从敦煌卷子看，在南北朝及隋唐时期之文献，使用标记符号者，尤为多样。宋金时期，由于雕版印书业昌盛，留下写本较少，在雕印本中，或为追求版面的整齐完美，故此类标记符号，似皆删除。元代刻书，又可见个别标记符号，如卷篇题名上加之鱼尾即是。至明代中期以后，在雕印本中，又有较多地运用各种符号，然亦仅限于时文杂著。清代雕印本，对标记符号的运用更为广泛，形式亦繁。尤以中后期印本中，应用更多，然仍以时人著述及读者评点本为甚。而前人名著，或经典原著，亦只限于对句读符号或文字符号的标记。至于诸多读者之评点或批校手本中，则各种标记符号的运用，尤为多见。

(2) 就其运用的范围及形式而言，及于书文的多方面，仅就以上所举诸类，即有卷次、篇章、段落、句读、文字、重点、名称等方面的标记符号。其标记形式，由于缺乏统一的标准，每一种标记符号，大多具多种形式，特如着重符号一种；就上文所举，已有十二种之多，即在一书之中，使用二种或三四种形式者，亦颇为多见。虽然有些符号如断句之用小圆圈或小顿点、着重号之用大圆圈或大顿点等，可认为是约定俗成，习用者较多，但因其并非尽同此例，且仍可别作他用，故亦难成为一种专用符号。因而形成了一种符号形式，可以多方使用，同类标记内容，可以多种形式符号的情况。故对标记符号的运用，带有很大的主观随意性，而且也显得较为混乱。

(3) 就各种标记符号形成的历史背景而言，从今日所见我国早期的文字记录或各种文章看，本无标记符号，逐渐为了书写便利，遂使用了少数文字符号如重文符号等。后来由于编纂人为了把多种材料集中抄写，或同一材料中不同段落的分别抄写，又逐渐使用了段落符号。其次是古代文章，本无句读符号，在当时人阅读，自能明白，然而随着时代的迁移，加之文字词语的演变，后人阅读古代文章便会有诸多疑处，若不加以句读，便易产生歧义，故断句问题，势在必行，因而逐渐产生了句读符号。又语音问题，一则由于一字多音，一则由于字多假借，加之字音自身的演变。因之对某些字有异读，且因音变而义别者，若不加标记，亦易产生歧义，故对某些字之标音，亦属必行。

又凡一篇文章中必有某些关键词语或重点内容，体现文章的实质与特点，后人阅读古书或他著时，常加以评点，标记各种符号。后并有撰人，对自著之书，亦将其重点内容或关要之处，加以标记，遂产生了各种着重符号。

如此等等，均是为了使文字内容，能充分显示文义，使读者易于习用，不致产生误解。故各种标记符号的形成和应用，是反映了社会的需要和读者的要求，是文字记录发展的必然趋势。

(4) 就其学术方面的意义而言，虽则古医籍中各种标记符号的运用，颇为混乱。然从总体方面及发展趋势而论，首先应该肯定其有助于准确地理解与运用书文这一积极的意义。正是由于有些去古较远或甚远的古籍，如有通人加以标点，或加以各种标记符号，则可以使后来的读者，得以较顺利地习用，对有些文句的句读，亦可免致误读，有些文义，亦可免致误解。甚至有些异文、歧义，亦可借助于各种标记符号，进行校勘。因此，古籍中的各种标记符号，不仅可以助读，而且对古籍的整理研究，也具有十分重要的意义。当然，古籍的习用与整理所遇到的诸多难题，不是仅靠标记符号所能解决的。但它无疑可以起到一定的辅助作用。

从发展的角度论，明人的所谓“陋习”的观点，当然是只从某些方面的缺点着眼，未能从积极的、发展的方面去认识，自难为是。正是有了前人对各种标记符号运用的历史和基础，才形成了后来的统一的、标准的标点符号。因而，标记符号的运用，作为文化发展方面的一种新的进展，自无疑义也。

当然，有些标记符号，只有在写本或习用本中，才有使用的价值，如删文符号，乙正符号等，在雕印本中，已无意义。因此，对古籍中的诸多标记符号，必须要历史地、客观地加以总结，才能得出正确的评价。

第八章　中医文献的载体

中医文献,据现有资料证明,已有数千年的历史,而其载体,则是随着社会生产的发展和文化的进步,在形式上亦不断有所变化。

第一节　文献载体释义

所谓载体,即载物之体。中医文献之载体,即负载中医文献之物体。

载,负载。《易・坤》:"坤厚载物,德合无疆。"又《易・大有》:"大车以载。"注:"任重而不危。"疏:"载物既多,故云任重。"

体,物体、物品。《易・系辞下》:"阴阳合德,而刚柔有体。"孔颖达疏:"若阴阳不合,则刚柔之体无从而生。以阴阳相合,乃生万物,或刚或柔,各有其体。"

载体作为一个结合语辞使用,当始于近代,如新《辞海》收此辞条,举诸化学方面之义项有四,今举其一:"为增加催化剂的有效面积,一般使催化剂附著于多孔的物体表面,此种多孔物体称为'载体'。常用者如玻璃丝、石棉绒、浮石、硅胶等。"此之对"载体"的释义已十分明确。

在文献方面的运用,对载体一词的含义,已不限于古代文献,而且包括现代文献及复制古代文献利用现代科学手段制造的各种载体。如 1977 年《国际资讯科学协会杂志》所谓"历史上所形成的、以各种方式记载的人类科学文化知识的各种物质载体"。又我国近年颁布的国家标准《GB/T3792. 1-1983 文献著录总则》称文献为"记录有知识的一切载体"。是则为"载体"之今义。

第二节　中医古代文献载体种类

中医古代文献的形成,有一主要条件,就是运用文字或图象记录为主要形式的载体,因而,根据现存古代文献(包括出土文献),目前所知其最早者,只能从甲骨文这一载体谈起。随着物质生产条件的发展、科学技术的进步和生产技能的提高,文献的载体,也随之有所变化,一直发展至今天利用声光电等近代科学技术制成的各种文献载体。以下就中医古代文献的各种载体,分别加以介绍。

一、以甲骨为载体

甲骨载体,主要是殷商时期的甲骨文。甲骨文,即在龟甲或兽骨上刻制的文字。也就是说当时的文字载体为甲骨。甲骨文是清代光绪年间,始在河南安阳发现,后被王懿荣认定为殷商时期的文字,此后经多人收集研究。至今发现者已有十万片以上,文字约四千五百个,为学者所识者不过三分之一。内容主要为殷商卜词。仅就这些卜词中,反映出与医学有关的内容主要有:

(1) 人体部位名称,如心、腹、首、目、自(古鼻字)、齿、止(古趾字)、手、舌、项、胸、骨等。

(2) 病名,如疟、疥、蛊、龋、耳鸣等。

(3) 言患某病,如疾首,患头病;疾目,患目病;疾耳,患耳病;疾自,患鼻病;疾齿,患齿病;疾腹,患腹部病;疾止,患足病(《说文·止部》:"下基也,象草木出有址,故以止为足。"徐灏注笺:"凡从止之字,其义皆为足趾。许以为象草木出有址,殆非也。考阮氏《钟鼎款识·父丁卣》有足迹,文作止。正象足趾之形。"《仪礼·士婚礼》:"皆有枕,北止。"郑玄注:"止,足也。")疾子,小儿患病;疾育,患产育病等。

(4) 卜疾求治。如董作宾《小屯殷墟文字乙编》有一卜辞作:"庚戌卜,朕耳鸣,㞢印于且庚,羊百㞢口五十八。"大义为庚戌日问卜,我有耳鸣,求之于先人祖庚,用一百只羊为祭。当然在殷商时代,以这种方式卜疾求治,虽属之迷信,但它毕竟反映的是一种医疗行为。

二、以金石为载体

金石载体,指以金属物或石物为载体之文献。

1. 金文

金文指现存及出土之商、周时期钟鼎彝器上之款识。个别亦有认为乃夏器者,如《历代钟鼎彝器款识法帖》卷一所收"埛戈"与"钩带",其字多呈鸟兽形,难以尽识。"款识"者,指钟鼎彝器上铸刻的文字。《史记·孝武本纪》:"鼎大异于众鼎,文镂毋款识。"裴骃集解引韦昭曰:"款,刻也。"司马贞索隐:"按:识犹表识也。"

此类款识文献,无论单字或识文,目前尚未发现直接的医学文献,唯有少数人体部位名称或与医学有关的字。如身、妊、母、自(鼻)、耳、男、女、食、饮、疾、齿、须等。对考释古医学文献文字有一定意义。其他文字对古医学文献之文字训诂方面的考证有重要意义。

另外,有一些周代器物款识的书写方式,对此后医籍书写方式亦可提供佐证。如"子子孙孙"等叠字式,多在第一字下加叠字符号"="。今《黄帝内经太素》日本仁和寺古抄本中类似此等重字,多取此等方式,尤存古代书写风格。

由于此类文字,多铸刻在钟鼎等金属器物上,故亦名钟鼎文。

与医学直接有关者,如西汉中山靖王刘胜(公元前154~113年)墓出土二个错金铜药酒壶,其盖与身均有以细金银丝镶嵌之"鸟虫书"铭文,诚难识,故诸家释文不一,据周策纵先生所释为:

甲壶:盛黄芩浸制的药酒。

盖铭:言有三,甫(铺)金鈇(或鋉),为荃盖(榼),错书之(古音鋉、之为韵)。

身铭:盖(榼)围四叕(缀),牺(抄)尊成壶。盛兄(况)盛味,于心佳都。揜(餍)于口味,充闰(润)血肤。延年去病,万年有余。

乙壶:盛蚚易或蝗虫浸制的药酒。

盖铭:髹(鬆)蚉(蚚、蜥,或蛰,即蜥)盖(榼)。

身铭,与甲壶同,仅略去“万年有余”一句。

2. 石文

石文,指以玉石料制成的碑碣或板片为载体的文献。

这种以玉或石料制成的文献载体,较之金属铸刻尤易,因而留下实物及出土文物亦较多。此类文献记述内容,已不仅限于少量文字或短文,而且有较长的文章,以至成本图书的刻制。如唐初在天兴(今陕西省宝鸡市)三畤原出土之东周初秦国刻石鼓十个,以籀文分刻十首四言韵文,记述秦国国君的游猎情况。约有近五百字。又如东汉时期的“熹平石经”,乃东汉灵帝熹平三年,由著名学者蔡邕手书,将儒家经典《鲁诗》、《尚书》、《周易》、《仪礼》、《春秋》、《公羊传》、《论语》等七书刻于石碑上,共四十六碑,用隶书一体写成,立于大学讲堂前东侧。足证在古代以石为载体之文献,为数亦复不少。

在石文中,亦含以玉制之载体。如今存《素问》、《灵枢》中有七处提到“玉版”。在《素问》中有“玉版论要篇”云:“至数之要,迫近以微,著之玉版,命曰合玉机。”又“玉机真藏论”云:“著之玉版,藏之藏府,每旦读之,名曰玉机。”又“天元纪大论”云“帝曰:光乎哉道,明乎哉论,请著之玉版,藏之金匮,署曰天元纪。”在《灵枢》中有“五乱篇”云:“黄帝曰:允乎哉道,明乎哉论,请著之玉版,命曰治乱也。”又“玉版篇”云:“善乎方,明哉道,请著之玉版,以为重宝,传之后世,以为刺禁。”此所谓“著之玉版”,即指将该文刻著在玉版上。此虽不一定直指上述诸篇文章都是刻在玉版上,但足以反映在先秦两汉时期,有些医学文献,也是刻制在玉版或石制的载体上。

在实际文献中,以石为载体者如:当属战国时期的《行气玉佩铭》,为玉制,全铭共四十五字,其铭文中有些字较难识,诸家释文不一,然大义基本相同,今以原铭文与郭沫若释文对照引于下:

原文:	**郭沫若释文:**
行氣,	行气,
实则⿺辶畜,	深则蓄,
⿺辶畜则神,	蓄则伸,
神则下	伸则下,
下则定,	下则定,
定则固,	定则固,
固则明,	固则萌,
明则⿰足长,	萌则长,
⿰足长则⿰彳退,	长则退,
⿰彳退则天,	退则天,
天六⿴囗屮才上,	天机舂在上,
墬六⿴囗屮才下,	地机舂在下,
巡则生,	顺则生,
逆则死。	逆则死

按此一铭文,尽管有几个字暂难认定,但其为养生行气之铭文则无疑。此乃以玉为载

体者。

又如殷墟出土之“商玉版甲子表”，此表原为玉版残片，版上存有庚寅辛二个半字，经陈邦怀先生考证认为：“当是甲子表，庚字上半已残，寅、辛二字以殷股尺测量，寅字长一寸半弱，辛字长一寸强。……过去，有人说殷墟甲骨，每六块为一组。据此推测，玉版甲子也应以六块为一组，每组二行，每行十字，由此可知此玉版的辛字下缺卯，庚寅辛卯在第三版的第二行。这两个半字恰好刻在玉版之左，字边有玉版边沿可为佐证。”

详“干支甲子”在今存《素问》、《灵枢》中已有多篇运用，说明在我国早期医学理论中已具此内容。此玉版残片，一则与甲骨文之甲子相互证，证明至晚在殷商时代，此干支相配之甲子系列已经形成。二则为《素》《灵》所谓“著之玉版”之义提供了实物证据。

至于以石为载体之石刻医书，据现有文献史料可知，当在南北朝时，已有将完整的医方或医书刻于石上者。此种方式，为数虽不多，然以石刻书，则一直延续于后代。如：

《龙门药方》，此药方刻在洛阳龙门石窟药方洞石壁上，约四千余字，有药方 129 个，针灸方 19 个。据李永谦先生《我国现存最早的石刻古方》考证，当为北齐时代的作品。《褚氏遗书》，旧本题南齐·褚澄撰。《宋史·艺文志》始有著录。据原书后唐清泰二年萧渊序称，黄巢时群盗发冢，得石刻弃之，其先人发现归藏，后遗命即以褚石为槨。又有释义堪序复称，出于萧氏冢中，刻石十有九片，其一盖萧渊序也。后又有南宋宁宗景泰二年丁介跋称，其书初得萧氏父子，护其石而始全，继得僧义堪，笔之纸而始存。详此事是否属实，后人已有所疑。《四库全书总目提要》并有所考，并谓“疑宋时精医理者所著，而伪托澄以传”。故此书原所谓刻石说，殆有疑焉。

《要术》一卷，后唐·陈元京撰。清·顾櫰三《补五代史艺文志》著录云：“案：元京家世为医，长兴中，集平生所验方七十件，修合药法百件，号曰《要术》，刊石，置太原府之左。”

《铜人腧穴针灸图经》三卷，宋·王惟一撰，刻书不仅由官府刊刻印行，且刻石立于相国寺济仁殿内。此书明英宗正统年间又复为刻石。如日本·涩江全善《经籍访古志》著录《铜人腧穴针灸图经》引栎窗先生跋曰：“拓本《铜人图经》三卷，系于明正统八年所重刊。首有英宗御制序，及伏、仰、侧三图，十六字为一行，百六十行为一段，五段为一卷。每段之首，各标而分之。别有都数一卷，又为五段。四边皆有花草栏格。今依此而考其制，盖石二板，广二丈余，高六尺许，碑面每十余字断为一行，百六十行横为一层，以为五段。表里刻之，即为四卷。”按此石书，当为石刻医籍文字最长规模最大者。

《伤寒救俗方》一卷，南宋·陈振孙《直斋书录解题》著录注云：“宁海罗适正之尉桐城，民俗惑巫，不信药，罗以药施人，多愈，遂以方书召医参校刻石，以救迷俗。绍兴中有王世臣彦辅者，序之以传。”

《千金宝要》，为宋徽宗宣和六年，郭思据唐·孙思邈《千金要方》及《千金翼》择要编纂，刻成石碑立于陕西华州，明隆庆五年复刻刊石于耀州真人洞，此即耀州石刻本。此种以石为载体之书，虽较金属载体刊刻为易，但终因费工较多，拓本较少，推行不广，作为图书的印制，终是不便。特别在印刷术发明之后，尤不宜采用，故只能在个别地区，作舍方施善之用，或作某种文物的建立，方得用之。

另外，从史学的角度论，诸多碑碣及墓志铭等，均为石制，对于某些历史人物之里贯、生平、世系的考证，有重要价值。对有些医史人物的考证，亦可提供价值较高、可信性较大的文献资料。

三、以竹木为载体

以竹、木为载体的文献,在先秦两汉时期大为流行,现存及近年出土文物,均有大量实物。且有较多医学文献,说明它是古代文献之重要载体。其虽皆以竹、木为原料制成,但名称亦有多种,现分别加以介绍。

竹木文献载体,名目繁多,如简、策、篇、籥、方、牍、札、椠、板等皆是。宋·王观国《学林·方书》:"《史记·龟策传》褚先生曰:'写取龟策卜事,编于下方',皆谓书其事于下方也……盖简、策、籥皆以竹为之;方、牍、札、椠、板皆以木为之。"清·袁枚《随园随笔·尺牍》:"《独断》又曰:凡书字有多有少,一行可尽者书之简,简不容,书之方,方不容,书之册。"

1. 简

竹制或木制文献载体之一。其法以狭长薄竹片或薄木片经加工后将文字刀刻或漆书、墨书于其上。《周礼·王制》:"太史典礼,执简记奉讳恶。"《墨子·非命下》:"子胡不商考之乎商、周、虞、夏之记?从十简之篇以尚,皆无之。"后汉·王充《论衡·量知篇》:"竹生于山,木长于林,截竹为简,破以为牒,加笔墨之迹,乃成文字。"《太平御览》卷六〇六卷引汉·应劭《风俗通》:"刘向《别录》:杀青者,直治竹作简之耳。新竹有汁,善折蠹,凡作简者,皆于火上炙干之,陈、楚间谓之汗。汗者,去其汁也。"此不仅说明简之义,而且说明其制作方法。

《灵枢·禁服》:"雷公问于黄帝曰:细子得受业,通于《九针》六十篇,旦暮勤服之,近者编绝,远者简垢。"此亦说明古《九针》六十篇为竹制简书也。

后世及近代出土简书颇多,其中特有医学文献若干种。如长沙马王堆汉墓出土医书中之《十问》、《合阴阳》、《天下至道谈》三种皆为竹简。《杂禁方》为木简。又甘肃武威汉墓出土之《武威汉代医简》为木简。据该书印本"武威汉代医简的发现与清理"一文介绍:"简的质地,系松木和杨木,与过去西北地区所出汉简的质地基本相同。简的长度,一般为 23~23.4 厘米,折合汉尺恰为一尺左右。应属于尺籍、尺书之类。简原是由三道编纶缀联成册的,上面残留的编绳痕迹,犹清晰可辨。"按此简片多为一简一行,每简满行者至少二十余字或四、五十字不等。

又湖北张家山汉墓出土之《脉书》,亦为竹简。该简书是一部比较完整的医学文献,且记有"脉书"二字题名在前。

又 1975 年在湖北省睡虎地秦墓出土之《秦墓竹简》中,虽主要为有关秦律方面的文献,但也有些与医学有关的内容。如"封诊式"部分有一"出子"(流产)案例,系与"同里大女子斗"引起,此中记述之情状,均与医学十分关切。

又如早年出土之《流沙坠简》,虽无较系统完整的资料。但"方技类"之十余木简,所记药方及治马方,对研讨汉以前医方与兽医方亦有重要学术价值。

从以上实物,使我们得知秦汉医简的具体形象及内容。若据此而推论,可进一步证实在先秦、两汉时期,确有大量医学文献存世。由于其保存不便,后皆亡佚。

2. 策

以竹、木制造长片,为文献载体之一,此多指编连一起者谓之策。《仪礼·聘礼》:"若有故，则卒聘，束帛书加将命，百名以上书于策，不及百名书于方。”郑玄注：“策，简也。方，板也。”贾公彦疏：“云策简、方板也者，简谓据一片言，策是编连之称。”后汉·王充《论衡·问孔》：“言出于口，文立于策，俱发于心，其实一也。”

按策与册义同。册，古文作笧。《说文·册部》：“册，符命也，诸侯进受于王也，象其札一长一短，中有二编之形……笧，古文册，从竹。”清·徐灏《说文解字注笺》：“凡简书皆谓之册。”详《素问·五运行大论》岐伯曰：“臣览《太始天元册》文。”即说明该书乃简册之体。后世书名“册”，或分若干册者，义本于此。

3. 篇

犹书简也。《说文·竹部》：“篇，书也。”段玉裁注：书，箸也，箸于简牍者电，亦谓之篇。”朱骏声《说文通训定声·坤部》：“谓书于简册可编者也。”《汉书·公孙弘传》：“其悉意正议，详具其对，著之于篇。”颜师古注：“篇，简也。”《隋书·经籍志》：“歆遂总括群篇，撮其旨要，著为《七略》，凡三万三千九十卷。”是篇亦犹简之编连一起者。

详《素问·离合真邪论》：“黄帝曰：《九针》九篇，夫子乃因而九之，九九八十一篇。”又“著至教论”帝曰：“医道论篇，可传后世。”又“示从容论”雷公曰：“臣请诵《脉经》上下篇。”《灵枢·外揣篇》：“黄帝曰：余闻《九针》九篇。”又“禁服篇”雷公问于黄帝曰：“通于《九针》六十篇。”根据上引“篇”义，此所谓《九针》八十一篇、《脉经》上下篇，皆古医籍名，分若干篇或上下篇，以多简相连而成也。至于“医道论篇”是否一古医籍名，暂难定论，但亦可说明，时诸多古医籍，均以竹、木简为载体也。后世书中称篇者，亦承袭旧制，沿用成习。

4. 觚

古代用来书写的竹、木简或牍。宋·王观国《学林·方书》：“觚以竹为之，其形有方角，亦作觚，所谓操觚者，可持以书也。”《广稚·释器》“箷、籥、篥、笘、籙，觚也。”王念孙疏证：“觚，通作觚，《急就篇》：‘急就奇觚与众异。’颜师古注云：‘觚者，学书之牍，或以纪事，削木为之，盖简属也。其形或六面，或八面，皆可书。”

是觚者，简之属，竹、木皆可制，今医籍中未见用者。

5. 方

古代书写用的木板。《仪礼·聘礼》：“百名以上书于策，不及百名书于方。”郑玄注：“方，板也”《史记·张丞相列传》：“秦时为御史，主柱下方书。”裴骃集解引如淳曰：“方，板也。谓书事在板上者也。”又宋·王观国《学林·方书》：“《史记·龟册传》：‘写取龟策卜事，编于下方。’又曰：‘谨连其事于下方。’凡此言方，皆谓书其事于木方也。”

详《灵枢·师传》：“黄帝曰：余闻先师，有所心藏，弗著于方，余愿闻而藏之，则而行之，上以治民，下以治身，使百姓无病，上下和亲，……”此所谓“弗著于方”者，指先师，有治法藏之于心中，不曾著之于方板之上。此可说明古医籍有以方板载体者。

6. 牍

古代书写用的木板，《说文·片部》：“牍，书板也。”《急就篇》卷三：“简札检署椠牍家。”颜师古注：牍，木简也，既可以书，又执之以进见于尊者，形若今之木笏，但不挫其角耳。”汉

·董仲舒《春秋繁露·玉杯》:“今赵盾弑君,四年之后,别牍复见。”凌曙注:“牍,书板也,盖长以尺,因取名焉。”按简与牍皆有木制。然今见简,皆狭长,一般每简一行。牍则稍阔于简,每牍可书二至五行不等。少有单行者。

《武威汉代医简》第三类简称之为“木牍”。据该书“武威汉代医简的发现与清理”一文介绍,“木牍现存十四枚,略有残损。字迹部分模糊不清。木牍的质地,多为松木,长度为22.7~23.9厘米,厚度为0.2~0.6厘米,长亦合汉一尺左右,应属尺牍、尺木之类。牍文也是墨书,正反两面书写,每面行数不等,一般为两行,但也有多至六七行的,其中仅有二牍为单面书写,另有一牍为单行书写。牍文的书写方式有三种:①直行横列;②直行分段横列;③牍板上端有单行大字标题,其下分段横列。牍文的书体,也是隶书兼章草。牍文的内容,也是医方。”

从以上介绍可见在此书简牍中,牍较简为宽,一般可书写多行,可至六七行,并可两面书写,故与简有诸多不同处。

又马继兴《马王堆古医书考释》第一篇中介绍“出土概况”云:属于医学方技书的简共有200枚,分别订为两卷,今暂称为“卷甲”和“卷乙”。两卷简的书写方法即:

卷甲——由133枚竹简订成一卷。依次抄录《十问》及《合阴阳》二书。其中除《十问》有极个别的简略破损外,余简均基本完整无缺。

卷乙——由67枚简订成一卷。其中前11枚为木简,抄录《杂禁方》一书,后56枚为竹简,竹简的前面5简排在《杂禁方》之后,所抄佚文即《杂禁方》卷末佚文。再后面的51简则抄录《天下至道谈》一书,各简基本无缺。”

以上介绍,对研讨汉代简书的体制亦具有重要意义。简文的编制形式,及每卷收录内容多少等。恐非随意为之,似对汉简的形制研究,有一定价值。

其他如札、椠、牒等,亦皆木制书写板片,为文献载体之一。札与牒,小简也。椠,素板也。

《说文·木部》:“札,牒也。”徐锴系辞:“牒,木牍也。”段玉裁注:“长大者曰椠,簿小者曰札。”

《说文·木部》:“椠,牍朴也。”段玉裁注:“朴,素也,犹坏也。牍,书板也。椠谓书板之素未书者也。”

《汉书·路温舒传》:“取泽中蒲,截以为牒,编用写书。”颜师古注:“小简为牒。”

凡此等等,古医学文献,少有见用,兹不详述。

四、以缣帛为载体

缣帛均系丝织品,古人用以书写文字之载体的一种。《说文·丝部》:“缣,并丝缯也。《说文·帛部》:“帛,缯也。”段玉裁注:“糸部曰:‘缯,帛也。’聘礼、大宗伯注皆云:‘帛,今之璧色缯也。’”徐灏笺:“帛者,缣素之通名。璧色,白色也。故从白,引伸为杂色缯之称。”《急就篇》第八章:“绨络缣练素帛蝉。”颜师古注:“帛,总言诸缯也。”《淮南子·齐俗训》:“夫素之质白,染之以涅则黑,缣之质黄,染之以丹则赤。”《史记·外戚传上·史皇孙王夫人》:“媪为翁须作缣单衣。”颜师古注:“缣,即今之绢也。”按以上诸家之释义,虽小有异者,然其为丝织品则是也,且言帛、言缯,皆通称之义。故作为文献的载体,亦通称“帛书”。

至于用缣帛书写文字，早在先秦时已有记载，两汉时尤盛，《墨子·尚贤下》："书之竹帛，镂之金石，琢之槃盂，传以遗后世子孙。"《史记·封禅书》："齐人少翁以鬼神方见上……乃为帛书以饭牛，详不知，言曰此牛腹中有奇。杀视得书。"在医学文献中如《灵枢经·病传》："黄帝曰：余受《九针》于夫子，而私览于诸方，或有导引、行气、乔摩、灸熨、刺焫、饮药之一者，可独守耶，将尽行之乎？岐伯曰：诸方者，众人之方也，非一人所尽行也。黄帝曰：此所谓守一勿失，万物毕者也……岐伯曰：……生神之理，可著于竹帛，不可传于子孙。"此所云指上述导引、行气、乔摩、灸熨、刺焫、饮药等生神之理，均可著录于竹帛之上，不得传之子孙以为私也。说明当时有诸多医学文献，是记录在竹书或帛书上的。又《灵枢·玉版》："岐伯曰：脓已成，十死一生。故圣人弗使已成，而明为良方，著之竹帛，使能者踵而传之后世。"此亦指治痈疽之良方，当著之竹帛，使能者继承此术而传之后世。

有关帛书文献，古代未曾留有实物，过去虽有零星的出土，但均已腐烂不堪，难以辨认。1971~1975年长沙马王堆汉墓中，出土了大批比较完整的帛书、帛画、帛图等，为帛书的研究提供了最可靠的具体物证和文献资料。

在这批帛书中，种类较多，内容丰富，如《老子》一书，有甲、乙两种本子，《经法》、《十八经》、《称》、《道原》等，又有整理小组命名的《战国纵横家书》，其中包括二十七篇战国纵横家之遗著。在帛书中并有较多医学文献，如由整理小组定名的《五十二病方》、《足臂十一脉灸经》、《阴阳十一脉灸经》、《脉法》、《阴阳脉死候》、《却谷食气》、《导引图》、《养生方》、《杂疗方》、《胎产书》等。

这批帛书，均以生丝平纹织成，一般为横幅竖写。有的是整幅，有的是半幅，有的帛书上面还以朱砂画以上下边栏、每两行中间还以朱砂画上直线，形成行格。

帛书中医学文献，据马继兴《马王堆古医书考释》第一篇"出土概况"云："由于出土后部分医学帛书有较严重的破碎残损，故先后经故宫博物院及帛书小组的有关专家进行了精心的揭裱及对破损残片的拚复，……其结果得以辨明某些古医书由于内容较少，多被合写在一张帛上或一卷简内。其中属于医书的帛共有五张，分别写绘了十种医书。今暂称之为'帛甲'、'帛乙'、'帛丙'、'帛丁'、'帛戊'。即：

帛甲——高约24厘米（相当于汉制的一尺），宽约450厘米。出土时在其折叠处已断裂，成为30余层长方形的'页'片。帛的前1/6依次抄录的著作是《足臂十一脉灸经》、《阴阳十一脉灸经》（甲本）、《脉法》、《阴阳脉死候》四书，后5/6抄录《五十二病方》及其卷末佚文。

帛乙——高约49厘米（相当于汉制的二尺），宽约110厘米。出土时已断裂为大小不等，形状不一的许多碎片。经过缀补拚合，可以看出前面的1/11先后抄录《却谷食气》及《阴阳十一脉灸经》（乙本）二书，后面的10/11系用彩色写绘的《导引图》。

帛丙——高约24厘米，宽度待考，出土后大部分断裂残碎，经拚合复原，共抄录《养生方》一书。

帛丁——高约24厘米，宽度待考。出土后断裂成若干碎片，经拚合复原，共抄录《杂病方》一书。

帛戊——高约49厘米，宽约49厘米左右。出土时断裂为4个残片。经拚合复原，抄录《胎产书》一书。

以上介绍，不仅得汉代帛书之具体形貌，且对研究古代帛书之体制有重要意义。如帛之宽度，固与容量有关，然帛之高度，单抄与合抄等，为随意而为，还是有何依据。这些问题都值得认真加以探讨。

另外，和缣帛性质相同的，以绢为载体的绢书。它与前述帛书同样，在古代是一种很重要的书写载体。然而存世极少。在南北朝、隋唐以至宋元时期，虽已有纸张的使用，但仍有些文献是抄录在绢上，如宋米芾《画史》："《道德经》一卷……绢本，字大小不匀。"谅医书亦当有之，然大都亡佚。

五、以纸为载体

由于以缣帛为载体之文献，虽较之简书，制造为易，体积与重量亦大为缩小与减低，传播也较前方便。然而缣帛在当时，价格比较昂贵，非一般人所易购置，故大量图书，多藏之于官府及贵族之家，仍不便于推广，于是人们不得不寻求另外的用品，以代替缣帛为文献的载体。此即"纸"的产生和运用。

1. 纸的释义及种类

纸字这一概念在最初和后来的含义有一定区别。

《后汉书·宦者传·蔡伦》："自古书契多编以竹简，其用缣帛者谓之纸。缣贵而简重，并不便于人。伦乃造意用树肤、麻头及敝布、鱼网为纸。元兴元年（公元105年）奏上之。帝善其能，自是天下莫不以用焉，故天下咸称蔡侯纸。"

《说文·系部》："纸，絮一箈也。"段玉裁注："箈，各本为笘，今正。箈下曰：澈絮簀也。箈下曰：於水中击絮也。《后汉书》曰：蔡伦造意……按造纸昉於漂絮，其初丝絮为之，以箈荐而成之。今用竹质木皮为纸，亦有缴密竹簾荐之是也。《通俗文》曰：方絮曰纸。"

《四库全书》辑本《东观汉纪》称："蔡伦典尚方，用木皮为纸，名谷纸；故鱼网为纸，名网纸……麻，名麻纸也。"

《太平御览》卷六〇五文部"纸"引王隐《晋书》："魏太和六年，博士河间张楫上《古今字诂》。其巾部纸，今也其字从巾。古之素帛，依旧长短，随事截绢，枚数重沓，即名幡纸，字从糸，此形声也。后和帝元兴中，中常侍蔡伦以故布捣挫作纸，故字从巾，是其书虽同，糸、巾为殊，不得言古纸为今纸。"宋·董逌《广川书跋》卷十："古人治纸，要自有法，故以缣帛依旧书长短随事截绢，枚数重沓，即名幡纸……自汉魏遗字多用幡纸，晋宋多用麻纸，而隋唐多用经纸。"按此言幡纸说，与《汉书》记蔡伦所谓"其用缣帛者谓之纸"之义同，绢犹缣帛也。是此言纸，实仍帛也。非后世所言之纸。又余嘉锡《书册制度补考·糊缝》："又考宝泉《述书赋》自注云：'皇象写《春秋·哀公上》第二十九卷，其纸每一大幅有一缝线联合之。'盖皇象所用必是幡纸，故可用线缝联，此昔人所未知也。"是说与前说亦合，从而说明古所谓纸，有的仍指绢帛，并非以竹、木等为原料加工制成之纸。

造纸之初，亦仿于漂絮，蔡伦造纸，仍以树皮、破布鱼网等为原料，后来则仅以竹质木皮制之。然此等纸，始于何时，现亦难考。

近数十年，在出土文物中，亦有纸片、纸团等，如1933年内蒙古额济纳河附近发现的写有文字的纸团，1973年甘肃旱滩坡工地发现的汉代写有隶体字的纸片等。新发现的此等纸，经化验测定，大都为麻类纤维所造。是则足可证明，造纸原料已由丝织品转变为植物纤维。由于植物纤维原料充足,价格低廉,因而为纸的大批量生产和应用,开辟了新的局面。

宋元时期,麻纸渐少,树皮纸与竹纸为主,品种亦多,使用亦广。这可能与南方竹、木原料丰富、造纸技术有新的发展有关,加之印刷事业的发展:对纸的需求量大量增加,也促进和带动了造纸业的发展和造纸技术的提高。如宋·陈櫄《负暄野录·论纸品》;"江浙间多以嫩竹为纸,北土以桑皮为纸。"明·屠隆《纸墨笔砚笺》:"宋纸有澄心堂纸,极佳。宋诸明公写字及李伯时(李公麟)画,多用此纸……有歙纸,今徽州歙县地名龙须者,纸出其间,光滑莹白可爱。有黄白经纸,可揭开用之。有碧云春树笺、龙凤笺、团花笺、金花笺。有匹纸,长三丈至五丈,陶谷家藏数幅,长如匹练,名'波阳白'。有藤白纸、观音帘纸、鹄白纸、蚕茧纸、竹纸、大笺纸。有彩色粉笺,其色光滑,东坡、山谷多用之作画写字。"此足以说明宋代纸的花样极多,而且质量很高,亦可见其制纸工艺之先进程度。故宋代留下诸文献,无论抄本或印本,其纸质亦佳。

明代是我国雕板印刷极盛时期,对纸的生产亦大量增加,品种颇多,质量亦佳,前期以树皮纸为主,后期则竹纸较多。高濂《遵生八笺·燕闲清赏笺·论纸》:"……若今之大内细密洒金五色粉笺,五色大簾纸,洒金纸。有等白笺,坚厚如板,两面砑光,如玉洁白。有印金花五色笺纸。又若磁青纸,如段素,坚韧可宝,多用写泥金字经。有等蓝色者,薄而不佳……近日可用作书者,吴中无纹洒金笺纸为佳。松江近日谭笺,不用粉造,以荆川簾纸褙厚,砑光,用蜡打各色花鸟,坚滑可类宋纸,又新安新造仿宋藏经笺纸亦佳。吴中近亦为之,但不如宋笺抄成坚韧,如段帛有性,数百载流传,尚有揭开受用……"又苦竹斋主《书林谈屑》云:"白纸复分白绵与白皮,白绵纸色纯白,质坚而厚,表面不如开化之光滑;白皮纸白中微带灰黄,颇似米色,不如白绵之细密,亮处照之,尝见较粗之纤维盘结于帘纹间。黄纸复分黄绵与竹纸,黄绵与白绵略同,而色带灰黄;竹纸则类多脆薄,易碎,故藏书家购求明版,必以白纸为贵,"从以上两家所言可见,明代造纸业之兴旺及纸类众多,纸质优良之实际记录。并且为竹纸的制造,开创了新的局面。其中所言白绵、黄绵、白皮、宣纸等,均以树皮为主要原料制成,竹纸则有毛边纸、毛太纸、连史纸等为主。上述诸纸,由于其具有纤维长、韧性大、吸水性强、耐翻阅等优点,故作为抄写或印制文献的载体,质地均较优良。

清代之纸,大致与明代同,主要为树皮纸与竹纸。其运用情况,具体来说,在道光以前,民间印书多用连四纸与毛边纸;道光以后,民间印书多用毛太纸。清代前期,官方经常使用的太史连纸,亦为竹制,武英殿印本则以开化纸为多,开化纸乃以桑皮制成。清代后期,特别是诸石印书,则以机制连四纸为主。机制连四纸虽亦以竹为原料,但为机器制造,颜色较太史连纸稍黄,厚薄均匀,没有帘纸,表面光滑,然较之手工制造者脆性增加,容易折裂。从清代诸抄写文献用纸看,其所用纸张,亦大体如是。以宣纸、连史纸、毛边纸为佳,皮纸、毛太纸、机制连纸次之。

根据上述各朝代对纸的制造和应用情况,不仅可以了解古代以纸为载体的具体情况,而且借助各朝代纸质种类和特点,可作鉴定版本的依据之一。故对版本研究有重要意义。

2. 以纸为载体的抄本

由于纸质本身抗腐蚀与抗自然损坏的能力,均较简版及缣帛为低,故在隋唐以前留下的实物及出土文献中以纸为载体者,目前尚未发现,现保存与发现最早的纸体文载,有1924年新疆鄯善出土的东晋写本《三国志》残卷,余者大都为隋、唐时期之纸写本。如北京图书馆藏隋开皇二十年楮皮纸写本《波罗蜜经》,新疆出土的隋代麻纸写本《典言》等。唐代如故宫博物院藏唐代诗人杜牧太和三年麻纸书写的《张好好诗》,《敦煌遗书》中的《无上秘要》为树皮纸。另外,敦煌出土之大量卷子本,皆系六朝及隋唐时代抄录于纸质卷轴之上的书籍,其中含有医书数十种,此皆以纸为载体者。近些年来,经马继兴研究员从国内外多方搜集之医学卷子残本,经整理研究,汇编为《敦煌古医籍考释》,1988年由江西科技出版社出版。经定名分类后,计有十一类近百种,有的一种又具有若干不同卷本。如医经类有三部九候论,病形脉诊。五脏论类有张仲景五脏论,耆婆五脏论。诊法论有平脉略例,五脏脉候阴阳相乘法,占五脏声色源候,亡名氏脉经二种,玄感脉经,七表八里三部脉,青乌子脉诀。伤寒类有《伤寒论》。医术类有《辅行诀脏腑用药法要》,《刘涓子鬼遗方》。医方类有《唐人选方》二种,《黑帝要略》方,不知名医方十七种,萎蕤方服药法,牛黄熏药方,旃独杏枣汤方。本草类有《本草经集注》,新修本草,《亡名氏本草序例》,《食疗本草》,《亡名氏本草目录》。针灸类有《灸法图》,《新集备急灸经》,《灸经明堂》,《人神流注》,《黄帝明堂经》,《亡名氏灸法》,《针灸节抄》。辟谷、服石、杂禁方类有辟谷诸方四种,疗服石方,王宗杂忌单方,陵阳禁方,杂方术,亡名氏禁方。佛家、道家医方类有佛家方三种,道家方,诸医方髓。医史资料类有与医史有关文献十二种(名略)。盖该时期医学文献的传抄,除了部分珍宝资料或用于珍藏,仍用绢帛类者外,对一般医学文献的传播和使用,亦当以植物纤维所造之纸为主要载体。

宋代虽有大量印刷之书籍,然作为一般传播渠道,由于流通及价格等多种因素,且有大量书籍,由于资金的关系,刊印亦非易事,故书籍的传抄,仍然是一种重要的抄播方式。且一直到元、明、清时期,传抄之书籍,仍有相当数量,特别在明、清两代的鉴赏家与收藏家所藏之本,处于对古本刊本的珍爱,均藏有众多古本旧抄。或不惜重金收购,或自友朋处借来亲抄。如清·黄丕烈《士礼居藏书题跋》记云:“余去年得残宋本《许学士本事方》六卷,而止取时本核之,通体不符,未可抄补,适与老医周蕴石谈及,渠有旧抄本,因借以补抄,虽未必与宋刻全合,然迥胜俗本矣,抄毕并识。己巳四月二日。复翁。”又该题跋记《续录》著录有《玄珠密语》:旧抄本。题跋云:“乙亥秋,余养疴杜门,时郡中有托余转购古书者,故书友之踪迹,日盈我门矣。托购者惟是宋元旧刻,一切旧抄、名校,故亦得借是收录一二焉。七月小尽日,有书友告余日,某收有旧抄《玄珠密语》,曾送阅乎?余曰:未也。遂为余言其详,余即往购之。明晨物主果以此书来,索番饼八枚,并为余言某坊曾还直若干,又曾以新抄本参阅,知彼为十卷,而此为十七卷,其书较全,又未缺失处,仅少一页零。书估之博识如是。而于此书之何本,藏弆之何人,皆未有以知之,但知其旧抄而已矣,旧抄之必乎高价而已矣。及一入余手,而本则定其为《道藏》也。”此足见当时对一些旧抄本是何等重视。

元代抄本今存明人手录者如《华氏中藏经》,清·孙星衍编《孙氏祠堂书目》著录云:“一元赵孟頫写本,缺中卷。”又孙星衍《廉石居藏书记》著录《华氏中藏经》二卷,题记云:“予在都门见赵氏孟頫手录一本,前缺才数百字,大胜俗本。内方药有改易分量、删落全条者,知明代刻书之不可恃也。”此亦尽可说明旧抄本之所以为藏家所重视,为校勘家所注目之原因所在。

明代抄本亦多,盖清代藏书家所言旧抄,多指元明人之抄本,甚至有宋人抄本。如清·毛扆《汲古阁珍藏秘本书目》著录之抄本医籍计有以下几种情况:《此事难知》一本:绵纸旧抄本,与《东垣十书》细校,大有不同。此为至宝,八钱。《本草注节文》四本:陈日行宋板影抄,二两四钱。《甲乙经》六本:从宋板影抄,三两。《女科书》八本:竹抄,一两六钱。《伤寒类证便览》四本：旧抄，八钱。从以上著录的几个抄本，说明以下几个问题：从纸质看，有绵纸与竹纸的不同。抄写情况，有影宋版抄、旧抄、明人抄及一般抄写等区别。就学术价值而论，有的与一般传本大有不同。同时标明了价银，从价银看，此类抄本，由于学术价值较高，故价格昂贵。详汲古阁为毛扆之父毛晋之藏书室名，晋生于明万历二十七年，幼好读书，尝于明末清初之际，以高价购求宋元刊本及旧抄，并搜求稀缺孤本，按原行款摩抄，创“影抄”之法。故其所藏抄本古籍，据其用纸情况，恐多有明人抄本。

又清·王闻远《孝慈堂书目》著录医籍中，有抄本十五种，其注述抄录情况，大致有以下几种情况，如《太虚获麟金旨》三卷：棉纸，一册，抄白四十六番。《王宇泰医论》王肯堂三卷；毛斧季精抄，一册，抄白九十五番。《十四经发挥》滑寿三卷：一册，抄白。《针灸秘书》一卷：一册，抄白九十三番。《医学源流》二卷：旧抄三十九番。按“抄白”，犹抄录也。如《元典章·吏部六·儒吏》：“宣敕委官办验得别无冒伪，将抄白对读无差的本，分付该犯家属收掌听候去论。”“番”，犹叶也。详番，本为纸张计量单位，《新唐书·杜暹传》：“秋满归，吏以纸万陨之，暹受百番。”因以书之一叶称一番。又如清·黄丕烈《士礼居藏书题跋记》著录《普济方》：残宋本，存第一至六。题跋记云：“书存六卷，细点叶数：序二叶，目录存九叶，治药制度总例四叶，卷一十九叶，卷二二十四叶，卷三二十六叶，卷四二十四叶，卷五十九叶，卷六十七叶，共计一百四十四番。”是叶即番也。详王闻远，生当清康熙之世，性喜藏书，多秘本名抄。以其生当清初，其所藏抄本，恐大都为清以前旧抄。且所藏抄本与刊本之七十三种医籍中，标明为绵纸者，有十一种之多，余皆未标明纸质。说明绵纸为抄录或刊出书籍之上品纸张。结合明代用纸情况，恐诸绵纸本，皆出于明代旧物。

清代写本及抄书之风相继不衰。官修大型图书《四库全书》，全为写本，其中北四阁，即北京文渊阁与文源阁、沈阳文溯阁、承德文津阁，是以开化榜纸（树皮纸）抄写；南三阁即镇江文宗阁、扬州文汇阁、杭州文澜阁，是以坚白太史连纸（竹纸）抄写。其中有医籍多种。民间抄书，多以竹纸为主。清代除诸多医者，或因无力购求或传本希缺而借抄者，许多藏书名家，对某些善本、孤本亦喜借抄；对某些善本残阙，亦喜抄补。如孙星衍抄补之《华氏中藏经》赵孟頫写本；黄丕烈抄补之《普济本事方》抄本残卷；张金吾抄录之《医学启源》，系从黄丕烈处假归录副等。时抄书用纸，除特别珍贵者，多以竹纸为之。清代抄本，存世极多，兹不烦举。

3. 以纸为载体的印本

这种以纸为载体的印本的先决条件是印刷术的发明和运用。关于印刷术始于我国，别无歧说，然而其起始之具体年代，则众说纷纭。据魏隐儒《中国古籍印刷史》第一编第七章“雕版印刷术的发明”一文介绍，有七种不同说，即：①主张雕板印刷始于汉代的；②主张雕印始于晋成帝咸和年间的；③主张雕板印书始于六朝的；④日本·岛田翰认为雕板印刷图书北齐以前就已经有了；⑤主张始于隋朝的；⑥认为雕板印刷始于唐朝的；⑦认为雕板始于五代的。该书通过有关文献，对各种主张的分析研究，最后提出：“根据唐宋以来诸家文献以及近人叶德辉、孙毓修等的论证和《中国版刻图录》序中所说：‘我们祖先经过长时期的钻研，到了八世纪前后，又发明了刻板印刷术’，以及敦煌发现的各种实物足以证明，雕板印刷术的发明始于唐代是无可置疑的。而刻印技术到咸通年间（860～873年）已经达到了很高的水平。”这种主张是目前认为比较公允的说法，它不仅具有较多前人记述，如宋·叶梦德

《石林燕语》卷八云:“《柳玭家训》序,言其在蜀时尝阅书肆,云字书小学,率雕板印纸。则唐固有之矣,但恐不如今之工。”清·王士禛《居易录》卷三十四云:“予按司空表圣《一鸣集》,有为东都敬爱寺募雕刻《律疏》印本疏云:自洛城口口,乃焚印本,渐虞失散,欲更雕锼。”又现存唐代雕印如《开元杂扳》、咸通《金刚经》等皆有实物在焉。

在医籍方面,目前尚未发现较完整的医学文献,不过马继兴研究员在《中医文献学》第三篇第二章第一节,根据现存法国巴黎图书馆的敦煌残卷《新集备急灸经》卷首写记:“京中李家于东市印”及卷未有“咸通二年(861年)……范子盈、汜景询写记”字样分析,“可知这一写本是根据‘京中’(即唐京城长安)的重抄本,其刊刻的年代应在861年以前。”又最近马氏经考察现存于英国博物院,图影在《敦煌宝藏》一书中的汉文医书木刻本残片图影,内容残存51字,经与《脉经》、《千金》、《外台》、《金匮》等宋本及影宋本核对复原后,与张仲景医方中栝楼汤(《外台》、《金匮》作“栝楼薤白白酒汤”)主之一条条文基本相应。经专家考察,该残片原出土于西夏故城子,经马氏分析考证后认为,该残片原刻本之下限“可以提高到公元9世纪以前”,其上限“也不能超过唐代初期”。也就是说其刊刻年代当为唐代。

根据上述情况,说明我国印刷事业,其创始时代和创始人为谁,一时尚难确断,但是印刷在唐代已用于古今文献(包括医学文献)的印行,当属实无疑。惟唐代印品存世和出土较少,有些问题,尚有待于进一步研究。

自宋以来,以纸为载体的印刷事业发展较快,特别是明清期间,印本存世亦多。后世对此道的研究,包括各种写本,形成了专门的学科——版本学。对有关问题,均有专题论述。故本节不再详述,可参见以下有关章节。

六、以贝叶为载体

贝叶,即贝多叶。贝多为梵语的音译,意谓树叶。古印度常以多罗树写经。如唐·段成式《酉阳杂俎·木篇》云:“贝多,出摩迦陀国,长六七丈,经冬不雕。此树有三种:一者多罗娑力叉贝多;二者多梨婆力叉贝多;三者部婆力叉多罗多梨。并书其叶,部阇一色取其皮书之。贝多是梵语,汉翻为叶。贝多婆力叉者,汉言树叶也。西域经书,用此三种皮叶,若能保护,亦得五六百年。”《新唐书·南蛮传下·堕婆登》云:“有文字,以贝多叶写之。”明·宋濂《勃尼国入贡记》云:“番书无笔札,以刀刻贝多叶行之。”此可证明我国古代初在西域地区,仿印度以贝叶写佛经,后则传至内地,亦多用以写佛经。故贝多亦借指佛经。据《新唐书》所记,则我国西南部少数民族地区,亦用贝叶记录其文字材料,是犹贝叶古文献也。

在医学方面,西南少数民族医学文献,亦有以贝叶为载体者,如李朝斌主编《傣医四塔五蕴的理论研究》召存信序言云:“佛历时期嘎扎牙纳厅、阿仑达厅等人又根据佛教和民间口传心授的医学理论知识,著述了解剖人体病理生理,解剖组织结构的‘贝叶经’和‘纸板经’,《帷苏提麻嘎》、《档哈雅聋》、《巴腊麻他坦》、《嘎牙桑哈雅》、《玛弩萨罗》,这是对两千五百多年前傣医学术经验的总结。”这种贝叶经书,应是少数民族医早期医学文献。

第三节 版本基本概念

上节已谈到前人对诸多古代文献各种载体特别是以纸为载体的写本与印本的研究,形成了一门独立的学问,即版本学。从而,首先应了解版本这一基本概念。

1. 版的含义

《说文解字·片部》:"版,判也。从片,反声。"段玉裁注本判作:"片"。注:"旧作判也,浅人所改,今正。凡施於宫室器用者,皆日版,今作板字。"又《诗·秦风·小戎》:"在其板屋,乱我心曲。"孔颖达疏:"《汉书·地理志》云:天水、陇西,山多林本,民以板屋。"是版与板,义本互通。且版字义有多项,然均木片之义引伸而出。

版作为书版之义,如《管子·宇合》:"退身不舍端,修业不息版。"尹知章注:"版,牍也。"又《说文·片部》:"牍,书版也。"段玉裁注:"牍,专谓用于书者,然则《周礼》之版,《礼经》之方,皆牍也。"是则此所谓版,虽指书版,而与方、牍之义犹同。乃书写所用之木片或木板,尚非雕版印书之版。

详《旧唐书·文宗本纪》:"太和九年十二月,敕诸道府,不得私置日历板。"又《旧五代史·唐书·明宗纪》:"辛未,中书奏,请依石经文字刻《九经》印板。从之。"注:"案《柳氏家训》序:中和三年癸卯夏,銮舆在蜀之三年也,余为中书舍人,旬休,阅书于重城之东南,其书多阴阳杂记、占梦相宅、九宫五纬之流;又有字书小学,率雕板印纸,浸染不可尽晓。"按《柳氏家训》,唐柳玭撰,柳氏生当僖宗、昭宗之时,故版具雕版之义,犹当唐代而无疑。

2. 本的含义

书之称本,据现存文献,首见于《文选·魏都赋》李善注引《风俗通》曰:"案刘向《别录》:雠校,一人读书,校其上下,得谬误为校;一人持本,一人读书。"《北齐书·樊逊传》:"七年,诏令校定群书,逊乃议曰:案汉中垒校尉刘向受诏校书,每一书竟表上,辄云臣向书、长水校尉臣参书、大夫公大常博士书、中外书,合若干本,以相比较,然后杀青。"是此文言"合若干本,以相比较",犹含有书有别本之义。据此可知,至少在汉·刘向校书时,已有"本"之称谓。

《黄帝内经素问》王冰序:"冰弱龄慕道,夙好养生,幸遇真经,式为龟镜,而世本纰缪,篇目重叠。……时于先生郭子斋堂,受得先师张公秘本,文字昭晰,义理环周。"又宋·林亿等序云:"臣等承乏典校,伏念旬岁,遂乃搜访中外,裒集众本,寖寻其义。"又《千金要方》林亿等序云:"公私众本,搜访几遍。"又《脉经》林亿等序云:"博求众本,据经为断。"凡此,皆非常明确的是以书之谓本。

然书之何以称本之义,历来说解不一,叶德辉《书林清话·书之称本》云:"书之称本,必有所因,《说文解字》云:木下曰本。而今人称书之下边曰书根。乃知本者,因根而设数之词……吾谓书本由卷子摺叠而成,卷不如摺本翻阅之便……《太平御览》学部正谬误类引《刘向别传》曰:雠校者,一人持本,一人读析,若怨家相对,故曰雠也。夫不曰持卷,而曰持本,则为摺本可知。"曹之《中国古籍版本学》第一编第一章指出叶氏"折本"之说,是指那种行款皆有定制的册页装,刘向校书时,不可能有册页装,又书根之说是后代才有的,且本专指校勘之后尚未抄写的定本,故"折本"说,尚值得商榷。又以为余嘉锡之解释为好。

《余嘉锡论学杂著·书册制度考》云:"寻《风俗通》之意,一人持本者,持竹简所书改易刊定之本;一人读书者,读传写上素之书也。以油素之书写自竹简,则竹简之书为原本,故呼曰本。其后简册之制既废,写书者借人之书传录,则呼所借者为本,《后汉书·延笃传》注引

《先贤行状》曰:延笃欲写《左氏传》,无纸,乃借本讽之。是其事也。凡书无不可传写者,因有书本之名矣。”又余氏《目录学发微·目录书体制四·板本序跋》云:“本之命名,由于校雠之时,一人持本,一人读书。所谓本者,谓杀青治竹所书,改治已定,略无讹字,上素之时,即就竹简缮写,以其为书之原本,故称曰本。其后竹简既废,人但就书卷互相传录,于是本之名遂由竹移之纸,而一切书皆可称本矣。”姚伯岳《版本学》第一章第一节则以为在现存七篇较完整可靠的《别录》佚文中,对书的称呼,绝未言及一个“本”字,而这些公私藏书大都为简册之书,可见简册之书不称“本”。又据所谓“上素”之义,所持之“本”,当是帛书,而不是简册之书。因此以为“帛书的装帧形式大多为卷轴装,即左端粘接轴棒,轴棒两端均长出于帛书幅宽,形成轴头,以便于持握。笔者以为这轴头即是所谓的‘本’,‘本’由轴头进而指代卷轴装的帛书,并成帛书的计量之词……而余嘉锡先生以为‘本’之称谓乃由简册之书上素之时,因其为帛的原本而得名,将‘本’字之义虚解,显与实情不符,又说其后‘本之名遂由竹移之纸’,恰恰跨越了最重要的卷轴装的帛书,则其说更难以成立。”

据上述诸说,书本之所以取“本”之义,诸家说法,尚难一致。按若据字之本义而引申之,或当是。《说文解字·木部》:“本,木下曰本。”是物之下部亦可谓本。详书之装帧,无论简册之编连成束,缣帛之收为卷轴,及后来纸书之叠为折叶,其下部皆书之本也。后遂袭用为书册计量之词。

3. 版本的含义

版与本二字合为一词,又后起词语。据现存文献所见,约始于宋代。

《宋史·崔颐正传》:“咸平初,又有学究刘可名言诸经版本多舛误,真宗命择官详宗。”又《宋史·邢昺传》:“上幸国字监阅书库,问昺经版几何?昺曰:国初不及四千,今十余万,经传正义皆具……今版本大备,士庶家皆有之,斯乃余者逢辰之幸也。”又沈括《梦溪笔谈》卷十八云:“版印书籍,唐人尚未盛为之。自冯瀛王始印《五经》,已后典籍皆为版本。”又叶梦得《石林燕语》云:“然版本初不是正,不无讹误,世即一以版本为正,而藏本日亡,其讹谬遂不可正,甚可惜也。”详此诸文献所记,可说明以下几个问题:①此指“版本”,乃雕印之图书,与旧藏之写本不同。②版本讹误虽较藏本为多,然已呈逐步取代藏本之势。③唐代虽有版本之书,但尚未盛行。④版本之书,已非仅有艺门小道,并广及于儒家经典。

做为“版本”的初始含义,当然是指雕印版本。由于印刷业的大兴,同一种书,必然会出现多地及多家雕印的情况,因此也必会出现雕印本之间优劣及某些方面的差异。所以作为读者,特别是一些收藏家,则开始注意到书本的不同。如宋·尤袤《遂初堂书目·经总类》著录有:成都石刻《九经》、《论语》、《孟子》、《尔雅》,杭本《周易》,旧监本《尚书》,京本《毛诗》,高丽本《尚书》,江西本《九经》等。成都石刻,当为成都石刻之拓本,杭本者,杭州雕印本也。旧监本者,北宋国子监印也。京本者,北宋京城汴梁印本也。高丽本者,高丽国之印本也。江西本者,北宋江西路之印本也。此为目录书著录不同版之最早者。下此而往,特别自清代以来,诸多目录书,多以不同方式著录版本情况。

关于版本之义,已如上述,始则为与往旧诸写本、拓本等区别,而特于“本”上加冠“版”字而形成之区别词,其本义仍在对各种形制之书体有所区别。然而注意书籍之不同传本,则古已有之,除一般校雠学家属意于此外,有许多著名学者,也特别关心书本之间的差异,并根据别本提供的异文,对古书进行校读或训读。如北齐·颜之推《颜氏家训·书证》一篇中,具有此类例证甚多。其所称别本有江南本、河北本、江南书、江南旧本、世间传本、俗本、古本、今书、臣家旧本、江南书本等。从诸多称谓中，说明颜氏当时所见之同一书，已有不同地区之别，古本与今本之别，官藏与俗本及世传本之别等。从这些传本中可以推断，颜氏当时所见之书，特别是那些所谓古本、旧本，很有可能包括一部分前朝遗书，而此等前朝遗书，当然不一定尽为抄写纸本。因此，就"本"字的原始含义，从版本学的角度论，已不单指以纸为载体的图书。亦应包括以竹木与缣帛为载体的简书、帛书及以纸为载体的写本。

随着雕版印书业的发展，各种图书收藏量的增加，特别是明清以来图书业务的进一步开展，目录著作的不断形成，作为图书形制的研究，已广及自古以来各种形制，并逐渐形成一种独立的学科——版本学。因而就版本的内含来说，除雕版所印之书外，截止清代为止，亦包括各种活字本，铅印本、石印本、彩印本、拓本及各种写本等。随着近代工业和现代科学技术的不断进步，制造图书的方法也日益增多，诸如影印本、胶印本、油印本、复印本、晒蓝本等，亦归于版本之列。因而姚伯岳先生《版本学》一书，为现代版本概念下了这样一个定义："版本就是一部图书的各种实物形态"。具有一定道理。以上所论，就版本这一概念的界定来说，当然应包括各种形制的书本实体。若从版本的学术价值而言，特别是从古籍整理研究以至阅读的角度论，版本的价值，主要指辛亥革命前现仍存世的各种写本及印本等古籍而论。

第四节　古籍版本类型

由于我国古籍产生年代久，存世时间长，制造批量大，制造地区广，加之形制不一、装帧不同及质量差异等多种因素，造成版本的多样化与复杂化，其中有些形制之古籍，如简书、帛书等存世极少，自清代后期以来，虽有较多出土简书、帛书及古卷子本等，重点已成为文物考古工作者研究的对象。故当今所言古籍版本，主要是指以纸为载体的各种写本与印本书籍。

关于古籍版本的分类，历来为版本学家所注目。但各家分法，在内容方面，虽无特大差异和分歧，但所分类别，并不统一，现选几家有代表性者加以简介。

一、陈国庆《古籍版本浅说》(1964年中华书局出版)

该书第二章第二节"版本名称的区分"，将版本区别七大类和若干小类，即：

(1) 根据雕版情形区分的：①椠本(刻本或刊本)，②原刊本(原刻本)，③旧刊本(旧刻本)，④精刊本(精刻本)，⑤写刊本(写刻本)，⑥翻刻本(复刻本)，⑦通行本，⑧修补本，⑨活字本，⑩聚珍本，⑪朝鲜活字本，⑫配本，⑬百衲本，⑭邋遢本，⑮三朝本。

(2) 根据刻书机构和地区区分的：①官刻本：监本、经厂本、殿版、内府本、局本；②私刻本：家刻本、闵刻本、毛刻本；③坊刻本：坊刻本、书棚本；④关于宋本：蜀本、闽本、浙本、婺州本；⑤外国刻本：高丽本(朝鲜本)、日本本。

(3) 根据印期和墨色区分的：①初印本和后印本，②朱印本和蓝印本，③朱墨本和套印本。

(4) 根据字体形状大小区分的：①大字本，②小字本，③仿宋本和聚珍仿宋本。

(5) 根据印刷、装订和版形大小等区分的：①单行本，②抽印本，③附刻本，④合订本，⑤毛装本，⑥巾箱本，⑦袖珍本，⑧夹带本。

(6) 根据批点评注等区分的:①校本,②批点本(评本),③注本,④节本,⑤增订本,⑥孤本,⑦残本,⑧书帕本。

(7) 根据非雕板印刷区分的:①抄本(写本),②精抄本,③影写本,④稿本和手稿本,⑤清稿本,⑥乌丝栏抄本和朱丝栏抄本,⑦影宋抄本,⑧内府写本和进呈本,⑨塌本,⑩影印本,⑪铅印本。

二、雷梦水《书林琐记》(1988年人民日报出版社出版)

该书附"古书常用名词术语浅说"中"区分版本名词术语",共分十一大类及若干小类。即:

(1) 以官私雕板区分的:①官刻本:官刻本,监本,经厂本,内府本,殿本,王府本,藩府本,聚珍本(内聚珍、外聚珍),局板。②私刻本,家塾本——家刻本,汲古阁本,闵刻本——凌刻本,坊刻本——书坊本,书棚本。

(2) 以外国刻本区分的:高丽本——朝鲜本,东洋本——日本本,越南本。

(3) 以刻板地区区分的:麻沙本,建本,蜀大字本——眉山本,浙本,闽本,蜀本,平阳本。

(4) 以刻印颜色区分的:朱墨本——套印本,五色本——套印本,朱印本——蓝印本。

(5) 以版框大小、字体大小不同版式区分的:袖珍本,巾箱本,大字本,小字本,两节版——两节楼——三节板,上图下文。

(6) 以流传情况区分的:孤本,珍本,善本,旧板,焦尾本。

(7) 以刻印先后区分的:祖本,原刻本,初印本,重刻本,后印本,翻刻本——复刻本——复宋本——复元本,仿宋本,影刻本。

(8) 以刻印情况区分的:单刻本,精刻本——写刻本,节本,抽印本,道藏本,梵夹本,丛书本,唐卷子本,百衲本,残本,配本,通行本,活字本,三朝本,递修本,邋遢本,满汉合璧本,进呈本,大花脸本,补版,书帕本,书院本,纂图互注本。

(9) 以手写区分的:稿本——手稿本——清稿本,毛抄,底本,内府抄本,旧抄本,影写本,抄本——传抄本。

(10) 以非雕版刷印区分的:影印本,石印本,排印本——铅印本,塌本(同拓)——初拓——朱拓——墨拓。

(11) 以加工区分的:过录本,校本——批本——批校本。

三、曹之《中国古籍版本学》(1992年武汉大学出版社出版)

该书第一编第二章"古籍版本的类别",将古籍版本分为15大类和若干小类。即:

(1) 以刻印时间区分:就刻印朝代而言,有宋刻本、元刻本、明刻本、清刻本、三朝本、递修本、旧刻本等;就同书异本的刻印先后而言,有初刻本、重刻本、翻刻本、影刻本、初印本、后印本等。

(2) 以刻印地点区分:就国内而言,有浙本、建本、蜀本、江西本、平阳本等。就国外而言,有朝鲜本、日本本、梵本等。

(3) 以刻书单位区分:以刻书单位区分,有官刻本、家刻本和坊刻本。官刻本简称官本,其中有京本、监本、兴文署本、经厂本、殿本、藩本、局本、扬州诗局本、书院本、钦天监本、太医院本、漕司本、茶盐司本、转运使司本、提刑司本、公使库本、布政使司本、郡本、府本、州本、县本、州府县学本等。家刻本种类繁多,著名者如黄善夫本、汲古阁本、涂祯本、陆元大本、朱承爵朱氏文房本、郭云鹏本、王延喆本、范钦天一阁本、金山钱氏本、张海鹏本、胡克家本、南海伍氏本等。坊刻本更多如牛毛,著名者如陈宅书籍铺本、建安余氏本、荣六郎书籍铺本、金陵唐氏本、新安黄氏本、扫叶山房本、金台汪氏本、金台岳家本等。

(4) 以装订形式区分:以装订形式区分,有卷子本(一名卷轴装本)、经折装本、旋风装本、蝴蝶装本、包背装本、线装本等。

(5) 以制版工艺区分:以制版工艺区分,有写本、拓本、刻本、活字本、套印本、钤印本、石印本、影印本、铅印本、饾版、拱花等。

(6) 以写本种类区分:以写本种类区分,有写本、稿本、抄本、旧抄本等。

(7) 以活字种类区分:以活字种类区分,有泥活字本、木活字本、铜活字本、铅活字本等。

(8) 以字体、行款区分:以字体、行款区分,有大字本、小字本、软体字本、硬体字本、×行本(按即几行本)等。

(9) 以纸张区分:以纸张区分,有麻纸本、树皮纸本、竹纸本、公文纸背本等。

(10) 以颜色区分:以颜色区分,有朱墨本、朱印本、蓝印本等。

(11) 以版式区分:以版式区分,有巾箱本、两节版本、三节版本、百衲本、黑口本、配本等。

(12) 以刻印质量区分:以刻印质量区分,有邋遢本、大花脸本、书帕本、写刻本、精刻本等。

(13) 以内容区分:以内容区分,有单刻本、合刻本、抽印本、丛书本、增订本、删本、节本、足本、残本、校本、注本、批点本、真本、伪本、序跋本、插图本、过录本、×卷本(按即几卷本)等。

(14) 以用途区分:以用途区分,有进呈本、底本、样本等。

(15) 以流传情况和价值区分:以流传情况和价值区分,有俗本、通行本、孤本、秘本、善本、焦尾本、××藏本等。

四、姚伯岳《版本学》(1993 年北京大学出版社出版)

该书第四章第一节"版本类型的划分",又将版本分为八大类和若干小类。即:

(1) 按出版时间划分,包括按朝代划分、按皇帝年号划分、按具体年份划分、按时代远近笼统划分。(按具体小类名均从略,下同)

(2) 按出版地划分,包括按国别划分、按省区划分、按府州县镇划分。

(3) 按出版者划分,包括官刻本(又分为中央政府机构和地方政府机构)、私刻本(家刻本)、坊刻本三类。

(4) 按出版印刷情况划分,包括按制板印刷方式、按出版印刷先后、按出版方式。

(5) 按版本形态划分,包括按装订形式划分、按图书用纸划分、按版式字体划分。

(6) 按图书内容划分,包括按内容全否划分、按文字内容划分。

(7) 按版本价值、作用划分,包括按版本价值划分、按版本作用划分。

(8) 按书版和版本流传情况划分,有××藏版本、××藏本等。

以上对图书版本的几种分类方法,代表了当代图书版本学界对版本分类的几种意见。虽然对大类的分析有繁简之别。在诸多小类中,也有多少的不同。但从总的方面看,基本上可以从不同的角度,反映图书的各种情况。

由于我国图书(包括出土的各种类型的图书),问世时间久,流通时间长,制造图书的历史条件也有很大差别,加之其他各种因素,造成了图书版本的多样化和复杂性,因而对版本的分类,自然是一个复杂的问题。

就版本的实质而论,主要是反映图书的制造、材料、形制、产地、时间、内容、质量、用途、流通等方面的情况。

制造方面,早期有简、帛及纸等为载体进行书写的写本,亦有在石碑或石板上刻制的而后拓印的拓本,后来才有木板雕印,并逐步发展为木雕活字及金属铸造活字的印本。近代又利用现代光电技术,加工制造,方法尤为先进。

材料方面,如以竹、木为载体的简书,以缣帛为载体的帛书,以石为载体的石书,以纸为载体的纸书等。在写、印颜料方面,如以单色或多色书写或印制的墨本、朱墨本、多色套印本等。

形制方面,如书在装订方面的蝴蝶装、旋风装、经折装、卷轴装、折叶装等。在款式及行款方面反映的版式。另如书本的大小,字体的大小等均是。

产地方面,主要指图书制造地,包括制造单位或制造人。如国内、国外、国内各省市(古时之府、州、县等)等,制造单位包括国家政府及地方政府机构,私人制造或书坊制造等。

时间方面,古者如先秦、两汉及历朝版本。或名具体年月,或概指何朝何代,或泛指古本、今本等。

内容方面,主要反映现存版本与祖本或原本的关系,反映书的完整情况,如有些书完整无缺,有的残缺,有的经后人有所增删或节略,有的则散失后经后人重新整理或辑复等。

质量方面,主要反映写刻的准确程度,版面的清晰程度,字体的美感程度,载体的耐用程度等。其中最重要的是写、刻的准确程度与版面的清晰程度。

用途方面,主要反映该图书成品的主要用途。如呈书,封建社会进呈给皇帝看的书,赠品,私人刻印馈赠亲友者。商品,书商刻印而售者。藏品,收藏家抄录而收藏者等等。

流通方面,主要反映图书的流通情况,如广为流传的通行本、俗本、世本等,近于绝世的孤本,秘不外示的秘本,质量完好的善本等。

从而说明,图书的各种不同类型的版本,反映了与图书制造、流通、使用有关的历史面貌,并提供了客观的实物证据,因此,对版本从不同角度进行研究,均能取得某一方面的成就。就古籍整理研究而论,主要还在于考证版本源流,取得能符合或接近原貌的善本,最终目的还在于存学术之真。

第五节　古籍版本名称释例

此节以曹之《中国古籍版本学》分类名称为主,参照各家之说,予以释义,并尽可能结合中医古籍举例说明。

一、以刻印时间区分

（一）就刻印朝代而分

1. 唐刻本

唐刻本，即唐代雕版印本，见本章第二节“以纸为载体的印本”一文。因唐代虽有雕版印书之例，但终为初创时期，留下实物及资料均极少，故其具体情况，难以详明。

2. 宋刻本

宋刻本，即宋代雕版印本，又有北宋南宋之别，北宋时期，由于印刷技术的提高及印刷事业的兴盛，雕版印书及后来活字印书，已大有发展，以官府印书，即有多次，据南宋·王应麟《玉海》卷六十三所记，如宋太宗太平兴国三年诏编修之《太平圣惠方》，“淳化三年（按即太宗十七年）二月癸未，赐宰相李昉参政黄中沆枢臣仲舒准，五月己亥颁天下诸州，置医博士掌之。”又天禧二年（按即宋真宗二十一年）八月丁未，内出郑景岫《四时摄生论》、陈尧叟所集方一卷示辅臣，上作序，纪其事，命有司刊板，广赐南官，仍分给天下。”又“天圣四年（按即宋仁宗四年）十月十二日命集贤院校理晁宗悫王举正校定《黄帝内经素问》、《难经》、《巢氏病源候论》，五年四月乙未令国子监摹印颁行，诏学士宋绶撰《病源》序，景祐二年（按即宋仁宗十三年）七月庚子命丁度等校正《素问》，嘉祐二年（按即宋仁宗三十五年）八月辛酉，置校正医书局于编修院。”此后校正医书局校定之医书，均颁布刊行问世。又“国史志，《庆历善救方》一卷，《皇祐简要济众方》五卷。仁宗谓辅臣曰，外无善医，其令太医简《圣惠方》之要者，颁下诸道，仍敕长吏拯济令医官使周应编，三年颁行。开宝修本草，兴国中纂《圣惠方》，皇祐择取精者为《简要济众方》，嘉祐间命掌禹锡等校正医书，置局编修院，后徙太学十余年，补注《本草》，修《图经》，而《外台秘要》、《千金方》、《翼》、《金匮要略》，悉从摹印，天下皆知学古方书。”又据《证类本草》引《本草图经·序》称“先是，诏命儒臣重校《神农本草》等凡八书”，“近臣酬校岐黄《内经》，重定针艾俞穴，或范金揭石，或镂板联编。”又《脉经》后附国子监绍圣元年六月二十五日牒文云：“本监先准朝旨开雕小字《圣惠方》等五部出卖。并每节镇各十部，余州各五部，本处出卖。今有《千金翼方》、《金匮要略方》、王氏《脉经》、《补注本草》、《图经本草》等五件医书，日用而不可缺，本监虽见印卖，皆是大字，医人往往无钱请买，兼外州郡尤不可得，欲乞开小字重行校对出卖，及降外州郡施行。”又清·孙星衍《平津馆藏记》著录《本草衍义》二十卷，题记云：“题通直郎添差充收买药材所办验药材寇宗奭编撰。前有政和六年十二月二十八日付寇宗奭札，后题宣和元年月本宅镂版印造。侄宣教郎知解州解县承寇约校勘。书本二十卷，目录作十七卷，未知何故。黑口版，每叶廿四行，行廿一字。”详此本为宋本无疑，亦或为北宋末期刊本，即其侄寇约知解县丞时校刊。以上引诸书所记，仅为官方刻书部分情况，至于私刻或坊刻，所在尤多，惟缺详记，有的究为官刻或私刻，亦难详考。如日本·涩江全善《经籍访古志》著录《黄帝明堂灸经》：北宋椠本。题记云：“每半版高七寸四分，幅三寸，十三行，行廿二三字。”从以上引书，可见北宋刻书情况之一斑。

南宋时期，国家虽处于危难之中，但印刷事业，并未衰减，官私刻书，仍在继续。如《玉海》卷六十三记:“大观中,陈师文等校正《和剂局方》五卷……(绍兴)二十一年(按即南宋高宗二十五年)十二月十七日,以监本药方颁诸路。”按此即原陈师文等所编《和剂局方》,经此次修定改名《太平惠民和剂局方》。又记:“绍兴二十七年八月十五日,王继先上校定《大观证类本草》三十二卷,《释音》一卷,诏秘省修润付胄监镂板行之。”按此均系官方刻书之事,又清·黄丕烈《百宋一廛书录》著录《伤寒要旨药方》,题记云:“此宋刻《伤寒要旨药方》,首尾俱有残缺。余检陈氏《书录解题》有《伤寒要旨》二卷,李柽撰,列方于前,而类证于后,皆不外仲景。今此书首缺三叶半,无序文可考,而第二卷尾页,有墨刻二行,云:‘右《伤寒要旨》一卷,《药方》一卷,乾道辛卯岁,刻于姑孰郡斋。’则分卷正与陈氏所云合,当即李柽书也。楮墨莹洁,字画瘦削,宋刻之不易辨者,惟白隄钱听默定为宋刻,可称老眼无花云。”详乾道,南宋孝宗年号,则是本亦为南宋刊本。

南宋私刻之书很多,包括私人刻本及坊刻本。如《经籍访古志》著录有《杨氏家藏方》二十卷:宋椠本,枫山秘府藏。题记云:“首载淳熙五年三月自序,九行十六字,末载淳熙乙巳延玺跋。”详此本未详官私刻本,今存淳熙十二年福建官刻,或即此本。又《活人事证方》二十卷,宋椠本,酌源堂藏。题记云:“总目首墨篋内有信甫题言,次有嘉定丙子叶麟之序。八行行十四字。序后有建安余恭礼宅刻梓木记。”又《医学真经》一卷,宋椠本,题记云:“首有景定甲子自序。目录首有环溪书院刊行六字。”似此等刊本,以私刻或坊刻为多。

又现存日本静嘉堂文库唐·王焘《外台秘要》宋刊,全本四十卷,白口,单鱼尾,口题书名、卷数、叶数及刊工姓名。

宋代校刊医书甚多,如林亿等校正医书局校定刊印诸书,今亦无一存者,惟南宋坊刻者尚有所存。清代藏书家搜求宋本尤多于今日,如清·汪士钟《艺芸书舍宋元本书目》著录宋本医书有二十四种之多。而今存宋本,犹不如彼时之为多。

宋代坊刻甚多。如张秀民先生《中国印刷史·宋代》云:“杭州(北宋临安之名)在北宋时已有书坊,南渡后私人书铺更多,纷纷设立,称为经铺、经坊,或称经籍铺、经书铺、书籍铺、又叫文字铺。”又据曹之先生《中国古籍版本学·宋代刻书》云:“可考者有桔园亭文籍书坊,积善坊王二郎、太学前陆家等二十余家。”此虽仅就杭州为例,然亦可见宋代坊刻事业之盛。

坊刻诸书,凡经史子集,均有所刻。今可考者如建宁府黄三八郎书铺之《韩非子》,建宁陈八郎书铺之《新书》,临安府尹家书籍铺之《钓矶立谈》,杭州郭宅之《寒山拾得集》、金华双桂堂之《梅花喜神谱》,咸阳书隐斋之《国朝二百家名贤文粹》,闽山阮氏种德堂之《春秋经传集解》。其中著名者尤以建阳之崇化书坊,今可考者有余氏刻书如余仁仲万卷堂,余恭礼、余唐师明经堂,余腾夫、崇川余氏、余彦国历贤堂等;又南宋中期杭州之陈起,其书坊位于棚北大街睦亲坊南。他们刻书较多,质量亦佳。

坊刻医书今可考者,如杭州大隐坊刻印之《南阳活人书》,新喻(今江西新余县)吾氏刻印《增广太平惠民和剂局方》,汾阳博济堂刻印之《十便良方》。又四川眉山万卷堂以刻印医书著称,其刻印之《新编近时十便良方》附有刻书目录:

太医局方

王氏博济方

□(按此空围当为“斗”字)门方

集验方

苏沈良方

孙尚药方
南阳活人书
普济本事方
海上方
初虞世方
鸡峰普济方
李畋该闻集
本草衍义
郭氏家藏方
万卷堂作十三行大字刊行，庶便检用，请详鉴。
此上所述，亦可反映宋代坊刻医书的一般情况。

3. 金刻本

金刻之本，即金代雕板印本，如清·黄丕烈《士礼居藏书题跋记》著录有太医张子和先生《儒门事亲》二卷、附《华佗诀病机论》、《直言治病百法》二卷、《三法六门方》一卷、《十形三疗》三卷、《世传神效名方》一卷、《撮要图》一卷、《治法杂论》一卷。题记云："去秋有书估自禾中归，携得医家书一部，皆太医张子和先生著述。……板刻既不精缴，装潢亦复破损……余遂以书，系金人著述，其版刻亦出金源。且向称是书总名之曰《儒门事亲》十五卷，唯此各标目录，逐种分析，始悉戴人之书，自有真面目在，非可以《儒门事亲》概之也。"后此书复归汪士钟。

又《黄帝内经素问》，存世尚有金刻本，残存卷三至五、卷十一至十八、卷二十、附亡篇一卷。现存北京图书馆。

又清·孙星衍《平津馆监藏记补遗》著录元版《伤寒论注解》题记引钱少詹《日记钞》云："钱少詹《日记钞》所见毛氏影金刻钞本，小字密行，前有皇统甲子洛阳严器之、大定壬辰黾池令魏公衡、武安王纬三人序，后有冥飞退翁王鼎序。又别是一本，黑口版，每叶廿四行，行廿四字，收藏有古娄龚生白文方印。"据此记引詹氏《日记钞》，得知金刻本大致年代及书版的有关情况。

金国虽为女真族，然受汉文化影响较深，故立国之后，即广集图籍，并刻印推行，金代官刻本以国子监为主，其刻印之书，多系经史子集中之要籍，诸如海陵王天德三年刻印之《易经注》、《尚书传注》、《毛诗郑注》、《周礼注疏》、《礼记疏》、《杜预左传注》、《唐玄宗孝经注》等；世宗大定三年译经所进译之《周易》、《尚书》、《论语》、《孟子》、《老子》、《扬子》、《刘子》、《新唐书》等，均"命颁行之"，且数量较大。又如约宋徽宗政和二年成书之《圣济总录》，其时当已镂版，由于国祚垂危，未及颁行。至钦宗靖康二年，金兵入寇，汴京陷落，"太清秘阁三馆书，天下州府图……为之一空。"是此版必为金人所获，后为金国发印颁行。

金国私刻书亦多，其著名者如苏伯修、朱抱一、王宾、常氏、苗居瑞、孙执中等皆是。又如刘完素《素问玄机原病式·程道序》云，其于金大定二十二年，自京兆运使移邢台，有医者孙执中者，尤为好事，请求《原病式》，欲为之开板。予悯其仁者之用心，欣而授之。是知此书最早为金刻本。

金国坊刻，分布于碣石、嵩州、太原、运城、宁晋、平水等地，其中刻印医籍亦多，如嵩州福昌孙夏氏书籍铺刻有《经史证类大全本草》、《本草衍义》等。又金·刘完素《伤寒直格》无名氏序称，曾与守真（刘元素字）语，守真曰："欲编书十卷，尚未能就……今太原书坊刘生锓梓，以广其传，深有益于世。"是知太原书坊刘氏曾刻印刘完素医著。

4. 元刻本

元刻本，即元代之雕版印本元代官方刻印医书，据元·杜国祯撰《御药院方》高鸣序云："太医提点荣禄许公暨二三僚友，取御药院壬寅所刊方书板，正其讹，补其缺，求其遗亡而附益之，将宏肆流传，俾人人如在良医左右，余嘉其用心，从而叙述之。"时在至元丁卯。详"至元丁卯"，为元世祖八年，当南宋度宗三年，是为二次刊印此书。据序云首次为壬寅年始刊，壬寅为元乃马真皇后称制（因此前蒙古太宗窝阔台汗死，故由其皇后乃马真称制）元年，当南宋理宗淳祐二年，此为元代刊印医书之最早记录，然官方印本，仍不为多。

元代其他方面刻印医书尚不为少，清以来著录如《平津馆监藏记》有《新刊补注释文黄帝内经素问》十二卷、《经史证类大观本草》三十一卷，《类证补注伤寒百问歌》四卷、新刊东垣先生《兰室秘藏》三卷、《奇效良方》六十五卷。各书均有题记。说明版式及行款等。如《类证补注伤寒百问》题记云："卷一为《伤寒解惑论》，前有乾道癸巳汤尹才序，《解惑论》即尹才所撰，末有淳熙壬寅韩玉跋；卷二以下为《伤寒百问》，题建宁府通守钱闻礼撰，前有至大己酉武夷詹清子子敬序。此书为曹仲立取汤、钱两书合刻，詹氏序而行之。黑口版，巾箱本，每叶廿二行，行廿一字。"又《奇效良方》六十五卷，题记云："题奉政大夫太医院院使吴兴方贤纂集，修职郎太医院御医临江杨文翰较正。前后无序跋。《明史·艺文志》：方贤《奇效良方》六十九卷，此本尚缺四卷，书中称：'中书右丞相合剌合孙至元癸未季春一日奉敕治之。'贤乃元人，书中诏、敕、上命等字，俱提行写，当为元时所刊。黑口版，每叶廿二行，行廿四字。"凡此等题记，对考证版本源流，均有极大益处。

又今存版本中如元后至元刊《黄帝内经素问》、《灵枢》各十二卷本，书末有至元五年己卯胡氏古林书堂新刊书牌，只《素问》、《灵枢》均有年代不详之元刻本，又《脉经》有元天历三年庚午广勤书堂刻本，又《经史证类大观本草》有元大德六年壬寅宗文书院刻本，又《内外伤辨惑论》有年代不详之元刻本等，又《伤寒论注解》有元初刻本等，以上均见《中医图书联合目录》。

元代官刻本，中央官刻主要为兴文署、广成局、太史院、太医院等。其中兴文署刻印多文史诸书；广成局刻印多翻译作品；太史院刻印多天文历法之书；太医院唯刻印医书，如《圣济总录》、《危氏世医得效方》、《伤寒论》等皆是。地方官刻以九路官署及书院刻本为主，刻印之书，亦皆经史类，如九路《十七史》本，即为江东建康道肃政廉访司组织下属九路联合刻印。各路书院由于条件较好，刻书亦皆精善。

元代私刻本，亦有较大发展，其中除经史子集外，刻印医书亦不乏其例。如平水许宅刻印《重修政和经史证类备用本草》，孝永堂刻印《伤寒论注解》，严氏存耕堂刻印《和剂局方》、《图注本草》、《药性歌括总论》，余彦国励贤堂刻印《新编类要图注本草》、张士宁刻印《如宜方》、胡仕可刻印《胡氏本草歌括》，吴瑞刻印《吴氏日用本草》等。

元代坊刻，较之宋·尤盛，叶德辉《书林清话》卷四云："元时书坊所刻之书，较之宋刻尤夥，盖世愈近则传本多，利愈厚则业者众，理固然也。"元代坊刻主要在平水（今山西临汾境）、建宁等地。平水书坊有张存惠晦明轩、曹氏进德斋等，建宁路（今属福建省内）书坊可考者如叶日增广勤书堂、宗文堂、建阳余氏、郑氏积成堂、刘锦文日新堂、虞氏务本堂、刘君佐翠岩精舍、熊宗立种德堂、魏氏仁实堂、陈氏余庆堂,另如燕山窦氏活济堂、庐陵泰宇书堂、三衢石林叶敦、茶陵陈仁子、武夷詹光子等。其刻印医书如张存惠晦明轩之《重修政和经史证类备用本草》、《新刊医林类证集要》、《奇效良方》等,郑希善宗文堂之《经史证类大全本草》,余志安(余氏刻书自南宋延续相承)勤有堂之《太平惠民和剂局方》、《新编妇人大全良方》、《普济本事方》、《洗冤录》等,叶日增广勤书堂之《针灸资生经》、《新刊王氏脉经》等。

5. 明刻本

明刻本,即明代之雕板印本明代印刷事业亦较兴旺,其刻书情况,犹如宋代,大致有官刻本、私刻本、坊刻本三种类型。

官刻本有国家机构及地方机构,包括经厂、南北国子监及藩王府刻本,明·周宏祖撰《古今书刻》上编所列中央及地方刻书情况,具有一定代表性,今举例说明各机关刊印医书如下:

内府《素问》,礼部《素问钞》,都察院《千金宝要》,国子监《珍珠囊》,太医院《铜人针灸图》,南京国子监《脉诀刊误》。

北直隶:保定府《金匮钩玄》,真定府《痘疹方》,大名府《格致余论》,广平府《钱氏小儿方》。南直隶:苏州府《卫生宝鉴》,常州府《袖珍方》,徽州府《伤寒方》,宁国府《大观本草》,淮南府《王氏脉经》,扬州府《素问》。浙江:布政司《救荒活民补遗》,杭州府《原病式》,严州府《淳安金石药方》,处州府《丹溪心法》。江西:布政司《小儿袖珍方》,南昌府《救急方》,广信府《针灸方》,吉安府《洗冤录》,建昌府《保生要录》,抚州府《医经小学》,袁州府《孙真人方》,临江府《丹溪纂要》,赣州府《随身备用》。福建:布政司《金匮要略》,按察司《洗冤录》,盐运司《丹溪医案》,福州府《伤寒论》,福州福学《卫生易简方》,延平府《玉机微义》,邵武府《丹溪心法附余》,汀州府《明医杂著》,福宁府《玉机微义》。湖广:布政司《本草纂要》,襄阳府《卫生易简方》,衡州府《珍珠囊》。河南:布政司《痘疹方》,汝宁府《保生余录》,河南府《寿亲养老书》。山东:布政司《黄帝素问》。山西:布政司《小儿痘疹方》。陕西:布政司《针灸详说》,西安府《千金宝要》,汉中府《救急易方》,巩昌府《本草集要》。四川:布政司《居家必用》,保宁府:《丹溪纂要》,重庆府:《摄生要义》。广东:按察司《伤寒琐言》,广州府《本草》。云南:布政司《全幼心鉴》,按察司《乾坤生意》。贵州:布政司《本草》。

该书目反映了明代前、中期中央及地方官刻中医图书的一般情况,除少数边远地区外,大多行政区域均有所刊印。书目所列医书有的仅有一种,有的多达七种,如南直隶苏州府刻印有《卫生宝鉴》、《脾胃论》、《珍珠囊》、《内外伤辨》、《格致余论》、《东垣试效方》、《新效方》等。说明当时国家机构及地方机构对医籍的刊印,均有一定重视程度。除上述所引官刻中医图书外,明代各藩王府也刻印了部分中医图书,如周定王府之《普济方》、辽简王府之《东垣十书》、宁献王府之《活幼心法》、赵简王府之《素问》及《灵枢》、兴献王府之《医方选要》、秦靖王府之《孙真人千金宝要》、鲁恭王府之《鲁府禁方》等,皆为王府刊印医书。

明代私人刻书者亦较多,除刻印文史经书者外,今仅举刻印医书之比较著名者,如熊均、薛己、吴勉学、王肯堂等。

熊均,字宗立,号道轩,又号鳌峰,自号勿听子。室名种德堂。生当明代中期,为名儒刘剡门生,好阴阳之说、占卜之术,尤擅于医,一生自著、校勘、注释或增补医书亦多。自著者,如《素问运气图括定局立成》一卷,《名方类证医书大全》二十四卷等;校勘者如新刊补注释文《黄帝内经素问》十二卷、《素问入式运气论奥》三卷等;注释者如《勿听子俗解八十一难经》六卷、《勿听子俗解脉诀》等。从明宣宗宣德至明宪宗成化数十年间,其刊印医书约二十余种。

薛己,字新甫,号立斋。江苏吴县人,生当明代中期。名医薛铠之子,承庭训,精于医,一生自著、校勘及补订医书亦多,后将其父子之著作十六种汇总,名《薛氏医案》,自行刊印。

吴勉学,字有愚,号师古。安徽歙县丰南人,生当明代中后期。博学,喜藏书,并留心医学。家设木刻园,具十万银资本,毕生致力于出版事业,校刊经史子集约数百种,含医书五十余种,其中最大者,也是影响较大者为万历二十九年校刊王肯堂《古今医统正脉全书》四十四种,二百一十五卷。

王肯堂,字宇泰,江苏金坛人,生当明代中后期。王氏一生,虽为仕宦多年,然尤擅于医学,一生自著及校勘医书亦多,其中有一部分为自刊。如自著之《六科准绳》、校勘之《千金翼方》等多种。

明代刊印医书存世尚多,从清以来诸目录著作中,均有较多著录,惟有些刊本,刊行年代及出版单位无标记,故著录时只记为明刊本。今以1959年北京图书馆编《北京图书馆善本书目》为例。其中著录中医明刻善本近百种,著录版本亦较明确。大概在这些明刊本中,有以下几种情况,今举例说明:

(1) 明初刻本:凡著录此等刊本者,皆刊本中未有标明具体年代,有可能为太祖洪武或成祖永乐时期刊本。如《世医得效方》:元·危亦林撰,明初书林魏家刻本。《如宜方》:元·艾元英撰,明初刻本等。共有四种。

(2) 成化(宪宗)年间刊本。如《重修政和经史证类备用本草》三十三卷:宋·唐慎微撰,寇宗奭衍义,明成化四年原杰、雷俊等刻。《寿亲养老新书》:元·邹铉撰,明成化十二年徐礼刻本。《新编医方大成》:元·孙允贤撰,明成化十七年书林刘氏博济药室刻本。共三种。

(3) 弘治(孝宗)年间刊本:《小儿卫生总微论方》二十卷:明弘治二年李延寿刻本。《魁本袖珍大全方》:明·李恒撰,明弘治十八年集贤书堂刻本。共二种。

(4) 正德(武宗)年间刊本:《泰定养生主论》十六卷:元·王珪撰,明正德六年冒鸾堂刻本。共一种。

(5) 嘉靖(世宗)年间刊本:《救荒本草》:明·朱橚撰,明嘉靖四年毕昭、蔡天祐刻本。《东垣十书》十九卷:明嘉靖八年辽藩朱宠瀼梅南书屋刻本。新刊《陶节庵伤寒十书》十卷:明·陶华撰,明嘉靖十年明德书堂刻本。新刊《医学启源》三卷:金·张元素撰,明嘉靖十一年安正堂刻本。《疑狱集》:题五代·和凝、和㠓撰,明·张景增辑,明嘉靖十四年李崧祥刻本。《立斋外科心法》:明·薛己撰,明嘉靖十七年蔡经刻本。《丹溪心法附余》二十四卷:明·方广撰,明嘉靖十五年姚文浩、陈讲刻本。《孙真人千金要方》九十三卷:唐·孙思邈撰,明嘉靖二十二年乔世定小丘山房刻本。《婴童百问》:明嘉靖二十三年陈与人刻本。《注解伤寒论》:金·成无己撰,明嘉靖二十四年汪通值生戈斋刻本。《心印绀珠经》:明·李汤卿撰,明嘉靖二十六年赵瀛刻本。《摄生众妙方》:明·张时彻撰,明嘉靖二十九年自刻本。《明医杂著》:明·王纶撰,明嘉靖三十年宋阳山刻本。《重修政和经史证类备用本草》:宋·唐慎微撰,寇宗奭衍义,明嘉靖三十一年周珫、李迁刻本。《方脉毕要》三卷:宋·刘开撰,明嘉靖三十三年黄鲁曾刻本。《保婴撮要》十卷：明·薛铠撰，明嘉靖三十四年林懋举刻本。《痘科纂要》一卷：明·毕铉撰，明嘉靖三十七年庐璘刻蓝印本。《卫生集》四卷：明·周宏撰，明嘉靖刻本等。共二十六种。

(6) 隆庆(穆宗)年间刊本：《明医二著》五卷：明隆庆元年宋豫卿刻蓝印本，共一种。

(7) 万历(神宗)年间刊本：《支氏痘疹玄机》四卷、《方》一卷：明·支秉中撰，明万历二年自刻本。《医方便览》四卷：明·殷之屏撰，明万历十年夏镗刻本。《幼幼新书》四十卷、《拾遗方》一卷：宋·刘昉撰，明万历十四年陈履端刻本。《医垒元戎》：元·王好古撰，明万历二十一年屠本畯刻本。新刻《马书》十四卷：明·杨时乔撰，万历二十二年自刻本。《众妙仙方》四卷：明万历二十四年冯时可刻本。重刊《经史证类大全本草》三十一卷：宋·唐慎微撰，寇宗奭衍义，明万历二十八年籍山书院刻本。《疹科》一卷：明万历三十二年王继濂等刻本。《秘传证治要诀》十二卷、《类方》十二卷：明·戴元礼撰并辑，明万历三十三年王肯堂刻本。《万氏家抄济世良方》六卷：明·万表辑，万邦孚增补，明万历三十七年万邦孚刻本。重刊《经史证类大全本草》三十一卷：明万历二十八年籍山书院刻，三十八年彭端吾重修本等。共二十种。

(8) 天启(熹宗)年间刊本：《类经类注》三十二卷：明·张介宾撰，明天启四年自刻本。共一本。

(9) 崇祯(思宗)年间刊本：《痘疹幼幼全书》十七卷：明·吕献策撰，明崇祯八年吕献祯、吕献皤刻本。《删补颐生微论》四卷：明·李中梓撰，明崇祯十五年沈颋刻本。共二种。

(10) 明刻本：凡著录此等版本者，均无具体年代及刊印人。如《桂氏棠阴比事》一卷：宋·桂万荣撰，明刻公文纸印本。新刻《洗冤录》二卷，宋·宋慈撰，《体式》一卷：明·胡文焕《格致丛书》本。《二难宝鉴》二卷：明刻本等，共二十八种。

(11) 刊印者具名的明刻本：凡著录此等版本，只记朝代名称，而无具体年代，但有具体刊印者。如：《医统正脉全书》，明·王肯堂编，明·吴勉学刻本。新刊《补注释文黄帝内经素问》十二卷，唐·王冰注，宋·林亿等校正，孙兆改误，明鳌峰熊宗立刻本。《图注八十一难经》八卷，明·张世贤撰，明·沈氏碧梧亭刻本。《王氏脉经》十卷，晋·王叔和撰，宋·林亿等校定，明·赵府居敬堂刻本。重刊《巢氏诸病源候论》五十卷，隋·巢元方撰，明·方东云聚奎堂刻本。《医旨绪余》二卷，明·孙一奎撰，明·孙泰来、孙朋来刻本。《伤寒明理论》二卷，金·成无已撰，明·巴应奎校补。《补论》二卷，明·巴应奎撰，明·查氏书林刻本。《黄庭内景经注》二卷、《外景经注》一卷，明·李一元撰，明·娜嬛书屋刻本等。共十一种。

从以上著录明代医书版本情况看，虽仅为一馆之所藏，然北京图书馆为当代国家最大图书馆，善本著录亦较可靠，故具有一定代表性。虽总数不是很多，但从这些存世版本中，亦尽可反映明代刊印医书，包括：官刻本、藩府刻本、书院刻本、私刻本、坊刻本、自刻本，单刻本、合刻本、丛书本、初刻本、重刊本、翻刻本、公文纸本、蓝印本等各种版本情况，为明刊医书版本，提供了实物证据。

明代坊刻主要集中于建阳、苏州、金陵、新安、杭州、北京等地，今仅就其可考者，列举如下：

建阳书坊：余氏有双桂堂、余新安、勤德堂、余良木自新斋、余德彰萃庆堂、余象斗三台馆、余文台双峰堂、余南扶、余东泉、余碧泉克勤斋、余良史怡庆堂、余应虬近圣居、余昌祚直方堂、兴文堂、余立予存庆堂、余仙源永庆堂、余献可居仁堂、余楷、余长庚、余寅伯、余成章、余廷甫、余应兴、余透岳、余良进等，叶氏有叶天熹、叶见远、叶萃轩等，刘氏有刘求茂、刘龙田忠贤堂（乔山堂）、安正堂、慎独斋、日新堂等，熊氏有熊冲宇种德堂、熊清波诚德堂、熊稔寰燕石居，熊大木、熊龙峰忠正堂、熊之璋、熊云滨等，杨氏有杨江清江书堂、杨先春归仁斋、杨美生、杨起元、杨敏斋、杨居寀、杨氏清白堂等。郑氏有郑世豪宗文堂、郑少垣联辉堂及郑以桢等，另有萧少衢师俭堂、詹易斋西清堂、陈世璜存德堂、罗氏集贤书堂等。

苏州书坊：大观堂、天许斋、五雅堂、玉夏斋、世裕堂、白玉堂、同人堂、酉酉堂，衍庆堂、清绘堂、陈长师、贯华堂、童涌泉、敦古斋、开美堂、叶龙溪、叶杏园、叶瞻泉、叶青庵、叶敬池、叶华生、陈仁锡、杨文奎、郑子明、拥文堂、宝鸿堂、宝翰楼等。

杭州书坊：一初斋、雷氏万会堂、玄览阁、虞九章更生斋、周兆斗、段斐君、容与堂、翁文溪、翁月溪、徐象槽曼山馆、冯念祖卧龙山房、段景亭读书坊、人文聚等。

金陵书坊：三山书林、周如山大业堂、万卷楼、吴桂宇文枢堂、文秀堂、王慎武、王凤翔光启堂、友花居、友石居、李澄源、吴继宗、余尚勋、余遇时、宗文书舍、来宾楼、长春堂、汇锦堂、人瑞堂、周前山、周曰校绣谷书林、周竹潭、周近泉、高廉、许孟仁、陈邦泰、童子山、傅孟龙、叶贵、叶均宇、叶如春、聚锦堂、蔡浚溪、三多斋、积德堂、李潮、环翠堂、翼圣堂、戴尚宾、龚碧川、陈大林继志斋及唐氏富春堂、文林阁、世德堂、继志堂等。

北京书坊：永顺堂、汪谅、冯氏忠孝堂、晏氏忠恕堂、金台岳家、铁匠胡同叶铺、赵铺、岳家书坊、叶氏书铺等。

上述书坊刻书，当然以文史等为多，但也刻印过不少医书，如建阳熊氏种德堂之《黄帝内经素问》、《灵枢经》等，苏州童涌泉之《类经》及《类经图翼》等，陈长师之《古今医统大全》及《妇人良方》等，杭州段景亭读书坊之《证治医便》等，金陵周曰校（字应贤，号对峰，室名万卷楼）之《黄帝内经素问》及《灵枢经》、《东垣十书》等均是。

6. 清刻本

清刻本，即清代之雕刻印本。清代印刷事业，继明代之后，尤有大的发展。虽有活字版、铅印版、石印板多种新的印刷方法，但雕板印书，仍占有相当大的数量。惟在后期，由于石印版与铅印版的逐步推行，且价格低廉，雕版印书乃逐渐减少。

清代刻书情况，亦如明代，大致有三种情况，一为官刻本，一为私刻本，一为坊刻本。

（1）官刻本，有国家机构与地方机构两类。

国家机构，以康熙十二年内府于武英殿设修书处，校对官吏及写刻工匠，均聚一处，由翰林院词臣总领其事。所刊之书，称武英殿本，犹明代之内府本。其刊印医书，如乾隆年间曾刊印过《御纂医宗金鉴》九十卷、《小儿药证直诀》三卷等。雍正年间曾刊印针灸腧穴图，如《正人明堂图》、《伏人明堂图》、《侧人明堂图》、《脏腑明堂图》等。此外，太医院也刊印过少量医书，如《药性通考》，又光绪三十三年，京师医局曾刊印《古今医统正脉全书》。地方行政机构之刊书，早期较少，后期为多。如康熙五十六年两淮运库曾刊印《痘疹玉髓摘要》，道光三十年粤东抚署曾刊印《神农本草经赞》，咸丰三年汉阳叶志诜曾于两广督署重刊《绛囊撮要》，四年又刊《信验方录》及《续录》，光绪元年黔阳藩署（各省布政使机构）曾重刊《寒温条辨》，光绪三年湖北藩署曾刊《女科要略》及《产宝》袖珍本，又西征粮台曾刊《幼幼铁镜》，光绪十四年直隶藩署曾刊《妇科秘方》，光绪十九年闽浙督署曾刊《女科》、《产后编》、《女科续》等书。以上诸例，可反映地方机构刊书的一些情况。又地方官设书局亦曾刊印过部分医书，多在清代后期，首先由于曾国藩在镇压太平军攻入安庆后，为笼络知识分子，以重兴文化为名，创设治山书局，攻入金陵(南京)后，又设江南书局，不久，金陵、浙江、四川、安徽、山西、山东、直隶等省相继成立官书局。这些官书局也刊印过少量医书。如光绪年间湖南书局曾刊印《三指禅》，浙江书局于光绪三年辑刊之《二十二子》，其中收有《黄帝内经素问》及"遗篇"，光绪十五年曾刊印《温疫条辨摘要》，光绪十三年江苏书局曾刊印《医林纂要探源》。又据朱士嘉氏据五省官书局刊书所编《官书局书目汇编》，其中唯山东官书局刊印医书较多，约百余种。总之，清代官刻医书数量不算甚多。地方官设医疗机构亦曾刊印过部分医书，如宣统二年武昌医馆曾据元至元本重刊《活幼心书》。

(2) 私刻本，此类刻本多为名人著述或校勘家、收藏家之刊印本。其中以金山钱氏刻书较多，自乾隆三十六年至光绪年间从未间断，所刊之书有部分医书，如钱树芝刻《温热病指南集》；钱熙祚刻《守山阁丛书》，收《黄帝内经素问》、《灵枢经》、《胎产秘书》等；钱用宝刻《疡科辑要》。又如张海鹏于嘉庆年间辑刊之《墨海金壶》，收有《博济方》、《旅舍备要方》、《全生指迷方》等；《借月山房汇钞》收有《喉科秘本》附《喉科秘方》、《种痘心法》、《种痘指掌》等；《学津讨原》收有《增广太平惠民和剂局方》等。又孙星衍辑刊之《平津馆丛书》，收《华氏中藏经》、《素女方》、《千金宝要》、《秘授清宁丸方》等；《问经堂丛书》收自辑《神农本草经》等皆是。又清末黄冈萧延平氏校刊有《兰陵堂校刊医书三种》(《黄帝内经太素》、《小儿药证直诀》、《小儿卫生总微论》)校刊质量均佳。在清代诸多藏书家中，有些不仅是为了欣赏，并且在推广某些善本佳作方面，刊印过不少医书，如陆心源氏辑刻之《十万卷楼丛书》，含有医书八种，即《史载之方》、《海藏老人阴证略例》、《本草衍义》、《医经正本书》、《新编张仲景伤寒发微论》、《新编张仲景伤寒百证歌》、《宋徽宗圣济经》、《卫生家宝产科备要》等。丁丙辑刊之《当归草堂医学丛书初编》，收书十二种，即《颅囟经》、《传信适用方》、《卫济宝书》、《太医局诸科程文》、《产育宝庆集方》、《济生方》、《产宝诸方》、《急救仙方》、《瑞竹堂经验方》、《痎疟论疏》，附《铜人针灸经》、《西方子明堂灸经》等。以上诸例皆私刻本中之洋洋可观者，至于个别私刻或自刻本，为数尤多，兹不烦举。

(3) 坊刻本，清代坊刻，在前期与中期，仍占清刻本中绝大多数，医书亦然。各地书肆林立、名称众多，较之明代为犹盛。清代后期，由于石印与活字铅印的盛行，木版雕印者，则逐渐减少。时影响较大者如始于明朝之苏州席氏扫叶山房、安徽屯溪菇古堂书房、金陵郑氏奎璧斋书坊、北京陶氏五柳居等。诸家刻收较多，有些书坊，刻印医书亦多，如扫叶山房刻印医书，今存世者尚有多种，北京本立堂亦曾刻印过《医学入门》等医学书籍多种。

道光以后直至清末，书坊集中地区，仍以南、北两京及苏、扬二州为多。如南京的李光明庄、聚锦堂、德聚堂；北京的老二酉堂、聚珍堂、善成堂、文宝堂、泰山堂、荣禄堂、文贵堂、本立堂、宝文堂、龙文阁、文光楼、文锦斋、文友堂、文成堂；苏州的扫叶山房、宝兴堂、聚文堂、绿荫堂、文学山房、三经堂；扬州的文富堂；宁波的群玉山房等。然其中最为集中者，仍当以京城北京为是。仅以北京琉璃厂为例，时有文光楼、富文堂、晋华书局、文盛堂、文萃堂、同善堂、善成堂、文汇阁、近文斋、三槐堂、半松居士、文明斋、二酉斋、怀文堂、龙威阁、正文斋、九经阁、有益堂、希古堂、奎文堂、文道堂、宝经堂、宏文堂、藜兴阁、纯华阁、书业堂、修本堂、西山堂、玉生堂、来鹿堂、鉴古堂、文远堂、文澜堂、荣禄堂、松筠阁、荣锦书屋、文宝堂、文华堂、宏道堂、宏远堂、文贵堂、荣华堂、修文堂、文友堂、多文堂、翰文堂、古芬阁、书业公司、龙文阁、会文斋刻书铺、龙云斋刻字铺、文富堂、聚奎堂、五柳居等一百二十余家。就其刻印之医书而言，至今存世者亦甚多，兹不烦举。

清代坊刻本，有些大型书坊，质量较高，而有些小的作坊，往往以商估营利为主，则质量较差。由于清代刊书量大，且有的质量不佳，故有些书流通性较大。当然，在社会上反复流通者，不一定全系质量低劣。今再举孙殿起先生《贩书偶记》及《贩书偶记续编》著录其所见清代斋室堂屋楼阁房轩等刊印之医书为例，以稍见清代民间私刻及坊刊医书之有关情况。约计有以下诸家：

倡山堂、世泽楼、龙耕堂、梅花屿、稽古山房、瓶花书屋、味古斋、书业堂（金阊）、还读山房、忠救堂、来青阁、涵雅堂、善成堂、还读楼、喻义堂、乐道堂、瑞鹤堂、心太平轩、保元堂、向山堂、惠迪堂、万卷楼、以宁堂、步月楼（金阊）、攸宁堂、益生堂、古雪堂、函三堂、三让堂、敦厚堂、贻经堂、英华堂、梅花书屋、卫生堂、赐书堂、文盛堂、五柳居、扫叶山房、问心堂、白鹿山房、眉寿堂、平远楼、抱兰轩、读味斋、绿慎堂（苏州）、信芳阁、佳日山房（浚仪）、宝仁堂、书业德、来鹿堂、快志堂、吟香书屋、留耕书屋、肇杏书屋（武昌）、宝森堂、宝镜山房、文玉堂（以上见《贩书偶记》）。扫叶庄、宛邻书屋、种德堂、抱经堂、式好堂、盛德堂、宏道堂、亦政堂、味经堂、虚白室、世德堂、阑松堂、裕德堂、并育堂（杭城）、绥福堂（昆山）、博古堂、宁俭堂、奎照楼（浙绍）、偁山书堂、海隐书屋、庸德堂、晚翠堂、虚白斋、文光阁、孳善堂、拜石山房、安求我斋、养怡斋、双白燕堂、乐善堂、德邻轩、修文堂、成裕堂、明德堂、文奎堂、明教堂、寸耕堂、和采堂、树德堂、经术堂、古怀堂、浣月堂、知足堂、十二桐楼、三鳝堂、陇溪书屋、同德堂、怡怡山堂、宜稼堂、经世书屋、文光堂、带月楼、乐伦堂、群玉山房、聚奎堂、怀德堂、衔三堂、文英堂、撷华书局、醉吟草堂、聚秀堂、克复堂、松筠阁、乐只堂、拾芥园（广州）、同文堂、寄闲楼、敬义斋、道古堂、遗经堂、读味斋、会成堂、忠恕堂、静观堂、慎余堂、维经堂、聚文堂、敬偎堂、芸香阁、明道堂、绍雅堂、吟香书屋、畹香草堂、澄怀堂、树滋堂、信述堂、心导楼、松风阁、行素草堂、养鹤山房、敏德堂、含经堂、醉经阁、徵瑞堂（鹭门）、玉诏堂、保赤堂（溧阳）、庆古斋、敬胜堂、破愚斋、汲绠斋、绍衣堂、美锦堂、惜阴书屋、有鸿斋、忠义堂、安怀堂、仁寿堂、文锦堂、大雅堂（古越）、艺古堂、尽心堂、二友堂、三友堂、尊仁堂、同善堂、三省书屋、文成堂（京都）、文兴堂（京都）、双梧书屋、种榆仙馆、冷然阁、秩斯堂（西广陵）、萱永堂、娱晖堂、光启堂等。

以上所引，是建国前著录清代刊印单位最多的书目。从中可以得到以下启示：①从其著录刊印年代看，从顺治至宣统的各个时代，均有刊本，故现在传世医书刊本，由于离今时间较短，且刊家较多，仍以清本为最多。②清代印刷事业，又有较大发展，故坊刻及私刻医书者，亦相应增多。③清代刊印清人著作，接近于作者生平，且为较大刊家或私刻者，质量较高，亦属善本。有些翻刻或影刻前朝之著作或版本，亦多有质量较高之版本。④根据诸多刊印单位名称，有时可以推断某些未有刊印年代而仅具刊印单位之版本的大致年代，特别是有些翻刻前朝之版本，若无刊刻年代，有时可以根据刻印单位判断其年代。当然有清代前期的刊本，乃是从前朝延续过来的，其刊印医书，若非清人著作，则另当别考。

以上仅是简要介绍清雕版印行医籍的有关情况。至于清代另有活字本、铅印本、石印本、套印本等医书，则另见有关项目。

另有民国以后雕板印行之医籍，已逐渐为其他印制方法所替代，所行很少，不做专题介绍。

7. 三朝本

南宋时，国子监刻书很多，至元代，将书版运至杭州西湖书院，稍事修补，继续印制。明洪武八年，又将书版运至南京国子监，再次修补印行。因此类书版历经宋、元、明三朝修补印刷，故名。凡此，以文史类书为多，医籍中尚未发现。

8. 递修本

书版残缺，经多次修补后而印成的书。如上述三朝本即是。又如张元济撰《涵芬楼烬余书录》著录《本草衍义》二十卷，宋庆元刊本。题记云："卷末有'右《证类本草》，计版一千六百六十有二，岁月数更，版字漫涣者十之七八，观者难之，鸠工刊补，今复成全书矣，时庆元乙卯秋八月癸丑识'。凡四行。本书不及二百版，上文所举版数，盖与《证类本草》同刊而综计之也。"据此识文可知，南宋宁宗元年乙卯时，曾刊印《证类本草》与《本草衍义》二书，原用北宋原版。然原版多漫涣不清，故集刻工重新修补而成。

9. 旧刻本

指刻印年代不详的早期刊本。如《中医图书联合目录》著录之古籍，有许多藏本称"待鉴定本"，即指该书无刊刻年代，或刊刻年代脱落之旧刊本。因此无法确定年代，是皆为旧刻本。

（二）就同书异本之刻印先后分

1. 初刻本

指同书异本之最早刻本，亦称原刊本，新刻本。如清·周中孚《郑堂读书记》著录之《万病回春》，原刊本；《沙胀玉衡》、《后编》，原刊本等。明·叶向春《红炉点雪》，为清嘉庆戊辰其六世孙锡瑞新刊本。题记云："《红炉点雪》乃完初（按完初为向春字）所著医书之名，痘科乃其之一名也。后其书遭焚，仅存此门，亦只传抄，未有刊版。锡瑞始属江白仙校讷补阙而付之梓。"又如清·刘若金《本草述》，有清康熙二十九年初刻本，亦即原刻本。

2. 重刻本

根据原刻本或某一刊本重新刻印的本子，其行款与版式与原本不一定完全相同。与上述《本草述》，有清嘉庆十五年武进薛氏还读山房重刻本。又如《经史证类大观本草》，有明万历五年据元大德六年宗文书院刻本之重刻本；又如《黄帝内经素问灵枢》，有日本宽文三年（当清康熙二年）据明万历甲申周氏对峰（即周曰校）刻明熊宗立点句本重刻（按熊氏本种德书堂刻本，原仿元本重刻）。在古医籍重刻本中有相当多不知所据，只记为重刻本，其中有些为商家本据通行本重刻，而有意掩其真相，以次充优，不可不知。

3. 翻刻本

亦称覆刻本，指严格按照原刻本的内容、行款、版式等重新刻印的本子。由于这种刻本和原来刻本基本相同，故基本可以替代其原刻本。如明·顾从德刻《黄帝内经素问》，其自跋云,其父曾“以宋刻善本见授曰,广其传,非细事也……亟欲广其佳本,公暇校雠,至忘寝食,予小子敢遂翻刻,以见承训之私。”又《经史证类大观本草》,有日本明和六年(当乾隆三十四年)江都医官望氏翻刻元大德六年宗文书院本。又清·陆心源《皕宋楼藏书志》著录有《重修政和经史证类备用本草》明覆金刻本;又《备急千金要方》东洋覆宋本,末有日本小岛尚质序。

4. 影刻本

按照原刻本逐叶影摹刻印的本子,较之翻刻本,更酷似原刻本,几可乱真。清乾、嘉之后,常以宋、元旧本影刻,以饷读者。如清·耿文光《万卷精华楼藏书记》著录有宋·张锐《鸡峰普济方》三十卷,为道光八年汪士钟影宋本。题记引汪氏自序云:“此书每卷署冯翊贾兼重校之,南宋椠本也……自宋以来,流传已尠,爰影叶开雕。”又清·周中孚《郑堂读书记》著录有《脉经》十卷,明·赵府居敬堂影刊宋本。又日本江户医学馆影刻有丹波康赖撰《医心方》三十卷。该书原成于日本永观二年(当宋太宗雍熙元年),经多次传抄,至天养二年(当南宋高宗绍兴十五年)始由皇家主持校勘整理收藏,几经展转,江户医学馆于宽政二年(当清乾隆五十五年)始收集校勘影写刻版,至万延元年(当清咸丰十年)始印刷出版。此影写刻印之本与原抄写本不仅行款、款式完全一致,就连影写字体,亦完全仿真。

影刻本,亦称仿刻本,即摹仿原书字体版式刻印。宋、元刻本,多以擅长书者手写后上版,且雕印精湛,故明、清时期往往予以仿刻,故有仿宋本、仿元本之称。如清·耿文光《万卷精华楼藏书记》著录有《重广补注黄帝素问》题记云:“明本,此仿宋刻,无刊书年月,款式悉依宋本之旧。”又《钱氏小儿直诀》三卷、附《阎氏方》一卷、《董氏方》一卷,题记云:“仿宋本,此本不知何人所刻……三书犹是宋本旧式,写刻甚佳。”

5. 初印本

书版刻成之后,初次印成的本子,此种印本,以新版初印,版形未变,字迹清晰,故效果甚佳。如清·朱绪曾《开有益斋读书志》著录有《素庵医要》,题记云:“是书医家罕见,余所获,乃嘉靖时初印本。”

初印本中,有以朱色或蓝色印者,称朱印本、蓝印本,详见后文“以颜色区分”项。

6. 后印本

即同一书版初印本以后之印本。常因书版断裂或变形,字型磨损或损坏等因,使印本漫涣不清或字形缺损等。故后印本一般不及初印本佳。如元明间人吕复校刊之《难经本义》,有的字迹已不甚清晰。

7. 祖本

一种书在同一时代或不同时代,尝会有几种或多种本子存世,当以最先问世的本子为祖本。以越早之传抄本或刻本,讹误或后人篡改之机会越少,尤易接近原貌,故为后人倍加重视。又尝称传抄或刊印时所据之原本为祖本。如《黄帝内经太素》中国自南宋以后佚失,在日本有仁和寺本,其余传抄本或刻本,皆后出,故当以仁和寺本为祖本。又如《脉经》一书,今存最早为元广勤堂刻本,明、清两代虽有多种刊本,然皆后出,故当以元广勤堂本为祖本。

又如清·杨绍和《楹书隅录初编》著录有宋本《类证本草》,题记云:"予斋有元大德本,较此为逊,已入《海源阁书目》中,未登此编,特著是本于录。明翻之佳者,在今日已不多见,而大德本,尤为罕遘,况此祖本耶,可勿瑶诸。"是亦可证祖本之学术价值。

二、以刻印地点区分

刻书地点,就大的范围而言,可分两类,以下分别说明。

(一) 国内刻印地点

国内刊印图书,兴盛于宋代,尤以南方为主,金、元之时,北方亦有之,明、清之时,则南北方均有诸多刊印家。

1. 浙本

即浙江一带之刻印本。浙江为我国古代刻书之中心区域。其中又有杭州本、越州本,严州本、衢州本、婺州本等。杭州者,今浙江省杭州市也。当时诸处刊本,尤以杭州为最精。越州本者,越州,今浙江省绍兴市也。严州本者,严州,为南宋浙路所设之州,今浙江省建德地区。衢州本者,衢州,今浙江省衢县。如今存《郡斋读书志》即有衢本者。婺州本者,婺州,今浙江省金华也。

宋代刻印之书,所谓国子监本,绝大部分是在杭州刻印。在医书方面,有北宋校正医书局校定诸书,经国子监奉敕准奏开雕诸书,恐亦多为杭州刻印。如《脉经》末附国子监牒文云:"本监先准朝旨,开雕小字《圣惠方》等五部出卖……今有《千金翼方》、《金匮要略方》、《王氏脉经》、《补注本草》、《图经本草》等五件医书,日用而不可阙,本监虽见印卖,皆是大字,医人往往无钱请买,兼外州军,尤不可得,欲乞开作小字,重行校对出卖。"又《伤寒论》卷前附北宋哲宗元祐年间国子监牒文云:"八月一日奉圣旨令国子监别作小字雕印,内有浙路小字本者,令所属官司校对,别无差错,即摹印雕板。"此文明确提出,此前有一批医书为浙路雕印之小字本。浙路为北宋一行政区域,包括今浙江全省、上海市及苏南一部。因此,此所谓浙路刊本,当然不能排除有杭州刊印者。此以足可证明,当时国子监刊印之医书,有许多是在浙路刊书家刊印的。又朱肱《南阳活人书》重校自序云:"遂取缮本重为参详,改一百余处,命工于杭州大隐坊镂板。作中字印行。"说明此书曾在杭州书坊雕印。惜宋代雕印医书,存世已很少,且多未注明雕印地区或单位,今亦难考。宋以后,上述地区印书亦多,存世医书,仍以明、清两代为多。

2. 建本

即福建一带之刻本,又称闽本。建指福建省建州(今建瓯县)。建本中又有建阳本、麻沙本、泉州本等。建阳本者,建阳,今福建省建瓯。麻沙本者,麻沙,为建阳县之小镇。麻沙一带多榕树,木质松软,当地人取之雕版印书,故以此名。麻沙本,在宋本中讹误较多,质量居次。泉州本者,泉州,今福建省泉州市。

福建,亦我国古代刻书中心之一,刊书极多。所刊医书亦众。如朱肱《南阳活人书》重校自序云:"仆乙未秋,以罪去国,明年就领宫祠以归,过方城见方内翰云:《活人书》详矣,比

《百问》十倍，然证与方，分为数卷，仓促难检耳。及至睢阳，入见王先生《活人书》，京师、京都、湖南、福建、两浙(按淛为浙之或体)，凡五处印行，惜其不会校勘，错误颇多。”此文亦说明，福建亦为刻书重要地区之一，且这些地区之坊刻本，错误较多。又如元·危亦林《世医得效方》至正三年“建宁路医官提领陈志序”云：“观乎此方，则知先生家得其传，世守其学，用无不验，疾无不愈……予又安敢私有，故命绣梓，以广其传。”详此书深得太医院之重视，并曾有题识云：“牒上于院，下诸路提举司重校之……付其属俾绣梓焉。”建宁路，即建州，故建宁官医提领刻此书，定在建州，亦足见其在元代，仍为刻书之重地。

3. 江西本

即江西一带之刻本，其中有江州本、建昌本、吉州本等。江州本，江州，今江西省九江市。建昌本，建昌，今江西省修水境内。吉州本，吉州，今江西吉安市。

江西，我国古代刻书中心之一，刻书亦多，如宋尤袤《遂初堂书目·正史类》著录即有吉州本《前汉书》。又如清·黄丕烈《百宋一廛书录》著录《产科备要》，题记云：“此书载于《读书敏求记》，以为纸质精好可爱。余所得本，正与遵王之说合。全书无序，有目，题曰《卫生家宝产科方》。分八卷，目录有结衔一行云：翰林医学差充南康军驻泊张永校勘。每卷题曰《卫生家宝产科备要》。末卷有跋语三行云：长乐朱端章以所藏诸家产科经验方编成八卷，刻板南康郡，淳熙甲辰岁十二月初十日。盖是犹是淳熙原刻也。”又《百宋一廛赋》注其行款云：“每半叶九行，每行十五字。”详淳熙，南宋孝宗年号。南康，今江西赣州辖区之南康也。此可说明，宋代江西刻书，从北至南之许多州郡内，均有营此业者。

4. 蜀本

又称川本。四川，古蜀地也，五代十国时犹有蜀汉，北宋初始平之，故为蜀本。其中又有成都本、眉山本等。

四川，我国古代刻书中心之一。时亦刻书极多。如宋·尤袤《遂初堂书目·正史类》著录即有川本《史记》、《前汉书》、《后汉书》、小字《旧唐书》、大字《旧唐书》。又详《重修政和经史证类备用本草》卷一“补注所引书传”引《蜀重广英公本草》注云：“伪蜀翰林学士韩保升等与诸医工取《唐本草》并《图经》相参校，更加删定，稍增注释，孟昶自为序，凡二十卷，今谓之《蜀本草》。”是此书原当为蜀刻本也。

5. 平阳本，即山西平阳刻本，又称平本。平阳，今山西临汾一带

平阳，为金、元、明时期北方刻书中心。所刻医书，今犹有存世者，如无名氏《西方子明堂灸经》，今存有明正德十年山西平阳府与《铜人针灸经》合刊本。《重修政和经史证类备用本草》，今存有蒙古定宗四年己酉(按定宗贵由汗，已于戊申年三月死，由皇后海迷失称制，故己酉年实为海迷失后元年)平阳张存惠晦明轩刊本。

(二) 国外刻书地点

国外刻印中医书籍，主要有日本与朝鲜，另外越南也有少量刻印。

1. 日本刻本

日本刻印汉文书籍，据德清·傅云龙藏影印日本延喜十三年二月五日良峰象树所刻

《文选》残一页，序文中有云："日本百万塔藏《无垢净光经》，厥式不一，皆出镂版。据《孝廉天皇纪》：刊于神护景云四年，为唐大历二年（公元 767 年），亦唐椠之一证也。"按神护景云四年，当为唐大历五年。若此说可靠，则日本镂版印书亦甚早。日本刻印中国医书，据现存本可察者，约始于十六世纪中期，现存有大永八年戊子（1529 年，相当明世宗嘉靖七年）刻本（存北京图书馆）。此后刻印医书相继增多，今存中国者亦夥。如《黄帝内经素问》九卷本及《黄帝内经灵枢》九卷本白文，有日本田中清左卫门刻本，风月庄左卫门刻本；王冰次注《黄帝内经素问》，有日本宽文三年癸卯（1663 年）刻本、宽政三年辛亥（1791 年）风月堂刻本、清规堂刻本、中尾氏刻本等；《王翰林集注黄帝八十一难经》，有日本承应元年壬辰（1652 年）武村市兵卫刻本，文化元年甲子（1804 年）濯缨堂重刻本等；《伤寒论》有日本宽政九年丁巳（1797 年）刻本、宽政十二年庚申（1800 年）顺受居刻本等；《金匮要略》有日本宽保二年壬戌（1742 年）平安书肆林权兵卫刻本等；《针灸资生经》有日本宽文九年己酉（1669 年）村上勘兵卫刻本；《经史政类大观本草》有日本明和六年己丑（1769 年）江都医官望草玄刻本；《脉经》有日本安庆三年庚寅（1650 年）村上平乐寺刻本；《诸病源候论》有日本正保二年乙酉（1645 年）刻本；《千金要方》有日本天正十六年戊子（1588 年）尾州永乐屋东四郎刻本；《外台秘要》有日本延享三年丙寅（1746 年）平安养寿院刻本等。从而说明，日本在 15 世纪至十九世纪，亦即相当明代中后期至清代，刻印了大量中国医书及日本人医著，且刻印质量大都比较精良。

2. 朝鲜刻本

朝鲜古亦称高丽。约公元 11 世纪，高丽即开始刻印中国医书。虽较日本刻书为早，然不及日本之多。早在高丽文宗十年八月（1056 年），当中国北宋仁宗嘉祐元年，西京留守曾建议将秘阁所藏各种经史及医卜诸书，置放各学院，并命所司各印一本。1058 年高丽忠州牧曾进《新雕黄帝八十一难经》、《伤寒论》、《本草格要》、《张仲景五脏论》等九十九版，诏置秘阁。又据《朝鲜医籍考》著录，当明代正统年间，曾刻印《针灸资生经》，万历年间曾刻印《黄帝内经素问》（今中国尚有存本）等书。另外尚有刊年不详者及刻印朝鲜医著如《东医宝鉴》等若干种。由于其管理严格，刻印质量较高。故清·孙从添《藏书纪要》第二则"鉴别"云："外国所刻之书，高丽本最好。"

3. 越南刻本

越南刻印中医图书约在公元 15 世纪之后，约当明代成祖以后，由于资料缺乏，情况难详。今存我国者有北京图书馆藏越南翼宗嗣德三十二年至阮福明咸宜帝元年（公元 1879 年至 1885 年，当清代光绪五年至十一年）越南释清高刻越南黎有卓氏撰《新镌海上医宗心领全帙》六十四卷，卷首一卷。

三、以刻印单位区分

刻印单位大致可分为三类，即官刻本、私刻本、坊刻本。

1. 官刻本

官刻本，亦称官本，凡历代各级政府及其所设各类机构所刻之书，统称官刻本。如所谓京本、监本、经厂本、殿本、藩本、书院本、太医院本、布政司本、转运司本、漕运司本、郡本、府本、州本、县本、州府县学本等均是。前节介绍各朝代之刻本，多有此类刻本，今再择要介绍：

（1）京本，即京城之官刻本，地方刻书常以此为真，加以翻刻。然亦或有书贾假冒者，如郑振铎先生《西谛书话·京本通俗小说》云："闽书贾为什么要加上'京本'二字于其所刊书之上呢？其作用大约不外表明这部书并不是乡土的产物，而是'京国'传来的善本名作，以期广引顾客的罢。"

（2）监本，即历朝帝王所设国子监所刻之书。其中明朝先后于南京、北京各设有国子监，北京刻者为北监本，南京刻者为南监本。

（3）经厂本，即明代经厂刻印之书。明代司礼监为刻印儒家诸经，专设一印刷厂，经书刻印完峻，并刻印过别书多种，凡此类刻本，统称经厂本。经厂刻书，均是阉宦所主，其刻本特点为：书品宽大，字大，黑口，初印本卷首多盖有"广运之宝"朱方印记。然校对不精。但求形式，不重内容。

（4）殿本，即清代武英殿刻印之书。武英殿刻书，始于康熙十九年，始于内务府设武英殿造办处，为内庭制作文具、工艺品等，同时兼事刻书。至康熙四十四年，将制作工艺归养心殿，武英殿造办则成为内府刻书之专门机构。殿本书多用开花纸，书品宽大，刻印精工，纸墨亦均考究。

（5）藩本，即藩王府刻本，明代自太祖始，建立皇子封亲王制，其后各代皇帝又陆续分封藩王。诸藩王由于官高位显，财富书多，且人才亦盛，故藉其特殊历史地位，刻书较多，且所刻之书，质量较高，为明官刻本之珍品。

（6）书院本，即官府所设书院刻印之书。书院，为宋以后供人读书、讲学之所，亦间有刻印图书者，故谓之书院本。

（7）太医院本，即太医院刻印之书，其所刻之书，仅限于医书。太医院，乃专为内庭服务之医疗机构。医事之余，间有刻印医书者，故称太医院本。

（8）局本，即清代各省成立之书局刻印之书。此类书局，乃始于清代同治、光绪之时，各省相继成立之官办书局。刻书质量较次。

（9）布政司本、转运司本、漕运司本等，即此等机关所刻印之书。布政司者，布政使司也。盖明初改元代中书省为承宣布政使司，分领天下府州，亦为地方之官署。转运司、漕运司，旧时输京之粮米，凡水运曰漕运，陆运曰转运，司者，运输之官署。如福建转运司，于南宋高宗绍兴十七年，曾刻印《太平圣惠方》。

（10）郡本、府本、州本、县本，即郡、府、州、县等官署所刻印之书。

（11）州府县学本，即州、府、县所设官学刻印之书。

（12）书帕本，帕犹巾也。古代尝以为官场赠礼之物。如《明史·鲁铎传》："大学士李东阳生日，铎为司业，与祭酒赵永皆其门生也。相约以二帕为寿。"在明代官场交往中，除赠帕之外，并赠书，以示风雅。如明·耿定向《选进遗风》卷下云："梁材为杭州守，会入觐，止具一书二帕，以贽京师。"又明·陆容《菽园杂记》卷十云："上官多以（书帕）遣送往来，动辄印至百部，有司所费亦繁。"说明诸多达官多以公费刻印书籍作为馈赠礼品，故曰"书帕本"。

唯此等书帕本，往往杂乱拼凑、校勘不严、刊刻拙劣，质量低下，不为人们重视。

2. 私刻本

私刻本，亦称家刻本、家塾本，乃不以卖书为营业的私人刻书。此等刻本，自宋以来，家数颇多，其著名者如南宋·陆子遹、黄善夫刻本，元代平阳府梁宅刻本，明代吴郡袁褧嘉趣堂刻本、常熟毛氏汲古阁刻本，清代金山钱氏刻本、鄞县范氏天一阁刻本等。凡此著名之私刻本，刻印质量均较高。

3. 坊刻本

坊刻本，亦称书坊本，即专门从事刻书营业之书商所刻印之书。坊者，作坊也，为工匠人等工作之场所。书坊者，刻印图书之作坊。包括自五代以来之书肆、书林、书堂、书棚、书铺、书局等所刻之书，皆为坊刻本。

4. 藏版

藏版，版指书版的印模，凡印本之书，一般均署明刊印者，而有些版本，并未著明出版家及刊印人，只署藏版者，故有关藏版问题的了解，对版本的研究和探讨，具有一定的意义。

署名藏板的书，今以医籍举例说明：清·耿文光《万卷精华楼藏书记》著录有《医门棒喝》，题记云："原本，道光九年海宁应澍，河间纪树馥同校勘，板藏广东省城大生药局。"孙殿起《贩书偶记》著录有《修事指南》，注云："无刻书年月，约嘉庆间刊，木活字本，本衙藏板。"又上海中医学院图书馆等所藏《松峰说疫》，外封署"本衙藏板"。又孙殿起《贩书偶记续编》著录有《银海精微》，注："清亮节校正，无刻书年月，约康熙间光启堂刊，板心下有'醉畊堂藏板'五字。"

藏板的情况比较复杂，大致言之，约有以下数端：

（1）藏板与刊印单位一致。大多数图书约属此类。即由某一单位雕板、印制，书版亦藏于该单位。此类情况，大多不署藏版单位。

（2）藏板与刊印单位不一。如上述《银海精微》注中所言，"约康熙间光启堂刊，而版心则刻有"醉畊堂藏板"，则刊印与藏板或为两家。

（3）雕板与印制单位不一。如清光绪中会稽章氏辑刊《式训堂丛书》初、二、三集。后书版售于朱记荣校经山房，朱氏合二、三集书版辑印为《校经山房丛书》。又如日本·丹波元简《医賸·圣济总录》："靖康二年，少帝在青城，金人尽索国子监书版、三馆秘阁四部书。"又云："意者如此书，镂版才成，未及颁布，亦在其中……及金世宗大定中，取所俘于汴都，重刊颁行，因传于今矣。"是则《圣济总录》当镂版于宋，至金时始印制颁行。

（4）藏板具体单位不详。如上述《修事指南》及《松峰说疫》只云"本衙藏板"。然"本衙"之称，只可以认为官刻，然不详为何公署。又详《贩书偶记》著录之《瘟疫论类编》、《松峰说疫》合刻本有嘉庆四年本衙刊本，又《古今名医汇粹》有道光三年本衙刊本。凡此称"本衙"者，当出于一家。或嘉庆、道光间某公署也。是其为官刻本当无疑。

四、以装订形式区分

装订形式，指采用何种形式将书叶装订成册。装订形式，历代不一，为有利于保护书叶和便于翻检，不断有所改进。其形式主要有以下几种：

（1）简册装，即将简书按编号编连成册的装订方式。其法先将每一单简（相当纸书之一叶）按编号顺序排定，前后各加以空白简以保护（相当纸书之封面），名曰“赘简”，以麻绳、丝绳或皮条联缀。每一简棱即简的边侧处刻以极小的契口，外以绳固定。根据简的长度，固定绳可用一道或多道。据《后汉书·光武帝本纪》李贤注引汉制，简有二尺与一尺之别。从近年出土文物看，简长差别较大。如银雀山汉墓出土之汉武帝元光元年（公元前 134 年）的《历谱》，简长 69 厘米，合汉尺 3 尺；长沙杨家湾出土的战国竹简，长仅 13.5 厘米，合汉尺 6 寸。故编绳道数有多有少，从武威出土汉简看，至少一道，至多五道。医籍如《武威汉代医简》，据“简牍整理概况”介绍：“简的质地，系松木和杨木……简的长度，一般为 23～23.4 厘米，折合汉尺恰为一尺左右，应属于尺籍、尺书之类。简原是由三道编纶缀联成册的，上面残留的编绳痕迹，犹清晰可辨。”

（2）卷子本，又称卷轴装。此是自简册装之后的一种装订形式。这种形式适用于纸书出现以后，此种装订形式更为完善，盛行于汉魏南北朝以至隋唐五代时期。共有五个部件组成，即卷、轴、褾、带、签。

卷，是卷轴的主体，由若干纸张根据书文的多少连接而成。长的可达二三丈，短者则仅有数尺。

轴，根据书的宽度做成长于书体的短棒，一般皆用木制或细竹制，两端略加镶饰。近代敦煌石室发现之南北朝时卷子，有的即是用漆木或细竹制成。珍贵者则以檀木、象牙、琉璃等制成，两端镶以名贵饰物。卷子缠绕其上，为的是便于舒卷。

褾，亦称包头，用厚纸或丝织品粘接于卷端，轴心在卷之左端，褾在右端，卷子全卷后，褾则包卷于其外，以起保护作用，亦似后世之书衣。

带，褾的前端中部，系上一条丝带，用以捆扎卷好的卷子，使之不致自动展开，称为带。

签，带的末端，系一横牌，在带捆紧之后，将其插在带内。一则防带子散开，一则上写书名或篇名，以便检用。签体一般用骨制，珍贵者则以象牙或玉等制成。

今存敦煌卷子，皆以此种形式装订，医书亦然。又古帛书，亦有卷轴装者，如马王堆汉墓帛书，少数卷在木板轴上，即是。

（3）经折装，由唐代后期出现的装订形式。其制法为先将写好的长卷，按规定行数为一面，似折扇方式将其折叠成长方式折子，再于前后两端分别加上两块等大的硬纸片，作为封面和封底。经折装医书，现仅见于石刻拓本装裱之书，如明隆庆六年拓本《千金宝要》，有经折装本。

（4）旋风装，由唐代后期出现之装订形式，其具体装订方式为，以一长卷子作为底纸，首页单面书写，全幅裱于底纸右端。从第二页起，双面书写，将每页右侧底部无字的边缘部分鳞次相错地粘裱于前页下面右侧的底纸上。收藏时从右至左卷起，从外形看，仍然象卷轴装。阅读时，除首页不能翻动外，其余各页均与现代书籍一样，可以自由翻转。按此种装订形式，现所存甚少，医籍尚未发现有存本。

（5）蝴蝶装，简称蝶装。因书页展开后如蝴蝶之双翅而得名。此种装订方式盛行于宋代，其方法是将每一印页有字的一面向内对折，然后将书口背部粘连在裹背纸上，再装以硬纸封面即可。按此种装订形式之医书，存世者亦绝少。现存如范氏栖芬室有《圣散子》一卷，原清钱曾述古堂收藏之宋版书。又《本草图绘》五册，为明绢本彩绘，亦为蝴蝶装。明以后拓本亦有用蝴蝶装者,如明正统石刻《铜人腧穴针灸图经》拓本即有此装订本。

(6) 包背装,包背装始于南宋,流行于元代及明代前期,因用一张厚纸对折包裹书背而得名。早期装订方式乃书页有字之面正折,然后粘在包背纸上。后期则在书页边栏外之余纸上打孔,以纸捻穿订。然后加封面。包背装书籍,现存有明《永乐大典》残卷及清《四库全书》,其中包括医学内容及医书部分。单独包背装医书,尚未发现。

(7) 线装,线装始于南宋初,通行于明、清。其制法为:①折页,即将书页有字的一面正对;②分册,即将书页按顺序及卷次,根据厚度合为一册或分为若干册;③添副页,即加入书衣内空白页;④齐口,即将书口一边对齐;⑤草订,即先以纸捻穿订两道加以固定;⑥外加书衣,即外封面;⑦裁齐,即用裁刀将书口以外之三边裁齐;⑧磨光,即用沙纸将毛边磨光;⑨包角,即某些珍贵书籍用绫绢包其订线一侧的上下角;⑩打眼,即打穿引线之孔,一般为四孔,亦有六孔或八孔者;⑪穿线;⑫帖签。书签为单独刻之长方条纸,其上主要印书名,将其粘帖于书之左中上方。后来有将书名印于外封上,以代书签。

此种线装本,占今存古籍之绝大多数,医书亦然,随处可见。

五、以制版工艺区分

制版工艺,指用什么方式将文字加于版面之上,主要有以下几种:

(1) 写本,即用手工书写而成的版本。写本包括多种形式,详见后文。

(2) 拓本,把刻在金石器皿或铸在金器上的文字图象等,用纸拓下后,裁成书页经装裱而形成的书。用墨色拓印者名墨拓本,用朱色拓印者名朱拓本,初次拓印者名初拓本。

今存医书有所谓石本或石刻本者,即以原石刻之拓片装成之书。如清·孙星衍《平津馆藏书记》著录有《千金宝要》六卷,题记云:“此书宋宣和六年刻石于华州。明景泰六年复易刻木版。秦王既刻诸梓,复刊石于耀州真人洞,此即耀州石刻本。”又如日本·涩江全善撰《经籍访古志》著录《铜人腧穴针灸图经》三卷、《穴腧都数》一卷:明正统石本、聿修堂藏。引栎窗先生跋云:“今以此校重刊诸本,剥裂泐阙虽间在焉,订伪正谬颇多,不啻一纸当瑶琨,抑家之鸿宝也。”今中国中医科学院图书馆尚存《铜人俞穴针灸图经》明石刻拓本卷一卷二两卷。

(3) 刻本,雕版印成的书,前述官刻本、私刻本、坊刻本均是。

(4) 活字本,用活字排印成的书。活字印书始宋代仁宗时,有毕升者创泥活字法,宋·沈括《梦溪笔谈》卷十八有详细记载。活字,由于制造原料不同,故有多种名称,如泥活字、木活字、铜活字、铅活字、磁活字等。以用成品活字布版印刷,非如木版之雕印,故名活字本。其具体区别,详见后文。

(5) 套印本,亦称五色本,将书中的正文、注文或评点等不同内容分别制版,然后用不同颜色,依次套加于一纸而成的书,名曰套印本。

套印之法,源于古代不同内容,用朱墨分书之法,如今存陶弘景《本草经集注》,为原敦煌石穴藏唐玄宗开元六年尉迟庐璘写本之残本,其“叙录”云:“右三卷,其中下二卷药合七百卅种,各别有目录,并朱墨杂书并子注。”说明作者对书文原用朱墨二色杂书。又云:“有毒无素易知,唯冷热须明,今以朱点为热,墨点为冷,无点者是平。以省于烦注也。”是知对诸药冷热之性,亦以朱墨点以别之。又如唐王冰次注《黄帝内经素问》,其自序有云:“凡所加字，皆朱书其文"，余者为墨书。其后雕版，难以二色套印，则有阴阳文加以区别。如今存《政和经史证类备用本草》，凡保留《本草经》原文，用阴文（白字），余者用阳文（黑字）。

套印法之创立，约当于宋代。1974年山西应县佛宫寺木塔内发现三幅彩印之"南无释迦牟尼佛"，其印刷时间是在辽统和年间（公元983~1011年，即北宋太宗太平兴国八年至真宗大中祥符四年），若以此为限，尚比欧洲第一本彩印《梅因兹圣诗篇》早四百余年。后在元代后至元六年湖北江陵资福寺无闻和尚套印《金钢经》，经文为朱色，注文为墨色。后至明代，套印之书遂增多矣。

套印本因工艺复杂，成本昂贵，故种数较少，有清以来书目著录及现存本中，主要有以下几种情况：

1）朱墨套印本，先以墨印，再加套红。如清·耿文光《万卷精华藏书楼藏书记》著录之《重刊补注洗冤录集证》四卷、《补编》一卷、《续编》一卷：朱墨本；《临证指南医案》十卷、《续医案》四卷：苏门经鉏堂朱墨本。1922年恽铁樵据明·顾从德本《素问》影印本为墨印，其中有薛福辰氏朱笔勾点、藏书家印章及书末一行识文"同治九年岁在庚午夏四月无锡薛福辰校阅点句于武昌节署"，均用朱红套印。又如日本1854年幕府医学馆影刻之《医心方》卷廿二引《产经》十月妊娠经脉图之人体廓线、孔穴位置及穴名文字均用墨印，其经脉与胎儿则用朱红套印。

2）三色以上套印本，此种版本较少见，现存《补注洗冤录集注》，除上述朱墨套印本外，尚有如清光绪三年浙江书局刊印之三色套印本、清道光二十四年广州大雅堂、醉文堂刊印之四色套印本、清光绪三年浙江书局刊印之五色套印本等。

3）墨印加彩绘本，此种彩绘医籍之雕版套印本尚未发现，现存有石印彩绘，或墨印加彩绘。如1914年成都博文堂重刊《医学集》用木刻墨印，将其附图《正、伏、侧及脏腑明堂图》改彩绘石印。辛亥革命后近作，石印彩绘者如1921年上海育新书局石印曹炳章《辨舌指南》，其有140余幅舌图，即彩绘石印。据自序云，此乃其"二十年临证经验所得，以十一色绘成各舌精图。"

（6）钤印本，将印章直接钤盖在纸上而成的书。此乃指印谱一类图书。在古籍中尚有一种情况，虽不属钤印本，亦附带说明，即将刻印单位之印章，用朱色直接钤盖于封页。如清·唐笠山《吴医汇讲》、王晋三《十三科古方选注》扫叶山房刊本，均以"扫叶山房督造书籍"双行八字木牌，以朱红直接钤盖于纸上。

（7）石印本，乃用药墨将文字写在特制的药纸上，再将药纸上的字迹移置于石版上，然后滚刷油墨而印成的书。

石印之术，本系西法，于19世纪30年代传入我国，首在上海点石斋、同文书局及拜石山房三家开展此项业务。至光绪中叶，即遍及全国，出版过大批经、史、子、集等各类图书，包括医书。由于石印本价格低廉，且有许多石印本的印刷质量及校对工作均较完善，很受一般读者欢迎。故今存石印本医书数量极多，随处可见。

（8）影印本，以原书版本通过照相制版印成的书。

影印术亦为西法，自19世纪中期由奥司旁发明。最初以照相石版印制，此法很快传入我国。20世纪二三十年代，商务印书馆出版之《四部丛刊》，即用此法印刷，中含部分医籍。后有珂罗版及铜版印制，惟医籍则少见。建国后人民卫生出版社曾影印过大量医学古籍。近几十年间日本也以此法印制过较多古医籍，如《东洋医学善本丛书》等，今皆存世通行。

影印本，有照原样影印者，有缩印者，大都四合一，即将四页缩印成一页，或将原书体缩小印制。缩印本的优点是与原本完全逼真，故可以代真。故有些珍善本经影印发行，可以大大提高善本书的使用率，很受读者欢迎。

(9) 铅印本，用铅字排版印成的书，名铅印本。铅字，亦用铅制活字。但一般不称铅活字版，习惯名铅印本或排印本。

铅印活字首由德国人谷腾堡于1540年创制。1589年传入中国，经过不断改进印刷方法，铅印术逐步取代了以往的印刷方法，全国各地印制的包括中医古籍的大量图书，现仍为主要的印制方法。

(10) 饾版，是一种彩画的印制方法。旧称木版水印。明万历年间，安徽民间流行一种在套版基础上发展为多色迭印的美术印刷方法。先根据画稿设色深浅浓淡、阴阳向背的不同，进行分色，刻成多块印版，然后依色调套印或迭印。因其图版堆砌拼凑，有如饾饤，故名。此法未见有印制医学图书者。

(11) 拱花，我国早期一种不着墨色的刻版印刷方法，以凸出的线条表现图象，类似现在的凹凸印或钢印。五代时已用此法在木版上刻山水、花鸟、虫鱼等，制砑光纸。此法多印制美术作品，未见有印制医学图书者。

此外近代又有油印本、复印本、胶印本等，现亦通行，不再详述。

六、以写本种类区分

写本是直接用手誊写而成的书。此指以纸为载体而又系手写的书籍，主要有以下几种。

(1) 写本，即书稿之最后定本，是以手写的形式留存的本子。一般仅指以纸为载体的线装本，若古代之简书、帛书、卷子本等，虽亦系手写，但不称“写本”或“抄本”。写本中如明《永乐大典》及清《四库全书》等，其中亦含有若干医学文献，均以手写本存世。

(2) 抄本，亦称传抄本。是指根据某种本子为底本而抄录的副本。由于抄写时间、抄写方法及所用纸张、抄写人员不同，抄本有多种名称：

1) 新抄本，指新近抄写成的本子。如清·黄丕烈《士礼居藏书题跋记续录》著录有《玄珠密语》旧抄本。题记云：“又曾以新抄本参阅，知彼为十卷，而此为十七卷，其书较全，又未缺失处，仅少一页零。”

2) 旧抄本，亦称古抄本，指以往抄本，或不明年代之旧抄本。如清·黄丕烈《荛园藏书题识续录》著录有《杨仁斋直指方论》旧抄本。又清·张金吾《爱日精庐藏书志》著录有《伤寒九十论》旧抄本。又清·邵懿辰《四库简明目录标注》著录《灵枢经》十二卷，注：“阳湖孙氏有旧抄本。”又清·周中孚《郑堂读书记》著录有《王氏百一选方》，吴门袁氏五砚楼藏旧写本。所谓旧写本，亦即旧抄本。又如日本度会常珍《素问校讹》，校记中曾引用古抄本。

3) 传抄本、抄本，为一般不明年代及抄者之抄本称谓。此类抄本占抄本中大多数，如孙殿起《贩书偶记》著录有《难经晰解》传抄本等。

4) 影抄本，亦称影写本，指影照旧本手写的摹本。凡原书字形、行款。或缺笔修改及虫蛀残损等，悉依原样，以保持底本的固有面貌。如清·孙星衍《孙氏祠堂书目》著录有《洗冤录》旧影写本、《黄帝八十一难经》影写日本国本、《广成先生玉函经》影写宋本。清·张金吾《爱日精庐藏书志》著录有《重校证活人书》影写宋刊本、《伤寒论注解》影写金刊本、《新刊王氏脉经》影写元刊本。

5）名家抄本，指知名之书法家、收藏家或医家等之手写抄本。如《华氏中藏经》有元·赵孟頫写本。又清·孙星衍《平津馆鉴藏记》著录有《钱氏小儿真诀》四卷，题记云："此本余从天一阁写得之。"清·邵懿辰《四库简明目录标注》著录《针灸资生经》注云："附录：广勤堂本，近归杭州丁氏，余从借得影写本。诒让。"清·毛扆《汲古阁珍藏秘本书目》著录有《甲乙经》六本，从宋本影抄；《本草注节文》四本，陈日行宋版影抄。按毛扆，毛晋之子，其父始广收多藏，且喜抄书，而又精善，故特称"毛抄本"，此著录之《甲乙经》影宋抄本，亦当出于其父之手。又如清·沈初等《浙江采集遗书总录》著录有《扁鹊神应针灸玉龙经》二老阁写本。按"二老阁"为郑性室名，郑性，清郑梁之子，为儒者。

6）精抄本，指纸墨精良，书写工整，内容错误较少的本子。如清·王文远《孝慈堂书目》著录有《王宇泰医论》，毛斧季精抄。又上述名家之抄本，自属精抄。又如清·孙从添《上善堂书目》著录有元人抄《心印绀珠》、《玄珠密语》、《疡科集验方》三种。吴匏庵手抄《灵草通玄秘要》一种。叶石君手抄《刘涓子鬼遗方并论》、《龙树菩萨药方并眼方论》、《西洋医论》、《药性要诀》、《观形察色并三部脉经》等五种。详叶石君，名树廉，清吴县人，喜藏书，凡遇宋、元旧本，或亲抄之，抄本均精善。

7）栏格抄本，即以纸或绢上画有界格或界栏为载体而抄成的本子。以墨画界格者为乌丝栏本，以朱画界格者为朱丝栏本，以蓝色画格者为蓝格本。详日本《东洋医学善本丛书》影印之《黄帝三部针灸甲乙经》古抄本，即为蓝格抄本。书末有朱筠跋文，与清·陆心源《皕宋楼藏书志》所记同，是此原乃陆氏手中物，而后流入日本。又《上海图书馆善本书目》著录有《幼幼新书》，为明兰格抄本。凡此等抄本，以明代为多。

8）以抄本纸质区分抄本，即以所用何种纸质抄成的本子。如清·毛扆《汲古阁珍藏秘本书目》著录有竹抄《女科书》、《医学灯传》等二种，即以竹纸抄写之本；绵纸旧抄《此事难知》、《刘守真素问玄机原病式》等二种，即绵纸抄写之本。

（3）稿本，指著者原稿。分手稿与清定稿两种。手稿指著者亲自书写之稿。清定稿可为著者自写，或为他人代写者。如清·周中孚《郑堂读书记》著录有《伤寒直指》十六卷，题记云："是书与其所著《痘症宝筏》皆未有刊本，仅存原稿。李筍香于嘉庆乙丑之冬并得之，因先以《痘症宝筏》付梓焉。"又《新订注释幼科金镜录》六卷，稿本。又孙殿起《贩书偶记》著录有《伤寒眉诠》、《医经读》、《脉理明辨》、《脉理会参》等，均为底稿本。又《伤寒要法》一卷及《证治辨疑》一卷，清京口余铸口授，忠震家传定稿本。以上所言原稿、稿本、底稿本、定稿本等，皆指著者原稿本。此种稿本，是否著者手稿，需依印记、笔迹或文字记载者，方可断定，否则亦或为他人代书。

（4）手抄彩绘本，指以手书抄文并加彩绘之。详此等手写彩绘，据今存文献所知，唐已有之。如唐代《新修本草》，日本·丹波元胤《中国医籍考》著录该书引孔志约序云："丹青绮焕，备庶物之形容，撰《本草》并《图经》、目录等，凡成五十四卷。"按丹青，丹砂、青雘，即朱砂、石青之类，彩绘所用颜料。如《汉书·苏武传》："竹帛所载，丹青所画。"是知《新修本草》之图，定为彩绘。今存手抄本加采绘图者，如《北京图书馆善本书目》著录有《履巉岩本草》，为明初彩绘本；《本草彩绘精要》，为清抄彩绘本。详《履巉岩本草》，为南宋·王介撰，介亦名画家，故撰此书，并绘彩图。此则明初重抄并彩绘之本。《本草品汇精要》，为明孝宗弘治年间太医院院判刘文泰主持编撰，王世昌等八名画师为之彩图。此本则为清代重抄并彩绘之本。

七、以活字种类区分

活字种类有泥活字、木活字、铜活字、铅活字等。

(1) 泥活字，以胶泥刻制字形，经烧煅之后，则坚固耐用。以此泥活字排印之书，名泥活字本。此法元以后渐废，至清道光年间，有苏州李瑶、安徽翟金生，又曾分别制泥活字印书。如《金石例四种》、《仙屏书屋初集》等。至于医籍，则未见有泥活字本，宋代印书，已存无几，或有泥活字本，恐亦不存。

(2) 木活字，元代山东东平人王桢，始创制木活字，在其自撰《农书》后附《造活字印书法》有详尽地介绍，其法先以木版刻字，然后钜开成单字，以此单体木字排印成书者，即为木活字本。此种木活字印本，明代存世本亦有，清代则甚多。如清·邓邦述《群碧楼书目初编》著录有《医林类证集要》，为成化活字本。孙殿起《贩书偶记续编》著录《医经小学》，约明朝正德间活字本。又如清·周中孚《郑堂读书记》著录《伤寒贯珠集》、《伤寒补天石》、《伤寒括要》及《方》，均为白鹿山房木活字版本。又孙殿起《贩书偶记》著录有《产妊集》、《医悟》、《痘疹定论》、《琅嬛青囊》、《修事指南》等，均为木活字本。

(3) 铜活字，以单体铜活字排印而成的本子。铜活字起于何时，众说不一，一般认为起于明代，后遂传于朝鲜日本。故明、清两代以铜活字印书亦多。然明代铜活字今犹不详。清代如《古今图书集成》。中含医书若干种，今通行中华书局影印本，即以原铜活字本四合一缩版影印而成。字虽缩小，然笔画犹清晰可观。又《北京图书馆善本书目》，著录有清·候官林氏印《军中医方备要》，亦铜活字本；又《素问运气抄》，为日本铜活字印本。

(4) 铅活字，指以铅制单体活字排印之书，铅活字约始于明代，然未见有存本。今所见皆清以后，一般皆称铅印本或排印本，非属善本。

(5) 聚珍本，清乾隆三十八年，金简奏请用枣木刻成活字所印制之书，因病“活”字不雅，遂名“聚珍”，故当时内府武英殿所印之书，名“武英殿聚珍本”。后福州、广州、扬州、江西等地，亦仿此法印制。故武英殿聚珍本名内聚珍，外省聚珍本名外聚珍，以示区别，实亦木活字本。如《武英殿聚珍版书》即是，其中子部有医书《苏沈良方》、《小儿药证直诀》二种。

八、以字体、行款区分

以字体、行款区分，有以下几种：

(1) 大字本，即字体较大的本子。宋代刻本，多有大字本。如《脉经》后附国子监牒文中云有《千金翼方》、《金匮要略方》、《王氏脉经》、《补注本草》、《图经本草》等五件医书，均曾以大字印卖，唯价格昂贵，“医人往往无钱请买”。似此等大字本，今已无存。后世亦不多见。大字本行款，一般版框高大，多 20 厘米以上，每半叶 10 行左右，每行在 20 字以内，字体较大。如今存《医说》宋本，每半叶 9 行，每行 18 字。日本《经籍访古志》著录该书云：“每半版高七寸二分，幅五寸，左右双边，九行，行十八字。”是此书亦大版大字本。又清·陆心源《皕宋楼藏书志》著录《普济本事方》残本六卷，宋刊宋印本。每叶 16 行，每行 16 字。清·莫友芝，《郘亭知见传本书目》著录该书云“宋刊大字本”。又如清·耿文光《万卷精华楼藏书记》著录《洪氏集验方》，题记云：“嘉庆已卯黄丕烈从宋本录副重刊，每叶十八行，行十六字。”又《玄珠密语》十六卷,题记云:“抄本,是书宋本仅存,此出于影宋写本,每叶十六行,行十六字。是知二书原宋本,亦皆大字本。又日本·丹波元简《医賸》卷上《圣济总录》条云:“清·程来云:大德重校《圣济总录》,元朝奉诏颁行者,大版大字,每卷首篇署元耶律楚材五字。今吉医官及予家所藏大德重校本,亦大版大字。然无耶律楚材五字,原文书法端雅,盖为宋版之旧,但每卷卷首页,大德重校《圣济总录》卷第某数字,书刻并劣,系于元人改刊无疑矣。”据此则东土尚存该书宋、元大字本,且不仅字体大,书版亦大,而中国则佚失久矣。

(2) 小字本,即字体较小的本子,宋代刻本亦尝用小字本,以价格低廉,故存世较多于大字本,小字本行款一般版框低矮小,多10余厘米,每半叶有10余行,每行20余字,字体亦较小。如《脉经》后附国子监牒文中云,曾“开雕小字《圣惠方》等共五部出卖,今有《千金翼方》、《金匮要略方》、《王氏脉经》、《补注本草》、《图经本草》等五件医书……欲乞开作小字,重行校对出卖,及降外州县施行。”又《伤寒论》附国子监牒文亦称:“八月一日,奉圣旨,令国子监别作小字雕印。内有浙路小字本者,令所属官司校对,别无差错,即摩印雕版。”是知宋代官府雕印小字本医书亦颇多。又清·杨绍和《楹书隅录初编》著录有宋本《脉经》十卷。题记云:“盖是书初刊于熙宁至绍圣间,由大字本开作小字本,而此本又从小字本重雕者也,首尾完具,笺刻精良,亦医书中之秘笈也。”又清·孙星衍《平津馆藏书记》著录《伤寒论》元版,题记云:“钱少詹《日记钞》所见毛氏影金刻本,小字密行……又别是一本,黑口版,每叶廿四行,行廿四字。”又清·莫友芝《郘亭知见传书目》著录《宣明方论》明《医统》本,题记云:“《河间六书》本,拜经楼元刊本七卷,每叶28行,行25字,后人翻刻妄分为15卷。”是此金、元刻本,亦皆为小字本。

(3) 中字本,即介于大字本与小字本之间有中号字体的本子。盖古之字号,并不如今日有严格的尺度标准,而是相对比而言。宋·朱肱《南阳活人书》重校证自序云:“《活人书》京师、京都、湖南、福建、两浙凡五处印行,惜其不会校勘,错误颇多,遂取缮本重为参修,改一百余处,命工于杭州大隐坊镂版,作中字印行,庶几缓急,易以检阅。”是知《活人书》重校证本,原以中字本印行。清·陆心源《皕宋楼藏书志》著录有《重校证活人书》残本十至十二卷,宋刻宋印本,案:“此南宋刊本,每叶20行,每行19字,版心有刻工姓名。”是则可证所谓中字本者每半叶10行左右,每行20字左右之本也。

(4) 软体字本,软体字,即真书,或称楷书,以其字画刚柔相济,运笔灵活,流畅而不呆滞,故名软体。宋、金、元刻本及明、清的部分刻本,皆用软体,由于软体字本,多取名家及写工书写上版,均有较好的书法基础,故其所书,尝有明显的流派特色,在宋刻本中,就时间而论,北宋早期多欧体,后期多颜体,南宋则以柳体为多。若就地区而言,汴梁本、浙本多欧体,蜀本多颜体,建本多柳体,元代有名书法家为赵孟頫,对书法影响较大,故书体以赵体为多。清代虽则硬体字已大为盛行,但有相当书版,仍用软体。对于以上诸家书写风格的识别,需多读欧阳询、柳公权、颜真卿、赵孟頫等之碑帖,久则得其风韵。

(5) 硬体字本,硬体字,亦称匠体,又名宋体,为专业刻工所发明而习用。其字形非欧非柳非颜非赵,简言之,不似真书软体字;其笔画字形特点是竖粗横细,笔画板滞、横平竖直,字形方整,多呈长方形。此体始于明嘉靖、万历年间,由于从形式上模仿宋体,结果失去神韵,而成此体。以其本自模仿宋体,故曰仿宋体;以其笔画生硬,故曰硬体;以其为匠人所习,故曰匠体。此种字体之书本,在明、清刻本或活字本中,存世极多,俯拾皆是,由于受此体影响,且刻字较软体为易,故清以后铅排本,则以此体为主要字体。

九、以纸质区分

纸质区分，指以印书或抄书所用纸张的质地区分版本。现举例介绍以下几种：

（1）树皮纸本，古本中以绵纸为多。如清·毛扆《汲古阁珍藏秘本书目》著录有《此事难知》、《刘守真素问玄机原病式》，皆绵纸旧抄本。又清·王闻远《孝慈堂书目》著录有绵纸本若干种，其中绵纸刻本有《养生月览》、《续素问钞》、《卫生编》、《针灸节要》、《脉经》、《琼瑶神书针经》、《经络全书》、《卫生易简方》等，其中《脉经》特注明为“绵纸依宋重雕”。绵纸抄本有《太虚获麟全旨》。其余刊本及抄本，均未注明纸质，盖系一般用纸，足见绵纸为古代印书或抄书之上品纸张也。

（2）竹纸，即以竹制纸刻印或抄写的本子。竹纸亦较多被应用。如清·毛扆《汲古阁珍藏秘本书目》著录有《女科书》、《医学灯传》，皆“竹抄”本，即竹纸抄写的本子。

在今存明、清刊本中应用竹纸最多的为连纸、毛边纸、毛太纸。

连纸，色白质软，有韧性，利于保存，亦为竹纸中上品。如清世宗雍正间铜活字本《古今图书集成》，即用一部分连纸印制。又如清·吕震名《伤寒寻源》，有未署刊家之光绪七年重校刊本，亦为连纸。据吴县潘遵祁序文云：“是书庶不背古，亟为检校，以行于世，《要论》一卷，尚俟续刊。”似为潘氏校刊。

毛边纸，色淡黄质厚，次于连纸。如清·张锡驹《伤寒直格》有光绪十一年福州醉经阁重刊本，即有毛边纸印，以其时间较短，纸质尚完好，颜色如旧。

毛太纸，色微带灰黄，纸质极薄软，次于毛边。以其价廉，故清代一般刊本，用毛太纸印者较多。如清高宗乾隆五十七年扫叶山房刊印之《吴医汇讲》、咸丰十一年留耕书屋藏版之《医原》，皆毛太纸印。

（3）公文纸背本，公文纸背，即公文纸背面，用以刻印或抄写的本子。自宋代始，已有用此纸者。如宋·叶梦德《避暑录话》云：“晏元献（晏殊谥号）平居书简及公家文牒，未尝弃纸，皆积以传书。”又如清·黄丕烈《士礼居藏书题跋记续编·芦川词跋》云：“宋本每页纸背大半有字迹，盖宋时废纸多值钱也。此词用废纸刷印，审是册籍，偶阅之，知是宋时收粮档案，故有更几石，需几石，下注秀才进士官户等字，又有县丞、提举乡司等字，户籍官衔可考见。”由于此等公文纸极厚，背面亦光泽，故可两用。后世亦有用此等纸者。今存医籍如《北京图书馆善本书目》著录有《洪氏集验方》，为宋乾道六年姑孰郡斋公文纸印本；又《桂氏棠阴比事》，为明刻公文纸印本。

十、以颜色区分

以颜色区分，指根据抄写或刷印时使用的不同颜色，以区分版本。主要有墨印本、朱印本、蓝印本。

（1）墨印本，即用墨色印成的本子，这是自古代抄写文书以至于雕版印刷所使用的主要颜料，据近些年出土的秦汉简书、帛书，敦煌卷子本以及存世之历代刻印本文献，主要是以墨抄本或墨印本。无论是文史类书或医学古籍，尽皆如此。

（2）朱印本，即用朱红色刷印的本子。明代印书，当雕版竣工之后，例需先用朱色或蓝色印出若干部,经校对后,再以墨色开印。清代亦多沿用此例。如清·邓邦述《群碧楼书目初编》著录有《太上黄庭内景玉经》,为明万历年间朱印本。又清·孙星衍《廉石居藏书记》著录有《黄庭内景玉经及外景玉经》各一卷、《五脏六腑图说》各一卷,为明刊朱印本。

(3) 蓝印本,即用蓝色刷印的本子,义与朱印本同,详见上条。医书如《北京图书馆善本书目》著录有《痘科纂要》一卷,为明嘉靖三十七年庐璘刻蓝印本,又《明医二著》五卷,为明隆庆元年宋豫卿刻蓝印本。

十一、以版式区分

以版式区分,即从书版的款式方面加以区分,主要有以下几种:

(1) 巾箱本,即版式较小,便于携带的本子。巾箱,本为放头巾之箱,如《汉武内传》:"武帝见西王母巾箱中有一卷书。"又晋·葛洪《西京杂记》序云:"尔后洪家遭火,书籍都尽,此二卷在巾箱中,尝以自随,故得犹在。"又宋·高丞《事物纪原·经籍艺文·巾箱》:"《南史》齐衡阳王钧尝亲手细书五经,部为一卷,置巾箱中……今谓籍之细书小本者为巾箱,始于此也。"宋·戴埴《鼠璞·巾箱本》:"今之刊印小本,谓巾箱本。"是则以书之小本可置于巾箱者,古已有之;若以细书刊印之小本谓"巾箱本"者,当始于宋。此种刊本,自宋以后,不仅他书为多,医籍亦不鲜见。如清·耿文光《万卷精华楼藏书记》著录有《本草纲目》五十卷、《本草图》三卷、附《万方针线》八卷。题记云:"是书原本难得,坊行巾箱本。"孙殿起《贩书偶记续编》著录有《脉如》二卷、附《望闻问三诊》一卷、《伤寒论》一卷,为清道光七年刊巾箱本;《本经逢原》四卷,约嘉庆年间明德堂刊巾箱本;《集验简易良方》四卷,为道光七年刊巾箱本;《方解别录》一卷,为光绪十三年刊巾箱本等。

(2) 袖珍本,即小型书本,可藏于袖中,便于携带,故名。此与巾箱本义亦同。叶德辉《书林清话》卷四"广勤堂刻《万宝诗山》"云:"盖理宗淳祐末年刊,是书亦载莫《录》(按谓清·莫友芝《宋元旧本书经眼录》),云宋巾箱本,又载王闻远《孝慈堂书目》,云宋袖珍本。"又留庵《中国雕版源流考·巾箱本》:"刊印小册为巾箱本……又以其可藏怀袖,别称袖珍本。"如清·周中孚《郑堂读书记》著录有《洗冤录》四卷,为清乾隆四十九年陈明善袖珍本;《本草原始》十二卷,为清乾隆十九年存诚堂重刊袖珍本。又孙殿起《贩书偶记续编》著录有《石渠阁订正食物本草》十卷,约康熙间袖珍本;《古今良方》三十二卷,约乾隆间十二桐楼精刊袖珍本等。

似此等小型医书,今存尚多,如中国中医科学院图书馆即藏有明十竹斋刊袖珍本医书十余种,清代刊本如《痘疹定论》、《本草纲目》等多种。

(3) 多层本,古书版面,一般均为一个版面,只有一个层次,或者说只有一节、一栏。然而有少数书的版面却有两个以上之多层。亦即将每版分为两层、三层、四层等,或谓两栏、三栏、四栏等。这种多层本,主要是为了将一书之不同内容,分层布局;或将两书分层合刻。此类医书,有两个明显的特点,一者多为明清两代刊本,一者多系一般性或启蒙性医学著作,属重要医著较少。现分别举例说明。

1) 二层楼本,亦称两节本。即将书版分为上下两栏。一般为下栏高于上栏,栏高比例不一。有的上栏稍低于下栏,有的上栏仅占下栏十分之二三。此种二层楼本医书,内容亦呈多样,据马继兴《中医文献学》介绍有六种类型,现摘要引介:

其一是上栏为图(或表),下栏为正文者,如《绘图草木药性歌诀》(光绪六年重刊,北京图书馆藏),《新增图注八十一难经定本》(明崇祯间合刊本,中国中医科学院图书馆藏)。

其二是上栏记以相同于下栏正文的标题,或内容要点者,如《医方易简新编》(咸丰四年重刊,中国中医科学院图书馆藏),《图注本草备要》与《汤头歌诀》合刊(清崇文堂刊,中国中医科学院图书馆藏)。

其三上栏记注释、按语或批语,下栏记正文者,如《合并脉诀难经太素评林》(明万历己巳刻本,北京图书馆藏)。

其四是上栏记录治疗方法,下栏记正文者,如《黄氏医绪》(清经铿家塾存几堂刊,中国中医科学院图书馆藏)。

其五是上栏与下栏均为图表者,如《洗冤录表》(清初刻本,中国中医科学院图书馆藏)。

其六是上、下两栏分刻两种截然不同的医书者,如《重镌本草医方合编》(光绪庚子三味堂重刊,中国中医科学院医史室藏)。

2) 三层楼本,亦称三节本,即将书版分为上、中、下三栏。如马氏《中医文献学》所记日本国立公立图书馆保存的明刊本明・王大德撰《百病回春要紧真方》一书,上层内容主要是"病根捷览",中层内容主要是"医家总诀"、"药性诸赋",下层内容主要是各种药物的药性歌。

3) 四层楼本,亦可称四节本,即将版面分为上下四栏。如马氏《中医文献学》所记美国国家医书图书馆藏朝鲜英祖三十二年(1767 年,当清乾隆三十二年)朝鲜惠庵编《证脉方药合编》一卷,治洞书坊刊本为四层楼本,第一层名"损益本草",第二、三、四层(原书又称上统、中统、下统)名"医方活套",每层内容均各自独立。系一部供初学及临床参考的著作。

(4) 多层混用本,即在一书中,分别有不同层版面混用的本子,如马氏《中医文献学》所记明嘉靖刊本的明・皇甫中《明医指掌图》一书,前集五卷为医论,后集五卷为医方。前集分述各种疾病及治法,均用所谓"指掌图"(即栏格表解)的方式对照各类证候。所制表解见于版面均呈层楼状,其中包括二层楼、三层楼、四层楼、五层楼及六层楼等。

(5) 百衲本,即以不同的书版拼凑成一部或一套完整的书。百衲,本指僧人用许多布块补缀而成的衣服。《智度论》云:"比丘曰:佛当著何等衣,佛言:当著百纳衣。"百言多也。衲,补缀也。以书称百纳本者,如宋・董逌《广川书跋・昼锦堂记》:"蔡君谟(蔡襄)妙得古人书法,其书《昼锦堂》,每字作一纸,择其不失法度者,裁截布列,连成碑形,当时谓百衲本,故宜胜人也。"又见清初钱曾《读书敏求记》著录《史记》,题记云:"予昔藏宋刻《史记》有四,而开元亦其一焉。今此本乃集诸宋版,共成一书。大小长短各种咸备。李汧公取桐丝之精者杂缀为一琴,谓之'百衲',予亦戏名此为《百衲本史记》以发同人一笑焉。"后人遂沿用此名。此类图书诸如商务印书馆以不同版本汇印之《二十四史》,通称《百衲本二十四史》。医书如马氏《中医文献学》所记"日本方面在 16~18 世纪刊行的《医家七部书》(按即宋・刘温舒《运气论》、金・刘完素《原病式》、元・滑寿《难经本义》、《十四经发挥》、元・朱震亨《格致余论》、《局方发挥》、元・孙允贤《(医方)大成论》),就是一种百衲本的医书。此书是将多种中国古医书配补后合刊而成的丛书,故刊行时均各自仍按其原来版式。"近代影印医学丛书中,有些均选以不同版本按原样影印而成,如近年在日本出版的《东洋医学善本丛书》,在中国出版的有《中国医学大成续编》等,均可谓百衲本。

(6) 配补本,即以同书之不同书版,配合补缀成一种完整的书。如清・黄丕烈《求古居宋本书目》著录有《孙真人千金方》,注:“残本,配元刻,仍有缺,续配明刻。”其《士礼居藏书题跋记》对该书有详记云:“嘉庆四年二月十九日至昭明巷老屋,遇友人邵钟琳谓余曰:吾兄酉山堂中,有元版《千金方》,中配明版者,曾送阅乎?余曰:未也。因到彼阅之,适主人不在,从其火取归,共十四册。内配第六至第十、第十六至十九,仍缺第二十卷,其余皆宋刻宋印,非元版也。越日遣人问其价,需钱二两四钱,遂如值与之。”是知此书时成完帙者,最后复经黄氏配补也。又如清·张金吾《爱日精庐藏书志》著录有《圣济经》,注:“明刊本卷七至十一抄补。”又宋·张杲《医说》,日本·涩江全善等《经籍访古志》著录本书言有较多脱叶,今存1933年南京图书馆陶风楼影宋刊本,则为配补本。如目录之一、二、三叶为抄补,四至九叶、十一叶,卷二之三十一至三十九叶、卷三之一至七叶及八叶之前面等均为硬体字。其为配补本甚明。又《北京图书馆善本书目》著录有《外台秘要方》,注:“宋绍兴两浙东路茶盐司刻本(卷一、七至二十、二十四至二十五、二十七至三十二、三十四至四十配明抄本。二十六至二十七配清抄本)。”

(7) 黑口本,古书版之书口,有黑、白之分。凡书口黑者为黑口本,书口白者为白口本。历代书版均有黑、白口之不同,尤以今存宋元本中黑口亦不少见,故历代收藏家及版本家,亦颇注意书口之黑白,对版本鉴定有参考意义,但绝不可以书口黑白判断刊书年代。以下举书目著录医书为例。

清·孙星衍《平藏馆鉴藏记》著录宋、元版医书六种,即宋版《本草衍义》,元版《新刊补注释文黄帝内经素问》、《经史证类大观本草》、《类证补注伤寒百问歌》、《新刊东垣先生兰室秘藏》、《奇效良方》等皆黑口版;明版书五种,即《新刊巢氏诸病源候论》、《重修政和经史证类备用本草》两种本,《鼎雕铜人腧穴针灸图经》、《千金宝要》等,以上皆未注明书口,当系白口也。又《补遗》著录刊本二种,外藩本《王翰林集注黄帝八十一难经》、元版《伤寒论注解》黑口版。又《续编》著录刊本四种,即《类编朱氏集验方》黑口版,明版《重修政和经史证类备用本草》、《重刊经史证类大全本草》、《温隐居备急海上仙方》黑口版。从以上诸刊本可见,宋元刊本八书,皆黑口版;明刊本八种,唯有一种为黑口版。

十二、以刻印质量区分

以刻印质量区分,即根据雕版及印刷质量区分版本的优劣。主要有以下几种:

(1) 邋遢本,指版本模糊不清,极不整饰之版本。多系坊刻劣本,重在营利而不顾质量。如清康熙五十一年忠信堂刻印《万密斋医书十种》,同治九年醇雅堂刻印《验方新编》等皆是。又清文胜堂刻印《新增伤寒集注》,雕刻不精,字形不整,版面亦有变形处,刷印不清,字迹模糊,所用纸张亦较粗糙。又自序三叶,首题为“再重订伤寒集注自序”,与书名不一,且字形端正,刻工精善,显非出于粗工之手,定系书贾作伪所致。

(2) 大花脸本,即墨色深浅不一,字体大小不同,而又刷印模糊的本子。

(3) 写刻本,即系名书家手写上版刻印之本。此类本皆软体楷书,尤以宋元刻本,字体俊美,甚具书气。不仅内容错讹较少,且为难得之书法珍品。如今存宋刊《医说》,书写亦佳,颇得颜、柳体之风韵。又如中华医学会上海分会图书馆藏明成化三年(1467年)熊氏种德堂刊印之《名方类证医书大全》,字体清晰,刻工精细,字体用圆笔魏体,颇具《郑文公碑》帖之风范,当出名家之手。又如明刊《类经》有张景岳自序文,系张氏自书,用行书体,结构严整,书法流畅,若行云流水。且刻工极为精细,不损原作风韵,可以算是一篇难得之行书珍品,虽仅为序文,亦足见名家写本之可贵。

(4) 精刻本,即写刻俱佳、内容无误之本。所谓“内容无误”,亦相对而言,无论雕印本或今日之排印,要想作到绝对无误,亦非易事。故一般能作到详加校对、讹文极少者,亦当为精刻本。就一般而言,名家私刻或自刻本,校对较严,刻印亦较好,均可谓精刻本。如清·钱培荪《金山钱氏家刻书目》著录有《重刊温热病指南·跋》云:“右《温热病指南集》,旧为先大父愚庵公刊行。遭寇后,版片已毁,印本少存。偶于从二弟二泉(培廉)处得此帙,因重校付梓。”又云:“乙亥秋将重刊《温热病指南集》,或告荪曰:是书已附刊《三家医案》之后……近时苏州绿荫堂书肆翻刻之……因取而校之,一一相同。”足证此等刊本,校对均严。又如清·陆心源校刊《十万卷楼丛书》,中含医籍有《本草衍义》、《圣济经》、《注解伤寒论百证歌》、《注解伤寒发微论》、《史载之方》、《医经正本书》、《卫生家宝产科备要》、《阴证略例》等八种,均曾以宋、元善本校勘,是可谓精刻本。

十三、以内容区分

以内容区分,即根据该书之具体内容加以区分。主要有以下几种。

1. 单刻本

单刻本,即只含一种书的本子。这是古籍中无论文史哲类或医籍类之最主要版刻形制,即将一种书单独雕印。此类书多不胜举。

2. 丛书本

所谓“丛书”,《中国丛书总录·前言》曰:“丛书是汇集多种重要著作,依一定的原则、体例编辑的书。”近人李春光《古籍丛书述论》第一章第一节曰:“简而言之,丛书就是以一种书为基本单位,依据一定的原则和体例,把两种以上的多种著作汇编为一新的书籍集合体,并题以总名。”我国最早的丛书为俞鼎孙、俞经的《儒学警悟》,辑成于南宋宁宗嘉泰二年(1202年)。医书中,据现存文献资料所知,最早为元代仁宗延祐二年杜思敬辑《济生拔粹》,含金、元医家著作共十九种。明、清时期则有大量丛书编印。就《中医图书联合目录》著录之丛书类看,主要有以下几种情况:

(1) 就编刊名称而言,有以下几种:

1) 丛书,如清·朱记荣辑《槐庐丛书医书三种》,含《针灸甲乙经》、《医学读书记》、《静香斋医案》。清·周学海编《周氏医学丛书》,含自撰及他撰医书三十二种等。

2) 合刻或合编,如清·吴金寿纂《三家医案合刻》,含《叶氏医案》、《缪氏医案》、《薛氏医案》。清·张骥《三字经合编六种》,含《医学三字经》、《春温三字诀》、《痢症三字诀》、《三字经汤方歌诀》、《春温三字诀方歌》、《痢症三字诀歌括》。

3) 丛刻,如清·周廷兰《环秀堂医书丛刻三种》,含《古今医诗大全摘要》、《铜人图》、《伤寒舌鉴》。又如《汉阳叶氏丛刻医类七种》,含《神农本草经赞》、《观身集》、《颐身集》、《绛囊撮要》、《信验方录》、《五种经验方》、《咽喉脉证通论》等。

4) 汇辑或汇钞、汇编、汇刊、汇校,如清·许嗣灿汇辑《钱塘许嗣灿汇辑医书四种》,含

《本草翼》、《脉诀元微》、《叶氏幼科要略》、《喉风要略》。清·张海鹏辑《借月山房汇抄医书五种》,含《本心斋蔬食谱》、《参谱》、《种痘心法》、《种痘指掌》、《喉科秘本》。清·祝韵梅编《寿世汇编》,含《普济应验良方》、《福幼编》、《时疫白喉捷要》。清·贺绅汇辑《平江贺氏汇刊医书》,含《福幼编》、《时疫白喉捷要》、《救吞鸦片烟方法》。清·鲍泰圻辑《鲍氏汇校医书四种》,含《伤寒类书活人总括》、《传信适用方》、《产宝诸方》、《急救仙方》。

5) 杂纂,如明·邵以正辑《青囊杂纂》,含《仙传济阴方》、《徐氏胎产方》、《仙传外科集验方》、《小儿痘疹证治》、《秘传外科方》、《济急仙方》、《上清紫庭追痨仙方》、《仙传理伤续断秘方》。

(2) 就总名而言,有以下几种:

1) 另题总名,此指题以与辑者、刊家、原名、内容等毫无关涉之总名。如元·杜思敬辑《济生拔粹》,含金、元医著十九种。清·王琦辑《医林指月》,含宋、元、明、清医著十二种。

2) 以辑出本原书命名,如商务印书馆辑出并影印正统《道藏》之《道藏医书十四种》,含宋以前重要医著十四种。

3) 仍以原书为名,此种名称多系含书少者,可以此法为名。如明·李岚辑《心印绀珠经二难宝鉴合刻》,详此书仅为《心印绀珠》与《二难宝鉴》二种。又清·尤乘辑《脏腑性鉴经络全书》,清·延清辑《笔花医镜药要便蒙》等,亦均只含二种,且仍以原名相合为名。

4) 以原书名缩名。即以原来书名缩写为名。如明崇祯十四年刻本鸳水陈诞傅发兑之《医药镜》,含王肯堂《医镜》、蒋仪《药镜》。清森玉轩主人良卿氏辑《笔花片玉合刻》,含江涵暾《笔花医镜》、沈志裕《片玉居疡科治法辑要》,皆取原书名缩化而成。

5) 以编辑者命名,如明·洪楩编《洪楩辑刊医药摄生类八种》。清·程永培辑《六醴斋医书十种》,"六醴斋",程永培室名。又清·丁丙辑《当归草堂医学丛书》(初编十种),"当归草堂",丁丙室名。此书首由丁氏自刻。

6) 多人著作以一人为名,如首由明嘉靖间梅南书屋刊印之《东垣十书》,实含李杲自著三种、崔嘉彦著作一种、朱震亨著作二种、王好古著作二种、王履著作一种、齐德之著作一种。又如清·陈修园医书,在道光十七年,始有《陈修园医书九种》刊本,至同治元年经纶堂有二十三种刊本,至光绪三十二年吴闽医学会有四十八种石印本、光绪三十一年商务印书馆有五十种铅印本。至民国年间又有上海大文书局七十二种铅印本等。其中除有十余种为陈氏父子自著外,余者均为刊印家随意增补,与陈氏无关。似此等类书,大多系书坊或书局为招揽生意而编造,并非名家辑刊。

7) 以刊家命名,如明正德十年山西平阳府刊印之《平阳府所刻医书六种》,含《新刊铜人针灸经》、《新编西方子明堂灸经》、《新刊华佗玄门脉诀内照图》、《养生导引法》、《锦身机要》、《修真秘要》。

8) 以地区命名,如清宣统元年海丰吴氏梁园节署铅印本《豫医双璧》,含宋·郭雍《伤寒补亡论》、金·张从正《儒门事亲》。详郭雍,宋代洛阳人。张从正,金代睢州考城(今河南兰考)人。二处古皆豫州地,故名。

9) 以科别命名,如清·徐忯忹辑《妇婴至宝》,含《达生篇》、《种痘法》、《福幼篇》。乃妇科与儿科书也。又如清·朱之榛辑《保赤汇编》,含《锡麟宝训》、《达生篇》、《产宝》、《福幼编》、《保婴易知录》、《小儿药证直诀》、《童蒙训》。基本为儿科及与儿科有关之书。

10) 以文体命名,如清·张骥编《三字经合编六种》,所含医书,见上文"合刻或合编"

条,以所收医书,皆为三字歌诀体,故名。

(3) 就内容而言,有以下几种情况:

1) 全书或全集,如明·王肯堂辑《古今医统正脉全书》,含自《黄帝内经素问》及《黄帝内经灵枢》以降至明代医著共四十四种。清辑者不详之《普济全书》,含《达生篇》、《痘科慈航》。清·黄花馆辑《医方全书》,含《奇经八脉考》、《脉诀考证》、《濒湖脉学》、《本草备要》、《医方集解》。有些虽名"全书",乃指所含内容较全、科别较多,但其体例仍为一种书之各个部分,故不属丛书之例。又如清同治四年文奎堂刻本《南雅堂医书全集》(又名《陈修园医书十六种》),其含自注及对他书评解之作,均独立为书,故合为全集,即个人著作之丛书也。

2) 若干种,如清辑者不详《医书四种》,含《外科证治全生集》、《咽喉秘集》、《痧症全书》、《异授眼科》。清·年希尧辑《经验四种》,含《集验良方》、《经验痘疹不求人方论》、《一草亭眼科》、《吴又可温疫论》。

3) 专科,如《三家医案合刻》、《保赤汇编》,前者为医案类,后者为儿科。子目详见前文。

4) 个人著作,如明·王肯堂《六科证治准绳》,含《杂病准绳》、《类方准绳》、《伤寒准绳》、《外科准绳》、《幼科准绳》、《女科准绳》,六书分则独立成编,合则为一丛书,皆署王肯堂撰。又如清·黄元御撰《黄氏医书八种》,含《四圣心源》、《素灵微蕴》、《四圣悬枢》、《伤寒悬解》、《伤寒说意》、《金匮悬解》、《长沙药解》、《玉楸药解》,八书皆独立为编,均出黄氏一人手笔。

5) 集体编纂,如清乾隆年间由总修官吴谦、刘裕铎及纂修官李毓清、武维藩等多人奉敕纂修之《医宗金鉴》,含《订正伤寒论注》、《订正金匮要略注》、《删补名医方论》、《四诊心法要诀》、《运气要诀》、《伤寒心法要诀》、《杂病心法要诀》、《妇科心法要诀》、《幼科心法要诀》、《痘疹心法要诀》、《种痘心法要旨》、《外科心法要诀》、《眼科心法要诀》、《刺灸心法要诀》、《正骨心法要旨》。凡此十五种,皆可独立成编,为集体编纂,总合题名为《医宗金鉴》。

3. 抽印本

抽印本,抽取一种或一套书的部分内容刻印而成的书。如清康熙五十年贾棠刊《新方八阵》二卷本,清康熙间衡素堂刊《古方八阵》八卷本皆是。详《新方八阵》、《古方八阵》皆《景岳全书》中之一部分,今单独抽出,故为抽印本。又如《医宗金鉴·删补名医方论》,1957年人民卫生出版社曾影印单行本,亦属抽印本。

4. 增订本

增订本,对原书内容有所增补与订正的本子。如《增订伤暑全书》,原为明·张风逵撰,名《伤暑全书》。清·叶霖以为此书为"暑证之阶,舍此奚复他求乎"!又"取诸家精当之言,附益于后",并参以己见而释之,复名《增订伤暑全书》。凡所增订,均加"霖按"二字,与原书相别。又如《御药院方》,元·许国祯增订。据该书前至元四年翰林直学士河东高鸣序云:"医之术固深,大概已效之方,为前人所宝藏者,尤为难得。太医提点荣禄许公暨二、三僚友,取御药院壬寅(按蒙古乃马真后元年)所刊方书,板正其讹,补其缺,求其遗亡而附益之。"是知此书,是许氏等在御药院原刻方书的基础上,经补订而成。

5. 增损本

增损本,指后人对原书整理有增加或删损的本子。如清·黄丕烈《百宋一廛书录》著录有《新雕孙真人千金方》,题记云:"余家旧藏钱述古抄本《千金备急要方》,云是从宋阁本抄出。今得宋本勘之,鲜有一处符合者。初不解其故。后检《通考》,知晁所见者,为《千金方》三十卷,陈所见者,为《千金备急要方》三十卷,其前类例条数,林亿等新纂。则知抄本即从宋阁本出,是经后人增损,故与宋刻原本不同。"详今存《备急千金要方》林亿等序云:"公私众本,搜访几遍,得以正其讹谬,补其遗佚,文之重复者削之,事之不伦者缉之,编次类聚,期月功至。"是知此本,确系林亿等对古传本有所增损。又清·孙星衍《孙氏祠堂书目》著录有《救荒本草》,注:"明周定王橚撰,后人增损本。"

6. 增补本

增补本,即后人对前人著作之内容有所增加与补充的本子。如明·刘纯《玉机微义》,其自序称"始,纯从学于江左冯先生庭干,间尝请其义,授以会稽徐先生所著书一帙,观其法,求其意,盖出于《内经》,非前所谓也。……摭金刘守真,元李明之、朱彦修诸氏论集,本乎经旨而折衷其要,发明中风、痿、痰、泄、疟诸门诊证方例,非一源一意,而有变通乎百证千方者。"刘氏以为徐书必有全帙,惜不可见,乃"以先所著,取咳、热、火、暑、燥、湿、寒等门诊证方例,妄意续于诸门之末。"详徐氏名彦纯,字用诚,原著名《医学折衷》,仅具十七门,刘氏续增补三十三门,改名为《玉机微义》。是此书实为《医学折衷》之增补本。又如清·吴瑭《温病条辨》,后经曹炳章氏增补了清·王士雄与叶霖对该书的评注,遂题名为《增补评注温病条辨》,至于有些坊刻本医书,虽题名冠以"增补",不过书贾为钓誉而已,其内容并未增加。

7. 删节本

删节本,即对原书内容有所删除或节选的本子,如宋·刘昉《幼幼新书》,有明·陈履端重刊本,据陈氏自序称"删繁理乱,裁初本十之三",对原书内容,加以删繁、理乱、去复、就便、削章、削句、削字、削方等,仍存四十卷、五百四十七门之数,以便检阅。是知陈氏刻本,对原书进行了大量删削。又如清·姚止庵《素问经注节解》,其自序云:"于经之正义已正于前,而复赘词于后则去之;经之言已见于别篇,而又重出于此者,则删之;文词残缺,义无可考。强解之而无味者,或阙疑或尽除之……至于后人赝托以补篇目之数,如著至教等七篇,词句驳杂者,则僭为删削以贯通之。"是知本书对林亿等新校、王冰次注《黄帝内经素问》之经文与注文,均有所删削节选。

8. 足本

足本,即卷数及内容均为完整的本子。现存中医古籍中,除少数古代传本外,大都为足本。

9. 残本

残本,即卷数或内容残缺不全的本子。其中残缺的程度亦多少不一。如林亿等新校正王冰次注《黄帝内经素问》二十一卷在"六元正纪大论第七十一"下,另有"刺法论篇第七十二"、"本病论篇第七十三",均注明"亡",是知此二篇在王冰次注前已亡。是今存《素问》,仍非足本。又如现存日本之《新雕孙真人千金方》宋刊本,只存卷一至五、卷十一至十五、卷二十一至卷三十。仍缺卷六至卷十、卷十六至卷二十共十卷。又日本仁和寺本《黄帝内经太素》卷第一、卷第七、卷第十八全缺，卷第五、卷第六、卷第十二、卷第十四部分缺，卷第十七只存少量文字。是此本缺文尚多；又《黄帝内经明堂》十二卷，则只存卷一及序文，且序文亦有少数字残缺漫涣，则此本残缺尤甚，此皆属之残本。

10. 校本

校本，即前人著作经后人校勘过的本子。此类校本有两种情况，一者留有校记的校本，如宋臣林亿等校正诸书，今存世有《素问》、《伤寒论》、《金匮要略方论》、《脉经》、《甲乙经》、《千金要方》、《千金翼方》、《外台秘要》等，皆留有多少不等之校记；又如日本森立之重辑《神农本草经》之“考异”，对诸书所载《本草经》之异文，有详尽考证，此亦校记之属。又清·杨守敬《日本访书志》著录有《脉经》明刊本，题记：“明袁表重刊《脉经》，盖以泰定四年本为原……自袁氏以前，此书唯有成化中淮阳刊本及赵府居敬堂本，皆流传不多。自袁氏本出，此后重刊皆据其本，不可谓之无功。此书余得之小岛朱、蓝、墨笔校记。其朱笔者，嘉定何大任本；蓝笔者，明淮阳刊本；墨笔者，则据《素》、《灵》、《难经》、《伤寒》、《甲乙》等书，可称精详。”详此等校本，亦可谓精校本。凡此类校本，对研探该书旧文原貌，甚有裨益。一者无校记之校本，如宋臣赵拱等参校之《诸病源候论》，不曾留有校记，今存本中有清周学海校勘本，其自序云：“亟以家藏旧本付梓，并取《外台秘要》及日本刻本校之。日本本讹脱极多，而两本互勘，略已完善。”其校本亦无校记。盖此类校本多取迳改法，其底本为何，校本与底本有何异同，改处原作何文，据何书或何本改，概莫能知，同非善法。故此类校本，较之有校记者为差。又后世诸医书，多有加冠“新校”或“重校”字样者，然既不知校人，亦不见校记，无非书贾为生意计，难以为凭。

11. 注本

注本，即前人著作经后人注释过的本子。如《黄帝内经素问》，今存有唐·王冰、杨上善、明·马莳、吴崑、张介宾、清·张志聪、高世栻等注本。《伤寒论》，最早有金人成无己注解，下此而往，则注解之本，不下数十百家。《灵枢经》有唐·杨上善、明·马莳与张介宾、清·张志聪等注本。清·叶天士《温热论》有清·章虚谷《医门棒喝》、王孟英《温热经纬》、宋兆淇《南病别鉴》等注本皆是。

12. 批点本

批点本，即前人著作经后人批注或圈点的本子。如清·吴骞《拜经楼藏书题跋记》著录有《治法汇》，题记云：“右七卷，旧人批本。先君子题云：岐黄之书，惟盱江之说最醇正无弊，相传评点者，为石门某氏。”又《己任编》，题记：“右八卷，内墨笔、蓝笔、朱笔三种评点，卷首眉间书云：乙亥十月偶评，与丁卯庚午批点微别，四卷以后，系幼时笔记，有东皋草堂图记。”《浙江图书馆善本书目甲编》著录有《针灸资生经》，注：“明十二年叶氏广勤书堂刻本，墨笔批注。卷首吴兴姚衡题记。”又《重订婴童百问》，注：“明末书林聚锦堂重刻本，有朱、墨本批注。”凡此等批注、评点，皆后人在刊本天、地或行旁所加。另有些刊本，经名人批注或评点后，有重刊者，则直接刊入书版中。如明·陈实功《外科正宗》，有清咸丰十年许氏刻本，将清·徐大椿对该书之批点，尽皆刻入书版。观许楗序云：“余昔阅《外科正宗》，尝病其纰缪，欲正之未暇也。既而从长洲蒋氏夔得吴江徐氏大椿批本，寻览数四，叹为暗室一灯，遂属季弟楣手订，余随时覆勘，俾成完书。”又许楣“凡例”云：一、余订此书大指，以徐批为主而间附案语……一、徐批原本，或在眉，或在行间，余移附各条后及本句下，览之瞭如，亦免后人重刻挂漏；一、徐批有圈、有点、有勒、有叉，余详注本句下，而通部别加断圈，以分句读。”今详此等刻本，已将批点，尽刻入书中，不复眉批等。又如清·吴道源《痢证汇参》，有王式金评定，今刻本中仍将王氏评语以眉批形式保留于书版。详诸批点之本，其内容虽非尽善，然于读者，亦多有所启迪。

13. 真本

真本，亦称正本，指无所改动之原本，或接近原始面貌之传本。凡自著自刻之本及原刻而又校对无讹者，皆可谓之“真本”，然该类书多不以此相称。此所谓真本，尝指古代医籍因传抄翻刻次数较多，且有后人改动者，则有失原貌，或别有早期传本，未经后人改动者，尝称之为“真本”。如清·杨守敬《日本记书志》著录有《千金方》一卷，日本刊本，题记云：“日本天保三年（按当清道光十二年）摹刻。盖据旧抄本入木，书法亦古雅。首题《千金方》第一，并序。下题处士孙思邈撰。序后一卷子目及本文俱接书，盖据卷子本体式，卷末有正和四年和气嗣成题识。以下其家奕世均有跋语，下至观应之亨德、建治、正安、建武、延庆、唐正、永正、天正三年止。据丹波元坚序称，为遣唐使人所齊回。定为真人原本，未经林亿校定者。惜只存一卷。”按此摹刻本题名为“真本千金方”。详其内容，与今存日本江户医学影刊北宋本《备急千金要方》及宋本《新雕孙真人千金方》，不仅书名、题名有别，其正文亦有不同程度差异。定系古传别本无疑。然是否据唐代抄本，或孙思邈早期传本所抄，则暂难考定。故举凡唐及此前古医籍，所谓“真本”，大多只能是早期古传本或未经后人大量改动之传本，恐真正之原始真本，诚难久传而不佚。

14. 白文本

白文本，即书的正文未附加评点校注等文字的本子。如清·李光地等编《朱子全书·易》：“某自小时，未曾识训诂，只读白文。”又毛春翔《古书版本常谈·套印本》：“又套印书，往往都是白文，注文省略，亦是一病。”按凡诸较早之古籍，大都经后人评点或校注。因称其未加评点或校注之本为白文本，亦与校本及注本相对而言。医籍中如明嘉靖吴悌校刻《黄帝内经素问》十二卷本、《黄帝素问灵枢经》十二卷本，亦基本上属于白文本。又《难经》有明刻白文本等不带后人校注之文字。

15. 伪本

伪本，即通过各种手段作伪而成的本子。如清·孙星衍《廉石居藏书记》著录有《经史证类大观本草》三十卷。题记云：“右《经史证类大观本草》二十九卷，目录一卷，署唐慎微纂。前有通仕郎行杭州仁和县尉管句学事艾晟序，作于大观二年，称谨微为书，二十有九卷，《目录》一卷，集贤孙公得其本，镂版以广其传。此本在政和已前，不附《本草微义》，恐为元刻贾人去序叶之后半木印，及去目录之末叶，以充宋版者。俟得善本再考之。”又孙氏《平津馆鉴藏记》亦著录有本书，题记云：“前有大观二年十月朔通士郎行杭州仁和县尉管句学事艾晟序，即陈氏《书录解题》所见本也。然惟序文、目录、卷一题作《经史证类大观本草》，卷二以下大观改大全。据艾序又本名《经史证类备急本草》，艾序后本有'大德壬寅孟春宗文书院刊行'木印，为书贾剜去，以充宋刻。"又著录《重修政和经史证类备用本草》三十卷，题记云："标题及每卷题下注字，所出经史方书、目录俱同前。大字本。前有商辂序，称《经史证类本草》，旧有庞氏得其善本，后平阳张存惠因庞氏本附以宗奭《衍义》，为之版行。今山东按察佥事茂君彪购求得之，副都御史原君杰命工重锓诸梓，末年月姓名，已为书贾剜去。"此皆书贾以后世本伪充前朝本之例，多以剜版之方法假冒。

又有书贾妄改书名而冒充名家之作或新作者，亦伪本也。

16. 别本

别本、又称异本，亦称一本，即同书而文字与内容、书名不同或不完全相同的本子。如张仲景《伤寒论》一书，今传皆宋臣林亿等校定本。而宋臣校定尚有《金匮玉函经》一书，林亿等序文曰："《金匮玉函经》与《伤寒论》，同体而别名。"此两书从总体方面，皆论伤寒，内容亦大致相同，然有部分内容及文序，两书间亦颇有差异，书名亦完全不同。然《金匮玉函经》实为《伤寒论》之别本。又如晋·皇甫谧《针灸甲乙经》一书，另有明兰格抄本及正统丁巳（正统二年）重刊本之抄本残卷，与今存《古今医统正脉全书》本之文字，亦颇多不同，是亦《甲乙经》之别本也。又如唐·杨上善《黄帝内经太素》，及王冰次注《黄帝内经素问》与林亿等征引之校文，尝作"一本"、"一曰"、"一作"等，皆别本之义。

17. 序跋本

序跋本，即带有某人序或跋的本子，是对同书异本相比较的情况下，亦或用此称谓。如清·杨守敬《日本访书志》著录有《脉经》十卷，影抄元刊本。题记云："元泰定四年，龙兴路医学教授谢缙翁刊本。前有东阳柳质序，又有谢缙翁自序，并载移文一首。据谢缙翁后序称，以官本及广西漕司本，又得乡人黄南膴家本合校。柳质序云：其卷帙篇第，一用陈氏广西之旧。故陈孔硕一序亦赖之以存。今以校何大任本互有异同，而不如何本之胜，唯画条提行，此本又较胜之，后来袁表、沈际飞等，皆从此本出也。"又日本《东洋医学善本丛书》影印影宋本《脉经》，末有嘉定丁丑何大任后序称；"有家藏绍圣小字监本，历岁既深陈，故漫灭字画，不能无谬，然昔贤参考，必不失真，久欲校正传之，未暇，兹再承乏医学偶一时教官，如毛君升、李君邦彦、王君邦佐、高君宗卿，皆洽闻者，知大任有志于斯，乃同博验群书，孜孜凡累月，正其误，千有余字，遂鸠工创刊于本局，与从共之。其中旧有阙文，意涉疑似者，亦不敢妄加补注，尚赖后之贤者。"详绍圣乃北宋哲宗年号。嘉定丁丑，南宋宁宗十三年。是知南宋何氏刊本，乃以北宗哲宗时之监本为底本，再加校勘刻印。似此类序文或跋文，对考证版本源流及判定异文均有重要意义。

18. 图文本

图文本，即将书中内容，以图文结合的方式进行表述的本子。图指图像，文指文字。用图文结合的方式以显示书中内容，据现有文献可知，至少在我国古代秦汉之时，即有之，故书籍又称为图书，盖由于此。在古医学文献中，现知最早为马王堆汉墓帛书《导引图》。在《隋书经籍志》著录医方类，以"图"命名之书，即有《明堂孔穴图》三卷本二种、《灵秀本草图》、《芝草图》、《黄帝明堂偃人图》、《明堂虾蟆图》、《十二人图》、《扁鹊偃侧针灸图》、《黄帝十二经脉明堂五脏人图》、《治马经图》、《马经孔穴图》、《引气图》一卷、《引气图》三卷等十三种；宋·郑樵《通志艺文略》著录之医籍，以图命名者，多达五十种左右。其中主要是脏腑、经脉、腧穴、本草、导引、产育、兽医等方面的书籍。凡诸医籍，文可以明者则文之，图可以明者则图之，文不可以尽明者则辅之以图，图不可以尽明者则辅之以文。此足见图对于显示内容有着十分重要的意义，故古医籍中，图文本占有相当的数量。

就图文本的内容而论，主要有以下几种情况：

（1）绘图本，单纯的绘图而绝无文字之本尚未发现，大多是以绘图为主而辅少量文字之本。如马王堆汉墓帛书《导引图》。此帛书经整理复原后可见，原为工笔彩绘四十四个人物全身像，上下四行排列，男女各半，老少均有，动作各异，形象人殊。显示各种导引法之基本动作，并辅有题名，然残缺者有十九名。是一幅典型的彩绘导引图。又如唐·张彦远《历代名画记》载有《神农本草例图》，内容不详，又《灵秀本草图》，注云："起赤箭，终蜻蜓，源平仲撰。"按此二书撰注年代均不详，然既入名画之例，定是画工精美，必系出于名家之手，后世本草图谱等书，亦属此类。

（2）插图本，即以文为主而插入一定图画之本。如马王堆汉墓帛书《胎产书》，中有插图二，一为"人字"图（按整理者据睡虎地秦简中《日书》甲种"人字"图定名），为两人形图，无文字说明；一为"禹藏埋胞图"（按整理者据马王堆医书《杂疗方》"禹藏埋胞图法"定名），是选择埋胞衣的时间、方位等之示意图。又如朝鲜·金礼蒙《医方类聚》卷五引《五脏六腑图》，插图有五脏及胆之脏形、神形、其化形等。如肝，"其象如匏，其神如青龙……化为二玉童，一青衣，一黄衣"等。又《黄帝虾蟆经》，插图有虾蟆随月生毁图、人神所在图、灸针谨避六十日节图等。又《难经集注》中保留宋丁度注本图二十一幅，大多为诊脉部位图。他如《针灸资生经》之腧穴图，《本草纲目》之药物图、《敖氏伤寒金镜录》之舌胎图、《外科正宗》之痈疽图、《医宗金鉴·正骨心法要旨》之正骨图等，皆属插图本。

（3）示意图本，示意图是对某种理论或概念，通过综合分析等方法，以图表的形式，以揭示其内涵的重要意义。凡此类图表，无实物可据，又无需绘画之技法，多由撰、注人自意设之。如《灵枢经·九宫八风篇》有"合八风虚实邪正"图一幅，后另有九宫文字说明。《太素》卷二十八"九宫八风"亦有此图，惟犹加复杂。又明·张世贤《图注难经脉诀》，其中《难经》有图解八十一幅，《脉诀》有图解四十九幅，除少数脏腑、腧穴、诊脉部位、身形部位等形象图外，大部分为示意图。又自宋·刘温舒《运气论奥》以后，运气诸书中之五运六气诸图，亦大都为示意图。又张介宾《类经图翼》，其中运气方面大多为示意图，经络针灸方面大多为形象图。此类示意图，对引导与启迪读者，加深理解其内容之涵义，亦颇有重要意义，对文字说明具有一定的辅助作用。故此类示意图，在医籍中亦不鲜见。

19. 过录本

过录本，即将别家对某书批校的文字，过录于另一本之中，即为过录本。如清·吴骞《拜经楼藏书题跋记》著录有《治法汇》，题记云："右七卷，旧人批本，先君子题云：'岐黄之书惟盱江'（按《治法汇》，明·张三锡撰。三锡，字叔承，别号嗣泉，江苏南京人。盱江，在今江西境，故亦非三锡地望。又宋·李觏，儒者，学者称盱江先生，然不闻有医著。此称'盱江'，不知何意）之说，最醇正无弊，相传评点者，为石门某氏。……又云二愚兄有旧时徐养余斋过录《治法汇》一部。"又如中国中医科学院图书馆藏明·吴勉学校勘步月楼刻印之《针灸甲乙经》,上有日本小岛尚质父子朱墨批校,又有日本奈须恒德氏批语。外封页有耿鉴庭先生跋云:“此书原藏柯逢时处,乃日本访归者,有小岛父子朱墨批校,柯氏复倩刘君殿臣过奈须恒德之批,并加跋语,可宝也。”凡此等,乃过录本也。

20. 几卷本

几卷本,即同书异本而卷数不同的本子。此种不同卷本,一者整理人有意将卷数进行分合;一者刊印家特为标新立异。如《黄帝内经素问》,今存王冰次注、林亿等新校正本为二十四卷本,元至元五年胡氏古林书堂刊本为十二卷本,明正统《道藏》本为五十卷本,明·马莳《黄帝内经素问注证发微》及清·张志聪《黄帝内经素问集注》均为九卷本,又清宣统二年金陵王修《黄帝内经素问灵枢合编》(按即俗称《张马合注》本)则作十卷本。又清·黄丕烈《荛园藏书题识续录》著录有《杨仁斋直指方论》十三卷旧抄本,题记云:“郡中有外科医生高某,家多秘本医学书,相传有《仁斋直指》,外间均未之见。及去岁某故,所遗少妾幼子,家中书半皆散佚,而此书亦出,余得寓目,因遍检藏书家目,皆云《仁斋直指方论附遗》二十六卷,与此十三卷不合……今兹岁初,偶于坊间获明刊本二十六卷者,乃又追踪十三卷之抄本,始悉改十三卷为二十六卷者,出于明人。其目录之大小字,或照原,或更改,尽出臆断,而本书面目尽失。”是皆出于整理人之手。又如清·吴骞《拜经楼藏书题跋记》著录有《宣明论方》七卷。题记云:“先君子书《河间三书》前云:《河间宣明论方》原刻七卷,后人翻刻妄分为十五卷,而行款亦多改换。余家旧藏,有大定己亥古唐马口口序。旸按:《四库目录》亦十五卷……自序称三卷,此本乃十五卷,其方下小序有称灌顶王子所传者,金时安有是名。知传刻有所窜入也。其作十五卷,盖亦据近时刻本。”又如清·鲍相璈《验方新编》,原有清道光二十九年广州海山仙馆刊十六卷本,同治四年又有维扬富文堂刊八卷本,同治十三年潮城文林阁刊二十四卷本,另有同治三年文贵堂刊《增广验方新编》十八卷本等。诸不同卷本间亦多有差异。凡此,皆出于刊印家之手。

十四、以用途区分

以用途区分,指版本在使用方面区分的名称。常用者主要有以下几种:

(1) 进呈本,即进呈给内庭的本子。如宋·朱肱《南阳活人书》,卷前附录“进表”称:“谨遣男遗直,赍臣所撰书一函八册共二十卷,躬诣检院,投进以闻,委有观采,伏乞宣付国子监印造颁行。”故此即进呈本也。又清代修《四库全书》时,各地均有各类图书的进呈本,供编者选用。就医籍而论,如《难经本义》、《甲乙经》等为两淮盐政采进本,《巢氏诸病源候论》等为浙江巡抚采进本,《素问入式运气论奥》、附《黄帝内经素问遗篇》等为两江总督采进本等。所谓“采进本”,即采访或采购进呈之本也。又如清·阮元在官浙时,尝访购《四库》未收之书,仿《四库全书总目》之式,与鲍庭博、何元锡等审订原委,撰写提要,进呈内府。其中医籍有《严氏明理论》及《后集》、《千金宝要》及《难经集注》、《脉经》、《类编朱氏集验医方》、《史载之方》、《陈氏小儿病源方论》、《中藏经》、《玉函经》、《图解素问要旨论》等十种,此亦进呈之本。

(2) 底本,又称蓝本,即校勘、翻译、刊印书籍时所依据的本子,或抄本或刊印本所依据的本子。清·恽敬《与黄香石》:“谨将原稿送呈,希饰贵高足抄录后即见掷,并无底本也。”

又清·段玉裁《与诸同志书》:“校书之难,非照本改字不伪不漏之难也,定其是非之难;是非有二:曰底本之是非,曰立说之是非。”清·王士祯《居易录》:“今方修《一统志》,似当以旧《通志》为蓝本。”清·钱大昕《十驾斋养新录·傅奕诋浮图法》:“唐傅奕上疏诋浮图……此韩退之《佛骨表》之蓝本也。”凡翻印或校印诸古医籍,均需选用善本作为底本。如《丛书集成初编》收《医经溯回集》,据《古今医统正脉全书》本排印;《慎疾刍言》,据《思进斋丛书》本排印。又如日本度会常珍仿宋椠本《素问校讹》,即是以医庠所藏明初翻宋刊本为底本,另取古抄本及元椠本相校。又如清·孙星衍《平津馆鉴藏记续编》著录有《钱氏小儿直诀》四卷,题记云:“此本余从天一阁写得之。”是天一阁本即此抄本之底本也。

今校勘、注释、语译古医籍时,均需选一善本为底本,此本又称“工作本”,即在此本的基础上进行工作。

(3) 校本,此指校书时,在广备众本的基础上,选一最佳本为底本,余者均为校本。今人校书,校本又有主校本与参校本之称。所谓“主校本”,即选用时间较古、质量犹佳之本为主校本,余者可作为参校本。如今人李聪甫主编《中藏经校注》,以平津馆孙星衍氏刊本为底本,以赵孟頫手写本、清乾隆五十七年周锡瓒点校本为主校本,以清光绪三十三年重印江阴朱氏校刊《医统正脉全书》本、日本宽保二年刊本、光绪六年徐舜山校刊本、光绪十七年周学海校刊本为参校本即是。

(4) 定本,即经过编排、整理、或校勘,最后确定而准誉写或付诸刊印的本子。如《晋书·孙盛传》:“《晋阳秋》词直而理正,咸称良史焉……盛写定两本,寄于慕容隽。”《魏书·孙惠蔚传》:“臣今依前丞臣卢昶所撰《甲乙新录》,欲裨残补阙,损并有无,校练句读,以为定本。”宋·朱熹《答吕伯恭书》:“闻所著已有定本,恨未得见,亦可示及否?”又《注解伤寒论》林亿等序云:“国家诏儒臣校正医书……今先校定张仲景《伤寒论》十卷。”《外台秘要》宋皇祐三年五月二十六日札文云:“欲望圣慈特出秘阁所藏医书,委官选取要用者,较定一本,降付杭州,开板模印。”是皆为定本,亦犹今日著述或校注别书之最后定稿,以待付印者。

(5) 样本,指印出以待审查、校订或观赏等作样品的本子。如清·顾炎武《与李良年书》:“顷者,《日知录》已刻成样本,特寄上一部。”又今凡出版家之印书,均先印出清样,以供编辑、校对及编写人员进行校订者,犹样本也。

十五、以流通情况和价值区分

以流通情况和价值区分,指根据图书在社会上流传的情况及图书具有的质量标准而加以区分。主要有以下几种:

(1) 通行本,亦称俗本,指在社会上流传较多,或刊印单位不明确而刊印质量亦较次的本子。此种本一般非精刊精校之珍贵版本,多系刊家取一般传本为底本,刊印质量如雕版技术、印书纸张等条件,要求亦较低下,其价格较低廉,故易在社会上流通。如《四库全书总目·医家类》著录之书有《金匮要略论注》、《外台秘要》、《素问元机原病式》、《宣明论方》、《伤寒直格方》、《伤寒标本心法类萃》、《薛氏医案》、《名医类案》、《证治准绳》、《景岳全书》等较多医著,皆为通行本。正由于此,加之原书写校对不甚严谨,故使该书质量颇受影响,又如清·周中孚《郑堂读书记》及《补逸》著录之医籍有《素问直解》、《图注八十一难辨真》、《图注脉诀辨真》及《附方》、《巢氏诸病源候论》、《医方选要》、《本草万方针线》、《针灸大成》、《寿世保元》、《增补内经拾遗方论》、《增补痘疹玉髓金镜录》、《医宗必读》、《古今名医汇粹》、《食物本草会纂》、《伤寒论翼》等，皆为通行本。按该《读书记》及《补逸》著录诸书，皆详明刊印家名号、或丛书名称及写本等，惟此通行本均无，且有的在题记中另有说明。如《图注八十一难辨真》记云："是本为坊贾所重刊，故增其书名，又并其卷数也。"《针灸大成》记云："原名《卫生针灸元机秘要》，前有王国光序，尚仍其称。至万历辛丑赵文炳重刻，始易以今名，复为之序……（此本）前又有顺治丁酉李月桂康熙戊寅王辅重刻序。是本即辅所刻本也。"按凡此亦足以说明此中所谓"通行本"之意也。又清·耿文光《万卷精华楼藏书记》著录医籍有《脉诀》、《巢氏诸病源候论》、《银海精微》、《本草纲目》及《本草图》、附《万方针线》、《奇经八脉考》，皆为通行本，均未注明刊人名称及刊印年代。是所谓"通行本"，亦指无明确刊印年代、刊人及质量较差之坊刻流通本。

（2）孤本，即仅存一本而别无副本的本子。就《中医图书联合目录》而论，著录诸书，有诸多仅一馆所存孤本。如清·田晋蕃《内经素问校证》、原署唐·王冰撰《天元玉册》抄本、明·周荣起女周祐、周禧合绘彩图《本草图谱》蝴蝶装本等，唯汤溪范氏栖芬室有藏本。又如《刘涓子鬼遗方》宋刻本、《针灸资生经》元广勤书堂刊本，唯北京图书馆有藏本。又如《三因极一病证方论》南宋刻配补元麻沙复刻本，唯北京大学图书馆有藏本。又如佚名氏《按摩经》抄本，唯山东中医学院图书馆有藏本等。似此等独家藏本，即属孤本。当然，其中或有私人藏本或流入国外者，亦或有之，但大多数应属孤本无疑。

（3）秘本，即秘藏或秘传而不轻易示人的本子。此种本多系累世秘传之秘法秘方类书，或稀世珍贵之古传秘本。如《黄帝内经素问》王冰自序云："时于先生郭子斋堂，受得先师张公秘本，文字昭然，义理环周，一以参详，群疑冰释。"又《千金要方》卷九第九云；"江南诸师，秘仲景要方不传。"即指秘本。

（4）珍本，即稀缺珍贵的本子。如鲁迅《书信集·致增田涉》："余书（几乎全部是余书）在上海和书店一起烧掉了，所以现存的便成珍本。"又如裘庆元编纂之《珍本医书集成》，收书九十种，大都为稀缺珍贵之本。

（5）藏本，即藏书家或名家收藏的本子。就一般而论，凡藏书家或名家收藏的本子，多系学术性、文物性、艺术性较强者。就医学而论，自来医学名家，无不注意珍贵医籍的收藏。如《史记·仓公传》："公乘阳庆年七十余，意得见视之，谓意曰：尽去尔方书，非是也。庆有古先道遗传黄帝、扁鹊之《脉书》……甚精，我家给富，心爱公，欲尽我禁方书悉教公。"《黄帝内经素问》王冰序云："惧非其人而时有所隐，故第七一卷，师氏藏之，今之奉行，惟八卷耳。"以上足可证明，诸多医学名家，均注意收藏珍贵医籍，且不轻易示人。又如宋·刘昉《幼幼新书》附"士大夫家藏"，著录有十四家传方，亦皆家藏抄本。如清·周中孚《郑堂读书记》著录有《钱氏小儿药证直诀》及《附方》、《董氏小儿痘疹备急方论》，乃常熟钱氏述古堂藏本。清·陆心源《皕宋楼藏书志》著录有《补注释文黄帝内经素问》，明赵府居敬堂刊本，陆耳山旧藏；《孙真人千金方》，宋刊配元刊本，黄荛园旧藏；《大德重校圣济总录》，旧抄本，陈仲鱼旧藏；《鸡峰普济方》，宋刊宋印本，天籁阁旧藏；《普济本事方》残本，宋刊宋印本，陈白阳旧藏；《医经正本书》，影抄宋刊本，汪喜孙旧藏；《新刊惠民御药院方》，元至元刊本，张月霄旧藏。又如清·潘祖荫《滂喜斋藏书记》著录医书共七目九种，其中八种不仅有藏家，而且有藏书钤印文，多者钤文达十六家。如宋刻《三因极一病证方》，为宋刻配补元刻本，藏印有：弜口乔、皮书楼、默庵、奕叶书香、水月真人、锡山余氏、古杭瑞南高士深藏书记、武林高深甫妙赏楼藏书、妙赏楼藏、高氏鉴定宋刻板书、五岳真形、汪士钟印、艺芸主人、长洲汪骏昌藏、骏昌雅庭、吴中汪四等，足证此本已经多次被名家展转收藏。以上诸例亦可说明藏本之可贵如此，故对版本之应用与研究，亦十分注意藏本。

(6) 焦尾本，即藏书室经火灾之后，烬余而幸存的本子。焦尾之名，源于焦尾琴，《后汉书·蔡邕传》："吴人有烧桐以爨者，邵闻火烈之声，知其良木，因请而裁为琴，果有美音，而其尾犹焦，故时人名为'焦尾琴'焉。"因烬余之书遂名"焦尾本"。如《避暑录》黄元明云："鲁直旧有诗千余篇，中岁焚三之二，存者无几，故自名《焦尾集》。"如《皕宋楼藏书志》著录张纫庵校《道德真经指归》七卷，钱氏跋云："绛云楼余烬乱帙中得之，属遵王遣人缮写，成善本。"张氏跋云："此书亦胡氏所刻，从绛云烬余本补抄。案此亦'焦尾本'也。"按古医籍中尚未见有焦尾本者。

(7) 善本，简言之，即文物价值、艺术价值与学术价值等较高、刻印与抄写较好的本子。关于"善本"的评价与认定，是一个比较复杂的问题。善本具有一定的时间性、科学性、学术性。因此，不同的历史时期，均有其特定的具体条件，作为评定的标准。凡符合条件者，即为善本。下面就有关善本问题，分别加以论述。

1) 善本的提出：早在汉代已有"善书"之说，如《汉书·河间献王刘德传》："从民得善书，必为好写与之，留其真。"此所谓"善书"，好书、善本也。善本之名，则出于宋人。如欧阳修《集古录跋尾·唐田弘正家庙碑》："自天圣以来，古学渐盛，学者多读韩文，而患集本讹舛，惟余家本屡更校正，时人共传，号为善本。"又宋·朱弁《曲洧旧闻》卷四："宋次道家藏书，皆校雠三五遍，世之藏书，以次道家为善本。"又周煇《清波杂志》："国朝庆历年间命儒臣集四库为籍，名曰《崇文总目》，凡三万六百六十九卷，尔后于《总目》之外，日益搜补校正，皆为善本。"据此说明，旧时传本，类多讹舛，故非善本，经雠校之后，方为善本。此善本之义，特指经校对无讹之本也。后世遂沿用此义，读书、藏书，力求善本。

2) 清人论善本。明、清之世，书家甚多，藏书亦富。凡诸藏家，无不重视善本。对善本之义，亦多见其说。如张之洞《輶轩语·语学篇·读书亦求善本》："善本非纸白版新之谓，谓其为前辈通人用古刻数本，精校细勘，不讹不缺之本也。善本之义有三：一曰足本（无缺卷、未删削），二曰精本（精校、精注），三曰旧本（旧刻、旧抄）。"张氏此说，对后来影响较大，论及"善本"时，必引张说。然而张说存有两个明显的缺点，一者"足本"与"旧本"之间有着难以解决的矛盾。因为既是足本又是旧本之本，即明、清人著作，有些由于各种原因，已成残本，何况宋、元，更难言汉唐、先秦。若如此则诸多有重要文物价值、艺术价值及学术价值的古书旧本，甚至很古很旧（如敦煌卷子本、出土简帛书）之书，虽属旧本，而难以称善。一者"旧本"之义，缺乏明确的断限。"旧"是一个模糊概念，具有一定的时间性，汉人以先秦及远古为旧，唐人以隋以前者为旧，宋人以唐以前为旧，当然，清人自是以明以前者为旧。因而，此一概念，应有其断限的规定义，方有普遍性的意义。故张氏对"善本"的界定，尚不够完善。与张之洞几乎同时代人丁丙，在其《善本书室藏书志》编辑条例中，提及四点，即旧刻、精本、旧抄、旧校，并对这三旧一精作了具体说明：一曰旧刻，指宋、元遗刊。二曰精本，具体谓宋椠及明正统、成化间，刻印尤精；自洪武至迄嘉靖，萃其遗帙，择其最佳者，甄别而取之；万历以后，间附数部，皆雕刻既工，世鲜传本者。三曰旧抄，指明、清名家抄本，举例为明姑苏丛书堂吴氏、四明天一阁范氏及明小山堂赵氏、知不足斋鲍氏、振绮堂汪氏，而寒家所藏，则需尤异者。四曰旧校，指出自名家之手者，举例为仁和卢抱经、吴县黄荛园、阳湖孙星衍。丁氏此说，当然是从收藏家的角度立论。故将“足本”改为“精本”，就其对旧刻的断限而言，在清人来说，也有一定道理。因明刊本中嘉靖以后刊本，确亦不及以前之精善，从时间上说，清代刊本，当时亦非罕见之本，故较之张氏所论，犹为完善。

3）今人论善本，辛亥革命后，学术界对善本的说解，在前人的基础上，逐渐赋以新的含义，近人李致忠先生在《善本浅谈》及《古书版本学概论》中特提出“三性”说，即历史文物性、学术资料性、艺术代表性。并进而解释曰：“所谓历史文物性，当有两个方面的含义：一是指古书版印、抄写的时代较早而具有历史文物价值；二是指古书可作为历史人物、历史事件的文献实物见证而具有某种纪念意义。”“所谓学术资料性，除了指精校细勘、文字上脱讹较少和经过前代学人精注精疏的稿本、写本、抄本、印本之外，还应包括古书中那些在学术上有独到见解，或有学派特点，或集众说较有系统，或在反映某一时期、某一领域、某一人物、某一事件的资料方面，比较集中、比较完善、比较少见的稿本、写本、抄本、印本。”“所谓艺术代表性，主要是指那些能反映我国古代各种印刷技术的发明、发展和成熟水平；或是在装祯上能反映我国古代书籍各种装祯形制的演变；或是用纸特异，印刷精良，能反映我国古代造纸工艺的进步和印刷技术水平的古书。”并进一步指出“在现存古籍中，凡具备历史文物性、学术资料性、艺术代表性。或虽不全备而具备其中之一二，又流传较少者，均可视为善本。”此种“三性”说所规定的标准，较之清人之说又较完善，它不仅注意到学术问题，而且注意到文物方面的价值。

1978年在南京召开的《全国古籍善本书总目》（后更名为《中国古籍善本书目》）编辑工作会议上和会议后，又制定了更为明确的“九条”，作为具体工作中掌握的标准。其具体内容为：

（一）元代及元代以前刻印、抄写的图书（包括残本和零页）。

（二）明代刻印、抄写的图书（包括具有特殊价值的残本与零页），但版印模糊、流传尚多者不收。

（三）清代乾隆及乾隆以前流传较少的印本、抄本。

（四）太平天国及历代农民革命政权所印行的图书。

（五）辛亥革命前，在学术研究上有独到见解或有学派特点或集众说较有系统的稿本以及流传很少的刻本、抄本。

（六）辛亥革命前，反映某一时期、某一领域或某一事件资料方面的稿本以及流传很少的刻本、抄本。

（七）辛亥革命前的名人学者批校、题跋或过录前人批校而有参考价值的印本、抄本。

（八）在印刷上能反映我国古代印刷技术发展、代表一定时期技术水平的各种活字印本、套印本或有较精版画的刻本。

（九）明代印谱全收。清代的集古印谱、各家篆刻印谱的钤印本，有特色或有亲笔题记的收，一般不收。

按上引“九条”内容，可以明显看出与“三性”内容直接相关。将“三性”的某些问题更加具体化，在时间断限方面，较之“三性”更为明确。因此，作为当代对古籍善本的评定标准，尽管在学术界尚有争议，但它也反映了相当一部分学者对古籍善本的认识，因而，仍具有重要参考价值。对中医古籍善本的评定，也同样如此。

从上面简单的介绍来看，从善本问题的提出，到今日对善本标准的制定，有着十分明显的时代性特征。从宋人的“校正无讹”，到清人张之洞的足、精、旧三本及丁丙的三旧一精（旧刻、旧抄、旧校、精本），到今日的“三性”、“九条”，其基本的着眼点均在于古籍。具而言之，数千年的文化遗产，归结到文献或者说古籍方面，反映出的情况主要有四点，即流传较古，学术价值较大（包括考证、应用、工艺、美术、文物等），传本不一，讹误较多等。正由于其学术价值较大，故使学术界尤为重视；由于其流传较古，而古无准限，故对古籍的圈定，则各个时代不同。由于其传本不一，故有善与不善之别；由于其讹误较多，故注意到校雠等等。因此，对善本的评定，大都着眼于这些因素。当然，目前的这些认识和评定标准，还难能尽善，随着时间的推移和研究工作的进一步深化，对“善本”问题，定将得出更为完善的认识。

第六节　书版款式与书形称谓

自雕版印书兴起后，对书版形式，在书写形式的基础上，逐渐形成了版面特有的格式，名为版式，又称款式。其中特有的文字记录为题文。此种书版款式，从宋代大量雕版印书以来，其基本形式，金元及明清刊本亦皆沿仍旧制，大致相近。但在设计方面，也有些差异，形成了带有一定时代特征的风格。因而，对书版款式的了解，于版本的鉴定，具有一定的参考价值。书叶则是书版刷印而成，积叶成册，积册为书。因而作为书，又是全部书版印叶的综合。然既成为书，又有特有的一些称谓，是亦当知。

一、书版的款式及题文

（1）版面，古代雕版印书时，均为单面印刷，然后将有字的一面向外，无字的一面向里对折成一个书叶。此一书叶所显示内容，构成一幅完整的书版面。

（2）书叶，如上所述，一个完整的书版印出的一个印张，即为一叶。宋·欧阳修《归田录》卷二：“唐人藏书多作卷轴，其后有叶子，其制似今策子。凡文字有备检用者，卷轴难数卷舒，故以叶子写之。”宋·程大昌《演繁露·叶子》：“古书皆卷，至唐始为叶子，今书册也。”马衡《中国书籍制度变迁之研究》：“叶子即未经黏连之散叶，对卷子而言，便称叶子。”是知书版之每一印张称“叶”，亦从“叶子”沿用。每一书叶分前后两面，每面犹今之一页。

（3）版框、亦称版廓、边栏。为廓定书版版面范围而设置的栏线。从整版看，为横长方形，从半个版面看，为竖长方形。此种栏线，原在帛书及敦煌卷子中已可见到。一般均单线条单边。唯帛书与卷子，尚无书叶，皆系条形横长幅，故其栏线为横贯全幅。迨至雕版印刷后，其栏线则仅限于一个版面。栏线的形式亦逐渐多样化。主要有以下几种：

1）四周单边，即版框四周为一单边栏线，均呈粗线条式。上栏线称上边或上框，下栏线称下边或下框，左栏线称左边或左框，右栏线称右边或右框。

2）四周双边，又称文武双边。即在四周粗栏线内，附加一条平列的细栏线。

3）左右双边。即上下栏线为单边，左右栏线为双边。

4）花边，又称花栏，即以图案花纹组成的边栏，如“卐字栏”、“竹节栏”等，形式不一。

凡古籍大都有版框，但亦有无框之本。

（4）天头，又称书眉、眉栏，即书版上栏以外之空白处。以其居上，故曰天、曰头、曰眉。天头面积，一般较下部的地脚为宽。天头宽度，并无定制，因书而异，有的较小，有的较大，有的特别宽大，多属书身较长者，往往留的天头较大。

（5）眉批，即在书眉处的批注、评语、订误、校文、音注、题名等文字。有作者自加者，亦有为后人所加者。有已雕版上书者，亦有为刊印后书写者。

（6）上栏外框，即在上边栏之上，天头之处，另有一小框，或单边，或双边。又称“栏外耳格”。框内识文，大多为少量批注文，尤显醒目。

（7）上框栏线抬头，上框栏线一般均为平行横线，但有的书版上栏界线在某行之上方突出一二字格，使界内该行文字抬头另行。此类文多系封建帝王的具体名讳、年号、谥号或浑称等，以示尊严。其涉及帝王名讳之字，用此法者，可以不作缺笔、易字等处理方法，故此亦为处理讳文的一种方式。

（8）书耳，亦称耳格、耳子，或省称耳。即版框边栏上方之小长方框，若人之耳，居于面颊之上方，故曰“耳”。居于左边栏上方者为左耳，为耳格之最常见者；居于右边栏上方者为右耳，此种不多见。

（9）耳题，即耳格内之题文，多为篇名或小题。

（10）版心，亦称页心，或省称心。即在两个叶面的中心部，亦即两叶面对折处，有一无正文之空行，称为“版心”。以其在整个版面的中心，故曰“心”。此处多刻有鱼尾或象鼻，其空白处，间有题文。

（11）鱼尾，即刻在版心中段如鱼尾形状的图案，称为鱼尾。清・赵慎畛《榆巢杂识》：“书中开缝每画，名为鱼尾，象形也。”鱼尾亦为在书版中心部折叠处的标志。鱼尾的形式呈多样，主要有以下几种：

1）单鱼尾，即在版心中段上部只有一个鱼尾者。

2）双鱼尾，即在版心中段上下各有一个鱼尾者。

3）黑鱼尾，即鱼尾廓内不剜空，印出后全呈黑色者。

4）白鱼尾，即鱼尾四周只刻有廓线，余皆剜空，印出后呈白色者。

5）花鱼尾，即鱼尾形体刻有花纹者。

6）线鱼尾，即鱼尾形体呈双线条式或多线式。

7）曲鱼尾，凡鱼尾斜口处，大都为直线，但亦有曲线，成形，为曲尾，唯此种较少见。

8）对鱼尾，双鱼尾之尾端呈相对形，即上鱼尾之尾端向下，下鱼尾之尾端向上，上下两鱼尾之尾端成相反方向。

9）顺鱼尾，双鱼尾呈顺向形，即上下鱼尾之尾端均呈向下方向。

10）三鱼尾，即有上、中、下三个鱼尾，一般为上、中两鱼尾之尾端向下，下鱼尾之尾端向上。此种鱼尾较为少见。

凡古籍大都有鱼尾，但亦有无鱼尾者，如清光绪五年扫叶山房刊《金匮要略论注》即无鱼尾，或仅有二条细横线，将书口界为三格，亦无鱼尾者。

（12）书口，即古籍包褙装与线装本书叶正中折叠处，装订成册后为书籍开合一侧的端面，也就是每个书叶的正中折缝。以其为书之开合处，有若口焉，故称“口”。书口有以下三种形式。

1）白口，即当鱼尾之上下至上下边栏处为空白者，或全书口均为空白者，称白口。

2）黑口，即当鱼尾之上下至上下边栏处中间有纵向墨线者为黑口。墨线细者为小黑口，墨线粗者为大黑口。

3）花口，即在书口处，刻有文字者，称花口。

（13）象鼻，象鼻之义，说法不一。

毛春翔《古书版本常谈》："鱼尾上下到版框为止，这空格叫作象鼻。象鼻空白叫作白口；有一细墨线的叫作细黑口，或小黑口……。"

陈国庆《古籍版本浅说》第三章"象鼻"：版口上下两端的界格，称为象鼻。这是就其形状而起的名称。象鼻中空的，称为白口。象鼻中有墨线的称为黑口……。"

雷梦水《书林琐记·古书常用名词术语浅说》鱼尾象鼻："在版心中缝刻有记号，因为它的形状好象鱼的尾巴，又似象的两鼻，俗称'鱼尾'或'象鼻'。……（编者注：另一种说法，象鼻系以鱼尾与上书口连接起来看，似象鼻形状，故称'象鼻'。）"

曹之《中国古籍版本学》第二章第一"古籍的结构：象鼻——连接鱼尾和版框的一条线。这条线有粗细之别，粗的叫大黑口或阔黑口，细的叫小黑口、线黑口或细黑口，没有象鼻的，叫白口。"

据上说可见，象鼻之义，已有四说，一者谓版口上下两端的界格；一者谓象鼻即鱼尾；一者谓象鼻系以鱼尾与上书口连接起来看，似象鼻形状；一者谓连接鱼尾和版框的一条线。究竟孰是，尚需再考。

（14）口题，即版口中题记的书名、篇名、卷次、叶数、刻工姓名、刊行者名称、字数等，个别亦有刻册数者，内容不一。

书名，大抵刻简名，明万历以后，亦有刻全名的。大都刻在书版上口或上鱼尾之下。

篇名，大都刻在上鱼口之下，与卷数相连。

叶数，大都刻在下鱼尾上，若无下鱼尾者，则刻在近下口处。

刻工姓名，详见下文。

刊行者名称，此或为刊行人或刊行单位名称，多刻在书下口。

字数，即每一书版的实际大小字数，或刻于书口上，或刻于书口下。

凡此口题，题记最多者为书名、卷次、叶数。余者各书不备具。

（15）刻工姓名，即刻字工人的姓名，多刻在书版的下口。

题记刻工姓名，自宋代雕版印书以来，历代均有。惟清代因受文字狱影响，刻工尝不敢上名。如清·陆莘行《秋思草堂遗集》云："（庄廷鑨钱案）凡刻书送板钉书者，一应俱斩。一刻字匠哭曰：'上有八十之母，下有十八之妻，我死妻必嫁，母其谁养。'言讫就刑。"因此，诸多刻工名手，多隐而无人知也。

题记的方式，有全名与简名之别。全名者，姓名俱全。简名者，或仅记姓，或仅记名，又有两字名者，或仅记一字。尤以元代所记刻工，以简名为代。

历代刻工，据近代版本学家研究，有文可考者，以宋代最多，约有三千余人，大都在杭州、成都、眉山、建阳、南京、苏州、抚州、吉州、池州等地，亦可见诸处刻书事业之盛况。明代刻工可考者则近五千人。又1991年上海古籍出版社出版王肇文先生《古籍宋元刊工姓名索引》序云："以新华书店总店印发的《宋元刊工表》及近来影刊、影印的各种宋元善本，凡三百六十九种，作为收录刊工的范围……共得刊工四千五百人。全国各大图书馆及古籍研究者，积有此类资料或许有三五倍之多，但迄今未见发表。"此书虽未能尽收宋元刊本，但亦有一定代表性，且此书辑录诸书具体刊工姓名，对研究宋元版书，确具一定参考价值。

又每一部书，特别是大部头书，常非一人刊成，乃出多人之手。如《太平御览》一书，刻工多达150人左右。又如宋本《杨子法言》,虽仅有72页,而刻工竟达40人之多。又如有些递修本,常可见不同年代刊工姓名。如《古籍宋元刊工姓名索引》著录有《周易注疏》十三卷,为宋两浙茶盐司刊递修本,刊工分三期,第一期为南宋初杭州地区良工,第二期为南宋中叶杭州地区补板工人,第三期为元时李德瑛。因此有些书的书版,从刻工方面,常可看出明显的差异。

根据上述情况,研究和掌握刻工姓名,对了解历代各地刻书情况及版本鉴定,确有一定参考价值。但亦需注意有些刻工生活年代跨朝代,故其刊书年代,尚应考定。另有翻刻前人刊本,常连刻工姓名照刻,极易滥真。至于递修诸书,更应详加考察。

(16) 栏外题,即在边栏外左下角或右下角有所题志者,其在右方题志者,称前栏外题;其在左方题志者,称后栏外题。如《古籍宋元刊工姓名索引》著录有《周易》十卷(涵芬楼)元相台岳氏刊本,"四周双边,双鱼尾,上记字数,下记刻工姓名,左栏外记篇名。"

(17) 界行,亦称行线、边准、界格。即书版框廓内版面由栏线界定的行格。此种界线,源于写本所用绢织成或以纸画成的界线,有"朱丝栏"、"乌丝栏"之称。朱,红色;乌,黑色。如唐·李肇《唐国史补》卷下云:"宋亳间,有织成界道绢素,谓之乌线栏、朱丝栏,又有茧纸。"引伸之,以纸印红界格的名"朱丝栏",印黑界格者名"乌丝栏"。唐以前写本有以铅画栏者。如《大唐书仪》云:"写以黄纸,界用铅栏。"唐、宋时又有制界纸者,即画有直行的纸。如唐·路德延《芭蕉》诗:"叶如斜界纸,心似倒抽书。"宋·楼钥《跋陈进道所藏杜祁公诗》:"左杜正献公诗翰,界纸谨书。"明清之时,犹有此界纸者,以颜色区分,有红格、黑格、蓝格、绿格之分。

(18) 行款,即书叶版面的行数与每行的字数。由于同一种书,不同时代或不同刊家的刊本,其行款常有所不同。而且行款尝具有一定的时代特征,故行款亦为版本学家及收藏家所注意。书目著录,亦多对行款加以表述。如王重民先生《中国善本书提要》著录诸书,均注明行款。著录行款的方式,均以一面为计,而不是以一叶为计,如言"八行十七字",即一面为八行,而一叶则为十六行。十七字,为每行之字数。因而行款亦为鉴定或区别版本的依据之一。

(19) 高广,即版框之纵横尺度。高者,纵长尺寸。广者,横宽尺寸。均书版半叶为计。古籍著录高广,始见瞿中溶《古泉馆题跋》,惟只举一书,言大版、中版而已。后缪荃孙《学部图书馆善本书目》乃以尺寸记版框高广。其后目录学家多效仿之。惟所用量尺古今有别,古用营造尺,今用米制。营造尺者,自唐以来历代营造工程中所用之尺。《续文献通考·乐考八》:"商尺者,即今木匠所用曲尺。盖自鲁般传至于唐,唐人谓之大尺。由唐至今用之,名曰今尺,又名营造尺。"如涵芬楼影印《四部丛刊》,每书扉页后,特记原书版框高、广各营造尺若干寸若干分。1983年中医古籍出版社影印日本宽政戊午活字本《御药院方》,扉页后特记"原书版框高二百一十毫米,幅一百五十毫米"。幅,广也。书目著录如王重民《中国善本书提要》,每书均著录高广若干厘米。如《救荒本草》二卷,明嘉靖间刻本〔十二至十七行,二十四五字(18.2×12)〕。即高18.2厘米,广12厘米。按古一营造尺合0.32米。

由于自宋代雕版印书兴盛之后,后来各朝皆沿行其制,对于书版的大小,如大版、中版、小版,虽有一大致之形度,但并非绝对统一的尺寸。故各种版本之版框高广,存有一定差异。如今见日本嘉永辛亥孟春新镌熙熙室藏版伊藤馨著《伤寒论文字考》,高27厘米,广21.5厘米,是之谓大版书。又如马继兴研究员《中医文献学》第三篇第一章第二节"版面",表3-1-4

同书(《素问》)不同版本的款式。其中最大者为元古林堂刊本,高 21.2 厘米,广 13.5 厘米;最小者为清光绪重刊《医统正脉》本,高 18 厘米,广 13 厘米。共十一种版本,平均高 20 厘米稍余,广 14.2 厘米稍余,是之谓中版书。至于小版书,多为袖珍本,一般高仅 12 厘米左右,广仅 8 厘米左右。又有方版之书,其版框高与广几乎相等,或广略短于高。

二、书形称谓及附属装置

书形,谓书的装帧形式及其附属装置,历代书籍的装帧形式,由于采用原料不同,故装帧形式亦呈多样,如古代之简册装、卷轴装、旋风装、蝴蝶装等。装帧形式不同,其外形称谓亦各有别。现主要介绍线装纸书之外形称谓及附属装置。

(1) 册,又称本,书的单位名称。积若干书叶,大都以一卷或几卷装订一起,称为一册,或一本。古籍写本或印本,除小部头书或单卷本外,一般均分装为若干册。如清·徐乾学《传是楼书目》著录诸书均注明本数。如齐褚澄《褚氏遗书》一卷,一本;《证治准绳》三十六卷,八十四本;《人镜经》八卷,六本。又清·徐秉义《培林堂书目》著录诸书均注明册数,如《内经》二十四卷,八册;《诊家正眼》二卷,一册;《本草纲目》十三册。又清·赵宗建《旧山楼书目·补录·藏书记》著录诸书均注明本数,如《小儿直诀》,抄,一本;《阴证略例》,抄,一本。

(2) 书头,又称书首,即一册书的最上端。以其居上若首焉,故曰首、曰头。

(3) 书脑,指线装书打眼钉线右侧之空白处。

(4) 书背,又称书脊,即钉线外侧边背面若身之脊背,故名。

(5) 书身,指一书的主体,亦即全身。

(6) 书根,即书的最下端。以古籍线装,书册薄,纸质软;若无函套者,只宜平放,不宜立放,故常有于书根部印或写有书名及卷数,以便检用。

(7) 书尾,一部书全文的末尾。若书末文字有缺佚者,称不到尾。

(8) 包角,书的右侧上下两隅,称为书角。比较珍贵的书,在装钉时尝以上等纸加以镶衬,并用细绢包封,名曰包角。亦或在包角时露出上下副页,名曰镶包角。

(9) 书衣,亦称书皮,有保护书的作用,如人之衣着,故曰衣。

(10) 书签,为书衣上所粘贴的纸签,亦或为绢帛制,多呈细长条式,贴于书衣正面左侧平上。用以题写书名。有些贵重之书,其书签有请名家题写者,亦或有撰人自题者。

(11) 帙,帙有多义:一者书衣也,《说文·巾部》:"帙,书衣也。"段玉裁注:"书衣,谓用裹书者,亦谓之幒。陆德明撰《经典释文》合三十卷,合为三帙,今人曰函。"古代简帛书之书衣,皆用此称。后世纸制线装本亦沿用此名。多以布帛为之。《晋中兴书》云:"傅玄盛书,有青缣帙、布帙、绢帙。"亦间有竹制者,据罗振玉《鸣沙山石室秘录》云,敦煌所出卷子,其外皆用细竹织帘包之。

(12) 函,即书函,亦称函套,盛书之匣也。函,匣也。犹泛指裹书之物。后有书匣、书套之称。

(13) 书匣,亦称书盒,函套的一种,有木制与布制两种。木制者,多以楠木、樟木、花梨木、楸木等为料,取木板以胶粘合而成,可供藏珍贵书籍。纸制者,以硬纸板为胎,内裱衬纸,外敷纸或布。有单匣双匣两种,单匣者,五面为纸墙,一面开口,使书背外露;双匣者,即于单匣之外，于开口处再套一匣，使书全部封藏，此型多为近代装置。

(14) 书套，函套的一种，通常以硬纸板为胎，外敷以布，或左右两侧用布，上下两面用纸。若前后左右封套者，则书之上下两端外露，为四合套；若前后左右上下全封套者，则书体全封藏，为六合套，多用于珍贵书籍。凡小部头书，可装为一套，大部头书，常需多套分装。

(15) 夹板，又称版夹、木夹，函套的一种。用与书之高广相等之平滑木制板片两块，版片近边缘处各凿二孔，以扁平线带贯穿，将书夹在两版之间扣紧，然后结带。此种护法，书的上下端及左右侧全露于外，故属之简易护书法。

三、书　　品

书品，是对图书版本的形制及优劣等有关问题的评述。《书林琐记·古书常用名词术语浅说》："书也有品，俗说：'书品宽大'，指书的个头既长且宽，就是开本较大。'书品太坏'，指书的破旧程度较为严重；'书品好'，是说流传既久，犹完好如新。"《简明古籍辞典》："书品，版本术语，有广义与狭义。广义包涵刻本之初印、后印；抄本之新旧；书籍之纸张、墨色、字体及插图之优劣；行格、款式之疏密工致；序跋、封面、牌记及正文内容完全与否；藏书印鉴与批校题跋之真伪；装订形式之工拙等。狭义指书籍版框之大小、天地头之宽窄，以及书籍破旧程度等，如称版框大、天地头宽者为'书品宽大'，称书籍破旧严重者为'书品太坏'。"

明清以来，书目著录诸书，亦颇重视书品问题，并于题记中予以记述。如清·钱曾《读书敏求记》著录罗知悌《心印绀珠》云："是册缮写精楷，乃名手所书，宜珍秘之。"又忽先生《金兰循经取穴图解》云："大德癸卯刊于吴门，图长尺有四，折而装潢之，他书未见。"又《产科备要》云："楮纸精好可爱。"

清·莫友芝《郘亭知见传本书目》著录《黄帝素问》二十四卷，题记云："明嘉靖庚戌武陵顾从德翻雕宋本，王注，二十四卷，最善，十行，行二十字；双行，行三十字。"

清·耿文光《万卷精华楼藏书记》著录《重修政和经史证类备用本草》三十卷、目录一卷，题记云："明本，天启五年刊。每叶廿四行，行廿三字，板心中截刻本草几卷数也。下截刻甲至癸册数也，凡分十册。再下为叶数，再下右旁为字数，板甚宽大。前有嘉靖壬子马三才序，成化四年商辂序，嘉靖癸未陈凤梧序，己酉麻革序，政和六年曹孝忠序，嘉靖壬子王积序、项廷吉序。次引书目三叶，凡二百四十七家。张存惠牌式木记一叶，凡楷书十二行，上有'重修本草之记'篆文六字。次目录一卷。末有木记三行。"

民国·陶湘《故宫殿本书库现存书目》著录《本草品汇精要》四十二卷，题记云："按原书为明弘治十八年太医院院判刘文泰等奉敕纂进。原名《御纂本草品汇精要》。并有明孝宗御题。后有纂修职名。分玉、石、草、木、人、兽、禽、虫、鱼、果、米壳、菜等部。每部均以《神农本草》分为三品，共四十二卷。《神农本草》朱书，《名医别录》墨书。又分二十四类……亦各以朱书著于上，而以墨书著于下。凡药品及炮制并治法，各系以图，朱丝格写，未经发刊……又明弘治年绘像原书三十六册，格式同《永乐大典》，惟尺寸小十分之一，绘图设彩五色鲜明。康熙年敕谕再行绘录者，比弘治本又小十分之二，彩色已逊。"

凡此诸记，皆多言及书版款式、行款、高广、序跋、新旧、优劣等，即书品事也。

第七节　历代刻本特点

自雕版印书兴起后，对书版设计方面，继承了以前纸书写本的某些款式，经版刻家的精心设计，逐步创造出版刻的特有款式，在唐及五代时期，当已具雏形，惜该时期雕版印本大都亡佚，难以具体考定。宋代印刷事业大兴，至今存世宋版书尚多；金、元两代，由于时间短，刻书少，故存世亦少；明、清两代，刻书数量较以前更多，离今亦近，故存世之书尤夥，在这一较长历史时期，对书版款式的设计，除形成最一般的形式外，在各个时期往往又有其带有一定时代色彩但不是固定范式的某些特征，对研究和辨认图书版本，具有一定的参考价值。以下摘要介绍国内几位版本学家，总结与概括宋至清代历史时期刻书的某些特点。

一、宋代刻本特点

宋代由于刻书较多，故虽大量亡佚，然存世宋版书尚多。据姚伯岳《版本学》第五章第二节援引日本《朝日新闻》1977 年 6 月 28 日报道，日本研究古典文献的专家阿布隆一教授经过大量调查研究，统计出现存宋版书的数量为：日本藏有 890 多部，720 版种；中国大陆有 1500 多部，1000 多版种；台湾有 840 多部，600 多版种。（但不包括《大藏经》之类的书）这个统计虽然未将前苏联、德国、法国、英国、美国等国所藏统计进去，但也大致反映了宋版书存世的状况，按根据这一不完全的统计数字，再加以扩大，则现存宋版书，至少约有 4000 部。其中当然以文史类书为多，但医书亦当占有一定数量。

历代版本学家与目录收藏家，根据所见现存宋版书，对其刻书特点与书版款式，进行过诸多研讨性工作，反映出宋版书的某些特点。现主要介绍以下几家，摘要选录如下：

（一）清·江标《宋元本行格表》

该书取宋元版书以书版行格为纲，自四行至二十行依次为序，按经史子集四部列举诸书为目，每书各注卷数，每行字数及书口、版心形式、刊印年代等。其中含医书共八十四目，行格在八行至十五行不等；字数在十五字至二十五六字不等。今举宋版书之例：

十五字者如宋淳熙本《卫生家宝产科备要》。

十六字者如《类证普济本事方》。

十七字者如《史载之方》。

十七八字不等者如《类编图经集注衍义本草》。

十九字者如《重校证活人书》。

二十字者如《伤寒总病论》。

二十一字者如《本草衍义》。

二十二字者如《鸡峰普济方》。

二十三字者如《黄帝明堂灸经》。

二十四字者如《外台秘要》。

二十一字至二十五字不等者如《景德传镫录》。

二十五六字不等者如《太平圣惠方》。

按上引宋版书行款情况说明，宋版书品有大版、中版、小版之别（详见前大字本、中字本、小字本），后世刊印之本，其书品亦多仿宋制。

（二）毛春翔《古书版本常谈》

该书对宋版书的特点，归纳有七条，即：（一）纸质白而硬。（二）板心有刻工姓名、大小字数。（三）古卷子之制，界栏必用乌丝，故刻本之近于古者，亦多四周单边。（四）卷末大名必间一款记之。（按：款，空也。《汉书・司马迁传》："实不中其身者谓之款。"颜师古注引服虔曰："款，空也。"此指书末正文终后，必间一空行，再书大题。如今存宋本《外台秘要》正文终后，间一空行书大题，《医说》间二空行书大题，《新雕孙真人千金方》间三行书大题）。（五）卷末有字数。（六）大题在下，小名在上。（七）序经相接，乃是卷子之遗意，尤不易得。

另外，该书又根据前人对宋版书所论及个人所见，对宋版书作了八项说明，今摘要节录如下：

（1）版式：宋刻多白口单边，版心上记字数，下记刻工姓名，书名在上鱼尾下，卷末大名仅间一行，或三四行，卷末有记大小字总数的，有不记的，官刻本大都在卷末记校勘人衔名，以左为上。衔名有初校，覆校，最后校三截。书之大名在首行下方，小名在上方，序文目录和书中正文不分开，连接下去，在宋刻中，这一格式是最特殊的，所以不常见。

南北宋共历三百十余年，刻书风气，自亦变化，所谓白口单边，乃初见形式，后期的，都是左右双边，四周双边的也有，南宋刻的黑口的也有。

（2）行款：宋刻较旧的，每行字数往往多寡不一，是仿古卷子本体式。每行字数和行数相等的也有，如每版二十行，则每行二十字，惟不多见。

（3）字体：宋版字体有肥瘦两种，瘦者学欧、柳，"秀雅古劲"，肥者学颜，气魄雄伟，而不笨拙，谢肇淛所谓"笔势生动"是也。

（4）墨色：宋刻书，墨色香淡。印书用墨煤，和之以面粉胶水，以代替墨汁者，秽浊不堪。此法大概始于明万历以后，坊贾逐利，为减轻成本而想出此法，宋人印书，未闻有用此法者。

（5）纸色：纸之色类繁多，难以悉举，但知其大概，随时留心记之而已。

（6）牌记：宋刻除官刊本外，私刻坊刻，多有牌记，亦叫墨圈，记刻书者堂名人名，年月或有或无，详略不一。

（7）讳字：宋刻书，多有讳字。同音之字，谓之嫌名，亦须缺笔避讳。

（8）装潢：宋刻书的装潢，是蝴蝶装，简称蝶装。并据《通雅》卷三十二引王洙、张子贤说为证。（详《通雅》引王原叔云：书册粘叶为上，缝缋久断绝。又张子贤言：宋宣献令家录作粘法。予旧见三馆书，黄本、白本，皆粘叶，上下栏界出于纸叶。孙莘老、钱穆父亦如此。）

（三）李致忠《古书版本学概论》

该书主要从五个方面论述宋代刻书特点：

宋代刻书的版式：宋代前期刻书多白口，四周单边；后期亦多白口，左右双边，上下单边，少数四周双边。南宋晚期有的出现细黑口，也叫线黑口。版心有鱼尾，上鱼尾上方多镌本版大小字数，上下鱼尾之间多镌书名、卷次、页码，下鱼尾下方多镌刊工姓名，有时镌斋、堂、室名。前期刻书首行小题在上，大题在下，序文、目录和书之正文不分开，互相连属，官刻书多在卷末镌校勘人衔名；私宅和坊刻本多在卷末镌刻书题记或牌记。

宋代刻书的字体：该书论宋代刻书字体亦援引前人之说，有肥瘦之分，肥者学颜，瘦者学欧、柳，坊刻之本，由于多种原因，则特点不甚明显。

宋版书的印纸：该书以为搞版本的人多称白麻纸、黄麻纸或竹纸。近年来经造纸专家多次取样分析鉴定，认为所谓白麻纸或黄麻纸，是就其形似而言，实际上进入宋代以后，在南方多数已不再用麻为造纸原料，往往就地取材，采用桑皮或楮树皮为造纸原料，福建盛产竹子，于是竹子也成了造纸原料，故宋版书的用纸，尽管名色很多，但就质料来讲，多数都是皮纸和竹纸。

宋代所刻书的装帧形式：唐以前长期采用的卷轴式，唐代出现的旋风装和经折装，对于一版一版印刷出来的书籍来讲，都已不尽适用，于是又出现了蝴蝶装和包背装，把册叶装帧的方式向前推进了一大步。

关于避讳：宋代避讳习俗，反映在刻书上，尤其反映在刻书习俗上，就出现了很多避讳字。通常的避讳方式，凡遇当今皇上的御名，多以镌刻小字"今上御名"的方式回避，遇到已祧之庙讳，则多以缺笔方式回避；个别时候也有以改字方式回避的。当然，宋代刻书方式也是十分复杂的，官府刻书，避讳就显得严格；私宅、坊刻，避讳就不那么严格，甚至相当混乱。

（四）曹之《中国古籍版本学》

该书第二编第四章论宋代刻书特点时，总结有四个方面，摘要节录如下：

第一，就刻书地区而言，汴京、四川、浙江、福建、江西为宋代五大刻书中心。

第二，就刻书单位而言，官刻、家刻、坊刻三大系统鼎足而立。

第三，就刻书内容而言，经史、医书、文集渐多。大量刻印经史著作的原因有两个：①封建统治者需要通过大量刻印经史著作，向人们灌输封建思想，从而巩固封建统治。②经史著作，尤其是经书拥有大量读者。为什么宋代刻印医书这么多呢？有三个原因：①宋代皇帝重视医学，宋代皇帝诏令搜求名方，校刊医书、颁行医书，次数之多，在中国历史上是仅见的。②宋代医学出现不少总结性成就，小儿科、妇产科、外科和针灸科方面均有长足的发展。宋代医学，人皆为之。很多历史名人都有医学专著。③医书的读者面广，千家万户不可缺少。

第四，就刻本形式而言，有下列特点：①前期多四周单边，后期左右双边占绝大多数。就《中国版刻图录》著录宋本的情况来看，四川刻本21种，湖北刻本7种，安徽刻本8种，均为左右双边；浙江刻本74种之中，70种是左右双边；江西刻本21种中，有18种是左右双边；福建刻本40种中，有30种是左右双边。②书口，以白口为多。《中国版刻图录》著录的74种浙江刻本，21种四川刻本，7处湖北刻本和8种安徽刻本全部是白口，但是福建刻本例外，《中国版刻图录》著录的40种福建刻本之中，有26种是细黑口，占总数65%。建阳刻本25种，其中细黑口19种，占总数76%。宋本书口还有下列特征：书口鱼尾上多刻字数，上下鱼尾间多刻有书名、卷次和页码。下鱼尾下有刻工姓名或斋室名。③正文多接在序文、目录之后。

（五）姚伯岳《版本学》

该书第五章"版本评价"对宋代版本评价一节提出，一般认为，宋版书具有以下几个优点：

（1）宋版书比较接近古书原本的面貌。宋代是雕版印刷初步发展和兴盛的时期，故宋版书中大多为一书的最初印本，也就是后诸本的祖本，因而最接近原本的面貌。

(2) 宋版书大多精勘精审，宋代正处于雕版印刷的初步发展时期，许多古书都是历史上第一次雕版印行，所以宋人刻书普遍重视文字的校勘。

(3) 宋版书书法优美，各具风格，同时又是艺术品。加之宋代刻工技艺很高，刀法圆润，运转自如，能将书法人的书法神韵维妙维肖地表现出来。

(4) 宋版书用纸用墨质量高，外表美观，经久不折。

宋版书的质量也是参差不齐，有优有劣。从刊刻者而论，则官刻本、家刻本质量较高，文字错误较少，而坊刻本纸墨刻印质量均逊于官刻本和家刻本，文字内容错误较多，甚至凭己意妄加删改的现象也时常可见；从刊刻年代而言，南宋刻本不如北宋刻本；从刊刻地来讲，浙本，特别是杭州刻本质量最好，蜀本次之，建本最差，建阳麻沙本几乎成为劣本的同义语；从流传情况看，蜀本由于宋元交战，多毁于兵火，故流传最少，最为珍罕，浙本稍多，建本传世最多，价值相对也最低。所以对宋版书也必须认真鉴别，具体评价，不能凡宋即优，凡宋皆好，一以宋版为是。

宋代图书版刻情况，大致如上述诸家所论。

宋代雕版印书，在历史上确实有着承前启后的划时代的意义。它上承五代以前诸卷子写本的优点及唐、五代雕印本初步形成的某些版式，复经一代人的大量实践，经广大设计、书写、雕刻、印刷、装帧人员的共同努力，无论在纸张选择、版式设计、书法艺术、雕刻技术、印刷质量、校对水平、图书装帧、印书范围、印刷地区等各个方面，都达到了空前的高度与广度，对华夏传统文化的推广、普及、发展与提高，起到了重要的历史作用。

就纸张而论，宋版书主要以树皮纸与竹纸为主，纸色虽繁，总以白色为主。且纸质优良，韧性较好，经久耐用。故有些公文废本，尚可再度复印。

就版式而论，每一书版，具有边框、版心、书口、界行等基本款式，在前朝印版的基础上已经定型。其边框与书口，前期单边、白口为主。后期则有左右双边与细黑口者；界行虽多少不一，但大致以十行左右为多；卷首目录大都与正文连属，正文不重起页，卷尾大题大都为间一行或二、三行题写，而不是在每卷之末行，此一特点亦较明显；鱼尾形式与数量亦呈多样；口题内容繁多，包括书名、篇名、卷次、叶码、字数、雕刻或书写、校对人姓名等，特以书名、卷次、叶码三项内容已成定式，余者各书不一。上述诸多书版基本款式，大多为后来所沿用。

就书法艺术而论，由于唐代书法，在晋代真书书法艺术的基础上，形成了诸多颇具流派特色的书法名家，其中尤以欧阳询、颜真卿、柳公权三家最为著称。故宋代雕版书写上版之名手，多宗欧、颜、柳三家。以颜书笔画肥壮，故为肥体，欧、柳书笔画瘦劲，故称瘦体。或兼具颜、柳二家风貌。即既有颜体庄重之体势，又有柳体伸展之风貌。故有些书版精品，直可成为书法楷模，具有相当高的书法艺术水平。当然，也有些书写与雕刻技艺较次的坊刻书版，则不在此例。

就雕刻技术而论，宋版雕刻技工，由于刻书数量大，种类多，为他们技术水平的提高，提供了更多实践的机会，故刀法娴熟，技巧高超。诸多出于名刻工的书版，不仅能保持原书写稿书体的形貌，而且能保持其书体风神，又能体现雕版技术的刀法，使之成为书法与篆刻的结合体。当然，有些技工稍次者，有时仅能保持书法者的某些形貌，而难以保持其风神，技术差者，则书法之形神俱失矣。

就印刷质量而言，由于宋版印书纸质优良，墨汁精好，加之版刻水平较高，印刷技术较好,故大多印本,显示质地洁净,字迹清晰,墨色凝光,且带有清香气味。

就校对水平而论,宋刻本一般校对较严,特别是官刻本,校对尤严,大都在卷末记校勘人衔名,以左为上,衔名有初校、覆校、最后校三截,或校正、校勘等区别。如宋本《外台秘要》每卷卷末均有校正裴宗元及校勘赵孟、张寔等衔名。家刻本与部分坊刻本中佳品校对亦较严,有的在书口记有校书人姓名。至于某些坊刻本,校对质量较差者,亦不鲜见。

就图书装帧而论,亦渐趋美化与实用。所谓装帧,指书刊的封面、插图等美术设计和版式装订形式等技术设计。在宋版书中如鱼尾的多样化与美化,边栏的多样化,插图的形象,装订在北宋时期的蝴蝶装、包褙装转变为南宋初期的线装,均体现了装帧方面的美化与实用。特别是线装书册,一直为后来所沿用。

就印书范围而论,由于印刷事业的盛兴与普及,印书范围,已扩展至经、史、子、集的各个方面,医学书籍属子部,宋代刊印之医书,范围亦十分宽广,包括医经、本草、针灸、导引及临床各科、综合方书等各个方面,为后来医书重刊、翻刻,奠定了良好的基础。

就刻书地区而论,亦比较广泛,已形成以汴京、四川、浙江、福建、江西为主的五大刻书中心。汴京以官刻为主,国子监、崇方院、秘书监、印经院等,均刊印过较多图书。就医书而论,林亿等校定之医书及本朝新撰医书,有很多是在国子监开雕印行。如《脉经》后附国子监牒文,即指明先有小字《圣惠方》等五部及大字《千金翼方》等五部,后又有上述五部之小字本,均在国子监开雕印卖。四川刻书主要分布在成都、眉山、广都、涪州、剑州、潼川等地;浙江主要分布在临安、绍兴、吴兴、温州、建德、婺州、宁波等地,福建主要分布在建阳、建安、福州、泉州、汀州、莆田,邵武、南平、昌乐、武夷等地,江西主要分布在南康、宜春、萍乡、饶州、吉州、抚州等地。除此之外,其他各地也还有些地区进行过刻书,惟规模与影响不及上述五大中心地区为大。

以上诸点,足可证明,宋代雕版印书,在印刷事业、刻书数量与质量、版本款式、雕印技术、装帧形式等各个方面,在前人的基础上开创了一全新的局面,对后世雕版印书,具有重大影响。此亦后人所以注重宋版书之原因所在。

二、元代刻本特点

元代刻本,继宋、金而来,其书版的某些基本形式,仍承前制,但根据元朝的政治经济条件,又出现些新的特点。

(一) 毛春翔《古书版本常谈》

该书根据前人及个人所见元版书,总结其特点,主要有以下几个方面:

元刻最显著的特点有:一是黑口,二是赵吴兴(孟頫)字体。元刻黑口,是就一般情况而言,并非元刻即无白口。

除黑口与字体外,版心上也有上记字数,下记刻工姓名的,也有不记的,并非主要特点。

元刻印纸,常用者,是竹纸,比宋纸稍黑,皮纸则极薄而粗黄,但也有极好的,印纸洁白如玉,而又坚韧。亦常有以纸背印的。

用墨有秽浊者,但也有好的。

元版书无讳字

元代私刻坊刻，大都有牌记，大有助于版本之审定。

（二）魏隐儒《中国古籍印刷史》

该书第二编第十章第五节对元代刻书特点的论述，主要有以下几点：

（1）字体：元代初期，书法犹是宋金遗风，在宋元交替时期，刻书字体近似，因此在鉴别版本时，常把元刻当作宋本著录。自从赵孟頫仕元后，其书法在社会上影响颇大，刻书字体也不例外，多摹赵字。

（2）多简体字：刻书用简体字，在南宋已经开始，元时更为流行。在传本中所见，以官、私、坊刻而论，官刻、家刻各书用简字为少，比较严肃认真；而坊肆刻书简字较多。以内容类别来说，经、史、文集用简字者少，小说类则用简字为多。

（3）版式：元初版式接近宋本，字大行疏，写刻认真，疏朗醒目。中期以后，行格渐密。由左右双边渐趋四周双边。目录和文内篇名上常刻有鱼尾。（按此种鱼尾，在南宋刊本中已始有用者，见北京图书馆等所编《中国版刻图录》所收宋淳熙三年张杅桐川郡斋刊本《史记集解索隐》、宋刻本《类说》、宋万卷堂刻本《新编近时十便良方》等图版）。版心多作黑口，双鱼尾；而鱼尾又多是花鱼尾。版心所刻字数、卷数和页数，多用草书。

（4）纸张：元代刻书以建阳最为发达。其主要原因之一就是福建造纸原料丰富，盛产纸张。福建纸质地较为粗糙，有的颜色呈黑褐色。现在建本传世较多，很少是白麻纸的。

（三）李致忠《古书版本学概论》

该书概括元刻本特点，大略为八个字，即黑口、赵字、无讳、多简。

黑口，元代刻书白口者也有，这不但表现在元初南方所刻的一些书，由于多是原来的宋人所主持，故白口仍属不少。就是整个有元一代，白口书也并非少见。但就一般而言，元代刻书，无论是官刻私刻，却多数是黑口，而且不少是粗大黑口。

赵字，是指元朝刻书的字体大多数都模仿赵孟頫的字，此为元朝刻书的又一明显特点。

无讳，系指元朝刻本书不像宋版书那样，皇帝的嫌名庙讳处处可见，而是见不到讳字的迹象。

多简，是指元朝的书刻多用俗字和简体字，这与宋版书比较，也可以算是又一特点。

（四）曹之《中国古籍版本学》

该书在第二编第五章“元代刻书特点”称：

综观元代刻书情况，其刻书特点如下：

第一，就刻书地区而言，大都、平水、杭州、建阳为元四大刻书中心。

第二，就刻书单位而言，元代学校刻书比较发达。元代官方刻书大多由各级学校承担，学校是元代官方刻书的主体。

第三，就刻书内容而言，农书较多。

第四，就版本形式而言，早期多左右双边，晚期多四周双边。《中国版刻图录》著录元本65种，其中左右双边33种，占著录总数的50%；四周双边21种，占著录总数的32%。各地刻本情况大不一致，例如平水刻本多四周双边，嘉兴刻本多左右双边。就书口来看，早期多白口，晚期多黑口。《中国版刻图录》著录元代刻本42种，占著录总数65%。就鱼尾来看，元刻多花鱼尾。鱼尾的位置除了书口之外，目录题名，书序题名，书内标题等处到处可见。

（五）姚伯岳《版本学》

该书第五章第三节“元代版本评价”称元代刻本在总体质量上不如宋刻本，但也有自己的特色和相当的价值。表现在：

（1）元继宋而起，故在宋本已亡佚的情况下，元本即成为一书现存的最早版本。

（2）元代翻刻古书时，选用底本比较谨慎，故同一种书，元代的翻刻本质量往往胜过现存的宋版书。

（3）元代各路儒学和书院刻本校勘精审，质量较高。

（4）元刻本写刻皆精。元代刻书仍很讲究书法，多请名手书写上版，刻工技艺也较高，许多元本可以和宋本中之上乘刻本相媲美。

根据以上诸家所论，元代刻本特点，主要有以下几个方面：

就纸张而论，元版书主要以竹纸为主，尤以闽、浙两地，因盛产竹，故竹纸特多。间亦有以纸背印制者。

就版式而论，早期多白口，左右双边，后期多四周双边。黑口墨线较粗，鱼尾多为花鱼尾，不但形式多样，且不仅用于书口，在题名或卷名之上，亦尝刻有不同形式之花鱼尾。元初刻本，尤效宋刻，字大行疏，写刻认真；中期以后，行格渐密。卷尾大题，多在末行。又私刻及坊刻本，大都有牌记。

就文字而论，元初刻本，其书法艺术，犹宗宋、金遗风，尚欧、颜、柳体。自赵孟頫氏书法享名之后，多宗赵体。且元刻用字，承南宋陋习，用简化字及俗字尤多。又元代帝王姓名，皆系蒙语译音，无汉字专义，故无王室讳字。

就刻书质量而论，元代刻本，从总体上看，虽不及宋刻本，然较之明、清两代为尤胜。选用底本，较为慎审，刻工技艺，亦较精良，校勘工作，亦较认真。不失为现存古籍中之佳本。故甚为收藏家及版本学家所重视。

就刻印地区而论，自金以后，已不限于江南及中原地区，在北方如京都及山西等处，亦多诸官刻及坊刻之书。

就装帧形式而论，已无宋代诸多古装本，如蝴蝶装、旋风装、经折装等形式，而是以线装为通行本。此种装本，装订简易，翻检方便，故自宋代创用以来，历经金、元、明、清，直至今日，仍在沿用。

三、明代刻本特点

明代刻本，是在宋、金、元刻本的基础上，继承了那些带有共性的范式，根据明代的时代背景，也具有某些特点。

（一）毛春翔《古书版本常谈》

该书对明刻本情况，作过以下概括说明：

官私刻书情况。内府刻书，由司隶监领其事，特设汉经厂、番经厂、道经厂三厂，故称经厂。经厂刻本，多是黑口、白纸，赵体字，形式颇为美观，惟校对不精。各省刻书，以苏州府为最多，坊刻多在福建。如建阳之麻沙、崇化，坊贾射利，人人能刻、能印、能卖，多而不精，不为后人珍爱,藩府刻书亦盛,私刻坊刻多不胜举。

明刻就一般情况而言,则从成化、弘治,上溯至洪武,此时刻本,犹承元风,多黑口赵字,自正德、嘉靖以降,黑口本绝无仅有,一般都是白口,而字体亦一变而为方体字,僵硬呆滞。万历以后,字体又一变而为横轻直重,颇类颜体字;天启、崇祯,字体一变而为狭长的横轻直重字样,此就江南而言;北方则不如此,若山西刻本,有的刀法笨拙异常,陕西刻本,有一种用很多古体字的,字体亦甚僵硬。若名家写刻本,则欧、颜、赵体皆有,亦有带有北魏字体者。

明人印书用纸,官刻、私刻以绵纸为多,坊刻以竹纸价廉,故多用之。就时间而论,嘉靖以前,以绵纸为多;万历以后,则以竹纸为常见。

明人印书用墨佳者罕见,万历以后,多用煤和以面粉,以代墨汁,虽价格低廉,然质量甚差,且烟煤易于脱落,使书叶成大花脸。

明刻本,若就地方而言,则苏、浙、皖、闽为刊刻中心地。

(二) 李致忠《古书版本概论》

该书第五章第三节,对明代该书特点,概括为三个时期:

明初至正德时期的刻书特点:明初至正德一百多年间的刻书特点,无论官刻私刻,如果概括起来讲,一般似乎都可以用"黑口、赵字、继元"来表述。

嘉靖至万历时期的刻书特点:明代嘉靖至万历,又有近百年的历史,这一时期的刻书特点,除司礼监刻书仍一遵旧式很少变化外,其余无论官刻私雕,则完全变成了另外一种风格,即"白口方字仿宋"。

万历后期至崇祯时期的刻书特点:明代社会发展到万历以后,毕竟已是腐败透顶,岌岌可危。所有这些,折射在刻书风格上,则又是一变,变成了"白口长字有讳"的特点。

(三) 曹之《中国古籍版本学》

该书第二编第六章在论述"明代的刻书特点"时,综合概括为:

第一,就刻书地点而言,星罗棋布,遍地开花。

第二,就刻书数量而言,比比皆是,远轶前代。

第三,就刻书内容而言,包罗万象,应有尽有。原有的书目分类已经显得陈旧过时,许多图书无类可归。针对这种情况,不少书目纷纷增加新类。

第四,就印刷技术而论,巧夺天工,炉火纯青。明代印刷技术之精,主要表现在以下几个方面:①活字印刷的普及。②套印印刷广泛应用。③插图本的大量出现。④饾版、拱花的发明。

第五,就刻本形式而言,弘治以前,多四周双边,粗黑口;正德以后多白口,书口刻有数字、刻工姓名,序目、卷末等处多刻牌记。万历以后,仍多白口。

明刻本的缺点也不少,主要表现在:

第一,校勘不精,脱漏甚大。

第二,随意窜改古书。

第三,多序。

第四,作伪较多,作伪手段千奇百怪。

（四）姚伯岳《版本学》

该书第五章第三节对明代刻本，分阶段进行评价：

明初刻本。明初许多宋元旧版还保存完好，可以继续印刷。校印者也能继承宋元刻书校勘认真的传统，对文字不乱加改动，修版时力求保存原本面貌。所以明初版本与宋元版书在风格上无大差别，文字内容也较为准确。

明中期刻本。自嘉靖起，刻书风格为之一变，模仿宋本成为一时风尚，不仅版式由明初的黑口变为宋版书通行的白口，四周双边或单边改为与宋版一致的左右双边，甚至宋本的行款、字体也一丝不误，翻刻时原样摹刻，几与宋本无异，从而产生了大量的影宋刻本。

明末刻本。明代后期，商品经济发达，社会生活活跃，印刷业也呈现繁荣局面，万历至崇祯末年的六七十年间，是历史上刻书最多的一个时期，刻书内容也极其丰富，刻书业中历来以刻印古书为主的倾向被当代人著作大批刊行问世的现象所打破。

但万历以后刻书既多，就不免于滥；既滥，就不免出现各种弊病。在版本方面，其弊病则表现为：①校勘不精。②任意删减、改窜原书。此类尚属臆改，还只是校勘不精，明末刻本更大的弊病还在于妄删图书内容。

从上述诸家所论，明代刻书情况，前后期变化较大。

就印书地点而论，范围较元代犹广，官刻、私刻及坊刻，几乎遍及国内。尤以建阳、苏州、金陵、新安、杭州、北京等地为尤盛。

就刻书内容而论，范围亦甚广泛，各类图书，均曾大量印制。其中古书数量固然很多，然在中后期，自15世纪中叶以后，随着西方资本主义的向外扩张，西方文化作品之东渐，也开始有西学译著之印制，万历以后，则不仅印制古书，印制当代人或本朝之作品，数量亦相当可观。就医书而论亦如此，据说今日存于日本明代人著作之明刻本，而国人不知者，尚有许多。

就版式而论，前期仍是继续元人刻书之风格，加之宋、元旧版存世尚多，仍可再版复印。故其版式仍以黑口、赵体字者为多。中期刻书，因受文坛复古思潮的影响，复仿宋代刻书风格，白口方字，左右双边。有些翻宋刻本，从版式到文字，一皆摹刻，实可以滥真。后期刻书，仍多白口，其字体又由中期之横轻竖重，类似颜体之方形字，又变而为横轻竖重之长方形，这种字从书法艺术的角度论，固缺乏书气。然亦方整等齐，且便于刻工行刀。故在清代遂广为流行。并逐渐发展为印刷业雕版或制造字模的专用体。

就印刷技术而论，明代印书，不仅雕刻技术水平较高，且活字印刷亦较普及，加之套印、插图、饾版、拱花等新技术的使用，在印刷史上，犹轶前朝。

就印刷纸墨而论，明代印书，官刻本及嘉靖以前印本，以绵纸为多；万历以后，则以竹纸为多。其用墨，在万历以后多以烟煤代墨，以其易于脱落，尝致版面不洁。

明代刻书，尝少精校者，此固非善作，特其妄改、妄删原书内容者，诚一大弊端。

四、清代刻本的特点

清代刻书，在宋、元、明刻本的基础上，既有继承前朝的一面，也有许多新的变化，根据诸多版本学家所论，主要表现在以下几个方面：

(一) 李致忠《古书版本学概论》

该书第五章第四节,论述“清代刻本的特点”,概括为以下几点:

清代刻书的版式:清代刻书的版式风格没有什么公认的显著特点可言。大体上清初刻书有一段时间仍沿袭前明旧日的格调,特别是有些官刻的书。其实不仅清初的官刻若此,很多坊刻家刻也有不少旧店新张,流风宛在。故顺治时所刻的书,在版式风格方面也与晚明所刻书没多大区别。仍多字体瘦长,行狭字细,左右双边或四周双边,白口,双鱼尾。当然武英殿所刻官书,一般开本较大,版式铺陈,印纸莹洁,装潢也很讲究。

清代刻书的字体:清代刻书的字体,除清初尚沿前明的旧习,有一段较短时间仍坚持横轻竖重外,至康熙时便发生了变化。自此以后,凡朝廷考试对策大卷的字,非端楷圆秀者便不大容易被录取。久而久之,便形成了一种非颜非柳又非赵的所谓馆阁体。于是一些御制、钦定、敕撰的书,也常由词臣恭楷缮写,上板镌雕,受上述影响,这一时期,无论私宅坊间,刻书也请写好字的名家写样上板,刊刻印行。因为这种书法好的人,根据自己的书法风格写样上版刻书的字体,较之自明嘉靖以来所刻之书的那种横轻竖重,笔道硬直,结构方整的匠人字体,似乎要柔美多姿,通常人称为软体字,用这种字体所刻的书,通常称为软体写刻。清朝前期,大致上是乾隆以前用这种字体所刻的书,倒的确是个比较明显的特点。

乾隆以后,国势旧蹙。反映在刻书的版式字体上,嘉庆以后便也变得小气了,字体显得团头团脑,而坊间所刻的一些劣本就更蹩脚。

清代刻书的讳字。清初和元朝人一样,没有避讳的习俗。但随着统治的日益强化,自清圣祖玄烨开始,实行了汉族文化中固有的避讳旧习。而且由于清代文字狱的迭兴,这种避讳也就显得格外严格。这种讳字虽然没有宋代讳字那么多,但反映在公私刻书、抄书上,却显得更紧更严。

清代刻书的印纸:清代刻书的印纸名目较多,如罗纹纸、棉纸,棉纸中又可分为贵州棉、河南棉、山西棉等。还有竹纸、开化纸、开化榜纸、太史连纸、棉连纸、毛边纸、毛太纸、迁安纸、官堆纸、高丽纸、日本皮纸、美浓纸等。清初罗纹纸印书,历来为版本收藏家所珍重。乾隆以后,此纸渐少,再往后的印书,这种纸就几乎不见了。

(二) 曹之《中国古籍版本学》

该书第二编第七章概括“清代刻书的特点”如下:

第一,就刻书时间而言,前期比较发达,康雍乾三期刻书最多。清代后期,尤其是在石印技术传入中国以后,雕版印刷日暮途穷,不少书坊从事贸易活动,刻书是其余事。

第二,就刻书地区而言,如明代一样,分布地区较广,通都大邑,无不刻书。但比较而言,北京和江浙地区刻书最多。

第三,就刻本内容而言,丛书较多。《中国丛书综录》著录的 2797 种丛书中,清代丛书占绝大多数。

第四,就版式而言,左右双边多,白口多。不少刻本都有书名页,书名页正中刻大字书名,右上小字刻著者姓名,左下小字刻藏版者或刻印者,这为鉴定版本提供了方便。

（三）姚伯岳《版本学》

该书第五章第五节在评价清代刻书时指出：

一般来说，清本具有以下优点：

（1）校勘极精，文字内容准确可靠程度上胜于历代版本。清代学者提倡“求实”、“求真”、“言必有证”、“实事求是”，考据之学大盛，目录、版本、校勘之学被称为“显学”。版本学求精择优的原则，在清代刻本上得到了最充分的体现。

（2）清代写刻本校刻俱精，堪称佳品。清代写刻本不仅写刻精良，纸墨俱佳，风格独特，从书的文字内容来看，也都是有相当价值的，加之校勘精审，装帧典雅，几于尽美尽善，不但超越元、明，且可媲美两宋。

（3）清本中有许多是影刻宋元本，保存了宋元本的原貌。清代继承了明代影刻宋元本的做法，但较之规模更大，印书态度更为严肃。清代的影刻宋元本书则更多是从学术研究方面着眼，并抱着为后世存留宋元本书的原貌的目的而自觉为之的。

清代版本的缺点在于：

（1）整体上给人一种拘谨压抑之感，缺乏活泼多样的风格和豪放的气魄。清代刻本以硬体字（即宋体字）居多，字体呆板沉重，版式局促，给人黑压压一片的感觉，即使是写刻本，也是柔美、秀丽有余，而刚劲之气不足，不能使人振兴。

（2）道光以后刻书质量下降。道光以后，由于清庭的腐败和西方资本主义国家的侵略，国势日益衰落，人民生活普遍下降，人们对图书的审美要求也随之降低。刻书者力求降低成本，不再精校精刻，更谈不上纸墨装帧了。

根据以上诸家所论，清代刻书情况，变化亦较大，主要有以下特点：

就刻书地点而论，亦如明代，地区较广，尤以江浙及北京等地为多。

就刻书数量而论，前期及中期刻书较多，后期由国力渐衰，且因石印术及新的印刷技术的使用，刻书日渐减少。

就刻书内容而论，不仅刻有当代作品，而且精校精刻过相当数量的古籍及翻刻或影刻过一批宋元善本，特别是大量丛书的刊印，为前朝所不及。

就版式而论，初期多继承明代刻书风格，多左右双边或四周双边，白口，双鱼尾。不少刻本均有书名页，正中刻大字书名，右上小字刻著者姓名，左下小字刻藏版或刻印者；有些坊刻本，则书名页内容尤多，及近乎广告。后期印本则格调低下，不够疏朗舒畅。官刻本诸书，从版式、纸墨、开本及装帧则极为讲究。

就用纸而论，前期用纸较好，乾隆以后，除官刻及某些私刻本外，一般坊贾印本，以竹纸中之毛边纸及毛太纸等为多。

就字体而论，清代刻书字体，已形成了软体与硬体两大体系。所谓软体，亦即楷书，此体除少数因袭宋、元、明版仿欧、柳、颜、赵字体或名家自写上版者外，至康熙以后，形成了一种缺乏书法流派风格惟工整圆秀的馆阁体，对后来刻书或抄写影响较大，流行较广。所谓硬体，亦即宋体，或称匠体，缺乏书气之美，惟在横平竖直、横轻竖重。此体亦有两种字形，一者方整形，一者长方形。清代刻本，用此种字体者，亦自成体系，在诸多刻本中，亦占有相当多的数量。

就讳字而论，自康熙以来，沿用讳字旧习亦较甚。特别在大搞文字狱的政治气候中，对讳字问题，尤为慎审。

就刻书质量而论，由于清代朴学大兴，校勘、版本、目录、训诂等学均有较大发展，对古籍的整理研究，取得了空前的成就，因而也刻印过较多经过整理过的古籍。在此风影响下，一般刻印较好的厂家或私刻，也比较注意选本与校勘。当然，也有些坊刻或官刻赝品，质量比较低劣。

然而清代刻本，除后期质量较次外，因受政治因素的干扰，在某些涉及清庭的内容，特别在官刻本中，删汰较多，为一大弊端。

自宋以来，历代刻书，无论是版式设计，文字风格，还是雕刻技艺、印刷用料等，情况比较复杂，无论哪一朝代，均非按一种模式、一种规范、一种技艺施行。因此，以上所论历代刻书特点，仅是从总体水平的某些带有倾向性的方面着眼，加以概括，若就每个时代的某一本书而论，则需从多方面进行考察和验定，所以诸多所谓特点，决不可作为鉴定版本的唯一标准或特定条件。

第八节　版本鉴定

版本鉴定亦称版本鉴别，是古籍版本研究的重要内容之一。其研究对象主要是对各类古籍现存或现知版本的研究和鉴别。

古代文献在流传过程中，由于种种原因，特别是有意作伪等因素，导致诸多古籍，往往是面貌不清、真伪相掺、古今不一、优劣并存等情况，故需认真研究，予以鉴定，还其历史的真实面貌。

版本鉴定是一项十分复杂的工作，既需有版本方面的专业知识，又需有直观方面的实践经验。否则，难以做出确切的判断。以下就版本鉴定，加以简要论述。

一、版本鉴定的内容

版本鉴定的内容，涉及面广，大致可分两个方面：

1. 版本内容的鉴定

版本内容包括大小题名、卷数、撰人、书文等方面。

(1) 大题名，大题名即书名。古籍书名混然不清者颇多，其中除同书异名、异书同名，增加冠词者外，特有后人妄改书名者，最当详鉴。如丹波元简《医賸》“妄改书名”举例云：“汪颖著《食物本草》，而改为《东垣食物本草》；王永辅著《惠济方》，而改为《简选袖珍方》；艾元英著《如宜方》，而改为《回生捷录》；李东璧作《脉学》，而改为张孔受《脉便》；程云鹏著《慈幼筏》，而改为张介宾《慈幼新书》；陈司成著《黴疮秘录》，而附之于窦梦麟《疮疡全书》。凡此类不一而足，皆使人眩惑，乃因书估欲易售耳。”在医籍中，似此情况，颇不鲜见，兹不烦举。

(2) 小题名，小题名即篇名。古籍篇名诸本不一者，亦颇多。如汉·张仲景《伤寒论》太阳病篇为例，今存明·赵开美翻宋本作“辨太阳病脉证并治”，金·成无己《注解伤寒论》同，《金匮玉函经》作“辨太阳病形证治”，《千金翼方》作“太阳病”，日本康平本《伤寒论》作“辨太阳病”，康治本《伤寒论》无小题。又详晋·王叔和《脉经》卷七载伤寒内容，正文无六经病题名，均以汗、吐、下、灸、刺、水、火等治法之"可"与"不可"为题，然注文中有云"出少阴部"，"出厥逆部"等名，是则今存本之篇名，是否仲景著作旧貌，尚需进一步考定。又如今存《针灸甲乙经》医统本卷十一第九作"寒气客于经络之中发痈疽风成发厉浸淫"上下，明兰格抄本则作"痂疥上第九"、"客气客于经络之中发痈疽风成发厉浸淫第十"，二者差别极大，然详察明兰格抄本第九篇，并无痂疥内容，是知该本篇名，必传写有误。

（3）卷数。古籍卷数，在流传过程中，由于后人在翻刻传抄中任意改动，有诸多不一者。如今存《黄帝内经素问》一书，皆源于唐·王冰次注，宋臣林亿等校定本。然今传本中，却有明·顾从德翻宋刻本之二十四卷本、元后至元胡氏古林堂之十二卷本、明·马莳"注证发微"之九卷本、明《道藏》之五十卷本等。详《素问》王冰自序本云："合八十一篇，二十四卷，勒成一部。"故今存本既皆源于王冰注本，则当以作二十四卷为是，改作他数，则有失王注本之旧貌矣。

（4）撰人，撰人姓名，本是一书的作者，然在古籍中，有些著作，由于后人之托古，或出于书贾之假冒，致使有些著作，并非该书的真正作者。如上述"大题名"项，丹波元简氏所举诸例，有的不仅将书名妄改，连撰人亦改。又如今存《脉诀》一书，原题王熙撰。王熙，晋人王叔和也。详王叔和无是作，经后人考证，实为五代时高阳生托名之作。又如清·陆以湉《冷庐医话》论"今书"有云："《景岳全书发挥》，世皆知为叶天士之书。按武进曹畸庵《医学读书志》谓此书为梁溪姚球所撰，坊贾因书不售，剜补桂名，遂致吴中纸贵。又谓陶氏《全生集》，山阴刘大化所撰；《本草经解要》、《医效秘传》、《本事方释义》，皆伪托叶氏。余观数书中，《景岳全书发挥》为最胜，惟尽情斥詈之处，有伤雅道，知其非天士手笔也。"在医籍中，此类情况亦多有所见，故必详加考定。

（5）书文，包括书中正文、序文及前后附录等文。凡此类内容，多有系后人窜改、补缀者，故对版本之鉴定，尤有重要意义。如《圣济总录》一书，日本·涩江全善《经籍访古志》云："聿修堂亦藏零本。栎窗先生曰：清·程云来撰是书纂要云：大德重校《圣济总录》，元朝奉诏颁行者，大版大字，每卷首篇署元耶律楚材五字，今吉医官及予家所藏本，亦大版大字，然无'耶律楚材'字。原文书法端雅，盖为宋版之旧。但每卷题目一行，书刻并劣，系于元人改刊无疑矣。今考楚材，以元太宗十五年卒。在大德二年前五十二年，则何由得有此五字，知程氏所见，本妄人所加，非刻本之旧也。又按：云来称，是书三副凑合，仍缺小儿方五卷。余于秘阁内府江浙齐梁诸鉴古家遍访，无有藏本，欲补全而未能，同学项视庵搜求小儿古今方论，补全五卷，议论简要，方法详明，可称全璧矣。是知彼土无有足本。又近日吴舶赍来，乾隆五十年汪鸣珂刻本。鸣珂称，得潭滨黄氏重锓板行，后借郑虹桥、鲍以文藏本补凑云云。今取检之，不啻文字颇有删窜，其篇章亦多有私改。如小儿门，填以后世方论，乃与纂要所载相合，则此为项视庵补本可知矣。"又如马继兴《中医文献学》云："明王肯堂《古今医统正脉全书》初刊于万历29年，共收入44种明中叶以前的医书。其中之一即宋·朱肱撰《类证活人书》（又名《南阳活人书》）22卷，但到清代朱文震刻《古今医统正脉全书》时，其中的《类证活人书》一书脱遗，为了补成足本，刊刻时竟将当时伪托的一种题为'无求子林慕莪'的《类证活人书》一书22卷掺入其中冒充原书……实际上是将清林开燧（慕莪）的《林氏活人录汇编》14卷更改卷数与书名者，与朱肱所撰原书大不相同。"又如《针灸资生经》一书，《四库全书》所收为两淮盐政采进本，提要云："旧本题叶氏广勤堂新刊，盖麻沙本也。不著撰人名氏。前有嘉定庚辰徐正卿初刊序，称东嘉王叔权作，又有绍定四年赵纶重刊序，称澧阳郡博士王执中作,而颖叔权为执中字,以字义推之,其说是也。……旧本冠以徽宗崇宁中陈承、裴宗元、陈师文等校奏医书一表,与序与书皆不相应,考裴宗元、陈师文等,即校正《太平惠民和剂局方》之人,殆书贾移他书进表置之卷端,俗以官书取重欤。”以上三例,皆通过对书文的考证,对版本进行鉴定。

2. 版本形式的鉴定

版本形式亦即书的款式等外观可见的一些特征,包括书的版式、字体、纸张墨色、讳字等。

(1) 版式,刻书版式,有一定的时代与地区特征,如前文所论历朝刊本特点,从总体方面看,对每个时代和地区的刊本,虽不是绝对的依据,但确具有一定的代表性。

(2) 字体,历代刊本之字体,大致有软体、硬体之别,明中后期始,有仿宋之体,谓之硬体或匠体。此前则皆系软体,且多仿书法名家如欧、柳、颜、赵之体势,清代刊本仍有部分软体,且自康熙以后,形成之馆阁体,亦多被运用刊本中。故根据刊本字体,亦可借助为版本之鉴定。

(3) 纸张墨色,今存古籍,除出土文物之文献图书,尚有简书与帛书外,其他传世之抄本及印本,皆以纸书为主。特别是自印刷术发明后,不论雕版印本或活字印本,亦皆以纸为载体。对纸的使用,因造纸原料与造纸技术的更新与发展,均有所别,故对纸的使用,则有一定的时代及地区特点。

墨是印刷的主要颜料。制墨的原料及技术,古代亦有所不同,如明中叶以前,墨质多为精良,明代中后期以后有用煤烟以代墨者,则质量较差。故纸张墨色对古籍版本的鉴定,也有一定参考价值。

(4) 讳字,讳字是我国封建帝王为禁用名讳用字而造成的一种特殊文字。自秦汉以降直至清代,除元代外,历朝皆相沿为例。历代古籍中皆存有大量讳字(详见“中医文献的文字”章),特别是对本朝讳字,必不可犯。故考证讳字,亦有助于版本之鉴定。

惟在考证讳字时,情况比较复杂。如本朝帝王名讳有高庙已祧者可不讳,有正文不讳而注文讳者;别朝帝王名讳,有经后人全部或部分回改者,有相沿旧例而不变者;有时朝禁不严亦有不避者。另有避私讳之例,亦即撰人避其尊亲师长之讳,有时亦可造成诸多异文出现,亦当详考,并有助于版本年代之断限。

(5) 刻工姓名,从今存刊本可见,自宋以来,历代刊本中多有在书口下端,刻有刻工姓名,如王肇文编《古籍宋元刊工姓名索引·编例》云:“本书系宋元刊工索引,共收录近年影刻、影印的宋元善本书370种,凡四千五百人。”又曹之《中国古籍版本学》第三编第二章“历代刻工”介绍明代刻工云:“明代刻工总数有多少?据杜信孚《明代版刻综录》统计,明代可考的出版家有4993个,如果以每个出版家平均有5个刻工计算,那么明代刻工总数当有25000人。”又据介绍苏州可考的刻工有650余人,其中刻书5种以上的有29人。详此等数字,仅是部分存世书籍的统计。此亦足可说明根据刻工姓名对版本鉴定的意义。

(6) 刻书单位,刻书单位有官刻、私刻及坊刻之别,官刻本中往往可根据其官署名称加以判断;私刻本,有用本名、别号及室名堂号者,可根据有关资料加以考证,如陈德芸编《古今人物别名索引》、杨廷福、杨同甫编《清人室名别称字号索引》等,收载古今人物别号室名颇多,足资参考。坊刻本铺号、名称众多,各朝均有以刻书为业之商铺,其刻书数量亦远胜官、私刊本，且有些书商，只求牟利，对版本质量不负责任，且作伪者亦多，故对坊刻诸本，尤当详考。凡历代刻书铺号，前人多有考证，如王重民《中国善本书提要》后附有“刻书铺号索引”，共有铺号四百余家，此仅为所收北京图书馆、北京大学图书馆及美国国会图书馆所藏四千四百余种善本书之刊家。又本章前文介绍诸多刊家，均可参考，以资鉴定。

对版本形式的鉴定，需要作综合的考证，特别是在书商有意作伪或版本中无刻印年代者，尤当注意。如清·孙星衍撰《平津馆鉴藏记》著录明版书有《重刊巢氏诸病源候总论》，注云：“目录后有歙岩镇汪氏主一垒(按同斋)校刊木印。《四库全书》所录为明汪济川、方鑛刊本，此本卷一巢元方衔名后当有汪、方二人名，已为书贾剜去。”又《重修政和经史证类备用本草》，注云：“旧有庞氏得其善本，后平阳张存惠因庞氏本附以宗奭《衍义》为之板行。今山东按察佥事茂君彪购求得之，副督御史原君杰命工重锓诸梓，末年月姓名，已为书贾剜去。”此两例皆所以辨书贾作伪之本。又如王重民《中国善本书提要·医家类》著录《重修政和经史证类备用本草》，注云：“此本为元初张存惠翻刻政和本……明成化四年山东巡抚原杰翻刻于鲁，明代诸翻本，盖多从原氏翻本出。”又云：“张存惠刻是书实在元初，而纪元用金泰和甲子，后人著录，遂通称为金本，名实皆不合，而皆相因不改，甚矣习惯入人之深也。”又著录该书明刻本注云：“是书明代翻刻本极多，余所见者有：嘉靖二年、三十一年，隆庆四年、六年，万历十五年，天启五年六刻本。此本尽将翻刻序跋拆去，留下甲子泰和牌记，意图混乱购者视听。余相其纸墨，似是隆、万间所刻。隆庆六年本每半叶十一行，万历十五年为内府翻刻，天启五年曹尔桢本，卷末多记校刊年月，与此三本均不合。因疑此本当为隆庆四年谷虚中翻刻于浙江者也。”上述诸例，亦皆通过综合考证，加以鉴定者也。

二、版本鉴定的方法

有关版本鉴定的方法，主要者有三种：

1. 考证法

考证法，适用于版本鉴定的各个方面，从学术内容到版本形式等，在版本内外，根据有关资料及文献记载、书目著录、前人研究之文字说明等，进行认真的查证，综合的分析，加以鉴定。此法因需多方取证，有文献依据，加之科学地判断，故不失为一种准确可靠的版本鉴定方法，既为版本学家所常用，犹为古籍整理所必行，亦是初学者所易掌握的一种方法。如前述诸例，诸家对各种版本的鉴定，均运用过此法。又如近年来中医古籍整理之佳作，对诸多版本，也进行过一定的考证性工作。

2. 直观法

直观法即鉴定人对版本实物得以从外观显示的各个方面进行直接观察地方法，其观察的内容，主要反映于每一种版本的自身中。当然，运用此直观方法，必须充分掌握有关各种版本形式的理论知识和感性经验，否则，单凭版本外形的某一方面进行判断，则难免失误。如果说考证的方法，需要过多借助文献资料，而直观的方法，则需过多借助直接经验。有些版本研究者或图书经营者，总结其直观方法所谓“望气而定”或“观风望气”，虽然使人感到玄惑难解，不可捉摸，但却具有一定道理。因为有些问题，用文字描述得再清楚，但在实践中,则仍难以辨认。然而通过多经多看,久而久之,自能一见便知。如墨色纸张、书体刀工等,非经多见,难以辨识。故运用此法时,必具丰富的经验,方可为之。当然,有些具有特异性的款式,只要具有这方面的知识,也可以据以认定,并非绝无章法可循。

3. 比较法

比较法,是根据某种标准,在两种或两种以上互为联系的事物间,辨别高下、优劣、异同。《颜氏家训·省事》:“不顾羞惭,比较材能,斟量功伐。”明·唐顺之《答江五坡提学书》:“比较同异,参量古今。”即此义也。比较法之用于版本鉴定,即根据版本的某些标准,在两种或两种以上版本之间,相互比较的方法。此种方法,既可从同书异本的内容间相互比较,亦可在同书异本的形式间相互比较,自能显示其异同之处,根据其异同,判断版本之先后、高下、优劣等。亦可在同类异书间相互比较,如同时代、同地区的刊本,可取不同书本相互比较,亦可显示其版本形式的异同。如鉴定某一版本,究属何时何地之刊本,可取该时该地之同类异书版本,相互比较,亦可有助于对版本的鉴定。

上述三法,有时用一法取证,即可予以判断,有的需三法综合考察,方能作出判断,有些能作出具体的判断,有的只能作出大致的判断,也有的由于版本特点不明显,或鉴定人经验不足,则一时难以判定。总之,版本鉴定,情况亦较复杂,非多见博识者,不可冒然从事。

三、版本鉴定的依据

对版本鉴定的依据,李致忠《古书版本学概论》第七章,归纳为十四条,颇具要义。今依诸条,略陈其义:

(1) 依据原书序跋鉴定版本。对一书的序跋,或出自本人自撰,或出自他撰。往往对成书年代,篇卷次第及内容大概等,均有所交待。故可借以鉴定。然有些序跋的撰写年代,不等于刊印年代,甚有书贾伪作序跋者,尤当注意辨识。

(2) 依据书牌木记鉴定版本。详书牌木记,皆出自版刻家之手,多详记刊刻年月及刊刻单位,亦犹今日之版权书页,故可借为鉴定之依据,然此牌记亦有为书贾作伪者,或将书牌剜去,或将书牌改易,以后充前,以次充真。

(3) 依据后人题跋识语鉴定版本。后人题跋识语,多出自收藏家或版本学家之后。每得善本,必认真加以考证源流,鉴定版本,然后于书前或卷后,题以跋文或书以识语。凡此名家之鉴定意见,甚有参考价值。然个别失误者,亦或有之。

(4) 依据原书刻工鉴定版本。刻工原系书铺刻字技工。凡此等技工,皆以此为业。特别是一些雕刻名手,一生均刊有多种书籍,在今存本中,尤有证可据。如曹之《中国古籍版本学》据今存本考证明代刻工姓名,有王成、王伯材、李安、李清、李潮、李泽等 44 人,刻书多达 12 种之多。故可以据此以鉴定其年代。

(5) 依据书中讳字鉴定版本。讳字之于鉴定版本年代,固有特殊意义,已如前述。然后世有翻刻或影刻前朝版本时,尽依旧式,若不注明翻刻或影刻年代时,极易混淆,故当留意。

(6) 依据地理沿革鉴定版本。地理沿革,历来多有变迁。不仅疆域境界,时有变化,州府县治,时有分合;即京州府县之治所与名称,亦时有改易。如因避讳而改名,因易鼎而改制,因管属而分合等情况,历代皆然,故可据此以鉴定版本之大致年代及地域。

（7）依据机构职官变迁鉴定版本。历代署衔及职官名称，各朝多有不同者；即同一朝代之名称，前后亦时有变迁。故对诸官刻本及朝臣命官之私刻本，若不注明年代者，可考之于历代署衔及职官名称，加以考定。

（8）依据衔名尊称谥号鉴定版本。衔名为官员职务名称，如宋臣林亿等校定诸书之结衔及某些古籍中所附札文奏章等之署名，皆冠以衔名。而此等衔名，亦非终生不变。故常据此以考定其大致年代。

尊号，有自称，人称之别，中年与晚年亦常不同，必其断限年代，可资考定。

谥号，乃人死之后按其生平事迹评定褒贬所给予的称号。皇帝亦称庙号。如《黄帝内经素问》林亿等序云："顷在嘉祐中仁宗念圣祖之遗事，将坠于地。"是知该书虽在宋仁宗嘉祐年间，"诏通其学者，俾之是正"。但其完成之时间，必在赵祯死后，否则序文不得称"仁宗"。

（9）依据书名冠词称谓鉴定版本。书名冠词有撰修时所加，有后来整理人所加，其内容亦多种多样，而且有时由于某种因素，其冠词或有所改变。因此，根据冠词始用或改变的时间，亦可有助于版本的鉴定。

（10）依据卷端上下题鉴定版本。所谓卷端上下题，此指古书卷首的上下题，所谓上题指书名，下题指编撰者、注评者、校定者等。不同书籍的上下题，固有所不同。而同书异本的上下题，或亦有别。此种差别，不仅表现为题名的冠词或缀语，有时亦表现为题名的用字方面，故可据此以鉴定版本。

（11）依据卷数变迁鉴定版本。古书卷数及卷次用名，成书之时，本有定例。然诸多古籍，特别是去古较远而经后人整理翻刻次数较多之书，往往卷数有所分合，且卷次名称亦有所改易，甚至篇章题名亦有所改变，凡诸有文可考者，亦可借以鉴定版本。

（12）依据藏书印记鉴定版本。古代官私藏书而钤盖印章者，据出土文物及现存图书考证，已发现在唐代已有藏书印章。如 1984 年 11 月 1 日《北京晚报》载涛文同志撰文披露，河南偃师唐墓中，出土一枚铜质铸造阳文印章，印文"渤海图书"四字，据考为渤海李名存专制藏书印鉴。宋元之际，今存尚有，至于明清两代，官私藏书加盖藏书印章者尤多。似此印章大都有文可考，至少可据此以知其版本之大致年代。

（13）依据著录鉴定版本。对古书的著录，从广义而论，有多种形式，如书目著录、引书著录、附录书目等，可详见本书"中医文献的著录"一章。可根据著录内容，特别是注录体或传录体书目，往往对著录之书，有所详明或考证，故可借鉴定版本。

（14）依据原书内容鉴定版本。原书内容，指原书内容所涉及之学术、学说、概念、术语，及所涉及之人事、名物等有关问题，通过对此类内容的考证，可以大致判断其学术发展的源流及时限，有助于对版本的鉴定。另一方面，通过其内容的文字比较，自能发现其版本间的异同。对版本鉴定，具有十分重要的意义。

以上所论十四条，均为版本鉴定的重要依据。另外如版本款式特点、墨色纸张、文字气象、文体语言、字体书气等，亦为版本鉴定之依据，兹不详述。总之，对版本的鉴定，除具有明显的证据可立断者外，均需综合运用文献学、文史等方面的知识，加之丰富的实践经验，深入广泛地研究考证，方有可能提出确切或比较确切的意见。

第九节　版本源流

版本源流是指一书有多种不同版本所进行的版本间源流关系的分析考证，是版本及学术思想研究的重要内容，是古籍整理的基础，具有重要学术价值。

一、版本源流考证的重要意义

版本源流是分析版本系统一重要问题。近代古籍整理研究诸名家，均曾对一书或多书的版本源流，做过认真地考证。以中医古籍论，马继兴研究员曾针对八十年代中医古籍整理部级重点科研课题的十一本经典医籍所做的《经典医籍版本考》一书，即是根据各种医学文献及史料书目等，对每书版本源流的考证与分析。又如日本东洋医学研究会整理出版之《东洋医学善本丛书》，在每书之“总说”中，对该书之版本源流，均曾做过比较认真地分析考证。

近代版本学家，对版本源流问题，从版本理论的角度，均曾有过专门论述。如曹之《中国古籍版本学》第三编第六章云：“古籍版本千头万绪，一源十流。它像一个蕃衍的家族，子又有孙，孙又有子，子子孙孙，世代相传。考订一书的版本源流就像考订一个家族的宗谱，就是要清理该书版本的发生发展过程及其在发展过程中所形成的相互关系。考订一书的版本源流又像梳理蓬头散发，经过梳理，将盘根错节的各种版本理成几个系统。”又姚伯岳《版本学》第七章云：“版本源流是指一书曾有过哪些版本，现存哪些版本，各版本情况如何，相互间存在着什么样的关系。简而言之，版本源流就是同一部图书各种版本的发生、发展过程及其相互之间的渊源递嬗关系。对图书版本源流的考证，是在版本鉴定基础上所进行的更进一步、更全面深入的版本研究，对于确定某一版本在同书各种版本中的地位、全面认识和正确评价其版本价值，起着十分重要的作用，同时也是为文史工作者所经常直接采用的一种有效的科学研究方法。”从而说明版本源流，是对古籍，特别是对历时较长，传抄翻刻日久或经后人多次整理而形成多种不同版本的古籍的版本间相互关系的源与流的分析考证，以期探讨或恢复其版本与学术的本来及真实的原始面貌。它对古籍的整理、版本著录及学术思想的研究，均有着十分重要的意义。

二、版本源流是古籍流传的必然结果

凡一书问世之始，即为该书之祖本，然在流传过程中，根据其内容之学术价值，必会出现不同的结果。大致言之，有以下几种情况。

(1) 学术价值较高，继续流传，甚至可传至数千年后，如今日传世先秦诸书，亦皆两、三千年前之著作。就以医家之《黄帝内经》而论，依近年诸多学者所考，断其成书当在西汉时期，至今亦两千余年。似此等书，在印刷术创始之前，其流传方式，皆以传抄为主。在雕版印书之后，虽仍有传抄之本，然大多以翻刻雕印的形式传世。因而，此类书不仅其传抄翻刻次数难以尽计，且在传抄翻刻过程中，有意无意地对原本产生的某些改动，必然形成多种不同的传世版本。

(2) 有些古籍,问世不久,即因各种原因造成散佚。但因学术价值很高,后人遂重为搜集整理,有的曾经多次整理,再度传世,亦必形成多种不同版本。医家如汉末张机《伤寒杂病论》一书,经汉末至三国期间之战乱,书即散佚,最早有晋初王叔和整理本,又将书文收入其自著《脉经》中,后有唐代孙思邈将所得“伤寒”部分收入《千金翼方》中,宋代有林亿等校定官藏旧本《伤寒论》、《金匮要略方》、《金匮玉函经》,金代又有成无己《注解伤寒论》本,在日本又有《康平本伤寒论》、《康治本伤寒论》。另外又有他书收载部分条文者如隋巢元方《诸病源候论》、唐・孙思邈《千金要方》、宋・王怀隐《太平圣惠方》等;又有敦煌卷中有三种卷本保存之少量残本等。由此可见。《伤寒杂病论》一书散佚后,经后人多次搜集整理及传抄,已形成多种不同系统的传本。就以宋以后论,由《伤寒杂病论》“伤寒”与“杂病”两大部分内容,分别衍化而独立成书的《伤寒论》与《金匮要略》,经多次翻刻或传抄,亦有多种不同传本。此足可反映有些价值较大之古籍散佚后,经后人多次整理及多次传抄翻刻后形成多种版本系统及多种版本的复杂情况。当然,这是一个比较典型多系统、多版本例证。有些传世较近之书,散佚后复经后人搜集整理,虽可有多种版本,则不一定复杂如此。

(3) 有些古籍,因其内容被后世别书以不同形式或不同体例所收载,而原书遂逐渐失传,后人根据别书进行辑复,由于原书旧貌已失,体例亦难尽详,后人辑复时,各据所考加以己见,故辑复之本,必然形成各种不同的版本。医家如《神农本草经》一书,原书后佚,曾有南朝梁人陶弘景《神农本草经集注》及唐《新修本草》二书,较多地收载该书内容,后二书亦散佚残缺。至宋代有《开宝本草》、《嘉祐本草》、《大观本草》、《政类本草》及《太平御览》等书收载该书内容。然今存亦惟《大观本草》、《政类本草》及《太平御览》三书,载文较多,其余历代文献,或残缺较甚,如《神农本草经集注》、《新修本草》等;或载文极少,如唐《千金方》及《翼》、《艺文类聚》及《初学记》等。明清以来国内外不少学者根据现有文献进行辑复,计有明卢复辑本,清过孟起、孙星衍、顾观光、王闿运、姜国伊等辑本,日本有森立之辑本等。近年来又有些学者重为辑复。在诸多辑中,从内容到体例,均有不少差异,形成不同的版本。

(4) 有些古籍,虽然流传时间不一定很长,但由于传抄或翻刻的关系,也可形成不同的版本。如近来出土之马王堆医书中之《阴阳十一脉灸经》(按书名系整理小组所定)甲本与乙本及江陵张家山汉简《脉书》,均有阴阳十一脉之文,从总体上看,乃是同一系统,其内容虽无大的出入,但在文字方面已有不少差别。详该书或系先秦后期产物,流传至汉初,已有多种不同传本。又如明・张景岳《景岳全书》,从清初开雕印行至今仅三百余年,其间刊印达四十余种。据近年来赵立勋教授整理该书时考证,该书自清康熙三十九年始由广东布政使与景岳同郡鲁超主持刊刻;至康熙四十九年,又由两广转运使贾棠重加翻刻;因流传不广,至康熙五十二年又由查礼南氏,复据贾本重订再刊,是书仅十余年间,竟形成了三种系统本,后世多种刻本,皆不外以此三种本为祖本而多次刊行。

(5) 有些古籍,由于实用性较强,流通量较大,刊印次数较多,且有些在刊行过程中,曾有所增补,故亦可形成多种不同版本。就《中医图书联合目录》为例。如《傅青主女科》一书,共著录有 55 种版本,其中不仅在卷数、内容方面互有差异,即书名亦多有不同。如清光绪三年刻本,原题《傅氏妇科》;清光绪四年大荔李致远堂刻本,原题《妇科全书》;清光绪十一年北京文成堂刻本,原题《补注傅氏女科》;不详年代抄本,原题《鹏飞女科》等。又如明・陈实功《外科正宗》一书,著录四卷本者有 13 种版本,十二卷本者有 18 种版本,清・徐大椿批注十二卷本者有 21 种版本。合计共 53 种版本,诸多版本,不仅内容有所不同,版本已各有系统。

(6) 有些古籍由于后世删改增补，亦必形成不同版本。如唐·孙思邈《千金要方》一书，今存宋代刊本《新雕孙真人千金方》及日本江户医学影北宋本《备急千金方》，两种刊本仅卷数相同，其不同处如：①大题不同；②小题不同，以卷一为例，新雕本为习业、精诚、理病、诊候、处方、用药、合和、服饵，共八题，影北宋本为大医习业、大医精诚、治病略例、诊候、处方、用药、合和、服药、药藏，共九题；③款式不同，新雕本孙思邈自序在卷内，且无林亿等宋臣序及例，影北宋本自序及宋臣序与例均在卷前；④内容差别较大，在内容方面，诸如条文的数量、文字的异同、引文的多少、药物的剂量等，均有较大差别，书中随处可见，兹不烦举。足证此乃差别很大的两种版本系统。影北宋本乃经宋臣林亿等有所增删。又如清·鲍相璈《验方新编》一书，《中医图书联合目录》著录有十六卷本者 28 种版本；八卷本者 11 种版本；二十四卷本者有 10 种版本；又张绍棠《增广验方新编》十六卷本有 13 种版本，上、下卷本有 6 种版本；《增辑验方新编》十八卷本有 17 种版本；《增订验方新编》八卷本有 5 种版本。又不著辑人《重订验方新编》一种。又《选录验方新编》十八卷本有 15 种版本。是则此书，不仅鲍氏原作已有多种版本，后人增广诸本，亦有多种版本。诸本之间，自卷次及至内容，已有较大差异。若不考其源流，自难知其旧貌与新颜之别。

(7) 有些古籍由于政治因素，对原书内容进行妄改妄删所致之不同版本。在封建社会中，书中凡不利于当代统治者之内容，其采用或整理时必予以删改。此类情况，虽在医书中不多见，但在文史及政论性古籍中，却非鲜见。如清代编纂之大型丛书《四库全书》，其中凡不利于清代统治者之内容或语言，均见编者删改。此亦造成不同版本的原因之一。

三、版本源流考证的内容

对版本源流考证的内容，主要有以下几个方面：

1. 撰人及成书年代的考证

有些古籍，虽有书在，但无撰人，或虽有撰人，亦或后人依托之名，故其确切的成书年代，究在何时，必需予以考证，方能弄清版本源流。否则源头不清，流亦难明。此类情况，在医书中，不仅先秦两汉之著作，即宋以后医籍，亦多有成书年代不明者。如《中藏经》一书，今存本题作“汉谯郡华陀元化撰”，卷前有应灵洞主探微真人少室山邓处中撰序文。然经察《后汉书·华佗传》，未言华氏有是作，又详书目著录，仅始于宋郑樵《通志·艺文略》。故前人对其撰人及成书年代多有异议。近人李聪甫先生主编之《中藏经校注》，综合前人考证分析认为：“其祖本可能为华佗所撰，至少可认为存有华佗遗作片断；其书经后人整理，增附，且非出自一时一人之手。今之传本所据者，大约成书于六朝时，始传于世之际，即北宋末、南宋初，又再次有所增附，遂成是书。”按此遵清人孙星衍氏认为始于六朝之说，当为可信。又据今存本中有“逆顺”作“逆从”者，当是避南朝梁武帝父萧顺之讳改字。今存本之源，至少可认为始于南朝时梁代；宋及宋以后诸本，皆流也。

2. 版本年代的考证

有些古籍，无论抄本还是刊本，由于未著录刊印年代与刊印者，抄本则无抄写人及抄写年代，故版本年代难以详明。如《中医图书联合目录》著录诸书，有些版本著录为“待鉴定本”，即属此类情况。如果版本的刊刻或抄写年代不清，则版本源流层次的划定，自难详明。由于版本年代是版本源流层次断代的主要依据，故对版本年代不清者，必须加以考证和认定。

3. 版本内容的考证

版本内容的考证，最能反映版本的实质。所谓版本内容，包括大小题名、卷次、正文、文字、卷前及卷后附录等项。凡此诸项，对版本的确定，有十分重要的意义。特别是对版本较多的古籍，根据内容的比较分析，对版本源流的审定，源流层次的判断，版本系统的划分等，均可提供确切或一定的依据。版本内容的考证，是一项十分细致的工作，如要作到翔实，必须对所有版本进行认真地校对，根据校出的异文，加以综合分析，方能作出准确或比较准确的判断，确定各种版本的系统及源流关系中的地位与评价。

4. 版本系统的考证

姚伯岳《版本学》第七章第一节在论述“版本系统的划分及其意义”时云：“一般来说，一书的各个版本之间必然存在某种关系，并分别有某种相同或相似的特征，这些有某种相同或相似特征的版本即可划归于同一版本系统。版本系统即是对同书不同版本的进一步划分。划分版本系统的方法主要适用一书拥有多种版本，且各本之间有较大内容差异的情况。”又云：“版本系统不同于版本类型，它不是对众多图书所进行的版本划分，而是在一书内部进行的版本划分，其划分标准必须是一书中某些版本所共同具有的一些特征，这些特征一般表现在各本的书名、卷数、次要作者，文字内容、版式行款等方面。”

以上主要说明版本系统的含义及划分版本系统的重要意义。因此，对版本系统的分析与探讨，特别是有些古医籍存在有多种版本或异本的情况下，是研究版本源流的重要内容之一。如晋·皇甫谧《针灸甲乙经》，成书问世以后，自《隋书·经籍志》以来，历代公私书目，著录甚多，其书名、卷数等均有所不同；就今存版本而论，虽不下十余种之多，然经过认真分析考证。从书的款式、正文、注文等几个方面反映的情况，实不外三种系统：一为明兰格抄本系统，仅有孤本，现存日本。一为明正统丁巳刊本抄本残卷，现亦存日本。以上二种现均收入日本《东洋医学善本丛书》，影印发行。一为明吴勉学校刊《古今医统正脉全书》本，此本对后来影响最大，据知国内外现存诸本，均属《古今医统正脉》本系统。而此本及明兰格抄本，又均源于宋臣林亿等校定之本。其他如历代文献征引及书目著录之别本系统，如《隋书·经籍志》著录之十卷本系统，《外台秘要》列文以十天干及地支子、丑等命名卷次之系统，均因原书早佚，内容不得详知，至于清代《四库全书》著录两淮盐政采进本之八卷本，经核查四库本原书，亦为十二卷本，是八卷之数，则属误记。从而对《针灸甲乙经》现存本的版本源流已基本清楚，对现存版本的三个系统，亦已明确。

四、版本源流考证的方法

对版本源流的考证，通常多采用以下方法：

1. 根据书目著录加以考证

图书的著录，远自西汉刘向父子校书始，虽当时所撰《七略》及《别录》均早佚，然其主要内容，犹存于《汉书・艺文志》中。此后，历代史书具经籍或艺文志者，及公私所编书目，对历代主要图书之书名、卷数、撰人等，均有所著录，特别有些注录体书目，记述尤详，可资版本源流之考证。如前述《针灸甲乙经》一书，《隋书・经籍志》著录为十卷本，注："音一卷，梁十二卷。"是则可知，该书自晋初至隋三百余年间，在流传过程中，已衍化为十二卷本与十卷本两种系统本。迨至宋，经林亿等校定为十二卷本，其后，此十二卷本，书目著录又有若干刊本或抄本。此皆可借供分析该书版本之源流。

2. 据历代有关文献征引加以考证

凡诸学术之任何门类，在发展过程中，均有一定的继承性，医学亦不例外。且在学术门类之间，又皆相互渗透，相互为用，相辅相成。对文献之征引，并无特定界限，故在古代文献中跨学科、跨门类征引别书的图书，特别有些综合性图书，此种情况，尤为多见。因此，根据文献征引，尝可借助对版本源流的分析与探讨。如今存《灵枢经》一书，自汉末张仲景《伤寒杂病论・序》引《九卷》名以下，历代文献援引颇多，如晋・皇甫谧《针灸甲乙经・序》有《针经》、《九卷》之称，《旧唐书・经籍志》著录有灵宝注《黄帝九灵经》十二卷本，《宋史・艺文志》著录有《黄帝九虚内经》五卷本，《黄帝灵枢经》九卷本、《黄帝针经》九卷本等。又宋・王应麟《玉海》卷六十三艺术类著录《黄帝灵枢经》云："《书目》：《黄帝灵枢经》九卷，黄帝、岐伯、雷公、少俞、伯高、答问之语。隋・杨上善序：凡八十一篇，《针经》、《九卷》大抵同，亦八十一篇，《针经》以九针十二原为首，《灵枢》以精气为首，又间有详略。王冰以《针经》为《灵枢》。故席延赏云：《灵枢》之名，时最晚出。"又元・罗天益整理乃师金・李杲经验方《东垣试效方》一书中，曾引用过《针经》文若干条，且皆注明篇名与篇次。其篇次恰与今存《灵枢经》同。从上述诸书引文可见，《灵枢经》一书，作为一部医学经典独立问世后，从书名、卷数、卷次、甚至内容方面，均有不同程度的变化。从而说明，根据历代文献征引，对版本源流的考证，既有重要学术意义，也是版本源流考证的主要方法之一。

3. 根据现存版本加以考证

现存版本，从广义方面讲，包括宋元以来各朝刊本与抄本，及出土文献之简书、帛书、卷子本等。诸多版本，是各种系统本的实物见证，因此，对现存各种版本的分析研究，对考证版本源流，尤为重要。对现存版本的分析研究，除了一般图书外形如装帧、款式、行款、序言、署名、卷数与卷次外，最主要的是对内容的比较分析，然后加以综合研究。首先判断其版本系统，然后推断各系统本之祖本。按此思路，按年代层次，或自古而今，或自今而古，逐一分别其版本体系，即可搞清其版本源流。当然，要进行深入的研究，还必须进行更细致的工作，方能更具体的说明其版本演变的情况、各本间的差异及对各种版本的评价。

第九章　中医文献的著录

中医文献的著录，由来已久，据现存各种文献而言，至少可以上溯至战国或春秋时期。其后，在历朝各种文献中，均有为数众多的不同形式的著录。为研究中医古籍，提供了丰富的文献资料和重要的依据。

第一节　书目著录释义

书目，一指书籍的篇目，如《南史·张缵传》："缵求不徙，欲遍观阁内书籍。尝执四部书目曰：若读此毕，可言优仕矣。"清·平步清《霞外攟屑·斠书·全唐文纪事》："所引凡五百八十余件，列书目于前。"一指书籍的题名，如唐·姚和《和座主相公西亭秋日即事》："海图装玉轴，书目记牙签。"此言书目，乃指书籍的题名而言。

著，记载也。《墨子·明鬼》："周人从者莫不见，远者莫不闻，著在周之《春秋》。"《左传·襄公二十三年》："初，斐豹，隶也，著于丹书。"杜预注："盖犯罪没为官奴，以丹书其罪。"《商君书·境内》："四境之内，丈夫女子皆有名于上，生者著，死者削。"《隋书·经籍志》："歆遂总括群篇，撮其指要，著为《七略》。"又云："魏秘书郎郑默，始制《中经》，秘书监荀勖，又因《中经》，更著新簿。"又宋·王谠《唐语林·补遗四》："甲楯有先后部伍之次，皆著之簿籍，故谓之卤簿耳。"

录，记录、记载也。《公羊传·隐公十年》："《春秋》录内而略外。于外，大恶书，小恶不书；于内，大恶讳，小恶书。《汉书·艺文志》："每一书已，向辄条其篇目，撮其指意，录而奏之。"《隋书·经籍志》："秘书监荀勖，又因《中经》，更著新簿……但录题及言。"

是著与录皆为记载、记录之义，两字合言之，义亦同。《后汉书·蔡遵传》："著录勋臣，颂其德美。"又唐·沈亚之《异梦录》："是日，监军使与宾府郡左，及晏客陇西独孤铉……皆叹息曰：'可记。'故亚之退而著录。"

又在目录学领域，则常指对书目之记录而言。如《新唐书·艺文志》："自汉以来，史官列其名氏篇第，以为六艺、九种、七略；至唐始分为四类，曰经、史、子、集。而藏书之盛，莫盛于开元，其著录者，五万三千九百一十五卷。"又《清史稿·艺文志》："高宗继试鸿词，博采遗籍，特命辑修《四库全书》……命纪昀等撰《全书总目》，著录三千四百五十八种，存目六千七百八十八种，都一万二百四十六种。"

就著录具记载或记录书目之义而言，则古医籍之见于著录者，其来已久。就其著录之形式而言，约言之，可分三种。一者引用著录；一者附见书目著录；一者目书著录。

第二节　引书著录

引书著录，即古代医书或医书之原文及注文中征引记载之古医籍。此类著录，自汉以下至清代之历朝文献中，均有诸多著录医籍。凡此类著录之医籍，有的继续流传存世，有的早已亡佚。然不管其是否存佚，对古医籍佚书之考证，对古籍版本源流之考证，对存世古籍演变之考证，对学术源流的考证，均有着十分重要的意义。且此类引书中，有相当一部分，特别是早已亡佚之古医籍，在历朝公私书目中，均不曾著录，更具有重要学术价值，应予足够重视。

一、引书的形式

在诸古籍中引录医书者，为数甚多，这反映了医学著作在学术上具有源与流、继承与发展的相互关系。虽然有些医籍没有明引前人旧作，而实亦暗引别文。故医籍引书，一则为学术继承的需要，一则知学有所自。然而引书的方式则有多样。主要有以下几种：

（1）正文引书。即在书的正文中直接引用某书，这是引书中特别是属于类书型引书的主要形式。如宋代刘昉《幼幼新书》直接引用本朝及宋以前医籍达百余种，即属乎此。

（2）例文引书。即在凡例或序例中引出某书。如宋・唐慎微等《经史证类备用本草》，直接引《嘉祐本草》、《本草图经》、《本草衍义》等有关内容。

（3）序文引书。即在自序或他序中引出书名。如《伤寒论》张仲景自序云："乃撰用《素问》、《九卷》、《八十一难》、《阴阳大论》、《胎胪》、《药录》，并《平脉》、《辨证》，……"又王叔和《脉经》所引古籍及名氏，皆属此类。

（4）跋文引书。即在自跋或他跋中引出书名。如清・张应超为赵学敏《本草纲目拾遗》跋云："《本草纲目拾遗》十卷，乾隆间吾杭赵恕轩先生所著《利济十二种》之一也。十二种者，《医林集腋》、《养素园传信心》、《祝由录验》、《囊露集》、《本草话》、《串雅》、《花药小名录》、《升降秘要》、《摄生闲览》、《药性元解》、《奇药备考》及是编也。"故此知赵氏有此著，然大多亡佚。

（5）传文引书。即在人物传记等文中称引之书，有自家医著，亦有别家医著，如《史记・扁鹊仓公列传》中，言仓公淳于意曾得公乘阳庆所授医书若干种。凡所言医书，皆不见于史志及历代书目著录。

（6）注文引书。即在书文的他注或自注中引用之书。如《素问》王冰注所引《经脉流注孔穴图经》及《中诰孔穴图经》等书，历代书目均不曾著录，独赖是注存焉。又如吴鞠通《温病条辨・原病篇》第二条自注引书有"王寔之《证治录》。"详王寔，宋人，著有《伤寒证治》一书，早佚。今鞠通举此，或该书在清代民间尚有别传之本存焉。

（7）考文引书。即考证文中引用之书，如元・滑寿《难经本义・难经汇考》中所引"宋治平间京兆黎泰辰序虞庶《难经注》云"、"丁德用《补注》题云"及谢氏（即元谢缙孙），著《难经说》）谓王宗正《难经》注义等文，其书其文，皆别书所不载，因原书早佚，故此引文则颇可贵也。

（8）非医学著作引书。即医学著作以外的书籍中所引之医书。此类引书，所涉甚广，凡诸经、史、子、集及其注文之有关著作，均有引诸医书者。此类引书，虽较之医籍引书为少，然常有医籍引书所未及者，故其文献学价值，绝不可忽视。如隋・萧吉《五行大义》引书中，有《素问》、《甲乙经》、《八十一问》(即《八十一难经》)、《本草》等，在文字方面，与今存本颇有可参校之处。同时又有如《河图》及《春秋元命苞》等含医学内容之古籍，对研究古医学理论，亦颇为有益。

二、引书的方式

古籍引书方式，由于行文的需要，呈多种多样。主要有以下几种：

(1) 直接称引，此皆使用第一手或曰一级文献，而直接加以引用。凡书中引用其当代及近代文献，亦或古代文献之存世者，而直接加以引用，是可为第一手文献。此种引书中引文，除作者有意删节者外，其可靠性比较大。如宋臣林亿等校书时引用之诸多古文献，均系当时存世善本。又如宋人刘昉《幼幼新书》中引用之本朝医著，无疑皆当时佳本。

(2) 间接称引，此指使用二级或三级文献，而间接加以引用。凡书中使用前朝或古代文献已不存世者，必系从别书之引文中再度引用，故不得为一级文献。如唐・王焘《外台秘要》一书，引用了大量本朝及唐以前古文献，然而其中有相当一部分，至宋时已亡佚。故宋及宋以后引用该书时，多系据《外台秘要》等唐人著作中间接引来。

(3) 书名冠前，即先引出书名再引出书文。凡引用书文者，用此法为多。如《伤寒论・伤寒例》："《阴阳大论》曰：'春气温和，夏气暑热，秋气清凉，冬气冷冽，此四时正气之序也'。"特如大型类书类著作，以众书别说相类成文者，尤以此法为主。如唐・王焘《外台秘要》、日本・丹波康赖《医心方》等书，皆是。

(4) 书名缀后，即先引出书文，最后缀以书名。如宋・张杲《医说》，即用此法。如卷二不宜灸："凡妇人怀妊，不论月数及生产后未满百日，不宜灸之。若绝子，灸脐下二寸三分间动脉中三壮。女子石门不灸。"此下小字作"出《千金方》"即是。

(5) 几书同出，即两种或两种以上之书名同时引出。如《外台》卷十八"岭南瘴气脚气酒汤散方"有"苏唐豉酒"一条。此苏唐，乃苏思恭与唐临也。二人皆有治脚气方书，是二人书中皆有此方，故二名同出。又如《素问・气穴论》："背与心相控而痛，所治天突与十椎及上纪。"王冰注："按今《甲乙经》、《经脉流注孔穴图经》当脊十椎下并无穴目，恐是七椎也。"此皆说明二书相同，故并出之。

(6) 注同某书，即先引出某书，后言某书同。如《外台秘要》卷七"卒心痛胀满方"引"《备急》疗卒心腹胀满，又胸胁痛欲死方：热煮汤令灼灼尔，以渍手足，冷则易。秘之。"末有小字作"《肘后》、《张文仲》同"。是则说明《肘后方》与《张文仲方》，亦皆有此方，与《备急方》同。

(7) 书文并引，即既引出书名，又引出书文。此类情况，在正文引书中大多如此，特别是在类书中，尤以此法为主。如《灵枢・逆顺》："《刺法》曰：无刺熇熇之热，无刺漉漉之汗，无刺浑浑之脉，无刺病与脉相逆者。"此乃引古《刺法》之书名及有关书文。

(8) 有书无文，即只引出书名而无书文者。这种情况，在例文、序文、跋文及非医学文献中所见较多。如《灵枢・禁服》："通于《九针》六十篇。"此仅言古《九针》一书，有六十篇，而无书文。

(9) 有文无书，即只引书文，而不引书名。如唐·孙思邈《千金要方》卷十一、卷十三、卷十五、卷十七、卷十九五脏论诸篇，均有“扁鹊曰”文若干字。又有“襄公问扁鹊曰”文若干，惟卷十三、卷十五、卷十七、卷十九省“襄公问”等六字。孙思邈《千金翼方》卷十五“诊气血法第一”有“黄帝问扁鹊曰”文若干字。又《外台秘要》卷十二“贲狁气方”引《小品方》中有“黄帝问金冶子曰”文若干。凡此等文，皆有文无书，不知出典。然足资证明，古依托黄帝、扁鹊之书甚多，魏晋以后，由于种种原因，大都亡佚，今存少量遗文，亦甚可贵。

三、称引方式

指对书名称谓的引用方式。关于引用书名的称谓，诸书虽不一，但从总的方面看，趋于简化。亦即把繁杂的全称书名，缩化为简称书名。据诸书所引情况，主要有以下几种称谓：

(1) 称引全名，即称引书的全称。如《外台》卷十四“风口噤方”引书有陶隐居《效验方》，此条称引既有人名又有书名，则不易与别书混淆。又如《幼幼新书》卷一“求子方论”引书有《黄帝内经素问》，此亦《素问》一书的全称。这种称引方式，固不宜与别书相混，然有些书名，文字较长，书写不便，故别书称引时，少有用全称者。

(2) 称引简名，即称引书的简称。如《幼幼新书》卷一“求子方”引书有《圣惠》，即《太平圣惠方》。又如明·楼英《医学纲目》卷三十四“妇人治法通论”引书有《大》，即宋·陈自明《妇人大全良方》；卷四“治上下法”引书有《衍义》，即宋人寇宗奭《本草衍义》。似此等引书称谓，失之过简，若无书名说明，有些书由于用字相同者，不经核对，则较难认定；特别因有些书已经散佚，别书又无著录者，则尤难确认。故对此类书名的认定，有些尚需加以考证。

(3) 以姓氏或人称代书名，即以某书作者的姓氏或名号代替书名。如《医学纲目》引书中有钱氏者即宋·钱乙，罗即元·罗谦甫等。又《医学纲目》卷一“阴阳”称引中有丹溪（朱丹溪，亦或作“丹”）、刘河间（亦或作“河”）、海藏（王海藏）等。也有些古医籍，本与其姓名联缀成名，如张仲景《伤寒杂病论》一书，散失后有后人整理，本书隋唐时则称为《张仲景方》，故《外台》引书中迳称张仲景或仲景。今皆可见于存世宋人校定之张仲景著作《伤寒论》与《金匮要略方论》中。

(4) 称引共名，即用某书之共名，而不用其具体书名。如金人成无已《注解伤寒论》注文中有称《内经》者，均指《黄帝内经素问》。详自晋人皇甫谧《针灸甲乙经》自序云：“今有《针经》九卷、《素问》九卷，二九十八卷，即《内经》也。”后人多遵其说，故《内经》者，《素问》、《针经》之共名也。

(5) 同名异书，即名称相同而实非一书者，如《医学纲目》卷二十二“噎”引书有“《金匮玉函》：“五噎心膈，气滞烦闷，吐逆，不下食，芦根五两，锉，水三大盏，煮二盏，去渣温服”一条。详宋臣林亿等校定张仲景著作有《金匮玉函经》一书，今存本中无此内容，且此方亦不类仲景方，故当别为一书，而非《金匮玉函经》。似此等称引，最易混淆，并非善举。

(6) 泛指或浑称，即不具体称引或笼统称引之谓。如《素问》、《灵枢》中称“经曰”者，均泛指古医经类书也。又后人称《黄帝内经》，亦常浑言“经曰”，如刘完素《素问玄机原病式》自序云：“故经曰：亢则害，承乃制。”乃《素问·六微旨大论》文也。又如后世引书称《本草》者，不尽为《神农本草经》文也。

四、引书举例

（一）两汉及先秦时期

1.《黄帝内经素问》

玉版论要："黄帝问曰：余闻《揆度》、《奇恒》，所指不同，用之奈何？岐伯对曰：《揆度》者，度病之浅深也。《奇恒》者，言奇病也。请言道之至数，《五色》、《脉变》、《揆度》、《奇恒》，道在于一。""《奇恒》，事也，《揆度》，事也。""行《奇恒》之法，以太阴始。"

玉机真脏论："《五色》、《脉变》、《揆度》、《奇恒》，道在于一。"

八正神明论："法往古者，先知《针经》也。"

离合真邪论："余闻《九针》九篇。"

评热病论："且夫《热论》曰：汗出而脉尚躁盛者死。"

疟论："经言：无刺熇熇之热，无刺浑浑之脉，无刺漉漉之汗。"

痿论："故《本病》曰：大经空虚，发为肌痹，传为脉痿。""故《下经》曰：筋痿者，生于肝，使内也。""故《下经》曰：肉痿者，得之湿地也。""故《下经》曰：骨痿者，生于大热也。"

病能论："《上经》者，言气之通天也。《下经》者，言病之变化也。《金匮》者，决死生也。《揆度》者，切度之也。《奇恒》者，言奇病也。"

调经论："黄帝问曰：余闻《刺法》言：有余泻之，不足补之。"

疏五过论："《比类》、《形名》，虚引其经。""善言脉者，必以《比类》、《奇恒》、《从容》知之。""《上经》、《下经》、《揆度》、《阴阳》、《奇恒》、《五中》，决以《明堂》，审以《终始》，可以横行。"

阴阳类论："《阴阳》之类，《经脉》之道，《五中》所主，何脏最贵。""帝曰：却念《上、下经》、《阴阳》、《从容》，子所言贵，最其下也。"

解精微论："雷公请曰：臣授业，传之行教，以经论，《从容》、《形法》、《阴阳》、《刺灸》。"

2.《灵枢经》

九针十二原："令各有形，先立《针经》。"

口问："余已闻《九针》之经。"

海论："余闻《刺法》于夫子。"

外揣："余闻《九针》九篇。"

逆顺："《刺法》曰：无刺熇熇之热，无刺漉漉之汗，无刺浑浑之脉，无刺病与脉相逆者。"

玉版："黄帝曰：多害者，其不可全乎？岐伯曰：其在《逆顺》焉。"

卫气行："《大要》曰：常以日之加于宿上，人气在太阳。"

以上为《素问》、《灵枢》中引用古医籍之主要篇文。

3.《史记·扁鹊仓公列传》

"意少时喜医药，医药方试之多不验者。至高后八年，得见师临淄元里公乘阳庆。庆年七十余，意得见事之，谓意曰：尽去而方书，非是也。庆有古先道遗传黄帝、扁鹊之《脉书》，五色诊病,知人死生,决嫌疑,定可知及《药论》甚精。我家给富,心爱公,欲尽以我禁方书悉教公。臣意即曰:幸甚,非意之所敢望也。臣意即避席再拜谒,受其《脉书》、《上、下经》、《五色诊》、《奇咳术》、《揆度》、《阴阳》、《外变》、《药论》、《石神》、《接阴阳》禁书。"

4.《难经》

三十四难:"曰:五脏各有声色臭味,可晓知以不?曰:《十变》言,肝色青……"

六十三难:"曰《十变》言:五脏六腑荥合,皆以井为始者何也?"

六十四难:"《十变》又言:阴井木,阳井金;阴荥火,阳荥水;……阴阳皆不同,其意何也?"

从以上三难原文,足可证明,《十变》为一记述医学基础理论与基础知识之古医籍。另外《难经》中尚有多处泛称"经"处,然其文亦不见于今存《素问》、《灵枢》中,想必另为别经也。

以上四书之引书,据上引诸条原文中,即有《五色》、《脉变》、《揆度》、《奇恒》、《针经》、《九针》、《热论》、《本病》、《下经》、《上经》、《金匮》、《刺法》、《形名》、《比类》、《从容》、《五中》、《明堂》、《终始》、《形法》、《刺灸》、《经脉》、《终始》、《大要》、《脉书》、《五色诊》、《奇咳术》、《外变》、《药论》、《石神》、《接阴阳》、《十变》等。加之《内经》中尚不易确定者,泛称经或论者及运气七篇中引书,不下三十余种,尽管这些书名,后世注家及学界,在认识和理解方面,不尽一致,但不影响上述文献中,引用过诸多古医籍的事实。

从上述情况,足可说明以下几个问题:

(1) 在《黄帝内经》成编之前,已有许多古医籍存世,故得为《内经》编纂者引用。

(2) 当时诸多古医籍,大多为少数权贵所收藏,或为少数医人所据有,并未在社会上广泛流传,故被列为禁书。

(3) 凡此诸书,在汉代存世尚多,有仓公传所记阳庆授淳于意诸书及近年出土之汉代古医籍可证。后来逐渐亡佚。

(4) 诸书虽亡,然有的内容,或为《内经》所吸收,有的可根据经文所述,略知其内容要意。如《素问·病能论》所谓"《上经》者,言气之通天也。《下经》者,言病之变化也。《金匮》者,决死生也。《揆度》者,切度之也。《奇恒》者,言奇病也。"可见一斑。

(5)《汉书·艺文志》方技类,多有未著录之古医书,以上三书征引古医书及近年汉墓出土古医书均可为证。且经史诸书,亦多有未著录者,早已为近代学者指出。

(6) 上述四书中引用著录之古医籍,虽早已亡佚,然根据现有文献提供之资料,对研讨我国医学的形成与发展,学术思想的渊源与衍化,医籍史与书目的著录,均有十分重要的学术价值。

5.《伤寒论》

在今存《伤寒论》中,有张仲景《伤寒杂病论》自序云:"撰用《素问》、《九卷》、《八十一难》、《阴阳大论》、《胎胪》、《药录》并《平脉》、《辨证》,为《伤寒杂病论》合十六卷。"

又今存《伤寒论·伤寒例》:"《阴阳大论》云:春气温和,夏气暑热,秋气清凉,冬气冰冽,此则四时正气之序也……"

以上诸书,除《素问》、《九卷》、《八十一难》三书,今尚有流传本存世外,余皆不见书目著录及别书引用。当是汉以后早佚。

(二) 魏晋及南北朝时期

1. 晋·王叔和《脉经》

王叔和自序云:“今撰集岐伯以来,逮于华佗,经论要决,合为十卷。百病根源,各以类例相从,声色证候,靡不该备。其王、阮、傅、戴、吴、葛、吕、张,所传异同,咸悉载录。”此序说明,在该书中,收有王、阮等八人的著作。按王、阮等人名字,虽难考定,然其为两汉、三国或晋初名医当无疑。惟诸人著述为何名,现亦难考。但足可证明,此时期当有诸多名家医著存世。

卷三收《四时经》、《素问》、《针经》及张仲景著作有关内容。其中《四时经》一书,为别书所不载,历代书目亦未收。

卷五收《张仲景论脉》、《扁鹊阴阳脉法》、《扁鹊脉法》、《扁鹊华佗察声色要诀》、《扁鹊诊诸反逆死脉要诀》等。凡此等内容,当系作者遗著,拟或后人辑诸遗文而成。皆不见或少见于别书之古医籍。

又卷七、卷八、卷九三卷,尽收张仲景《伤寒杂病论》等有关内容,对研究今存《伤寒论》、《金匮要略方论》及张仲景原著《伤寒杂病论》旧貌,有重要学术价值。

卷十载《手检图》,亦别书所不载。

总之,《脉经》引书,除《素问》、《针经》之外,对研究探讨两汉、三国及晋初有关诊法方面的医著,提供了重要文献资料和依据。

2. 晋·葛洪《抱朴子内篇》

杂应篇:“余见戴霸、华佗所集《金匮绿囊》、崔中书《黄素方》及《百家杂方》五百许卷。甘胡、吕傅、周始、甘唐通、阮河南等,各撰集《暴卒备急方》,或一百十,或九十四,或八十五,或四十六,世人皆为精悉,不可加也。余究而观之,殊多不备……又多令人以针治病,其灸法又不明处所分寸,而但说身中孔穴荥输之名。自非旧备《明堂流注偃侧图》者,安能晓之哉。余所撰百卷,名曰《玉函方》,皆分别病名,以类相续,不相杂错。其《救卒》三卷,皆单行径易,约而易验,篱陌之间,顾眄皆药,众急之病,无不毕备,家有此方,可不用医。”

以上著录诸方书,可见在晋代已有诸多大型方书,然在《隋书·经籍志》、《旧唐书·经籍志》及《新唐书·艺文志》中,除个别如《黄素方》、《救卒方》等外,其余均不曾著录。或其时诸书已散亡。

又遐览篇收道经书目,有诸多与医学有关之古籍,包括养生如《养生书》一百五卷等;导引如《按摩经》、《导引经》等;房中如《玄女经》、《素女经》等;丹术如《黄白要经》、《八公黄白经》等;其他如《胎息经》、《黄庭经》等道家重要典籍,均有所著录。

在后汉中后期,由张陵等所创立之道家诸派,历经三国至晋初,出现了大量的著作,而且将《汉书·艺文志》方技类中“房中”与“神仙”两类,亦归于道家。然在存世之隋、唐史志之经籍或艺文部中,均不曾具体著录,故此书目,不仅对研究道家早期书目有重要意义,而且对研究医学在该时期之书目及成就,亦有重要意义。

3. 梁·陶弘景《本草经集注》

该书早已亡佚，现仅存敦煌石室藏本之“叙录”及部分残卷。今据“叙录”文，见其引书有：

“又有《桐君采药录》，说其华叶、形色、药对四卷，论其佐使相须。魏晋以来，吴普、李当之等，更复损益。”

“晋世以来，有张苗、宫泰、刘德、史脱、靳邵、赵泉、李子豫等，一代良医；其贵胜阮德如、张茂先、裴逸民、皇甫士安，及江左葛雅川、蔡谟、殷渊源诸名人等，并亦研精药术；宋有羊欣、王徽、胡洽、秦承祖；齐有尚书褚澄、徐文伯、嗣伯群从兄弟，治病亦十愈其九。凡此诸人，各有所撰用方。观其指趣，莫非《本草》者，或时用别药，亦修其性度，非相逾越。《范汪》百余卷及葛洪《肘后》，其中有细碎单行径用者，所谓出于阿是，或田舍试验之法，殊域异识之术。”

“余祖世以来，务敦方药，本有《范方》一部，斟酌详用，多获其效……今撰此三卷，并《效验方》五卷，又补阙葛氏《肘后》三卷，盖欲永嗣善业，令诸子侄，弗敢失坠，可以辅身济物者。”

以上所引诸家，只有部分在《隋书·经籍志》中著录，如《肘后方》、《范东阳方》、《秦承祖药方》、《胡洽百病方》、《徐嗣伯落年方》、《桐君药录》、皇甫士安《依诸方撰》等，余者均不见载，其时或已亡，然该志不曾著录者，恐亦多矣。

（三）隋、唐时期

1. 隋·巢元方《诸病源候论》

全书所论诸病候之导引方法，引用《养生方》法。综观全文，应是一部比较完整的养生导引方书。此书在《隋书·经籍志》中不见著录。幸赖此书得以保留其内容。

又在卷六中引用晋·皇甫谧撰《解散说》，并详记其具体解救方法。在《隋书·经籍志》虽有《解散经论并增损寒食节度》一卷，但不著撰人，另有皇甫士安《依诸方撰》一卷。与上述引书，名亦不同，当非一书，且诸书亦早已亡佚，是则《病源》所引《解散说》，为研究服寒食散因不守节度之解救方法的重要文献。

又卷四十五养小儿候：“中古有巫方，立《小儿颅囟经》，以占夭寿，判疾病死生，世所相传，有小儿方焉。逮乎晋宋，推诸苏家，传袭有验，流于人间。”详《隋书·经籍志》不曾著录苏家方，今不详苏家名号、里籍及年代，然唐·孙思邈《备急千金方》中亦曾言及，必当时一名家，其著述亦或唐以后亡佚。

2. 唐·孙思邈《备急千金要方》

卷一第一：“凡欲为大医，必须谙《素问》、《甲乙》、《黄帝针经》、《明堂》流注……《本草》、《药对》，张仲景、王叔和、阮河南、范东阳、张苗、靳邵等诸部经方。”

卷一第二：“张湛曰：夫经方之难精，由来尚矣……”

卷一第四：“张仲景曰：欲疗诸病，当先以汤荡涤五脏六腑，开通诸脉……”

卷二第二：“徐之才逐月养胎方……”

卷五第一：“《小品方》云：凡人年六岁以上为小，十六以上为少，三十以上为壮，五十以上为老……中古有巫妨者，立《小儿颅囟经》，以占夭寿，判疾病死生，世相传授，始有小儿方焉。逮于晋宋，江左推诸苏家，传习有验，流于人间。齐有徐王者，亦有《小儿方》三卷，故今之学者，颇得传授……"

卷七第一："论曰：考诸经方，往往有脚弱之论……岭表江东有支法存、仰道人等，并留意经方，偏善斯术，晋朝仕望，多获全济，莫不由此二公，又宋、齐之间，有释门深师师道人述法存等，诸家旧方为三十卷，其脚弱一方，近百余首。魏周之代，盖无此病，所以姚公《集验》，殊不殷勤，徐王撰录，未以为意。……深师述支法存所用永平山敷施连范祖耀《黄素》等诸脚弱方，凡八十余条，皆是精要。"

卷八第二："扁鹊云：治卒中恶风，心闷烦毒欲死……"

卷九"伤寒例第一上"引"《小品》曰"、"华佗曰"、"王叔和曰"、"陈廪丘曰"文若干。又引崔文行度瘴散、赤散、雪煎等方。

又发汗汤第五引"例曰"若干条，盖即"伤寒例"文。又第七、第八亦同。

卷十一肝脏脉论第一有"襄公问扁鹊曰"文一段，此后心、脾、肺、肾各卷，均有此文，惟删"襄公问扁鹊曰"等设问之语，不详出自何书。

又有"扁鹊曰"等，均不详出典。余卷同。

卷二十六食治，序论第一引"仲景曰：人体平和，惟须好将养……""河东卫汎记曰：扁鹊云：人之所依者形也。乱于和气者病也……""高平王熙称，食不欲杂，杂则或有所犯……"

又引黄帝与岐伯问答一段，今存《素问》与《灵枢》中无此文。

卷二十七养性第一引"扁鹊云：黄帝说昼夜漏下水百刻"一段，不详出典。

又引"魏武与皇甫令隆曰"文、"稽康云"文，"《抱朴子》曰"文。

又第二引"真人曰"文。

又第四引"天竺国按摩此是婆罗门法"文。

又第五引"彭祖曰"文。

又第七引"黄帝杂忌法"文。

卷二十八第十四引"扁鹊诊诸反逆死脉要诀"文。

卷二十九引甄权《明堂》文。

以上所引诸医著及诸医家言，有相当一部分在《旧唐书·经籍志》及《新唐书·艺文志》中均不见著录。特别是所谓"扁鹊曰"及"襄公问扁鹊曰"诸文，对考证唐以前依托扁鹊之医著，有十分重要的意义。

又在该书中颇多引用"黄帝问岐伯"等文，均可与今存《素问》、《灵枢》等相对应，然文字方面亦有某些差异，足资考证《素问》、《灵枢》古传本文字。

3. 唐·孙思邈《千金翼方》

卷一"药名第二"："论曰：有天竺大医耆婆云：天下物类，皆是灵药，万物之中，无一物而非药者。斯乃大医也。故《神农本草》举其大纲……所以述录药(按疑为《药录》之误)名品，欲令学徒知万物之非药耳。"

据此篇名前另行有题名曰"《药录》纂要"，则此篇药名，当是《桐君药录》之品味。

卷九"伤寒上"，据"论曰"所称，知其得仲景"伤寒"书文，特以"方证同条，比类相附"，重为编纂而成。

卷十二“养性第一”引“张湛曰”文若干。

又“养老食疗第四”引“卫汜称扁鹊云”文若干。

卷十八“痃疟第二”引黄帝与岐伯问答文,皆不见于今存《素问》、《灵枢》中。

卷二十一“耆婆治恶病第三”载论七首,方十一首。

卷二十三“黄父相痈疽论第一”引《黄父相痈疽论》文若干,亦见载于今存《灵枢·痈疽》及《刘涓子鬼遗方》中。

卷二十五“诊气色法第一”引“扁鹊曰”及“黄帝问扁鹊曰”文若干条。

卷二十六“取穴法第一”引甄权《明堂》。又引称《炎农本草》、《扁鹊针灸》、《明医别录》、《甲乙》、《秦承祖图》等书。

卷二十九“禁经上”:“斯之一法,体是神秘,详其辞采,不近人请,故不可得推而晓也。但按法施行,功效出于意表,不有所辑,将恐零叠,今编为两卷,凡二十二篇,名曰《禁经》。”是知此中内容,原自零散之文,或单篇之作,由孙思邈编辑而成。

上引诸书,亦多有《旧唐书·经籍志》及《新唐书·艺文志》所不曾著录者,为研讨唐以前医籍,提供了文献资料。

4.《黄帝内经太素》杨上善注

《太素》杨上善注引医籍,主要有以下几种:

《九卷》,见于卷八残卷,卷十督脉、阴阳乔脉、任脉、冲脉,卷十四人迎脉口诊,卷十知官能,卷二十五热病说、五脏热病等。

《素问》,卷十九知官能。

《内经》,卷十九知官能。

《甲乙经》,卷十冲脉。

《八十一难》,卷十督脉、阴阳维脉、任脉,卷十一本输,卷二十四虚实补泻,卷二十一九针要解、诸原所生。

《明堂》,卷十一本输、气穴,卷十四人迎脉口诊,卷二十五五脏热病,卷二十六厥心痛。

《秦承祖明堂》,卷十一气穴。

《曹氏灸经》,卷十一气穴。

5.《黄帝内经素问》王冰注

《素问》王冰注引医籍,或与医学有关之古籍,主要有以下几种:

《灵枢经》,如上古天真论“度百岁乃去”注。

《针经》,如离合真邪论“吸则内针……故命曰泻”注。

《本草》,如金匮真言论“其谷麦”注。

《神农》,如阴阳应象大论“阳生阴长,阳杀阴藏”注。

《三世脉法》,如经脉别论“气口成寸,以决死生”注。

《素问》全元起注(此尚待考),如玉机真脏论“浆粥入胃泄注止……此其候也”注。

《明堂》,如刺热篇“病甚者为五十九刺”注。

《甲乙经》,如气穴论“所治天突与十椎及上纪”注。

《经脉流注孔穴图经》,如气穴论“十椎及上纪”注。

《中诰孔穴图经》,如气府论"侠脊以下至尻尾二十一节,十五间各一"注。

《真骨》,如骨空论"八髎在腰尻分间"注。

《正理论》,如金匮真言论"胆胃大肠小肠三焦膀胱皆为阳"注。

《三备经》,如通评虚实论"形度骨度脉度筋度,何以知其度也"注。

以上王冰注援引诸书,除《灵枢经》及《甲乙经》等外,余十余种早已亡佚。而且在《旧唐书·经籍志》及《新唐书·艺文志》中,亦不曾著录。如《经脉流注孔穴图经》及《中诰孔穴图经》二书,在气穴论、气府论、骨空论、水热穴论、缪刺论、刺腰痛等篇注文中,引文特多,这对于考证唐以前针灸著作,有重大文献价值,并可据以对该书的辑佚。

6. 唐·王焘《外台秘要》

该书自序云:"余幼多疾病,长好医术,遭逢有道,遂蹑亨衢。七登南宫,两拜东掖,便繁台阁二十余载。久知弘文馆图籍方书等。由是睹奥升堂,皆探其秘要。以婚姻之故,贬守房陵,量移大宁郡,提携江上,冒犯蒸暑,自南阻北,既阻且陋,染瘴婴痾,十有六七,死生契阔,不可问天,赖有经方,仅得存者,神功妙用,固难称述,遂发愤刊削,庶几一隅。凡古方纂得五六十家,新撰者数千百卷,皆研其总领,核其指归。近代释僧深、崔文仲、孙处士、张文仲、孟同州、许仁则、吴升等十数家,皆有编录,并行于代。"

从此序中可见,该书引录古医籍及当代医著,可谓博矣。今查《外台》书中所引医书,包括先秦两汉、魏晋、南北朝、隋唐等代医家之医著及医方近百种。计有:

(1) 先秦及两汉医学文献:

扁鹊方,如卷三十八"石发热目赤方"。

《素问》,如卷一"伤寒日数病源并方"。

《九卷》,如卷一"诸论伤寒八家合一十六首"。

《阴阳大论》,如卷一"诸论伤寒八家合一十六首"。

仲景《伤寒论》,如卷一"诸论伤寒八家合一十六首"。又有所谓"仲景论"、"仲景"或"张仲景"等,皆引自仲景遗著。

华佗,如卷一"论伤寒八家合一十六首"。

(2) 魏晋医学文献:

王叔和,如卷一"诸论伤寒八家合一十六首"。

《甲乙经》,晋·皇甫谧撰。如卷三十九"《明堂》序",又或称《甲乙针经》,亦同。

《肘后方》,晋·葛洪撰。如卷一"《肘后方》七首"。又或称"葛氏",亦当系葛洪遗著"。

《范汪方》,晋·范汪撰。如卷一"诸论伤寒八家合一十六首"。

陈廪丘,如卷一"诸论伤寒八家合一十六首",亦或称"廪丘公"。

靳邵,如卷三十八"诸石发腹胀痞满兼心痛诸形证方"。

(3) 南北朝医学文献:

胡洽,如卷二十五"休息痢方"。

刘涓子,如卷二十四"痈疽方",此当系《刘涓子鬼遗方》。

《小品方》,陈延之撰。如卷一"《小品方》四首"。

深师,为僧深撰,如卷一"《深师方》四首"。

陶氏,为陶弘景,号隐居。如卷二十六"蛲虫方"。又卷二十七"小便难及不利方"称"陶效方”,当指《陶隐居必效方》,皆陶弘景遗书。

《集验方》,姚僧垣撰。如卷二“伤寒手足欲脱疼痛方”。或称“姚氏”者,亦同。

《删繁方》,谢士泰撰。如卷三“天行病发汗等方。”

(4) 隋唐医学文献:以下只录书名或姓名,不出例证。

《病源》,即隋·巢元方《诸病源候论》。

《经心录》,隋唐时宋侠撰。

《古今录验》,唐·甄权或甄立言撰。

《千金》,即唐·孙思邈《备急千金要方》。

《千金翼》,即唐·孙思邈《千金翼方》。

许仁则,唐人,撰著不详。

崔氏、崔尚书、崔氏别录灸骨蒸方图、崔氏《产书》,崔氏即唐人崔知悌。

文仲、张文仲,唐人,书名不详。

苏澄,唐人,撰著不详。

苏游,唐人,撰著不详。

薛侍郎,唐人,即薛曜,撰著不详。

元侍郎希声集、元希声侍郎集验,元希声,唐人。

吴氏,疑为唐人吴升,撰著不详。

苏恭、苏长史、苏,即唐人苏敬,撰著不详。

唐侍中、唐诗郎、唐,即唐人唐临,撰著不详。

《必效》,唐人孟诜撰著。又称“孟使君”者,亦为孟诜。

《广济》,即《广济方》,传为唐玄宗李隆基御纂。

《广利》,即《贞元广利药方》,为唐德宗李建中颁行医书。

(5) 不明朝代或姓名之医学文献:在王焘引书中,有相当一部分是撰著年代或姓名不详,难以考定者,今仅录原引称谓如下:

《素女经》、高阳负、许仁则、体玄子、路安满、延年及延年秘录、《备急》、神素师、李补阙、周处温、《天竺经论眼》、谢道人、萧亮、徐、《近效》及《近效极要论》、《新附近效》及《近效新附》、《传效》、东陵处士、《纂灵记》、蔡尼、苏孝澄、《甲乙方》、曹公、吴爽师、刘尚书、《万全方》、《经效》、姜生、姜君、刘氏等。

以上引书,有以下几个特点:有许多为唐以前史志及今存他书不曾著录或引用者,独赖此书得存其部分资料,反映唐以前医著的重要情况;在学术方面,反映魏晋及南北朝时期医学发展及理论特色;有的医著引文颇多,且详明原书卷数,如崔氏方及张文仲方、卷三十九引《甲乙》及《明堂》腧穴内容,足资为该书辑佚之用;有些出自儒者及达官、僧人所撰诸方书,多系时所蒐集之单方、验方,故多无方名,对方剂学研究有重要价值;有些医书,虽今仍存世,但其提供之内容,足资今本考校之用等。故《外台》引书,对唐以前医学文献之研究及对南北朝时期学术思想之探讨,均有重要意义。

(四) 宋、金、元时期

两宋(北宋、南宋)、金、元时期医书,存世尚多,其中有些医书,引书甚多,而且其引书,有相当一部分,历代书目,均不曾著录,故文献价值较高。今举例如下。

1.《幼幼新书》

北宋末至南宋初刘昉撰。据该书刘昉门人李庚序云:“湖南帅潮阳刘公,镇抚之暇,尤喜方书……因取古圣贤方论,与夫近世闻人家传,下至医工、技工之禁方,闾巷小夫已试之秘诀,无不曲意寻访,兼收并录。”可见其所引之书,广及古今,不计工俗,约略计之,一百四十余种。亦可谓博矣。今仅按引用之先后,列原书称引书名或人名如下。凡可详明者,略为注明。

《黄帝内经素问》。

《千金》、《千金要》,唐・孙思邈《备急千金要方》。

孙真人,即唐・孙思邈,不知所指何书。

《圣惠》,宋《太平圣惠方》。

葛氏《肘后》、葛稚川,即葛洪《肘后备急方》。

《外台》、《外台秘要》,唐・王焘撰。

《灵苑》,即《灵苑方》,宋・沈括撰。

《婴童宝鉴》,太湖钓叟栖真子撰。《宋史・艺文志》作《婴孩宝鉴方》。

《万金方》,宋・刘元宾撰。

《秘要指迷》,不详。

《惠眼观证》,宋・梁逢尧撰。

《圣济经》,宋徽宗赵佶撰。

《颅囟经》。

《联珠论》,不详。

《仙人水鉴》,即《仙人水镜图诀》,唐・王超(《宋史・艺文志》作王起撰。)

《脉形论》,不详。

《飞仙论》,不详,疑为道家所出。

《宝童方》,《通志・艺文略》著录有《保童方》,伪蜀周挺撰。按宝与保通,当即指此。

《保生论》,不详。详《直斋书录解题》著录有《小儿保生方》,左司郎姑孰李柽与几撰,或指此。

《庄氏家传》,宋・知筠州庄公手集。

《千金翼》,唐・孙思邈撰。

钱乙,即《钱乙方》,宋・钱乙撰,今存有《小儿药证直诀》。

《孔氏家传》,宋・孔参议家藏,号《东家方》。

《庄氏集》,疑或为《庄氏家传》。

汉东・王先生《家宝》,不详。

茅先生,即《茅先生方》,宋・少室山茅无梦先生撰。

《小儿形证》,即《小儿形证方》,汉东・王先生撰。

《五官贯珍珠囊》,不详。

杨大邺《童子秘诀》,即《杨大邺方》,宋・翰林待诏杨大邺撰。

杜光庭《指迷赋》,唐・杜光庭撰。

华佗《九候论》,不详。

王叔和小儿外证十五候,不详。

《玉诀》,太元真人撰。

巢氏《病源》,即《诸病源候论》,隋·巢元方撰。

《婴孺》,即《婴孺方》,唐或唐以前人孙会撰。

张涣,即《张涣方》,宋·张涣撰。

《海药》,疑为《海药本草》。

《别说》,不详。

本草,本草注、唐本草注,疑均指唐《新修本草》及注。

姚和众,详《证类本草》引书有《姚和众方》,《新唐书·艺文志》著录有姚和众《童子秘诀》,又《众童延龄至宝方》,盖和众亦唐或唐以前人。

《简要济众》。《宋史·艺文志》著录,周应撰。周氏,宋人。

《子母秘录》,《通志·艺文略》著录为唐人许仁则撰。又《宋史·艺文志》著录有张杰《子母秘录》,张氏当为宋人,或指此。

《食疗方》,不详何家。

《斗门方》,《证类本草》引经史方书有此书,余不详。

《元和纪用经》,原署唐人王冰撰。

《小儿集验方》。

《集验方》,当为《宋史·艺文志》著录吴得夫《集验方》。

《大观证类本草》。

《吉氏家传》,当为宋岳州平江令吉扮之谦伯手集。

孟诜,唐人,著有《食疗本草》、《必效方》等。

湖南检法丁时发,为长沙医者。

日华子,即《日华子本草》。

后徐王,不详,疑为北齐徐之才之弟徐之范。

《养生必用》,宋·初虞世撰。

《良方》,宋·沈括撰。

《大万全方》,不详。

《王氏手集》,当为宋人王某手集。

《石壁经》,传为黄帝时书,亦依托之作。

《惠济方》,不详。

杨氏《产乳方》,《通志·艺文略》著录有《杨氏产乳集验方》,唐人杨归厚撰。当即此书。

《图注》,不详。

安师,即《安师所传方》,宋建安·僧惠安撰。

故隐张先生,不详。

《陈藏器本草》,唐·陈藏器撰。

《明堂针灸经》。

《育婴七宝》,不详。

紫阳道士《保子七圣方》,不详。紫阳道士,或指宋道士张伯端。

《谭氏殊圣》、谭氏方或《谭氏殊圣方》,宋洪农·谭永德撰。

《刘氏家传》或刘氏,旦先公太中所传并平日手抄之方。
《食医心鉴》,唐人昝殷撰。
《广利方》,唐官修医方书。
水鉴先生,疑为《仙人水鉴》。
《经验方》,当为《宋史·艺文志》著录王素《经验方》。
陶隐居,陶隐居《本草》,梁·陶弘景《本草经集注》。
《博济方》,宋·王衮编。
《太医局方》,宋朝奉郎尚书库部郎中陈师文等编。
长沙医者丘松年,当为《丘松年所传方》。
长沙医者郑愈,当为《郑愈所传方》。
《三十六种治惊方》,不详。
《风髓经》,不详。
《聚宝方》,不详。
《朱氏家传》,为宋潭州司理参军朱如山季高家藏方。
《四十八候》,为惊候,撰人不详。
《旅舍备用》,疑为宋·董汲《旅舍备急方》。
长沙医者毛彬,当为《毛彬所传方》。
《保生信效方》,宋·阎孝忠撰。
陶善化,善化陶宰,不详。
长沙《胡氏家传》,宋长沙士人胡晰然明家藏方。
长沙医者丁安中,当为《丁安中所传方》。
长沙医者易忠信,当为《易忠信所传方》。
长沙医者李刚中,当为《李刚中所传方》。
《小方脉论》,不详。
古方,不详。
《九籥卫生》,宋宗室右监门大将军忠州防御使士纡编。
国医李安仁,不详。
《吴氏家传》,宋湖南运干吴究鲁山家藏方。
湖南路钤陈防御,即《陈防御家传》。
《甲乙经》,晋人皇甫谧《针灸甲乙经》。
《金匮要略》。
《药性论》,《宋史·艺文志》有著录。
《伤寒证治》,宋信阳太守王寔编。
《活人书》,即《南阳活人书》,宋·朱肱撰。
《胜金方》,《宋史·艺文志》有著录。
《经验后方》,按《经史证类备用本草》引此书,疑宋人撰。
《伤寒类要》,《宋史·艺文志》有著录,不著撰人。
孙尚药,详宋孙用和及其子孙兆,均曾任尚药之职,未详此指。
《全生指迷》,即《全生指迷方》,宋·王贶撰。

《疹痘论》,不详。

董汲《斑疹总论》,宋·董汲撰。

刘洙《小儿疮子诀》,又名《疮疹诀》,宋·刘洙撰。

宋·秦承祖方,秦氏为南朝时刘宋人,曾撰有《药方》一书,早佚。

晋中书令王珉,王氏为东晋时人,曾撰有《疗伤寒身验方》(一名《药方》),早佚。

张锐《鸡峰方》,即《鸡峰备急方》,张锐为蜀医。

唐中书侍郎崔知悌《灸二十六种骨蒸法》,崔氏,唐人,著有《灸骨蒸法》,盖即此书。

东方先生,不详。

《董氏家传》,当为宋人董某家传方。

肖景仁献《海上方》,肖氏为宋长沙医者。

张国林,不详。

《玉函关·无辜论》,疑为唐人杜光庭撰《玉函经》。

传验,不详。

《小儿宫气方》、《宫气方》、《宫气》,《宋史·艺文志》著录有《小儿宫气集》,不著撰人。

西京《丁左藏》,即《丁左藏方》,丁为宋西京左藏库使丁信臣。

洪州张道人传《治小儿二十四种疳》,《宋史·艺文志》著录有《小儿五疳二十四候论》,或即此。

《伤寒》,不详。

《养生》,不详。

梅师,《证类本草》所出经史方书有《梅师方》,《古今医统大全》云,梅师隋广陵僧人,号文梅,善疗瘴疠、杂证,人咸集,相传曰《梅师方》。

赵舍人,不详。

宋义叔,不详。

《兵部手集》,《新唐书·艺文志》著录为李绛撰,李氏为唐人。《通志·艺文略》作"李绛方,薛弘庆撰。"

夔州医者邓俊民,当为宋人。

刘禹锡《传信方》,刘氏为唐人。

长沙医者刘之才,当为《刘之才所传方》。

从以上称引书名及姓名看,该书收载文献中,有相当一部分,不仅原书早佚,而且宋代书目如《宋史·艺文志》、《通志·艺文略》、《郡斋读书志》、《直斋书录解题》、《遂初堂书目》等,均不曾著录。因此该书引书主要有以下三方面学术价值:①保存了古佚书的部分内容,为研究和考证方面提供了资料和依据;②补充历代书目中漏收或缺收医书,进一步丰富了医学文献内容;③补充和增加了医林人物,为医史研究,提供了资料。

其他宋代文献中,亦有不同程度的引书,足资文献的研究与考证,限于篇幅,兹不烦举。

2.《东垣试效方》

本书为元人罗天益氏整理其师李杲之经验效方。书中引用《素问》与《灵枢》篇名及经文,足资今存本之考校。特别是标引《针经》一书之卷次及篇名,与今存本篇名则同,而卷次与篇次则不同。今将正文所引摘录如下:

卷一、烦热发热论:《黄帝针经·五乱篇》。

卷二、五积论:《黄帝针经·百病始生第二》。

卷三、呕吐哕论:《黄帝针经第(按当为“卷”字之误)二·经脉第一》。

卷三、衄吐呕唾血论:《黄帝针经三卷·寒热病第三》。

卷四、半产妄用寒热有误论:《黄帝针经六卷·五色第四》。

卷五、诸脉皆属于目论:《黄帝针经九卷·大惑论第八》。

卷六、腰痛论:《黄帝针经卷第三·杂病第八》。

卷九、燃香病热:《黄帝针经四卷·口问第一》。

卷九、身体麻木:《黄帝针经·寒热病第三》。

卷九、暴挛痫眩:《黄帝针经三卷·寒热第三》。

据以上引文,足以说明以下几个问题,①《针经》一书,在金、元时期,尚有存世版本;②《针经》九卷,与《宋史·艺文志》及《通志·艺文略》著录同;③篇次是以卷为序,每卷各含九篇,共八十一篇,与今存《灵枢》亦同。④全书篇序,与宋人王应麟《玉海·艺文》所记同。

详《玉海》云:“书目:《黄帝灵枢经》九卷,黄帝、岐伯、雷公、少俞、伯高答问之语。隋·杨上善序:凡八十一篇。《针经》九卷,大抵同,亦八十一篇。《针经》以‘九针十二原’为首,《灵枢》以‘精气’为首,又间有详略。”根据《玉海》所记及《东垣试效方》引文,今存《灵枢》篇序,与《针经》同,而与《玉海》所记《灵枢经》则异。故《东垣试效方》引《针经》卷篇,对研讨《灵枢》与《针经》原貌,有重要学术价值。

(五)明、清时期

明、清时期,医著大量增加,存世者亦多,然其引书,则多有亡佚者,故此时医著引书,仍有重要文献学价值。今举例说明。

《医学纲目》,明·楼英撰。该书引书甚多,达一百数十种有余,然其称引,颇不规范,或用书名,或用人名。而所引之书名或人名,又多一、二字简代。故有的书名或人名,已难详明。今依原书称引及出现先后摘录。

《素问》、《灵枢》、丹溪(朱丹溪,或作“丹”)、刘河间(或作“河”)、《难经》、海藏(王海藏,或作“海”)、垣(李东垣,或作“东垣”、“东”)、《活人》(《南阳活人书》)、无择(陈无择,或作“无”)、仲(张仲景)、《脉经》(或作《脉》)、华佗、扁鹊、《本事》(《普济本事方》)、孙(孙思邈),洁(张洁古,或作“洁”)、《千金》(《备急千金要方》)、玄(不详)、玄珠(《玄珠密语》,或作《密语》)、《心印》(疑为李汤卿《心印绀珠经》)、世(不详)、保(《气宜保命集》)、许学士(许叔微,或作“许”)、云(云岐子,或作“云岐”)、罗(罗谦甫)、局方(《和剂局方》)、王注(《素问》王冰注)、子和(张子和)、《衍义》(《本草衍义》)、钱氏(钱乙)、易老(易水老人张元素)、甲(《针灸甲乙经》,或作《甲乙》)、《撮要》(或名《撮》,当为金人张从正《撮要图》)、张文仲(或作“张文中”)、石(不详)、陈大夫(或为陈文中)、《外台》(《外台秘要》)、《古今录验》、《摘英》(或作《摘》,不详)、《标幽》(《标幽赋》)、《玉龙》(《玉龙歌》,或作“玉”)、《紫庭》(《上清紫庭追劳方》)、选(或为《选奇方》)、《济生》(《济生方》)、《大全》(《妇人大全良方》,或作《大》)、桑君(或作“桑”,不详)、《易简》(《易简方》)、《铜人》(《铜人腧穴针灸图经》)、《肘》(《肘后方》)、《经》(《经史证类备用本草》)、运(当为运气类书,不详何书)、《怪穴》(不详)、《食》(疑是《食经》)、《小品》(《小品方》)、《集》(疑是《集验方》)、孟(疑是孟诜)、《圣》(《圣济总录》)、成无已(或作“成”)、《百一》(《百一方》,或作《百》)、《杨氏》(《杨氏家藏方》)、《通》(《通玄指要赋》)、《产》(《产经》)、李绛《兵部手集》、《心》(《心经录》)、杜(杜壬)、山(疑为徐大山)、窦(不详)、济(不详)、《瑞竹》(《瑞竹堂经验方》,或作《瑞》、《竹》)、崔(不详)、《龙木论》、《图》(《图经本草》)、《三因》(《三因方》)、《斗》(《斗门方》)、《博》(《博济方》)、《灵苑》、《乔町》(不详)、《明堂》(《明堂经》)、《直指》(《仁斋直指方论》)、《梅》(《梅师方》)、《广》(不详)、葛(葛洪)、虞世(初虞世)、《胜金》(《胜金方》)、密(不详)、姚氏(姚僧垣)、萧炳(或作“萧”,唐人)、严(严用和)、《涓》(《刘涓子鬼遗方》,或作《刘涓子》与《鬼》)、孙真人(孙思邈)、禹锡(古医家名禹锡者有数人,不详所指)、韦宙、《塞上方》、《洞虚》(《洞虚子》)、《金匮玉函》(似非宋传《金匮玉函经》,不详)、甄权、《产宝》、《太平广记》、《日华》(《日华子本草》)、唐(不详)、《必效》(《必效方》)、肃(疑为“萧”之误)、秦承祖、东阳(范东阳)、草(不详)、韩氏(韩衹和)、《脉诀》、《子母》(《子母秘录》,或作《秘录》)、《产书》、田(疑为《田氏保婴集》)、汤(疑为汤衡)、阎(阎孝忠)、陈氏(陈文中,或作“陈”)、彭(疑为彭用光)、张炳(不详)。

以上引书计百余种,由于称引不详,如书名或人名相同而实则有别者有之,称引过简而难以详明者有之,虽具姓名而不详朝代及著述者亦有之。反映出明人不甚严谨的缺限。但仍不失其对考证明以前古医籍的流传与存世情况,及明代医著一般情况的文献学价值。

清代医籍引书,以《图书集成·艺术典·医部》即后称《图书集成医部全录》为最多,然其引书,大都存世,不再烦举。

五、国外医籍引书举例

在国外医籍中,存世者以日本《医心方》及朝鲜《医方类聚》引书为最多。今以《医心方》为例。

《医心方》,为日本丹波康赖于永观二年(公元 984 年,当宋太宗雍熙元年)撰成。其中引书,不仅数量多,而且皆北宋以前医籍或医家著述,学术价值及史学价值均极高。今按其原称引及出现先后摘录如下:

《千金方》、《本草经》、《南海传》、《最胜王经》、《太素经》(或作《黄帝太素经》)、《针灸经》、《医门方》、《葛氏方》、《扁鹊传》(《史记·扁鹊仓公列传》中扁鹊传)、《养生要集》、《抱朴子》、《小品方》、《删繁论》(或作《删繁方》)、《慧日寺药方》、《马琬食经》、《药像教》、《本草》、《黄帝明堂经》、陈延之、《素问》(或作《素问经》)、德贞常、孙思邈、杨玄操、杨上善、《扁鹊针灸经》、《华佗针灸经》、《龙衔素针经》、《背腧度量法》、《黄帝九卷》、《金腾灸经》、张仲景(或作《张仲景方》)、《虾蟆经》(或作《虾蟆图经》)、《大清经》、《湛余经》、《张仲景药辨决》、《真人集辨方》、《服石论》、《新罗法师方》(或作《新罗法师观秘密要术方》)、《华佗法》、《华佗方》、《天医扁鹊法》、《耆婆法》、《病源论》(即《诸病源候论》)、《录验方》、《极要方》、《杂酒方》、《千手经》、《效验方》、《苏敬本草》注、《苏敬本草经》、《本草稽疑》、《范汪方》(又有《范汪易方》,不详)、《僧深方》、《百病针灸》、《广利方》、《经心方》、《孟诜食经》、《如意方》、《刘涓子》(《刘涓子鬼遗方》、或作《刘涓子》)、《隋炀帝后宫香药方》(或作《隋炀帝后宫诸香药方》)、《灵奇方》、《新录单方》、《膏药方》、《陶景本草注》(或作《陶景本草》、《本草经陶景注》)、《广济方》、《龙门方》、《徐伯方》(《徐文伯药方》)、《枕中方》、《救急单验方》、《博济安众方》、《养生方》、《靳邵服石论》、《治眼方》、《大唐延年方》、《眼论》、《崔禹锡食经方》(或作《崔禹锡食经》)、《疗眼方》、《食经》、《随时应验方》、《令李方》、《备急方》、《龙华方》、《玄女经》、《玉房秘诀》、《拾遗》(或作《本草拾遗》)、《疗痔病经》、《传信心》、苏敬(或作"苏"、《苏方》)、陶氏(陶弘景)、《通玄》、《八十一难》、《玄感方》(或作《玄感传尸方》)、《落年方》、《私迹方》、《秦承祖方》(或作"承祖")、《煎药方》、《明堂经》、《养性志》、《玉箱方》、《玉箱撮要》、《七卷食经》(或作《七卷经》)、《新修本草》、《百济新集方》、《师说》、《陶潜方》、许孝崇、释慧义、夏候氏、《鲁国孔恂论》、《庞氏论》、《曹歙论》、《曹歙救解法》、《皇甫谧节度论》、薛侍郎(或作"薛公"、"薛曜")、《薛侍郎补饵法》、葛稚川《道弘解散法》、《黎阳功曹范曲论》、《召魂丹方》、《全阳丹》、《鉴真服钟乳随年齿方》(或作《鉴真方》)、《李补阙炼研钟乳法》、《石论》、《外台方》、《私记》、《金汞丹方》、《急药方》、《产经》、《延齿图》、《撰集要方》、《膳夫经》、《朱思简食经》、《子母秘录》、《世纪》、《经义解》、《爽师方》、《札记》、《徐之才方》、《徐大山方》、《应验方》、《候水镜图》、《金匮录》、《千手观音治病合药经》、《龙树方》、《仙经》、《河图纪命符》、《得富贵方》、《延寿赤书》、《续齐谐记》、《西王母玉壶丸》、《文子》、《养生要集》、《稽康养生论》、《庄子》、《吕氏春秋》、《颜氏家训》、《老子道经》、《史记》、《圣记经》、《晋书》、《华佗别传》、《服气导引抄》、《本草食禁杂法》、《本草食禁》、《玉房指要》、《洞玄子》、《膳玄子张食经》(膳玄子张,膳与鱸通,鱸与鱼通。唐人有鱼玄机者,曾为女道士,或是)。

以上引书,具有以下特点:①称引书名,比较规范、明确,容易确认。②引书范围较广,兼及经、史、子、集、释、道等多方面,当然,主要还是医籍。③称引用书名者多,用人名者少,这对一个具多种医著的确认,尤为重要。④有同名异书者,则兼引书名冠词,如《食经》,原有佚名氏《食经》,而书中兼引《马琬食经》、《孟诜食经》、《崔禹锡食经》、《七卷食经》、《朱思简食经》等,使诸同名异书《食经》文有所归,不臻相混。⑤反映中医古籍在宋以前传入日本的基本情况。⑥引书中除晚唐至宋初医著外,尚有部分此前医籍,《日本国见在书目》不曾著录,其中或有该藏书处冷然院未收者,然亦足可说明自晚唐至宋初百年左右时间,又有大量中国医籍传入日本。此则《医心方》引书之价值所在。

第三节 附录书目著录

附录书目,即古医籍中附录的书目。此类著录方式,在现存医籍中,出现较晚。即在其他与医学有关古籍中,也仅有晋人葛洪《抱朴子内篇·遐览篇》所列"道经"书目中,有养生、房中、导引、黄白、本草、服食等医学或与医学有关之著作。下此而往,则唐及唐以后医著中,此类附录书目,则代不鲜见。此中著录之医籍,存世固多,然亡佚者亦复不少也。特别在此类著录书目中,也有相当一部分,不见于历代史志及公私书目中。故其对研讨古医籍的有关问题,确有重要学术价值。

一、附录书目类

在诸附录书目中,由于情况不同,大致可分为以下几类。

(1) 引用书目,即在该书中引用过的书目,集中附录。对书中引用过的历代各种古著近著，一目了然。此等引用书目有时不限于医书，或具经史百家之作。故此类书目，涉及范围尤广。如宋·唐慎微等《重修政和经史证类备用本草》卷前附录“所出经史方书”，即有经史子集及医方书二百余种；明·李时珍《本草纲目·序例第一卷》“引据古今医家书目”三百六十一种，“引据古今经史百家书目”五百九十一种。其中无论医书，或经史百家，引书之广，数量之多，似无出其右者。

(2) 同类书目，即在该书中引用过的同类书目，拟或考证本学科之古今书目，对帮助读者了解本学科著作，颇为有益。如清·李廷是《脉诀汇辨》卷前附录之“考证书目”，有古今专论脉学及含脉学内容之著作六十九种。其中有医家著作六十二种，经史子集类著作七种。又清·王贤《脉贯》卷前附录之“考证书目”，与李氏《脉诀汇解》所列书目基本相同，亦六十九种，唯无经史子集类七种，外增医著七种而已。当是王贤参照李氏书目稍加损益而成。此中出列书目，对清以前之脉学著作，已大都具备，且多有此前书目不曾著录而现已亡佚之书。

(3) 考证书目，是对某些或某类医书，根据历史文献进行过考证的书目。此类书目，不仅列出本学科同类或与本学科有关之书目，而且对所列书目之撰人、卷数、出典、甚至版本等，作出一定的考证。如日本·丹波元简《素问识》卷前附录之“《素问》诸家注解书目”，共出列清·薛雪《医经原旨》及此前历代注释《素问》及《素问》、《灵枢》合编之有关著作，对每书的撰人、卷数、出典、存佚等，均作了考证，其中《素问》王注及宋臣校定本一书，对其所见之宋、明刊本及某些版本的源流，亦加以简述。

(4) 解题书目，即对所列出书目，诸如撰人、卷数、主要内容及学术特色等，加以简要解说。如清·汪琥《伤寒论辨证广注》卷首附录之“采辑古今诸家伤寒书目”，上自张仲景《伤寒论》，下至其自著该书，共四十七种，对每书的撰人、卷数，特别是各分卷内容，均予以简要说明，并对全书的学术价值，进行了评议。又如明·徐春甫《古今医统大全》卷一“采摭诸书”，共列出二百六十八种，其中除医家与道家养生导引类二百三十余种外，余者为经史子集类书。而此类书中，有的则以浑称为种，如史书、子书、四十家小说等，故经史子集类书，亦不下百余种。所出诸书，除撰人及卷数未详者外，大都作了简要说明。

(5) 丛书书目，即在附录书目中，兼具丛书书目。如清·赵学敏《本草纲目拾遗》卷前附录《利济十二种》总序后，有《利济十二种》全目：《医林集腋》十二卷、《养素园传信方》六卷、《祝由录验》四卷、《囊露集》四卷、《本草话》三十二卷、《串雅》八卷、《花药小名录》四卷、《升降秘要》二卷、《摄生闲览》四卷、《药性元解》四卷、《奇药备考》六卷、《本草纲目拾遗》十卷、通计一百卷。是知赵氏原有此个人丛书，然今存世者，唯《本草纲目拾遗》与《串雅内、外编》二种，余者疑皆亡佚。

二、附录方式

附录书目，并无特定位次，常因书而异，大致有以下几种方式：

(1) 卷前附录，即在正式卷文之前附录。如《重修政和经史政类备用本草》卷前有“所出经方书”凡二百四十七家，详书名取“经史”二字者，义本于此。又如清·张璐《张氏医通》卷前“引用书目”一百三十种；清·周学海《脉学四种》卷前有“引用书目”九十八种；清·林澜《伤寒折衷》卷前有“考证诸书”一百五十九种、“杂引”十四种、“附录考古未见书目”二十种；日本·丹波元简《素问识》卷前有“《素问》诸家注解书目”四十九种；丹波元坚《伤寒广要》卷前有“采摭书目”一百五十五种;丹波茝庭《诊病奇该》卷前有“采摭姓氏”三十二种,均系日本医家。如此等等,皆在卷前附录。其或言“采辑”、或言“引用”、或言“采摭”者,义亦同。

(2) 卷内附录,即将引用或采摭之书目,置于卷文之中。如明·徐春甫《古今医统大全》卷一“采摭书目”,即将书目置卷内。又如清·周学海《脉学四种》之一《脉义简摩》卷四末,有“儿科杂病痘疹专著目录”,列《巢氏小儿病论》、《颅囟经》等十六种。其中《儿科要略》、《痘诀六种》、《痘证治辨》等,今皆不见书目著录。

(3) 卷后附录,即将引用或采摭书目,附录于书卷之后。如日本·丹波元坚《杂病广要》卷后“引用书目”二百七十八种,其中绝大部分为晋代至清前期医方书,仅有十余种为杂学古著。其中亦多有书目不曾著录及中国早已亡佚之书,而该书中尚有所引用,其文献价值尤大。又如日本摄扬下津《幼科证治大全》卷后“引用书目”七十四种,以唐宋元明等朝文献为主。

(4) 凡例附录,即将引用书目,附录于“序例”或“凡例”中。如明·李时珍《本草纲目》“序例”中有三目,①历代诸家本草,自《神农本草经》以下至自著《本草纲目》,共四十二种,每书尽为解题;②引据古今医家书目,共二百七十七家;③引据古今经史百家书目,共四百四十四家。以上二类,仅列目而已。又如日本·丹波元简《伤寒论辑义》“凡例”中,出列书名二十八种,皆将正文引书所用简称,说明书名全称及撰人。此等方法,既可省却引书时书名之繁文,又在引书书目详加说明,多为后人所沿用。

三、称引方式

引书书目称引方式,诸书不一,大致有以下几种:

(1) 全称,即引书之全名。如《政类本草》“所出经史方书”之《雷公炮炙论》、《外台秘要》、《胜金方》、《小儿宫气方》、《金匮玉函方》等。《幼幼新书》“前代方书”之《黄帝内经素问》、《颅囟经》等。《伤寒论辨证广注》“采摭古今诸家伤寒书目”之《伤寒总病论》、《南阳活人书》、《伤寒明理论》、《伤寒尚论篇》等,皆用全称。

(2) 简称,即引用书之简化名称。如《张氏医通》“引用书名”之《黄帝素问》、《甲乙经》、《巢氏病源》、《三因方论》、《广笔记》等。详《黄帝素问》即《黄帝内经素问》,《甲乙经》即《针灸甲乙经》,《巢氏病源》即巢元方《诸病源候论》,《三因方论》即《三因极一病证方论》,《广笔记》即《医学广笔记》。似此等称引,虽亦可知,然而作为书目称名,则失于规范,不足为法。又如《张氏医通》引书中有邵元伟《医学纲目》一书,实则名《医学纲目补遗》,是对楼英《医学纲目》的补充。若名《医学纲目》则甚不妥,故此等简名,用非所当。

(3) 别称,即用书名之别称。如《本草纲目·序例》“历代诸家本草”引书中有《唐本草》《蜀本草》等。《唐本草》为唐高宗显庆年间,由政府组织苏敬为主编纂的一部本草书,以其为唐代官修本草,故名《唐本草》。《旧唐书·经籍志》及《新唐书·艺文志》均作《新修本草》,故《唐本草》亦别称也。又以此书政府命司空英国公李世勋等负责纂修,故又名《英公本草》。《蜀本草》为五代十国时后蜀主孟昶命韩保升等,在《英公本草》及《图经本草》的基础上,增广增注而成。本名《重广英公本草》或《蜀重广英公本草》,其为蜀人所编,故名《蜀本草》。

(4) 人称,即引用医家姓名,于姓名之后引出其著作。凡引用此等姓名者,必皆有著述,且被该书引用,故此乃另一种引书方式。如《难经本义》"引用诸家姓名":张氏,机,字仲景,南阳人,东汉长沙太守,著《伤寒杂病论》。王氏,熙,字叔和,西晋太医令,著《脉经》。孙氏,思邈,唐京兆人,著《千金》等方。王氏,焘,唐人,著《外台秘要》。又如日本《诊病奇侅》"采摭名氏"所列姓名有:北山寿安、竹田阳山、森中虚、粟屋宗柳、堀井对时,香川秀庵、乌巢道人、山胁东洋、白竹子等,皆为日人,在引文中亦只出名号。似此等引用,只出姓名不出书之方式,不足为法。

(5) 人称兼书名,即人名与书名均称引。其称引方式,或人名在前,或书名在前,并无定式。如《伤寒论辨证广注》"旁引古今诸医家书目":王太仆注《素问》、马玄台注《灵枢经》、扁鹊《难经》、张仲景《金匮要略》、皇甫士安《甲乙经》、王叔和《脉经》、葛雅川《肘后方》、《范汪方》、《深师方》、姚僧垣《集验方》等,皆以撰人在前,书名在后之法著录。又如《伤寒折衷》"考证诸书":《神农本经》三卷;《灵枢经》,即《针经》九卷;《黄帝素问》,隋·全元起解八卷,唐·启玄子王冰注二十四卷;《难经》,卢国秦越人,二卷;《甲乙经》,士安皇甫谧,玄晏先生,十二卷;《素问钞》,元·伯仁滑寿,九卷;《读素问钞》,省之汪机,石山,正德时;《内经发微》,仲化马莳,玄台子,十八卷;《内经注》,鹤皋吴崑,俱万历时等。皆以书名为题,撰人及卷数以小字注文出之。

(6) 类名及丛书名,即以某类书之大类名或丛书名引用为题。如《古今医统大全》"采摭诸书"中有"史书"一名,注云:"十九史、二十一史,史载历朝名医实录,今据之采其出处,附名氏之下为小传云。"又"子书"一名,注云:"《老》、《庄》、《扬》、《列》、《淮南》等子书中,有纪医法之秘者,今采之。"又或以大型之丛书为题,如《道藏经》,注云:"五千四百二十卷,三教九流靡不毕具。"凡此类引书,皆难核其具体书名。

四、附录书目举例

古医籍附录书目,自唐以来,多有所见,现选择主要的和有一定代表性的几种,加以分析和介绍。

(一)《重修政和经史政类备用本草》

1. 卷前附录"所出经史方书"

《毛诗》注疏、《尚书》注疏、《礼记》注疏、《周礼》注疏、《春秋左传》疏、《尔雅》注疏、《史记》、《前汉书》、《后汉书》、《三国志》、《晋书》、《南北史》、《宋书》、《隋书》、《唐书》、《文选》、《孔子家语》、《庄子》、《列子》、《荀子》、《淮南子》、《抱朴子》、《山海经》、《说文》、《通典》、《素问》、巢氏《病源》、《蜀本草》、《吴氏本草》、《食疗本草》、《四声本草》、《删繁本草》、《食性本草》、《唐本草余》、《南海药谱》、《药性论》、《本草性事类》、《日华子本草》、《雷公炮炙论》、《药总诀》、陈藏器《本草拾遗》、《药对》、《张仲景方》、《圣惠方》、《千金方》、《千金翼》、《千金髓》、《外台秘要》、《灵苑方》、《肘后方》、《经效方》、《集验方》、《斗门方》、《十全方》、《广利方》、《梅师方》、《范汪方》、《产宝方》、《胜金方》、《广济方》、《小品方》、《葛氏方》、《玉函方》、《百一方》、《鬼遗方》、《崔氏方》、《陈巽方》、《刘氏方》、《杜壬方》、《孙兆方》、《修真方》、《扁鹊方》、《塞上方》、《老唐方》、《欧阳方》、《苏恭方》、《近效方》、《必效方》、《成汭方》、《张诜方》、《姚氏方》、《深师方》、《救急方》、《徐文伯方》、《崔知悌方》、《张文中方》、《姚和众方》、《食医心镜》、《子母秘录》、《王氏博济》、《简要济众》、《御药院方》、《杨氏产乳》、《孙用和方》、《姚大夫方》、《苏学士方》、《初虞世方》、《席延赏方》、《杨文蔚方》、《太仓公方》、《支太医方》、《高供奉方》、《杨尧夫方》、《秦运副方》、《家传验方》、《十全博救方》、《续十全方》、《新续十全方》、《金匮玉函方》、《兵部手集方》、《张潞大效方》、《箧中秘宝方》、《钱氏箧中方》、《乘闲集效方》、《韦宙独行方》、《文潞公药准》、《服气精义方》、《小儿宫气方》、《谭氏小儿方》、《古今录验方》、《拾遗诸方》、《刘禹锡传信方》、《续传信方》、《李世勣方》、《经验后方》、《孙真人食忌》、《治劳瘵方》、《催生诸方》、《头痛诸方》、《治疟诸方》、《治疮诸方》、《治痢诸方》、《背痈诸方》、《治疽诸方》、《海药》、《孙兆口诀》、《崔氏海上集》、《产书》、《仙方》、、《金光明经》、《斗门经》、《太上八帝玄变经》、《三洞要录》、《青霞子》、《道书八帝圣化经》、《神仙秘旨》、《宝藏论》、《太清服炼灵砂法》、《丹房镜源》、《神仙传》、《东华真人煮石经》、《明皇杂录》、《列仙传》、《马明先生金丹诀》、《修真秘旨》、《神异经》、《叶天师枕中记》、《酉阳杂俎》、《异物志》、《伯夷叔齐外说》、《朝野佥载》、《房室经》、《孙真人枕中记》、《修真秘诀》、《广五行记》、《左慈秘诀》、《神仙芝草经》、《夏禹神仙经》、《灵芝瑞草经》、《神仙服饵法》、《太清草木记》、《太清石壁记》、《紫灵元君传》、《感应神仙传》、《耳珠先生法》、《黄帝问天老》、《贾相公牛经》、《崔豹古今注》、《孝经援神契》、《周成王传》、《鲁定公记》、《颜氏家训》、《何晏九州记》、《秦穆公传》、《蜀王本记》、《龙鱼河图》、《汉武帝内传》、《魏文帝令》、《四时纂要》、《齐民要术》、《荆楚岁时记》、《张司空记》、《续齐谐记》、《陈承别说》、《南岳夫人传》、《崔魏公传》、《太平广记》、《天宝遗事》、《唐武侯外传》、《唐宝臣传》、《李孝伯传》、《李司封传》、《沈存中笔谈》、《何君谟传》、《柳宗元传》、《北梦琐言》、《杨文公谈苑》、《宋王微赞》、《刘元绍书》、《庾肩吾书》、《唐李文公集》、《壶居士传》、《野人闲话》、《王莽书》、《宋齐丘化书》、《博物志》、《太阴号》、《玄中记》、《徐表南方记》、《顾含传》、《李预书》、《广异记》、《李畋该闻集》、《稽神录》、《归田录》、《白泽图》、《狐刚子粉图》、《洞微志》、《搜神记》、《华山记》、《顾微广州记》、《南蛮记》、《南越记》、《南州记》、《韩终采药诗》、《张协赋》、《江淹颂》、《茅亭话》、《本事诗》、《异术》、《异苑》、《典术》、《楚词》、《广韵》、《简文帝劝医文》、《纂文》、《本草衍义》。凡二百四十七家。

这一附录书目，主要可反映以下几个问题：①首开医籍附录书目引书广数量多之先例。对后世影响较大，特如明·李时珍《本草纲目》，依附此例。余如宋·刘昉《幼幼新书》、明·徐春甫《古今医统大全》、日本·丹波元坚等，亦为附录书目之较多者。②书目排列，基本上是按大类为序，如起始部分含经史子类书，次后为医书，再次后为道家书，间有别类一二种，次末为野史杂记等。惟《本草衍义》一书，置于最末，不详何义；其每类书中具体书目的排列，则缺乏严格的分次原则，故显得随意性较大。③引用道家书较多，约有30种，说明作者对道家学术较为注意。④书目中医书，有较多在新、旧《唐志》及《宋史·艺文志》中均不曾著录。

2."序例"附录"《补注》所引书传"

《补注本草》（按此指《嘉祐补注本草》）所引书传内，医书十六家，援据最多，今取撰人名氏及略述义例，附于末卷，庶使览之者，知所从来，余非医家所切，不复存此，具列如左：

《开宝新详定本草》：开宝六年，诏尚药奉御刘翰、道士马志、翰林医官翟煦、张素、王从蕴、吴复圭、王光祐、陈昭遇、安自良九人，详校诸本，仍取陈藏器《拾遗》诸书相参，颇有刊正别名及增益品目。马志为之注解，仍命左司员外郎知制诰扈蒙、翰林学士卢多逊等刊定，凡二十卷，御制序，镂版于国子监。

《开宝重定本草》：开宝七年，诏以《新定本草》所释药类，或有未允，又命刘翰、马志等重详定，颇有增损，仍命翰林学士李昉、知制诰王祐、扈蒙等重看详。凡《神农》所说，以白字别之，名医所传，即以墨字，并目录共二十一卷。

《唐新修本草》，唐司空英公李勣等奉敕修。初陶隐居因《神农本经》三卷，增损为七卷。显庆中监门府长史苏恭表请修定，因命大尉赵国公长孙无忌、尚药奉御许孝宗与恭等二十二人，重广定为二十卷，今谓之《唐本草》。

《蜀重广英公本草》：伪蜀翰林学士翰保升等与诸医工，取《唐本草》并《图经》相参校，更加删定，稍增注释，孟昶自为序，凡二十卷，今谓之《蜀本草》。

《吴氏本草》：魏广陵人吴普撰。普，华佗弟子，修《神农本草》成四百四十一种，《唐·经籍志》尚存六卷，今广内不复有，惟诸子书多见引据。其说药性寒温五味，最为详悉。

《药总诀》：梁·陶隐居撰。论次药品五味寒热之性，主疗疾病及采畜时月之法，凡二卷。一本题云《药像敩诀》，不著撰人名氏，文字并相类。

《药对》：北齐尚书令西阳王徐之才撰。以众药名品、君臣佐使、性毒相反及所主疾病，分类而记之。凡二卷，旧本草多引以为据，其言治病用药最详。

《食疗本草》：唐司州刺史孟诜撰，张鼎又补其不足者八十九种，并旧为二百二十七条，凡三卷。

《本草拾遗》：唐开元中京兆府三原县尉陈藏器撰，以《神农本经》虽有陶、苏补集之说，然遗佚尚多，故别为“序例”一卷，“拾遗”六卷，“解纷”三卷，总曰《本草拾遗》，共十卷。

《四声本草》：唐兰陵处士萧炳撰。取本草药名，每上一字，以四声相从，以便讨阅。凡五卷，前进士王收撰序。

《删繁本草》：唐润州医博士兼节度随军杨损之撰。以本草诸书所载，药类颇繁，难于看检，删去其不急并有名未用之类，为五卷。不著年代，疑开元后人。

《本草性事类》：京兆医工杜善方撰，不详何代人，以本草药名，随类解释，删太重复，又附以诸药制使畏恶、解毒、相反相宜者为一类，共一卷。

《南海药谱》：不著撰人名氏。杂记南方药所产郡县及疗疾之验，颇无伦次，似唐末人所作。凡二卷。

《食性本草》：伪唐陪戎副尉剑州医学助教陈士良撰。以古有食医之官，因食养以治百病，故取《神农本经》洎陶隐居、苏恭、孟诜、陈藏器诸药，关于饮食者类之，附以己说，又载食医诸方及五时调养脏腑之术。集贤殿学士徐锴为之序。

《日华子诸家本草》：国初开宝中，四明人撰，不著姓氏，但云日华子大明序。集诸家本草近世所用药，各以寒温性味花实虫兽为类，其言近用功状甚悉。凡二十卷。

此一书目，具有以下几个特点：①属同类书目，收录《嘉祐本草》引用魏晋至宋初的十六种主要本草著作。②在体裁方面，是以解题的方式著录，对每一种书的撰人、卷数、撰著起因等，均予以说明，对少数书的款式（如《开宝重定本草》的黑、白字之别）、首版机构（如《开宝本草》镂版于国子监）及个别书的异本（如《药总诀》一本题曰《药像口诀》）等，均有所交待。

③对有些书的得失并有所评议。如云《吴氏本草》“其说药性寒温五味,最为详悉”。云《南海药谱》“颇无伦次”。④上述诸家本草,除《新修本草》尚有残本存世外,余皆亡佚,而宋人对诸书的介绍,尤为可信。因此,此类解题,结合诸书引文,对研讨上述诸家本草,文献价值,尤为重要。

(二) 宋·刘昉《幼幼新书》

该书在第四十卷末,附录有三类书目:

前代方书第十三:

《黄帝内经素问》:黄帝与岐伯、鬼臾区辈问难之书。

《颅囟经》:世传为黄帝之书,至周穆王时,师巫得之于崆峒洞,今不可考。

《石壁经》:或传以为黄帝时书,疑未必然。得之湘阴士人朱中立不倚。

《金匮要略》:后汉·张机作。机,字仲景。前此其书未出,至国朝,翰林学士王洙在馆阁目,于蠹简中得之。

《华佗九候》:后汉·华佗撰。佗,字元化。沛国谯人。

《葛氏肘后》:晋·葛洪撰。洪,字稚川,丹阳句容人。今书三卷。按《晋史》本传云:《肘后要急方》四卷。

此论莫究其所从出,世言龙木王菩萨之书(按,此前疑有脱文。详该书正文引书中有《龙木论》,此当指该书而言)。

《玉诀》、《三十六种》、《四十八候》:《玉诀》,太元真人撰。《三十六种》、《四十八候》,皆托以神仙所传,不知其果为何人。得之长沙诸医。

近世方书第十四:

《圣惠方》:国朝太宗皇帝太平兴国中编。

《圣济经》:国朝徽宗皇帝御制。

《太医局方》:朝奉郎尚书库部郎中陈师文等编。

《证类本草》:唐慎微纂。传其书者,失其里邑族氏。

《良方》:眉山苏子瞻、梦溪沈存中所论方书。

《活人书》:奉议郎致仕朱肱字翼中撰。

《养生必用》:初虞世绍圣中编。

《婴童宝鉴》:太湖钓叟楼真子撰。

《茅先生方》:少室山无梦茅先生方。

《博济方》:太原王衮撰。

《灵苑方》:本方不载所作人姓名。

《汉东王先生方》:本方不载名字。

《万全方》:刘元宾撰。元宾,字子仪,号通真子,主邵州邵阳县簿。

《钱乙方》:太医丞钱乙之书。乙,字仲阳,汶上人。

《保生信效》:阎孝忠编。孝忠,字资钦,许昌人。

《伤寒证治》:信阳太守王寔编。

《张涣方》:张涣编。总方四百二十道,长沙小儿医丘松年又得遗方数十首,分载诸门。

《全生集》:宋道方撰。道方,字义叔,拱州人。

《谭氏殊圣》：洪农谭永德撰。永德，沛郡下邳人。

《旅舍备急方》、《疮疹论》：二书皆隐士董汲撰。汲，字及之，东平人。

《丁左藏方》：西京左藏库使丁信臣。

《九籥卫生方》：宗室右监门卫大将军忠州防御使士纡编。

《刘洙疮疹诀》：彭城刘洙撰，洙，字道源。

《鸡峰备急》：蜀医张锐编。锐，字子刚。

《杨大邺方》：翰林待诏杨大邺方。得之今湖北范运使家藏。

《惠眼观灯》：宜黄戴师悯术翰林医学梁逢尧撰。得之前宗正丞葵卫子周家藏。

《婴孺方》：此方得之湖南抚干向澹。伯海云：相传出于秘阁，凡一十卷。近《崇文总目》求遗书有两《婴孺方》，卷目皆同，亦不载所作之人。

《脉法要略》、《膏肓灸法》、《庄氏家传》：三书皆前知筠州庄公手集。得之其子监潭州都作院念祖泉伯。

《凤髓经》、《飞仙论》、《宝童方》、《联珠论》、《保信论》、《惠济歌》、《吉氏家传》：七书皆得之前岳州平江令吉扮之谦伯家藏。上六书并不载所作之人，内《吉氏家传》，乃谦伯手集之方。

《聚宝方》：不载所作之人。得之长沙医工郑愈。

《五关贯真珠囊》：不载所作之人。得之长沙医工毛彬。

士大夫家藏第十五：

《张氏家传》：知抚州张徽献家藏方。

《孔氏家传》：孔参议家藏，号东家方。

《陈防御家传》：湖南陈路钤家藏方。

《吴氏家传》：湖南运干吴衮鲁山家藏方。

《赵氏家传》：江西运干赵栩季羽家藏方。

《睢阳王氏家传》：前潭州签判王升伯阳家藏方。

《董氏家传》：知潭州醴陵县董瑛坚老家藏方。

《陶氏家传》：知潭州善化县陶定安世家藏方。

《朱氏家传》：潭州司理参军朱如山季高家藏方。

《班防御方》：京师医官。

《胡氏家传》：长沙士人胡晰然明家藏方。

《朱氏家传》：朱不倚家藏方。

《安师所传方》：建安僧惠安所传方。

相澫、易忠信、李刚中、丁时发、王兑、丁安中、刘之才、丘松年、毛彬、郑愈、萧景仁所传方：十一家皆长沙医工或医者之子所传方。

《刘氏家传》：旦先公太中所传并平日手抄之方。

该书附录书目，主要说明以下几个问题：①本附录书目，并非该书引书之全部书目据约略计之，该书引书有一百数十种（见前“引书著录”一节），而此附录书目包括医家所传，仅有七十余种，方及半余。其中特别是“前代方书”项，仅有七种。因此，本附录著录书目，不可误以为即该书引书书目。②该附录书目，反映该书引书中，具有一定的时代性与地方性。故在附录书目中，较多地著录了其本朝医方书与荆湖南路医方书。如在“近世方”书与“士大夫家藏”方中，宋代医方及荆湖南路地区，特别是长沙地区士大夫或医工自著或家藏医方书为数颇多。尽可反映该地区当时医著的一般情况。③著录近世方书及士大夫家藏方，除说明撰人外，有些医著，特别是士大夫家传方，并说明家藏人。其中亦或士大夫兼医者。④著录近世方书与士大夫家藏方及医者，多有《史志》及书目未收者，故对考证宋代医著及医林人物有重要意义。

（三）元·滑寿《难经本义》

该书卷前有“引用诸家姓名”：

张氏：机，字仲景，南阳人，东汉长沙太守。著《伤寒卒病论》。

王氏：（按此缺一字，当为“熙”）字叔和，西晋太医令，著《脉经》。

孙氏：思邈，唐京兆人。著《千金》等方。

王氏：焘，唐人。著《外台秘要》。

刘氏：温舒，宋人。著《运气论奥》。

庞氏：安时，字安常，宋绍圣间蕲州蕲水人。著《补伤寒书》。

刘氏：开，字立之，宋人。著《方脉举要》。

李氏：杲，字明之，金明昌、大定间东垣人。著《内外伤辨》等书。

王氏，好古，字从之，东垣高弟。著《此事难知》。

吕氏：广，吴太医令。《难经》注解。

杨氏，玄操，吴歙县尉。《难经》注释。

丁氏：德用，宋嘉祐间济阳人。《难经补注》。

虞氏：庶，宋治平间陵阳人。《难经注》。

周氏：与权，字仲立，宋临川人。《难经辨正释疑》。

王氏：宗正，字诚叔，宋绍兴人，将仕郎试将作监主簿。《难经注义》。

纪氏：天锡，字齐卿，金大定间岱麓人。《难经注》。

张氏：元素，金明昌、大定间易水人，号洁古。《药注难经》。

袁氏：坤厚，字淳甫，本朝古益人，成都医学官。《难经本旨》。

谢氏：缙孙，字坚白，庐陵人，元统间医候郎辽阳路官医提举。《难经说》。

陈氏：瑞孙，字廷芝，本朝庆元人，温州路医学正。与其子宅之同著《难经辨疑》。

此附录以姓名为题。具有以下特点，①根据正文引用方式，均以姓氏为目，并注明其名与字、朝代里籍及生活年代。有的并注明职衔。②注明其引用之医著名称。③在引用医著中，特别是金元时医著，多已亡佚。如袁坤厚《难经本旨》、谢缙孙《难经说》、陈瑞孙《难经辨疑》等，元以后书目亦不见著录。又如宋·周与权《难经辨正释疑》，《故宫博物院书目》著录有《扁鹊八十一难经辨正条例》；金·张元素《药注难经》，清·钱谦益《绛云楼书目》著录有《张洁古注难经》。不知同书别名，拟或别有所出。总之，该书目对考证宋、金、元时注《难经》医家，亦颇具别书未备之学术价值。

（四）明·徐春甫《古今医统大全》

该书当在明嘉靖后期完成，其“采摭诸书”，为数较多，可反映当时医籍特别是方书存世的一些情况。其著录方式是以书名为目，再注撰人及卷数，亦有缺撰人未注者。有少数书曾有所考释或评议。今仅录书名，并将原具撰人者，加冠书名上，以供了解该书引书具体书目。计有：

《汉书》、《隋志》、《唐志》、《宋中兴志》、《黄帝内经素问》、《黄帝内经灵枢经》、皇甫谧《甲乙经》、《阴符经》、《道德经》、《黄庭经》、《太始天元玉册元诰》、《天元玉册》、《五经注疏》、史书、子书、《尔雅》、宋陆佃《埤雅》、《大明会典》、《素书》、《道藏经》、《山海经》、《中藏经》、杨雄《太玄经》、《度人经》、《大观证类本草》、汉·魏伯阳《参同契》、张伯端《悟真篇》、王冰《玄珠密语》、王冰《昭明隐旨》、巫方《颅囟经》、宋徽宗《圣济经》、张日《玉函经》、汉·张仲景《金匮玉函要略》、唐·昝殷《产宝》、卢国扁鹊《难经》、元·滑伯仁《素问钞》、汪机《读素问钞》、丁瓒《内经补正》、明·孙应奎《内经类钞》、明·高士《素问捷径》、明·高士《灵枢摘注》、宋·苏颂等《图经本草》、元·朱丹溪《本草衍义》、宋·庞安常《本草补遗》、徐用诚《本草发挥》、王好古《汤液本草》、汪机《本草会编》、王纶《本草集要》、周王殿下《救荒本草》、益府长史《日食本草》、陈士良《食性本草》、宋·雷敩《雷公炮制》、东垣《药性珍珠囊》、《华佗内照图》、滑寿《十四经发挥》、后汉·张仲景《伤寒论》、宋·成无己《伤寒明理论》、元·徐止善《伤寒补亡论》、黄仲理《伤寒类证》、王尧卿《伤寒类证要略》、《伤寒发明》、明·吴绶《伤寒蕴要》、宋·朱肱《南阳活人书》、宋·钱乙《伤寒指微论》、刘完素《伤寒直格》、明·陶华《伤寒六书》、陶华《伤寒治例》、无求子《伤寒百问》、元吴恕《伤寒指掌》、钱闻礼《伤寒百证歌》、宋·王寔《伤寒证治》、《伤寒会要》、《伤寒一掌金》、马宗素《伤寒钤法》、杜清碧《伤寒金镜录》、唐·孙思邈《千金方》、《千金翼方》、宋·王衮《博济方》、《普济方》、《太平圣惠方》、唐·王焘《外台秘要方》、《和剂局方》、苏东坡《苏学士方》、《初虞世方》、元·杨仲南《永类钤方》、魏·华佗《青囊方》、元阳赵真人《青囊杂纂》、刘禹锡《传信方》、隋广陵僧人号文梅《梅师方》、齐宋间道人僧深《深师方》、晋·葛洪《肘后方》、《斗门方》、宋·许叔微《本事方》、西晋·颖阳人《范汪方》、明·胡濙《卫生易简方》、杨琇《岭南续卫生方》、《近效方》、孟诜《必效方》、东垣《试效方》、刘涓子《鬼遗方》、《大全方》、明·方贤《奇效良方》、明·陈士贤《经验方》、明滇阳王府集刊《袖珍方》、张锐《鸡峰方》、宋《简要济众方》、元(按为“宋”之误)陈自明《妇人良方》、陈无择《三因方》、王硕《本草单方》、明·邹福《集验方》、《济生方》、王实斋孟玉《百一选方》、《拔萃方》、夏子益《治奇疾方》、宋太宗朝无名氏《御药院方》、刘守真《灵秘十八方》、《加减十三方》、明·参将万氏集《万氏集善方》、前人《万氏家抄方》、蜀人史载之《指南方》、王贶《指迷方》、韩飞霞道人集《方外奇方》、明宗室宁王《活人心方》、《小儿袖珍方》、宋·钱乙《钱氏小儿方》、陈文中《陈氏小儿方》、《保婴得效方》、《幼幼全书》、寇平《全幼心鉴》、刘昉撰陈文中编集《幼幼新书》、曾世荣《活幼心书》、《活幼口议》、《子母秘录》、棲真子《婴童宝鉴》、鲁伯嗣《婴童百问》、《幼科类萃》、魏直《博爱心鉴》、闻人氏集《痘疹八十一论》、黄廉《痘疹经验秘方》、《正骨续断方》、《医经续方》、黄炳《避水集方》、张时彻《摄生众妙方》、无名氏《海上仙方》、唐·张文仲《救急方》、刘河间《原病式》、前人《素问玄机保命集》、隋·巢元方《巢氏病源》、吴景贤《吴氏病源》、《医门玉髓》、晋·葛洪《抱朴子内篇》、葛洪弟子所撰《神仙传》、《搜神记》、《天宝遗事》、宋·李昉等《太平广记》、宋·马端临《文献通考》、五代时南唐·谭景升《谭子化书》、汉班固《白虎通》、汉应劭《风俗通》、明·叶子奇《草木子》、宋·洪迈《夷坚志》、晋·张华《博物志》、楚屈原《楚辞》、《韩柳欧苏文集》、包瑜《韵府群玉》、《荆楚岁时记》、元·陶宗仪《辍耕录》、《东垣十书》、东垣《医学发明》、刘纯《玉机微义》、楼英《医学纲目》、《食医心镜》、佛经禅师龙树大王

《龙木论》、刘守真《宣明论》、元·王隐君《养生主论》、敛山老人《原机启微论》、晋·王叔和《王氏脉经》、通真子《脉诀机要》、滑伯仁《诊家枢要》、宋·刘温舒《运气论奥》、前人《运气全书》、明·汪机《运气易览》、宋·王惟德《铜人针灸图》、《明堂针灸图》、《资生针灸》、宋·许希《神应针灸要诀》、金·窦杰《窦太师针灸》、明·高武《针灸聚英》、明·徐廷风《徐氏针灸》、张从正《儒门事亲》、王好古《医垒元戎》、罗天益《卫生宝鉴》、宋·张杲《医说》、明·俞子容《续医说》、李濂《医史》、《医隽》、《医开》、北齐·褚澄《褚氏遗书》、滑寿《滑氏方脉》、韩懋《韩氏医通》、《程氏医抄》、丹溪《丹溪脉法》、《丹溪心法纂要》、《丹溪医案》、《金匮钩玄》、明·王玺《医林集要》、杨士瀛《仁斋直指》、周文采《医方选要》、程迥《医经正本》、明·王纶《明医杂著》、《医学大全》、宋·赵良《医学宗旨》、明·宋景濂《宋学士文集》、文彦博《文潞公药准》、明·唐顺之《荆川公史纂》、何塘《柏斋三书》、王廷相《雅述》、四十家小说、北齐·颜之推《颜氏家训》、陈元静《事林广记》、《居家必用》、元·忽思慧《饮膳正要》、虞博《医学正传》、傅滋《医学集成》、葛可久《医学启蒙》、《医林摘要》、《医方大成》、孙应奎《医家大法》、刘纯《医经小学》、王宗显《医方捷径》、孙应奎《医家必用》、王典《医学碎金》、明·刘起宗《医学三要》、吴显忠《医学权衡》、傅滋《医学权舆》、元·许国桢《医学源流》、《医方便览》、高铭《医学指南》、元·戴起宗《脉诀刊误》、明·刘全备《病机药性赋》、臞仙《乾坤生意》、前人《寿域神方》、葛可久《十药神书》、张致虚《金丹正要大全》、《金丹直指》、元·李鹏飞《三元纂赞》、元·周守忠《养生类纂》、明·郭晟《家塾事亲》、宋·陈宜《养老奉亲书》、宋·邹铉《寿亲养老新书》、钟离祖师《修真十书》、宋·林灵素《大成金书》、明·刘宇《安老怀幼》、汪宦《医学质疑》、《统属诊法》、《证治要略》、明·薛己《立斋外科四书》、《理风衡尺》、《食治通说》、《月令通纂》、《卢氏医镜》、《咽喉风科》、汪机《石山医案》、《痘治理辨》、《外科理例》、《针灸问对》、程介《松崖医径》、《产宝百问》、高宾《胎产须知》、《广嗣要语》、明·邓士鲁《三炼歌》、何太英《发明证治》、吴球《活人心统》、《诸证辨疑》、贺岳《医经大旨》、皇甫中《明医指掌》、支秉中《保婴直指》、《痘疹玄机》。

以上著录诸书，绝大部分只注明撰人、年代、里籍、职衔、卷数等有关事宜。有少部分医籍，别有考释，如《黄帝内经素问》、《太始天元玉册元诰》、《中藏经》、《大观证类本草》、《玄珠密语》、《难经》、《伤寒论》、《伤寒指微论》、《外台秘要方》、《松崖医径》等。特别有些书，此后已佚，对此考释留下的资料，尤为宝贵。今举《太始天元玉册元诰》为例，其注文云："十卷，不载何人所作，历汉至唐，诸《艺文志》俱不载录。其文与《内经》不类，非战国时书。其间有《天皇真人书》，其文若'道正无为，先天有之；太易无名，先于道生'等语，皆老氏遗意。意者，老氏之徒所著。大要推元五运六气及三元九宫太乙司政之类，殊为详明，深足以羽翼《内经》六微旨、五常政等论，太玄君扁鹊为之注。此扁鹊号太玄君，为黄帝时人，后秦越人医术之神，人称之曰扁鹊。"此释文对该书之考证，特别是对作者的推断，很有意义。据介绍该书内容之大意，必与道家及术数之说有关。盖此类书，大都为魏晋南北朝时，出于黄冠之手，又所谓"太玄君扁鹊为之注"说，对研究依托扁鹊之医著，亦很有意义。

(五) 明·李时珍《本草纲目》

该书在"序例"中附录三类书目，一为"历代诸家本草"，皆详为考释；二为"引据古今医家书目"；三为"引据古今经史百家书目"。后二类皆仅著录书名与撰人。今录"引据古今医家书目"供参。计有：

《黄帝素问》（王冰注）、唐玄宗《开元广济方》、《天宝单方图》、唐德宗《贞元广利方》、《太仓公方》、宋太宗《太平圣惠方》、《扁鹊方》（三卷）、张仲景《金匮玉函方》、《华佗方》（十卷）、张仲景《伤寒论》（成无己注）、《支太医方》、张文仲《随身备急方》、《徐文伯方》、初虞世《古今录验方》、《秦承祖方》、王焘《外台秘要方》、华佗《中藏经》、姚和众《延龄至宝方》、范汪《东阳方》、孙真人《千金备急方》、孙真人《食忌》、孙真人《千金翼方》、孙真人《枕中记》、《席延赏方》、孙真人《千金髓方》、叶天师《枕中记》、《箧中秘宝方》、许孝宗《箧中方》、钱氏《箧中方》、刘禹锡《传信方》、王绍颜《续传信方》、《延年秘录》、柳州《救三死方》、李绛《兵部手集方》、《御药院方》、崔行功《纂要方》、刘涓子《鬼遗方》、《乘闲集效方》、陈延之《小品方》、葛洪《肘后百一方》、《服气精义方》、谢士泰《删繁方》、胡洽居士《百病方》、孙兆《口诀》、梅师《集验方》、崔元亮《海上集验方》、深师《脚气论》（即梅师）、姚僧垣《集验方》、孙氏《集验方》、孟诜《必效方》、平尧卿《伤寒类要》、《斗门方》、韦宙《独行方》、王珉《伤寒身验方》、《胜金方》、文路公《药准》、周应《简要济众方》、《塞上方》、王衮《博济方》、沈存中《灵苑方》、《救急方》、张路《大效方》、崔知悌《劳瘵方》、《近效方》、陈抃《经验方》、陈氏《经验后方》、《苏沈良方》（东坡、存中）、《十全博救方》、昝殷《食医心镜》、《必用方》、张杰《子母秘录》、杨氏《产乳集验方》、昝殷《产宝》、谭氏《小儿方》、《小儿宫气方》、《万全方》、《太清草木方》、李翱《何首乌传》、《普救方》、《神仙服食方》、嵩阳子《威灵仙传》、《寒食散方》、贾相公《牛经》、贯诚《马经》、《灵枢经》、王冰《玄秘》、张杲《医说》、《黄帝书》、《褚氏遗书》、李濂《医史》、秦越人《难经》、《圣济总录》、刘氏《病机赋》、皇甫谧《甲乙经》、宋徽宗《圣济经》、刘克用《药性赋》、王叔和《脉经》、张仲景《金匮要略》、彭祖《服食经》、巢元方《病原论》、神农《食忌》、《神仙服食经》、宋侠《经心录》、魏武帝《食制》、李氏《食经》、王执中《资生经》、娄居中《食治通说》、《饮膳正要》、刘河间《原病式》、《太清灵宝方》、《玄明粉方》、刘河间《宣明方》、戴起宗《脉诀刊误》、吴猛《服椒诀》、许洪《本草指南》、黄氏《本草权度》、陆氏《证治本草》、土宿真君《造化指南》、《医余录》、月池《人参传》（李言闻）、胡演《升炼丹药秘诀》、《名医录》、月池《艾叶传》、张子和《儒门事亲》、张洁古《医学启原》、《菖蒲传》、《医鉴》（龚信）、《活法机要》、杨天惠《附子传》、《洁古家珍》、李东垣《医学发明》、东垣《辨惑论》、东垣《脾胃论》、东垣《兰室秘藏》、《东垣试效方》、王海藏《医家大法》、海藏《医垒元戎》、海藏《此事难知》、海藏《阴证发明》、罗天益《卫生宝鉴》、丹溪《格致余论》、丹溪《局方发挥》、卢和《丹溪纂要》、《丹溪医案》、杨殉《丹溪心法》、方广《丹溪心法附余》、《丹溪活套》、程充《丹溪心法》、滑伯仁《撄宁心要》、《惠民和剂局方》、陈言《三因方》、孙真人《千金月令方》、严用和《济生方》、王氏《易简方》（王硕）、杨子建《万全护命方》、继洪《澹寮方》、《是斋指迷方》（王贶）、杨士瀛《仁斋直指方》、余居士《选奇方》、黎居士《易简方》、《杨氏家藏方》（杨倓）、《济生拔萃方》（杜思敬）、胡濙《卫生易简方》、朱端章《卫生家宝方》、许学士《本事方》（许叔微）、《鸡峰备急方》（张锐）、孙用和《传家秘宝方》、王隐君《养生主论》、真西山《卫生歌》、赵士衍《九龠卫生方》、王方庆《岭南方》、《岭南卫生方》、初虞世《养生必用方》、周定王《普济方》（一百七十卷）、虞抟《医学正传》、李仲南《永类钤方》、周定王《袖珍方》、傅滋《医学集成》、萨谦斋《瑞竹堂经验方》、王履《溯洄集》、叶氏《医学统旨》、万表《积善堂经验方》、戴原礼《证治要诀》、《医学纲目》、孙氏《仁存堂经验方》、戴原礼《金匮钩玄》、《医学指南》、杨氏《颐真堂经验方》、刘纯《五机微义》、《医学切问》、陆氏《积德堂经验方》、刘纯《医经小学》、王玺《医林集要》、《德生堂经验方》、臞仙《乾坤秘韫》、饶氏《医林正宗》、

《法生堂经验方》、臞仙《乾坤生意》、周良(按当为"文"之误),采《医方选要》、刘松石《保寿堂经验方》、窥玄子《法天生意》、杨拱《医方摘要》、《陈日华经验方》、《梁氏总要》、《医方大成》、《王仲勉经验方》、吴球《活人心统》、方贤《奇效良方》、《刘长春经验方》、吴球《诸证辨疑》、阎孝忠《集效方》、《禹讲师经验方》、赵氏《儒医精要》、孙天仁《集效方》、《戴古渝经验方》、《濒湖医案》、《试效录验方》、《龚氏经验方》、《濒湖集简方》、《经验济世方》、《蔺氏经验方》、《杨起简便方》、《孙一松试效方》、《阮氏经验方》、《坦仙皆效方》、《董炳集验方》、《赵氏经验方》、《危氏得效方》(危亦林)、《朱端章集验方》、《杨氏经验方》、《居家必用方》、《经验良方》、《唐瑶经验方》、邓笔峰《卫生杂兴》、《救急易方》、《张氏经验方》、王英《杏林摘要》、《急救良方》、《龚氏经验方》、白飞霞《韩氏医通》、白飞霞《方外奇方》、《徐氏家传方》、张三丰《仙传方》、温隐居《海上方》、《郑氏家传方》、《王氏奇方》、《海上仙方》、《谈野翁试验方》、岳琼山《群书日抄》、《海上名方》、《包会应验方》、何子元《群书续抄》、《十便良方》、《孟氏诜方》、张氏《潜江切要》、李楼《怪证奇方》、《生生编》、邵真人《青囊杂纂》、夏子益《奇疾方》、《摘玄方》、赵宜真《济急仙方》、《纂要奇方》、《端效方》、王永辅《惠济方》、《奚囊备急方》、《史堪指南方》、王璆《百一选方》、臞仙《寿域神方》、陈直《奉亲养老书》、《世医通变要法》、吴旻《扶寿精方》、李延飞《三元延寿书》、何大英《发明证治》、王氏《医方捷径》、《保庆集》、《保生余录》、《神医普救方》、杨炎《南行方》、彭用光《体仁汇编》、《传信适用方》、王氏《究源方》、王节斋《明医杂著》、《摄生妙用方》、艾元英《如宜方》、《济生秘览》、《王氏手集》、《萧静观方》、《锦囊秘览》、《唐仲举方》、《杨尧辅方》、《金匮名方》、《严月轩方》、《郑师甫方》、《芝隐方》、《通妙真人方》、《三十六黄方》、葛可久《十药神书》,苏遒《玄感传尸论》、《上清紫庭追劳方》,朱肱《南阳活人书》,韩祇和《伤寒书》,庞安时《伤寒总病论》、吴绶《伤寒蕴要》、赵嗣真《伤寒论》、成无己《伤寒明理论》、刘河间《伤寒直格》、陶华《伤寒六书》、李知先《活人书括》、陈自明《妇人良方》、郭稽中《妇人方》、熊氏《妇人良方补遗》、胡氏《济阴方》、《妇人明理论》、《妇人千金家藏方》、《便产须知》、《二难宝鉴》、《妇人经验方》、钱乙《小儿直诀》、刘昉《幼幼新书》、《幼科类萃》、《陈文中小儿方》、曾世荣《活幼新书》、徐用宣《袖珍小儿方》、《张涣小儿方》、寇衡《全幼心鉴》、演山《活幼口议》、《阮氏小儿方》、鲁伯嗣《婴童百问》、《活幼全书》、《郑氏小儿方》、汤衡《婴孩宝书》、《卫生总微论》(即《保幼大全》、《鲍氏小儿方》、汤衡《婴孩秘诀》、姚和众《童子秘诀》、《全婴方》、《王日新小儿方》、《小儿宫气集》、魏直《博爱心鉴》、高武《痘疹管见》(又名《正宗》)、李言闻《痘疹证治》、《痘疹要诀》、李寔《痘疹渊源》、闻人规《痘疹论》(八十一篇)、张清川《痘疹便览》、陈自明《外科精要》、薛己《外科心法》、《外科通玄论》、齐德之《外科精义》、薛己《外科发挥》、薛己《外科经验方》、杨清叟《外科秘传》、李迅《痈疽方论》、周文采《外科集验方》、《眼科龙木论》、《飞鸿集》、倪维德《原机启微集》、《明目经验方》、《宣明眼科》、《眼科针钩方》、《咽喉口齿方》。

以上列举了明代有代表性的附录书目二种,即《古今医统大全》与《本草纲目》,加之前章引书书目列举的《医学纲目》,共为三种。从三书出列的书目看,除去相互重出者外,约略计之,总数亦当在四百余种。由于《明史·艺文志》只著录本朝医著,故对历代古医籍存世情况,则无法了解。详明万历年间有焦竑者,编成《国史经籍志》一通,其中医家类著录有七百三十六目。然著录诸书,皆未注明存佚。而细审其书目,则可发现,有些书,恐已不存。如"经论"类中,著录有"《黄帝素问》九卷,全元起注"、"《素问音释》一卷"、"《黄帝内经太素》三十卷,杨上善注"、"《宝应灵枢》九卷"等;"明堂针灸"类中,著录有"《黄帝明堂经》三卷"、

"又三卷,杨元注"、"《黄帝内经明堂》十三卷"等;"本草"类中,著录有"《蔡邕本草》七卷"、"《神农本草经》三卷"等,"医方"类中,著录有"《张仲景方》十五卷"、"《阮河南方》十六卷"、"《小品方》十二卷"、"《姚僧垣集验方》十卷"、"《古今录验方》五十卷"等。凡此类书,皆唐以前医学文献,有些至宋已亡,有些则在宋以后亡,不可能复出于明。此尽可说明,该志著录诸书,包括相当部分为佚书,故在明时仍存世者,实不足七百余种。若据上述三书引书书目,当然其中难免有二级或三级文献,但为数不会太多。故以此为据,加之其未收之书在内。当可反映明代存世医籍的基本情况。此三书引书书目学术价值之一。如上所言,《明史·艺文志》医家类著录,皆本朝医书,为数仅六十余种,远不能反映明代医著的基本面貌。而《国史经籍志》中,明医著作不曾著录者亦甚多,今上述三书引书书目,据初步核检,有明医著作,不下一百余种,其中只有少部分与《明史·艺文志》及《国史·经籍志》重出。若将以上五书著录之书目合计,约有二百余种。因之,三书引书书目,为研讨明代医家及其著述,提供了重要的一手资料。此其文献价值之二。金元以前之古文献,有些宋以前已佚,有些佚在宋以后。然在三书引书中仍有相当多古医学文献,清以后已不存世。当然这其中已如前述,难免有二级或三级文献,但这只能限于如《外台》、《幼幼新书》等较大型类书曾引用过的古文献之已亡者,若非属于此者,则三书之引书,不仅可说明该书在明代尚存,而且有引文可供辑复。就是在三书中引用的明医著作,也有相当一部分已亡,故同样有辑复意义。此其文献价值之三。由于三书引书,不仅著录书目,而且有引文若干条,如《医学纲目》中,几乎将《针灸甲乙经》腧穴主治部分内容,全部予以引用。其引用《千金》、朱丹溪、李东垣、刘河间等文亦相当多。而明人据本,多系宋、元佳本,较之今日存世版本尤胜。故多可取以为今书之校本,以正传抄翻刻所致之衍脱误倒。此其文献价值之四。故此类书目,决不可作等闲观。

(六) 清·汪琥《伤寒论辨证广注》

该书卷首附录书目凡二,一为"旁引古今诸医家书目",列目共四十种;一为"采辑古今诸家伤寒书目"。此目对每一书均作了一定的考证及概括的内容介绍,因限于篇幅,难能全录,今仅录书目以供参。计有:

《伤寒论》、《外台·伤寒方论》、《伤寒总病论》、《伤寒发微论》、《伤寒百证歌》、《南阳活人书》、《伤寒活人总括》、《伤寒明理论》、《伤寒直格》、《伤寒标本》、《伤寒保命集》、《伤寒治法举要》、《此事难知》、《伤寒摘疑问目》、《金镜内台方议》、《敖氏外伤金镜录》、《伤寒医鉴》、《伤寒心要》、《伤寒心镜别集》、《活人指掌》、《伤寒例钞》、《伤寒补亡论》、《活人释疑》、《伤寒类证要略》、《伤寒治例》、《伤寒六书》、《伤寒蕴要》、《伤寒类编》、《伤寒证治准绳》、《伤寒全生集》、《伤寒条辨》、《伤寒阐要编》、《史氏伤寒论注》、《伤寒补天石》、《伤寒指南书》、《伤寒五法》、《伤寒尚论篇》、《伤寒括要》、《伤寒宗印》、《伤寒后条辨》、《陈氏伤寒论注》、《伤寒论类疏》、《伤寒缵绪二论》、《伤寒舌鉴》、《伤寒兼证析义》、《伤寒三注》、《伤寒辨证广注》。

上引各书之考释,虽有详略之差,但均有一定学术价值或重要意义。今举二书为例:

《陈氏伤寒论注》:康熙中,武陵陈亮斯著。其书尚未刊版,偶于友人周孝斌处,钞得草稿二本。其注仲景论,能独出己见,而不蹈袭成氏、方氏、喻氏诸家之说。每经病必依叔和原次,反复详解,极为入理。惜其书不全,所钞者止阳明、少阳、太阴、少阴、厥阴五经病耳。琥欲泛棹武陵，访其人传其书而未能，不意孝斌已作故人。自嗟岁月不待，立言之念愈急，终不能全见其书之为恨耳。

按陈氏此书，不仅别书未见有著录者，今则连汪琥抄本，恐亦早佚。幸赖此叙介绍，知此医家及其著述之梗概耳。

《伤寒辨证广注》：清长洲汪琥苓友青溪子辨证。书分一十四卷，始于康熙丙辰重九，终于庚申重五。四五年间，但应酬稍暇，不敢辍卷，虽祁寒酷暑，而平明灯火之功居多，脱稿后，不再更易。其书曰辨证者，辨仲景论中是伤寒则集之也。曰广注者，广以广其方论，如古今伤寒之书，皆采附也；注以注其正文，不分仲景后贤，其论皆为解释，其方皆为详考也。至若仲景论中真寒证，另集《中寒论》三卷，即当续出，倘世俗之医，厌此书烦冗，欲检证寻方，如头痛发热等候，以为不便翻阅，则更有《增补成氏明理论》出焉。

按此书为汪氏自著，叙文详言其著述经过及命名含义。又据叙文得知其尚有《增补成氏明理论》之作，此皆该书"自序"及"凡例"中不曾言及者。又所谓"虽祁寒酷暑，而平明灯火之功居多"等，其勤于笔耕的治学精神，亦颇可为后人之示范。然其考释有误或未允者，亦或有之，不可不知，如郭雍《伤寒补亡论》云："琥按郭雍，字白云，不知何代人，考《古今医统》书目，元人有徐止善曾作是书，今其书不传，想郭氏必后于徐，而重为撰次者也。"此犹千虑之失也。

（七）其他清人医著中的附录书目

另者，清人医著附录书目，所在甚多，有些亦各具特色，足资学者参考，不胜枚举。今举数种简介，如：

李廷是《脉诀汇解》卷前之"考证书目"，共列医家书目六十二种，皆为诊法或与诊法相关者，可为附录之专科书目。

林澜《伤寒折衷》卷前附录书目二，一为"考证书目"，皆为各类古医籍；一为"考古未见书"，共列史志及书目著录伤寒类书之未见或少见者三十九种。末云："右俱兰台金匮之秘见于经籍志所载者。"此可属考证史志著录之专科未见书目。

周学海《脉学四种》书前附录"引用书目"，共列目九十七种，其中大都为各类古医籍，另有清刊西医译著三种，即《西医略论》、《全体新论》、《全体阐微》。其中《西医略论》、《全体新论》，为英人合信氏之译著，连同其《博物新编》、《内科新说》、《妇婴新说》，总名为《合信氏西医五种》，为当时影响较大之西医译著。此书目所引西医译著三种，盖为中医古籍中附录引书中含西医书之最早记录。

又周学海《脉学四种》之一《脉义简摩》卷末附录"儿科杂病、痘疹专书目录"，列目为：《巢氏·小儿病论》、《颅囟经》、钱氏《小儿直诀》、薛氏《保婴撮要》、夏氏《幼科铁镜》、叶氏《儿科要略》、万氏《育婴家秘》、张景岳《儿科则》、王宇泰《儿科准绳》、《幼幼集成》、翁仲仁《痘疹金镜录》，许橡村《痘诀六种》、陈文中《痘疹方》、汪石山《痘证治辨》、冯氏《痘疹全集》、《痘疹会通》。并云："此皆幼科中金科玉律之书也，良法美意，不胜采录，故著其目于此，……"此种附录书目，与别者又异，特专科之要目也。周氏所举种种，业儿医者，固当必读，然其义犹不尽于此。实则无论业何科者，于茫茫烟海之中，均应择要而从。所谓"知其要者，一言而终；不知其要者，流散无穷。"义犹应之。

(八) 日本·丹波元简《素问识》

卷前"《素问》诸家注解书目",自注云:"仿朱氏《经义考》,分注存、佚、未见,以便检查。"共列历代诸家注本四十九种。今仅录书名、卷数、撰人及存佚等文以供参,余均省。

梁:《黄帝素问》八卷,佚,全元起注。

隋:《黄帝内经太素》三十卷,佚,杨上善撰。

唐:《素问释音》一卷,杨玄操撰。《黄帝素问》二十四卷、《释文》一卷,存王冰注,冰号启玄子。《素问笺释》二卷,佚,沈应善嘉言撰。

宋:《补注素问》二十四卷,存,宋·林亿补注。《素问误文阙义》一卷,佚,高若讷撰。《素问注释考误》十二卷,孙兆撰。《内经纂要》佚,靳鸿绪若霖撰。《内经指微》十卷,佚,冲真子撰。

金:《素问要旨》八卷,佚,刘守真撰。《素问药证》,佚,前人撰。

元:《内经指要》,佚,李季安撰。《素问灵枢集要节文》,佚,太医院判启明元好问裕生撰。《素问集解》,佚,前人撰。《素问注疑难》,佚,王翼撰。《内经类编》,佚,罗天益撰。《素问纠略》一卷,存,朱震亨彦修撰。

明:《素问纠略》三卷,未见,杨慎撰。《内经类考》十卷,未见,阴秉旸撰。《黄帝内经始生考》六卷,未见,前人撰。《内经类抄》,佚,洛阳东谷孙应奎纂集。《素问捷径》二卷,佚,浙人高士著。《素问钞》十二卷,存,撄宁生滑寿集。《续素问钞》三卷,存,汪机集。《素问钞补正》十二卷,存,温州太守京口丁瓒撰。《素问心得》二卷,存,胡文焕得甫撰。《素问摘语》,佚,海盐郑晓撰。《难素笺释》八卷,佚,余姚黄渊撰。《内经素问注》,佚,医巫闾子赵献可撰。《灵素合钞》十五卷,佚,杭州林澜观子撰。《内经或问》,佚,鄞吕复元膺撰。《内经直指》,佚,翁应祥撰。《内经素问注证发微》九卷,《附翼》一卷,存,会稽玄台马莳仲化撰。《内经摘粹补注》,佚,常熟李维麟石浮撰。《素问注》,佚,太医院周篚撰。《素问辑要》,佚,胡尚礼景初撰。《素问注》二十四卷,存,歙鹤皋吴崑山甫撰。《素问浅解》,佚,密斋万全撰。《类经》四(按,疑为"三"之误)十二卷,存,山阴景岳张介宾会卿撰。《内经知要》二卷,存,云间念莪李仲梓撰。《内经要旨》二卷,存,徐春甫撰。《内经正脉》一卷,存,前人撰。《内经合类》九卷,存,王九达日逵撰。

清:《素问灵枢类纂约注》三卷,存,休宁讱庵汪昂撰。《素问集注》九卷,存,隐庵张志聪撰。《素问直解》九卷,存,高世栻士宗撰。《素问悬解》十三卷,未见,黄元御撰。《医经原旨》六卷,存,薛雪生白撰。

该附录书目,具有以下特点:①是对《素问》这一经典著作历代注家的考证,属于专书性系列书目。②书目是以朝代为序严格排列。③资料的来源,均详明出典。如历朝史志、书目、地方志、文集、附录书目等。如唐《素问笺释》,见于《南昌府志》,金《素问药证》,见于刘守真《医学源流》,元《内经类编》,见于《刘静修集》,明《黄帝内经始生考》,见于《读书敏求记》,《内经类钞》,见于《古今医统》等。这就为书目的编纂,进一步扩大了范围,加深了视野,增加了书源。从学科看,已不限于医书,而扩大至文史杂记等;从史学看,已不限于正史,而扩大至地方志;从目录看,已不限于史志及书目,而扩大至引书及附录书目。从而说明,该书目为书目的编纂,开创了新的领域,揭示了新的思路,具有一定创造性贡献。④每一书均注明存、佚或未见,显示其当时流通状况,可使读者心中有数。⑤从整个书目的形成看,均经过了文献的考证,资料可谓翔实。而且对少数重点书目,进行了重点考证。如宋《补注素问》二十四卷本云:"王应麟《玉海》云:天圣校定《内经素问》。天圣四年十一月十二日乙酉,命集贤院校理晁宗悫、王举正校定《内经素问》。景祐二年七月庚子,命丁度等校正《素问》。嘉祐二年八月辛酉,置校正医书局于编修院,命掌禹锡等五人,从韩琦之言也。孙兆重改误。按此即重广补注也。今所传其本不一,今以予所见录于左:宋版二十四卷,明·顾从德翻雕北宋原本;赵府居敬堂本十二卷、遗编一卷,赵简王永乐中所刻;熊氏本二十四卷,熊宗立校刊,本邦活字本并朝鲜本,以此为祖本;熊氏本十二卷、附遗编一卷、《运气论奥》一卷、释音一卷,按此一依赵府本,亦种德堂所刊;黄海本二十四卷,潘之恒黄海中所收,一依熊本;万历本二十四卷,万历甲申,对峰周氏刊行,亦依熊本,然文少异,本邦坊间所刻,即此本,故《素问识》所标记之原文,全本于此。"从上引考文看,它不仅收录了南宋·王应麟在《玉海》中所记北宋校刊《素问》的一些情况,而且对几种明代及日本、朝鲜刊本的版本源流及文字方面的差异,亦有所说明。这虽是一个简短的说明,但必须通过大量的版本分析和文字比较,才能作出结论。反映其治学态度是相当严谨的。从而说明,该附录书目,对书目编纂工作的启示,颇具重要意义。

(九)朝鲜·金礼蒙《医方类聚》

该书在卷前附录有"引用诸书",列目一百五十三种。计有《黄帝内经素问》、《灵枢》、《运气》、《遗篇》、《明堂灸经》、《针经》、《针灸经》、《难经》、《难经本义》、《伤寒论》、《伤寒论注解》、《五脏论》、《金匮方》、王叔和《脉诀》、王氏《脉经》、《龙树菩萨眼论》、《巢氏病源》、《千金方》、《千金翼方》、《千金月令》、《海上仙方》、《福寿论》、《五脏六腑图》、《食医心镜》、《产宝》、《小儿药证》、《圣惠方》、《四时纂要》、《铜人经》、《和剂局方》、《简要济众方》、《王岳产书》、《修真秘诀》、《小儿药证真诀》、《宝丹要诀》、《大全本草》、《三因方》、《卫生十全方》、《神巧万全方》、通真子《伤寒括要》、《南阳活人书》、《无求子活人书》、《伤寒活人书》、《伤寒百问歌》、《伤寒百证歌》、《助道方》、《是斋医方》、《琐碎录》、《资生经》、《易简方》、《玉函经》、《黎居士简易方》、《黎居士决脉精要》、《断病提纲》、《王氏易简方》、《仁斋直指方》、《直指小儿方》、《直指脉诀》、《伤寒类书》、《外科精要》、《胎产救急方》、《朱氏集验方》、《李晞范脉诀》、《严氏济生方》、《管见大全良方》、《妇人大全良方》、《修月鲁般经》、《伤寒明理论》、《儒门事亲》、《治病百法》、《三法六门》、《十形三疗》、《治法杂论》、《杂记九门》、《伤寒直格》、《素问玄机原病式》、《保童秘要》、《宣明论》、《东垣试效方》、《东垣内外伤辨》、《兰室秘藏》、《汤液本草》、《脾胃论》、《御药院方》、《得效方》、《澹轩方》、《子午流注》、《针经指南》、《玉龙歌》、《卫生宝鉴》、《延寿书》、《圣济总录》、《居家必用》、《必用全书》、《必用之书》、《拔粹方》、《瑞竹堂方》、《小儿痘疹方》、《王氏集验方》、《医方大成》、《医方集成》、《南北经验方》、《袖珍方》、《省翁活幼口议》、《永类钤方》、《疮科通玄论》、《经验秘方》、《眼科龙木总论》、《医经溯洄集》、《川玉集》、《格致余论》、《医林方》、《烟霞圣效方》、《寿亲养老书》、《十四经发挥》、《纂图脉诀》、《施圆端效方》、《吴氏集验方》、《神效名方》、《事林广记》、《山居四要》、《新效方》、《针灸广爱书括》、《外科集验方》、《理伤续断方》、《小儿疮疹方》、《追劳方》、《急救仙方》、《秘传外科方》、《徐氏胎产方》、《仙传济阴方》、《外科精义》、《疮科精义》、《玉机微义》、《劝善书》、《臞仙活人书》、《运化玄枢》、《寿域神方》、《神隐》、《金丹大成》、《卫生易简方》、《金匮钩玄》、《御医撮要》、《备御百要方》、《简奇方》、《医经小学》、《小学医经》。

按《医方类聚》成书年代相当于明正统年间。从以上引书可见，其引用诸书，基本上为明以前古医籍。反映当时中国医籍在朝鲜的流传和使用情况。由于引书较多，而且有些在国内已佚，或在国内文献未见著录之书，故其文献价值犹高。如《五脏六腑图》，在书中仍保存比较完整的内容，似此等医学而又带有神学或神秘色彩的内容，早在唐以前文献如《黄庭经》及《外台·明堂》中，均有所体现，当是出于魏晋以后黄冠之手。而《五脏六腑图》所载尤详。故对探讨此种学术之源流，有非常重要之价值。

又如《五脏论》内容，可与敦煌卷子本残卷张仲景《五脏论》相比勘，进一步探讨其成书年代及学术思想等。且该书引书之内容，均在书文中，有明确的书名标引与系统的书文引用。故日本·丹波元坚氏曾云："其所采摭凡一百五十余部，而宋元佚书，亦复为不尠。盖篇帙之富，为现存医籍之冠。学者犹铸山为铜，煮海为盐，真方术之大观，济生之宝筏也。"此评价亦不为过。

（十）日本·丹波元坚《杂病广要》

卷后有"引用书目"，列目三百一十七种。计有：《中藏经》（旧题魏·华佗）、《脉经》（晋·王叔和）、《脉诀》（旧题前人，宋·刘元宾注）、《针灸甲乙经》（晋·皇甫谧）、《肘后备急方》（晋·葛洪，梁·陶弘景补）、《刘涓子鬼遗方》（宋·龚庆宣）、《褚氏遗书》（旧题齐·褚澄）、《诸病源候论》（隋·巢元方）、《备急千金要方》（唐·孙思邈）、《千金翼方》、《千金月令》（并前人）、《黄帝内经太素》注（唐·杨上善）、《难经注》（唐·杨玄操，系宋·王惟一《难经集注》所收）、《外台秘要方》（唐·王焘）、《素问》次注（唐·王冰）、《玄和纪用经》（前人）、《五脏论》（唐，阙名）、《食医心鉴》（唐·昝殷）、《理伤继断秘方》（旧题唐·蔺道人）、《医心方》（日本·丹波康赖）、《太平圣惠方》（宋·王怀隐等）、《简要济众方》（宋·周应等）、《传家秘宝脉证口诀》（宋·孙用和）、《伤寒总病论》（宋·庞安时）、《苏沈内翰良方》（宋·沈括，后人附苏轼说）、《神巧万全方》（宋·刘元宾）、《证类本草》（宋·唐慎微）、《小儿药证直诀》（宋·钱乙）、《和剂局方》（宋·陈师文等，后屡有续添）、《活人书》（宋·朱肱）、《圣济总录》（宋徽宗）、《本草衍义》（宋·冠宗奭）、《史载之方》（宋·史堪）、《鸡峰普济方》（宋·张锐）、《幼幼新书》（宋·刘昉）、《普济本事方》（宋·许叔微）、《本事方续集》（前人）、《三因极一病证方论》（宋·陈言）、《易简方》（宋·王硕）、《续易简方》（宋·施发）、《续易简方后集》（宋·卢祖常）、《续易简方脉论》（宋·王玮）、《伤寒解惑论》（宋·汤尹才，收在《伤寒百问歌》）、《全婴方论》（宋·郑端友）、《卫生十全方》（宋·夏德）、《选奇方后集》（宋·余纲）、《杨氏家藏方》（宋·杨倓）、《卫生家宝》（宋·朱端章）、《叶氏录验方》（宋·叶大廉）、《备全古今十便良方》（宋·郭坦）、《是斋百一选方》（宋·王璆）、《和剂局方指南总论》（宋·许洪）、《方氏家藏集要方》（宋·方导）、《伤寒补亡论》（宋·郭雍）、《医说》（宋·张杲）、《助道方服药须知》（宋·温大明）、《小儿卫生总微论方》（宋·阙名）、《活人事证方》（宋·刘信甫）、《活人事证方后集》（前人）、《魏氏家藏方》（宋·魏岘）、《吴氏集验方》（宋·吴得夫）、《管见大全良方》（宋·陈自明）、《妇人大全良方》、《外科精要》（并前人）、《严氏济生方》（宋·严和）、《严氏济生续方》（前人）、《简易方》（宋·黎民寿）、《仁斋直指方》（宋·杨士瀛）、《朱氏集验方》（宋·朱佐）、《疮疡经验全书》（旧题宋·窦汉卿）、《覆载万安方》（日本·梶原性全）、《注解伤寒论》（金·成无已）、《伤寒明理论》（前人)、《黄帝素问宣明论》(金·刘完素)、《素问病机气宜保命集》、《素问玄机原病式》、《三消论》(并前人)、《活法机要》(金·张元素)、《儒门事亲》(金·张从正)、《治病百法》、《十形三疗》、《杂记九门》、《撮要图》、《治法杂论》、《三法六门》、《世传神效名方》(并前人)、《内外伤辨惑论》(元·李杲)、《脾胃论》、《兰室秘藏》、《东垣试效方》(并前人)、《卫生宝鉴》(元·罗天益)、《医垒元戎》(元·王好古)、《皆效方》、《汤液本草》(并前人)、《澹寮集验方》(元·僧继洪)、《御药院方》(元·许国祯)、《风科集验名方》(元·赵大中)、《寿亲养老新书》(元·邹铉)、《经验效方》(元·阙名)、《经验良方》(同上)、《王氏集验方》(元·王东野)、《济生拔萃》(元·杜思敬,《阴证略例》系是书所收)、《南北经验医方大成》(元·孙允贤)、《如宜方》(元·艾元英)、《泰定养生方论》(元·王珪)、《瑞竹堂经验方》(元·沙图穆苏)、《活幼新书》(元·曾世荣)、《永类钤方》(元·李仲南)、《世医得效方》(元·危亦林)、《仁存孙氏治病活法秘方》(元·阙名)、《施圆端效方》、《烟霞圣效方》、《澹轩方》、《医林方》、《修月鲁般经后录》(并同上)、《十药神书》(元·葛可久)、《局方发挥》(元·朱震亨)、《格致余论》(前人类聚,以下五部俱系后人录震亨言)、《丹溪心法类集》(明·杨珣编)、《丹溪心法》(明·程充附录)、《丹溪脉因证治》、《丹溪治法心要》(以上四部今引皆以丹溪概之)、《金匮钩玄》(明·戴原礼附)、《医经溯洄集》(元·王履)、《周府袖珍方》(明·周定王)、《乾坤生意》(明·宁献王)、《臞仙活人心》(前人)、《证治要诀并类方》(明·戴元礼)、《推求师意》(前人,汪机补)、《玉机微义》(明·刘纯)、《备预百要方》(明·阙名)、《金匮衍义》(明·赵良,收在清周扬俊《金匮二注》)、《三丰张真人万应方》(明·孙天仁)、《济急仙方》(明·赵宜信)、《仙传济阴方》(明·阙名)、《卫生易简方》(明·李春芳等)、《类证医书大全》(明·熊宗立)、《奇效良方》(明·方贤)、《群书钞方》(明·邱浚)、《原病集》(明·唐椿)、《医学纲目》(明·楼英)、《本草权度》(明·黄济之)、《医方选要》(明·周文采)、《外科集验方》(前人)、《丹溪医书纂要》(明·卢和)、《经验良方》(明·吕尚清)、《医林集要》(明·王玺)、《明医杂著》(明·王纶)、《医学集成》(明·傅滋)、《医史》(明·李濂)、《医学正传》(明·虞抟)、《苍生司命》(旧题前人)、《韩氏医通》(明·韩懋)、《荩斋医要》(明·陈谏)、《彭氏普济良方》(明·彭用光)、《试效方论》(前人)、《摄生众妙方》(明·张时彻)、《名医类案》(明·江瓘,清·魏之琇校)、《医学管见》(明·何塘)、《内科摘要》(明·薛己)、《平治荟萃注》、《外科发挥》、《外科枢要》、《疠疡机要》、《女科撮要》(并前人)、《明医指掌》(明·皇甫中)、《医林绳墨》(明·方隅)、《医学统旨》(明·叶文龄)、《医学原理》(明·汪机)、《石山医案》、《医续》(并前人)、《诸证辨疑》(明·吴球)、《活人心统》(前人)、《续医说》(明·俞弁)、《儒医精要》(明·赵继宗)、《丹溪心法附余》(明·方广)、《伤寒证治明条》(明·王震)、《古今医统》(明·徐春甫)、《绿竹堂集验方》(罗浮山人)、《虚实辨疑示儿仙方》(明·阙名)、《传信尤易方》(明·曹金)、《医方摘要》(明·杨拱)、《古今医鉴》(明·龚信)、《济世全书》(明·龚廷贤)、《万病回春》、《云林神彀》、《寿世保元》、《普渡慈航》(并前人)、《医圣阶梯》(明·周礼)、《医经会元》(明·吴嘉元)、《本草纲目》(明·李时珍)、《濒湖脉学》(前人,内有《四言举要》)、《岭南卫生方附录》(明·娄安道)、《识病捷法》(明·缪存济)、《医方考》(明·吴崑)、《保命歌括》(明·万全)、《医学入门》(明·李梴)、《百代医宗》(明·涂绅)、《商便奇方》(明·程守信)、《证治准绳》(明·王肯堂)、《女科准绳》(前人)、《医镜》(旧题前人)、《赤水玄珠》(明·孙一奎)、《医学六要》(明·张三锡)、《婴童类萃》(明·王大纶)、《士林余业医学全书》(明·叶云龙)、《痰火颛门》(明·梁学孟)、《痰火点雪》(明·龚居中)、《幼科百效全书》、《寿世仙丹》(并前人)、《小青囊》(明·王良璨)、《医宗粹言》(明·罗周彦)、《徐氏针灸大全》(明·徐凤)、《程氏医彀》(明·程式)、《外科正宗》(明·陈实功)、《疡科选粹》(明·陈文治)、《先醒斋广笔记》(明·缪希雍)、《神农本草经疏》(前人)、《医贯》(明·赵献可)、《奇效医述》(明·聂尚恒)、《医学汇函》、《痘疹活幼心法》(并前人)、《儿科方要》(明·吴志中)、《治杂证验方研说》(明·李盛春)、《景岳全书》(明·张介宾)、《质疑录》(前人)、《一万社草》(明·卢明铨)、《医案》(明·程仑,仑字星海)、《伤暑全书》(明·张凤逵)、《订补明医指掌》(明·邵达)、《本草汇言》(明·倪朱谟)、《简明医彀》(明·孙志宏)、《医汇》(明·徐尔贞)、《雪潭居医约》(明·陈沏)、《医学集要经验良方》(明傅懋光)、《女科百病问答补遗》(明钱国宾)、《医经会解》(明·邓景仪)、《丹台玉案》(明·孙文胤)、《祖剂》(明·施沛)、《医宗必读》(明·李中梓)、《病机沙篆》、《删补颐生微论》(并前人)、《轩岐救正论》(明·萧京)、《慎柔五书》(明·释住想)、《寓意草》(清·喻昌)、《医门法律》(前人)、《医灯续焰》(清·潘楫)、《心医集》(清·祝茹穹)、《证治百问》(清·刘默)、《秘方集验》(清·王梦兰)、《己任编》(清·高鼓峰,收有《四明心法》、《西塘感症》)、《医宗说约》(清蒋士吉)、《医意商》(前人)、《急救危证简便验方》(清·胡其重)、《医径句测》(清·程应旄)、《古今名医彙粹》(清·罗美)、《病机汇论》(清·沈颋,马俶附案)、《医方集解》(清·汪昂)、《本草备要》(前人)、《金匮要略编注》(清·沈明宗)、《伤寒论集注》(清·张志聪)、《医学真传》(清·高世栻)、《诸风疠疡全书》(清·释传杰)、《石室秘录》(清·陈士铎)、《大雅堂辨证录》(前人)、《证治汇补》(清·李用粹)、《易简方论》(清·程履新)、《锦囊秘录》(清·冯兆张)、《张氏医通》(清·张璐)、《伤寒缵论》、《伤寒续论》、《千金方衍义》(并前人)、《证治大还》(清·陈治)、《印机草》(清·马俶)、《济阴纲目》(清·武之望)、《胃气论》(清·张锡驹)、《金匮要略本义》(清·魏荔彤)、《良朋汇集》(清·孙伟)、《集验良方》(清·阙名)、《医学心悟》(清·程国彭)、《伤寒论翼》(清·柯琴)、《绛雪园古方选注》(清·王子接)、《御纂医宗金鉴》(清·吴谦等)、《医学读书记并续记》(清·尤怡)、《金匮翼》(前人)、《医碥》(清·何梦瑶)、《医学要则》(清·沈懋宫)、《临证指南医案》(清·叶桂)、《伤寒论类方》(清·徐大椿)、《兰台轨范》、《医学源流论》(并前人)、《医津一筏》(清·江之兰)、《疡医大全》(清·顾澄)、《再重订伤寒论集注》(清·舒诏)、《沈氏尊生书》(清·沈金鳌)、《医级》(清·董西园)、《时方歌括》(清·陈念祖)、《时方妙用》(前人)、《医学指要》(清·李荫折)、《温疫汇编》(清·汪期莲)、《素问释义》(清·张琦)、《释名》(汉·刘熙,以下儒家)、《急就章注》(唐·颜师古)、《四时纂要》、《琐碎录》(宋·陈晔)、《清波别志》(宋·周辉)、《北窗炙輠》(宋·施彦执)、《游宦纪闻》(宋·张世南)、《山居新话》(元·杨瑀)、《事林广记》(元·陈元靓)、《居家必用》(元·阙名)、《必用全书》(同上)、《菽园杂记》(明·陆深)、《明辨类函》(明·詹景凤)、《槐西杂志》(清·纪昀)、《姑妄听之》(前人)。

按此书著成于1853年,相当清末咸丰三年。其引书之多,亦属罕见之例。此“引用书目”,可反映以下几个问题:①书目编排有序,撰人考证详明。此书目尽按成书年代为序,对每书的撰者或整理者、绪补者,均有著录。足可避免异书同名之误。②引书广博,引书中除丹波康赖《医心方》与梶原性全《覆载万安方》二书,为日本所撰,余者尽为中国医籍。其引书之下限,已达1829年,即清道光九年张琦之《素问释义》,距其成书年仅二十余年。足见其使用资料时,不仅注意到全,而且注意到新。③该书目固是以杂病为主,然亦涉及基础理论、外科、妇科、儿科等方面的一些著作,故从某一侧面,可以大致反映清代末期,中国医籍在日本的存世与流通情况,对中日医学交流史的研究,很有意义。④引用中使用书及撰人名,比较规范。其著录之书名,虽也有用简名者,但亦属较规范之简化名,不似有些引书名由作者任意称谓,随意性较大。其著录之撰人,除不详者,如阙名或本名不行者外,基本上是以姓名为主,而不称字号、别号或地望。此可减少一些因著称书名或人名不当而引起的混乱。⑤书目所引之书,多有在中国已亡佚或不曾著录者,如金·张从正医著,此书目著录有《儒门事亲》、《治病百法》、《十形三疗》、《杂记九门》、《撮要图》、《治法杂论》、《三法六门》、《世传神效名方》等八种。然明·焦竑所编《国史经籍志》中,仅有"《儒门事亲》十四卷"。而《金史》本传则只言"其所著有《六门三法》之目存于世云。"日本·丹波元胤《中国医籍考》引元人朱抝云:"张子和,宛丘人氏,张戴人是也。有《儒门事亲》书三十篇,《十形三疗》一帙,《治病百法》一帙,《三复指迷》一帙,《治法心要》一帙,《三法六门》、《世传方》一帙。"又据明嘉靖中邵伯崖刊本及朱好谦《心印绀珠》考证,今存《儒门事亲》十五卷本中所含内容,与该书目所引及朱抝所言亦大致同。惟《三复指迷》一书不详。是知《儒门事亲》今存本,原非该书旧貌。然据书目所引,该书在日本,当时尚各帙别行。今国内古本皆佚,故是"书目"所引,亦可为考据该书佐证之一。是此书目,存古医籍旧貌者,于文献研究尤为重要。总之,此书附录书目,无论在编排方法、著录称引、著录内容、引书品目等方面,对编写引书书目及文献研究方面,均有重要启示及文献资料等方面的价值。

第四节　目录著录

目录著录,谓各种目录专著中,著录之中医古籍书目的有关情况。下面就目录的有关问题加以分述。

一、目录的涵义

详目录之名,当始于汉代刘向、刘歆父子校书之时,《汉书·叙传》云:"刘向司籍,九流以别,爰著目录,略序洪烈。"此指汉代初兴,以书多散亡,乃广开献书之路,至成帝时,命刘向校书,向乃分析流别,条其篇目,于是将诸书载之于目录。又《文选·任彦升·为范始兴作求立太宰碑表》:"府之延阁,则青编落简。"李善注引刘歆《七略》曰:"《尚书》有青丝编目录。"自此以下,皆袭用之。在南北朝时期,即有诸多官修目录书,如谢灵运撰《宋元嘉八年秘阁四部秘录》、王俭《宋元徽元年四部书目录》、王亮等撰《齐永明元年秘阁四部目录》、刘孝标等撰《梁天监四年文殿正御四部及术数书目录》等。

目录,后世亦或称簿录、录目、书录等,如《隋书·经籍志》簿录篇著录自《七略》《别录》以下书目凡三十九种,其中名"目录"者十六种,于部类之后叙云:"古者史官既司典籍,盖有目录,以为纲纪,体制堙灭,不可复知……今总其见存,编为簿录篇。"又《旧唐书·经籍志》:"开元三年,左散骑常侍褚无量,马怀素侍宴,言及经籍,玄宗曰:内库皆是太宗、高宗先代旧书,常令宫人主掌,所有残缺,未遑补辑,篇卷错乱,难于检阅。卿试为朕整比之。至七年,诏公卿士庶之家,所有异书,官借缮写。及四部成,上令百官入乾元殿东廊观之,无不骇其广。九年十一月,殷践猷、王惬、章述、余钦、毋煚、刘彦真、王湾、刘仲等重修成《群书四部录》二百卷。右散骑常侍元行冲奏上之。自后毋煚又略为四十卷,名为《古今书录》,大凡五万一千八百五十二卷。”又云:“煚等《四部目》及《释道目》,并有小序及注撰人姓氏,卷轴繁多,今并略之……其《释道录目》,今亦不取。”是言目录、簿录、录目、书录等,义并同。

关于目录命名之义,余嘉锡先生《目录学发微·目录释名》云:“何谓目录?目谓篇名,录则合篇目及叙言之也。《汉志》言‘刘向校书,每一书已,辄条其篇目,撮其旨意,录而奏之。’旨意,即谓叙中所言一书之大意,故必有目有叙乃得谓之录。录既兼包叙目,则举录可以该目,故向所奏上之篇目旨意,载在本书者谓之录,编集别行者,谓之《别录》也。其所以又有目录之名者,因向之著录起于奉诏校书。当时古书多篇卷单行,各本多寡不一。向乃合中外之书,除其重复,定著为若干篇,遂著其篇目以防散佚,且以见定本之与旧不同。篇目之后,又作叙一篇,发明其意,随书奏上。因编校之始,本以篇目为主,故举目言之,谓之目录也。诸书所载向、歆之奏,亦或谓之叙录。盖二名皆举偏以该全,相互以见意耳。实则录当兼包叙目,班固言之甚明。其后相袭用,以录之名专属于目,于是有篇目而无叙者亦谓之目录。又久之而但记书名不载篇目者,并冒目录之名矣。”此言目录命名之义,详考向、歆校书之始及后世演变之末,自能明矣。盖向、歆校书之时,多单篇别行,体制不一,故向等校书,特经条理之功,且其录奏,具详篇目。后世之书,则少见此种情况,且著录之体,以书名为纲,或有叙或无叙。故所言目,实指书之大题。故目犹具书名之义,此后世所以因变而行,仍袭前名之故。

二、目录的体制与类型

《目录学发微·目录书体制》:“班固曰:‘刘向司籍,辨章旧闻。’又曰:‘爰著目录,略序洪烈。’后之论目录者大抵推本此意。章学诚又括之以二语曰:‘辨章学术,考镜源流。’由此言之,则目录者,学术之史也。综其体制,大要有三:一曰篇目,所以考一书之源流;二曰叙录,所以考一人之源流;三曰小序,所以考一家之源流。三者亦相为出入,要之皆辨章学术也。三者不备,则其功用不全。”

篇目:《目录学发微》:“篇目之体,条别全书,著其某篇第几……古之经典,书于简册,而编之以韦若丝,名之为篇,简册重厚,不能过多,一书既分为若干篇,则各为之名,题之篇首,以为识别,其用特以便检察,如今本之题书根耳。”按余氏所言,多指古制。盖向、歆校书之时,所存古籍,率皆此类。汉以后书,则此类情况已少矣。如《汉书·艺文志》以下目录著作中正文,已不著录篇名矣。

叙录:《目录学发微》:“叙录之体,源于书叙,刘向所作书录,体制略如列传,与司马迁、扬雄自叙大抵相同。其先淮南王安作《离骚传叙》,已用此体矣。”按叙录之体,为古目录学中之优良传统,《发微》中同时提出叙录应论考作者之行事、论考作者之时代、论考作者之学术,尤为重要。

小序:《目录学发微》:“小序之体,所以辨章学术之得失也。刘歆嗣父之业,部次群书,分为六略,又叙各家之源流利弊,总为一篇,谓之《辑略》,以当发凡起例。班固就《七略》,删取其要以为《艺文志》,因散《辑略》之文,分载各类之后,以便观览。后之学者不知其然,以为《七略》只存其六,其实《辑略》之原文具在也。”

版本序跋:《目录学发微》:“以上所言,皆就历代目录书,上自《七略》、《别录》,下至《四库提要》,参互钩校,取其体制之善者论次之,以明义例。然自宋代以后目录书中尚有记版本、录序跋者,用意甚善,为著目录书者所当采用。"又云:"夫古人之备致众本,原以供雠校。后之言版本者,搜罗虽富,或藏而不读,流为收藏赏鉴二派。遂有但记撰人之时代,分帙之簿翻,以资口实。甚至未窥作者之意旨,徒知刻书之年月,如全祖望、洪亮吉所讥者。且校雠文字,辨别版本,虽为目录之所有事,今皆别自专门名家,欲治其学,当著专篇。兹之所言,详其体制,重在考订,他姑从略。顾谓当记版本者,盖言所著叙录,于书名之下,当载依据何本也。"

上述目录体制诸说,为余嘉锡先生总结西汉向、歆校书所撰《七略》、《别录》及后世目录善书经验所得。虽然因书的结构,与后世有所不同,而著录或有不同处。然而对目录的体制,余氏所言数事,确是一个完整的结构,能够较好地揭示图书的内涵。故《发微》又云:"目录之书有三类:一曰部类之后有小序,书名之下有解题者;二曰有小序而无解题者;三曰小序解题并无,衹著书名者。昔人论目录之学,于此三类,各有主张,而于编目之宗旨,必求足以考见学术之源流,则无异义。"又云:"属于第一类者,在论其指归,辨其讹谬。属于第二类者,在穷源至委,竟其流别,以辨章学术,考镜源流。属于第三类者,在类例分明,使百家九流,各有条理,并究其本末,以见学术之源流沿袭。以此三者互相比较,立论之宗旨,无不吻合,体制虽异,功用则同。盖吾国从来之目录学,其意义皆在'辨章学术,考镜源流',所由与藏书之簿籍、自名赏鉴、图书馆之编目仅便检查者异也。"

如本文所述,目录体制有多种情况,一者按目录学要求,应具有特定的要素,即篇目、叙录、小序、版本等四项基本内容,方可以"辨章学术,考镜源流"。一者根据编者的目的要求,选定著录内容,自成体制,故目录书有各种不同的类型。

因此,就我国现存各种书目体制内容之结构,情况极其复杂。学术界认识亦不一致,很难规定统一的标准。如《目录学概论》第五章第二节所云:"我国目录学具有悠久的历史,历代留传下来的书目遗产,是非常丰富的。新中国成立以来,我国编制的各种类型的书目的数量,也是极其庞大的,要对现存的各种类型的书目,进行科学的分类,是一个非常重要的,但又是极其复杂的问题,中外目录学家对书目类型划分问题,也有着不同的看法,曾有过一些争论,至今还很难取得一致的意见。"又云:"我们认为书目应按照其内在特征进行分类,分类的标准可以从三个方面加以考虑。即从书目的编制目的和社会职能,书目著录文献的内容范围,书目反映文献的收藏情况。书目编制的目的和社会职能对确定书目类型的特点关系最为密切,按这个标准来划分的书目类型,称为书目基本类型。"

至于对图书著录内容,亦即对著录的体制,该书在第五章第一节"揭示文献的基本方法"中,提出了以下内容。现择要摘录如下:

(1) 著录。按照一定的著录规则,对每一种文献的基本特征进行揭示与报导,以便读者确认某一文献。著录是通过著录事项(书名、著者、版本、附注等)来反映的。

(2) 提要。提要就是简要说明文献的内容。目的在于向读者揭示图书的中心思想,内容梗概,作者生平事迹,文献社会作用及其价值等,帮助读者鉴别和选择文献。提要在我国渊源较早,最初称为叙录或解题,是我国目录学的优良传统之一。

我国古代解题大体可以概括为三类:一是叙录体;二是传录体;三是辑录体。

叙录体提要是刘向在总结前人经验的基础上创立的……叙录体提要的内容,大体包括三部分:①审定和鉴别图书的版本;②评价作者生平及其学术思想;③评价书的内容。

传录体提要是在著录图书之后，不述作者之意，但于书名之下，每立一传，这种传录体提要始于王俭的《七志》，它比之刘向的既重内容的阐述，又重作者简介的叙录体提要，相差很远。

辑录体提要是以元代马端临的《文献通考·经籍考》为代表。他辑录诸家书目所评，和其他书内有关的议论。辑录体提要取材范围的方法着重在史志目录和公私藏书目录，还有撰人传记，原书序跋、笔记、语录、诗话、文集内的议论等，有些地方还加上马端临的按语。但基本上是以引用成文，广辑一书的相关资料而组成的解题（按这种辑录体提要在宋人王应麟《玉海·艺文》中，已开始使用此种体裁，惟不及马氏收录之广）。

总之，我国古代非常重视运用提要的方式来揭示文献的内容，把目录是否具有解题，以及解题撰写的水平高低，作为衡量一部目录质量的标志之一。把目录之有提要，比作人之有纪传。在我国目录学遗产中还保存着极其丰富的提要，是我们今天认识、熟悉和利用古籍的宝贵资料。（按以上对我国古代书目提要三种体制类型所作的说明和评价是非常准确和公允的。这对我们正确的认识和使用古代书目，具有十分重要的意义。对目录编纂，亦有重要应用价值）。

（3）文摘。文摘是以简明扼要的文字摘述文献的主要内容。目的在于向读者报导新的科学著作，是传播关于文献情报的重要方式。

（4）书评。书评是从政治思想性、科学价值和实际意义等方面对图书进行分析，评论和介绍。其目的在于向读者推荐图书，指导阅读。

（5）注释。书目注释是揭示文献最灵活的方式之一，它是书目基本著录的补充。注释往往以脚注形式出现，它能补充说明书名、著者或版本，以及篇目内容，这些情况是读者必需了解而又是书目基本著录中没有反映的。我国古代书目中，采用注释的方式比较普遍，而且形成了“于疑晦者则释之，无疑晦者则以类举”的优良传统。注释的文字一般比较简略，少则三五字，多至几十字至数百字，不拘一格。总之是以达到揭示文献形式和内容的特征为目的。书目中的注释，可以为我们了解文献，开展参考咨询工作，提供重要的线索。

“著录”、“提要”、“文摘”、“书评”、“注释”等是揭示文献的几种最基本的方法。目录工作者应根据读者需要的特点，编制书目的任务，选择文献的内容范围等，灵活运用各种方法，充分发挥书目揭示和报导文献，指导阅读的作用。

上文是该书对古今目录著作著录内容的全面分析所作的概括。从该文所论，历代书目著录内容虽不尽同，但对揭示和报导文献与指导阅读作用，均有重要意义。由于各种目书的编写要求和宗旨不同，对著录内容的选择互有区别，故诸目书的结构，又可分为不同的类型。作为读者，可以在了解各种目书著录内容的基础上，正确地选择和运用书目，提供可供使用或咨询的资料，为自己的阅读或研究工作服务。

以上主要是从目录学的要求而论。若就今存古代书目而言，其对图书的著录，或言体制，或言方式，主要有两个方面，一为著录的形式，一为著录的内容。

（1）著录的形式。著录的形式，有文、注两种形式。

文，即书目正文，包括主文、计数文、叙文等。

主文，包括书名，卷数，或撰人。此之为立目。

计数文，为著录图书种类的计量。

叙文，是对图书大类或小类的叙论。

解题,亦即每种书的内容提要。

以上各项,一般是以大字正文的形式出现。但主文一项,有的不含撰人,将其作为小字注文。解题一项,也有的作小字注文形式。

注,即书目注文。所含内容,亦无定式。有的除书名、卷数外,全作小字注文形式。大致有简、繁之别。

简式,一般含撰人及里籍或生平简介、成书时代,或指要等。少者只有三、五字,多者亦只有一二十字。

繁式,对上述内容著录较详,甚或撰人传记,内容概要,书评、版本源流或版本特征,考证性内容等,均可著录。字数多少,据资料多少而定。少者数十字,多者可达数百字或数千字不等。其形式,有的作小字,有的亦作大字,因书而异。

这是就著录的形式而言。

(2) 著录的内容。著录的内容,包括两个方面,即图书的外形与图书的内涵。另外有些考证性文字,超出了一般图书著录内容,所以也或作三个方面。

1) 外形,指显现于图书之外的形见,一般指书名、卷数、撰人或版本等。

书名,是图书实体的标记,亦犹人之名、物之名焉。是所以标记与别书之区别,

卷数,是对内容含量的表示,一般地讲,卷数少者,内容较少,卷数多者,内容亦多。或有不分卷者,为单卷本,一般内容较少。

撰人,是图书的作者。一般地讲,著录的撰人,即应为该书的作者,然古籍中,亦常有依托或伪称别家者,可详见别章。又有佚名氏或无名氏之书,则缺撰人。

版本,是图书的载体。明以前书目,一般均不著录此项内容。清以后书目,大多著录版本,特别是那些收藏家及鉴赏家之书目,尤以版本为著录之重要内容,甚至如版本之款式、源流、流传、藏家、整理等有关情况等,均为之著录,对研究或考证版本的读者,其学术价值,尤为重要。

2) 内涵。指包含于图书的内部实质性的内容。一般指书的章旨大义、内容概要,或与该书内容有关的评述等。

章旨大义,或谓指要,主要阐明反映该书的基本观点、学术思想、宗旨意义等方面主要内容。

内容概要,主要揭示图书所含最基本的和最主要的内容梗概。

3) 考证。考证是对该书外形或内涵等方面的有关情况,因流传日久或记述不清等原因引起的诸多疑问或阙失等问题,诸如撰人或撰人里籍生平、版本源流、或序跋、杂记等所进行的考据。

上述种种,由于各种书目著录内容不一,所以其体制结构,便有一定差异。一般地讲,对图书的外形,大都予以著录,不过文字有繁简的不同,而对图书的内涵,则有些书目,不予著录。著录者,也有繁简的不同。简者,仅在注文中具有数字或十数字的说明。繁者则具有较详细的说明,甚至收录大量的文献资料,对读者参考价值较大。

又详清·耿文光《万卷精华楼藏书记》自序有云:“夫书,有内有外,有内之内,外之外,皆癖之者所当知也。曰栏,曰口,曰象鼻,曰鱼尾,曰某钞、某刻,曰某印、某题,此外之外也;曰序,曰跋,曰篇,曰卷,曰某撰、某注,曰某音、某校,此外之内也;分章,断句,辨字义,正音读,此内之外也;立著作之体,蕴精微之义,探赜索隐,钩深致远,此内之内也。”此见对书的

外形与内涵的认识，诚可谓明析。作为书目的著录内容，亦可谓全面。因此，其所编《万卷精华楼藏书记》之著录，从立目到解题，极为详尽，颇可从中汲取有益之见。

三、目录的种类

关于目录的种类问题，历来为研究目录学者所注意，但由于我国目录著作形成较早，为数众多，就著录的形式和内容而言，各书之间，古今之记，亦互有差异。因此，我国古今目录学著作及目录学的学术体系，究竟应分多少种和如何分法，诸家意见亦不尽同。现就古今几种有代表性的意见，略为介绍。

(1) 宋・郑樵《通志・艺文略・目录类》，共分四种，收书七十七部，八百一十四卷。四种者，即总目、家藏总目、文章目、经史目。从其所收书目来看，这一分类方法，当然是不够理想，也不很恰当，但不管怎样，随着目录著作的增多和形式、内容的多样化，郑氏首先对其进行分类的创始之举，还是应当加以肯定。

(2) 明・胡应麟《经籍会通》："书之有目，体制虽同，详厥流品，实为三种。吴、尤诸氏，但录一官之藏者也；隋、唐诸史，通志一代之有者也；《古今书录》、《群书会记》，并收往籍之遗者也。雅士鸠集，以广见闻；馆阁校雠，以存故实，目录之纂，例不可无。"详胡氏此论，所谓"书之有目"，"实分三种"，实际上是对目录著作的分类。

以上引郑、胡二家之说，可见我国古代，对目录之分类，虽已提出了这一问题，但其分类的方法，尚为初创。

(3) 民国早期刘咸炘《目录学》云："今分书目为四种，稍觉明晰，一曰总目，总录现存之书，《文献通考・经籍考》是也；二曰藏目，仅就一时所有录之。如《七略》、《崇文总目》、《文渊阁书目》及《郡斋读书志》、《直斋书录解题》是也。其记一时所见，如《日本访书志》，亦入此类。三曰专目，如宋高似孙《史略》、《子略》；朱彝尊之《经义考》；王国维之《曲录》；释、道二藏之专一门；郡邑志篇之专一方；近人补史艺文志之专一代；皆是也。四曰选目，以意别择，或主学之门径，如张之洞《书目答问》；或专记佳本，如毛扆《汲古阁秘本书目》是也。"

此亦分类方法，虽仍失之过粗，但亦具有一个大类的雏形。

(4) 姚名达先生《中国目录学史・叙录篇》关于"目录之种类与目录学之范围"云："区别目录之为若干种类，其说颇繁。首先议及者，当推清乾、嘉间之洪亮吉。其言虽指藏书家，实可借为目录学家之分类。曰：'藏书有数等：得一书必推求本原，是正缺失，是谓考订家，如钱少詹大昕、戴吉士震诸人是也；次则辨其板片，注其错讹，是谓校雠家，如卢学士文弨、翁阁学方纲诸人是也；次则搜采异本，上则补石室金匮之遗亡，下可备通人学士之浏览，是谓收藏家，如鄞县范氏之天一阁、钱唐吴氏之瓶花斋、昆山徐氏之传是楼诸家是也；次则第求精本，独嗜宋刻，作者之旨意纵未尽窥，而刻书之年月最为深悉，是谓赏鉴家，如吴门黄主事丕烈、邬镇鲍处士廷博诸人是也；又次则于旧家中落者，贱售其所藏，富室嗜书者要求其善价，眼别其赝，心知古今，闽本蜀本，一不得欺，宋椠元椠，见而即识，是谓掠贩家，如吴门之钱景开、陶五柳，湖州之施汉英诸书估是也。'由其所论以事推究，则藏书有考订、校雠、收藏、赏鉴、掠贩诸家之不同，即目录亦有此五者之异。虽非甚切，亦可借喻也。为一切目录作总目录，从而分别部类者，则始于二十年前之周贞亮、李之鼎。其《书目举要》分一切目录为部录、编目、补志、题跋、考订、校补、引书、版刻、未刊书、藏书、释道目十一类，后来陈钟凡加自著书而成十二类。孙德谦则分为藏书家之目录、读书家之目录,史家之目录三类。业师胡朴安先生则以网罗古人著作、保存自己收藏、考订版本、研究学问四项目的之歧而分为四类。此三家徒作空论,不似周、李之实地经验,故详略迥殊,而其不恰切则亦从同。”此乃姚氏对三十年代前目录分类法之介绍与评价。当然这种初创时期,虽则难能尽合人意,但其中亦不无合理之处,值得继承和借鉴。

该文又云:“确有其书而详为分类者,则以《北平图书馆书目》为比较最详。列表如左。”据该表所示,图书目录分著录与收藏两类。著录类又分书录、丛书目录、艺文志、著述考、学术总目、学科专目、存毁书目、刊行书目、题跋及读书记九种;收藏类又分公藏、图书馆书目、私藏三种。该书又特设宗教目录、专科目录、特种目录三篇。各含若干具体目录。如特种目录有丛书目录、个人著作目录、地方著作目录、禁书目录、刻书目录、阙书目录、版本目录、善本目录、敦煌写本目录、举要目录、解题目录、辨伪目录等。似此种分类方法,较之以前,已更为详细。

(5) 王重民先生《中国目录学史论丛》“古代中古后期我国图书目录事业的发展和繁荣”一章中,列有“官修目录”、“史志目录”、“私人藏书目录”、“专科目录”、“指导阅读的学习书目”、“郑樵的《通志·艺文略》、王应麟的《玉海·艺文》和马端临的《文献通考·经籍考》”六个命题。其中前五个命题,用的是概括语,惟第六个命题用的是具体称谓。据该文自云:“在中古后期的南宋和元代初年,当我国图书目录达到了极其兴盛繁荣时期开始衰落的时候,有如回光返照,出现了郑樵的《通志·艺文略》、王应麟的《玉海·艺文》和马端临的《文献通考·经籍考》。这三部综合性系统目录巨著的出现,和中古前期在齐、梁官私目录发展的基础上产生《七志》和《七录》有些相像。但《七志》和《七录》仅只利用了较多和私人藏书以补充官修目录,并压倒了官修目录,而《通志·艺文略》、《玉海·艺文》和《文献通考·经籍考》则在‘会通’的意义和要求下,使用着不同的目录学方法,也发展了那些方法,‘总古今有无之书’,建成了超乎了各种目录之上的综合性系统目录。”

根据这一论述,说明了以下几个问题。①此三家之目录,或称之为“综合性系统目录”。②这种综合性系统目录的意义和要求在于“会通”,所谓“会通”,也就是说要“纪百代之有无”、“广古今而无遗”。这个要求较之以往诸目录之学既有所不同,又显得高超。③根据这一要求,其收书范围应“总古今有无之书”,而不是仅限于本朝或存世之书。④这种综合性系统目录的特点在于它的综合性。也就是“纪百代”、“广古今”,另一特点是系统性,也就是说运用“部伍之法”,概括出其中的“类例”,使之更加系统化。

从而说明王重民先生通过对古代目录学史的论述,概括为官修目录、史志目录、私人藏书目录、专科目录、指导阅读的学习书目、综合性系统目录等不同类别,是有其一定的文献依据。

(6) 武汉大学、北京大学编写组编著的《目录学概论》第五章第二节“书目的种类”,根据古今中外有关目录学的实际情况及目录学的理论,提出了目录学的种类,分四大类,在四大类中,又析为若干小类。下面分别加以介绍:

1) 按照书目的编制目的和社会职能,可分为登记书目、推荐书目、专题书目、书目之书目五种基本类型。

登记书目:全面登记和反映一个时期、一定范围或某一类型文献的出版或收藏情况而编制的书目。它是一定历史阶段和一定范围的文献的历史记录,集中地反映一个国家或一个地区在一定历史时期科学文化发展状况，它是编译、出版、发行、图书馆开展业务活动、以及编制其他类型书目的基础。

国家书目是登记书目的主要类型之一，是全面系统地揭示与报导一个国家书版的所有文献的总目。它是促进科学技术发展、实现国内和国际资源共享的重要条件。

国家书目分为两种：一种是以揭示与报导一个国家最近出版的文献与内容的现行国家书目，另一种是反映一个国家一定时期出版的所有文献的回溯性国家书目。

科学通报书目：及时准确地向读者和图书情报机构提供新出版和新入藏的文献的情报而编制的一种书目。它的特点是要求迅速、准确地提供国内外最新出版的文献的情报，为科学工作者及时掌握国内外本门学科发展动向提供条件。

推荐书目：是针对一定的读者对象、围绕某一专门问题，对文献进行选择性推荐、供读者学习某门知识，了解某一事件而编的书目。专业阅读书目也属这种类型，又称为导读书目。它是为配合专业学习和某一教学阶段需要而编制的书目。

专题书目：为一定范围的读者对象全面系统地揭示与报导关于某一特定学科，某一专门研究方向和研究课题的文献而编制的书目，它是读者在特定范围内挑选文献的向导，能为读者扩大文献视野，开拓文献线索。

书目之书目：又称为书目指南，或称三次文献。是将各种书目、索引、文摘等书目文献汇辑起来而编成的目录。它是读者和图书情报工作者了解和掌握书目索引的钥匙。

2）按照书目收录文献的内容范围可分为：综合书目、专科（或专题）书目、地方文献书目、个人著述书目等。

综合书目：这类型书目收录的文献涉及各个知识门类。

地方文献书目：地方文献书目是揭示与报导关于某一地区的政治、经济、文化、艺术、人物、山川、气候、物产、自然资源等方面文献的工具。

个人著述书目：它渊源于我国古代的个人著述考，国外称之为传记书目，它是揭示与报导关于某个作者全部著作、翻译、编辑、校阅等方面的著述活动，以及有关该作者生平事迹和研究资料而编的书目。它最早的形式是在作者传记之后所附的著作书目。这类型的书目包括个人著述研究书目和个人著述编年书目……

3）按照书目反映文献收藏情况可以划分为馆藏目录和联合目录。

馆藏目录：为报导一个图书馆所藏文献状况而编的书目，叫做馆藏目录。这类书目是揭示一个图书馆所藏文献状况的钥匙，是图书馆开展业务工作不可缺少的工具，是编制联合目录的基础……

联合目录：是以馆际协作形式和反映文献收藏处所为特征，揭示和报导全国或某一地区若干图书馆所藏的有关综合性的或专题性的部分文献而编制的统一的目录。

4）按照文献的出版时间与书目编制的时间的关系可以划分为：现行书目、回溯书目和预告书目。

除上述四种主要划分书目类型的标准外，还可以按照著录文献类型特征来划分，如期刊目录、报纸目录、丛书目录、方志目录、古籍目录、少年儿童读物目录、乐谱目录、盲文图书目录、磁带目录等。

详此分类法，参照了古今中外有关文献，将目录著作，从不同的角度进行分析和概括，把书目分为四大类与若干类型。较之以往之分类方法，尤为详细。

(7) 曹慕樊先生《目录学纲要》,根据我国已存书目,结合当前出版事业的实际情况,连同刘咸炘所举四种,把目录种类分为十五种。现摘要节录如下:

1) 国家书目和登记书目。国家出版局版本图书馆根据各种出版社送呈的新书,编成列举式书目,叫做国家书目。

2) 联合书目。

3) 书目的书目或二级书目。

4) 古籍书目,外国称为回溯书目。

5) 引用书目。把古书所征引的书,不论存佚,集为书目,极便检寻。

6) 丛书书目。这种书目,似乎可以包括在刘氏四类的专目中。但是丛书的内容,既多数不专一学、不专一方,不专一代,其为物上下古今,旁搜博采,几乎无所不包,自宜另立一类。

7) 印刷(卡片)书目。每书一片,有较详细的解题。

8) 营业书目。这是各个出版社自行编印的提要书目。

9) 国际书目。

10) 推荐书目。

11) 版本书目。这亦在刘氏书目的"选目"里,但我国今天正在大规模地整理古籍,这种书目自应单列一类。

以上举了十一种必要的书目,加上刘咸炘所举总目、藏目、专目、选目,共十五种。古今书目,略尽于此。

详曹氏所列十五种书目,亦为详备,特别将"引用书目"单列一种,很有意义。检"引用书目",虽在清末以来,已有人开始从事这方面的工作,但总的来看,仍是书目工作的一个薄弱环节。就以中医书目而论,引用书目,对中医古籍的研究,亦确有一般书目难以起到的作用,故应特为加强。

(8) 徐召勋先生《学点目录学》一书,将目录种类分为以下十余种,今摘要节录,予以介绍。

1) 综合目录。这是一种常见的目录。它收录各门学科的图书资料,有社会科学方面的,有自然科学方面的,也有综合性的。

2) 国家目录。它著录一个国家全部图书的现状和历史。

3) 史志目录。指我国正史中的"艺文志"和"经籍志"。

4) 联合目录。它是两个以上图书馆所藏书刊综合编成的目录。

5) 推荐目录。顾名思义,它是向一定的读者推荐优秀图书的一种书目。

6) 专题和专科目录。它全面地收录某一学科或某一专题方面的书刊资料。

7) 参考性目录。它是根据社会生活、工农业生产、科研、教学等方面的需要,向一定的读者全面地、系统地提供有关学科或有关问题的图书资料而编制的。

8) 登记性目录。它全面地、详尽地反映一个时期,一定范围的图书出版和收藏情况。

9) 通报性目录。它主要是向读者报告新出版或新入藏的图书资料。

10) 地方目录或地方文献目录。它收录某一个地区作者的各种著述。

11) 个人著作目录。它是某一著者个人的著译目录。

12) 图书馆目录。它是图书馆藏书的一种目录。

13) 出版社目录和书店目录。出版社或书店为了进行图书的宣传和扩大图书的发行,也常编印一些目录。

14）书目之书目。它是收录各种书目、索引而汇编成的一种目录。

15）特种目录。按即前引姚名达《中国目录学史·特种目录篇》所列诸种目录。

目录的名目远远不止这些，还有什么知见目录、引用目录等，这里就不一一介绍了。徐氏所分目录种类，与《目录学概论》、《目录学纲要》之分类方法，亦颇有些异同之说。从而说明在目录学种类的分类方面，无论古籍方面或近著方面，目前尚无统一的标准与规定。诸家在这方面的研究和探讨，虽未能尽同，但对目录学的深入研究，也都是有益的。

就著录中医图书的各种目录而论，情况也很复杂，目前亦无统一规定。本书仅为叙述方便，特根据其著录形式与内容，分别加以介绍。

四、著录体式举例

历代众多书目专书，由于其著录图书所取形式与所收内容不同，故可体现若干体式。如以著录书目为主的名录式，以著录书目兼具注文的注录式，以著录书目兼具叙文的叙录式，以著录书目兼记撰人传状的传录式，以著录书目兼具解题的解录式，以著录书目兼记版本的本录式，以著录书目兼记原序及后人序跋的序录式，以著录书目兼具考证的考录式等。

以上所言各式，并不是一种定型的目录模式，也不是某一目录著作，仅具某一单项内容（当然也有这种类型的目录，但这是极少数），只是为了举例方便，故仅就其著录的主要内容，权以此称。以下就各种类型书目，特与中医图书有关者，举例说明。

（一）名录式

此类书目，仅记书名为主，如《遂初堂书目》，今举其医书为例：

医书类：

《本草》、《类证图经本草》、《黄帝内经》、《八十一难经》、《难经疏》、《甲乙经》、《仲景伤寒论》、《千金方》、《千金翼方》、《外台秘要》、《铜人针灸经》、《王叔和脉诀》、《唐王冰启玄子》、《庞安常伤寒论》、《膏肓腧穴灸法》、《伤寒证法》、《伤寒要旨》、《伤寒遗法》、《伤寒论翼》、《兰室宝鉴》、《华佗中藏经》、《脉经》、《太平圣惠方》、《朱肱活人书》、《文潞公药准》、《大智禅师必效方》、《鸡峰备急方》、《赣上证俗方》、《养生必用方》、《保生十全方》、《丁晋公服食方》、《李深之手集方》、《卫济宝书》、《许知可本事方》、《石药尔雅》、《钱乙小儿方》、《曹王普惠方》、《伤寒百问方》、《海上名方》、《内外景图》、《气运钞》、《圣济经》、《巢氏病源》、《金匮要略》、《刘涓子神仙方》、《广济方》、《灵苑方》、《苏沈良方》、《孙兆方》、《古今必效》、《旅舍备用方》、《小儿保生方》、《资生方》、《活人名方》。

以上是《遂初堂书目》著录医学类全部书名，共五十四种，从内容方面看，除书名之外，其他内容均无。有少数书名前具撰人者，乃是为与同名书相区别而加冠撰人组合成的区别书名，不等于兼具撰人。另有《唐王冰启玄子》，诸书皆不录，或指其次注《黄帝内经素问》，尚待考。

由于此类书目，著录的内容仅具书名，故视之为名录型。这种书目，恰似物品收藏者帐目单或登记簿，故亦可谓帐单式目录。该书在经史类中，尚有记版本者，具有开创性意义，然医学类中，无一记版本者。

详《遂初堂书目》为宋·尤袤撰。尤氏为南宋高宗绍兴十八年进士,官至礼部尚书,家富藏书,喜读书,尤好抄书为世所称。此书目,应是当年尤家藏书之簿录。

此等书目虽失之过简,然对了解当时某些医籍的存世情况及书名之称谓,亦颇有益。

(二) 注录式

此类书目,除著录书目这一最基本的亦即书目的核心内容之外,兼以注文形式,简明的文字,对该书的有关问题如撰人、生平、成书年代、异名等,加以注明。

详注录之方式,有前引史志中之经籍及艺文中,大都取注文形式,说明有关问题。至于书目专著,因宋以前者皆佚,内容难详,在宋有《崇文总目》一书,为宋仁宗景祐年间一官修书目,书亦早佚。今有清·钱东垣等之辑本得以稍知体式梗概。从辑本医学类可见其注文内容大都佚缺,仅见者多系撰人之类。另有个别书目注文,说解内容稍广,今举例说明:

《黄帝八十一难经》二卷,原释:秦越人撰。秦越人采《黄帝内经》精要之说凡八十一章,编次为十三类,理趣深远非易了,故曰《难经》。

《刘涓子鬼遗方》十卷,原释:宋·龚庆宣撰。刘涓子者,晋末人,于丹阳县得《鬼遗方》一卷,皆治痈疽之法,庆宣得而次第之。

从上文结合其他类释文,亦可见其注文之一斑。

今再举明《千顷堂书目》著录医籍中有代表性注文为例:

赵简王补刊《素问遗篇》一卷:世传《素问》王冰注本,本缺七十二篇刺法论、七十三篇本病论注,简王得全本补行之。

吕复《内经或问》:号沧州翁,明初名医。

潘弼《删次内经》、又《运气考正》:字梦徵,兴化人,号西泉居士。

周诗《内经解》:字以言,一名《素问笺解》。

滑寿《素问钞补正》十二卷、又《诊家枢要》一卷:元·滑寿有《素问注钞》三卷,《补正》十二卷,明·丁瓒编。瓒字点白,镇江人,嘉靖丁丑进士,温州府知府。

李訶《集解脉诀》十二卷:字孟言,钱塘人,号樗散生,从杨维桢学,卖药于金陵市,贤而隐于医。

赵铨《太素脉诀》:卢陵名医,与罗洪先善,洪先尝赠以诗,称为石亭子。

蒋主忠《脉诀本义》:蒋用文子。

李先芳《医家须知》:论气运。

卢志《脉家典要》:字宗尹,昆山人,正德中太医院判。

刘纯《玉机微义》五十卷、又《医经小学》六卷:采《素》、《难》之言,以便颂习,凡十八篇。纯字宗厚,泰州人,洪武中名医,父淑渊,朱震亨弟子。

戴思恭《证治要诀》十二卷,又《类证用药》一卷,又《金匮钩玄》三卷:字原礼,浦江人,洪武时官御医,永乐初擢除院使,乞归卒,帝自制文赐祭。

刘长春《青囊杂纂》四卷:一作三卷,号渊然,仁宗时道士。

徐子宇《致和枢要》九卷:金陵人,与赵友同、吴讷友善。昆山郑文康序其书。

卢志《医学百问辨》、又《增定医学纲目》:字宗尹,昆山人,正德中官太医院判,武宗南巡不豫,志言于大臣曰:帝冬得夏脉,法在不治,愿定国储,安社稷。宫车晏驾,例应逮治,因是得免,以原官致仕。

马元仪《津梁》八卷：门人姜思吾校，称《马师津梁》。

陈桷注《石山医案》三卷：一作许忠注，九卷。

徐彦纯《本草发挥》四卷：山阴人，朱丹溪弟子。

汪颖《食物本草》二卷：江陵人，正德中官九江知府，本卢和所为，书而成之。

李时珍：《本草纲目》五十二卷：字东璧，蕲州人，楚府奉祠，时珍辨疑订误，肆力者四十年，始成其书。分一十六部，部各有类，增药三百七十四种。万历二十四年子诸生李建元进于朝，命宣付史馆。

沈贞《伤寒会通》：号绝聪老人。昆山沈愚祖，其书取李浩《伤寒或问》、郭雍《补亡》及他书论伤寒者，以合于仲景之论为一书。

丁毅《医方集宜》一卷：字德刚，浦江人。精于医道，见殡者棺下流血，毅熟视之曰：此生人血也。止舁者欲启视，丧家不之信，随至墓所，强起之，乃孕妇也。诊之，以针刺其胃，产一儿，妇亦苏，盖儿手握母心，气踣身僵耳，通邑称神。

《华氏心法》四卷：以下不知撰人。按此下指此以下有四十种医书，皆不知撰人者。

叶玠《五运指掌赋图》一卷：以下不知时代。按以下指此以下有三十五种医书，虽知撰人但不知何时代者。

从以上所引注文可见，该书目注文，涉及内容甚广，诸如撰人字号、里贯、年代、职衔、业绩、声望、地位、爱好、友善、师承、家族、治验、撰著情况、内容梗概、异名、异文等，皆有所记。且从中常可了解些别书所不曾记载的情况。其对于不知撰人与不知年代之医著，亦集中排列，别作交待。行文亦多简明，多者亦不过数十字。故《千顷堂书目》，作为注录型书目，最具有典型性。

（三）叙录式

此类书目，除著录图书的基本内容，或以不同形式著录图书的有关内容外，在类或部之后，另有“小序”一文，概言其指要。如前引《汉书·艺文志》、《隋书·经籍志》，在类与部之后，各有“小序”。又如明·焦竑《国史经籍志》，亦仿《汉志》、《隋志》体制，设有小序内容，今举医家类为例：

医经仿于《素问》，经方源于《本草》。《七略》分二家，实王官之一守也。许嗣宗曰：医特意耳，脉候幽而难明，吾意所解，口不能宣也。虚著方剂于世何益。顾自六尘伐性，七宝移情，卫生亏摄，机速靥瘘，求缓龄于金液，假息于银丸，则五色所书，鸿宝所录，又可尽废邪。第方匪对证，药或误人。语曰：“疾不治，得中医。”非虚言也。代历古今，篇籍猥众，今稍稍次之，为医家。

上类叙文，有少数志书或书目，则将其移于卷前，然仍不失其义。今举例说明。

元·马端临《文献通考·经籍考》，前有“总叙”，各部有“部叙”，各分类有分类叙，然皆援引《汉书·艺文志》及《隋书·经籍志》文。如子部“医家类”，为引《汉书·艺文志》中“医经”与“经方”类小序文。

又如清《四库全书总目》，每部有“总叙”，各分类又有“类叙”。如医家类：

儒之门户分于宋，医之门户分于金元。观元好问《伤寒会要》序，知河间之学与易水之学争。观戴良作朱震亨传，知丹溪之学与宣和《局方》之学争也。然儒有定理而医无定法，病情万变，难守一宗。故今所叙录，兼众说焉。明制定医院十三科，颇为繁碎，而诸家所著，往往以一书兼数科,分隶为难,今通以时代为次。《汉志》医经、经方二家后有房中、神仙二家,后人误读为一,故服饵导引,歧途颇杂,今悉删除。《周礼》有兽医,《隋志》载《治马经》等九家,杂列医书间,今从其例,附录此门,而退置于末简,贵人贱物之义也。《太素脉法》,不关治疗,今别收入术数家,兹不著录。

此类叙录型书目,自唐以后,已少被采用。特别在明、清两代大量书目中,均不见录。若此等叙文,非统观全体且深知其内涵者,亦难能为此。

(四) 传录式

此类书目,除著录书的基本内容,或以不同形式著录图书的有关内容外,主要收载撰人字号、里贯、生平、职衔、家世、业绩、师承、著述、治验、德望等传纪或传状性内容。今举例如下。

清·曹禾《医学读书志》:

宋·徐氏文伯:

梁《七录》:《辨伤寒论》一卷、《伤寒总要》二卷、《药方》二卷、《辨脚弱方》一卷。

《隋书·经籍志》:《疗妇人瘕方》一卷。

右书五种,宋鄱阳王常侍,齐东莞、太山、兰陵太守,东海徐文伯撰。文伯,字德秀、道度子。疗孝武路太后石水,除官。又疗明帝官人发癥,及随废帝针落娠妇双胎,皆奇验。弟謇,字成伯,虏入后魏,以医官至光录大夫,平北将军,正始元年卒。延昌初,赠安东将军,齐州刺史,谥曰靖。子践,字景升,袭爵位,建兴太守。

详《医学读书志》之体制,乃以人为目,后列历代书目著录医著,再为传记。此传纪中记载了徐氏字号、里贯、职守、家世、治验及其弟徐謇之有关传略。

宋·钱氏乙:

《宋史·艺文志》:《小儿药证直诀》八卷。

右书一种,宋郓钱乙撰。乙,字仲阳,吴越王宗属,曾祖赟,随王纳土,因家于郓。父颢善针,匿姓名东游海上。乙三岁母亡,姑嫁医工吕,哀其孤;抚为子以授其业,姑病革始告之,故乙乞请迹父,五六往始得遇,又数年乃迎归。乙年三十,以颅囟方著名山左。元丰中,治长公主疾有功,授翰林医学,赐绯。又愈皇子仪国公病,擢太医丞,赐紫衣金鱼。俄以病免。哲宗复召入禁中宿值,久之辞疾予告。左手足挛痹者十数年,年八十二卒。其《伤寒论指微》五卷,宋潜溪称其深造仲景阃奥,并《婴孺论》百篇,当时即已散佚。今之《直诀》,系宋·阎孝忠所集,明·薛己窜改,殊为纰缪,全失钱书之真。

按此书所收诸传记,作为一种书目体裁,自无待言,若就史料而论,则多源于史传及别传。凡史书或别无传而史料难寻者,其所记亦甚简。虽如此,其对史传不甚熟知的读者,亦可谓览而有益。

又如近代宋慈抱《两浙著述考》:

《集验方》:宋临安郎简撰。

简,字叔廉,景德二年进士,官秘书少监,以工部侍郎致仕。《杭州志》称:简常捐俸市药,以济贫者。孙沔知杭州,榜其里曰仁寿坊。此《集验方》,当即其捐俸市药时作。载雍正《浙江通志》引成化《杭州府志》。今佚。

《牡丹十三方》一卷:宋杭州郭时义撰。

时义，字仲敬。《杭志·艺术传》云：建炎元年，孟太后疾，召医。时义以母冯氏应召，依牡丹方治，太后愈，封安国夫人，赐国姓、田宅，赐药碾如铁舟，赐第海昌，至今称赵郭里。《杭州艺文志》又云：时义遇一道人受之方，因广其治法，编为一卷。

按此中著录医书，限于地方，其于撰人之传记，除源于史传、别传外，亦多采自方志。亦多记实之文。

此种传录体书目，凡撰人正史或别传、方志、野史、杂记中有传记或传略传说者，则著录内容较详。否则或简或缺。但个别亦有别书不载之记述。由于此类内容，多属于史籍，故书目取此体者甚少。

（五）解录式

此类书目，除著录书的基本内容，或以不同形式著录图书的有关内容外，主要著录解题亦即内容提要类内容。今举例如下。

宋·晁公武《郡斋读书志·医书类》：

丁德用注《难经》五卷：

右皇朝丁德用注，以杨玄操所演，甚失大义，因改正之。经文隐奥者，绘为图。德用，济阳人，嘉祐末，其书始成。

王叔和《脉经》十卷：

右晋·王叔和撰。按唐·甘伯宗《名医传》曰：叔和，西晋高平人，性度沉静，博通经方，精意诊处，尤好著述，其书纂岐伯、华佗等论脉要诀所成。叙阴阳表里，辨三部九候，分人迎气口神门，条十二经、二十四气、奇经八脉、五脏六腑、三焦四时之疴，纤细俱备，诚可按用，凡九十七篇。皇朝林亿等校正。

详此文，除对撰人简介外，主要说明内容大要及对该书之评价、末言宋代校本。

又《存真图》一卷：

右皇朝杨介编，崇宁间泗州刑贼于市，郡守李夷行遣医家并画工往，亲决膜摘膏肓，曲折图之，尽得纤悉。介校以古书，无少异者，比《欧希范五脏图》过之远矣。实有益医家也。王莽时捕得翟义党王孙庆，使太医尚方与巧屠，共刳剥之，度量五脏，以竹筳导其脉，知所终始，云可以治病，是亦此意。

详此文，详述该书成书之始末，并述与欧希范氏《五脏图》之比较，后言此书对医学之重要意义。

《铜人针灸图》三卷：

右皇朝王惟德撰。仁宗尝诏惟德考次针灸之法，铸铜人为式，分腑脏十二经，旁注俞穴所会，刻题其名，并为图法，并主疗之术，刻板传于世。夏竦为序。

详此文对王惟德氏奉诏铸铜人，厘定穴位，并撰书以记主疗之术，作了简要说明，颇有史学价值。

《龙树眼论》三卷：

右佛经龙树大士者，能治眼疾，或假其说，集治七十二种目病之方。

详此文虽简，要在辨其作伪之由。

《伤寒证治》三卷：

右皇朝王寔编。实谓百病之急，无逾伤寒，故略举病名法及世名医之言为十三篇，总方四百十六首。或云颍川人,官至外郎,庞安常之高弟也。

详此文简述著述之旨意,篇章大要及撰人身世之或说。

按晁氏此书,对本朝著述,解题中所言诸事,其史料之可信性尤大。

又清《四库全书总目·医家类》:

《妇人大全良方》二十四卷:大学士英廉家藏本。

宋·陈自明撰。自明,字良父,临川人,官建府医学教授,是编凡分八门,首调经、次众疾、次求嗣、次胎教、次妊娠、次坐月、次产难、次产后,每门数十证,总二百六十余论,论后附方案。妇人专科始唐昝殷《产宝》,其后有李师圣之《产育宝庆集》,陆子正之《胎产经验方》,大抵卷秩简略,流传亦鲜,自明采摭诸家,提纲挈领,于妇科证治,详悉无遗。明·薛己《医案》曾以己意删订,附入治验,自为一书。是编刻于勤有书堂,犹为自明原本,前有嘉熙元年自序,称三世学医,家藏医书若干卷,又遍行东南,所至必索方书以观,其用心亦可云勤矣。

《传信适用方》:两淮盐政采进本。

不著撰人名氏,《宋史·艺文志》载此书,亦不云谁作,而别有刘禹锡《传信方》二卷,考此书每方之下,皆注传自某人,中有引及《和剂局方》者,必非禹锡书也。《书录解题》有《传道适用方》二卷,称拙庵吴彦夔淳熙庚子撰。与此本卷帙正同,知此即彦夔之书,传写讹信为道也。此本由宋椠影写,前后无序跋,所录皆经验之方,中有八味圆问难一条,尤深得制方之旨。其余各方,虽经后人选用,而采择未尽者尚多,末附夏子益治奇疾方三十八道,其书罕见单行之本,明李时珍《本草纲目》所载,疑或从此钞出也。

详《四库全书总目》著录诸书之解题,对于该书之撰人、旨要、内容概略、评述、所用版本及某些疑难的考证等,均有较详尽的说明,一般地说,尚属公允,且对某些问题的论述,犹能及于学术领域较深层次。但也有不少问题,或出于疏略,或出于误解者,亦颇有之。故近人余嘉锡先生特作《四库提要辨证》一书,多有所驳正。

(六) 本录式

此类书目、除著录书的基本内容,或以不同形式著录图书的有关内容外,主要著录版本的有关情况,诸如书的印制单位、款式、行款、页数、册数、收藏单位或流传情况等。今举例如下。

1. 清·钱曾《述古堂藏书目》

此书目主要著录版本之刊本、抄本、配本、册数等。如:

林亿《外台秘要》四十卷:四十一本,宋版,抄本补。

华佗《中藏经》八卷:四本,抄。

《伊尹汤液仲景广为大法》一卷。

《安老怀幼书》四卷:四本。

《医说》十卷:十本,宋版。

《本草元命苞》九卷:四本,元板。

《素问要旨》八卷:一本,宋本影抄。

孙真人《千金要方》三十卷:八本,阁宋本抄。

《风科集验名方》二十八卷:十四本,元抄。

2. 清·毛扆《汲古阁珍藏秘本书目》

本书目主要著录版本之品类、册数、纸质及价格银两等，如：

宋版《医家图说》一本：二两。

《褚氏遗书》一本：旧抄，二钱。

元板《太平和剂局方》五本：三两。

《此事难知》一本：棉纸旧抄本，与《东垣十书》中细校，大有不同，此为至宝，八钱。

《本草注节文》四本：陈日行宋板影抄，二两四钱。

《甲乙经》六本：从宋板影抄。

3. 清·孙从添《上善堂书目》

此书目主要著录版本及收藏家。如：

宋板《伤寒论》三卷：朴学斋藏本。

宋板《外台秘要》四十卷：有补抄，叶石君藏本。

宋板《张仲景方》十五卷：汲古阁藏本，有毛子晋跋。

元板《素问》、《灵枢》、《甲乙经》十八卷：学古堂藏本，叶石君校对。

元板《四时采药修合和药》四卷：脉望馆藏本，有跋。

脉望馆抄《华佗方》十卷：缺三卷，有跋。

4. 清·孙星衍《孙氏祠堂书目》

此书目著录之版本，均注有具体名称。如：

《黄帝素问》二十四卷：唐·王冰注。一明·周曰校刊本，一明《古今医统》本。

又十二卷：一元古林书堂刊本，一明·赵王府刊本。

《黄帝八十一难经》十三卷：秦越人撰。明·王九思集吕广等注。影写日本国本。

《神农本草经》三卷：名医药性《吴普本草》，附星衍集刊本。

《伤寒论》十卷：汉·张机撰。晋·王叔和编，金·成无已注。一元大德甲辰刊本，一明·吴勉学刊本。

华氏《中藏经》三卷：汉·华佗撰，一元·赵孟頫写本，缺中卷，一明·江澄中刊，一明《古今医统》，一星衍依赵孟頫两写本校足刊本。

《脉经》十卷：晋·王叔和撰，明·袁表刊本。

《外台秘要》四十卷：唐·王焘撰，一明写，一明·程衍道刊本。

《铜人俞穴针灸图经》三卷：宋·王惟德撰。明正统中重刊天圣石本。

《重修政和经史证类备用本草》三十卷：即前书（指《经史证类大观本草》）附以寇宗奭《本草衍义》。一明刊大字本，一明正德刊本，一明嘉靖刊本，一明万历刊本，一明归仁刊本。

《本草衍义》二十卷：宋·寇宗奭撰，宋刊本。

5. 清·孙星衍《平津馆鉴藏记》

此书目著录之版本，均记有刊印单位、款式、行款等。如：

《本草衍义》二十卷：题通直郎添差充收买药材所辨验药材寇宗奭编撰。前有政和六年十二月二十八日付寇宗奭札，后题宣和元年月本宅镂板印造。侄宣教郎知解州解县丞寇约校勘。书本二十卷，目录作十七卷，未知其故。黑口板，每叶廿四行，行廿一字。

新刊补注释文《黄帝内经素问》十二卷：题启玄子次注，林亿、孙奇、高保衡等奉敕校正，孙兆重改误。前有启玄子王冰《黄帝内经素问》序，后题将仕郎守殿中丞孙兆重改误。《明史·艺文志》：孙兆《素问注释考误》十二卷。误以孙兆为明人。总目一卷，后题云元本廿四卷，今并为一十二卷刊行。总目前有"本堂今求到元丰孙校正家藏善本，重加订正，分为十二卷"云云，木长印。总目后亦有木长印，字已灭去。卷十二后有至元己卯菖节古林书堂新刊十二字，木长印(洪颐煊曰：晁氏《读书志》、陈氏《书录解题》此书廿四卷、《四库全书》本，亦廿四卷，皆与此本异)。末附《素问入式运气论奥》三卷，前有元符己卯朝散郎太医学司业刘温舒序，《黄帝内经素问遗篇》一卷。黑口版，每叶廿三行，行廿三字。

详此书目对各种版本特征的记述较为详细，诸如前后题记、牌记、书口、行款等，均予详记，版本有关情况，亦为附记，对版本的考证，十分有益。

6. 清·彭元瑞等奉敕编《钦定天禄琳琅书目后编》

此书目著录之版本，均记有收藏家之印记，或藏书人简介。如：

《重广补注黄帝内经素问》：二函，十一册。

唐·王冰次注，孙兆重改误。宋·林亿、孙奇、高保衡校正。书二十四卷，八十一篇。前有林亿等进表，录宝应元年冰序，校正衔名，每卷末附音义。

长洲顾氏藏本，顾嗣立，字侠君。其家有秀野草堂，以监生编纂《四朝诗迁》。康熙壬辰钦赐进士，授翰林。所著有《元百家诗》三集，韩昌黎温飞卿《诗注》。

又记每册首有"秀野草堂顾氏藏书印"朱文印、"顾嗣立印"白文印、"侠君"朱文印。

《重广补注黄帝内经素问》：一函，十四册。

同上，系一版摹印。

陈选，字士贤，号克庵，台州人。成化时，官布政使，见《别号录》。

又记每册首有"戏墨楼"白文印、"克庵"朱文印、"方壶山人"白文印、"晋醴候裔"白文印、"师古"白文印、"江东陆氏书画珍藏"朱文印、"海樵虞山"朱文印。

似此等著录内容，主要标明版本之珍贵。

7. 清·黄丕烈《百宋一廛书录》

此书目著录之版本，重在对版本之考释。今举一例如：

《伤寒要旨药方》：

此宋刻《伤寒要旨药方》首尾俱有残缺。余检陈氏《书录解题》有《伤寒要旨》二卷，李柽撰，列方于前，而类证于后，皆不外仲景。今此书首缺三页半，无序文可考，而第二卷尾叶，有墨刻二行云：右《伤寒要旨》一卷，《药方》一卷，乾道辛卯岁，刻于姑孰郡斋。则分卷正与陈氏所云合，当即李柽书也。楮墨莹洁，字画瘦削，宋刻之不易辨者，惟白隄钱听默定为宋刻，可称老眼无花云。

8. 清·赵魏《竹崦庵传钞书目》

此书目著录之版本，全系当时少见孤本之传抄本，每书下除著录卷数及撰人外，特注明页数。如：

《华氏中藏经》八卷：汉·华佗撰，百二十八。

《元珠密语》十七卷：唐·王冰撰，二百七十六。

《天元玉册》二十八卷：同上，二百四十九。

《脉经》十卷：影宋本，二百页。

《上清追痨仙方》二卷：四十四。

《史载之方》：宋史载之撰，百零七。

《颅囟经》二卷：宋人撰，二十四。

9. 清丁丙《八千卷楼书目》

此书目除著录卷数、撰人外，在版本方面，特有日人著作及日本刊本。如：

《黄帝素问》二十四卷：唐·王冰注。明嘉靖刊本、明顾从德翻宋本、明刊本、明刊连《灵枢》本、明赵藩刊本、明刊二十卷本、日本刊本、浙局本。

《黄帝内经太素注》二十四卷：隋·杨上善撰，日本抄本。

《内经素问注证发微》九卷：日本刊本。

《素问识》八卷：日本·丹波元简撰，聿修堂本。

《神农本草经》三卷：日本·狩谷望之辑，日本抄本。

《难经疏证》二卷：日本·丹波元胤撰，日本刊本。

此书目为较早著录日本人撰注之中医书籍及日本刊印之中医书籍。由于中医古籍在日本当时医学界受到高度重视，其刊印之书，多取善本为据本，且刊印及校对质量亦较高，非有些坊刻本之粗制滥造者可比，故佳本较多。

（七）序录式

此类书目，除著录书的基本内容，或以不同形式著录图书的有关内容外，主要著录图书的原序、进表、整理人及后人之序跋等。如：

1. 清·张金吾《爱日精卢藏书志》

新刊王氏《脉经》十卷：影写元刊本。

晋·王叔和撰，宋朝散大夫光禄卿直秘阁判登闻检院上护军臣林亿等类次。目录后有天历庚午谌广勤叶氏刊木记。

林亿等校定《脉经》序曰：（按此下为该序全文，今略）

王叔和自序曰：（按此下为该序全文。今略）

此下记"天历庚午仲夏建安叶日增谌于广勤书堂"之志文（今略）

此下记宋·晁公武《郡斋读书志》文（今略）

重校证《活人书》十八卷：影写宋刊本。

宋·朱肱撰。《直斋书录解题》著录十八卷，与此本合。《郡斋读书志》及"进表"皆云二十卷，未详孰是。

仆乙未秋，以罪去国（按此下即朱肱自序全文，今略）。

进《活人书》表曰（按此下即"进表"全文，今略）。

谢表。

谢启。

《郡斋读书志》曰:(按文略)

《直斋书录解题》曰:(按文略)

2. 清·陆心源《皕宋楼藏书志》

新刊补注释文《黄帝内经素问》二十四卷:元刊本。

唐·启玄子王冰次注,宋·林亿、孙奇、高保衡等奉敕校正,孙兆重改误。

按此下即林亿等进表全文。(今略)

启玄子王冰序:宝应元年。

按此下记高保衡、孙奇、林亿三人衔名。

《黄帝三部针灸甲乙经》十二卷:明蓝格抄本。

按此下即皇甫谧序全文。(今略)

按此下为林亿等进表全文。(今略)

此下记"熙宁二年四月二十三日进呈,奉圣旨镂版施行"高保衡、孙奇、林亿三人结衔。

此下记"熙宁二年五月二日"王安石、曾公亮、赵抃、富弼四人结衔。

戴氏手跋曰:书内尚有当正之处,因无善本《灵枢》,姑俟异日乃定。乾隆辛卯休宁戴霖校。

朱氏手跋曰:辛卯亥月六日,休宁戴渔卿为详校一过讫,见还,云此本讹字虽多,然其不讹处,视今本大胜,真古抄本也,暇当更求善本校之,是日蜀河朱筠记。

详此类书目著录内容,对了解该书著述或整理之原委,版本之学术价值等,亦大为有益。

(八)考录式

此类书目,除著录书的基本内容,或以不同形式著录图书的有关内容外,主要对书的流传、撰人、内容、评释、版本等有关之疑问、讹误或不详处,根据各种文献,进行考证。如:

1. 清·陆心源《仪顾堂题跋》

影宋本《宋提刑洗冤录》跋:

《宋提刑洗冤录》五卷,影宋抄本,题曰:朝散大夫新除直秘阁湖南提刑充大使行府参议官宋慈惠父编。《文渊阁书目》著于录,不著撰人名氏。《四库全书》存目法家类。《提要》云始末未详。钱竹汀《养新录》亦云不知何许人。愚按宋慈,福建建阳人,嘉定十年进士,少受业于同邑吴雉。雉为朱子弟子,因得与杨方、黄干、李子方论,质学益进。补赣州信丰主簿,迁知长汀县,擢知常州,历广东、江西、湖南提点刑狱,终于直焕章阁,知广州广东安抚大使,淳祐六年卒,年六十四。见刘后村《大全集》。慈博记览,善辞令,丰裁峻历,望之可畏。官主簿时,屡平赣州剧贼,乃知常州岁饥济粜,民无饿者,提刑江西,鳞次保伍,奸无所容。台谏奏取其所行,下浙右诸路以为法。序称四叨臬事者,由江东而广东,由广东而江西,由江西而湖南也。新除直秘阁者,由知赣州除直秘阁提点湖南刑狱也。充大使行府参议官者,陈韡为湖南安抚大使兼节制广西,辟慈为参谋也。此书为淳祐丁未官湖南提刑时所编。采《内恕录》以下数家,参以己见,会萃而成。后世官司,奉为金科玉律。观其序后识云:贤士大夫如有得于见闻，及亲所历涉，出于此集之外者，切望片纸录赐，以广未备，可见其求治之殷矣。非贤者而能如是乎。《宋史》循吏不为立传，亦缺典也。

北宋本《外台秘要》跋：

《外台秘要方》四十卷，题曰朝散大夫守光禄卿直秘阁判登闻检院上护军臣林亿上进。每叶二十六行，每行二十四字。神宗以前帝讳嫌名皆阙避，前有王焘自序及孙兆序，后有皇祐三年内降指挥，熙宁三年镂板指挥，及校正林亿等衔名三行。中书门下富弼等衔名八行，每卷后或题右从事郎充两浙东路提举茶盐司干办公事赵子孟校勘，或题右迪功郎充两浙东路茶盐司干办公事张寔校勘，当是浙中刻本，故校勘皆浙东官耳。卷一、卷九后有朝奉郎提举药局兼太医令医学博士臣裴宗元校正一行。以崇祯中程衍道刊本校之，删削几及二万字，妄改处亦复不少。黄荛圃孝廉宋刊之富，甲于东南，仅得目录及第廿三两卷。见《百宋一廛赋注》。日本虽有全书模印，在后多模糊处。《经籍访古志》此本宋刊初印，无一断烂，洵海内外之鸿宝也。书中痰字皆作淡，明本改作痰。擔字皆作檐，明本改作擔。案《说文》无痰字，《广韵》始有痰字，云胸上水病。《一切经音义》卷三，淡饮，胸上液也。其字作淡，不作痰，与此本合。《说文》亦无擔字，人部：儋，何也。即今擔字。《汉书·货殖传》浆千儋。西域传负水儋粮。此儋之正字也。《楚辞》哀时命负檐荷以丈尺兮。《史记·虞卿列传》檐簦，范雎列传檐簦，皆从木，作檐。《礼记》丧服四制或曰檐主，宋本注疏亦从木作檐，与此书合。此儋之假借字也。明刻改淡为痰，改檐为擔，此明人不识字之通病也。是此书不但有功医学，并可参证小学。宋本之可贵如此。焘书原有双行夹注，明刊往往于原书夹注上，加通按二字，窃为己说，尤可笑也。

详陆氏对此二书有关撰人及版本的考证，不仅体现其知识面宽广，读书颇多，故能有此收获。在版本考证方面，一则注意到图书外形的一些不易引起注意的内容，一则深入到图书的里层，特别是运用文字、训诂等手段，提出了内证。对研究版本内容，具有十分重要的意义。

2. 清·杨守敬《日本访书志》

《诸病源候论》五十卷、目录一卷：（以上二帙合为一目）影南宋本。

影南宋本《巢氏诸病源候论》五十卷。首题《诸病源候论》卷一，不冠以巢氏二字。次题大业六年大医博士巢元方等奉敕撰。次题风诸病，原本旧为怀山阁所藏，缺第四十、四十一、四十二、四十三凡四卷。以酌源堂所藏宋残本补摹之。首有金泽文库印，日本古时官库藏书之所也。此本为小岛学古从宋本影摹者。按《隋书·经籍志》有《诸病源候论》五卷，目一卷，吴景贤撰。《旧唐志》则作五十卷，吴景撰。皆不言巢氏书，《新唐志》则二书并载。《提要》疑当时本属官书，元方与景，一为监修，一为编撰，故或题：景名，或题元方名，实止一书。《隋志》吴景作吴景贤，贤或监之误。其作五卷，亦当脱一十字，如止五卷，不应目录有一卷。按《提要》所云《隋志》五卷，五下脱十字，至确。文又称吴与巢同撰此书，今以宋本照之，题为元方等撰，与晁公武《读书志》所称合。足见此书非元方一人之力，唯吴景贤之名，已见《隋书·麦铁杖传》，《提要》疑贤为监之误，未免失之。此书有明方鑛、汪济川、吴勉学等刊本，近亦不多见。通行者，嘉庆间胡益谦刊本。以此本校之，胡本之误不下数千字，且有十数条脱漏者，即如篇首标题增巢氏二字，论加总字。次删大业六年等奉敕上字，每类诸病改为病诸，下又增候字，其为庸妄已可概见。余谓王焘《外台秘要》，王怀隐《太平圣惠方》，每部皆取元方之论冠其首，宋制医以《巢氏论》与《千金翼》，目为小经，知此书为证治之津梁，自《素问》、《伤寒》以下，未堪比数，顾迩来操岐黄者，多未寓目，即胡益谦本亦视同秘笈，可慨也夫。光绪壬午春三月记。

近日崇文书局刻书局不言从何本出，何慎庵云是据袁寿阶旧钞传录，差胜胡本，以视此宋本则天渊矣。甲申六月记。光绪辛卯池州周氏又刊此书，自称以旧本付梓，实即胡益谦本也。丁酉六月记。

又归安陆氏得元刊本，较胜胡、周诸本。然据其所校出，刊入《群书校补》中者，仅寥寥数翻，亦远不及此本之善也。丁酉八月记。

按杨氏对本书作者及版本的考证，皆言之有据，足见其功力之深。其考证余书亦如是，兹不再举。

3. 近代有日本·丹波元胤《中国医籍考》、冈西为人《宋以前医籍考》

二书均以考证为主。收载资料颇多，而《宋以前医籍考》对历代版本亦有所著录，二书均有较高学术价值。

《中国医籍考》著录内容，含历朝史志著录情况，书之存佚或未见，历代医家或经史子集及野史杂记等有关本书之论述，凡其所见，均予载录。对某些岐见较多者，亦或加按，陈述己见，内容虽有些博杂，但对研究人员来说，亦颇有裨益。

《宋以前医籍考》仅著录宋（按含宋）以前医籍，其著录内容，特设“出典”、“刊本”、“考证”、“序跋”等项。根据每书的具体情况，采录内容，蒐集之资料，亦颇可观，亦甚有研究价值。

二书著录医籍甚多，兹不烦举。

以上仅就历代史书经籍、艺文等志及书目专书著录内容重点之大致类别，并非书目之固定类别，是在为读者寻览某一方面内容之方便而设。举诸书例，亦专在医籍，若涉及别类书之其他情况，因限于篇幅及本书之目的，则只能割爱而舍。

五、史书七志经籍、艺文著录医书解析

史书指官修之二十五史，七志指二十五史中之《汉书·艺文志》、《隋书·经籍志》、《旧唐书·经籍志》、《新唐书·艺文志》、《宋史·艺文志》、《明史·艺文志》、《清史稿·艺文志》。

以上七志之经籍志或艺文志，并著录有医学图书，其著录方式与著录内容亦互有差异。现将各志对医书著录情况，分别进行解析。

1.《汉书·艺文志》

《黄帝内经》十八卷、《外经》三十七卷，《扁鹊内经》九卷、《外经》十二卷，《白氏内经》三十八卷、《外经》三十六卷、《旁篇》二十五卷。

右医经七家，二百一十六卷。

医经者，原人血脉经络骨髓阴阳表里，以起百病之本，死生之分，而用度箴石汤火所施，调百药齐和之所宜，至齐之德，犹慈石取铁，以物相使。拙者失理，以愈为剧，以死为生。

《五脏六腑痹十二病方》三十卷,《五脏六腑疝十六病方》四十卷,《五脏六腑瘅十二病方》四十卷,《风寒热十六病方》二十六卷,《泰始黄帝扁鹊俞拊方》二十三卷,《五脏伤中十一病方》三十一卷,《客疾五脏狂颠病方》十七卷,《金创瘲瘛方》三十卷,《妇人婴儿方》十九卷,《汤液经法》三十二卷,《神农黄帝食禁》七卷。

右经方十一家,二百七十四卷。

经方者,本草石之寒温,量疾病之浅深,假药味之滋,因气感之宜,辨五苦六辛,致水火之剂,以通闭解结,反之于平。及失其宜者,以热益热,以寒增寒,精气内伤,不见于外,是所独失也。故谚曰:"有病不治,常得中医。"

《容成阴道》二十六卷,《务成子阴道》二十六卷,《尧舜阴道》二十三卷,《汤盘庚阴道》二十卷,《天老杂子阴道》二十五卷,《天一阴道》二十四卷,《黄帝三王养阳方》二十卷,《三家内房有子方》十七卷。

右房中八家,百八十六卷。

房中者,情性之极,至道之际,是以圣王制外乐以禁内情,而为之节文。传曰:"先王之作乐,所以节百事也。"乐而有节,则和平寿考。及迷者弗顾,以生疾而陨性命。

《宓戏杂子道》二十篇,《上圣杂子道》二十六卷,《道要杂子》十八卷,《黄帝杂子步引》十二卷,《黄帝岐伯按摩》十卷,《黄帝杂子芝菌》十八卷,《黄帝杂子十九家方》二十一卷,《泰壹杂子十五家方》二十二卷,《神农杂子技道》二十三卷,《泰壹杂子黄冶》三十一卷。

右神仙十家,二百五卷。

神仙者,所以保性命之真,而游求于其外者也。聊以荡意平心,同死生之域,而无怵惕于胸中。然而或者专以为务,则诞欺怪迂之文弥以益多,非圣王之所以教也。孔子曰:"索隐行怪,后世有述焉,吾不为之矣。"

凡方技三十六家,八百六十八卷。

方技者,皆生生之具,王官之一守也。太古有岐伯、俞拊,中世有扁鹊、秦和,盖论病以及国,原诊以知政。汉兴有仓公。今其技术晻昧,故论其书,以序方技为四种。

以上是《汉书·艺文志·方技》的全部内容。它与《汉志》其他部分内容,在体制方面亦基本相同。

《汉书·艺文志》全文即六略——六艺略、诸子略、诗赋略、兵家略、数术略、方技略。其解题内容大致为:

(1) 书名及篇卷数。

(2) 注文。注文有相当一部分书无。如上列方技略中诸书均无。注文内容,亦繁简不一。多者二十余字,少者仅两三字。总起来看,此项内容,均较简要。盖班氏对《七略》旧文,当有所删汰。就所书内容而言,大致有以下诸事。

1) 记姓氏、里贯、年代、职衔者。如《易传周氏》二篇:字王孙也。《蔡公》二篇:卫人,事周王孙。《韩氏》二篇:名婴。《杨氏》二篇:名何,字叔元,淄川人。《淮南道训》二篇:淮南王安聘明《易》者九人,号九师说。(《易》类)《左氏传》三十卷:左丘明,鲁太史。《铎氏微》三篇:楚太傅铎椒也。(《春秋》类)

2) 记内容指要者。如《古五子》十八篇:自甲子至壬子,说《易》阴阳。(《易》类)《周法》九篇:法天地,立百官。《公孙固》一篇:十八章。齐闵王失国问之,固因为陈古今成败也。(儒类)《神农》二十篇:六国时,诸子疾时,怠于农业,道耕农事,托之神农。(农类)

3）记内容大略者。如《高祖传》十三篇：高祖与大臣述古语及诏策也。《孝文传》十一篇：文帝所谓及诏策。（儒类）《周考》七十六篇：考周事也。《青史子》五十七篇：古史官记事也。（小说类）

4）记分题书名者。如《刘向所序》六十七篇：《新序》、《说苑》、《世说》、《列女传颂图》也。《杨雄所序》三十八篇：《太玄》十九、《法言》十三、《乐》四、《箴》五。（儒类）《吴孙氏兵法》八十二篇：《图》九卷。（兵权谋类）

5）记撰著情况者。如《八体六技》、《苍颉》一篇：上七章，秦丞相李斯作；《爰历》六章，车府令赵高作；《博学》七章，太史令胡母敬作。（小学类）《内业》十五篇，不知作书者。《文子》九篇，老子弟子，与孔子并时，而称周平王问，似依托者也。（道类）《五曹官制》五篇：汉制，似贾谊所条。《卫侯官》十二篇：近世，不知作者。（阴阳类）《太公》二百三十七篇：吕望为周师尚父，本有道者，或有近世又以为太公术者所增加也。（道类）

6）记撰人系依托者或非者。如《文子》九篇：老子弟子、与孔子并时，而称周平王问，似依托者也。《力牧》二十二篇：六国时所作，托之力牧。力牧，黄帝相。（道类）《孔甲盘盂》二十六篇：黄帝之史，或曰夏帝孔甲，似皆非。《大禹》三十七篇：传言禹所作，其文似后世语。（杂类）《黄帝说》四十篇：迂诞依托。《伊尹说》二十七篇：其语浅簿，似依托也。（小说类）

7）记别称者。如《王孙子》一篇，一曰《巧心》。（儒类）

8）记书名义者。如《鹖冠子》一篇：楚人，居深山，以鹖为冠。（道类）

9）记别见者。如《蚩尤》二篇：见《吕刑》。（兵形势类）

10）记存亡者。如《史籀》十五篇：周宣王太史作大篆十五篇，建武时亡六篇矣。（小学类）。《太史公》百三十篇：十篇有录无书。（《春秋类》）

以上是《汉志》解题项所涉及的主要内容，即撰人的姓氏字号、里贯、职衔及撰著年代等；撰著情况，含该书系一人独撰或几人合撰，或后人有所增益，或合几人书为一书，或撰人不详等；撰人辨疑，即对撰人真实姓名的辨别，此特根据语言、情事、人物时代等多种情况，辨别撰人为依托等；说明该书宗旨大意及内容之大略等，一般行文均高度概括，仅有数字或十数字；另外说明相关事宜如别称、释名、别见、存亡等情况。上述种种，构成了解题的基本框架。但在《汉志》中并不是每一书都具此全部内容，只是择要而书，而且有的部类，基本上或完全没有解题内容，如“诗赋略”一百六家中，只有七家有解题，而且其内容亦仅为撰人。又如“数术略”一百九十家及“方技略”三十六家，尽无解题内容。尽管班固在《七略》的基础上，对解题内容曾有所笔削，但它毕竟保留了自《七略》创制的这种体式的基本形式，为日后书目之解题奠定了基础。

（3）类计。按《艺文志》中部类分法，大类为“略”，小类为“种”，如：

六艺略为：《易》、《书》、《诗》、《礼》、《乐》、《春秋》、《论语》、《孝经》、小学。

诸子略为：儒、道、阴阳、名、墨、纵横、杂、农、小说。

诗赋略为：屈原赋之属、贾谊赋之属、荀卿赋之属、杂赋、歌诗。

兵书略为：兵权谋、兵形势、（兵）阴阳、兵技巧。

数术略为：天文、历谱、五行、蓍龟、杂占、形法。

方技略为：医经、经方、房中、神仙。

这一分类法，即是《七略》中六略的原型，在每一大类（略）中又分为若干小类。今《汉志》之每一小类及大类后，均有一计数。如上引“方技略”文，小类“医经”后作“右医经七家，二百一十六卷”。大类后作“凡方技三十六家,八百六十八卷。”

这种分类方法,虽然体现了时代的局限性;在分类方面,也还是图书分类的初型,但毕竟在图书的分类方面,是一种创造和进步,故对后世影响较大。其大小类别的计数,则是一种量的体现,具有一定意义。

(4) 小序。凡此“小序”项,在《汉志》中以两级形式为文,一为小类序,一为大类序。

1) 小类序,即类别之序,如上引“方技略”中之“医经”、“经方”、“房中”、“神仙”四类,为“方技”大类中所含之四小类。每一类后有“小序”。如“医经”类后云:“医经者,原人血脉经络骨髓阴阳表里,以起百病之本,死生之分……拙者失职,以愈为剧,以死为生。”据上文可见,此类小序,重在说明医经诸家基本内容之梗概,并说明工者守之,“犹慈石取铁,以物相使”;拙者失之,则“以愈为剧,以死为生”之要旨。

2) 大类序,即略别或部别之序,如上引“方技略”后云:“方技者,皆生生之具,王官之一守也……今其技术晻昧,故论其书,以序方技为四种。”此序重在说明方技之原委。

详此小类序及大类序,正所以体现“辨章学术,考镜源流”之宗旨。

从上文不难看出,在《汉志》中保留的向、歆父子校书时对古籍著录所采用的这种基本形式,确实具有“辨章学术,考镜源流”,揭示与报导历史文献主要内容的作用。为中医文献著录奠定了良好的基础,提供了宝贵的经验,为我国目录学一优良传统,是学术研究的良师益友。

2.《隋书·经籍志》

艺文之何以言“经籍”,详其前序云:“夫经籍也者,机神之妙旨,圣哲之能事,所以经天地,纬阴阳,正纪纲,弘道德,显仁足以利物,藏用足以独善,学之者将殖焉,不学者将落焉……今之所以知古,后之所以知今,其斯之谓也。”这主要是从图书本身的功用及文献著录方面的意义而论,故谓之经籍。

又经籍者,犹经典书籍也。又泛指古代图书。清·周中孚《郑堂札记》卷一云:“天下之水经为大,古今之书经为重。故言水利曰河渠志,簿录者曰经籍。”又云:“若艺文即经籍之异称,《旧唐志》称经籍,《新唐》改为艺文,《通志略》称艺文,《通考》改为经籍,《宋史》仍复为艺文,至皇朝敕撰《明史》,亦不改。”是则艺文与经籍,同体而异名也。

《隋志》著录体式大致具以下几项:

《隋志》计分经、史、子、集四大部。外附道经、佛经二类,仅具总序而无书目。每部之中,又有分类若干。今以“医方”为例。

医方在子部。其著录体式含:

(1) 书名、卷数。该项主要著录图书名称及卷数。其著录方式有以下两种情况:

1) 单记书名:如《玉匮针经》一卷,《脉经》十卷。

2) 记书名兼记撰人:如徐叔向《针灸要钞》一卷。另有撰人者,乃是以撰人组合为书名,故不在此例。

(2) 注文。《隋志》解题内容,有以下几种情况:

1) 梁代著录情况:如《黄帝素问》九卷:梁八卷。《杂药方》一卷:梁有《杂药方》四十六卷。

2) 梁代著录同类别书:如《黄帝针经》九卷:梁有《黄帝针灸经》十二卷,徐悦、龙衔素

《针灸并孔穴虾蟆图》三卷,《杂针经》四卷,程天祚《针经》六卷,《灸经》五卷,《曹氏灸方》七卷,秦承祖《偃侧杂针灸经》三卷,亡。《明堂孔穴》五卷:梁《明堂孔穴》二卷,《新撰针灸穴》一卷,亡。

3）记撰人:如《脉经》十卷:王叔和撰。《神农本草》四卷:雷公集注。《黄帝素问》八卷:全元起注。

4）记撰著年代:如《淮南王食经》并目百六十五卷:大业中撰。

5）记附加内容:如《黄帝甲乙经》十卷:音一卷,梁十二卷。《依本草录药性》三卷:录一卷。《养生注》十一卷:目一卷。

6）记别本:如《药方》五十七卷:后魏李思祖撰,本百一十卷。《西域诸仙所说药方》二十三卷:目一卷,本二十五卷。《西域名医所集要方》四卷:本十二卷。

7）记阙佚:如《诸药异名》八卷,沙门行矩撰,本十卷,今阙。《新录乾陀利治鬼方》四卷:本五卷,阙。《练宝法》二十五卷:目三卷,本四十卷,阙。

8）记并合:如《素女秘道经》一卷:并《玄女经》。

9）记异同:如《疗马方》一卷:梁有《伯乐疗马经》一卷,疑与此同。

10）记内容大略:如《导引图》三卷:立一,坐一,卧一。

以上是《隋志》解题所涉及的内容,主要在于书的源流及外形方面,而对书的内涵,则不及《汉志》著录之多。

（3）类计:如小类“医方”后作“右二百五十六部,合四千五百一十卷”。大类“诸子”后作、“凡诸子,合八百五十三部,六千四百三十七卷。”是则标明该志著录图书的数量,与《汉志》体式亦同。

（4）小序。小序亦分二级,一为类序,一为部序。

类序如“医方”类云:“医方者,所以除疾疢,保性命之术者也。天有阴阳风雨晦明之气,人有喜怒哀乐好恶之情。节而行之,则和平调理,专一其情,则溺而生疢。是以圣人原血脉之本,因针石之用,假药物之滋,调中养气,通滞解结,而反之于素。其善者,则原脉以知政,推疾以及国。《周官》医师之职,‘掌聚诸药物,凡有疾者治之。’是其事也。鄙者为之,则反本伤性。故曰:‘有疾不治,恒得中医。’”

此序基本上是仿《汉志》方技类之体裁撰写的。

部序如“诸子”部云:“《易》曰:‘天下同归而殊途,一致而百虑。’儒道小说,圣人之教也,而有所偏。兵及医方,圣人之政也,所施各异。世之治也,列在众职,下至衰乱,官失其守。或以业游说诸侯,各崇所习,分镳并骛。若使总而不遗,折之中道,亦可以兴化致治者矣。《汉书》有诸子、兵书、数术、方技之略,今合而叙之,为十四种,谓之子部。”

《隋志》之著录体式,无论是体式与内容,基本上是仿《汉志》的体裁,其解题与小序,也可体现“辨章学术,考镜源流”的宗旨。但似不及《汉志》之详。

在“医方”一类中,不再分细类,书目排列,既不按年代,亦不按类别,显得杂乱无章,寻检不易,亦不如《汉志》之类别清晰。

3.《旧唐书·经籍志》、《新唐书·艺文志》

《旧唐书·经籍志》之体式,较之《隋志》尤简。其注文内容,仅具撰人或注者;类与部后,亦无“小序”内容。

《新唐书·艺文志》与《旧唐书·经籍志》大致同。唯其撰人或注者，又与书名及卷数合为一项，即书目正文。故其注文内容，仅存少数多人合著、撰人有另说、撰人生平年代或身世简介等有关问题的说明。

总之，《新、旧唐志》在“辨章学术，考镜源流”方面，较之前朝史志，尤为逊色。

在书目排列方面，《旧唐书·经籍志》将医学部分又分为“明堂经脉”与“医术本草”两大类，“明堂经脉”类，含医学基础理论及针灸类医籍。“医术本草”类含本草、医方及导引、黄白及各科应用之书籍等。在书目排列中，亦无年代或类别秩序。《新唐书·艺文志》则尽依《旧唐书·经籍志》医学类，其得失亦如该书。

4.《宋史·艺文志》

《宋志》之体式，已大为简略。其体式大致为：

书名项，一仿《新唐书·艺文志》，将撰人、书名、卷数合为一项。

注文一项，已基本无文。仅存个别图书之下列情况：

(1) 记撰人或注者。如《黄帝内经素问》二十四卷：唐·王冰注。《华氏中藏经》一卷：灵宝洞主探微真人撰。《金匮要略方》三卷：张仲景撰，王叔和集。

(2) 记异文者。如杨玄操《素问释音》：一作言。《针眼钩方》一卷，针眼：一作眼针。

(3) 记别名者。如皇甫谧《黄帝三部针灸经》十二卷：即《甲乙经》。

(4) 记佚名或无名者。如《陈氏经验方》五卷：不知名。《胡氏经验方》五卷：不著名。《备用方》二卷：岳州守臣编，不著名氏。

(5) 记阙佚者。如沈柄《产乳十八论》：卷亡。

就是记载此类情况者，在医书五百九部中，也只有二十余条。已难合注释之义。

在每类之后尚有计数一项。“小序”已不复存。在图书排列方面，亦非常杂乱，甚难检索。

总之，《宋志》在图书著录方面，较前更为逊色，仅可揭示书名、卷数、撰人等内容，已难以达到“辨章学术，考镜源流”的宗旨。对图书的著录，从目录学的角度看，没有能够继承汉代向、歆父子校书的优良传统。

5.《明史·艺文志》

《明史·艺文志》之部类，亦为经、史、子、集四大部。子部含十二类，即儒家、杂家、农家、小说家、兵家、天文、历数、五行、艺术、类书、道家、释家。医学附于艺术类。

其著录内容主要有：

(1) 主文，含书名、卷数、撰人。

(2) 注文，注文很少，在六十余种医籍中，仅有五种有注文。即：

简王补刊《素问遗篇》一卷：世传《素问》王冰注本中有缺篇，简王得全本补之。

刘均美《拔萃类方》二十卷：一作四十卷。

胡濙《卫生易简方》四卷：永乐中，濙为礼部侍郎，出使四方，辑所得医方进于朝。一作十二卷。

李时珍《濒湖脉学》一卷、《奇经八脉考》一卷：时珍《本草纲目》一书，用力深久。详方技传。

王肯堂《医论》四卷；肯堂著《证治准绳》全书，博通医学。见王樵传。

从以上情况可以看出，《明史·艺文志》著录医籍，反映出以下几个问题：

1）医学在子集部不单独列类，仅附在艺术类中，未能取得应有地位。

2）著录之书，皆本朝医著，且数量甚少，不及明代医著十分之一。且有诸多重要医著，均未予著录。

3）著录体式，不仅未有"小序"、"解题"类内容，即连注文，亦仅有五条，未能达到应有水平。

从而说明《明史·艺文志》著录医学图书内，在数量与质量方面，在七志中最居下位。从目录学的角度论，亦属下乘之作。对读者参考价值较小。尤其似王肯堂《证治准绳》、李时珍《本草纲目》类著作，不仅卷数多部头大，而且学术价值亦高，仅在注文中提及而不与列目，亦绝不合书目之要求，恐非出自行家之手。

6.《清史稿·艺文志》

《清史稿·艺文志》之部类，亦为经、史、子、集四大部。子部有十四类，即儒家、兵家、法家、农家、医家、天文算法、术数、艺术、谱录、杂家、类书、小说、释家、道家。

其著录内容主要有：

（1）主文，主要含书名、卷数。

（2）注文，基本上为撰人。大致有两种情况：

1）撰人。如《御定医宗金鉴》九十卷：乾隆十四年鄂尔泰等奉敕撰。《素问直解》九卷：高世栻撰。《本草崇原》三卷：高世栻、张志聪撰。

2）辑佚书时间或辑人。如不知时代《颅囟经》二卷、宋王衮《博济方》五卷……《瑞竹堂经验方》五卷：以上乾隆时敕辑。《神农本草经》三卷：孙星衍、孙冯翼同辑。《神农本草经》三卷：顾观光辑。

3）记别名，如《伤寒论注》四卷：一名《伤寒来苏集》。按在全部注文中，仅此一条。

从上述情况说明，《清史稿·艺文志》与《明史·艺文志》基本上属同一类型，惟医学在子集中单独列类，说明医籍在艺文中占有一定地位；著录医籍虽亦皆本朝医著，较《明志》为多，然较之清代医著实有数量，亦居少数。

注文除撰人外，余者亦极少。而《明志》注文无撰人者，以其将撰人合于主文中也。

总之，《清史稿·艺文志》在七志中，其著录之图书，从数量、质量及形式、内容等方面论，亦属下品。

六、著录医籍之重要书目简介

各类书目著录之图书，其类别不尽相同，著录之品目亦有多少之差。本文重在著录有医学类特别是中国医学类古籍较多之重要书目，加以简要介绍。

（一）史志类书目

此指二十五史原有之艺文志或经籍志。此中著录之书目，多系其本朝政府馆藏图书或官私所献图书等有关资料编纂而成。虽难能著录该朝之全部图书，但大致可反映当时重要图书之品目及基本情况。

(1)《汉书·艺文志》:后汉·班固等撰。该“艺文志”是在汉末刘向、刘歆父子校书时形成的《七略》的基础上增损而成。中设六艺、诸子、诗赋、兵书、术数、方技六个部类。其中“方技”类即医学类,共收方技三十六家。

(2)《隋书·经籍志》:唐·长孙无忌等撰。该志设经、史、子、集四部,四十类。后附“道经”、“佛经”二类,仅有总叙与部、卷数,而无细目。医方类在子部,共收医籍二百五十六家。注文兼记梁代收录之书及存佚等情况较详。

(3)《旧唐书·经籍志》:后晋·刘煦等撰。该志设甲部经录、乙部史录、丙部子录、丁部集录四部,四十五类。医学类在丙部子录,共收医籍一百三十五家。间有注文,均记撰人。

(4)《新唐书·艺文志》:宋·欧阳修等撰。该志设部同《旧唐书·经籍志》,分四十类,医家类在子部,共收医籍二百三十一部。注文极少,多记撰人或撰著情况等。

(5)《宋史·艺文志》:元·脱脱等撰。该志设经类、史类、子类、集类四部,四十四类。医书类在子部,共收医籍五百零九部。注文极少,多为撰、注人或异文。

(6)《明史·艺文志》:清·张廷玉等撰。该志设经、史、子、集四部,三十五类,医书在艺术类附,共收医籍六十八部,均本朝医著。注文极少,个别言撰人或撰著情况。

(7)《清史稿·艺文志》:民国·赵尔巽等撰。该志设经、史、子、集四部,四十五类。医家在子部,共收医籍二百三十五部,均本朝医著,又附载据《永乐大典》辑佚书十九部。注文均为撰人。

以上即二十五史具经籍或艺文之七志。其中除《明史·艺文志》外,自《唐志》以下,均在子部单设医书或医方类。收书范围,唯《明志》与《清志》仅收本朝医著。

(二) 史书补志类书目

此指二十五史原无经籍或艺文志经后人补撰之志类书目。此类志目,多据历朝志书著录或古籍引书之书目辑录而成。其收书范围,因受资料所限,局限性较大。详此类补志,其图书部类,一依经、史、子、集四部,医学或医家类均在子部;其注文一般为说明出典,即别志著录或别书称引或考证。若无特殊情况,各补志不再具体说明。

(1)《汉书艺文志拾补》:清·姚振宗撰。该志仍依六略为部,方技略共收医籍五家五种。

(2)《补续汉书艺文志》:清·钱大昭撰。共收医籍九种。

(3)《后汉艺文志》:清·姚振宗撰。共收医籍二十四种。

(4)《补后汉书艺文志》:清·顾櫰三撰。共收医籍二十五种。

(5)《补后汉书艺文志并考》:清·曾朴撰。共收医籍十四种。

(6)《三国艺文志》:清·姚振宗撰。共收医籍七种。

(7)《补晋书艺文志》及《补遗》、《附录》:清·丁国钧撰。共收医籍三十五种。

(8)《补晋书艺文志》:清·文廷式撰。共收医籍三十七种。

(9)《补晋书艺文志》:清·秦荣光撰。共收医籍四十种。

(10)《补晋书经籍志》:清·吴士鉴撰。共收医籍二十八种。

(11)《补晋书艺文志》:清·黄逢元撰。共收医籍三十五种。

(12)《补宋书艺文志》:民国·聂崇岐撰。共收医籍二十种。

(13)《补南齐书艺文志》:民国·陈述撰。共收医籍四种。

(14)《补南北史艺文志》:民国·徐崇撰。共收医籍十五种。

(15)《补周书艺文志》:近人郭霭春撰。共收医籍六种。

(16)《补五代史艺文志》:清·顾櫰三撰。共收医籍七种。

(17)《补辽史艺文志补证》:清·王仁俊撰。共收医籍三种。

(18)《补辽金元艺文志》:清·倪灿撰。共收医籍一百零五种。

(19)《补三史艺文志》:清·金门诏撰。共收医籍十七种。

(20)《补元史艺文志》:清·钱大昕撰。共收医籍一百七十七种。

(21)《国史经籍志》:明·焦竑撰。明万历中,竑本应荐修撰国史而未果,仅成《经籍志》一编,仍以国史名之。子部医类共分十七子目,收医籍七百三十六种。

(22)《皇朝经籍志》:清·黄本骥撰。此志特据《四库全书总目》著录及存目之书,摘录清人著作别成此编,共收医籍五十五种。

(三) 方志类书目

此指各种地方志,如历朝各省编纂之省志、府志、州志、县志等,其中多有艺文、文献、方技、著述等类,并具医学文献书目。此类书目,有以下特点:

(1) 多有别书或历代书目中不曾著录之医学著作,曾为志书著录。

(2) 有些医著因不曾刊印,流传不广,故别书或书目中常不得著录,而为志书著录。

(3) 有些地区性名医之著述,常流传不广,亦得为方志所著录。

(4) 有些医家著述,为其子弟或门人视为秘笈,不肯外传,亦常为方志著录。

(5) 就古医籍总量从全国合计而论,含量较大。

此等方志书目,数量极多,兹不烦举。

(四) 别史、政书类书目

此指正史及方志以外之别体史及类纂历朝或本朝之国政朝章典制类史书中所含之经籍或艺文类书目。今举以下数种加以介绍。

(1)《通志·艺文略》:宋·郑樵撰。该志设经、礼、乐、小学、史、诸子、天文、五行、艺术、医方、类书、文十二类。医方类复析为二十六类细目,即脉经、明堂针灸、本草、本草音、本草图、本草用药、采药、炮炙、方书、单方、胡方、寒食散、病源、五脏、伤寒、脚气、岭南方、杂病、疮肿、眼药、口齿、妇人、小儿、食经、香薰、粉泽,共收医籍六百六十二种。注文尽记撰、注人。

(2)《续通志·艺文略》:清·嵇璜等撰。该续志一依《通志》之十二类,医方类复析为脉经、医书、针灸、本草、炮炙、方书、伤寒、脚气、杂病、疮肿、妇人、小儿、食经十三类细目,共收医籍一百三十六种。注文基本上为撰人。

(3)《清朝通志·艺文略》:清·嵇璜等撰。该志仍遵《通志》十二类之例,医方类复分医书、方书二类,共收医籍四十四种,注文尽记撰人。

(4)《文献通考·经籍考》:元·马端临撰。该考仍按经、史、子、集四部,子部医家类首列宋以前历朝志书著录医籍总数,后收医籍一百二十一种。注文均辑录前人语如宋·晁公武《郡斋读书志》及陈振孙《直斋书录解题》等。

(5)《续文献通考·经籍考》:清·嵇璜等撰。该考仍依《文献通考》部例,子部医家类收宋、金、元、明医籍一百一十八种,注文多简记撰人及其里贯、身世、师承、评述等。

(6)《清朝文献通考·经籍考》:清·嵇璜等撰。其体例一仍《续文献通考》例。共收医籍四十五种,全采自《四库全书》收录之本朝医著。注文多为撰人及其里贯,或加按评释。

(7)《清朝续文献通考·经籍考》:清·刘锦藻撰。该书体例仍依《清朝文献通考》,医家类共收医籍八十九种,皆本朝乾隆、嘉庆以至清末之医著。注文一仍《清朝文献通考》例。

(五) 类书、丛书类书目

此指类书中艺文部著录之书目或某些丛书书目。今举数种加以介绍。

(1)《玉海·艺文》:宋·王应麟撰。该书艺文不按经、史、子、集四部分类法,共设四十六个类目,在艺术类中含方技。其中除援引《汉志》、《隋志》、《唐志》著录之医经类书籍外,收医籍十六种,其释文对医经类书及著录唐、宋医籍之编纂与校定,多有所考证与说明。

(2)《道藏目录详注》:明·白云霁撰。该书在"洞神"、"太玄"、"太平"、"正乙"等部中,共收医籍十二种。注文重在说明撰人及指要。

(3)《四库全书总目》:清·纪昀等撰。按经、史、子、集分部。子部医学类共收医籍一百九十七种(著录者九十七、存目者九十四、附兽医书六)。其提要内容,对每书之撰人及里贯、身世,著述旨义,内容概要及评议等,论述较详,持论亦多公允。然亦难免有未允或失考、失误之处,故后有近人余嘉锡先生《四库提要辨正》、胡玉缙先生《四库全书总目提要补正》等,专为之正误。

(4)《四部丛刊书录》:民国·张元济等撰。共收医籍七种,皆上海涵芬楼藏金、元、明刊善本,注文重点是对版本的说明。

(5)《四部备要书目提要》:民国上海中华书局编。共收医籍六种。注文记卷数,另设"著者小传"、"卷目"、《四库提要》等释文。

(6)《丛书集成初编目录》:三十年代商务印书馆编。乃该馆所选清以前刊印之丛书百部编纂。其目录列十大类,在"应用科学类"十五门中收医书一百零六种,每种记书名、撰人、丛书名、卷数、册数等。

(7)《中国丛书综录》:1959 年上海图书馆编。该书乃上海图书馆根据全国 47 个省市及大学等图书馆收藏的 2797 种丛书编纂。其中收医学丛书 138 种,医籍 1430 余种(含异名及不同丛书本)。注文记撰人、卷数及版本等。

(六) 官、私馆藏书目类

此指国家或地方官办藏书机构或私人收藏家之藏书书目。凡此类书目著录之图书,非据文献著录而列目,皆以收藏实有之图书为准。

(1)《崇文总目辑释》:宋·王尧臣等撰,清·钱侗等辑释。该书原系宋仁宗年间王尧臣等据馆阁藏书编纂之书目,散佚后,有清·钱侗等辑本,共辑得医籍三百种。原注文间存撰人,余多阙。释文如出典等,或有异文及其他内容者,则冠以"侗按",予以考校。

(2)《遂初堂书目》:宋·尤袤撰。为家藏图书簿录。子部收医籍五十四种。著录大都仅记书名,连撰人及卷数亦不具。

(3)《郡斋读书志》:宋·晁公武撰。据家藏图书及尝得南阳井宪孟之藏书编纂。子部收医籍五十一种,其注文对撰人、旨要及原委等,多有简要考释。

(4)《直斋书录解题》:宋·陈振孙撰。为家藏及传录夹漈郑氏、方氏、林氏、吴氏等旧书编纂而成。共收医籍八十七种,其注文亦仿《郡斋读书志》例。

(5)《文渊阁书目》:明·杨士奇撰,清·鲍廷博校订。该书为明英宗时,杨氏等检点文渊阁藏书编录之存书册籍。至清又经鲍氏校对,补阙加注。共收医籍二百一十一种,注文只记部数、册数及完、阙情况。

(6)《内阁藏书目录》:明·孙能传等撰。为孙氏等于明万历间再度检点文渊阁藏书后编纂之书目。共收医籍十三种。注文只记撰人及完、缺情况。

(7)《百川书志》:明·高儒撰。据家藏图书编纂,收医籍七十一种,注文主要记撰人,或有简记旨要者。

(8)《天一阁藏书总目》:清·范邦甸等撰。浙江天一阁主人藏书始于明代,此书目为范氏在清乾、嘉时期,得阮元之助,编成此目。医家类共收医籍一百零二种,注文记刊本或抄本,撰、注或校订人,序人,间有述旨要者。

(9)《万卷堂书目》:明·朱睦㮮撰。朱氏为明皇族,喜聚书,此目乃据其所藏编成。医家类收医籍二百八十三种,正文间有记册数者,注文惟记撰人。

(10)《澹生堂藏书目》:明·祁承㸁撰。此据自藏图书编纂。医家类共收医籍一百九十余种,正文间记册数,注文记卷数、撰人或版本。

(11)《脉望馆书目》:明·赵琦美撰。据家藏图书编纂。医家类共收医籍二百四十三种,正文惟记书名册数。注文间记别本及册数、套数、缺损等。

(12)《世善堂藏书目录》:明·陈第撰。据家藏图书编纂。医家类收医籍八十七种,注文仅记撰人。

(13)《绛云楼书目》:清·钱谦益撰。据家藏图书编纂。医书类收医籍一百三十七种,注文主要记卷数、撰人或里贯身世。间记师承、序人等。

(14)《述古堂藏书目》:清·钱曾撰。据家藏图书编纂。医书类收医籍一百一十一种,正文兼记册数,注文记抄、刊,刊本多宋、元善本。

(15)《读书敏求记》:清·钱曾撰。此书绝大部分书目,乃钱氏自《述古堂藏书目》中检出,另为详释。收医籍四十八种,其释文或记撰人故事,或论旨要,或论版本。亦颇有可参处。

(16)《季沧苇藏书目》:清·季振宜撰。据家藏图书编纂,收医籍三十八种,注文多记册数,间记版本。

(17)《汲古阁珍藏秘本书目》:清·毛扆撰。据家藏图书编纂。收医籍十六种,注文仅记抄本、纸质及价值银两。

(18)《传是楼书目》:清·徐乾学撰。据家藏图书编纂。医家类收医籍七十五种,注文仅记卷数、册数,间记撰人。

(19)《培林堂书目》:清·徐秉义撰。据家藏图书编纂,收医籍二十种,注文仅记卷数、册数。

(20)《好古堂书目》:清·姚际恒撰。据家藏图书编纂。医家类收医籍十三种,注文仅记卷数、撰人、册数。

(21)《孝慈堂书目》:清·王闻远撰。据家藏图书编纂。医书类收书七十种,注文记撰人、卷数、抄刊、册数,兼记纸质或校人、刊家。

(22)《佳趣堂书目》:清·陆漻撰。据家藏图书编纂。收医书三十一种,注文间记撰人,置书岁次等。

(23)《孙氏祠堂书目》:清·孙星衍撰。据家藏图书编纂。医律类收书五十五种,注文记撰人兼及版本等。

(24)《廉石居藏书记》:清·孙星衍撰。据家藏图书编。收书十种,注文对内容概要及版本多具考证。

(25)《八千卷楼书目》:清·丁丙撰。据家藏图书编纂。医家类收书五百一十七种,注文记朝代、撰人及版本等。

(26)《万卷精华楼藏书记》:清·耿文光撰。据家藏图书编纂。医家类收书一百三十种,注文记朝代及撰人,版本与款式,诸家解题、序跋、论说等,间加案语,以申己见。

(27)《古越藏书楼书目》:清·徐树兰撰。学部、生理学收中西医药书一百九十三种,注文记撰人及版本。

(28)《大公图书馆藏书目录》:民国·严筱兰撰。是书乃严氏据江苏无锡荣德生先生《大公图书馆》所藏图书编纂。医家类收书三十九种,注文记版本、朝代及撰人。

(29)《故宫所藏观海堂书目》:民国·何澄一撰。是书乃何氏据故宫博物院寿安宫所藏原武昌观海堂所藏图书编纂。医家类收书五百一十二种,注文记撰人、版本、册数。

(七) 见传书目类

此指非图书单位或私人收藏家收藏图书之书目,而是个人采访所视,或阅读所记,或过眼所知,或经营所见,或官私采进,著录积渐而成之书目。此类书目,虽大多为一时过眼之物,而非属撰人久研之品,但对图书的流通或流传情况,对某些图书之是否存佚,或不见于其他类书目著录而又为别书称引或简记之图书的研究等有关问题,有时亦可提供确切的证据。所以此类书目,对图书的研究,也具有十分重要的意义。以下仅举数种加以简介。

(1)《浙江采集遗书总录》:清·沈初撰。此书乃据浙江为"《四库全书》馆"采进图书所撰之总录。医家类收书五十二种,注文记版本及时代撰人、著作原委及旨要等。

(2)《郑堂读书记》:清·周中孚撰。此乃周氏考诸史书"艺文志"及各家叙录,仿《四库全书提要》之例撰成。医书类收书三十五种,注文记版本,提要对撰人、内容概略及旨要等,均有所阐述。

(3)《郘亭知见传本书目》:清·莫友芝撰。此乃莫氏采访所见行世版本随手注记而成,今本多有后人附益者。医家类收医书一百三十三种,注文记撰人,详述版本,间述旨要,或有眉注。

(4)《贩书偶记》:民国·孙殿起撰。此乃孙氏经营书店业务,积数十年所见,所作记录。医家类收书一百五十四种,注文记撰人、版本年代及刊家,间存款式。

(5)《贩书偶记续编》:民国·孙殿起撰,雷梦水编次。此书为前书之续编,医家类收书五百九十三种,注文亦仿前书例。

(6)《文禄堂访书记》:民国·王文进撰。是书乃王氏经营书店业务时,积历年所见编纂。收医书五种,注文记撰人、版本年代及刊家、款式,间记刊工姓名及序跋人。

(八) 专科书目类

此指专著录医学图书(主要是中医图书)的书目。此类书目为数较少,今举国内外数种主要书目,加以简介。

(1)《医藏书目》:明·殷仲春撰。此书为殷氏据自藏及朱纯宇、饶道尊二人藏书编纂。全书分二十函(按即二十类),收书五百四十六目(按含重复及少数非医籍者)。注文记卷数及撰人等。

(2)《医学读书志》:清·曹禾撰。是书乃曹氏据"史志所载,耳目所及之书,志其次第"编撰。书文以朝代为序,以人为类,以书名为目,计收"三坟暨列朝敕撰之书七十一部"、"历代名医四百一十六部"。凡书及撰人失考者,则仅摘史志等著录,间加总叙。凡书存及有文可考者,则加解题,对撰人传略、内容概要、学术源流等,均有所考释。

(3)《中国医籍考》:日本·丹波元胤撰。该书乃丹波氏据中国历代史志、书目及文献记录所见闻之图书编纂。全书设九类,收书三千余种,目文含撰人、书名、卷数(间含出典)、存佚或未见。考文中含序跋、撰人传略、评述、源流等,凡艺文方志、文艺杂说、小说笔记中与其书有关者,尽为采摭,间加按语,以陈己见。

(4)《宋以前医籍考》:日本·冈西为人撰。该书为冈西氏收辑我国宋以前医籍著录文献编纂。全书共分二十三类,收书一千八百六十多种。每目含书名及撰、注人,下设出典、考证、序跋、版本等项,援引历代史志、书目著录及各种文史与医学著作等文献中记载之有关内容,按年代顺序著录。收集资料之广博,可谓空前。末附书名、人名索引,以利检索。

(5)《四部总录·医药编》:近人丁福保、周云青撰。该书本为丁福保先生《四部总录》中之一部分。新中国成立后,有单行本,嫌原收书仅近五百种之数不足,由周云青增补附录三种:一、现存医学书目总要;二、现存医学丛书总目;三、《中国医学大辞典著录医学书目》。末附王重民先生《善本医籍经眼录》为补遗。合计收书在一千五百余种。原编书目下记现在版本。提要内容,含原书序跋、前人书目解题等。凡原无序跋者不收。附录三种,注文仅撰人、版本等,间记别文。补遗一种,对撰人及版本,多有所考证。

(6)《中医图书联合目录》:中医研究院、北京图书馆编。该书据全国五十九个图书馆所藏图书编纂。全书设十五大类,共收图书七千六百六十一种(包括少数书籍在各类中互见时重复计算者)。每目记书名、卷数及成书年代。另记各种版本及馆藏。该书虽著录之版本,少数未经严格审定,然收书种数为此前最多者。末附书名及撰人索引,检索亦便。至20世纪80年代,在此基础上,重新编纂。参加馆数增至一百一十三个,收书数达一万二千一百二十四种。注录方式,一仿前例。

(7)《中国分省医籍考》:今人郭霭春主编。该书据全国二十六省(自治区)地方志著录之医籍编纂。共收书七千三百余种,其中千种以上者有江、浙二省,其次为山东、江西、安徽、河南四省,均四五百种。每书均记出典及志文。志文或言撰人,或言著述,或言旨要,或言验案,或言操行等。对研究古医籍之不见于史志及书目著录者,可谓集其大成。

(8)《四库全书总目提要·医家类及续编》:今人李经纬、孙学威编校。该书乃将《四库全书提要·医家类》及《续编》合编一册,分别按分类排列,合收医书六百一十四种。原书提要记撰人、内容概略及旨要等。此合编本又细加点校,并参考有关文献,间加案语考证。

(9)《中华古文献大辞典·医药卷》:今人庄树藩主编。该书为该辞典一分卷单行本。共收书自近年出土医书至清末医著二千三百余种。按笔划编排。其释文对撰人、卷数、内容概略及旨要等均予述及,并注明今存主要版本。末附撰人及分类索引。

(10)《中国医籍通考》:今人裘沛然编审、严世芸主编。本书据文献著录,"上溯出土文献，下迄清代医书，旁及日本、朝鲜的中医古籍，凡历代史志和近贤所著的医学目录，有载必收，有遗则补”。共收医籍达九千余种。著录除书名、撰人、卷数、存佚等内容外，并辑录原收序跋，诸家解题及杂记、评述按语等，后记现有版本。另有“索引”一册，按笔画排列，亦便检索。

(11)《历代史志书目著录医籍汇考》：今人李茂如等编。该书系“汇采历代史志”公私书目以及诸家文集、札记、论说等文献一百八十余种，按其类属析为三篇。一曰史志篇、二曰书目篇、三曰广录篇。各篇所属各种文献，按所属时代之先后，排次编目著文为述”。对每种文献均予以概略介绍，对内容体例，一仍原书之旧。收集内容可谓宏富，唯删略或有未当处。

（九）日本中国医籍书目类

中国医籍，据史籍记载，远在唐以前，即从朝鲜传往日本，隋、唐以后，中日直接交往增多，在文化交流中，尤有大量医籍传往日本，收藏于各大图书馆或私人手中，同时也有大批日人著述问世。故自唐以来，即有书目类著作多种，其中著录之中医古籍，并有不见于国内书目或史籍者，故此类书目，对中国古代医学文献的研究，亦颇具重要意义。今略举数种为例，加以简介。

(1)《日本国见在书目》：日本仁和、宽平年间（公元885至897年，相当于中国唐僖宗光启元年至唐昭宗乾宁四年）藤原佐世奉敕撰。据日本史籍记载，唐以前流入日本之中国医籍，藏于日本官方秘阁者甚富。贞观十七年（公元875年，相当中国唐僖宗乾符二年）正月二十八日，冷泉院火灾，秘阁之图籍文书，多成灰烬。有鉴于此，乃留心编纂现存书籍之目录。特敕藤原佐世任是职。全书亦仿《隋志》体例，按经、史、子集四部，子集医方家收书一百六十六种。每书以书名卷数为目文，注文仅记撰人。此书目对研究我国唐以前医籍，有重要意义。

(2)《经籍访古志、补遗》：日本涩江全善、森立之撰。按十类收书一百八十种。每书以书名、卷数为目，下注版本及藏家。解题则记撰人里贯、生平等，重在考版本之款式、行款、印记等，或加按以辨别异同，考镜源流。按此中所记，多有古传，如宋金元刊或宋以前旧抄本。

(3)《日本访书志》：清・杨守敬撰。此书乃杨氏驻日时，访购之古籍所作之著文题识编纂。全书收医籍二十九种。每书以书名、卷数为目，下注版本。其题识对撰人里贯、生平、版本款式、行款等，均有所记。又对版本源流及异同、优劣等，亦有所考。

又《日本访书志补》：清・杨守敬撰，民国・王重民辑。乃王氏辑杨氏遗稿编辑。收医书八部，体例亦仍原志。

（十）善本书目类

此指以选择善本加以著录之书目。此类书目皆明末至清以来，诸目录学者，对存世诸书，特选诸善本之图书，加以著录，并对版本之外形诸如款式、行款、印记等，详为描述，并对版本源流、真伪、优劣等加以考证。至于“善本”的含义，随着年代的不同，而有不同的要求与断限，详见本书“中医文献的载体”一章有关版本方面的内容。

(1)《上善堂书目》：清・孙从添撰。乃据家藏善本书编纂，故又名《上善堂宋元版精抄旧抄书目》。收医书计二十四种。为宋、元刊本，影宋抄、名人抄、旧抄，校本类。每书目文记版本、书名、卷数，下注收藏、跋文、校正等。注文较简。

(2)《钦定天禄琳琅书目》。清·于敏中等奉敕撰。该书乃清乾隆九年，命内臣检内府藏书所择善本进呈御览者，由于氏等奉敕撰写此目，收医书四种。目文仅记书名，下注函数与册数，题记首列卷数、撰人或注、校人，序跋人及有关衔名等。后记撰人、旨要、版本等之考释。末记收藏印记。

又《钦定天禄琳琅书目后编》：清·彭元瑞等奉敕撰。此乃嘉庆时续编，收医书十种，体例亦仿前编。

(3)《平津馆鉴藏记》、《补遗》、《续编》：清·孙星衍撰。此据自藏善本题记撰成，计收医书三十一种。主要为宋、元、明刊本及旧写本。目文记书名及卷数。题记含撰人及版本如款式、行款、印记或源流的考证。

(4)《百宋一廛书录》：清·黄丕烈撰。乃据家藏宋版书撰。收医书七种。以书名为目，题记主要是对版本的考证。

又《求古居宋本书目》：为黄丕烈记前《书录》后续收之书目，收医书十八种。书名下仅记版本完整情况及卷数、册数。

(5)《艺芸书舍宋元本书目》：清·汪士钟编。据家藏善本编纂。收医书三十七种。以书名、卷数为目，注文间记卷文残存情况。

(6)《竹崦庵传抄书目》：清·赵魏撰。据家藏当时传抄之孤本秘笈编纂。收医书四十九种。以书名、卷数为目，下注撰人及页数。详赵生当乾、嘉之际。所藏抄本，必皆清初或此前旧抄佳本。

(7)《爱日精卢藏书志》：清·张金吾撰。据家藏图书编纂。医家类收书十九种，尽为宋、元、明刊本及影写宋、金、元刊本。以书名、卷数为目，下注版本，题记首列撰人注、校人或版本原委，后收序文或前人题记。

(8)《仪顾堂题跋》、又《续跋》：清·陆心源撰。此皆陆氏对诸善本之题记。合收医书二十七种。对每书之卷数、版本、撰人、旨要、原委、异同等均有所考释题记。

(9)《结一庐书目》：清·朱学勤撰。据家藏图书编纂。医家类收书十九种。皆宋、元、明刊本或旧抄本。以书名、卷数为目文，下注册数、撰注人、版本或收藏家。

(10)《善本书屋藏书志》：清·丁丙撰。此据家藏善本书编纂。合收医书六十七种，皆元、明刊本或中、日影宋、金刊本或写本。以书名、卷数为目，下注版本，间记收藏。题记首列撰、注人，次及序文、版本款式、内容旨要、印记等。

(11)《艺风藏书记》：清·缪荃孙撰。据家藏图书编纂。收医书十五种，皆明刊或明翻宋本，并日本刊本。以书名、卷数为目，题记版本款式或印记等。

又《续记》，为缪氏续收善本图书之题记，共收医书二十三种。其中有日刊、日抄本六种，体例亦仿前书。

(12)《群碧楼书目初编》：清·邓邦述撰。据家藏图书编纂。收医书共二十五种。皆宋、元、明刊本或名家藏本。以书名、卷数为目，下简记撰人及版本。

又《群碧楼善本书录》、《寒瘦山房鬻存善本书目》，亦邓邦述续编。合收医书二十一种。以书名、卷数为目，下注册数。题记首列撰人、注校人，后记版本款式及印记等。

(13)《故宫善本书目》：民国·张允亮编。共收医书二十七种。以书名、卷数或函数为目，下注册数、撰人及版本或行款。

(14)《浙江省图书馆善本书目甲编》:民国·毛春翔撰。医家类收书十四种。以书名、卷数为目,下注册数、撰人、版本及印记等。

(15)《双鉴楼善本书目》:民国·傅增湘撰。据家藏善本编纂。收医书五种。以书名、卷数为目,下注版本、行款及印记等。

(16)《涵芬楼烬余书录附涵芬楼原存善本草目》:民国·张元济撰。共收医籍六十二种。其中《书录》收医书十六种。以书名、卷数为目,下注版本、册数。题记对内容旨要或版本款式、印记等均有著录。《草目》收医书四十六种。以书名为目,下注简记撰人、版本或藏印等。

(17)《上海图书馆善本书目》:上海图书馆编。收医书七十八种。以书名、卷数为目,下注撰人、版本与刊家,间记行款。

(18)《北京图书馆善本书目》北京图书馆编。收医书二百余种,其年代已及于清初刊本或清抄本。以书名、卷数为目。下注时代、撰人、版本、刊家、册数,间注跋识及批校人、捐赠人。

(19)《中国善本书提要》:王重民撰。据平生在国内搜访所得及北京图书馆等有关文献编纂。收医书一百三十一种。以书名、卷数为目。下注册数及馆藏。题记首列版本及行款,后记撰人里贯、生平、版本款式,收藏印记,或序跋等。

以上仅就现存书目,聊为简介,意在得知凡此上列诸目录中,均著录有中医书若干种,可供查阅,至其详细情况及具体书目,则限于篇幅,难以尽述。

另外,前人所谓特种目录者,尚有多种,与中医古籍之关系不十分重要,兹不赘述。

七、中医图书目录类例

(一) 图书类例的意义

类例者,部类体例也。图书目录类例者,图书目录中之部类体例也。如《隋书·许善心传》:"善心更制《七林》,区分类例。"明·胡应麟《经籍会通》:"宋世诸家,虽咸有书目载于《文艺通考》,其类例悉不能详。"此皆指图书之部类与体例。

详图书之分部类,其来已久。孔子制"六艺",亦类例之义。汉代刘向、刘歆父子校书,种别类例,亦其贡献所在。《汉书·艺文志》云:"每一书已,向辄条其篇目,撮其指意。"又《汉书·刘歆传》:"歆乃集六艺群书,种别为《七略》。"是向之"条其篇目,撮其指要",是类例的基础;歆之"集六艺群书,种别为《七略》",是类例的结果。

图书之"区分类例",是目录工作一项十分重要的任务,类例得体,则书之种别分明,类例不得体,则部次混淆。宋·郑樵《通志·校雠略·编次必谨类例论》云:"学之不专者,为书之不明也;书之不明者,为类例之不分也。有专门之书则有专门之学,有专门之学则有世守之能。人守其学,学守其书,书守其类。……士卒之亡者,由部伍之法不明也;书籍之亡者,由类例之法不分也。类例分则百家九流各有条理,虽亡而不能亡也。"又云:"类例既分,学术自明,以其先后本末具在。"郑氏此论,亦甚得图书类例之要领。

(二) 图书类例的沿革

就今存诸史志目书而言,类例之始,犹在《汉志》,所谓"六略"者,实当六大类也。"方技”者,“六略”之一。“方技”又析之为四:曰医经、曰经方、曰房中、曰神仙。房中者,本性医学之类也。神仙者,兼养生之道也。后在目录中,不归医学类,而皆入于道家类。

魏晋南北朝时,目录分部,因史志未载,书目尽佚,故具体情况,不得详悉。然据《隋书·经籍志》前叙所记,其图书分部大致为:

三国时魏秘书郎郑默,始制《中经》,秘书监荀勖,又因《中经》更著《新簿》,分为四部,总括群书。一曰甲部,纪六艺及小学等书;二曰乙部,有古诸子家、近世子家、兵书、术数;三曰丙部,有史记、旧事、皇览部、杂事;四曰丁部,有诗赋、图谱、《汲冢书》。按此四部,甲当经部,乙当子部,丙当史部,丁当集部。医学未明出,暂难考定。若按此后类例,或在子部。

东晋之初,著作郎李充遂总没众篇之名,但以甲乙为次,自尔因循,无所变革。盖亦沿用魏制。

宋时王俭别撰《七志》:一曰经典志,纪六艺、小学、史记、杂传;二曰诸子志,纪今古诸子;三曰文翰志,纪诗赋;四曰军书志,纪兵书;五曰阴阳志,纪阴阳图纬;六曰艺术志,纪方技;七曰图谱志,纪地域及图书。此又别立一体,既不同于《七略》,亦有别于四部。医学当属乎方技之类。

齐永明中,秘书丞王亮、监谢朏,又造《四部书目》,仍用魏制。

梁有秘书监任昉、殷钧《四部目录》。其术数之书,更为一部,使奉朝请祖暅撰其名。故梁有五部目录。医学类或仍在乙部。

《隋书·经籍志》设四部,曰经籍一,经;经籍二,史;经籍三,子;经籍四,集及道经、佛经。“医方”类在子集。此四部之序,与魏制甲乙丙丁者有别,彼之甲当经,乙当子,丙当史,丁当集。此则特直名为经、史、子、集四部。后之图书目录四部类例,基本上是沿用此制,唯各部分类,自有分合损益之不同。此乃对后世影响最大的一种分类方法。后之史志,均用此体制,别撰书目,用者亦多。

《旧唐书·经籍志》沿用《隋志》四部,惟以甲、乙、丙、丁与经、史、子、集结合命名。曰甲部经录、乙部史录、丙部子录、丁部集录。《新唐书·艺文志》亦同。医学类均在丙部子录。

《宋史·艺文志》则迳称经、史、子、集。惟不称“部”,而名“类”,即经类、史类、子类、集类。医书类在子类。

《明史·艺文志》同《宋志》,惟“子类”不单设“医术”,而附于“艺术类”中。《清史稿·艺文稿》称经部、史部、子部、集部。“医家类”在“子部”。

这种经、史、子、集四部分类法,自《隋志》以来,官修史志及诸多官私撰目录,基本上是以此为本。医学则属于“子部”。

然而在私撰通书或目录中,也并非尽从此例。据现存文献,首先打破此种体制的是宋·郑樵的《通志·艺文略》,它不遵四部分类法,而是分为十二个大类,一级题名,即经类、礼类、乐类、小学类、史类、诸子类、天文类、五行类、艺术类、医方类、类书类、文类。在十二大类中,又有二级题名凡 82 类。在 82 小类中,又有三级题名凡 442 种。

从郑氏的这一分类方法中可以看出,其总体设计思路,在一级题名的排列方面,虽然仍是以经、史、子、集四部为序,但是却具有以下几个特点:①取消了原有“子部”与“集部”两个一级题名,而代之以更为具体而明确的题名;②由于一级题名的增多,使诸多所谓旁门、小道之类的图书,得与传统的所谓经典、大道之作并列;③从医学的角度论,这是首次把医方类图书作为一级题名升位。④打破了自魏晋以来使用的四部二级分类程式,开创了多部多级的分类方法，使图书的分类更为合理。虽然郑氏在具体分类方面，尚有诸多不足之处，但在方法上的创造精神，无疑是应当肯定的。

在以后的图书目录类例中，主要是两种模式，一种传统的四部分类，一种是多部的分类。而医学图书，在四部分类中，均属子部二级；在多部分类中，均升为一级。其他书目类例，不外此式，兹不繁举。

(三) 中医图书类例

1. 类例题名

中医图书在目录分类中，不论作为一级题名，还是二级题名，历来并不尽同。从现存书目中看，约有以下几种称谓。

(1) 方技。最早见于《汉书·艺文志·序》云："侍医李柱国校方技。"颜师古注："医药之书也。"故该志"方技"为"六略"之一。其后序云："方技者，皆生生之具，王官之一守也。"又《史记·扁鹊仓公列传》："诏问故太仓长臣意：方技所长及所能治病者，有其书无有？……臣意对曰：自意少时喜医药，医药方试之多不验者。至高后八年，得见师临淄元里公乘阳庆，庆年七十余，意得见事之，谓意曰：尽去而方书，非是也。庆有古先道遗传黄帝、扁鹊之《脉书》、《五色诊病》，知人生死，决嫌疑，定可治，及《药论》，书甚精。我家给富，心爱公，欲尽以我禁方书悉教公。臣意即曰：幸甚，非意之所敢望也。"是则"方技"者，实指医药之法术与技能也。而《汉志》所谓"生生之具"者，广其义而言之也。"生生"犹养生也。如《老子》："以其生生之厚。"近人高亨注："生生，犹养生。""具"，犹道也、方法也。如《文子·微明》："老子曰：人皆知治乱之机，而莫知全生之具。"义与此同。

又有所谓"方技"者，与"方术"义同。如《后汉书·方术传》，其传主多通医术、及天文、占卜、星命、遁甲、堪舆之术。又《后汉书·党锢传序》："时河内张成善说风角，推占当赦，遂教子杀人……初，成以方伎交通宦官。"《明史·方伎传》，亦泛指医、卜、星、相。伎与技通。

(2) 医方。如《隋书·经籍志》称"医方"，小序云："医方者，所以除疾病，保性命之术者也。"详"方"，犹法术也。《左传·昭公二十九年》："官修其方。"杜预注："方，术也。"《史记·扁鹊仓公列传》："问中庶子善方者。"司马贞索隐："方，方伎之人也。"是医方者，医药之术也。

(3) 医术。如《旧唐书·经籍志》称"医术"。此与"医方"之义亦同。

(4) 医书。如《宋史·艺文志》称"医书"。详宋代书目如《通志·艺文略》、《郡斋读书志》、《直斋书录解题》、《崇文总目》等，亦皆名"医书"。此则更为明确地指为医学书籍。

(5) 医家。如明·焦竑《国史经籍志》称"医家"。清代书目及《清史稿·艺文志》亦皆用此名。家，学术流派也。如儒家、法家、兵家、农家等。《史记·太史公自序》："乃论六家之要指。"《汉书·艺文志》："诸子十家，其可观者，九家而已。"

(6) 医学。清末徐树兰《古越藏书楼书目》，即有"医学"之称谓。如"医学总义"、"东西洋医学总义"等。若近代书目，则多用此名，学者，具有学科、学派之义。如《汉书·儒林传》："《易》有京氏之学。"北齐颜之推《颜氏家训·杂艺》："算术亦是六艺要事……江南北学殊少。"宋·周邦彦《汴都赋》："又有律学以议刑制，算学以穷九九。"

以上题名虽有不同，然其实际含义，皆指医药学书籍而言。

2. 医籍类例收书范围

在历代史志及书目中有关医学书籍的收书范围，也不尽相同。自《汉书·艺文志》以来，从历代收书品种看，主要包括以下几个方面：

(1) 医药学的基础理论与医药方书(包括各个学科的医籍)，这是医药图书的主体，也是数量最多的一个方面。

(2) 房中，首见于《汉书·艺文志》“方技”略有此一类。其小序云：“房中者，情性之极，至道之际，是以圣王制外乐以禁内情，而为之节文。”详房中术者，今之所谓性医学也。观今存古医籍如《千金方》及《医心方》及近年马王堆汉墓出土古籍中有关内容，其中固有诸多糟粕之说，然亦有许多符合科学道理的性生活方面的内容，不应一概排斥。惟此类著作，后世医家类收者渐少，而在道家中犹有所著录。如宋·郑樵《通志·艺文略·道家》有“房中”一类，著录有九部十八卷，如《素女秘道经》一卷、《素女方》一卷等。详此类著作，早在晋·葛洪《抱朴子内篇·遐览》所列道家书目中，已有《玄女经》、《素女经》等，《隋书·经籍志》亦著录有八种之多，证之《医心方》卷二十八“房内”引书，即属此也。其作“房内”者，以避隋文帝父杨忠嫌讳，故改中为内也。

(3) 神仙，首见于《汉书·艺文志》“方技”略有此一类。其小序曰：神仙者，所以保性命之真，而游求于其外者也。聊以荡意平心，同死生之域，而无怵惕于胸中。”颜师古注：“荡，涤。一曰荡，放也。是知所谓神仙者，求养性之道，涤除不平，身同生死，胸无怵惕，以养天年者也。然其既称神仙，自有其欲求长生不死之欲，这正是王公贵族，或厌世隐身之士所欲求者，自有其迷信不论之意。若排除此意，于养生之道，自当取焉。故此类后或流入道家，或入医家。入医家者，后多以“养生”或“摄生”为名，而不称“神仙”。

(4) 兽医。由于人们在从事政治军事及经济生产等活动，均离不开大牲畜的帮助，故对兽病的治疗，亦为医疗技术的一个方面。在《隋书·经籍志》“医方”类，即著录有兽医书八种。如《治马牛驼骡等经》三卷等。

(5) 丹方。丹方者，黄白之术。五石散、寒食散等，皆其类也。本出于方士或道家之流，始行于秦汉，盛于魏晋南北朝时，著述甚多，亦收于医籍，亦载于道家。

(6) 香药。是以各种香料药物制成之香药，用以烧熏，以逐秽恶之气。如《隋书·经籍志》“医方类”著录有《香方》、《杂香方》及《龙树菩萨和香法》等三种。今存《太平惠民和剂局方》“诸香”门，犹存香药方三道。

(7) 粉泽。谓粉黛脂泽，均为化妆用品。唐·上官仪《劝封禅表》：“发神化之丹青，敷礼义之粉泽。”金·元好问《己亥十一月十三日雪夜夜半读书山东龛看月》：“青女有功加粉泽。”如宋·郑樵《通志·艺文略》医家专有“粉泽”一类，收书三种。

(8) 膳食。饮食之制作服用及宜忌之法也。早在《隋书·经籍志》中即著录有此类著作五种，如马琬《食经》、《会稽郡造海味法》、《膳修养疗》等。《通志·艺文略》“食经类”收书四十一种，均为论饮食养身之术也。

(9) 法医。这是为了在法律范围内解决与医学有关的纠纷问题，所以谓之法医。所以此类著作，既与法有关，也属医学的一个科别。

(10) 医学文物。作为文物来看，古代留下的图书，其本身已具有文物的价值。但作为图书的文物，必需具有图书的条件及内容。因此，此类物品，亦属图书的一个类别。如某种图象的拓片印件及文字说明等。

(11) 书目。既是各种图书的专门记录,也是对图书的检索工具。因此,凡著录有中医图书之书目类书,亦属中医图书。

以上仅是就古今书目收书范围的大致情况而言,然而就每一书目的收书范围,往往是根据其馆藏情况和见闻所见及编纂意图等不同要求和不同条件而定,故收书范围,亦多有差异。

3. 医籍目录古今类例举例

医学图书,如果作为一个独立的学科,其类例之分,亦从《汉书·艺文志》始,由于图书数量的不断增加,品种的不断扩大,其类例亦由简而繁,由少而多。同时由于学术的不断发展,认识的不断深化,类例的层次也不断有所扩展。因此,图书类例的著录史,也是学术发展史的一个侧面的旁证。以下就中医图书历代类例情况,加以简要的介绍。

(1)《汉书·艺文志》:医经、经方、房中、神仙四类。

(2)《旧唐书·经籍志》及《新唐书·艺文志》:明堂经脉、医术二类。

(3) 宋·郑樵《通志·艺文略》:脉经、明堂针灸、本草、本草音、本草图、本草用药、采药、炮炙、方书、单方、胡方、寒食散、病源、五脏、伤寒、脚气、岭南方、杂病、疮肿、眼药、口齿、妇人、小儿、食经、香熏、粉泽二十六类。

按此上虽分为二十六种,较之此前,已为详细,然而作为层次级别,并不十分合理。如本草一种,如果作为一级题名,则此下若本草音、本草图、本草用药、采药、炮炙等,均应分属低一层次题名为是。

(4) 明·焦竑《国史经籍志》:经论、明堂针灸、本草、种采炮炙、方书、单方、彝方、寒食散、伤寒、脚气、杂病、疮肿、眼药、口齿、妇女、小儿、岭南方十七类。

焦氏此一类例,基本上是仿照郑樵的分类,惟对其中有些类目做了某些并合,如病源、五脏等归并于经论中,将本草之六类,归并为二类等。其他内容,亦无新的发展。

(5) 明·殷仲春《医藏书目》,分为二十函。其自序又记云:"按《医藏录》者,取诸如来法藏,权立其名,以济度群生也。世人珍重严敬者,莫如内典;广被获济者,亦莫过内典。昔庾信窃佛语以藻丽其文,罪生孽现,予借如来藏名以救困厄,即如汲黯矫诏,发粟以济饥民,汉武英主而不罪。又如周室不朝,桓、文不得不令诸侯也。况佛藏有药师之经,勤礼忏诵,即得清凉解厄;医藏实为世宝,罪过或有……"

此其所以明编此目之旨及函类取名之义。全书共分二十函,亦即二十类。今列其名,并简摘叙文如下:

1) 无上函。无上函者,取《内经》既诸籍,凡诸家无有越于此者,为识函也。

按此函所收为《内》、《难》、《甲乙》、《伤寒》、《金匮》等所谓医学经典之类。另收《易经》五卷。足见殷氏以为《易》亦医之经典也。

2) 正法函。正法者,医家之大济生民之书也。自轩岐已降,奇赅虽传,无准的以法世,张机仲景以天纵之才,以生民为惧,分六经证治,此不能一辞为赞。

按此下列李东垣、张洁古、刘河间、钱仲阳、朱丹溪、罗谦甫、庞安常、王安道及《千金》、《十书》等。此殷氏所谓医之"正法"者也。

3) 法流函。法流者,正法流行于宇内,有扶植生灵之功,垂教英敏之法。

按此下所列诸家如刘宗厚、方广、戴元礼、王节斋等，皆师承或私淑正法诸家者也，故谓之“法流”。

4）结集函。结集函者，诸品妙谛而为一乘之法也，惟此最难。广之则芜秽漫散，约之则遗漏失诠，非有宏材，安能删述；若无慧悟，安能编简。

按此下所列，皆所谓能广集诸品而不芜秽者，如王叔和、危亦林、娄全善等，皆广集众说而非一家之言，故谓之“结集”。

5）旁通函。旁通者，为医家之能事，禅之别宗，治之变法，兵之诡道，民之菽麦，此非常经。古人云：民可乐成，不可虑始。此行变之始法。

按此指上所谓“正法”、“法流”以外之旁门通行之变法，故谓“旁通”。

6）散圣函。散圣者，非医流之专业，天生聪睿特达之士，既以文学标乎宇宙，为才流之山斗，而游心一艺，亦切生民粟帛。

按此指文而能医者，故谓之“散圣”，所举有苏东坡、沈存中、许学士之流。

7）玄通函。玄通者，出于《内经》五运、六微、天元纪论……此兼推步，不特民病，兼通世运。

按此指运气之类，惟并收《黄庭》、《中藏》并《太素脉》等，似非所当。

8）理窟函。理窟者，攻切脉而知病情。诸家所集不言望、闻、问，而止言此，以其最难紧要立名也……天下之理莫玄微乎此理，人之死生，系于顷刻按诊。

按此指切诊之类。

9）机在函。机在者，集目科数十种而便于治焉也。人之机在目乎……

按此指眼科。

10）秘密函。秘密者，秘传之书，不经世目。如秘方、家秘之类。

按此指诸所谓秘传之书。

11）普醍函。普醍函者，取《神农本草》以至近代诸本草。如释氏醍醐以清凉味解脱诸烦恼也。

按醍醐者，乳酪之属，释家以之喻佛性，可以解脱烦恼，故以喻本草解诸疾苦。

12）印证函。印证函者，述古方旧案而成之也。人有今古之不同，方有南北之迥异。况方者仿也，案者谙也，止可法此而证他岐，不可证此而为准鹄。不细玩自古名方，必瞢七方之博约，焉知十剂之纵横。

按此诸古方书。

13）诵法函。诵法函者，熟其记诵，便于应酬，此皆为钝根而设也。

按此指歌赋之类。

14）声闻函。声闻者，非谓辟支之谓也。目未经览，但世有秘册奇书，或禁方奇赅，或医书引用未睹全帙，高人逸士，方外丹客，或世传秘方，访知的有，必须求之。

按此指纂辑之类书型或见闻之所记而非亲睹者。

15）化生函。化生者，女科十二种为集也。

按此指妇科。

16）杨胕浸假函。杨肘函者，取外科散籍，总纲一籍。

按此指外科类。杨肘，即杨枝肘。语本《庄子·至乐》：“柳生其左肘。”郭庆藩集释引郭嵩涛曰：“柳，瘤字，一声之转。”又王维诗“岂恶杨枝肘”。义同。浸假，逐渐之义。

17）妙窍函。……然则针灸，上古之法，又春夏秋冬，散俞络俞，皮肤窍理，毫不相紊。

按此指针灸俞穴之类。

18）慈保函。慈保者，婴科种种，颅囟夷疮，纤收而备具者。

按此指儿科类。

19）指归科。指归者，指示学者，得正脉而深明乎妙理，使不杂淆于里而得圣贤玄奥。

按此指《内》、《难》及仲景、丹溪等要籍，可以指示正脉之类也。

20）法真函。法真者，取修真导引之书数十种，以资医理。

按此指养生导引之类，故首列《道书全集》五十余种，足见此函之旨。

此书从一本专科目录的角度论，无疑是一种成就，若就类例方面看，取释家语以为类目，对一般读者来说，隐晦难解。从分类内容方面看，除部分学科外，多数混杂不类，不足为法。正如范行准先生云："由于本书作者根据释氏的名义来做分类，所以许多地方，都很勉强的……这都不免限于释家之言凭主观的看法来做分类，所以有此糅杂而无伦序的缺点。""此外书名又多重复的。所以如用纯粹的目录学的观点来批判它，本书是有缺点的。"范先生对本书的这一评价，确如其言。

（6）明·赵琦美《脉望馆书目》：医总、本草、《素问》、脉诀、伤寒、小儿、针灸、外科、养生、女科、眼科、风科、祝由、按摩、医马等十五类。

赵氏此类例，较之焦竑的十七类更为合理些。但作为科别来说，有些学科仍未确立。且从其每类收书情况来看，特别是"医总"一类，尤为混乱，似无标准可寻。说明对医籍类例的确定，尚未成熟。

（7）明·陈第《世善堂书目》：经籍、伤寒科、针灸、救产、妇人、小儿、外科、脉诀、本草、药方、通治、兽医等十二类。

按此一类例，限于馆藏，类别不足。然所分类别，除"通治"一类外，余者均较明确。故通治类中，收书亦杂乱无章。

（8）清·徐树兰《古越藏书楼书目》：医学总义、东西洋医学总义、杂病、妇科产科、儿科、眼科、外科、全体学、本草、方书、平时调摄十类。

此一类例之分，时当清末，限于私馆所藏，难以全面，然其所类，已含东西洋医学在内。

（9）民国·孙殿起《贩书偶记续编》：《内经》、《难经》、《脉经》、《伤寒》附瘟疫、《金匮》、《针灸》、本草附方药、方书、内景、医总、医案、医话、杂病、幼科附痘疹麻痧、妇科、外科、眼科、喉科、医史、兽医、医学辞汇等二十五类。

此一类例的分法，较之清代，已大有进步。孙氏所记，虽皆经眼之书，但他的分类，确是反映了医书种类的增多和分类逐步趋于合理的现实。

（10）日本·丹波元胤《中国医籍考》：医经、本草、食治、藏象、诊法、明堂经脉、方论、史传、运气九类。

详"方论"一类，虽未再分细目，然据其排列之自然顺序，实含伤寒、温疫、古方书、金匮、方书、寒食散、眼科、口齿、外科、妇科、儿科、痘疹等。亦可显示其分类的内容。

（11）日本·涩江全善《经籍访古志》：医经、本草、明堂经脉、脉书、伤寒、众疾方论、外科、妇人、小儿、养生等十类。

按此为日本当时所存中国医籍之分类情况，故难以反映整个中国医籍之整体面貌。

（12）日本·冈西为人《宋以前医籍考》：《内经》、运气、《难经》、脉经、五脏、针灸、女科、幼科、外科、口齿、眼目、养生、月令、按摩导引、房中、祝由、兽医、医史医制、仲景方论、医经、经方、本草、食经等二十三类。

按此一类例，系冈西氏搜集中国各类文献及史志书目等著录之宋以前医籍，不问存佚所进行之分类。虽然尚难以达到理想之分类境地，但较之前人之分类，为大有进步，基本可以反映我国宋以前医籍之类例。

(13) 丁福保等《四部总录医药编》：经脉之属、专科之属（伤寒、内科、外科、儿科、妇科、眼科、喉科、针灸、兽医）、杂病之属（通治、专著）、药学之属、方剂之属、医案之属、养生之属、杂录之属。

按此一类例，虽分为两级，但从两级题名看，有的也不为准确。且因收书范围所限，亦难能反映医籍之全貌。

(14) 中国中医科学院图书馆薛清录主编《全国中医图书联合目录》，是在原中医研究院与北京图书馆编纂的《中医图书联合目录》的基础上，扩大馆藏后重新调整了类例，是当今馆藏中医图书的最新分类方法。题名按三级分类。现介绍如下：

医经
  内经：本文，注释，类编与摘编，发挥
  素问：本文，注释，发挥
  灵枢：本文，注释，发挥
  难经：本文，注释，发挥
  内经难经合类
基础理论
  理论综合
  阴阳五行、五运六气
  藏象骨度
  中医生理
  病源病机
  中医病理
伤寒金匮
  伤寒金匮合编：合刻，注释发挥，方论歌括，杂著
  伤寒论：本文，别本，注释，发挥，方论，歌括（图表入此），杂著
  金匮要略：本文与注释，发挥，方论，歌括
诊法
  诊法通论
  脉诊：脉经，脉诀，诸家脉学
  望诊
  舌诊
  其他诊法
针灸推拿
  针灸通论
  经络孔穴

针灸方法:针法,灸法,太乙神针,子午流注
针灸临床:针灸治疗,针灸医案
推拿按摩
外治法
本草
本草经:本经辑本,本经注释
综合本草:唐五代以前本草,宋金元本草,明本草,清本草,现代本草,国外本草,歌括便读
食疗本草:食疗,救荒本草,饮膳杂著
单味药专类药研究
炮制
本草谱录
杂著
方书
晋唐方书
宋元方书
明代方书
清代及近代方书:一般方书,方剂汇编,讲义,歌括,便读,单方与验方,本草附方,成方药目
国外方书
临证各科
临证综合
温病:四时温病,温疫,疟痢,痧胀霍乱,鼠疫
内科:内科通论,风痨臌膈,其他
妇产科:妇产科通论,产科,广嗣
儿科:儿科通论,痘疹,惊疳
外科:外科通论,外科专论,皮肤病,痔瘘
伤科
眼科
咽喉口齿:咽喉通论,白喉,喉痧,口齿
养生
养生通论
导引、气功
练丹
医案医话医论
医案
医话医论
笔记杂录
医史

通史
专史
传记:汇传,先秦医家传,秦汉三国医家传,唐宋元医家传,明清及近代医家传史料
杂著
综合性著作
医学通论
丛书、合刻
文史丛书中的医学著作
工具书:辞典,书目索引,表谱

按以上共有一级类题十一目,二级类题六十二目,加之三级类题若干目,较之以往类例,均为详悉。基本可以包容全国主要图书馆所藏中医图书的种类。但有些类目的增删、题名的确立等具体问题,似尚有可商之处。如"法医"一类,类目已无,书亦未收,似欠妥。少数民族医,在理论体系上与中医有别,似以单独列目较好。"房中"一类,古已有之,今亦有书存世,附在何科均不当,似应单列。在题名方面,如"临床"与"临证"并用,用名不一。如"内科"之二级题名,单设"风痨臌膈"一目不妥,似可设"内科专论"之目,即对某一病一证或数病数证等专论,如此等等。作为一个覆盖面齐全、分类确切、概念明确、含括恰当,且能会通古今,体现中医图书特色的书目类例,欲之完善无缺,确非易事。然作为任何一种类例的形成,也绝非一劳永逸之事,经过不断改进,自能日趋合理。

(15) 裘沛然编审、严世芸主编《中国医籍通考》,该书类例基本上只有一级类目。惟有"本草"一类复设二级类目。现摘录如下:

一级类目:医经,伤寒,金匮,藏象,诊法,本草,运气,养生,温病,针灸,推拿,方论,医案,医话,丛书,全书,史传,书目,法医,房中、祝由等二十一类。若将房中、祝由作两类计,亦只有二十二类。

本草二级类目:本经,综合,地区,食疗,单味,歌诀,炮炙,图志,栽培,研究、杂著,药理,药材等十三类。

按此一类例,从总体结构看,作为一部"总古今有无之书"的医籍通考类例,且不论类例的覆盖面和涵括的内容是否合理,从目录学的角度论,仅具一级类目,特别是"方论"一类,囊括内容,从页数上看,将近全书之半,仅用一级类目,实在难以检索。因此,作为书目分类,似乎不够完善。

以上简要地介绍了十五种书目的类例,上至汉代,下至当今。有史志书目之类例,有馆藏书目之类例,有专科书目之类例,有官修书目之类例,有私撰书目之类例,有今存书目之类例,有通书书目之类例等。在书目分类方面,各个不同历史时期和各种不同类型图书目录,均具有一定的代表性。

图书的类例,主要反映图书的种属和类别。根据类例的情况,一方面作为学术体系的系统结构,可以从类例的目录中,体现出它的纲和目的关系,各种图书在类别中应有的归宿;另一方面,作为学术研究,它可以帮助我们了解和寻找你所需要的书类及相关的书类与它们之间的横向联系及分合原委。从纵的方面看,古今图书类例之所以有别,也反映了学术发展过程图书形成情况,对图书类别的认识及对图书分类方法等有关问题的差别。因此,了解或掌握图书的类例,从某种意义上讲,也是打开学术宝库的一把钥匙,也是拓宽知识范围的向导。

从以上所引诸类例中,不难看出,从历史发展的角度看。图书的发展,完全以学术发展为依据。图书种属的由简到繁,体现了学术发展的总合分化及学科层次的逐步深入;图书类例的增减或删汰,体现了学科知识的扬弃与发展,及社会现实生活对本学科知识的需要程度。从图书类例分类和类别看,古今中外公私藏见所编书目中,也有很大差别,它不仅是图书本身数量和质别方面的原因,还有一个收书范围及编纂旨意不同等因素的制约,同时,在同样情况或条件下,也还有一个图书分类方法学的问题。

鉴于上述情况,为了中医文献研究的需要,就必需对中医文献图书类例有所了解和研究,以便能迅速准确地检索到你所需要的图书或资料。

八、图书目录的功用

对目录的功用,除为目录学家所注重外,亦为学者及读者所必知。故历代目录工作者及学界名流,均对目录的重要意义及目录的功用,有深刻的认识。今举诸家要论为例。

唐玄宗开元年间具有丰富实践经验的高僧目录学家智升,在《开元释教录》中云:"夫目录之兴也,盖所以辨真伪,明是非,记人代之古今,标卷部之多少,摭拾遗漏,删夷骈赘。欲使正教纶理,金言有绪,提举纲要,历然可观也。"智升所言,虽在释教诸书,然其对于目录的目的意义,作法及功用等,亦可谓要言不烦,直至今日,仍有其现实意义。又与智升同时代的毋煚,在《古今书录》自序中亦云:"夫经籍者,开物成务,垂教作程,至哲之能事,帝王之达典。而去圣已久,开凿遂多,苟不剖判条源,甄明科部,则先贤遗事,有卒代而不闻,大国经书,遂终年而空泯。使学者孤舟泳海,弱羽凭天,衔石填溟,倚杖追日,莫闻名目,岂详家代,不亦劳乎？不亦弊乎？将使书千帙于掌眸,披万函于年祀,览录而知旨,观目而悉词,经坟之精术尽探,贤哲之睿思咸识,不见古人之面,而见古人之心,以传后来,不甚愈已。"此论目录之功用,亦甚精辟,特所谓"剖判条源,甄明科部",非目录而莫为。又所谓"将使书千帙于掌眸,披万函于年祀,览录而知旨,观目而悉词"。亦颇知目录之要义。

清·王鸣盛《十七史商榷》卷一云:"目录之学,学中第一紧要事,必从此问途,方能得其门而入。"又卷七云:"凡读书最切要者,目录之学。目录明,方可读书;不明,终是乱读。"此所谓"学中第一紧要事",主要是从读书入门的角度而论。凡欲读那家书,欲知何类事,若不从目录入手,往往难能知其始末、源流之梗概,故特称为"第一紧要事。"又清·张之洞《輶轩语·语学》论读书宜有门径云:"泛滥无归,终身无得。得门而入,事半功倍。或经,或史,或词章,或经济,或天算地舆。经治何经,史治何史,经济是何条,因类以求,各有专注。至于经注,孰为师授之古学,孰为无本之俗学;史传孰为有法,孰为失体,孰为详密,孰为疏舛;词章孰为正宗,孰为旁门,尤宜决择分析,方不至误用聪明。此事宜有师承。然师岂易得？书即师也。今为诸君指一良师,将《四库全书总目提要》读一过,即略知学术门径矣。"又《书目答问》云:"此类各书,为读一切经史子集之途径。"张氏对书目之功用,所论尤为详明,并特指出《四库全书总目提要》一书,为读者之良师。这里蕴含一十分重要的问题,若如张之洞先生所言,能揭示内容旨要者,绝非一般目录,特别是那些账簿式目录,或仅具书名、撰人、卷数,别无注释、解题之书目所能起到的作用。当然,作为《四库全书总目提要》一书,其提要内容,虽然有诸多不足之处,但就这种揭示内容旨要之体式及大部分内容而言,尚足以为读者之师。

近代诸目录学家也十分重视目录的作用。如杜定友《图书目录学》云:“目录者,图书馆之锁钥也。为阅者与书籍之联络机关。”姚名达《目录学》云:“目录是开放人类知识结晶的钥匙,假设没有钥匙,吾人就不容易得其门而入。”

对目录之功用,余嘉锡先生《目录学发微》卷一,曾据前人利用目录之例而加以概述。今录其文如下(文中小字按及引古注略):

目录之学,既重在学术之源流,后人遂利用之考辨学术。此其功用固发生于目录学之本身,而利被遂及于学者。然亦视其利用之方法如何,因以判别其收效之厚薄。今举古人利用目录学之最早数事,以明其例。

一曰,以目录著录之有无,断书之真伪。

班固《汉书·东方朔传》:“朔之文辞,此二篇最善。其余有《封泰山》、《责和氏璧》及《皇太子生禖》、《屏风》、《殿上柏柱》、《平乐观赋猎》、《八言》、《七言》上下、《从公孙弘借车》,凡刘向所录朔书具是矣。世所传他事皆非也。”

二曰,用目录书考古书篇目之分合。

郑玄《目录》:“《曲礼》者,以其篇记五礼之事。祭祀之说,吉礼也。此于《别录》属制度。”

三曰,以目录书著录之部次,定古书之性质。

《南史·陈澄传》又与王俭书:“郑玄所注众书,亦无《孝经》,且为小学之类,不宜列在帝典。”俭答曰:“……仆以此书明百行之首,实人伦所先。《七略》、《艺文》并陈之六艺,不与《苍颉》、《凡将》之流也。”

四曰,因目录访求阙佚。

《隋书·牛弘传》:“弘以典籍遗逸,上表请开献书之路。曰:今御出单本合一万五千余卷,部帙之间仍有残缺,比梁之旧目,止有其半。至于阴阳河洛之篇,医方图谱之说,弥复为少。若猥发明诏,兼开购赏,则异典必至,观阁斯积……”

五曰,以目录考亡佚之书。

《隋书·牛弘传》:“案刘向《别录》及马宫、蔡邕等所见,当时《古文明堂礼》、《王居明堂礼》、《明堂图》、《明堂大图》、《明堂阴阳》、《太山通义》、魏文候《孝经传》等,并说古明堂之事,其书皆亡,莫得而正。”

六曰,以目录书所载姓名卷数,考古书之真伪。

《唐会要》卷七十七:开元七年,诏《子夏易传》近无习者,令儒官详定。刘子元仪曰:“《汉书·艺文志》,《易》有十三家,而无子夏作传者。至梁阮氏《七录》,始有《子夏易》六卷,或云韩婴作,或云丁宽作。然据《汉书·艺文志》,《韩易》有二篇,《丁易》八篇,求其符合,则事殊隳刺者矣……必欲行用,深以为疑。”……司马贞议曰:“……案刘向《七略》有《子夏易传》,但此书不行已久,今所存者多非真本。荀勖《中经簿》云‘《于夏传》四卷,或云丁宽所作’,是先达疑非子夏矣。又《隋书·经籍志》云‘《子夏传》残阙,梁时六卷,今三卷’,是知其书错谬多矣。”

虽然,以上数事,皆是用之以考古,则或疑为考证家专门学问,非普通学人之所需。然目录之学为读书引导之资,凡承学之士,皆不可不涉其藩篱,其义以张之洞言之最详。

以上是余嘉锡先生对目录功用,根据古人之实际经验所作之概括,对研究目录运用,颇有启迪。

近作武汉大学、北京大学编著《目录学概论》,对书目在社会上所起的作用,概括为四个方面。①反映一定历史时期科学文化的发展概况。②书目是打开人类知识宝库的钥匙。③书目是推荐图书指导阅读的工具。④书目是图书馆开展业务活动必不可少的工具。

从以上古今诸家对目录的功用,或者说书目的作用,均有精辟的论述及概括地总结。似此等论述,体现了对目录作用在认识上的深化,反映论者对目录著作的深刻认识;对目录运用有实际的体验;对读书应有向导有切实的需求。从而亦可说明,凡欲认真读书或对某一学科欲有系统了解;或从事某种科学研究,欲寻求历史文献或搜集资料,均离不开目录的锁钥或向导作用。

前所论者,或言古,或言今,或从读者而言,或据馆方而言,已就目录之意义功用,为之概论,当然亦包括医籍目录在内。为便于读者对目录的功用与运用的了解,今再结合医学需求实际、古今目录现状及前人论述,进一步详析如下。

1. 指引读书门径

清・张之洞《书目答问・略例》云:"读书不知要领,劳而无功;知某书宜读而不得精校精注本,事倍功半。"所言甚是。若医者之读书,欲知何者可入门,何者可深造;何者为经典之论,何者为诸子之学;何书内容详尽,何书内容简约;何者为古,何者为今;何书偏执,何书该备;何书切用,何书浮泛;如此等等,初学若无师承,盲然难以决择。若求助一目录佳作,往往有所指导。则学可循序而渐进,触类而旁通。此所谓事半而功倍也。

2. 提供科研资料

科学研究需要引古今文献资料作为基础或依据,对于中医学中某些科研课题,凡需文献资料特别是古代文献资料。而此类文献资料,主要保存于古医籍中。因而必需目录的提供,方能得到有关书目。如丹溪学派之研究,丹溪虽为元人,然在明、清两代,亲传或再传弟子较多,著述亦多。如明・焦竑《国史艺文志》医家类著录有朱震亨《丹溪医案》一卷、《丹溪纂要》八卷、《丹溪心法》三卷、《格致余论》一卷、《丹溪心法附余》二十四卷,又其门人戴原礼《金匮钩玄》一卷、《类证用药》一卷,又私淑者如王纶《明医杂著》六卷等书目多种。又《四库全书总目提要》医家类《金匮钩玄》提要云:

"元・朱震亨撰,明・戴原礼校补。中称戴云者,原礼说也。末附论六篇,不刻于目录中,一曰火岂君相五志俱有论,一曰气属阳动作火论,一曰血属阴难成易亏论,一曰滞下辨论,一曰三消之疾燥热胜阴论,一曰泄泻从湿治有多法论。皆不题谁作。观其滞下辨论,引震亨之言,则亦原礼所加也。震亨以补阴为宗,实开直补真水之先……《明史・方技传》载此书于原礼传中,卷数与今本同。称其附以己意,人谓不愧其师,其为医家善本可知矣……"此又对朱、戴二家在学术上之渊源关系,特加详述。

3. 借供文献考证

中华民族历史悠久,文化昌盛。就医籍而言,远自先秦之时,大都亡佚。自两汉以降,日益繁旺,至今存于世者,亦汗牛充栋。然其中诸多古医籍之有关情况,均需加以考证,方可知其原委。亦需借助于目录之学,如汉末张仲景之《伤寒杂病论》一书,散失之后,经晋人王叔和整理,自《隋志》以来,目录均有所著录,或兼具考证。今人钱超尘氏有《伤寒论文献通考》,其中受益于书目著录处颇多。

4. 考镜学术源流

学术之道,继承性很强,始有开创者,后有继发者,其中必有源流关系。若不知源流,自难言始末。如所谓《素问》遗篇之“刺法论”、“本病论”,今存王冰次注本《素问》“六元正纪大论”题名下,仅存二篇之目,均注云“亡”。林亿等新校正亦云:“详此二篇,亡在王注之前。按病能篇末王冰注云‘世本既阙第七二篇’,谓此二篇也。今世有《素问》亡篇及《昭明隐旨论》,以为此三篇,仍托名王冰为注。辞理鄙陋,无足取者。”又宋·晁公武《郡斋读书志》医书类有《运气论奥》三卷,注:“右皇朝刘温舒撰,温舒以《素问》运气最为治病之要,而答问纷糅,文辞古奥,读者难知,因为三十论二十七图上于朝。”又《四库全书总目提要》著录有《论奥》三卷外,附《黄帝内经素问遗篇》一卷。提要云:“……今详考其图,实二十九,盖十干起运十二支司天二图,原本别题曰诀,故公武不以入数,仅曰二十有七;其论实为三十一篇,末五行胜复论一篇,原本别注附字,故公武亦不以入数。仅曰三十也。卷末附刺法论一卷,题曰《黄帝内经素问遗篇》。案刺法论亡在王冰作注之前,温舒生北宋之末,何从得此?此注亦不知出自何人,殆不免有所依托,未可尽信。”按宋臣林亿等所见至今仍存之所谓《素问遗篇》,虽亦言运气,然其内容与《素问》运气七篇大论,显非一种体系,且不曾见载于唐代文献。《四库提要》,一则说明《论奥》图、论与《读书志》不一之由,一则考《遗篇》一文之义,对考镜此说之源流,颇为有益。

5. 甄明科别类例

在诸多古医籍中有些书名,难以表明其科别类例,其原因或因用典,或取义不专,或取名类同,或以撰人名为名等,若不知内容,欲甄明科别类例,实属难事。此必借目录之分类,方可得知。如宋·郑樵《通志·艺文略》医方类方书著录有《北京要术》一卷:唐·陈元撰、《巾箱集》一卷、《千金纂录》一卷。若不借助目录,实难知其为医方。又如明·焦竑《国史经籍志》眼药类著录有《审的选要歌》一卷、《鸿飞集论》:胡大成等。若不明词义,亦未见书目著录,则难知其科别类例。

6. 推断撰人年代

有些古医籍,既不见诸当代目书著录,亦不见他书称引。著录之初,亦常无撰人。对此类情况,亦需靠多种目录著录情况,结合其他有关资料加以分析判断。如《五脏论》一书,《汉志》无,《隋志》有《五脏诀》一卷、《五脏论》五卷,皆不著撰人,亦未注梁代有此类书。新、旧《唐志》均作《五脏诀》一卷、《五脏论》一卷。《宋史·艺文志》则有《神农五脏论》一卷、《黄帝五脏论》一卷。又宋·郑樵《通志·艺文略》五脏类有《五脏诀》一卷、《五脏论》五卷:见《隋志》,《黄帝五脏论》一卷、《神农五脏论》一卷、《张仲景五脏论》一卷。详敦煌古医书中有《张仲景五脏论》残本多种,其中除避唐高宗李治讳改治为“疗”外,正文中提及“陶景注经”,“刘涓子有鬼遗之录”等,又有仲景自名曰“仲景其方”等。综上诸多情况,则论五脏类书,或当出于南北朝时医家之手笔,后之所谓黄帝、神农、仲景等,亦当依托者也。

7. 考析篇卷分合

古医籍中篇卷之分合,亦常有之。多出于后世整理人之手。如《素问》一书,晋·皇甫谧《针灸甲乙经》序云:“今有《素问》九卷。”《隋志》著录《黄帝素问》九卷,注:“梁八卷”。《旧唐志》著录《黄帝素问》八卷,《新唐志》著录全元起注《黄帝素问》九卷,王冰注《黄帝素问》二十四卷,又据《素问》王冰序,亦言“今之奉行唯八卷尔”。又据宋臣林亿等所见全元起注本,亦唯八卷,缺第七一卷,与《隋志》记梁代卷数同。经王冰整理后,复析为二十四卷,且篇数及内容亦多与全元起注本有别。明清以降,唯存林亿等校定王冰次注本,然其卷数,则有九卷、十二卷、五十卷等之不同,而其内容则均源于王冰次注本。历代书目,均有著录,足资考析。又王冰次注本篇目与梁全元起本篇亦颇有分合之不同,有宋臣林亿等新校正校记可考。

8. 辨认书之真伪

详古籍依托之风,先秦已有之,汉尤盛,《汉志》注多有所指明,医籍亦然,故多加冠黄帝、岐伯、神农、俞拊、尧舜、盘庚、容成、务成等。如神仙类《宓戏杂子道》二十篇。今人张舜徽按:“宓戏即伏羲,自来托古者,多标题黄帝,此则愈高远矣。”又如《四库总目提要》著录《褚氏医书》一卷,提要详考原序,复云“《宋史》始著于录”,“疑宋时精医理者所著”。又《银海精微》二卷,提要云:“唐、宋《艺文志》皆不著录,思邈本传,亦不言有是书。……其为宋以后书明矣。”此皆借目书著录及别书考证,以辨真伪。

9. 辨别书之异同

古医籍中同名异书,或同书异名者多有,而书目著录,常有所别。如《食经》一名,古今著录有多种,《隋志》有《崔氏食经》四卷,《食经》十四卷:梁有《食经》二卷、又《食经》十九卷,……。《旧唐志》有《食经》九卷:崔浩撰、《食经》三卷:卢仁宗撰。《新唐志》同。盖《唐书》之崔浩《食经》,当即《隋志》著《崔氏食经》,其卷数不同者,后人抄录时有分合,亦常有之。又《四库总目提要》著录《传信适用方》二卷,提要云:“不著撰人名氏。《宋史·艺文志》载此书,亦不云谁作,而别有刘禹锡《传信方》二卷,考此书每方之下,皆注传自某人,中有引及《和剂局方》者,必非禹锡收也。”至于书古今异名者,书目著录时多有说明。

10. 察寻存亡阙佚

古籍流传后世,由于多种原因,亡佚残缺者,实据多数。此在书目著录中亦多有所记。如《隋书·经籍志》,注文中多有梁代著录之书及存亡者。又近代日本·丹波元胤氏《中国医籍考》著录之书,每书下均注存、佚或未见,虽有少数未准,大都可参。又如民国·冯贞群《鄞范氏天一阁书目内编》著录诸书,凡有伤残者,均予注明,如《针灸四书》附一种九卷,元至大辛亥刻本,注:“虫蚀甚。”《伤寒治例》一卷,明刻本,注:“腐败,首尾脱”等。又明·杨士奇奉敕编、清·鲍廷博校订《文渊阁书目》,亦注明阙或完全,说明该馆当时存书情况,对考证古医籍存佚,亦颇有益。又如今编《中医图书联合目录》对今存医籍及版中之缺逸情况,亦有所著录,惟个别著录有误者,故当详查。如《素问》金刻本(残存卷三、五、十一、十八、二十附亡篇一卷)。(当作残存卷三至五、十一至十八、二十、附亡篇一卷)。惜后编《联目》,尚未能纠正。

11. 揭示内容旨要

书目揭示内容旨要,据文献记载,首为汉代刘向校书,如《汉书·艺文志·叙论》云:“每一书已，向辄条其篇目，撮其旨意，录而奏之。”惜其书已亡，今存于《汉志》者，唯类例“小序”而已。此后史志著录，大都从简。今存有南宋以来目录学家或解题、提要类目录，均予揭示内容旨要。如南宋·晁公武《郡斋读书志》、陈振孙《直斋书录解题》皆是。如《郡斋读书志》著录王叔和《脉经》十卷注云：“……其书纂岐伯、华佗等论脉要诀所成。叙阴阳表里，辨三部九候，分人迎、气口、神门、条十二经、二十四气、奇经八脉、五脏六腑、三焦四时之疴，纤悉具备，诚按用。”此后明、清目录学家，亦多仿此例，特如《四库全书提要》，论之尤详。近年亦继有此类著作，如《中华古文化大辞典》中庄树藩主编之《医药卷》即是。

12. 记述版本情况

由于诸多古医籍，在流传过程中，均曾经过多次抄录或翻刻，在抄录与翻刻时，除部分校对极严者外，均易造成不同程度的衍脱误倒，甚或以假乱真，亦或随意删减。故在运用古医籍时，选择版本，尤为重要。明、清以来，诸多目录学家，特别是那些收藏家、鉴赏家，以至书估经眼之书，更为重视版本问题，其撰著之目录，大都著录有版本内容，这为读者选择版本或考证版本源流，提供了重要的依据。如明·孙能传等奉谕撰《内阁藏书目录》，即注明有钞本，以与刊本相别。又明·梅鷟撰《明南雍经籍考》，有的对版本情况记录甚详。如著录《大观本草》三十二卷。注：“板模糊。……大观二年集贤学士孙觌得善本刊之。大德壬寅宗文书院重刊。”又《救荒活民书》八卷。注：“存者八十六面，脱者四十六面，元桂阳路教授张光大编本集庆路儒学梓。”惜医书极少。清代藏书家撰著目录及诸多馆藏目录，均注明版本。特别是收藏家目录，连书版款式、行款、收藏印记等，均予以详记。

13. 注明收存馆藏

明、清以来，对古籍之善本，特加留意，诸收藏家亦或不惜重金购而藏之，或借而录之。其每得善本，多在著录时详记收藏原委。如清·黄丕烈《士礼居藏书题跋记》、张金吾《爱日精庐藏书志》、陆心源《皕宋楼藏书志》等，对国内宋、金、元等善本之收藏及传抄，时有所记。又如杨守敬《日本访书志》，对中国刊本之流入日本者及日本刊本之收藏情况，亦多有所记，这对研究与辨别诸善本书，亦有重要意义。如日本《东洋医学善本丛书》所收《黄帝三部针灸甲乙经》一书，书末宋臣结衔及戴霖、朱筠跋文，与陆心源《皕宋楼藏书志》著录明蓝格抄本尽同，是知该书即陆氏旧藏勿疑。

馆藏为读者最需知者，否则，虽知其书，无处查阅。故近代较大图书馆，皆有本馆藏书目录，对读者甚为方便。即合编之联合目录类，亦皆注明馆藏。

14. 反映著述史貌

目录著录书目，从著述史的角度论，每一历史阶段，或者说民国之前的每一朝代，目录著录之书，虽非该时期著述之全部，但总是可以反映其主要撰人或主要作品中相当部分，加之后世目录补充著录及别书引书目录或内容中直接称引者，基本能够反映该朝著述的历史面貌。有些后世作者为前世史书补作的艺文志或艺文志补，也是靠这一方法来搜集资料。如《明史·艺文志》著录，虽皆本朝，然为数较少，若加之焦竑《国史艺文志》、黄虞稷《千顷堂书目》及明·楼英《医学纲目》等引书为之补，基本可以反映明代医学著述的一般情况。同时，从历史发展的纵向回溯，无论从医学著作、学科分化、品目数量、著作的质量、理论与经验的积累等方面。虽然历史上散佚之书，失传之说，不传之方等，为数亦多，亦属憾事。但从总的趋势和整体方面看，历史的进程，也是千万人劳作的过程。因而，医学著述，也是历代医家劳作成果的再现和写照。因而，也是医学发展史的一个旁证。

以上所举目录功用诸端，是就各种类型目录之总体而言，就各种具体目录书而言，不一定具有上述功能之全部。就书目著录而言，除书名、撰人、卷数等最基本的内容外，其他内容，则因书而异。如收藏家目录之侧重于版本、考证等，解题类目录之侧重于揭示旨要等。各具特点。因此，在运用目录书时，还应对每一目录书之编排体例、著录内容、类例划分及检索方法等有所了解，方能收到应有的效果。否则，盲目查阅，亦常事倍而功半。若就某一书中如上述某些难点、疑点问题而论，亦非在目录书中尽能解决。故对上述目录功用诸端，且不可发生误解或片面理解，以为不管什么问题，或无论何书中的问题，求之于目录，则可以逸代劳，群疑冰释。所以，在文献整理研究方面，有些问题，求之于目录，或能有所解决，但决不可视其为解决一切问题的万宝箱。且有些问题，目书所云，亦非尽是。故更不可以此而取代对古籍文献方面的深入研究。

第十章　中医古籍校勘

中医古籍，有些因历时较久，必经多次传抄翻刻，形成多种不同版本，甚至有后人整理时，随意增损，故常致讹误与失真。此校勘之所以为古籍整理重要方法之原因所在。以下就校勘的有关问题，加以简叙。

第一节　校勘的基本概念

校勘本是两个单音词组合为双音词。古又有“雠校”或“校雠”之名。

由于对古籍之校勘，其来已久，故这类词语的出现也比较早。

《国语·鲁语下》：“昔正考父校商之名颂十二篇于周太师。”清·董增龄疏：“言校者，宋之礼乐虽则散亡，犹有此诗之本，考父恐其舛谬，故就太师校之。案检阅曰校。《汉书·艺文志》成帝诏光禄大夫刘向校经传诸子诗赋是也。”

校书何以言“校”者，清末民初刘师培先生曾在《国粹学报》释之曰：“校雠本字，盖当作摧。《说文》：摧，敲击也。《广雅·释诂》：摧，击也。古籍之文，凡义涉比较穷究者，恒由击义引申。并旁及深捭，以期核实也。隺交同部，故假校为摧，较为校别，作校亦同。是犹摧辜或作较辜，扬摧或作扬校。”

校，后又有作“挍”者。《周礼·夏官·序官》：“校人”郑玄注：“校之为言挍也。”陆德明释文：“校字从木，若从手旁作是比挍之字耳，今人多乱之。”明熹宗名由校，有明末清初诸学者如顾炎武等，以避熹宗讳改，均言“挍”；亦或作“较”。

校，又称校雠或雠校。《太平御览》卷六一八引刘向《别录》云：“一人读书，校其上下，得谬误，为校；一人持本，一人读书，若冤家相对，为雠。”清·臧琳《经义杂记》卷三“刘向校书”条云：“今人校书，皆一人校其上下。据《风俗通义》知刘子政用二人对校，盖一人并看两本，恐有漏略，故一人读书，一人持本。视听两用，庶可无失。然犹虑有音同文异者，故必一人先校。此校雠之不同，然阙一不可也。”又周寿昌《思益堂日札》卷五“雠校”条云：“今人校书，皆一人校其上下。据此，雠书若今之对读矣。俗误以校雠为一事，失考。”

今人戴南海先生《校勘学概论》则谓“臧、周二家，都把‘校’和‘雠’看成二事。这种推断，是不恰当的。刘向《别录》所言，只是指出校雠的方法有二：一个人独自进行的，叫做校；两人共同进行的，叫做雠。今称为校对，即古人称为校雠。至于校对二字的组合，很可能是后人嫌雠字不雅，而任意更改的。其实对、雠二字，具有同样的意义。因校雠之雠，当以雔为本字。《说文》：‘雔，双鸟也，从二隹。’双鸟为雔，引伸其义，二人也可称雠。凡物成双，也可称对。所以校雠称校对。一人独校，或二人合校，目的和功用是一致的，都是改正书籍文字的错误。实际是一件事，不是两件事，只是方法不同而已。”

戴氏对校雠的解说是有道理的，刘向所言，事则为一，惟法有二致。故浑言其事，皆言校书,而不言雠书。又雠与雔,古亦通。如《尔雅·释虫》:"雔由,樗茧。"陆德明释文云:"今本作雠。"又《说文·雔部》雔,段玉裁注:按释诂:"仇雠敌妃知仪匹也。雠字作雔。则义尤切近。若应也、当也、醻物价也、怨也、寇也。此等义则当作雠。度古书必有用雔者,今则雠行而雔废矣。"又徐灏注笺:"雔,引申为凡相当之称,雠敌、雠荅、雠校,皆此义也。"

详前人具体论述"校雠"者,如宋·郑樵《通志·总序》云:"册府之藏,不患无书。校雠之司,未闻其法。欲三馆无素餐之人,四库无蠹鱼之简。千章万卷,日见流通,故作校雠略。"其校雠略中论及编次、亡书、收书、阙书、求书、校书、释书、编书等有关问题。可见其于"校雠"之说,义亦广矣。清·章学诚《校雠通义·自序》云:"校雠之义,盖自刘向父子部次条别,将以辨别学术,考镜源流;非深明于道术精微、群言得失之故者,不足与此。后世部次甲乙,纪录经史者,代有其人;而求能推阐大义,条别学术异同,使人由委溯源,以想见于坟籍之初者,千百之中,不十一焉。郑樵生千载而后,慨然有会于向、歆讨论之旨,因取历朝著录,略其鱼鲁亥豕之细,而特以部次条别,疏通伦类,考其得失之故,而为之校雠。盖自石渠、天禄以还,学者所未尝窥见者也。"章氏对郑樵说作了进一步的阐发,并特揭出其"辨章学术,考镜源流"之旨。其后范其曾氏《校雠杂述》又云:"细辨乎一字之微,广及夫古今内外载籍浩瀚。其事以校勘始,以分类终,明其体用,得其鰓理,斯称校雠学。"今人蒋元卿先生《校雠学史》则云:"校雠之学,本来就是治书之学。自狭义言之,则比勘文字同异而求其正。自广义言之,则蒐集图书,辨别真伪,考订误谬,厘次部居,以及于装潢保藏等,举凡治书事业,均在校雠范围之内。"从而说明前人对校雠之学,自广义言之,及将有关治书之事,尽为囊括。而狭义之校雠,则仅指文字异同的比勘而言。

校勘之名,后于校雠。校与勘,义通。《说文》无"勘"字。《说文新附考》:"勘,疑古作戡,亦作刊。《玉篇》:勘,苦绀切,覆定也。《广韵》去声五十三:勘,校也。按《书》康王之诰:戡定厥功。后人勘字或本此。古书用竹简,故校勘字作刊。《博雅》刊训定。《玉篇》:刊,削也。削也、定也、除也,义并与勘合。经典中无刊字。"又古称校定曰刊定者,有书可证,如《三国志·蜀志·向郎传》:"年逾八十,犹手自校书,刊定缪误。"唐·刘知几《史通·忤时》:"古者刊定一史,纂成一家,体统各殊,指归咸别。"清·曾国藩《经史百经简编·序》:"沅甫重写一册,请余勘定。"又刊定与校定、刊正与校正之义亦同。如《政和经史证类备用本草》曹孝忠序云:"乃诏节使臣杨戬总工刊写,继又命臣校正而润色之……不当者,又复随笔刊正。"又《玉海》卷六十三《唐本草》云:"唐显庆中李勣等刊定,增一百十四种,广为二十卷。"又言《开宝重定本草》云:"嘉佑、绍兴校定本草图……绍兴二十七年八月十五日王继先上校定大观《证类本草》。"是则勘、刊、校三字义并通。

详校勘二字并用组合为双音词者,如《魏书·崔光传》魏孝文帝神龟元年(公元518年),诏准崔光有关补缀石经之请。"光乃令国子博士李郁与助教韩神固、刘燮等勘校石经,其残缺,计料石功,并字多少,欲补修之。"又南朝齐梁时人沈约《沈休文集》云:"宜选史传学士谙究流品者为左民郎、左民尚书,专典校勘。"根据以上记事及《广韵》所出"勘"字义项,则"勘校"或"校勘"之称谓,或始于南北朝时期。下此而后,则校雠与校勘同时并用矣。言校雠者已如前述。言校勘者,如宋《重修政和经史证类备用本草》,署曰唐慎微续证类,曹孝忠奉敕校勘。《南阳活人书》朱肱自序:"又见王先生《活人书》,京师、京都、湖南、福建、两浙,凡五处印行,惜其不曾校勘,错误颇多。"又宋·王溥《五代史会要》卷八载:"世宗显得二年二月,中书门下奏:国子监祭酒尹拙状称:准敕校勘《经典释文》三十卷,雕造印版;欲请兵部尚书张昭、太常卿田敏同校。敕,其《经典释文》,已经本监官员校勘外,宜差张昭、田敏详校。"又如宋·欧阳修《文忠集》卷七十三《书〈春秋繁露〉后》曰:"予在馆中校勘群书,见有八十余篇,然多错乱重复。"从以上情况分析,校勘这一概念,在其历史进程的运用中,也具有广狭二义。特别自清以后,言校勘者,则主要是指对古文献文字方面的校勘。今人倪志心《校勘学大纲》亦云:"一方面必须了解校雠曾是校勘的同义语,另一方面又必须看到这两个词的实际含义的发展变化,在今天已经具有两种不同学术科目名称的含义。"从而说明,校雠与校勘的问题,从近代校勘史方面看,二者既有联系,又有区别。

随着学术发展的不断深入,学科领域地不断分化。近代研究校勘的诸多学者,正对校雠与校勘学的学科领域、研究对象、理论体系及内在规律,进行深入的探讨,必将推动学术的发展。

关于校勘的基本概念,诸家表述并不尽同,今举要者如下:

钱玄《校勘学》:"校勘是指用精密的方法,确凿的证据,校正古书中由于抄写或翻刻等原因而产生的字句、篇章等错误。"

胡道静主编《简明古籍辞典》:"校勘,比较审定。将古籍之不同版本及有关资料加以对比,审定原文,正误真伪。"

诸伟奇等《简明古籍整理辞典》:"校勘:①用同一部书的不同版本和有关资料,互相核对,考订文字篇章异同,以求原文真相。②泛指古书的辨伪、辑佚及书目的校理等工作。"

倪其心《校勘学大纲》:"把一种古籍的不同版本搜集起来,比较他们的文字语句的异同,审定其中的正误,这就是古籍的校勘,通称校勘。"

管锡华《校勘学》:"用不同版本或其他资料,通过比较或推理,发现并纠正古籍在流传过程中发生的文字讹误,这就是校勘。"

《汉语大辞典》:"校勘,指对同一书籍用不同的版本和有关资料加以比较核对,以考订其文字的异同和正误真伪。"

根据上述诸文分析,对狭义校勘的基本概念,似应包括以下内容。

校勘的对象:古籍或曰古书。这表明对近著就没有意义了,而且与出版工作中的校对又有区别。

校勘的内容:主要指流传过程中,或者说在传抄翻刻过程中造成的讹误、脱失、窜乱等问题。对作者学术上或使用文献中的错误,则不在校勘范围之内。也就是说,校勘人不能代替作者去纠正其学术见解与使用文献不当等方面的错误。

校勘的依据:主要是不同版本与有关资料这两个方面。有关资料,指他校书及各种有关的文献资料。不同版本,当然是所校书之不同版本。但是,也应该包括他校书之不同版本。因为他校诸书中,往往也存有诸多讹误之处,因此也需具有一些不同版本,以备核定。

校勘的方法:包括比较、考证、辨别、推断等方法。对文字间的异同,可以通过校本加以比较;而有些问题,还需进行必要的考证;有的内容,是否原书旧文,要加以辨别;对无据可证而又有疑者,可以据理以校,且有些异文,还需据理以断。

校勘的目的:复原存真。校勘的最终目的,就是恢复古书原貌,保存学术之真。当然所谓复原存真,对某些去古甚远或去古较远的著作,只能具有相对的意义,或工作的目标,若欲完全恢复,恐已难矣。

这大概就是校勘所应有的内涵。

第二节　古医籍校勘的历史概况

对古医籍之校勘始于何时,没有明确的记载。但从一些出土医学文献中可见,早在汉代或汉以前的同样内容的医籍,已有较多异文出现。如1973年底长沙马王堆汉墓出土帛书医籍中,据整理小组定名的有《阴阳十一脉灸经》甲本与乙本,两本之间,除了有不少异文之外,尚有本字与假借字之差别。1984年江陵张家山汉墓出土简书中有《脉书》一种,内容与马王堆汉墓帛书《阴阳十脉灸经》相较,可以认定,乃是出于一书的不同抄本,但是在一般文字与假借字方面,与《阴阳十一脉灸经》又有诸多差别。这些文献虽出于汉墓中,但就其内容的学术性而论,诸多研究人员均以为,决不是出自汉代,当是源于先秦。从而说明,随着医学文献在流传中诸多异文的出现,要对其进行研究,就必然有一个校书的问题产生。这也是学术发展的自身规律。

据现有文献记载,历史上首次由官方组织的大规模的校书活动,当属汉成帝河平年间刘向校书。《汉书·艺文志》云:"成帝时,以书颇散亡,使谒者陈农求遗书于天下,诏光禄大夫刘向校经传诸子诗赋,步兵校尉任宏校兵书,太史令尹咸校数术,侍医李柱国校方技。每一书已,向辄条其篇目,撮其指意,录而奏之。会向卒,哀帝复使向子侍中奉车都尉歆卒父业。歆于是总群书而奏其《七略》,故有辑略、有六艺略、有诸子略、有兵书略、有术数略、有方技略,今删其要以备篇籍。"这里简要记载了刘向父子校书时间、过程、方法、内容及《汉志》收录其《七略》的大致情况。

后人根据《汉志》及有关资料,总结了刘向父子校书的经验。如元和孙德谦《刘向校雠学纂微》总结为二十三条:即备众本一也,订脱误二也,删复重三也,条篇目四也,定书名五也,谨编次六也,析内外七也,待刊改八也,分部类九也,辨异同十也,通学术十一也,叙源流十二也,究得失十三也,撮指意十四也,撰序叙十五也,述疑似十六也,准经义十七也,徵史传十八也,辟旧说十九也,增佚文二十也,考师承二十一也,纪图卷二十二也,存别义二十三也。蒋元卿先生《校雠学史》又就其大要,约为六端:即一、兼备众本,二、比勘文字,三、篇第审定,四、定立书名,五、厘定部居,六、叙述源流。

详刘向校书时,李柱国所校医书,著录于《汉志》中,原书均早佚。然而根据前人总结的刘向的校书方法,想李柱国亦必遵而行之,从而说明这次校书活动,李柱国在医书方面,亦必做了大量工作,开校医书之先河。

今存《素问》与《灵枢》两书,学者大多认为,在编撰成书时所用素材,皆出于先秦之人并间有汉人之手。观其正文,收录有少量校文。如《素问·缪刺论》:"其状若尸,或曰尸厥。"《灵枢·口问》:"故曰噫,补足太阴阳明,一曰补眉本也。""故为嚏,补足太阳荣眉本,一曰眉上也。""痿厥心悗,刺足大指间上二寸留之,一曰足外踝下留之。"又《灵枢·官针》:"四曰齐刺,齐刺者,直入一,傍入二,以治寒气,小深之。或曰三刺,三刺者,治痹气小深者也。""三曰关刺,关刺者,直刺左右,尽筋上,以取筋痹,慎无出血,此肝之应也。或曰渊刺,一曰岂刺。"从而证明整理人在进行工作时,注意到对原文的校勘。然而在当时的素材中,似不可能只有这几条异文,故疑其对一般异文,或未予收录,或编者直接作了处理,未加文字标记。但不管怎样,编者是作了文字校勘,当是无疑的。又上述诸异文,亦同样保留于《太素》中,惟文字小异。说明它是原文旧貌,不是唐以后人所加校语而混入正文中。

东汉末期张仲景撰用《素问》、《九卷》、《八十一难》、《阴阳大论》、《胎胪药录》、《平脉》、《辩证》等，为《伤寒杂病论》一书，后则散失，晋·王叔和重为编纂。自今存《伤寒论》正文中，犹存校语若干条。当是出于叔和之手。如桂枝去芍药加附子汤条云："本云桂枝汤，今去芍药加附子，将息如前法。小青龙汤条云：且荛花不治利，麻黄主喘，今此语反之，疑非仲景语。"又心下痞用五苓散条云："一方云：忍之一日乃愈。"这一条在《脉经》卷七中亦同样出现。惟"云"作"言"，另有较多校文，在《伤寒论》别传本《金匮玉函经》中也大多保留，惟文字小异。亦可进一步证实，此等校文，出之叔和之手，从而说明，王叔和在重新编纂仲景佚书时，亦采用过校勘之法。

南北朝时期，由于当时的医学著作，后来大都亡佚了，因而，难以考察他们在这方面作了哪些工作。

隋代有巢元方等编撰之《诸病源候论》存世，从内容方面看，书中引用过大量前人文献，在这些文献中，必然会遇到一些别本异文的问题，但在书中没有出现，有可能是撰者直接作了处理。

唐代前中期，国力较强，经济繁荣，医学著作，亦较丰盛。今存世者，有杨上善与王冰两家，在校勘方面，比较突出。

《太素》杨上善注，共出校记有一百条左右。如卷二顺养："则上应甘露不下。"注："言白露者，恐后代字误也。"按《素问·四气调神大论》作"白露"，白露者，秋露也。详此上下文义似作"甘露"为是，故杨以为字误。卷三阴阳大论："寒胜则胕。"注："快付反，检义当腐。"按通假字也。

又《黄帝内经明堂》杨上善注，现仅存卷一，有校文二条。尺泽穴"在肘中约上动脉。"注："有本云：在肘屈大横文中也。"又鱼际："汗出而寒。"注："有本作汗不出之也。"

从今存《太素》注中校文看，杨氏之校，尚仅限于与别本相校及他校。出校内容，有断误者，有并存异文者，有注明通假者。从而说明出校范围，尚有一定的局限性。

唐·王冰次注《黄帝内经素问》，按自序云，时所见书，已是"世本纰缪，篇目重叠，前后不伦，文义悬隔，施行不易，披会亦难，岁月既淹，袭以成弊。或一篇重出，而别立二名；或两论并吞，而都为一目；或问答未已，别树篇题；或脱简不书，而云世阙；重合经而冠针服，并方宜而为咳篇，隔虚实而为逆从，合经络而为论要，节皮部而为经络，退至教以先针。诸如此流，不可胜数。"从这段叙述中得知王冰所见《素问》传世之本，存在问题较多，冰自谓于"先生郭子斋堂，受得先师张公秘本，文字昭晰，义理环周"，"兼旧藏之卷，合八十一篇，二十四卷，勒成一部"。在内容的校定方面，王冰主要是按以下原则进行工作："其中简脱文断，义不相接者，搜求经论所有，迁移以补其处；篇目坠缺，指事不明者，量其意趣，加字以昭其义；篇论吞并，义不相涉，阙漏名目者，区分事类，别目以冠篇首；君臣请问，礼仪乖失者，考校尊卑，增益以光其义；错简碎文，前后重叠者，详其指趣，削去繁杂以存其要；辞理秘要，难粗论述者，别撰《玄珠》以陈其道。凡所加字，皆朱书其文，使今古必分，字不杂糅。"

在王冰注文中，则有部分为校语，约计八十余条，大致有以下几类情况。

存异文，如生气通天论："烦则喘喝。"注："喝，一作鸣。"又如宣明五气篇："并于脾则畏。"注："一经云：饥也。"

断误文，如生气通天论："体若燔炭。"注："燔，一为燥，非也。"又如经脉别论："一阴至，厥阴之治也。"注："一或作二，误也。厥阴，一阴也，上言二阴至，则当少阴治，下言厥阴治，则当一阴至也。然三坟之经,俗久沦坠,人少披习,字多传写误。”

补脱文,如阴阳应象大论:“阳之气以天地之疾风名之。”注:“旧经无‘名之’二字,寻前类例,故加之。”

明错简,如六节藏象论:“不分邪辟内生,工不能禁。”注:“此上十字,文义不伦,应古人错简。次后‘五治’下,乃其义也。今朱书之。”

解别义,如脉要精微论:“彼秋之忿,为冬之怒。”注:“忿,一为急,言秋气劲急也。”

明脱文。如逆调论:“主卧与喘也。”注:“寻经所解之旨,不得卧而息无音者,有得卧行而喘,有不得卧不能行而喘,此之义悉缺而未论,亦古之脱简也。”

识别法,如刺疟篇:“胃疟者,令人且病……温疟汗不出,为五十九刺。”注:“自胃疟下至此,寻《黄帝中诰图经》所主,或有不与此文同,应古之别法也。”

详重见,如腹中论:“此风根也。”注:“此四字,此篇本有,奇病论中亦有之。”

示迁移,如缪刺论:“嗌中肿不能内……左刺右,右刺左。”注:“此二十九字,本错简在邪客手足少阴太阴足阳明之络前,今迁于此。”

指佚文,如病能论:“论在奇恒、阴阳中。”注:“奇恒、阴阳,上古经篇,世本缺。”

上述情况说明,王冰在整理《素问》时,作了多方面的工作。在版本方面,他除具有一般“世本”外,又得到了张公秘本,首先备有好的基础。在这个基础上,他进行了条贯篇目,厘定经文,比勘文字,诠释文义等工作。在比勘文字方面,他不仅用不同版本进行比较,而且参之医理、文理、文例等进行比较,而且大多予以校断,并加以文字标记,也就是用校记的形式加以表述。就校勘的角度论,王氏已较之前以不同版本校,有所发展,故对后来校书者,颇多启迪。惟诸朱、墨相别之校文,现已无法辨认,且出校记条数亦不甚多,对王氏改动前原貌及改动之依据均不详,是多遭后人指责,亦难为怪。

宋代统治当局建国之后,由于崇尚文事,注重典籍,在致力于经史之余,对医学书籍,也颇为重视。当太祖开宝六年(公元973年),曾诏令医工刘翰、道士马志等,对本草相与撰集,仍命翰林学士卢多逊、李昉、王祐、扈蒙等重为刊定,于是有《开宝本草》之问世。此后在整个北宋时期,有屡次对本草书的撰集,两大型方书(《太平圣惠方》、《圣济总录》)的编修,可以说是对医学书籍的整理编纂,成就较为辉煌的时期。

据《政和经史证类备用本草》载嘉祐二年八月三日《补注本草奏敕》云:“所有《神农本草》、《灵枢》、《太素》、《甲乙经》、《素问》之类及《广济》、《千金》、《外台秘要》等方,仍差太常少卿直集贤院掌禹锡、职方员外郎秘阁校理林亿、殿中丞秘阁校理张洞、殿中丞馆阁校勘苏颂同共校正。闻奏臣禹锡等寻奏置局刊校,并乞差医官三两人同其详定。其年十月,差医学秦宗古、朱有章赴局祗应三年。”又载《本草图经序》云:“先是诏命儒臣重校《神农本草》等凡八书。光录卿直秘阁臣禹锡、尚书祠部郎中秘阁校理臣亿、太常博士集贤院校理臣颂、殿中丞臣检、光禄寺丞臣保衡相次被选,仍领医官秦宗古、朱有章等,编绎累年。”此即设置校正医书局及校正《神农本草》等八书的文案记载。

校正医书局的工作,取得了很好的成就,南宋·陈振孙《直斋书录解题》卷十三云:“大凡医书之行于世,皆仁庙朝所校定也。按《会要》:嘉祐二年,置校正医书局于编修院,以直集贤院掌禹锡、林亿校理,张洞校勘,苏颂等并为校正。后又命孙奇、高保衡、孙兆同校正。每一书毕,即奏上,亿等皆为之序,下国子监板行。”陈氏对林亿等校书的评价,亦不为过。今日存诸重要医学典籍,如《素问》、《甲乙》、《伤寒论》、《金匮要略》、《金匮玉函经》、《脉经》、《千金》、《千金翼》、《外台》等，皆林亿等所校定本也。

从现存林亿等所校诸书的校记及有关资料看，对校勘依据、校勘内容、校勘方法及校勘记的书写等方面，在继承前人及借鉴文史校书经验的基础上，均取得了较大成就。

在校书依据方面，已不是单纯地运用别本相校，而是采用了较多别书传文相校。如所校《素问》一书，除使用多种别本外，又引用了《太素》、《甲乙经》、《灵枢》、《针经》、《九墟》、《难经》、《伤寒论》、《脉经》、《千金》、《外台》、《天元玉册》等，同时又引用了一些文史方面的著作。此即所谓端本寻支、泝流讨源之意。又如《脉经》序云："今则考以《素问》、《九墟》、《灵枢》、《太素》、《甲乙》、仲景之书并《千金方》及《翼》说脉之篇以校之。"如此广泛地利用别书相校，不仅可以进一步强化以不同版本相校的信实程度，而且可以发现诸多单靠不同版本相校不易发现的问题，极大地提高了校书的质量。

就校勘方法而言，不仅运用了不同版本及别书相校，而且亦常以本书自身内容相校及据理推断的方法。今举《伤寒论》两例：一者桂枝加葛根汤，方中并有麻黄，注："臣亿等谨按仲景本论，太阳中风自汗用桂枝，伤寒无汗用麻黄。今证云汗出恶风，而方中有麻黄，恐非本意也；"第三卷中有葛根汤证云："无汗恶风，正与此方同，是合用麻黄也；此云桂枝加葛根汤，恐是桂枝中但加葛根耳。"此记首先根据本经应用桂枝与麻黄在于有汗无汗之别，说明本证原自汗出，方中不当有麻黄；次则以葛根汤方本方对照，药味相同，再证本方有误；最后结论，不当有麻黄，应是桂枝汤加葛根。一者小青龙汤条，方后加减有云"若微利，去麻黄，加荛花"，"若喘，去麻黄，加杏仁"，又云："且荛花不治利，麻黄主喘，今此语反之，疑非仲景意。"注："臣亿等谨按小青龙汤，大要治水；又按本草，荛花下十二水。若水去则利止也；又按《千金》：形肿者，应内麻黄，乃内杏仁者，以麻黄发其阳故也。以此证之，岂非仲景意也。"此记首先根据药性，说明用荛花之义，又引《千金》文说明何以不用麻黄。详引《千金》文，今在《金匮》痰饮咳嗽病中，亿等未引者，以当时尚未见《金匮》书也；末则断言，此本仲景意，以非原校文。

其校勘内容，犹为广泛，行文用语，是属简明。如凡为误文者曰"字误"，疑有误处曰"疑字误"，凡为衍文者曰"文衍"或"疑剩"，文字错乱处曰"错简"，文字迁动处曰"移"，前后重出者曰"重"，文义并通者曰"两通"，互见其义者曰"互文"，文义不明者曰"未详"，文字脱漏者曰"少"或"无"，损益其文曰"删"、曰"补"，其起首用语则曰"按"或"详"。从而对校文的表述，亦可谓准确、简明。

其校勘记的书写，也可以称得是出言有据，层次分明，行文简练，繁简适宜。如上述两条校记亦可见其一斑。又如《素问·厥论》："阴气盛于上则下虚，下虚则腹胀满，阳气盛于上则下气重上而气逆。"新校正云："按《甲乙经》阳气盛于上五字作腹满二字，当从《甲乙经》之说。何以言之？别按《甲乙经》云：阳脉下坠，阳脉上争，发尸厥。焉有阴气盛于上而又言阳气盛于上？又按张仲景云：少阴脉不至，肾气微，少精血，奔气促迫，上入胸膈，宗气反聚，血结心下，阳气退下，热归阴股，与阴相动，令身不仁，此为尸厥。仲景言阳气退下，则是阳气不得盛于上，故当从《甲乙经》也。"此校记可见三个层次，首则记述以《甲乙》相校有异文，并初步认定"当从《甲乙经》之说"；次则又引《甲乙经》文作经文本证，复引张仲景说以为旁证，进一步作出病机分析；最后加以判断，得出结论。这则校记，论据充分，校断明确，层次分明，繁而不冗，应当说是一则比较完整的校勘记。"又如《素问·上古天真论》："上古圣人之教下也，皆谓之"，新校正云："按全元起注本云：上古圣人之教也，下皆为之。《太素》、《千金》同。

杨上善云:上古圣人之教,胜有言之教,故下百姓仿行者众。故曰下皆为之。”此校先出别书三证,然后出杨上善注,以义理为证,则校者之倾向性虽不曾言,而义亦明矣。

在校勘的同时,并注意辨别伪书,以防滥真。如《素问》一书,自晋皇甫谧时已云“亦有所亡失”,梁·全元起本亦止存八卷。唐·王冰次注本,虽言“第七一卷,师氏藏之”,并言“受得先师张公秘本”,而有运气七篇大论文,然犹有“本病论”与“刺法论”两篇,徒存其目而注以“亡”。当林亿等校书时,并有世本此二篇文。新校正云:“而今世有《素问》亡篇及《昭明隐旨论》,以谓此三篇,仍托名王冰为注,辞理鄙陋,无足取者。”是林亿已据其文辞与义理,辨其为伪,而不曾收取,后世医家,皆遵此说,不以为真《素问》亡篇之旧文也。

对同书之不同传本,林亿等校书,亦审慎从事,不随意否定,如《金匮玉函经》一书,乃《伤寒论》之不同传本,观校正疏文云:“《金匮玉函经》与《伤寒论》同体而别名,欲人互相检阅而为表里,以防后世之亡逸,其济人之心,不亦深乎?细考前后,乃王叔和撰次之书,缘仲景有《金匮录》,故以《金匮玉函》名,取定而藏之之义也。王叔和西晋人,为太医令,虽博好经方,其学专于仲景,是以独出于诸家之右,仲景之书,及今八百余年,不坠于地者,皆其力也……国家诏儒臣校正医书,臣等先校定《伤寒论》,次校成此书,其文理或有与《伤寒论》不同者,然其意义,皆通圣贤之法,不敢臆断,故并两存之。”似此等保存古文献的作法,对古籍整理及学术研究,均具有十分重要的历史意义与现实意义。否则,存世诸古籍,随意弃置,则均将坠地矣。

又林亿等校《千金要方》时,又别为“例”二十条,亦足资后人法。详其所云曰:“《千金方》旧有例数十条,散在诸篇。凡用一法,皆宜遍知之,虽素熟其书者,临事尚虑有所遗失,况仓促遘疾,按证为治,不能无未达之惑。及新加撰次,不可无法,今撮集旧凡,并新校之意,为例一篇,次于今序之末,庶后之施用者,无疑滞焉。”详此例虽乃“旧凡”与新义之合,然其所谓“新加撰次,不可无法”之说则甚是。故校勘古籍,亦应发凡起例,一则使校者谨遵而行之,不至临文而滥,一者使读者知其大凡所取之法。

总之,校正医书局林亿等在古医籍校勘方面的工作是卓有成效的。总结他们的经验主要有以下几点:

(1) 由国家领导机关设置机构,具有较高的权威性,工作计划及组织落实,均由国家颁行,实施较易。

(2) 有一支比较稳定的具有较高文化水平与专业知识的骨干队伍,且具有较强的古籍文献整理的能力,以保证校勘的质量。

(3) 有官藏三馆的图书资料,可供使用,并可随时徵集地方及私藏图书资料,是物质基础的根本保证。

(4) 在校勘依据方面,已由单一的不同版本型扩展为多边型,即广泛利用多方面图书资料。

(5) 在校勘方法方面,已不仅是利用不同版本相校,而且采用了别书传文相校、自身内容相校及结合医理与文理相校等四校方法。其“端本以寻支,泝流而讨源”法,尤具新义。

(6) 对原文之衍脱误错处,不仅要结合医理与文理予以判断,而且应予以文字方面的处理,尽可能提供佳本,便于读者习用。

(7) 校勘应注意与文字及训诂方面的问题结合进行,以免妄断。

(8) 校勘应注意辨伪。

(9)“发凡起例”,是校勘工作的具体规范,特别是多人同时进行工作时,尤为重要,且有助于读者了解校者对一些具体问题的处理方法。

(10)书写校勘记。校勘记是校勘成果的具体体现。校勘记的书写,不仅注意行文简明,而且凡改动原文处,注意保存原貌。

以上十点,是从校正医书局的整个工作及亿等所校医书情况中综合归纳而提出的。诸多方面的经验,不仅不是每一本书都已达到系列化的程度,而且这些经验也不是每条都已经完美化。同时,在林亿等所校医书中诸如漏校、误校、误断、交待不清,甚至恐亦有迳改之文等诸多方面的问题。但不管怎样,他们的工作能体现和注意到这些方面,已经是难能可贵了。此固林亿等校书对后世影响较大之原因所在。明清以下校勘古医书,不仅较多地引用了林亿等所校书中提供的古文献资料,而且在方法上也有诸多效仿与发展。

南宋及金元时期,社会动荡不安,没有大的校书活动,但个人整理古医籍时,也颇有注意校勘者,如郭雍撰次之《伤寒补亡论》,不仅引了林亿校勘本中的部分有关资料,而且采用别书引文结合医理与文理加以分析判断,出校较多。是南宋在校勘方面成就较为突出者。元代有滑寿撰次《难经本义》,卷首有“凡例”七条,其中五条为校勘例,又有“阙误总类”十九条,惟滑氏所出诸校,多属理校,未能更多地采用不同版本相校,则不足也。

明人治学由于受宋明理学影响较多,反映在校勘方面则多属主观臆断,缺乏证据,而且随意改书之风较盛。今举两书例,一者吴崑《内经素问吴注》,擅改经文处颇多,且大多仅凭臆断,并无证据。一者方有执《伤寒论条辨》,其诠释经文,颇有可取之义,然随意窜改,自行编次,并无文献依据,自以为合仲景之意,则恐非是。且诋毁王叔和,不遗余力,尤为过之。如“削伤寒例”云:“乃若又为此例,则后之医伤寒者,不知通求各属,但务专拟于伤寒,仿例而行,仲景之道反愈晦,而至今愈不明,究其叛乱不由厄于此例以至如此乎!以此言之,则叔和者,亦一罪之魁也。”故方氏编次改移《伤寒论》诸条,律之以校勘之学,则不通之甚,不足为法。亦如闵芝庆云:“设使人各一见以自高,何时复出仲景而始定。”另有个人注解之余,间及于校勘,亦无新的突破,兹不烦述。

清代是校勘学史的全盛时期,对校勘学的形成与发展,功效卓著。由于清人入主中华,诸多明末儒士,处于政治上的原因,一反宋明理学空泛之论,倡导务实的精神。加之文字狱的迫害,使部分学者,埋头于整理研究经学及诸多古籍,特在乾隆与嘉庆时代形成的所谓“朴学”,对史籍整理研究,具有十分重要的意义。正如近代学者皮锡瑞《经学历史》云:“国朝经师有功于后学者,有三事”,“一曰辑佚书”,“一曰精校勘”,“一曰通小学”。梁启超先生亦曰:“清儒之有功古学者,更一端焉,则校勘也。古书传习愈稀者,其传抄踵刻,伪谬愈甚,驯至不可读,而其书以亡。清儒则博征善本以校之,校勘遂成一专门之学。”(《清代学术概论》)正由于清人继承了汉、唐以来校勘方面的经验成就,加之诸多学者大量校书实践经验的集累,故产生了一大批精通校勘之名家。张之洞《书目答问》附二《清代著述诸家姓名略总目》中之《校勘学家》云:“诸家校刻书,并是善本,则正文字,皆可依据。戴、卢、丁、顾为最。”后列三十一人即何焯、惠栋、卢见曾、全祖望、沈炳震、沈廷芳、谢元瑞、姚范、卢文弨、钱大昕、钱东垣、彭元瑞、李文藻、周永年、戴震、王念孙、张敦仁、丁杰、赵怀玉、鲍廷博、黄丕烈、孙星衍、秦恩复、阮元、顾广圻、袁廷梼、吴骞、陈鳣、钱泰吉、曾钊、江远孙等,皆校书名家。有的学者,在长期研究整理古籍的工作中,集累了大量关于古籍体例规范及讹误常例方面的著作,对后来研究或校勘古籍,颇有启迪。如杭世骏先生《订讹类编》一书,全书六卷、续编二卷,计分义讹、事讹、字讹、句讹、书讹、人讹、天文讹、地理讹、岁时讹、鬼神讹、礼制讹、称名讹、服食讹、动物讹、植物讹、杂物讹等十七类。取古人行事与古书纰缪处凡八百余条,讹者正之,缪者纠之。所列诸条,论据翔实,学术性与知识性较强,对考订史事名物缪误有一定参考价值。后有俞樾先生《古书疑义举例》,全书共七卷,列诸古书中义有当疑者八十八则。其中卷一至卷四,列举古书行文常例凡五十一则;卷五、卷六,列举古书中讹误常例二十三则;卷七列举后人误改常例十四则。反映古书中讹误的一般情况,确有一定的代表性。而且根据他的这种识误的思路和方法,以此例彼,去研究其他古籍,则颇可仿而行之。后人有刘师培《古书疑义举例补》、杨树达《古书疑义举例续补》、马叙伦《古书颖义举例校录》、姚维锐《古书颖义举例增补》等,均系对该书内容的增补。后又有近人徐仁甫先生云:"德清俞荫甫撰《古书疑义举例》七卷,揭示古书文法修辞规律及校勘谬误条例,凡八十八目。五寸之矩,尽天下之方;一例之立,发千古之蒙;贯通群书,启迪来学,厥功伟矣。"徐对俞书的评价,诚为公允。于是乃"师其指,稍稍推广,得百二十目,分为八卷",为《广古书疑义举例》。继杭世骏之后者,有王念孙氏,他通过对《淮南子》的研究、分析各种致误的原因,归纳出各种通例,计有六十二类。凡此种种,说明校勘学的发展已从一般理论原则和方法深入到具体法则规律的探讨。上述诸书所举之例,虽非言医者,然正如徐仁甫先生所谓"五寸之矩,尽天下之方;一例之立,发千古之蒙"。以此文史诸例,推及于古医籍之校勘,必然有助于发现古医籍中之讹误。从而说明,其对于古籍校勘之研究,则有普遍性的意义。

清代由官方组织的大型图书的整理与编写有两次。一为康熙与雍正年间编成的《古今图书集成》一书,其中"博物汇编艺术典"自第二十一卷至第五百四十卷为"医部汇考",后称《图书集成医部全录》或《医部全录》,全书计收历代医著约一百十余种之有关内容,另收经史杂记等十余种书中有关医事文献资料。该书对汇集医学文献方面,当然是有成就的,唯所收诸书,既不知所据何本,对书中内容,也不曾认真校定。因此,从校勘的角度论,工作并不完善。

《四库全书》为乾隆年间,由政府组织编写之大型丛书,计收历代医著百余种,其中除从《永乐大典》中辑出之佚书外,余者均全文收录。据《四库全书总目》所列一百九十九种(包括附书)医书介绍之版本情况计有:内府本、两淮盐政采进本、浙江巡抚采进本、两江总督采进本、安徽巡抚采进本、侍郎金简购进本、大学士英廉购进本、通行本、《永乐大典》本、御定本(即《医宗金鉴》一书)等,借用私人藏本者计有:浙江范懋柱家天一阁、大理寺卿陆锡熊、两淮马裕、浙江汪启淑、大学士于敏中、两淮江广达、大学士英廉、兵部侍郎纪昀、户部尚书王际华、编修邵晋涵、编修周永年、浙江邹大节、浙家朱彝尊曝书亭、编修程晋芳等。首先,从记述方式看,只能表明书本的来源,难以标示准确的版本名称。但其如内府收藏及借用私人诸家之本,特别如范家之天一阁、朱家之曝书亭及诸多名家之书,多系佳本,至于采进诸本及通行本,未必尽为善本也。另外对这些版本的使用及提要撰写时,有些亦未经认真核校。如《针灸甲乙经》一书,《四库全书总目》原载为两淮盐政采进本,共八卷。1980年经我们亲至北京图书馆查对所藏《四库》本,始知亦为十二卷,从全书内容考之,与明·吴勉学校刊之《医统正脉全书》本为统一体系,且其衍脱误倒之处,亦如《医统正脉》本。此所以说明,《四库全书》中所收医籍,从校勘学的角度论,编纂者固然作了些工作,但在版本的选择及内容的校定方面,则颇有不足。

清代对古医籍的校勘,虽官府不曾专门组织,但私人校书者,则不乏其人。特别因受朴学的影响，又有不少儒士或先儒而后医者从事于校书事业，且以训校结合的方法，并注意到古书中行文常例、古今异韵、文字通假等方面的情况，综合分析，较之前朝之校勘，从方法至内容，均有新的发展。今仅举数家加以介绍。

张琦，初名翊，字玉可，又字翰风，号宛邻。江苏阳湖人，生年不详，卒于道光十二年（1832年），曾为嘉庆十八年举人，至道光三年始，任山东两任知县。琦少攻文学，尤嗜于医，喜读《素问》等书。特留心是道，著成《素问释义》一书，如自序云："琦少好是书，又病其杂，因求其宗旨，按其条理，重为诠释。疑者阙之，伪者乙之，合者存之，误者正之，潜神竟虑，岁阅二十，成《释义》十卷。"琦不仅对《素问》全文予以诠释，而且出校文颇多。凡出校文，一则援引林亿原校，一则根据文义从理校方面，别出新义。如上古天真论"故能寿蔽天地，无有终时，此其道生。"注"四字衍。"生气通天论："因于寒，欲如运输，起居如惊，神气乃浮。"注："因于寒句误次，当在体若燔炭之上。"又"高梁之变，足生大丁。受如持虚"，注："受如句疑脱。"又"俞气化薄，传为善畏及为惊骇"。注："按文义不次，盖此经脱文。"张氏之校，虽难尽是，然其可参之处，亦复不少，故日本·丹波元简《素问绍识》摘引较多，此亦对后世影响较大者之一。

胡澍，字荄甫，一字甘伯，号石生，安徽绩溪人。生于道光五年（1825年），卒于同治十一年（1872年）。早岁治举子业，为咸丰己未举人。后因两次京试未中，仕途不利，乃归家著述，于音学训诂均有研究，中年多病，复留心医学，晚年著《内经素问校义》，惜未竟而卒，仅得三十余条。胡之校，不仅注意以别本对校，其重在以音韵、文字、训诂等知识，加以校诂。现举例如下：（按小字注文从略）

人将失之矣：今时之人，年半百而动作皆衰者，时世异耶？人将失之邪？澍案：人将失之邪？当作将人失之邪。下文曰：人年老而无子者，材力尽邪？将天数然也？徵四失论曰：子年少智未及邪？将言以杂合邪？与此文同一例。将，犹抑也。

传精神：故圣人传精神，服天气而通神明。澍案：传字不可通。王注谓：精神可传，惟圣人得道者乃能尔。亦不解所谓。传，当为抟字之误也。抟与专同，言圣人精神专一不旁骛也……

水火者，阴阳之徵兆也：故曰：天地者，万物之上下也；阴阳者，血气之男女也；左右者，阴阳之道路也；水火者，阴阳之徵兆也；阴阳者，万物之能始也。澍案：阴阳之徵兆也。上三句，下、女、路为韵。下二句，徵、始为韵。徵读如宫、商、角、徵、羽之徵……

上述三例，其一据语法训校，其二据假借训校，其三据音韵训校。可见其校义之一斑。

俞樾，字荫甫，号曲园。浙江德清人，生于道光元年（1821年），卒于光绪三十二年（1906年），为道光进士，曾为翰林院编修与提督河南学政。俞氏于考据训诂等学，造诣颇深。一生著述甚丰。其《读书余录·素问篇》（后《三三医书》收为单行本，名《内经辨言》），计收训校四十八条。其中不乏独到之见。如上古天真论"太冲脉盛"，"新校正云：全元起注及《太素》、《甲乙经》俱作伏冲，下太冲同。樾谨按：汉人书太字，或作伏。汉太尉公墓中画像有伏尉公字。《隶续》云：字书有伏字，与大同音。此碑所云伏尉公，盖是用伏为大，即大尉公也。然则全本及《太素》、《甲乙经》当作伏冲，即太冲也。后不识伏字，加点作伏，遂成异字。恐学者疑惑，故其论之。"

顾观光，字尚之，又字漱泉，号武陵山人。江苏金山人。早年习儒，为太学生，因三试不第，遂弃举子业，承世业为医。同里钱熙祚多藏书，常借而读之。博通经、传、子、史百家，尤穷极天文历算。并博览古医籍，著述较多。其助钱熙祚氏校《素问》，收入《守山阁丛书》中，又常据林亿等校《伤寒》、《金匮》，谓今次非是，欲再注而未竟。所校《素问》与《灵枢》各为“校勘记”，曾附刊于守山阁本后。顾氏据文理、医理及别本、别书等为校，不仅校正经文，且对王注及林校等亦皆及之，多具可参之处。今取生气通天论篇为例。（其原校作双行小字，今改作大字，于前加“注”字）

其气九州九窍五脏十二节。注：“经言人气上通于天，不得连及地之九州，州可九，亦可十二，非若九窍之一定不易。此二字盖衍文。”（按此校似非是，详《灵枢·邪客》：“地有九州，人有九窍。”与本文义同可证）其气三。注：“当谓三阴三阳。”此寿命之本也。注云：《灵枢经》曰：血气者，人之神，不可不谨养。注：“今《灵枢》无此文，见本书八正神明论。”失其所则折寿而不彰。注云：日不明则天暗暝昧。注：“吴刻暗作境，今依藏本。”因于湿首如裹。注：“言头目昏重，如物裹之。”阳气者，烦劳则张，精绝。注云：筋脉䐜胀，精气竭绝。注：“以张为胀，本成十年《左传》注，然于上下文不甚融贯。”王安道云：“张谓亢极也。阳气和而养人，及其过动，亦即阳气亢极而成火耳。阳盛则阴衰，故精绝。”溃溃乎若坏都。注云：溃溃乎若坏。注：“吴刻坏下有都字，今依藏本与《溯洄集》引此注合然。以文义论之，此都字不可省也。张景岳云：‘都，城郭之谓也。’”高梁之变，注云：高，膏也。梁，粱也。注：“六书假借之例。”阴者藏精而起亟也。注：“起、亟二字疑倒。”高骨乃坏。注云：谓腰高之骨也。注：“高、之二字疑倒。此谓腰间脊骨之高者也。自第十三节至十六节皆是。”大骨气劳。注：“大骨即高骨。”味过于苦，脾气不濡，胃气乃厚。注：“脾气不濡，过于燥也。脾不为胃行其津液，胃气乃积而厚矣。胃气一厚，容纳遂少，反以有余，成其不足。非强厚之谓也。”

以上共十二条，其中疑衍者一条；训解者四条；正王冰注误者二条；别本（吴刻，指吴悌刊本）对校者二条；指明文字假借者一条；疑倒者二条。此可反映顾氏校记的一些基本情况。

孙诒让，字仲容，浙江瑞安人。生于道光二十八年（1848年），卒于光绪二十四年（1908年）。孙为同治举人，曾任刑部主事，不久便退隐而从事著述。其于朴学造诣很深，著述亦多。其《札迻》一书中有“《素问》王冰注”，出校注十三条。文虽不多，然不乏精见。如痹论“凡痹之类，逢寒则蟲，逢热则纵”。注云：“蟲谓皮中如蟲行。新校正云：按《甲乙经》蟲作急。案蟲，当为痋之借字。《说文·疒部》云：痋，动病也。从疒，虫省声。故古书痋或作蟲。段玉裁《说文注》谓蟲即疼字。《释名》云：疼，旱气疼疼然烦也。疼疼，即《诗·云汉》之蟲蟲是也。盖痹逢寒，则急切而疼疼然不安，则谓之痋。《巢氏诸病源候论》云：凡痹之类，逢热则痒，逢寒则痛。痛与疼义亦相近。王注训为虫行，皇甫谧作急，顾校从之，并非也。”按此校从医理与文理而论，均是。《甲乙》作急者，虽亦可通，然急与虫无缘相误。故当作“痋”，义为得。

于鬯，字醴尊，号香草。江苏南汇人，生于咸丰四年（1854年），卒于宣统二年（1910年）。曾登过光绪二十三年拔萃科，但未仕。一生研究学问，尤通小学，著述甚丰。其《香草续校书·内经素问》，收一百零二条，于《素问》之校诂，多有创见。

莫文泉，字枚士，别号苕川迂叟，浙江归安人。生于咸丰年间，卒于1933年。为同治九年举人，后两试于礼部不第，乃潜心于医学。莫氏于经史、小学等颇有研究，后于医学则肆力于古籍校疏。曾校注《伤寒论》与《金匮方论》二书，惜未见。复有解经之作，名《研经言》，共出一百四十九则，对《素问》、《灵枢》、《伤寒》、《金匮》、病候、方药等所作之训释及校订，颇具精到之处。

以上所举诸家,对古医籍的校勘,无论其方法或内容,均有许多可供借鉴之处,特别是他们在运用朴学于校勘古籍,解决了诸多悬而未解的难题,值得后人效仿。但对某些具体问题的结论,不可能绝无千虑之一失。因此,对待他们的经验,仍需扬长避短,批判地加以继承。

民国年间,整个中医事业受到摧残。对古籍的整理研究,当然也得不到应有的重视,虽有少数医家,在校勘古医籍方面作了些工作,但总的来说,没有什么重大成就,也无新的发展。

新中国成立后,中医工作得到了全面的发展,古医籍的整理研究也得到了应有的重视。国家及地方出版部门,相继出版了一大批校点或校注的中医古籍。在20世纪60年代时,曾将《素问》、《灵枢》、《难经》、《脉经》、《甲乙经》、《诸病源候论》、《针灸大成》等七种古书,列为国家科学研究十年规划第36项第(三)题。由卫生部下达有关单位,进行“校释”。这是首次将中医古籍整理列入国家科研计划,并由国家卫生机构组织实施。80年代又有卫生部(后归国家中医管理局)组织了全国性中医古籍整理研究出版工作。已校注与校点出版了数百种古医籍。在这批出版的古医籍中,均经认真选择版本,并以对校、他校、本校、理校等方法,予以校勘,为中医学术发展,起到了重要的作用。

经过历史地回顾,不难看出,对中医古籍的校勘,在长期的历史实践中,做出了重大成绩,集累了丰富的经验,为今后对浩如烟海的古医籍的校勘,打下了良好的基础。今后应在此基础上,认真总结前人的经验,不断开拓前进,在理论与实践方面,为挖掘中医这一伟大宝库,做出更大贡献。

第三节　古籍多层次结构及形成原因

古籍是一种历史的产物,不论经史子集或医卜星相,亦不论先秦两汉或唐宋元明,都是以一定历史时期文字语言为载体而记载某一方面的政治思想或科学文化知识。因而必具有一定历史文献特征。然而这些历史的产物,除有少量可保存(如金石文字等)及出土再现(如简书、帛书等)的原形外,一般地说,都经过了历代不同程度的再制作(包括传抄、翻刻、校勘、注释、重编、辑佚等工作)的工作。历史愈久的,这种再制作的次数愈多,反之,则次数较少。这种再制作的过程,往往不可能保持其原来的真正面貌,而必然地附加了制作时代及制作人某些内容或形貌。因而形成了古籍的多层次结构。

倪其心《校勘学大纲》第三章第三节云:“一般地说,内容重要和年代久远,是古籍构成重叠的两个主要原因。经典文献由于内容重要,因而受到历代统治者的重视,并且根据各自时代的政治需要进行种种解释和发挥,相应地需要对文字语句作校勘甚至删改。同样,为了保持经典文献的本来面貌,历代都有不少学者进行了针锋相对的解释和阐发,相应地要对文字语文进行校正刊误,所以内容重要是造成古籍重叠构成的首要原因,也是社会原因。古籍由于是古代即过去时代的产物,因而年代距离愈远,后人阅读愈困难,就愈要训诂注解。而由于历史造成的隔阂,后人对前代的社会生活情况的了解总是会产生一定的距离。因此必然会产生不同的了解和认识,从而导致不同的训诂,相应地会产生不同的校勘。所以年代久远也是千万古籍重叠构成的重要原因。但比较起来,这是个历史的原因。”

医学古籍,虽不如文史诸书,因受政治因素的干扰而加以改动或产生之异文歧义等之为多。但由于历史的原因而产生的异文歧义,则与文史诸书颇多相似。也就是说历史愈长,重要性愈强者,则经后人之手的次数愈多,产生的异文歧义愈多。而历时较短,重要性较次者,则经后人之手的次数愈少,产生的异文歧义愈少。今举部分医籍为例。

《黄帝内经》,首见于《汉书·艺文志》著录,据叙文知其内容梗概。至汉末张仲景《伤寒杂病论·自序》言撰用书中有《素问》、《九卷》之名。又魏、晋间人皇甫谧《针灸甲乙经》始言“今有《针经》九卷,《素问》九卷,二九十八卷,即《内经》也。”尽管近年有的学者提出皇甫谧此说,缺乏证据,并以为今存《素问》、《灵枢》,并非《汉志》著录之《黄帝内经》的说法。这个问题,我们暂不去讨论。但有一点,当可探讨,即班固修《汉书》的最后时间是在汉章帝建初年间,除“八表”及“天文志”未竟外,余皆完成。也就是说“艺文志”亦撰就。尽管“艺文志”是借用刘向刘歆父子之《七略》改写而成,且经西汉末兵燹之乱,然西汉时地方及私人藏书者,亦尚有之,故光武中兴之后,据《后汉书·儒林传叙》云:“先是,四方学士,多怀挟图书,遁逃林薮,自是,莫不抱负典策,云会京师。”因而,《黄帝内经》一书,未必在荡然之例,即便亦遭难,想刘向父子校书至班固修志之时,亦仅有数十年之时间,对医学的这一重要典籍,竟自会绝无人知了,当是罕事。因此,作为一部医学重要著作,就有可能是存世。从班固修《汉志》下桓、灵之时,亦仅有百年左右的时间,其间并未有全国性的军事动乱,故张仲景提出的《素问》、《九卷》,不可能与历史著作毫无联系,仅在百年之内由某个或某几个天才而创造出来的全新著作。且又经过不太长的时间,又被皇甫谧称之为《素问》、《针经》,并被认定即《黄帝内经》,从今日保存下来的《针灸甲乙经》内容,与后人沿用的《黄帝内经》中两书——《素问》、《灵枢》亦基本相同。因而,似可认为,今存《素问》、《灵枢》内容,是皇甫谧氏认定内容的沿续。而皇甫氏认定之《素问》、《针经》文,应与张钟景所称之《素问》、《九卷》为同体而异名,这一点亦可从与皇甫谧同时代的王叔和撰注的《脉经》中得到证实。当然,从《黄帝内经》的成书至西晋初期,可能经过了几次整理改编。这正是《素问》与《灵枢》之中,既保留了先秦的某些佚书遗文,如所谓《上经》、《下经》、《阴阳》、《奇恒》等,又有汉代某些文化的痕迹。因而形成了一种多层次结构体。复从西晋至唐代,经过了魏晋南北朝等时期,又经该时期医人的再次整理加工,如经过南朝梁人为避讳而将《素问》中“顺”字改“从”等,及隋唐人杨玄操为之“音释”等,又增加了层次。迨至唐人王冰,复将《素问》一书,对前朝传本再度加工整理,增加“运气”诸篇,使《素问》一书,又增加了层次。唐人王冰次注本,传至宋代,复经几次校定,特别是林亿等新校正的校本,已作为定本问世,则又一层次。新校正之后,复经数百年之校勘注释,又为新校正本增加层次。从而使《素问》一书中保存的内容,上至先秦,下至近代,形成了一个多层次的结构,此其所以有诸多异文歧义的原因所在。《灵枢》亦然,唯层次较少于《素问》,兹不烦述。

《难经》一书,张仲景《伤寒杂病论》自序,已云有所撰用,称之为《八十一难》。究其成书于何时,至今学术界尚有争论。然从现存之内容而论,其设问词诸文八十一项,不管其言“经”与不言“经”,这本身就体现为一个层次的内容,加之答问诸文,则又是一个层次。经三国魏晋南北朝以至隋唐,中间不知曾有多少人予以整理,如吴太医令吕广曾为注释,今《难经集注》本中,犹存其注文若干条。又如隋唐时人杨玄操氏,因其“文句舛错,抑亦事续参差”,复为之“条贯编次,使类例相从,凡为一十三篇,仍旧八十一首,吕氏未解,今并注释……并别为音义”。此又增一层次。迨至北宋,已形成多人注释并校勘过的文本。故南宋·李駉《难经句解》序中,有关该书的整理研究者已有“十先生”之说。宋至近代,复经多人之校勘、注释、编次。使《难经》一书,又增加若干层次,留有诸多异文歧义。

《伤寒论》与《金匮要略》,本为张仲景撰著之《伤寒杂病论》。详今《伤寒论》自序,仲景撰著该书时,原曾撰用《素问》、《九卷》、《八十一难》、《阴阳大论》、《胎胪药录》、《平脉》、《辨证》等书,其本身就是一个多层次结构性著作。因三国战乱,原书散佚。后有魏晋时人太医令王叔和复得遗文,重为编辑,一者收入叔和自撰《脉经》卷七至卷九三卷中,一者为别本单行。其同时代之皇甫谧曾赞许之曰:"近代太医令王叔和撰次仲景遗论甚精"。这是仲景书之首次增加层次。当南北朝期,据《隋书·经籍志》载有《张仲景方》十五卷。《旧唐书·经籍志》载有《张仲景药方》十五卷,注:"王叔和撰";《新唐书·艺文志》则载有"王叔和张仲景药方十五卷,又《伤寒卒病论》十卷"。又有唐人孙思邈得张仲景方,以"文证同条,比类相附"的方法,对伤寒条文方证,重为编纂。从这一时期对张仲景方的书名、卷数及条文编撰的情况看,无疑又增加了新的层次。宋代林亿等据传世版本校定出《伤寒论》与《金匮玉函经》两种伤寒传本,两本从体裁、条文等方面均有较大差异。后王洙于馆阁蠹简中又发现三卷本仲景著作,林亿等复将杂病部分加以校定,即今存《金匮要略方论》。自此,仲景著作,加之其他不同传本,如日本之康平本、康治本《伤寒论》等,又增许多层次。此后经金元明清各时期之校勘注释本的大量出现,遂使仲景著作形成大量异文歧义,使仲景著作,更加复杂而多样,去仲景本义与旧貌,已不知有几多远矣。

以上三种皆去古较远且重要性较强之著作,反映其历史演变较多,因而层次结构较复杂,异文歧义亦多。再就近古著作看,虽时间较短,然有些著作,为后世重视,经多人手笔,亦非单一型结构。如:

明末吴有性《温疫论》一书,于崇祯十五年(1642 年)著成,至清康熙四十九年(1710 年)即有郑重光为之补注,"编者正之,缺者补之,不及者增益之,纲领条目,略为次序"。是为原书增一层次矣。复有洪天锡补本,又有孔以立、龚绍林加评本等。至清乾隆年间又有刘松峰氏撰成《瘟疫论类编》,该书对《温疫论》原著篇次作了较大调整,增加了许多注文、按语及小部分内容,对题名也作了不少改动,为该书又增加了层次。另外,本书自清康熙年初刻以来至清末,中外各种刊本及抄本已有四十种左右。就这样一本仅有二百余年历史的著作,同样也构成多种层次。

清代前期有叶天士《温证论治》文,始载唐笠山纂辑《吴医汇讲》卷一,文前小叙云:"叶天士,名桂,号香岩,世居阊门外下塘,所著《温证论治》二十则,乃先生游于洞庭山,门人顾景文随之舟中,以当时所语,信笔记录,一时未加修饰,是以辞多佶屈,语亦稍乱,读者不免晦目。烈不揣冒昧,窃以语句少为条达,前后少为移掇,惟使晦者明之。至先生立论之要旨,未敢稍更一字也。"此文唐笠山大烈先生已明告,其进行了"语句少为条达,前后少为移掇"的再加工制作的工作,为加一层次也。又华岫云编纂《临证指南医案》收此文名《温热论》,文字方面与《吴医汇讲》载文,亦有所出入。此后章虚谷《医门棒喝》收此文又名《叶天士温病论》,并为之诠释。观其文字,盖本于唐本。后又有王孟英《温热经纬》收此文作《叶香岩外感温热篇》,则以华岫云《临证指南医案》收文为底本,与唐本作了对校,又为之集注加按,文末有孟英按云:"右第二十章,唐氏作第二十一章。……章氏诠释,亦从唐本。雄谓原论次序,亦既井井有条,而词句之间,并不难读。何必移前掇后,紊其章法。而第三章如玉女煎,去其如字之类,殊失庐山真面目矣,兹悉依华本订正之。"清末又有宋兆淇氏撰《南病别鉴》,复收此文,是据唐本,仍名《温证论治》,并为之增注。然个别文字,亦小有出入。至民国四年,又有陈根儒先生《温热论笺正》,其序例云:"此篇,相传叶天士游洞庭山,门人顾景文于舟中记当时所闻之语，其后及门传抄，遂颠倒错乱。世所传者，出华岫云、唐大烈两人。唐氏分二十一章，章虚谷注悉依唐本。王孟英《温热经纬》，改从华本，作二十章，自谓依原论次序。按原本既非天士手定，舟中闲话，偶然论及，本无次序可循，今悉从病情原变，治法次第，列为先后，删其繁乱者三十八字，都为一卷，二十四节，三千六百七十九字。”仅此《温热论》一书，上下二百年左右时间，不仅有唐本与华本两种版本体系，而且书名、章节、文字方面均有差异，加之注家之多次加工诠释，则异文歧义尤多，为原义增加若干层次矣。

从上述诸例进一步说明，古籍在流传过程中，由于历史的、社会的及客观与主观的因素，经后人一次次加工制作，致使原书旧貌，蒙上了一层层面纱，形成了多层次结构。因此，认真研究各种古籍的层次结构，辨认后人强加于其上的面纱，对于该书的复原存真，具有十分重要的意义。

由于上述种种原因，对古籍增加的层次结构，造成了古籍种种错综复杂的讹误。就古籍本身的构成而论，其外形是文字的组合，其内容是知识的结构。当导致古籍形成讹误时，不管情况有多么复杂，概而言之，主要反映在这两方面。在外形方面，往往是文字的异写；在内容方面往往是知识的异义。这两个方面的问题，都可以使古籍的本来面貌（这里所说的“本来面貌”，不是指诸如体现版本特征等外形方面的本来面貌）发生某种改变。

从校勘的角度论，首要的任务是发现古籍在文字与内容方面存在的问题，并在此基础上，通过进一步研究，分析判断产生诸多错误的原因与错误的实质。就一般情况而言，上面所说的历史的、社会的及客观与主观的因素，反映在具体古籍中，主要有以下几个方面：

文字演变，反映在古今字、异体字、俗体字、通假字及版刻字的同书并存。工作关系，反映在古籍中的问题，主要是指因传抄人或刻书人工作中的疏忽所造成的重叠、脱漏、颠倒、错误等。所谓重叠，指一字、几字及文句或行段的重复所造成的衍文。脱漏，指一字、几字及文句或行段等的脱漏所造成的脱文。颠倒，指两字或几字及文句等的上下倒置。错误，则指由于笔误及对字形及符号等辨认不清所造成的字误。

主观因素，主要指加工制作或整理研究人员，处于某种原因而有意的妄改；或由于对某些知识的匮乏而作的妄改；或由于理解判断非是而作的误改；或由于对某种事物的忌讳而作的变改等。

文义训解，主要反映在对文义的训解而形成的诸多歧义。其中有多方面的原因，一者由于原文有误而屈就原文所作的强解；一者由于对原文辨认不清（如对某些通假字或避讳字未能辨认）而作的误解；一者由于文义晦涩而形成的歧解；一者由于本义失传而形成的试解；一者为迎合某种需要（如政治的需要或学术观点的需要）而形成的曲解；一者由于缺乏对事物的全面了解而形成的偏解。

凡此等等，对古籍校勘，均需作出认真的分析，方可有助于发现古医籍存在的问题，有助于对正误的判断，有助于提出解决的方法。

第四节　古籍讹误基本情况

对古籍校勘，前人在大量实践中，不仅在方法上积累了丰富的经验，而且在内容方面，也总结出许多带有普遍意义的常例。今从两个方面举例说明。

一、文史古籍讹误常例

对文史古籍校勘而总括其常例者，自清以来，不乏其人，已如前述。他们总结出的诸多讹误常例，不仅对文史等古籍的校勘有一定指导意义。而且对医学古籍，除去在专业方面学术性较强的内容外，在古籍的一般性问题方面，也具有重要的启迪作用。今特举清代王念孙与俞樾两家归纳之常例为例。

王念孙，是清代一位著名的训诂校勘学家，晚年著成《读书杂志》。其中对《淮南子·内篇》，订正了九百余条字句的错误，并从这九百余条错误中归纳其致误之由，凡得六十二例。现将其条目加以列举，并根据文例聊为解释，以明其义。其词义十分明了者，则仅列条目。其具体文例内容，限于篇幅，则均从略。

(1) 有因字不习见而误者。此指因不识不常习用之字而致误。

(2) 有因假借之字而误者。此指因未能识破假借字而致误。

(3) 有因古字而误者。此指因不认识古字而致误。

(4) 有因隶书而误者。此指因不识隶体之书法，而误以为作楷书某字者。

(5) 有因草书而误者。此指因不识草体之书法，而误以为作楷书某字者。

(6) 有因俗书而误者。此指因不识历代之俗写字，而误以与其形相似之某楷书字。

(7) 有两字误为一字者。此指误将两字合为一字。

(8) 有误字与本字并存者。此指致误之字与未误之本字并存于书。

(9) 有校书者旁记之字而阑入正文者。此指本系校书人在正文字旁附记之字，而后人抄书以妄将旁记之字亦抄入正文之中。阑，妄也。

(10) 有衍至数字者。此指多出数字。

(11) 有脱数字至十数字者。此指有脱漏数字至十数字不等。

(12) 有误而兼脱者。此指误文处并兼脱文。

(13) 有正文误入注者。此指将正文误作注文。

(14) 有注文误入正文者。此指将注文误作正文。

(15) 有错简者。此指文句误离本位而错处于别文之下。

(16) 有因误而致误者。此指本为误字，字书亦不具，而后人不知，误以为正，妄为引用，且举此误文以为书证。

(17) 有不审文义而妄改者。此指未能详审文义而误以为误，随意改字者。

(18) 有因字不习见而妄改者。此指因不识非常见之字而随意改字者。

(19) 有不识假借之字而妄改者。此指因不识假借之字而随意改字者。

(20) 有不审文义而妄加者。此指因未能详审文义而随意加字者。

(21) 有不识假借之字而妄加者。此指因不识假借之字而随意加字者。

(22) 有妄加字而失去句读者。此指因妄加字后而句读失误者。

(23) 有妄加数字至二十余字者。

(24) 有不审文义而妄删者。

(25) 有不识假借之字而妄删者。

(26) 有不识假借之字而颠倒其文者。

(27) 有失其句读而妄移注义者。按古人注书,用小字夹注,注在文句下。此指误以为文句有误,而重为断句,且将注文移于读断句下。

(28) 有既误而又妄改者。

(29) 有因误字而误改者。此指字本有误,而再改尤误者。

(30) 有既误而又妄加者。

(31) 有既误而又妄删者。

(32) 有既脱而又妄加者。

(33) 有既脱而又妄删者。

(34) 有既衍而又妄加者。

(35) 有既衍而又妄删者。

(36) 有既误而又改注文者。此指因正文字误,而误以为注文误,乃将注文不误之字改。

(37) 有既误而又增注文者。此指因正文误,为屈就正文之误字而又增加注误文之注文。

(38) 有既误而又移注文者。此指此正文误与别正文同,而将别正文之注,移于此正文下。

(39) 有既改而又改注文者。此指因误改正文之字,而又误改注文之字者。

(40) 有既改而复增注文者。

(41) 有既改而复删注文者。

(42) 有既脱且误而妄增者。此指因正文脱字,而正文既脱而又误不成文,后人遂任意加字以屈就成文。

(43) 有既误且改而又改注文者。此指因正文误,注文亦误,而又误改正文与注文者。

(44) 有既误且衍而又妄加注释者。

(45) 有因字误而失其韵者。

(46) 有因字脱而失其韵者。

(47) 有因字倒而失其韵者。

(48) 有因句倒而失其韵者。

(49) 有句倒而又移注文者。此指因正文句倒失韵,而又移改注文之次以从其误。

(50) 有错简而失其韵者。

(51) 有改字而失其韵者。

(52) 有改字以合韵而实非韵者。

(53) 有改字以合韵而反失其韵者。

(54) 有改字而失其韵又改注文者。

(55) 有改字而失其韵又删注文者。

(56) 有加字而失其韵者。

(57) 有句读误而又加字以失其韵者。

(58) 有既误且脱而失其韵者。

(59) 有既误且倒而失其韵者。

(60) 有既误且改而失其韵者。

(61) 有既误而又加字以失其韵者。

(62) 有既脱而又加字以失其韵者。

王氏所例六十二条,前四十四条,例之于文义者,固若是也。而后十八条,不仅例之于文义,且当例之于音韵,故律诸韵文,尤当如此。王氏言《淮南子》韵文诸例,乃是上古音。若中古、近古之韵文,音复有变。以上诸例,虽近乎繁,然例诸古籍讹文,亦不为无义。

俞樾,亦清代一训诂校勘名家,其《古书疑义举例》一书,于古籍之校勘,颇有启迪之义。其自序云:"夫周、秦、两汉,至于今远矣。执今人寻行数墨之文法,而以读周、秦、两汉之书,譬犹执山野之夫,而与言《甘泉》、《建章》之巨丽也。夫自大小篆而隶书,而真书,自竹简而缣素,而纸,其为变也屡矣。执今日传刻之书,而以为是古人之真本,譬犹闻人言笋可食,归而煮其箦也。嗟夫! 此古书疑义所以日滋也欤! 窃不自揆,剌取九经诸子,为《古书疑义举例》七卷,使童蒙之子,习知其例,有所据依,或亦读书之一助乎!"俞氏此文虽简而义则深矣。其于古书之因字形之变、书体之变、传刻之误等造成失真之事,已概言之矣。其《古书疑义举例》七卷,出有关古书文例、体例、语法、修词及讹误之常例凡八十八条,今取其后三卷有关古书讹误例三十七条之例目列于下。其例文则限于篇幅,均省略。

(1) 两字例同而衍例。

(2) 两字形似而衍例。

(3) 涉上下文而衍例。

(4) 涉注文而衍例。

(5) 涉注文而误例。

(6) 以注说改正文例。

(7) 以旁记字入正文例。

(8) 因误衍而误删例。

(9) 因误衍而误倒例。

(10) 因误夺而误补例。

(11) 因误字而误改例。

(12) 一字误为二字例。

(13) 二字误为一字例。

(14) 重文作二画而致误例(按古书重字,常于上字之下,复以二短横画代之)。

(15) 重文不省而致误例。

(16) 阙字作空围而致误例(按古书缺字,常以空方框代之,谓之空围)。

(17) 本无阙文而误加空围例。

(18) 上下两句互误例。

(19) 上下两句易置例。

(20) 字以两句相连而误叠例(按"叠"者,字重也)。

(21) 字以两句相连而误脱例(按此指两句相连字当叠而脱误未叠者)。

(22) 字句错乱例。

(23) 简册错乱例。

(24) 不识古字而误改例。

(25) 不达古语而误解例。

(26) 两字一义而误解例。

（27）两字对文而误解例。

（28）文随义变而加偏旁例（此指本字原无偏旁，因随注者之义而加以偏旁）。

（29）字因上下相涉而加偏旁例（此指本字原无偏旁，因涉用上文或下文字之偏旁而相加）。

（30）两字平列而误倒例（此指平列之两字，本不存因倒而生歧义，然亦有不能倒置者，如用于押韵等）。

（31）两字疑复而误删例。

（32）据他书而误改例。

（33）据他书而误解例。

（34）分章错误例。

（35）分篇错误例。

（36）误读夫字例（此指“夫”字作助词用，有为句首语气助词者，当上读；有为句末语气助启者，当下读。此或有误读者）。

（37）误增不字例（此指不明文义而误增不字者）。

以上引王、俞两家举古书讹误常例，虽不能代表古籍讹误的全部情况，亦可以见其一斑。通过对诸多讹误常例的分析，既可获知其致误的原因，又可得见其讹误的内容。从上述诸例亦可说明，诸多古籍流传至今，由于各种原因造成的讹误的情况是比较普遍的。因此，若欲对其进行整理研究，发现与订正其中讹误，乃是首要前提。此亦校勘对古籍整理有十分重要意义之原因所在。

二、古医籍讹误常例

古医籍是古籍的一个分支。从古籍的普遍意义而论，古医籍中讹误情况，与一般古籍之讹误情况，亦大致相同。其不同者，作为医学古籍，自有其专用术语及医理与他书之别。此则详列古医籍讹误之常例如下：

（一）衍文

1. 衍一字例

（1）《小儿药证直诀》起秀堂本卷中睦亲宫十太尉病疮诊案“手足冷痹”，衍一“痹”字，聚珍本及《幼幼新书》卷十八第一引本文均无。

（2）《松峰说疫》卷六“五运天时民病”六戊年“火亢则肺绝救，故死不治。”详前后文例，言五脏绝下均无“救”字，且文义亦不通，故为衍。

2. 衍多字例

（1）《素问·刺疟篇》：“疟脉满大，急刺背俞，用五胠俞、背俞各一，适行至于血也。”详此前有文云：“疟脉满大，急刺背俞，用中针，傍五胠俞各一，适肥瘦，出其血。”与此条基本同，且文义尤胜。又详《甲乙经》卷七第五亦无此文，故林亿等云“当从删削，经文与次前经文重复”。

(2)《素问·金匮真言论》:“春不病颈项,仲夏不病胸胁,长夏不病洞泄寒中,秋不病风疟,冬不病痹厥。飧泄而汗出也。”林亿等新校正云:“详飧泄而汗出也六字,上文疑剩。”又详前文“南风生于夏,病在心,俞在胸胁”之义,此“仲夏”之“仲”字,亦衍。

3. 涉上下文衍例

(1)《甲乙经》卷六第七:“重阳必阴,此阴阳之变也。”《素问·阴阳应象大论》及《太素·阴阳大论》均无“此阴阳之变也”六字,此涉下“此阴阳更胜之变”而衍。

(2)《素问·厥论》:“少阳厥逆,机关不利。机关不利者,腰不可以行。”《太素·经脉厥》无前“机关不利”四字。详此前后诸文,亦无此重文之例,是当涉下而衍。

(3)《甲乙经》卷七第一上:“曰:人有四肢热,逢风寒如炙如火者何也?曰:是人阴气虚阳气盛。四肢热者,阳也。两阳相得而阴气虚少……”详《素问·逆调论》作“四肢者,阳也”,无“热”字,此系涉上“人有四肢热”文而衍。

(4)《甲乙经》卷八第一上“骨寒骨热”,详《灵枢·寒热病》及《太素·寒热杂说》均无下“骨”字。又据此前有“皮寒热”“肌寒热”两条,而此又论寒热病,故知下“骨”字为涉上衍。

4. 文衍而破坏句式例

(1)《灵枢·外揣》:“动摇则应和,尽得其情。”详此前后皆四字句韵文,惟“动摇则应和”一句为五字,不合文例,是以知“则”字衍。

(2)《灵枢·五色》自“察其浮沉”至“脊为应色”一段韵文,是以四字为句,然今文有三句非四字者,知其衍也。即“故相气不微”句衍“故”字;“其色散驹驹然”句,衍二字,似应作“色散驹驹”;“未有聚其病”句,衍“有”字。

5. 据注文知正文衍例

《太素·营卫气别》:“人有热饮食下胃,其气未定,汗则出,……其不循营卫气之道而出何也?”杨上善注:“言卫气勇急,遂不循其道,即出其汗。”据杨注,“营”字当是衍文。今《灵枢·营卫生会》及《甲乙经》卷一第十一正无“营”字。

(二)脱文

1. 脱一字例

(1)《小儿药证直诀》卷上之“卷”字脱。又变蒸“人有三百六十骨”,聚珍本及《医方类聚》卷二百四十一引本文均作“三百六十五骨”,此脱“五”字。

(2)《松峰说疫》卷六五运天时民病“虫蚀甘”,《素问·气交变大论》作“虫蚀甘黄”,此脱:“黄”字。

(3)《经穴解·三焦经第四阳池》“手少阳三焦所过为原”,陈振甫重校本“焦”下有“脉”字,此脱。

2. 脱多字例

(1)《灵枢·玉版篇》:“以小治小者,其功小;以大治大者,多害。”《太素·痈疽逆顺刺》

同。《甲乙经》卷十一第九下作"以小治小者,其功小;以大治大者,其功大;以小治大者,多害。"据此,则《灵枢》、《太素》均有脱文。

(2)《灵枢·邪客篇》:"卫气者……昼日行于阳,夜行于阴,常从足少阴之分间。"《甲乙经》卷十二第三及《太素·营卫气行》"行于阴"后,均有"其入于阴也"五字,于义为是,是《灵枢》脱此五字。

(3)《注解伤寒论·伤寒例》:"然气候亦有应至而不至,或有未应至而至者,(或有至而不去者,)或有至而太过者,皆成病气也。"注:"疑脱;'或有至而不去者'句,今补。"按《金匮要略》曰:"有未至而至,有至而不至,有至而不去,有至而太过,何故也?……《内经》曰:至而和则平,至而甚则病,至而不至者病,未至而至者病,即是观之,脱漏明矣。"

3. 脱文而失韵例

(1)《素问·经脉别论》:"饮入于胃,游溢精气,上输于脾,脾气散精,上归于肺,通调水道,下输膀胱。水精四布,五经并行,合于四时,五脏阴阳,揆度以为常也。"详《太素·脉论》最后一句作"动静揆度,此以为常"。此文为韵文,四字为句,胱、行、阳、常相押,是知《素问》有脱文。

(2)《灵枢·胀论》:"胀者焉生,何因而有。"《甲乙经》卷八第三、《太素·胀论》"有"后均有"名"字。据上文多有韵,此当有"名"字为是。是《灵枢》脱。

4. 因不识重字符号而脱例

《甲乙经》卷三第二十六少海:"在肘内廉节后陷者中,动脉应手,手少阴脉之所入也。""手"字重文。古书多于前字下以二短横画(=)代之,后人不识此意则易脱。今明抄本及正统本无后"手"字,乃由乎此。

5. 既脱而又误例

《灵枢·四时气》:"徒㽷,……以尽其㽷。必坚来缓则烦悗,来急则安静。"详此后文,义难通。《甲乙经》卷八第四、《太素·杂刺》均作"必坚束之,束缓则烦悗,束急则安静"。是知《灵枢》前脱"束之"二字,后二"束"字又误为"来",遂不成文。

6. 脱文而破坏句式例

《灵枢·刺节真邪》:"不知东西,不知南北。乍上乍下,乍反乍覆。"《甲乙经》卷十第二作"不知东西南北,乍上乍下反覆。"《太素·五节刺》作"不知东西,又不知南北。乍上乍下反覆"。详此前后皆四字句韵文,故《甲乙》、《太素》均误。

7. 注文因脱书名而误作大字正文例

《甲乙经》医统本卷十一第七末条云:"凡唾血,泻鱼际补尺泽。"明兰格抄本作"《千金》云:凡唾血,泻鱼际补尺泽"。证之《千金方》,知医统本脱"《千金》云"三字,是原为小字校文,因脱此三字,遂误作大字正文。

8. 据注文而知原文脱例

《太素·脏腑气液》:"夫胃、大肠、小肠、三焦、膀胱者,"者前,《素问·五脏别论》有"此五”二字，与前文“夫脑、髓、骨、脉、胆，此六者”句或同。详杨上善注：“于主输泄风气雨露，故此五者，受于五脏糟粕之浊。”是知原文亦作“此五者”，唯今传本脱。

（三）误文

1. 形近而误

（1）《素问·刺热篇》：“肝热病者，……头痛员员。”《甲乙经》卷七第一“员员”作“贡贡”。按员与运通，运与晕通。“员员”，即晕晕，头晕痛也。作“贡贡”者；形近而误。

（2）《灵枢·天年》：“五十岁……胆汁始灭。”《甲乙经》卷六第十一“灭”作“减”为是。灭之繁体与减相近。

（3）《灵枢·胀论》：“咽喉小肠者，传送也。”《甲乙经》卷八第三作“咽喉小腹者，传送也。”《太素·胀论》作“咽喉小肠者，传道也。”是以知《素问》误“道”为送，《甲乙》误“肠”为腹。

（4）《太素·杂刺》：“病初发，盛一发。”《素问·长刺节》及《甲乙经》卷十一第二“盛”均作岁。岁之繁体与盛相近，故误为盛。

2. 形近之误再为义通之误

《甲乙经》卷一第十五：“女子色见面王，为膀胱子处病，散为痛，薄为聚。”《灵枢·五色》薄作“搏”。按作“薄”、“搏”均误。详此文乃言观面色之聚散以诊病之法。故搏当为“抟”之形近误，抟者，聚也。以搏与“薄”义通，故作“薄”者，先误作“搏”，又误作“薄”。

3. 别字形近而误例

《素问·气穴论》：“以溢奇邪。”《甲乙经》卷三第一作“以洒奇邪”。《太素·气穴》作“以泝奇邪”。杨上善注：“泝谓沟洫，水行处也。孙络行于奇邪营卫之气，故曰泝，火逼反。”按泝乃洫之别字，洫与溢通。如《庄子·齐物论》：“以言其老洫也。”陆德明释文：“老洫，本亦作溢。”杨上善不解遂误注，《甲乙》作“洒”者，与“洫”形近而误。

4. 音近或音同而误例

（1）《素问·上古天真论》：“以欲竭其精，以耗散其真。”林亿等新校正云：“按《甲乙经》耗作好。”胡澍按：“以耗散其真与以欲竭其精，句义不对，则皇甫作好是也。好，读嗜好之好，好亦欲也。作耗者，声之误也。”

（2）《景岳全书·杂证谟·厥逆》述古引华元化《阴厥论》“大小便滑，吞吐酸绿。”详《中脏经·阴厥论》“绿”作“渌”。此亦音同而误者。

（3）《灵枢·九宫八风篇》：“先之则多雨，后之则多汗。”《太素·九宫八风》“汗”作“旱”是，此音同而误者。

5. 一字拆为二字误例

（1）《敦煌古医籍考释·医方类·黑帝要略方》“煮去骨”之“煮”字，原作“者大”二字，是将“煑”字误分为者、火二字，又将“火”误为大。煑即煮字。

（2）《外台》卷三十九"中膂内俞"，详《甲乙经》卷三第八有中膂俞，无"内"字。膂古写亦作"膐"，若误书则成旅肉二字，肉误作"内"，即成中旅内俞，后人复于旅下增"月"字，遂误为"中膂内俞"。

（3）《甲乙经》卷四第一中明兰格抄本"太阴厥逆，胻挛急"之"胻"字下，有注分写两行，一行作"行音行"，一行作"月又杭"，此误将"胻"字分写作"月行"二字。应作"胻音行，又杭"。

6. 二字合为一字误例

《脉经》卷一持脉轻重法第六："然初持脉如三菽之重，与皮毛相得者，肺部也。"注："菽者，小豆，言脉轻如三小豆之重。焆竚作，皮毛之间者，肺气所行，故言肺部也。"详"焆竚作"三字，义难解，且焆、竚二字字书无。是乃将"大豆""吕氏"四字相合，又将"大"误为"火"，"氏"误为"氐"，本应作"吕氏作大豆"，是对注文"菽者，小豆"而言。

7. 注文作正文误例

（1）《素问·奇病论》："《刺法》曰：无损不足，益有余，以成其疹。然后调之。"林亿等新校正云："按《甲乙经》及《太素》无此四字。按全元起注云：所谓不治者，其身九月而瘖，身重不得为治，须十月满生后，复如常也，然后调之。则此四字，本全元起注文，误书于此，当删去之。"

（2）《素问·奇病论》："帝曰：有病口苦取阳陵泉，口苦者，病名为何？"林亿等新校正云："按全元起本及《太素》无'口苦取阳陵泉'六字，详前后文势，疑此为误。"按本文前后诸设问之词，均不言治法，此当为后人注文而误入正文。

（3）《针灸甲乙经》卷一第八："怫郁也然不知其所病。"详："郁也"二字，《灵枢·海论》及《太素·四海论》均无。是乃"怫"之小字注文，误作大字正文。

8. 正文作注文误例

（1）《太素》卷十四首篇："盛躁击喘数者为阳，主夏，以日中死。"杨上善注："其气洪大曰盛，去来动疾曰躁。因喘数而疾，故曰喘数。九候皆如此者，皆阳气胜，阴气内绝，阳气独行，有表无里，死之于夏，阳极时也。日中死者，阳极时也。此为二诊，是故寒热，以平旦死。脾病寒热，死于平旦。平旦，木也。木克于土，故脾病至平旦死。此为三诊也。"萧延平按："是故寒热者，以平旦死九字，原抄在注'二诊'下，均作小字混入注中，应据《素问》、《甲乙》作经，方与本注三诊之义合。"此说是，乃正文因传抄而混作注文之例。

（2）《甲乙经》第十一第二："名曰癫疾，刺诸分，其脉尤寒者，以针补之。"此下《素问·长刺节论》、《太素·杂刺》均有"病已止"三字。详《甲乙》无者，乃误作小字注文，混入林亿等新校正之后。

（3）《素问·刺要论》："刺筋无伤骨，骨伤则内动肾，肾动则疼，病腰痛。"马莳《素问注证发微》嘉庆年刊本误将"肾动则痛"四字作小字注文。

9. 因不解文义而误读例

（1）《素问·阴阳应象大论》王冰次注："按尺寸观浮沉滑涩，而治病所生以治。"林亿等新校正云："按《甲乙经》作'知病所在，以治则无过'。下无过二字，续此为名。"此文王冰误读，新校正说为是。

（2）《灵枢·玉版》（人民卫生出版社排印本）："其白眼青黑，眼小，是一逆也。"此当作"其白眼青，黑眼小，一逆也。"白眼者，白睛。黑眼者，黑眼。

（3）《素问绍识·方盛衰论》（人民卫生出版社排印本）："菌香。王逸离骚注。菌薰也。叶曰。蕙根曰薰。"详此文应作"菌，薰也。叶曰蕙。根曰薰。"

（4）《四部总录医药编》引《四库全书·素问悬解提要》："而后十五段，却误在经脉中标本而误名，卫气四时气，大半误入邪气，脏腑病形论津液五别，误名五癃津液别。"此文有多处误读，此应作"而后十五段却误在经脉中；标本而误名卫气；四时气大半误入邪气脏腑病形论；津液五别误名五癃津液别。"

（5）宋·庞安常《伤寒总病论》（《丛书集成》本）黄山谷后序："读其书自足以揽其精微，故不著，著其行事。"此文后句误读，当作"故不著著其行事。"

10. 因字误而又误读例

《甲乙经》卷三第二十二："腹哀，在日月下一寸五分。足太阴、阴维之会。"《千金》卷二十九"五分"作"半"。《外台》卷三十九将"本"误为"手"，遂误成"腹哀在日月之下一寸手足太阴、阴维之会"。

11. 因误读而又误以为衍例

《素问绍识·气厥论》："口麋，《太素》麋作靡。杨曰：热上冲口中烂，名曰口靡烂也。按此烂字衍。"详靡与麋通。杨上善注文当作"名曰口靡，烂也"。"烂"是对"靡"之解。故此以误读，遂误以为"烂"字衍。

12. 因误解名物而误读例

（1）《小儿药证直诀》卷下五色圆"金银薄荷汤下"，或以为乃"金钱薄荷"之误，是不知此三药，即金、银、薄荷，故此当作"金、银、薄荷汤下"。又此后香银丸方，曰"煎金、银汤下"，亦可证此当作金、银也。

（2）《本草纲目》（1957年人民卫生出版社影印本）卷四十三鳞部"龙"，李时珍引王符言："其形有九，似头，似驼角，似鹿眼，似兔耳，似牛项，似蛇腹，似蜃鳞，似鲤爪，似鹰掌，似虎是也。"按此文句读全误，名物亦非。当作"其形有九似，头似驼，角似鹿，眼似兔，耳似牛，项似蛇，腹似蜃，鳞似鲤，爪似鹰，掌似虎是也。"

13. 因文窜而误读例

《甲乙经·皇甫谧序》："比按仓公传，其学皆出于《素问》，论病精微，《九卷》是原本经脉。"然详审此文知"是"字原在"于"字下，以其误窜于此，遂亦误读。结合此前文义，则此文应作"今有《针经》九卷，《素问》九卷，二九十八卷，即《内经》也……比按仓公传，其学皆出于是。《素问》论病精微。《九卷》原本经脉。"

14. 因误读而误解例

《素问·五脏生成篇》有"赤脉之至也"、"白脉之至也"等文，《太素·色脉诊》杨上善

注："心脉手少阴属火，色赤，故曰赤脉。"后同此例。马莳注："赤、白、青、黄、黑之下，俱当读，诊人之色已赤矣，及其脉之至也。"详此前言"能合脉色，可以万全。"此正论色脉之诊。故杨注因误读而误解。

15. 因误读而一家注变为二家注例

《难经集注·一难》："十二经皆有动脉。"注："吕曰……足厥阴动人迎。○杨曰：按人迎乃足阳明脉，非足厥阴也。○吕曰：厥阴动人迎，误矣。人迎通候五脏之气，非独因厥阴而动也。"按此注后吕曰批驳前吕曰，显系有误，是以误将杨注批驳吕曰之文，而以为别条并增圆圈隔号所致。故杨注应作"杨曰：按人迎乃是阳明脉，非是厥阴也。吕曰厥阴动人迎，误矣。人迎候五脏之气……"

16. 因误读而书名误例

《胎产指南·医学入门法》(《医学大成本》)："伤寒必须看朱肱南阳活人书。并成无已明理论注解。伤寒论杂症。"后文言成无已二书，当作"成无已《明理论》、《注解伤寒论》杂症。"为是。

17. 反切字误例

《太素·知方地》："嗜酸而食胕。"杨上善注："胕，快付反，义当腐。"萧延平刊本及《丛书集本》"快付"均误作"快付"，按"快"与"付"，不得相切，故误。

18. 误以为重字符号而误例

(1)《素问·刺腰痛篇》："刺厥阴之脉……循之累累然。"《太素·腰痛》同。《甲乙经》卷九第八"循之"作"循循"，是误以"之"为重号而叠。

(2)《灵枢·百病始生》："其著于伏冲之脉者，揣之应手而动。"《甲乙经》卷八第二同。《太素·邪传》"揣之"作"揣揣"，此亦误以"之"为重号而叠。

19. 因不识重号而误例

(1)《素问·脉要精微论》："弊緜緜，其去如弦绝者死。"《甲乙经》卷四第一"弊之绰绰"，《太素·杂诊》作"弊弊绰绰"。详文义《太素》是，此以"弊弊"之叠字，原为重字符号，《素问》文以后人不识而脱误，《甲乙》以不识而误作"之"字。

(2)《甲乙经》卷五第二："八曰巨刺……左取右，右取左也。"本或叠文"右"作重字符号，明抄本又误以为"之"字，遂作"左取右之取左也。"

20. 文字错乱而误例

《灵枢·五变》："䐃肉不坚而无分理，理者，粗理，粗理而皮不緻者，腠理疏。"《甲乙经》卷十第二上作"䐃肉不坚而无分理者，肉不坚；肤粗而皮不緻者，腠理疏也。"详《甲乙》文，于义为顺，前后成对文。而《灵枢》不仅有讹文，且文字错乱不成对也。

21. 字误而不成对文例

《素问·阴阳类论》："雷公曰：臣悉尽意，受传经脉……不知阴阳，不知雌雄。帝曰：三阳为父，二阳为卫，一阳为纪；三阴为母，二阴为雌，一阴为独使。”详此雷公言“不知阴阳，不知雌雄”，下文帝曰正答其问。三阳为父，三阴为母，相对为文；一阳为纪，一阴为使，相对为文。而二阳为卫与二阴为雌，于义则乖，此“卫”字本作“雄”，雄与维形近，涉上“二阳为维”遂误，维与卫同音，又误为卫。“二阳为雄”与“二阴为雌”，则相对为文矣。

22. 字误兼失韵例

（1）《素问·脉要精微论》：“微妙在脉，不可不察。察之有纪，从阴阳始。始之有经，从五行生。生之有度，四时为宜。补泻勿失，与天地如一。得一之情，以知死生。《太素·四时脉诊》“宜”作“数”，详此文皆前后两句相押韵，故作“数”与上句末字“度”相押是。又“补泻勿失”，《太素》作“循数勿失”，详前后文皆上下句相承接，故当以《太素》文为是。又“与天地如一”，详此文本为四字句韵文，唯此句为五字句，不合句式，当系衍一“如”字。

（2）《金匮要略·妇人杂病》：“或引腰脊，下根气街。气冲急痛，膝胫痛烦。”详此前后皆四字句韵文，此“街”字于韵不协，且前言“气街”，后言“气冲”，亦无此例，故“街”当为“冲”之误。冲，古东韵，下句末字“烦”古元韵，有通押之例。

23. 因文句错乱有误而失韵例

《金匮要略·妇人杂病》：“妇人之病，因虚、积冷、结气，为诸经水断绝，至有历年，血寒积结胞门，寒伤经络，凝坚在上，呕吐涎唾，久成肺痈，形体损分，在中盘结，绕脐寒疝，或两胁疼痛，与脏相连，或结热中，痛在关元……”详本文与后文，明显看出原是一段四字句韵文。然今不仅句式有变，且多有失韵，细审文义，以有衍有脱，文句有错乱。而历来校注，皆曲就原文。今稍加整理，聊存四字韵句。即“妇人之病，因虚积冷（耕）。结气为诸，形体损分（文）。经水断绝，至有历年（真）。血案□□（疑脱二字），积结胞门（文）。寒伤经络，凝坚在上（阳）。呕吐涎唾，久成肺痈（东）。在中盘结，或（疑衍）两胁疼痛（东），与脏相连（元），或结在中（冬）。绕脐寒疝（元），痛在关元（元）……”如此乃取古韵耕、文、真、阳、东、冬、元等韵相押。

24. 后人书文误作经文例

《松峰说疫·述古》：“《伤寒论》曰：阳脉洪数，阴脉实大，遇温热变为温毒。又曰：温病之脉，行在诸经，不知何经之动也，各随其经所在而取之。”详“又曰”以下诸文，今《伤寒论》无，当是后人书文误记为《伤寒论》。

25. 名物误例

《小儿药证直诀》卷下凉惊圆方“金银花汤下”。《幼幼新书》卷十第一、《医方类聚》卷二百五十八引本方均无“花”字。按此以金、银二物，误为金银花。又后方香银圆“煎金、银汤下”，亦可证。

26. 字残而误例

（1）《灵枢·杂病》：“岁以草刺鼻，嚏。”马莳注：“岁，疑作藏。”张志聪注：“岁，当作哕。”《甲乙经》卷十二第一，《太素·疗哕》，“岁”均作“哕”是。此以“哕”字因口旁残失而误。

(2)《素问·三部九候论》:“七诊虽见,九候皆从者不死,所谓不死者,风气之病及经月之病,似七诊之病,而非也,故言不死。”“经月”,王冰训“月经”,《太素》卷十四残篇作“经间”,杨上善训“经脉间”。按王、杨之训非是。《太素》作“经间”文是。按“经”本是“痉”残为“巠”,后人不解,误加偏旁成“经”,“月”为“间”之残。“间”为“痫”之假借。

27. 因传写草书致误例

(1)《素问·刺腰痛》:“厥阴之脉。”王冰注:“厥阴,一经作居阴,是传写草书厥字作居字。”

(2)《甲乙经》卷六第二“鬓发颁白”之“颁”,明抄本作“须”,是颁之“分”傍草书,与彡相误。

(3)《甲乙》卷二第一下“虚则生肬”之“肬”,明抄本作“瘫”。按肬与疣同。此误将“疣”字之“尤”,误以为草书“龍”字,遂误作“瘫”。

28. 因隶书变楷致误例

《诸病源候论》卷七“伤寒发登豆疮候”,按《外台秘要》卷三“天行发疮豌豆疱疮方”引《病源》均作“豌豆疮”。详“豌”,竖排亦作豋、登,隶书亦作“豋”,而“登”,《集韵·蒸部》亦作“豋”,邵瑛《群经正字》:“此字近代字书作豋,盖起于《集韵》,今经传作登。”是知“登豆疮”者,以隶书“豋”字之误。

(四) 倒文

1. 倒字例

(1)《素问·奇病论》:“有癃者……亦正死明矣。”末句《甲乙经》卷九第十一作“亦死证明矣”。是则《素问》文倒,且“证”误为“正”。

(2)《素问·上古天真论》:“时世异耶,人将失之矣。”胡澍注:“人将失之邪,当作将人失之邪。下文曰:人年老而无子者,材力尽邪?将天数然也。《徵四失论》曰:子年少智未及邪,将言以杂合邪?与此文同一例。将犹抑也。”详《千金》卷二十七第一正作“将人失之耶”,亦可证。

2. 倒句例

(1)《灵枢·卫气》足六经标本排列顺序为足太阳、足少阳、足少阴、足厥阴、足阳明、足太阴。《太素·经脉标本》则作足太阳、足少阳、足阳明、足太阴、足少阴、足厥阴,与此下手六经排列顺序同。是知《灵枢》之有倒置者。

(2)《灵枢·顺气一日分为四时》:“肝为牡脏,其色青,其时春,其音角,其味酸,其日甲乙……肺为牝脏,其色白,其音商,其时秋,其日庚辛,其味辛。”其他三脏则是按色、时、日、音、味为序。《太素·变输》同。《甲乙经》卷一第二则五脏均以色、时、日、音、味为序为是。是知《灵枢》、《太素》文均有倒置。

3. 因倒字而失韵例

(1)《甲乙经》卷一第一:“必顺四时而适寒暑,和喜怒而安居处,节阴阳而调刚柔。”按此文每句上下押韵,如时与暑,怒与处。故“刚柔”当作“柔刚”,则刚与阳相押。

(2)《甲乙经》卷四第二上“先见于色,不知于身;若存若亡;有形无形,莫知其情”三句,“若存若亡”一句,《灵枢·邪气脏腑病形》及《太素·色脉尺诊》均作“若有若无,若亡若存”,上下既成对句,“存”与前句“身”亦押韵,故知《甲乙经》既有脱文,又有倒文而失韵。

4. 因文倒而改字句误例

《素问·上古天真论》:“夫上古圣人之教下也,皆谓之,”林亿等新校正云:“按全元起注本云:“上古圣人之教也,下皆为之。《太素》、《千金》同。杨上善云:上古圣人,使人行者,身先行之,为不言之教,不言之教,胜有言之教,故下百姓仿行者众。故曰下皆为之。”又《甲乙经》卷十一第七虽删节较多,然尤存“夫圣人之教也”一句,亦可证原据本与全元起本同。今《素问》此文,当是因有倒文,遂改字而另句。

5. 因倒句而失韵例

如《灵枢·五色》“用阴和阳,用阳和阴,当明部分,万举万当。”前两句当作“用阳和阴,用阴和阳”,则“阳”与后“当”字押韵。《甲乙》卷一第十五,正如此,可证。

(五) 错简

(1)《素问·通评虚实论》:“帝曰:形度、骨度、脉度、筋度,何以知其度也?”王冰注:“形度,具《三备经》。筋度、脉度、骨度,并具在《灵枢经》中,此问亦合在彼经篇首,错简也。一经以此问为逆从论首,非也。”按此问亦无下答之文,且其内容与本论亦不合,《太素·虚实脉论》亦无此文,故当错简且有脱文。

(2)《灵枢·经筋》手太阳之筋“复而锐之”下“本支者……以痛为输”一段四十一字,基本一致,文字小有差别。且此文起字“本”,当是“一本”二字,今脱“一”字,应是别本错简之文,而收于此。

(3)《灵枢·岁露论》“黄帝问于岐伯曰:经言夏日伤暑,秋病疟……故卫气应乃作也”一段三百余字,今《太素》不具。详此文为黄帝与岐伯问答者,而此下则为黄帝与少师问答者,显系原出两篇之文。又此段内容与《素问·疟论》大体一致,而与《灵枢》本篇别论内容无涉,故疑系错简。

(4)《素问·水热穴论》前言水俞五十七穴有关内容,后言热俞五十九穴有关内容。中有“帝曰:春取络脉分肉何也?岐伯曰:春者,木始治……春不鼽衄,此之谓也”一段二百余字,系言四时刺,与本论无涉,故疑别篇错简于此。

以上仅就古医籍中诸多讹误一般情况,聊作介绍,若欲细举,尚可举出许多。旨在说明古籍之讹误,形式是多样的,原因是复杂的。通常所说衍、脱、误、倒者,概言之也。

第五节　校勘的依据和条件

由于诸多古籍流传至今,存在问题较多,情况亦较复杂。故对古籍的校勘,是一件难度很大的工作，或以为事属雕虫小技者，不学之流也。观古今校雠名家，均以为校勘之事，诚为不易。因而校勘古籍，必须有充分的依据与相应的条件，加之以科学的方法与严谨的态度，方可进行。否则难免臆测妄断，贻误后人。近人戴南海先生提出校勘依据有六条，即：甲、龟甲与金石。乙、竹帛和六朝隋唐人的写卷。丙、找出内容相同的篇章作为依据。丁、依据较早的传注去订正文。戊、依靠类书和旧注所引古书。己、碑帖和方志。对校勘的条件提出了六条，即：首先要对自己所校之书所属的专业相当熟悉，第二要有文字学、音韵学、训诂学方面的知识，第三是明版本，第四是通目录，第五是晓体例，第六是熟悉典籍。上述诸端，对古籍校勘，确具重要意义。现根据古医籍的具体情况，对校勘的依据与条件，分别加以说明。

一、校勘的依据

1. 甲骨文与金石文

甲骨文自清人发现以来，迄今为止，据中国科学院考古研究所编辑之《甲骨文编》序言称，"目前甲骨刻辞中所见到的全部单字的总数，约在四千五百字左右。其中虽然只能辨认九百余字，但比之从前所能辨认的五六百字，已增益了许多。"这些甲骨文，皆为殷商时期的文字载体，虽然在已辨认的文字中，有关医学的内容不多，但仍有少数文字为疾病的记载，又如在合文中有"牝牡"一词，这对《灵枢》中以"牝牡"代表雌雄二字的学术渊源的探讨，亦有十分重要的意义。

金石文，指刻在金属器物上的文字与刻在石头上的文字。据考古发现，时间都很早。金文以商周为多，石文或更早一些。唯现有材料与医学有关者尚少。

这里提出这个问题，旨在揭示，医学文献的考校，亦应留意甲骨文与金石文的材料，特别是如此多之未有辨认出的甲骨文，亦有可能含有于医学有关的文字材料。

石刻医书，为数亦不多，著名者如北齐洛阳龙门洞药方，宋、明时期有《千金宝要》及《铜人腧穴针灸图经》等。如《千金宝要》，本为宋人郭思辑，思为普及孙思邈《千金要方》，特选其中简要内容，编为一帙。全文刻于碑上，现存有明隆庆六年拓本，是书由于出于宋人之手，故对今《千金要方》则有一定校勘价值。

2. 简书与帛书

简书有木简与竹简之别，大都为汉代及汉以前文献。近代发现较多，如《流沙坠简》、《居延汉简》、《武威汉代医简》、《睡虎地秦墓竹简》、马王堆汉墓医书中的《十问》、《合阴阳》、《杂禁方》、《天下至道谈》（均系整理小组定名），阜阳汉简《万物》、张家山汉简《脉书》与《引书》等。有的纯属古医籍，有的对古医籍校勘具有参考价值。

帛书，1974 年长沙马王堆汉墓出土大批古文献中，有十一种为帛书医学文献，即：《足臂十一脉灸经》、《阴阳十一脉灸经》甲本、《脉法》、《阴阳脉死候》、《五十二病方》（以上五种合为一卷帛书）、《却谷食气》、《阴阳十一脉灸经》乙本、《导引图》（以上三种合为一卷帛书）、《养生方》、《杂疗方》、《胎产书》（以上三种合为一卷帛书），这是近代出土古医籍中最多者。随着地下文物的不断发现，尚有可能继续出土一些医学文献。

这些简帛医籍，对古医籍的整理研究，具有十分重要的意义，有的可以互相校补，如张家山《脉书》所载经脉内容，与马王堆《阴阳十一脉灸经》两相对照，乃同体而异本，然今出土件中互有残缺，故二者之间，有诸多可互补及正误处；有的可以释今书之疑，如《灵枢·经脉》肾足少阴之脉"是主肾所生病"有"灸则强食生肉，缓带披发，大杖重履而步"一段，与别脉体例不合，颇有疑义。又对文字的训释，亦有歧解，如"生肉"之"生"，大都训为生熟之"生"，而张志聪注云："生，当作牲。《周礼》云：始养之谓畜，将用之谓牲。又牛羊豕曰三牲。夫羊为人畜，牛为土畜，豕为水畜，其性躁善奔。强食牲肉，以助肾气上升，而与火土之相合也。"然《阴阳十一脉灸经》甲本与《脉书》并具此文。《灸经》乙本亦具此文，唯文序小有异处，是则足证此文原在《灵枢·经脉》成文前记述经脉之早期医学文献，已具此文，并非后人增补。又"生肉"之"生"，简书与帛书均作"产"，另如"所生病"之"生"，亦作"产"，是生自产变，生与产同义，而张训生为"牲"者，误也。从而张注中推演出来的一套理论解说，亦无意义。又如足少阴脉发病有"面黑如炭色"，注："一作地色。"《甲乙经》卷二第一上、《千金》卷十九第一亦均作"面黑如炭色"。似此一症，而有三歧，实难确定。今《灸经》甲本作"面黭若灺色"，乙本作"面黭如灺色"，《脉书》作"面黯如灺色"。详黭，《说文·黑部》："果实黭黯，黑也。"又"黯，深黑也。"是黭、黯与今文之作"黑"，义均可通。"灺"，今字书无，"灺"，《说文·火部》："烛烬也。"即烛的灰烬，是灺当是灺的异体。故今文作"炭"者，当是灺的坏文，作"地"者，当是"灺"的误文。是则今本中诸多异文与歧解，均可冰释。

又如张家山汉简《引书》及马王堆帛书《导引图》之于考订导引诸古籍，阜阳汉简《万物》之于考订古代药物与疾病，均有重要意义。足可说明诸多出土古简书与帛书对古籍校勘的价值所在。

3. 隋唐卷子

隋唐卷子，指隋唐前后人抄写的卷子本古文献。其中保存最多的是，约在公元十至十一世纪时，收藏于敦煌地区寺院中因避战乱而密封于该地千佛洞莫高窟石室中的一大批古文献。其中有关医学方面残存部分，有马继兴研究员以多年的搜集整理，辑为专集，定名为《敦煌古医籍考释》，已于 1988 年由江西科技出版社出版发行。全书分 11 类，即医经类、五脏论类、诊法类、伤寒论类、医术类、医方类、本草类、针灸类、辟谷服石杂禁方类、佛家道家医方类、医史资料类，计 93 种(包括同书而异本者)。这些医学文献对今存古医籍的辑佚、辨伪、考证、校勘等均有重要价值。

如《素问·三部九候论》有文云："以左手足上上去踝五寸按之，庶右手足当踝而弹之，其应过五寸以上蠕蠕然者不病，其应疾中手浑浑然者病，中手徐徐然者病，其应手上不能至五寸，弹之不应者死。"敦煌卷子引文作"以左手去足内踝上五寸，指微案之，以右手指当踝上微而弹之，其脉中气动应过五寸已上，需需然者不病也；其气来疾，中手浑浑然者病也；其气来疾，中手徐徐然者病也；其气来徐徐，上不能至五寸，弹之不应者死也"。两文相校，有明显差异。卷子本不仅个别虚词与《素问》有出入，有通假字与正字的不同，而且在文句方面差别较大，特别是起首三句，《素问》文难理解，而卷子本文句明畅，义甚可从。

又如《伤寒论·辨脉法》有文云："何谓阳不足？答曰：假令寸口脉微，名曰阳不足，阴气上入阳中，则洒淅恶寒也。曰：何谓阴不足？答曰：尺脉弱，名曰阴不足，阳气下陷入阴中，则发热也。"敦煌卷子引文作"何谓阳不足？答曰：假令阳微，名阳不足，阴气入阳，则恶寒。何谓阴不足？答曰：尺脉弱，为不足，阳气下流入阴中，则发热。"两文中也有诸多异文，可供校勘时参考。

又如《本草经集注》残本，虽仅存卷一序录部分，然其对原书的研讨，颇有重大学术价值，又与宋《重修政和经史证类备用本草》征引此部分内容相校，两者有较大差异。由于卷子本出于唐以前人抄录，故无唐宋两代讳文，而宋本由于沿用了唐本草内容，故书中留有唐宋两代讳文，如改"治"为"疗"，改"生民"为"群生"等，避唐讳也。改"竟"为"毕"，改"恒山"为"常山"者，避宋讳也。其他异文及序次方面的问题亦较多，故二书之间，实为互校之重要据本。

其他各类内容，对今存古医籍的考订、辨伪、辑佚等，均有重要学术价值，也是校勘的重要依据。

4. 碑帖

医学方面之碑帖，为数不多，仅存者如晋书法大家王羲之书《黄庭经》、唐书法名家钟绍京书《灵飞经》、唐书法名家褚遂良书《黄帝阴符经》等，均为养生导引方面之重要文献。

如王书《黄庭经》，即今存《上清黄庭外景经》。为气功方面经典性著作，撰者不详，世传为东晋魏华存所传。书中以中医基础理论及养生导引方法结合道家学说著成。因而不仅对《内经》等早期经典文献有考订价值。且王氏写本与今存本亦有很大差异。如《云笈七谶》本《太上黄庭外景经·上部经第一》："老君亲居作七言，解说身形及诸神，上有黄庭下关元，后有幽阙前命门，呼吸庐间入丹田，玉池清水灌灵根，审能修之可长存。黄庭中人衣朱衣，关元茂龠阖两扉，幽阙侠之高巍巍，丹田之中精气微，玉池清水上生肥，灵根坚固老不衰。中池有士服赤朱，横下三寸神所居，中外相踞重闭之，神庐之中当修治，玄膺气管受精府，急固子精以自持……"王书《黄庭经》作"上有黄庭下有关元，前有幽关后有命门，嘘吸庐外出入丹田，审能行之可长存。黄庭中人衣朱衣，关门壮龠盖两扉，幽阙侠之高巍巍，丹田之中精气微，玉池清水上生肥，灵根坚固志不衰，中池有士服赤朱，横下三寸神所居，中外相距重闭之，神庐之中务修治，玄瘫气管受精符，急固子精以自持。"从上引两文的对校中，可以看出，不仅在个别文字上有所不同，这可能是由于传抄日久所致；在句式方面，今存本全为七字句，而王书本，起始则为四字句；在内容方面也有些大的差异，如"关元茂龠阖两扉"，王书本作"关门壮龠盖两扉"；另外，王书本亦无起首"老君闲居作七言，解说身形及诸神"两句。从而说明王氏所据晋代传本与今存本已有不少差别，故两者之间为互校重要依据。

5. 内容相同或基本相同的其他医籍

有些重要医籍，由于其内容经与别书的互相征引，形成了书与书之间在内容方面不同程度的相互并存，因此，在校勘时，两书之间，可以互为校勘的依据。

如《素问》与《九卷》（唐以前又名《针经》，唐时又有《灵枢经》），成书于其后的《针灸甲乙经》，大部取材于二书，《黄帝内经太素》则是全部取材于二书。惟《甲乙经》与《太素》二书，是将原篇文进行了分类重编。如《素问·三部九候论》，分别见于《甲乙经》卷四"三部九候第三"，《太素》卷二十四"天忌"及"本神论"。又如《灵枢·经脉》，分别见于《甲乙经》卷二"十二经脉络脉支别第一上及下"，《太素》卷八"经脉连环"及卷九"十五络脉"，又脉度篇，分别见于《甲乙经》卷一"五脏六腑官第四"、卷二"奇经八脉第二"及"脉度第三"，《太素》卷六"脏腑气液"、卷十"阴阳跷脉"及卷十三"脉度"。有近人龙伯坚《黄帝内经概论》将

《素问》、《灵枢》与《甲乙经》、《太素》及《类经》互见篇目,列表相示,一目了然。故《素问》、《灵枢》、《甲乙经》、《太素》,实可为互校之依据。

《伤寒论》,今存本系王叔和重新整理,复经宋臣林亿等校定者。其内容亦被王叔和收入其所撰著之《脉经》中,唯编排体例与《伤寒论》大异。《伤寒论》以"伤寒例"、"辨脉法"、"平脉法"及六经病脉证并治等为篇,《脉经》则是以汗、吐、下、温、灸、刺、水、火等八法之可与不可为篇。且内容之文字与条数方面亦颇有些差异。如《脉经》卷七"病可发汗证第二",共收条文近50条,其中大部分见于《伤寒论》,然亦有少数条文,为《伤寒论》所不具。在文字方面的差异,如"伤寒不大便六七日,头痛发热,与承气汤;其大便反青,此为不在里,故在表也,当发其汗;头痛者必衄,属桂枝汤"一条,今《伤寒论》"其大便反青"则作"其小便清者",义则不同。又如"中风往来寒热,伤寒五六日以后,胸胁苦满,嘿嘿不欲饮食,烦心喜呕……"一条,今《伤寒论》起首两句则作"伤寒五六日中风,往来寒热",义反晦矣。又《千金翼》亦收《伤寒论》文,虽在体例方面,曾经孙思邈改编,而在内容与文字方面,则仍不失其校勘之价值。

又如明人王肯堂之《妇科准绳》与武之望《济阴纲目》,王氏《妇科准绳》撰于前,而武氏则是在王书的基础上,另参别家精华,结合临床经验,撰写而成,因其与《纲目》有称引关系,故两书之间,亦可为互校之依据。

类似此等情况,于古医籍中,所在颇多,惟需学者广收博览,熟悉古医籍内容,利用其源流关系、师承关系、称引关系等引用的篇章或片段相同或基本相同之内容,作为校书的依据。

6. 前人之旧注及旧校

在前人旧注及旧校中,多有征引其后又佚之古医籍及别本,均有重要学术价值,可作后人校书之依据。如:

王冰次注之《黄帝内经素问》中,在气穴方面,引用大量古《经脉流注孔穴图经》及《中诰孔穴图经》等书内容。详二书内容,经与《甲乙经》所采古《明堂》文对照,大致相同,是可认为该书亦《明堂》之别传本,故可为校勘《甲乙经》重要依据。如《素问・气穴论》"背与心相控而痛,所治天突与十椎及上纪"注:"天突在颈结喉下同身寸之四寸中央宛宛中,……按今《甲乙经》、《经脉流注孔穴图经》当脊十椎下并无穴目,恐是七椎也。此则督脉气所主之。上纪之处,次如下说。"从这段引文中说明,《图经》十椎下无穴,与《甲乙经》同,《素问》本文或有误。天突在结喉下四寸说,与今本《甲乙经》作"二寸"不同,与《甲乙》林校云"气府论注作五寸"亦异。又详王在气府、骨空、气穴三注中均云"四寸",故疑"二寸"、"五寸"说,恐均误。又"上纪",《图经》无此穴名,与今《甲乙经》亦同,可证《素问》本文,原非穴名。在王冰注中,有绝大部分腧穴,均引用过二《图经》内容。由于二《图经》均早佚,故王冰引文,对腧穴校勘,则具有重大学术价值。

在前人旧注及旧校中,又曾引用过诸多古籍别本相校,如《太素》杨上善注、《素问》王冰注,均曾引用过《内经》古别传本。在宋臣林亿等所校诸书,如《素问》、《伤寒论》、《金匮玉函经》、《脉经》、《甲乙经》、《千金》、《外台》等,亦均引用过古传别本相校,此等校文,对诸书之再校,均为重要之依据。

又在古医籍中,亦常有正文误而注文不误者,故可利用注文而校订正文。如《素问・八正神明论》"故日月生而写,是谓藏虚;月满而补,血气扬溢,络有留血,命曰重实"一段,《素问·移精变气论》王冰注引此文“日”作“曰”,“扬”作“盈”,是知日为曰之误,扬字,疑本作“盈”字,或因避汉惠帝刘盈讳而改字。又顾尚之《素问校勘记·六元正纪大论》:“太虚肿翳。新校正云:肿字疑误。”注:“释音出朦字,疑经注肿字皆朦字之误也。观长刺节论校语,则释音固在林氏前。”观今《素问·六元正纪大论》后释音有“朦,音蒙”者,是此作“朦”,当是“曚”字之误。详今存《素问》释音,当出于王冰之手。又且六元正纪大论别无曚字,故顾说可信。如是则文安义顺。又《素问·气交变大论》岁水不及“上应辰星”王冰注:“辰星之应当减其明,或遇镇星临属宿者乃灾。”林亿等新校正云:“详经云上应辰星,注言镇星。以前后例相校,此经阙镇星二字。”是则对前人旧注旧校,亦当细审,或有可据以校正文者。

7. 文史等类书与其他古籍

在文史等古籍中多有收载医学内容者,均系早期传本。因此,在内容方面,有的古医籍已佚,可据以辑佚。在文字方面,有的可以据以校订今本。如:

《太平御览》,为宋太宗太平兴国年间撰辑,其征引之书,大多为宋以前传本,收载有较多医学内容。如卷七二一方术部医一“《素问》曰:黄帝坐明堂”一段,在今《素问·著至教论》中,惟“颂而颇能解”之“颇”字,亦作“未”,与下文“未能别”“未能明”“未能彰”同,于义为顺。在动物、植物中,有引古本草文,特别是卷九八四至卷九九三药部,采《本草经》及《吴普本草》文甚多,不仅可以作为《神农本草经》辑佚的依据,而且也是宋重修《政和经史证类备用本草》校勘的主要依据之一。

其他如隋、唐时期虞世南《北堂书钞》、徐坚《初学记》、欧阳询《艺文类聚》、宋人王应麟《玉海》及《困学纪闻》、曾慥《类说》,明代官修《永乐大典》,清代官修《图书集成》等,都程度不同地采用或援引过医学或与医学有关的内容,均可作为校勘古医籍的依据。

8. 释家与道家类书

释家与道家,指佛学与道学类图书。佛学虽源于国外,然自传入中国后,亦受中国传统文化的影响,而逐渐中国化,且自隋唐以来,有些医籍也不同程度地渗透了佛家思想,特别在养生导引方面,互相渗透较多。道家本为国有,其内容与医学的关系尤为密切。故在佛学与道学方面的著作中,均有不少直接援引医学内容或本具与医学有关的内容。因此,此类文献,亦可为古医籍校勘的依据。如:

《云芨七谶》卷十四“三洞经教部”之《黄庭遁甲缘身经》,与《医方类聚》卷五《五脏六腑图》之学术体系相同,脏腑神形如肝之龙、心之朱雀、脾之凤、肺之白狩、肾之鹿、胆之龟蛇亦同,惟《医方类聚》之五脏人神图有别。又如卷五十七“五脏论第七”与“病候论第九”,较多援引《黄帝内经》文。

9. 方志

方志者,地方志书,记载一方之人文地理、政治经济、科技文化等方面的情况。其中亦多有医学方面的内容,特别是对医史人物与医学论著方面的考订,具有重要价值。如:

《仁术便览》一书,五十年代商务印书馆铅印本署作“明张浩选集”,近年有人民卫生出版社铅印点校本云:“本书作者张洁,商务印书馆本作张浩,今据《临邑县志·艺文志》及有关考证改作张洁。”

又如郭霭春教授主编《中国分省医籍考》,为查阅各省市县方志著录之医籍编纂而成。所收诸书,虽有相当一部分未见行世或已经散佚,然对古医籍著录之学,功亦大矣;且其中常有与现行本不同处,亦足资相互考订。

10. 同书不同版本及其他医籍同文

在存世古医籍中,除仅存孤本或惟有单一版本者外,余者均为多版本。其中少者有二种版本,多者可过数十种之多。如 1991 年中医古籍出版社出版之《全国中医图书目录》著录之《重广补注黄帝内经素问》十二卷、《黄帝内经灵枢》十二卷、附"素问遗篇"一项,版有 8 种之多;又与上同名,惟作二十四卷者,有 9 种之多;又与上同名,惟《素问》作二十四卷、《灵枢》作十二卷者,则有 26 种之多。又如"《傅青主女科》二卷、附《产后编》二卷"一项,截止 1978 年,其版本有 67 种之多;《温病条辨》一书,截止 1963 年,其版本有 71 种之多,仅清代刊本即有 40 余种。由于现存古医学文献,绝大多数,是以抄、刊本为主要载体,因此各种版本,则是校书最重要的依据。

其他医籍同文,指所校书以外的其他医籍与之相同或相近的文字。其中大致有以下几种情况。

就其文字的源流而言。有源于前人之说或援引前人之文者,如《脉经》中所谓"撰集岐伯以来,逮于华佗,经论要决,……其王阮傅戴,吴葛吴张,所传异同,咸悉载录"者是,《外台秘要》中援引《诸病源候论》及六朝时期数十家医著文者是;有被后人援引者,如《素问》、《灵枢》(古《九卷》或《针经》)之被《脉经》、《千金》及后世诸书所引者是。

就其援引的情况而言,有大段或章节摘引者;有一句或数句等小量摘引者;有明引者,即文前加冠书名或人名;有暗引者,即不加冠书名或人名;有节引者,即引文有所删节,但亦连缀成文;有缩引者,即将原文缩略简短;有忆引者,即仅凭记忆而文失规范者,等等。在校勘使用他书时,不可不加注意,特别是后两种情况,若不加注意或核审,常易误作异文对待。

就书文的情况而言,有类书,有同种书,有正文引,有注文引,有论文引,有按语引等。

上述种种,特别是中上古医籍的引文,对校勘来说,参考价值较大,如《脉经》、《千金》中引《内经》文,常可以正今本《素问》、《灵枢》之讹。

凡此引文,有的有明确的目标可循,如《脉经》、《千金》引《内经》藏象、经脉文,大都在有关脏、腑诸论中。但大部分是无明确目标可循,只能靠校书人博览群籍而加以蒐集。

以上仅就校书的依据,举此十端为例,是就古医籍的总体而论。当然,在实际工作中,就要根据每书的具体情况去进行工作。如校明清等近古著作,就不必考虑什么金石文、简书、帛书的问题。若唐以前文献,考虑取校的依据自然要广些。

二、校勘的条件

校勘的条件,有两个方面,一是客观条件,一是主观条件。

客观方面需具备的条件,主要有以下几点:

1. 具有一定数量的图书资料

具有一定数量的图书资料,这是一个最起码的也是最主要的客观条件。官方校书,如宋代校正医书局校书所以取得如此辉煌的成就，首先是有三馆所藏图书资料，供他们使用。反映在所校诸书之校勘记及序言中，足资证明。详《黄帝内经素问》林亿等序云："臣等承乏典校，伏念旬岁，遂乃搜访中外，裒集众本，寖寻其义，正其讹舛，十得其三四，余不能具。窃谓未足以称明诏副圣意，而又采汉唐书录古医经之存于世者，得数十家，叙而考正焉。"私人校书者，亦多为藏书较多或博览甚富者，如清代诸校书名家，大都藏书与读书较多。故欲校某书，至少应具备该书版本及有关他校诸书，否则挂一漏万，难成善校。

2. 具有一支比较稳定的专业队伍

校书是一件难度较大的工作，而且有些大型或较大古医籍的校勘，不仅是专业性强，而且周期亦长。因此，为确保校书质量和工作的连续性，最好具有一支比较稳定的专业队伍。从宋校正医书局所校诸书之署名看，人员比较稳定。若《素问》、《伤寒论》、《金匮要略》、《脉经》、《甲乙经》、《千金方》、《千金翼方》、《外台》等，主要为林亿、孙奇、高保衡等所校定，且诸人皆在校正医书局连续工作若干年，故校书质量较高，成就较大。又就个人校书看，明人程敬通校《外台》时，亦有其子龙锡、圣锡、仁锡、晋锡、坤锡，门姪程林（云来），门人郑康宸（奠乙）等人参加。据自序云："向购写本，讹缺颇多，因复殚力校雠，遇有疑义，则旁引类证，录于篇侧，其无文可徵者，不敢强释，以俟解人，十载始峻厥工。"似程氏父子师徒等八人，历时十载，方校一书，故欲校书求善，非有一支稳定的专业人员不可。

3. 具有必要的物质条件

物质（包括经济的）的保证，也是校书的必备条件。若无物质的根本保证，要想在长时期内稳定队伍，亦属难事。且校勘古医籍，特别是宋以前古医籍，非认真加以研究，并经一定时间的考证，要想校好，谈何容易。校书过程又有大量的抄录工作，耗时较多。若今日能辅之以现代化工作方法，利用计算机代替人的部分工作，则既能使校文减少由抄录而出现的差误，又可节省大量工作时间。故物质条件的保证，常可收事半功倍之效。

主观方面需具备的条件，主要有以下几点：

1. 具有相当熟悉的专业知识

专业知识包括各种专业的理论体系、学术思想、基本知识、习惯用语、名词术语等。故校书之人必须具有相当熟悉的专业知识。汉代刘向校书时，"诏光禄大夫刘向校经传、诸子、诗赋，步兵校尉任宏校兵书，太史令尹咸校数术，侍医李柱国校方技"。就是为了充分发挥专业人员的特长。宋代校正医书局前后所用校书官，大都为当代医家，如孙奇、孙兆，乃当代名医孙尚用和之子，均精医术。

医籍之考校，若不明医理，虽长于文者，亦难免有误。如清·张文虎先生《舒艺室·素问随笔》上古天真论"月事以时下"："注（按此指王冰注）：'所以谓之月事者，和平之气，常以三旬而见也。'按：此注仍未醒豁，当云阴法月，月盈则亏，故月事以时下。"按王注以"三旬而见"以解"月"字，义亦甚明。若张以为"月盈则亏，故月事以时下"。则女子月事俱当在月盈之后，当其亏时而下。此不合于事，其说非。故有关古医籍之校勘，凡有异文歧解，欲断其是非者，必紧密结合医理，否则常可有文似通而义不通者。

2. 具有广博的知识领域

中医古籍,特别是早期的一些重要典籍,与文史诸古籍的某些特点,颇有相似之处。即由于历史的、学术发展及认识水平的诸多原因所造成的,具有多学科知识结合或混合的特点。就以《黄帝内经》(指今《素问》、《灵枢》二书)为例,当然是以医学内容为主体。然而并具有众多学科如哲学、社会科学、天文、地理、术数、气象、物候、历法、音律等方面的知识。故前人曾强调指出校书必多读书的问题,如颜之推《颜氏家训·勉学篇》云:“校定书籍,亦何容易。自扬雄、刘向方称职尔。观天下书未遍,不得妄下雌雄。或彼以为非,此以为是;或本同末异;或两文皆失;不可偏信一隅也。”颜氏所谓“观天下书未遍,不得妄下雌雄”,当从两方面看:一是天下之书,未必都能看到,非必观遍天下书,方能校书;二是校书必须多读书,然不多读书而妄下雌雄,则不可为也。

由于读书不多,或核校不严,不解词义而致误者,亦常有之。今举数例:

《研经言·释露》(江苏科学技术出版社本):“《诗·皇矣》串夷载路,笺路瘠也,侵伐混夷以瘠之。”此失读。当作“《诗·皇矣》:串夷载路。笺:路,瘠也。侵伐混夷以瘠之。”又:“《管子·四时》不知四时之故,天下乃路是也。”当作“《管子·四时》:不知四时之故,天下乃路。是也。”详今《管子·四时》原文作“不知四时,乃失国之基;不知五谷之故,国家乃路。”

《金匮要略校注》卷中第十六“直视不能眴”注:眴,动目也。见《汉书·项籍传》:“梁眴籍日:可行矣。”师注:眴,谓眼球转动之意。详此文不仅将“曰”误作“日”,“师注”应作“师古注”,且句读亦欠安,似应作:眴,动目也。见《汉书·项籍传》“梁眴籍曰:可行矣”师古注:……。

《灵枢识·九针十二原》(人民卫生出版社铅排本):“余子万民。马云,按本纪、记帝经土设井。立步制。亩艺五谷。抚万民。则子万民。收租税信矣。”详此句读不安,且又破句,义则晦矣。仍按圈句法断之,似应作“余子万民。马云。按本纪记帝经土设井。立步制亩。艺五谷。抚万民。则子万民收租税。信矣”。

从以上数例看,亦可说明,校书人需有广博的知识,并熟悉医学典籍,方可为之。

3. 具有文献学的知识

文献学知识主要指有关文献研究方面的基本知识,如目录学、版本学、校雠学等。因为要想进行校书,首先要搜集版本和选择版本。即是对他校诸书,也需选择版本。对版本的使用,还要进行分析研究,搞清源流,鉴别优劣。这是校书最重要的基础。对版本的收集,主要靠目录提供资料,而要使用目录书,就需有目录学的知识;对版本的鉴定与选择,就需有版本学的知识。因此,作为校书人,必须具有这方面的知识。如:

马继兴研究员《经典医籍版本考》一书,对《素问》、《灵枢》、《黄帝内经太素》、《针灸甲乙经》、《难经》、《神农本草经》、《伤寒论》、《金匮要略方论》、《中藏经》、《脉经》、《诸病源候论》等十一种古医籍的版本,作了比较详尽的考证,对每书的卷数、刊刻单位及年代、主要馆藏、存亡情况及质量分析等有关问题,均作了简要说明;对版本源流,则列表说明。为校勘该医籍,提供了可靠的依据。

又如近年出版之《图注八十一难经译》一书,据“前言”云:“本书原文均以《校正图注难经》为蓝本,别本为参考。”“本书图注均以《校正图注难经脉诀》王叔和先生原本(锦章图书局印行)一书中原图。参考江阴宝文堂藏版,民国戊辰年重刊,张世贤校《王叔和图注难经脉诀》等书中注图,进行校勘。”姑且不论其内容如何,就该书的真正作者、书名、版本源流、蓝本的选择、出版内容等重要问题,都缺乏明确的交待。说明作者未有充分运用文献学的有关要求去进行工作。

在文献学知识方面,还要明古书体例。在诸多古医籍中,有关书名篇名、编辑体例、校注体例、刊刻体例等,虽各书有各书的具体情况,但就其总体而言,亦有常例可寻。因此,若不明体例,在校勘时,亦可发生某些失误。如:

《素问·举痛论》林亿等新校正云:“按全无起本在第三卷,名五脏举痛。所以名举痛之义,未详。按本篇乃黄帝问五脏卒痛之疾,疑举乃卒字之误也。”孙诒让《札迻》:“按林说非也。举者,辨议之言。此篇辨诸痛,故以举痛为名。……林亿改为卒痛,盖未达举字之古义矣。”详先秦古籍,多无篇名,后人整理时,或取篇中某几字为名,《素问》、《灵枢》中亦存此类题名。此篇有“帝曰:原闻五脏卒痛”之问,正合“卒痛”之义。林校本是,而孙氏非之者,忽于古书篇名体例而失之误。又如近年出版《黄氏医学丛书》,于《素问》前,增补王冰序,甚为蛇足。详黄氏自有其编例,且书中多有改移王注本之处。今增此文者,不识编辑体例也。

4. 具有古汉语方面的基础

所谓古汉语方面的基础,主要指应具有文字学、音韵学、训诂学等方面的基本知识。中医古籍,大都历时较长或甚长,有关字形、字音、字义方面的历史演变,书中均有所体现。

文字方面,如各种古今字、异体字、俗体字、通假字的大量存在,这在一些早期医著的版本中,可以说是比比皆是。如《针灸甲乙经》五车楼本,凡此类字有数百之多。又如《诸病源候论》元刻本,据丁光迪教授校注本列表之统计,亦有500余字。

音韵方面,由于古医籍文体,有的以散文为主,兼有韵文,有的全用韵文。在韵文中又有上古音、中古音之分。如《素问》、《灵枢》中韵文,皆本于上古音,而隋唐以下者,又本中古音。又在字音演变之过渡期及医籍所书文献情况复杂者,亦或有上古音与中古音并存者。

在训诂方面,如字义之古义与今义,亦常有很大变化,本义与引伸义、假借义等,亦常并存其文。

因此,在这些方面所出现的异文歧解,必须根据专业义理,结合古汉语文理,加以分析,方有可能做出校断。如清代诸经学名家胡澍、俞樾、孙诒让等对《内经》的训解,就是充分运用这方面的专长,解决了一些前人不曾认识和解决的问题。

第六节　校 勘 方 法

校勘方法有两方面的含义,一是从方法论的角度讲,一是从具体的校书方法而论。下面分别加以说明。

一、校勘的一般方法

这个问题,倪其心《校勘学大纲》论之甚详,今引其说:

“不论简单重叠构成的古籍,或者复杂重叠构成的古籍,都存在异文和歧解。校勘古籍就必须搜集异文,并对其正误是非作出判断,以存真复原。因此,从理论上说,校勘的一般方法就是,搜集各种版本和有关资料,包括古本今本、写本刻本、残本全本、白文本注疏本等等,以及该书的前人文献资料、后人引用该书的文献资料等等。然后择其善者、要者,进行比较,列出异文,分别类型,予以分析,说明理由,举出证据,作出正误是非的判断,从方法论而言,校勘的一般方法的实质就是比较分析和科学考证。”

首先就一书的校否,要经过分析研究方可决定。对版本的使用,少有现成的资料,随手拈来,而要经考证搜集。对底本与校本的取舍,要经过比较分析,以定其优劣。对校文的提出,主要是比较,在无本可循时,则是通过分析研究,发现异文及疑问,在判断是非时,则是经过分析研究,对有些问题,还需通过考证,找出证据,说明理由,加以判断。所以,就校书的一般的方法而论,不管情况有多么复杂,问题有多么隐晦,无非是要以比较分析考证判断等方法加以解决。当然有些问题尚难以解决或难以完全解决,则是由于缺乏论据或论据不足,仍需继续加以考证。

二、校勘的具体方法

校勘的具体方法可以溯诸古。自校勘之事起,则有校勘之法生。纵观古今之校勘方法,大致有以下诸端。

(一) 以异本相校

以异本相校,如《诗经·商颂谱》:“微子至于戴公,其间礼乐废坏,有正考甫者,得《商颂》十二篇于周之太师,以《那》为首。”郑玄注:“自从政衰,散亡商之礼乐,七世至戴公时,当宣王大夫正考父者,校商之名《颂》十二篇于周太师,以《那》为首,归以祀其先王。”孔颖达正义:“然则言校者,宋之礼乐,虽则亡散,犹有此《诗》之本,考父恐其舛谬,故就太师校之也。”据郑说,则正考父为校《商颂》者,而孔氏进而说明为异本相校。若郑、孔二说不谬,是则为现存文献中最早言校书事,然此亦仅以异本相校。今存《黄帝内经》正文中仅有的几条校文及《伤寒论》中所存大字校文,也基本上是异本相见。这种方法是校书最早使用的方法,也是最基本的方法,所以一直沿用至今,成为校勘主要方法之一。

(二) 以异本相校,据理而断

此法在文史诸书中,已早有记载。如《吕氏春秋·察传》:“子夏之晋,过卫。有读史记者曰:晋师三豕涉河。子夏曰:非也,是己亥也。夫己与三相近,豕与亥相似。至于晋而问之,则曰:晋师己亥涉河也。”子夏乃孔门弟子,必受其师校书之学,故有此见地。先据理以断作“三豕”之理,后得据以为之证。在古医籍校勘中之有文可察者,则当首推唐人杨上善、王冰二家,虽出校文不甚多,然多据异本以据,以理相断者。如《太素·五邪刺》:“因令偃卧,居其头前,以两手四指侠颈动脉久持之,卷而切推,下至缺盆中。复上如前,热去乃止。所谓推而散之者也。”杨上善注:“有本为腹上如前。恐错也。”从这段文字上下文义看,“复上如前”,是说这种治疗法可重复操作,直至热去乃止。作“腹上如前”,显然是不对的。此校杨上善据别本先举出异文,然后据理以断其非。又如《素问·经脉别论》:“一阴至,厥阴之治也。”王冰注：“一，或作二，误也。厥阴，一阴也。上言二阴至则当少阴治，下言厥阴治，则当一阴至也。然三坟之经，俗久沦坠，人少披习，字多传写误。”此校王冰先举出别本异文，并据理以断其误，然后说明理由。又阴阳应象大论：“阳之气以天地之疾风名之。”王冰注：“旧经无名之二字，寻前类例故加之。”此所谓“类例”者，指此前“阳之汗以天地之雨名之”一句。此既据前文例，又以文理而断之，故加“名之”二字。上举杨、王二家校文，所言“有本”、“或作”者，均指异文。同时王冰又用了以本经“类例”相校之法，与后所谓“本校”之义同。他们的校法，不仅是据别本举出异文，而且据医理或文理加以是非判断。说明在校勘学上，是一个发展。

（三）以多法相校，并据理而断

所谓以多法相校者，即从多方面取证也。上举王冰校《素问》之两例，已是从别本与本经“类例”两个方面取证相校，具有多法之义，不过王冰并没有进一步展开，尽可能使用多方面的文献资料相校，说明对校勘的运用，在认识上尚未达到应有的高度。在古医籍校勘方面真正运用多法，而且取得了显著成就的，当为宋代校正医书局，前文已有所述，今再举《素问》新校正为例。

上古天真论：“故美其食。”新校正：“按别本美亦作甘。”又：“其民故曰朴。”新校正云：“按别本云曰作日。”此引用别本相校之例也。又：“故合于道。”新校正云：“按全元起注本云：合于道数。”又“以耗散其真。”新校正云：“按《甲乙经》耗作好。”此引用别书相校之例也。

生气通天论：“是以春伤于风，邪气留连，乃为洞泄。”新校正云：“按阴阳应象大论曰：春伤于风，夏生飧泄。”又“秋伤于湿，上逆而咳。”新校正云：“按阴阳应象大论曰：秋伤于湿，冬生咳嗽。”此引用本经自身之文相校之例也。

金匮真言论：“春不病颈项，仲夏不病胸胁，长夏不病洞泄寒中，秋不病风疟，冬不病痹厥，飧泄而汗出也。”新校正云：“详飧泄而汗出也六字，上文疑剩。”详上文五句，恰为概言五时之发病。每一句均成一完整的句式，表达一个完整的意思。而后六字确与前文不相吻合，故新校正云“上文疑剩”。又“夫精者，身之本也，故藏于精者，春不病温，夏暑汗不出，秋成风疟。”新校正云：“详此下义与上文不相接。”按此下言“此平人之脉法也”。详上文并非言脉法，且与下文亦难连属，故新校正云“与上文不相接”。此两例均无别本、他书及其他文例可循，新校正乃以理相校，故出此校文。此以理相校之例也。

在林亿等所校诸古医籍中，类似此等校例，随处可见。足证林亿等校书，已不是局限于单以异本相校，而是在汲取前人经验的基础上，扩大取证的范围，采用多种方法相校，而且能以理相校及以理相断，这是古医籍校勘的新的发展。唯林亿等未能将校书经验进行系统的总结，并加以理论上的概括，是为美中之不足。

（四）四校法

四校法是近人陈垣先生通过对《元典章》的校勘而总结出来的经验，称之为“校法四例”，今录其文如下：

“昔人所用校书之法不一，今校《元典章》所用者四端：一为对校法，即以同书之祖本或别本对读，遇不同之处，则注于其旁。刘向《别录》所谓一人持本，一人读书，若怨家相对者，即此法也。此法最简便、最稳当，纯属机械法。其主旨在校异同，不校是非。故其短处在不负责任。虽祖本或别本有讹亦照式录之。而其长处则在不参己见。得此校本，可知祖本或别本之本来面目。故凡校一书，必须先用对校法，然后再用其他校法。”

“二为本校法，本校法者，以本书前后互证，而抉择其异同，则知其中之谬误。吴缜之《新唐书》纠缪，汪辉祖之《元史》本证，即用此法。此法于未得祖本或别本以前，最宜用之。予于《元典章》曾以纲目校目录，以目录校书，以书校表，以正集校新集，得其节目讹误者若干条，至于字句之间，则循览上下文义，近而数叶，远而数卷，属词比事，牴牾自见，不必尽据异本也。”

“三为他校法。他校法者，以他书校本书。凡其书有采自前人者，可以前人之书校之。有为后人所引用者，可以后人之书校之。其史料有为同时之书所并载者，可以同时之书校之。此等校法，范围较广，用力较劳。而有时非此不能证明其讹误。丁国钧之《晋书》校文，岑刻之《旧唐书》校勘记，皆此法也。”

“四为理校法。段玉裁曰：校书之难，非照本改字，不譌不漏之难，定其是非之难。所谓理校法也，遇无古本可据，或数本互异而无所适从之时，则须用此法。此法须通识为之，否则卤莽灭裂，以不误为误，而纠纷愈甚矣。故最高妙者此法，最危险者亦此法。昔钱竹汀先生读《后汉书·郭太传》，太至南州过袁奉高一段，疑其词句不伦，举出四证，后得闽嘉靖本，乃知此七十四字为章怀注引谢承书之文。诸本皆儳入正文，惟闽本独不失其旧。今《廿二史考异》中所为某当作某者，后得古本证之，往往良是，始服先生之精思为不可及。经学中之王、段（按指王念孙、王引之父子及段玉裁）亦庶几焉。若《元典章》之理校法，只敢用之于最显然易见之错误而已，非有确证，不敢籍口理校而凭臆见也。”

陈垣先生提出的“校法四例”，不仅是对他校勘《元典章》的经验总结，而且又对前人的校勘方法作过较全面的总结与概括，得到学术界的高度评价。如戴南海先生《校勘学概论》云：“已被公认为校勘学的正规方法，其体系之完整可以说是前无古人，后无来者。校勘学确实是到了他手里，才‘走上科学的轨道’的。”陈氏校书四法，不仅是得到了学术界的承认和高度评价，而且被后来校书人所广泛运用，称之为“四校法”，并且在具体运用中又有了新的解释和发展。以下就“四校法”分别说明。

1. 对校法

对校法就是用同书别本互校的方法。此法为校书之最基本的方法，也是在具有异本的情况下，应该首先使用的方法。倪其心《校勘学大纲》云：“对校法实则是比较异同。其条件是必须有可供比较的版本。假使祖本是原稿或原版，则对校即是校对。如果祖本只是某一种再刻本，则对校祖本与对校他本的作用相同，实为比较异同，列出异文，为进一步分析判断提供材料，属于校勘的一个必须的步骤，因此，‘凡校一书，必须先用对校法’。”

对校法需有两个条件：第一，必须广备众本。这在古今校书家校书时，首先必备的条件就是要有众多的版本。这里有一点需要注意，即有些书版本不多，应尽可能搜集齐备。而有的书，曾刊刻了数十次，也就是说有几十个版本，是不是要收集齐了才能校。这很难做到。但是，对该书的早期及主要的刊本或抄本等，则不可少。提到版本，当然尽可能是善本，至少也应是较好的本子。由于各种古医籍问世的时间有长短之别，刊刻次数有多少之差，版本种类有古今之分，版本质量有优劣之等。因此，储备和选择版本，要根据各书的具体情况决定。

又在版本中，有些石印书是不是可以入选，这也要看情况。比如说有些经典性著作及重要医籍、名人著述等，前朝木刻已很多，何需再选近世之石印本。而有些近古著作，本来时间较短，而版本又少，当然有的校对较严据本较好的石印本，亦可选作校本使用。

对校法的第二个条件，就是对诸多版本，首先要进行版本分析，弄清版本源流、版本系统、因袭关系等。所谓版本源流，指该书问世后之传布、著录、刊刻等情况。所谓版本系统，指早期医著，在流传过程中，由于后人之不同加工而形成的不同传本，而这些传本又各有沿袭使用者，因而构成了不同的版本系统。所谓因袭关系，即指诸多刊本间之所据本及再刻本等关系，亦即某本为某本之翻刻本，某本是以某本为据。只有在弄清或基本弄清其版本源流、版本系统及因袭关系，才可决定以某本为底本，或称工作本，以某本或某几本为主校本，以某本或某几本为参校本等。否则，选择版本主次不当，体系不明，关系不清，优劣不分，欲搞好对校，亦非易事。

广备众本，自古校书，如刘向校书，宋代校正医书局校书皆如此。近人校书亦如此。今举例说明：

《刘纯医学全集》，史常永研究员主校，其校勘所据版本如下：

《医经小学》：以明正统四年陈有戒刊本为底本。参校本有：

明成化九年熊氏种德堂刊本（简称熊本）

明万历间刊本（简称明节本）

明胡文焕《格致丛书》本（简称胡本）

公元1936年裘吉生《珍本医书集成》本（简称裘本）

《玉机微义》：以明正统四年陈有戒本为底本（简称陈本），以正统五年王暹刊本为主校本（简称王本）。其他主要参校本如下：

明成化间刊本（丁丙藏本，简称成本）

明嘉靖九年黄焯刊蓝印本（简称黄本）

明万历间李维桢《合刻二种医书》本（简称李本）

清康熙四十二年紫来堂张屡丰、沈佩游重订本（简称康本）

日本宽文四年刊本（简称宽本）

《杂病治例》：以明成化十五年肖谦原刻本为底本进行标点。此书现未发现他本，故无另本可校，仅参考有关文献进行了校勘。

《伤寒治例》：以明成化十五年肖谦原刻本为底本，校以清丁丙八千卷楼所藏明刊本（简称丁本）。

另外，此校点本在“前言”中对该丛书所含四书之初刻时间、版本源流及版本系统等，均作出了分析。如《医经小学》，在分析了七种版本的情况后，得出结论云：“各本皆系源于陈本，但在刊刻过程中，形成陈本（如胡本）、王本（如熊本）、明节本（如裘本）三个系统。”说明对本书的版本源流、版本系统及因袭关系清楚，因而确定的底本、主校本及参校本，均为可靠。这就为校勘工作及对校法的进行，打下了良好的基础。

又《幼幼新书》，马继兴研究员等点校。该书点校说明云：“这次校勘，以日本宫内厅藏明人影宋抄本简称‘甲本’为底本，以上海市图书馆藏明人影抄宋本简称‘乙本’为主校本，以中医研究院图书馆藏明代陈履端重修本为参校本。”虽版本不多，然在“校后记”中特列表详明该书版本源流及存亡情况。说明此书历来刊本甚少，存世几绝，目前能搜集到这两个影抄本，已自不易，而且这两个抄本也是靠得住的。此旨在说明使用版本相校，并不能以版本多少决定可靠程度，重在根据各书的具体情况看版本质量。

2. 本校法

本校法者，以本书相同或相近内容，前后互校法。这种方法，在无别本可校时，固当用此法，即使有别本可校时，本校法也是不可缺少的。运用本校法的重要条件是校书人对所校书之内容，应当达到相当熟悉的程度。否则，使用本校法，难以取得理想的成果。所谓熟悉书中内容，不仅应对该书的学术思想、学术源流等比较熟悉，而且对该书的文句结构、韵语特点、习惯用语、行文常例、时代特征等，亦应有所了解。

对本校法的具体运用，戴南海《校勘学概论》提出了四项：①用本书文句订正本书。②参考注文刊定正文。③根据文义和文例订正谬误。④根据文辞押韵考订谬误。

管锡华《校勘学》云："本校是根据上下文来校正古书文字讹误的一种校勘方法，它是利用本书本篇本文的各种对应关系进行的。这些对应关系包括内容很广，归纳起来主要有用例对应、语音对应、意义对应和结构对应四类。"

戴、管二家言本校之法，均是根据古籍文例实际情况而有所总结与概括。此类情况在古医籍中也同样存在，故其所言本校诸法，在古医籍校勘中也同样适用。

有关本校法的运用，在前人校勘古医籍时亦为常用之法，如宋臣林亿等所校诸书，可见一斑。以《素问》新校正为例，其中特别是运气七篇大论，因别本较少，用此法尤多。如气交变大论一篇，共出注文 47 条，属注文性者 10 余条，属校文性者 30 余条，大多为本校。有以本篇王冰注以校经文者，如岁水及民病之应星为"上应辰星"，新校正云："详经云上应辰星。注言镇星，以前后例相校，此经阙镇星二字。"有以重文相校者，如"夫道者，上知天文，下知地理，中知人事，可以长久，此之谓也。"新校正云："详夫道者一节，与著至教论文重。"有以前后篇互证者，如岁木太过"民病飧泄食减，体重烦冤，肠鸣腹支满。"新校正云："按脏气法时论云：脾虚则腹满肠鸣，飧泄食不化。"有以他篇正本篇之误者，如岁土不及，民病"筋骨繇复"，王冰注："繇，摇也。筋骨摇动也。复常则已繇复也。"新校正云："详此文云筋骨繇复，王氏虽注，义不可解。按至真要大论云：筋骨繇并。疑此复字，并字之误也。"有以文例相校而证有阙文者，如岁水太过民病诸证后新校正云："太过五化，木言化气不政，生气独治；火言收气不行，长气独明；土言藏气伏，长气独治；金言收气峻，生气下。水当言藏气乃盛，长气失政。今独亡者，阙文。"从以上诸例足以说明本校法对校书有何等重要意义。

运用本校法，除在学术思想、理论观点等可前后互校外，亦常言据文例校。所谓文例者，约言之，如字例、词例、韵例、句例、义例、对文等皆是。今以《针灸甲乙经》为例。

字例，用字之常例也。如卷一第三"肺为之盖，巨肩陷咽喉见于外"，律以后文言脏腑候之例，如"心为之主，缺盆为之道。𩩲骨有余，以候内髑骭。"则此"喉"字疑为"候"之误。此文似应作"巨肩陷咽，候见于外。"

词例，语词之常例也。如卷二第一下"出属踹上"。按"属踹"当作"踹属"，与骨属或骨之属者之"属"字义同，为专用名词。卷二第七名"踹属"可证。

韵例，用韵之常例也。如卷五第四："视气之剧易，乃可以治病。"详"治"，古之部，"易"，古锡部，二字可通押，故知"病"字衍。《灵枢·九针十二原》无"病"字，亦可证。

句例，文句字数及结构之常例也。详经文中韵文，多四字句或七字句，然今本中常有损益于此数者，则知有脱文或衍文。文句结构亦常有同例相比者，如卷一第三论六腑功能后云："故实而不满，满而不实也。"详《素问》、《太素》等"故"下均有"曰"字。《太素》无"满而不实也"五字。律以前文论五脏功能后云"故满而不能实"例，可证《素问》等衍"曰"字。"满而不实"四字与上文重，乃涉上衍。"也"字为语未助词，当在"满"字下。又据文例"实"下当脱"能"字。是此句若作"故满而不能实也"，与上文恰成对文，如此则文安义顺。

对文，对仗之文例也。经文中多有前后文或上下文互为对仗之例，上所言者，即其例之一。又如卷六第二"治民与自治，治彼与治此，治小与治大，治国与治家。"一段，是一段严密的四字句结构，而且每句中均用了动宾结构的对仗语词，如彼与此、小与大、国与家，惟首句"治民与自治"与余句不合。按文例当作"治民与治自"，则上下文亦对仗，《太素》正作此，亦可证。然"自"字，仍可疑，详前文有云"治民治身"者，则"自"当为"身"之坏文，如此则句正文安。

在使用本校法时，应注意以下几点：

一者，学备众说者不可以本校。即在一本书中，兼收了各家的不同学说，其间自有差异存焉，不可用一家之义而强合为一。

一者，文出多人者，不可以本校。即在一本书中，兼收了同时代或不同时代多人的作品，虽在学术上亦皆相同，在文字气势、语法结构、行文习惯等，也常有某些差别，亦不可用本校。

一者，文有变通者不可以本校，即对某一问题的表述，为了避免文字方面的雷同，而有所变通者，不可以用本校。今以《黄帝内经》为例，早有元人吕复已提出"乃观其旨意，殆非一时之言。其撰述，亦非一人之手"。今观其内容，无论在学术上或文势方面，都存在一定差异。如四时刺法，《素问》之水热穴论及四时刺逆从论与《灵枢》之寒热病及顺气一日分为四时等，不尽相同者，此学说之非出于一人也。又如《素问·阴阳应象大论》曰："阴阳者，天地之道也，万物之纲纪，变化之父母，生杀之本始，神明之府也。"然天元纪大论则作"五运阴阳者，天地之道也，万物之纲纪，变化之父母，生杀之本始，神明之府也，可不通乎。"此文之非出一时一人之手也。又如天元纪大论云："物生谓之化，物极谓之变。"六微旨大论则作"物生从于化，物极由乎变"。此则变通其文也。又如《素问·刺热篇》言"腰痛不可用俛仰"，而刺腰痛篇则两言"不可以俛仰"。这也有个行文习惯的问题，没有必要据刺腰痛篇把"用"改为"以"。诸如此类情况，皆不可以本校法而强求一律。

3. 他校法

他校法者，以其他书相同或相近内容校本书。此种校书法，在宋臣林亿等校书时，曾广泛运用此法。如《素问》林亿等序曰："又采汉、唐书录古医经之存于世者，得数十家，叙而考正焉。……或端本以寻支，或泝流而讨源。定其可知。"又《千金方》序云："文义犹或疑阻，是用端本以正末，如《素问》、《九墟》、《灵枢》、《甲乙》、《太素》、《巢源》、诸家本、前古脉书、《金匮玉函》、《肘后备急》、谢士泰《删繁方》、刘涓子《鬼遗论》之类，事关所出，无不研核；尚有所阙，而又泝流以讨源，如《五鉴经》、《千金翼》、崔氏《纂要》、《延年秘录》、《正元广利》、《外台秘要》、《兵部手集》、梦得《传信》之类，凡所派别，无不考理。互相质正，反覆稽参，然后遗文疑义，涣然悉明。"是则说明"端本正寻支"或"端本以正末"者，取本书称引前人之书相校也。"泝流以探源"者，取后者称引本书之书相校也。此正所谓他校之法。且在其所校诸书，可见其此类校例颇多。又近人陈垣先生指出了三种情况：一者"凡其书有采自前人者，可以前人之书校之”。科学的内容，继承性是很强的，无论那一学科，都不可把前人的成就一并丢弃，而突然出现一种全新的内容。这个问题反映在学术著作中，后人著作，必然地要不同程度地继承前人著作中的学术思想观点、语言词汇及事例等，以至引用前书原文，故可以前人之书校。二者“有为后人所引用者，可以后人之书校之”。如上所述，一本有价值的著作，其内容亦必为后人所承继，并加以引用，且其所本，或为早期传本，或为优于今存本之佳本，故并可以后人之书校之。三者，“其史料有为同时之书所并载者，可以同时之书校之。”这种情况反映在古医籍中，特别是其早期著作，其引用之前人著作已佚，但其内容，或多被某一同时期或相近时期之多书所引用，故可以采用别书之引用相校。以上三种情况，有时在一本书中可以同时存在，有时只具有一种或两种情况，这需校书人对所校之书作全面的了解，否则，有些很可能是很有价值的校文，漏而未校。下面就他校法之运用，举例说明。

以前人之书校后人之书者，如明·楼英《医学纲目》，其各种病证之针刺治法，多引晋·皇甫谧《针灸甲乙经》文，故可以《甲乙经》校之。如“口噤”引《甲》（《甲乙经》之简称）“口噤，不能言，翳风主之”。今《甲乙经》卷七第四“口噤”作“痓”。按“痓”为“痉”之别字。详此条《甲乙经》题名为“太阳中风感于寒湿发痓”，故言“痓”，而《纲目》之作“口噤”者，当因其题名为“口噤”，故改字。又卷二十二“腹痛”引“《甲》：腹中寒疼，外陵主之。”详今《甲乙经》“寒”作“尽”，当作“尽”为是，《外台》可证。又卷二十五“狂癫”引《甲》：狂癫疾吐舌，太乙及滑肉、期门主之。”详今《甲乙经》“滑肉、期门”作“滑肉门”，当作“滑肉门”为是，《外台》可证。

又如晋·皇甫谧《针灸甲乙经》，书中大部分内容，采取《素问》及《灵枢》早期传本（时称《九卷》或《针经》），故可以《素问》及《灵枢》相校。如卷二第一上大肠手阳明之脉“起于大指次指之端外侧”，今《灵枢·经脉》无“外侧”二字，详此后“脾足太阴之脉，起于大指之端”、“小肠手太阳之脉，起于小指之端”、“三焦手少阳之脉，起于小指次指之端”等，均不言内外侧，可进一步证明“外侧”二字衍。又其所生病有“肩前臑痛者”一症，《灵枢》无“者”字，详此上下文及他脉诸症，皆独立症状，而本文若有“者”字，为“者”字结构，词性则变，与余文不合，故“者”字衍。

以后人之书校前人之书者，仍以上引之书为例。如《医学纲目》卷二十一“癫痫”引《甲乙经》文有“癫疾互引反折，戴眼及眩，狂走不得卧，心中烦，攒竹主之”“癫狂烦满，刺丝竹空”两条，今《甲乙经》卷十一第二无。又详《外台秘要》卷三十九“攒竹”与“丝竹空”两穴，亦有此主治，是知今《甲乙经》脱。又《纲目》本篇“癫疾，吐舌沫出，羊鸣，戾颈，天井主之”，今《甲乙经》“舌”作“血”，详《外台》卷三十九天井穴亦作“舌”，是知《甲乙经》作“血”者，误也。

又《针灸甲乙经》采《灵枢经》古传本文，多有可校今本《灵枢经》之讹误。如《灵枢·经脉》肺手太阴脉是动病“此为臂厥”，详《甲乙经》卷二第一上“此”作“是”，证之此下胃足阳明之脉“是为骭厥”，“此”字误，当以《甲乙经》作“是”为是。又其所生病“咳上气喘渴”，详《甲乙经》“渴”作“喝”，又证之《脉经》卷六第七、《千金》卷十七第一引经文亦均作“喝”。又《素问·生气通天论》：“烦则喘喝。”王冰注：“喝谓大呵出气也。”且《素问》、《灵枢》中有多处言“喘喝”，而作“喘渴”，惟此一见，故知《灵枢》作“喘渴”者，非是。又如《素问·八正神明论》王冰注：“一万三千五百息，气行五十周于身，水下百刻，日行二十八宿也。细而言之，则常以一十周加之一分又十分分之六，乃奇分尽矣。”详《甲乙经》卷一第九注引此文，

“细而言之”前,有“此略而言之也”六字,如此则前后文安,然今《素问》诸本皆脱。

在运用他书校本书时,要注意以下两点:一者古人在引用文献时,有的不尚规范,而带有一定的随意性。如为行文之便而字有损益,仅凭记忆而未加核对,有所删节而不示省略等。如清·吴鞠通《温病条辨》卷首原病篇引《素问·阴阳应象大论》文“冬伤于寒,春必病温。”今《素问》“病温”作“温病”,又如清·陆子贤《六因条辨·春温辨论》:“王叔和云:寒毒藏于肌肤,至春而变为温,至夏而变为暑。”此字有损益之例。又如《六因条辨·春温条辨》第二十五条:“故仲景用泻心汤,得芩、连之苦寒泄热,半夏之辛温通阳,枳实之苦燥破结……”详张仲景诸泻心汤中均无枳实。又清·杨栗山《伤寒瘟疫条辨·温病与伤寒治法辨》:“细玩《伤寒论·平脉篇》曰:“清邪中上焦,浊邪中中焦,阴中于邪等。”详《伤寒论·平脉法》中无此文,而辨脉法中有“法当清邪中于上焦,浊邪中于中焦……阴中于邪,必内慄也。”此皆仅凭记忆而书之例。又如明·吴崑《黄帝内经素问吴注·六节藏象论》“命曰气淫”下,王冰注本原有“不分邪僻内生,工不能禁”十字,王冰注云:“此止十字,文义不伦,应古人错简,次后五治下,乃其义也。今朱书之。”吴氏删除此文,亦不作任何交待。又至真要大论“帝曰:非调气而得者,治之奈何?有毒无毒,何先何后,愿闻其道”下引王太仆(王冰)曰一段,是对王冰原注,在文句前后结构方面作了调整,且有所删节,而未作交待。此删节而不示省略之例也。前人引用文献,此类情况甚多,特别有些类书中少量引文,尤当注意。二者,鉴于上述诸多情况,若无其他证据,而仅据他书引文而校改本文,当慎审从事。

4. 理校法

理校法,也就是在无别本或他书可校的情况,运用推理的手段而进行校勘的方法。根据陈垣先生所云,理校的主旨在于“判断是非”。其作用有二,一者,在无别本或他书可依时,可据理以判断正文之是非;二者,数本互异而无所适从时,可据理以判断异文之是非。古医籍校勘在运用理校法时,主要是根据文理与医理两个方面加以分析判断。所谓文理者,诸如文字、语法、语音、语义、修词、句式、行文特点及史实、名物等方面的基本道理。所谓医理者,诸如生理、病机、病因、证候、诊断、治疗、方剂、药物、刺灸、按摩及专用名词术语等方面的基本道理。前举诸例,据理而断者,皆理校之例。今再举萧延平校《黄帝内经太素》用理校法三例,加以说明。

《太素·顺养》:“夜卧蚤起。”杨上善注:“春之三月,主胆,肝之府,足少阳用事。……”萧延平按:“注:主胆,肝之府。袁刻(按指袁昶刻本)作‘主肝胆之府’。谨按‘主胆’二字为句,‘肝之府’三字为句。胆为足少阳经,与足厥阴经肝经为表里,于义既是,玩下文小肠之府注,自明。”详萧氏此校,先据医理以校袁刻之误,又据下文小肠府注文例为证,故断袁刻本“胆肝”二字倒置,且又误读,故非是。

《太素·阴阳合》:“太阳为关,阳明为阖,少阳为枢。”萧延平按:“太阳为关,关字,《甲乙》、《素问》、《灵枢》均作开。日本抄本均作閞,乃关(按指字之繁体)字省文。玩杨注门有三义,一者门关,主禁者也,主禁之义,关字为长,若开字则说不去矣。再考《灵枢·根结篇》及《甲乙经·经脉根结篇》,于‘太阳为开’之上,均有‘不知根结,五脏六腑,析关败枢,开阖而走’之文。本书卷十经脉根结与《灵枢》、《甲乙》同。则是前以关枢阖三者并举,后复为关为阖为枢分析言之,足证明后之为关关字,即前之折关关字无疑矣。下太阴为关关字与此同义,不再举。”详此校亦从文字、医理及他篇文义,结合杨上善注义,进行了详细分析,据理而断他书作“开”之误。

《太素》卷八首篇肺手太阴经“盛则泻之,虚则补之”,杨上善注:“《八十一难》曰:东方实,西方虚,泻南方,补北方。何谓也?然金木水火土,当更相平。东方木也,木欲实,金当平之;火欲实,水当平之;土欲实,木当平之;金欲实,火当平之;水欲实,土当平之。东方者,肝也,肝实则知肺虚。泻南方补北方,南方火者,木之子也。北方水者,木之母也。水以胜火,子能令母实,母能令子虚,故泻火补水,欲令金去不得干木也。”萧延平按:“欲令金去不得干木也句,《难经》无去字,干作平。滑注(按此指滑寿《难经本义》)云:金不得平木,不字疑衍。复云:《经》曰,一脏不平,所胜平之。东方肝也,西方肺也。东方实则知西方虚。若西方不虚,则东方安得过实。或泻或补,要亦抑其甚而济其不足,损过就中之道。越人之意,盖谓东方过于实,而西方之气不足。故泻火以抑其木,补水以济其金,乃使金得与木相停,故曰欲令金得平木也。若曰欲令金不得平木,则前后文义窒碍,竟说不通。使肝不过,肺不虚,复泻火补水,不几于实实虚虚耶?!据此,则本注去字、不字疑衍。原抄干字,当系平字传写之误。”详《太素》杨上善注,本引《难经·七十五难》文。然《难经》本文末句,与前述“金木水火土,当更相平”义不合,故滑氏已据文理与医理置疑。而杨上善此注“欲令金去不得干木也”一句,义犹难解。故萧延平氏复引滑注以释《难经》之疑,更据此以证“去”“不”之衍,“干”字之误,此亦善用理校之例。

根据陈垣先生所云理校之法,主要包括两层意义,一者校书欲判断是非,必结合理校;一者在无别本或别书可循时,必结合理校。不管是判断是非,或无别本或别书可循,均需对所校之书在医理与文理及书中所涉及之各种事物,具有较全面与深刻的理解,方有可能对诸多异文之是非,作出准确或比较准确的判断;方有可能在无别本或别书可循时,发现书中存在的问题。否则,鲁莽从事,难免有误断、缺断、漏校等情况发生。此正陈垣先生所谓“最高妙者此法,最危险者亦此法”之原因所在;也是前人所谓“校书难”之原因所在也。

此上所云,即为校书具体方法,特别是陈垣先生提出的“四校法”,为今人校书最常用之法也。

第七节　校文的处理方式与校勘体裁

对校文的处理方式及校勘体裁,是随着校勘学的发展而同步发展的,有一个从简单到复杂的过程。自古而今,从诸多校勘之医籍分析,大致有以下几种情况。

一、校文处理方式

1. 随正文附记

随正文附记,即将别本异文,附记于正文之后。如前举今存《素问》与《灵枢》两书正文中所存少量校文,即属乎此。这种情况,是在早期校书时采用的方式、这种方式,将正文与校文相混,正、校不分,后世已少有采用这种体裁。

2. 迳改

迳改,即将应改之文,直接改动,不书校记。古人校书多有采用此种方式者。如明代吴敏学所校诸书，多未留校记。近代有些书馆在本世纪排印之书，亦均采用此种方式。这种方式因不知所改之处，原系何字，是否确系误文，难以进行核对，一旦改错，则无法复原。故今人校书，除非校近代之著作或选用稿本时，对其中因排印或笔录时所致之明显误字，而又无歧义，则予以迳改，一般校书，多不采用此种方式。另外有字形极易相混之字如已、己、巳，戊、戌、戍、日、曰等，亦可迳改。余则当慎用。

3. 另写校勘记

此即将校出之异文，于正文之外，另写校勘记。这种方式可反映出底本正文与校出之异文的原始面貌，以便于分析判断，即使有误改之处，仍有原文存于校记中，尚可复原。后世及今人校书，多采此种方式。对校记的存置，大致有以下几种形式：

(1) 于正文之后，以小字书写校勘记。即将校出之异文，以小字记于正文之后，古人校书，取此法者较多。宋臣林亿等所校之书，多取此法。如今《素问》、《甲乙经》、《伤寒论》、《金匮要略方论》、《脉经》等书，均有用此种校记形式。近代萧延平校《黄帝内经太素》亦用此法。

(2) 于篇末书校勘记。即在篇文之末书写校勘记。如今存宋人史崧整理之《灵枢经》，即用此种方式。如"邪气脏腑病形篇"后，有校记四则："中于膺背"注："一作肩背。""亦中其经"注："一作下其经。""淖泽"注："上奴教切，下皆同。《甲乙经》上音浊，下音液。谨详淖，浊也。泽，液也。""不客"注："一本作容。"这种方式，由于古人校书对校记条数不加序号，不便查对，故提校之文句较长。如上例，"中于膺背"四字，其实只校"膺背"二字。近人校书，亦常采用此法，且将校文条数编有序码，另于正文下标记序码，查对亦很方便。

(3) 于当页书校勘记。这是近代书写校勘记的方式，即将校文，书于当页之末。并在所校之正文后加序号码，称为"脚码"，校记书置于页末，称为"脚注"。此法查对方便，故今人校书，多用此法。

(4) 于卷末或篇末书校勘记。即将每一卷中各篇之校勘记，集中书于卷末。如今存日本丹波康赖撰《医心方》，有江户医学馆校勘记，以札记之名书于每卷末。其每条校记均标记页数与行数，查对亦较方便。又如1955年人民卫生出版社铅印《伤寒论》，每篇之后有任应秋先生校勘记，且标记条号序码，查对亦易。

(5) 于段后书校勘记。即将校勘记书于每一章节或段落之后。近代"校注"或"注释"等体裁之书多用此法。有以校与注分书者，如《素问》、《灵枢》、《诸病源候论》、《脉经》等校释本，均用此法，于每段之后，设"校勘"与"注释"之项。有校注合书者，如王筠默先生《神农本草经校证》、李鼎先生《西方子明堂灸经、灸膏肓俞穴法》合刊本等及近年新出之《中藏经》、《难经》、《脉经》、《诸病源候论》、《素问》等校注本，均用此法。用此法时，一般应先校后注。且校、注互参，对于说理及行文，均较方便。

(6) 于书末书校勘记。即于书之最后，集中书写校勘记。如清·胡珽刊宋·许叔微《伤寒九十论》时，书后有"校譌"若干条，即校勘记。又如日本森立之先生《神农本草经》辑本，其书后有"神农本草经考异"若干条，名为考异，实则是对异文的考证校记。又如近代人民卫生出版社影印本《注解伤寒论》、《难经集注》、《脉经》等，书后均有"勘误表"，亦属对底本中明显之误字的校勘，以表格形式加以说明。

(7) 于天头书校勘记。即在书的天头，于正文之行上书写校勘记。如中国中医科学院图书馆藏步月楼刊《针灸甲乙经》，天头有日本小岛尚真父子之批校，又有清・柯逢时复请刘殿臣过录奈须恒德之批校。又如1947年千顷堂出版叶桔泉重校之日本《古本康平伤寒论》，天头有黄竹斋、范行准及其本人之批校。又如北京图书馆藏清光绪间元和陆氏《针灸甲乙经》抄本，天头有陆润庠朱墨批校。

（8）校勘记另篇别行。即将校勘记单独为篇，不与原书并合。如日本度会常诊氏《仿宋椠本素问校伪》，本为别行，而今存则附刊于日本复刊明・顾从德本《素问》之后。又如清・顾尚之《内经素问校勘记》与《内经灵枢校勘记》，本为另篇别行，后附刊于守山阁本《素问》、《灵枢》之后。

4. 朱、墨分书法

此法在雕板印书之前，有以此法行者。如唐・王冰次注《黄帝内经素问》，王冰序云："凡所加字，皆朱书其文，使今古必分，字不杂糅。"这是王冰为了使原书旧文与新加考订之文字有所区别，故以墨书旧文，以朱书新加文。这种方式，对传抄及雕版印书有诸多不便。后来王冰次注本《素问》，早已全变为墨书。故后人校书，少有用此法者。

另一种用途，是校书人为区别不同校文，亦常取朱、墨分书方式。如日本小岛尚真父子对《针灸甲乙经》医统本的校勘，其中以正统重抄本相校者，皆以"赭笔校雠"，以《素问》及《灵枢》相校者，亦或取墨笔书之。此种方式，于稿本或手写时尚可，若用于印版之本，需用多版套印，程序复杂，印费增加，故亦少有用此法者。

二、校勘的体裁

就校勘的体裁而论，亦有多种方式，戴南海氏《校勘学概论》提出有三种方式，即一是存真，"存真或求真又分二种：一是求古本之真，二是求事实之真。前者往往为藏书家所为。他们得到一个善本或古本，就要把它跟通行本的异同描写出来。文字的异同固然不消说要记下来，就是书的行款、版式、字画的差异、纸质，甚至旧本上的圈点、有几颗收藏图章等都要记下来。"二是校异，"就是把一部书的不同本子里的歧异之处罗列出来，哪些是对的，哪些是错的，自己不作判断。"三是订讹，"订讹就是刘向《别录》所说的'得谬误'，校勘家根据不同本子或别的方法发现并判定哪些是错的，对的应该是怎样，就能使书籍的本来面目显露出来。"钱玄氏《校勘学》归纳为三类方式，一为定本式，"根据校勘的结果，把底本的误字、衍文、脱文、倒置以及篇章等错误改正过来，成为一本定本，在注中作校记。"二为底本式，"不改动底本，在注中作校记，或书后附校勘记。"三为札记式，"这一类是不录原书全文，只录校记。"上述戴、钱二家提出的校勘方式，反映校书诸家的不同目的要求和采取的不同方式，而形成了不同的体裁。对古医籍的校勘，亦大致如是。就前人及今人所校医籍，具体而言之，有以下几种体裁。

1. 留真式

此与戴氏所谓"存真"之义相近。即保留珍善本之原貌，而别出校记的一种体裁。由于宋、金、元等古医籍，或明清两代之孤本或绝本古医籍，几成稀世之宝，从文物珍藏的角度论，作为研究版本的现实标本，务需加以保护。因此，一方面对书外形加以描述，一方面对其内容别书校记,均有其学术价值。如清代黄丕烈先生“题宋刻庞安常《伤寒总病论》后”文,曾详述宋刻《伤寒论》一书之流传收藏及当时顾抱冲、施少谷与其本人影抄情况,并说明宋刻本缺页及诸抄本缺、补之情况等。其“重雕宋刻《伤寒总病论》札记”文又云:“此书摘取张长沙之大要,辩论精妙,其有证而无方者,止溯《内经》,旁及他书,参以己见,为增损进退之法,实能发仲景未尽之意,而补其未备之方。是为庞氏之撰著,非仅述而不作也。故所引原文,每有删削。观诸家抄本,多有异同,或未见宋刻,传写互异;或依据张书,增补失真。故今将宋刻庞《论》翻雕,未敢辄改原文,即有抄本义长者,亦第摘取备考,别疏为札记附于后。”是则可见黄丕烈氏对宋刻《伤寒总病论》一书,从影抄至校勘翻刻之作法,旨在留真之意亦明矣。

又如日本古本康平《伤寒论》一书,有大塚敬节氏校印本。其“例言”曾云:“本书之传来,在大宝以前耶,将在天平以后耶,固不可考之,然,袭藏传写,以及康平之时,依然存其古态式,一丁十六行,行十五字,间有十四字及十三字,嵌注旁书极分明,阙字以囗示之,自足窥晋代之遗型,予今参校之宋后之诸本,其旁书嵌注,多混入本文,阙处有滥补有剗削,伤意灭义者,不为尠。又有分一章为二三章者,有合二三章为一章者,有转倒次序者,后世人,古书改窜之罪,信不为轻也。……本书之刻,专在存古态式,故行数字数、旁书嵌注,一莫所改窜,但加之句读、添目次者,予之婆心,供初学之便而已。”此大塚氏所谓“存古态式”,即留真之义,故其于书之行款、注文之款式,章节之分合等,均一一说明,其参校诸文,则置于天头。后于 1947 年,江苏叶橘泉氏重印时,仍遵此法,其“重印例言”云:“重印本书时之校对,系依据大塚敬节氏之校印本,及同氏所得之古抄本两书,原本均为每页(两面)十六行,行十五字及十四字、十三字者,今改为每页二十四行,行二十七字及二十六字、二十五字者,以纸价太昂,故节省不必要之篇幅外,他如旁书、附注嵌注、阙号及章法、眉汼等,悉如原式,绝不敢妄参己意,略有变更。因求保存原来面目故,其中明明有错误之字,如豉枝豉汤等,及大塚氏眉注之有错误处,悉仍其旧,惟间加按语而已。”详叶氏重印本,较大塚敬节印本,除每页行数及每行字数有变外,其款式亦基本保持旧貌。凡叶氏加按,亦置于天头。

又如日本江户医学馆刊行之《医心方》一书,系取半井氏家藏御赐之天养二年(当公元 1145 年,南宋高宗绍兴十五年)校勘本,经小岛尚真、高岛久贯、涩江全善、森立之等校勘,并请佳手模写后影刻,故与原本旧貌,完全相同,其校勘札记,则附于卷后。此亦留真之体也。

凡取此法者,皆详明其版本之始末,再印时亦尽量保持原版的某些基本特征,所行校勘均附记卷后或书后。这种方式,对一般习用者,似无必要,然对高层次读者及研究人员来说,则不失其重要价值,且对版本学之研究,亦具重要意义。

2. 校异式

校异式,就是对不同版本及他校等异文进行校勘,写出校勘记,对其是非正误,不加分析判断,对原文亦不作任何改动。诸多藏书家之校书,多取此法。校书人亦有取此法者,如清·陆润庠氏家藏抄本《针灸甲乙经》,取《黄帝内经素问》与《灵枢经》相校,即取此法。又如日本·小岛氏父子所校《针灸甲乙经》,以重抄正统本残卷校《医统正脉全书》本及余岩校《针灸甲乙经》,以嘉靖本校京师医局重刊《医统正脉全书》本,皆取此法。又如萧延平氏所校《黄帝内经太素》,大多校文,亦皆系校异法。这种方法,不带任何主观成分,所校之本对研究人员使用则可,若对一般习读者,徒增无所适从之感,多有不便。

3. 底本式

底本式，即保留底本原文面貌，凡文中有衍、脱、误、倒之处，悉于校记中说明校改的依据和方式。因这种方式，原文悉依底本，故钱玄先生名之曰“底本式”。如宋·朱肱《类证活人书》，诸刊本中有后人增附“辨误”内容，此无名氏所出“辨误”，共有七方十六条，皆系对药物剂量所作理校。如“桂枝二麻黄一汤内：桂枝捌钱半，（当用捌钱三字）。”等。书中原文则不曾改动。又如1955年重庆中医学会编注之《新辑宋本伤寒论》，对三阴三阳及霍乱、阴阳易差后劳复病诸篇的校勘，亦取此方式。如“辨太阳病脉证并治上”白虎加人参汤煮服法“右五味，以水一斗，煮米熟，汤成去滓，温服一升，日三服”条校释云：“《外台秘要》云：‘右五味，切，以水一斗二升，煮米熟，去米，内诸药，煮取六升，去滓，温服一升，日三。’与此相较，本文煮服法似有脱文。”又如郭霭春先生《黄帝内经灵枢校注语译·序例》云：“本书校文，是以人民卫生出版社一九六三年排印本作为底本，另外根据十四种刊本对校，其它医籍或古籍，凡是引用《灵枢》而有异文的，作为它校。它校引用的医籍，限至宋代以前。正文有了衍误，一律不加改动，分在校文内说明。校文下面，有时加按语，说明个人看法。但遇到义可两存，或是难以确定的，为了慎重，只列校文。”故该书校勘一项，只列校文，其当改处，亦仅在校记中加按说明。这种方式，固可保存底本原貌，并可避免有妄改之失，但缺点是不能提供佳本，其误处，亦不便引用。

此法与“留真式”的区别，前者系对特别珍贵或稀有版本进行校勘的处理方式，而后者则是指对一般善本或经校本进行校勘的处理方式。且只限于对底本原文的存旧，而其他特征，则不一定保存。

4. 佳本式

佳本式，是在底本的基础上，对原文中衍、脱、误、倒处，凡认为有确证当改者，尽为删、补、正、乙，以期提供该书之最佳版本。凡改动处，亦于校勘记中加以说明。如清人孙星衍、孙冯翼《补农本草经》辑本，以《大观本草》为底本，另据别本或别书予以校改，加校记说明。如丹砂，校记云：“《太平御览》引，多有‘生山谷’三字，大观本作‘生符陵山谷’，俱作黑字。考‘生山谷’是经文，后人加郡县耳。宜改为白字，而以郡县为黑字。下皆仿此。”又如涅石，校记云：“旧作樊石，据郭璞注《山海经》引作涅石。”今人校书，亦多用此法，如人民卫生出版印行刘衡如先生所校《灵枢经》、《针灸甲乙经》、《本草纲目》等。这种方式的优点是对讹文已经改正，可以为习用者提供佳本，并可直接引用。缺点是，有失版本的旧貌，但对原文如判断有失，亦或有妄改之处，可在校记中查阅，一旦有误，尚可回改，故较之迳改之法，尤为胜也。如清·胡珽《伤寒九十论校伪》云：“是书世无刊本，医家得之，奉为枕中秘，余屡欲刊行，又以原钞多舛误处，未得善本校正。人命攸关，非细事也。今夏与徐文稼甫，江君彤甫，翻阅他书，纠正数处，而彤甫复不敢自信，知贝君静安，素习是道，携往质之，贝君更为曲证旁参，于是殆可以无憾矣。间有疑似，附录于后。咸丰三年十一月，仁和胡珽识。”此下又有校记40条。如“目录一页十二行”，记云：“文炜按，刚痓，原作刚痉，今从旧本仲景《伤寒论》改。”其后又有会稽镜吾氏董金鉴辑《伤寒九十论续校》云：“《校伪》云：刚，原作刚痉，今改。按痓，充自切。痉，其井切。方书并训脊强，瘛疭二字，义本相似。”按“痓”字，金人成无已《注解伤寒论》早已指出为“痉”字之误。胡珽，清代儒仕而喜收藏者，校改之文犹有此失，幸有后人正之。是校书之改动原文，务需慎重。然出之于通识名家之手者，确能提供佳本，故谓佳本式。

5. 定本式

定本之名，在古医籍校勘中，首见于宋《开宝重定本草》，详其序云："三坟之书，神农预其一，百药既辨，本草存其录。旧经三卷，世所流传。《名医别录》，互为编纂。至梁正白先生陶景，乃以《别录》，参其《本经》，朱墨杂书，时谓明白。而又考彼功用，为之注释，列为七卷，南国行焉。逮乎有唐，别加参校，增余药八百味，添注为二十一卷。《本经》漏功则补之，陶氏误说则证之。然而载历年祀，又逾四百，朱字墨字，无本得同，旧注新注，其文互阙。非圣主抚大同之运，永无疆之休，其何以改而正之哉。乃命尽考传误，刊为定本……去非取是，特立新条。自余刊正，不可悉数，下采众议，定为印版。乃以白字为《神农》所说，墨字为《名医》所传。唐附今附，各加显注。详其解释，审其形性，证谬误而辨之者，署为今注，考文记而述之者，又为今按。义既刊定，理亦详明。今以新旧药合九百八十三种，并目录二十一卷。广颁天下，传而行焉。"从上文可见，《开宝本草》是对原本草的全面整理、校定，包括对内容的增删、篇卷的厘定、原文的校勘及注释、按语等，使该书成为一定型版本，故谓之"定本"。又如《伤寒论》林亿等序云："今先校定张仲景《伤寒论》十卷，总二十二篇，证外合三百九十七法，除重复，定有一百一十二方。今请颁行。"此所谓"校定"，亦含有"定本"之义。又林亿等所校《素问》亦云：乃搜访中外，裒集众本，寖寻其义，正其讹舛，十得其三四。……又采汉唐书录古医经之存于世者，得数十家，叙而考正焉。贯穿错综，磅礴会通。或端本以寻支，或泝流而讨源，定其可知，次以旧目，正谬误者六千余字，增注义者二千余条（按二疑为一之误），一言去取，必有稽考，舛文疑义，于是详明。"观林亿等对《素问》之雠校，亦"定本"之式。又详南宋《直斋书录解题》云："大凡医书之行于世，皆仁庙朝所校定也。按《会要》：嘉佑二处，置校正医书局于编修院，以直集贤院掌禹锡、林亿校理、张洞校勘、苏颂等并为校正。……每一书毕，即奏上，亿等皆为之序，下国子监版行。"据宋代有关史料所记，宋臣校定诸医书，大都奉敕行事。由于传世版本混乱，讹误较多，经全面整理校定后，奏请版刻，实则由国家颁行之定型书本。此宋人所称"定本"之义，概由乎此。故凡今人校书，对版本混乱诸书，若采集可靠资料，通过认真校勘整理而形成之定型或基本定型版本，亦可谓"定本"。

以上就校勘体裁而论，大致如是。在校书时，当根据读书对象、实际需要及具体情况酌情而行。

第八节　古医籍校勘的一般程序

古医籍校勘，是一项很重要的研究工作，其工作步骤一般应按下列程序进行。

1. 选题

由于存世古医籍数量很大，不可能也无必要一一加以校勘，而且有些近代或近古著作，翻刻传抄次数不多，讹文极少，也无需校勘。故校书选题，亦如科研选题，应经过充分论证。一般讲，选题时应注意以下几点：

（1）学术价值。中医古籍具有多方面的价值，当然，首先是医学价值，其他如历史的、文物的、语言文字的、文献的、文学的价值等。举凡一种古籍,其综合价值愈大,使用的价值愈大,故校勘整理的价值愈大。否则,意义不大。以《针灸甲乙经》为例,该书:①是我国现在最早而又具有系统理论的针灸专著,既有医学基础理论,又有临床治疗内容,对后世国内外影响较大,历史上曾列为医学教科书用。②是保存古《明堂》内容最多之书,由于古《明堂》早佚,故成为研究该书重要依据。③具有丰富的针灸理论与治疗经验,可供医者借鉴与研讨。④由于该书有相当一部分内容源于《内经》,可为研究或整理《素问》与《灵枢》的重要参考文献,故曾被列为古籍整理部级重点课题。

(2) 弄清其学术渊源。有的著作有一定师承关系及学术流派。如明·戴思恭《秘传证治要诀》一书,充分体现与其师朱震亨学术渊源关系;有的著作系集诸家之言而汇为一书,或以某几种书而重行编纂,如王叔和《脉经》,乃集《素问》、《针经》、《四时经》及扁鹊、华佗、张仲景及古代脉学等多种著作汇编而成。皇甫谧《针灸甲乙经》则以《素问》、《针经》及《明堂孔穴针灸治要》三书,重新分类编纂而成。有的著作则以个人著述为主。如张仲景《伤寒论》、《金匮要略方论》等。

(3) 辨别真伪。凡一部书是否真正出于署名人之手,这对学术源流的考证、学术水平的评价和历史事实的记述,都极为重要。故对欲校之书,必辨其真伪。这对校勘资料的使用,有重要意义。如本署《王叔和脉诀》一书,自宋陈无择以来,即疑其非叔和之作,金·张元素曾为之作注,明·张世贤《脉诀图注》作"《脉诀》考证",引悔庵朱子、东阳柳贯、卢陵谢缙翁、河东王世相、云间钱溥诸家说,认为"《脉诀》非叔和书"。如卢陵谢缙翁云:"今称《叔和脉诀》,不知起于何时,宋熙宁初柳正《脉经》,尚未有此,陈孔硕始言《脉诀》出而《脉经》隐。则《脉诀》乃熙宁以后人作耳。惟陈无择《三因方》言高阳生剽窃作歌诀,刘元宾从而和之。其说似深知《脉经》者,而又自作七表八里九道之名,则陈氏亦未尝详读《脉经》矣。"此于《脉诀》真正作者之考,虽无定论,然其对王叔名之否则无疑。故这对于探讨《脉诀》之学术渊源,实有重要价值。

2. 搜集有关资料

校勘工作最基本的也是最主要的条件是掌握版本及有关资料,通常应注意从以下几方面进行搜集。

(1) 搜集有关刊本及抄本。当今存世之古医籍,宋以前医著的宋刊本,已寥若晨星,皆成希世之宝。元刻本亦为数不多,明刻本亦成珍本。明以后医著存世的早期刊本,则不鲜见。然诸多刊本中,特别是早期医学名著,刊书有以假乱真者,有以次充优者,不可不知。有影刻之书最为逼真,近代影印诸书,可以代真。惟有的出版家,不交待据何本影印,实失之矣。早期抄本,有重要学术价值。如明蓝格抄本《甲乙经》,虽不能作底本使用,但仍不失为主要校本。凡欲校之书,应尽可能将版本搜集齐备。但有些书,翻刻次数甚多,如《中医图书联合目录》著录版本,李时珍《本草纲目》有 54 种、汪昂《本草备要》有 60 种、《医方集解》有 51 种、吴又可《温疫论》有 43 种、杨继洲《针灸大成》有 46 种。若欲校勘此书,也无可能和必要把所有本子搜集到,只将其早期和重要的版本搜集到即可。有些后世复刻本及私家书商刊刻本,质量较差的,也无甚参考价值。

(2) 从纵的方面搜集资料。所谓纵的方面,乃指该著作引用前朝之文及后世又引用该著作之文的有关资料,此等资料有重要校勘价值。如宋《铜人腧穴针灸图经》一书,其引前朝文有《灵枢经》、《甲乙经》等；后人引用《铜人》者，如《素问》林亿等新校正注、南宋·王执中《针灸资生经》、明·楼英《医学纲目》、高武《针灸聚英》、杨继洲《针灸大成》及朝鲜许浚《东医宝鉴》等，均有所引用，故以上诸书，皆可以作为《铜人腧穴针灸图经》的校本。之所以取用后人引文为校者，以其引文所据之本，多有优于今日所见版本处，故可取用。

（3）从横的方面搜集资料。指与某著作相同或相近的历史时期的其他有关资料。任何一门学术所具有的水平，都受时代总体科学与文化水平所制约，不可能单独跨越其历史时期。因此，不仅在专业知识方面，能具体反映其断代水平，就是在语言名词、文字气象等方面，也常可反映其时代特征。如《黄帝内经》一书，今人绝不相信是黄帝那个时代的作品。相反，在先秦或秦汉时代的某些著作中，倒有诸多与之相同或相近处。所以，此等资料，常可帮助单靠版本难以解决的问题。

搜集与该书学术思想体系有关的文献资料。一本书中具有的学术思想体系，如前所述，均有其一定渊源，或反映其一定师承关系。如金元时期及于明代诸医著中之易水学派、丹溪学派等，在理论基础、辩证论治、遣方用药等方面，均可体现其学派体系的某些特点。因而这方面的资料，常可用来互校，以补版本等诸校所不及处。

搜集前人整理本书的有关资料。有些古医籍，前人曾进行过整理，如宋臣林亿等所校诸书，校记均载于书，提供了相当多的文献资料，对后人再整理研究有重大学术价值。也有的复经后人多次整理，有别本存世，或附记于其他书中。如清·莫枚士《研经言》一书，对《素问》、《灵枢》、《伤寒》、《金匮》等经典性著作，颇多考释校订之处，特如卷四"校正《灵枢·经脉篇》经文"一文，共出校文 46 条，有很大学术价值。此类资料，既可提供校勘方面的经验教训，又能直接提供可供参考的学术资料，应尽可能搜集齐备，力求提高校勘质量。

3. 弄清版本源流，确定底本与校本

凡诸古医籍流传愈久，传本愈多，且重要医籍，传抄翻刻者必多，传本尤多。由于后人的多次整理，笔削增删，常可形成不同的传本系统。因此，在掌握版本的基础上，需对各种版本进行具体的分析考证，弄清版本源流。如有不同系统的传本，则应尽可能弄清哪一传本系统更接近原貌。在弄清版本源流的基础上，然后确定底本与校本。

（1）底本：亦称工作本。需选择最佳本为工作本。选择底本，一般应按以下原则掌握：①以祖本为最佳，次则以早期刊本为好。特如去古较远诸书，因宋、元本存世较少，明刊诸本，亦属佳本。若明、清医著，则以当代刊本为善。②足本，即内容完整而无残缺。③若前人精校过之本，亦可酌情选用。

（2）校本：亦称据校本。凡底本以外诸刊本，可选择有代表性质量较好的前期刊本为对校本。凡刊本极多之书，后来刊刻及质次本劣者，不必列为校本，以免烦校。其他与校勘内容有关之书，列为他校本。他校诸书，亦需选用佳本；若有多系统者，尚需多备别本；特别是他校书自身有异文且有歧义时，犹需多参别本，以防误校误断。

4. 校勘一般步骤

校勘工作的具体步骤，一般可按两步进行。

（1）初校：初校时，应将对校、他校及本校的异文尽可能出全，那怕是初步认为别本或别书误者，亦可先出校。发现无本可据之疑处，亦应先出校疑。这样做的目的，是防止漏校。

（2）校断。断是断是非。校断是指对初校全部异文通过分析比较，看其是否真正为衍文、脱文、讹文、倒文、错简等。特别在文理与医理尚通的情况下存在的异文，更要加以注意。在判断是非时，尚需结合目录、版本、文字、音韵、训诂、避讳及医学专业等知识综合分析，才可得出正确的结论。如：

《素问·阴阳应象大论》："天地者，万物之上下也；左右者，阴阳之道路也；水火者，阴阳之徵兆也；阴阳者，万物之能始也。"胡澍按："阴阳之徵兆也，本作阴阳之兆徵也。上三句，下、女、路为韵。下二句，徵、始为韵。"此运用音韵知识，分析上下韵句，知此句文倒失韵。

《灵枢·经脉》：胃足阳明之脉"口喎唇胗。"莫枚士："《脉经》胗作紧。……紧即瘢之假，谓唇疮胗紧，两通。"此运用文字知识，识破通假，判断异文。

《太素·脉行同异》："手太阴之脉……至本节之后大泉。"萧延平按："（《灵枢》、《甲乙经》）大泉均作大渊。唐人讳渊作泉。"此运用避讳知识，判断异文。

此所以说明对异文的是非判断，是各种知识的综合运用。综合知识水平高，则判断水平必高，反之，不仅符合率低，且常易误断。

（3）终校：终校者，最后校定之义。对出校异文之判断，作出最后的审定，写好校记。并根据读者对象，考虑留校范围。若供一般人阅读，某些无关紧要的异文校，可适当删除。若供研究人员使用，则出校范围应尽可能广泛为好。

5. 写出校后记

校勘完毕，最后应写出一篇完整的校后记，将本次校勘工作的研究所得、版本源流、学术价值等（详见后文），加以详尽的交待和说明，亦可充分体现本次研究工作的全部成果。故应认真写好校勘后记，作为校勘工作的完满结语。

第九节　校勘记与叙例的书写方式

校勘记是校勘内容和成果的文字记录。校书从不写校记到写校记，体现了校勘学术的发展和提高。因此，校书写校勘记，具有重要的学术价值。戴南海先生《校勘学概论》云："撰写切实简明的校勘记，则是审慎校勘的一种最好的形式。它可以使校正者有据，误校者留迹，两通或多歧者存异。所以，每校完一书，我们都应该提倡写出校勘记，将校勘成果逐条写成文字，收进整理过的古书里。校勘记，古人叫做异文、考异或辩证。如宋人彭兴祖《楚辞考异》，朱熹的《韩文考异》、《阴符经考异》，彭叔夏的《文苑英华辩证》等。今天则称为校勘记或校记，其实都是一个含义。"在古医籍中，如清·胡文焕《伤寒九十论校讹》、日本度会常珍《仿宋椠本素问校讹》，清·黄丕烈《伤寒总病论札记》、日本喜多村直宽等《医心方·札记》，无名氏《类证活人书辨误》，日本森立之《神农本草经考异》，清·顾尚之《素问校勘记》与《灵枢校勘记》等，均属乎此，今人校书则概称校勘记。

一、校勘记书写常例

校勘记的书写，虽无特定公式，但习惯上也有常行的成例，张舜徽先生《中国古代史籍校读法》归纳十种常见情况和不同的注记方式为：一、凡文字不同者，可注云："某，一本作某。"(或具体写明版本名称)二、凡脱一字者,可注云:"某本某下有某字。"三、凡脱二字以上者,可注云:"某本某下有某某几字。"四、凡文字明知已误者,可注云:"某当作某。"五、凡文不能即定其误者,可注云:"某疑当作某。"六、凡衍一字者,可注云:"某本无某字。"七、凡衍二字以上者,可注云:"某本某字下无某某几字。"八、字倒而可通者,可注云:"某本某某二字互乙。"九、字倒而不可通者,可注云:"某本作某某。"十、文句前后倒置者,可注云:"某本某句在某句下。"又云:"以上所列,不过就一般常见的普通情况举出示例。很明显,这是一种比较机械的校书法,一个识字细心的人,便可办到,这只是校书的基本工作。至于谈到比较高级的校书法,那便关涉的方面甚广,要勘订的内容更多,断不可局限于此。"此言亦诚是,有些古籍具有的情况,远比这要复杂得多,故校记的书写,也较之上例复杂得多。就医籍而言,情况亦大致如是。如宋臣林亿等所校《素问》、《甲乙》等书,其校勘注记,即可见其一斑。现据古医籍校勘常见情况,仅举常例,以示校勘记之书写方法。

(1) 凡属明显衍文,据校本删者,可记:

某:此后(竖排本亦可作下,下同)原衍某字(若二字以上者,可写某某几字,下同),据某本或某书某卷某篇删。如《针灸甲乙经》卷一第一:"肝①,悲哀动中则伤魂。"

①肝:此后原衍"气"字,据《灵枢·本神篇》、《太素》卷六残篇及余脏文例删。

(2) 凡底本字多,而疑为衍文者,可记:

某:某本或某书某卷某篇无,疑衍。如《诸病源候论·风痱候》:"风痱之状,身体无痛,四肢不收,神智不乱,一臂不随者①,风痱也。"

①一臂不随者:详《灵枢·热病》、《千金要方》卷八第五、《圣惠方》卷十九治风痱诸方、《圣济总录》卷九风痱等,均无此症。又详此前既言"四肢不收",已含上肢之义,此言"一臂不随者",又无或词,与上文义则不安,故疑此五字衍。

(3) 凡底本字多,而难以判断是否为衍文者,可记:

某:某本或某书某卷某篇无。如《素问·阴阳应象大论》:"故喜怒伤气,寒暑伤形。暴怒伤阴,暴喜伤阳。厥气上行,满脉去形①。"

①厥气上行,满脉去形:《甲乙经》卷六第七同。《太素》卷二残篇无。

(4) 凡明显脱文,据校本增补者,可记:

某:原脱,据某本或某书某卷某篇补。如《素问》遗篇本病论:"阳明不退位,……目瞑掉眩。太阳不退位,即春寒复作,冰雹乃降,沉阴昏翳,二之气,寒犹不去,民病痹厥,阴痿失溺,腰膝皆痛,温疠晚发①。"

①太阳不退位,……温疠晚发:此四十一字原脱。据金刻本补。

(5) 凡校本比底本字多,而疑有脱文者,可记:某:此后某本或某书某卷某篇有某字,疑脱。如《素问·阴阳离合论》:"阳明根起于厉兑①。"

①厉兑:此后《灵枢·根结篇》、《太素·阴阳合》均有"结于颡大"四字,据此前太阳文例,疑脱。

(6) 凡校本比底本字多,而难以判断是否有脱文者,可记:

某:此后某本或某书某卷某篇有某字。如《小儿药证直诀》卷上疮疹候:"不可妄下及妄攻发①。"

①发:此下聚珍本有"此辛凉调之"五字。

(7) 凡底本明显误字,据校本改正者,可记:

某：原作某，据某本或某书某卷某篇改。如《甲乙经》卷一第一："精舍志[①]。"

①志：原作"气"，据《灵枢·本神篇》、《太素》卷六残篇改。

(8) 凡诸本皆同，别无所据，疑有误者，可记：

某，诸本同，疑有误。如《六因条辨·春温辨论》："人生[①]一小天地。"

①生：诸本同，疑为"身"字之误。

(9) 凡底本与别本或别书文异，而难以判断是非者，可记：

某：某本或某书某卷某篇作某。如《诸病源候论》卷一风腲退候："风腲退者，……经久不瘥，即变成水病[①]。"

①水病：《外台》卷十四风腲退方作"内水之病"，《圣惠方》卷二十三治腲退风诸方作"斯疾矣"。

(10) 凡句读不明而易引起歧解者，当予以点明。如《小儿药证直诀》卷下五色圆："每服三四圆，煎金、银、薄荷[①]汤下。"

①金、银、薄荷：原作"金银薄荷"，或以为系"金钱薄荷"之误。详宋人书如《太平圣惠方》等，治小儿惊痫方，多有用金、银者，故此系三味药，而非一味药。

(11) 凡别本或别书较底本义胜者，可记：

某：某本或某书某卷某篇作某某，义胜。如《小儿药证直诀》卷上急惊："小儿客痰热于心胃[①]。"

①客痰热于心胃：聚珍本、《医方类聚》卷二百五十五引本文作"热痰客于心胃"，义胜。

(12) 凡底本中明显倒文，据别本或别书乙正者，可记：

某某：原作某某，据某本或某书某卷某篇乙正。如《甲乙经》卷一第一："节阴阳而调柔刚[①]。"

①柔刚：原作"刚柔"，于韵不合，据《太素》卷六首篇及《灵枢略》乙正。

(13) 凡底本中文句明显窜乱，据别本或别书移改者，可记：

某某：原在某某下，据某本或某书某卷某篇移改。如《甲乙经》卷五第一下："此肝之应也。或曰渊刺，又曰岂刺[①]。"

①或曰渊刺，又曰岂刺：原在下文"四曰合谷刺"后。《灵枢·官针篇》在"此肝之应也"后，《太素·五刺》同《灵枢》，惟"渊"作"开"，盖"开"，古"闬"字之误。尤可证《甲乙》非是，故据《灵枢》、《太素》移改。

(14) 凡底本与校本不一，难以论定之异文，可记：

某：某本或某书某卷某篇作某某。如《甲乙经》卷三第二十四孔最穴："专金二七水之父母[①]。"

①专金二七水之父母："专"下原校云："此处缺文。""二七"，《黄帝内经明堂》残本作"金九"。又正统本抄本则作"手太阴脉气所发。"

(15) 凡底本文字，义虽通而韵不合，据别本或别书改者，可记：

某：原作某，于韵不合，据某本或某书某卷某篇改。如《甲乙经》卷一第一："如是则邪僻不至[①]，长生久视。"

①至：原作"生"，涉下文"生"字误，于韵不合，据《灵枢·本神篇》、《太素·本神》改，"至"与下文"视"相协。

(16) 凡底本文句、结构不当，据别本或别书改者，可记：

某某：原作某某，文义不安，据某本或某书某卷某篇改。如《素问·上古天真论》："时世异耶？将人失之耶[①]？"

①将人失之耶：原作"人将失之耶"，文义不安，据《千金》卷二十七第一及后文"材力尽邪？将天数然也"文例改。

（17）凡底本与校本文虽不同而义并通者，可记：

某：某本或某书某卷某篇作某，并通。如《甲乙经》卷三第三十三巨虚上廉穴："足阳明与大肠合，在三里下三寸[①]。"

①足阳明与大肠合，在三里下三寸：正统本抄本作"在三里下三寸，足阳明脉气所发"并通。

（18）凡属作者引用别书内容有错误时，不可改，可于校记中予以说明。如《六因条辨·阴证八难》："《内经》所谓，益火之源，以消阴翳[①]也。"

①益火之源，以消阴翳：此系王冰注《素问·至真要大论》中文，非《内经》语。

（19）凡作者引用具体史实，或人、地、年代等之记述有错误时，不可改，可在校记中予以指明。如齐有堂《齐氏医案·吐血论》："仲景立法，至详且尽，惜《卒病论》十六卷，起死回生，因禄山兵火，散失无传，总缘王叔和以伪撰而乱仲景，阴阳乖舛，倒乱六经[①]。"

①仲景立法，……倒乱六经：此文记述史实及年代均有误，盖仲景汉人、禄山唐人、叔和晋人。仲景之书，非失于唐安史之乱。且安史乱后，岂能有晋人叔和伪撰。

（20）凡诸多异形字及通假字等，可予以校释之。如《针灸甲乙经》卷二第一上胃足阳明脉所生病："口喎唇紧[①]。"

①紧：《脉经》卷六第六、《千金》卷十六第一同。《灵枢·经脉篇》均作"胗"。《广韵·轸韵》："胗，唇疡也。又之忍切，䏲 瘾并俗。"䏲与瘾、紧，皆从臤得声，古真韵。是知紧亦胗之假借。又《病源·紧唇候》可证。

以上仅就常见一般情况，举以为例。

总之，在书写校勘记时，一般应注意以下几点：①提校之文，不宜过长，凡需校一字或几字者，尽可能提一字或几字；需校句者提句。②据校之版本，应标记具体名称（一般应用简称，如《医统正脉全书》本，可简称医统本，《四库全书》本，可简称四库本等）；据校他书应标记书名（一般用简称，如《备急千金要方》，可简称《千金》，《外台秘要》可简称《外台》等）卷次及篇名或篇次（篇名过长不便引用者，可用篇次，如《甲乙》卷一第一、《脉经》卷五第四等）。③行文时要注意文字精练，用词准确，表义明了。④提供可靠的证据。⑤改动原文，务需慎重。凡把握性不大者，宁在校记中提出倾向性意见，亦不轻易改动。⑥必要时，应说明据改的理由。

二、叙例的书写方式

叙例是对所校之书作出的有关情况及本次校勘有关问题的交待和说明。一般分两种形式，即书前叙与书后叙。

1. 书前叙

书前叙，常名"前言"，其中含体例内容，亦有"前言"与"凡例"分列者。一般只对本书流传及版本情况及校勘缘起作出详细的交待，在体例方面则对本次校勘所用底本、校本及校勘处理原则和方式做出简要的说明。如刘衡如先生所校《针灸甲乙经》，书前有“校者的话”一文，亦即前言之义，大致分三个部分：

第一部分，无题。主要说明对《针灸甲乙经》校勘的缘起。包括该书的学术价值、现在版本（包括使用为底本的《医统正脉全书》本）因传抄翻刻多有致误等有关问题。

第二部分，列题：关于怎样校勘和采用的据本。主要说明本次校勘采用《素问》及王冰注与林亿等新校正注、《灵枢》、《太素》、《千金》及《千金翼》、《黄帝内经明堂》残本、《铜人》、《资生经》、《十四经发挥》等为校本的理由。

第三部分，列题：关于处理方法，实则校勘体例，共列四条，对出校范围、校改原则、处理方式、出校条数等，作了简要说明。

又如史常永研究员点校之《刘纯医学全集》一书。

“前言”部分，详明作者刘纯生平、所含四书即《医经小学》、《玉机微义》、《杂病治例》及《伤寒治例》的主要内容及版本源流。具有很高的学术研究价值。

“校勘说明”，亦即校勘体例。共列十条，对本次校勘之缘起、底本与校本、出校范围、校勘原则、处理方法等，作了简要说明。

以上两书所写书前叙例，自有简繁的不同，刘作从简，史作从繁。对于一般读者来说，作些简要的交待即可，但对于供高层次人员使用之读物，则当以详尽为宜。

2. 书后叙

书后叙，亦名“校后记”。一般地讲，后叙均应详细地说明本书作者生平、成书年代、流传情况、版本源流、学术评价、社会影响等有关问题。如马继兴研究员等点校之《幼幼新书》一书，其“校后记”对作者刘昉之生平、编纂情况及最后成书年代作了考证；对该书主要特色作了介绍，对该书流传情况、版本源流及本次校勘使用版本等有关问题，均作了详细的交待。但此类问题，也有的是放在书前叙中说明，如上举史常永研究员点校之《刘纯医学全集》即属此例。前书、后书，本无固定程式，旨在把问题交待清楚。但从文体上看，一般地讲，书前叙应简要，书后叙应详明。

总之，叙例的书写，对校书来说，是必不可少的工作。至其内容，倪其心先生《校勘学大纲》作了如下的概括。

“一篇完整的叙例，应当具备下列几项内容：一是本书流传的历史情况，二是本书版本源流系统，三是本书校勘的底本和参校各本，四是本书校勘所用他书，五是本书吸取前人校勘成果，六是本书出校的具体原则，七是本书校改的具体原则和具体方式，八是本书校记和按断的具体说明。由于每一种古籍都有各自的具体特点，因此，上述八项内容的详略侧重不必尽同。”倪氏此说，足资参考。

第十节　校勘注意事项

由于校勘工作，难度较大，前人校书，首先应当肯定的是，他们作出了很大成就，创造了许多宝贵经验。同时，也必须看到，他们也有不少失误之处及妄断之非。故虽博洽之士，由于各种条件的限制及各种因素的制约，亦难免千虑之失。如顾观光先生云：“李氏《纲目》，世成为集大成,以今考之《本经》,而误注《别录》者四种,从《本经》拆出而误注他书者二种,原无经文而误注《本经》者一种,明注《本经》而经文混入《别录》者三种,经文混入《别录》而误注《别录》者六种,《别录》混入经文而误注《本经》者四种。夫以濒湖之博洽而舛误至此,可见著书难,校书亦复不易。《开宝本草·序》云:朱字墨字无本得同,旧注新注其文互缺,则宋本已不能无误,又无论濒湖矣。”尚之对《本经》诸药的考证,固难能尽是,然其谓“著书难,校书亦复不易”,则诚如此言。故认真总结校书之经验教训,提出注意事项,是十分必要的。

戴南海先生《校勘学概论》中提出六点:一、不要以为文从字顺就对。二、根据别的书来改本书,必须选择确实可以依据的版本,不能漫无准则地随便引用。三、善本是否完全可信,要有审慎地看法。四、校勘工作中最难的一步还在于体会文情,即校勘者需要有文学上的想象能力。五、校勘当耐劳苦,要心细而胆大。六、校勘虽为读书之始事,却并非学问的终极。

管锡华先生《校勘学》中提出有五个方面的问题:一、不可迁就政治。二、不可尽信他书引文。三、不可轻改古书。四、注意语言的内部规律性和时代性。五、不可误校,避免漏校。

戴、管二氏所举,虽皆文史之例,然其所论,于医学古籍之校勘,亦当注意所举诸事。今约举数端为例。

一、学识务博

所谓“识”,当然是指知识,或者说学识。知识包括多领域,这里所指的知识或学识,包括三个方面,一是指文献学方面的知识。文献学领域诸如版本学、目录学、校勘学等方面。要进行校书,必须首先选择版本,要搜集有关资料,必须查阅目录,要校勘古书,必须掌握校勘的基本知识。若对这方面的知识不了解,常易事倍功半,甚至发生不应有的错误。二是专业方面的知识。专业知识,一是指大的学科专业,如医学、农学、数学。欲校医书就必须具有医学方面的知识。谚云“隔行如隔山”。如果不通专业,则只能就文字方面存在的一般问题,进行校勘,至于涉及学术领域深层次的问题,往往不易发现,亦或难以解决。更为重要的是,不仅要具有大学科领域知识,还应熟悉所校之书所属的专业知识。如中医方面的基础理论、本草、伤寒、温病等不同专业,皆有其自身的专业知识。若不识专业,亦易致误。三是指所校之书的内容所涉及的知识。凡每一本书中,不仅就学术源流及内容方面有自身体系,且与上下左右诸书之间的关系,亦须搞清,否则茫然而无目标,亦难下手。故识而不博,常可误校或误断。如:

清·于鬯《香草续校书·素问》:“阴阳别论:病为偏枯痿易。鬯按:易当读为瘍。《说文·疒部》云:瘍,脉瘍也。《广雅·释诂》云:瘍,病也。又云:痴也。易与痿是二病。王注云:易谓变易常用,而痿弱无力也。则似误二病为一。要其言变易常用,与痴义亦可合也。《汉书·王子候表》云:乐平侯所病狂易。亦以易为之。”

于氏此校失之矣。详本文原文为“三阳三阴发病为偏枯痿易,四肢不举”。是前言“偏枯”,后言“四肢不举”,皆废弛不用之症,又详“痿”字,《说文·疒部》云:“痹也。”《玉篇·疒部》云:“不能行也。”诸症皆言肢体不行不用者,岂能再出一“脉瘍”或“狂易”之症。再详“易”字与“施”亦通,施又通“弛”。弛犹弛缓无力也。

如《素问·生气通天论》:“湿热不攘,大筋緛短,小筋弛长,緛短为拘,弛长为痿。”与本文义亦合。是“瘘易”者，即瘘弛也。此于氏不明医事，未注意言病候这一语言环境，而出此误校。

又如改《千金方》卷二十一治水肿方麻子汤中“当陆”为商陆者，亦误也。当陆即商陆，详《千金方》治水肿方有四方用此药，皆作“当陆”。又详《政类本草》商陆条：“今注：商陆，一名白昌，一名当陆。”是不明本草别名，而有此误校。

二、择本务善

版本是校书最主要的也是最基本的条件，有了诸多不同版本，怎样选择版本，区别底本与校本，在校本中区别主校本与参校本，这是要下一番功夫的。因此，要在熟悉该书内容的基础上，对各种版本进行比较分析，选择其中内容齐全而讹误最少者作底本，再次者作主校本，又次者为参校本。

这其中有一个问题，就是戴南海先生所谓“善本书是否完全可信，要有审慎地看法”。一般地讲，善本书总应是好的版本。但是善本这个概念是比较笼统的，譬如说以前曾将明以前的版本都定为善本，后来又有把清以前的版本都定为善本。这种纯以时间的概念为标准的做法，是不够完善的。就是在同一部书的不同所谓善本中，有时其质量差异也是很大的。因此，对版本的选择，必须作出具体的质量分析，不可单纯以时间久远决定优劣主次。

如《黄帝内经素问》一书，据《全国中医图书联合目录》等书目著录之明以前版本，即有十种以上，加之清代及国外刊本就更多了。其中早期刊本尚有金、元代刊本。然而，近年郭霭春先生《黄帝内经素问校注》一书，却选择了明·顾从德氏刊本为底本之原因是，金刊本，已有残缺，而顾刻本据其跋云，此乃其父原有“宋刻善本”，并经其校雠后，从德于嘉靖二十九年予以翻刻。此虽在元刻之后，而其据本则系宋刻也。故特选此为底本。

又如《备急千金要方》一书。原存有日本江户医学影写北宋刊本，为最早刊本，据小岛尚质序云：“是书皇国向传唐代真本，惜仅存第一卷，其余寂无闻焉。若今世所传，系明人传刻《道藏》本，率意儳改，疑误宏多，强分卷帙，极失本真，世亦往往传元版，文字颇正，稍如可观，而仍不免时有疑误，则均未为精善也。独米泽大守上杉氏所藏宋椠一部，较诸元版，笔画端楷，更为清朗，检其缺讳，其为北宋刊本不疑，间有乾、淳间补刻，亦唯寥寥数纸，则仍是为林亿等校正之旧，厘然可覆按也……亟倩好手影写，选子弟才俊者雠对点勘。”据小岛氏所考，此书原本实北宋林亿等校后所刊之旧物也无疑。然据马继兴研究员所考，原有宋代民间刊行之未经宋臣校改之古本，曾于清嘉庆年间，为藏书家黄丕烈所得，后归陆心源皕宋楼收藏，1907年为日人购去，现存日本东京静嘉堂文库。此本原缺十卷，其中亦无林亿等小字校注。虽有可能系宋代沿用宋臣未校之古传本刊行，然就其内容而论，较之宋臣校本，差异较大，就以卷一目录看，江户本作：大医习业第一、大医精诚第二、治病略例第三、诊候第四、处方第五、用药第六、合和第七、服饵第八、药藏第九。而新雕本则作：大医习业第一、大医精诚第二、理病第三、诊候第四、处方第五、用药第六、合和第七、服饵第八。无药藏第九一篇。“治”作“理”，系避唐高宗李治讳改字。从具体内容看，不仅文字方面有不少差别，且较江户本亦缺少甚多。故此本虽为宋刊旧物，若以此为据，校改江户医学本，则不妥矣。

从而说明，择本之善与不善，必须经过具体分析，不得以时间先后为限。亦不得以古与不古为准。若选本不当，则徒劳无益，即使作他校用之诸本，亦当择其善本，不得任选一本，以次充优。此择本之不可不慎也。

三、行断务明

行断务明者,明断是非也。校书之难,在于断其是非。亦如段玉裁先生所谓“校书之难,非照本改字,不讹不漏之难,定其是非之难。”凡校书在第一步通过对校、他校、本校之后,有的校文,可有诸多异文与歧解。其中有的判断较易,有的则判断较难,故欲作到断而又明,必须细心体察文情,多方面比较,认真分析其语言环境及上下文义,并在注意文字间演变的关系等多种因素。否则仅凭一得之见,一方面的理由,而不顾其他,常易造成断而不明,甚至误断。例如:

《素问·五脏生成篇》:“故色见青如草兹者死,黄如枳实者死,黑如炲者死,赤如衃血者死,白如枯骨者死,此五色之见死也。青如翠羽者生,赤如鸡冠者生,黄如蟹腹者生,白如豕膏者生,黑如乌羽者生,此五色之见生也。”

此段文字,他处虽有异文,而无歧解。惟“草兹”之“兹”,既有异文,又有歧解。

《脉经》卷五第四、《甲乙经》卷一第十五、《千金翼》卷二十五第一均作“草滋”。

王冰注:“兹,滋也。言如草初生之青色也。”

马莳注:“青如草之滋汁,其青沉夭。”

吴崑注:“草滋,草得滋养而色益深也。”

张介宾注:“兹滋同。草兹者,纯于青而色深也。”

张志聪注:“兹,蓐席也。死草之色,青而带白也。”

《素问识》:“简按:《尔雅·释器》:蓐谓之兹。郭注:《公羊传》曰:属负兹。兹者,蓐席也。《史记·仓公传》:“望之杀然黄,察之如死青之兹。俱可以确志聪之解耳。马、王诸家以滋释之,果然,则岂枯泽之色乎！并不可从。”

《黄帝内经素问校注》:“按,兹似为玆之误字。《说文·玄部》:玆,黑也,从二玄。《春秋传》曰:何故使吾水玆。考《春秋传》乃哀公八年《左传》文,今《传》文玆作滋。《脉经》之滋者,乃原作玆。”

从上述引文看,“兹”字,既有异文,又有歧解。今欲断其是非,必从全文考虑,从多方面分析。

全文分两个部分,前言死色,后言生色。死色多夭,生色必泽,故言如草初生之色,或滋润之色者,则与文义难合。

文中言死生之色,各有青、黄、赤、白、黑色。若以“兹”改“玆”,从黑释,则与黑色重出,亦不合五色之义。

所言死、生五色,均以物色相代,故所举种种,均为物名。且所举物名,皆两字结合词(“炲”,《甲乙》与《千金翼》亦作“炲煤”,《五行大义》卷三第一作“水苔”)故“草兹”一词,亦当属此。若将“兹”作动词或形容词释,则与他例不合。

兹从席解,有明训,有他证。如《素问识》引《尔雅》及郭注。又如《史记·周本纪》:“卫康叔封布兹,召公奭赞采,师尚父牵牲。”裴骃集解引徐广曰:“兹者,籍席之名。”

兹之与滋,为假借关系。《说文通训定声·颐部》兹:“经传皆以滋为之,假借为此。”

从而说明,兹之作滋,假借也。兹从草部,不从玄部,作“玆”者,形近误也。张志聪从草席为训,合于本义。草席,名物也。草本青色,然活草之色,青而泽润,织席之草,死草也。其色虽青而晦暗无泽,故象死青之色。余家之断,未从全文及多方分析,非但不明,且均有误,义反晦矣。故校书行断,当审慎从事。

四、校改务慎

校书改字,本系常事。然而改而不当,或不误而改,或本可不改而乃改者,徒乱本文,不仅不能校出个佳作,反成劣本。故校书改字,务须慎而又慎。

凡确系衍、脱、误、倒者,必为之删、补、正、乙,不改则义不通。若可改可不改,或两义并通,尽可能不改。必要时,可提出倾向意见,以供读者参考。若并无可靠证据,又无充分理论根据,仅凭主观臆断者,最为下乘之作。

改字有三种做法,一者迳改,不存原迹;一者于校记中提出应改的意见;一者改后,于校记中保留原文,说明据改之证据及理由。这三种做法,以迳改者,最不可取。因假若误改,无旧迹可循,无法回改。

今举明·吴崑《内经素问吴注》为例。

明·吴崑《内经素问吴注》一书,既不知所据何本,又不明参校何书,然其注本与明·顾从德刊《黄帝内经素问》相校,不仅其自言"僭改"者不同。另外尚有许多异文,不明依据,亦有可能系吴氏迳改。今举例相示。(《内经素问吴注》用张灿玾等点校本,《素问》用人民卫生出版社影印顾从德刊本)

(1)《上古天真论》:"愚智",吴本互乙。"发坠齿槁",吴本"槁"作"枯"。

(2)《诊要经终论》:"目瞏绝系","瞏",吴注云:"僭改作环"。"冬刺夏分,病不已","已",吴本作"愈"。"太阳之脉,其绝也……其色白","白",吴本作"黑"。"舌卷卵上缩","卵",吴本作"囊"。

(3)《脉要精微论》:"五色精微象见矣",吴本无"矣"字。"五脏者,身之强也",吴本"脏"作"府"。"期而相失,知脉所分",吴本"知"作"如"。"得一之情",吴本"情"作"精"。"故曰:知内者,按而纪之",吴本无"故曰"二字,"肝与肾脉并至,其色苍赤,当病毁伤不见血,已见血,湿若中水也"一段,本在"征其脉与五色俱不夺者,新病也"后,吴氏移改于"当病少血,至令不复也"后。"此寒气之肿",吴本"肿"作"种"。

从上文可见,吴氏之改字改文,有的固有一定参考价值。但有许多是缺乏文献与理论依据的。类似此等情况,在该书中所见甚多,总的来看,吴氏的校经改字,是不够慎重的。

据上述校改原文情况足以说明,作为校书人自家,恐怕皆以为他们所为确有把握,然却不知由于他们自身知识的局限性,他们的所见,不仅有诸多片面性,甚至有不少误解之处。故校书改字,务须审慎从事。

五、出据务实

所谓"实"者,指真实、确实、充实之义。也就是说校书所出的证据,必须要真实、确切、完备。既要方便读者或作者本人的进一步核查,又要具有充分的可信性和说服力。

古人校书,处于历史的和学术发展的局限性,多不注意此事。如宋臣校书时,对使用的各种版本，均无明确的交待，亦无详细的说明。详林亿等校《素问》、《甲乙》、《伤寒论》等书，使用底本何来？使用别本唯称“本”、或“一本”等，究竟使用过那些别本，不得而知。在使用别书如《灵枢经》，只言“惜不全”，但残缺到什么程度，亦不详。反映了早期校书出据不足的缺欠。明人校书，犹步前人之法，在这方面，无大发展。清以后人校书，则比较注意资料的准确性、真实性和完备可靠。但也有些校书人（包括近代校书人），在这方面注意不够，因而降低了校勘质量和可信程度。今举数例如下：

清·胡珽《伤寒九十论校讹》（今用商务印书馆排印本）：

（1）目录1页12行：文炜按：刚痓原作刚痉，今从旧仲景《伤寒论》改。

按，此以“旧本仲景《伤寒论》”改许叔微书，出证非当。因后人书可有改前朝书之误字者，如金·成无己《注解伤寒论》即指出“痓”当作“痉”。然许书之作“痓”，原可取得本校内证。如《伤寒百证歌·第二十九证》两种痓歌中列“刚痓”与“柔痓”，末两句为“亦名阳痉并阴痉，名异实同安可忘。”注云：“痓音炽。痉，巨郢反。名异实同也。”这就充分说明了许书乃作“痉”，底本作“痓”非是。从此校之出证看，一则不确，二则可信性亦差。

（2）1页8行：毓诚按：通顺血脉以下，出弘景《别录》。

详此原文作“《神农本草》称，芍药主邪气腹痛，利小便，通顺血脉，利膀胱大小肠，时行寒热，则全是赤芍药也”。而此校之出证，一者表述不明，所谓“通顺血脉以下”，下限不清，当云“通顺血脉以下至时行寒热”。二者书名不确切，因陶弘景《名医别录》一书早佚，后所见者，皆唐、宋本草等书引文。故此校当云“出某某书引弘景《别录》。”

（3）21页11行：文炜按：水壹当作《外台》。毓诚曰：《外台》是也。盖《外台》有神效瓜蒂散方，法治相等。见《金匮》。

按此校将“水壹”识别为“《外台》”之误，亦为明者。然后文出证不确，详原文本作“方见《外台》《删繁》证云：……”详《外台》卷四诸黄文有云：“《删繁》疗天行毒热，通贯脏腑，沉鼓骨髓之间，或为黄疸……”与本文所引尽同。又本方《金匮》中亦不见附，且只名“瓜蒂散”，无“神效”二字。故出证不确。

又如商务印书馆排印本《秘传证治要诀及类方》后附“校勘表”：

（1）第41页4行：荷叶服之令人瘦劳。校注：“荷叶”下加“灰”字，于义为长。

按，原文本作“治阳水浮肿，败荷叶烧存性，碾末，米饮调下。荷叶服之令人瘦劣，今假病，欲容体瘦以示人者，一味服荷叶，故可以退肿。”详上下文义，前以荷叶治阳水浮肿，取败荷叶烧存性用。后言荷叶之功用，则不一定加“灰”字，如有所疑，可于校记出之，不必增补，而此直接补，似未当也。又凡诸烧存性者，为炭状，不可成灰，故“灰”字亦欠妥。

（2）第96页6行：以金银花煎下十四友圆。校注：“十四友圆系药名。”“友”误作“发”，今改。

按，本校改“发”为“友”则是。然行文不当，且无证。详，十四友圆，方名，非药名。详见本书类方卷四丸类，引自《和剂局方》，故本校出证不完备，可信性降低。当云：“据本书卷四类方丸类，十四友圆，系方名。友误作发，今改。”

从上引诸例，足可说明，校书出证，务须准确，真实，行文完备，方可提高可信程度，保证校文质量。

六、工 作 务 细

校书是一件十分艰苦细致的工作,又是一项学术性较强的工作。因此,在工作的各个环节和学术上的诸多问题,都可能带来不少困难,需要耐心地去做艰苦细致的工作。

就资料的搜集而言,并不可能有现成的材料供使用。在校勘前,需要查阅一些馆藏书目,报刊有关文章,走访对该书有研究的专家学者,尽可能多的掌握资料。在校勘工作进程中,又随时可以遇到一些待查的问题,都不能马虎从事,需要认真对待。

就校勘的具体工作而言,也有诸多繁琐的工作,不论是对校或是他校,都需逐本逐字核对,有些还不止一次地加以复核,也颇有些机械地意味,而不如此,则常易疏忽漏校。

就学术性而言,校前固需对该书做深入地分析研究,才能对学术的源流、版本的优劣等有所了解。校时,对出现的问题,又要做深入地研究,有时还要进行考证,才能对诸是非,进行判断。因此,校勘古书,若以为不过是改正个把错字,圈圈点点的“雕虫小技”,则误也。

就校书的价值论,它不仅可以解决书中存在的诸多讹误之文,为读者提供一佳本。而且,在研究和解决问题的过程中,也是校书人自身学习和提高的过程。因此,作为一个有心人,校完一本书,只要是全面细致地进行工作,定能体会到,无论是在文献知识,还是专业知识方面,都会有很大提高。因此,对校勘工作,定要认真去做,不可草率。

另外,校勘作为一种方法,不仅可以对古医籍进行整理研究,即使以此法阅读古书,即所谓“校读法”,取得的效果,与不懂校勘者,也绝不相同,此亦说明校勘于读古书之重要意义。

第十一章　中医古籍注释

医籍，载医道之文也。自《汉志》著录以来，迄至清末，就古医籍而言，真可谓汗牛充栋。今尚存世者，亦有数千种之多。

在诸多医学文献中，由于各时代的撰人，对文字、语词及概念的使用，均有其一定的时代性与地区性，故难以随着地域及时间的变迁，而尽为人知。加之历经传抄翻刻及后人整理造成的对原貌的改变，使后来的读者，倍感困难。因此，对医籍的训释，则成为对古医籍通晓的重要环节，下面就古医籍注释的有关问题，加以论述。

第一节　古医籍注释的历史概况

医籍之注释，其来亦久。可追溯到两汉及此前文献，如马王堆汉墓帛书《五十二病方》治牝痔方中有"段(煅)骆阮少斗"文，末云："骆阮，一名白苦、苦浸。"即是对药名的通释。

在今存《素问》与《灵枢》中保留的释文，概言之，有以下几种形式：一种类型为独立专篇者，有《素问》之"阳明脉解"、"脉解"与"针解"三篇，《灵枢》之"小针解"一篇。如"阳明脉解"云："黄帝问曰：足阳明之脉病恶人与火，闻木音则惕然而惊，何也？岐伯对曰：阳明者胃脉也，胃者土也。故闻木音而惊者，土恶木也……"针解篇云："黄帝问曰：愿闻九针之解，虚实之道。岐伯对曰：刺虚则实之者，针下热也，气实乃热也；满而泄之者，针下寒也，气虚乃寒也……"似此等加冠"黄帝"与"岐伯"问答之体，定系医经成书之前，单篇别行，对"脉书"或针刺类医籍的解文，被《黄帝内经》作者选入该书。其主要内容，是对经脉发病及针道方面的理论说解。又如《灵枢·小针解》，与上述两篇义同，其所解之文，在今《灵枢·九针十二原》中大都收载。前人谓"小针解"即为"九针十二原"作解者，非是。详其所解之文，古亦当为单篇别行者，后亦为《内经》作者选入。再一种类型，即散在多篇中对不知出典之引文的释文。多冠以"所谓"二字。如《素问·奇病论》云："岐伯曰：病在太阴，其盛在胃，颇在肺，病名曰厥，死不治。此所谓得五有余二不足。帝曰：何谓五有余二不足？岐伯曰：所谓五有余者，五病之气有余也。二不足者，亦病气之不足也。"此言"所谓得五有余二不足也"，即不知出自何书。又有自别书引文加释者，如《素问·奇病论》云："刺法曰：无损不足益有余，以成其疹，然后调之。所谓无损不足者，身羸瘦，无用鑱石也。无益其有余者，腹中有形而泄之，泄之则精出而病独擅中，故曰疹成也。"此乃引"刺法"语而另外训释。又如《素问·病能论》云："上经者，言气之通天也；下经者，言病之变化也；金匮者，决死生也；揆度者，切度之也；奇恒者，言奇病也……"这是一些经前古籍的大义训释。又有后文释前文者。如《素问·阴阳别论》云："脉有阴阳……所谓阴者，真脏也。"这是对前文提出的"脉有阴阳"的训释。又有对名物等的训释，如《素问·八正神明论》云："虚邪者，八正之虚邪气也。正邪者，身形若用力，汗出腠理，逢虚风，其中人也微，故莫知其情，莫见其形。"又《素问·水热穴论》云：

“所谓玄府者，汗孔也。”若详析之，尚可举一些实例之类。从上述情况足可说明，在《内经》成书之前，已有一些解释某种医文的单篇存世，有的被《内经》作者选入，同时作者也注意针对某些难解的名词术语、医理、文义等，进行训释，使读者易于理解。

在汉代的一些训诂专著中，都不同程度地吸收了一些与医学有关的词字进行训释，特别是刘熙《释名》中的“释形体”与“释疾病”两篇，吸收词字较多，并特以“音训”方法进行训释。如“眩，县(悬)也，目视动乱如悬物摇摇然不定也。”“鼻塞曰鼽。鼽，久也。涕久不通，遂至窒塞也。”“瘿，婴也。在颈婴喉也。”又如许慎《说文》：“疝，腹痛也。从疒，山声。”“咳，小儿笑也。从口，亥声。”与后人言疝多指颓疝，言咳指咳嗽之义不同。对于我们理解汉以前古医籍之本义有重要意义。

在魏晋南北朝时期，除了正文夹带之释文外，已有一些对重要典籍进行注释的专著，如三国时吴人吕广曾对《难经》进行注释，其部分释文，今尚保留于《难经集注》中，是为最早对《难经》进行注释之人。又如梁人全元起，曾对《素问》进行过训解。其《素问》篇目及部分注文，今存王冰次注本《素问》林亿等新校正注文中。此亦最早对《素问》进行注释者。北周武帝时，有姚僧垣之子姚最者，于天和中，帝命习医，研习十年，略尽其妙。《隋书·经籍志》有其《本草音义》，疑该时所撰，是首对《本草经》一书进行音义训释者，并开古医籍音释之先河。而陶弘景《本草经集注》，则尤以增补内容为多。

在隋唐时期，由于去古渐远，某些语词文字的古义古音已有所变迁，故隋唐人读诸汉以前古医籍，渐有困难，且对一些重要典籍，前人注释，已难满足时人需要，于是对古医籍的音注和义释，则随之而兴起。首先有隋人巢元方《诸病源候论》，虽是一部有关“病候”的著作，然其中有大量关于阐释病候与病机性的内容。对众多证候与病名等概念，作了较为详细释义。如卷一“中风候”云：“中风者，风气中于人也。风是四时之气，分布八方，主长养万物，从其乡来者，人中少死病；不从乡来者，人中多死病。其为病者，藏于皮肤之间，内不得通，外不得泄，其入经脉，行于五脏者，各随脏腑而生病焉。”不仅对“风”与“中风”的概念作了具体解释，且对“风”与“气”的关系，亦作了精辟的说明。该书对后世影响较大，故其存而未亡者，良有以也。在注释方面，主要有两种情况：一是对医学典籍的义释，一种是对医学典籍的音释。如隋唐人杨玄操有《黄帝八十一难经注》，其部分注文，保存于今《难经集注》中，并别为《音义》，今《难经集注》中保留之音注，当是杨氏《音义》遗文也。又《宋史·艺文志》尚著录有“杨玄操《素问释音》一卷”。又《隋书·经籍志》著录“《黄帝甲乙经》十卷”，注：“音一卷”。疑亦是出于杨氏之手，今存《甲乙经》中保留之释音，或是该书遗文。对《黄帝内经》的全面注释，则有唐高宗时之杨上善，他对《太素》经文的注释，是卓有成效的。《太素》之注，仿效前人训释诸书，既明义又释音。如卷六“脏腑气液”云：“脑髓骨脉胆及女子胞，此六者，地气所生也，皆藏于阴而象于地，故藏而不写，名曰奇恒之府。”注：“胞，豹交反。生儿裹也。地主苞纳收藏，脑髓等六，法地之气，阴藏不写，故得名藏；以其聚，故亦名府。府，聚也。此本非是常府，乃是奇恒之府。奇，异。恒，常。”这段注文，既释医理，又释音义，简洁而明畅，对胞之释，乃本于《说文》。今《说文·包部》云：“胞，儿生裹也。从肉从包。匹交切。”杨氏又有《黄帝内经明堂》一书，对脏腑、经脉、穴名、主治等，进行了全释，其中穴名释，为首次对俞穴名称进行义释。惜十三卷唯存卷一。《内经》注释的另一家则是王冰，他对《素问》一书，在旧传本的基础上，重新编次，厘定篇目，并对全文进行了注释。王冰注文，颇多精辟之处。如解《四气调神大论》“春夏养阳，秋冬养阴”一文云：“阳气根于阴，阴气根于阳。无阳则阴无以生,无阴则阳无以化。”又如《至真要大论》有注文云:“其寒之不寒,责其无水。热之不热,责其无火。”又云:“益火之源,以消阴翳,壮水之主,以制阳光。”等,后世遵之为医学名言,对医学理论的发展,有重大意义。杨、王二家,对经文注释之功固不待言,然亦难免受时代的限制,强为说解之处,亦复有之,是亦不必苛责。又据《隋书·经籍志》著录有甄立言《本草音义》七卷,早佚,盖亦为《神农本草经》之注释。总之,隋唐间注释诸书,主要还是围绕几本主要经典医著进行工作。然对后世影响较大,特别是自宋以后,由于全元起注《素问》及《太素》先后均佚,而王冰次注本《素问》,则成为唯一的古注本。王注中的某些字词,常被编纂工具书者所录用。

宋金元时期,在隋唐注释的基础上,又有新的发展。对医经类古籍的注释,多取提文别注的方式,或融汇别撰,夹带释文的方式。如宋徽宗御制《圣济经》、骆龙吉《内经拾遗方论》及刘河间《素问病机》、《素问玄机》、《原病式》等皆属此类。凡此释文,多侧重于医理方面的阐发。对本草书的注释,则如《重修政和经史证类备用本草》,该书注释,基本上是取集注的形式。博引诸家说解达数十种之多,其特以陶隐居、日华子、掌禹锡及《新修本草》注文最多,注释内容,多以产地、品种、形态等为主,余则次之。在针灸方面,有《铜人腧穴针灸图经》,对十二经脉之部位、腧穴及病候作了详细的注释。如手太阴脉所经之腋、臑上骨、鱼、鱼际等,均有详解,对读者甚便。在金元时期的另一突出成就,是对仲景著作的全面注释。金人成无己首对《伤寒论》全文注释,为《伤寒论》的学习研究,开创了新的途径。元末明初人赵以德则对《金匮要略方论》注释,亦开《金匮》全释之先河者。成、赵对仲景之书,除对医理文义作了全面注释外,对方义之解,亦属首创,对后来学者影响较大。而成氏《注解伤寒论》犹仿注经音释之例,每卷之末另附“释音”内容,共释字、词 170 余条,均有重要学术价值。

明代对医籍注释,是在继承前人经验的基础上,不断有所发展,且又不断扩大领域。如医学典籍有马莳《素问》与《灵枢》之注证发微,吴崑《素问吴注》,不仅释正文,又释篇名。张介宾《类经》及《图翼》、《附翼》,对经文注释,发挥颇多。对《伤寒论》与《金匮》之注释,有方有执、赵以德等。本草书之注释,则有李时珍《本草纲目》,不仅收药众,资料多,而且对药名均予释义,另有《濒湖脉学》,对二十八脉之详解,均对后世影响较大。在针灸方面,则如杨继洲《针灸大成》、高武《针灸聚英》等,除对经脉腧穴等作释,特如杨氏对某些针灸歌赋的注释,亦很有学术价值。

清代医书注释,对重要经典著作,均有新的发展,如《素问》、《灵枢》、《伤寒》、《金匮》、《难经》、《本草经》等,均有较多新的著作问世。如张志聪的《素问集注》、《灵枢集注》等。尤在泾的《伤寒贯珠集》、《金匮心典》等,丁锦的《古本难经阐注》等,吴世铠的《本草经疏辑要》等。由于受朴学影响,又有一批对经典字、词、句训释的专著问世,如陆懋修的《内经难字音义》。胡澍的《素问校义》、俞樾的《读素问余录》、孙诒让的《札迻·素问王冰注》等,对后来注疏者,颇有启迪。此期对其他学科,也有不少注释著作,如王孟英的《温热经纬》、汪昂的《医方集解》等。并出现了专释名物的专著,如程扶生《医统理解·穴名解》与沈彤《释骨》等。对临床各科,也有不少带解文的著作。注释诸书,从内容到形式,不断开创新的局面。

民国期间,由于国民党政府对中医工作的反动政策,使中医古籍的注释,也受到了很大的影响,即使有些注释,也程度不同地渗透了西医学的观点,未能健康地发展。但也有值得重视的一点，就是中医辞书的编纂，如谢观《中国医学大辞典》、陈存仁《中药大辞典》，为中医工具书的编纂，开创了道路，对后来影响较大。中华人民共和国成立后，由于党和政府对中医工作采取了正确的政策，使中医工作得到了全面的发展，古籍注释也得到了应有的重视，一些重要典籍再度进行校释或今译，编写了一批中医注释方面的工具书，对后世诸多理论著作与临床著作，也有相当一批图书，进行了不同形式的注释，体现了中医工作的进一步发展。

在国外，特别是日本，对医籍的注释，也取得了很大成就，如丹波元简的《素问识》、《灵枢识》及丹波元坚的《素问绍识》，伊藤馨的《伤寒论文字考》及《伤寒论文字考续》，原昌克的《经穴汇解》，浅田惟常的《伤寒论识》、名古屋玄医的《金匮要略注解》、加藤宗博的《庐经裒腋》等，多取训诂之法，辅之以考证之学，在学术上均有较高价值。

总之，溯之于史，自有医籍之初，由于文字语言的差异和变迁，即有注释之学。且前人在漫长的历史实践中，从体例到方法，均集累了丰富的理论知识与实践经验，今日回顾与总结前人的经验，正是为了使注释学术进一步发展。

第二节　注释的体裁与类别

古医籍注释，亦如文史哲诸古籍，今举其要者，简述如下：

一、注释的体裁

1. 训

训犹解释之义。《说文·言部》："训，说教也。"段玉裁注："说释而教之。"说释，亦即说明、解释的意思。如宋·林亿等《重广补注黄帝内经素问·序》云："时则有全元起者，始为之训解。"详《南史·王僧孺传》云："侍郎金元起欲注《素问》，访以砭石。"又《隋书·经籍志》有"《黄帝素问》八卷"，注："全元越注。"盖全元起、金元起、全元越，乃是一人，古书传抄有误，后皆谓全元起。林亿等所言"训解"，与前人言"注"，义亦同，实指注释也。全注《素问》早佚。今存有林亿等《素问》新校正少量引文。观此引文，即对《素问》所作之释文。

2. 注

注作为训诂的一种形式，名之者较多。概言之，与训、诂等义同。

《周礼·天官》贾公彦疏云："注者，于经之下，自注己意，使经义可申，故云注也。"如《素问》王冰注本自序云："恐散于末学，绝彼师资，因而撰注，用传不朽……其中简脱文断，义不相接者，搜求经论所有，迁移以补其处；篇目坠缺，指事不明者，量其意趣，加字以昭其义；篇论吞并，义不相涉，阙漏名目者，区分事类，别目以冠篇首；君臣请问，礼义乖失者，考校尊卑，增益以光其义；错简碎文，前后重叠者，详其指趣，削去繁杂，以存其要；辞理秘密，难粗论述者，别撰《玄珠》，以陈其道。"王氏此言，实乃发凡起例。足见其所"撰注"，非但对字词之训释，并包括校勘等方面的工作。

注书有他注、自注之分。以他注为多。他注者，某著作，经他人作注。自注者，自著之书,由本人自作注,如陈修园《医学三字经》、吴鞠通《温病条辨》。吴氏"凡例"云:"是书仿仲景《伤寒论》作法,文尚简要,便于记诵。又恐简则不明,一切议论,悉于分注注明,俾纲举目张,一见了然,并免后人妄注,致失本文奥义。"他注又有一人注及多人注之分,多人注者,如张志聪《黄帝内经集注》,乃张志聪与其门人共注,又有后人集前人多家之注者亦是,如《难经集注》,共署包括秦越人在内十人之名,故后人称之曰"十家注"。又有后人将前人几家注合于一书者,亦谓之合注。如马莳、张志聪《素问灵枢合注》。

3. 解

解,解析或解释也。《说文·角部》:"解,判也。"又刀部:"判,分也。"是则解与分析、解释之义亦同。如清·邹汉璜《难经解》。又如袁崇毅《难经晰解》、潘楫《崔真人脉诀详解》。晰,明白、楚也。《集韵·锡部》:"晰,明也。"详,详细也。晰解、详解,虽增文复言,然义仍在解。有与"注"合称者,如成无己《注解伤寒论》。又有"集解",乃广集多人之解说于一书者,如清·汪昂《医方集解》,其凡例有文云:"医学浩瀚,泛览为难,岐黄之家,尚难博涉,文墨之士,奚暇旁通。若非篇章简要,词理通明,则智士不乐披寻,浅人复难解了。读方不得其解,治疗安所取裁,是用裒合诸家,会集众说,由博返约,用便搜求。"此乃明其所以作"集解"之义也。又有所谓"直解"者,如清·高士宗《素问直解》自序云:"余于《黄帝素问》一书,殚心研注,十载告竣,名曰《直解》,自谓有是经,宜有是解……会于吾心,质之古人。"此亦自家注述,不取别家之义。

4. 释

释亦解析之义,《尔雅·释诂》郝懿行义疏:"释者,《说文》:解也,从采,取其分别物也。《尔雅》之作,主于辨别文字,解释形声。故诸篇俱曰释焉。"如徐大椿《难经经释》凡例云:"盖《难经》本文理解,已极明晓,其深文奥义,则俱本《内经》。今既以《内经》为诠释,则诸家臆说,总属可去。故训诂诠释,则依本文,解论考诠,则本《内经》。其间有章节句语错误处,前人已是正者,则亦注明某人之说。"是则此所谓"释",并指"训诂诠释"、"辨论考证"之义,兼及校勘之学。有与"注"并称者,如明·黄俅《黄帝内经节文注释》、原题清·徐大椿《脉诀启悟注释》等,义亦同。近人有"语释"之体,乃以当代之语体文以释古文者。

5. 诠

《说文·言部》:"诠,具也。"段玉裁注:"《淮南》书有诠言训。高注曰:诠,就也。就万物之指,以言其徵事之所谓,道之所依也,故曰诠言。欠部欥下曰:诠,詈(词)也。然则许意谓诠解。"《淮南子·要略训》云:"诠言者,所以譬类人事之指,解喻治乱之体也。差择微言之妙,诠以至理之文,而补缝过失之阙者也。"又《晋书音义》引《字林》云:"诠,具也,谓具说事理。"是则诠犹解喻微言,具说事理之义,亦常与"释"并称,如原题清·徐大椿《内经诠释》,取《素问》62篇中之部分文句为之注释。

6. 疏

疏,《说文·云部》:"疏,通也。"后人引申为阐述经书或旧注的文字。唐玄宗《孝经·序》云:"是以一章之中凡数句,一句之内义有兼明,具载则文繁,略之又义阙,今存于疏,用广发挥。”如日本·吉田宗恂《难经注疏》及山田业广《难经本义疏》，后者是在《难经本义》的基础上，而为之疏。又有所谓“疏证”者，阐释考证之义，如清·邹澍《本经疏证》、日本丹波元胤《难经疏证》等皆是。《本经疏证》乃取张仲景所用药173味，以“《本经》、《别录》为经，《伤寒论》、《金匮要略》、《千金方》、《外台秘要》为纬，交互参证而组织之，务疏明其所以然之故”。该书对所选《本经》诸药，以汉唐文献为据，阐发考证其义，多有发挥之处。

7. 说

说，《说文·言部》：“说，说释也。一曰谈说。”释犹解也，故说亦解释也。如清·王三重《难经广说》、仲学辂《本草崇原集说》等，亦说解之义也。

8. 述

述，阐述前人之成说。《论语·述而》：“述而不作，信而好古。”皇侃疏：“述者，传于旧章也。”如清·方本恭《内经述》，乃选《内经》部分原文加以阐述。刘若全《本草述》，按《本草纲目》分类次序，详论所录诸药之性味、功用、主治、配方等。凡所论述，均引以前贤之说，参之个人心得。

9. 笺

笺亦训释的一种形式。《说文·竹部》：“笺，表识书也。”段玉裁注：“郑《六艺论》云：‘注《诗》宗毛为主；毛义若隐略，则更表明。如有不同，即下己意。按注《诗》称笺，自说甚明。”凡称“笺”者，一般是既注正文，亦注前人之注。如清·朱钥《本草诗笺》、邹汉璜《伤寒卒病论笺》，又张山雷《难经汇注笺正》及《小儿药证直诀笺正》等。

10. 议

议，犹议论、论说者也。《说文·言部》：“议，语也。”段玉裁注：“上文云：论难曰语。又云：语，论也。是论、议、语三字，为与人言之称。”《吕氏春秋·怀宠》：“凡君子之说也，非苟辨也；士之议也，非苟语也。必中理然后说，必当义然后议。”如清·罗美《内经博议》，取《内经》某篇之原文或某一主题，另以论说，以阐明其义。

11. 论

论，说明事理也。《说文·言部》：“论，议也。”段玉裁注：“凡言语循其理得其宜谓之论。”又释家解释经义、论辨法相者，称之为“论”。《隋书·经籍志》：“大业时……又有菩萨及诸深解奥义、赞明佛理者，名之为论。”如清·张璐父子之《伤寒缵论》及《伤寒续论》，实则对《伤寒论》之论述。又罗美《古今名医方论》，乃集诸名医对古今医方方义之论述。

12. 考

考，考察、探索、研究之义。《书经·周官》：“考制度于四方。”孔安国传：“考正制度礼法于四岳之下。”《汉书·东方朔传》：“考其文理。”颜师古注：“考、究也。”如明·吴崑《医方考》、阴秉阳《黄帝内经始生考》及李时珍《奇经八脉考》、张骥《难经丛考》、不著撰人《循经考穴编》等。如《循经考穴编》，主要对十四经脉之循行部位及所属腧穴进行了考证与注释。

又日本伊藤馨《伤寒论文字考》、《伤寒论文字考续》，是对《伤寒论》字词、文句等的考释。

13. 校

校，浑言之，乃校雠之学。析言之，一者考订文字，今之校勘学也。如《国语·鲁语下》："昔正考父校商之名颂十二篇于周太师。"一者考镜学术。《荀子·君道》："知虑取舍，稽之以成，日月积久，校之以功。"前者如宋·林亿等所校《素问》、《甲乙》、《伤寒论》、《金匮》诸书。后者如清·胡澍《素问校义》，均系对文字的考校与训释。

14. 评

评者，评议、议论之义。《广雅·释诂三》："评，平也。"又释诂四："评，议也。"如日本·物茂卿《徂徕先生素问评》、野村玄敬正《纂言方考评议》。又如《增补评注温病条辨》、卷前原署淮阴吴瑭鞠通原著、海昌王士雄孟英选评、杨州叶霖子雨评注、鄞县曹赤电炳章眉评。眉评另有朱武曹评。凡诸评语，皆系对条文及注文之评议。又如周学海《内经评文》，亦系对《内经》之评议。

15. 正

正，订正、纠正之义。《论语·学而》："就有道而正焉。"凡言正者，常对某种学说或前人说解进行议论订正之也。如明·张介宾《本草正》，清·唐宗海《伤寒论浅注补正》及《金匮要略浅注补正》等。《本草正》载药 302 种，除对药物之性味、功用、配伍、禁忌、制法等加以阐释外，并对前人论述以为误者，加以订正。又清·叶霖《难经正义》序云："谨考经文，寻其意旨，傍采群籍，资为佐证，以诸贤之笺识，西土之剖验，以正其义。"

16. 图解

图解是一种特殊的注解形式，除了以文字注释外，另加形象图或示意图辅助说明，以增强直观或直感。如马王堆汉墓帛书《胎产书》人字图与禹藏埋胞图及《灵枢·九宫八风》示意图。又早期针灸腧穴诸书，亦多有图。如《外台·明堂序》云："比来有经而无图，则不明脉俞之会合，有图而无经，则不能论百疾之要也。由是观之，书之与图，不可无也……诸家并以三人为图，今因十二经而画图人十二身也。"此所以明图之重要意义。今存诸书如《重修政和经史证类备用本草》之药物图、《难经集注》之示意图、《铜人腧穴针灸图经》之经脉腧穴图、《医心方》之妊娠脉图、外科诸书之痈疡图等。

17. 发挥

发挥，犹阐发也。将意义或道理充分加以表达。《易经·乾》："六爻发挥，旁通情也。"孔颖达疏："发谓发越也，挥谓挥散也。言六爻发越挥散，旁通万物之情也。"如元·朱震亨《局方发挥》、滑寿《十四经发挥》，明·徐彦纯《本草发挥》等。《十四经发挥·自序》云："以《灵枢经·本输篇》、《素问·骨空》等论，裒而集之，得经十二。任、督脉云行腹背者二，其隧穴之周于身者，六百五十有七。考其阴阳之所以往来，推其骨空之所以驻会，图章训释，缀以韵语，厘为三卷，目之曰《十四经发挥》。"

18. 指归

指归，具训释词义，知指意归向也。《释名·自序》云："故撰天地阴阳四时，邦国都鄙，车服丧纪，下及民庶应用之器，论叙指归，谓之《释名》。"《尔雅·郭璞序》："夫《尔雅》者，所以通训诂之指归。"邢昺疏："言此书所以通畅古今之言，训道百物之貌，使人知其指意归乡也。"如不著撰人之《黄帝内经素问指归》，清·戈颂平之《伤寒指归》及《金匮指归》，除对原文进行诠释外，别有图、说等，亦在使人知该书意指归向也。

19. 章句

章句，即剖章析句也。《东观汉记·明帝纪》："亲自制作五行章句。每乡射礼毕，正坐自讲。"《后汉书·桓谭传》李贤注："章句为离章析句，委曲枝派也。"沈钦韩《汉书疏证》云："章句者，经师指括其文，敷畅其义，以相教授。"刘师培《国学发微》："故传二体，乃疏通经文之字句者也；章句之体，乃分析经文之章句者也。"如清·周学海《辨脉平脉章句》，孙鼎宜《内经章句》、《难经章句》、《伤寒杂病论章句》等。其《伤寒杂病论章句》、乃据《伤寒》、《金匮》，参之《病源》、《脉经》、《千金》、《外台》等，加以校释，重新厘定章节，点定文句，故名之曰"章句"。

20. 提要

提要，提其要领也。唐·韩愈《进学解》云："记事者必提其要，纂言者必钩其玄。"如王鸿骥《内经提要》，对章节提出要领，致于天头。又如卢明有《四圣心源提要》。近人注书，多有设"提要"一项，以概括全篇要领或要点。

21. 解题

解题，其义有二：一者对书籍著者、卷数、内容及版本、沿革等之说明。如日本丹波元简有《素问解题》、《难经解题》等。一者对书文标题之说明。清·王鸣盛《蛾术篇·说录·诗序》："今日读汉、魏、六朝乐府，若无解题，犹不能辨其为何语，何况'三百篇'。"如明·马莳《素问注证发微》、《灵枢注证发微》及吴崑《素问吴注》等，于篇名之下，均有解释题名之文。

另外近人注释，又有"白话解"、"语释"等体裁，如陈璧毓之《灵枢经白话解》、《难经白话解》、山东中医学院编纂之《灵枢经语释》、《素问语释》等，皆以当代语释原文者，亦犹今言之释古语也。兹不赘述。

二、注释的类别

古籍注释，内容丰富，形式多样，大致有以下几种情况。

1. 注释和笺疏

从注释对象看，注是对原文的注释，这在古医籍注释书中是最多的；笺疏则除对原文注释外，亦释前人之注。

2. 释义与叙事

从注释内容看，主要可分为释义与叙事两类。特以释义为多，而叙事者较少。叙事者，多为医学人物及医事活动等。如《素问·上古天真论》王冰注黄帝云："有熊国少典之子，姓公孙。徇，疾也。敦，信也。敏，达也。习用干戈，以征不享，平定天下，殄灭蚩尤，以土德王，都轩辕之丘，故号之曰轩辕黄帝，后铸鼎于鼎湖山，鼎成而白日升天，群臣葬衣冠于桥山，墓今犹在。"此既释文义又叙史事也。

3. 他注与自注

从注释的作者看，有他人之注与作者自注之分。这两种形式，均有悠久的历史。他注者，如今存于《素问》中之"阳明脉解"与"针解"，《灵枢》之"小针解"，在《内经》成书之前，皆单篇别行之解文，后为《内经》作者，收入该书中。最早为别书作注者，当属之《难经》，该书八十一难设问之词，当系摘自别书，其中诸多"经曰"之文可证。其答词云云，实则为解文也。而系统为别书作注者，当首推梁人全元起之《素问》注。存世之作，则为隋唐人杨上善之《黄帝内经太素》，下此而往，则代有此书。

自注又名子注，唐·刘知几《史通·补注》："亦有躬为史臣，手自刊补，虽志存该博，而才阙伦叙。除繁则意有所宏，毕载则言有所妨；遂乃定彼榛楛，列为子注。"浦起龙通释："注列行中，如子从母。"医籍之自撰自注者，如清·陈修园《医学三字经》薛雪《湿热条辨》吴鞠通《温病条辨》等皆是。《温病条辨》后人有讥其"自条自注"者，亦为之过矣。

又有注中有注者，亦为自注之别体。如日本·丹波元简氏之《素问识》与《灵枢识》，多有于注文，复缀以小字注文，其内容或释字、词，或明出典，或出校文，或疏解所引前人旧说等不一。散在于其他医籍注文中者，亦不鲜见。

4. 补注与集注

这是从注释之间的关系看，有此二者之别。

所谓补注有两种情况，一是补前注疏略之处，如宋·林亿等《重广补注黄帝内经素问》，其新校正云云，非但校文，亦多补注者，如《生气通天论》"足生大丁"文，王冰注："丁生于足。"新校正云："按丁生之处，不常于足，盖谓膏粱之变，饶生大丁，非偏著足也。"此订正王注也，林亿等以副词"饶"训"足"，于义为是。在运气七篇大论中，增补之注文犹多。一种是在原注的基础上，增补新的注文。如曹炳章评注吴鞠通《温病条辨》，特加冠词名《增补评注温病条辨》，其"增补评注凡例"云："凡书雄按，即王士雄孟英；书霖按，即叶霖子雨；书雪堂按，即定海郑雪堂是也；眉评下注朱评者，是原书朱武曹评；不书名者，则炳章自评也。"

集注亦有两情况，一种系后人将前人多家注文汇于一书，如《难经集注》署曰："卢国秦越人撰，吕广、丁德用、杨玄操、虞庶、杨康候注解，王九思、王鼎象、石友谅、王惟一校正。"前人有所谓十家注者，包括秦越人在内。今存注文，惟吕广、丁德用、杨玄操、虞庶、杨康候诸人。一种系一人注解释为主，而并收他注者，如张隐庵《素问集注》等。

5. 正文训释

正文训释，指作者在撰写的正文中解释字、词、成语典故等内容。陆宗达先生《训诂简论》中云:"有一种训诂材料混合在上下文里,不以训诂形式出现,而实际上起很重要的训诂作用。"陆氏之说诚是。似此等训释内容,一则能反映作者的学术思想和用意,二则反映某时代或地域被训释词的本义。一般地说,不至于造成误解或妄说。故应引起足够重视。这部分内容,训释范围,亦很广泛。如:

《素问·水热穴论》:"勇而劳甚则肾汗出,肾汗出逢于风,内不得入于脏腑,外不得越于皮肤,客于玄府,行于皮里,传为胕肿,本之于肾,名曰风水。所谓玄府者,汗空也。"详"玄府"这一概念,虽在《内经》曾数次出现,然对其作解者,仅此而已。似此等文,别书亦无训词,若非作者自释,恐后人训释,易生歧义。

《素问·逆调论》:"帝曰:人有身寒,汤火不能热,厚衣不能温,然不冻慄,是为何病?岐伯曰:是人者素肾气胜,以水为事,太阳气衰,肾脂枯不长。一水不能胜两火……肝一阳也,心二阳也,肾孤脏也,一水不能胜二火,故不能冻慄。"此以肝、心二脏比之二火,肾一脏比之一水,是一水二火之实已明矣。

《伤寒论》:"太阳之为病,脉浮头项强痛而恶寒。太阳病,发热汗出,恶风脉缓者,名曰中风。太阳病,或已发热,或未发热,必恶寒,体痛呕逆,脉阴阳俱紧者,名曰伤寒。"这三条,乃是对"太阳病""中风""伤寒"三个概念的说解。

以上三例乃训释语词、概念之文也。

《灵枢·官针》:"所谓三刺则谷气出者,先浅刺绝皮,以出阳邪;再刺则阴邪出者,少益深绝皮致肌肉,未入分肉间也;已入分肉之间则谷气出。"此乃串讲句义之文。

《素问·病能论》:"《上经》者,言气之通天也。《下经》者,言病之变化也。《金匮》者,决死生也。《揆度》者,切度之也。《奇恒》者,言奇病也。"此释章旨之文。凡此诸名,疑皆古代单篇别行之文籍,均早佚,赖有此解,略知其章旨大意。

上述诸例,皆以正文中夹带的形式出现,散见于古医籍中较多。另有一种形式,是作为独立篇章出现的。如《素问》之"阳明脉解"、"脉解"、"针解"三篇及《灵枢》之"小针解"。前已说明,其原系他解,然经后人将其收入《内经》中,作为独立篇章,则作为《内经》来说,亦属于正文训释。

第三节　注释的内容与方法

注释的内容,亦即注释的对象。一般是指令人或一般读者不易通晓处,此则属于注释的内容。注释方法,则是指注释工作需要采用与遵循的方法,以下分别论述。

一、注释的内容

1. 释字词

字词是语义的基本单位,故释字词为注释的基础工作。如陈绂《训诂学基础》第三章第一节云:"词是构成语言、表达语义的基础,把词义搞清楚了,才能进而理解典籍的含义,前代学者把解词工作看得至关重要。戴震在《与是仲明论学书》中,强调指出:'经之至才,道也;所以明道者,其词也;所以成词者,字也。由字以通其词,由词以通其道。'这里的'字',

即我们今天所说的‘词’；而‘词’，是我们所说的文句，‘道’，就是思想。可见，弄懂词义是‘明道’最初的、也是相当关键的一步……所以训诂学一直把解释词义的工作看作是核心和基础的工作。”对医籍的注释，亦同样如此。无论是实词还是虚词，无论是关乎文理的词还是关乎医理的词，均需首先把词义弄通，才能阐明整个文义。

字词所涉范围甚广。今举下文为例。

《太素·顺养》：“春夏先治其标，后治其本；秋冬先治其本，后治其标。”注：“本谓根与本也。标，末也，谓枝与叶也。春夏之时，万物之气上升，在标；秋冬之时，万物之气下流，在本。病形所在，以行疗法，故春夏取标，秋冬在本也。”此先释“标本”之本义，又释本文之引伸义。

《素问·上古天真论》：“食饮有节，起居有常。”王冰注：“食饮者，充虚之滋味，起居者，动止之纲纪。”此王氏以概括义以释“食饮”与“起居”二词。又“不知持满，不时御神。”王冰注：“言轻用而纵欲也。《老子》曰：持而盈之，不如其已。言爱精保神，如持盈满之器，不慎而动，则倾竭天真。”此注先揭示文义，次以《老子》语为证，又次以比的方法，解持满的重要意义，以尽文义。又“恬惔虚无，真气从之，精神内守，病安从来。”王冰注：“恬惔虚无，静也。法道清净，精气内持。故其气（按古抄本及元刊本均作“虚”，义胜）邪不能为害。”王注先以简语“静”释繁文“恬惔虚无”，后释全文大义。又《阴阳应象大论》：“神明之府也。”王冰注：“府，宫府也。言所以生杀变化之多端者，何哉？以神明居其中也。下文曰：天地之动静，神明为之纪。故《易·系辞》曰：阴阳不测之谓神。亦谓居其中也。”此注以“宫”释“府”者，比也。又引《易·系辞》文以释“神”，与精神之神相别，并引下文再证本文之大义。

《伤寒论条辨》卷之一第一：“太阳之为病，脉浮头项强痛而恶寒。”注：“太阳者，膀胱经也。其脉起于目内眥，上额交颠……《难经》曰：浮，脉在肉上行也。滑氏曰：脉在肉上行，主表也。表即皮肤，荣卫丽焉。故脉见尺寸俱浮，知为病在太阳之诊也。项，颈后也。强痛者，皮肤荣卫一有感受，经络随感而应邪正争扰也。恶寒者，该风而言也。风寒初袭表而郁于表，故不胜，复被风寒外迕而畏恶之。”详此注，在通释本条文义时，用较多的笔墨和不同的方法，对该条关键性字词，进行了注释，使文义尤为明了。

由于文句的组合，是以字为基本单位，联缀成文。因而，注释字词，亦即通释文义之基础。未有词义不详而文义能通者。故历来注家，均十分重视字词的注释。

2. 释音

声音是语言固有的存在形式，而且尝与语义有直接的关系。故释音亦为注释主要内容之一。此则主要介绍古籍中常见与声音相关之音、调、韵之注释。

音，即字词的读音，常以直音与反切法加以注释。调指平、上、去、入四种声调，有些字词由于声调的变换，而词义亦随之改变，故需加以注释。韵是语音中一种特有的形式。由于语音有上古、中古与近古之别，而音韵亦有所不同。因而在诸多古医籍中之韵文，若不加注释，亦或因时易韵变而误以为讹文。以下举例说明。

《难经集注》卷一释音：“一难：荣卫，上于平反。二难：际，音祭，昼（疑为尽之误）也。三难：覆，芳福切，反复也。乘，食陵切，侵也。濡，乳兖切，下同。四难：别之，上彼列反。涩，音色。五难：菽，音叔。六难：沈，持林反。七难：敦，都昆反，厚也。八难：茎，音衡。九难：数，色角切。十难：缓，音换。”其中除一“之”字外，均作音释，并有六字又作义释。

《灵枢·九针十二原》末附宋·史崧音释：“宛陈，上音郁，又音蕴，又于阮切。鼞，莫高切,又音毫。在腧,舂遇切。镵,鉏衔切。鍉,音低。铍,音皮。虻喙,下许秽切。取三脉者恇,曲王切,谨按恇为不足也。脖胦,上蒲没切,下乌郎切,又于桑切。溜,谨按《难经》当作流。荥,音营,绝小水也。"以上不仅释诸字音义,并指出了某些通借字,如宛之音郁,溜当作流等皆是。

明·方有执《伤寒论条辨》太阳中风桂枝汤证一条注"啬,审革切。淅,心吉切。翕,晓去切。去,上声。滓,照几切。歠,与啜同。漐,音石。差,与瘥同。令,平声,臭恶之恶,如字。"此除释音义外,特又指多义项字,如"臭恶之恶,如字",免生歧义。

似此等音义字释,古医籍大多夹带于注文中。如《太素·顺养》:"夫人中热消瘅则便寒,寒中之属则便热。"注:"中,肠胃中也。肠胃中热,多消饮食,即消瘅病也。瘅,热也,音丹。热中宜以寒调整,寒中宜以热调。解其便也。"此以"肠胃之中",指明"中"系平声。

历代古医籍中,用韵文颇多。然由于多次传抄翻刻,加以古今声韵之变迁,常使韵文失韵。亦或今人不识古韵,而误以为讹文。故需加以详明,以存古文献之真。详见后文"声训"诸例。

3. 释通文

通者,通用也。通文,此指诸多通用的文字。由于文字在使用过程中的不断衍变,形成了某些字与字之间,虽形与音不同或不尽同,但在义的方面,则有某种相通处。此种情况比较复杂。有刘又辛先生《通假概说·假借和通假》论之甚详,切合实用,今摘要选录如下:

"通"是"通用"的简称。这是在文字训诂学的词典中经常使用的术语。"通"使用的范围非常宽,约略说来,可以包括以下几个方面的用法。

用于假借字和正字的关系,通常叫通假、假借,或叫"通"或叫"通借",在清代和现在的训诂学著作中经常使用。在字典里,多简称为"通"。

用于正字法一类著作,如正体、俗体相并列,称"通",即通用体的简称。

用于同源词之间的关系。(例文略,下同)

有些联绵词,本来没有正字,常有多种不同写法,彼此间也可称"通"。

又假借字有两个以上,这两个假借字之关系,也叫做"通用"。

还有人把同义字的互相借代也叫做"通用"。

朱骏声在同一篇文章里,"通"的用法有三种。有的指字义引申,有时指通用字,有时又指语音通转。

有些字典的"通"还包括异体字。

可见"通"和"通用"使用的范围非常广泛。

刘氏根据通常在使用"通"和"通用"的情况所作论述,对古医籍之注释,同样有重要意义。凡此类文字,在诸多古医籍中,特别是宋以前古医籍中,可谓屡见不鲜。若不加辨识,最易发生歧义或误释。以下举例说明。

《素问·四气调神大论》:"夜卧早起。"《太素·顺养》早作"蚤",注:"蚤字,古早字。"

《素问·五常政大论》:"沉黔淫雨。"王冰注:"黔,音阴。"《玉篇·雨部》:"黔,古文阴字。"是黔与阴通。

《素问·阴阳应象大论》:"在声为笑。"《甲乙经》卷一第一明抄本"笑"作"咲"。咲,古笑字。《汉书·许皇后》:"旅人先咲后号咷。"颜师古注:"咲,古笑字也。"

《太素·调食》:“酸走筋,多食之令人瘙。”注,“力中反,淋也。篆字癃也。”本条不仅指出“瘙”为癃之古篆体,而且说明“癃”为今言淋病。

《素问·四气调神大论》:“肾气独沉。”新校正云:“详独沉,《太素》作沉浊。”今《太素·顺养》作“浊沉”。胡澍《素问校义》:“澍案:独与浊,古字通。《秋官·序》:官壶涿氏。郑司农注:独读为浊。又蝈氏疏:独与涿相近,书亦或为浊,然则独沉、沉浊,义得两通。”

《灵枢·百病始生》:“血内溢则后血。”《甲乙经》卷一第二、《太素·邪传》均作“溢则便血。”详“后血”与“便血”义得两通。《素问·厥逆》:“不得前后。”吴崑注:“少阴则主二便者也。”又《史记·扁鹊仓公列传》:“令人不得前后溲。”司马贞索隐:“前溲,谓小便。后溲,大便也。”

《灵枢·厥病》:“厥心痛,与背相控。”《甲乙经》卷九第二、《太素·厥心痛》控均作“引”。《说文·手部》:“控,引也,匈奴名引弓曰控弦。”此亦义同而通。

《灵枢·动输》:“四街者,气之径路也。”《甲乙经》卷二第一下“四街”作“四衝”。《素问·水热穴论》:“此肾之街也。”《太素·气穴》“街”作“衝”。《说文·行部》:“街,四通道也。”又“衝,通道也。”衝按即衝。是街与衝亦为义通。

《灵枢·行针》:“或数刺而益剧。”《甲乙经》卷一第十六“剧”作“甚”。《玉篇·刀部》:“剧,甚也。”

《难经·二十八难》阴蹻脉“交贯冲脉”。《难经》卷二第四“脉”作“脈”。按脈为“脉”之俗体。明·张岱《隐庵梦忆·悬杪亭》:“信堪舆家言,谓碍其龙脈,百计购之。”

《灵枢·五十营》:“五十营備。”《甲乙经》卷一第九明抄本備作“俻”。《玉篇·人部》:“備,皮秘切。预也。俻,同上,俗。”

《素问·气穴论》:“帝捧手逡巡而却曰。”《太素·气穴》“逡巡”作“遵循”。杨上善注:“遵循,音逡巡。”详《管子·小问》又作“遵遁”。《左子·至乐》亦作“蹲循”。《仪礼·乡射礼》卷玄注又作“逡遁”。义均同。此亦音近义通者。

《灵枢·骨度》:“肘至腕。”《太素·骨度》腕作“捥”详《释名·释形体》:“腕,宛也。言可宛曲也。”《玉篇·肉部》:“腕,手腕。”《墨子·大取》:“断指与断腕,利于天下下相若,无择也。”又《集韵·换韵》:“掔,《说文》手掔也……或作腕、捥。”《左传·定公八年》:“将歃,涉佗捘卫侯之手,及捥。”是捥为腕之或体。

《灵枢·经筋》手太阳之筋,“下结于颔”,手少阳之筋,“上乘颔”,《太素·经筋》颔均作“頷”。《方言》卷十:“颔、颐,頷也。南楚谓之颔,秦、晋谓之頷,颐其通语也。”是颔与頷,方言不同而义均通也。

4. 释名物

物之具名,本自有义,循名责实,义自明矣。然传之既久,其义常晦,故释其名义有助于责实。前人注释,都很重视名物之释。医籍名物,大致有以下几种:

(1)释形体:形体之释,原有东汉·刘熙《释名》设此题,所收词目,自肢体外形与脏腑内形诸名,大都有所释。其释义多取音训之法释其本义。如:“皮,被也,被覆体也。肤,布也,布在表也。”“膜,幕也,幕络一体也。”“颐,养也。动于下止于上,上下咀物以养人也。或曰辅车,言其骨强,所以辅持口也。或曰牙车,牙所载也。或曰颔车。颔,含也,口含物之车也。或曰颊车,亦所以载物也。或曰鼸车、鼸鼠之食积于颊,人食似之,故取名也。凡系于车,皆取在下载上也。”刘氏所释形体名义,如上引释膜,后募原,亦作膜,义犹可证。释牙车等文,义颇精。然亦有曲就者,如“肾,引也,肾属水,主引水气灌注诸脉也。”似失之远矣。

宋·王惟一《铜人腧穴针灸图经》,对经脉循行部位诸形体名,亦大都加以注释。如手太阴脉有“中焦者,在胃中脘,主腐熟水谷。”“胃口,谓胃之上口,贲门之位也。”“腋谓肩之里也。”“臑谓肩肘之间也。”“鱼谓手大指之后也。以其处如鱼之形,故曰鱼。”“鱼际谓手鱼之际,有穴居此,故名曰鱼际也。”

清·沈彤《释骨》一书,为专释骨名者。如“头之骨曰颅;其上曰颠、曰脑盖、曰脑顶;亦曰顶;其会曰囟;其横在发际前者曰额颅,亦曰额;额之中曰颜、曰庭。其旁曰额角;其前在眉头者曰眉本;在目眶者曰眶上陷骨;眉间曰阙;其下曰下柱,下柱者,目间也;眉目间亦通曰颜。”沈氏释骨,主要是为骨的部位作释。另如明·张介宾《类经图翼·周身骨部名目》、《医宗金鉴·周身名位骨度》等,均对形体部位及骨度等作了注释。

(2) 释疾病:后汉·刘熙《释名》一书,亦曾专设此项,对多种病证作出注释。病这一概念,古医籍中曾在病变过程的多层次中使用,包括病名、证候、症状等,浑言之,均可言病。证在《素问》、《灵枢》中名曰“病形”、“病能(态)”,在《诸病源候论》中则名之曰“候”,在宋以后医著中,又有证、症之名。今人以症为症状,以证为证候者,则只可用之于今书,若以之律古,则未为是也。故古医籍有关这方面的释文,当审其内容而论其实质,不可以古名而统之。凡释疾病者,一是从证候或症状方面说解,一则从病机方面说解,亦可二义兼行。如:

《素问·藏气法时论》:“肝病者,两胁下痛引少腹,令人善怒,虚则目䀮䀮无所见,耳无所闻,如人将捕之……心病者,胸中痛,胁支满,胁下痛,膺背肩甲间痛,两臂内痛,虚则胸腹大,胁下与腰相引而痛……”以上仅从症状方面说解之例。

《释名·释疾病》:“龋,齿朽也,虫齧之齿缺朽也。瘖,唵然无声也。瘿,婴也,在颈婴喉也。痈喉,气著喉中不通,蓄成痈也。消潵,潵,渴也。肾气不周于胸,胃中津润消渴,故欲得水也。”此从症状与病机方面说解之例。

《金匮要略》第三:“百合病者,百脉一宗,悉致其病者,意欲食复不能食,常默然,欲卧不能卧,欲行不能行,饮食或有美时,或有不用闻食臭时,如寒无寒,如热无热,口苦小便赤,诸药不能治,得药则剧吐利,如有神灵者,身形如和,其脉数。”又如第五:“夫风之为病,当半身不遂,或单臂不遂者,此为痹。”此前例以症状为解,后例从两病之鉴别方面作解。

《病源》卷十四:“石淋候,石淋者,淋而出石也。肾主水,水结则化为石,故肾客沙石。肾虚为热所乘,热则成淋,其病之状,小便则茎里痛,尿不能卒出,痛引少腹,膀胱里急,沙石从小便道出,甚者塞痛令闷绝。”又“胞转候,胞转者,由是胞屈辟,小便不通,名为胞转。其病状,脐下急痛,小便不通是也。此病或由小便应下便强忍之,或为寒热所迫。此二者俱令水气还上,气迫于胞,使胞屈辟不得充张,外水应入不得入,内溲应出不得出,外内相壅塞,故令不通。”此二例不仅在证候方面描述得具体,而且在病机方面,亦论述充分。可以为释病证之范例。

凡此释疾病者,约言之有释名义,释证候,释病机等。历代医著,或自释,或他释,大致如是。

(3) 释穴名:穴名之释,其义有二,一者释腧穴部位,部位之释,原有《明堂》一书,惜早佚,今《甲乙经》卷三,盖源于此;一者释腧穴名义,有唐·杨上善《黄帝内经明堂》一书,对诸穴之正名均与释义,惜早佚,今存仅卷一肺手太阴诸穴。如中府,“府,聚也,脾肺二气聚于此穴，故曰中府。”天府，“肺为上盖，为腑脏之天，肺气归于此穴，故谓之天府。”侠白，“白肺色也，此穴在臂侠肺两箱，故名侠白。”尺泽，“水出井泉，流注行已，便入于海，十二经脉，出四支已，流注而行至此，入五脏海。泽谓波泽，水锺处也。尺谓从此向捥(原书字迹不清，疑作捥，捥古腕字)有尺也，一尺之中，脉注此处，留(与溜，流同)动而下，与水义同，故名尺泽。”

唐·孙思邈《千金翼方》卷二十八杂法第九云：“凡诸孔穴，名不徒设，皆有深意。故穴名近于木者属肝；穴名近于神者属心；穴名近于金玉者属肺；穴名近于水者属肾。是以神之所藏，亦各有所属，穴名府者，神之所集；穴名门户者，神之所出入；穴名舍宅者，神之所安；穴名台者，神所游观。穴名所主，皆有所况，以推百方，庶事皆然。”原校云：“穴名五脏元阙脾。”清·程知《医经理解·穴名解》云：“有名必有义，读《明堂》书，见三百六十五名，而不知其义之所存，则孔穴失真，而针灸不甚良矣。经穴之名，未尽见于《灵》、《素》，名之详，其见于《甲乙》、《千金》乎。古人立名之义，或起义于本经，或借义于他经，大要不离经穴所丽之处以为举示。经曰：肉之大会为谷，小会为溪，谓经气会于孔穴，如水之行而会于溪谷也。海言其所归也，渊泉言其深也，狭者为沟渎，浅者为池渚也。市府言其所聚也，道里言其所由也，室舍言其所居也，门户言其所出入也，尊者为阙堂，要会者为关梁也。丘陵言其骨肉之高起者也，髎言其骨之空阔者也，俞言其气之传输也。天以言乎其上，地以言乎其下也。试举此以为端，可一隅而三反矣。”上引孙、程二人对穴名之总释，一则说明释穴名寓义之重要性，二则说明取名大类原有异同处。二说均有重要参考价值。

(4) 释本草名：本草释名，最早见于陶弘景《本草经集注》，惜其书早佚。其文则散见于后世医著。明·李时珍《本草纲目》特设“释名”一项，兼收前世包括陶弘景解本草之释，对药名进行释义。如黄耆，“耆，长也。黄耆色黄，为补药之长，故名。今俗通作黄芪。或作蓍者非矣，蓍乃蓍龟之蓍，音尸。”远志，“此草服之能益智强志，故有远志之称。《世说》载郝隆讥谢安云：处则为远志，出则为小草。”当归，“古人娶妻为嗣续也，当归调血为女人要药，有思夫之意，故有当归之名，正与唐诗‘胡麻好种无人种，正是归时又不归’之旨相同。崔豹《古今注》云：古人相赠以芍药，相招以文无。文无一名当归，芍药一名将离故也。”此以功用释其名，故举名则知其用。又赤箭，引《本经》陶弘景曰：“赤箭亦是芝类，其茎如箭杆，赤色，叶生其端……而徐长卿亦名鬼督邮，又有鬼箭，茎有羽，其主疗并相似，而益大乖异，并非赤箭也。”此直接引用陶注之例，陶注此药乃以形取名，并指出有同名异物药之辨别。

《证类备用本草》何首乌引《图经》曰：“此药本名交藤，因何首乌服而得名。何首乌者，顺州河南县人，祖能嗣，本名田儿，生而阉弱，年五十八无妻子，一日醉卧野中，见田中藤两本异生，苗蔓相交，久乃解，解合三四，田儿心异之，掘根持问乡人，无能名者，遂暴干捣末，酒服七日而思人道，百日而旧疾皆愈，十年而生数男，后改名能嗣。”此可知何首乌之名，亦自功用而取名，然原亦取义于用典。是则知其名义者，或知其形态，或知其功用，或知其寓义，或知其出典，此乃释本草名义之故也。

(5) 释方名：凡医疾者，必先立法；施术者，必待于方。故法是方的组合原则，方是法的具体体现。盖用药如用兵，兵家之法，术略也，兵家之方，部伍也，而称谓各异者，法术多变，功用不一，或示法，或言用，或寓义，或言形，故释方名，多具此义。如：明·吴崑《医方考》，二陈汤，“名曰二陈，以橘、半二物贵乎陈久耳。”泻青丸，“肝主风，少阳胆，其腑也。少阳之经行乎两胁，风热相干，故不能安卧，此方名曰泻青，泻肝胆也。”戊己丸，“苦从火化，火能生土,故用黄连厚肠胃而益土;燥酸从木化,木能疏土,故茱萸辛燥,能疏亢盛之肝,芍药味酸,能泻土中之木。戊为胃土,己为脾土,用是方以调脾胃,故曰戊己丸。”三化汤,“上焦满,治以厚朴,中焦满,破以枳实,下焦实,夺以大黄,用羌活者,不忘乎风也。服后二便微利,则三焦之气无所阻塞,而复其传化之职矣,故曰三化。”详此所解方名,皆寓功效于名之中,故知其名即晓其功矣。

清·柯琴《伤寒来苏集》白虎汤注:“石膏大寒,寒能胜热,味甘归脾,质刚而主降,备中土生金之体,色白通肺,质重而含脂,具金能生水之用,故以为君。知母气寒主降,甘以泄肺火,辛以润肺燥,内肥白而外皮毛,肺金之象,生水之源也,故以为臣。甘草皮赤中黄,能土中泻火。为中宫舟楫,寒药得之缓其寒,用此为佐,沉降之性,亦得留连于脾胃之间矣。粳米稼穑作甘,气味温和,禀容平之德,为后天养命之资,得此为佐,阴寒之物,则无伤损脾胃之大虑也。煮汤入胃。输脾归肺,水精四布,大烦大渴可除矣。白虎为西方金神,用以名汤者,秋金得令,而暑清热解。”又真武汤注:“为有水气,是立真武汤本意,小便不利是病根,腹痛下利,四肢沉重疼痛,皆水气为患,因小便不利所致……因立此汤。末句语意,直接有水气来。真武、北方水神也,坎为水,而一阳居其中,柔中有刚,故名真武。”此二方柯氏均从病机与功用方面阐发其理,以证方名寓义之妙。按真武本名玄武,《千金方》与《千金翼方》可证,此宋人避宋始祖玄朗讳改字。

清·王子接《古方选注》,对诸方名之释义,亦颇精当。如扁鹊玉壶丸注:“玉壶,指人身而言。道书曰:金精满鼎气归根,玉液盈壶神入室。”四神丸注:“四神者,四种之药,治肾泄有神功也。”斑龙丸注:“乾宁记云:鹿与游龙相戏,必生异角,故得称龙,鹿有文,故称斑。用其角为方,故名斑龙。”威喜丸注:“《抱朴子》云:茯苓千万岁,其上生小木,状似莲花,名威喜芝。今以名方。”凡此诸方,若不加释,义则难明。

(6) 释器物:详魏·张揖《广雅》原有“释器”一类。凡所释者,有食器、用具、行具、刑具、卧具、兵器、服饰、工具等各种器物。诸般器物,在医籍中,亦常有引喻,若日常所用者,固无需释,然有诸鲜为人知之名,或久弃不用之具,若不加释,则难明其用。如:

《素问·上古天真论》“被服章”,张介宾注:“五服五章,尊德之服,皋陶谟曰:天命有德,五服五章哉。”注引《书经·皋陶谟》文,以释此义。

《太素·阴阳合》“太阳为关,阳明为阖,少阳为枢”。杨上善注:“三阳离合为关阖枢以营于身也。夫为门者,具有三义,一者门关,主禁者也,膀胱足太阳脉,主禁津液及于毛孔,故为关也;二者门阖,谓是门扉,主关闭也,足阳明脉,令真气止息,复无留滞,故名为阖也;三者门枢,主转动者也,胆足少阳脉主筋,纲维诸骨,令其转动,故为枢也。”此文本系以门之关阖枢,比之于三阳脉之用。若不解关阖枢本义则医理亦难明矣。

《素问·玉版论要》丹波元简按:“贾谊《新书》云:书之玉版,藏之金柜,置之宗庙,以为后世戒。汉司马迁传:金柜玉版,图籍散乱。如淳注:玉版,刻玉版书为文字也。”按丹波氏引《新书》、《史记》及裴骃集解引如淳注以解“玉版”,是知原写字用之玉片也。

《素问·宝命全形论》“四曰制砭石小大”。王冰注:“古者以砭石为针,故不举九针,但言砭石耳。”新校正云:“按全元起云:砭石者,是古外治之法,有三名,一针石,二砭石,三镵石,其实一也。古来未能铸铁,故用石为针,故名之针石。”

《灵枢识·五十营》“漏水下百刻”注:“《灵枢经》漏水下百刻,以分昼夜。《说文》:漏以铜受水刻箭,昼夜百节。《隋书·天文志》:昔黄帝创观漏水,制品取则,以分昼夜,其后因以命官。《周礼》挈壶氏，则其职也。其法总以百刻分于昼夜。”此考诸典籍，以明漏水者，为计时之器也。

5. 释译语

译语，指直译之少数民族及外国语言。凡此类译语，若不加考释，误求音义，则缪矣。故需知其来源，以免因字求义。今举元·忽思慧《饮膳正要》与明·李时珍《本草纲目》为例：

《饮膳正要》一书，具诸多饮食物，有用译名者，如卷一：

马思答吉，《本草纲目·菜部》莳萝附注：“元时饮膳用之，云极香料也，不知何状，故附之。”当系香菜之类。

洎夫兰，卷三注：“即是回回地面红花，未详是否。”《本草纲目·草部》番红花作洎夫兰，注：“番红花出回回地面及天方国，即彼地红兰花也，元时人食馔用。”

沙乙某儿，卷三注：“即蔓青根。”

兀麻食，又作乌麻斯，玉米面糊糊。

哈昔泥，卷三注“即阿魏。”

乞马：肉丝。《蒙文分类词典》又作肉脍。

《本草纲目》载药有本自少数民族地区或外国来，其名皆为译名，李时珍有考释，今举其例，如：

庵罗果，又名庵摩罗加果，注：“庵罗，梵音二合者也。庵摩罗，梵音三合者也。华言清净是也。”

波罗蜜，又名曩伽结，注：“波罗蜜，梵语也。因此果味甘，故借名之。安南人名曩伽结。波斯人名婆那娑，拂林人名阿萨弹，皆一物也。”

诃黎勒，又名诃子，注：“诃黎勒，梵言天主持来也。”

荜茇，注：“荜拨当作荜茇，出南方，草木状，《陈藏器本草》作毕勃，《扶南传》作逼拨，《大明会典》作毕茇。又段成式《酉阳杂俎》云：摩伽陀国呼为荜拨梨，拂林国呼为阿梨诃陀。”

又诸多称“胡”者，如胡椒、胡桃等，及称“番”者，如番泻叶、番红花等，亦表示自少数民族地区或外国来。

6. 释隐语

隐语者，隐其本事而代之以其他语词者也。《汉书·东方朔传》：“臣愿复问朔隐语。”王先谦补注：“《说文》：谜，隐语也。《文心雕龙》云：自魏代以来，颇非俳优，而君子化为隐语。隐也者，回互其辞使昏迷也。鞠穷、庚癸见《左传》，即隐之权舆。”凡此等语词，若不加注释，则难明其义。如：

梁丘子注《黄庭内景玉经》：

神盖童子生紫烟。注：“观照存思，假目为事。下文云：眉号华盖覆明珠。华盖即神盖，谓眉也。明珠，目童子也。紫烟，目精妙之气。”按此云华盖自与肺为华盖非一矣。

后有密户生前门。注：“前南后北。密户，后二窍，言隐密也。生门，前七窍，言籍以生也。合为九窍也。”

中池内神服赤珠。注：“胆为中池，舌下为华池，小腹抱为玉池，亦三池之通名。胆部曰：龙旗横天掷火铃。赤珠者，火铃之服。”

丹锦云袍带虎符。注:“丹锦云袍,心肺之色也,在胆之上,故曰云袍。符,命符也。《九真经》云:皇老君佩玄龙神虎符,带流金之铃,并道君之服也。”

《遵生八笺·八段锦导引法》:

闭目冥心坐,握固静思神。

叩齿三十六,两手抱昆仑。注:“又两手向项后,数九息勿令耳闻,自此以后出入息,皆不可使耳闻。”

左右鸣天鼓,二十四度闻。注:“以两手心掩两耳,先以第二指压中指,弹击脑后,左右各二十四次。”

微摆撼天柱。注:“摇头左右顾,肩膊遂转动二十四,先须握固。”

赤龙搅水浑。注:“赤龙者,舌也。以舌搅口齿并左右颊,待津液生而咽。”

在古医籍中,尤以气功、导引、房中、神仙等类书中,因隐语较多,特如内丹之说,以汞喻心,以铅喻肾等,若不加注释,则不知所指何义矣。

7. 释方言俗语

方言者,指某一语言,与通常语言有一定区别,只通行于某一地区之语言。晋·葛洪《抱朴子·钧世》:“古书之多隐,未必昔人故欲难晓,或世异语变,或方言不同。”俗语者,与雅言有一定区别之地区性或时代性方言土语。唐·刘知几《史通·杂说中》:“所以晋楚方言,齐鲁俗语,六经诸子载之多矣。”似此等方言俗语,若易时易地,则难晓矣。如:

汉·杨雄《方言》卷三:“凡饮药傅药而毒,南楚之外谓之瘌,北燕、朝鲜之间谓之痨,东齐海岱之间谓之瞑,或谓之眩。”又“差、间、知,愈也。南楚病愈谓之差;或谓之间;或谓之知,知,通语也;或谓之慧;或谓之憭;或谓之除。”

详今《素问》与《灵枢》中言病愈或病轻者,亦有多言。如《素问·移精变气论》:“故病未已,新病复起。”《素问·藏气法时论》“间甚之时,死生之期”、“肝病者,愈于夏”、“肝病者,平旦慧”。“素问·腹中论》:“一剂知,二剂已。”又详《伤寒论》中,言病愈者,亦不专一。如太阳篇上:“发于阳者七日愈,发于阴者六日愈。”又桂枝汤方云:“若服汗出病差,停后服。”凡此等等,亦皆反映其运用方言的情况。

史常永《实用中医文献学·小学与训诂》:“后世医籍也常见俗语,如宋·钱乙《小儿药证直诀》卷上‘肝有风甚’:‘肝属目,风入于目,上下左右如风吹,不轻不重,儿不能任,故目连劄也。’《玉机微义》卷五十‘小儿门’引金·张洁古曰:‘肝主谋勇,热则寻衣捻物,目连劄,直视,不能转视。’所言‘目连劄’即是俗语而非雅言,犹言连续眨眼。今北方俗言“挤瞽眼儿’,古雅言则名‘目瞬’或‘目瞚’。”

8. 释山川地理

山川地理,虽非医籍之重点,然亦多涉及人物之里籍,药物之产地,物象之比附等,且川流有移位,山地有更名,古今异名者,亦常有之,故常需加以考释。如:《灵枢·经水》有清水、渭水、海水、湖水、汝水、渑水、淮水、漯水、江水、河水、济水、漳水等十二水名,历代注家如杨上善、马莳、张介宾、张志聪等,均曾予以考释。有的如:江水指长江(然与今长江全长亦有别,古言江水,其上游则指岷江,而非金沙江),河水指黄河,渭水、淮水、汝水等与今名亦同。有的今已无此水,如济水,由黄河改道吞并,久已不存,余如湖水、漯水、海水等,诸家注释,尚多歧义,尤需进一步考释。

《经史政类本草》人参:"如人形者有神,生上党山谷及辽东。"注引陶隐居云:"上党郡在冀州西南,今魏国所献即是,形长而黄,状如防风,多润实而甘。俗用不入服,乃重百济者,形细而坚白,气味薄于上党。次用高丽,高丽即是辽东,形大而虚软,不及百济。百济今臣属高丽。"引唐本注:"今潞州、平州、泽州、易州、杭州、箕州、幽州、妫州并出,以其山连亘相接,故皆有之也。"今注:"人参见用多高丽百济者,潞州太行山所出,谓之紫团参,亦用焉。陶云俗用不入服,非也。"引刘禹锡等注:"生上党郡人形者上,次出东海新罗国,又出渤海。通过上述南朝及唐宋等人对人参产地的注述及形态的描述,对考证人参的品种及产地有十分重要的意义。

又如对皇甫谧里籍的考释,近代有平凉、灵台、固原等说,然考汉晋之安定郡朝那,并非灵台。灵台古亦名安定者,乃北朝间事,而汉晋间安定朝那,在今甘肃平凉与宁夏固原一带,故皇甫氏之里籍究系何处,尚有待进一步详考。

9. 释天文气象

"人与天地相参"是中医理论中一个很重要的观点。因此,医学基本理论常涉及天文、历法、气象、物候等方面的基本知识,故需予以注释。如:

《素问·金匮真言论》论及春应岁星,夏应荧惑星,中央(长夏)应镇星,秋应太白星,冬应辰星。王冰注:木之精气,上为岁星,十二年一周天;火之精气,上为荧惑星,七百四十日一周天;土之精气,上为镇星,二十八年一周天;金之精气,上为太白星,三百六十五日一周天;水之精气,上为辰星,三百六十五日一周天。王注引用唐以前对五星运转周期的测定数,说明当时对五星的观测,已达到相当的准确程度。又如《素问·气交变大论》论及五星运行之"徐疾逆顺""久留而还,或离或附"等,是对五星运行情况的描述,与《史记》、《汉书》记载五星运行有顺行逆行之说是一致的,说明古人对五星运行之视运动的观察,已很细致。似此等文,若不加注释,则不易明了。

在《素问》运气七篇大论中,有诸多涉及历法之内容。前人注释,多有说解,且近些年来,不少天文学家亦颇感兴趣,并以七篇大论特有之计时方法,称之为运气历。又七大论中又有诸多有关气象与物候方面的描述。如《五常政大论》云:"委和(木不及)之纪,是谓胜生,生气不政,化气乃扬,长气自平,收令乃早。凉雨时降,风云并兴,草木晚荣,苍干凋落,物秀而实,肤肉内充。""伏明之纪,是谓胜长,长气不宣,藏气反布,收气自政,化令乃衡,寒清数举,暑令乃薄,承化物生,生而不长,成实而稚,遇化已老,阳气屈伏,蛰虫早藏。"此自王冰以下,历来注《素问》者,均为之详释。

10. 释成语典故

成语,即现成语句,多系前人知名或不知名者之语句、格言及俗语等。典故有二义,一指典章,一指掌故。在医籍正文或序言中,常有所引用,正确地解释这些成语典故,有助于对文句的深刻理解。如:

《灵枢·邪气藏府病形》:"上工十全九,行二者为中工,中工十全七,行一者为下工,下工十全六。"此虽言医者参合色脉的诊病水平,而实则源于《周礼》。《周礼·天官冢宰下》云:"医师掌医之政令……岁终则稽其医事,以制其食。十全为上,十失一次之,十失二次之,十失三次之,十失四为下。”此所以据诊疗水平,以为上工、中工、下工等次之制也。

《灵枢·逆顺》:“《兵法》曰:无刺逢逢(《太素》作“逄”)之气,无击堂堂之阵。”杨上善注:“逄,蒲东反。兵气盛也。堂堂,兵气盛貌。兵之气色盛者,未可即击,待其衰然后击之。”丹波元简按:“孙子云:无邀整整之兵,无击堂堂之阵。”按此引古《兵法》成语,以喻热正盛时,不可即刺之义。

《石室秘录》急治法:“凡卧,必得肾气与肺气相交,而后河车之路平安无奔逆也。”按“河车之路”,指肾中正气之路。《钟吕传道记·论河车》:“河车者,起于北方正水之中,肾脏真气,真气之所生正气,乃曰河车。”又假治法中论“以假寒之品,治假热之病”云:“方中全是热药,倘服之不宜,必然虚火上冲,尽行呕出,吾以热药凉服,已足顺其性而下行。况又有苦菜汁、胆汁之苦,以骗其假道之防也……假道灭虢,不信然哉。”按“假道灭虢”,事出《左传·僖公二年》,言晋国“假道于虞以伐虢”,灭虢之后,又顺道灭虞。此以喻借苦味寒凉之药,引入真热药,以治真寒病。

《伤寒瘟疫条辨·自序》:“所谓赤文绿字,开天辟地之宝符,岂叔和序例之造言,与百家剿说雷同之所可比哉。”赤文绿字,《艺文类聚》卷九引《尚书中候》云:“龙马衔甲,赤文绿色。”注:“其文赤而绿。”卷九十八引又作“赤文成字”。此以河图洛书以比仲景之书也。

在古医籍序言中,用典情况较之正文尤多,这大概与医界著述之学,原皆文学儒人之士,即所谓儒医有关。如:

《难经集注·杨玄操序》:“绠促汲深。”此原出古语,《庄子·至乐》云:“褚小者不可以怀大,绠短者不可以汲深。”《荀子·荣辱》:“短绠不可以汲深井之泉。”皆以喻才学短浅,不堪承重任,促犹短也。

《素问·王冰序》:“然刻意精研,探微索隐。”“探微索隐”,语乃源于《易经》。详,系词传云:“探赜索隐。”孔颖达正义:“探谓窥探求取。赜谓幽深难见。卜筮则能窥规探幽昧之理,故云探赜也。索谓求索,隐谓隐藏。卜筮能求索隐藏之处,故云索隐也。”

11. 分析句读

古医籍中,原无句读,或只有简单的句号,欲为注者,需先定句读,然后才能解析词义或句义。若句读不明,易生歧义,故对古医籍不论新注或再注,均需分析句读。如:

《素问·上古天真论》:“上古圣人之教下也,皆谓之,”林亿等新校正云:“按全元起注本云:上古圣人之教也,下皆为之。《太素》、《千金》同。杨上善云:上古圣人使人行者,身先行之,为不言之教。不言之教,胜有言之教,故下百姓倣行者众,故曰下皆为之。”胡澍校义:“全本、杨本及杨说是也。其上古圣人之教也,句;下皆为之,句。下皆为之,言下皆化之也。”

《素问·阴阳应象大论》王冰注断句有“按尺寸观浮沉滑涩而知病所生以治”一文,王冰注:“故审尺寸观浮沉而知病之所生以治之也。”林亿等新校正云:“按《甲乙经》作“知病所在,以治则无过。下无过二字,续此为句。”按林说是也。此文连及下句当作“按尺寸观浮沉滑涩而知病所生,以治无过,以诊则不失矣。”王冰分句及说解均误。

《甲乙经》卷五第二有文云:“凡刺痈邪用铍针无迎陇易俗移性不得脓越道更行去其乡不安处所乃散亡诸阴阳遇痈所者取之其俞写也。凡刺大邪用锋针曰以少泄夺其有余乃益虚标其道针其邪于肌肉视之无有乃自直道刺诸阳分肉之间。凡刺小邪用员针曰以大补益其不足乃无害视其所在迎之界远近尽至不得外侵而行之乃自贵刺分肉之间。凡刺热邪用镵针越而沧出游不归乃无病为开道乎闢门户使邪得出病乃已。凡刺寒邪用毫针曰以温徐往徐去致其神门户已闭气不分虚实得调真气存。"按文中句号,乃表示原本之分段。此文句读较难分辨,1964 年人民卫生出版社排印本,经刘衡如先生校作"凡刺痈邪(用铍针)无迎陇。易俗移性不得脓。越道更行去其乡。不安处所乃散亡。(诸阴阳遇痈所者,取之其俞,泻也。)凡刺大邪(用锋针)曰以小。泄夺(其)有余(乃益虚)标其道。针干其邪(于)肌肉亲。视之无有反其真。(刺诸阳分肉之间)凡刺小邪(用员针)曰以大。补(益)其不足乃无害。视其所在迎之界。远近尽至不得外。侵而行之乃自贵。(刺分肉之间)凡刺热邪(用镵针)越而沧。出游不归乃无病。为开道乎辟门户。使邪得出病乃已。凡刺寒邪(用毫针)曰以温。徐往徐去致其神。门户已闭气不分。虚实得调真气存。"校者按:"此段见于《灵枢》刺节《真邪篇》及《太素·五邪刺篇》,文句小有出入。《太素》杨注及《灵枢》历代注释,句读均疑有误。今将此段显然脱误之处,根据《灵枢》、《太素》补正,并将针名、刺法及注解加用括号,即成七言韵文。"按刘氏此文校句,虽有个别文字尚值得斟酌,如:"泄夺有余"似当作"泄其有余"。与后文"补其不足"恰成对文,且以夺训泄,以益训补,合乎注释规律。故疑"夺""益"二字当是解文,"泄""补"二字乃是原文。又"病乃已"与上文沧、病二字不甚叶,疑为亡之形近误,亡古韵阳部,即无也。然其将本文校为七字句韵文,则甚有卓识。

12. 释文句

句子是交流思想的基本的语言单位。是用词或词组构成的能够表达一个比较完整的意思,具有一定语言标志的语言单位。故历来注家,不仅注重对字、词的训释,而且注重对句子的解析。如:

日本浅田栗园《伤寒论识》卷一:"桂枝本为解肌",注:"此条不唯例于桂枝汤,凡及桂枝诸类者也,故不曰桂枝汤,而言桂枝。解,和解也。霍乱篇桂枝汤条云:和解其外是也。肌言肌肤。《巢源》小儿解肌发汗候云:解其肌肤。盖解肌二字,论桂枝汤之类,本和解肌肤之邪而为表疏汗泄者设也。"此特在解词之后而又通释句文之本义。

《素问·宝命全形论》:"人以天地之气生,四时之法成。"王冰注:"天以德流,地以气化,德气相合,而乃生焉。《易》曰:天地氤氲,万物化醇,此之谓也。则假以温凉寒暑生长收藏,四时运行,而方成立。"此注前以《灵枢·本神》"天之在我者德也,地之在我者气也。德流气薄而生者也"文义以释,又引《易》文为证,后以温凉寒暑,生长收藏以解"四时之法",合解句义。又《天元纪大论》:"太虚廖廓,肇基化元。"王冰注:"太虚为空玄之境,真气之所充,神明之宫府也。真气精微,无远不至,故能为生化之本始,运气之真元矣。肇,始也。基,本也。"

《太素·调阴阳》:"夫自古通天者,生之本。"注:"古谓上古、中古者也。调阴阳而摄其生,则通天之义。上古中古人君摄生,莫不法于天地。故生通天地,长生久视。通天地者,生之本也。不言通地者,天为尊也。"此首解"通天"之义,而又点出不言通地者,独尊天之阳也,以明此文之要旨。

13. 阐述章旨

章旨,亦作"章指",乃指篇文之主旨。钱大昕《十驾斋养心录·孟子章指》:"赵岐注《孟子》,每章之末,括其大旨,间作韵语,谓之章指。"阐述章旨,乃以简括之文说明之。有在正文之前，亦有在正文之后者，有的是对全篇进行概述，有的则对段落进行概述，并无定体。如：

《太素》杨上善注，时于段文之前，概述后文要义，亦章旨之类也。如《顺养》“胃中热则消谷，令人悬心善饥，齐以上皮寒”下注云：“自此以下，广言热中寒中之状。”特指明后文虽称述不同，实皆言热中寒中之状。又如《素问·四气调神大论》：“是故圣人不治已病治未病，不治已乱治未乱，此之谓也。夫病已成而后药之，乱已成而后治之，譬犹渴而穿井，斗而铸锥，不亦晚乎！”王冰注：“知不及时也。备御虚邪，事符握虎，噬而后药，虽悔何为。”此注首句为揭示章句，后文为概括大义。

明·方有执《伤寒论条辨》中多数篇文前有小序一段，说明该篇要义，亦章旨类也。如辨太阳病脉证并治上篇：“太阳一经，风寒所始，荣卫二道，各自中伤，风则中卫，故以卫中风而病者为上篇……”辨太阳病脉证并治中篇：“太阳统摄之荣卫，乃风寒始入之两途，寒则伤荣，故以荣伤于寒而病者为中篇……”辨太阳病脉证并治下篇：“中风者，单只卫中于风而病也；伤寒者，单只荣伤于寒而病也；若风寒俱有而中伤，则荣卫皆受而俱病，故以荣卫俱中伤风寒而病者为下篇……”方氏以风伤卫、寒伤荣、风寒两伤荣卫同病三类，虽则后世医家多有非议，然从注释而论，意在说明三篇之章旨也。

明·马莳《素问注证发微》，每篇之首均有一小序，述说本篇要旨，并解篇名。如上古天真论曰：“内言上古之人，在上者，自然知道；在下者，从教而合于道，皆能度百岁乃去。惟真人寿同天地，正以其全天真故也，故名篇。篇内凡言道者五，乃全天真之本也。”又四气调神大论曰：“篇内以春夏秋冬四时异气，当有善养生长收藏之道，及圣人春夏养阳秋冬养阴，皆调神之要道也，故名篇。”

明·吴崑《内经素问吴注》，亦仿是体，行文尤为简括。如《上古天真论》曰：“此篇言保合天真，则能长有天命，乃上医治未病也。”《四气调神论》曰：“此篇言顺于四时之气，调摄精神，亦上医治未病也。”《生气通天论》曰：“凡人有生，受气于天，一呼一吸，与阴阳运气相为连贯，故云生气通天也。”

14. 提示要点

提示要点，犹摘出要领也。唐·韩愈《进学解》曰：“记事者必提其要，纂言者必钩其玄。”是提要之作，亦在于摘取书文要点，或要领加以简述。可为对一书或一篇、一章之提要。如：

王鸿骥《内经提要》，于经文每一章节提出要领，书于天头。

清·沈明宗《伤寒六经辨证治法》，绝大部分条文，均于文后揭示要点。如太阳上篇证治大意。“太阳之为病”条云：“此互太阳风寒脉证之总纲也。”“病有发热恶寒者发于阳也”条云：“此别阴阳治病之机，则知愈病之期也。”“欲自解者必当先烦”条云：“此互风寒欲解也。”“太阳病发热汗出恶风脉缓者”条云：“此太阳风伤卫脉证也。”“太阳中风，阳浮而阴弱”条云：“此风伤卫正治法也。”

15. 串讲文义

串讲文义者，对一个章节段落或条文的全文，进行连贯性的讲述，有时亦夹带释字或释词。如：

清·高世栻《素问直解·上古天真论》:“乃问于天师曰:余闻上古之人,春秋皆度百岁而动作不衰,今时之人,年半百而动作皆衰者,时世异耶,人将失之耶。”注:“岐伯为帝师,故史臣称为天师。帝欲天下之人,寿同上古,故问上古之人,春秋皆度百岁。度,越也。年越百岁,而动作且不衰。今时之人,年仅半百,而动作皆衰者,岂古今时世之异耶,抑不得其道而人将失之矣。”此注有“天师”与“度”之字词释。末二句则增字以连贯句文。全文串讲本节文义。又“夫上古圣人之教下也,皆谓之虚邪贼风,避之有时,恬惔虚无,真气从之,精神内守,病安从来。”注:“惔,憺同。上古圣人,恐人为外邪所侵,故教下也。凡四时不正之气,皆谓之虚邪贼风,教其避之有时;其心则恬憺虚无,而本元之真气从之,不竭其精,时御其神,则精神内守,外知所避,内得其守,病安从来。”此注除释惔与憺为通文外,余皆串讲本节文义。

清·沈明宗《伤寒六经辩证治法》一书,有许多条文,也是以串讲的方式进行注释。如太阳上篇:“桂枝本为解肌,若其人脉浮紧,发热汗不出者,不可与也。当须识此,勿令误也。”注:“桂枝汤原因风伤卫解肌而用。脉浮紧,发热汗不出者,乃寒伤营证,与之则封闭腠理,邪无出路,遗患无穷。当须识此之戒,勿令误也。”又太阳下篇:“伤寒无大热,口燥渴,心烦,背微恶寒者,白虎加人参汤主之。”注:“既无大热,表证已微。但口燥渴心烦,阳明热炽甚矣,不必拘泥太阳背微恶寒之表证,迳用白虎加人参汤,急救胃中津液,不致告竭,则太阳阳明邪自解也。”此二注均以串讲式对条文进行讲述。

凡串讲文义,务需信守原文,不得随意扩展或借题发挥,篡改原义。

16. 校勘文字

校勘文字,本系注释内容之一,历来注疏家,均予重视。对校勘的诸多问题,今已分化为校勘学。现仅就古籍注释之校勘内容举例说明。如:

《太素·经脉连环》肝,足厥阴脉。是主肝所生病“狐疝”,杨上善注:“有本作颓疝,谓偏颓病也。”又卷八经脉病解:“七月万物阳气皆伤……秋气始至,微霜始下。”杨上善注:“有本作露,但白露即霜之微也。十月已降甚霜,即知有本作十月者非也。”又卷十三《经筋》:足太阴之筋,“名曰仲秋痹”。杨上善注:“有本以足太阳为孟春,足少阴为仲秋。误耳。”

《素问·平人气象论》:“寸口脉沉而弱,曰寒热及疝瘕少腹痛。”王冰注:“沉为寒,弱为热,故曰寒热也。又沉为阴盛,弱为阳余。余盛相薄,正当寒热,不当为疝瘕少腹痛,应古之错简耳。”新校正云:“按《甲乙经》无此十五字,况下文已有寸口脉沉而喘曰寒热,脉急者曰疝瘕少腹痛。此文衍,当去。”此文王冰先以理校法,提出“古之错简”,新校正又据他校与本校,提出“此文衍,当去”。可谓有据之见。

《脉经》卷三第二引《四时经》文:“大则荣气萌。”原注:“荣者血也。萌当为明,字之误也。血王故明且大。”按明与萌古通。又“五月枯薪。”原注:“月当为内。薪当为乾,枯燥也。字之误耳。内字似月,由来远矣,遂以传焉。”此注所示“内”“乾”二字,与《千金》同。

又《外台秘要》原注中多有校异同之文。如卷六上焦热及寒吐痢肠鸣短气方引《删繁》半夏泻心汤方注:“此仲景半夏泻心汤,本无桂心,出第四卷中。”又霍乱转筋引《千金》霍乱转筋入腹又方“蓼一把”,注:“一方云:梨叶,文仲、崔氏、《小品》、《备急》同,并出第二十卷中。”又引《肘后》又疗先洞下者法注:“《千金》、《备急》、崔氏、《古今录验》同。”

17. 辨析疑文

历来医籍,有去古久远者,或非出于一时一人之手者,常有疑义存焉,注家说解,亦有众

说不同难以论定处,或注者是此而非彼者。在注释中,常予以辨析,欲以求其本义。如:

《太素·阴阳大论》:“按尺寸观浮沉滑涩而知病所生。”杨上善注:“依此大经竟无关部。关者,尺寸分处,关自无地。秦越人:寸口为阳,得地九分,尺部为阴,得地一寸。尺寸终始,一寸九分,亦无关地。华佗云:尺寸关三部,各有一寸,三部之地,合有三寸。未知此言,何所依据。王叔和、皇甫谧等,各说不同,并有关地。既无依据,不可行用。但关地不得言无。然是尺寸分处,自无其地。”此解一方面对本文“按尺寸”之诊,作出相应的理解,另方面对关部进行了分析。并引证几家不同说法,加以辨析,并提出了个人的见解。

《伤寒论·辨太阳病脉证并治下》:“伤寒脉浮滑,此以表有热,里有寒,白虎汤主之。”林亿等云:“谨按前篇云:热结在里,表里俱热者,白虎汤主之。又云:其表不解,不可与白虎汤。此云脉浮滑,表有热里有寒者,必表里字差矣。又阳明一证云:脉浮迟,表热里寒,四逆汤主之。以此表里自差明矣。《千金翼》云白通汤,非也。”此条自林亿等以下,诸多注家,曾多方考释辨析,如成无己训“寒”为邪气。魏念庭解“里”为经络之里,徐亚枝训“寒”字为痰。是此疑文,甚为注家注目,然诸家说解,疑点尚多,难为信释,乃当存其疑也。

凡此等疑文,诚为注释之重点。有些经注家考析,疑义遂释;有的众说各具一定道理,常需并存;有的则难得确证,只能存疑待考。

18. 叙事考史

凡医史文籍之注释,叙事考史,固无待论。然其他医籍中,凡涉及医史人物、医事史迹等,亦需加以叙考。如:

《素问识·素问解题》黄帝:“《下系辞》曰:神农氏没,黄帝氏作。《国语》曰:昔少典取于有蟜氏,生黄帝。《史记·本纪》云:黄帝者,少典之子。(注:谯周曰:有熊国君少典之子也。司马贞曰:少典,诸候国号,非人名也)姓公孙,名曰轩辕。(注:《河图始开图》曰:黄帝名轩辕,皇甫谧曰:居轩辕之丘,因以为名。胡宏曰:始作轩车,故曰轩辕氏)有土德之瑞,故号黄帝。(注:《家语·五帝德》云:其生为明王者,死而配五行,是以大皞配木,炎帝配火,黄帝配土。司马贞曰:炎帝火,黄帝土代之,即黄龙地螾见是也。又滑惟善《宝椟记》曰:以戊己日生,故以土德王)”此考诸古籍有关黄帝之记也。

《重修政和经史证类备用本草·序例上》载“嘉祐补注总叙”及“《本草图经》序”,述说本草之名及此前宋代有关编修、校定本草之事。

陈修园《医学三字经·小引》:“童子入学塾,师先授以《三字经》。欲其便诵也……余所以有《三字经》之刻也。前曾记名叶天士,取时俗所推崇者,以投时好。然书中之奥旨,悉本圣经,经明而专家之技可废。谢退谷于注韩书室得缮本惠书千余言,属旧本名,幸有同志,今付梓而从其说。”此陈氏自述有关《医学三字经》编纂及刊行之始末也。

《吴医汇讲》卷一叶天士温证论治注:“名桂,号香岩,世居阊门外下塘。所著《温证论治》二十则,乃先生游于洞庭山,门人顾景文随之舟中,以当时所语,信笔录记,一时未加修饰,是以辞多佶屈,语亦稍乱。读者不免晦目。烈不揣冒昧,窃以语句多少为条达,前后少为移掇,惟使晦者明之。至先生立论之要旨,未敢稍更一字也。”此唐大烈述叶天士《温证论治》形成及唐氏刊行之始末也。

19. 详明出典

详明出典有二义,一者说明典故来源;二者说明医文出处。如:

《脉经》卷三各章节有云:“右《素问》、《针经》、张仲景”者,有云“右《四时经》”者,言该文原出于《素问》、《针经》、张仲景医著及《四时经》诸书。又卷七第一“伤寒有五……”与“伤寒湿温……”两段原注云:“右二首出《医律》。”第十二全文下原注:“出《九卷》。”第十七原注有云“右热病阴阳交部”、“右热病并阴阳部”、“右少阴部”、“右厥逆部”、“右阴阳厥尽部”等。第十九原注有云“右重实重虚部”、“右阴阳相附部”等,皆所以明诸医文之出处。

《素问·上古天真论》林亿等新校正云:“按全元起注本在第九卷。王氏重次篇第,移冠篇首,今注逐篇必具全元起本之卷第者,欲存《素问》旧第目,见今之篇次,皆王氏之所移也。”林亿等注明王注经文,在全注本中卷第篇次,或以为系王注经文之出典。

《外台秘要》征引诸文,大都标记书名或人名,如《病源》、《千金》、《删繁》、深师、崔氏等。注文中,又多标记卷数。如卷六“霍乱干呕方五首”引《病源》文后注云:“出第二十二卷中。”引《肘后》文后注云:“出第二卷中。”引《删繁》文后注云:“出第二卷中。”引《千金》文后注云:“出第二十卷中。”引《经心录》文后注云:“出第二卷中。”

《类经》卷一第一“昔在黄帝,生而神灵,成而登天”一段注:“按《史记》黄帝姓公孙,名轩辕,有熊国君少典之子……世传黄帝后铸鼎于鼎湖之山,鼎成而白日升天者,似涉于诞。”此所以明《素问》此文,原出于《史记》也。

20. 释语法

语法之学虽起于近代,然古之为文,亦自有语法可循,故近世注释诸家,亦注意分析医文语法。如:

日本浅田栗园《伤寒论识》卷一:“太阳之为病”,注“夫太阳病,大表也,乃病之所病。病者何?邪气而外感之所得也。是以太阳之下,插‘之为’二字,以判病位与邪气。亦犹戴《记》所谓中庸之为德、祭之为物之语例也。”此特出“之为”二字在本句中意义,并举戴《记》为证。

《素问校义》:

人将失之邪:“今时之人,年半百而动作皆衰者,时世异邪,人将失之邪?澍案:人将失之邪,当作将人失之邪。下文曰:人年老而无子者,材力尽邪,将天数然也?”按胡氏首先从语法结构分析,又引下文语例为证,于义为是,又《云笈七签》卷三十二引此文,亦可为证。

春必温病:“冬伤于寒,春必温病。澍案:春必温病,于文不顺,写者误倒也。当从《阴阳应象大论》作春必病温(宋本亦误作温病,今从熊本、藏本乙正)。《金匮真言论》曰:故藏于精者,春不病温。《玉版论要》曰:病温虚甚死。《平人气象论》曰:尺热曰病温。《热论》曰:先夏至日者为病温。《评热论》曰:有病温者,汗出辄复热。皆作病温。”

是以知病之在皮毛也:“藏本无也字。澍案:上文是以知病之在筋也、是以知病之在脉也、是以知病之在肉也,下文是以知病之在骨也,句末皆有也字,不应此句独无。藏本脱。”

此上几例,皆是从分析句文之语法结构而求其文义。

21. 说明修词手段和表达方式

古医籍行文所用修词手段和表达方式是多种多样的。注释对此亦需作出必要的说明。如:

《太素·四时脉形》:“春脉肝脉也,东方木也,万物所以始生也……故曰弦。”注:“肝气春王，故春脉来，比草木初出，其若琴弦之调品……故比之调品。”此注说明经文“东方木也”、“故曰弦”皆是比的修词手段加以表明。

在《素问》、《灵枢》中，运用“比”这种修词手段的经文甚多。如《素问·脉要精微论》曰：“春日浮，如鱼之游在波；夏日在肤，泛泛乎万物有余；秋日下肤，蛰虫将去；冬日在骨，蛰虫周密，君子居室。”是以比的方法，形容四季不同脉的形象。又《灵枢·九针十二原》曰：“今夫五脏之有疾也。譬犹刺也、犹污也、犹结也、犹闭也。刺虽久犹可拔也，污虽久犹可雪也，结虽久犹可解也，闭虽久犹可决也。”此以治病比之拔刺、雪污、解结、决闭。

就以《内经》为例，其行文表达方式，颇具多样。如：

字异义同者，如《上古天真论》：“材也尽邪，将天数然也。”邪与耶通，耶与也同。

文倒义同者，如上古天真论：“女子七岁肾气盛，齿更发长……丈夫八岁肾气实，发长齿更。”实与盛在此义同。齿更发长与发长齿更，在此义亦同，无先后之别。

对文互称者，如《上古天真论》曰：“行不欲离于世，被服章，举不欲观于俗。”行，行为也。举，举措也。上下两句恰成对文。故新校正云：“被服章三字疑衍，此三字上下文不属。”从修词的角度看，此三字亦不合。

倒文叶韵者，如《天元纪大论》曰：“然天地者，万物之上下也，左右者，阴阳之道路也，水火者，阴阳之徵兆也，金木者，生成之终始也。”按徵兆当作兆徵，后人不解韵律，改从行文惯例。徵在此读止。此改行文惯例倒作兆徵、终始者，于韵则叶。

两句似异而实同者，如《移精变气论》曰：“贼风数至，虚邪朝夕。”数至与朝夕似异而义则同，不得言贼风唯频繁相至，虚邪唯朝夕而来。其义尽言虚邪贼风不时而至也。

凡此等例，均系修词方式，不可因此而误生歧义。注释时，亦当讲明。

22. 发凡起例

发凡起例者，揭示一书的体制或通例。这对编纂者与注释者，都是很重要的工作。医籍发凡起例，形式不一，有夹带于序、跋或正文中者，有夹带于注文中者，有特设凡例专文者。如：

《难经集注》杨玄操序云：“今辄条贯编次，使类例相从，凡为一十三篇，仍旧八十一首；吕氏未解，今并注释；吕氏注不尽，因亦伸之；并别为音义，以彰厥旨。”此亦夹带于序言中之凡例也。文虽简，但确大致反映了杨玄操氏注释《难经》的方法，主要有三个方面，一者条贯编次，今存十三类者，盖出于杨氏之手；一者吕氏未注者，并为注释；一者别为音义。

《千金要方》林亿等新校例云：“《千金方》旧有例数十条，散在诸篇，凡用一法，皆宜遍知之，虽素熟知者，临时尚虑有所遗失……及新加撰次，不可无法，今撮集旧凡，并新校之意，为例一篇，次于今序之末。庶后之施用者，无疑滞焉。”是知该书旧有例散在篇中，林亿等重为例言共 19 条，列于卷首。

《伤寒论·辨太阳病脉证并治中》葛根汤条云：“余如桂枝法将息及禁忌。”麻黄汤条云：“余如桂枝法将息。”此亦凡例类夹带于正文中者也。

徐忠可《金匮要略论注·凡例》“一、此书废坠已久，中多讹字，疑者阙之，示慎也。间有损文拆义，聊以鄙见，质之后贤。一、原文有附方，云出《千金》、《外台》诸书，似属后人赘入。然方引药味，颇亦不凡，或原为仲景所制，因述彼习用者之书名，今悉用徐镕传本附列，以候参考。一、拙著有论有注，正义疏释备于注，或有剩义及总括，诸证不可专属者，见于论。更有经义可借以发本文之覆者，别具上方。一、此书虽出管见，然远近有道，无不就正，博洽君子，即未习医，亦虚心质之，借重姓氏，以奉教多者居前，非有所先后也。若从游诸贤，竟屈肩随矣……一、读我论注有法，须先将方论药味，逐字不遗，熟记贯串，竭其知识。探讨既久，然后将余论注，验其得失。不可摘段取便，不可彷佛涉略。要知他方书，原属剽窃凑集，故可阅首置尾，即内中采摘一条，时亦获验。若《金匮》之妙，统看一卷，全体逼现，不独察其所用，须察其所不用。要知仲景审证用药，已臻圣域，其所不用药，岂智力不及后人耶。"徐氏此例主要说明注释宗旨方法，选用版本及阅读方法，特能交待所据版本，较之前人，尤为可取。

凡例之体，无论著也、校也、释也，皆作者自行为文。然亦有为他人增补者。如张志聪《黄帝内经集注》，后有浙江官医局为之"增补凡例一篇"，共列七条，大都为对该书赞许之文。

注释之凡例，详诸家为文，各有详略，条陈语次，亦无定体。然所其述，大要如以下诸事，则当有所交待：

注释某书，当选用佳本，且当注明系选用何本作底本。

底本所具，包括序、跋、卷端等，一般应予以保留，若有删削，应予说明。

书中文字，常有衍脱误倒之处，若不校勘，势必影响正确的理解与注释原文本义。凡需校者，当说明所据校本。

征引别家书籍，亦当选用佳本，或用简名，或用繁名，均应作出交待。

凡引别说，尽可能原文照录，以免主观臆改，若或约取要义，亦当有所交待，以示学术渊源，并便于核查。

古籍用字，形体复杂，诸如假借字、异体字、俗写字等，不一而足。凡对此类文字之处理方法，应予说明。

书中字、词等需加注释，而又前后重出复见者，每不胜举，所取何法，以避繁文，亦当注明。

注释行文，应有规范，自定条款，必当见于例言。

其他如原著者生平、学术源流及评述等，若无专文，亦可简述，纳于例中。

二、注释的方法

注释的方法，具有多种，就医籍注释内容而言，主要是文理与医理两个方面。因此，注释方法，亦即训释文理与医理两个方面所采用的方法。根据前人注释经验，其常用方法，主要有以下几种。

（一）传统的训诂方法

传统的训诂方法，通常指训诂学所用之形训、声训、义训法。

1. 形训

形训，即借字之形以辨其义。由于汉文字不仅仅是起到符号的作用，要在以字表义。因此，其形体结构，尝可与某种物象直接联系。此种象形文字，早期使用的甲骨文、大篆、小篆等，显示得尤为明显。虽然后来演变为隶书、真书，其象形之义，逐步弱化，但仍有形迹可见。

传统训诂学之形训，通常以小篆字形为准，根据传统文字学理论有所谓“六书”之说，一般认为假借与转注为用字之法，象形、指事、会义、形声四书，为造字之法。通过对四书之字的字形分析，均可推求其造字之本义。

以下就与医学有关及医籍所见之四书字，分别举例。

(1) 象形字：即摩拟客观事物形象的文字，字形与其摩拟之客观事物具有直接的关系及一定的形象。如：

耳、目、口、鼻等字。其篆书体均与形相似。耳之外周为外廓，中间作一点，为耳空。目，横置扁圆以似目，中间二横逞半圆形似黑珠。口逞扁圆形。鼻之本字作“自”。篆书似鼻形。似此类字，均与原形有直接关系。

又如“吕”，本义为脊骨也。《说文·吕部》：“吕，膂骨也，象形。”段玉裁注：“吕象颗颗相承，中象其系联也。沈氏彤《释骨》曰：项大推之下二十一椎曰脊骨。”《素问·标本病传》：“背胎筋痛。”《甲乙经》卷六第五、《千金》卷十五第一“胎”均作“膂”。《素问·气穴论》：“中胎两傍各五。”《太素·气穴》同。《龙龛手镜·内部》：“膂，音吕，脊膂也。胎，旧藏作，同上。”详吕，本为象形，后作胎字者，义同，仍留有“吕”字之原形。作“膂”者，形声字也。

又如“包”，本义为妊子也。《说文·包部》：“包，妊也。象人褢（按同“怀”）妊，巳在中，象子未成形也。”段玉裁注：“勹象褢其中，巳字象未成之子也。”是包字本指妊子之形象也。

另有一部象形字，并非独体，为形符之大义类与象形之部组合而成。如《说文·肉部》：“胃，谷府也。从肉。图象形。”又“肩，髆也。从肉，象形。肩，俗肩从户。”段玉裁注：“象其半也……从门户，于义无取。”

又如《说文·包部》：“胞，儿生裹也。”段玉裁注：“包谓母腹，胞谓胎衣。”《素问·五脏别论》女子胞。《太素·寿限》杨上善注言“子胞”，则胞之引伸义，此肉旁，义之大类，包者，为具指。

从上述诸例可见，诸象形字，观其形即知其义。

(2) 指事字：以“事无形，故须有所指以见意。”许慎所谓“视而可识，察而可意”者，即指此类文字。如：

本、末字，《说文·木部》：“本，木下曰本，从木，一在其下。”徐锴注：“一，记其处也。本、末、朱，皆同义。”又“末，木上曰末，从木，一在其上。”详本、末，犹根本与枝叶也。如《素问·移精变气论》：“十日不已，治草苏草荄之枝，本末为助。”王冰注：“凡药有用根者，有用茎者，有用枝者，有用华实者，有用根茎枝华实者，汤液不去，则尽用之，故云本末为助也。”又如《灵枢·邪气脏腑病形》：“夫色脉与尺之相应也，如桴鼓影响之相应也，不得相失也。此亦本末根叶之出候也。”又引伸为本原与表象也。如《素问·水热穴论》：“其本在肾，其末在肺。”王冰注：“肾少阴脉，从肾上贯肝鬲，入肺。故云其本在肾，其末在肺。”犹含本末之原义。又如“标本”者，义亦本此。如《素问·至真要大论》言六气之标本。张介宾注：“六气者，风寒暑湿燥火，天之令也。标，末也。本原也。犹树木之有根枝也。分言之则根枝异形，合言之则标出乎本。”详此皆自本末之本义而引出之。

旦，《说文·旦部》：“旦，明也。从旦见一上。一，地也。”《素问·生气通天论》：“平旦人气生，日中而阳气隆，日西而阳气已虚，气门乃闭。”又藏气法时论：“肝病者，平旦慧，下晡甚，夜半静。”此言“平旦”，与“旦”字义同。

腋，本作亦。《说文·大部》：“亦，人之臂亦也。从大，象两亦之形。”王筠《说文句读》：

"此象形之变为指事者也。亦在臂下曲隈之处,非如两膝之自生一骨,两乳之突起一肉,岂可以点象其形?盖以点寄在两臂之下,谓亦(腋)在是耳。"

(3) 会意字:即指两个或多个相互关联,表示物类的独体字加以组合,另具新意者。许慎所谓"会意者,比类合谊,以见指撝,武信是也。"此类字大致有两种情况,即等位会意与偏位会意。

第一,等位会意。即组合之各独体字的地位不分轻重,平等组合为一具有新义之字。如:

北,《说文·北部》:"北,乖也。从二人相背。"段玉裁注:"乖者,此于其形得其义也。军奔曰北,其引伸之义也。谓背而走也。韦昭注《国语》曰:北者古之背字。又引伸之北方"。长沙马王堆汉墓医书《足臂十一脉灸经》:"阳病北如流汤。""北"即"背"字。

皛,《说文·白部》:"皛,显也。"《玉篇·白部》:"皛,明也。"《文选·潘岳·关中诗》:"虚皛湳南德。"李善注:"《苍颉篇》曰:皛,明也。"《素问·遗篇·刺法论》:"木欲降而地皛窒抑之。"

麤,《说文·麤部》:"麤,行超远也。从三鹿。"希玉裁注:"引伸为卤莽之称。《篇韵》云:不精也、大也,疏也。皆今义也。"《素问·阴阳应象大论》:"喘麤为之俛仰。"按麤与"粗"通。

第二,偏位会义。即以两个或两个以上之独体字组合之新义新字,其中有一体居重要地位,余者处于次要地位。如:

《说文·句部》:"句,曲也,从口,丩声。"又"笱,曲竹捕鱼笱也。从竹句,句亦声。"又"鉤,曲鉤也。从金句。句亦声。"段玉裁注:"按句之属三字,皆会意兼形声,不入手、竹、金部者,会意合二字为一,必以所重为主。三字皆重句,故入句部。"

凡此类会意字,知其所重,则义自明。如《素问·平人气象论》:"夏胃微钩曰平、钩多胃少曰心病,但钩无胃曰死。"又"病心脉来,喘喘连属,其中微曲曰心病。死心脉来,前曲后居,如操带钩曰心死。"王冰注:"曲为中手而偃曲也。"详此心脉之言"钩",重在言曲,以其脉之钩曲,不似肝脉之端直以长,故心脉为钩。

(4) 形声字:是由义符和声符组合成的字。形声字的义符表示该字所属之义类,如肉部之字大都与肉体有关,疒部之字大都与疾病有关;声符表示该字造字之初的读音。对形声字之形训,不可能求得确切而具体的本义,只能求得其本义大致所属的范围。

形声字为数最多。据有人统计《说文解字》9353字中,就有七千多是形声字,占百分之七十四有余。《说文》对形声字,均给予明确分析,记以"从某,某声"。今举与医学用字关系最多之部首为例。

骨部:

髆,肩甲也。从骨,尃声。

髃,肩前也。从骨,禺声。

髀,股也。从骨,卑声。

髋,髀上也。从骨,宽声。

髌,膝耑也。从骨,宾声。

骹,胫也,从骨,交声。

骭,骹也。从骨,干声。

髍,痛病也。从骨,麻声。

骾,食骨留咽中也。从骨,更声。

骼,禽兽之骨曰骼。从骨,各声。

肉部:

胎,妇孕三月也。从肉,台声。

肌,肉也。从肉,几声。

胪,皮也。从肉,卢声。

脣,口耑也。从肉,辰声。

肓,心上鬲下也,从肉,亡声。《春秋传》曰:病在肓之下。

肾,水脏也。从肉,臤声。

腸,大小腸也。从肉,昜声。

胠,亦下也。从肉,去声。臂,手上也。从肉,辟声。

腓,胫腨也。从肉,非声。

疾部:

疾,病也。从疒,矢声。

病,疾加也。从疒,丙声。

瘍,头创也。从疒,昜声

瘖,不能言也。从疒,音声。

瘘,颈肿也。从疒,娄声。

疝,腹痛也。从疒,山声。

痔,后病也。从疒,寺声。

瘅,劳病也,从疒,单声。

癃,罢病也。从疒,隆声。

瘛,小儿瘛疭病也。从疒,恝声。

从以上所举之三个部首之例字中,已可充分显示此类形声字的一些基本规律。所谓"形",反映字义的大类别,如骨部与肉部诸字之本义,皆与人或禽兽之形体有关;疒部诸字之本义,皆与疾病有关。所谓"声",可与"形"结合,以求字之具体义。凡诸字义,皆字之本义,而别有他义者,引申义也。如上例"疡"字,本为"头创也",后作疮疡者,引伸义;"癃",本为"罢病也",即疲羸之病,后作癃淋者,引伸义;"疝"本为"腹痛病也",后对癞肿之病亦称疝者,亦引伸义也。故诸形声字,大都为本义。随着字义的演变,有些字本义与引伸义并行,有些引伸义行而本义废者,亦多有之。是亦字义演变之一般规律。

2. 声训

声训亦称音训,即借助于语言的声音而推求其义的方法,这种方法要求释词与被释词之间,必须音同或音近。此所谓音同与音近,乃指相同时代或相近时代之音同或音近。以今古音有别也。汉代刘熙《释名》,即以声训之法进行释义,如释形体、释疾病等内容,皆与医学有关。在古医籍中,如:

《素问·五运行大论》:"地之为下,冯乎?"王冰注:"言太虚无碍,地体何凭而止住。"王以凭训冯。冯与凭同声,故以冯假凭。

《灵枢·水胀》:“久者离岁。”《太素·胀论》注:“离。历也。”离古韵歌部,历古韵锡,二字元音极相近,故为训。

又古医籍中比较常见是诸多假借字,可以声训之法予以识破。如:

《素问·刺腰痛》:“同阴之脉,令人腰痛……怫然肿。”又“飞阳之脉,令人腰痛,痛上拂拂然。”详“怫”与“拂”,《甲乙》卷九第八均作“怫”,《太素·腰痛》均作“弗”。是怫、拂、弗三字同意,故为假借。

《素问·生气通天论》;“精神乃央。”王冰注:“央,久也。”新校正云:“央乃殃字,古文通用。”《太素·调神》“央”作“英”。杨上善注:“神气英盛。”详前文云“味过于辛,筋脉沮驰”,乃属病态,故王、杨之释,与语境不合,非是。新校正说为是,此亦声训之法。又《太素》作“英”,英,形声字,亦取声于央,央与英相假,古书不乏其例。如《诗·小雅·出车》:“旗旐央央。”陆德明释文:“央,本亦作英。”《诗·小雅·六月》:“白旆旆央央。”《诗·郑风》正义、《公羊传·宣公十二年》徐彦疏引“央”作“英”。是则《太素》作“英”亦不误。然王冰、杨上善各解如字者,不识假借也。

《素问·五藏生成论》:“色见青如草兹者死。”王冰注:“兹,滋也。言如草初生之青色也。”张志聪注:“兹,蓐席也。兹草者,死青之色,青而带白也。”详《脉经》卷五第四、《千金翼》卷二十五第一引“兹”均作“滋”。又《太素》卷十七残篇正文脱,杨上善注:“滋,青之恶色也。”知《太素》亦作“滋”。是滋从兹得声,滋乃兹之假借。或以为兹为兹之误,非是。按《素问》此下言“黄如枳实者死,黑如炲者死,赤如衃血者死,白如枯骨者死。”皆以物状色,故此当以“草兹”物名为是。盖鲜草之青,活色也。草兹之青,干草之色,故言死。此别书作“滋”假借,亦可证本作“兹”,声同也。王冰从滋本义为训,非是。

《素问·诊要经终论》:“刺胸腹者,必以布憿著之,乃从单布上刺。”清·于鬯《香草续校书·内经素问》:“鬯按:憿当读为缴。《广雅·释诂》云:繳,缠也。繳即缴字。(《说文》亦作繳)《汉书·司马相如传》颜注云:缴绕,犹缠绕也。然则缴著之者,谓以布缠著于胸腹也。布憿者,借字。林校正引别本作憿,又作撽,俱借字也。张志聪集注训憿为定,谬。案王注云:形定则不误中于五脏也。说以布憿著之乃从单布上刺之义,非以定字诂憿字。”此亦以声训之法,识此假借之字。

从以上诸例,可见声训之于辨识假借字有非常重要的意义。然亦不得以偏概全,随意曲解。

声训的主要作用,周大璞《训诂学初稿》中提出主要有三点。即:第一,说明文字的通假;第二,探求词语的来源;第三,保存古音的资料。在中医古籍中,从声训方面,亦可体现此种作用。现举例说明。

第一,说明文字的通假。在上述诸例中,已可见其一斑。今再举《黄帝内经》诸传本通假字之例。

耶与也,《素问·方盛衰论》:“有余者厥耶。”《甲乙经》卷六第七作“也”。

里与理,《素问·阴阳应象大论》:“地有五里。”《太素·阴阳大论》作“理”。

已与以,《灵枢·痈疽》:“血气已调。”《甲乙经》卷十一第九作“以”。

常与裳,《灵枢·刺节真邪》:“常不得蔽。”《甲乙经》卷九第十一作“裳”。

愤与膜、贲,《素问·风论》:“肌肉愤䐜。”《甲乙经》卷十第二作䐜”。《太素·诸风数类》作“贲”。

暮与莫,《素问·离合真邪论》:"不知日暮。"《太素·真邪补泻》作"莫"。

脘与管,《灵枢·上膈》"上管"、"下管",《甲乙经》卷十一第八作"脘"。

眩与瞑,《灵枢·口问》:"目为之眩。"《甲乙经》卷十二第一作"瞑"。

附与傅,《灵枢·肠胃》:"小肠后附脊。"《太素·肠度》作"傅"。

转与传,《灵枢·官能》:"切而转之。"《太素·知官能》作"传"。

还与环,《素问·调经论》:"热不得还。"《太素·虚实所生》作"环"。

清与精,《素问·风论》:"其气不清。"《太素·诸风数类》作"精"。

缓与完,《灵枢·寿夭刚柔》:"阳完而阴伤之也。"《甲乙经》卷六第六同,新校正:"《九墟》完作缓。"

渴与竭,《灵枢·五味论》:"胃中竭,竭则咽路焦。"《千金》卷二十六第一作"渴"。

持与待、時,《灵枢·刺节真邪》:"有持痈者。"《甲乙经》卷第二明抄本作"待",《太素·五邪刺》作"时"。

糜与麋、靡,《素问·气厥论》:"上为口糜。"《甲乙经》卷六第十作"麋",《太素·相热相移》作"靡"。

附与俯、跗,《素问·脉要精微论》:"行则偻附。"新校正云:"按别本附一作俯。"《太素·杂诊》作跗。

凑与腠,《素问·气穴论》:"留于节凑。"《太素·气穴》作"腠"。

搏与薄,《灵枢·决气》:"两神相搏。"《太素·六气》、《素问·调经论》王冰注引《针经》均作"薄"。

流与溜、留,《灵枢·上鬲》:"寒汁流于肠中。"《甲乙经》卷十一第八作"留"。《灵枢·九针十二原》:"所溜为荥。"《难经·六十八难》作"流"。

癞与瘨,《灵枢·五色》:"狐疝瘨阴之属也。"《甲乙经》卷一第十五作"癞"。

以上诸例,仅是《内经》诸传本中之少部分通文。即从此例中,亦可反映声训之重要意义,若不明声训之法,训皆如字,必致歧义丛出,去经旨远矣。今再举形况,连绵叠音等词为例。

洒洒、泝然、淅然、洒淅、悽悽、凄凄、洫泝,皆恶寒貌。《素问·皮部论》:"泝然起豪毛。"《甲乙经》卷二第一作"淅然"。《灵枢·经脉》:"洒洒振寒。"《甲乙经》卷二第一作"凄凄然"。《素问·诊要经终论》:"洒洒时寒。"《甲乙经》卷五第一作"悽悽时寒"。《灵枢·官能》:"洒淅动形。"《太素·知官能》作"洫泝"。

澹澹、憺憺、淡淡,皆心中动貌。《灵枢·经脉》:"心中憺憺大动。"《甲乙经》卷二第一下、《太素·经脉连环》均作"澹澹"。又《甲乙经》明抄本作"淡淡"。

垂垂、腄腄、埵埵,下垂貌。《灵枢·邪气脏腑病形篇》:"小腹腄腄然。"《甲乙经》卷四第二下、《太素·五脏脉诊》、《脉经》卷三第五、《千金》卷十九第一均作"垂垂"。《中藏经》卷下第三十作"埵埵"。

似此类文字,本无正字,惟取其声也,故诸书多取声同或声近之字假借为用。清·郝懿行《荀子补注·富国篇》云:"经典此类,古无正文,大抵义存乎声,读者要必明假借,斯不惑矣。"又云:"此等语言,古来或无正字,往往但取其声,读者亦可不求甚解耳。"详郝氏所云,即指此类字。故明于义存乎声之例,则诸多异文,不难解矣,否则,扑朔迷离,尽为借字所惑矣。

第二，探求词语的来源。由于古代史籍，本自存有较多以声取义之文，故自秦汉以来，诸训诂专书及注疏诸家，亦皆注意以声音为线索来推求语源。现以汉刘熙《释名》及许慎《说文》为例，举其数端。

《释名·释形体》：

皮，被也。被覆体也。王先谦曰："《说文》被，寝衣也。引伸为被覆衣著之名。"

胑，枝也。似木之枝格也。毕沅曰："《说文》胑，体四胑也。重文作肢。"

膜，幕也。幕络一体也。王先谦曰："《说文》膜，肉间胲膜也。在皮里肉间，周于一体，故云幕络一体。幕络，叠韵为训。"

颊，夹也，面旁称也。亦取挟敛食物也。

膈，塞也。隔塞上下，使气与谷不相乱也。

又疾病：

眩，县也，目视动乱，如县物摇摇不定也。

盲，茫也。茫茫无所见也。

聋，笼也。如在蒙笼之内，听不察也。

瘿，婴也，在颈婴喉也(按《说文·女部》："婴颈饰也。"桂馥义证："古人连贝为婴。")。

疟，酷虐也。凡疾或寒或热耳。而此疾先寒后热，两疾似酷虐者也。"

《说文·肉部》：

背，脊也，从肉，北声。

胻，胫耑也。从肉，行声。

胯，股也。从肉，夸声。

又疒部：

痛，半枯也。从疒，扁声。

痙，强急也。从疒，巠声。

痞，痛也。从疒，否声。

详上述诸例，均可以据声以推其语源。推其语源，则知其本义。此亦借声训而求之也。

第三，保存古音的资料。由于先秦及两汉之医学文献，亦皆用古音，特别是在诸多韵文中，尤能体现古音。若能充分利用这些资料，对考察先秦两汉古音，尤能提供一定的依据。如清代顾炎武、江有诰两位音韵学大师，都曾对《素问》、《灵枢》中保留之古音韵文进行过研究，取得了证据。今举其例。

顾炎武《音学五书·唐韵正》卷五"十二庚"："明，武兵切。古音谟郎反，今以字母求之，似当作弥郎反……《素问·生气通天论》：阳气者，若天与日，失其所则折寿而不彰，故天运当以日光明。阴阳应象大论：天不足西北，故西北方阴也，而人右耳目，不如左明也；地不满东南，故东南方阳也，而人左手足不如右强也。六节藏象论：五气入鼻藏于肺，上使五色修明，音声能彰。著至教论：别而未能明，明而未能彰，足以治群僚，不足至侯王……示从容论：今夫脉浮大虚者，是脾气之外绝去胃，外归阳明也。夫二火不胜三水，是以脉乱而无常也。四肢懈堕，此脾精之不行也。喘咳者，是水气并阳明也。血泄者脉急，血无所行也。若夫以为伤肺者，由失以狂也。不引此类，是知不明也。疏五过论：诊病不审，是谓失常。谨守此治，与经相明。上经下经，揆度阴阳，奇恒五中，决以明堂。审于终始，可以横行。方盛衰论：脉动五常，散阴颇阳，脉脱不具，诊无常行。诊必上下，度民君卿。受师不卒，使术不明，不察逆从，是为妄行。持雌失雄，弃阳附阳。不知并合，诊故不明。传之后世，反论自彰。是以诊有大方，坐起有常，出入有行，以载神明。《灵枢经·终始篇》：凡刺之道，气调而止，补阴写阳，音气益彰，耳目聪明。反此者，血气不行。外揣篇：五音不彰，五色不明，五脏波荡。阴阳二十五人篇：余愿得而明之，金匮藏之，不敢扬之。大惑论篇：是故瞳子黑眼法于阴，白眼赤脉法于阳也，故阴阳合传而精明也……"

又"行，户庚切。古音杭……《素问·标本病传论》：知标本者，万举万当。不知标本，是为妄行。疏五过论：外为柔弱，乱至失常。病不能移，则医事不行。又见上。示从容论、方盛衰论并见上。《灵枢·九针十二原篇》：刺诸热者，如以手探汤，刺寒清者，如人不欲行。终始篇见上。师传篇：余闻先师有所心藏，弗著于方。余愿闻而藏之，则而行之。五乱篇：清气在阴，浊气在阳，营气顺脉，卫气逆行。阴阳系日月篇：此天地之阴阳也，非四时五行之以次行也。病传篇：诸方者，众人之方也。非一人之所尽行也。天年篇：营卫之行，不失其常，呼吸微徐，气以度行。六府化谷，津液布扬，各如其常。忧恚无言篇：何道之塞，何气出行，使音不彰，愿闻其方。邪客篇：离而入阴，别而入阳，何道而从行，愿尽闻其方。官能篇：言阴与阳，合于五行。五脏六腑，亦有所藏。四时八风，尽有阴阳，各得其位，合于明堂。寒入于中，推而行之。经陷下者，火则当之。各得其人，方乃可行，其名乃彰……。痈疽篇：阴阳已张，因息乃行……"

又卷十"四十五厚"："母，莫救切。古音满以反……《素问·阴阳应象大论》：万物之纲纪，变化之父母，生杀之本始。天元纪大论同。天有八纪，地有五里，故能为万物之父母。五脏生成篇：诊病之始，五决为纪，欲知其始，先建其母。宝命全形论：人能应四时者，天地为之父母，知万物者，谓之天子。刺禁论见右字下。《灵枢经·禁服篇》：审察卫气，为百病母，调其虚实，虚实乃止，写其血络，血尽不殆矣……"

从以上诸例，足可看出，顾氏考证古音，如上述三字明、行、母，仅就《素问》与《灵枢》的习读与整理，均十分有利。

江有诰《音学十书·先秦韵读》中，收有《素问》及《灵枢》之韵读。其文中凡押韵之字，均加以圆圈，并标明韵部。现仅举数例。

《素问》：上古天真论第一：

今时之人以酒为㊣浆，以妄为㊣常，醉以入㊣房（阳部）。以欲竭其㊣精，以耗散其㊣真，不知持满，不时御㊣神（真耕通韵）。

虚邪贼风避之有㊣时，恬淡虚无，真气从㊣之，精神内守，病安从㊣来（之部）。是以志闲而少欲，心安而不惧，形卷而不㊣倦，气从以顺，各从其欲，皆得所㊣愿（元部）。故美其食，任其服，乐其㊣俗，高下不相慕，其民故曰㊣朴（矦部）。

《素问·生气通天论》：

阴不胜其㊣阳，则脉流薄疾，并乃㊣狂（阳部），阳不胜其㊣阴，则五脏气争，九窍不㊣通，是以圣人陈阴阳，筋脉和㊣同，骨髓坚固，气血皆㊣从（东侵借韵）。阴气者，静则神㊣藏，躁则消亡,饮食自倍,肠胃乃伤(阳部)。凡阴阳之要,阳密乃固,两者不和,若春无秋,若冬无夏(音互),因而和之,是谓圣度(鱼部)。

《灵枢·根结第五》:

阴阳相移,何写何补。奇邪离经,不可胜数。不知根结,五脏六腑。折关败枢,开阖而走。阴阳大失,不可复取,九针之元(按本作"玄",以避康熙帝玄烨讳改字),要在终始(之候鱼借韵)。故能知终始,一言而毕,不知终始,针道咸绝(叶全术反。脂祭通韵)。刺不知逆顺,真邪相搏(布,入声),满而补之,则阴阳四溢,肠胃充郭,肝肺内膜,阴阳相错(鱼部)。虚而写之,则经脉空虚,血气竭枯,肠胃僻辟,皮肤薄著(平声)。毛腠夭膲,予之死期(之鱼借韵)。故曰用针之要,在于知调阴与阳,精气乃光,合神与气,使神内藏(阳部)。

从以上几篇之例,亦可看出,古籍韵文,原皆朗朗上口,然由于历久音变,今日读之,有的则不便上口。经标明古音,按法读之,则仍合韵文之例。

顾、江二氏借助古籍保留之资料,对古音之研究,均卓有成效,虽然其对古音之归部等有关问题,后人尚有异议。但其借助于古籍,以声训法研究古音之功,则启迪于后学甚多。

从以上诸例可见,声训之法,对于古医籍之习读或整理,亦颇有重要意义。

3. 义训

义训者,不借助于字音与字形而直陈语义的方法。从解释词与被解释词的关系看,根据中医古籍注释常见之例,举例说明。

(1) 同义相训:即从一个词去解释另一个同义词。如:

《素问·上古天真论》:"以恬愉为务。"王冰注:"恬,静也。愉,悦也。"

《素问·四气调神大论》:"反顺为逆,是为内格。"王冰注:"格,拒也。"

《太素·顺养》:"水冰地坼。"杨上善注:"(坼)敕白反,分也。"

又:"夏三月,此为蕃秀。"杨上善注:"蕃,代元反,茂也。"

《注解伤寒论·辨脉法第》成无己注:"血主濡之。"释音:"濡,汝朱切,润也。"

(2) 以狭义释广义:即以狭义之语词解释广义之语词。如:

《素问·阴阳应象大论》:"生杀之本始。"王冰注:"寒暑之用也。"此以寒暑释"生杀"。详寒暑仅生杀之一端也。

《素问·金匮真言论》:"经有五风。"王冰注:"经谓经脉,所以流通营卫血气者也。"详经者大概念,经脉者,经之一也。此犹以小释大也。

《灵枢·经脉》:"足厥阴之别……结于茎。"张志聪注:"茎,阴茎。乃前之宗筋。"

(3) 设立界说:又称义界。即给语词所标志的事物下定义。由于单词义训,往往因单词逞多义,释义有时不够明确。故尝取多词组,联合说明某一事物的定义。如:

《素问·上古天真论》:"女子二七而天癸至。"张介宾注:"夫天癸者,天之水,干名也。

故天癸者，言天一之阴气也。气化为水，因名天癸。”

又：“月事以时下。”王冰注：“所以谓之月事者，平和之气，以三旬而一见也。”

《素问·六节藏象论》：“五运相袭。”王冰注；“五运谓五行之气，应天之运而主化者也。”

（4）描述形象：即对客观具体事物的性、状，加以描述。

《素问·六节藏象论》：“立端于始，表正于中。”张志聪注：“上古树八尺之臬，度其日出入之影，以正东西，参日中之影与极星，以正南北。”

《太素·顺养》：“肠鸣飧泄”杨上善注：“飧，音孙，谓食不消，下泄如水和饭也。”

《新修本草》食茱萸注：“叶似柿，两叶相当，子细口如牛李子，生青熟黑，其木坚重，煮汁赤色。”

（5）比拟事物：即以两种不同事物，加以比拟，显示事物的某些特点，以表示词义。如：

《重修政和经史证类备用本草·旋覆花》引陶隐居云：“出近道下湿地，似菊花而大。又别有旋菖根，出河南来北国，亦形似芎藭，惟合旋菖羔用之，余无所入，非此旋菖花根也。”

又虎掌引陶隐居云：“近道亦有，形似半夏，但皆大，四边有子如虎掌。今多破之。”

以上为义训常用之一般方法。

（二）据境索义

据境索义，前人亦称观境为训、依文为训、随文为训等。周大璞先生《训诂学初稿》云：“境，指语言的环境，也有人叫做语场。据境索义就是根据语词所处的语言环境，以推求语词的准确解释。”并提出根据对文推敲、根据上下文句推敲、根据词例推敲、根据修词手段推敲、根据行文条理次第推敲等主要作法，亦合于古籍的现实情况。而古医籍注释，犹需十分注意文理与医理的关系。如：

《灵枢·本藏》：“广胸反骹者肝高，合胁兔骹者肝下。”《甲乙经》卷一第五“兔”作“脆”，《太素·五藏命分》作“菟”，菟与兔通。杨上善注：“骹，足胫也。反，前曲出也。”张介宾注：“胫骨近足之细处曰骹。今详此反骹、兔骹以候肝，似以胁下之骨为骹也。反骹者，胁骨高而张也。兔骹者，胁骨低合如兔也。”张志聪注：“骹者，胸胁交分之扁骨。”按骹，《说文》、《切韵》等古字书皆训胫部，杨上善注乃本于此。然二张之注，皆意识到骹字从本字为训，于医理难通。而其解文，尤难为据。且胫与肝无特殊联系，义当属胸胁部。详《千金》卷十一第一作“危骹”，是兔与危为形近误。危当为脆之坏文。又详有“髇”字，《集韵·小部》：“髇，胁骨，或作膘。”《说文通训定声·小部》：“字亦作胁。《素问·玉机真脏论》注：胁者，重胁之下，夹脊两旁空软处也。”髇读如摇，与骹为叠韵。故疑骹为髇之假。若如是则文安义顺，合于医理也。

日本伊藤馨《伤寒论文字考》消息：“十六卷中，数用‘消息’字，此二字凡有三义。平脉法曰：‘消息诊看，料度腑脏。’此消息字，谓详察也。及《赤水玄珠》曰，‘消息者，言详细审察’是也。霍乱篇曰：‘吐利止而身痛不休者，当消息和解其外，宜桂枝汤小和之。’此消息字，谓节度起居饮食而摄养也。《挥尘录》曰，‘消息谓进退摄养’是也。《金匮·痉病篇》曰：‘弦数者，风发也，以饮食消息止之。’此消息字，谓加减也。《祖廷事苑》曰，‘消，尽也。息，生也，谓可加即加可减即减’是也。唐泽德夫曰，虽后世医书，用‘消息”字，似有此三义，《千金方》少小婴孺方，小儿杂病第九，蒲黄汤方后云：‘消息视儿，羸瘦半之。’此消息，亦盖详察之义。又论治病略例曰：‘若初瘥，气力未甚平复者，但消息之。须服药者，当以平药和之。’

此消息，则节度起居饮食，而摄养之义。又婴孺方初生出腹第三，甘草汤方后云：'如得吐，余药更不须与；若不得吐，可消息。'又芫花圆方后有'当以意消息与服之'之文。此消息，并是加减之义。馨得此说，益足徵愚说。"按此对"消息"二字，根据各文之语言环境，所作之不同训释，即据境索义也。

又如"阴阳"二字，在中医古籍中，作为一个词语的运用，也可谓最为普遍与广泛。由于其语言环境的不同，虽均为代表事物互为对立而又互为联系的两个方面，但有时为浑言，有时为具指。因此，在训释语义时，则需加以具体说明。今以《素问》、《灵枢》中所言为例。

《素问·阴阳离合论》："黄帝问曰：余闻天为阳，地为阴；日为阳，月为阴。大小月三百六十日成一岁，人亦应之。今三阴三阳，不应阴阳，其故何也？岐伯对曰：阴阳者，数之可十，推之可百，数之可千，推之可万，万之大，不可胜数，然其要一也。"又《素问·五运行大论》："夫数之可数者，人中之阴阳也。然所合数之可得者也。夫阴阳者，数之可十，推之可百，数之可千，推之可万。天地阴阳者不以数，推以象之谓也。"《灵枢·阴阳系日月》："且夫阴阳者，有名而无形。故数之可十，离之可百，散之可千，推之可万。此之谓也。"详此三篇所论，虽然文字方面，略有出入，但其旨义则均同。意在说明，阴阳这一概念，既是对天地万物对立互根现象之概括，则不可局限于某一有形之物。然其离散于具体事物，则何止万千。因而对经文中诸言及"阴阳"者，欲明其文义，必根据其语言环境而求取之。如：

《素问·上古天真论》："上古之人，其知道者，法于阴阳。"王冰注："夫阴阳者，天地之常道。"又"阴阳合，故能有子。"王冰注："男女有阴阳之质……二者通合，故能有子。《易·系辞》曰：男女媾精，万物化生。此之谓也。"

《素问·四气调神大论》："是以圣人春夏养阳，秋冬养阴，以从其根。"王冰注："春食凉，夏食寒，以养于阳；秋食温，冬食热，以养于阴……故以斯调节，从顺其根。"高士宗注："夫四时之太少阴阳者，乃万物之根本也。所以圣人春夏养阳，使少阳之气生，太阳之气长；秋冬养阴，使太阴之气收，少阴之气藏。养阴养阳，以从其根。"详本篇原有"此春气之应养生之道也"、"此夏气之应养长之道也"、"此秋气之应养收之道也"、"此冬气之养藏之道也"四语，此正言"春夏养阳，秋冬养阴"之道。养阳者，养生气、养长气；养阴者养收气，养藏气也。王氏未注意全文大环境，故注非，高氏之注，则切中文义。

《素问·阴阳应象大论》："阴阳者，天地之道也。"王冰注："谓变化生成之道也。《老子》曰：万物负阴而抱阳，冲气以为和。《易·系辞》曰：一阴一阳之为道。"按此文为抽象之义，王注特再引《易·系辞》语互证，甚是。

《灵枢·寿夭刚柔》："人焉受气，阴阳焉会。"椐后文云："营在脉中，卫在脉外，营周不休，五十而复大会，阴阳相贯，如环无端。"是则此言"阴阳"者，当指营卫而言。

《灵枢·口问》："夫百病之始生也，皆生于风雨寒暑，阴阳喜怒，饮食居处，大惊卒恐，则血气分离，阴阳破败，经络厥绝，脉道不通，阴阳相逆，卫气稽留，经脉虚空，血气不次，乃失其常。"按本文前后有三次言及"阴阳"，然义则不一。详"阴阳喜怒"之"阴阳"，房中也。此前后文均言具体病因，故此亦当为病因。因房劳致病者，如《素问·上古天真论》"醉以入房"。房中术称"阴阳"者，如《医心方》卷二十八至理第一引黄帝问素女曰："能知阴阳之道，悉成五乐。"又引《玄女经》云："黄帝问玄女曰：吾受素女阴阳之术。"此言"阴阳之道"、"阴阳之术"，皆指房中而言。"阴阳破败"之"阴阳"，承上文"血气分离"而言。血为阴，气为阳，故此言"阴阳"者，气血也。"阴阳相逆"之"阴阳"，承上文"脉道不通"而言。经脉有手、足阴阳之分,故此言"阴阳"者,经脉也。

在《素问》、《灵枢》中,不仅尚有多种"阴阳"之例,而其他语词亦多有此类情况,其他古医籍亦皆如是。若不辨其语言环境,尝可因文同而互为混淆,如是则语义不明矣。

又如"大气"一词,在《素问·灵枢》中,共出现过十四次之多,而其含义并不尽同。亦需根据其语言环境,求取其本义。如《素问·离合真邪论》:"故候呼引针,呼尽乃去,大气皆出,故命曰泄。"王冰注:"大气,谓大邪之气,错乱阴阳者也。"又"候吸引针,气不得出,各在其处,推阖其门,令神气存,大气留止,故命曰补。"王冰注:"此大气谓大经之气,流行荣卫者。"此篇前后两言大气,王注根据原文义境所言补写之不同刺法,故一训"大邪之气",一训"大经之气"。又如热论:"厥阴病衰,囊纵少腹微下,大气皆去,病日已矣。"气穴论"肉分之间,溪谷之会,以行荣卫,以会大气。"详此两篇中所言"大气",义亦非一。又如《灵枢·病传》:"大气入脏,腹痛下淫,可以致死,不可以致生。"五味:"谷始入于胃,其精微者,先出于胃之两焦,以溉五脏,别出两行营卫之道。其大气之搏而不行者,积于胸中,命曰气海。"详此两处所言"大气",前者言病传之大气,后者言水谷所化之大气,义之不同,亦显而可见。

从以上诸例可见,有诸语词,虽然名同,而义则有别,似此等"名同实异"之文,必须通过分析语境,相互比较,方可求得本义。

(三) 考证的方法

考证,亦称考据。考证的方法,指对古籍文字的意义和古代名物、典章制度等进行研究、考核、辨证,求其证据,说明史实的方法。由清代始兴,清·崇尚汉人治学精神,主张实事求是地阐明古义,故又称"汉学"或"朴学"。如清·冯桂芬《阙里致经堂记》:"汉学善用考据,凡名物、象数、文字形声、训诂,非汉儒不传。"

考证的方法,大致为汇集有关资料,以校勘厘正本文,训诂贯通字义。在中医古籍中,存有诸多医学及与医学有关的名物、典章制度及文字方面的问题,故亦需以考证的方法,加以解决。如:

《素问·皮部论》害蜚、枢持、关枢、枢儒、害肩、关蛰等名,诸家说解均望文生义。日本丹波元简《素问识》中,通过对文字与名物的考证,结合《素》、《灵》文义,训释为是。今举其一例,害蜚:"马(按此为马莳)云:阳明而云害蜚者,阳气自盛,万物阳极,则有归阴之义,故曰害蜚。物之飞者,尤为属阳也。吴(按此为吴崑)云:害与阖同,所谓阳明为阖是也。蜚,蠢动也。盖阳明者,面也。面者,午也。五月阳气蠢动,而一阴气上,与阳始争,是阖其阳也。张(按此为张介宾)云:蜚,古飞字。蜚者,飞扬也。言阳盛而浮也。凡盛极者必损。故阳之盛也在阳明;阳之损也,亦在阳明。是以阳明之阳,名曰害蜚。高(按此为高世栻)云:阳明之阳,行身之前而主阖,阖则不开,有害于飞,故曰害蜚。蜚犹开也。简按:诸注未允。盖害盍阖,古通用(《尔雅·释言》:害,盍也。郭注:盍,何不也。或作害。《庄子·则阳篇》曰:阖尝舍之。注:何不试舍其所为乎)。《尔雅·释宫》:阖,谓之扉。疏:阖,扇也。《说文》曰:阖,门扇也。一曰闭也。蜚,音扉。害蜚,即是阖扉,门扇之谓。离合真邪论曰:阳明为阖。义相通。"详丹波氏所举诸注,因对语词,未加考释,故诸多推论,尽谬。丹波氏据诸古籍,考其音义,明其通假,详其语境,则义甚明了。

又《素问·标本病传论》:"脾病身痛体重……十日不已死,冬人定,夏晏食。"王冰注:"人定谓申后二十五刻。晏食谓寅后二十五刻。"马莳注:"冬之人定在亥,以土不胜水,故冬死于人定。夏之晏食在寅，以木来克土，故夏死于寅也。”吴崑注：“冬人定，亥也。夏晏食，巳也。”高士宗注：“冬之人定在戌，夏之晏食亦在戌。”按以上诸注，说解不一。详《左传·昭公五年》：“日之数十，故有十时，亦当十位。”杜预注：“日中当王，食时当公，平旦为卿，鸡鸣为士，夜半为皁，人定为舆，黄昏为隶，日入为僚，晡时为仆，日昳为台。”孔颖正义：“位以王、公、卿为三，日以中、食、旦为三。日上其中，知从中而右旋配之也。”是知杜注时位，是按逆时钟方向排列，则人定位当黄昏与夜半之间。又《淮南子·天文训》无“人定”之名，黄昏之后，有“定昏”，或与人定义同。又云：“（日）至于曾泉，是谓早食。至于桑野，是谓晏食。”又《淮南子·地形训》：“东方曰棘林，曰桑野。”是则晏食在早食之后，应东方时位，当在辰后也。诸言在巳、在戌，或以为晚饭时者，均误。

《伤寒论·厥阴病》：“伤寒始发热六日，厥反九日而利。凡厥利者，当不能食，今反能食者，恐为除中，食以索饼，不发热者，知胃气尚在。”成无已注：“食以索饼试之，若胃气绝，得面则必发热，若不发热者，胃气尚在也。”方有执注：“索当作素……素，常也。谓以素常所食之饼饵饲之，一颐其情也。一说无肉曰素，谓不令犯食禁也。”张志聪注：“夫索饼，麦饼也，麦乃肝之谷，能胜胃土。”柯琴《伤寒来苏集》迳将索饼改“素饼”。陈修园与张锡驹等，皆沿袭张志聪说。又钱潢《伤寒溯源集》：“索饼者，疑即今之条子面及馓子之类，取其易化也。日本丹波元简《伤寒论辑义》：“案方云，索当作素……张志聪云，索饼，麦饼也，此说非也。刘熙《释名》云：‘饼，并也。溲面使合并也。蒸饼、汤饼、蝎饼、髓饼、金饼、索饼之属，皆随形而名之。’《缃素杂记》云：凡以面为食具，皆谓之饼。清·来集之《倘湖樵书》云：今俗以麦面之线索而长者，曰面；其圆块而匾者，曰饼。考之古人，则皆为饼也。汉·张仲景《伤寒论》云：食以索饼。饼而云索，乃面耳。此汉人以面为饼之一证也。知是钱氏为条子面者，确有依据也。”按丹波所考甚是。又《释名》王先谦疏证：“成蓉镜曰：索饼，疑即水引饼，今江淮间谓之切面。”清·俞正燮《癸巳存稿·面条子》：“索饼，乃今面条之专名。”凡诸如此者，必考之于名物，不得臆测。诸家之释误者，未之考也。

又《实用中医文献学·小学与训诂》训诂的步骤与方法举例有元·王好古《汤液本草》序：“《医垒元戎》、《阴证略例》、《癍论萃英》、《钱氏补遗》等书安乐之法，《汤液本草》统之。”考：“‘安乐’，即案荥。《史记·秦始皇本纪》：‘安士息民。’唐·司马贞索隐曰：‘贾谊《书》，安作案。’案亦通按。马王堆医帛书《五十二病方》：‘止血出者，燔发，以安其痏。’安即按。《说文》：‘按，下也。’乐通荥，《诗·陈风·衡门》：‘泌泌洋洋，可以乐饥。’毛注：‘鲁、韩乐作疗。’郑玄笺：‘饥人见之，可饮以㾝饥。’是则，郑训乐为㾝。《五十二病方·干瘙方》：‘节（即）炙裹乐。’乐即药。《说文》：‘㾝，治也，从疒乐声，或从尞。’《孔子家语·正论》：‘不如吾所闻而荥之。’注：‘荥疗也。’与《素问·骨空论》‘数刺其俞而药’之药义同。可证古乐、㾝、疗、荥音义通。‘安乐’即按荥，犹言下药、用药、遣药。”

由于中医古籍，多留有后世已不习用之古代语词、名物，古代史事、典籍等，欲明其义，常需借助各种现存文献、出土文物等有关资料，进行考证。故考证法，亦为古籍训释重要方法之一。

（四）阐发医理

对古医籍之注释，文理固然是基础，但更重要的是阐发医理。这当然是由学科内容的特点所决定的。阐发医理，虽属注释古医籍目的要求之一，然就方法论的角度论，从哪些方面加以阐发和怎样阐发，也是个方法问题。现根据前人之注释，选其要者，举例说明。

1. 阐发哲理

阐发哲理，即对医学文献中所引之哲理性内容，或内容中所含之哲理加以阐发。如：

《素问·四气调神大论》："夫四时阴阳者，万物之根本也。所以圣人春夏养阳，秋冬养阴，以从其根。"王冰注："时序运行，阴阳变化，天地合气，生育万物，故谓之根，悉归于此。阳气根于阴，阴气根于阳。无阴则阳无以生，无阳则阴无以化。全阴则阳气不极，全阳则阴气不穷……"此重在阐明阴阳为万物生化之根本及阴阳互根之理。

《太素》卷二顺养："夫治民与治自(按自"为"身"之坏文)，治彼与治此，治小与治大，治国与治家，未有逆而能治者，夫唯顺而已矣。"注："人与己、彼此、大小、国家八者，守之取全，循之取美，须顺道德，阴阳物理。故顺之者吉，逆之者凶，斯乃天之道。"此注进一步强调了事物的自身规律，故需"守之取全，循之取美"。全者，不可偏也。美者，善好不缺也。

《类经》卷一第一："阴阳者，天地之道也。"注："道者，阴阳之理也，阴阳者，一分为二也。太极动而生阳，静而生阴。天生于动，地生于静。故阴阳为天地之道。"此注特根据《易》学太极生两仪、两仪生四象之说，进一步说明天地阴阳"一分为二"之自然法则，以解经文。

《素问·五运行大论》："帝曰：主岁何如？岐伯曰：气有余则制己所胜，而侮所不胜；其不及则己所不胜侮而乘之，己所胜轻而侮之。"王冰注："木余则制土，轻忽于金，以金气不争，故恃其余而轻侮也。又木少金胜，土反侮木，以木不及，故土妄凌之也。四气卒同。"详此以五行生克之理，以释本文。原文系言五运之气，当其主岁之时各有"有余"、"不足"之变，则或"制己所胜"，或被己所胜"侮而乘"，讲的是一个普遍性的法则。而注文则以木气为例，衍释其义。此以具体事物以释抽象理论之一体也。

《素问·标本病传论》："夫阴阳逆从标本之为道也，小而大，言一而知百病之害；少而多，浅而博，可以言一而知百也。"王冰注："著之至也，言别阴阳，知逆顺，法明著，见精微。睹其所举则小，寻其所利则大。以斯明著，故言一而知百病之害。言少可以贯多，举浅可以料大者，何法之明，故非圣人之道，孰能至于是耶。故学之者，犹可以言一而知百病也。博，大也。"详王氏此注，虽未能完全摆脱上智的"圣人之道"这种历史的局限性，但对本文的注释，并非以具体事物为限，而是从哲理的高度以解，自是理切而义深。

2. 引经据古互证

引经据古互证，即引用经典古籍中的文字，以证明或说明本文之旨义者。此种注法，在诸多各类注本中最为多见，也是前人注释尝用的方法。所引经典古籍之文，包括医家、儒家、道家及诸子类古典著作。如：

《素问·上古天真论》："上古之人，其知道者，法于阴阳，和于术数。"王冰注："上古谓玄古也。知道谓知修养之道也。夫阴阳者，天地之常道也。术数者，保生之大伦。故修养者，必谨先之。《老子》曰：'万物负阴而抱阳，冲气以为和。'四气调神大论曰：'阴阳四时者，万物之终始，死生之本，逆之则灾害生，从之则苛疾不起，是谓得道。'此之谓也。"详王氏此注，大致可分四个层次。第一，先释"上古"与"知道"两个辞语。第二，释全文旨义。第三，引《老子》与《素问·四气调神大论》文互证。第四，"此之谓也"为缀文结语。这是一种典型的引经互证的例文。

《太素》卷十督脉:“督脉起于少腹,以下骨中央,入系庭孔。其孔,溺孔之端。”注:“此脉起少腹,循阴器,上至目内眥,复上额交颠入脑,还出,别下项,侠脊,入循膂。络肾。然后别从肾上而至还于肾。《九卷》:别于畜门,上额循颠,下项脊,入骶,络阴器,入齐中,上入缺盆。二经相证,督脉之逆,显然。”详此注先据本篇文义,述督脉之大概,复引《九卷》文(今《灵枢·营气》存此文),以与此《素问》文相互证,以示二经各具异说。此引经互证之又一体也。

《注解伤寒论·辨脉法》:“其脉浮而汗出如流珠者,卫气衰也。”注:“《针经》云:‘卫气者,所以温分肉,充皮毛,肥腠理,司开阖者也。’脉浮汗出如流珠者,腠理不密,开阖不司,为卫气外衰也……”此注先引《针经》文(今在《灵枢·本脏》),以举卫气之职能为证,后释本文之义。此犹以正证反之法。《针经》言者,卫气之常也。本文言者,卫气变也。

又“寸口脉浮而紧,浮则为风,紧则为寒。风则伤卫,寒则伤荣,荣卫俱病,骨节烦疼,当发其汗也。”注:“《脉经》云风伤阳,寒伤阴。卫为阳,荣为阴。风为阳,寒为阴。各从其类而伤也。《易》云,水流湿,火就燥者矣。卫得风则热,荣得寒则痛。荣卫俱病故致骨节烦痛。当与麻黄汤发汗则愈。”此注先引《脉经》文复引《易经》文。以证各从其类而伤之义;后释本文,其义自明。

按上引成无己《注解伤寒论》注文二例,在引经的处理方式上,皆先引经文,后释本文。与上例先释本文,后引经文者,其形式虽有所别,然互证之旨则同。

3. 推求病因

中医学之病因学说,诸如对病因之分类,病因之辨析等,乃是建立在辨证求因的基础上。因此,对古医籍中,有关病因的注释,亦皆遵循此法,根据证候,以推求病因。如:

《素问·调经论》:“夫邪之生也,或生于阴,或生于阳。其生于阳者,得之风雨寒暑;其生于阴者,得之饮食居处,阴阳喜怒。”张介宾注:“风雨寒暑生于外也,是为外感,故曰阳;饮食居处,阴阳喜怒生于内,是为内伤,故曰阴。”详此注,特将经文论病因文,约为外感、内伤两大类。此亦根据本篇经文下文论风雨寒湿及喜怒不节等发病之情状而约言之。

《金匮要略》卷一第一:“千般疢难,不越三条,一者经络受邪入脏腑,为内所因也;二者四支九窍,血脉相传,壅塞不通,为外皮肤所中也;三者房室金刃,虫兽所伤。以此详之,病由都尽。”徐彬注:“千般疢难,不越三条。一者邪从经络脏腑,发自内而深,为内所因;二者病从四肢九窍皮肤,沿流血脉而浅,为外所因;三者病从王法、房室、金刃、虫兽而生,虽渐及经络,而非经络之谓,虽害于皮肤,而非皮肤之谓。为不内外因。”详此注亦在进一步说明三因之义。

按以上二例之注文,旨在对经文所论病因,进行理论上的概括或说明,并没有过多的具体解析。此等注文多偏重在病因理论方面的推求。

4. 阐述病机

阐述病机者,说明病变之机理也。凡人之生也,自有其正常之生理活动,及至发病,则正常之生理活动受到一定影响而有所改变,亦有其机理在焉,是谓病机。注释之阐述病机,尝有两种方式,一则对原属陈述病机性条,进一步解说,一则对某病变、证候加以病机性阐述。如:

《太素·调阴阳》:“营气不顺,逆于肉理,乃生痈腫。”注“脉肉营气,为邪气伤,不得循脉,阴阳相注。故逆于肉理,败肉即生痈也。”详此文本为病机性者,注文则是对原文的进一步说明。如释“营气不顺”为“不得循脉,阴阳相注”,则更为明确地指出系营气不能循行于脉中,阴阳之脉,亦不得互相流注。后特点出“败肉”二字,为痈肿之由。此注文虽简,于理亦明。

《素问病机气宜保命集》卷上病机论:“诸热瞀瘛,皆属于火。”注:“热气胜则浊乱昏昧也。瞀乃昏也。经所谓病筋脉相引而急,名曰瘛者,故俗谓之搐是也。热胜风搏并于经络,故风主动而不宁。风火相乘,是以热瞀瘛而生矣……”详此文本《素问·至真要大论》文,守真特为摘出,重点加以阐发,为病机之纲领性条文。此引文乃其中之一。此条文原系对因火所致“诸热瞀瘛”的概括,注文则是对原文的进一步阐发。

《素问·刺热篇》:“心热者,先不乐数日乃热,热争则卒心痛,烦闷善呕,头痛面赤,无汗。”王冰注:“夫所以任治于物者谓心。病气入于经络,则神不安治,故先不乐数日乃热也。心手少阴脉,起于心中,其支别者,从心系上侠咽;小肠之脉直行者,循咽下膈抵胃,其支别者,从缺盆,循颈上颊,至目外眦。故卒心痛,烦闷善呕,头痛面赤也。心在液为汗,今病热,故无法以出。”详王氏此注,对此种证候型原文的说解方式,具有一定的代表性,其特点为:一者举正常生理功能,以释病候。如本条先举出“所以任治于物者谓心”一句,后解云“病气入于经络,则神不安治,故先不乐数日”。一者举经脉循行部位,以示诸病候之所在部位,与经脉相应也。如上文举心与小肠之脉即是。此种注释方式,后世注家,亦多仿效者。

5. 辨析证候

辨析证候者,辨别解析疾病之证候。凡病有病同而证异者,有病异而证同者,同异之差,必当辨析,以免混同。如:

《伤寒贯珠集》卷一太阳篇上:“太阳病或已发热,或未发热,必恶寒,体痛呕逆,脉阴阳俱紧者,名曰伤寒。”注:“窃尝考诸条,中湿、风湿,并兼体痛;中风、中热,俱有恶寒;风邪上壅,多作干呕;湿家下早,亦成哕逆。故论太阳伤寒者,当以脉紧无汗身不即热为主;犹中风以脉缓多汗身热为主也;其恶寒、体疼、呕逆,则以之合证可耳。不言无汗者,以脉紧该之也。”详此注为典型的辨析证候之例。全注分四层:第一层言病异证同之例;第二层,指明主证;第三层,点出合证;第四层指出举脉该证之例。此注言简而明,论详而要,颇具法度之用。

《伤寒来苏集》卷一桂枝汤证上:“太阳病,头痛发热,汗出恶风者,桂枝汤主之。”注:“此条是桂枝本证,辨证为主,合此证即用此汤,不必问其为伤寒、中风、杂病也。今人凿分风寒,不知辨证,故仲景佳方置之疑窟。四症中头痛是太阳本症,头痛发热恶风,与麻黄症同。本方重在汗出,汗不出者,便非桂枝症。”详此注亦重在辨证,并指出太阳病之本证,桂枝汤证与麻黄汤证之共有证,桂枝汤证之特有证。并点明“辨证为主,合此证即用此汤,不必问其为伤寒、中风、杂病也”之义,对仲景诸方之辨证用药,有普遍性意义。

《金匮要略》卷上第五:“夫风之为病,当半身不遂,或单臂不遂者,此为痹。脉微而动,中风使然。”徐彬注:“此段所重,不就风病,详出其证,重在半身与臂,辨其是风非风,庶不至误治也。谓风之为病,原由阳虚,外邪得以袭之。阳虚则不止一肢一节矣。即云各入其门户所中,而为偏风,不及全体,亦当半身不遂。不遂者,不用也。若但臂不遂,譬如树之一枝,何关全体阳气也?故曰此为痹。痹者,闭也,不仁也。谓一节之气,偶闭而不仁也。于是证之于脉,必微而数。微者,阳之微也。数者,风之数也。曰中风使然,谓风乘虚入,而后使之半身不遂也。”详此注亦分多层述说,第一层先指出本文“重在半身与臂,辨其是风非风”;次则围绕经文,详述风与痹之辨;再次释风之脉,末释风之因,重点突出辨证,然后展开论述。

6. 阐发义理

阐发义理,为注释医理之重要方法,此多用于文辞隐奥,语言简括,义理幽深处,需赖注释加以发挥之,探索之,以阐明其义。此历来注疏家所注重者,亦为其常用之注释方法。如:

《素问·至真要大论》:“有者求之,无者求之。”王冰注:“热不得寒是无火也,寒不得热是无水也。夫寒之不寒责其无水,热之不热,责其无火。”又“诸寒之而热者取之阴,热之而寒者取之阳。所谓求其属也。”王冰注:“言益火之源,以消阴翳;壮水之主,以制阳光。故曰求其属也。”王冰这二段注文,甚得经义之要旨,对益火壮水之治法,在理论上有很大发展。后世医家遵为格言,不以为过。

《太素·阴阳合》:“太阳为关,阳明为阖,少阳为枢”。注:“三阳离合为关阖枢,以营于身也。其为门者,具有三义,一者门关,主禁者也。膀胱足太阳脉主禁津液,及于毛孔,故为关也;二者门阖,谓是门扉,主关闭也。胃足阳明脉,令真气止息,复无留滞,故名阖也。三者门枢,主转动者也,胆足少阳脉纲维诸骨,令其转动,故为枢也。”又“太阴为关,厥阴为阖,少阴为枢。”注:“三阳为外门,三阴为内门,亦有三者……”杨上善这两段注文,将《内经》有关“气门”的理论,作了具体阐释,对阐发经旨有重大学术价值。

《伤寒来苏集·太阳脉证》:“吐利止而身痛不休者,当消息和解其外。”注:“吐利是脏腑不和,非桂枝汤所治。止后而身痛不休,是营卫不和,非麻黄汤所宜,和解其外,惟有桂枝一法,消息其宜,更有小与之法也。盖脉浮数身痛。本麻黄之任。而在吐下后,则反属桂枝,是又桂枝之变脉变证,而非麻黄之本证本脉矣。”柯氏此注,先明其本证,非属麻桂,又析变证,亦非麻桂之证,故特以桂枝法小与之。说理透彻,解析明了。

《温热经纬·叶香岩外感温热篇》:“温邪上受,首先犯肺,逆传心包。”王士雄注:“盖温邪始从上受,病在卫分,得从外解,则不传矣。第四章云:不从外解,必致里解,是由上焦气分以及中下二焦者为顺传。惟包络上居膻中,邪不外解,又不下行,易于袭入,是以内陷营分者为逆传也。然则温病之顺传,天士虽未点出,而细绎其议论,则以邪从气分下行为顺,邪入营分内陷为逆也。”王氏此注,不仅解逆传之理,且又悟出顺传之义。故杨素园评之曰:二语最精确。

清·罗美《古今名医方论》六味地黄丸方引柯韵伯曰:“肾虚不能藏精,坎宫之火无所附而妄行,下无以奉春生之令,上绝肺金之化源。地黄禀甘寒之性,制熟味更厚,是精不足者补之以味也,用以大滋肾阴,填精补髓,壮水之主。以泽泻为使,世或恶其泻肾而去之,不知一阴一阳者,天地之道,一开一阖者,动静之机。精者属癸,阴水也,静而不走,为肾之体;溺者属壬,阳水也,动而不居,为肾之用,是肾主五液。若阴水不守,阳水不流,则邪水逆行。故君地黄以护封蛰之本,即佐泽泻以疏水道之滞也。然肾虚不补其母,不导其上源,亦无以固封蛰之用。山药凉补,以培癸水之上源,茯苓淡渗,以导壬水之上源,加茱萸之酸温,籍以收少阳之火,以滋厥阴之液,丹皮之辛寒,以清少阳之火,还以奉少阳之气也。滋化源,奉生气,天癸居其所矣,壮水制火,特其一端耳!”柯氏此解,可谓得本方之真谛矣,故罗美赞之曰“精识、精论”。他不仅说明了六味地黄丸组方之要义与诸药间的关系,而且揭示了一条组方有

"相反相成"的原则,在理论上有重要意义。后世言本方具三补三泻之用者,即本于柯说。

第四节 旧注误释举例

诸多中医古籍,前人注释,无论在注释体裁、注释方法、注释内容等方面,均取得了很大成就,为后人在阅读、运用和整理等方面,提供了方便,但注释作为一种学术而论,总有其时代的局限性,作为一个从事注释工作的学者,除受其时代的局限性所制约外,亦总有其掌握知识范围的局限性。因此,在前人的注释中,亦难免由于各种局限性的因素,造成某些误释。为了接受前人的经验教训,非在示古人之短。更重要的是为了提高阅读和整理古医籍的能力,提高注释水平,发展注释学术,进一步总结其致误的原因,具有十分重要的意义。根据历代注家释文,其中除因对文义理解有误,或对文义理解不彻,而导致某些误释外,其他方面的原因亦有许多。今择要举例说明。

一、曲就误文而释误例

曲就误文者,由原文有误,而注者未详,曲就误文,故致释误。如:

(1)《素问·上古天真论》:"以欲竭其精,以耗散其真。"王冰注:"乐色曰欲,轻用曰耗。乐色不节则精竭;轻用不止则真散。"新校正云:"按《甲乙经》耗作好。"

《素问校义》澍按:"以耗散其真与以欲竭其精,句义不对,则皇甫本作'好'是也。好读'耆好'之好,好亦欲也(凡经传言耆好,即耆欲。言好恶,即欲恶。《孟子·告子篇》所欲有甚于生者,《中论·夭寿篇》作所好。《荀子·不苟篇》欲利而不为所非,《韩诗·外传》作好利)。作耗者,声之误也。"

按本文王冰从本字为训,首由林亿等新校正指出《甲乙经》有异文作"好",清·胡澍又根据对文句式及文字通训,进一步说明王注有误。于义为是。

(2)《素问·四气调神大论》:"天气清净光明者也,藏德不止,故不下也。天明则日月不明,邪害空窍。"王冰注:"四时成序,七曜周行,天不形焉,是藏德也。德隐则应用不屈,故不下也……天所以藏德者,为其欲隐大明。故大明见则小明灭,故大明之德不可不藏,天若自明,则日月之明隐矣。"

详此文《太素·顺养》作"天气清净光明者也,藏德不上故不下,上下则日月不明,邪害空窍。"注:"天设日月,列星辰,张四时,调阴阳。日以曝之,夜以息之,风以干之,雨露濡之……此谓天道,藏德不上,故不下者也……君上情在于已有私修德,遂不为德。玄元皇帝曰:下德不失德,是以有德。即其事也。"

详此文,《素问》与《太素》疑皆有误,杨上善与王冰注皆曲就文义,故愈注愈晦,义反不明矣。后来注家,大都限于原文,未得善解。

细审此文。"藏德不止",《太素》止作"上",为形近之误。止与至通,《诗·小邪·青蝇》:"营营青蝇,止于樊。"《汉书·昌邑王传》引作"至"。又《荀子·礼论》:"而社止于诸侯。"《史记·礼书》引作"至"。"天明"二字均误。《太素》作"上下",误"上"字,此句与上句为联珠句,如后文"交通不表万物命故不施,不施则名木多死。"此种联珠句式,在《素问》与《灵枢》中,多不胜举,故本文联系上句,似当作"藏德不止故不下,不下则日月不明,邪害空窍。”若此则文安义顺。盖本文重在论述天气常与变。“天气清净光明者也”，为天之常，亦天之德也；藏德不至故不下，不下则日月不明，邪害空窍”。为天之变，亦天之病也。故此后数言由于天德不至日月不明致病种种，即其义也。

二、不辨坏文而释误例

坏文者，文字残破仅余部分，误作本文而释者。如：

(1)《灵枢·五色》：“色者，青黑赤白黄，皆端满有别乡。别乡赤者，其色赤者，其色亦大如榆荚，在面王，为不日。”马莳注：“假如心色主赤，小肠亦赤，其色如榆荚之大，在于面王之部，则是小肠有病，非止于一日也。”张介宾注：“不当见而见者，非其时也，是为不日。不日者，失其常度之谓。”李念莪注：“不日者，不日而愈也。”张志聪注：“不日者，不终日而卒死也。”

详“不日”，《甲乙经》卷一第十五作“不月”。《灵枢识》：“简按：本节诸注，纷纭不一如此。今依《甲乙》不日作不月。连上文女子在于面王之章，具为女子之义，则似义稍通。”按“日”当“月”之坏文，且有《甲乙》为证。又“不月”，经文有此语，如《素问·阴阳别论》：“二阳之病发心脾，有不得隐曲，女子不月。”《灵枢·邪气藏腑病形》：“微涩为不月沉痔。”不月者，女子月水不至也。详此诸家旧注，皆不识坏文，未加考校，望文生训者也。

(2)《素问·三部九候论》：“七诊虽见，九候皆从者不死。所言不死者，风气之病及经月之病，似七诊之病而非也。故言不死。”王冰注：“风病之脉诊大而数，月经之病脉小以微，虽候与七诊之状略同，而死生之证乃异，故不死也。”马莳注：“所谓不死者，以其有风气之病，为有外邪；月经不行之病，为有妊娠，则虽有七诊之病，而实非真七诊也。”吴崑注：“风之伤人也，头先受之，则上部之脉当独大独疾独热也。经月之病，血行之余，下部之脉不足，当独小独迟独寒独陷下也，是皆似七诊之脉者而非也，故言不死。”张介宾注：“风者，阳病也，故偶感于风，则阳分之脉，或大或疾。经月者，常期也。故适值去血，则阴分之脉，或小或迟，或为陷下。此皆似七诊之脉而实非也，皆不可以言死。”张志聪注：“风气之病，病风也。病风而阴阳相离，期以日夕。如病风而阴阳和平，九候若一，不死也。经月之病，病水也。病水而沉细悬绝，期以夜半死，病水而阴阳和平，九候皆从，不死也。”

又《太素》卷十四首篇“经月”作“经间”，注：“虽有七诊死徵，九候之脉顺四时者，谓风及气，并经脉间有轻之病，见徵似于七诊，非真七诊，所以脉顺得生。”

详诸家对“经月”之解，均出于臆断，若王注等谓“月经”者，经文中无此称谓，马注谓妊娠病，无文献依据，张介宾解作“常期”，文理不通，杨上善曰“经脉间有轻之病”，增字强释。凡此等等，尽出于臆断，不合本义。按经，痉也。经、痉之初文为“巠”，故从巠之字，尝有通假者，如马王堆医书《五十二病方》痉作“颈”，《武威汉代医简》痉作“痓”，即属乎此。月、间，为“痫”之坏文。间，亦为“痫”之通假。如《五十二病方》中，痫病，均作“间”。间之古体为门中一月字，故间字坏文为“月”。是“经月之病”，当为“痉痫之病”。如《灵枢·经筋》足少阴之筋，“病在此者，主痫瘛及痉”。痉痫之病，发作之时或卒死，或惊搐，病无常候，脉无常形。故若七诊之候，然非真七诊之死证。若此，既符合文字变化的规律，亦与本文之义合。故诸家之注释皆误也。

三、虚实未详而释误例

虚实未详者，文中之虚词与实词，未能详明或以虚为实，或以实为虚，注必有误，如：

（1）《素问·生气通天论》："高梁之变，足生大丁。"王冰注："膏粱之人，内多滞热，皮厚肉密，故内变为丁矣……所以丁生于足者，四支为诸阳之本也。"新校正云："按丁生之处，不常于足。盖谓膏粱之变，饶生大丁，非偏著足也。"

《素问校义》："澍按：林氏驳注，丁生不常于足，是矣。其云足生大丁为饶生大丁，辞意鄙俗，殊觉未安。足，当作是字之误也。是犹则也。言膏粱之变，则生大丁也。"

按本文尽管胡澍对林亿等新校正之释，又出别义，然其对新校驳正王注，则予以肯定。王氏此解，以虚为实，失之矣。

（2）《灵枢·刺节真邪论》："凡刺热邪越而苍，出游不归乃无病。"马莳注："凡刺热邪，其热盛则神思外越，而意气苍茫，若出游不归，乃欲无病。"张介宾注："越，发扬也。苍，卒疾也。出游，行散也。归，还也。凡刺热邪者，贵于速散。散而不复，乃无病矣。"张志聪注："苍苍者，天之正色也。越而苍者，使邪热发越，而天真之色见矣。"《灵枢识》："简按：苍，作沧为是。沧，《说文》：寒也。枚乘传：欲汤之沧，一人吹之，百人扬之，无益也。刺热邪，宜发越而沧之也。"

按此文丹波释苍为沧则是，然诸家释"越"皆非。详此句与下文首句为对文式。下句作"凡刺寒邪曰以温，徐往徐来致其神。"热对寒，越而对曰以，苍对温。越与粤、曰作为虚词使用，均通。如《尚书·召诰》："越若来三月，惟丙午朏。"又《尚书·尧典》："曰若稽古帝尧，曰放勳。"又《汉书·律历志》："粤若二月，即死霸。"而与以亦通。如《易·系辞》："上古结绳而治。"《论衡·齐世》引作"以"。《周礼·考工记》："石有时以泐。"《说文·水部》引作"而"。是本文"凡刺热邪越而苍"，即"凡刺热邪曰以沧"，与下文"凡刺寒邪曰以温"恰成对文。诸家不识此义，以虚作实，故诸注皆误。

（3）《素问·调经论》："血之与气，并走于上，则为大厥。"吴崑注："血气，并走于上而为大厥，则无阳矣，无阳则死，故暴死。"张介宾注："血气并走于上，则上实下虚，下虚则阴脱，阴脱则根本离绝，而下厥上竭，是为大厥。"张志聪注："血之与气并逆于上，则为大逆，逆则暴死。"

按诸家注文，均将"并"字从副词为训，表共同之义，即血之与气共同走于上也。详本篇内容，多言"并"处，如血气未并、气血以并、血并于阴、气并于阳、血并于阳、气并于阴、血并于上、气并于下、血并于下、气并于上等。此言"并"，有偏并、并合之义，动词也。为一病理机制。又详本文，《甲乙经》卷六第三、《太素》卷二十四虚实所生均作"血与气并，走于上则为大厥"。是则与其他言"并"之义尽同。故知《素问》衍"之"字。注家不解此"并"字之义，以实为虚，故注文皆误。

四、不辨通文而释误例

不辨通文而释误者，以未能辨认各种类型之通文，仍从本字为训之误。如：

（1）《太素·顺养》："使志安宁，以缓秋形。"注："春之缓者，缓于紧急；秋之缓者，缓于滋盛。故宁志以缓。”详春三月者，本有“被发缓形”之语，杨注言春缓于紧急，义指此。

详“以缓秋形”之“形”，《素问·四气调神大论》作“刑”。按形与刑通。《诗·大雅·文王》：“仪刑文王。”《潜夫论·德化》引作“形”。《左传·昭公十二年》：“形民之力。”《孔子家语·正论》形作“刑”，《后汉书·陈蕃》李善注引同。是本文“秋形”之“形”为“刑”之假借，且有《素问》为证。故杨上善从本字为训，误也。

(2)《灵枢·九宫八风》：“两实一虚，病则为淋露寒热。”《太素》卷二十八“九宫八风”淋露作“淋洛”。马莳注：“盖人为露所淋，必发为寒热也。”张介宾注：“或因淋雨，或因露风，而为寒热。”张志聪注：“淋露寒热者，汗出而为寒热也。”又《灵枢·岁露论》：“故诸逢其风而遇其雨者，命曰遇岁露焉。”张介宾注：“岁露即前章淋露之义。岁则兼乎时也。”张志聪注：“风者，天之风。雨者，天之露。”

按“淋露”、“岁露”，不仅《太素》有异文，诸家说解，亦多歧义。详莫枚士《研经言·释露》：“《本草》、《灵》、《素》屡言淋露寒热，《灵枢》又以‘岁露’名篇。‘露’字人皆不晓。泉案：淋露即羸露，古者以为疲困之称。《左传·昭元年传》：勿使有所壅闭湫底，以露其体。注：露，羸也。《韩非子·亡征》：好疲露百姓。《风俗通义》：怪神大用羸露，皆此义也。字亦省作路。《诗·皇矣》：串夷载路。笺：路，瘠也。侵伐混夷以瘠之。《管子·四时》：不知四时之故，天下乃路是也。”又《广雅·释诂》：“露，败也。”王念孙疏证：“露之言落也。《方言》：露，败也。昭元年《左传》云：勿使有所壅闭湫底，以露其体。《逸周书·皇门》解云：自露厥家。《管子·四时篇》云：国家乃露。《吕氏春秋·不屈篇》云：士民罢潞。露、路、潞并通。今俗语犹云败露矣。《庄子·天地篇》：夫子阖行邪，无落吾事。谓无败吾事也。落与露亦声近义同。”又慧琳《一切经音义》卷十六：“淋，古文瀶同。”《说文通训定声·临部》：“《诗·皇矣》：与尔临衝。传：临车也。《韩诗》作隆。临隆双声……《荀子·强国》：乃在临虑。注：今属相州。按《汉书·地理志》河内郡作隆虑。临隆，一声之转，后避殇帝讳，改为林虑。今河南彰德府林县是也。”是可证淋、癃，亦声转而通。《说文·疒部》：“癃，罢病也。”罢与疲通。又淋露，亦作淋沥，如《肘后方》卷一治尸注鬼注方、《诸病源候论》卷二十三尸注候“寒热淋沥”。又作羸劣。如《证类本草》木香，引《本草经》主淋露，引《日华子本草》疗羸劣。均声近义通者。是知岁露、淋露，诸注以不辨通假，望文生义，各自为解，去经义远矣。

(3)《灵枢·决气》：“淖泽注于骨。”张介宾注：“淖泽，濡润也。液者，阴之津。谷入于胃，其气满而化液，故淖泽而注于骨。”按泽与液义通。《集韵·昔韵》：“释、泽、绎，施隻切……或作泽、绎，通作醳。”又“液、醳，渍也。《周礼》春液角。沉重读或作醳。”泽与醳皆从睪得声，泽与液，古音同。此亦声同义通。是则“淖泽”犹“淖液”。又《素问·疏五过论》：“令泽不息。”王冰注：“泽者，液也。”是此言五谷之淖液而注入于骨中，张注未详此义也。

(4)《灵枢·五十营》，马莳注：“营者，运也。脉之营行有五十度，故名篇。”按营与綮、环、还等古通。绕也，周迴也。《公羊传·庄公二十五年》：“以朱丝营社。”陆德明释文：“营，本亦作綮。”《论衡·顺鼓》及《后汉书·地理志》刘昭注引亦作“綮”。《广韵·清韵》：“綮，绕也。”《诗经·齐风·还》：“子之还兮。”《汉书·地理志》引还作“营”。《韩非子·五蠹》：“自环者谓之厶。”《说文·厶部》引环作“营”。《读书杂志·荀子·臣道》环主：“营与环古同声而通用。《春秋·六十四年》：有星孛于北斗。《谷梁传》曰：其曰入北斗，斗有环域也。环域即营域，犹营绕为环绕，营卫之环卫也……字亦作还。”是五十营者，五十环也，亦五十周也，与五十度之数正合。马注释运作动词，非是。

五、句读断破而释误例

句读断破而注释误者,即断破文句,遂致注释之误。如:

(1)《素问·阴阳应象大论》:"按尺寸观浮沉滑涩,而知病所生,以治无过,以诊则不失矣。"王冰次注本作"按尺寸观浮沉滑涩,而知病所生以治;无过以诊,则不失矣。"王冰注:浮沉滑涩,皆脉象也……故审尺寸观浮沉,而知病之所生以治之也。有过无过,皆以诊知,则所诊治,无误失也。"

详林亿等新校正云:"按《甲乙经》作'知病所在,以治则无过'。"按王氏此文断句有误,林亿等已举《甲乙经》为证。而此注亦因破句而误。

(2)《灵枢·刺节真邪论》:"凡刺小邪曰以大,补其不足乃无害,视其所在迎之界,远近尽至,其不得外侵而行之,乃自费。"马莳注:"凡刺邪之小者,虑其日以益大,故必补其不足,则真气当复而无害。又视其分部所在,以迎其气来之界而夺之,此先补不足之经,而后泻其有余之经,是以远近之真气尽至,其邪不得外侵而行之,乃自费而无留也。"张介宾注亦尽师马注。张志聪注:"小者,通会于肌腠之气虚小,故当使日益渐大,即追而补之,乃无害。视其气至之所在,而迎之于界。界者,节之交也。使上焦之神气,中焦之谷气,下焦之天真,远近尽耶,则日以大矣。侵,渐进也。费,用也。其不得外侵而行之也。乃中焦之谷气自用,不与下焦之天真合并而充身。"按诸家之注,皆望文生训,故其义愈晦。

详本文《甲乙经》卷五第二作"凡刺小邪用员针曰以大补益其不足乃无害视其所在迎之界远近尽至不得外侵而行之乃自贵。"此文"用员针"三字,为皇甫氏自《针经·九针论》(按即今《灵枢》)文移补之衬字,"益"或为衍文。费作"贵"义胜。据此,则本文应作"凡刺小邪曰以大,补其不足乃无害,视其所在迎之界,远近尽至不得外,侵而行之乃自贵。"此言用员针刺小邪之法。"侵而行之",言用此法当渐进而行之,《说文·人部》:"侵,渐进也。"非言邪气不得外侵而行之也。

六、未详词义而释误例

在古籍中有些语词,有特定的含义,若未详其词义而妄为训释,则必误也。如:

(1)《素问·阴阳应象大论》:"帝曰:法阴阳奈何?岐伯曰:阳盛则身热腠理闭,喘粗为之俛仰,汗不出而热,齿干以烦冤,腹满死,能冬不奈夏。阴盛则身寒汗出,身常清,数慄而寒,寒则厥,厥则腹满死,能夏不能冬。此阴阳更胜之变。病之形态也。帝曰:调此二者奈何?岐伯曰:能知七损八益,则二者可调,不知用此,则早衰之节也。"王冰注:"用谓房色也。女子以七七为天癸之终,丈夫以八八为天癸之极。然知八可益知七可损,则各随气分,修养天真,终其天年,以度百岁……"《太素》卷三阴阳大论注"七损八益",谓"阳盛八益为实,阴盛七损为虚"。言八益者,身热为一益,腠理闭为二益,喘粗为三益,为之俛仰为四益,汗不出而热为五益,齿干为六益,以烦悗为七益,腹满死为八益。言七损者,身寒为一损,汗出为二损,身常清为三损,数慄为四损,而寒为五损,寒则厥为六损,厥则腹满为七损。张介宾注:"七为少阳之数,八为少阴之数。七损者,言阳消之渐。八益者,言阴长之由也。"又《素问识》引录日本注家有谓上古天真论言女子自七岁至七七,有三损四益;男子自八岁至八八有四损四益。合为七损八益。

按上引诸家解七损八益,众说纷纭,莫衷一是。详《医心方》卷二十八《玉房秘诀》引素女曰:“阴阳有七损八益。”并备述七损八益之法,乃房中术也。又马王堆汉墓医书《天下至道谈》中,亦有七损八益之说,虽与《医心方》说不尽同,然其皆为房中术则同。是则“七损八益”,当为古代房中术养生法之语词。《素问》所言,亦当属此。故诸家注释,未详其义,并误。

(2)《伤寒论·阳明病》:“阳明病,下血詀语者,此为热入血室,但头汗出者,刺期门,随其实而泻之,濈然汗出则愈。”方有执注:“阳明之脉,其直者,从缺盆下乳内廉,下挟脐,入气街中。血室之脉,起于气街,上行至胃中而散。所以妇人热入血室,则似结胸而詀语;阳明热入血室,则亦詀语下血。男顺女逆,道则同也。”是方氏以此为男子病也。喻昌注:“乃男子阳明经病,下血而詀语者,亦为热入血室。”又于少阳篇解曰:“盖血室者,冲脉也。下居腹内,厥阴肝之所主也。”柯琴注:“血室者,肝也。肝为藏血之脏,女以血用事,故下血之病最多。若男子非损伤则无下血之病,惟阳明主血所生病,其经多气多血,行身之前,邻于冲任,阳明热盛,血室不藏,溢出前阴,故男女俱有是证。”

详《伤寒论》太阳篇中原有“热入血室”三条,皆妇人病。又《金匮》卷下妇人杂病,则具有太阳篇中热入血室三条及阳明篇此条,另有“妇人少腹满……水与血俱结在血室也”一条。凡言及“血室”者五条。又此五条,俱载《脉经》卷九妇人病篇,题名为“平咽中如炙腐喜悲热入血室腹满证”。根据《脉经》与《金匮》二书,足可证明“热入血室”为妇人病。特《脉经》一书,为晋·王叔和撰,而仲景诸书,亦叔和撰集,必知仲景本意及“血室”语义。而诸家说解者,未详其说,故皆误也。

《千金方》卷二十九第六:“吴蜀多行灸法,有阿是之法,言人有病痛,即令捏其上,若里当其处,不问孔穴,即得便快成痛,即云阿是。灸刺皆验,故曰阿是穴也。”史常永《实用中医文献学·小学与训诂》:“六朝陈延之《小品方》在治紧唇方中说:‘俗谚言:良方善技,出于阿是。是余少时,触风乘马行獦(打猎),数紧唇。人教以白布作大灯柱著空斧(釜)中,烧布,斧刃(锅沿)有汗出,以指沥取,涂即差。’又梁陶弘景《神农本草经集注·序例》:‘《范汪》百余卷,及葛洪《肘后》,其中有细碎单行径用者。所谓出于阿是。或田舍试验之方,殊域异识之士……’”“考‘阿’者,发语不定何名之词。如《三国志·庞统传》:‘先主曰:向者之论阿谁为失……’‘是’通氏,乃战国、西汉时习用,如《仪礼·士昏礼》:‘惟是三族之虞。’又《孟子·滕文公》:‘是焉得为大夫乎?’二处‘是’古并训氏……是则,‘阿是’犹无名氏,‘阿是穴’犹无名穴”。按此说是,《千金》之释,殆未明此义。

七、异说求同而释误例

不察异说而求同释误者,诸古籍中,尝有汇不同学说于一书或一篇之中,其名虽同,而义则有别。注者不察其立说之异,欲强求其同,注则有误。如:

(1)《灵枢·卫气行》文,篇文前半部分为黄帝问岐伯,论卫气一日一夜五十周于身。后半部分为黄帝问伯高,论一日一夜水下百刻,人气所在,并引《大要》曰:“常以日之加于宿上也,人气在太阳,是故日行一舍,人气行三阳与阴分,常如是无已,与天地同纪。”马莳与张志聪等注,皆随文而释。张介宾注一日一夜水下百刻末加按曰:“前数二十五刻,得周日四分之一,而卫气之行,止六周有奇。然则总计周日之数,惟二十五周于身,乃与五十周之义未合。意者水下一刻,人气在太阳者二周,或以一刻作半刻,则正合全数。"

详本篇内容,前后不一,前者为黄帝问岐伯,言卫气一日一夜五十周于身。其运行方式昼行于阳夜行于阴,夜行于阴为"常从足少阴注于肾,肾注于心,心注于肺,肺注于肝,肝注于脾,脾复注于肾为周"。而后者为黄帝问伯高,言一日一夜水下百刻,每刻人气所在之运行方式为"水下四刻,人气在阴分。"每四刻运行一周,末又引《大要》云,"日之加于宿上,人气在太阳"。从上述文义看,本篇内容,显系两种不同学说而汇集于一,故其中歧说,难以尽合。若强求其同,注必有误。

(2)《灵枢·根结》,该篇有手足三阳脉,根、溜、注、入之说。今举其一。"足太阳根于至阴,溜于京骨,注于昆仑,入于天柱,飞扬也。"马莳注:"此言手足六阳经,皆自井而入于络也。足太阳膀胱经根于至阴之井,流于京骨之原,注于昆仑之经,入于天柱之在头者,络于飞扬之在足者。"

又详《灵枢·本输》言阳经之脉运行有出、溜、注、过、行、入之说,又名其穴为井、荥、原、经、合(按阴经无"过"与"原"之名),今仍举足太阳脉为例。"膀胱出于至阴,至阴者,足小指之端也,为井金;溜于通谷,通谷,本节之前外侧也,为荥;注于束骨,束骨本节之后陷者中也,为腧;过于京骨,京骨,足外侧大骨之下,为原;行于昆仑,昆仑在外踝之后,跟骨之上,为经;入于委中,委中,腘中央,为合。"

若将两篇文字对照,即可见其差异之处,一者有五名,一者仅四名,一者入处不过肘膝,一者皆有高位之穴。有名称相同者,而穴亦有别。因此,两篇内容,虽然在某些名称方面相同,但所言非一。显然非出于一家之说,因此,根结篇所言诸穴,不当以本输篇之井、荥、腧、经等名称之。

八、不明体例而释误例

不明体例者,不详明有关之行文体例而误注也。如:

(1)《伤寒论·太阳篇上》:"太阳病下之后,其气上冲者,可与桂枝汤,方用前法;若不上冲者,不可与之。"方有执《伤寒论条辨》注:"气上冲者,阳主气而上升,风属阳,所以乘下后里虚,入里而上冲也。但上冲而不他变,则亦有可下之机,而不足为大误。然终以不先解表,致有上冲之逆,故曰可与桂枝汤方用前法。言以桂枝汤与前番所下之汤法合汤,再行表理两解之,如桂枝加大黄之类是也。若不上冲,则非阳邪可知,故曰不可与之。"喻昌《尚论篇》注亦宗方有执说。柯琴注:"用前法,是啜热稀粥法,与后文'依前法'、'如前法'同。若谓汤中加大黄,大谬。"

按柯氏之驳正甚是。详《伤寒论》行文体例,有类如此者甚多。如云"更服依前法",见桂枝汤证;"余如桂枝法将息及禁忌",见葛根汤证、桂枝加葛根汤证;"将息如前法",见桂枝加附子汤证、桂枝去芍药汤证、桂枝去芍药加附子汤证、桂枝二麻黄一汤证;"将息如上法",见桂枝麻黄各半汤证;"今如桂枝法将息",见麻黄汤证;"如法将息",见五苓散证等。是一种行文常例,说明亦如某种方法。详此条,先言"可与桂枝汤",后曰"方用前法",自是说明与桂枝汤时,仍如前法。方、喻二氏,未详此例,故注误。

(2)《素问·举痛论》,林亿等新校正云:"按全元起本,在第三卷,名五脏举痛。所以名举痛之义未详。按本篇乃黄帝问五脏卒痛之疾，疑举乃卒字之误也。”马莳注：“首篇悉举诸痛以为问，故名篇。”《札迻·素问王冰注》：“案林说非也。举者，辨议之言，此篇辨议诸痛，故以举痛为名。《墨子·经上》云‘举，拟实也。说云：举，告。以文名举彼实也。’《吕氏春秋·审应篇》云：‘魏昭王问于田诎曰：闻先生之议曰：为圣易，有诸乎？’田诎曰：‘臣之所举也。’《荀子·儒效篇》亦云：‘谬学杂举。’皆此篇名之义，林亿改为‘卒痛’，殆未达‘举’字之古义矣。”按此说详于文义而忽于古书命名之常例。盖古籍篇名，多取文中某几字为名者，今《素问》、《灵枢》具此义者尚多，如《素问》之诊要经终、脉要精要、玉版论要、移精变气等，《灵枢》之口问、五色、逆顺、贼风等。详本篇原有“愿闻人之五脏卒痛”之语。故取“五脏卒痛”或“卒痛”为名，正合古书命名之例也。

九、因袭旧说而释误例

因袭旧说者，沿袭古传之旧文或前人旧注而有误者，因以致误也。详古传旧文，由于历时已久，传抄失误者，亦多有之。若不加考核，承袭旧文，尝有误者。至于前人旧注，能阐发文义处，固可充分利用，然在前人旧注中，讹误之处，亦不鲜见。后人不加详明，因循承袭者，亦为致误之尝见者。如：

(1) 张志聪《伤寒论集注·本义》“伤寒六气会通论略”云：“经云：阴阳者，有名而无形，是以三阴三阳，有出有入，有合有离。不知阴阳之经常变易，不可与论伤寒矣，夫三阳在外，太阳主天气而常行于地中，阳明主阖而居中土，少阳主枢而内行于三焦。此三阳在内，而内有阴阳也。三阴在内，太阴为开，而主皮肤之肉理，少阴主枢而外浮于肤表，厥阴为阴中之少阳，而通会于肌腠。此三阴在外，而外有阴阳也。”

按此言三阴三阳之开阖枢，本出于《素问》之“阴阳离合论”文，详宋臣林亿等新校正云已指出，《九墟》及《甲乙经》开均作“关”，又证之《太素》及《素问·皮部论》等文，当以作“关”为是。张氏未加详察，因袭旧文遂有此误。

(2)《素问·骨空论》：“督脉者……其络循阴器，合篡间，绕篡后。”王冰注：“所谓间者，谓在前阴后阴两间也。自两间之后，已复分而行绕篡之后。”马莳注：“循阴器合篡间，正在前阴后阴之两间也。”吴崑注：“篡间，谓二阴之间。篡后，谓肛门之后。”张介宾注：“篡，交篡之义。谓两便争行之所，即前后二阴之间也。”李念莪注：“篡者，交篡之义，即前后二阴之间也。”张志聪注：“篡间，前后阴相交之处。”汪昂注：“二阴之间。”薛雪注尽用张介宾语。又如张介宾《类经图翼·周身骨部名目》：“篡：初贯切。屏翳两筋间为篡，篡内深处为下极。”《医宗金鉴·刺灸心法要诀·周身名位骨度》：“篡者，横骨之下，两股之前，相合共结之凹也。前后两阴之间，名下极穴，又名屏翳穴、会阴穴，即男女阴气之所也。”

从上文不难看出，此说自王冰注以降，相为沿袭，约定为义。然此说颇有可议之说。详王冰本注，仅浑称“间者，谓在前后阴之两间也”，并未直接释篡，而后世注家，则迳谓篡为前后两阴之间。后人衍释词义，如“交篡之义”，字书并无此义。

又详“篡”，《甲乙经》卷九第十二：“痔，篡痛，飞扬、委中及扶承主之。痔，篡痛，随筋主之。”《千金》卷十九第二：“若下重不自收，篡反出，时时苦洞泄，寒中泄。”《外台》卷三十九膀胱人，飞扬主治“痔篡痛”，承山主治“篡反出”，合阳穴主治“腰脊痛引腹篡”等。若篡为两阴间，何能反出。痔病何以“篡痛”，据此，则篡与两阴间之义，实难合。

又详1975年湖北云梦县秦墓出土《睡虎地秦墓竹简·封诊式·经死》,言对经死者验尸有"尽视其身,头发中及篡",以判断自杀或他杀之说。详宋代宋慈《洗冤录·验尸》,亦云辮及谷道等,"并系要害致命之处"。是则上文所验之"篡"处,亦不当为二阴间。综观诸文文义,篡当为肛门外周肌肉也。

又详《甲乙经》卷二第二篡作"纂"。篡,夺取、巧取也。《尔雅·释诂下》:"篡,取也。"郭璞注:"篡者,夺取也。"《白虎通·诛伐》:"篡者,犹夺也,取也。"是张介宾所言"交篡之义",实出于妄言。纂与攒通,聚也。如《文选·笙赋》:"歌枣下之纂纂。"李善注:"古《咄唶歌》曰'枣下何攒攒。'……攒,聚貌。纂与攒古字通。"《说文通训定声·乾部》:"今之纂字,又为攒。"是纂犹攒也,攒者聚也。以肛门外周肌肉,乃聚合之形,正合纂义。此亦可证纂当指肛周肌肉。篡与纂,古皆元部,《广韵》篡,初患切,去谏初;纂,作管切,上缓精。是纂之所以作篡者,当是声近义通。

由此可见,因袭旧说而不加考辨者,亦尝可致误,如本文之释,诸家皆因袭相仍,以至将此义收入一般工具书中,实则皆谬。

十、逞奇标新而释误例

逞奇标新者,对前人旧注本可得通,且又有据可证者,而特加否定,另出别义以逞奇标新,因而注误者也。如:

(1)《素问·生气通天论》:"天地之间,六合之内,其气九州九窍五脏十二节,皆通乎天气。"王冰注:"外布九州而内应九窍,故云九州九窍也。"俞樾《读素问余录》:"樾谨案:九窍与九州初不相应。如王氏说,将耳目口鼻各应一州,能晰言之乎?今按九窍二字实为衍文,九州即九窍也。《尔雅·释兽篇》白州驠,郭注曰:'州,窍。'《山海经·北山经》:'伦山有兽如麋,其川在尾上。'郭注曰:'川,窍也。'川即州字之误。是古谓窍为州。此云九州,不必更言九窍。九窍二字即疑古注之误入正文者。味王注云云,似旧本有'九州、九窍也'之说,而王氏申说之如此。此即可推其致误之由也。六节藏象论与此同误。"史常永《素问校诂编》史按:"俞谓九窍为衍文,并斥王注九州之义为非,余不敢苟从。盖古原有以九州拟人九窍之说。除俞氏所举六节藏象论之外,又如《灵枢·邪客篇》云:'地有九州,人有九窍。'又《楚辞·宋玉九辨》序曰:'地有九州,以成万邦,人有九窍,以通精明。'此其证也。"详史按极是,俞氏欲别出新义,特失之矣。

(2)莫枚士《研经言·释痓痉》:"《玉篇》:痓,充至切,恶也。痉,渠并切,风强病。二字义别。《素问》气厥、五常政等篇,及《伤寒论》旧本,痉皆作痓。许叔微《百证歌》以为名异实同,而字仍作痓不改。成无己注《伤寒》,则直云痓字误,亦不改。今本作痉,传写者之故。近代但知痉,无有能知痓者。泉案:作痓为是,古人列病,恒重乎证。痓乃痉之总号,痉乃痓之一端。观仲景曰:病身热足寒,头项强急,恶寒,时头热面赤,目脉赤,独头摇,卒口噤,背反张者,痉病也。明此数者,皆为恶候,故知当作痓,若痉字则因劲而起,专指口噤、背反张言,不足以赅余恶。是痉者证名,痓者病名。人体强直,有似劲象,故谓之劲;去力加疒即为痉,可逆溯而得也。《巢源》亦作痓,故得与痫冒混称。痫固小儿之恶候,冒亦产家之恶候,病不同而恶则同,此其所以混称之欤!《说文·疒部》无痓字,厂部有厔字,云碍止也。然则邪气碍止不去,乃见恶候,痓即厔之讹。"按莫氏此说,实难苟同。详其所举诸书之例,不知其所据何本,今举《素问》明顾从德翻宋本观之,言“痉”处凡三见,言痓处亦三见。如气厥论“肺移热于肾,传为柔痓。”王冰注:“痓谓骨痓而不随……骨痓强而不举。”详“痓”无强之义,王注既训强,当为痉字,是经文似原亦为痉。又厥论“嗌肿、痓。”新校正云:“按全元起本痓作痉。”另五常政大论“其病痓”。若据文义,诸痓皆当为“痉”之误。又据《灵枢》明赵府居敬堂本,“痉”字凡三见,无“痓”字。此其不足一恁也。详《伤寒论·痓湿暍》林亿等校云:“痓,音炽,又作痉,巨郢切,下同。”是宋臣所见别本,有作“痉”者,今传《金匮玉函经》正作“痉”。故成无已云:“痓当作痉,传写之误也。”成说本是。此不足恁二也。莫氏以痓为病名,不知所该皆何证,若据上文所言诸证为恶候,则恶候多矣,岂得皆为痓病,且不见医学文献有此总号。此其不足恁三也。莫氏举《说文》厔为痓之本字,谬甚。而《说文·疒部》恰有“痉”字,云:“强急也。”此其不足恁四也。据此,则莫氏此释,欲别出新说,反悖于医理与文义矣。

(3)《素问·生气通天论》:“阴平阳秘,精神乃治,阴阳离决,精气乃绝。”张琦注:“阴平则阳秘,肾中一阳常升,而化木火;心中一阴常降,而化金水。故精神治也。火炎于上,水沉于下,阴阳离决。精气无一滋生……”

详本文之前,并有经文云:“凡阴阳之要,阳密乃固。两者不和,若春无秋,若冬无夏,因而和之,是谓圣度,故阳强不能密,阴气乃绝。”观乎此义,则本文旨在说明阴阳之和调平秘这一带有普遍意义的法则。是张氏别出歧义,特出心肾二脏的此种关系,在《素问》、《灵枢》诸文中,似无依据。又以五行相生说这种隔二、隔三相生之义,则更为迂晦,似去经文本义已远矣。

以上仅就几种经典著作,诸家注释中之某些误释,约言其致误之原因为例,聊为说明,以滋借鉴,若细审诸多释文,其致误之原因,尚可以找出许多。其他如各承门派之伐异攻讦、固执己见妄加贬词等亦常各就己说,曲解文义。凡此等等,皆非欲示前人之短,意在引此为戒,使注释古书,尽可能避免不必要的误释。尽管如此,以今人释古语,由于各种因素的制约,欲其绝对无误处,诚亦难矣。前人所谓“著书难,注书尤难”,意犹此也。

第五节 注释注意事项

对医籍注释,除了掌握一定的方法外,根据前人整理古籍的经验及训诂原则的要求,尚有诸多需要注意的事项,现举要说明。

一、结合语言的时代性,根据实际,进行注释

斯大林同志曾说:“语言是属于社会现象之列的,从有社会存在的时候起,就有语言存在。语言随着社会的产生和发展而产生发展。语言随着社会的死亡而死亡。社会以外是没有语言的。因此要了解语言及其发展的规律,就必须把语言同社会的历史,同创造这种语言、使用这种语言的人民的历史密切联系起来研究。”斯大林揭示了语言的本质,即语言的社会性。语言作为一种社会交际和交流的手段,约定俗成,一旦成立,固有其稳定性的一面。然而他作为社会交际与交流的手段,必然随着社会的发展变化而发展变化。有些语言,就带有鲜明的时代特征。因此,在训释语言时,必须注意其社会性与历史性。

由于古医籍中保存的文字语言时限较长,上至先秦,下至清末,上下二千余年,而后者又常常援引前书,故从文字气象、语言特点、修词手段与表达方式、词语使用等,均有不同程度的差异。如:

从文字气象言,以《素问》为例,如运气七篇大论与余篇相较,明显看出,七篇大论之文字华丽而顺畅,较之余篇为晚出矣;而余篇中又如最后七篇——著至教论、示从容论、疏五过论、徵四失论、阴阳类论、方盛衰论、解精微论等,文字晦涩,古朴诘屈,必系先出。是尤可证其非出于一时一人之手笔。

就音韵而言,《素问》、《灵枢》中诸多韵文,皆属古音古韵。如《素问·上古天真论》有文云:"上古之人,其知道者,法于阴阳,合于术数,食饮有节,起居有常,不妄作劳,故能形与神俱,而尽终其天年,度百岁乃去。"林亿等新校正云:"按全元起注本云:食饮有常节、起居有常度,不妄不作。"这段文字,以古韵律之,乃是韵文,且可知林亿等引全注本于韵为叶,而王注本疑有误。这段文字,当然是以古韵读之,方才上口,若以今韵读之,则难解矣。若后来诸医籍如隋唐医籍韵文、宋元以后医籍韵文,音皆有别。此之所以需知字音的历史性变化,方不致在校训时发生疑误。

就词语而言,诸多词语,并非一成不变,亦可体现其时代特征。如妇女之"月经",在《素问》中称"月事",如《上古天真论》云:"女子二七天癸至,任脉通,太冲脉盛,月事以时下,故有子。"《睡虎地秦墓竹简·出子》称"朔事",马王堆汉墓帛书《胎产书》称"月朔"。《伤寒》、《金匮》中则有"经"与"经水"之称。王叔和《脉经》载仲景妇人病文,更有"月水"、"月经"之称,是则可知《内经》成书之前,本无"月经"之称,故杨上善注《太素》"经溲不利"之"经"为月经,疑非是。又如《内经》之"癃",即后世"淋病"。今言症状及证候,古名病能(能与态通)、病形、证、候等。古今词义不同,不得混同。

在地理方面,古今行政区划,各朝代建制不一,诸如本草书所载产地及各朝代医家里籍,均应以其相应朝代之地名为准。如晋·皇甫谧为安定郡朝那人,当今甘肃平凉及固原附近,或以为甘肃灵台者,不知灵台古亦当朝那者,乃北朝间事。又如晋·王叔和为高平人,当今山东省济宁市南,或以山西省者,不知晋时山西无高平也。

这种复杂的情况,在古医籍中,亦多不胜举。只要注意语言的稳定性与可变性这一特点,从历史的实际出发,自能得到准确的解释。

二、考析疑义与歧义,并存异说

凡诸古医籍,由于流传较久,传抄翻刻次数较多,其中疑文歧义,所在甚多;各家异说,亦复有之。而历来注家,屈就原文,强作说解者,亦不少见。诸如此类,必当进一步加以考析,务求本义,以存其真。如《内经》"泾溲不利"一语,《素问·厥论》云:"厥阴之厥……腹胀,泾溲不利。"《太素·虚实补泻》无"泾"字。又《调经论》云:"形有余则腹胀泾溲不利。"王冰注:"泾,大便。溲,小便也。"《太素·虚实补泻》无"泾"字,杨上善注:"有本经溲者,经即妇人月经也之。"《灵枢·本神》云:"(脾气)实则腹胀,经溲不利。"《太素》卷六注:"女子月经并大小便不利。"后世注家,或从王注,或解如字,似均未得其本义。详泾、经二字始文当为"巠",如金文大克鼎,毛公鼎之"經",均作"巠",又经、泾二字古文通,如马王堆汉墓帛书《战国纵横家书·谓燕王章》"经阳君",今《战国策·燕策》作"泾阳君"。《说文·巛部》:

“坙,地下水脉。”《内经》以水泉比小便者,如《素问·脉要精微论》云:“水泉不止者,是膀胱不藏也。”此水泉不止者,即小便不止也。证之此文,则泾溲不利者,小便不利也。故本作坙溲,作泾与经者,皆后文假借者也。又如《素问·痹论》云:“凡痹之类,逢寒则虫,逢热则纵。”王冰注:“虫谓皮中如虫行。”《甲乙》、《太素》“虫”均作“急”。后世注家,或沿袭王注,或从急义。孙诒让《札迻·素问王冰注》云:“案:虫,当作痋之借字。《说文·疒部》云:痋,动病也。从疒,虫省声……段玉裁《说文》注谓痋即疼字。《释名》云:疼,旱气疼疼然烦也。疼疼,即《诗·云汉》之虫虫是也。盖痹逢寒,则急切而疼疼然不安,则谓之痋。《巢氏诸病源候论》云:凡痹之类,逢热则痒,逢寒则痛。痛与疼义亦相近。王注训为虫行,皇甫谧作急,顾校(按指顾尚之校勘记)从之,并非也。”按孙说甚是。又孙星衍辑《神农本草经·白薇》云“寒热酸痋”,《证类本草》及别家辑本均作“疼”亦可证。

又如《金匮·妇人杂病脉证并治》言“三十六病”,对“三十六病”之释,注家多含混其词,或避而不谈。尤在泾《金匮心典》云:“三十六病者,十二癥、九痛、七害、五伤、三痼也。”尤有近著《金匮要略校注》援引《心典》,文后复云:“此泛指多种疾病。”似是欠考。详“三十六病”,《诸病源候论·妇人杂病诸候》、《千金要方》卷四第三、《医心方》卷二十一“治妇人带下三十六疾方”均有详述,惟文有小异。此当是“三十六病”之具体内容也,不得谓泛指。

在古医籍中,有的非出于一时一人之手,内中常存各家异说,反映了不同医学流派学术思想及不同医家的学术观点。对于此类情况,注者只能随文顺释,不可强求其同。如《黄帝内经》一书,元明间人吕复先生曾云:“《内经素问》,世称黄帝岐伯问答之书,乃观其旨意,殆非一时之言,其所撰述,亦非一人之手。”后世医家多遵此说。这在现存《素问》、《灵枢》中,尤可见其一斑。如经脉流注,《灵枢·经脉》所言走向与《邪客篇》所言“手太阴之脉”之走向,则有所不同,前者言手太阴脉为从胸走手,而后者则为从手走胸。又如卫气行说,《灵枢·卫气行》前者黄帝与岐伯所论为“一日一夜五十周于身”,而后者黄帝与伯高所论,则谓“《大要》曰:常以日之加于宿上也,人气行三阳行(行字衍,《甲乙经》、《太素》均无可证)与阴分。”两文数值,难以吻合,又《灵枢·岁露论》又云:“卫气之行风府,日下一节,二十一日,下至尾骶,二十二日入脊内,注于伏冲之脉,其行九日,出于缺盆之中。”此又与上说大相迳庭。其他如取背腧法,四时刺法,十二月中人气所在等,俱有不同说法。

另外,古医籍中亦常有诸疑难之处,诸家注释,亦众说纷纭,莫衷一是。若能取得可靠依据,加以解决,固为善也。否则,宁可姑存异说,广备思绪,不可仅凭臆测,盲目武断。

三、注意学术源流

对古医籍的整理研究,自古及今,可明显看出在学术上的继承与发展。后人总是在前人研究的基础上,去粗取精,去伪存真,不断发展,逐步提高。因此,在前人注文中,一方面体现了学术发展的源流;一方面体现了每一历史断层的发展情况。然而,在前人注释中,多有暗引前人注文处。如《素问》王冰注,仅以上古天真论与四气调神大论为例,马莳师其义或暗引其文者,约有三处。如“未央绝灭”,王冰注:“未期久远而致灭亡。央,久也,远也。”马莳注亦引王注。而吴崑注暗引王冰注约20处。如“是以志闲而少欲,心安而不惧,形劳而不倦。”王冰注:“内机息故少欲,外纷静故心安,物我两忘,是非一贯,起居皆适,故不倦也。”吴崑注则照录王注。张介宾注则暗引王冰注、马莳注、吴崑注约7处。如“上古有真人者”,吴崑注:“真人者,不假修为,天真俱全。”张介宾注:“真,天真也。不假修为,故曰真人。”因此,在引用古注时,务须详审源流,切不可张冠李戴,混淆真迹。

另外,有些医家,上有师承,下有传人,其学术思想,一脉相贯。如所谓易水学派诸医家,著述尤多,影响较大。在学术方面,既有继承,又有发展。故对此类文献的整理研究,必须注意到这种源流关系。

四、充分利用本证本训

所谓本证本训,乃指原著固有之证据与训释。此类内容,有的出于著者本人之手笔,有的出于同时代人之手笔。正由于此,故乃是后人注释之重要依据。

以个人著作言,其行文风格,惯用之修词手段与表达方式,必有其个人特征表现于书文。此可以其常例为释。

就字、词、文句而言,自注之义或同时期之他注文,尤能反映本义。如今存《素问》中,除三篇解文——阳明脉解、脉解、针解外,其他篇中,亦常夹带有诸多解文。凡此等释文,固为本训,参考意义尤大。

五、充分运用前人旧注与其他文献资料

对中医古籍之注释,前已言明,为时甚早。诸此旧注,对后世注释或再注,有重要的学术价值。这是由于:

(1) 前人旧注,有的去古尚近,对诸多字词古音古义的掌握较后人尤切。如诸多古籍中所附“音释”,皆源于当时之音书;所释词义,亦具有其时代特征,故甚可借鉴。

(2) 前人旧注,特如宋以前旧注,其时参考之他医籍颇多,此后皆佚,如唐人杨上善注《太素》时引用之《明堂》,王冰注《素问》时引用之《中诰孔穴图经》、《经脉流注孔穴图经》、《正理伤寒论》等,不仅后人未见此,即史志及目录诸书,亦未见著录。然前人作注时,诸多旧籍尚存,其学也尤广。

(3) 前人校注时,原著别本存世尚多,且原著引用或参考之别籍,尚有存者。如林亿等校勘诸书,时所用诸多别本,后皆亡佚。以《素问》为例,时梁人全元起注本尚完好无缺,另有《灵枢》之别传本,《九墟》亦存世。又如明·李时珍撰著之《本草纲目》引用书目,其中有相当多之书,明以后皆亡佚。故后人仅得从前人注中见其部分引文。而这部分引文,均有重要学术价值。

(4) 前人旧注,虽难免有强解或误解之处,这种时代与知识的局限性,后人亦不必苛求与苛责,然其诸多精辟之论与卓越之见,对原文奥义已具切当者,即勿需后人烦言。

对其他训诂专著,经史子集及其传注,各种工具书籍等,亦为历代注家所必备之参考用书。如《素问》王冰注,除引用医书外,尚有《阴阳书》、《历忌》、《广成子》、《庄子》、《老子》、《礼记》、《周礼》、《乐记》、《尚书》、《易经》、《真诰》等多种古籍。又如《素问·标本病传论》及《灵枢·病传》等所言夜半、日中、日入、日出、早食、晏食、人定、大晨、日晡、日昳、下晡、鸡鸣等表时间性词语,在汉刘安《淮南子·天文训》中有具体论述,与《素问》、《灵枢》中所言,亦基本相同,足可引以为训。

六、引文要准确，尽可能使用第一手资料

对古医籍之注释，或校定文字，或解析文义，或引证前说，或出据书证，难免引用前人文献。而前人在引用文献时，有诸多情况不可不知。有明引某家注文，实则有所压缩或并合，如《吴注素问·至真要大论》引王太仆（王冰）注“病生之类有四……有道存焉”一段，前文系对王冰注文之并合，后七句乃师其文而概言其义。又如“王注曰：热因寒用者……其寒积久泄以热下之者同此”一段，前文系对王冰注之缩引，末一句乃师其文而概言其义。两段均非王冰原文。有引文脱漏者，如《松峰说疫》引《素问·六元正纪大论》“火郁之发”一段，脱漏四句达 17 字之多。有仅凭记忆而引文多误或无其文者，如清·陆子贤《六因条辨》，引《伤寒论》、《金匮》、《医门法律》、《内经》诸书，不仅文字有误，且有以注为文者，如所谓“《内经》所谓益火之源，以消阴翳也”一语，实乃王冰注文。又如《内经》云：“秋伤于燥，冬生咳嗽。”详《素问·阴阳应象大论》本作“秋伤于湿，冬生咳嗽。”有引文张冠李戴者，如《黄帝内经素问译释·上古天真论》“材力”注引张景岳注：“材力，精力也。”此实张景岳暗引吴崑注语。类似此等引文不准确的情况，所在甚多。另外在古医籍中有不少托名之作，引用时必须加以辨别，如时有引《内经》文曰：“正气存内，邪不可干。”详本文乃出于今存《素问遗篇·刺法论》，然本篇及另外之本病论两篇，宋·林亿等校《素问》时曾曰“辞理鄙陋，无足取者。”已认定其并非原来遗篇之文。后世医家亦大都认为其或当唐宋间人之伪作。故不得称其为《内经》之文。

鉴于上述情况，在引用前人文献时，应尽可能使用第一手资料，并注意考证其学术源流，以期准确无误。非不得已时尽量不从他书转引。

在行文标引时，最好使用书名而不用人名，因有的著家，一生著述甚多，若只用名号，则不知出自何书。如张景岳先生有多种著作，其对《内经》之释文，大都见于《类经》，但也有的是见于《图翼》、《附翼》，故最好标引书名。又标引书名，应再加卷、篇次第，引用字书或韵书时应再加部首或韵目，以便于核查。

七、选择版本

由于古医籍大多流传时间较长，经手较多。在未行雕版印刷之前，皆以手抄的方式进行传播，在传抄过程中，有时因抄录时使用祖本欠佳、无意中抄误或脱落，或抄录者随意增益或改动，常常造成抄本间的差异；在雕版印刷之后，也可因雕版时技术欠佳及核校不严，亦或因雕版人有意作伪或随意改动而造成版本间的混乱与差异。正由于此，今存世医籍，诸多有不同系统的版本，即使同一系统的版本，也因多次翻刻，出现文字上的差别。因此，欲对某书进行注释，首先需选择好底本。这是注释工作的基础，也是注释的首要条件。如《针灸甲乙经》一书，现存版本有明蓝格抄本、明正统刊本、明·吴勉学校刊《古今医统正脉全书》本三个系统，而《古今医统正脉全书》本，后来又有多种复刻本，文字间亦小有差异。从三种版本系统的具体情况分析，明抄本中，虽保存似林亿等校定前的某些面貌，然衍脱误倒的情况比较严重，正统本中虽无林亿等校文，然是否源于林亿等校定前之本，现亦难考定，且仅存前三卷，并非完本。《医统正脉全书》本，虽有些衍脱误倒处，然较之前二种版本，优处较多，故欲

对该书进行校勘与注释，只能选此本为底本。

正确的注释，基于准确的原文。若原文有误，则注释亦绝难正确。因此，在进行注释时，在选好底本的基础上，首先应校定原文。仍以《针灸甲乙经》为例，除以明抄本与正统本相校外，又因《甲乙》载文，皆源于《素问》、《针经》及《明堂》。《素问》一书，今有王冰次注、林亿等校定本存世，《针经》一书，以学者考定，即今《灵枢》。而古《素问》、《针经》，又有别传类编本《黄帝内经太素》存世。《明堂》内容，则另有《外台秘要》卷三十九，有所载记。故对《甲乙经》作文字校定，尚需以上述诸书相校。当然，若单取注释时，校定文字，不必如进行校勘之既详且尽，只当于有碍于注释处，加以校定即可，其他情况，从略可也。此注释工作之所以需选择版本之重要性也。

八、详略得当，繁简适宜

注释之宜详宜略，宜繁宜简，固无定式。历来注家，亦各展其才。总之，凡疑难之文，并需辅以考证处，宜详宜繁，对具有一般难度处，则可略可简。就一般情况而言，去古愈远之书，难度愈大，其注释之文，亦常繁。明·朱统锃先生《水经注笺序》云："有谓郦注太赘者，经固宜简，注固宜繁。经宜据实以书，注宜旁引以证。"清代杭世骏先生犹云："诠释之学，较古昔作者为犹难。语必溯源一也；事必数典二也；学必贯三才而穷七略三也。"今人周大璞先生《训诂学初稿·作注》亦云："属于普及性读物，读者是初学者，注释就要详细些，历史人物、地名及典章制度、一定要注释清楚。属于为专家阅读的古籍，可以旁征博引，多所汇纂，并着重在观点、方法上的启示。但不管那一种注释，容易使人误解的词语，一定要出注，即使这一词语很普通、很常见。"诸家所言，诚如是也。从而进一步说明，若供高层次人员阅读者，宜详宜烦；供一般人员阅读者，可略可简。今以古医籍注文为例，析其详略烦简。

《素问·上古天真论》："不知持满，不时御神。"王冰注："言轻用而纵欲也。《老子》曰：持而盈之，不如其已。言爱精保神，如持盈满之器，不慎而动则倾竭天真。《真诰》曰：常不能慎事，自致百痾，岂可怨咎于神明乎！此之谓也。"马莳注："当精满之时，不知持之。吾形有神，不时御之。"吴崑注："知持满者，爱精保神，如持盈满，恐倾覆也。时御神者，四时调神，防灾患也。其不能者反此。"张介宾注："持，执持也。御，统御也。不知持满，满必倾覆。不时御神，神必外弛。"王注首句先指明大义后则具解文义。并出《老子》与《真诰》再证。释文层次较高。马注仅串讲文义，利于浅者阅读。吴注从反义以释，张注增释持、御二字，别无新义。

《素问·至真要大论》："诸寒之而热者取之阴，热之而寒者取之阳，所谓求其属也。"王冰注："言益火之源以消阴翳，壮水之主，以制阳光。故曰求其属也。夫粗工褊浅，学未精深，以热攻寒，以寒疗热。治热未已而冷疾已生，攻寒日深而热病更起。热起而中寒尚在，寒生而外热不除。欲攻寒则惧热不前，欲疗热则思寒又止。进退交战，危亟已臻。岂知脏腑之源有寒热温凉之主哉。取心者不必齐以热，取肾者不必齐以寒。但益心之阳，寒亦通行，强肾之阴，热之犹可。观斯之故，或治热以热，治寒以寒，万举万全，孰知其意。思方智极，理尽辞穷。呜呼！人之死者，岂谓命不，谓方士愚昧而杀之耶。"马莳注："人有五脏，肾经属水为阴。今寒之而仍热者，当取之阴经。所谓壮水之主以制阳光者是也。心经属火为阳。今热之而仍寒者，当取之阳经。所谓益火之源以消阴翳者是也。此皆求之以本经之所属也。"吴崑注则节引王注。张介宾注:“诸寒之而热者,谓以苦寒治热而热反增,非火之有余,乃真阴之不足也。阴不足则阳有余而为热,故当取之于阴,谓不宜治火也。只补阴以配其阳,则阴气复而热自退矣。热之而寒者,谓以辛热治寒而寒反甚,非寒之有余,乃真阳之不足也。阳不足则阴有余而为寒,故当取之于阳,谓不宜攻寒也。但补水中之火,则阳气复而火自消也。”此后更节引王注,并云“此王氏之心得也。”详王注先以“益火之源以消阴翳,壮水之主以制阳光”二语加以概述,后则详析文义,并对方士之不明此理者,有所评焉。故文虽烦,并不以为赘。故马、张之注,基本上是师取王注,再为疏解。足证王注影响之深。

《伤寒论·辨太阳病脉证并治上》:“太阳之为病,脉浮,头项强痛而恶寒。”成无己注:“经曰:尺寸俱浮者,太阳受病。太阳主表,为诸阳主气。脉浮,头项强痛而恶寒者,太阳表病也。”方有执注:“强,群养切。恶,影固切。下皆仿此。太阳者,膀胱经也。其脉起于目内眦……抵腰中,乃六经之首,主皮肤而统荣卫,所以为受病之始也。《难经》曰:浮,脉在肉上行。滑氏曰:脉在肉上行,主表也。表即皮肤,荣卫丽焉。故脉见尺寸俱浮,知为病在太阳之诊也。项,颈强也。强痛者,皮肤荣卫一有感受,经络随感而应,邪正争扰也。恶寒者,该风而言也。风寒初袭表而郁于表,故不胜。复被风寒外迕而畏恶之。及其过表而入里,则不复恶,仇雠之义也。此揭太阳之总病,乃三篇之大纲。已下凡首称太阳病者,皆指此而言之也。”喻嘉言注:“先挈太阳之总脉总证,统中风伤寒为言也。太阳膀胱经,乃六经之首,主皮肤而统荣卫,所以为受病之始。”又日本·浅田栗园《伤寒论识》注:“此条太阳三篇之大纲也。故先标太阳之总脉总证,该中风伤寒言之。以下凡言太阳病者,皆承此等之脉证而详其情状也。夫太阳者,大表也,乃病之所位。病者何?邪气而外感之所得也。是以太阳之下,插‘之为’二字,以判病位与邪气。亦犹戴《记》所谓‘中庸之为德’、‘祭之为物’之语例也。脉浮为邪在表之候。例曰脉浮者病在表,可发汗;曰脉浮数者法当汗出而愈;曰脉浮宜以汗解是也。孙思邈曰:凡脉浮之与沉,以判其病在阴阳表里也。故今以脉浮为太阳之诊候,以强痛为太阳之证候也。项,颈后也。强,不柔和也。头项强痛,即头痛项强之谓。如本论谓经动脉惕曰经脉动惕。《后汉书》谓车败马羸曰车马败羸。《晋书》谓耳聋目瞑曰耳目聋瞑。只是同文法,古书多其例。恶寒者,该恶风而言。盖恶风寒之为证,阴阳俱有之,而所以辨别之者,在脉浮头项强痛与否,故用‘而’字,以明非少阴之恶寒也。不惟阴阳之别,表里之分亦在兹。例曰若汗出,微发热恶寒者,外未解也。曰阳明病脉迟,汗出多微恶寒者,表未解也。大陷胸汤曰:脉浮而动数,头痛发热,微盗汗出而反恶寒者,表未解也。大黄黄连泻心汤曰:心下痞恶寒者,表未解也,不可攻痞,当先解表。十枣汤曰:汗出不恶寒者,此表解里未和也。可见恶寒一证,所关系尤大矣。是其所以纲例措发热而特举恶寒,以为太阳之标准也。以下二阳、三阴之首,必下‘之为’二字,大旨效之。”以上四家注,成注似失之于过简,义犹未尽。方注有释音、释词、释医理,有书证,有章旨,有例言。较为全面。喻注则仅取方注之要义,仅述章旨,指明大义,亦可谓言简义赅。浅田氏之注,包括阐述章旨,说明修词手段,如对“之为”与“而”字及“头项强痛”之解析,对恶寒之辨析,例言等项。这段注文,文字虽长了些,但从注释学的角度论,应属上乘。它不仅义项全面,且举诸书证,论据充分。辨析诸例,取诸内证,有代表性。故作为研究读物,其价值较大。

总之,注释之详略繁简,应根据书和内容与阅读对象酌定。不仅书与书之间有差别,即一书之中,章节字词间之难易亦自不同。凡宜详宜繁者,简而略之则义难深明,宜略宜简者,详而繁之,则语赘词泛。又有借题发挥或枝蔓离题者,无论其详略,则不在此例也。

九、义有未尽，酌加按语

按语亦作案语，或略称按与案。是对某些疑难复杂的问题的进一步说明、揭示与考证等。清·周中孚《郑堂札记》卷二：“遇有乖碍处，辄作按语以申明之。”

对按的运用有两种情况，一者为校者或注者行文起首语，如《素问》新校正文起首均作“按”或“详”字。这里有考、察之意。清·戴震《应州续志序》：“凡旧文失核，必按诸史事。”一者对某些疑难乖碍之文所作的重点说明，内容不限，诸如内容或文义不详，需进行交待者；对某些问题，需引导读者进行深入思考或探讨者；历来歧义较多，需进一步交待或提出见解者；原文乖错，难圆其说，需加以说明者；内容繁杂，需予分析归纳者等等，均可酌加按语。本文所言，即后者之义。如：

《类经》二十卷第二十七：“有道以来，有道以去，审知其道，是谓身宝。”注：“道，言所由也。邪之来去，必有其道。知其道则取病甚易，是谓保身之宝也。按：此四句，虽以针刺为言，然实治法之要领，不可不知也。大凡疾病之生，必有所自，是有道以来也。知其所自，而径拔之，是有道以去也。能审其道，则自外而入者，自表而逐之；自内而生者，自里而除之；自上而来者，可越之；自下而来者，可竭之；自热来者不远寒；自寒来者不远热；自虚而实者，先顾其虚，无实则已；自实而虚者，先去其实，无虚则已；皆来去之道也。俗云来处来，去处去。此言虽浅，殊有深味，诚足为斯道之法。”此注，先释“道”字，次以串讲的方式释原文。后加按语，对本文作了进一步的阐发，如是对文义的理解则更加深化。

元·滑寿《难经本义·八难》：“曰：寸口脉平而死者何谓也？然，诸十二经脉者，皆系于生气之原。所谓生气之原者，谓十二经之根本也，谓肾间动气也……”注：“肾间动气，人所得于天以生之气也……故寸口脉平而死者，以生气独绝于内也。○此篇与第一难之说，义若相悖，然各有所指也。一难以寸口决死生者，谓寸口为脉之大会，而谷气之变见也。此篇以原气言也。人之原气盛则生，原气绝则寸口脉虽平犹死也。原气言其体，谷气言其用也。”此注先解文义，圈后文，即按语，不加“按”字者，省略也。此按与一难相较而辨，深明微义者也。

清·汪琥《伤寒论辨证广注·辨太阳病脉证并治法上》：“太阳病或已发热，或未发热，必恶寒，体痛呕逆，脉阴阳俱紧者，名曰伤寒。”注：略。“愚按：此条论于未发热下，当增无汗二字，然云恶寒体痛，则无汗之意，即在其中。又按体痛，《尚论篇》误注作体重，且云：仲景恐人见恶寒体重呕逆，又未发热，误认为直中阴经之证，故早揭此语于辩证之先。独不思仲景论太阳病，开口便云头项强痛，何至与阴经错误。喻氏之言，何懵懂之至邪。”此按进一步阐明“恶寒、体痛”之要义，并辟喻昌改体痛为体重之失。

另外，在古注中，有诸多不加“按”字而实属按语性的注文，甚属多见。如杨上善《黄帝内经太素》注，有时注后另起文而论述者，如卷十一“气穴”论背腧法注：“以上言量背输法也。经不同者，但人七尺五寸之躯，虽小法于天地，无一经不尽也。故天地造化，数乃无穷，人之输穴之分，何可同哉！……”此注仅首句指明文义，后则详述诸家如《扁鹊灸经》、《秦承祖明堂》及《曹氏灸经》等取背腧不同法之意义。亦属按语之类。

总之，凡按语之加，文无定体，字无限数，然必具新意。若浮泛之论，冗赘之语，则失之矣。

十、不攘人善，不没其实

清·孙诒让先生《周礼正义·略例十二凡》云："今疏于旧疏，甄采精要，十存七八。虽间有删剟移易，而绝无羼改。且皆明楬贾义，不敢攘善。"明·李时珍《本草纲目·凡例》云："诸家本草，重复者删去，疑误者辨正，采其精粹，各以人名书于诸款之下，不没其实，且是非有归也。"是前哲于著述注释之道，体现了严谨的学风和实事求是的精神。因此，为古医书作注，难免参考前人旧注，凡欲择善而从，或博采众说时，尽可能直书其名，按文照录，一则学术源流比较清楚，二则是非各有所归。

以上仅是对古医籍注释中的一些主要问题，略作介绍或说明。至于今存古医籍中阙疑之处，所在犹多，务在临文之时，或考诸史籍，或取诸书证，或悟彻医理，或识破本义，或暂以存疑，切不可牵强屈就，以讹传讹，如是则欲求原义，尤为难矣。

第十二章　中医文献的类书与丛书

类书与丛书，是对经、史、子、集各类文献长期研究整理过程中，逐渐形成的两种不同类型的图书。中医古籍是传统文献中的一个门类，亦同此例。现将中医类书与丛书分别加以简要介绍。

第一节　类　　书

一、类书的基本概念

类书是采辑多种古籍的内容，将其分门别类加以研究整理，重新编次排比从属于设定的类目之下，以便于读者阅览研究和检索之用的一类图书。此类图书的特点，亦如吴枫先生《中国古典文献学》第五章第一节所云："类书并非个人专著，而是各种资料的汇编或杂抄，它的编者，往往是仅就搜集选择的资料，分门别类剪裁、排比和编纂，只有个别的加上编者按语或辩释、考证和校勘。"故类书所使用的图书，定系多种，如明代官修之《永乐大典》，据云"曾采集古今图书七八千种"，其规模之宏大、内容之丰富、门类之齐全，可想而知。

二、类书的起始与发展

类书的形成，有一个长期的发展过程，它的起始，必是在中华传统文化有了大量图书之后，为了阅读和检索的方便，才运用以多种图书，把相关内容，采用"以事类相从"的方法重新编排，再题名号，成为新著。因此它从起始到形成，亦经历过长时期经验积累，始趋于完善。如《中国古代文献学》引韦如愚《群书考察·序》云："文辞浩瀚，汗牛充栋，或家藏人秘，月牖雪牕之下，一时欲得全书而遍览之，亦艰巨哉?! 有能旁搜博采类萃成帙，如聚药物于一笼，集材用于一场，任医师与匠氏之采择，则不费搜求而得效奢矣，其功顾不伟哉?!"诚如是言。

(一) 类书的形成与发展

早在汉代，存世已知者，如《尔雅》一书，其内容系将语辞分类训释的词典性质的工具书，含有释诂、释言、释训、释亲、释官、释器、释乐、释天、释地、释丘、释山、释水、释虫、释鱼、释名、释兽、释畜、释草、释木等共十九类，其内容虽为训释语词之用，然其以类相从的方法，实则近乎类书之型制矣。

类书的正式形成，据现有文献记载，当始于三国时期之曹魏。魏文帝曹丕以善文著称，其在位时，特组织王象、桓范、刘劭、韦诞、缪袭等，组写了一部大型类书《皇览》，其内容分四十余部，每部数十篇，共八百余万字。历时数载，始克完成。这在当时的条件下，能编辑成如此巨著，实属不易。可惜由于多种原由，该书早已散佚。只有少量内容，遗存其他文集中，清人孙冯翼有辑佚本一卷。

迨至唐代，编写类书之经验已完全成熟，对类书之学术价值，亦为学界认可，因此，唐代自立国之时，天下安定之后，为了全面广泛的推广华夏文化，一方面大力发扬儒、道、释等多家学术著作及文、史、哲、艺等类作，一方面组织文化名人，编写了多部类书。如虞世南编写之《北堂书钞》、欧阳询编写之《艺文类聚》、徐坚等人编写之《初学记》等，可以说都呈现出卷帙浩繁，类目广泛，内容丰富的要求，直至今日，仍有较大学术价值。今举《艺文类聚》为例。1918 年由上海古籍出版社出版之新排本，有中华书局上海编辑所 1965 年撰写之"前言"云："《艺文类聚》凡分四十六部，列子目七百二十七。全书约百余万言。所引用的古籍，据北京大学研究所一九二三年所作的统计，共为一千四百三十一种。他们辑制了一个《类聚》引用书目，我们据以作了约略的分析，得知在这些被引用的文籍之中，现存者所占比例不足百分之十。这就是说，有百分之九十以上的引文为今所不传之书；而其余的不足百分之十的征引，因其所援用者为唐前古本，可以互较今传之本而有可能纠订其误谬。"从这段简要的介绍中，已可充分体现其价值所在。另从医学的角度来看，其子目中尚列有与医学有关的条目。如第七十五卷方术部，列有养生、疾、医等项，收有《华佗别传》、抱朴子、嵇康《养生论》、陶景《肘后百一方・序》、秦医缓、扁鹊、华佗等有关内容。第八丨一卷药香草部上，收有《本草经》、《吴氏本草》及文史类药香草 28 种。上述内容，均与今存该类书，在文字上互有出入，可供校勘时参考。此亦类书之价值所在。

（二）类书的完善与成熟时期

自唐代以后，历朝政府或个人，均曾编写有人小不等的各种类型的类书，既是对学习发展的体现，又促进了学术的不断发展。特别在政府及工室敕令组织编写的较大型和大型类书，更能体现这方面的意义，这说明类书的编写，已逐步完善以至于成熟时期，今举宋、明、清、三朝最具有代表性之类书为例。

1. 宋政府组织编写的《太平御览》

据中华书局 1960 年缩印商务印书馆影宋本《太平御览》聂崇岐先生"前言"文云："《太平御览》的编纂，据王应麟《玉海》卷五十四所述，开始与太平兴国二年三月十七日，共用六年零九个多月的时光。初名《太平阅鉴》，在清本将要完成的前夕，太宗为了誇示自己的好学，令每天进呈三卷，以备'乙夜之览'，才诏改为今名。参与编写的，初为李昉、扈蒙……前后都是十四个人。其中李昉、扈蒙是领衔的。全书分为五十五个部门，这是根据《周易系辞》说的'凡天地之数五十有五'，以示包罗万象。各个部门当中又分若干细目，总计不下五千。所引经史图书，剧本书首册附录的《太平御览经史图书纲目》，共有一千六百九十种，这个数字并不包括古律诗、古赋、铭、箴、杂书等等在内。"经后人研究，其引用之书目，远远超过了这一数字。可见其引书之多，已大大超过了以前的类书。其中特有医学之条目，为医史、医籍之考据与比勘，颇有参考价值。

2. 明政府组织编写的《永乐大典》

明成祖朱棣定都北京后，天下太平，遂敕命翰林学士解缙主持纂修，成祖以古今事物散于众书,不易检阅,欲将经史子集诸家之书,析善辑为一书,而以韵统之,便于考索。遂于永乐元年七月,命缙主持其事,一百四十七人参与编修,次年十二月完成。朱棣自夸文治,嫌其未备,复增派姚广孝、刘季篪同主其事,参与编校。誊写者三千多人,于永乐六年冬重新本始克完成。编修之初,朱棣曾对解缙指示:“凡书契以来,经、史、子、集、百家之书,至于天文、地理、阴阳、医卜、技艺之言……毋厌其繁。”故本书内容,极为丰富。收历代典籍多七八千种,约三亿七千万字,装成一万一千零九十五册。该书体例,是以单字为目,以《洪武正韵》系字。每字下先注音、文,次录各韵书、字书所注之反切、释义,在列该字楷、篆、隶、草各体,最后分类汇辑各书中与该字有关之各项记载,凡单字注释,引文之书名、作者,皆为朱书,颇为醒目,成段或全书系录文献。一字不更,甚为完整。所收典籍,上自先秦,下迄明初;凡当时存世者,尽为收录,其中有不少前朝佚书珍本。故清人在编写《四库全书》时,从中辑出佚书达数百种,纳入《四库全书》者仅三百八十八种。

《大典》正本,因耗资太大,未能刻制。后嘉靖壬戌年禁中失火几毁,遂抄一副本。至清代,正本藏乾清宫,嘉庆丁巳年乾清宫大火,正本遂毁。仅存副本,亦因副本藏弆不善,管理不严,散失很多,复经光绪庚子年战乱及八国联军入侵北京时之毁,所剩已不多。新中国成立后,经多方搜集,现仅存七百三十卷。据上文所述,《永乐大典》对我国数千年文化的传承,功莫大焉,仅就医学而言,清修《四库全书》时,就从中辑出佚书多种。然政无善制,国缺明君,如此巨著,竟毁于一旦,似此重大损失,终成千古遗恨。

3. 清代编写的大型类书《古今图书集成》

清代至二代康熙年间,天下一统,四海宁靖,有康熙第三子诚亲王胤祉词臣陈梦雷,在诚亲王赞助下,著成大型类书《古今图书汇编》。陈梦雷,福建闽侯人,字别震,号省斋。康熙九年进士,授编修。晚号松鹤老人。据《松鹤山房・上诚亲王汇编启》云:“自揣五十年来,无他嗜好,唯有日抱遗编。今何幸大慰所怀,不揣蚊力负山,遂以一人独肩斯任,谨于康熙四十年十月为始,领银雇人缮写。蒙我王爷殿下颁发协一堂所藏鸿编,合之雷家经、史、子、集,约计一万五千余卷,至四十五年四月内告成。分为汇编者六,为志三十有二,为部六千有零。凡在六合之内,巨细毕举。其在《十三经》、《二十一史》者,只字不遗、其在稗史、子、集者,十亦只删一二,以百篇为一卷,可得三千六百余卷,若以古人卷帙计之,可得万余卷,……”后以假归,耿精忠叛,胁以官,未受事而归。与李光地合进蜡丸,以福建虚实密报朝廷。光地独揽其功,精忠败,擢学士,梦雷下狱,戍尚阳堡,十余年释还。至雍正初,因陈氏得罪出朝,被谪戍边,复命经筵讲官,户部尚书蒋廷锡校勘重编,至四年完成。凡一万卷,约一亿六千卷字,分为六编,三十二典六千一百零九部。改名《钦定古今图书集成》。

本书发凡起倒,皆依陈氏,先后复组织大批学者增补。每部先列“汇考”,以征大事;次列“总论”,录经、史、子、集有关议论;有“周表”,以形象表达;有“列传”,叙人物生平;有“艺文”,采集诗文;有“造句”选择俪句、对偶;有“纪事”,纪不见“汇考”之琐事;有“杂录”,收难入正编之资料;有“外编”多纪荒唐无稽之言。所录内容,多整部、整篇、整段地录。纪引资料,皆标明出典及作者,以便于检索。

本书内容丰富,颇富新意,为前归类书所无,堪称当代最大类书,深得国外汉学家之重视,誉之为中国古代大百科全书。然所用资料,录用前人类书为多,且有任意删节之处,校勘不精,引文差误,脱漏难免,故后人曾有《考证》本问世,可订其误。本书现有原印本及中华书局铜活字本及上海同文书局仿铜活字石印本存世。可供使用。

三、类书的体制

类书之称,顾名思义。既云类书,必皆以分类排比之法,将多种图书内容,重新分化,以事类相从之法,分层次排比,使其熔为一书。

其具体分法,有张涤华先生《类书流别·体制第三》言之甚详。其谓:“类书编排之法,或以类分,或以字分。以类分者,分门而类声;以字分者,按部以检字。由今言之,前者与百科全书差近;而后者则字典、辞书之体也。类谓事类,如天文、地理之属是;字谓辞藻,即前人所谓‘体面话头’者是。然特就大较而言,若细别之,则以类分者,又有专收一类与兼收众类之殊;以字分者,又有齐句首字与齐句尾字之异。专收一类者,封域有定,体近专门,虽子目或分,而征材不杂;……兼该众类者,巨细毕陈,竞取综合,虽山包海汇,而各适厥用。……此二种在类书中为数最多。”

以上所言类书兼收者,今举唐代《初学记》为例。该书为徐坚奉敕编纂,陈氏博览经史,熟悉典制,开元年间,玄宗李隆基为皇子之学习及查声用典之便,命坚等仿《艺文类聚》体例,取材辟经诸子、历代诗赋及本朝诗文编辑此书,故名“初学”。至开元15年成书。全书30卷,分天、岁时、地、州郡、帝王、中宫、储官、帝戚、职官、礼、乐、人、政理、文、武、道释、居处、器物、服馔、宝器、果木、兽、鸟等二十三部。部下设三百一十三子目。如天部上有天、日、月、星、云、风、雷;下有雨、雪、霜、雹、露、雾、虹霓、霁晴。每一子目内又设“叙事”、“事对”“诗文”三部分,“叙事”,记历史故事;“事对”,汇对文偶句;“诗文”,集古今韵诗,每引必注出处。今仍以“天”为例:天第一:【叙事】《河图括地象》云:易有太极,是生两仪,两仪来分,其气混沌,清浊既分,伏者为天,偃者为地。……【事对】:转盖倚杵桓谭《新论》:天如盖转,左旋,日月星辰随而东西,《河图》挺佐辅曰:百世之后,地高天下,如此千秋之后,而天可倚杵,汹汹莫知始终。【赋】晋成公绥天地赋(文略)。【诗】晋傅玄两仪赋(文略)。【讚】郭璞天地图讚(文略)。详此书之采摎可谓精矣。故《四库全书总目》评曰:“博不及《艺文类聚》,而精则胜之。若《北堂书钞》及《六帖》,则出此书之下远矣。”今有1952年中华书局排印本易寻。

以字分之,举清代《骈字类编》为例。清康熙五十八年张廷玉等奉敕领修此书。廷玉字衡臣,号研斋,安徽桐城人,康熙进士。至雍正四年完成。收词仅限于十二“雅训”之词,以为作韵文诗律之用,又以词头字义归类排比,故名。该书“凡例”云:“是书义骈字,必取字面确实的然成类不假合造作者,除虚字不采外,将天地、时令、山水、居处、珍宝、数目、方隅、采邑、器物、草木、鸟兽、鱼虫,分为一十二门(后增“人事”门,为十三门)。至如字面虽实而类聚不伦及不甚雅,或于对属无取者,概不泛及。”十三门下隶字若干(相当于子目),计一千六百零四字。如天地门有:天、日、风、雨等五十八字。每子下,又具骈字(两字相连的词语)若干。如天地门,“天”字,含有六卷内,仅卷一即有天地、天日、天月、天风、天云、天雨等一万余条。每条下复有引文若干。收词虽不及《佩文韵府》多,但引征诗词文句,必详著作者题目,或书名篇目,极便核查原文。

此书的另一特点是类书中以字分类者选用之词语为平词法首字。而在此前之诗韵类书,皆以诗之韵部为目,如一东、二冬、三江、四支等为序。选用词法,皆为词语之尾字。如诸诗韵、韵府类书。另有一部分诗韵类书,选用之词语,则先收齐词语尾字,后收齐词语首字。则所收词语更为广泛。尤便于诗词作者之检选。

以上简要介绍类书的体制,以便了解中医古籍近类书及类书之型制。

四、中医学的类书

中医学的图书,在华夏文化自有书契以来,作为一种学术的分支科别来说,应该说是多不胜计,也实是难以数计,从目录的角度,唐以前的图书,留存者已屈指可数,唐以后者亡佚亦多。据不完全统计,辛亥革命以前幸存者,尚有万余种。然真正属于类书者,为数不多,或以事类相从之体编纂者,亦近似类书之属。今约略分之有以下几种。

(一) 以"事类相从"之体编纂之书

此类图书,起始较早,凡非出于一家之言,或各承家技之法,而是集多种之书,汇多家之法,类而分之者,均可以认为属于此类。如张仲景先生《伤寒杂病论·序》云:"撰用《素问》、《九卷》、《八十一难》、《阴阳大论》、《胎胪》、《药录》,并《平脉》、《辨证》,为《伤寒杂病论》合十六卷。"显非一家之言。唯今日难详如何类分,不知部属,难以确认。今例举数种较明显者。

1. 王叔和《脉经》

王叔和,魏晋时高平人,名熙,以字行,为晋太医令,著《脉经》,并整理张仲景先生遗著。详《脉经》自序云:"脉理精微,其体难辨,弦紧浮芤,辗转相类,在心易了,指下难明……今撰集岐伯以来,逮于华佗,经论要决,合为十卷。百病根源,各以类例相从,声色证候,靡不赅备。其王、阮、傅、戴、吴、葛、吕、张,所传异同,咸悉载录。"据此可知该书当含自《素问》、《针经》以下至晋以前十余家之著述中及于脉学的内容,以"类例相从"之体,汇集成书。

今存本共十卷,第一卷十五篇,为脉学之综述。未著引书。第二卷四篇,含二十四脉气事;五脏、五腑脉之虚实;三关脉之病,证、治及医方共61条,含医方六十余道,去重复亦有五十余道,有少数医方见于仲景方书;平奇经八脉(有见于《难经》者)。第三卷为五脏病候,每脏含三部分内容:①新撰;②出《四时经》(不见于别书);③出《素问》、《针经》及张仲景。第四卷八篇,多述脉证危重及死侯。含《经》曰、《素问》条文、扁鹊曰、岐伯曰、黄帝曰等字样。第五卷五篇,含张仲景论脉一篇,扁鹊脉法二篇、扁鹊与华佗察声色一篇、扁鹊论反逆死脉一篇。第六卷五脏、六腑及经脉病,收有《素问》及《针经》内容。第七卷二十四篇,将张仲景治"伤寒"之条文,归结为汗、吐、下、温、灸、刺、水、火八法,分类排比以为"可"与"不可"之证。另有治热病及重实、重虚生死证七条。大都可见于今存《伤寒论》中,少数可见于今在《素问》与《灵枢》及别书中。第八卷与第九卷内容,基本上尽见于今存本《金匮要略》中,文字少有损益及差异。第十卷原文缺损,系后人增补《手检图》内容。

从上述《脉经》序言所列收录,皆著姓氏及书中引录人名,尤其将张仲景有关"伤寒"之条文,全以"诸可"与"诸不可",归为"八法",按法类排。足可证叔和此著,是按早期类书的体例编纂的,唯因大量引文,未加出典,编写体例,亦不规范,则不尽人意。然此书终为中医类书类起始之作,保存该时多家之书,其功不可泯。

2. 皇甫谧《黄帝三部针灸经》(即今存本《针灸甲乙经》)

皇甫谧,字士安,西晋安定朝(音株)那人。其高祖及祖父,皆当时望族,学而仕,至其父败落,出后叔父,年二十不好学,后得后叔母任氏规劝,乃耽玩典籍,忘寝与食,于魏高贵乡公甘露年间,复患风痹。一生著述多种,《针灸甲乙经》其一也。

详今存本《甲乙经》自序云:“夫医道所兴,其来久矣。上古神农始尝百草而知百药。黄帝咨访岐伯、伯高、少俞之徒,内考五脏六腑,外综经络血气色候,参之天地,验之人物,本性命,穷神极变而针道生焉。”又云:“按《七略》、《艺文志》:《黄帝内经》十八卷。今有《针经》九卷、《素问》九卷,二九一十八卷,即《内经》也,亦有所亡失……又有《明堂孔穴针灸治要》,皆黄帝、岐伯遗事也。三部同归,文多重复,错互非一。甘露中,吾病风加苦聋,百日方治,要皆浅近。乃撰集三部,使事类相从,删其浮辞,除其重复,论其精要,至为十二卷。”据序文可知,该书是以《素问》、《针经》、《明堂孔穴针灸治要》三书为本,打破原篇文序,使事类相从,重为编纂,另题书名而成。

全书今存共十二卷。卷一具十六目,属医学伦理类;卷二具七目,属经脉、骨度类,卷三具三十五目,属气穴类;卷四具三目,属诊候类;卷五具七目,属针道类;卷六具十二目,属病因、病机类;卷七具五目,属经脉病证治类;卷八具五目,属杂病证治类;卷九具十二目,杂病证治类;卷十具六目,属杂病证治类;卷十一具九目,属杂病证治类;卷十二具十一目,属杂病及妇、儿证治类。从上述目、类中可见,原三书篇目全不用,将篇文尽为析解,重行归类,尤便于检索及查寻。惟删文较多,难以将三书复原,且删文亦有非当处。

3. 王焘《外台秘要》

王焘,唐人,家世系隋、唐时名门望族。曾任职于台阁,得以博览群书,几经删简,终成大作《外台秘要》四十卷。据该书自序云:“余幼多疾病,长好医术,遭逢有道,遂蹑亨衢,七登南宫,两拜东掖,便繁台阁二十余载,久知弘文馆图籍方书等,由是观奥升堂,皆探其秘要。……遂发奋刊削,庶几一隅。凡古方纂得五、六十家,新撰者向千百卷,皆研其总领,核其指归,近代释僧深、崔尚书、孙处士、张文仲、孟同州、许仁则、吴升等十数家,皆有编录,并行于代,美则美矣,而未尽善。”

综观上文,得知王氏之所以致力于编纂是书,一者身家为病所困,不知医则难以尽人子之孝;二者叹医家“各擅风流,递相矛盾,或篇目重杂,或商较繁芜”,故十余年间,虽几次迁官,历尽经营,“上自炎昊,迄于圣唐,括囊遗阙,不愧尽心矣。”三者藉在台阁任职时期,广泛研悦过前朝及唐名家医籍及民间验方书,作为编写是书的基础性资料;四者唐人在文史方面编纂类书之风,振兴于时。

据现存本引文出典,该书引用之医籍有《黄帝内经》、张仲景医书、华佗、王叔和、《甲乙经》、葛洪、陈廪丘、靳邵、胡洽、刘涓子、《小品方》、深师、陶弘景、姚僧垣(《集验方》)、《删繁方》、《病源》等唐以前医籍及验方;又有《古今录验》、《千金方》、《千金翼方》、崔氏(崔知悌《崔氏纂要方》等)、《延年》(作者不详)、《备急》、张文仲等唐代医家数十家,载方约六千七百四十余首。

全书共四十卷,以病为类,以证候为门,门下收方若干首。全书收内、外、妇、儿、金疮、服石、虫兽咬伤等科疾病若干类,合收病候一千一百余门,每门类方若干首。每论其方,先明出典，末出卷数或异同。今举卷一伤寒病第一门为例。

诸论伤寒合一十六首

《阴阳大论》云：……。（小字注文，下同，不复接）仲景、《病源》、《小品》、《千金》同。

王叔和曰：……《小品》、《千金》同。

又曰：……《千金》同。

又凡……四逆汤，在第二卷伤寒不得眠中，三味者是也。

华佗曰：……。

又云……仲景、《千金》同。

陈廪丘云：……《小品》、《千金》同。蒸法在此卷崔氏日数部中，，阮河南法，又有桃叶汤熏身法，在第三卷天行部中，《文仲方》支太医法是也。

范汪论：……《千金》同。

《九卷》云：……。《甲乙》、《太素》同。

《小品》论曰：……。出第十卷中。《千金》同。

《千金》论曰：……

又：……。文仲同。

又：……

又：……

又：……

《经心录》论曰：……。出第二卷中。

据上例计之，计为九家十九首，与题数不合，或传抄日久致误也。

从编纂体例可见，其引文尚属严谨。这对日后考校，颇为便利。唯在引用书名或人名时不太规范，这在古人引文时，亦属常见。故清人徐灵胎先生曾云："《外台》一书，则纂集自汉以来诸方，荟萃成书，而历代之方，于焉大备。但其人本非专家之学，故无所审择，以为指归，乃医方之类书也。然唐以前方，赖此方以存，其功亦不可泯。"灵胎先生此论亦可谓公允。

又在第三十九卷《明堂》灸法七门一篇，对于腧穴类属十二经脉一门，颇有新意。

详腧穴之归属问题，远在《内经》有关篇章，即未详明，后有《明堂》一书，专言经络、腧穴，可谓刺灸之专著，惜书已早亡。有晋人皇甫谧著《针灸甲乙经》时，曾将《明堂》内容，类编其中，今存《甲乙经》卷三，专载腧穴计三百五十余名。其四肢部分，尽接十二经脉类属，而身躯部分，则按头、面、耳、颈、胸、腹、背、腋八个部区归属。若以此推及，古《明堂》腧穴，尚未尽以经脉归属。又唐人杨上善撰注《黄帝内经明堂》"序"亦云："旧制此经，分为三卷，诊候交杂，窥察难明……是以十二经脉各为一卷，奇经八脉复为一卷，合为十三卷。"

惜今仅日本仁和寺尚存"序"及卷一（手太阴肺经），余皆未见。而全部腧穴均按十二经类分而文尚存者，唯《外台秘要》第三十九卷。其他这方面的著作如王冰《素问》注中引用《中诰图经》等，均亡。《外台》三十九卷"十二身流注五脏六腑明堂"一门，共含第一肺脏人、第二大肠腑人、第三肝脏人、第四胆腑人、第五脾脏人、第六胃腑人、第七心脏人、第八小肠腑人、第九心包络人、第十肾脏人（含任脉穴）、第十一膀胱腑人（含督脉穴）、第十二三焦腑人。每穴内容包括正名、别名、部位、脉气所发、灸壮数（王焘不主张刺法，故无刺分寸）、主治等项。如此类分，使腧穴各有归属，察阅较易，寻觅方便，为腧穴学术之进一步发展。后有元代滑寿著《十四经发挥》，复将任、督二脉分出，遂成一完整之腧穴体系，至今未变。

似《外台秘要》这等大型医籍类书，据史志“艺文志”或“经籍志”中多有录著，在其他杂书中亦时或论及。如《隋书·经籍志》子部医方类著录有《范东阳方》一百五卷。（注：《录》一卷。梁一百七十六卷。梁又有《阮河南药方》十六卷，阮文叔撰。《释僧深药方》三十卷。《孔中郎杂药方》二十九卷。宋建平王《典术》一百二十卷，羊欣撰。《褚澄杂药房》二十卷，齐吴郡太守褚澄撰，亡。）《药方》五十七卷。《金匮录》二十三卷。（注：《目》一卷，京里先生撰。）《四海类聚方》二千六百卷。《四海类聚单药方》三百卷。

又晋人葛洪著《抱朴子·内篇·杂应》云：“余见戴霸、华他所集《金匮绿囊》、崔中书《黄素方》及《百家杂方》五百许卷。甘胡、吕傅、周始、甘唐通、阮南河等，各撰集《暴卒备急方》，或一百十，或九十四，或八十五，或六十四，世人皆为精悉，不可加也……余所撰百卷，名曰《玉函方》，皆分别病名，以类相续，不相杂错。

仅据上述可见，在晋与南北朝，下及隋、唐，在医药卫生方面，因几经战乱荒年之苦，广大医药工作者和劳动人民，为战胜疾苦，确保健康，创造了大量的医方，经方术家之搜集撰成诸多医方集，其大不乏数十卷、数百卷、以致经官方修订之千余卷大型医方类书。惜因传抄不便，藏弃不善及战乱损毁等原因，大都失传。有些著作，则赖《外台》、《肘后方》等传本中，少识崖略。

唐、宋期间，随着文史性类书的编修，医药方面，亦犹及之。如宋朝太宗、徽宗两代奉敕编修之《太平圣惠方》与《圣济总录》是也。

《太平圣惠方》，以宋太宗赵光义素喜医学，于太平兴国三年诏翰林医官院征集各家效应药方，合万余首，令尚药奉御王怀隐，王祐等校勘类编，于淳化三年完成。全书百卷，分为一千六百七十目，共载方一万六千八百三十四首。惜引文皆无出典。约含北宋以前方书及民间医方。

《圣济总录》，为宋徽宗赵佶于政和年敕命编纂。据该书“序”云：“万机之余……亦诏天下以方术来上，并御府所藏，颁之为补益一卷，治法一卷。卷凡二百，方几二万，以病分门，门各有论，而叙统附焉。首之以风疾之变动，终之以神仙之服饵，详至于俞穴经络、祝由符禁，无不悉备，名之曰《政和圣济总录》。其所载在事，所以祐天下之至神。”本书与《太平圣惠方》在体例方面，多有相似。其内容多征集民间及医家所献医方，结合内府所藏秘方整理类编而成。由于宋代对“运气”学说较为重视，故前二卷即为“运气”，颇具时代特色。唯一百九十五至一百九十七三卷，特设“符禁门”。颇涉“怪力乱神”，犹白璧之微瑕。

4.《重修政和经史证类本草》

关于药物方面的著录，据现存文献所见，早期图书，多为散记，如《尔雅》、《山海经》、《说文》等，均有零星记载。又如出土文物“阜阳汉简”《万物（整理者定名）》中，载有治疗作用物品（包括动物、植物、矿物）数十种。后至药物专著《神农本草经》问世后，方将各种药物分为三类，即上、中、下三种。并概言云：“上药一百二十种为君，主养命以应天、无毒，多服久服不伤人，欲轻身益气不老延年者，本上经。中药一百二十种为臣，主养性以应人，无毒，斟酌其宜，欲遏病补虚羸者，本中经。下药一百二十五种为佐、使，主治病以应地，多毒，不可久服，欲除寒热邪气，破积聚愈疾者，本下经。”此为最早之药物分类性医书。后至唐代有《新修本草》，始按物种类分，惜仅存残卷，未见全貌。迨至宋代官修本草，继唐本草之后，仍按物种，详为类分。古本皆存。今以《重修政和经史证类备用本草》为例。

详宋代“本草”类书,是在“蜀本草”的基础上,曾经多次修订,愈加完善。《重修政和经史证类备用本草》,全书原系宋人唐慎微撰,名《经史证类备急本草》。至宋徽宗政和六年,复经医官曹孝忠重加改订,遂改是名。详曹“序”云:“蜀人唐慎微,近以医术称,因本草旧经,衍以证类医方之外,旁摭经史,至仙经、道书,下逮百家之说,兼收并录,其用明,其理博,览之者,可以洞达。”乃与杨戬等总工刊写校正润色之,“遂完然成书,凡六十余万言,请目以《新修经史证类备用本草》云。”在继承前人著作的基础上,所出经史方书共二百四十七家,载有药物一千七百四十余种,计三十卷,按物类分为玉石部、草部、木部、人部、兽部、虫鱼部、果部、米谷部、菜部等;每部又分上、中、下三品。以药为目,其主文中,朱文(今刊本之阴文)为《本经》原文,墨文(今本为阳文)为别录旧文。其余为后人增文。后附经、史、医等百家之说。今举石膏为例。始为主文,后有小字引书为陶隐居、唐本注、经禹锡等按、《药性论》、萧炳、陈藏器等;次为大字引书有《图经》、《雷公》、《外台秘要》、《肘后方》、《梅师方》、《子母秘录》、《大上八帝玄变经》、《丹房镜缘》、“别说”等;后附《衍义》曰。此种“分门部类”的编纂体例,实与所谓“使事类相从”之法亦同,亦为专种类“类书”之属。

该书对药物之名称、形貌、产地、性味、功效、主治、单验医方等项,均取众家之说以备之,对读者颇有裨益。明·李时珍所修《本草纲目》,基本上系仿诸此体而继为增补,复正其谬误,成辛亥革命前本草之最。

5.《医学纲目》

是书为元末明初楼英著。楼氏少奉母训,习《内经》,长得戴原礼教,遂发奋于医林。据该书自序云:“英爰自髫年,潜心斯道,上自《内经》,下至历代圣贤书传及诸家名方,昼读夜思,食餐忘寝者三十余载,始悟千变万化之病态,皆不出乎阴阳五行……是以不揣芜陋,掇拾经传方书,一以阴阳脏腑分病析而类聚之。分病为门,门各定阴阳脏腑之部于其卷首,而大纲著矣。析法为标,标各撮阴阳脏腑之要于其条上,而众目彰矣。病有同其门者,立枝门以附之,法有同其标者,立细标以次之……。”

本书约当明洪武十三年初成,复经修补,约当洪武二十九年终成。

全书四十卷,自卷一至卷九,为阴阳脏腑部之综论;自卷十至卷十五为肝胆部,卷十六至卷二十为心小肠部,卷二十一至卷二十五为脾胃部,卷二十六至卷二十七为肺大肠部,卷二十八至卷二十九为肾膀胱部,各部以疾病为目,广引历代名家对此病之论治要法;卷三十至三十三为伤寒部,广引诸家对伤寒及温热等病之证治;卷三十四至卷三十五为妇人部,卷三十六至卷三十九为小儿部,广引诸家对妇、儿病之证治;卷四十为《内经》运气类注。各部皆以病症分门别类,每门列举有关病证之证候、治法及方药,凡治法皆以正门为主,支门为辅,每门又列上下者,其上皆以医经为本始,其下乃后贤之余绪。证引诸家,皆标出典。对学者颇有研读价值。近代曹炳章先生誉本书“实为医学类书中之最有法度者”。

(二) 大型类书中所涵医学类

我国自三国曹魏时首部类书《皇览》问世始,历代继出此类图书,然早期者,亡佚甚多,隋唐以后,留存多有,据今存者所见,有些类书中,尚不同程度地收有医学方面的内容,如宋代王应麟所著《玉海》,在“艺文”一类中,即收有中医典籍若干种,对考校其书,颇有价值。有些大型类书,医学内容,收载较多,今举例如下。

1.《太平御览》

该书为宋太宗赵光义于太平兴国二年诏命李昉领修此书，历时六年完成。该书是在前代类书基础上，修葺增减而成，约四百七十万字，分设五十五部，每部又分若干子目，凡五千三百六十三类，类内又有附目六十三，凡五千四百二十六类，其中收医学内容主要有以下几个方面。

(1) 第七百二十卷方术部一"养生类"，引《易》、《传》、《老子养生要诀》、《庄子》、《文子》、《吕氏春秋》、《淮南子》、《抱朴子·内篇》、《新论》、《嵇康养生论》、《神仙传》、《魏志》、《吴普问华佗》、《博物志》、《高湛养生论》、《养生要》、《修养杂诀》等十余家论养生之要，对研究养生学，颇具要义。且有些书已亡，赖此以存片论。

(2) 第七百二十一卷至七百二十四卷方术部二医类一至医类四，收宋以前史籍所载医林人物及医事若干条，对研究医史文献有重要意义，特别是有些正史无传之医家，尤为重要，如引《何颙别传》记张仲景事，即属此类。

(3) 第九百八十四卷至九百九十三卷药部一至药部十，共收药品二百八十种，加之其他卷中散收者约三百种左右。主要为《本草经》与《吴普本草》两书内容。因二书早已亡佚，故本书与宋本草，则为后人对《本草经》与《吴普本草》辑校的重要据本，如本书引《本经》原文，除名称、性味、主治及生长环境外，多有产地。而宋本草所引《本经》文，则产地皆作阳文(即原作"墨书")，表示非《本经》正文，系汉人或汉以后人所加。又如卷第九百七十二果木部九"葡萄"前引《史记》："大宛以葡萄为酒，富人藏酒至万余石，久者，数十岁不败。汉使取其实来，于是离宫、别观傍，尽种葡萄。"又"《本草经》曰：葡萄生五原、陇西、敦煌，益气强志，令人肥健，延年轻身。"该书引《史记》文，与今本《史记》大宛列传第六十三文亦同。而《本经》收葡萄入上品，这对《本经》的成书年代，犹值深思。然所引《本草经》与《吴普本草》文，因二书皆亡，难以核准，特别是《吴普本草》一书，别书征引犹少。而《本经》一书，若与宋本草对勘，多具不同处。如"紫石英"一药，《重修政和经史证类备用本草》卷三云阴文(原朱文)云："味甘，主心腹咳逆，邪气，补不足，女子风寒在子宫，绝妊，十年无子。久服温中，轻身延年。"本书引文云："味甘温，生太山山谷，治心腹呕呃，邪气，补不足，女子风寒在子宫，绝妊，十年无子，久服温中，轻身延年。"可见本书引文，除主文有异文及产地外，不避唐高宗讳"治"字，或本书系唐以前《本草经》本，当更接近原貌。

2.《永乐大典》

是书为明太宗朱棣永乐年间，由解缙等奉敕编撰，始名《文献大成》。初太宗朱棣，以古今事务散于众书，不易检索，欲将经、史、子、集各家之书，析类辑为一书，而以韵统之，便于考索，遂于永乐元年七月，命缙主其事，一百四十七人参与其事，次年十二月完成。帝嫌其未备，复增刘广孝、刘季篪同主其事。至永乐六年冬完成。收历代典籍七、八千种，约三亿七千万字。以单字为目，以《洪武正韵》系字，以字系相关之辞。凡单字之注释、引文之书名、作者，皆以朱书，成段或全书采录文献，甚为完备。其中收录医书有若干种。该书明末至清初，已有损毁，不甚完好，然清初修《四库全书》时，尚为应用。据《四库全书提要》著录书目，其中从《永乐大典》中辑出之医术有以下诸种：《颅囟经》、《博济方》、《苏沈良方》、《脚气治法总要》《旅舍简要方》、《伤寒微旨》、《全生指迷方》、《卫生十全方》、《奇疾方》、《卫济宝书》、

《太医局程文》、《产育宝庆方》、《集验背疽方》、《济生方》、《产宝诸方》、《救急仙方》、《瑞竹堂经验方》等十余种；又有存目书《流注指微赋》及兽医书《水牛经》、《安骥集》、《痊骥集》三种。幸有此辑本，稍知其梗概矣。

3.《图书集成》

本书为清康熙与雍正两代人编成。始为康熙年由陈梦雷编纂。陈曾为诚亲王胤祉词臣，在该王赞助下，于康熙四十五年四月修成。辑为三千六百余卷。雍正初，复命经筵讲官、户部尚书蒋廷锡校勘重编，至四年终成。凡一万卷，约一亿六千万字。分六汇编，三十二典，六千一百零九部。本书所录，多将原书整部、完篇、全段抄入，並注明出处，极便检索。采集广博，资料宏富，分类详致，条理明晰，检一得百，贯通古今。深得国内外汉学家重视，誉为中国古代大百科全书。然资料辑录前人类书较多，考正不严，校勘不精，故后人有考其误者，可补其失。

该书以事类为例，每一汇编复分若干典，每典复分若干部。医学为博物汇编艺术典医部。辑录之各种内容，往往把原书整部、整篇或整段地抄入。因此，较完整地保存了许多古籍。

医部共五百二十卷，约九百五十万字。计分医部汇考，医部总论，医部医术名流列传，医部艺文、纪事，医部杂录、外编等类。

全文自艺术典第二十一卷至九十卷为医经，含《素问》，收王冰、马莳、张志聪三家注；《灵枢经》，收马莳、张志聪二家注；《难经》，主要收滑寿注。第九十一卷至一百零八卷为脉法。第一百零九卷至一百十二卷为外诊法。第一百十三卷至一百二十五卷为脏腑门。第一百二十六卷至一百三十卷为经络门、身形门。第一百三十一卷至一百四十一卷为运气门。第一百四十二卷至五百二十卷为各科疾病证治；含内、外、妇、儿、五官等科，皆有论、有法、有方，按年代收取历代医籍之文。第五百二十一卷至五百二十三卷为医部总论，收历代名家医论。第五百二十四卷至五百三十七卷为医部名流列传，收录清初以前的医学家传记一千二百多人。第五百三十八卷至五百三十九卷为医部艺文、纪事。艺文，收录历代重要医籍之序及部分医家诗文；纪事，收录历代部分史书及笔记中有关医学的记事。第五百四十卷为医部杂录、外编。杂录，主要收录部分古籍中之医事、医言；外编，主要收录部分古籍中有关医事之神话、寓言等。全文共收录医书达一百数十种，为目前存世类书中收录医书最多者。该书体例为以部分门，以门分类，以类系文。收录各书，凡属诸“医论”者，均按年代，首标书名，次列书文。凡属“方治”者，均先出方名，下注书名，若一书连录多方者，则于书名后，标以“下同”二字，后列方治原文。并在每卷正文之前，出卷目，依次列出该卷书文之书名及篇名或题名为目，检索较易。

该书内容宽广，资料丰富，且在编纂体例方面，又有一定创造性，为中外学者所注目。惜对原文有任意删节处，校勘不精。引文差误及错漏处，亦屡见不鲜。故后人有“考证”者，考其误也。今有1934年上海中华书局铜活字版。医部有1959年人民卫生出版社出版之铅印本，名《图书集成医部全录》。

（三）国外编纂之中医类书

中国医学早在隋、唐以前已经传入朝鲜，后由朝鲜传日本，故隋、唐之后，不仅有医界人物互相交流，而且有大量医籍亦传到国外。自宋以后，国外医家，医学撰著，亦逐步增多，从事类书编纂者亦不乏其人，今举其例。

1.《医心方》

日本丹波康赖编纂。

据丹波元简等日本安政元年（相当于清咸丰四年）“刻《医心方》序”云：其远祖丹波（为多纪氏之原姓）康赖撰进是书，实为圆融帝永观二年十一月二十八日（相当于北宋太宗雍熙元年），遂藏之秘府，后在正亲町帝（相当于明嘉靖三十九年）出赐典药头半井氏。至宽政（相当于清乾隆末年）初载，命其曾祖以秘府抄本誊写收藏，因残脱较甚，至安政时（相当于清咸丰年间），始得半井氏家藏完本，经多纪元坚氏等校刊，始行于世。此今日流传之安政本。

是书共三十卷。卷一为治法与药石类；卷二为刺灸类；卷三至卷十四为杂病证治类；卷十五至卷十八为外科病证治类；卷十九与卷二十为服石类；卷二十一至卷二十四为妇人病证治类；卷二十五为小儿病证治类；卷二十六与卷二十七为延年养生类；卷二十八为房内；卷二十九为食治类；卷三十为谷、肉、果、菜类。每类又设子目若干条，证治类设病证名三百余种。征引文献，皆我国宋以前医学文献为主，少量文史方面文献，约计七千余条。其证治体例，颇与我国王焘《外台秘要》近似，大多先《病源》，后南北朝及隋唐以下医家著作。如卷六治心痛方第三：先《病源论》，次为《葛氏方》、《录验方》、《备急方》、《耆婆方》、《僧深方》、《新录方》、《集验方》、《鉴真方》、《范汪方》、《如意方》、《小品方》、《千金方》、《救急草验方》、《孟诜食经》等十五家。本书所收文献，在国内已亡佚甚，故对古籍之考校，颇有价值。如卷二所收腧穴主治，与《外台》卷三十九所引《明堂》文，颇可互校互证。

2.《杂病广要》

日本丹波元坚编纂，成书于嘉永六年（相当于清咸丰三年）。全书以内科杂病为主，据中国清道光以前历代医籍三百余家，分类汇编而成。

全书三十卷，共设外因类、内因类、诸气病、诸血病、脏腑类为纲，下列诸病为目，目下设病因、病机、证候、治法、方药等为子目，汇集各家之说于子目之下，或附已见及名家验案以阐明之。共收杂病“外因类”（连附病）九目，“内因类”十七目，“诸气病”不分目，“诸血病”十二目，“脏腑类”二十七目。目下再据情设子目若干条。如“中风”病之子目：“源因总说”，引《病源论》、《三因方》、《管见大全良方》、《丹台玉案》；“风有内外”引《金匮翼》；“论真中类中”引《医经溯洄集》、《医学正传》；“脉候”引《病源论》、《脉经》、《中藏经》、《医说》、《证治准绳》、《锦囊秘录》、《保命集》、《诸证辨疑》、《医经会元》；“证状总说”引《千金方》、《医方大成》、《证治要诀》、《管见医方大全》；……下略。可见一斑。

书末附“引用书目”三百余种，内除有日人著作两种外，余皆中国清咸丰以前历代古医籍及文史古籍十五种。其中不乏少见或亡佚之作，通过此书之类编，可略见众家之论也。

以上仅举中医类书数例，借以说明其在中医文献方面的地位和学术价值，以示中医类书对中医文献研究的重要性及从事中医类书编纂的必要性。

五、类书之利弊

类书之辑，若海汇百川，泰山土壤，自古迄今，汗牛充栋，为学之士，临案检选，或得或失，或正或误。故欲言其利弊，事或双关，局限之在，亦属难免。张涤华《类书流别》曾云："类书之兴，邈逾千祀，而为功为过，迄无定论。大抵骛华藻者则喜其聚囤，崇实学者则疾其稗贩，良由见仁见智之不同，遂致或褒或贬之各异；辞说既繁，将所以折衷之哉？"诚若是焉。然言其利者，功难尽述；言其蔽者，事难俱全。

1. 广收博采，略见梗概

类书所收之书，以其非出一人之作，故非一家之言。以其广收博采，则可众文互证，立文异而取义同。或文虽不同而义在互补。但亦可见"命题"虽同而义则纷纭。有待后来，辨多则明，有属常理。另在类书中所收某家片言只字。难见全貌，只知梗概而已。且作者亦常取其所需，断章取义。或取其部分，不收全文，故以类收内容，难能得知全貌。

2. 集精汇萃，不明出典

类书所收内容，多广取名家之言，其中不乏精辟之论，令人耳目一新，顿解迷惘。不假搜索，翻检即得，对于从事研读之学，尤为便捷。然常有文言虽备，而出典不详，或虽具书名，而不知章节。故对欲深究义理及核校原文，是极大的不便。甚至终难考知。特别对某些具有重大学术价值的创见人及其时代背景，均难以定位，留下永久的遗憾。

3. 摘录片段，引文不严

类书中内容，引经据典乃寻常之事，特别是宋及宋以前之类书，每有引用宋以前之古籍，利用此类资料，对今存本进行校勘，具有重大学术价值，有时可据改一些关键性文字。若对古佚书引文较多者，亦可藉以辑佚，或可略知其书梗概。然古代编纂类书者，在引用别书时，每有单凭记忆，或任意删节，或与上下文混连。此等情况，亦非偶然，故使用类书引文校改今存本时，务需审慎从事，不可冒然。

4. 博观有赖，约取匪易

千秋古籍，汗牛充栋，百代学人，著述无边。学贯三才，史历万世。欲期闻达、终生难尽。况身处僻乡，家景拮据者，欲博览群书，实属不易。若能获此一函，可当五车之富，每藉青灯萤火，尚可粗知众科，略识百艺。亦治学之门径，上进之阶梯。然博则博矣，驳杂难精，欲求专深，尚待约取。故尤非守一百科类书，而可以达此目的。类书备众说，术业有专攻，二者不可偏废。

5. 内容取舍，各随己见

关于类书收取的内容，大多系摘取文句或片段，至于大段、整章、甚或全书录者，除了官方编辑大型或特大类书外，是不能做到的，不管采用什么形式，有时涉及到某些不同观点，或不同的政治观念时，对内容的取舍，难免各随己见。因此，也可能出现某些歪曲、误导、删改之处，未能客观的反映原作者的学术思想。

以上各点，亦仅是举通常易见之例，略为说明。以示学者在研读类书时，务需注意。

第二节 丛 书

丛书在我国图书形成的历史进程中，占有相当的地位，它对古代文献的存储和学术的传承方面，起到了重要作用。中医文献中的丛书，也同样如此。以下就丛书的有关问题和中医丛书的基本情况，加以简介。

一、丛书概况

丛书这一概念，近代学者曾有过多种不同的解读。近人李春光先生，颇致力于丛书的研究，其著作《古籍丛书述论》第一章第一节有云："简而言之，丛书就是以一种书为基本单位，依据一定的原则和体例，把两种以上的多种著作汇编为一书籍集合体，并题以总名。"此说诚然若是。

在中医丛书类例中，亦有以一书或一人之名而汇合多种图书而成。故有此一书，即等于已具多种图书之利，对读者或收藏家来说，甚为有益。故丛书一类，历来为文献界所重视。甚至有些单本图书因年久散佚，赖丛书得以存留。

丛书之名，最早见于唐代陆龟蒙《笠泽丛书》，乃陆氏于唐僖宗乾符六年春，卧病于笠泽，将诗、赋、颂、铭、记、传、序等，不分类次，编集为一名，故名。故此书虽名"丛书"，实含丛脞、细碎之义，尚非后人所编"丛书"之义。至宋代始有人真正从事于丛书的编纂工作。近人吴枫先生《中国古典文献学》第五章第二节云："宋·余鼎孙《儒学警悟》，虽无丛书之名，而有丛书之实。明程荣辑汉、魏、六朝诸家著述，汇编为《汉魏丛书》则名实相副，成为古典文献的专用名称。"详《儒学警悟》，乃宋·俞鼎孙（为太学生）与其兄俞经，于南宋宁宗嘉泰二年，合辑《石林燕语辨》十卷、《演繁露》六卷、《嬾真子录》五卷、《考古编》七卷、《扪虱新语》上下集八卷、《萤雪丛说》二卷等编成此书共四十一卷（《宋史·艺文志》作四十卷），凡举子之业，人事之劝惩，概为儒学设，亦为警悟之用。虽不名丛书，实为我国第一部真正意义上之丛书也。从此而下，历代编辑之丛书则层出不穷，我中医学界，亦紧随其步履，代不乏书。

二、丛书之滥觞

吴枫先生《中国古代文献学》之："我国丛书产生很早，源远流长，发展迅速。《诗》、《书》等古典文献都具有单篇的性质，而首见于《史记·孔子世家》中所说的'六经'，即含有丛书内容。最早著录的丛书，《隋书·经籍志》载有陆澄合编《山海经》以来一百六十家为《地理书》，又有任昉增陆澄之书为《地记》二百五十二卷。这是同一性质书籍编在一起的最早的地理丛书。后来五代国子监刻的《九经》，宋代的《七经正义》和《眉山七史》，金代的《大藏经》，元代的《十七史》等，都属于专类辑刊丛书。有关综合性丛书，清代学者钱大昕认为，南宋宁宗嘉泰元年（1201）俞鼎孙、俞经同编的《儒学警悟》，首先开创了综合性丛书的体例……”

上述我国丛书之起源甚是，若儒家之诸家典籍，按图书之发展规律，早期亦多单篇别行，经孔子多年之整理，汇众篇为一书之事，理所当然，故后遂有经籍坟典之问世，复经汉刘向、刘歆父子校书之际，对某些古籍的校勘整理，亦非原型旧貌。今举《战国策》为例。

《汉书艺文志·六艺略·春秋》：《战国策》三十三篇。近人张舜徽先生《汉书艺文志通释》是书按：“此乃周末游说之士言论总集。西汉末年刘向校书时，为之理董编次。其所撰叙录有云：‘中书本号，或曰《战策》，或曰《短长》，或曰《事语》，或曰《长书》，或曰《修书》。臣向以为战国时游士辅所用之国，为之策谋，宜为《战国策》。其事继春秋以后讫楚汉之起，二百四十五年间之事。’可知此书初无定名，即《战国策》三字，亦为刘向所定。全书共有西周一篇，东周一篇，秦五篇，齐六篇，楚、赵、魏各四篇，韩、燕各三篇，宋、卫合为一篇，中山一篇，共三十三篇。体裁与《国语》相似，故世人多取两书并称。”据此，则《战国策》一书，本系多家之说，非一时一人之作，经刘向校书时，集而为一书，并一其名曰《战国策》，实为丛书也。

若以此论推之，非文史经学百家之书，有如此者，就医学之典籍，亦有此类者，如《黄帝内经》一书。昔人与今人亦常疑之，特如元、明间人戴良《九灵山房集·沧州翁传》引吕复曰：“《内经素问》，世称黄帝、岐伯问答之书，乃观其旨意，殆非一时之言，其时撰述，亦非一人之事……而其大略，正如《礼记》之萃于汉儒，而与孔子、子思之言并传也。”近人张舜徽先生在《汉书艺志通释》中亦云：“顾秦火不焚医药之书，医家之大纲要法，存者犹多。或传录其遗文，或增补其漏义。后人续增之笔，自在其中。此二编（指《素问》、《针经》）虽非出于一时，成于一手；要其精义名言，必有所受。医家有《素问》、《灵枢》，犹儒家之经传也，故言医者悉宗之。”是《黄帝内经》一书，名曰“黄帝”，乃依托之词，宋人已疑之。其或汉人综多家之言医者，合其两部（各含九卷）为十八卷。据现有古文献所见，如汉末张仲景《伤寒杂病论·序》，复称之《素问》、《九卷》，晋人皇甫谧《甲乙经·序》则称之为《素问》、《针经》也。是则原《黄帝内经》十八卷，疑合二书为一也。若如是，则此书亦早期之丛书也。

又《汉志·经方》所载《泰始黄帝扁鹊俞拊方》二十三卷，亦或合三家之方为一书，向依托此名，亦疑为早期医学之丛书型医著。

是可证中国古代之图书，由原始之单篇别行或零篇散行者，经先秦、两汉人之疏理整合，已出现丛书型之图书，亦系常理。

从上述情况可见，这一时期，应是我国图书由单篇、散篇及单家独卷别行，到多篇及众家汇集的过渡时期，也就是早期丛书的起始阶段。在此基础上，经文献界及学界对古代文献的研究整理，逐步形成正规的丛书制度。

三、丛书历史发展简介

丛书自秦、汉以降，代有发展，今有史籍可考者，唯《隋书·经籍志》，详该书“经籍二”史部载有《地理书》，注：录一卷。陆澄合《山海经》已来一百六十家，以为此书。澄本之外，其旧本亦多零失。见存别部自行者，唯四十二家，今列之于上。”（接今《隋志》列于此上者仅三十九家，或后世传本复又散失三家）。又载有《地记》二百五十二卷。注：“梁任昉增陆澄之书八十四卷，以为此记。其所增旧本，亦多零失。见存别部行者，唯十二家，今列之于上。”

(按此前所列地理书《三辅故事》、《湘州记》、《吴郡记》、《日南传》、《江记》、《汉水记》、《居名山志》、《西征记》、《庐山南陵云精舍记》、《永初山川古今记》、《元康三年地记》、《司州记》、《并帖省置诸郡旧事》等十二种,盍印注文中所言十二种之别行本)上述二书,陆为南朝刘宋时人,任为南朝萧齐时人,是知二书皆南朝时著作。是可证在南北朝时已有大型丛书问世。唯此二书,属于同类多家著作。

唐宋时期,编纂丛书者渐多,特别宋代俞鼎孙、俞经合编之综合性丛书《儒学警悟》问世之后,影响较大。如后于此书之《百川学海》,为南宋左圭辑,圭字禹锡,于南宋度宗咸淳九年,编成此书,共十辑,一百种,一百七十七卷。所收多为唐、宋野史杂说,间有六朝及晋代著作。尤有多种宋人诗话,为研究古代诗歌提供了可靠资料,直传至今。

医学界在此时期,也逐渐注意到丛书的编纂和刊行。据现有文献记载宋·杨士瀛《仁斋直指》四种。据《古今医统大全》卷一"历世圣贤名医姓氏"云:"杨士瀛,名登父,号仁斋,世业医学,至父尤精。每以活人为心,集有《直指方论》二十八卷行世。"又据宋理宗景定庚申"自序"云:"余自撰《活人总括》、《婴儿指要》,俗皆以沽名讥,及《脉书》一出,于是敛肃而相告曰:诚不易也,谁倾困竭廪以徇之哉。"今知有元环溪书院刊本,此后代续刊或抄本。全书含《仁斋直指》附遗方论二十六卷、《医脉真经》二卷、《伤寒类书活人总括》七卷、《仁斋直指小儿》附遗方五卷。是知该书为早期医学个人丛书存本。

又元代有杜思敬编纂有《济生拔萃》,为医学丛书。杜氏,元代铜鞮(今山西沁县西南人,生年不详),据该书"自序"云,"往年致政中书"者,是曾从政于官署也。又"自序"云:"医之为业,切于用世,而学士大夫,目为工艺,贱不之省,业其家者,又或不能至到……"因崇尚张洁古、李东垣、王海藏、罗天益等易水派名家,以为类于王道,"于是择其尤切用者,节而录之,门分类析,有论有方……釐为五帙,帙具五书,总名之曰《济生拔萃》。"因而可知,杜氏医学之任重,而医家之不工,家居泌上之时,读当时易水诸家之作,感其有论有方,遂汇诸家要籍,另名《济生拔萃》。是为金、元时一真正意义上的多家型丛书。

全书共含《针经节要》元杜思敬节抄、《云岐子论经络迎随补泻法》元张璧撰、《窦太师流注节要赋》金窦杰撰、《针经摘英集》、《云岐子七表八里九道脉诀论并治法》元张璧撰、《洁古老人珍珠囊》金张元素撰、《医学发明》金李杲、《脾胃论》金李杲,《洁古家珍》金张元素、《此事难知》元王好古、《医垒元戎》元王好古、《阴证略例》元王好古、《保命集论类要》元张璧、《瘢论萃英》、《田氏保婴集》、《兰室秘藏》金李杲、《活法机要》元朱震亨、《卫生宝鉴》元罗天益、《杂类名方》元杜思敬等十九种,现存尚有元仁宗延佑二年刊本。

明、清时期,是丛书发展的鼎盛时期,社会比较安定,印刷条件亦有较大进步,故此时无论经论史籍大、中、小型丛书,各种类型的丛书、或各种专业如医学丛书等,均有较大发展,今举例说明。

明代丛书,就其内容而论,如《古今说海》收书一百三十五种,凡一百四十二卷,陆辑等辑刊。辑,字思豫,上海人。此书刊成于明世宗嘉靖二十三年。"序言"云:"凡古今野史外记、丛说脞语、艺书怪录、虞初稗官之流,靡不品骘抉择、区别汇分,勒成一书,刊为四部,总而名之,曰《古今说海》。"全书分四部七家,一说选部,载小录,偏记二家;二说渊部,载别传家;三说略部,载杂记家;四说纂部,载逸事、散录、杂纂三家。辑录前代至明小说,多选杂记传奇,以唐宋小说为多,是我国最早的小说专门丛书。

在医学方面如王肯堂辑《古今医统正脉全书》,含《黄帝内经》王冰注本、《灵枢经》、《针灸甲乙经》、《中藏经》、《脉经》、《难经本义》、《金匮要略方论》、《注解伤寒论》、《伤寒明理论》、《脉诀》、《类证活人书》、《原病式》、《宣明论》、《伤寒直格》、《伤寒标本心法类萃》、《伤寒心镜》、《伤寒心要》、《保命集》、《儒门事亲》、《内外伤辨惑论》、《脾胃论》、《兰室秘藏》、《医垒元戎》、《此事难知》、《汤液本草》、《癍论萃英》、《丹溪心法》、《脉诀指掌病式图说》、《格致余论》、《局方发挥》、《医学发明》、《金匮勾玄》、《活法机要》、《外科精义》、《医经溯洄集》、《伤寒医鉴》、《证治要诀》、《证治要诀类方》、《伤寒琐言》、《伤寒家言的本》、《伤寒杀车搥法》、《伤寒一提金》、《伤寒截江网》、《伤寒明理续论》等四十四种。包括华佗、张机、王叔和、皇甫谧、王冰、崔嘉彦、朱肱、成无已、刘完素、张从正、李杲、王好古、朱震亨、滑寿、齐德之、王履、马宗素、戴原礼、陶华等汉、晋、唐、宋、金、元、明代诸名家著作。该书至明万历二十九年由新安吴勉学首刊，对后世影响很大，也是医学最早的一部大型丛书。王肯堂，明江苏金坛人，字宇泰，幼习儒，万历十七年进士，授翰林院检订，万历二十年归乡，究心医学，家居十四年，以著述为自娱。又十七岁时因母病锐意习医，渐精其术，乡曲求诊，全活甚众，著述甚富。又有《六科准绳》之作，包括《杂证准绳》八卷、《伤寒准绳》九卷、《女科准绳》五卷。于万历三十年首刊，此犹个人丛书也。后于万历复征调补南京行人司辅，以福建参政致仕。万历四十一年卒。王氏一生，虽入仕途，然致力于医学，功高于仕。

清代于丛书之编纂，有全方位的发展，今举两例。

文史方面，举《四库全书》为例。该书为乾隆（弘历）帝敕辑。弘历曾数诏各省访书呈送，于三十八年设“四库全书馆”始修，任刘统勋、于敏中等十六人为总裁，参其事者有四千余人，历时十年，至乾隆四十七年，综编抄录第一部。凡六千一百四十四函，约九亿九千七百万字。分经、史、子、集四部四十四类又六十六子目。收书三千五百零三种，七万九千二百二十七卷。其书包括内府和翰林院所藏之书，自《永乐大典》辑佚和补残之书，各省换取及私家呈献之书，当时社会通行之书等，基本包括先秦至清初之书，尤详于元以前，于明为数最多。其中子部医书收九十七部、存目一百零二部。此辛亥革命前丛书之最大型者，对我国古籍诸书包容量亦最大者，唯出于多种原因，特别是出于政治方面的原因，对原书删减或改动者多有，有些原书，亦非善本，是为遗憾。另有总纂官纪昀等编修之《四库全书总目提要》二百卷，系对《四库全书》之“解题书目”，对读者颇有裨益，惟其所解，亦难免纰谬疏漏处。

医学方面，举丁丙《当归草堂丛书》例。丁丙，字嘉鱼，号松生，又名松存，浙江钱塘人。性沉毅，博学多识，终身不仕。同治三年，左宗棠荐于朝，授知县；六年，复加同治衔，但迄未出仕。一生以搜集、刊行图书及经办地方事务为事。所辑《当归草堂医学丛书》，收前代医书十种。计为：《颅囟经》二卷，著者佚名；《传信适用方》四卷，宋·吴彦夔撰；《卫济宝书》二卷，宋东轩居士撰；《太医局诸科呈文》，宋太医局编；《产育宝庆集》二卷，宋·李师圣等编；《济生方》八卷，宋·严用和撰；《产宝诸方》，著者佚名；《急救仙方》六卷，著者佚名；《瑞竹堂经验方》五卷，元沙图穆苏编；《痎疟论疏》，明·卢之颐撰。凡此十种，大都为明以前古籍，有较高学术价值。始有光绪四年当归草堂刻本。“当归草堂”，丁丙堂名也。1983年有广陵古籍刻印社据丁刻本之复印本。

明、清时期编纂之各种类型的丛书，多不胜数，编纂体例，亦趋于规范，对读者和从事研究工作，根据需要，择优而取，不无裨益，由于种类甚多，兹不繁举。

四、医学各类丛书例述

医学类书，无固定规格，有自撰有他撰，有一家有多家，名称不一，繁简毕备，今举例简介。

1. 明·张介宾《景岳全书》

张介宾，字会卿，号景岳，明浙江山阴人。年十三随父至京师，从名医金英（字梦石）学，尽得其传，年四十，从戎幕府，居数年无所就，乃归乡里，肆力于医，每叹世医茫然，兼备掌中，勉为杂应。诊务之外，著述颇丰。景岳博学多识，《类经》一书，足见功力。《景岳全书》，系多学科之作，个人丛书也。约成编于明崇祯十年，全书六十四卷，二十四集，十五种。十五种名传忠录、脉神章、伤寒典、杂症谟、妇人规、小儿则、痘疹诠、外科钤、本草正，新方八阵、古方八阵、妇人规古方、小儿则古方，痘疹诠古方，外科钤古方为纲；纲下根据内容设子目若干条不等。其二十四集者，分卷为名："入道须从性理，明心必贯天人，谟烈圣贤大德，图书宇宙长春。"足见匠心，无关宏旨。景岳卒于崇祯十三年。生前不曾刊行。据本书卷前其外孙林日蔚《〈全书〉纪略》云："是编成于晚年，力不能梓，授先君，先君复授日蔚……岁庚辰，携走粤东，告方伯鲁公。公曰：此济世慈航也！天下之宝，当与天下共之。捐俸剞劂，阅数月工竣，不肖得慰藉先人，以慰先外祖于九原，先外祖可不朽矣。"详林日蔚为景岳外孙，文中所言鲁公，即鲁超，与景岳同乡，卷前亦有"鲁超序"，文中不仅盛赞景岳先生，亦言刻书事。此本应系首刊。此后，在清代历朝刊印此书近七十次左右，可见此书对后世之影响，深且广矣。

2. 清·张璐《张氏医通》

张璐，子路玉，号石顽，明、清间江苏长洲人，明按察使张少峰之孙，生于万历四十五年，久困场屋，又逢甲申之变，遂弃儒从医。因感于医风之不振，遂勤于著述。其自序云："吾于志学之年，留心是道。迄今桑榆入望，历世颇多。每思物壮则老，时盛必衰，欲挽风俗之馈弊，宁辞笔削之罪知，因是仍将宿昔所述之言，从头检点，爰命倬儿补辑'目科治例'，柔儿参入'痘疹心传"，足成全编，易以《通》名，标诸签额。"时在清康熙三十四年，璐公已七十有九。后于康熙三十九年卒。本书为张氏父子三人（张璐、子张登、张倬）之作。全书共七种：《张氏医通》十六卷张璐撰，张登编次，《伤寒绪论》二卷张璐撰，《伤寒舌鉴》张登编次，《伤寒兼证析义》张倬撰。上书在康熙年，曾分别刊行，康熙四十四年，帝南巡至吴，其子以柔，将全书进献于上。帝命御前儒医张睿查看，至四十七年奉云："此书各卷，全是源于《内经》，可比《证治准绳》。"奉旨"即发裕德堂，另为装订备览。"后在清代曾有多次刊行，并曾流传于日本，是知此书，在医界影响亦大，流传亦广。

3. 清·王琦辑《医林指月》

王琦，原名士琦，字载韩，号琢崖，又号绎庵，晚号胥山老人。清浙江钱塘人。诸生，博闻强识，俭素尚义，壮年丧偶，不再娶，生年不蓄财，人皆服其清介，尝校书于侣山堂（张志聪等讲学处）。又据该书自序云："余抱疾有年，端居多暇，裒集医书，用消永日，中有未尝锓板而以移写留传者，有已锓板而中遭蠹毁仅存旧印本留传者……诚惧更历岁月，或至于湮没无传,使前人著述之苦心,竟归泯灭,殊为恨事,因思刊刻而流布之,且长编巨帙,力有弗逮,取其卷叶少者,先付匠氏,凡十余种,合而成编,名曰《医林指月》。义取《楞严经》中所说,以手指月示人,人当用其所指而仰视月轮,若不明所指者,远在空际,而近觅于指月上,岂惟不见月体,亦复不知指用,喻参佛法者,不可拘滞于言教也。”观乎此序,深感王氏以自力将名著付梓者,真可谓用心良苦。决非牟利沽名者,所可同日语。今读此书,诚不免一观三叹矣。

本丛书共收医籍计十二种:清·高世栻《医学真传》一卷,明·张介宾《质疑录》一卷,清·高鼓峰《医家心法》一卷,明·易大艮《易氏医案》一卷,明·颅复《芷园臆草存案》一卷,元·杜清碧《伤寒金镜录》一卷,清·卢之颐《痎虐论疏》一卷,《痎虐疏方》一卷,清·亟斋居士《达生编》二帙,宋·窦材《扁鹊心书》三卷、《神方》一卷,清·张志聪《本草崇源》三卷,清·张志聪《侣山堂类辨》二卷,清·卢之颐《学古诊则》四帙。上书有宋、元书各一种,余皆明代及清早期著作。虽无大型巨著,亦皆理法兼备者。又“亟斋居士”者,书目皆不知。详《中国历代名人大辞典》云:“明末清初江南山阳人,字力臣,号亟斋。家贫为商,博雅好古,尤嗜金石。师顾炎武,曾为刻《音学五书》。晚年入京师,奉王士禛为师。有《张亟斋遗集》。”或为此人藏书,以非己作,故隐其名。

4. 平阳府刻《医书六种》

平阳,今山西临汾县,县内有平水,因而平水成了临汾的代表。宋代金在北方,与宋并存,刻书事业集中于平阳,金时刻本,多在平阳,故称平阳本。如宋代江苏平江府地方官刻本亦称平江府本。本书署明正德十年乙亥山西平阳府刻本。详明代山西仍设平阳府,府治仍在临汾。故疑此本即山西平阳府地方官刻本,因而未著作者,仅书“医书六种”,亦无别名。

全书含宋·王惟一《新刊铜人针灸经》七卷,西方子《新编西方子明堂灸经》八卷,汉华佗《新刊华佗玄门脉诀内照图》,《养生导引法》未著撰人,混沌子《锦身机要》二卷,明·王蔡传《修身机要》。清以前地方官府多有刊书者,或为传承,或为馈赠,刊本优劣不一。本书为地方官刊医学丛书也。

5. 清·乾隆御纂《医宗金鉴》

此书为清高宗弘历乾隆四年十一月十七日,太医院右院判王炳,御医吴谦奉上谕“尔等衙门该修医书,以正医学。钦此。”经会同太医院使钱斗保,左院判陈止敬、御医刘裕铎议奏有关事宜,特提请云:“臣等请将大内所有医书发出,再命下京省,除书坊现行医书外,有旧医无板者,新医书未刻者,并家藏医书,及世传经验良方,著地方官婉谕购买,或借抄录,或本人愿自献者,集送太医院命官纂修。”于十二月初二日,由钱斗保具奏。上复旨“著大学士鄂尔泰酌议具奏,其一应纂修事宜,并著总管考核。”再经鄂尔泰核定,于十二月十二日,将经理部门、编写人员、经费开支,征调图书等有关事宜一一具奏。上复旨:“医书馆与修书各馆不同,该馆纂修等官公费,著照修书各馆例减半支给,余依奏。”复经照管医馆事务和硕和亲王弘昼议后,于乾隆五年二月十六日上奏,对钱斗保、鄂尔泰等议奏,均无异意。后有关机构及编纂人员,遂遵旨启动。是此书的编纂,首为奉敕行事,故称“御纂”,亦非过誉。二者有大量图书资源为基础,三是有人力、物力的支持,四是得有关部的协调用力。故仅经两年有余,即完稿成编。由和亲王弘昼等,于乾隆七年十二月十五日奉奏。文云:“今已告成……书凡九十卷,十一科,恭辑书成,敬呈御览……钦定嘉名:《医宗金鉴》……。”

本书总修官为吴谦、刘裕铎二人,纂修官为李毓清等十四人,效力副纂官为俞士烜等十二人,校阅官为沈恒菜等十人。其内容除《伤寒》、《金匮》合并为《仲景全书》,用吴谦旧稿外,余者当为集体分工编纂,由总修官审定。亦可谓奉命官办集体编纂。

全书内容含十一种,九十卷:即仲景全书(含《伤寒》,《金匮》两部分)二十五卷,删补名医方论八卷,四诊心法要诀一卷,运气要诀一卷,伤寒心法要诀三卷,杂病心法要诀五卷,妇科心法要诀六卷,幼科心法要诀六卷,痘疹(含种痘)心法要诀五卷,外科心法要诀十六卷,眼科心法要诀二卷,刺灸心法要诀八卷,正骨心法要诀四卷。

卷前有"凡例"十三条,详述本书各门类之立义与宗旨。如第二条云:"方者,一定之法,法者,不定之方也。古人之方,即古人之法寓焉。立一法必有一方之精义在于其中,不求其精义而徒执其方,是执方而昧法也。旧有《医方考》、《医方解》等书,尚未能畅发前人之精义,今于各书中能透发古方之精义者,萃而集之,不当者删之,未备者补之。"观乎此例,对研习此书,颇有助也。

此书自初刊至清末,有刊本及石印本二十余种,可见其对后世影响之大也。犹如钱斗保奏文云:"使为师者,必由是而教,为弟子者,必由是而学,则医学昌明,寿民于万万世矣。"

6. 清·陈修园《南雅堂医书全集》

陈修园名念祖,字修园,清福建长乐人,生于清乾隆三十一年。祖父陈居廊,博学通医,父廷启早卒。少家贫,刻苦习儒兼习医,乾隆五十一年补诸生,后随名医蔡宗玉学,尽得师传。乾隆五十七年中举人,寓居京师,医名渐震。乾隆五十九年,授威县知县,公余则为人医病。嘉庆六年奉命察灾于恒山,时温疟流行,念祖于公余诊治,活人无算。嘉庆二十二年出任直隶州治州,次年,代理正定府治府。嘉庆二十四年,因年老乞休归乡,讲医于嵩山井上草堂,弟子颇众。陈氏一生,著述较多,皆能浅明简要,甚利于后学。于诸家之学,尤尚仲景。时或囿于己见,有失公允。其子、孙辈,亦皆承其家学,积善于斯民。南雅堂者,修园之斋号也。

此书亦或题作《陈修园医书十六种》,含《灵素节要浅注》十二卷,《金匮要略浅注》十卷,《金匮方歌括》六卷,《伤寒论浅注》六卷,《长沙方歌括》六卷,《医学实在易》八卷,《医学从众录》八卷,《女科要旨》四卷,《神农本草经读》四卷,《医学三字经》四卷,《时方妙用》四卷,《时方歌括》二卷,《景岳新方砭》四卷,《伤寒真方歌括》六卷,《伤寒医诀串解》六卷,《十药神书注解》一卷。

此以"南雅堂"或"陈修园"命名之丛书中现存最早之一种,据考全书无总序,当系修园卒后由他人汇集修园生前遗书十六种,名曰《南雅堂医书全集》。详十六种本,每种皆有修园自序,或儿、孙辈后序。另有几种为他序,亦皆言明为陈氏之书。特有五序较晚,一者《金匮要略浅注》有道光十年林则徐序,此时修园已于道光二年卒;一者《女科要旨》,有其孙陈心典序;一者《医学实在易》,有道光二十四年廖鸿藻序;一者《伤寒医诀串解》,有咸丰六年吕佺孙序;一者《伤寒真方歌诀》,有咸丰九年林寿萱序。是则可证本丛书集成,不仅不在修园生前,应在咸丰之后,由学人某或书坊汇刊。今《全国图书联合目录》著录中国中医科学院图书馆尚存清同治四年文奎堂刊本,当是该丛书首刊本。文奎堂事不详。

陈修园书,以其通俗易懂,此十六种本刊行,书家或书坊,不曾增补别家医著,扩大种数,仍以此名。特在清同、光年间,二十三种、二十八种、三十种、四十种、五十种、七十种之多,皆后人附和,滥竽书肆,与修园无关。且版本品位亦差,读者不可不知。

7. 明·胡文焕《寿养丛书》

胡文焕,据《浙江通志》、《杭州通志》及《中国医籍考》、《四库全书总目》等书考。系明代浙江钱塘人,字德甫,号全庵,又号抱琴居士,其人生平不详,然必多才艺,医文兼通,著述颇丰。如《素问心得》、《灵枢经心得》、《香奁润色》,日本丹波元胤《中国医籍考》有著录。又如《古器具名》、《文会堂琴谱》、《诗学汇选》等,《四库全书总目》亦有著录。此书为胡氏辑宋、元、明三代养生书十六种成编,其中有四种为自撰,余皆他撰。此书为专科类丛书之具有代表性者。

全书含元李鹏飞《三元参赞延寿书》五卷,宋·周守忠《养生类纂》二卷,宋·周守忠《养生月览》二卷,明·胡文焕《摄生集览》,明·河滨文人《摄生要义》,明·胡文焕《类修要诀》,明·周臣《厚生训纂》,明·江汝懋《山居四要》,宋·陈直《寿亲养老书》,明·胡文焕《食物本草》二卷,明·宁原《食鉴本草》二卷,明·胡文焕《养生食忌》,明·铁峰居士《保生心鉴》,明·王粲《纯真秘要》,明·混沌子《锦身机要》。

此书集作者及多家养生要籍汇为一书,对物质、文化、心理、气象、食物的养生,均有所涉及,对研究和从事养生,很有参考价值,现尚有明映旭斋刊本存世。

8.(绘图)《中西医学丛书十种》

本书辑者未名。

全书含清·唐宗海《中西医学入门》,清·唐宗海《中西本草问答》,英合信氏(新译)《中西医学要论》,美嘉约翰译《中西内证玄机》,(新译)《中西割证大全》,英稻德口译《中西眼科指南》,美嘉约翰口译《花柳解毒神效方》,英秀耀春撰《中西急救奇方》,美嘉约翰口译《中西裹扎新法》、孔继良译撰《泰西用药新法》。

此书于清光绪二十一年由上海书局石印。据《中医图书联合目录》著录,后无复印本。原来仅存于长春中医药大学图书馆。当时,中国正处于清政府之末期,西学东渐之后,我国的传统文化,正受到全面的冲击,医学亦不例外。部分人为应合此一局面,在同、光时期,曾有多种所谓"中西汇通"、"中西合参"类丛书问世。如清光绪陈侠君编《中西医学群书》,于光绪三十三年由南洋医学社刻印。清·冯步蟾编《中西医学劝读十二种》,于光绪三十四年,由赞化文社刻本。清·羊城医学会辑《中西医学全书》,于民国五年由羊城医学研究所石印。此类医书至民国时期,亦曾风行一时。但考论作者处于何等目的和宗旨,均未能挽救此一时期中医所处的困境,此等图书,亦只能成其为历史的产物。

9.《道藏》医书

《道藏》为道教历代典籍之丛书。道教自东汉时期创建以来,随着历代王朝的兴衰,道教亦然。任继愈先生在《道藏提要》"序"文中有云:"综观道教的发展史,大致可分为四个段落,或称为四个发展时期。南北朝时期,道教得到帝王贵族的支持,跻身于社会上层,这是它发展的第一个时期;唐朝皇族与老子攀亲,自称李耳后裔,大力推行道教,这是第二个发展时期;北宋真宗、徽宗先后崇奉道教,用道教麻痹人民,陶醉自己,藉以遮盖北方强邻压境造成的耻辱,这是道教发展的第三个时期;明中叶帝王迷信道教,妄图长生,道士受到崇遇,出入京禁，干预朝政，以至参加政府上层的权力斗争，这是道教发展的第四个时期。”

道教在长期的发展过程中，也不断有大量各种类型的道书问世，断而有一些著名道士或学人、官府收辑历代道书。如南朝刘宋时，道士陆修静广集道书，编写《三洞经书目录》。著录各类道经、符图和医药方技著作，共有一千二百二十八卷。至元全真派道士宋德方主持编刻的《大元玄都宝藏》，已增至七千八百多卷。后来大都散佚，流传至今的，只有明代英宗正统编刊的《正统道藏》，共五千三百零五卷。

道教丛书，由于多方面的原因，与医学及养生方的关系较近，加之有些医家本身即信道，或有的道士亦为医家，故向来在《道藏》典籍中，含有诸多医籍。今存《正统道藏》亦同。

据明正统《道藏》辑出与医学有关之书共有一百一十四种，其中含医学经典著作有《黄帝内经素问》王冰次注本，《灵枢经》、《难经》、《素问遗篇》等，运气类有唐·王冰《玄珠密语》，宋·刘温舒《运气论奥》，方书类有晋·葛仙翁《肘后方》，唐·孙思邈《千金要方》，明·赵宣真《仙传外科秘方》，未著撰人《急救仙方》等，余者大都为汉、晋、南北朝、唐、宋、元及不明朝代及不知撰人之养生、导引、丹经、服食类著作。现有民国间上海商务印书馆据明正统本影印本。

10. 周学海《周氏医学丛书》

据《清史稿》本传云：周学海，字澄之，安徽建德人，总督馥子，光绪十八年进士，授内阁中书，官至浙江候补道。潜心医学，著述犹多，博览群书，实事求是，不取依托附会。慕宋人之善悟，故于金、元诸家，皆有评判。所辑《周氏医学丛书》计三十二种，一百八十八卷。内容分《内经》、《难经》、《伤寒》、《金匮》、本草、脉学、诊断、医案、病源等。自《黄帝内经》始，至《小儿斑疹方论》十二种为初集。《脉意简摩》至《印机草》等十四种为二集。《史载之方》至《重订诊家直诀》等六种为三集。子目：初集：(1)《本草经》三卷(魏)吴普等撰；(2)《本草经疏》三十卷(明)缪希雍撰；(3)《王叔和脉经》十卷(晋)王叔和撰；(4)《脉诀刊误》二卷(元)戴起宗撰；(5)《难经本义》二卷(元)滑寿撰，(清)周学海增辑；(6)《中藏经》三卷附方一卷原题(汉)华佗撰；(7)《内照法》(汉)华佗撰；(8)《诸病源候论五十卷》(隋)巢元方撰；(9)《脉因证治》四卷(元)朱震亨撰；(10)《钱氏小儿药证直诀》三卷(宋·钱乙)撰；(11)《阎氏小儿方论》(宋)阎忠孝撰；(12)《董氏小儿癍疹备急方论》(宋)董汲撰。二集：(13)《脉义简摩》八卷(清)周学海撰；(14)《脉简补义》二卷(清)周学海撰；(15)《诊家直诀二卷》(清)周学海撰；(16)《辨脉平脉章句二卷》(汉)张机撰，(清)周学海章句；(17)《内经评文》三十六卷，(清)周学海编；(18)《读医随笔》六卷(清)周学海撰；(19)《诊家枢要》一卷附录一录(元)滑寿撰，(清)周学海评注；(20)《藏腑标本药式》(金)张元素撰，(清)周学海校正；(21)《金匮钩玄》三卷(元)朱震亨撰，(清)周学海评注；(22)《三消论》(金)刘完素撰，(清)周学海注；(23)《温热论》(清)叶桂撰，周学海注；(24)《幼科要略》二卷(清)叶桂撰，(清)周学注；(25)《叶案存真类编》二卷(清)叶桂撰，(清)周学海类评；(26)《印机草》(清)马元仪撰，周学海评注。三集：(27)《评注史载之方》二卷(清)周学海注；(28)《慎柔五书》五卷(清)胡慎柔撰，周学海评注；(29)《韩氏医通》二卷(明)韩懋撰；(30)《伤寒补例》二卷(清)周学海撰；(31)《形色外诊简摩》二卷(清)周学海编；(32)《重订诊家直诀》二卷，(清)周学海撰。1984年有江苏广陵古籍刻印社复印本。

所收诸书多有周氏评注。初印于光绪十七年至宣统三年，由池阳周氏福慧双修馆初刊。

11. 日本丹波元简等《聿修堂医学丛书》

此书除《经学纂要》为小坂元祐撰外,余皆丹波氏家族中人撰著。详丹波氏本姓多纪氏,后由天皇赐姓丹波氏,故多纪与丹波实同姓者。据丹波氏家族,原来汉人东渡者,其后世族人博通汉学者甚众,从医者亦多,明清时期,名医辈出,对中医经典及历代方书,研习颇深,著述亦多,本丛书亦多所体现。本丛书自日本文化三年至天宝十年(嘉庆十一年至道光十九年)陆续刊成,板藏青云堂存诚药室等处,清光绪十年,板归宜都杨守敬激素飞青阁加序汇印成为丛书,始得今名。

全书含丹波元简《素问识》八卷,丹波元胤《难经疏证》,丹波元简《伤寒论辑义》二卷,丹波元坚《伤寒论述义》五卷,丹波元坚《伤寒论广要》十二卷,丹波元简《金匮要略辑义》六卷,丹波元坚《金匮述义》三卷,丹波元坚《药治通义》十二卷,丹波元简《脉学辑要》三卷,丹波元简《救急选方》二卷,丹波元简《医賸》三卷,丹波惟忠《医略抄》一卷,小坂元祐《经穴纂要》五卷。

此书传入我国后,很受医界认可,特别是丹波氏对我国经典名著的研究,能沿用汉人治学之风及清人考据之法,取得了较高的成就,对唐宋以前古医典籍,很有启迪。至今仍为我国学界称道,这也与他们对汉学研究的成就有关。

以上所举中医丛书十一种,义在举例说明,中医丛书起源虽早,然真正意义上的丛书,则为时较晚,继于宋、元,盛于明、清。清代个人为主之中,小型丛书较多,大型者可见于明代后期王肯堂之《医统正脉全书》,另有大型综合性丛书,如清代之《四库全书》,采辑医书亦较多。至于真正大型医学丛书,则起于清末,至民国年间尤盛。如裘庆元(吉生)辑《医药丛书五十六种》,《三三医书》三集九十九种,《珍本医书集成》十三类九十种,曹炳章(赤电)辑《中国医学大成》十三集一百三十四种,陈存仁辑日本《皇汉医学丛书》七十二种等,真可谓洋洋大观。至于书坊为牟利而随意杂辑者,犹数不胜数,兹不详举。可见,随着书写工具及载体的改变,生产工具及工艺的改进,流传需求的推广等因素的影响,文献型制由单篇别行到多篇汇集,由单本独行到多本成书,从一种到多种,从一类到多类,从专刊到综合,是读者的要求和社会的需要,是社会经济发展的必然结果,也是文化发展的必然趋势。

五、丛书的利弊

丛书就知识的载体而论,对研读者是提供了极大的方便条件。一部丛书至少含二三种,多者几十种,甚至几百种。有若一个小型图书室或知识库,对提高与促进学术发展,具有很重要的作用。其特点有以下诸端。

(1) 对古籍的储量大。有些书籍,单行本散失后,往往靠丛书保存下来。

(2) 知识的信息量高。单行本书,由于容纳量小,提供的知识信息,自然要受到一定的限制,种数增加,无论是一人或多人,都能增几倍至几十倍的知识信息。

(3) 可以容纳一人的多学科著作,或多人的同学科著作,更能显示一人的多学科知识,和多人在同学科方面的差异和异同,这对促进学术发展是十分有利的。

(4) 储藏量较大且历史跨度较长的丛书,更能提供较多的资料,对研究科学发展史,更能提供可信性较高的证据。

(5) 从古籍整理的高度而论,丛书中往往可以提供同一种书的不同版本,对于正本中存在的衍、脱、误、倒的比勘,可以提供一定参考资料,藉以较断。

(6) 对于从业人员来说,为了进一步提高业务水平,一部较好的丛书,亦同于进入学海的宝藏,对于学业的增长,帮助是颇大的。

以上仅举诸条,义在说明丛书的历史地位和学术价值是不容忽视的,然而丛书编辑时采集的文献,亦有真伪不分,雅俗不辨,随意删削,乱改卷次,不明版本,滥以评点等,贻误后人处,亦非鲜见。故研读者,务须注意。

第十三章　中医文献的聚散与辑佚

文献资料是社会宝贵的精神财富，它记载并反映社会各时期的史实及政治、经济、语言文化、科学技术等方面的状况与成就。因而历代朝野，无不重视对文献图籍的聚集与收藏。同时又由于人事与天灾等原因，使聚集起来的文献资料，又不断有所散失或篡改，为文献工作的继承发扬与整理研究，带来许多困难。为了挖掘散失的文献，后人不得不进行辑佚的工作，以图再现其原始面貌或基本面貌。下面就古代文献（重在中医文献）的聚散及辑佚情况，略述梗概。

第一节　古文献散亡的原因

古文献散亡的原因是多方面的。历代学者多归之于“兵燹”与“祸乱”所造成的灾害。如《隋书·牛弘传》，记载弘在开皇初年上表请开献书之路时，指出古今书籍经过了五次大的灾厄云：“昔周德既衰，旧经紊弃，孔子以大圣之才，开素王之业，宪章祖述，制《礼》刊《诗》，正五始而修《春秋》，阐《十翼》而弘《易》道。治国立身，作范垂法。及秦皇御宇，吞灭诸侯，任用威力，事不师古，始下焚书之令，行偶语之刑。先王坟籍，扫地皆尽。本既先王，从而颠覆。臣以图谶言之，经典盛衰，信有徵数。此则书之一厄也。汉兴，改秦之弊，敦尚儒术，建藏书之策，置校书之官，屋壁山岩，往往间出。外有太常、太史之藏，内有延阁、秘书之府。至孝成之世，亡逸尚多，遣谒者陈农求遗书于天下，诏刘向父子雠校篇籍。汉之典文，于斯为盛。及王莽之末，长安兵起，宫室图书，并从焚烬。此则书之二厄也。光武嗣兴，尤重经诰，未及下车，先求文雅。于是鸿生钜儒，继踵而集，怀经负帙，不远斯至。肃宗亲临讲肄。和帝数幸书林，其兰台、石室、鸿都、东观，秘牒填委，更倍于前。及孝献移都，吏民扰乱，图书缣帛，皆取为帷囊。所收而西，裁七十余乘，属西京大乱，一时燔荡。此则书之三厄也。魏文代汉，更集经典，皆藏在秘书、内外三阁，遣秘书郎郑默删定旧文。时之论者，美其朱紫有别。晋氏承之，文籍尤广。晋秘书监荀勖定魏《内经》，更著《新簿》。虽古文旧简，犹云有缺，新章后录，鸠集已多，足得恢弘正道，训范当世。属刘、石凭陵，京华覆灭，朝章国典，从而失坠。此则书之四厄也。永嘉之后，寇窃竞兴，因河据洛，跨秦带赵。论其建国立家，虽传名号，宪章礼乐，寂灭无闻。刘裕平姚，收其图籍，五经子史，才四千卷，皆赤轴青纸，文字古拙。僭伪之盛，莫过二秦，以此而论，足可明矣。故知衣冠轨物，图画记注，播迁之余，皆归江左。晋、宋之际，学艺为多，齐、梁之间，经史弥盛。宋秘书丞王俭，依刘氏《七略》，撰为《七志》。梁人阮孝绪，亦为《七录》。总其书数，三万余卷。及侯景渡江，破灭梁室，秘省经籍，虽从兵火，其文德殿内书史，宛然犹存。萧绎据有江陵，遣将破平侯景，收文德之书，及公私典籍，重本七万余卷，悉送荆州。故江表图书，因斯尽萃于绎矣。及周师入郢，绎悉焚之于外城，所收十才一二。此则书之五厄也。”此后元人胡应麟于所著《少室山房笔丛》中复云：“牛弘所论五厄，皆六代前事。隋开皇之盛极矣，未几悉灰于广陵；唐开元之盛极矣，未几悉灰于安史；肃、代二宗，荐加纠集，黄巢之乱，复致荡然；宋世图书，一盛于庆历，再盛于宣和，而女真之祸成矣；三盛于淳熙，四盛于嘉定，而蒙古之师至矣。然则书自六朝之后，复有五厄：大业一也，天宝二也，广明三也，靖康四也，绍定五也。通则为十厄矣。”

牛、胡二氏所言十厄，主要是指官府藏书经过十次大的社会动乱而散失的情况，此就古书散失的全体而论，固不够全面。近人陈登原先生则云：“以今论之，牛弘言书有五厄。如弘所记，古往今来，何可胜计？数决不止五，亦不必如胡元瑞之足成十厄也。若以性质相近，比属而论，默推典籍聚散之故，盖以一、受厄于独夫之专断而成其聚散，二、受厄于人事之不臧而成其聚散，三、受厄于兵匪之扰乱而成其聚散，四、受厄于藏弆者之鲜克有终而成其聚散。”

张舜徽先生于《中国古代史籍校读法》中，亦谓把古籍的散亡，完全归结于“兵燹”“祸乱”所造成的灾害，“显然和事实不甚符合”。并以始皇焚书为例，“当日明令不烧的，是‘医药、卜筮、种树之书。’但是事实恰巧相反，这一类的书，反没有保留下来；而那些焚毁了的经典，经过汉代学者陆续采访、修补，反而一部分恢复了旧观。”因而复云：“然则古书的散佚，究竟是什么原因？要弄清楚这一问题，最好从书籍本身发生、发展、变化的情况来加以分析，比较有线索可寻。首先，我们知道当雕板印刷术没有发明以前，一切书籍，都要手写。学者传抄一书，已感不易；用功博览的人，还要抄录群书，是多么艰难的事！于是对性质相近、作用相同的许多写作中，不可避免地有所别择去取。每每从很多内容相似的书籍里面，挑选一种能够以简驭繁、卷帙较少的本子来抄。加以封建士大夫们，又十分注意每部著作的文学水平，这也是抄书过程中的挑选标准。于是辗转传抄之后，另一部分书便没有人过问了，无形中加速了他们的亡佚，这是由于当时传播书籍的方法和工具所引起的一种后果。”

陈、张二氏补“十厄”说不足，于古书散亡之原因，尤为全面。诸家所论，虽重在文史等古籍，然古医籍散亡之原因，亦大致如是，概言之，约有数端：

1. 兵燹战乱所致的散失

前牛弘、胡应麟所言“书之十厄”，加之近代外强侵华战争及国内战争期间所散失之古籍中，亦含有诸多古医籍在内。这种大规模或大范围的军事动乱，不仅造成官方藏书的散失，即民间藏书，在兵荒马乱之年，饥寒交迫之时，生死攸关之际，亦何暇顾而及之，故诸多古医籍，亦难逃此厄。

2. 政治喜恶所致的散失

历代统治者无不重视政治思想方面的影响，反映在文化方面，即是对史籍的处理，凡喜者则存，恶者则禁或毁。在诸多禁毁书中，有的是文史书中含有医学内容，有的是医书中含有政治色彩，故因政治因素而散失之书中，亦多有医书或医学内容。

3. 传播不便所致的散失

中国书籍载体，早期简书，制做刻写当是不易，后虽有纸与缣帛，对抄书人来说，较前简便，然抄写之力不减当初。故对书籍传播，仍属不便。唐以后虽雕版印书已兴，而印数不多，不易推广，且有些书由于难以筹资，亦无力开雕。直至明、清时期，仍有诸多著作，由于筹资困难,无法印行或旧书之再版。故诸多无力传播之书,则逐步佚失。

4. 自然灾害所致之散失

此指天灾水火所致之散失,不论官私藏书,凡遇特大自然灾害,往往亦荡然无存,其中必有世所绝无仅有或为数已不多之书,亦常因此而佚。如日本官藏唐以前古文献,在贞观十七年(公元857年,当唐僖宗二年),因冷泉院火灾,秘阁之图籍文书,多成灰烬。

5. 藏弆不善所致之散失

历来藏书之家,除收藏诸古本、善本外,特留意于一些孤绝之本,秘而不宣。然其传人或继业者,常难使其尽得善果。犹如陈登原先生所谓"故自藏弆家之下场头而论,则藏弆家之罪戾,未必即减于政治上之独失,或兵燹中之盗寇。盖藏弆家往往秘惜为藏,不肯借贷与人,以致书入藏家,正如鸟入笼中。主人以外,无以得鉴赏之欢。书之流传既难,则书之绝迹自易。其后子孙裂之以籍物,盗贼资之以热火。秘笈之绝,未始非藏弆家秘惜不广流传之故也。"

6. 学术发展所致之自然淘汰

科学文化的进化,无论社会科学与自然科学,都是由继承与发展两个环节联结而成。在对前者的继承中,存优汰劣,是一个不可改变的自然规律。对古籍的传播与继用,也必然为这一规律所左右。故后起之作,多是在继承前说精华的基础上发展而成,在流传过程中,人们不可能也不必要优劣兼收,自然是择优而用,以后者代替前者。因而,有一部分作品,必成为历史的陈迹而自然淘汰。当然,后世再现了诸多古佚书或佚文,另有其他方面的研究价值,则不在此例。

诸多古医籍散失的原因,大概就是这几个方面。

第二节　古医籍散亡情况概述

古医籍散失之数究竟有多少,后人已无法测知。总之,数量是相当多的。现仅能根据古籍征引、书目著录、史传记载及出土文献等方面的考证,加以例述。

一、古籍征引例述

1.《灵枢》、《素问》

《灵枢》、《素问》为现存最早古医籍,其中曾征引过较多古文献遗名及遗文,大致有三种形式:

(1) 具名称引,其中又有三种情况:

一者有名有叙,即既有书名而又叙述该书大义者。如《素问·病能论》云:"《上经》者,言气之通天也;《下经》者,言病之变化也;《金匮》者,决死生也;《揆度》者,切度之也;《奇恒》者,言奇病也。所谓奇者,使奇病不得以四时死也。恒者,得以四时死也。所谓揆者,方切求之也，言切求其脉理也。度者，得其病处，以四时度之也。”又玉版论要篇云：“《揆度》者，度病之浅深也；《奇恒》者，言奇病也。”这两处引文，不仅有书名，而且指出了该书内容大义。

一者有名有文。即既有书名，而又引用了一段文字。如《素问》调经论云：“黄帝问曰：余闻《刺法》言：有余泻之，不足补之。”《灵枢》逆顺云：“《刺法》曰：无刺熇熇之热，无刺漉漉之汗，无刺浑浑之脉。”又官针云：“故《刺法》曰：始浅刺之，以逐邪气，而来血气；后深刺之，以致阴气之邪，最后刺极深之，以下谷气。”此皆《刺法》一书之引文。《素问》五常政大论云：“故《大要》曰：无代化，无违时，必养必和，待其来复。”至真要大论云：“《大要》曰：君一臣二，奇之制也；君二臣四，偶之制也；君二臣三，奇之制也；君二臣六，偶之制也。”又“故《大要》曰：粗公嘻嘻，以为可知，言热未已，寒病复始，同气异形，违诊乱经。此之谓也。”又“故《大要》曰：彼春之暖，为夏之暑。彼秋之忿，为冬之怒。谨按四时，斥候皆归，其终可见，其始可知。”又“故《大要》曰：谨守病机，各司其属，有者求之，无者求之。盛者责之，虚者责之。必先五胜，疏其血气，令其条达，而致和平。此之谓也。”《灵枢》九针十二原云：“《大要》曰：徐而疾则实，疾而徐则虚。”又卫气行：“《大要》曰：常以日之加于宿上也，人气在太阳。”是皆引《大要》之文。以上所举《刺法》与《大要》二名，引文虽不多，然亦可略知二书内容的一个侧面。

一者有名无文，即仅举书名而无引文。如《素问・示从容论》云：“臣请诵《脉经上、下篇》甚众多矣。”又云：“明引《比类》、《从容》，是以名曰《诊轻》（新校正云：‘按《太素》轻作经。’按轻为经假借）。”

从上述三种情况，可见《素问》、《灵枢》中称引过的书名，虽诸家认定尚不一致，然总不下三十余种。凡此诸书，已久不存世矣。

（2）浑名称引，即浑称“经”与“论”者。如《素问・离合真邪论》云：“经言气之盛衰，左右倾移，以上调下，以左调右，有余不足，补泻于荥输，余知之矣。”《灵枢・血络论》云：“愿闻其奇邪而不在经者。”又《素问・疟论》云：“论言夏伤于暑，秋必病疟。”按此言“经”与“论”，皆不知何名。虽后者在《素问》生气通天论与阴阳应象大论及《灵枢》之论疾诊尺中有近似语，然又皆作“秋必痎疟”或“秋生痎疟”，是以有别，然则其所引者，或古医籍之浑名也。

（3）无名称引，如冠“所谓”二字以示称引者。在《素问》与《灵枢》中，有诸多“所谓某某者”字样的经文。有的在书中可以找到与之对应原篇文，如《灵枢・小针解》文，大都具于《灵枢・九针十二原》。然而另有相当多此类经文，别无对应之处，是皆称引已佚之古医籍文而无疑。

此乃《素问》与《灵枢》中可知已佚古医籍之一般情况。

2.《伤寒论》

张仲景自序云：“撰用《素问》、《九卷》、《八十一难》、《阴阳大论》、《胎胪药录》，并《平脉》、《辩证》，为《伤寒杂病论》合十六卷。”其中《素问》、《九卷》、《八十一难》今尚有传本，余者均佚。就《伤寒杂病论》而言，今虽有《伤寒论》与《金匮要略》宋以后传世本。然亦非仲景书之原貌。

3.《脉经》

王叔和撰此经，征引之文，多注明出典，加冠书名或人名。其中大都亡佚。如卷三中云

《四时经》、《素问》、《针经》、张仲景等。卷五引张仲景与扁鹊等文。又有浑称“经言”者，如卷四第一、卷一第五等。其中引张仲景之文，均不见于今《伤寒》、《金匮》中。即卷七至卷九收载仲景伤寒与杂病之条文，亦与今《伤寒论》与《金匮》颇有异处。

4.《针灸甲乙经》

晋·皇甫谧撰。该书乃据《素问》、《针经》（今《灵枢》文）及《明堂孔穴针灸治要》三书撰次而成，其中《明堂》一书则早佚。《甲乙》所收，据别书征引证之，并非全文，且体例亦变。

5.《抱朴子内篇》

晋·葛洪撰。该书征引养性及丹经、丹法甚多，如金丹第四所谓《道机经》、《三皇内文》、《太清丹经》、《九鼎丹经》、《金液丹经》、《黄帝九鼎神丹经》、《太清观天经》、《五灵丹经》及岷山丹法、务成子丹法、羡门子丹法、立成丹、取伏丹法、赤松子丹法、石先生丹法、康风子丹法、崔文子丹法、刘元丹法、乐子长丹法、李文丹法、尹子丹法、太乙招魂丹法、采女丹法、稷丘子丹法、墨子丹法、张子和丹法、绮里丹法、玉柱丹法、肘后丹法、李公丹法、刘生丹法、陈生丹法、韩终丹法、金液为威喜巨胜之法、饵黄金法、小饵黄金法、两仪子饵黄金法等，详诸丹法，时定有专著存世，惜皆亡佚。又杂应卷十五云：“余见戴霸、华佗所集《金匮绿囊》、崔中书《黄素方》及《百家杂方》五百许卷，甘胡、吕傅、周始、甘通、河南等，各撰集《暴卒备急方》，……余所撰百卷，名曰《玉函方》，皆分别病名，以类相续，不相杂错，其《救卒》三卷，皆单行径易。”以上所述他著与自著诸书亦皆亡佚。

又暇览卷十九列道经诸书共204种，其中多有养生与导引方面之书，今已大多亡佚。

其他各卷，亦多有征引，兹不烦举。从而说明此时存世之医方书、丹经、本草、养生、导引等大量古籍，后皆不复存世。

6.《五行大义》

该书为隋人萧吉撰。其中引文为医书或与医学有关之书，如《甲乙经》、《素问》、《元命苞》、《河图》、《黄帝养生经》、《八十一问》等，其后三书，亦早佚，有《元命苞》、《河图》等，虽有近代辑本，亦残缺甚多。

7.《诸病源候论》

隋人巢元方等撰。其参考或引用之书，大都不冠书名或人名，今可辨认者，唯《素问》、《灵枢》、《伤寒论》、《金匮》等。而冠名文献仅少数，如导引之法，皆出于《养生方》，又卷六“寒食散发候”有引“皇甫”（即皇甫谧士安）、或“皇甫士撰解散说”等。足证隋以前不知名医籍亡佚极多。

8.《备急千金方》与《千金翼方》

唐·孙思邈撰。现摘取部分加冠书名及人名之已佚者，如卷一第一有阮河南、范东阳、张苗、靳邵等诸部经方，第二有张湛，第四有张仲景曰（遗文）。卷五第一有《小品方》、《小儿颅囟经》及晋宋之苏家、齐有徐、王《小儿方》三卷。卷七第一有支法存、仰道人、深师、姚公《集验》等。卷九第一有华佗、崔文行、陈廪丘等，卷十一至卷十九之第一有襄公问扁鹊等文。卷二十七有扁鹊云,第五有彭祖曰等。卷二十九第一有甄权《明堂图》等。《千金翼》卷十二第四有卫汜称扁鹊云,卷二十二第一有九江黄父《相痈疽论》。卷二十五有黄帝问扁鹊曰。卷二十九第二有黄帝越禁受法等。其中特别是黄帝问扁鹊文,对探讨依托黄帝时扁鹊之作,很有意义。

9.《外台秘要》

唐·王焘撰。该书征引文献,大都加冠书名及人名,据今高文柱君统计,其引用汉以前文献有10种、魏晋文献有9种、南北朝文献有12种、隋唐文献有63种。其中除少数文献如《素问》、《九卷》(今《灵枢文》)、《伤寒论》、《甲乙》等外,大都亡佚。

10. 宋代医籍

宋代医籍引文献加冠书名及人名者,以《政和经史证类备用本草》及《幼幼新书》为多。《证类本草》引用宋以前本草,后皆佚。《幼幼新书》引用宋以前儿科著作及其他医籍亦大部分亡佚。

此后金、元、明、清诸代医著,引用前朝及本朝文献,后逐渐亡佚者亦甚多,兹不烦举。

二、书目著录例述

1.《汉书·艺文志·方技略》

著录有医经七家,二百一十六卷;经方十一家,二百七十四卷;房中八家,一百八十六卷;神仙十家,二百零五卷。除晋·皇甫谧认定《素问》与《针经》即《黄帝内经》外,余者至隋代已不曾著录,或皆亡。就今存《素问》与《灵枢》是否《汉志》之《黄帝内经》,早已有人提出过疑问。不过这一问题还有待进行考证。就目前而论,尚不易作出否定性结论。

2.《隋书·经籍志》

著录有医书二百五十六部,合四千五百一十卷。至《新唐书·艺文志》著录而收者,已居少数。今日存世者,已不足十部。即存世诸书,亦与原书不尽同。如《张仲景方》十五卷,疑宋以前已分化为《伤寒论》与《金匮要略》二书。

3.《宋史·艺文志》

著录医书五百零九部,二万八千二百九十卷。今日存世者,约有数十部,余者亦皆相继亡佚。

4. 明、清两代史志

著录医书主要系本朝医著,虽时代不太久远,然亦多有亡佚者。

5.《中国医籍考》

日本丹波元胤撰。所收医书,上自秦汉,下至清道光年间,近三千种。其中标记“佚”

者，约千种左右，标记"未见"者，约八百种左右，标记阙者有数种。丹波氏标记之"佚"，虽难绝对准确，标记"未见"，也不一定均佚。然而从这一约计数字看，还有一定参考意义。

从以上仅举的几种书目的情况，足可说明，书目著录之书，其后亡佚者，为数是相当多的。

三、史传记载例述

(1)《史记·仓公传》，仓公传乃司马迁所选西汉前期惟一医家为之立传者，则淳于意之享名于当时，自不待言。传中详述乃师公乘阳庆授书之事云："自意少时喜医药，医药方试之多不验者，至高后八年，得见师临菑元里公乘阳庆，庆年七十余，意得见事之。谓意曰：尽去而方书，非是也。庆有古先道遗传黄帝、扁鹊之《脉书》、《五色》诊病，知人死生，决嫌疑，定可治，及《药论》书甚精。我家给富，心爱公，欲尽以我禁方书悉教公。臣意即曰：幸甚，非意之所敢望也。臣意即避席再拜谒，受其《脉书》、《上、下经》、《五色诊》、《奇咳术》、《揆度》、《阴阳》、《外变》、《药论》、《石神》、《接阴阳》禁书，受读解验之可一年所。"此中所言书名，与《素问》、《灵枢》中称引书名颇多相同或相似者，尤可互证是为汉以前流传之诸多古医籍也。

以上所引诸多古医籍，在《汉书·艺文志》中，均不曾著录，想刘向父子校书时，已不存世，或虽存世而不曾收。是可证明，在西汉之时，已有一批先秦古医籍相继亡佚。

(2)《魏书·王显传》称，时以经文浩博，卒难穷究，诏王显撰《药方》三十五卷，颁布天下。未见著录。

(3)《旧唐书·贾耽传》，言其曾著有《备急单方》一书，未见著录。

(4)《宋史·许希传》，言其曾著有《神应针经要诀》，未见著录。

从以上仅举的几例中，可以看到古代医家的著作，有的不仅早佚，而且不见于别书著录。关于这方面的情况，有天津中医学院郭霭春教授主编之《中国分省医籍考》，根据各省、县地方志提供的资料编辑，其中有不少已佚医书，是从地方志传记中得知。

四、出土文献例述

出土，谓古器物从地下被发掘出来。包括从坟墓、沙漠、地室、洞穴等发掘出来的古代器物。在这方面被发掘的古器物虽然时间较久，文物较多，但有关医学的内容，以往只有些零散的文字材料，如甲骨文有说明疾病的文字，汉简有少量与医学有关的内容等，现仅就敦煌古医籍及近年发现的帛书与简书等古医籍的散佚情况，进行说明。

1. 敦煌古医籍

敦煌卷子，约在10~11世纪时，收藏于敦煌地区寺院之大批宋以前誊录的卷子古籍，因避乱而藏于莫高窟石室，直至1900年被发现。大部分被外人掠去。经中医研究院马继兴研究员将搜集到的医学卷子整理编辑成书，名曰《敦煌古医籍考释》，收有医经类2种、五脏论类6种、诊法类10种、伤寒论类3种、医术类2种、医方类25种、本草类9种、针灸类8种、辟谷服石杂禁方类10种、佛家道家医方类6种、医史资料类12种。除去同文异本重复者外，计得90余种。其中大多未见于著录；有的虽见于著录，但书早佚；有的虽有存世传本，如《伤寒论》等，然此残卷对考订与研究今本，颇有意义。从这些无名及有名古医籍残卷来看，亦可见唐宋以后古医籍散佚的情况是比较严重的。

2. 马王堆汉墓医书

该医书乃1973年在长沙马王堆西汉墓中出土。经整理小组整理后，分别定名为《足臂十一脉灸经》、《阴阳十一脉灸经》甲本与乙本、《脉法》、《阴阳脉死候》、《五十二病方》、《却谷食气》、《道引图》、《养生方》、《杂疗方》、《胎产书》、《十问》、《合阴阳》、《杂禁方》、《天下至道谈》等共十四种。皆西汉以前古医籍，对研究先秦医学有重要价值，惜早亡佚。是书的出土，足可证明，我国先秦时期，已有大量医籍存世，此次出土帛书，恐是其中很少的一部分。

3.《武威汉代医简》

该简系1972年于甘肃武威汉墓中出土，据整理研究人员推断，此墓当为东汉早期。简中共有各科医方30余首，用药100余种。该方反映东汉以前存世医方书的情况，其中亡佚之书，定有极多。

4. 张家山汉简医书

该简系1984年湖北江陵张家山汉墓出土。有医籍二种：

(1)《脉书》，主体部分叙述人体经脉走向及所主病候，其内容与马王堆帛书《阴阳十一脉灸经》、《脉法》、《阴阳脉死候》亦基本相同。

(2)《引书》，为一导引专著，书中叙述了四季养生之道，导引术式及功用等有关内容。内容比较完整。

以上二书足可反映两时期此类医籍亡佚情况。

从上述出土医学文献分析，亦可证明我国古医学文献的亡佚数量，多不胜计。

第三节　古医籍亡佚及遗文存留概况

在诸多亡佚的古医籍中，有的在有关文献中略有概述；也有的在别书中有所征引；但有相当一部分，则无从考证。犹宋·郑樵所谓“书有亡者，有虽亡而不亡者，有不可以不求者，有不可求者”。详古医籍佚书，大致有以下几种情况：

一、书、文并亡

即书固亡而别书亦无所征引。此类情况，占佚书之绝大多数。

二、书虽亡而知其大义

如《汉书·艺文志》所言医经类之《扁鹊内、外经》及《白氏内、外经》等，书虽亡，然据原小序所谓“医经者，原人血脉经络骨髓阴阳表里，以起百病之本，死生之分，而用度箴石汤火所施，调百药齐和之所宜”之义。该书内容或与《黄帝内、外经》有诸多类同或近似之处。又如《素问》引《奇恒》等书，据《病能论》所谓“奇恒者，言奇病也”之义，是知该书皆言异于恒常之病，或今《素问》之《奇病论》与《大奇论》，为征引该书内容或部分内容。

三、书虽亡而文未亡或基本未亡

如古《明堂》一书，早已亡佚。然其文大都被《针灸甲乙经》所征引。又据杨上善《黄帝内经明堂》残本卷一及《外台秘要·明堂》证之，除《甲乙》引文外，尚有五脏傍通等内容。据此三书考之，似《明堂》之文，基本未亡。又如《神农本草经》一书虽早亡，然据宋《政和经史证类备用本草》标记之阴文及《太平御览》中引文，加之别书之少量引文考之，其文基本未亡。唯理论部分缺佚较甚。又如《针经》一书，据考证即古之《九卷》，如晋·皇甫谧《针灸甲乙经·序》中《九卷》与《针经》之并称。至唐·王冰注《素问》时又用《灵枢》。据他书引文证之，三书内容基本同。然据宋·王应麟《玉海·艺文》记杨上善序云：“《针经》、《九卷》大抵同，亦八十一篇，《针经》以九针十二原为首，《灵枢》以精气（按当指今《灵枢》决气篇。按古书命名依据，有以篇中某几字取名者，则本篇起首文有‘精气’二字，故当以精气为是）为首，又间有详略。”是知古《针经》与《灵枢》，虽大致同，然在文字上间有详略的不同，在篇次上亦不尽同。又金、元间医著多有引用《针经》者，如成无己《注解伤寒论》、李杲《东垣试效方》、罗天益《卫生宝鉴》等，特别是《东垣试效方》引文，均注明卷次及篇次。如《黄帝针经》百病始生第二、《黄帝针经》经脉第一、《黄帝针经》九卷大惑论第八、《黄帝针经》四卷口问第一、《黄帝针经》寒热病第三等。从标记卷篇可以看出，篇名与今本《灵枢》同，篇次则分卷列次。根据这一特点，以今本《灵枢》篇目排列，则基本上是从按原篇次分卷，即每九篇为一卷，共有九卷。其中唯第八卷，当今第五十六篇至第七十三篇，仅八篇，而第五卷至第七卷，当今第三十七篇至第六十四篇，共二十八篇，尚多一篇。疑一则今本篇次或有错乱处，一则标记或有误，如百病始生若作第三、则第八卷亦九篇，此前三卷，亦各占九篇，于例亦合。从以上推断，若按《玉海》所谓“《针经》以十二原为首”之义，则今本《灵枢》之篇次正与《针经》合。从而说明《针经》书虽亡而文未亡。然今本何以名《灵枢》，尚待进一步考证。亦或传抄致误，或后人整理有意改动。

四、大部分亡佚而体例尚明

如杨上善《黄帝内经明堂·序》云：“旧制此经，分为三卷，诊候交杂，窥察难明，支体奇经，复兴八脉，……是以十二经脉各为一卷，奇经八脉，复为一卷，合为十三卷。”是知此书乃杨氏据旧《明堂》重新改编而成。然今仅存序及卷一，余均亡佚，但体例尚明。惟卷十三奇经八脉部分，穴位如何归属，则不详。又如陈延之《小品方》一书，原系南北朝一重要医方书，唐、宋医籍多有引文，然因亡文太多，而体例亦不详。1985 年日本学者在日本尊经阁文库《图书分类目录》医学部中发现了《经方小品》残卷，经与《外台秘要》及《医心方》所引《小品方》佚文对照，确定为《小品方》古卷子第一卷的残卷，包括序文、总目录、用药犯禁诀等及卷一目录与调三焦诸方。从而对《小品方》一书的体例则比较清楚，对其全部内容也有所了解，使《小品方》的研究有了新的进展。

五、大部分亡佚而体例亦不明

这种情况占亡佚古医籍的绝大多数。据《太平御览·方术部》记晋·范汪善医术,所撰医方有五百余卷。然据《隋书·经籍志》注云,梁时已只存一百七十六卷。《外台》中虽有较多引文,然去其实已远矣。又如晋人靳邵,《晋书》本传称其"性明敏,有才术,本草、经方诵览通究,裁方治疗意出众表"。孙思邈《千金方》亦言有"张仲景、王叔和、阮河南、范东阳、张苗、靳邵诸部经方"。然今仅《外台》与《医心方》中有少量引文,是知其书大都亡佚。似此等书,既不明体例,亦不知梗概矣。

六、小部分亡佚

如《黄帝内经素问》,虽经唐·王冰增补运气七篇,而本病论、刺法论两篇乃亡。宋代所见此两篇文,林亿等已认定为伪作。杨上善《黄帝内经太素》,宋以后亡。清末复从日本访归。然据肖延平氏云:"此书乃假杨惺吾氏所获日本唐人卷子钞本影写卷……计缺第一、第四、第七、第十六、第十八、第二十、第二十一,凡七卷,又残卷一册,共十三纸。"近年有日本东洋医学研究会《东洋医学善本丛书》影印仁和寺藏本,较之前本,又多出第十六卷与第二十一卷及部分卷篇缺文。然仍缺五卷有余。又如朝鲜·金礼蒙所编《医方类聚》,原书共二百六十六卷。近年有浙江省中医研究所及湖州中医院,据日本江户学训堂活字排印本为底本之校点本,仍缺卷一五五、卷一五六、卷二零九、卷二二零四卷。

七、存有部分或少量遗文而不知所出者

如《千金方》卷十一第一有文云:"襄公问扁鹊曰:吾欲不诊脉,察其音,观其色,知其病生死,可得闻乎? 答曰:乃圣道之大要,师所不传,黄帝贵之过于金玉。入门见病,观其色,闻其呼吸,则知往来出入吉凶之相。角音人者,主肝声也,肝声呼,其音琴,其志怒,其经足厥阴。厥逆少阳,则荣卫不通,阴阳交错,阴气外伤,阳气内击。击则寒,寒则虚,虚则卒然喑哑不声,此为厉风入肝。续命汤主之,方在第八卷中。"此后在余脏各卷之第一中,亦均有之,唯不再出襄公问扁鹊等字样。尽管此文中如"方在第八卷中"等语,似孙思邈加语,但前文可看出与《内经》所言,并不尽同,而此等佚文之作者及出于何书,则不曾得知。又《千金翼方》卷二十五第一有文云:"黄帝问扁鹊曰:人久有病,何以别生死,愿闻其要。对曰:按明堂察色,有十部之气,知在何部,察四时五行王相,观其胜负之变色,入门户为凶,不入为吉。白色见冲(按疑为衡之误)眉上者肺有病,入阙庭者夏死;黄色见鼻上者脾有病,入口者春夏死;青色见人中者肝有病,入目者秋死;黑色见颧上者肾有病,入耳者六月死;赤色见颐者心有病,入口者冬死。所谓门户者,阙庭,肺门户;目,肝门户;耳,肾门户;口,心、脾门户。若有色气入者皆死。黄帝曰:善。"此文与《素》、《灵》有关内容所言,亦颇有异处。其原系依托而无疑,然出自何书则尚待考。

八、书已亡而仅凭追忆而尚存余义者

如清·费伯雄《医醇賸义》。据自序云，原书“名曰《医醇》，共二十四卷，分为六门，曰脉、证、治，首察脉，次辨证，次施治，此三者为大纲。就治字中，又分三层，曰理、法、意。医有医理，治有治法，化裁通变，则又须法外意也”。因毁于战乱，追忆《医醇》中语，随笔录出，不及十之二三，故题曰《医醇賸义》。是知此书亦佚籍仅存余文者矣。

以上所举，乃佚书遗文存留之大致情况，举例说明。

第四节　古医籍辑佚的由来与开展

辑佚，亦谓辑逸。指辑录散佚的有关资料。也就是根据现存文献中存留之古佚书佚文，通过搜集、考校、整理等工作，使其全书复原或部分复原。

宋人郑樵《通志·校雠略》曾云：“书有亡者，有虽亡而不亡者，有不可以不求者，有不可求者。《文言略例》虽亡，而《周易》俱要；汉、魏、吴、晋鼓吹曲虽亡，而乐府俱在；《三礼》目录虽亡，可取诸《三礼》；十三代史目录虽亡，可取诸十三代史；常鼎宝《文选》著作人名目录虽亡，可取诸《文选》；孙玉汝《唐列圣实录》虽亡，可取诸《唐实录》；《开元礼》目录虽亡，可取诸《开元礼》；《名医别录》虽亡，陶隐居已收入《本草》；李氏《本草》虽亡，唐慎微已收入《证类》……李氏《本草拾遗》、《删繁本草》、徐之才《药对》、《南海药谱》、《药林》、《药论》、《药忌》之书，《证类本草》收之矣：《肘后方》、《鬼遗方》、《独行方》、《一致方》及诸古方之书，《外台秘要》、《太平圣惠方》中尽收之矣。”郑氏之所谓“求”与“取”，就指诸多已佚之书，可以从现存文献中，求而取之，这就是辑佚的工作。

由于我国古代文献，历朝均有所散佚。有些好学博览之士，为满足求知的需要，处于对历代名著的仰慕与追求，为了探讨文化发展的历史功绩，乃着手于辑佚的工作。然辑佚工作始于何时，前代文史学家曾进行过研究。如章学诚《校雠通义·补郑》云：“若求之于古而不得，无可如何，而求之今有之书，则又有采辑补缀之成法，不特如郑樵所论已也。昔王应麟以《易》学独传王弼，《尚书》止存伪《孔传》，乃采郑玄《易》注、《书》注之见于群书者，为郑氏《周易》、《郑氏尚书》注，又以四家之《诗》，独《毛传》不亡，乃采三家《诗》说之见于群书者，为《三家诗考》。嗣后好古之士，踵成其法，往往缀辑逸文，搜罗略遍。”

章氏举诸实例，似谓辑佚之事，始于南宋学者王应麟，后来学者多遵此说。又近代叶德辉于《书林清话》卷八“辑刻古书不始于王应麟”一条复云：“古书散佚，复从他书所引搜辑成书，世皆以为自宋末王应麟辑三家诗始，不知其前即已有之。宋·黄伯思《东观余论》中，有《跋慎汉公所藏相鹤经后》云：按《隋·经籍志》、《唐·艺文志》，《相鹤经》皆一卷。今完书逸矣，特马总《意林》及李善《文选》注、鲍照《舞鹤赋》钞出大略，今真静陈尊师所书即此也……据此，则辑佚之书，当以此为鼻祖。”

今且不论辑佚工作始于何人，而辑佚之开展则自宋以后，特别是明清时代，确实取得了很大成就，如孙瑴之《古微书》，所辑为纬书佚文；陶宗仪之《说郛》，辑录有明以前之小说史志。清人从《永乐大典》中辑出佚书三百七十五种，四千九百二十六卷。其中，李焘之《续资治通鉴长编》、郝经之《续后汉书》等，皆为卷帙浩繁，久已失传之名著。又如黄奭辑编之《汉学堂丛书》共二百八十五种，又名《遗考书》；马国翰之《玉函山房辑佚书》，搜罗唐以前佚书六百余种；严可均之《全上古三代秦汉三国六朝文》七百四十六卷，所辑皆集部之文。前人这许多成就，不仅在学术研究方面提供了宝贵系统的文献资料，而且在辑佚方面也集累了丰富的经验。

就医学佚书之辑佚而言，可以追溯到晋人王叔和编次仲景遗书之事。详《伤寒论》张仲景自序，其书原名《伤寒杂病论》，经三国战乱，原书即佚。后经王叔和"搜采旧论"，撰次而成。如今存《伤寒论·伤寒例》云："今搜采仲景旧论，录其证候、诊脉声色，对病真方有神验者，拟防世急也。"又晋·皇甫谧《针灸甲乙经·序》云："近代太医令王叔和撰次仲景遗（医统本原作"选"，据明正统抄本及宋·程迥《医经正本书》引本文改）论甚精。"不管叔和自谓"搜采仲景旧论"，或皇甫谧所谓"撰次仲景遗论"，乃搜集仲景书遗文而非原书也无疑。故叔和撰次后亦不复用原名。叔和撰次仲景书文，实亦辑佚之属也。

宋以后，对古医籍佚书之辑佚，亦逐渐展开，并取得了一定成就。如：

南宋·王炎辑《本草经》，名《本草正经》，书已佚，明末陈士龙藏书目尚有著录，后不见。惟其序文尚存于其《双溪集》中。

明·卢复辑《本草经》，名《神农本经》。

清代对古医籍辑佚，规模较大，如官修《四库全书》时，曾据《永乐大典》，辑出 21 种（包括兽医在内），共 72 卷。尽收《四库全书》中，即《颅囟经》二卷、《博济方》五卷、《苏沈良方》八卷、《脚气治法总要》二卷、《旅舍备要方》一卷、《伤寒微旨》二卷、《全生指迷方》四卷、《卫生十全方》三卷与《奇疾方》一卷、《传信适用方》二卷、《卫济宝书》二卷、《太医局程文》九卷、《产育宝庆方》二卷、《集验背疽方》一卷、《济生方》八卷、《产宝诸方》一卷、《急救仙方》六卷、《瑞竹堂经验方》五卷、《水牛经》三卷、《安骥集》三卷、《痊骥集》二卷。此事可谓功绩极大，然占《永乐大典》中所含已亡医籍数，则为微矣。据今人范行准先生于《中华文史论丛》载文"述现存永乐大典中的医书"称，经统计，辑出总数有 62 种。今《永乐大典》全书已大部被毁，欲知其详，已无所考矣。唐《新修本草》自清末以后，亦有多种辑本，如清末李梦云辑本、日本小岛宝素辑本及冈西为人辑本、范行准辑本、尚志钧辑本等。

清末陆懋修《世补斋医书》后集收王朴庄《伤寒论注》一书，有陆氏按云："诸家《伤寒论》注，惟我外曾祖朴庄公此注，为《千金翼方》定本。兹谨合《脉经》参校。"经核对，亦如是。则此本亦可谓自《千金翼方》辑出。

廖平撰《六驿馆丛书》所收《伤寒论古本》三卷，亦是自《千金翼方》，参以《外台》、《千金方》等辑出，又有《巢氏病源补养宣导法》一卷，乃自《诸病源候论》中辑出。

孙鼎宜撰《孙氏医学丛书》所收《伤寒杂病论章句》，乃据今存《伤寒论》与《金匮要略》，参以《脉经》、《千金方》及《千金翼方》、《外台秘要》等辑出，重为撰次而成。后复将经文录出，名之曰《伤寒杂病论读本》。又有《明堂孔穴针灸治要》二卷，乃自《针灸甲乙经》中辑出。

在日本，尚有多纪茝庭氏从《医方类聚》中辑出唐·昝殷《食医心鉴》一卷。佚名氏从《医方类聚》中辑出宋·周应《简要济众方》一卷。田泽温叔从多种古书中辑出南北朝末或隋人崔禹锡《食经》二卷。森立之氏等辑梁·陶弘景《本草经集注》等。

近有尚志钧氏根据多种古书辑出之魏·吴普《吴普本草》及梁·陶弘景《名医别录》（辑校本）二书，均由人民卫生出版社刊行。又冯汉镛根据多种文献，辑出散佚方八种：①汉·张仲景方论；②晋·支法存《伸苏方》；③唐玄宗李隆基《广济方》；④唐·崔元亮《海上集验方》;⑤唐·刘禹锡《传信方》;⑥五代南唐·王绍颜《续传信方》;⑦唐·郑景岫《广南四时摄生论》;⑧宋·家晔《家藏经验方》等。名曰《古方书辑佚》,亦由人民卫生出版社刊行。又有曹元宇辑注《本草经》,由上海科学技术出版社刊行。王筠默辑校之《神农本草经校证》,由吉林科学技术出版社刊行。

从上述情况可以看出,前人在辑佚方面已作出了很大成绩。但就现存古籍中存留之佚书遗文,可辑之书而言,还是占很少的数量。因此,辑佚事业,今后仍有大量的工作可做。

第五节　辑佚书例述

在诸多辑佚书中,现选出几种为例,略作说明,或可为辑佚之借鉴,亦或可观其得失。

1.《博济方》,据《永乐大典》辑

《四库全书总目》提要云:"宋·王衮撰。衮,太原人,其仕履未详,惟郎简原序称,其尝为钱塘酒官而已。此书诸家书目皆著录,惟《宋史·艺文志》、陈振孙《书录解题》俱作三卷,晁公武《读书志》作五卷,稍有不同。盖三五字形相近,传写者有一伪也。公武又称衮于庆历间因官滑台,暇日出家藏七十余方,择其善者为此书。……今案衮自序有云:鬈侍家君之任滑台,道次得疾,遇医之庸者,误投汤剂,疾竟不瘳。据此,则官滑台者,乃衮之父,而公武即以为衮,殊为失考。衮又言博采禁方逾二十载,所得方论凡七千余道,因于中择其尤精要者,得五百余首,而公武乃云家藏七十余方,而又传写之误也。原书久无传本,惟《永乐大典》内载有其文,裒辑编次,共得三百五十余方,视衮所称五百首者,尚存十之七,谨分立三十五类,依次排比。从《读书志》之目,厘为五卷。其中方药,多他书所未备,今虽不尽可施用,而当时实著有奇效,足为医家触类旁通之助。惟颇好奇异,往往杂以方术家言。如论服杏仁,则云彭祖、夏姬、商山四皓炼杏仁为丹,王子晋服四十年而腾空,丁令威服二十年而身飞。此类殊荒诞不足信。今故取服食诸法,编附卷末,以著其谬,俾读者知所持择焉。"

从此提要中可以看出有以下几方面情况:该辑佚本,辑有原书内容十居其七,已属难得;根据原书自序,纠正了《医学读书志》著录中之两处讹误;对书的评价比较公允,特别指出其某些荒诞之说,亦难能可贵。不足之处,是对作者身世未能作进一步考证而遽云"仕履未详";对书原体例未详,仅能分立类别,以次排比;辑佚书亦应尽量保持原貌,此以某些荒诞不经之说,而故将其内容"编附卷末",则不合于"复原存真"的要求。又据范行准考,杂有南宋末陈自明《管见大全良方》在内。

2.《神农本草经》辑本

该书自明末卢复本始,至今已有十多种辑本。其中大致可分为两大类,一者以诠释为主,如张志聪《本草崇原》,不曾言明掘何书辑出,或沿何家辑本,文字与诸古籍所记有些差异。又如邹澍《本经疏证》,乃以刘潜江《本草述》为本,参以别书而加以疏证。观其文字,多与宋《证类本草》同,然其药物排比及分卷,则出于自定。似此类著作,其诠释之义,颇多阐发之处。若从辑佚而论,则不足为观。一者以辑校为主,如孙星衍与孙冯翼辑本、顾观光辑本、日本森立之辑本等,皆通过对古籍载文的考证、研究,以期恢复《本草经》之原。下面主要介绍几种此类辑本,以示诸家辑佚之法。

(1) 孙星衍与孙冯翼辑本。此本对《本经》作者及沿革进行考证,然谓医药之始,见于三皇,特遵古耳。其正文取宋《大观本草》白字书,参之《太平御览》及《艺文类聚》、《抱朴子》、《博物志》、《齐民要术》等少量引文校定而成。全书以上中下三品分三卷,序例置于三卷之末,后并附本经佚文、《吴氏本草》十二条、诸药制使等。正文中原《大观》本中黑字有生长环境如生山谷、生川泽,以为属原文,故收入,另有产地等文,则一遵前人之说,以为汉后人加,故不入正文。今引上经首药为例:

丹砂味甘微寒,主身体五脏百病,养精神,安魂魄,益气明目,杀精魅邪恶鬼,久服,通神明不老,能化为汞。生山谷。(《太平御览》引,多有"生山谷"三字,大观本作"生符陵山谷",俱作黑字。考生山谷是经文,后人加郡县耳,宜改为白字,而以郡县为黑字。下皆仿此)按括号内字,原乃小字注文。下同。

《吴普本草》曰:丹砂,神农甘;黄帝苦,有毒;扁鹊苦;李氏大寒。或生山陵,采无时,能化未成水银。畏磁石,恶咸水。(《太平御览》)

《名医》曰:作末,名真朱,光色如云母,可折者良,生符陵山谷,采无时。

案:从略。(按此下系对丹砂的考证,故从略。)

从上述诸文,基本可以反映孙氏叔侄辑佚的一些思路和方法。

(2) 顾观光辑本。顾辑本自序对李时珍《纲目》、陶氏《别录》及《证类本草》有关《本经》内容,有所考证,然其以《纲目》所列《本经》上中下三品目录为据,因不知时珍所出以何为据,故尚难尽信。序文复云:"今去濒湖二百余载,古书亡佚殆尽,幸而《证类本草》灵光岿然,又幸而《纲目》卷二具载《本经》目录,得以寻其原委,而析其异同。《本经》三百六十五种之文,章章可考,无阙佚,无羡衍,岂非天之未丧斯文,而留以有待乎!近孙渊如尝辑是书,刊入《问经堂》中,惜其不考《本经》目录,故三品种数,显与'名例'相违。缪仲淳、张路玉辈,未见《证类本草》,而徒据《纲目》以求经文,尤为荒陋。……爰于繙阅之余,重为甄录。其先后则以《本经》目录定,仍用韩氏之说,别为'序录'一卷,而唐、宋类书所引,有出《证类》外者,亦备录焉。"

全书共四卷,卷一序录,由《本草纲目》中"《神农本经》名例"与"《神农本草经》目录"结合而成。卷二上品、卷三中品、卷四下品,全依《纲目》所出目录排列。上中下三品正文,悉以《证类》白字书文为主,略附别书引文考注。

详顾氏对缪、张之非议则是,若对孙氏之责,则未尽是,其对《纲目》目录的认定及以《证类》白文为准,则不及孙本于考证之为多矣。

(3) 日本森立之辑本。其序言云:"余尝窃欲复古本草之旧,仍取《证类本草》读之,而始知《纲目》之杜撰妄改不足据矣。再校以《新修本草》,而又知《证类》之已经宋人删改不足信也。更以真本《千金方》及皇国《医心方》、《太平御览》所引校之,而知苏敬时校改亦复不少也。于是反复校雠,而后白黑二文始得复陶氏之旧。白黑二文得复陶氏之旧,而后神农之经,可因以窥其全貌焉。遂就中采摭白字,辑为四卷。……今复古体,以序录为一卷,上药为一卷,中药为一卷,下药为一卷,凡四卷。"又云:"今据真本《千金方》及《医心方》所载七情条例,以草木混同,虫兽合并。如其无七情药,则依见存旧抄《新修本草》次序以补之,《新修》所缺,则又依《本草和名》以足之。每条体例,一依《太平御览》,药名下直列一名,次举气味,次记出处,次录主治。经文一从《证类本草》,是为开宝以来摸刻所传,尤可据也。其白黑分书,《大观》、《政和》二本,互有出入,及皇国所传各种古籍,唐、宋诸类书所引,异同不尠,亦皆一一校勘，别作考异，以附于后。”

森氏辑本在考证方面，可谓详尽。唯药物排列次序，以真本《千金方》为主，是否《本经》原貌，校改诸字是否准确等有关问题，尚难作最终认定。

(4) 曹元宇辑本。1982 年上海科技出版社印行。曹氏辑本，通过对以前辑本的分析及有关资料的考证，较之上述诸本，具有以下特点。全书分为三卷，卷上为序录，卷中与卷下为上中下三品药物；药物非按上中下三品排列，是按玉石、草木、虫兽、果菜、米食六部为序；将有毒无毒及产地收入正文；对七情与采集加工等内容，亦认为系《本经》原文，“以无法复《经》之原貌，故亦略之。”

从上述几种辑佚本可见，对资料的搜集和考证是非常重要的。目前，对《本经》资料的搜集，经诸多专家及多年的工作，漏收内容，已居零散少数。唯有诸多问题的考证，如三卷与四卷之数，上中下三品是否按分类排列，药物之序列，经文体例，生长环境及产地是否经文，七情与收集加工是否经文，365 种药的审定等问题，仍然难作最后的认定。

3.《明堂孔穴针灸治要》辑本

该书为孙鼎宜辑。其自序云：“《明堂孔穴》，仅见《隋志》。据《甲乙经・序》，实与《针灸治要》为一书。意者，犹《老子》以道、德二经分帙与。去古既远，疾病多端，有非方药所能尽治者，余于是取《甲乙经》所载，汇为二卷，列八图以明之，据《千金》、《外台》以校之。”

全书为二卷。卷一为明堂孔穴，列头、面、颈项、肩、腋、胸、腹、背、手、足十一部，十二部为经穴图。其分部与《甲乙经》之分三十四部又大不同。卷二为治要，有“例”一篇，取《甲乙・序例》言“主之”、“刺之”、“灸之”之义，刺禁为第二、禁灸为第三，此下有四十四篇为病证主治，皆取自《甲乙》卷七至卷十二中腧穴主治内容。

详此书作为辑佚之作，有诸多不足之处，诸如对古《明堂》一书，包括那些内容，未能根据更多的资料加以探讨，收集资料的范围不广；对诸多讹误处，未能取更多资料加以校定，对古《明堂》卷篇、体例等亦未作深入的研究；现有排列方式，仅凭臆断，并无文献依据。因此，从辑佚的角度论，不足效仿。

4. 尚志钧等《吴普本草》辑本

据辑校凡例云：“一、《吴普本草》原书早佚，无任何底本可据。本辑本所辑原文，均以现存资料年代早者为主，以晚者补之，并注明出处。二、本辑本共辑得药物二百三十一种，其分类和各药排列次第，一仿《本草经集注》。三、凡所辑原文药论中涉及的药物，经认定当属《吴普本草》原书专条论述者，虽药论内容已无从辑得，但该药名称仍做专条列出，并注明参考条目及文献。四、本辑本的校勘原则，以所据资料年代早者为据，校之以晚者，并以各自不同版本对校，参以他校，适当采用了理校，同时分别出校记。”余从略。书末有附录，“关于《吴普本草》若干问题的研究”，共出八个专题，加以论述。

本书与《神农本草经》相较，可以代表另一种类型的辑佚书。《本经》绝大部分内容，皆可从别书中辑出，而此书佚文则存留较少；《本经》体例，据诸书称引，有所了解，而此书则未见称引；《本经》共有药物数明确，而此书则不详。作为这样一种类型的佚书的辑佚，尚氏等辑本有一定特色。首先是比较客观地评价现有工作的成就；对现存援引文献的资料搜集，已达十七种之多，或有遗漏，可能为数已不多矣；对现有编排体例，本于《本草经集注》，在不知原书体例的情况下,据之古书,未为不可,也算是有据;对诸多异文,参之别书,加以校勘;对有关问题的研究,在学术上进行了有益的探讨。因此,作为一种辑佚书,从学术上与方法上,均较严谨。

以上仅举四种辑佚之书,略加说明,为便于了解诸多辑佚书之一般情况及存在的问题,并认真总结这方面的经验教训。

第六节　辑佚工作注意事项

对辑佚工作的开展,虽由来已久,也取得了一定成就,但就现有诸辑佚书而论,固有许多经验值得认真总结,然而也有许多问题值得注意。如近人刘咸炘先生在《目录学》一书中云:“辑书,非易事也。非通校雠、精目录,则伪舛百出。”又曾于《辑佚书纠缪》中指出辑书的四大弊病:第一是漏。第二是滥(又分二端:一、臆断;二、本非书文)。第三是误(又分二端:一、不审时代;二、据误本俗本)。第四是陋(又分三端:一、不审体例;二、不考源流;三、臆定次序)。刘氏虽指文史诸书,医籍亦有是病。如范行准先生曾概括指出有以下缺点:①漏辑、漏校之处甚多。②有随意改窜之处。③有误辑的缺点。④把《大典》(按指《永乐大典》)中校注之文亦误被辑入。

马继兴研究员撰《中医文献学》中对辑佚工作要求及影响辑佚质量的因素,提出了七点:

首先,要掌握古医书散佚的一般情况(通过目录学及其他典籍等),对于辑佚的来源应多方面发掘,不能局限于一部书或少数书。目的是使辑佚工作尽可能地做到全面地了解。

第二,要对所要辑的古医书(即对辑出的前代古医书)进行深入地历史性综合考察,其中包括早期的著录、引用、时代背景、撰人的有关资料等。目的是了解该书的主要情况和与该书有关的各种线索。

第三,要对辑书时所据的古书(也就是所据的蓝本,包括医书和非医书)的撰写年代以及卷数、撰人、内容、乃至撰写经过等进行周密细致地调查。目的是肯定该书是属于某一历史时代的确实产物及其有关事项。以奠定辑书的可靠物质基础。

第四,辑书所据蓝本应当选用最早和最好的(包括抄写或刊刻最佳的)。目的是使辑出的佚文更能接近原书并减少差误。

第五,将所据的蓝本内容对照有关资料进行校勘。目的是为了避免各种人为的工作差误。

第六,所辑录的每条佚文(包括校勘按语)都要记明出处,并参考其他辑佚蓝本核对无误。目的是便于查索。

第七,将所辑录的佚文,分类排比,审定体例,罗列次序,重新编目,再次校对,辑录成书。目的是系统整理,最后核实。

根据前人辑佚书的经验及佚书佚文的具体情况,辑佚工作,主要应注意以下几点。

(1) 考证原书。凡欲辑某佚书,必须对该书撰者身世、成书年代、史籍称引、目书著录、后人评述、学术渊源等有关问题,作广泛深入地考证,尽可能争取掌握比较全面的情况。

(2) 体例探讨。体例,指书之总体框架、大纲细目、编排款式等有关问题,它是书籍的外部特征,在古佚籍中,有的略知梗概,如《神农本草经》,有的已知细目如《小品方》。但大多亡而不存。对体例了解得越具体越详细,就其外部特征而论,越易接近原貌。

(3) 资料搜集。资料是基础,资料越多,基础越稳固,反之,如资料很少,即便掌握了体例,也不过是个空架子。所以搜集资料极为重要。搜集资料应注意两点,一者不能只根据一本书的资料;二者不能只限于医书。因此,搜集资料必须广泛,尽可能作到不漏。

(4) 真伪辨认。古医籍引用前人文献时,有许多问题值得注意,如仅凭记忆而误者,有的随意删削或窜改,有的在引用他文中已夹带己文,或由于古无准确标记符号,使引文与己文混淆等。因此,对辑的诸多资料,还需加以辨认,以存其真。

(5) 异文校勘。有些佚文,常有多种古籍予以援引,由于流传既久,抄写有误,或选用版本不佳,故必有许多异文或误文出现。因此,必需加以认真的校勘,尽可能纠正某些衍、脱、误、倒之处。

(6) 内容编排。对内容的编排必须得体。有的书虽已掌握或基本掌握了体例,但在内容的安插方面,还要合宜。若不掌握体例,还需拟定体例,这也要尽可能符合古书的时代特点。比如说有的内容似不合今意或不合今用,就随意将其置之卷末,或作附录,这就失去了其时代的特点。总之,对内容的编排,亦必须尽量作到符合或切近原貌或原义。

(7) 文字记述。指辑佚时进行的工作,均当有文字的记述。比如搜集的资料,要一一标明来源,校勘之处,应写出校勘记,并标明依据,对体例的形成,应说明原由或理由,编排方法,应有凡例,对有关问题的考证,应写出专题材料等。

总之,辑佚古书,是一件非常艰难的工作,非轻易可举,一定要有明确的指导思想,严谨的治学精神和科学的工作方法,才有可能把佚书辑好。

第七节 辑佚工作重要意义

辑佚工作,即是对中医文献宝库的挖掘和整理,其本身便对继承中医学遗产有重要学术意义。

由于古医籍的散佚,必使读者因未睹其颜而不胜遗憾,如能通过辑佚,使其恢复或部分恢复旧貌,即可不同程度地满足读者的渴望。

由于辑佚,可使零散的佚文,比较集中或系统地再现,可为研究者提供一定的资料基础。

有些年代不清或作者不详的佚书,通过辑佚考证与分析,可以判断其准确或比较准确的历史水准的断限。

从学术方面,有时可以为探讨学术渊源,提供一定的依据。有些重要的学术创见,并可填补历史的空白。

总之,辑佚工作,对继承与发展中医学术,具有十分重要的历史意义与现实意义。

第十四章　中医古籍辨伪

中医古籍，汗牛充栋，浩如烟海，然其中有的是真伪相参，或全系伪作。也就是说，书的内容，不是或不尽是题记撰人所作。因此，要弄清其书的真正撰者及撰注年代，揭示其学术的真实面貌，就需对某些有疑问之书，进行辨伪。

第一节　历代辨伪简述

在汉以前，尽管有人曾对某些古书提出过疑问，但尚不属于辨伪。自汉人校书始，对存世诸书，始提出有的书之署名，并非真正作者。如：刘向与其子刘歆校书而写成的《别录》与《七略》（其主要内容保存于《汉书·艺文志》中），可见一斑。如《汉志》阴阳家《杜文公五篇》注云："六国时。"颜师古注：刘向《别录》云："韩人也。"《黄帝泰素二十篇》注："六国时韩诸公子所作。"颜师古注："刘向《别录》云，或言韩诸公孙之所作也。"又农家《神农二十篇》注："六国时，诸子疾时怠于农业，道耕农事，托之神农。"颜师古注："刘向《别录》云：疑李悝及商君所说。"又兵阴阳家《力牧十五篇》注："黄帝臣，依托也。"以上四书，或指明真正作者及缘由，或指明系"依托"之作，说明原署名为伪。又方技类神仙家有《宓戏杂子》（宓戏即伏羲）、《上圣杂子》、《黄帝杂子》、《黄帝岐伯按摩》、《黄帝杂子芝菌》、《黄帝杂子》、《神农杂子技道》等书，叙云："神仙者，所以保性命之真，而游求于其外者也。聊以荡意平心，同死生之域，而无怵惕于胸中。然而或者专以为务，则诞欺怪迂之文，弥以益多，非圣王之所以教也。"此特指明或者专以神仙为务，"非圣王之所以教也"，详伏羲、神农、黄帝等，皆传说古之圣王也。而此云"非圣王之教"，就是说此类书非伏羲、黄帝等所作也。

南北朝时，梁人陶弘景《本草经集注》序，对《本草经》一书为神农所作，已有所疑问，特提出"至乎桐、雷，乃著在篇。"是仍不失于信古。然诸多疑问，尚难尽释。复云："汉献迁徙，晋怀奔进，文籍焚靡，千不遗一，今之所存，有此四卷，是其本经，生出郡县，乃后汉时制，疑仲景、元化等所记。"这是最先对神农氏作《本草经》说提出了疑问。又如《褚氏遗书》对《素问》一书亦云："虽出于后学，亦是良师。"亦已动摇了黄帝与岐伯君臣论医，而为《黄帝内经》之说。

唐代史学家刘知几《史通》一书，特出"疑古"一章，有文云："古文载事，其词简约，推者难详，缺漏无补，遂令后来学者，莫究其源，蒙然靡察，有如聋瞽。今故评其疑事，以著于篇。凡有十条，列之于后。"此下列举史事十焉，名曰十疑。此虽言史，然其于别家之尽信乎古者，亦足以警。

宋代，犹对《黄帝素问》一书提出了疑问，如：邵雍云："《素问》、《阴符》，七国时书也。"程颢云："观《素问》文字气象，只是战国时人作，谓之三坟书则非也。"司马光亦云："此周汉之间，医者依托以取重耳。"后有陈振孙《直斋书录解题·医书类》之《黄帝内经素问》云："黄帝与岐伯问答,三坟之书无传,尚矣。此固出于后世依托,要是医书之祖也。"《难经》云:"《汉志》亦但有《扁鹊内·外经》而已,《隋志》始有《难经》,《唐志》遂题云秦越人,皆不可考。"又《中藏经》云:"其序称应灵洞主少室山邓处中,自言为华先生外孙,莫可考也。"是皆对诸书提出疑问者。

明代万历年间,胡应麟先生《四部正譌》一书,乃我国古代第一部辨伪专著,是书首先说明辨伪的重要意义及伪书的种类及由来,也谈及辨伪的方法与工具,首尾完备,条理整齐,从而建立了辨认古籍伪书的章法。又有著名藏书家祁承㸁;通过辨伪的实践,系统全面地总结了伪书出现的各种情况。对辨伪之法,颇有启迪。

清代在辨伪方面,在前朝研究的基础上,大家辈出,成绩显著。不仅对经史及先秦诸子中伪书加以辨认,而且总结出许多辨伪的方法。又有姚际恒先生《古今伪书考》一书,分经史子三类,列举九十余种古书而为之辨。后于民国年间,有余杭黄云眉先生为之补证。成为颇有影响的一部辨伪专著。

民国年间有张心澂先生《伪书通考》由上海商务印书馆出版发行。该书是在总结前人论述辨伪的基础上结合其个人的经验,对中华古籍的辨伪,作出了理论方面与经、史、子、集诸书辨伪的总结。

"总论"部分,含辨伪之缘由,伪之程度,伪书之来历,作伪之原因,伪书之发现,辨伪律,辨伪方法,辨伪手续,辨伪事之发生等九论。对辨伪之有关问题,作了理论性概括与说明,特对"辨伪律"所言诸事,尤当注意。

"辨伪律:伪书乱真,固属可厌,有辨伪者别伪明真,固属可善;然辨伪者不循正规,对于真书任意掊击,以之为伪,使真者湮没,亦为可恨;辨者愈多,此真被伪,疑伪疑真,使人目迷五色,不知所从矣。兹定一辨伪律,如守此律,庶几无失乎?"

此下列"辨伪律"六条为:(一)不可别有目的,(二)不可存成见,(三)不可以一斑概全体,(四)书之价值为另一问题,(五)书中所述之真伪为另一问题,(六)不可因其伪而遽削之。(书文见原书,兹不烦引)

全书辨伪内容,计为"经部"(含易类、书类、诗类、礼类、春秋类、孝经类、经总类、四书类、小学类)七十三部,"史部"(含正史、编年、纪事本末、别史、杂史、传记、地理、职官、政书、史评)计三百十七部,"子部"(含儒家、道家、墨家、法家、名家、兵家、农家、医家、杂家、小说、历算、术数、艺术、谱录、类书)三百十七部;集部(含楚辞、别集、诗集、词曲、总集、诗文评)一百二十九部,道藏(含洞真部、洞玄部、洞神部、太清部、太平部、太玄部、正一部)三十一部,"佛藏"(含晋世、梁世、隋世、唐世、宋世、明世、近世)四百十六部。

上述诸书,皆作者汇集古今学界研读之所见,虽未必可为定论,然从中犹可见历代学人对中华古籍之关注与研究门径,亦可作为后学之篓蹄耳。

所引医家类,包括《本草》、《黄帝内经》、《灵枢经》、《子午经》、《难经》、《伤寒论》、《金匮玉函经》、《脉诀》、《褚氏医书》、《水牛经》、《杜天师了证歌》、《疮疡经验全书》、《大本琼瑶发明书》、《珍珠囊指掌补遗药性赋》、《新编南北经验方大成》、《雷公炮制药性解》等十余种,乃前人已涉足者,后人尚可以在此基础上,继续研讨。中医古籍汗牛充栋,其中真伪难辨者多多矣,后学当借助前人的经验和教训,继续此项历史任务。然切不可使不伪者伪,伪者更伪也。(此书始刊于1939年,后经作者修订,"总论"部分,文字略有修改,且将文言文改为语体文,辨伪部分又增书45种)

上述历代辨伪之作,不仅在内容方面已涉及中医古籍,而且前人总结诸多辨伪方法,对中医书辨伪亦有普遍意义。

第二节 造成伪书的原因

造成伪书的原因十分复杂。早在汉代,有刘安《淮南子·修务训》中,针对当时著作托古的情况指出:“世俗之人,多遵古而贱今,故为道者,必托之于神农、黄帝而后能入说。乱世闇主,高远其从来,因而贵之。为学者,蔽于论而遵其所闻,相与危坐而称之,正领而诵之。此见是非之分不明。”从而说明《汉书·艺文志》中,所以称谓黄帝君臣、神农、伏羲、尧舜等著作有四十余种之多,正是反映了这一情况。

明·胡应麟先生《四部正譌》亦云:“凡赝书之作,情状至繁,约而言之,殆十数卷:有伪作于前代而世率知之者,风后之《握奇》,岐伯之《素问》是也;有伪作于近代而世反惑之者,卜商之《易传》、毛渐之《连山》是也;有掇古人之事而伪者,仲尼倾盖而有《子华》,柱史出关而有《尹喜》;有挟古人之文而伪者,伍员著书而有《越绝》,贾谊赋鹏而有《鹖冠》是也;有传古人之名而伪者,尹负鼎而《汤液》闻,戚饭牛而《相经》是也;有蹈古书之名而伪者,《汲冢》发而师春补,《梼杌》纪而楚史传是也;有惮于自名而为者,魏泰《笔录》之类是也;有耻于自名而伪者,和氏《香奁》之类是也;有袭取于人而伪者,法盛《晋书》之类是也;有假重于人而伪者,子瞻《杜解》之类是也;有恶其人伪以祸之者,僧孺《行纪》之类是也;有恶其人伪以诬之者,圣俞《碧云》之类是也;有本非伪人托之而伪者,《阴符》不言三皇,而李荃称黄帝之类是也;有书本伪人补之而益伪者,《乾坤凿度》及诸纬书之类是也。”

胡氏所举诸例,在《四部正譌》中,均有详文明辨,对伪书之情状,作伪之原因,辨识之方法等,约为之言,颇可启迪于后学。

张舜徽先生《中国古代史籍校读》对制造伪书的问题,归纳为四种原因:

第一,有些书籍,分明是后世写的,却嫁名于古人,这是中国封建社会两千多年间一种依托古人的积习。例如一部《本草》,是我们祖先分析药物最早的书;《内经》包括《素问》和《灵枢》,是阐明医学原理最早的书;无疑是汉以前学者总结古代医药方面知识而写成的本子。后人必标题为《神农本草经》、《黄帝内经》,这便是托古。

第二,每逢统治阶级下诏求书、并且说明献书有赏时,于是投机取巧的士大夫们便乘机制造伪书,以行欺牟利。秦灭以后,《尚书》最为残缺。汉代统治者,再三设法访求,也只能找到二十九篇。到成帝时,便出现了百两篇,出现不久,便被人们识破了。

第三,封建社会的学者们,有互相轻视、彼此攻击的恶习,特别是同时而名齐才等的人物,更猜忌如仇雠。在我国历史上,这类事实,极其普遍。象汉魏之际的郑玄、王肃,便是一例。

第四,封建社会的士大夫们,不独论学有门户之争,势同水火,而有关政治的斗争,更加厉害。植党营私,各不相下,乃至伪造书籍,彼此诬蔑。例如唐代牛、李之争,是历史上一件大事。

吴枫先生《中国古典文献学》则谓“其中最主要的原因有三:一是社会原因。由于历代兵燹动乱,自然灾害,典籍的散失与积聚变动极大。原书佚失之后,由后人伪造者,比如《列子》就是属于这种情况;二是由于统治阶级内部派系斗争,为了制造舆论根据,编造伪书,以达到某种政治目的。例如西汉后期社会上骤然出现许多‘古文经’,或托之孔府壁中所见,或托之中央秘阁所藏,或托之民间所传,都是在刘歆、王莽等人鼓吹托古改制的历史条件下出现的;三是好事者个人所为。汉代'游侠'往往是伪托古人以抬高自己,到处招摇撞骗。"

张、吴二人所论,虽指文史类而言,然中医古籍,除受政治因素干扰较少者外,余者亦大致相同。约言之,亦不外以下几方面情况:

一者托古遵经,如《神农本草经》、《黄帝内经》是也。

一者前书已佚,后人伪造,如桂林古本《伤寒杂病论》是也。

一者,声名不显而伪托名人,如陈修园《医学三字经》,始曾托名叶天士是也。

一者,批驳名著而托名名家,如托名叶天士之《景岳全书发挥》是也。

一者不便署真名而伪造姓名或托名古人,如房中术诸书是也。

一者故弄玄虚而托名仙家隐逸,如《青囊回春》皆托言扶乩所得是也。

一者为避政治嫌疑而托名别传者,如陈士铎《石室秘录》,据何高民考证,为得之于傅青主,而托言岐伯、华佗、张仲景等是也。

一者别出新义而托言名人或古人者,如旧题华佗编集之《元门脉诀内照图》是也。凡此等等,皆致伪之由也。

第三节　辨识伪书的方法

前人通过对伪书的辨认,总结出许多方法。明代胡应麟开始在所著《四部正譌》中指出考核之八法。其谓:"凡核伪书之道:核之《七略》,以观其源;核之群志,以观其绪;核之并世之言,以观其称;核之异世之言,以观其述;核之文,以观其体;核之事,以观其时;核之撰者,以观其托;核之传者,以观其人。核兹八者,而古今赝籍亡(无)隐情矣。"

上述八条,主要说明辨认伪书,应根据史籍著录、学术断代水平、文字气象、历史事实、撰人传人史迹等方面进行考证,辨别真伪。又吴枫《中国古典文献学》第七章第三节引梁启超先生《中国历史研究法》第五章第二节中,有关"鉴别史料之法"十二条文云:

一、其书前代从未著录,或绝无人征引而忽然出现者,十有九皆伪。如明人所刻《古逸史》中有《三坟记》、《晋三乘》、《楚史梼杌》等。

二、其书虽前代有著录,然久经散佚,乃忽有一异本突出,篇数及内容与旧本完全不同者,十有九皆伪。如抄本《慎子》与四库本、岱山阁本全异,《四部丛刊》竟采用之。

三、其书不问有无旧本,但今本来历不明者,不可轻信。如河内女子所得《泰誓》、梅赜所上《古文尚书》及孔安国传等。

四、其书流传之绪,从他方面可以考见,而因以证明今本题某人旧撰为不确者。如《神农本草》,《汉志》无其目,盖蔡邕、吴普、陶弘景等经千年间,直至宋代然后规模始具,实为集体作成。

五、其书原本经前人称引,确有佐证,而今本与之歧异者,则今本必伪。如今本《竹书纪年》。

六、其书题某人撰,而书中所载事迹在本人后者,则其书或全伪或一部分伪。如《越绝书》题子贡撰,未见《汉志》,书中叙及汉以后建制沿革。《管子》书中记西施事。

七、其书虽真,然一部分经后人窜乱之迹,既确凿有据,则对于其书之全体,须慎加鉴别。如《史记》今本有太初、天汉以后事,且有宣、元以后事。

八、书中所言确与事实相反者，则书必伪。如刘向《列仙传》自序云："七十四人已见佛经。"佛教输入后于刘歿二百年，即此一语足证其伪。

九、两书同载一事绝对矛盾者，则必有一伪或两俱伪。

十、各时代之文体，盖有天然界画，多读书者自能知之，故后人伪作之书，有不必从字句求枝叶之反证，但一望文体，即能断其伪者。如《古文尚书》多文从句顺，《关尹子》有翻译文体。

十一、各时代之社会状态，吾侪据各方面之资料，总可推见其崖略，若某书中所言其时代之状态与情理相去悬绝者。如《神农》二十篇，晁错引文有"石城十仞，汤池百步，带甲百万"之语，即可断为伪。

十二、各时代之思想，其进化阶段自有一定，若某书中所表现之思想与其时代不相衔接者，即可断为伪。如今本《管子》有批评寝兵、兼爱之说，显系墨翟、宋钘以后人著作羼入。

梁氏所言，是在胡氏八条的基础上，进一步揭示了伪书的诸多情况而提出了十二条辨伪方法。这对辨认中医古籍中伪书，亦颇可参考。

由于伪书的情况比较复杂，鉴别的难度也较大，不可能就八条或十二条，按图索骥，即可得之，必须从多方面综合分析，方有可能辨认其是否伪书。另外，在伪书中，有的是全部伪，有的是真伪相间，或大部为伪，或小部为伪，犹如胡应麟先生云："凡班《志》所无，而骤见六朝后者，往往多因战国了书残轶者补缀之，而易其名。以为真则伪莫掩，以为伪则真间存。尤难辨。"此言诚是。

又近人张舜徽先生，根据《汉书·艺文志》所载传疑之书考之，又归纳出六例如下：

1. 明定某书为依托，但未能明确指其人

诸子略小说家，有《黄帝说》四十篇。注云："迂诞依托。"（此乃班氏自注，下同。）
兵书略阴阳类，有《封胡》五篇。注云："黄帝臣，依托也。"
又《风后》十三篇。《图》二卷。注云："黄帝臣，依托也。"
又《力牧》十五篇。注云："黄帝臣，依托也。"
又《鬼容区》三篇。注云："《图》一卷。黄帝臣，依托。"

2. 从文辞方面，审定系后人依托

诸子略杂家，有《大禹》三十七篇。注云："传言禹所作，其文似后世语。"
小说家有《伊笋说》十七篇。注云："其语浅薄，似依托也。"
又《师旷》六篇。注云："见《春秋》，其言浅薄，本与此同，似因托也。"
又《天乙》三篇。注云："天乙谓汤。其言非殷时，皆依托也。"

3. 从事实方面，审定系后人依托

诸子略道家有《文子》九篇。注云："老子弟子，与孔子同时，而称周平王问，似依托者也。"

小说家有《务成子》十一篇。注云："称尧问，非古语。"

4. 明确指出依托之时代

诸子略道家有《黄帝君臣》十篇。注云："起六国时。"

又《杂黄帝》五十八篇。注云:“六国时贤者所作。”

又《力牧》二十二篇。注云:“六国时所作,托之力牧。力牧,黄帝相。”

阴阳家有《黄帝泰素》二十篇。注云:“六国时,韩诸公子所作。”

农家有《神农》二十篇。注云,“六国时,诸子疾时怠于农业,道耕农事,托之神农。”

5. 明确指出系后世增加

诸子略道家有《太公》二百三十七篇。注云:“吕望为周时尚父,本有道者,或有近世又以为太公术者所增加也。”

小说家有《鬻子说》十九篇。注云:“后世所加。”

6. 不能肯定的,暂时存疑

诸子略杂家有《孔甲盘盂》二十六篇。注云:“黄帝之史,或曰夏帝孔甲,似皆非。”

从上述六例反映的情况,犹可看出,汉人刘、班在辨认诸依托之作时,是很慎重的,必在确有其据者方指出为某时或某时人所依托,否则,宁存其疑,亦不轻断。

第四节　古医籍辨伪类例

在浩如烟海的中医古籍中,无疑有相当一部分属于依托之作,现举例如下:

一、依托上古之作

《汉书·艺文志·方技》医经类有《黄帝内经》十八卷、《外经》三十七卷,《扁鹊内经》九卷、《外经》十二卷(据后文《泰始黄帝扁鹊俞拊方》颜师古注引应劭曰:“黄帝时医也。”则此扁鹊疑非战国时扁鹊)。经方类有《泰始黄帝扁鹊俞拊方》二十三卷。房中类有《容成阴道》二十六卷(容成,黄帝时臣。《淮南子·修务训》:“容成造历。”高诱注:“容成,黄帝臣。”)、《务成子阴道》三十六卷(《荀子·大略》:“舜学于务成。”是则为唐、虞时人)、《尧舜阴道》二十三卷、《黄帝三王养阳方》二十卷。神仙类有《宓戏杂子道》二十篇、《黄帝杂子步引》十二卷、《黄帝岐伯按摩》十卷、《神农杂子技道》二十三卷等。

从《汉志》著录之医书看,有如此多的托上古人之作,可见当时托古遵经风之盛也。

又马王堆汉墓帛书《十问》有黄帝问于天师曰;黄帝问于大成曰;黄帝问于曹熬曰;黄帝问于容成曰;尧问于舜曰;王子巧父问于彭祖曰;帝盘庚问于耇老曰;禹问于师癸曰;文执见齐威王,威王问道焉;王期见,秦昭王问道焉。以上十问之人,上至黄帝,下至秦昭王,皆系托古也无疑。

这种托古的风气,直至隋唐时期,在著录与征引方面,还有较多书名及遗文可察。如《隋书·经籍志》又有《岐伯经》、《黄帝流注脉经》、《神农本草》、《桐君药录》、《彭祖养性经》、《黄帝素问女胎》、《黄帝养胎经》、《黄帝明堂偃人图》、《黄帝针灸虾蟆忌》、《黄帝十二经脉明堂五脏人图》、《素女秘道术》、《素女方》等。又《千金翼》卷二十五诊气色法第一有黄帝问扁鹊文三百余字,其内容虽与《灵枢·五色》等相近,然文颇异。是知必引自另书托名黄帝与扁鹊问答者。

似此等托古著作之所以屡出不绝者,反映我国在长期封建社会,某些唯心史学观念对人们的影响,致使不少医界名人,也予以深信而不疑。如魏、晋间人皇甫谧《甲乙经》自序云:"夫医道所兴,其来久矣。上古神农始尝草木而知百药;黄帝咨访岐伯、伯高、少俞之徒,内考五脏六腑,外综经络血气色候,参之天地,验之人物,本性命,穷神极变,而针道生焉。其论至妙,雷公受业,传之于后。"又宋臣林亿等《新校正黄帝针灸甲乙经序》云:"或曰《素问》、《针经》、《明堂》三部之书,非黄帝书,似出于战国。曰:人生天地之间,八尺之躯,脏之坚脆,腑之大小,谷之多少,脉之长短,血之清浊,十二经之血气大数,皮肤包络其外,可剖而视之乎? 非大圣上智,孰能知之,战国之人何与焉。大哉《黄帝内经》十八卷,最出远古。"从而说明,似此等伪书之不断出现,正是由于它在一定的历史时期,还有相当的市场。

二、假借仙家之作

此类著作,其来亦久。详《汉书·艺文志》有《泰壹杂子十五家方》、《泰壹杂子黄冶》二书。泰壹即太乙或太一,为天神。《史记·天官书》:"中宫天极星,其一明者,太一常居也。"唐张守节正义云:"泰一,天帝之别名也。"《易纬·乾凿度》:"太乙取其数,以行九宫。"郑玄注:"太乙,北辰神名也。"此当是仙方之滥觞也。

《隋书·经籍志》中著录有较多仙家书,如《赤乌神针经》(按赤乌,神鸟也)、《仙人金银经并长生方》、《杂仙方》、《太极真人九转还丹经》、《神方》、《真人九丹经》等。另外,尚有诸多"神仙"类方,如《神仙服食经》、《神仙饵金丹沙秘方》、《杂神仙黄白法》,此乃求长生不老之术也,当出自丹家黄冠之手,与仙方亦有别。

又如唐·孙思邈《千金要方》,段成式《酉阳杂俎》谓:"昆明池龙宫,有仙方三千首,徽君因救龙得之,因上帝不许外传,复著《千金方》三十卷,每卷入一方。"此或道家之有意为《千金方》张目,而故出此妄诞之事也。

又如1929年烟台丰源印书馆出版之《青囊回春》,内皆托言扶乩所得仙人传方。又后世诸多"海上仙方",皆此之类也。所谓"海上方"者,以秦皇、汉武均曾遣人赴海上求不死仙药,故称仙方为海上方。

南朝齐·龚庆宣《刘涓子鬼遗方》,其自序云:"昔刘涓子,晋末,于丹阳郊外照射,忽见一物高二丈许,射而中心,如雷电,声若风雨,其夜不敢前追,诘旦,率门徒子弟数人,寻踪至山下,见一小儿提罐,问何往,为我主被刘涓子所射,取水洗疮。而问小儿曰:主人是谁人?云黄父鬼。仍将小儿相随还来。至门,闻捣药之声,比及,遥见三人,一人开书,一人捣药,一人卧尔,乃齐声叫突,三人并走,遗一卷痈疽方,并药一臼。时从宋武北征,有被疮者,以药涂之即愈。论者云,圣人所作,天必助之,以此天授武王也。于是用方为治,千无一失。"按此事荒诞不经。刘涓子,乃宋武帝时人,此事当与南朝刘宋立帝应鬼神天命之义有关,故造此谎言。详书中内容,论述之文,皆源于《灵枢·痈疽》,唯起首几段,改黄帝为黄父。是此书必出于伪作而无疑。

三、假异人之传授

所谓"异人"者,异于常人也。大概指那些既未列仙班而又不同于凡人之人。此类著作亦不鲜见。如清初陈士铎所著诸书，多有此类序说，如《本草新编 · 凡例》云："铎晚年逢异人于燕市，传书甚多，著术颇富，皆发明《灵》、《素》秘旨，绝不拾世间浅沛。"为其整理出版之金以谋，在该书序中亦云："陈子远公所著《石室秘录》，皆传自异人。"详今存《石室秘录》一书卷首并有清康熙丁卯至前一日岐伯序一首、张机序一首，又不注明年代之吕道人序一首。《辨证录》自序则云在燕市遇二老者，闻二老之教五阅月。《洞天奥旨》自序又云："遇岐伯天师于燕市。"观此种种，其作伪之端，显而可见。是则陈子诸书，决非尽出于自家手笔。所谓异人者，有所托也。

又如民国二十五年，上海中医书局出版王崇一所著《针灸穴道记》自叙云："偶涉铁槎山，攀藤附萝，登峰造极……竟忘形于怀而发长哨，不意惊讶山中老者，踵门晤谈，吐属超出尘表。叩其履历姓氏年庚几何？伊答以今庚四百八十五甲子矣，自号铁槎麓人。须发苍然，一表非凡。遁迹名山，不知几历寒暑矣。谈评医理，甚为通畅，吐论风生，可谓长沙而后一人而已。谈及针法，更属擅长。余因针法失传，以此特三致意焉。所谈之针法，尽是铁槎麓人数世家传秘而不敢以告人者。"详其书主要是介绍一些常用针刺急证穴位，如印堂、太阳、天突、天柱、曲泽、委中、前后心、金针玉液、丹田等穴及常见急证如：时症、羊毛痧、肿嗓、火牙痛、小儿惊风、中风、心痛等的针刺方法。盖作者欲广其说，或托之于铁槎麓人，其用心亦可谓良苦。

四、依托先世之作

桂林古本《伤寒杂病论》左盛德序，详述其师述该书原委及其从师所学之经过云："余闻吾师张绍祖先生之言曰：吾家《伤寒》一书，相传共有一十三稿，每成一稿，传抄殆遍城邑，兹所存者为第十二稿，余者或为族人所秘，或付劫灰，不外是矣。叔和所得，相传为第七次稿，与吾所藏者较，其间阙如固多，编次亦不相类，或为叔和所篡乱，或疑为宋人所增删，聚讼纷如，各执其说。然考晋时尚无刊本，犹是传抄，唐末宋初，始易传抄为刊刻，遂称易简，以此言之，则坊间所刊者，不但非汉时之原稿，恐亦非叔和之原稿也……吾师讳学正，自言为仲氏四十六世孙，自晋以后，迁徙不一，其高祖复初公，自岭南复迁原籍，寄居光州，遂聚族焉。吾师虽承家学，不以医名，亦不轻出此书以示人，余之得受业者，殆有天焉。"

又有长沙古本《伤寒杂病论》刘世祯序，言其得该书原委云："先母之丧，以求葬地，漫游江西，于山谷中，遇一人曰张老，皓然而丹颜，岸然类有道者，即与倾谈，遂及医术。质以平生疑滞，应口疏通，余大骇服，张老亦深喜余精审善问，且曰：吾乐山林，不与人接久矣。家有古本《伤寒杂病论》，与世所传异，长沙旧文也。目前无可授者，今以授君，与君邂逅，亦前缘也。余仅受而读之……吾友刘君仲迈，一见而叹为千古奇书，仲迈才高而学博，独具卓识如此。于是吾两人者，朝读而暮思，欲遂穷其底蕴。往往窒极而遂通，若有鬼神者为之助焉。积十余年，所发挥益多。"而刘仲迈序则云："古本《伤寒杂病论》者，盖今之壁经，而长沙之旧文也。同邑宗人昆湘（案即世祯）先生，初受书于隐君子张老，以转授余。其后十余年，一日，昆湘示张老寄余书云：且来约以时相见。因偕昆湘如期造谒，遂得受教于逆旅中，自是数年，时往来于洞庭湘水之间，请益析疑，章梳句栉，寻波讨源，结辖尽解。一日，忽将别去，涕泣请留，不得，殷勤付嘱，命诠次师传，汇昆湘昔所遵闻者，成义疏以演论旨曰，此真长沙旧文也。道之将废，尘封至今，人能宏道，匪道宏人。复为赠言之，歌曰：千岁以胥，我传子疏，圣明作述,吾友吾徒。遂不复见。"

从上述二古本《伤寒杂病论》的内容及序言看,有许多疑点,值得注意。

(1)《伤寒杂病论》之名,自仲景书散失后,虽经王叔和整理,不再以此为名,故历代著录,亦不见此名,今忽出此名,其可疑一也。

(2) 二书内容大部相同,所载《伤寒论》与《金匮》不具之方,小有出入。如长沙本中黄芩石膏杏子汤,仅此三味,而桂林本尚有甘草,故名黄芩石膏杏子甘草汤等。三阳病前桂林本多出六气主客、杂病例(即《金匮》"脏腑经络先后病脉证"之大部及"五脏风寒积聚病脉证并治"中论积聚一节)、伤寒脉证并治、寒病脉证并治。三阳病后长沙本中有部分"诸可与不可"条文,而桂林本中则另有《金匮》所具之杂病七篇之部分内容。从内容方面看,两古本有一定渊源关系。然从序言看,颇有些离奇难解,此其疑二也。

(3)《伤寒论》原有"暍病"而不言"暑病",今改名"伤暑",将中暍条文纳于其中,亦与旧传本之称谓不合。又"伤风"之名,乃后世病名,今单例为篇,似与仲景之时代不合。此其疑三也。

(4) 仲景身世,史书无传,至其后裔,不见于记载。今桂林本序忽出其四十六世孙,且又无族系可查。此其疑四也。

(5) 长沙本两序言见张公之事,颇有矛盾。据昆湘序,似仅见一次,而仲迈序则言曾有多次相见,此其疑五也。

(6) 仅桂林本有杂病七篇,较之《金匮》及王叔和《脉经》所收杂病缺者甚多,而言《伤寒杂病论》,似名实不符,此其疑六也。

据此六事,故疑此二书有一定渊源关系,当系后人摘取《伤寒》《金匮》部分条文,别增新撰内容,以充仲景后代之真传本也。

五、假名人之作

此类著作,皆因撰者声名不显而欲推广其说,故假之于当代或古代名人。清·陈修园《医学三字经·小引》:"童子入学,塾师先授以《三字经》,欲其便诵也、识途也。学医之始,未定先授何书,如大海茫茫,认错半字罗经,便入牛鬼蛇神之域。余所以有《三字经》之刻也。前曾托名叶天士,取时俗所推崇者,以投时好。然书中之奥旨,悉本圣经,经明而专家之技可废。谢退谷于注韩书室得缮本惠书千余言,属归本名。幸有同志今付梓而从其说,而仍名经而不以为僭者,采集经文,还之先圣。海内诸君子,可因此一字而共知所遵,且可因此一字而不病余之作。"此盖修园先时,医名尚未显,故托名叶天士。至再刊之时,遂收回本名。

《银海精微》,旧题孙思邈撰。《四库全书总目》:"旧本题唐·孙思邈撰。唐、宋《艺文志》皆不著录,思邈本传亦不言有是书。其曰银海者,盖取目为银海之义,考苏轼《雪》诗有'冻合玉楼寒起粟,光摇银海眩生花'句,《瀛奎律髓》引王安石之说,谓道书以肩为玉楼,目为银海。银海为目,仅见于此。然迄今无人能举安石所引出何道书者,则安石以前绝无此说,其为宋以后书明矣。"此从史志著录、孙思邈本传及词语等方面考证,以辨其伪。又《千顷堂书目》著录该书时,不著撰人,此则尤证其伪。

《褚氏医书》,旧本题南齐·褚澄撰。《四库全书总目》:"澄字彦适,阳翟人,褚渊弟也,尚宋文弟女庐江公主,拜驸马都尉,入齐为吴郡太守,官至左民尚书,事迹具《南齐书》本传,是书分受形、本气、平脉、津润、分体、精血、除疾、审微、辨书、问子十篇。大旨发挥人身气血阴阳之奥。《宋史》始著于录,前有后唐清泰二年萧渊序云:黄巢时群盗发冢,得石刻弃之,先人偶见载归,后遗命即以褚石为椰。又有释义堪序云:石刻得之萧氏冢中,凡十有九片,其一即萧渊序也。又有嘉泰元年丁介跋,称此书初得萧氏父子,护其石而始全,继得僧义堪笔之纸而始存,今得刘义先锓之木而始传云云。考周密《癸辛杂识》引其'非男非女之身'一条,则宋代已有此本;所谓刻于嘉泰中者,殆非虚语……疑宋时精医理者所著,而伪托澄以传。然其言可采,虽赝本不可废也。"

《黄帝神圣工巧甲乙经》抄本,藏苏州医学院图书馆,序文题"晋玄晏先生皇甫谧士安撰"。文云:"夫神圣工巧者,类集诸医典奥也,分二帙者,合阴阳也。上帙凡九章者,应九霄也;下帙凡九章者,应九州也;事分四言,应四序也。凡医药者,心与大道,行慈悲为本,施方便为门,祖智二圣之根流,秘存五行之至理……"全书分上下两卷,其内容主要为望、闻、问、切四诊之法。卷末有潘道根跋云:"是书于咸丰丁巳二月访友人姜秋农,问技于畷城寓中,因得览观,中颇有可采处,因借归录之。然题目《黄帝神圣工巧甲乙经》及晋皇甫士安撰者,未可信也。姑仍旧录之,中多讹误,俟异日正之。三月六日雨窗徐村老农潘道根识。"详此序起首为文即不似士安语,其内容多参照后世四诊诸书,而其为文,则绝不似古文气象。当是晚清之好事者所为。又此书既不见著录,又不见别书称引,或系姜秋农之自撰也,假以皇甫士安《甲乙》之名,并伪作序文。此亦作伪之拙者。

六、假古著遗篇之作

《素问》、《针经》二书,自晋·皇甫谧《针灸甲乙经·序》云:"按《七略》、《艺文志》:《黄帝内经》十八卷。今有《针经》九卷、《素问》九卷,二九十八卷,即《内经》也,亦有所亡失。"后人多遵此说,并知士安所见传世之本,已有亡失。后《素问》有南朝梁人全元起注本,亦只存八卷。迨至唐代王冰注《素问》时,乃云"虽复年移代革,而授学犹存,惧非其人而时有所隐。故第七一卷,师氏藏之,今之奉行,唯八卷尔。"详今《素问》中有运气七篇大论文,盖即所谓第七卷之文也。又唐代早于王冰时之杨上善撰注之《黄帝内经太素》中,亦无运气方面内容。先有林亿等已疑之云:"详《素问》第七卷,亡已久矣。按皇甫士安,晋人也,序《甲乙经》云:亦有亡失。《隋书·经籍志》载梁《七录》亦云止存八卷。全元起,隋人(按当是梁人)所注本乃无第七。王冰,唐宝应中人,上至晋皇甫谧甘露中已六百余年,而冰自谓得旧藏之卷,今窃疑之。仍观天元纪论、五运行论、六微旨论、气交变论、五常政论、六元正纪论、至真要论,居今《素问》四卷,篇卷浩大,不与《素问》前后篇卷等;又且所载之事,与《素问》余篇略不相通,窃疑此七篇乃《阴阳大论》之文,王氏取以补所亡之卷,犹《周官》亡'冬官',以'考工记'补之之类也。"林亿等此考,无论其是否《阴阳大论》之文,然其谓七大论文非《素问》旧文之说,则当是。后人又从历法等方面进一步考证,基本上已认定其为后世之作。不知何时为好事者将其纳入《素问》中矣。又王冰次注本《素问》,尚有刺法论与本病论二篇云亡。而宋代忽出此二篇,林亿等云:"详此二篇,亡在王注之前。按病能论篇末王冰注云:世本既阙第七二篇。谓此二篇也。而今世有《素问》亡篇及《昭明隐旨论》,以谓此三篇,仍托名王冰为注。辞理鄙陋,无足取者。"详此二篇,虽亦言运气,然所谓"迁正"、"退位"及"阳干"、"阴干"之义,与七大论亦有别。故其为又后之作也无疑。

七、假前世之遗名而伪造成书

《脏腑证治图说人镜经》旧题卢国·秦越人扁鹊诠释。明人钱雷序曰:“余上世仲旸氏仕宋,以医名世。神宗擢翰林医院,赐金紫,家学传今,父祖皆继是业,源远而绪分,痛余考早世,无所指授,乃从业宗泉王先生。先生,光禄大夫上柱国谷斋先生后,谷斋事高庙以内科,全皇太后濒危;事文庙以幼科,甦皇太子风蹶。立殊勋,徵进御院,加授太保谨身殿大学士,名震朝野,诸撰摭补偏拾遗,剔歧彰隐。先生出其后,学迈凡伦,余传其秘奥,道遂行。爰售知抚院藩臬郡邑诸公……历三时以归,归则先生即世矣。不获启手足,心犹痛焉。人亡书亦散亡矣,购其遗得一书,曰《脏腑证治图说人镜经》,尽采《素》、《灵》十二经、奇经八脉,次第汇编。”此钱雷述其得书之始末,后又为之增“附录”。清初又有张俊英氏又增“续录”,并为之序云:“《人镜经》不见经籍诸目,惟见张太素《北齐书·徐之才传》,之才五叶祖仲融,隐于秦望山,有道士过之求饮,因以葫芦遗之曰:习是,子孙当以道术救世,位至二千名,开视,乃扁鹊《人镜经》一卷,习之,遂为良医,官至濮阳太守,此百药《齐书》、延奉《北史》皆所不载,而医鉴亦不甚详,乃杭医钱氏谓得诸其师王君……此无论出之钱叟,出之王君,即谓仲融得之道士,道士得之扁鹊,可也。此漆园氏所谓‘重言十七意乎’。”此书张俊英增补时已看出破绽,故特云“此无论出之钱叟,出之王君,即谓仲融得之道士,道士得之扁鹊,可也。此漆园氏所谓‘重言十七”之语而结之。详徐之才传中所言其五世祖授书事,本属子虚无有,故明以前医书及史志,既不见有所征引,亦不见有所著录。考其内容,则是以《灵》、《素》十二经及藏象等为纲,别撰释文、经穴、图象及有关诊法、病症、治疗等内容。所列方药,多有宋人方,如钱乙《小儿药证直诀》中泻白散、泻黄散等方。是则可知,当出于元、明人之手。又详钱雷所述其学医经过及乃师王宗泉氏诸事,故疑此书,亦或出于其师徒之手,则所署“秦越人扁鹊诠释”,绝无其事。此不过借史载“人镜经”之名而伪撰成书。

八、拾前人遗文而补缀纂次成书

《华氏中藏经》,旧云华佗遗书。传世本卷前有“应灵洞主探徽真人少室山邓处中”撰序文云:“华先生讳佗,字元化,性好恬淡,喜味方书。多游名山幽洞,往往有所遇。一日,因酒息于公宜山古洞前,忽闻人论疗病之法,先生讶其异,潜逼洞窃听。须臾,有人云:华生在迩,术可付焉。复有一人曰:道生性贪,不悯生灵,安得付也?先生不觉愈骇,跃入洞,见二老人,衣木皮,顶草冠。先生躬趋左右而拜曰:适闻贤者论方术,遂乃忘归。况济人之道,素所好为。所恨者,未遇一法可以施验,徒自不足耳。愿贤者少察愚诚,乞与开悟,终身不负恩。首坐先生云:术亦不惜,恐异日与子为累。若无高下,无贫富,无贵贱,不务财贿,不惮劳苦,矜老恤幼为急,然后可脱子祸。先生再拜谢曰:贤圣之语,一一不敢忘,俱能从之。二老笑指东洞云:石床上有一书函,子自取之,速出吾居,勿示俗流,宜秘密之。先生时得书,回首已不见老人。先生慑怯离洞,忽然不见,云奔雨泻,石洞摧塌。既览其方,论多奇怪。从兹施试,效无不存神。先生未六旬,果为魏所戳,老人之言,预有斯验。余乃先生外孙也,因吊先生寝室,梦先生引余坐,语《中藏经》真活人法也,子可取之,勿传非人。余觉,惊怖不定,遂讨先生旧物,获石函一具,开之,得书一帙,乃《中藏经》也。予性拙于用,复授次子思,因以志其实。”

观此序甚是荒诞不经，详其旨，乃因华佗传中原有“性恶矜技”之说，及后为曹氏所杀之事，特伪造诸事，似有预验焉。自宋而下，代有人疑。如宋人楼钥云：“序引之说，颇涉神怪，难于尽信。然其议论卓然，精深高远，视脉察色，以决死生。虽不敢以为真是元化之书，若行于世，使医者得以习读之，所济多矣。”元人吕复则云：“其托为荒诞如此，竟不考传狱吏焚书之实，其伪不攻自破。按《唐志》有吴普集华氏药方，别无中藏之名。普其弟子，宜有所集，窃意诸论非普不能作，邓氏特别附方，而更今名耳，盖其方有用太平钱并山药者，盖太平乃宋熙陵初年号，薯蓣，以避厚陵偏讳而始名山药，其余可以类推。然脉要及察声色形证等说，必出元化遗意，览者细为审谛，当自知之。”清人周锡瓒跋云：“佗之书久绝矣，何以至宋世而忽出耶？……则佗书虽不传，而弟子习其业者，亦可以著书传后。《隋书·经籍志》载，吴普撰《华佗方》十卷、《华佗内事》五卷、《观形察色并三部脉经》一卷、《枕中灸刺经》一卷、《普集华氏药方》，《新、旧唐书》皆载于经籍、艺文志，而《宋·艺文志》亦有华佗药方一卷。其书想北宋时，尚有流播，或多残缺，故其时名医，缀辑而成此书，别立名目，以托于华氏。”而清人孙星衍则以为“此书文义古奥，似是六朝人所撰，非后世所能假托”。

从上述诸家所论，有一共同之处，即此书并非出于华佗之手。据隋、唐及宋代诸志书载诸华佗遗方及论，则此书中当有华佗旧文，被后人纂辑而成。邓处中之名，既无史籍可考，且据其撰此荒诞之序，而又冒称华佗之外孙，则必系假名也而无疑也。

《敦煌古医籍考释》中收有《张仲景五脏论》甲、乙、丙、丁四种残本，其中特以甲本与乙本存文较多，然其中多有汉以后事。如甲本中有一段称“陶景注经”、“口侠正方”、“刘涓子秘述”、“淮南葛氏之法”、“集验之方”等语即是。详陶景注经者，乃指陶弘景所注《本草经》。陶弘景，东晋时人也。雷公药对者，《新唐书·艺文志》著录有北齐徐之才《雷公药对》。口侠正方者，《考释》注云：“疑作宋侠正方。宋侠，北齐人，撰有《经心录》，见《隋书·经籍志》。刘涓子秘述者，当指刘涓子《鬼遗方》。刘涓子，南朝刘宋时人也。淮南葛氏之法者，当指葛洪之法，葛本晋丹阳句容人，在南朝齐、梁、陈时，设淮南郡于当涂，句容应在此辖区内，此当出于该时期人笔，故称“淮南葛氏”也。集验之方者，当指姚僧垣《集验方》，姚僧垣，北魏、北周时人也。似此诸人，然能为仲景所征引，又书中称“仲景其方”者，绝非仲景自语。是此书至早亦只能在南北朝末期或隋人所为，又书中有避唐高宗讳，凡治字均作“疗”，亦或出于唐人之手。详隋唐之前尚存有仲景遗论遗方，此或后纂辑仲景遗论，而补以后世之文，假仲景之名以为之。

上述二书，亦或真伪相间，犹胡应麟先生所谓“以为真则伪莫掩，以为伪则真间存”者也。似此等书，尤当细审。

九、真书之中间有伪文

由于有些古医籍，流传较久，不仅经多次传抄，亦或经多人整理。因而，在整理过程中，往往将整理人认为可补充或可增加的内容，不加说明地增补进去，这就造成了真书之中而有伪文的情况。如：

《素问·六节藏象论》：“岐伯对曰：昭乎哉问也。请遂言之。夫六六之节，九九制会者，所以正天之度气之数也……帝曰：余闻气合而有形，因变以正名，天地之运，阴阳之化，其于万物，孰少孰多，可得闻乎？”林亿等新校正云：“详从前岐伯曰：昭乎哉问也至此，全元起注本及《太素》并无，疑王氏之所补也。”如前所言，《素问》、《灵枢》等，作为黄帝之书，无疑为依托，故属之伪书。就《素问》一书来说，其中内容，除运气七篇大论外之其他篇章，当为原书基本内容。因而，就这些文字与《素问》的关系而论，当为真书。然而，六节藏象论中这一段七百余字，亦属论述运气方面的内容，且林亿等新校正又明确指出全元起注本及《太素》均无。就其内容与其他篇章相较，亦不相属，疑系后人增补。

《金匮玉函经》，宋臣林亿等《校正金匮玉函经疏》云：“《金匮玉函经》与《伤寒论》同体而别名，欲人互相检阅而为表里，以防后世之亡逸……臣等先校定《伤寒论》，次校成此经，其文理或有与《伤寒论》不同者，然其意义皆通。”详今本《金匮玉函经》内容，自卷二以下之文，与今本《伤寒论》虽有条数多少及文字不同等差异，但可以肯定，皆属仲景旧文，其不同处，皆多次传抄所致。作为仲景书散失后整理本之别本，固可以谓之真。但卷一证治总例一篇中内容，则似非尽属仲景。如起首二段云：“夫二仪之内，惟人最灵，禀天地精英之气，故与天地相参。天一生水，刚柔渐形。是以人之始生，先成其精，脑髓既足，筋骨斯成，皮坚毛长，神舍于心，头圆法天，足方象地，两目应日月，九窍应九州……万物皆备，乃名为人，服食五味，以养其生，味有所偏，藏有所胜。气增而久，疾病乃成。诸经藏中，金木水火土，自相克贼。地水火风，复加相乘。水行灭火，土救其母，迭为胜负，藏气不精。此为害道。不知经脉，妄治诸经，使气血错乱，正气受刑。阴阳不和，十死一生。经云：地水火风，合和成人。凡人火气不调，举身蒸热。风气不调，全身强直，诸毛孔闭塞。水气不调，身体浮肿，胀满喘粗。土气不调，四肢不举，言无音声。火去则身冷，风止则气绝，水竭则无血，土败则身裂。愚医不思脉道，反治其病，使藏中金木水火土，互相攻克。如火炽然，重加以油，不可不慎。又使经脉者，如流水迅急，能断其源者，此为上也。”又一段云：“凡四气合德，四神安合。人一气不调，百一病生，四神动作，四百四病，同时俱起。其有一百一病，不治自愈；一百一病，须治而愈；一百一病，难治难愈；一百一病，真死不治。”详上文不仅从文字气象方面看，不似汉文之风，在理论上，特出释家“地水风火”理论以释病机，亦绝非仲景之学。又四百四病，亦源于释学。《智度论》云：“四百四病者，四大为身，常相侵害，一大中百一为起。冷病有二百二，水风起故；热病有二百二，地火起故。”古医籍中，染指于释家之说者，就今存医籍可见，迨始于隋、唐之时，则此文亦或为隋唐后宋以前之间人所謅撰者也。

十、书贾为牟利而造伪

自商贾之经营印书业起，多有为牟取私利而有意造者。其造伪之法，大致有以下几种：

一者以新雕冒充前人善本。此类医书，书虽不伪而版本则伪，详见版本有关事项。

一者以普通医著或通俗读物，而冒充名医之著作或批校。如：1926 年上海大成书局石印本《本草易读》，扉页署清・汪昂编，叶天士批等。详该书内容，原系一极通俗读物，且汪氏本人，亦无此著作。似此等著作，更不值叶氏批阅，其作伪之情状十分明显，此当系书贾为广售而伪作也。

一者为类书之中，夹带有与署名人毫不相干之他著。如：明刊《东垣十书》，其中有《脾胃论》、《兰室秘藏》、《内外伤辨惑论》，自是李杲自著，宋・崔嘉彦《脉诀》一卷，署曰“东垣老人李杲批”；另有《此事难知》、《汤液本草》、《医垒元戎》，为元・王好古撰，《局方发挥》、《格致余论》，为元・朱丹溪撰，以好古曾师事李杲，丹溪曾师事李杲再传弟子罗知悌，此二家医著，收入李氏丛书中，因有直接与间接师承关系，尚自为可。然如元人王履之《医经溯洄集》、齐德之《外科精义》二书，收入《东垣十书》中，则难副其实。详《四库全书总目·外科精义》云：“元·齐德之撰，德之始末未详，惟其结衔称医学博士充御药院外科太医……书中无一字及李杲，李杲生平亦不以外科著。原本附《东垣十书》之末，盖坊刻杂合之本，取亦备十书之数，与所载朱震亨书，均为滥入。孙一奎《赤水玄珠》引之，竟称东垣《外科精义》，不考甚矣。”又清光绪七年羊城云林阁刊本有陈璞序云：“《东垣十书》，前明坊刻也。十书惟《内外伤辨惑论》、《脾胃论》、《兰室秘藏》为东垣所著，《脉诀》一卷，称东垣批评。其《此事难知》、《汤液本草》、《医垒元戎》，则王进之书，然犹东垣衣钵也。至《格致余论》、《局方发挥》，则朱丹溪著，《医经溯洄集》，则王安道著，《外科精义》，则齐德之著，非东垣家数矣。而总题以东垣，不其舛欤！今云林重刊是书余为改题曰《医学十书》。”上述二家之评述，均明确指出，如齐德之《外科精义》等书，实与东垣无关，而收入《东垣十书》，实书贾坊刻所致。故此等丛书，且不可以为均系一家之撰著。故凡坊刻诸书，当需细审，以辨其伪。

十一、后人不知所出，而误以为自著

有的医书，本系抄自别家，而抄录人不曾详明，致令后人不知所出，而误以为自撰，则名不副实，亦成伪书，此诚后人之不详审也，非抄录人有意作伪。如1984年由上海学林出版社代理出版之《杂症歌括》，署名为清·何书田著。书中“前记”云：“本书作者何书田先生，系元长先生之子，……本书外，歌赋体尚有《杂症总诀》、《删订医方汤头歌诀》、《四言脉诀》、《药性赋》和《医案》等医学著作共十种”并对本书内容作了高度评价。又云：“脉法和死候，尤其是这位名医的重要经验。”经察该书歌诀。全自《医宗金鉴·杂病心法要诀》中抄来。偶有一、二字不同或讹误外，当系抄录人之笔误。详《金鉴》原作每病之首，均有“总括”一条，总括之后，或有论脉、辨症、平脉等内容，再次为方药主治，均列题名及方名于上。何氏抄录时除第一病中风，将“中风总括”单列为题外，余均于歌诀正文旁，以细书小字标之。方名亦标以小字。又《金鉴》原书，歌诀之下，并有释文若干言，而抄录本则不具释文。今此书付梓时，未加详考，遂构成此误。

十二、真伪之疑

在古医籍中有些是真是伪，一时尚难考定者，亦复不少。如：

晋·王叔和《脉经》卷十手检图。宋臣林亿等校定序云：“大抵世之传授不一，其别有三，有以隋巢元方‘时行病源’为十卷者，考其时而缪自破；有以第五分上下卷，而撮诸篇之文别增篇目者，推其本文而义无取。稽是二者，均之未睹厥真，各秘其藏尔。今则考以《素问》、《九墟》、《灵枢》、《太素》、《难经》、《甲乙》、仲景之书并《千金方》及《翼》说脉之篇以校之。除去重复，补其脱漏，其篇第亦颇为改易，使以类相从。仍旧为一十卷，总九十七篇。”从宋臣序可知，《脉经》一书，宋代存世之本，不仅在文字与篇第方面，颇有错乱之处，而且有多种传本系统。一者第十卷为“时行病候”，一者第十卷为“手检图”，一者将第五卷析为上下两卷。林亿等以别二本均非，而采用了有“手检图”的本子为底本，经整理校定而成。然就手检图而言，后世亦多疑问。如《姜氏医学丛书·脉经真本》有袁表“书《脉经》后”云：

"其末篇有手检图二十一部,今观其文,则皆覆论十二经脉与奇经八脉,三部二十四种,形证所属,无图可见。岂叔和所著,故有图久不复传耶,乃宋臣林亿札中则称,世之所传,其别有三,……亿但补正其文,而所谓手检图二十一部云云,直存旧目,无从考证耳。"又有张柏识语曰:"右手检图一册,篇目下小注云:凡五十六条。未见所谓手检图二十一部者。疑此卷传疑已久,手检图已不传而仅存旧目。袁表后序亦云,今按《李濒湖脉学》,论气口九道,直冠曰手检图云,而所引则此篇之首段,因知此即手检图也。自岐伯曰以下,论五部九道之法,详明如绘,则名图之意了然。"又《姜氏医学丛书》恽敬云:"第十卷录载手检图二十一部,而卷中止复论十二经脉、奇经八脉、三部二十四脉。高保衡札子言俗本有二,其一分第五卷为上下卷,其一入隋巢元方时行病原一卷为第十卷,意者本经第十卷手检图已亡,后世据所见,或分第五卷,或入元方书。以足十卷之数欤。若是,则今之第十卷,亦高保衡所改订,非本经原文也。"

上述诸家对"手检图"之疑,不无道理。首先,林亿等对手检图的问题,没有具体说明。二者名图而又无图,若前人所谓"自岐伯曰以下,论五部九道之法,详明如绘,则名图之意了然。"似是勉强。如此等文而曰图,则书中可称图者多矣。又二十一部之义,虽经注家释之,亦未知是否本义。故手检图内容,是否叔和旧文,实有疑焉。

以上仅是举出古医籍辨伪的一些主要类别为例。从这部分古医籍的辨伪中,足证前人在这方面已积累了丰富经验,并揭示了不少规律性的问题。总结前人经验,对古医籍辨伪,当注意以下几个方面:

(1) 根据古代文化与科技历史发展的断层水平进行分析。

(2) 根据文字气象的历史特征进行分析。

(3) 根据学术思想与学术体系的自身规律进行分析。

(4) 根据历代史籍著录、别书征引及医家传记等进行考察。

(5) 根据传书人提供的依据进行分析。

(6) 运用历史唯物的观点和科学的方法加以鉴别。

尽管前人在辨伪方面,已有丰富的经验,但由于古医籍中作伪情况比较复杂,存在的形式亦颇为多样,要想尽为弄清,亦属不易。因此,在实际工作中,固可大胆质疑,但必需进行严密地考证,慎审地分析,采取科学地、实事求是的态度,能断则断,不能断则疑。

第五节　丛书辨伪举例

某些丛书,特别是个人丛书,其中名实不副的情况亦不鲜见。若如上述《东垣十书》中所收诸书,皆有署名,又为易辨。而有的署名,则纯属以假滥真,尤当细审。今举人民卫生出版社呼素华同志《徐灵胎医著初考》(该文载《中华医史杂志》1988 年第二期)为例:

据国内馆藏目录及徐氏各种丛书所载子目,现存徐氏医书有《难经经释》(又称《难经经解》)、《神农本草经百种录》、《医贯砭》、《医学源流论》、《伤寒类方》(又称《伤寒论类方》)、《兰台轨范》(又称《集成卒编》)、《慎疾刍言》(又称《医砭》)、《洄溪医案》、《内经诠释》(又称《内经要略》)、《脉诀启悟注释》(又称《脉诀启悟》)、《药性切用》、《伤寒约编》、《杂病证治》(又称《证治指南》)、《女科指要》、《女科医案》、《六经脉证》、《中风大法》、《种子要方》、《古方集解》、《舌鉴总论》、《舌胎图说》、《经络诊视图》、《药性诗解》、《汤引总义》、《叶案批谬》、《经验方》、《六经病解》、《杂病源》、《洄溪脉学》、《洄溪医案唐人法》、《洄溪秘方》及未刊手稿《管见集》等，共计32种。以上这些医书，经考《难经经释》等前8种及未刊手稿《管见集》，确系徐氏著作，其他各书则皆系伪托。但这些伪托之作，性质又各有不同，兹初步考析，并归类如下。

1. 他人所撰而混杂为徐氏医著者6种

（1）《叶案批谬》：本书见《徐灵胎医书三十二种》（以下简称《三十二种》）中，民国上海锦文堂书局刊。此书为清·王士雄撰，全书5千余言，内容为评批《徐灵胎批叶天士临证指南医案》一书中的某些论点。

（2）《经验方》：本书一卷，见徐灵胎《医学三书合刻》中，此书为清·叶天士之作。

（3）《洄溪医案唐人法》：本书是近人黄恩荣编述，刊于1933年。黄氏将徐灵胎的《洄溪医案》书中有关运用唐人方的病案进行复录，然后另加按语进行发挥而成，故称《洄溪医案唐人法》。

（4）《药性诗解》：本书见《三十二种》中，是徐灵胎的次子徐爔著，全书论述了335种药物，为诗文体裁，故称“诗解”。

（5）《洄溪秘方》（又名《洄溪老人二十六种方》）：本书为清·余啸松辑，初刊于光绪五年（1879）。据余氏自序：“今予此辑得之于秀水吕丈慎庵，慎庵得之于王氏孟英，孟英得之于金氏复村，复村即先生（指徐灵胎）之弟子也。”全书共载顺气化痰丸、通神补血丸等34方，书后附有余啸松著的《牛痘要法》、《推拿要术》各一卷。

（6）《古方集解》：本书见《三十二种》中，为清·潘霨增辑。书中主要辑录了一些清代名家，如柯韵伯、王孟英、张路玉、唐容川等人对80余个古方的注解。

2. 由他书杂抄而成者7种

（1）《杂病源》：本书首见《徐灵胎医学全书》（以下简称《十六种》）中，书中内容抄自明·张景岳的《景岳全书·传忠录》。如阴阳、命门、君火相火，六变（原作“六要”）、表证、里证、寒热、寒热真假、虚实、气味篇等章节均是。只是令别字句、段落稍有改易，治法一节也是《传忠录》论治篇中部分内容的变裁。

（2）《洄溪脉学》：本书见《十六种》。书中大部分内容采自以下三书：脉辨真象一篇采自《景岳全书·脉神章·真辨》；脉位法天地五行论、因形气以定诊论、脉无根有两说论、冲阳太溪二脉论等4篇，皆采自明·李中梓《医宗必读》；大脉、小脉、清脉、浊脉、五脏脉、反关脉、高章纲惵卑损、逆顺、经络、孕脉等11篇，皆采自清·张路玉的《诊宗三昧》。

（3）《汤引总义》：本书见《三十二种》中。全书仅寥寥百字，取材于清·吴仪洛《本草从新·药性总义》。

（4）《六经病解》，本书首见《十六种》中。全书取材于清·柯琴的《伤寒论翼》。书中六经病解一节，将《伤寒论翼·六经病解》的分段写法改成了分条论述，内容未变；六经地面解一节与《伤寒论翼·六经正义》完全相同；风寒异同、温疫暑疫、湿燥番痧3节系从《伤寒论翼·风寒辨惑第四·湿暑指归第五》中化裁而成。

（5）《舌鉴总论》、《舌胎图说》：前者首见《十六种》，后者首见《三十二种》。二书系录自清·张诞先的《伤寒舌鉴》一书，并稍微增入一些正常舌象的内容而成。

(6)《经络诊视图》:本书首见《徐灵胎医略六书·脉诀启悟》。书中除仰人骨度部位图、伏人骨度部位图、肺管、九节、三焦等图系复制于李中梓《医宗必读》外,其他各图多据《医宗金鉴》等书复制而成。

3. 从徐氏著作中抽出某些篇章另立专书者3种

(1)《六经脉证》:本书见《三十二种》,系徐灵胎《伤寒类方》中的"六经脉证"内容。

(2)《中风大法》:本书见《三十二种》,系《徐灵胎医略六书·杂病证治》中的"中风"一节。

(3)《种子要方》:本书见《三十三种》,系《医略六书·女科指要》中"种子门"的内容。

4. 托名之书7种

(1)《女科医案》:本书首见《十六种》,是一部专载女科案例之书,共计300余则。其中除无名氏医案外,多见汪石山、李东垣、许学士、薛新甫、张子和、朱丹溪等宋金元明医家之案。书中体例虽与《洄溪医案》相仿,但所辑医案内容,却与徐氏之学术思想相悖,如很多病案记载了薛立斋的产后温补说。徐氏是反对产后温补的,他在《慎疾刍言·妇人》中指责"产后宜温"是"邪说",据此可见本书不会出自徐氏之手。

(2)《徐灵胎医略六书》(以下简称《六书》):其中包括《内经要略》、《脉诀启悟》、《药性切用》、《伤寒约编》、《杂病证治》、《女科指要》6种,清·光绪二十九年上海赵翰香居刊刻。《六书》前载徐氏自序,署有:"乾隆六年春王上元松陵徐大椿灵胎撰"字样,序文中有:"晚年来,为薪传计,旁搜远绍,取古人之书而重集之"句,其中"晚年来"与"乾隆六年"出入较大。按徐灵胎的生卒年代计算,徐氏生于康熙三十二年(1693),卒于乾隆三十六年(1771),乾隆六年(1741),徐氏时为49岁,如何自称"晚年"?显系后人之作。序中尚有"如是而大纲毕备,条理井然,合其章句,前后相贯"等句,此与清·李用粹《证治汇补》的自序字字相同。《六书》刊于《证治汇补》之后,或是此序撷自李序,当属质疑。

序非徐氏自序,书也不是徐氏手撰。此《六书》不但徐氏有关史料毫无记载,就各书的内容联系徐氏的学术思想发展脉络,也完全不符。徐氏晚年所著的《慎疾刍言》自序中提到:"余弱冠时,家多疾病,先世所藏医书颇多,因随时翻阅,不过欲稍识方药而已。循习渐久,乃上追《灵》、《素》根源,下沿汉唐支派,如是者十余年乃注《难经》,又十余年而注《本草》,又十余年而作《医学源流论》,又五年而著《伤寒类方》。"这段话虽不能完全概括徐氏的医学成绩,但也大致反映出他学术思想发展的脉络。徐氏学术思想的发展是上源《灵》、《素》,下沿汉唐支脉,结合自己的医疗实践,形成了独特的理论体系,而对于当时兴盛的宋、金、元、明医家流派观点,很少吸取,有的甚至持反对态度,这从徐氏的《医贯砭》、《医学源流论》等著作中可以得到印证。《六书》虽有《内经要略》、《伤寒约编》等书,但涉及各家学派内容极多,这与徐氏的学术思想发展脉络不符。

再看《六书》的具体内容:其中《内经要略》在注释《刺禁论》中说:"膏肓之上(鬲肓乃膈中无肉空虚),中有父母(阳气为父,阴血为母,心血肺气父母之象)。七节之旁(脊下第七节),中有小心(小心即命门穴,中有相火代心,故曰小心)。"其中小心注释为命门穴,这很象明代医家赵献可的观点。赵氏在《医贯》中有:"命门在人身之中,对齐附脊骨,自上数下,则为十四节,自下数上,则为七节,《内经》曰:七节之旁有小心是也"句。徐氏对赵献可的命门学说素持异议，他在《医贯砭》中批驳道："此句出《素问·刺禁论》，云：'鬲肓之上，中有父母，七节之旁，中有小心。'王注云：'小心谓真心神灵之宫室'。乃指心包言，似得小心之意。按《灵枢·邪客篇》论云：心者，精神之所舍，其脏坚固，邪勿能客也，故诸邪之在心者，皆在心之包络。可知心脏于内，必有出入之处，别有脂膜结聚于包络之间，形如小心，似有此理。针者中之即有害，故在刺禁之列，并非表明小心即命门，为十二经之主也。"据以上辨析，《内经要略》的命门说观点，与徐氏的《医贯砭》之说大相牴牾。

再从体例来看，《六书》中的各书编排体例与徐氏的 8 种书很不相同，如徐氏的《伤寒类方》是对张仲景《伤寒论》进行"以方类证"的重编，而《六书》中的《伤寒约编》则是对《伤寒论》的简编，都是同类书，却是两种编排思想，这不仅是体例上的差异，更反映出了学术思想的根本分歧。又如《六书》中的《杂病证治》与徐氏的《兰台轨范》，二者都是临床著述，而编排迥异。若两书根据各自的内容体例有所改变，则两书记述的病证有重复，而治法又各异，这不会是一家之作。更有甚者，《杂病证治》中收入了不少清代方剂，如冲和汤，是清·沈金鳌《沈氏尊生书》方。沈金鳌晚于徐氏，徐氏何能得见沈氏之方呢？

综观以上各书，剖析其伪托手法大致有以下几种情况：①有意依附名家，以取信于人，如《叶案批谬》、《古方集解》、《洄溪医案唐人法》、《洄溪秘方》等。②托名于名家，以期其书广为流传，如《六书》。③子孙混入先辈著述之林，如徐爔《药性诗解》。④书贾作祟，哗众取宠，以图暴利，如《杂病源》、《洄溪脉学》、《六经病解》、《种子要方》等。

第六节　古医籍辨伪的重要意义

一提到伪，或以为皆无学术价值，尽当摒弃。其实这完全是一种误解。辨别书之真伪，正是为了对其进行正确的评价，弄清学术源流，恢复历史的本来面目，并能使后人准确地加以运用。因而，辨别古医籍之真伪，对中医学术的研究，具有十分重要的意义。也正如张舜徽先生所说："尽管我们考定了许多书籍是假托古人的伪品，也只是初步弄清楚一些古书的写作时代，有便于更好地运用资料和处理资料；替研究工作的开展提供了有利的条件。绝对不是一分真伪，而伪书便一律可以焚弃。"亦如顾颉刚先生在谈到古史籍所谓："我们只要把战国的伪古史不放在上古史里，而放在战国史里；把汉代的伪古史，也不放在上古史里，而放在汉代史里。这样的结果，便可使这些材料达不到僭冒和冤枉的地步，而得着适如其分的安插。"

因此，辨认古医籍之伪书的意义，主要在于：

（1）弄清或基本弄清其成书的确切年代或大致时限，使成就归之于相应的时代。

（2）弄清或基本弄清其真正作者，使是非亦有所归。

（3）弄清或基本弄清某一学说或理论的初创者，正确地分析学术源流。

（4）弄清或基本弄清学术攻讦的真正作者或真实年代，分析不同学术流派争鸣的实质与历史背景。

（5）弄清或基本弄清传本的真正来源，剔除其用以掩盖其本来面目的封建迷信外衣。

（6）扬弃其由于作伪而夹带的某些不合理的部分，正确评价其学术地位，并加以准确地运用。

这就是辨伪的真正意义和目的所在。

参考引用书目

中国古代史籍校读法　张舜徽　1980 年上海古籍出版社出版
中国古典文献学　吴枫　1982 年齐鲁书社出版
中国文献学　张舜徽　1982 年中州书画社出版
中国文献学概要　郑鹤声等　1983 年上海书店出版
文献学讲义　王欣夫　1986 年上海古籍出版社出版
中国文学文献学　张君炎　1986 年江西人民出版社出版
中国历史文献学　王余光　1988 年武汉大学出版社出版
古典文献学　罗孟祯　1989 年重庆出版社出版
文献学概论　倪波　1990 年江苏教育出版社出版
中国古文献学史　孙钦善　1994 年中华书局出版
实用中医文献学　史常永　1989 年光明日报出版社出版
中医文献学　马继兴　1990 年上海科学技术出版社出版
古籍整理概论　黄永年　1985 年陕西人民出版社出版
古代文献知识　赵振铎　1980 年四川人民出版社出版
目录学概论　武汉大学等　1982 年中华书局出版
学点目录学　徐召勋　1983 年安徽教育出版社出版
书目答问补正　范希曾　1983 年上海古籍出版社出版
中国目录学史论丛　王重民　1984 中华书局出版
中国目录学史　姚名达　1984 年上海书店出版
目录学纲要　曹慕樊　1988 年西南师范大学出版社出版
目录学发微　余嘉锡　1991 年巴蜀书社出版
医藏书目　明殷仲春　1955 年上海群联出版社据明崇祯刊本影印本
四部总录医药编　丁福保等　1955 年商务印书馆出版
中国医籍考　日本・丹波元胤　1956 年人民卫生出版社出版
宋以前医籍考　日本・冈西为人　1956 年人民卫生出版社出版
中医图书联合目录　中医研究院等　1961 年北京图书馆出版
中国分省医籍考　郭霭春　1984 年、1987 年天津科学技术出版社出版
中国医籍通考(全五册)　严世芸　1990 年至 1994 年上海中医学院出版社出版
中国古文献大辞典・医药卷　庄树藩　1990 年吉林文史出版社出版
历代史志书目著录医籍汇考　李茂如等　1994 年人民卫生出版社出版
四库全书总目　清・永瑢等　1965 年中华书局出版
四库提要辨正　余嘉锡　1980 年中华书局出版

中国丛书综录　上海图书馆　1982 年上海古籍出版社出版
古今伪书考补证　黄云眉　1959 年山东人民出版社出版
伪书通考　张心澂　1957 年商务印书馆出版
汉书艺文志通释　张舜徽　1990 年湖北教育出版社出版
道藏提要　任继愈　1991 年中国社会科学出版社出版
玉海　宋・王应麟　1987 年江苏古籍书店、上海书店出版
历代中药文献精华　尚志钧等　1989 年科学技术文献出版社出版
四库全书总目提要・医家类及续编　李经纬等　1992 年上海科学技术出版社出版
中医古籍珍本提要　余瀛鳌等　1992 年中医古籍出版社出版
古书版本常谈　毛春翔　1962 年中华书局出版
古书版本浅说　陈国庆　1964 年中华书局出版
中国古籍印刷史　魏隐儒　1984 年印刷工业出版社出版
古籍版本学概论　严佐之　1989 年华东师范大学出版社出版
古书版本学概论　李致忠　1990 年书目文献出版社出版
中国古籍版本学　曹之　1992 年武汉大学出版社出版
版本学　姚伯岳　1993 年北京大学出版社出版
留真谱　清・杨守敬　清光绪二十七年宜都杨氏梓行
明代版本图录初编　潘承弼等　1941 年上海开明书店影印
中国版刻图录　北京图书馆　1960 年文物出版社出版
清代版刻一隅　黄裳　1992 年齐鲁书社出版
古籍宋元刊工姓名索引　王肇文　1990 年上海古籍出版社出版
宋版书叙录　李致忠　1994 年书目文献出版社出版
书林清话、附书林余话　叶德辉　1957 年中华书局出版
书林琐记　雷梦水　1988 年人民日报社出版
书的知识　贲炜　1991 年湖南文艺出版社出版
书的基本知识 300 题　王鼎吉　1992 年人民体育出版社出版
中国书的历史　庄葳　1980 年上海人民出版社出版
古今典籍聚散考　陈登原　1983 年上海书店出版
中国古代书籍史　李致忠　1985 年文物出版社出版
古书通例　余嘉锡　1985 年上海古籍出版社出版
中国书籍编纂史稿　韩仲民　1988 年中国书籍出版社出版
校雠学史　蒋元卿　1985 年黄山书社出版
校勘学概论　戴南海　1986 年陕西人民出版社出版
订譌类编　清・杭世骏　1986 年上海书店出版
校雠通义通解　王重民　1987 年上海古籍出版社出版
校勘学大纲　倪其心　1987 年北京大学出版社出版
校勘学　钱玄　1988 年江苏古籍出版社出版
校勘学　管锡华　1991 年安徽教育出版社出版
古书疑义举例五种　俞樾等　1983 年中华书局出版

广古书疑义举例　徐仁甫　1990年中华书局出版
训诂方法论　陆宗达等　1983年中国社会科学出版社出版
训诂学　洪诚　1984年江苏古籍出版社出版
简明训诂学　白兆麟　1984年浙江教育出版社出版
训诂学　杨端志　1985年山东文艺出版社出版
训诂学纲要　赵振铎　1987年陕西人民出版社出版
训诂学初稿　周大璞　1987年武汉大学出版社出版
应用训诂学　程俊英等　1989年华东师范大学出版社出版
音学五书　清·顾炎武　1982年中华书局影印观稼楼仿刻本
音学十书　清·江有诰　1993年中华书局影印《音韵学丛书》本
五经文字　唐·张参　1985年中华书局影印
颜真卿书干禄字书　1992年紫禁城出版社影印
书法艺术大观　徐利明　1991年学苑出版社出版
历代汉字字体与书法选粹　魏隐儒等　1993年印刷工业出版社出版
避讳录　黄本骥　《三物长斋丛书》本
史讳举例　陈垣　1933年《励耘书屋》本
通假概说　刘文辛　1988年巴蜀书社出版
古字通假会典　高亨　1989年齐鲁书社出版
通借字萃编　郑权中　1990年天津古籍出版社出版
古今图书集成·博物汇编艺术典·医部　清·陈梦雷、蒋廷锡等　1934年上海中华书局影印铜活字本
太平御览　宋·李昉等　1985年中华书局影印本
永乐大典·医药集　萧源等　1986年人民卫生出版社出版
经史百家医录　钱远铭　1986年广东科技出版社出版
马王堆医书考注　周一谋等　1988年天津科学技术出版社出版
敦煌古医籍考释　马继兴　1988年江西科学技术出版社出版
马王堆古医书考释　马继兴　1992年湖南科学技术出版社出版
历代笔记医事别录　陶御风等　1988年天津科学技术出版社出版
中国方术考　李零　1993年人民中国出版社出版
简明古籍辞典　胡道静　1989年齐鲁书社出版
简明图书学辞典　黄方正　1990年知识出版社出版
简明古籍整理辞典　诸伟奇等　1990年黑龙江人民出版社出版
文献学辞典　赵国璋等　1991年江西教育出版社出版
文学研究法　姚永璞　1989年黄山书社出版
中国古代文章学辞典　林治全等　1991年山东教育出版社出版
广注古文辞类纂　清·姚鼐　1992年黄山书社出版
中国医学史　陈邦贤　1954年商务印书馆出版
中国医学史　北京中医学院　1978年上海科学技术出版社出版
中医各家学说　任应秋　1980年上海科学技术出版社出版

中国道教史(第一、二、三卷)　卿希泰　1988 年至 1993 年四川人民出版社出版
古籍丛书述论　李春光　1991 年 10 月辽沈书社出版
类书流别　张涤华　1985 年 9 月商务印书馆出版
古籍丛书概说　刘尚恒　1989 年 12 月上海古籍出版社出版
类书简说　刘叶秋　1980 年 2 月上海古籍出版社出版
第一批国家珍贵古籍名录图录　中国国家图书馆、中国国家古籍保护中心编　2008 年 12 月　国家图书馆出版社出版
第二批国家珍贵古籍名录图录　中国国家图书馆、中国国家古籍保护中心编　2010 年 9 月　国家图书馆出版社出版

(医书类从略)

编后语

三年耕耘，寒暑未敢稍懈，尚赖门生徐春波、次子增敏与小女丽燕等，帮助抄录与校对，始得草成。今虽止笔，然犹惶惶焉于怀。忆自少年，承庭训而业医，日受先大父士洲公及先父树乾公（字连三，以字行）之教，悬壶于乡里，历十数春秋。1959年，执教于省城山东中医学院，有幸涉于此道，然茫茫然无所适从。始知读古人书不易，而欲雠校古人之书，难犹几倍矣，因而望洋兴叹者，不知几许。故尝日夜习读前贤及近代有关此道之作，始悟中医文献之学，其深也，实非蠡测所能，其高也，亦非尺度所及，复经二十余载，稍有所得于先哲及同道之教，颇感往昔于古人书，何其愚也如是。因不揣冒昧，欲将昔所求而今日稍得者，著之于笔端，其或于后来步此者，有所裨益。

宋郭白云先生云："雍闻医家有好事，或三十年而著论，或二十载而成书，其用心精专，故足以垂世，如雍行年八十，日暮途远，志在速成，安能久于斯道，是以不踰年而略举大纲，亦由前人之述已备，继踵有作，不过书札之力而已，未能免疏略牴牾也。后之君子，或怜其衰晚昏谬，疏其失而正之，以成其美，此诚有望焉。"

白云先生，南宋治伤寒大家之一，著述之余，又有此叹，若吾侪等闲之辈，安敢望此，窃度此躯亦年近古稀，时届桑榆，乃就前贤与近人之作及一得之见，三易寒暑，略举纲目，仅陈大端，草成初稿。亦惟书札之力，抄措之工。犹因学本愚陋，故管窥之见及挂漏之失，以及疏略牴牾之处，在所难免。切望后来有志于此道者，或当以我之谬而不谬，以我之妄而不妄，则不失抛砖之意矣。

1995年冬张昭华灿玾谨识于山左历下之不愠居